WINFRIED GERHARDS

HANDBUCH DER PHANTASTISCHEN FERNSEHSERIEN

Impressum
Copyright © 2001 by EDITION GRYPHON / Winfried Gerhards
Alle Rechte vorbehalten.
Abdruck, auch auszugsweise, nur mit Genehmigung des Autors.
Umschlaggestaltung: schmidtendrin.de / Rüdiger Schmidt; Elmenhorst
Druck: BoD™ — Books on Demand GmbH
Erste Auflage: ab Mai 2001 — **ISBN** 3-8311-2019-6

Kontakt: EDITION GRYPHON; Holzmühlenstrasse 98; 22041 Hamburg
www.editiongryphon.de

VORWORT

Die Welt des Phantastischen — eine Welt, die fest im menschlichen Charakter verwurzelt ist. Ob es nun die alten Sagen und Märchen sind, deren Sinn es war, Ängste und Unsicherheiten zu verarbeiten und zu überwinden oder deren Nachfolger, die Horror- und Fantasygeschichten. Hierzu gesellt sich das Genre Science Fiction, das mit Bildern einer möglichen Zukunft spielt.

Wer sich auf den Bereich des Phantastischen einlassen will, muss kein Träumer sein. Es gibt genug Aspekte des Realen — und nicht nur in der Science Fiction. Bestimmte Stories sind nun einmal Grundbestandteil der menschlichen Kultur und als solche in verschiedenerlei Verpackung zu geniessen. Die Stories können belehren, informieren, interessieren, anregen und und und — immer jedoch sollten sie unterhalten.

Ob sie dies schaffen und in welche inhaltliche Richtung sie sonst streben, das ist das eigentliche Thema dieses Buches. Es soll helfen, einen Gesamtüberblick über den Bereich — zumindest soweit es Fernsehserien betrifft — zu geben und eventuell sogar eine Vorauswahl zu treffen: Was interessiert oder was ist so grottenschlecht, dass man es sich ersparen sollte. Und genau so wie die Serien selber, soll dieses Buch unterhalten. Mir bleibt nur die Hoffnung, dass dies gelungen ist.

Zum Aufbau:

Es wurde hierbei kein Unterschied zwischen Kinder- oder Erwachsenenserien gemacht; keine Auswahl nach Qualität.
Die Auswahlkriterien für diese Publikation waren wie folgt: Die Serie muss im phantastischen Bereich angesiedelt sein oder doch mindestens im Grenzbereich; es werden nur Realverfilmungen integriert, jedwede Art von reiner Animations- oder Dokumentationsserie fehlt; es müssen mindestens drei Episoden bzw. Teile im bundesdeutschen Fernsehen ausgestrahlt worden sein, da sonst der Reihencharakter nicht gewährleistet ist; die Reihen sollten allgemein zugänglich gewesen sein (Serien, die nur regional ausgestrahlt oder über Pay TV verbreitet wurden, sind nur in Ausnahmefällen aufgenommen worden).

Die Informationen jedes Einzeleintrags umfasst, soweit diese Informationen zugänglich waren: Deutscher Serientitel; Originaltitel; Herkunftsland, -zeitraum und Episodenanzahl; deutscher Ausstrahlungssender, -zeiträume und Episodenanzahl; Darstellerliste mit zugeordneten Charakteren; Inhaltsangabe; Kritik; Gastdarsteller; Episodenliste mit deutschen Erstaufführungsdaten. Wenn es als nötig angesehen wurde, erfolgt noch eine Anmerkung zur Episodenliste. Kinderserien sind teilweise keiner Kritik unterzogen worden.

Lücken im Text / Fehlinformationen

Lücken existieren und vor Fehlern ist keiner gefeit. Sollten Fehler gefunden werden oder weitere Infos zu diesen oder anderen fehlenden Reihen vorliegen, bitte ich mir diese mitzuteilen.

Danksagung

Anfangen muss diese mit Jan Aulerich und Rüdiger Schmidt, Freunde und Helfer par excellence. Richard Meyer, Besitzer von *Andere Welten* in Hamburg, der mir immer wieder einbläute, dass ich schon zu viele Bücher von anderen habe schreiben lassen und endlich in die Puschen kommen sollte. All jene, die sich meine Ausführungen zu diesem Buch anhören mussten — insbesondere der "Science Fiction Donnerstags-Treff" in Hamburg (keine Aufzählung der Namen, wenn ich jemanden vergesse gibt es richtig Ärger). Am meisten Dank — wie es sich gehört — meiner Frau Kerstin, die schliesslich das Höchstmass an Geduld aufbringen musste.

Hamburg im April 2001

INHALTSVERZEICHNIS

ABELTJE-DER FLIEGENDE LIFTBOY
(Abeltje)
NL/D 1998; 7 Episoden
Deutsche Ausstrahlung:
Der Kinderkanal 2000; 7 Episoden

Darsteller: Ricky van Gastel (Abeltje Roef/Johnny Cockle-Smith), Soraya Smith (Laura), Marisa van Eyle (Fräulein Klaterhoen), Frits Lambrechts (Herr Tump), Annet Malherbe (Mutter Roef/Mrs. Cockle-Smith).

Abeltje Roef bekommt einen scheinbar normalen Lift zugeteilt. Als er jedoch den grünen Knopf betätigt, den er eigentlich in Ruhe lassen sollte, beginnt der Lift zu fliegen. Es folgen einige phantastische Abenteuer, die zum Teil damit zusammen hängen, dass Abeltje seinen Doppelgänger, Johnny, sucht.

Ziemlich wuselige und nervige Kinderserie nach einem Buch von Annie M. G. Schmidt.

EPISODEN:
1.   DER GRÜNE KNOPF (- liegt nicht vor -) 30.06.00
2.   NEW YORK (- liegt nicht vor -) 03.07.00
3.   MEIN SOHN! (- liegt nicht vor -) 04.07.00
4.   PERUGONA (- liegt nicht vor -) 05.07.00
5.   - liegt nicht vor - (- liegt nicht vor -) 06.07.00
6.   JOHNNY (- liegt nicht vor -) 07.07.00
7.   - liegt nicht vor - (- liegt nicht vor -) 10.07.00

DIE ABENTEUER DES BRISCO COUNTY, JR.
(The Adventures Of Brisco County, Jr.)
USA 1993/94; Pilot & 26 Episoden
Deutsche Ausstrahlung:
Pro 7 1994/95; Pilot & 15 Episoden
Pro 7 1998; 11 Episoden

Darsteller: Bruce Campbell (Brisco County, Jr.), Julius Carry (James „Lord Bowler" Lonefeather), Christian Clemenson (Socrates Poole), Billy Drago (John Bly), John Astin (Professor Albert Wickwire), James Greene (Cartwright), John Pyper-Ferguson (Pete Hutter), Kelly Rutherford (Dixie Cousins), Jeff Phillips (Whip Morgan - 1994).

1893. Brisco County, Jr., hat den Anwaltsberuf an den Nagel gehängt und wurde Kopfgeldjäger. Seine Hauptbeute ist John Bly, der Briscos Vater, einen Marshal, auf dem Gewissen hat. Weitere Aufträge bekommt Brisco von Socrates Poole, einem Anwalt des Westerfield Clubs in San Francisco.

Im Laufe der Zeit stellt sich heraus, dass Bly aus dem 26. Jahrhundert stammt. Er will den in Briscos Zeit befindlichen Orb, die „Kugel der Macht", um seine 'Heimatzeit' zu unterwerfen.

Definitiv nicht jedermanns Geschmack — definitiv ein Juwel. Eine Serie, die sich selbst nicht zu ernst nimmt, und deshalb auch zum reinen Spass angesehen werden sollte.
An den Abenteuern namen die Gaststars Sam (Countdown X) Anderson, Brenda (American Gothic) Bakke, Brian Cousins, Denise (Raumschiff Enterprise-Das nächste Jahrhundert) Crosby, James Drury, Sheena Easton, Michael Fairman, Denis (Krieg der Welten) Forest, Robert Fuller, Richard (V) Herd, Tony (Das Geheimnis von Twin Peaks) Jay, Clyde Kusatsu, Wolf (Tarzan) Larson, Tzi Ma, Jason (Familie Munster & Eerie, Indiana) Marsden, Yvette (Robocop) Nipar, Ian Ogilvy, Robert O'Reilly, Andrea (Pretender) Parker, Robert (Star Trek: Raumschiff Voyager) Picardo, William Russ, Judson (V) Scott, Don Stroud, Kenneth (Der Mann aus dem Meer) Tigar, David (Das Geheimnis von Twin Peaks & Wild Palms) Warner, Stuart (Superboy) Whitman und Morgan Woodward teil.

EPISODEN:
1.   DIE KUGEL DER MACHT (The Adventures Of Brisco County, Jr.) 16.11.94
2.   DER SCHÜLER DER MACHT (The Orb Scholar) 23.11.94
3.   IM REICH DER AMAZONEN (No Man's Land) 30.11.94
4.   IM HERZEN DER REVOLUTION (Brisco In Jalisco) 07.12.94
5.   WENN FRAUEN ZU SEHR LIEBEN (Socrate's Sister) 14.12.94
6.   DIE GLÜCKSRITTER (Riverboat) 21.12.94
7.   DIE WILDWEST-PIRATEN (Pirates) 28.12.94
8.   DER GEIST DER VÄTER (Senior Spirit) 04.01.95
9.   RACHE AUS DEM REICH DER TOTEN (Brisco For The Defense) 11.01.95
10.   ZWÖLF UHR FÜNFZEHN MITTAGS (Showdown) 18.01.95
11.   STARKE MÄDCHEN-SCHWACHE JUNGS (Deep In The Heart Of Dixie) 25.01.95
12.   DIE KOPFGELDJÄGERIN (Crystal Hawks) 01.02.95
13.   HEISSE ÖFEN (Iron Horses) 08.02.95

14. DREI BRÄUTE UND EIN STIER (Mail Order
    Brides) 15.02.95
15. DIE ZUKUNFT RUFT (AKA Kansas) 22.02.95
16. DIE KOPFGELDJÄGER-TAGUNG (Bounty
    Hunters Convention) 18.06.95
17. DER JUNGBRUNNEN (Fountain Of Youth)
    17.08.98
18. HARD ROCK (Hard Rock) 24.08.98
19. ZWEI KLEINE MILLIONÄRE (The Brooklyn
    Dodgers) 31.08.98
20. DIE FRAU AUS DER ZUKUNFT (Bye Bly)
    07.09.98
21. NED ZED, DER EISERNE (Ned Zed) 14.09.98
22. HÖLLENFAHRT NACH MEXIKO (Stagecoach)
    21.09.98
23. BUBE, DAME, KÖNIG, AS (Wild Card)
    28.09.98
24. VON WINDELN VERWEHT (And Baby Makes
    Three) 05.10.98
25. DAS PHANTOM VON MIDNIGHTVILLE (Bad
    Luck Betty) 05.10.98
26. DIE GLORREICHEN SECHS 1 (High Treason
    1) 12.10.98
27. DIE GLORREICHEN SECHS 2 (High Treason
    2) 19.10.98

ACH, DU LIEBER HIMMEL
(Good Heavens)
USA 1976; 13 Episoden
Deutsche Ausstrahlung:
NDR/RB regional 1978; 13 Episoden

Darsteller: Carl Reiner (Mister Angel).

Mr. Angel ist, wie es sein Name ja bereits sagt,
ein Engel. Er befindet sich auf Erden, um Menschen herauszupicken, die Gutes getan haben.
Dies wird natürlich belohnt. Angel erfüllt die
sehnlichsten Wünsche dieser Wohltäter — allerdings mit Ausnahme von Geldwünschen.

Hauptdarsteller Carl Reiner war ebenfalls der
Exekutivproduzent der Serie. Bereits ein Jahr
später hatte er es wieder mit himmlischen Mäch-
ten zu tun. Er führte Regie bei dem Film OH,
GOD! (Oh, Gott...), in dem Gott (George Burns)
einen Verkäufer (John Denver) erwählt, um sein,
also Gottes, Wort zu verkünden.
Zu den Gaststars dieser Serie gehörten neben
Reiners Sohn, Rob, inzwischen ebenfalls ein er-
folgreicher Regisseur, Don Ameche, Stephen
Collins, Susan Dey, Sandy Duncan, Greg (Tek-
War) Evigan, Dick (Immer wenn er Pillen nahm)
Gautier, Clu Gulager, Florence Henderson, David

Huddleston, Dean Jones, Ron Masak, Julie (Batman) Newmar, Brenda Vaccaro und Paul Williams.

EPISODEN:
1. EIN MANN FÜRS LEBEN (Mr. Right) 30.06.78
2. DIE SPORTSKANONE (Take Me Out To The
   Ball Game) 07.07.78
3. EIN VERRÜCKTER TAG (Good Neighbor, Maxine) 14.07.78
4. DER HELD DES TAGES (I Want Nancy!)
   21.07.78
5. WO IST JANE? (See Jane Run) 04.08.78
6. EIN VATER FÜR KENNY (Jack The Ribber
   And Me) 11.08.78
7. DER MANN IHRER TRÄUME (A Night With
   Brockton) 18.08.78
8. DER BESTSELLER (Superscoop) 25.08.78
9. HALS- UND BEINBRUCH (The Big Break)
   01.09.78
10. EIN MANN FÜR MEINE FRAU (Mixed Dou-
    bles) 08.09.78
11. DIE SCHACHPARTIE (The Queen's Rook's
    Club) 15.09.78
12. EIN TAG MIT GLORIA (Coffee, Tea Or Gloria)
    22.09.78
13. DER KOMIKER (Funny Fellow) 29.09.78

ACHTUNG: STRENG GEHEIM!
(Mission: Top Secret)
AUS/D/F/GB/E/I/CH/PL 1992-94; 48 Episoden
Deutsche Ausstrahlung:
Nord 3 1992; 4 Episoden
Nord 3 1993; 4 Episoden
ARD 1994; 20 Episoden
ARD 1995; 6 Episoden (Langepisoden)

Darsteller: Jennifer Handy (Vicki Wiggins), An-
drew Shepherd (Albert Wiggins), Deanna Bur-
gess (Jemma Snipe), Rossi Kotsis (Spike),
Shane Briant (Neville Savage), Frederick Pars-
low (Sir Joshua Cranberry), Pamela Western
(Mrs. Snipe), Emma Fowler (Sandy), Jamie Croft
(David), Lauren Hewett (Kat), Liz Burch (Mrs.
Fowler), Ulli Lothmanns (Von Steinfurth).

Über ein Netz von ausgedienten Kommunikati-
onssatelliten treten Kinder in verschiedenen Ländern miteinander in Verbindung. Sie bilden zusammen die Gruppe Alpha Centauri, die anderen
Kinder und Jugendlichen zu Hilfe eilt. Hauptsitz
der Teenie-Truppe ist Australien.
Als Hauptgegner kristallisiert sich Neville Savage
heraus, ein Millionär, dessen Lieblingsbeschäfti-

gung das Sammeln ist: Allerdings nur seltene Dinge und nur Originale.

Jede Story der Multi-Kulti-Serie wird in vier Episoden erzählt und spielt in wechselnden Ländern, die natürlich den Herkunftsländern der Co-Produktionsfirmen entsprechen.
Emma Fowler spielte später auch in RÜCKKEHR ZUM JUPITER (qv); Liz Burch hatte eine weitere Rolle in OCEAN GIRL (qv); Lauren Hewett trat ebenfalls in OCEAN GIRL auf und war auch in QUER DURCH DIE GALAXIS UND DANN LINKS (qv) und SPELLBINDER-IM DRACHENKAISER-LAND (qv) zu sehen. Unter den Gaststars befand sich z. B. Claudia Demarmels und Kazuhiro (Flucht vom Jupiter) Muroyama.

EPISODEN (N 3):
1. DAS AUGE DES SALOMON 1 (- liegt nicht vor -) 27.11.92
2. DAS AUGE DES SALOMON 2 (- liegt nicht vor -) 04.12.92
3. DAS AUGE DES SALOMON 3 (- liegt nicht vor -) 11.12.92
4. DAS AUGE DES SALOMON 4 (- liegt nicht vor -) 18.12.92

5. DIE ADLER AUS DEM OSTEN 1 (Eagles From The East 1) 27.12.93
6. DIE ADLER AUS DEM OSTEN 2 (Eagles From The East 2) 28.12.93
7. DIE ADLER AUS DEM OSTEN 3 (Eagles From The East 3) 29.12.93
8. DIE ADLER AUS DEM OSTEN 4 (Eagles From The East 4) 30.12.93

EPISODEN (ARD):
9. DIE JAGD AUF ASTROTEL 1 (The Falling Star 1) 05.10.94
10. DIE JAGD AUF ASTROTEL 2 (The Falling Star 2) 06.10.94
11. DIE JAGD AUF ASTROTEL 3 (The Falling Star 3) 10.10.94
12. DIE JAGD AUF ASTROTEL 4 (The Falling Star 4) 11.10.94
13. DAS GEHEIMNIS DER MONA LISA 1 (The Mona Lisa Mix-Up 1) 24.10.94
14. DAS GEHEIMNIS DER MONA LISA 2 (The Mona Lisa Mix-Up 2) 25.10.94
15. DAS GEHEIMNIS DER MONA LISA 3 (The Mona Lisa Mix-Up 3) 31.10.94
16. DAS GEHEIMNIS DER MONA LISA 4 (The Mona Lisa Mix-Up 4) 01.11.94
17. DER SCHATZ VON CALA FIGUERA 1 (The Treasure Of Cala Figuera 1) 02.11.94
18. DER SCHATZ VON CALA FIGUERA 2 (The Treasure Of Cala Figuera 2) 03.11.94
19. DER SCHATZ VON CALA FIGUERA 3 (The Treasure Of Cala Figuera 3) 07.11.94
20. DER SCHATZ VON CALA FIGUERA 4 (The Treasure Of Cala Figuera 4) 08.11.94
21. DIE SPUR FÜHRT NACH POLEN 1 (The Polish Pony Puzzle 1) 09.11.94
22. DIE SPUR FÜHRT NACH POLEN 2 (The Polish Pony Puzzle 2) 10.11.94
23. DIE SPUR FÜHRT NACH POLEN 3 (The Polish Pony Puzzle 3) 14.11.94
24. DIE SPUR FÜHRT NACH POLEN 4 (The Polish Pony Puzzle 4) 15.11.94
25. CHAOS IM COMPUTER 1 (The Flight Of The Golden Goose 1) 17.11.94
26. CHAOS IM COMPUTER 2 (The Flight Of The Golden Goose 2) 21.11.94
27. CHAOS IM COMPUTER 3 (The Flight Of The Golden Goose 3) 22.11.94
28. CHAOS IM COMPUTER 4 (The Flight Of The Golden Goose 4) 23.11.94

29. DIE KRONJUWELEN (The Crown Jewels Are Missing) 10.11.95
30. DAS DINO-EI (Return Of The Dinosaur) 17.11.95
31. DIE GOLDENE STIMME (The Golden Voice) 24.11.95
32. DER SCHATZ DES PHOENIZIER (Treasure Of Elephant Ridge) 01.12.95
33. DIE SCHWARZE PERLE (Black Pearl) 08.12.95
34. DER SPIELZEUGMACHER (The Toymaker) 15.12.95

ADDAMS FAMILY
(The Addams Family)
USA 1964-1966; 64 Episoden
USA 1973; Pilotfilm
USA 1977; Fernsehfilm
USA 1991 & 1993; 2 Spielfilme
USA 1998; Videofilm
Deutsche Ausstrahlung:
WDR III 1970; 3 Episoden
HR III 1970; 3 Episoden
NDR III 1970/1971; 7 Episoden (OmU)
ARD 1975; 1 Episode
SAT.1 1989-1992; 64 Episoden

Darsteller: Carolyn Jones (Morticia Frump Addams), John Astin (Gomez Addams), Jackie Coogan (Onkel Fester Frump), Ted Cassidy (Lurch), Blossom Rock (Granny Addams), Ken Weatherwax (Pugsley Addams), Lisa Loring (Wednesday Thursday Addams), Felix Silla (Vetter Itt).

„Alltägliche" Geschichten um die Horror-Sippe

Addams, die unter ihrer auffallend makabren Schale durchaus Züge der typischen amerikanischen Familie zeigen.

Die Addams' wurden 1939 als Cartoon von Charles Addams für das Magazin „The New Yorker" entworfen.
ADDAMS FAMILY startete in den USA fast zeitgleich mit der anderen Horrorsippe namens MUNSTER (qv). Natürlich wird immer mal wieder das alte „Wer ist besser?"-Spiel gespielt, was allerdings völlig unnötig ist: Beide Serien sind sehenswert.
1973 startete man den Versuch, eine neue Serie mit den Addams' zu lancieren. In dem Pilotfilm *The Addams Family Fun House* spielten Jack Riley (Gomez) und Liz Torres (Morticia). Eine weitere Rolle hatte Butch (The Munsters) Patrick. Es folgten zwei Zeichentrickserien: 1973 bis 1975 (Jackie Coogan und Ted Cassidy sprachen wieder ihre Charaktere, Jodie Foster sprach Pugsley) und 1992 bis 1995 (John Astin als Gomez).
Nach dem Erfolg der ADDAMS-Kinofilme folgte ein Videofilm und 1998 schliesslich eine Neuauflage der Serie. Gomez-Darsteller John Astin trat in THE NEW ADDAMS FAMILY von Zeit zu Zeit als Grandpa Addams in Erscheinung.
Die erste, noch sporadische, Ausstrahlung der Serie im deutschen Fernsehen erfolgte in der Originalfassung mit Untertiteln. Hierdurch blieb zwar der Wortwitz gewahrt, doch das einschaltende Publikum, meist an Synchronware gewöhnt, war hierbei recht begrenzt. SAT.1 lieferte die bearbeitete Version fürs Massenpublikum nach.
John Astin spielte später in EERIE, INDIANA (qv); Ted Cassidy in NEUE ABENTEUER VON HUCK FINN, TOM UND BECKY (qv). Als Gaststars traten Ellen Corby, Madge (Batman) Blake, Brian Kelly und Robby, der Roboter, auf.

EPISODEN (WDR/HR/NDR III/ARD):
1. DIE ADDAMS GEHEN IN DIE SCHULE (The Addams Family Goes To School) 10.01.70
2. MORTICIA UND DER PSYCHIATER (Morticia And The Psychiatrist) 17.01.70
3. DIE ADDAMS UND DIE ZWEI VOM ANDEREN STERN (The Addams Family And The Spacemen) 24.01.70
4. KAMPF UM MORTICIA ADDAMS (The Winning Of Morticia Addams) 26.02.70
5. DIE ADDAMS UND DIE MODERNE KUNST (Art And The Addams Family) 12.03.70
6. DIE ADDAMS UND DER STAATSBESUCH (The Addams Family Meets The V.I.P.s) 26.03.70
7. JA, WER IST DENN NUN DER BUTLER? (Mother Lurch Visits The Addams Family) 10.01.71
8. ONKEL FESTERS LEIDEN (Uncle Fester's Illness) 24.01.71
9. INTERMEZZO MIT VETTER ITT (Cousin Itt Visits The Addams Family) 07.02.71
10. DER BUTLER-BALL (Lurch Learns To Dance) 21.02.71
11. ADDAMS HEIRATSVERMITTLUNG (Morticia, The Matchmaker) 07.03.71
12. AUF GUTE NACHBARSCHAFT! (New Neighbors Meet The Addams Family) 21.03.71
13. DER GEDÄCHTNISSCHWUND (Amnesia In The Addams Family) 25.04.71

14. - liegt nicht vor - (- liegt nicht vor -) 30.12.75

EPISODEN (SAT.1):
1. DIE BLUTRÜNSTIGEN GEBRÜDER GRIMM (The Addams Family Goes To School) 06.10.89
2. PUGSLEY BRAUCHT EINEN PSYCHIATER (Morticia And The Psychiatrist) 13.10.89
3. GORILLA GORGO-DIE PERFEKTE HAUSFRAU (Morticia Joins The Ladies League) 27.10.89
4. ONKEL FESTER AUF BRAUTSCHAU (Fester's Punctured Romance) 27.10.89
5. WAS DU ERERBST VON DEINEN AHNEN (The Addams Family Tree) 03.11.89
6. ADDAMS FAMILY IM WAHLFIEBER (Gomez, The Politician) 10.11.89
7. GESPENSTER (New Neighbors Meet The Addams Family) 17.11.89
8. GANGSTER IM HAUSE DER ADDAMS (Halloween With The Addams Family) 24.11.89
9. MORTICIA, DIE KUPPLERIN (Morticia, The Matchmaker) 01.12.89
10. EIFERSUCHTSDRAMA IM HAUSE DER ADDAMS (Green-Eyed Gomez) 08.12.89
11. AUSREISSERIN WENDY (Wednesday Leaves Home) 15.12.89
12. HILFE, DIE RUSSEN KOMMEN (The Addams Family Meets The V.I.P.s) 22.12.89
13. LURCH, DER TANGO-TÄNZER (Lurch Learns To Dance) 29.12.89
14. ROCKY, EIN UNFREIWILLIGER GAST (The Addams Family Meets A Beatnik) 05.01.90
15. MALER PICASSO UND DIE ADDAMS FAMILY (Art And The Addams Family) 12.01.90
16. DER GEHEIMAGENT IM HAUSE DER ADDAMS (The Addams Family Meets The Undercover Man) 19.01.90
17. BUTLER GOMEZ UND KAMMERKÄTZCHEN MORTICIA (Mother Lurch Visits The Addams Family) 26.01.90

18. IST ONKEL FESTER NOCH ZU RETTEN? (Uncle Fester's Illness) 02.02.90
19. PFERDEWETTEN BRINGEN DAS GROSSE GELD (Cousin Itt's Problem) 09.02.90
20. EINE BESTIE KOMMT SELTEN ALLEIN (Cousin Itt Visits The Addams Family) 16.02.90
21. WAHRSAGERIN GRANNY VOR GERICHT (The Addams Family Goes To Court) 23.02.90
22. GOMEZ VERLIERT SEIN GEDÄCHTNIS (Amnesia In The Addams Family) 02.03.90
23. DIE ENTFÜHRUNG DES „EISKALTEN HÄND-CHENS" (Thing Is Missing) 09.03.90
24. ONKEL FESTER, DAS VERSICHERUNGSGE-NIE (Crisis In The Addams Family) 16.03.90
25. EINE HEIKLE ENTSCHEIDUNG: LURCH ODER DAS CEMBALO (Lurch And His Harpsichord) 23.03.90
26. AUSSERIRDISCHE BEI DEN ADDAMS (The Addams Family And The Spacemen) 06.04.90
27. PUGSLEY IST VERSCHWUNDEN (My Son, The Chimp) 20.04.90
28. ZWANGSRÄUMUNG IM HAUSE ADDAMS (Progress And The Addams Family) 04.05.90
29. GOMEZ' TRAUM VOM GROSSEN GELD (Morticia, The Breadwinner) 11.05.90
30. FESTER UND DAS ANDERE GESCHLECHT (Uncle Fester's Toupee) 18.05.90
31. VETTER ITT, DAS GENIE (Cousin Itt And The Vocational Counselor) 25.05.90
32. LURCH, DAS POP-IDOL (Lurch, The Teenage Idol) 01.06.90
33. EIN VIEL ZU CHARMANTER FRANZOSE (The Winning Of Morticia Addams) 08.06.90
34. MORTICIAS LIEBESTOLLE SCHWESTER (Morticia's Romance Part One) 15.06.90
35. EINE BRAUT ZUVIEL (Morticia's Romance Part Two) 22.06.90
36. MORTICIAS KÜNSTLERISCHE ERGÜSSE (Morticia, The Sculptress) 29.06.90
37. VERSTEIGERUNG DER TIGERKOPFUHR (Morticia's Favorite Charity) 06.07.90
38. HÄNDCHEN LIEBT LADY FINGERS (Morticia Meets Royalty) 13.07.90
39. VETTER ITT WIRD HOLLYWOODSTAR (My Fair Cousin Itt) 20.07.90
40. GOMEZ, DER EHEBRECHER WIDER WIL-LEN (Gomez, The Reluctant Lover) 27.07.90
41. DIE NACHT DER HEXEN (Halloween Addams Style) 03.08.90
42. AUCH TOTE HABEN WÄHLERSTIMMEN (Gomez, The People's Choice) 10.08.90
43. MORTICIA, DER NEUE STERN AM LITERA-TURHIMMEL (Morticia, The Writer) 17.08.90
44. ONKEL FESTER AUF FREIERSFÜSSEN (Fester Goes On A Diet) 24.08.90
45. WEDNESDAYS ERSTE LIEBE (Feud In The Addams Family) 14.09.90
46. FESTERS TRAUMFRAU MIT DEM BLONDEN BART (Uncle Fester, Tycoon) 21.09.90
47. GOMEZ, DER BIGAMIST (Morticia's Dilemma) 28.09.90
48. GOMEZ, EINBRECHER WIDER WILLEN (Gomez, The Cat Burglar) 05.10.90
49. GOMEZ, DER MANN DES JAHRES (Portrait Of Gomez) 12.10.90
50. ONKEL FESTERS RAUMFAHRTPROGRAMM (The Addams Family Splurges) 19.10.90
51. AUF GROSSER SCHATZSUCHE (The Great Treasure Hunt) 26.10.90
52. HURRIKAN ZSA ZSA GEGEN SCHÖNWET-TERGOTT (Morticia And Gomez Vs. Fester And Grandmama) 02.11.90
53. OPHELIAS LIEBESTRAUM (Ophelia Finds Romance) 09.11.90
54. WEDNESDAY UND PUGSLEY SUCHEN EI-NEN JOB (Pugsley's Allowance) 23.11.90
55. EINE VERWECHSLUNG-IRRENHAUS ODER SCHÖNHEITSFARM? (Happy Birthday, Grandma Frump) 30.11.90
56. WIE KOMMT OPHELIA ZU EINEM MANN? (Ophelia Visits Morticia) 07.12.90
57. GOMEZ WIRD SCHULDIREKTOR (Addams Cum Laude) 14.12.90
58. GIBT ES WIRKLICH DEN WEIHNACHTS-MANN? (Christmas With The Addams Family) 21.12.90
59. EIN BUTLER FÜR BUTLER LURCH (Lurch's Little Helper) 26.01.91
60. HILFE, LÖWE KITTY CAT IST LOS (Cat Addams) 23.02.91
61. DIE LIEBESTROPFEN DER MISS TRIVIA (Lurch's Grand Romance) 02.03.91
62. KOMPONISTIN MORTICIA UND OPHELIA, DER NEUE OPERNSTAR (Ophelia's Career) 23.03.91
63. DER ENTFLAMMTE EISBÄR (The Addams' Policy) 30.12.91
64. VERSICHERUNGSSUMME: 1 MILLION DOL-LAR (Morticia, The Decorator) 03.05.92

FILME:

I. ADDAMS FAMILY (The Addams Family; 1991) 23.01.92; Kino
II. DIE ADDAMS FAMILY IN VERRÜCKTER TRA-DITION (Addams Family Values; 1993) 13.01.94; Kino
III. DIE ADDAMS FAMILY UND DIE LIEBEN VER-WANDTEN (Addams Family Reunion; 1998) 13.11.98; Video

DIE ÄNEIS

F/I/BRD 1972 (?); 4 Episoden
Deutsche Ausstrahlung:
ZDF 1972; 4 Episoden

Darsteller: Giulio Brogi (Äneas), Olga Karlatos (Königin Dido), Dusica Zegarac (Venus/Anna),

Arsen Costa (Askanius), Christian Ledoux (Palinurus), Heinz Moog (Priamus), Angelika Zielke (Kreusa), Marisa Bartoli (Andromache), Vasa Pantelic (Anchises), Bernd Schäfer (Idomeneus), Omar Bonaro (Jarbas), Husein Cokic (Akestes), Jaspar von Oertzen (Euander), Alessandro Haber (Misenus), Andrea Giordana (Turnus), Janez Vrhovec (Latinus), Anna Maria Gherardi (Amata), Carmen Scarpitta (Juturna), Ljuba Kovacevic (Achämenides), Stole Arandjelovic (Mezentius).

Nach der Zerstörung Trojas führt Äneas, Sohn der Venus, die Überlebenden auf der Suche nach einer neuen Heimat an. Als sie in Afrika landen, befiehlt ihnen der Gott Merkur weiter zu ziehen. Nachdem sie weitere Trojaner auf einer Insel finden und Äneas noch einen Plausch in der Unterwelt mit seinem verstorbenen Vater hält, finden sie ihre neue Heimat in Latium.

Geschichte aus der griechischen Sagenwelt, nach den Aufzeichnungen Vergils. Durchschnittliche Unterhaltung.
Jaspar von Oertzen spielte bereits in DIE ODYSSEE (qv).

EPISODEN:
1.   TEIL 1 05.11.72
2.   TEIL 2 12.11.72
3.   TEIL 3 22.11.72
4.   TEIL 4 26.11.72

AEON-COUNTDOWN IM ALL
BRD 1999; 3 Episoden
Deutsche Ausstrahlung:
SAT.1 2000; 3 Episoden

Darsteller: Bernhard Bettermann (Dr. Chris Sanders), Anna Valle (Laura Giordani), Christian Brückner (Dr. Jonathan McBain/"David Battle"), Reiner Schöne (Dr. Maxim Rákoczy), Maren Schumacher (Andrea Decleux), Tobias Hoesl (Dr. Nikolas „Nick" Meissner), Jürgen Hentsch (General Harold Gossett), Charles M. Huber (Commander Roy Gardner), Tilo Prückner (Professor Wanya Sitchek), Dietrich Hollinderbäumer (Matthew Sanders), Katharina Hoffman (Anna Sanders), Martin Falk (Mark Jenkins), Heinz-Josef Braun (Captain Larry Winter), Thomas Darchinger (Wanjedin).

Bei einem Startunfall kommt der Astronaut Matt-

hew Sanders vor den Augen seiner Frau und seines Sohnes Chris ums Leben. Das hält Chris jedoch nicht davon ab, in die Fussstapfen seines Vaters zu treten und ebenfalls Astronaut zu werden. Nachdem Chris für seine erste Mission ausgewählt wurde, setzt sich der angebliche Journalist David Battle mit ihm in Verbindung und erzählt ihm, dass sein Vater nicht bei der Explosion gestorben sei, sondern einen Geheimauftrag zu erfüllen hatte. Wie sich in der Folge herausstellt, ging es hierbei um das sogenannte Omega-Projekt. Omega diente der Erforschung der kosmischen Wolkenformation AEON, die, im Anflug auf die Erde befindlich, seltsame Informationen ausstrahlt, die sich im Alten Testament wiederfinden und durch die Zahlenmystik der Kabbala zu entschlüsseln seien. David Battle erweist sich in Wirklichkeit als der Wissenschaftler McBain, der ebenfalls mit Omega beschäftigt war. Als dieser AEON als Gottes Botschafter bezeichnete, wurde er entlassen und diskreditiert. Nun sinnt er auf Rache und sabotiert alle Pläne zur Errichtung einer Raumstation. Durch seine Tätigkeit als Astronaut und seiner Suche nach der Wahrheit über das Schicksal seines Vaters, wird Chris Sanders in McBains Rachepläne hineingezogen.

Aufwendig inszenierter SF-Dreiteiler, der das „Wir können's doch!"-Gefühl hervorruft. Leider trifft dieses Gefühl nicht auf die Story um Raumfahrt, Verschwörung und Mystik zu. Die weitreichenden Anspielungen von Kabbala bis Genetik bleiben Zierwerk einer flachen Sabotage-Story. Während die Nebenrollen mit einigen der besten deutschen Talente besetzt wurden, bleiben die Hauptakteure hinter den Erwartungen zurück. Bettermann ist gerade noch erträglich, während der Italien-Import Valle ihre Unfähigkeit hinter ihrem dümmlichen Grinsen zu verbergen sucht. Ein gewisses Mass an Interesse halten glücklicherweise die Darstellungen von Hentsch und Prückner aufrecht. Christian Brückner liefert eine eher durchschnittliche Leistung ab, was allerdings grösstenteils an dem zu spielenden Charakter liegen dürfte und Reiner Schöne überrascht mit einer erstaunlich zurückhaltenden Darstellung.
Jürgen Hentsch spielte bereits in DAS SAHARA-PROJEKT (qv); Tilo Prückner in FRANKENSTEINS TANTE (qv).

EPISODEN:
1.   TEIL 1 23.01.00

2.	TEIL 2 24.01.00
3.	TEIL 3 25.01.00

AIRWOLF
(Airwolf)
USA 1984-1986; Pilot & 54 Episoden
CND 1987/1988; 24 Episoden
Deutsche Ausstrahlung:
SAT.1 1986-1988; 40 Episoden
RTL plus 1990-1992; 38 Episoden

Darsteller: Jan-Michael Vincent (Stringfellow Hawke - 1984-86), Ernest Borgnine (Dominic Santini - 1984-86), Alex Cord (Michael Coldsmith Briggs III, „Archangel" - 1984-86), Deborah Pratt (Marella - 1984-86), Jean Bruce Scott (Caitlin O' Shannessy - 1984-86), Barry Van Dyke (Saint John Hawke - 1987/88), Michele Scarabelli (Jo Santini - 1987/88), Geraint Wyn Davies (Major Mike Rivers - 1987/88), Anthony Sherwood (Jason Locke - 1987/88).

Airwolf ist ein Überschall-Helicopter, ausgerüstet mit Raketenwerfer und Maschinengewehr, entwickelt für die „Firma". Erfinder Dr. Moffett entführt Airwolf. Stringfellow Hawke erklärt sich bereit, die Maschine zurückzuholen, wenn ihm im Gegenzug bei der Suche nach seinem verschollenen Bruder geholfen wird. Da offensichtlich niemand daran denkt, das Abkommen einzuhalten, versteckt Hawke Airwolf. Schließlich wird eine Einigung erzielt: Hawke bekommt die versprochene Hilfe und führt dafür gelegentlich Aufträge für die „Firma" aus.
In der zweiten Serie übernimmt der nun nicht mehr so verschollene Bruder, Saint John Hawke, Airwolf und die Aufträge.

Mässige Actionserie, die dennoch recht erfolgreich lief. Der Pilotfilm wurde in Deutschland vorab gar ins Kino gebracht (Start: 22.06.84). Es folgte eine massive Videoauswertung, bevor Airwolf im Fernsehen flog.
Michele Scarabelli spielte später in ALIEN NATION (qv), Geraint Wyn Davies in NICK KNIGHT (qv). Als Gäste flogen mit: June Allyson, Hagan Beggs, Martin E. (Der Sechs-Millionen-Dollar-Mann & Die 7-Millionen-Dollar-Frau) Brooks, Grand L. (Visitor) Bush, Nicholas (Hitchhiker) Campbell, David (Kung Fu & Kung Fu-Im Zeichen des Drachen) Carradine, Angela (Verschollen zwischen fremden Welten) Cartwright, Micha-el (Der Mann vom anderen Stern) Cavanaugh, Christopher (Die Mars-Chroniken) Connelly, Robin Curtis, Shannen (Charmed) Doherty, Henry Darrow, William B. (Akte X) Davis, Dick (Das Ding aus dem Sumpf) Durock, Clu Gulager, Wings Hauser, David Hemmings, Gregg Henry, John Ireland, Robert Ito, Herbert (Kampfstern Galactica) Jefferson jr., Lenore Kasdorf, Lance (Werwolf) LeGault, Anne (Kampfstern Galactica) Lockhart, Barbara Luna, Richard Lynch, Jared (Krieg der Welten) Martin, Doug (Mein Vater ist ein Ausserirdischer) McClure, Heather (Automan) McNair, Robert (Conan) McRay, Julia Nickson, Ken (Super Force) Olandt, Tricia O'Neil, Jason (Teen Engel) Priestley, Michael D. (Ein Fall für Professor Chase) Roberts, Eugene Roche, Joseph Ruskin, David (Space) Spielberg, Dick Van Dyke (Barrys Vater), John (Krieg der Welten) Vernon, Noble Willingham, William Windom, Ray (Das Geheimnis von Twin Peaks) Wise.

FILM:
I.	AIRWOLF (Airwolf; 1983) 22.06.84; Kino

EPISODEN (SAT.1):
1.	ROPERS PLAN (Daddy's Gone A-Huntin')
2.	MIT SPECK FÄNGT MAN MÄUSE (Bite Of The Jackal)
3.	IM DUNKEL DER NACHT (Proof Through The Night)
4.	DER GROSSE BLUFF (One Way Express)
5.	VON DER VERGANGENHEIT EINGEHOLT (Fight Like A Dove)
6.	WER ZAHLT SCHON DOPPELTES LÖSEGELD (Mad Over Miami)
7.	EINE KOPIE VON AIRWOLF (Mind Of The Machine) 01.07.86
8.	DEM WOLF EINE FALLE STELLEN (To Snare A Wolf) 08.07.86
9.	MENSCHENJAGD AUF TEXANISCH (Sweet Britches) 15.07.86
10.	NUKLEARANGRIFF: DER COUNTDOWN LÄUFT (Firestorm) 22.07.86
11.	FLUCH ÜBER AIRWOLF (Moffett's Ghost) 29.07.86
12.	EIN FALSCH PROGRAMMIERTER COMPUTER (The Hunted) 05.08.86
13.	AUF DER SUCHE NACH DEM MÖRDER (Sins Of The Past) 12.08.86
14.	HX 1-EIN GEGNER FÜR AIRWOLF (HX 1) 19.08.86
15.	GEHEIMMISSION LAOS (Once A Hero) 02.09.86
16.	IN DER GEWALT DER MAFIA (Random Target) 09.09.86
17.	ZAHL ODER STIRB (The American Dream) 16.09.86

18.	AUF DER SUCHE NACH DER NADEL IM HEUHAUFEN (Inn At The End Of The Road) 23.09.86

18. AUF DER SUCHE NACH DER NADEL IM HEUHAUFEN (Inn At The End Of The Road) 23.09.86
19. 40 MILLIONEN DOLLAR FÜR SANTINI (Santini's Millions) 30.09.86
20. EIN DOPPELAGENT IN DEN EIGENEN REIHEN (Severance Pay) 07.10.86
21. DIE ERPRESSER FORDERN: NUKLEAR-SPRENGKÖPFE GEGEN AIRWOLF (Kingdom Come) 14.10.86
22. KAMPF DER GIGANTEN: REDWOLF GEGEN AIRWOLF (Airwolf II) 21.10.86
23. SCHNEE IN TEXAS (Wildfire) 28.10.86
24. DIE LASERKANONE VON OLD SILVER CITY (Annie Oakley) 04.11.86
25. VERRAT IN DEN EIGENEN REIHEN (The Horn Of Plenty) 11.11.86
26. EIN 2 MILLIARDEN DOLLAR DEAL (Eagles) 18.11.86
27. FLUG NR. 093 WIRD VERMISST (Flight #093 Is Missing) 25.11.86
28. EIN HINDERNIS AUF DEM WEG ZUR MACHT (The Girl Who Fell From The Sky) 02.12.86
29. UNSCHULDIGE HINTER GITTERN (Break-In At Santa Paula) 09.12.86
30. AIRWOLF WIRD ENTTARNT (Discovery) 16.12.86
31. DER TAG DER ABRECHNUNG (Day Of Jeopardy) 23.12.86

32. GEISELNAHME AUF DER QUEEN MARY (Desperate Monday) 01.12.87
33. VULKANAUSBRUCH (Eruption) 15.12.87
34. DIE WAHRHEIT ÜBER HOLLY (The Truth About Holly) 22.12.87
35. RACHE IST NIE ZU SPÄT (Natural Born) 29.12.87
36. ENTFÜHRT ODER ÜBERGELAUFEN (The Fortune Teller) 05.01.88
37. FLUCHT INS UNGEWISSE (Crossover) 12.01.88
38. EINE DOPPELTE ENTFÜHRUNG (And A Child Shall Lead) 19.01.88
39. DIE JAGD NACH DEM MIKROPUNKT (Hawke's Run) 26.01.88
40. PARADIESVÖGEL: LIEFERUNG FREI HAUS (Birds Of Paradise) 02.02.88

EPISODEN (RTL plus):
41. DER FALSCHE BRUDER (Echoes From The Past) 03.09.90
42. DER ZWEIKAMPF (And They Are Us) 10.09.90
43. IMMER ÄRGER MIT DEN FRAUEN (Fallen Angel) 17.09.90
44. INSEL DER VERDAMMTEN (Condemned) 24.09.90
45. GEFANGENER DER VERGANGENHEIT (Prisoner Of Yesterday) 01.10.90
46. AUS HEITEREM HIMMEL (Out Of The Sky) 08.10.90

47. PFARRER TRAGEN KEINE WAFFEN (Dambreakers) 15.10.90
48. DER KURZE WEG IN DIE FREIHEIT (Short Walk To Freedom) 22.10.90
49. IM LETZTEN AUGENBLICK (Jennie) 29.10.90
50. BLINDER HASS (Deadly Circle) 05.11.90
51. AIRWOLFS HÄRTESTE PROBE (Where Have All The Children Gone?) 19.11.90
52. SCHMUTZIGE GESCHÄFTE (Half-Pint) 26.11.90
53. ALTE FREUNDE (Little Wolf) 10.12.90
54. DER MANN AUS DEM HINTERHALT (Tracks) 17.12.90

55. EIN TÖDLICHER ANSCHLAG (Blackjack) 01.02.91
56. EINE KORRUPTE STADT (A Town For Hire) 08.02.91
57. GEFÄHRLICHE MISSION (Salvage) 15.02.91
58. DIE STIMME DES BLUTES (A Piece Of Cake) 22.02.91
59. STÖRFALL IN STAVOGRAD (Stavograd Part One) 01.03.91
60. TOD AUS DEM OSTEN (Stavograd Part Two) 08.03.91
61. ZUM SCHWEIGEN VERURTEILT (Code Of Silence) 15.03.91
62. DER TERRORISTENJÄGER (Mime Troupe) 22.03.91
63. EIN TÖDLICHER VIRUS (X-Virus) 05.04.91
64. DER DOPPELAGENT (Rogue Warrior) 12.04.91
65. DER TODESZUG (Death Train) 19.04.91
66. SPÄTE RACHE (Ground Zero) 26.04.91
67. EIN ÜBLES KOMPLOTT (Flowers Of The Mountain) 10.05.91

68. DER RATTENFÄNGER (The Key) 29.07.92
69. AUF MESSERS SCHNEIDE (On The Double) 30.07.92
70. DIAMANTENFIEBER (Storm Warning) 31.07.92
71. EIN FALSCHES VERSPRECHEN (The Golden One) 04.08.92
72. IM DSCHUNGEL DER RAUSCHGIFTDEALER (Poppy Chain) 05.08.92
73. GEHIRNWÄSCHE (The Puppet Master) 06.08.92
74. GEISELNAHME (Flying Home) 07.08.92
75. INSEL DER DROGEN (Welcome To Paradise) 11.08.92
76. EIN FAST AUSSICHTSLOSER KAMPF (Malduke) 12.08.92
77. FRAUENGEFÄNGNIS (Escape) 13.08.92
78. AIRWOLF GEGEN SCORPION (Salvage) 14.08.92

AKTE X
(The X-Files)
USA 1993- ; bisher 183 Episoden
USA 1998; Spielfilm
Deutsche Ausstrahlung:
Pro 7 1994- läuft noch; bisher 162 Episoden

Darsteller: David Duchovny (Agent Fox William Mulder), Gillian Anderson (Agent Dana Katherine Scully), Robert Patrick (Agent John Doggett - 2000-), Mitch Pileggi (Assistant Director Walter Sergej Skinner - 1994-), William B. Davis (C. G. B. Spender, der „Raucher"), Jerry Hardin („Deep Throat" - 1993/94), Steven Williams („Mister X" - 1994-96), Laurie Holden (Marita Covarrubias - 1996-), Chris Owens (Agent Jeffrey Spender - 1998-99), James Pickens, Jr. (Assistent Director Alvin Kersh - 1998-), Bruce Harwood (John Fitzgerald Byers), Dean Haglund (Ringo Langly), Tom Braidwood (Melvin Frohike).

Zwei FBI-Agenten im Kampf gegen Übersinnliches, UFOs, „normale" Bösewichter und die Verschleierungstaktik der eigenen Regierung.
Fox Mulder ist der Fachmann für die Fälle aus den Grenzbereichen, ein überaus brillianter Agent, dessen Talente mit der Arbeit an den sogenannten X-Akten völlig verschwendet werden; so jedenfalls die Meinung seiner Vorgesetzten. Bei der Wiedereröffnung der Akten wird ihm die Ärztin Dana Scully zur Seite gestellt. Die Skeptikerin soll einen objektiven Bericht über Mulder und seine Arbeit verfassen. Mit der Zeit entwickelt sich eine tiefe Freundschaft zwischen den beiden.
Im Laufe ihrer Arbeit merken die Agenten, dass einige, offensichtlich hochgestellte, Persönlichkeiten nicht unbedingt jede Wahrheit ans Licht der Öffentlichkeit gezerrt haben möchten.
Als teils hilfreich und teils hinderlich erweisen sich ihre Informanten: „Deep Throat" (benannt nach der Geheimquelle der Reporter Woodward und Bernstein), der am Ende der ersten Staffel erschossen wird, „Mister X", ein wesentlich unangenehmerer Vertreter seiner Zunft als sein Vorgänger, den Ende der dritten Staffel das gleiche Schicksal ereilte, und Marita Covarrubias.
Der „Smoking Man" — Zigarette rauchen symbolisiert im zeitgenössischen amerikanischen Fernsehen den Bösewicht — ist die Schattengestalt im Hintergrund, die unseren Helden möglichst viele Steine in den Weg wirft.

Wohl DIE Kultserie der neunziger Jahre. Während andere Fernsehmacher es immer noch mit Action versuchten, starteten Serienerfinder Chris Carter und seine Mannen ihren Siegeszug mit einer Serie, die insbesondere durch Stimmung zu überzeugen wusste.
Trotz anfänglich schlechter Einschaltquoten wurde AKTE X weitergeführt und erreichte bald eine Popularität, die wohl nur von der des STAR TREK-Universums übertroffen wird.
Einen etwas ungewöhnlichen Gastauftritt hatten die FBI-Agenten in der Episode „The Springfield Files" (Die Akte Springfield) der Zeichentrickreihe THE SIMPSONS. Die Originalstimmen von Duchovny und Anderson wurden im Deutschen tatsächlich von den AKTE X-üblichen Synchronsprechern übernommen.
2001 entstand die Spin off-Serie THE LONELY GUNMEN.
David Duchovny war bereits im Rahmen der Serie DAS GEHEIMNIS VON TWIN PEAKS (qv) beim FBI angestellt. In die Untersuchungen des FBI hineingezogen wurden die Gaststars Jay (Die Schöne und das Biest) Acovone, Michael (Das Geheimnis von Twin Peaks) Anderson, Stefan (Planet der Giganten) Arngrim, Steve Bacic, Frances Bay, Matthew (Total Recall 2070) Bennett, Michael Berryman, Richard (Das Geheimnis von Twin Peaks) Beymer, Peter Boyle, Alex Bruhanski, Bruce (Die Abenteuer des Brisco County, Jr.) Campbell, Veronica Cartwright, Michael (Dark Shadows & Der Mann vom anderen Stern) Cavanaugh, Kristen (Space 2063) Cloke, Signy (Die Maske) Coleman, Roger R. (First Wave) Cross, Kim Darby, Jan (Das Geheimnis von Twin Peaks) D'Arcy, Don S. (Das Geheimnis von Twin Peaks & Stargate) Davis, Cliff DeYoung, John Diehl, Peter (Time Trax) Donat, Brad (Wild Palms) Dourif, Billy (Die Abenteuer des Brisco County, Jr.) Drago, Michael Ensign, Michael Fairman, Jenny (Alien Nation) Gago, April Grace, Seth (Buffy) Green, Stacy (Superboy, seaQuest DSV & Clan der Vampire) Haiduk, Anthony Harrison, Lance (Millennium) Henriksen, Jennifer Hetrick, Doug Hutchison, Robert Ito, Hiro Kanagawa, Rob (First Wave) LaBelle, Louise Latham, Ed (Schöne neue Zeit) Lauter, Nicholas Lea, Megan Leitch, Tea Leoni, Lucy Liu, Robyn (Teen Engel & Das Geheimnis von Twin Peaks) Lively, William (Outlaws) Lucking, Carl (M.A.N.T.I.S.) Lumbly, Blu (M.A.N.T.I.S. & Robocop) Mankuma, Heather (Profiler) McComb, Stephen (Die Schöne und das Biest) McHattie, Bob Morrisey, James (Spa-

ce 2063) Morrison, George Murdock, John Neville, Randy (Teen Engel) Oglesby, Terry (Millennium) O' Quinn, Amanda (Max Headroom & The Flash) Pays, Bobbie (Countdown X) Phillips, Gerard Plunkett, CCH Pounder, Cynthia (Total Recall 2070) Preston, Tim (Sindbads Abenteuer) Progosh, John (Die Abenteuer des Brisco County, Jr.) Pyper-Ferguson, Steve (Visitor) Railsback, Andrew (Star Trek: Deep Space Nine) Robinson, Charles (Max Headroom) Rocket, Mark (Profiler) Rolston, Rodney (Space 2063) Rowland, William Sanderson, John Savage, Wendy (Fantasy Island) Schaal, Vincent Schiavelli, Garry Shandling, Gregory Sierra, James Sloyan, Tucker (Space 2063) Smallwood, Charles Martin Smith, Kurtwood Smith, Carrie Snodgress, Sebastian (First Wave) Spence, Malcolm Stewart, Amanda (Stargate) Tapping, Roy (Invasion von der Wega) Thinnes, Brian (Clan der Vampire) Thompson, Kenneth (Der Mann aus dem Meer) Tigar, Brittany (Millennium) Tiplady, Tony Todd, Ian (Die Minikins) Tracey, Justina (Seven Days) Vail, Jesse "The Body" Ventura, Fritz (Die Mars-Chroniken) Weaver, Morgan (Space 2063) Weisser, Floyd Red Crow Westerman, Morgan Woodward und Bruce A. (Sentinel) Young.

Hollywood-Star Jodie Foster steuerte in einer Episode ihre Stimme bei.

EPISODEN:

1.   GEZEICHNET (The X-Files) 05.09.94
2.   DIE WARNUNG (Deep Throat) 12.09.94
3.   DAS NEST (Squeeze) 19.09.94
4.   SIGNALE (Conduit) 26.09.94
5.   DER TEUFEL VON JERSEY (The Jersey Devil) 10.10.94
6.   SCHATTEN (Shadows) 17.10.94
7.   DIE MASCHINE (Ghost In The Machine) 24.10.94
8.   EIS (Ice) 31.10.94
9.   BESESSEN (Space) 07.11.94
10.   GEFALLENER ENGEL (Fallen Angel) 14.11.94
11.   EVE (Eve) 21.11.94
12.   FEUER (Fire) 28.11.94
13.   DIE BOTSCHAFT (Beyond The Sea) 05.12.94
14.   VERLOCKUNGEN (GenderBender) 12.12.94
15.   LAZARUS (Lazarus) 19.12.94
16.   EWIGE JUGEND (Young At Heart) 13.01.95
17.   TÄUSCHUNGSMANÖVER (E.B.E.) 20.01.95
18.   DER WUNDERHEILER (Miracle Man) 27.01.95
19.   VERWANDLUNGEN (Shapes) 03.02.95
20.   DER KOKON (Darkness Falls) 10.02.95
21.   EIN NEUES NEST (Tooms) 17.02.95
22.   WIEDERGEBOREN (Born Again) 24.02.95
23.   ROLAND (Roland) 03.03.95
24.   DAS LABOR (The Erlenmeyer Flask) 03.03.95
25.   KONTAKT (Little Green Men) 07.09.95
26.   DER PARASIT (The Host) 14.09.95
27.   BLUT (Blood) 21.09.95
28.   SCHLAFLOS (Sleepless) 28.09.95
29.   UNTER KONTROLLE (Duane Berry) 05.10.95
30.   SEILBAHN ZU DEN STERNEN (Ascension) 12.10.95
31.   DREI ('3') 19.10.95
32.   AN DER GRENZE (One Breath) 26.10.95
33.   DER VULKAN (Firewalker) 02.11.95
34.   ROTES MUSEUM (Red Museum) 09.11.95
35.   EXCELSIS DEI (Excelsis Dei) 16.11.95
36.   BÖSE GEBOREN (Aubrey) 23.11.95
37.   TODESTRIEB (Irresistible) 30.11.95
38.   SATAN (Die Hand Die Verletzt) 07.12.95
39.   FRISCHE KNOCHEN (Fresh Bones) 14.12.95
40.   DIE KOLONIE 1 (Colony) 21.12.95
41.   DIE KOLONIE 2 (End Game) 28.12.95
42.   SOPHIE (Fearful Symmetry) 04.01.96
43.   TOTENSTILLE (Dod Kalm) 11.01.96
44.   DER ZIRKUS (Humbug) 18.01.96
45.   VERSEUCHT (F. Emasculata) 25.01.96
46.   DAS EXPERIMENT (Soft Light) 01.02.96
47.   UNSERE KLEINE STADT (Our Town) 08.02.96
48.   HEILIGE ASCHE (The Calusari) 26.02.96

49.   ANASAZI (Anasazi) 02.05.96

50.   DAS RITUAL (The Blessing Way) 24.10.96
51.   VERSCHWÖRUNG DES SCHWEIGENS (Paper Clip) 31.10.96
52.   BLITZSCHLAG (D.P.O.) 07.11.96
53.   DER HELLSEHER (Clyde Bruckman's Final Repose) 14.11.96
54.   DER ZWEITE KÖRPER (The Walk) 21.11.96
55.   OFFENBARUNG (Revelations) 28.11.96
56.   KRIEG DER KOPROPHAGEN (War Of The Coprophages) 05.12.96
57.   ENERGIE (Syzygy) 12.12.96
58.   DER FEIND 1 (Piper Maru) 19.12.96
59.   DER FEIND 2 (Apocrypha) 02.01.97
60.   MEIN WILLE SEI DEIN WILLE (Pusher) 09.01.97
61.   DER FLUCH (Teso Dos Bichos) 16.01.97
62.   DER ZUG (731) 23.01.97
63.   DIE AUTOPSIE (Nisei) 30.01.97
64.   HÖLLENGELD (Hell Money) 06.02.97
65.   ANDERE WAHRHEITEN (José Chung's „From Outer Space") 13.02.97
66.   HEIMSUCHUNG (Avatar) 20.0.97
67.   DER SEE (Quagmire) 27.02.97
68.   DIE LISTE (The List) 27.02.97
69.   FERNGESTEUERT (Wetwired) 06.03.97
70.   FETT (2Shy) 06.03.97
71.   PARALLELE (Oubliette) 13.03.97
72.   GROTESKE (Grotesque) 20.03.97
73.   DER TAG STEHT SCHON FEST (Talitha Cumi) 27.03.97

74.   HERRENVOLK (Herrenvolk) 14.09.97

171. (Salvage)
172. (Badlaa)
173. (The Gift)
174. (Medusa)
175. (Per Manum)
176. (This Is Not Happening)
177. (Deadalive)
178. (Three Words)
179. (Empedocles)
180. (Vienen)
181. (Alone)
182. (Essence)
183. (Existence)

FILM:

I. AKTE X-DER FILM (The X-Files: Fight The Future; 1998) 06.08.98; Kino

ALARM

BRD 1972; 13 Episoden
Ausstrahlung:
WDR regional 1972; 12 Episoden
NDR/RB regional 1973; 1 Episode

Darsteller: Karl Lange (Dr. Björnström), Hans Cossy (Dr. Sprang), Jörg Pleva (Tjatin), Werner Bruhns (Otto Langer), E. Roll (Uhlemeier), Gaby Herbst (Waki Ikagawa), Yvonne René (Giselle).

Die „Gruppe 5" ist ein Zusammenschluss von Wissenschaftlern, natürlich fünf an der Zahl, die sich der Verbrechensbekämpfung verschrieben haben. Wie das so passiert, wenn Wissenschaftler böse Menschen bekämpfen, dreht es sich natürlich immer um Fälle, die mit den neuesten wissenschaftlichen Erkenntnissen in Zusammenhang stehen.

Eine der vielen deutschen Regionalprogrammserien, die in nahezu völlige Vergessenheit geraten sind. Ob zu recht, mag ich nicht beurteilen, da auch ich mich nicht an diese Serie erinnere.

EPISODEN:
1. NOBELPREISTRÄGER NEERGARD 18.05.72
2. SANDSTURM AUF DEM MEERESGRUND 25.05.72
3. PRÄMIE UM JEDEN PREIS 02.06.72
4. NUR EIN BISSCHEN KUPFER 08.06.72
5. DER UNDICHTE COMPUTER 15.06.72
6. JUPITER KAUFT AUF 29.06.72
7. MÜLL FÜR DIE HÖLLE 07.07.72
8. APPETIT AUF QUECKSILBER 21.07.72
9. MACHT AN DÜNNEN DRÄHTEN 04.08.72
10. MIKROBEN SPIELEN VERRÜCKT 11.08.72
11. MEINUNG NACH MASS 25.08.72
12. DER AFFENKÄFIG 15.09.72
13. DER GESTEUERTE PROFESSOR 24.10.73

ALARM IM SCHLOSSMUSEUM

BRD 1982; 3 Episoden
Ausstrahlung:
ZDF 1983; 3 Episoden

Darsteller: Peter Zilles (Ferdinand), Edwige Pierre (Aisisa), Christian Ebel (Professor Doktor Treuler), Michaela Geuer (Katharina), Michael Klemm (Eusebius), Marlene Buddle.

Im Salzgadener Schlossmuseum gehen die Geister um. Der Kunsthistoriker Treuler versucht, Ferdinand und Aisisa, die es bereits auf stolze 200 Jahre Spukdienst bringt, durch gutes Zureden von ihrer nächtlichen Beschäftigung abzubringen. Aber, ach, welcher Geist hört schon auf gutes Zureden. Kann die neu installierte Alarmanlage die Lösung bringen?

Mehrteiliger Kinderfilm nach dem Roman von Eva Rechlin.

EPISODEN:
1. AUFGEHÄNGTER HERR GESUCHT 03.01.83
2. RENDEZVOUS UM MITTERNACHT 10.01.83
3. GESPENSTERREIGEN 17.01.83

ALF
(Alf)
USA 1986-1990; 99 Episoden (3 doppellange)
USA 1995; Fernsehfilm
Deutsche Ausstrahlung:
ZDF 1988-1991; 100 Episoden

Darsteller: Max Wright (Willie Tanner), Anne Schedeen (Kate Tanner), Andrea Elson (Lynn Tanner), Benji Gregory (Brian Tanner), John La-Motta (Trevor Ochmonek), Liz Sheridan (Raquel Ochmonek).

Plumps! In der Garage der amerikanischen Durchschittsfamilie Tanner landet der Ausserirdische Gordon Shumway, ein kleines behaartes Wesen, das gut als Plüschtier zu verkaufen ist. Da sein Heimatplanet Melmac wohl verpufft ist und ein öffentliches Auftreten im ehemals einwandererfreundlichen Amerika nicht ratsam wäre, nistet sich Alf, wie er nun mehr oder weniger liebevoll genannt wird, bei den Tanners ein.

Der chaotische Charakter und der nie enden wollende Appetit des tapirnasigen Riesentribbles sorgen in der Folgezeit für viel Gelächter vom Band.

Die Idee eine Situationskomödie um den „Besuch" eines Ausseridischen zu kreieren ist wahrlich nicht neu. In den Sechzigern war dies ein Onkel vom Mars, in den Siebzigern ein aus dem Ei gepellter Ausgestossener vom Ork. Während jedoch diese beiden Vorreiter äusserlich noch menschliche Züge aufwiesen, präsentierten die Achtziger, das Zeitalter des Merchandising, dieses Knuddelwesen. Die Rechnung ging auf. Alf-Stoffpuppen und andere „unverzichtbare" Utensilien überschwemmten unseren Planeten. Möglicherweise war dies die eigentliche Invasion einer ausserirdischen Macht, vor der uns Filmemacher und Science Fiction-Autoren schon immer warnten.

Über Alf, übriges das Kürzel für „Alien Life Form" (Ausserirdische Lebensform), folgte eine Zeichentrickserie, die seine Abenteuer auf seinem Heimatplaneten beschrieb. 1995 folgte ein Fernsehfilm (in Deutschland wurde ein Kinostart versucht) — gefloppter Nachgesang auf einem ehemals grossen Star.

Max Wright spielte bereits in DIE SPEZIALISTEN UNTERWEGS (qv). Als Gaststars traten Frances Bay, Michael Berryman, Dr. Joyce Brothers, Diane (Die Spezialisten unterwegs) Civita, Elisha Cook, Bill (Bezaubernde Jeannie) Daily, Michael Des Barres, Shannen (Charmed) Doherty, Jeff (Alien Nation) Doucette, Sherman (Superboy) Howard, Theodore (seaQuest DSV) Raimi, Joshua (Der Familienschreck) Rudo, Emily (Vicki) Schulman, Todd (Scorch & Burning Zone) Susman und Kenneth (Der Mann aus dem Meer) Tigar in Erscheinung.

Im Nachfolgefilm spielten unter anderen Ed Begley, Jr., Miguel (Das Geheimnis von Twin Peaks & Stephen King's The Stand) Ferrer, Martin Sheen, David Ogden Stiers und Ray (Mein Onkel vom Mars) Walston.

EPISODEN:
1.   HALLO, DA BIN ICH (Alf) 05.01.88
2.   DIE NACHT, IN DER DIE PIZZA KAM (Strangers In The Night) 12.01.88
3.   KATZENJAMMER (Looking For Lucky) 18.01.88
4.   GROSSER MANN, WAS NUN? (Pennsylvania 6-5000) 26.01.88
5.   PARASIT MIT PUDERQUASTE (Keepin' The Faith) 02.02.88
6.   GANZ IM VERTRAUEN (For Your Eyes Only) 09.02.88
7.   FRÖHLICHE FERIEN (On The Road Again) 23.02.88
8.   BÜHNE FREI FÜR SPARGELSPITZEN (It's Not Easy-Bein' Green) 01.03.88
9.   EIN MÄDCHEN NAMENS RHONDA (Help Me, Rhonda) 08.03.88
10.   EIFERSUCHT NACH NOTEN (Don't It Make My Brown Eyes Blue) 15.03.88
11.   DER SPRUNG IN DIE TIEFE (Jump) 22.03.88
12.   DIE SPRITZTOUR (Baby, You Can Drive My Car) 29.03.88
13.   WENN SCHWIEGERMUTTER KOMMT (Mother And Child Reunion) 05.04.88
14.   DIE FERNSEHFAMILIE (Little Bit Of Soap) 12.04.88
15.   MIT DEN BESTEN WÜNSCHEN AUS DEM JENSEITS (I've Got A New Attitude) 12.04.88
16.   DER AUSREISSER (Border Song) 19.04.88
17.   EIN KÄFIG FÜR DEN NAREN (Wild Thing) 19.04.88
18.   FENSTER ZUM GARTEN (Lookin' Through The Window) 26.04.88
19.   BRIANS STERNSTUNDE (Weird Science) 26.04.88
20.   SCHULDEN UND SÜHNE (The Gambler) 03.05.88
21.   DER BLINDE PASSAGIER (Come Fly With Me) 03.05.88
22.   DER ROLLENTAUSCH (Going Out Of My Head Over You) 10.05.88
23.   DER KAMMERJÄGER UND DIE KAKERLAKE (La Cucaracha) 10.05.88
24.   GESTATTEN, MEIN NAME IST SCHLEGEL 1 (Try To Remember) 17.05.88
25.   GESTATTEN, MEIN NAME IST SCHLEGEL 2 (Try To Remember) 17.05.88

26.   EINE SCHÖNE BESCHERUNG (Oh, Tannerbaum) 13.12.88
27.   WENN DER WEIHNACHTSMANN KOMMT 1 (Alf's Special Christmas) 20.12.88
28.   WENN DER WEIHNACHTSMANN KOMMT 2 (Alf's Special Christmas) 20.12.88
29.   ZUR BESTEN SENDEZEIT (Prime Time) 13.01.89
30.   STETS ZU DIENSTEN (Working My Way Back To You) 13.01.89
31.   IN DER KUTTE DES BÜSSERS (Wedding Bell Blues) 20.01.89
32.   EIN SCHOCK FÜRS LEBEN (Take A Look At Me Now) 20.01.89
33.   REIF FÜR DIE INSEL (Ballad Of Gilligan's Island) 27.01.89

34. DAS KOSTÜMFEST (Some Enchanted Evening) 27.01.89
35. DER SCHÖNHEITSWETTBEWERB (Pretty Woman) 03.02.89
36. SCHLUCKAUF MARKE MELMAC (Something's Wrong With Me) 03.02.89
37. EINE REISE DURCH DIE NACHT (Night Train) 10.02.89
38. DER TRAUMKANDIDAT (Hail To The Chief) 10.02.89
39. DER JUNGE VON NEBENAN (The Boy Next Door) 17.02.89
40. PARADIES FÜR FLITTERWÖCHNER (Isn't It Romantic?) 17.02.89
41. ONKEL ALBERT (We're So Sorry, Uncle Albert) 24.02.89
42. ANWALT IN EIGENER SACHE (Can I Get A Witness) 24.02.89
43. AUF VERBRECHERJAGD 1 (Someone To Watch Over Me Part One) 03.03.89
44. AUF VERBRECHERJAGD 2 (Someone To Watch Over Me Part Two) 03.03.89
45. DIE UNTERMIETERIN (We Gotta Get Out Of This Place) 10.03.89
46. EIN WIDERSACHER AUF VIER BEINEN (You Ain't Nothin' But A Hound Dog) 10.03.89
47. DER GEIST AUS DER FLASCHE (Tequila) 17.03.89
48. PAULES PUPPENSPIELER (I'm Your Puppet) 17.03.89
49. DIE BEFÖRDERUNG (Movin' Out) 31.03.89
50. NEBENJOB GESUCHT (Varsity Drag) 31.03.89
51. AUGE UM AUGE (Hit Me With Your Best Shot) 07.04.89
52. DER SCHRITT IN DIE ÖFFENTLICHKEIT (We Are Family) 07.04.89

53. RENDEZVOUS GEFÄLLIGST (Stop In The Name Of Love) 16.01.90
54. BLICK ZURÜCK NACH VORN (Stairway To Heaven) 16.01.90
55. NACHBARSCHAFTSHILFE (Breaking Up Is Hard To Do) 19.01.90
56. REDEN IST BLECH (Promises, Promises) 19.01.90
57. DER MYSTERIÖSE FREMDE 1 (Turkey In The Straw Part One) 26.01.90
58. DER MYSTERIÖSE FREMDE 2 (Turkey In The Straw Part Two) 26.01.90
59. AUF NEUEN WEGEN (Changes) 02.02.90
60. EIN HIPPIE NAMENS WILLIE (My Back Pages) 02.02.90
61. COUSIN BLINKY (Alone Again, Naturally) 09.02.90
62. DER ZAUBERLEHRLING (Do You Believe In Magic?) 09.02.90
63. DER ZEUGE IM NETZ (Hide Away) 16.02.90
64. EIN FALL FÜR DREI (Fight Back) 16.02.90

65. ICH UND DER KING (Suspicious Minds) 23.02.90
66. EIN BABY AUF PROBE (Baby Love) 23.02.90
67. ERPRESSER AM TELEFON (Running Scared) 02.03.90
68. DER LIEBESDIENER (Standing In The Shadows Of Love) 02.03.90
69. DER PECHVOGEL (Superstition) 09.03.90
70. ZWISCHEN ZWEI STÜHLEN (Torn Between Two Lovers) 09.03.90
71. DER HERR DER AMEISEN (Funeral For A Friend) 16.03.90
72. BANGEMACHEN GILT NICHT (Don't Be Afraid Of The Dark) 16.03.90
73. MUTTER LANGFINGER (Have You Seen Your Mother, Baby?) 23.03.90
74. DER TRAMP (Like An Old Time Movie) 23.03.90
75. DIE ERDE BEBT (Shake, Rattle And Roll) 30.03.90
76. DER GEBURTSHELFER (Having My Baby) 30.03.90
77. ERIC, WO BIST DU? (Baby, Come Back) 06.04.90
78. WIE GEWONNEN, SO ZERRONNEN (We're In The Money) 06.04.90

79. MR. UNIVERSUM (Lies) 11.01.91
80. DER HEIRATSSCHWINDLER (Wanted Dead Or Alive) 18.01.91
81. EIN SEELENKUNDLER FÜR DEN HAUSGEBRAUCH (Mind Games) 25.01.91
82. IM BAUMWOLLRAUSCH (Hooked On A Feeling) 08.02.91
83. BRUDER NEAL (He Ain't Heavy, He's Willie's Brother) 15.02.91
84. DARF ICH BEKANNT MACHEN...? (The First Time Ever I Saw Your Face) 22.02.91
85. ALLES FÜR DIE KATZ' (Live And Let Die) 01.03.91
86. UNGEBETENE GÄSTE (Break Up To Make Up) 08.03.91
87. MÄNNERWIRTSCHAFT (Happy Together) 15.03.91
88. EIN SCHWIERIGER PATIENT (Fever) 22.03.91
89. DIE HAWAII-PARTY (It's My Party) 05.04.91
90. ES WAR EINMAL EIN KOMIKER (Make 'Em Laugh) 12.04.91
91. IN LETZTER MINUTE (Love On The Rocks) 19.04.91
92. GENIE UND WAHNSINN (True Colors) 26.04.91
93. DER JODELPRIESTER (Gimme That Old Time Religion) 03.05.91
94. BLENDENDE AUSSICHTEN (Future's So Bright, I Gotta Wear Shades) 10.05.91
95. DIE SENIORENPARTY (When I'm Sixty-Four) 17.05.91
96. AUF SCHATZSUCHE (Mr. Sandman) 24.05.91

97. DER UMWELTSCHÜTZER (Stayin' Alive)
31.05.91
98. DIE WOLFSHUNGERDIÄT (Hungry Like The
Wolf) 14.06.91
99. UMZUGSFREUDEN (I Gotta Be Me) 21.06.91
100. DIE ENTSCHEIDUNG (Consider Me Gone)
28.06.91

EPISODE (nicht gesendet):
101. (Tonight, Tonight)

FILM:
I. ALF-DER FILM (Project: Alf) 09.05.96; Kino

ALFONSO BONZO
(Alfonso Bonzo)
GB 1989; 5 Episoden
Deutsche Ausstrahlung:
ZDF 1992; 5 Episoden

Darsteller: Alex Jennings (Alfonso Bonzo), Scott
Riley (Billy Webb), Mike Walling (Trevor Trotman), Susan Porrett (Mrs. Webb), Brian Hall (Mr.
Webb), Fleur Taylor (Linda Webb), Rory McNicholl (Scott Barnacle).

Der Junge Billy Webb erzählt im Krankenhaus
seinem neuen Zimmerkumpan, dem Reporter
Trevor Trotman, eine seltsame Geschichte.
Billy trifft Alfonso Bonzo, der sich selbst als italienischen Austauschstudenten bezeichnet. Was Alfonso allerdings meint, stellt sich in kürzester Zeit
heraus: Er kann Dinge und Personen austau-
schen. In der Folge erlebt Billy, wie sein Hund
plötzlich spricht und wie sogar seine Eltern ausgetauscht werden.

Britische Kinderserie nach dem Roman von An-
drew Davies, der auch das Drehbuch verfasste.
Als Nachfolgeserie folgte NEUE GESCHICHTEN
VON BILLY WEBB (qv).

EPISODEN:
1. DIE ZAUBERTASCHE (- liegt nicht vor -)
21.04.92
2. DIE SACHE MIT DEN MÄUSEN (- liegt nicht
vor -) 21.04.92
3. WIRBEL UM GUILIETTA (- liegt nicht vor -)
23.04.92
4. FRED, DER SPRECHENDE HUND (- liegt
nicht vor -) 23.04.92
5. DER VERTAUSCHTE FERNSEHER (- liegt
nicht vor -) 25.04.92

6. BILLYS LETZTER TAUSCH <Zusätzlicher Titel
der Ausstrahlung in 6 Episoden>

ALFRED HITCHCOCK ZEIGT siehe: **FILM
AUS DER ALFRED HITCHCOCK-SERIE,
EIN**

ALFRED HITCHCOCK ZEIGT
(The Alfred Hitchcock Hour)
USA 1962-65; 93 Episoden
Deutsche Ausstrahlung:
ARD 1967-69; 6 Episoden

Darsteller: Alfred Hitchcock (Gastgeber).

Weiterführung der Reihe EIN FILM AUS DER AL-
FRED HITCHCOCK-SERIE (qv) — dieses Mal
im amerikanischen Stundenformat, also knapp
über 50 Minuten lang.

In den in Deutschland ausgestrahlten Episoden
spielten unter anderen mit: John Cassavetes,
Bruce Dern, Norman Fell, John Forsythe, Anne
Francis, Katherine Ross und Gena Rowlands.
Bekannte oder anderweitig wichtige Darsteller in
den nicht gezeigten Folgen waren John Abbott,
Richard (Der Sechs-Millionen-Dollar-Mann & Die
7-Millionen-Dollar-Frau) Anderson, Edward As-
ner, Richard (Mission Seaview) Basehart, Lee
Bergere, Whit (Time Tunnel) Bissel, James Ca-
an, David (Kung Fu & Kung Fu: Im Zeichen des
Drachen) Carradine, John Carradine, William
Conrad, Royal (Das Geheimnis von Twin Peaks)
Dano, Angie (Wild Palms) Dickinson, Robert Du-
vall, Peter Falk, Peter Fonda, Joan Fontaine,
Don Galloway, Lillian Gish, Frank Gorshin, Peter
(Kobra, übernehmen Sie & In geheimer Mission)
Graves, Steven (Kobra, übernehmen Sie) Hill,
John Hoyt, Jeffrey Hunter, Victor Jory, Brian
Keith, Sally Kellerman, Walter (Raumschiff Enter-
prise) Koenig, Martin (Kobra, übernehmen Sie &
Mondbasis Alpha 1) Landau, Christopher (Robin
Hood) Lee, June (Verschollen zwischen fremden
Welten) Lockhart, Robert (Wild Palms) Loggia,
Carol Lynley, James MacArthur, Lee (Der Sechs-
Millionen-Dollar-Mann) Majors, Jayne Mansfield,
Don (Planet der Giganten) Marshall, James (An-
no Domini) Mason, Roddy (Planet der Affen,
Fantastic Journey & Die Mars-Chroniken) McDo-
wall, Darren (Der Nachtjäger) McGavin, Vera Mi-

les, Ray Milland, Barry (Mondbasis Alpha 1) Morse, Bill (Verschollen zwischen fremden Welten & Babylon 5) Mumy, Leslie Nielsen, Susan Oliver, David Opatoshu, Andrew (V) Prine, Robert Redford, Michael Rennie, Madlyn Rhue, Telly Savalas, Henry Silva, Dean (Zurück in die Vergangenheit) Stockwell, Gloria Swanson, Torin Thatcher, Jane Wyatt, Gig Young, John (Time Tunnel) Zaremba und Efrem Zimbalist, Jr.

EPISODEN:
1. ALTE LIEBE ROSTET NICHT (Murder Case) 20.01.67
2. KOBALT 60 (The Dividing Wall) 21.04.67
3. DIE FALLE (The Trap) 28.07.67
4. DER LETZTE ANRUF (Night Caller) 24.05.68
5. EINER WEISS MEHR (The Star Juror) 21.07.69
6. GENERALVOLLMACHT (Power Of Attorney) 30.12.69

EPISODEN (nicht gesendet):
7. (Piece Of The Action)
8. (Don't Look Behind You)
9. (Night Of The Owl)
10. (I Saw The Whole Thing)
11. (Captive Audience)
12. (Final Vow)
13. (Annabel)
14. (House Guest)
15. (The Black Curtain)
16. (Day Of Reckoning)
17. (Ride The Nightmare)
18. (Hangover)
19. (Bonfire)
20. (The Tender Poisoner)
21. (The 31st Of February)
22. (What Really Happened)
23. (Forecast: Low Clouds And Coastal Fog)
24. (A Tangled Web)
25. (To Catch A Butterfly)
26. (The Paragon)
27. (I'll Be The Judge, I'll Be The Jury)
28. (Diagnosis: Danger)
29. (The Lonely Hour)
30. (The Long Silence)
31. (An Out For Oscar)
32. (Death And The Joyful Woman)
33. (Last Seen Wearing Bluejeans)
34. (The Dark Pool)
35. (Dear Uncle George)
36. (Run For Doom)
37. (Death Of A Cop)
38. (A Home Away From Home)
39. (A Nice Touch)
40. (Terror At Northfield)
41. (You'll Be The Death Of Me)
42. (Blood Bargain)
43. (Nothing Ever Happens In Linvale)
44. (Starring The Defense)
45. (The Cadaver)
46. (Good-Bye, George)
47. (How To Get Rid Of Your Wife)
48. (Three Wives Too Many)
49. (The Magic Shop)
50. (Beyond The Sea Of Death)
51. (The Evil Of Adelaide Winters)
52. (The Jar)
53. (Final Escape)
54. (Anyone For Murder?)
55. (Beast In View)
56. (Behind The Locked Door)
57. (A Matter Of Murder)
58. (The Gentleman Caller)
59. (The Ordeal Of Mrs. Snow)
60. (Ten Minutes From Now)
61. (Sign Of Satan)
62. (Who Needs An Enemy?)
63. (Bed Of Roses)
64. (Second Verdict)
65. (Isabel)
66. (Body In The Barn)
67. (The Return Of Verge Likens)
68. (Change Of Address)
69. (Water's Edge)
70. (The Life And Work Of Juan Diaz)
71. (See The Monkey Dance)
72. (Lonely Place)
73. (The McGregor Affair)
74. (Misadventure)
75. (Triumph)
76. (Memo From Purgatory)
77. (Consider Her Ways)
78. (The Crimson Witness)
79. (Where The Woodbine Twineth)
80. (Final Performance)
81. (Thanatos Place Hotel)
82. (One Of The Family)
83. (An Unlocked Window)
84. (Wally, The Beard)
85. (Death Scene)
86. (The Photographer And The Undertaker)
87. (Thou Still Unravished Bride)
88. (Completely Foolproof)
89. (The World's Oldest Motive)
90. (The Monkey's Paw-A Retelling)
91. (The Second Wife)
92. (Night Fever)
93. (Off Season)

ALFRED HITCHCOCK ZEIGT
(Alfred Hitchcock Presents)
USA 1985-89; 80 Episoden
Deutsche Ausstrahlung:
RTL plus 1989; 75 Episoden

Darsteller: Alfred Hitchcock (Gastgeber).

Neuauflage des Klassikers ALFRED HITCH-COCK PRESENTS, von der auch einige Folgen auf deutschen Fernsehschirmen zu sehen waren; siehe: EIN FILM AUS DER ALFRED HITCH-COCK-SERIE.

Erneut werden sarkastischen, manchmal phantastische Geschichten erzählt, die meist mit einer besonderen Schlusspointe aufwarten.

Die erste Staffel dieser neuen Reihe zeigte vornehmlich Remakes der alten Serie. Nach nur einer Staffel stellte NBC die Reihe ein. Der Kabelsender USA brachte diese Folgen als Wiederholungen und fing im Januar 1987 damit an, den „alten" Episoden neu gedrehte unterzumischen. Als Einführung der jeweiligen Folgen benutzte man die Hitchcock-Clips des Klassikers, allerdings in computercolorierter Form.

Darsteller in der neuen Anthologie waren unter anderem Richard (Der Sechs-Millionen-Dollar-Mann & Die 7-Millionen-Dollar-Frau) Anderson, Paul Bartel, Ned Beatty, Dirk (Kampfstern Galactica) Benedict, Nigel (Nick Knight & Psi Factor) Bennett, Robert Carradine, Bernie Casey, David Cassidy, Lewis Collins, John (Kampfstern Galactica) Colicos, Ronny Cox, Geraint Wyn (Airwolf & Nick Knight) Davies, Don S. (Das Geheimnis von Twin Peaks & Stargate) Davis, Bruce (Harry und die Hendersons) Davison, Catherine (Krieg der Welten & Nick Knight) Disher, Carolyn Dunn, Samantha Eggar, Greg (TekWar) Evigan, Page (Hitchhiker) Fletcher, Denis (Krieg der Welten) Forest, Colin (Psi Factor) Fox, Alan (Der Mann aus dem Meer) Fudge, Andy Garcia, Stefan (Dark Shadows) Gierasch, Melanie Griffith, Mark Hamill, Jerry (Akte X) Hardin, John Heard, Tippi Hedren, David (Captain Power) Hemblen, Barbara Hershey, John Huston, Michael (V & seaQuest 2032) Ironside, Geordi (Dracula ist wieder da) Johnson, Yaphet Kotto, Clyde Kusatsu, Mimi Kuzyk, Martin (Kobra, übernehmen Sie & Mondbasis Alpha 1) Landau, Robert (Automan & Kung Fu: Im Zeichen des Drachen) Lansing, George Lazenby, Robert (Wild Palms) Loggia, Stephen Macht, Patrick (Mit Schirm, Charme und Melone & Thunder in Paradise) Macnee, Peter (Captain Power & Psi Factor) MacNeill, Lois (UFO) Maxwell, David (Solo für U.N.C.L.E.) McCallum, Doug (Mein Vater ist ein Ausserirdischer) McClure, Bill (Verschollen zwischen fremden Welten & Babylon 5) Mumy, Michelle Phillips, Duncan (V) Regehr, Clive Revill, Michael D. (Ein Fall für Professor Chase) Roberts, Andrea (Robocop) Roth, Joseph Ruskin, Mia Sara, Michael Sarra-zin, John Saxon, Michele (Airwolf & Alien Nation) Scarabelli, Dwight (Raumschiff Enterprise-Das nächste Jahrhundert) Schultz, Carolyn Seymour, Ted (Space Cops) Shackelford, John (Superman) Shea, Martin Sheen, Jean (Dark Shadows) Simmons, Errol (Tarzan) Slue, Lane (V & Superman) Smith, David Soul, Jessica (Captain Power & Earth 2) Steen, Stella Stevens, Kate (Kung Fu: Im Zeichen des Drachen) Trotter, John (Krieg der Welten) Vernon, Nana (Star Trek: Deep Space Nine) Visitor, Lindsay (Die 7-Millionen-Dollar-Frau) Wagner, Eli Wallach, Gwynyth Walsh, Patrick Wayne, Robert (Odyssee ins Traumland) Wisden und Leigh Taylor Young.

EPISODEN:
1. TÖDLICHE DOSIS (The Right Kind Of Medicine) 05.11.88
2. GIGOLO (Gigolo) 12.11.88
3. EINE MÖRDERISCHE ROLLE (The Method Actor) 19.11.88
4. EIN STRICK FÜR ZWEI (Enough Rope For Two) 26.11.88
5. MORD AUF KANAL 10 (The Gloating Place) 03.12.88
6. TODESFAHRT (Road Hog) 10.12.88
7. EISKALTER ENGEL (Night Fever) 17.12.88
8. RACHE (Revenge) 07.01.89
9. PUNKT 4 UHR (Four O'Clock) 14.01.89
10. SCHEINTOT (Breakdown) 21.01.89
11. DER KILLER UND DAS KIND (A Very Happy Ending) 28.01.89
12. DAS PHANTOM (The Beast In View) 04.02.89
13. ZWISCHENFALL IN EINER POLIZEISTATION (Incident In A Small Jail) 11.02.89
14. MANN AUS DEM SÜDEN (Man From The South) 18.02.89
15. PENG! DU BIST TOT (Bang! You're Dead) 25.02.89
16. EIN OFFENES FENSTER (An Unlocked Window) 04.03.89
17. PERFEKTE FLUCHT (Final Escape) 11.03.89
18. AKTIONSKUNST (The Jar) 18.03.89
19. NÄCHTLICHER ANRUF (Night Caller) 25.03.89
20. SCHLÜSSEL ZUM MORD (The Creeper) 01.04.89
21. VOGELFREI (Prisoners) 08.04.89
22. TÖDLICHE FLITTERWOCHEN (Deadly Honeymoon) 15.04.89
23. WECK MICH, WENN ICH TOT BIN (Wake Me When I'm Dead) 22.04.89
24. HAPPY BIRTHDAY (Happy Birthday) 27.05.89
25. KANARIENGELBE LIMOUSINE (The Canary Sedan) 17.11.89
26. DIE AUFNAHMEZEREMONIE (The Initiation) 23.11.89

27. GESPRÄCH MIT EINER LEICHE (Conversation With A Corpse) 30.11.89
28. SPRUNG IN DEN TOD (Man On The Edge) 07.12.89
29. ZWIELICHTIGER ZWILLING (If The Shoe Fits) 14.12.89
30. DER MAULWURF (The Mole) 21.12.89
31. DAS GESCHENK ZUM GEBURTSTAG (Anniversary Gift) 04.01.90
32. TODKRANKER PATIENT (The Impatient Patient) 11.01.90
33. TÖDLICHES THEATER (Tragedy Tonight!) 15.01.90
34. DAS MORDMOTIV (The World's Oldest Motive) 16.01.90
35. WER ANDEREN EINE GRUBE GRÄBT (Twist) 17.01.90
36. WENN DIESER MANN STIRBT (When This Man Dies) 18.01.90
37. DER GEWINNER BEKOMMT ALLES (Killer Takes All) 18.01.90
38. TÖDLICHES PROGRAMM (User Deadly) 19.01.90
39. EIN LEBEN FÜR DIE KUNST (For Art's Sake) 22.01.90
40. DIE SPEZIALITÄT DES HAUSES (Specialty Of The House) 25.01.90
41. TÖDLICHE TRICKS (Final Twist) 01.02.90
42. SELTSAME AHNENGALERIE (Skeleton In The Closet) 08.02.90
43. DER MANN VOM ANDEREN PLANETEN (The Human Interest Story) 10.02.90
44. DIE KARRIERE DES STAATSANWALTS (Prosecutor) 15.02.90
45. EIN MEDIUM FÜR HOUDINI (Houdini On Channel 4) 22.02.90
46. CHAMÄLEON (Prism) 01.03.90
47. HIPPOKRATISCHER MEINEID (Hippocritic Oath) 08.03.90
48. TIERFREUNDE (Animal Lovers) 15.03.90
49. EINE PARTY FÜR DEN MÖRDER (Murder Party) 24.03.90
50. DU LACHST DICH TOT (You'll Die Laughing) 29.03.90

51. DAS GESTOHLENE HERZ (A Stolen Heart) 07.05.90
52. ES WAR EINMAL EIN KLEINES MÄDCHEN (There Was A Little Girl) 28.05.90
53. LIEBEVOLLE SCHWESTERN (Twisted Sisters) 04.06.90
54. FAHRSTUHL IN DEN TOD (The Thirteenth Floor) 11.06.90
55. VERKAUFEN SIE SICH NICHT UNTER WERT (Don't Sell Yourself Short) 18.06.90
56. DAS GROSSE LOS (The Big Spin) 25.06.90
57. TÖDLICHE PHANTASIE (Murder In Mind) 02.07.90
58. TÖDLICHE EIFERSUCHT (Deathmate) 09.07.90

59. SPIEGLEIN, SPIEGLEIN (Mirror, Mirror) 23.07.90
60. NUR DIE STÄRKSTEN ÜBERLEBEN (Survival Of The FIttest) 30.07.90
61. MEIN LIEBER WATSON (My Dear Watson) 06.08.90
62. KONZERT DER VAMPIRE (Night Creatures) 12.08.90
63. WENN BLICKE TÖTEN KÖNNTEN (If Looks Could Kill) 27.08.90
64. FAHRERFLUCHT (In The Driver's Seat) 03.09.90
65. LIEBE IN DER ZUKUNFT (Romance Machine) 15.09.90
66. VOLLSTÄNDIGE ENTHÜLLUNG (Full Disclosures) 12.10.90
67. DIE STIMMEN DER TOTEN (Ancient Voices) 20.11.90
68. DER MANN, DER ZUWENIG WUSSTE (The Man Who Knew Too Little) 10.12.90
69. WIEDERSEHEN NACH JAHREN (Reunion) 17.12.90
70. NORD-NORDWEST (South By Southeast) 07.01.91
71. ES GESCHAH BEI NEBEL (Fogbound) 14.01.91
72. LEBENSHILFE (Pen Pal) 21.01.91
73. IM NAMEN DER WISSENSCHAFT (In The Name Of Science) 28.01.91
74. AMOK 1 (The Hunted 1) 04.02.91
75. AMOK 2 (The Hunted 2) 11.02.91

ALIEN NATION
(Alien Nation)
USA 1988; Spielfilm
USA 1989/1990; Pilot & 21 Episoden
USA 1994-1996; 5 Fernsehfilme
Deutsche Ausstrahlung:
SAT.1 1991; Pilot & 20 Episoden
Kabel 1 1996; 1 Episode

Darsteller: Gary Graham (Detective Matthew Sykes), Eric Pierpoint (Detective George Francisco), Michele Scarabelli (Susan Francisco), Lauren Woodland (Emily Francisco), Sean Six (Buck Francisco), Terri Treas (Cathy Frankel), Molly Morgan (Jill), Jeff Marcus (Albert), Ron Fassler (Captain Brian Grazer), Lawrence Hilton-Jacobs (Detective Sergeant Dobbs), James Green (Onkel Moodri), Jeff Doucette (Burns), Jenny Gago (Beatrice Zepeda - 1990).

Vor fünf Jahren strandete ein Raumschiff auf der Erde, vollgeladen mit ausserirdischen Sklaven. Nach einer angemessenen Quarantänezeit be-

gann man damit, die Newcomer, wie sie einfachheitshalber genannt werden, in die Gesellschaft einzugliedern. Ihre neuen, irdischen Namen beziehen die Newcomer aus der irdischen Geschichte und Kultur.
Police Detective Matthew Sykes verliert seinen Partner. Als Ersatz wird ihm George Francisco zur Seite gestellt, ein Newcomer. Sykes überwindet seinen anfänglichen Rassismus und die beiden werden Freunde. Hierdurch gewinnen er und die Zuschauer immer tiefere Einsichten in die Kultur des anpassungsfähigen Sklavenvolkes. Dies geht so weit, dass sich Sykes in seine tenctonesische Nachbarin Cathy Frankel verliebt.

Die Serie basiert auf dem Kinofilm SPACECOP L.A. 1991 (Alien Nation), in dem James Caan und Mandy Patinkin die ungleichen Partner spielen. Dieser Film ist jedoch mehr ein Cop-Movie als Science Fiction. Kenneth Johnson, der Rockne S. O'Bannons Grundidee fürs Fernsehen bearbeitete und als Exekutivproduzent fungierte, präsentierte eine Serie, die, neben gelegentlichen Ausflügen ins Krimigenre, eine völlig neue Kultur zeigte. Man gewann Einblicke in die Religion der Newcomer, in ihre Paarungsgewohnheiten, in ausserirdische Schwangerschaft und Geburt. Durch die Entwicklung des Charakters Sykes wurde auch der Zuschauer dazu aufgefordert, anderen Kulturen mit Respekt und Interesse zu begegnen und nicht mit Unverständnis und Feindschaft.
Obwohl die Serie in den USA ein Erfolg war, die zweite Staffel wurde bereits geplant, kam es zum Abbruch nach Episode 21. Die Produktionsfirma stellte keine Finanzmittel mehr zur Verfügung. Durch diesen plötzlichen Meinungsumschwung wurde der interessierte Zuschauer mit einem offenen Ende konfrontiert. Obwohl sehr schnell die Ankündigung erfolgte, dass es zwei die Geschichte abschliessende Fernsehfilme geben wird, dauerte es dann doch vier Jahre, bis der erste das Licht der Bildröhre erblickte. Als kleines Trostpflaster stockte man aber die Zahl der Filme auf.
Kenneth Johnson war bereits mehrfach im phantastischen Bereich tätig. So entwarf er die Serien DER SECHS-MILLIONEN-DOLLAR-MANN (qv) und DIE SIEBEN-MILLIONEN-DOLLAR-FRAU (qv) nach einer Romanvorlage von Martin Caidin. Auch die Comicfigur HULK (qv) bearbeitete er fürs Fernsehen. Weiterhin war er der Erfinder von V-DIE AUSSERIRDISCHEN BESUCHER KOMMEN (qv). Von seiner mitentwickelten Serie SHADOW CHASERS war bislang nur der Pilotfilm in deutschen Landen zu sehen: DIE GEISTERJÄGER, im ZDF am 20.06.93 gesendet. Michele Scarabelli hatte bereits eine Rolle in AIRWOLF (qv). Newcomer spielten oder trafen die Gaststars Sam (Countdown X) Anderson, Frances Bay, Jonathan (seaQuest DSV) Brandis, Diane (Die Spezialisten unterwegs) Civita, Michael (V) Durrell, Michael Fairman, Alan (Der Mann aus Atlantis) Fudge, Susan Gibney, Francis (Eerie, Indiana & Dschungel Fieber) Guinan, Scott Jaeck, Andreas (Babylon 5) Katsulas, Heather (Salvage 1) McAdam, Mark Thomas (Die Spezialisten unterwegs) Miller, Lori Petty, Mitch (Akte X) Pileggi, Tim (Star Trek: Raumschiff Voyager) Russ, Alan (Die geheimnisvolle Insel & Seven Days) Scarfe, Armin (Die Schöne und das Biest & Star Trek: Deep Space Nine) Shimerman, Cary-Hiroyuki (Space Rangers) Tagawa, Brian (Clan der Vampire) Thompson und Gwynyth Walsh.

EPISODEN (SAT.1):

1. SIE LEBEN UNTER UNS (Alien Nation) 03.01.91
2. VOM JUNGSEIN BESESSEN (Fountain Of Youth) 05.01.91
3. VON GENERATION ZU GENERATION (Fifteen With Wanda) 12.02.91
4. KONTROLLE, MACHT UND HÖLLE (The Takeover) 19.01.91
5. DIE EHRENWERTE BETSY ROSS (The First Cigar) 26.01.91
6. DIE NACHT DER SCHREIE (Night Of The Screams) 02.02.91
7. RÄTSEL IHRER HERKUNFT (Contact) 09.02.91
8. TANGO ZU DRITT (Three To Tango) 16.02.91
9. TENCTONISCHES ROULETTE (The Game) 23.02.91
10. SARDONAC IST SKLAVEREI (Chains Of Love) 02.03.91
11. WIDERSTAND GEGEN TYRANNEI (The Spirit Of '95) 16.03.91
12. DAS HERZ VON TENCTON (Generation To Generation) 23.03.91
13. VIRGINIA-SEX-SERVICE (Eyewitness News) 30.03.91
14. DER ROTE RAUM (The Red Room) 06.04.91
15. SEIN LETZTER EINSATZ (Partners) 13.04.91
16. TOTAL VERRÜCKTE HORMONE (Real Men) 20.04.91
17. PARTNER DES TEUFELS (Crossing The Line) 27.04.91
18. DER PSYCHO-TRIP (Rebirth) 04.05.91

19.	AUSBEUTER UND OPFER (Gimme, Gimme) 11.05.91
20.	RIGAC, DER AUSWÄHLER (The Touch) 18.05.91
21.	DIE ANTI-BAKTERIEN (Green Eyes) 25.05.91

EPISODE (Kabel 1):
22.	HILFLOSE SKLAVINNEN (Little Lost Lamb) 04.96

FILME:
I.	SPACECOP L.A. 1991 (Alien Nation; 1988) 12.01.89; Kino
II.	ALIEN NATION: DARK HORIZON (Alien Nation: Dark Horizon; 1994) 5/95; Video
III.	ALIEN NATION: BODY AND SOUL/ALIEN NATION: DIE NEUE GENERATION (Alien Nation: Body And Soul; 1995) 29.08.96; Video
IV.	ALIEN NATION: MILLENNIUM (Alien Nation: Millennium; 1995)
V.	ALIEN NATION: DER FEIND IST UNTER UNS (Alien Nation: The Enemy Within; 1996) 1998; Video
VI.	ALIEN NATION: DAS UDARA-VERMÄCHTNIS (Alien Nation: The Udara Legacy; 1996) 14.04.98; Video

ALIENS IN MEINER FAMILIE
(Aliens In The Family)
USA 1996; 8 Episoden
Deutsche Ausstrahlung:
RTL Television 2000; 8 Episoden

Darsteller: John Bedford Lloyd (Doug Brody), Margaret Trigg (Cookie Brody), Paige Tiffany (Heather Brody), Chris Marquette (Adam Brody), Julie Dretzin (Sally Hagen).

Der Büroangestellte Doug Brody, alleinerziehender Vater, wird von einer ausserirdischen Wissenschaftlerin entführt und verliebt sich in sie. Die beiden heiraten und nun lebt eine glückliche, bunt gemischte Familie zusammen: Doug, Cookie, Dougs Kinder, Heather und Adam, und Cookies Kinder, Spit, Snizzy und das Baby Bobut, der Herrscher des Universums.

Die drei ausserirdischen Kinder wurden von Jim Hensons Creature Shop in Lebensgrösse hergestellt.
Die Serie schaffte es bei seiner US-Erstausstrahlung auf sage und schreibe zwei (!) Episoden — das nur zur Qualität dieser futuristisch angehauchten Situationskomödie. Die restlichen Fol-

gen wurden vier Monate später im Samstag-Vormittag-Kinderprogramm verpulvert.

EPISODEN:
1.	DER GIGANTISCHE FROSCH (Meet The Brodys) 09.01.00
2.	BOBUT ZIEHT ALLE REGISTER (Bobut Conquers All) 09.01.00
3.	COOKIES KARRIERE (Cookie Makes Some Dough) 16.01.00
4.	DAS KUSCHELTIER VOM ANDEREN STERN (You Don't Have A Pet To Be Popular) 16.01.00
5.	ZU BRAV, UM WAHR ZU SEIN (Too Good To Be True) 23.01.00
6.	EIN SCHRECKLICHER BESUCH (Respect Your Elders) 23.01.00
7.	ENDE GUT, ALLES GUT (Dissected And Neglected) 30.01.00
8.	EINE LÜGE KOMMT SELTEN ALLEIN (A Very Brody Tweeznax) 30.01.00

ALLEIN GEGEN DIE ZUKUNFT
(Early Edition)
USA 1996-läuft noch; Pilot & bisher ca. 89 Episoden
Deutsche Ausstrahlung:
Pro 7 1997/98; Pilot & 13 Episoden
Vox 1999; 27 Episoden

Darsteller: Kyle Chandler (Gary Hobson), Shanesia Davis-Williams (Marissa Clark), Fisher Stevens (Chuck Fishman - 1996-98), Mike Houlihan (Pete - 1996/97), Ron Dean (Detective Marion Crumb - 1996-98), James Deuter (Boswell - 1996/97), Kristy Swanson (Erica Paget - 1998/99), Myles Jeffrey (Henry Paget - 1998/99), Billie Worley (Patrick Quinn - 1998-).

Börsenmakler Gary Hobson wird von seiner Frau aus dem Haus geworfen und zieht in ein Hotel. Dies bedeutet wohl für jeden eine grosse Lebensumstellung. Für Gary jedoch noch mehr als für andere: Eine streunende Katze liefert Gary regelmässig eine Zeitung. Nicht nur das der Makler diese nicht bestellt hat, nein, sie erweist sich ausserdem als Ausgabe des folgenden Tages und schildert somit Ereignisse, die noch gar nicht stattfanden. Gary versucht nun, beschriebene Katastrophen zu verhindern. Sein Kollege Chuck geht eher eigennützig an die Sache heran.

Eine weitere Serie aus der Rubrik „Helfersyndrom". Da es sich hierbei nicht um ein überirdisches Wesen handelt, fragt man sich natürlich zuerst, wie Gary sein Leben finanziert (eine Frage, die dann später zum Thema wurde).

Wie auch immer, die Reihe bringt unterhaltsame manchmal auch überdurchschnittliche Geschichten — im Rahmen seines Themas und der zu zeigenden 'Message' betrachtet. Ein absoluter Pluspunkt sind die Darsteller, die ihre Rollen überzeugend verkörpern. Insgesamt kein Renner, aber eine gut gemachte Serie.

In die Geschichten um die Frühausgaben wurden die Gaststars Talia Balsam, Ernest (Airwolf & Der Schatz im All) Borgnine, Red Buttons, Ronny Cox, William Devane, Kevin (F/X) Dobson, Robert (Mork vom Ork) Donner, Tyra (Countdown X) Farrell, Fyvush (Fantasy Island) Finkel, Louis (Der Junge vom anderen Stern) Gossett, Jr., Robyn (Teen Engel & Das Geheimnis von Twin Peaks) Lively, Robert Duncan (Star Trek: Raumschiff Voyager) McNeill, George Murdock, Kathy Najimy, Ian Ogilvy, Robert (Star Trek: Raumschiff Voyager) Picardo, John Rubinstein, Nick (Countdown X & Seven Days) Searcy, Keith (Schöne neue Zeit) Szarabajka, George (Raumschiff Enterprise) Takei, M. Emmet Walsh, Michael (Profiler) Whalin und Max (Die Spezialisten unterwegs, Alf & The Stand) Wright verwickelt.

In der CHICAGO HOPE-Crossover-Episode „Der Fluch" verkörperten Jayne Brook, Rocky Carrol und Hector Elizondo ihre jeweiligen Charaktere der Krankenhausserie; im MARTIAL LAW-Crossover „Mach's noch einmal, Sammo" wirkte der dortige Titeldarsteller Sammo Hung mit.

EPISODEN (Pro 7):
1. DIE GEHEIMNISVOLLE KATZE (Early Edition) 02.09.97
2. DIE ENTSCHEIDUNG (The Choice) 09.09.97
3. BABY, BABY (Baby) 16.09.97
4. DIE TRUHE IM KELLER (The Paper) 23.09.97
5. MITTEN INS HERZ (Hoops) 30.09.97
6. KURZ NACH MITTERNACHT (After Midnight) 07.10.97
7. WAFFEN IN KINDERHAND (Gun) 14.10.97
8. TORNADO DER GEFÜHLE (His Girl Thursday) 21.10.97
9. MORGEN ERMORDE ICH MEINEN CHEF (The Wrong Man) 28.10.97
10. DER HUNDEDIEB (Thief Swipes Mayor's Dog) 04.11.97
11. EISZEIT (Frostbit) 11.11.97
12. DIE MAFIABRAUT (Mob Wife) 18.11.97
13. EIN LOCH IN DER WAND 1 (The Wall 1) 25.11.97
14. EIN LOCH IN DER WAND 2 (The Wall 2) 02.12.97

EPISODEN (Vox):
15. DER WEIHNACHTSMANN (Christmas) 09.07.99
16. BESUCH AUS DEM WILDEN WESTEN (Bat Masterson) 16.07.99
17. DER VERLORENE GESCHWORENE (The Jury) 19.07.99
18. DIE HELLSEHERIN (Psychic) 20.07.99
19. ALLES FÜR DIE KATZE (The Cat) 21.07.99
20. DAS PHANTOM DER OPER (Phantom Of The Opera) 22.07.99
21. EIN HERZENSWUNSCH (Faith) 23.07.99
22. NICHT MIT MEINEM VATER (Dad) 26.07.99
23. BLINDES VERTRAUEN (Love Is Blind) 27.07.99
24. FLUG 808 (Home) 28.07.99
25. DIE MEDAILLE (The Medal) 29.07.99
26. EINE BOMBENHOCHZEIT (The Wedding) 30.07.99
27. DER LIEBLING VON CHICAGO (Jenny Sloan) 02.08.99
28. LIFT INS JENSEITS (Downsized) 03.08.99
29. ENGEL UND TEUFEL (Angels And Devils) 04.08.99
30. DIE SCHÖNE VIRTUOSIN (Red Fellas) 05.08.99
31. WEG DER GEWALT (March In Time) 06.08.99
32. DER FOOTBALLKÖNIG (A Regular Joe) 09.08.99
33. IM LIEBESRAUSCH (A Bris Is Just A Bris) 10.08.99
34. EIN KLEINES WUNDER (A Minor Miracle) 11.08.99
35. DIE PRINZESSIN AUF DER STRASSE (Romancing The Throne) 12.08.99
36. DAS SIGNAL (Walk, Don't Run) 13.08.99
37. ALLES WIE GESCHMIERT (The Return Of Crumb) 16.08.99
38. DER FLUCH (Mum's The Word) 17.08.99
39. DIE SCHÖNE UNBEKANNTE (Where Or When) 18.08.99
40. EIN UNGLÜCK UND VIER BRÜDER (The Fourth Carpathian) 19.08.99
41. DIE LETZTE TAT (The Quality Of Mercy) 20.08.99

42. DIE KUNST DES LÜGENS (Show Me The Monet) 07.09.00
43. RENEE (Don't Walk Away, Renee) 08.09.00
44. ZWISCHEN DEN ZEITEN (Blackout) 11.09.00
45. DAS ZWEITE GESICHT (Second Sight) 12.09.00
46. EIN HEISSER TAG (Hot Time In The Old Town) 13.09.00
47. TOD AUF DEM HIGHWAY (Collision) 14.09.00
48. SPIEL OHNE ENDE (A Horse Is A Horse) 15.09.00

49.	HOBSON IM DIENST (Lt. Hobson, U.S.N.) 18.09.00
50.	DER HEILIGE NICK (Saint Nick) 19.09.00
51.	HALLOWEEN (Halloween) 20.09.00
52.	CHUCK AUF ABWEGEN (Up Chuck) 21.09.00
53.	DIE ZEIT LÄUFT AB (Deadline) 22.09.00
54.	VERTRAUENSSACHE (In Gary We Trust) 25.09.00
55.	DER GROSSE COUP (Nest Egg) 26.09.00
56.	NACHHILFESTUNDEN (Teen Angels) 27.09.00
57.	BABYSITTER-BLUES (Slippity-Doo-Dah) 28.09.00
58.	DER LETZTE SEINER ART (The Last Untouchable) 29.09.00
59.	NICHTS ALS DIE WAHRHEIT (Just One Of Those Things) 02.10.00
60.	HERZKLOPFEN (Funny Valentine) 04.10.00
61.	EINE KUGEL FÜR DEN RAPPER (Number One With A Bullet) 05.10.00
62.	STREITHÄHNE (Two To Tangle) 06.10.00
63.	SCHICKSAL (Fate) 09.10.00
64.	FÜR ALLE FÄLLE CRUMB (Crumb Again) 10.10.00
65.	VOM AFFEN GEBISSEN (Pinch Hitters) 11.10.00
66.	WIEDER ZUHAUSE (Home Groan) 12.10.00
67.	MACH'S NOCH EINMAL, SAMMO (Play It Again, Sammo) 13.10.00
68.	ABSCHIED (Blowing Up Is Hard To Do) 16.10.00

EPISODEN (nicht gesendet):

69.	(The Out-Of-Towner)
70.	(Duck Day Afternoon)
71.	(Take Me Out To The Ball Game)
72.	(The Iceman Taketh)
73.	(Camera Shy)
74.	(Wild Card)
75.	(Fatal Edition 1)
76.	(Fatal Edition 2)
77.	(Weathergirl)
78.	(Run, Gary, Run)
79.	(Rose)
80.	(Snow Angels)
81.	(Gifted)
82.	(Performance Anxiety)
83.	(False Witness)
84.	(The Play's The Thing)
85.	(Blind Faith)
86.	(Occasionally Amber)
87.	(Mel Schwartz, Bounty Hunter)
88.	(Time)
89.	(Everybody Goes To Rick's)
90.	(Luck O' The Irish)

ALPHA ALPHA

BRD 1971/1972; 13 Episoden

Ausstrahlung:
ZDF 1972; 13 Episoden

Darsteller: Karl Michael Vogler (Alpha), Lilith Ungerer (Beta), Arthur Brauss (Gamma), Horst Sachtleben (Dr. Simak), Gisela Hoeter (Computer).

Nachdem Studienrat Dahlen gezwungenermassen gegen eine Rockerbande antreten muss — und den Kampf sogar gewinnt — tritt eine geheimnisvolle Organisation an ihn heran, um ihn zu einem sogenannten Alpha-Agenten auszubilden, der fürderhin gegen die Feinde der Erde antreten soll.

Wieder eine dieser deutschen Serien, an die sich niemand erinnert, mich eingeschlossen. Schauen wir einmal, was der Hör Zu-Kritiker, der die Serie offensichtlich angeschaut hatte, zu sagen wusste: Eine „Mischung aus ORION und MANNIX", die „an Dürftigkeit, Konfusion und Einfallslosigkeit nicht zu unterbieten" sei (Nettigkeiten aus der Hör Zu 22/ 1972).
Zu den geheimnisumwobenen Gaststars gehörten Peter Fricke und Friedrich von Thun.

EPISODEN:

1.	DIE ORGANISATION 26.04.72
2.	GEDANKEN SIND FREI 10.05.72
3.	WIE DIE RATTEN 24.05.72
4.	DER ASTRONAUT 31.05.72
5.	OMEGA SCHWEIGT 07.06.72
6.	DER WELTFRIEDE 14.06.72
7.	ABBILDER 21.06.72
8.	DIE LIST DES ODYSSEUS 28.06.72
9.	DIE NACHT IM ZOO 05.07.72
10.	EIN BEGABTES KIND 12.07.72
11.	HEUTE IST DAMALS 19.07.72
12.	AUSSER DIENST 26.07.72
13.	UNSTERBLICHKEIT 21.08.72

AMERICAN GOTHIC-PRINZ DER FINSTERNIS
(American Gothic)
USA 1995/96; Pilot & 21 Episoden
Deutsche Ausstrahlung:
RTL 2 1998; Pilot & 18 Episoden

Darsteller: Gary Cole (Sheriff Lucas Buck), Paige Turco (Gail Emory), Jake Weber (Dr. Matt Crower), Brenda Bakke (Selena Coombs), Sarah Paulson (Merlyn Temple), Lucas Black (Caleb

Temple), Chris Fennell (Boone MacKenzie), Alex Van (Deputy Floyd), Tina Lifford (Loris Holt).

In dem kleinen Städchen Trinity herrscht der Teufel in der Form des ortseigenen Sheriffs, Lucas Buck. Ein besonderes Interesse scheint dieser an dem Jungen Caleb zu haben, der an seinem zehnten Geburtstag seinen Vater und seine Schwester verliert. Ihm zur Seite steht Dr. Matt Crower.

Gelungene Horrorserie mit Stimmungsanleihen bei Stephen King, Dean R. Koontz und anderen zeitgenössischen Genre-Autoren. AMERICAN GOTHIC schafft es, ein Stimmungsbild der Bedrohung aufzubauen, das seinesgleichen sucht. Ein viel zu früh eingestellter Geheimtip.
Gotische Abenteuer erlebten auch Bruce (Die Abenteuer des Brisco County, Jr.) Campbell, Veronica Cartwright, Megan (Millennium) Gallagher, Pat (The Shining) Hingle, Ted (seaQuest DSV) Raimi, Nick (From the Earth to the Moon & Seven Days) Searcy, William Morgan (Max Headroom) Sheppard und Amy (Der Junge vom anderen Stern) Steel.

EPISODEN:
1. SHERIFF LUCAS IST DER BOSS (American Gothic) 07.01.98
2. BEGRABT DIE WAHRHEIT NICHT (A Tree Grows In Trinity) 14.01.98
3. SCHWARZE MAGIE (Eye Of The Beholder) 21.01.98
4. DER PAKT MIT DEM TEUFEL (Damned If You Don't) 28.01.98
5. FÜR DIE WELT GESTORBEN (Dead To The World) 04.02.98
6. DIE GEHEIMNISSE DES TOTEN (Meet The Beetles) 11.02.98
7. IN ANGST UND SCHRECKEN (The Strong Arm Of The Law) 18.02.98
8. GELIEHENES LEBEN (Rebirth) 04.03.98
9. DAS FEUER DER LIEBE (Ring Of Fire) 01.04.98
10. AUFERSTEHUNG (Resurrector) 08.04.98
11. AUF EHRE UND GEWISSEN (Inhumanitas) 15.04.98
12. DIE SEUCHE (The Plague Sower) 22.04.98
13. TAG DER VERGELTUNG (Doctor Death Takes A Holiday) 29.04.98
14. DIE BESTIE IM LEIB (The Beast Within) 06.05.98
15. DIE LETZTE AUSFAHRT (To Hell And Back) 13.05.98
16. DER ANGELAUSFLUG (Learning To Crawl) 20.05.98
17. BRENNENDE LEIDENSCHAFT (Triangle) 27.05.98
18. DAS DRITTE AUGE (The Buck Stops Here) 03.06.98
19. DIE LETZTE ENTSCHEIDUNG (Requiem) 10.06.98

AMOR-MITTEN INS HERZ!
(Cupid)
USA 1998/1999; 15 Episoden
Deutsche Ausstrahlung:
Premiere 1999; 15 Episoden

Darsteller: Jeremy Piven (Trevor Hale, Cupido), Paula Marshall (Dr. Claire Allen), Jeffrey D. Sams (Champ Terrace).

Trevor Hale wird aus einem Krankenhaus für geistig Gestörte in Chicago entlassen. Grund für seinen Aufenthalt dort: Er behauptet, er sei Cupido — diese Behauptung behält er auch weiterhin bei — auf der Erde als Strafe, weil er in den 60ern und 70ern so schlechte Arbeit geleistet habe (zu viele Scheidungen); seinen Bogen und seine Pfeile habe man ihm weg genommen.
Dr. Allen hält Trevor für ein gutes Thema ihres nächsten Buches. Sie bekommt den Auftrag, Trevors Fortschritte zu beobachten — und kommt bald ins Grübeln...

Yep, die Serie traf mitten am Herz vorbei und wurde dann auch prompt frühzeitig beendet. Jeffrey D. Sams spielte auch in SLEEPWALKERS (qv). Herzmittelchen verschrieb man den Gaststars Sherilyn (Das Geheimnis von Twin Peaks) Fenn, Harry (Buffy) Groener, Gary (Das Geheimnis von Twin Peaks) Hershberger, Kelly Miller, Barry Newman, Billie (Allein gegen die Zukunft) Worley und Joey (Earth 2) Zimmerman.

EPISODEN:
1. OHNE PFEIL UND BOGEN (Pilot)
2. SPRACHLOS VOR GLÜCK (The Linguist)
3. ERINNERUNGEN AN DIE LIEBE (Heaven, He's In Heaven)
4. EIN GROSSSTADTMÄRCHEN (A Truly Fractured Fairy Tale)
5. ERSTE LIEBE (First Love)
6. NUR FÜR EINE NACHT (Meat Market)
7. DIE CASANOVA-TECHNIK (Pick-Up Schticks)
8. HERZKLOPFEN (Heart Of The Matter)
9. WAS IST SCHON LIEBE? (The End Of An Eros)
10. OHNE ZWEIFEL? (Hung Jury)

11.   INNERE WERTE (A Great Personality)
12.   FRÜHSTÜCK MIT CLAIRE (Grand Delusions)
13.   MIT BLITZ UND DONNER (Bacholerette Party)
14.   AMORTAG (Children's Hour)
15.   DER FRAUENHELD (Botched Makeover)

AM RANDE DER FINSTERNIS
(Edge Of Darkness)
GB 1985; 6 Episoden
Deutsche Ausstrahlung:
ARD 1989; 5 Episoden (erste mit Doppellänge)

Darsteller: Bob Peck (Ronald Craven), Joe Don Baker (Darius Jedburgh), Joanne Whalley (Emma Craven), Jack Watson (James Godbolt), Kenneth Nelson (Grogan), Hugh Fraser (Bennett), Charles Kay (Pendleton), John Woodvine (Ross), Ian McNeice (Harcourt), Tim McInnerny (Terry Shields), Zoe Wannamaker (Clemmy), Allan Cuthbertson (Chilwell), Trevor Bowen (Childs).

Polizeidetektiv Ronald Craven untersucht den Tod seiner eigenen Tochter, Emma. Er stellt fest, dass diese in Verbindung mit einer ökologischen Gruppierung namens Gaia stand.
Es folgt ein Thriller um Umweltschutz, radioaktivem Abfall und, um nicht in die Sparte Öko-Werbefilm abzudriften, Plutonium-Raub.
Zur Berechtigung in diesem Buch zu erscheinen, dient das stetige Auftauchen der toten Emma, die ihren Vater in Gespräche verwickelt.

Ökologisch-politische Miniserie, die als Zeitvertreib dienen kann. Kein Klassiker, kein Muss, aber okay. Erschien bereits 1988 unter dem Titel PLUTONIUM-AFFÄRE auf Video.
Ian McNeice spielte später eine Rolle auf dem Wüstenplaneten genannt DUNE (qv).

EPISODEN:
1.   URLAUB IM REICH DER SCHATTEN (Compassionate Leave & Into The Shadows)
      09.10.89
2.   DIE LAST DER BEWEISE (Burden Of Proof)
      16.10.89
3.   DER DURCHBRUCH (Breakthrough) 23.10.89
4.   IN DEN STOLLEN VON NORTHMOORE (Northmoor) 30.10.89
5.   DIE ABRECHNUNG (Fusion) 06.11.89

DER ANDROJÄGER
BRD 1981-1983; 25 Episoden

Ausstrahlung:
NDR regional 1982; 13 Episoden
WDR regional 1983/1984; 12 Episoden

Darsteller: Lutz Mackensy (Chefagent Dandore alias Wachtmeister Hans Majer), Achim Strietzel (Oberrat).

Auf der Erde stürzt ein Raumschiff vom Planeten Drava ab. Mit an Bord sind eine Anzahl Androiden für verschiedenste Zwecke. Da diese sich nun selbständig machen und sich unter die Erdbevölkerung mischen, erhält Chefagent Dandore den Auftrag, die Renegaten wieder einzusammeln. In der Maske des schlichten Wachtmeisters Hans Majer und mit der Unterstützung seines Computers IZ, beginnt die Jagd nach Sanitäts-, Reparatur- und jede Menge anderer Androiden. Da sie äusserlich von Menschen nicht zu unterscheiden sind, bleibt nur eine sorgfältige Observation: Die Androiden sind nämlich nur zu jeweils einer Art Tätigkeit befähigt. Nach Sicherstellung eines der Maschinenwesen, wird dieses mittels Toilettenspülung gen Heimat geschickt.

Eine amüsante Science Fiction-Variante aus deutschen Landen. Neben den RAUMPATROUILLE-Veteranen Charlotte Kerr und Wolfgang Völz gaben sich unter anderen Peter Bongartz, Heidi Brühl, Jochen (Phoenix, der Zaubervogel) Busse, Hannelore Elsner, Käte Jaenicke, Karl (Oliver Maass & Die Wächter) Lieffen, Olivia Pascal, Christian (Die Mädchen aus dem Weltraum) Quadflieg und Willy Semmelrogge die Ehre.

EPISODEN (NDR):
1.   WIE GESCHAFFEN ZUR KARRIERE
      09.08.82
2.   DAS GROSSE X-MAL-EINS 16.08.82
3.   DAS MÄDCHEN MIT DEM SCHOCKO-BLICK
      23.08.82
4.   DER MANN OHNE FARBE 30.08.82
5.   LIEBER JOD ALS TOT 06.09.82
6.   WAS OMA IN DIE FINGER KRIEGT 13.09.82
7.   EIN TOLLER RIECHER 20.09.82
8.   DIE FEE MIT DEM ZWEITEN GESICHT
      27.09.82
9.   BAU NIE EIN TIER ZUM SCHERZ 04.10.82
10.   EIN AUFTRAG NIMMT SEINEN LAUF
       11.10.82
11.   EIN SUPERZWERG FÜR ALLE FÄLLE
       18.10.82
12.   EIN OBERRAT WEISS KEINEN RAT 25.10.82
13.   DAS DOPPELTE JOTTCHEN 01.11.82

Anmerkung zur Episodenliste: Da die Episodenauflistung den Erstausstrahlungsdaten folgt, kam es zu der obigen Sendertrennung. Natürlich sind die als NDR-Episoden angegebenen Folgen auch im WDR-Regionalprogramm gelaufen und umgekehrt, allerdings zeitlich versetzt.

ANGEL-JÄGER DER FINSTERNIS

(Angel)

USA 1999- ; bisher 44 Episoden

Deutsche Ausstrahlung:

Pro 7 2001; 22 Episoden

Darsteller: David Boreanaz (Angel/Angelus), Charisma Carpenter (Cordelia Chase), Glenn Quinn (Allen Francis Doyle - 1999), Alexis Denisof (Wesley Wyndham Pryce), Elisabeth Rohm (Detective Kate Lockley), J. August Richards (Charles Gunn - 2000-), Stephanie Romanov (Lilah Morgan - 2000-), Julie Benz (Darla - 2000-).

Nachdem der Vampir Angel seine Beziehung mit Buffy Summers beendet hat, geht er nach Los Angeles. Da er selber nicht so recht seinen Weg findet, nimmt ihn Allen Doyle unter seine Fittiche. Der Mensch-Dämon-Hybride führt Angel zu denen, die seine Hilfe benötigen. Angel schlägt sein Hauptquartier in einem Büroapartment auf und wird zu einem Privatdetektiv der Nacht. Unterstützt wird er hierbei von Cordelia Chase, die ebenfalls Sunnydale verlassen hat. Cordy kam nach L. A. um sich als Schauspielerin zu versuchen.

Der Spin-Off von BUFFY-IM BANN DER DÄMONEN (qv) wendet sich an ein etwas älteres Publikum und wird demzufolge auch später am Abend ausgestrahlt — in den USA und Deutschland direkt nach BUFFY.

Aus BUFFY übernommen wurden die drei Hauptdarsteller David Boreanaz, Charisma Carpenter und Alexis Denisof; Gastauftritte hatten die BUFFY-Darsteller Eliza Dushku, Sarah Michelle Gellar, Seth Green, James Marsters, Mark Metcalf und Juliet Landau; weitere ANGEL-Gäste waren unter anderen Sam (Countdown X) Anderson, John (Nick Knight) Kapelos, Kelli (Superhuman Samurai Syber Squad) Kirkland, Todd (Scorch & Burning Zone) Susman, Jennifer (Masked Rider) Tung und Brigid (Clan der Vampire) Branagh <d. i. Brigid Conley Walsh>.

24.   (Are You Now Or Have You Ever Been)
25.   (First Impressions)
26.   (Untouched)
27.   (Dear Boy)
28.   (Guise Will Be Guise)
29.   (Darla)
30.   (The Shroud Of Rahmon)
31.   (The Trial)
32.   (Reunion)
33.   (Redefinition)
34.   (Blood Money)
35.   (Happy Anniversary)
36.   (The Thin Dead Line)
37.   (Reprise)
38.   (Epiphany)
39.   (Disharmony)
39a.   (Buffy-The Vampire Slayer: Intervention)
40.   (Dead End)
41.   (Belonging)
42.   (Over The Rainbow)
42a.   (Buffy-The Vampire Slayer: The Weight Of The
        World)
43.   (Through The Looking Glass)
43a.   (Buffy-The Vampire Slayer: Centennial)

ANGELO UND LUZY

BRD 1984; 6 Episoden
Ausstrahlung:
ZDF 1984; 6 Episoden

Darsteller: Rolf Zacher (Angelo), Iris Berben
(Luzy).

Angelo und Luzy arbeiten im gleichen Metier, allerdings für völlig verschiedene Arbeitgeber. Ihr
Job ist es, dafür zu sorgen, dass die Seelen der
Menschen den rechten Weg einschlagen. Da
aber Angelo ein Engel ist und Luzy aus höllischen Gefilden stammt, herrscht über die Richtung des rechten Weges keine Übereinstimmung.
Es scheint dieser Kampf um frische Seelen ein
etwas ungleicher zu sein, denn Luzy lügt was
das Zeug hält — und welcher Engel tut dies
schon?

Diese Serie lief zur besten Sendezeit — Sams-
tags, 19.30 Uhr — bot eine Starbesetzung und
brachte wieder einmal etwas, worin die Deutschen im phantastischen Bereich nahezu unge-
schlagen sind: Langeweile!
Zu den „auserwählten" Gaststars dieses Blind-
gängers gehörten Rainer (Der Räuber Hotzenplotz) Basedow, Elisabeth Bergner, Ute Christensen, Günther Maria Halmer, Margot Hielscher,
Towje (Pumuckls Abenteuer) Kleiner, Andrea

(Merlin) L'Arronge, Harald Leipnitz, Evelyn (Das
blaue Palais) Opela, Hans Rosenthal, Walter
Sedlmayer, Erni (Meister Eder und sein Pumuckl)
Singerl, Günter Strack und Ralf Wolter.

EPISODEN:
1.   BEI SCHEIDUNG MORD 12.05.84
2.   DAS TEUFELSWEIB 19.05.84
3.   ALLE ENGEL MOGELN 02.06.84
4.   SAG DIE WAHRHEIT, ENGEL 09.06.84
5.   DER BETRUG DER ALTEN DAME 16.06.84
6.   FEUERTEUFEL 23.06.84

ANNO DOMINI-KAMPF DER MÄRTYRER
(A.D.-Anno Domini)

USA 1984; 5 Episoden
Deutsche Ausstrahlung:
ZDF 1987; 5 Episoden

Darsteller: James Mason (Tiberius Caesar),
John Houseman (Gamaliel), Ian McShane (Seja-
nus), Jack Warden (Nreva), John McEnery (Gai-
us Caligula), Denis Quilliey (Petrus), Philip Sayer
(Paulus), Michael Wilding, Jr. (Jesus), Cecil
Humphreys (Caleb), Neil Dickson (Valerius), Di-
ane Venora (Corinna), Amanda Pays (Sarah),
Jennifer O'Neill (Messalina), Richard Kiley (Clau-
dius), Anthony Andrews (Nero), Ava Gardner
(Agrippina), Fernando Rey (Seneca), Anthony
Zerbe (Pilatus).

Tiberius Caesar, ehemaliger Imperator des Römischen Reiches, lebt im Exil auf Capri. Freunde
drängen auf seine Rückkehr nach Rom. Gaius
Caligula plant, den Rivalen vorher aus dem Weg
räumen zu lassen.
Petrus, Gefolsmann Christi, verbreitet weiterhin
den neuen „wahren" Glauben. Hierfür muss er
sich wegen angeblicher Gotteslästerung verant-
worten.

Mit historischen Gegebenheiten verquickte opu-
lent aufgebaute Geschichte über die Frühzeit des
Christentums. Phantastischer Aspekt und Grund
für die Aufnahme in dieses Buch ist z. B. die bereits erfolgte Auferstehung Christi.

EPISODEN:
1.   TEIL 1
2.   TEIL 2
3.   TEIL 3
4.   TEIL 4
5.   TEIL 5

APOCALYPSE WOW-WHOOPS APOCALYPSE
(Whoops Apocalypse!)
GB 1982; 6 Episoden
Deutsche Ausstrahlung:
3sat 1993; 6 Episoden (OmU)

Darsteller: John Cleese (Lacrobat), Bruce Montague (Schah Mashiq Rassim), Barry Morse (President Johnny Cyclops), John Barron (Deacon), Richard Griffiths (Dubienkin), Alexei Sayle (Solzhenitsyn), Peter Jones (Kevin Pork), Ed Bishop (Jay Garrick), David Kelly (Abdab).

Die Grossmächte sind im Wahljahr. Im Rahmen einer internationalen Sicherheitskonferenz wird eine Quarkbombe gezündet, die aus Versehen Israel trifft. Die Unwissenheit des ehemaligen Schauspielers und derzeitigem US-Präsidenten Cyclops erhöht das vorhandene Chaos nur noch mehr. Auch sein direkt mit Gott verbundener Berater Deacon hilft nicht viel. Der dritte Weltkrieg steht bevor...

Comedy, Groteske, Politsatire — britischer Humor. Mit absoluter Sicherheit nicht jedermanns Geschmack, jedoch ein Kleinod mit Monty Python-Mitglied John Cleese, Barry (Mondbasis Alpha 1) Morse und Ex-UFO-Darsteller Ed Bishop. 1986 folgte ein Spielfilm, der trotz einiger Änderungen den zu Grunde liegenden Wahnsinn beibehält: ZU SPÄT, DIE BOMBE FLIEGT (Whoops Apocalypse!).

EPISODEN:
1. DIE STRASSE NACH JERUSALEM (The Road To Jerusalem) 22.02.93
2. HERBST KANNIBALISMUS-HALALI AUF EINE VERLORENE A-BOMBE (Autumn Cannibalism) 08.03.93
3. VON DER KUNST DES ABHANDENKOMMENS (How To Get Rid Of It) 29.03.93
4. DER TEUFEL UND DER LIEBE GOTT (Lucifer And The Lord) 12.04.93
5. NOCH KEINE SPUR VON Q-BOMBE (The Violet Hour) 26.04.93
6. DAS HERZ DER SONNE ANSTEUERN (Set The Controls For The Heart Of The Sun) 10.05.93

ARMER CHARLIE
(Charlie Hoover)
USA 1991/92; 7 Episoden <sechs gesendet>
Deutsche Ausstrahlung:
TV.München 1994; 7 Episoden

Darsteller: Tim Matheson (Charlie Hoover), Sam Kinison (Hugh), Lucy Webb (Helen Hoover), Julie Hayden (Doris), Michael Manasseri (Paul Hoover), Leslie Engel (Emily Hoover), Kevin McCarthy (Mr. Culbertson), Bill Maher (Elliott Weedle).

Charlie Hoover wird von seinem Boss ignoriert, seine Familie liebt das Geld, das er nach Hause bringt, mehr als ihn und Familienhund Warren erleichtert sich mit Vorliebe in Charlies Schuhe. Kein Wunder also, dass die Midlife-Crisis Charlie voll erwischt.
Ihm zu Hilfe eilt Hugh, Charlies *alter ego*. Hugh ist etwa fünfundzwanzig Zentimeter gross und kann nur von Charlie gesehen werden. Er versucht Charlie Spontaneität und Abenteuerlust beizubringen.

Einer der vielen kurzlebigen Flops des US-amerikanischen Fernsehens.
Darsteller Sam Kinison wurde in den USA durch seine „Saturday Night Live"-Auftritte und seine Drogen- und Alkoholabhängigkeit bekannt. Als wilder Mann bekannt, wurde ihm für diese Serie auferlegt, ruhiger aufzutreten. Nur wenige Monate nach der vorzeitigen Einstellung dieser Serie starb Kenison durch einen Autounfall.

EPISODEN:
1. CHARLIES ZWEITES ICH (Happy Birthday To Hugh)
2. ZWISCHEN ZWEI TISCHEN (Happy Anniversary)
3. ACHTUNG, CHARLIE, ACHTUNG! (Two For The Road)
4. WAS SICH LIEBT, DAS NECKT SICH (Mother-In-Law)
5. WER BRINGT DIE NEUE LEHRERIN UM? (Out Of The Frying Pan)
6. NEUE LIEBE KLEBT NICHT GUT (Old Flame)
7. CHARLIE, DER GROSSE ZOCKER (Roll One For Ed)

AUF DEM KOMETEN
(Na Komete/Archa Pana Servadaca)
CSSR 1969/1970; Film
Deutsche Ausstrahlung:
ARD 1975; 3 Episoden

Darsteller: Emil Horvath jr. (Kapitän Hector Servadac), Magda Vasaryova (Angelika), Frantisek Filipovsky, Josef Vetrovec, Cestmir Randa, Jirina Jiraskova, Vladimir Mensik, Miroslav Holub, Karel Effa, Josef Hlinomaz, Jaroslav Meres, Eduard Kohut.

1888: Frankreich und Spanien liegen miteinander im Krieg. Ein Komet, der im Vorbeiflug die Erdkugel streift, reisst ausgerechnet das Gebiet der Kampfhandlungen mit sich, inklusive der Soldaten, versteht sich. Erst nach verschiedenen seltsamen Abenteuern, wie zum Beispiel der Kampf gegen Urwelttiere, die auf dem Kometen beheimatet sind, schliessen die beiden Parteien Frieden. Als der Komet jedoch wieder Kurs auf den Heimatplaneten nimmt, flammen auch die Feindseligkeiten wieder auf.

Satirische Abhandlung des Jules Verne-Romans „Reise durch die Sonnenwelt" (Hector Servadac; 1877), dessen Hauptaussage darin besteht, dass der Mensch nicht fähig ist, Frieden zu halten, es sei denn, die Umstände zwingen ihn dazu.
Eine faszinierende Mischung aus Zeichentrick- und Realfilmeffekten. Gewürzt wird dieses künstlerische Filmwerk mit Ironie und Witz.
AUF DEM KOMETEN lief auch als Spielfilm.
Vladimir Mensik scheint in nahezu jeder tschechischen Produktion aufzutauchen. So z.B. in DER FLIEGENDE FERDINAND (qv), DIE MÄRCHENBRAUT (qv) und PAN TAU (qv).

EPISODEN:
1.   TEIL 1 03.08.75
2.   TEIL 2 10.08.75
3.   TEIL 3 17.08.75

AUF DEN HUND GEKOMMEN
(Dog House)
USA/CND 1990/91; 26 Episoden
Deutsche Ausstrahlung:
Kabel 1 1992; 26 Episoden

Darsteller: Jaimz Woolvett (Richie Underwood), Shelley Peterson (Helen Underwood), Valentina Cardinalli (Annabelle Underwood), Jonathan Shapiro (Timmy Underwood), Barry Flatman (Ted Sheppard), David Bronstien (Lorne Glickman), Kay Tremblay (Iris Slack), Claire Cellucci (Bambi Bernhardi), Bodie (Digby).

Bei einer Verfolgungsjagd gerät das Auto von Digby Underwood, seines Zeichens Polizist, an ein Hochspannungskabel. Die 20.000 Volt haben zur Folge, dass Digby und sein ebenfalls anwesender Diensthund Spot die Persönlichkeit tauschen. Da Spot dummerweise nie einen Führerschein gemacht hatte, lenkt er den Wagen in einen Müllcontainer und sich selbst mitsamt dem Körper seines Herrchens in den Hundehimmel. Digby, fortan zu einem Hundeleben verurteilt, erwacht beim Tierarzt und wird an die Familie seines Bruders weitergegeben — so hatte er selber es im Testament verfügt. Als diese merkt, dass der vermeintliche Spot sprechen kann, ist es kein weiter Weg mehr dazu, sie zu überzeugen, dass es sich in Wirklichkeit um Onkel Digby handelt.

Haben wir gelacht! — Mässig lustige Komödie, die wieder einmal eine phantastische Basis benutzt, um für ungewöhnliche Situationen zu sorgen.
Barry Flatman trat später in GENE RODDENBERRYS MISSION ERDE-SIE SIND UNTER UNS (qv) auf. Eine Gastrolle liessen sich Daniel (Grusel, Grauen, Gänsehaut) DeSanto, Patrick (Dschungel Fieber) McKenna, David Peterson (der Ex-Premier von Ontario und Ehemann von Shelley Peterson), Andrea (Robocop) Roth und Nancy (Psi Factor) Sakovich als Knochen vorwerfen.

EPISODEN:
1.   EIN SCHWERER SCHLAG (Detective Spot)
2.   DES PUDELS KERN (Speak, Digby, Speak)
3.   DAS MÖBEL-MISSVERSTÄNDNIS (The Furniture Show)
4.   HUNDE-HANDEL (Lost And Found)
5.   HUND IM SPIEL (Going, Going, Gone)
6.   DAS KNOCHEN-KOMPLOTT (A Dog And His Bone)
7.   EIN TIERISCHER TRICK (The Amazing Annabelle)
8.   HUNDE-STUNDE (Cyrano Show)
9.   TED ZIEHT EIN (Ted Moves In)
10.   EIN MANN FÜR HELEN (Helen's Date)
11.   DIE ELCHKOPFMEDAILLE (Campout)
12.   DER BESUCH (Coming Of Ace)
13.   EIN MÖRDERISCHES WETTER (Rear Window)
14.   DAS FLEISCH-SYNDIKAT (Ted Meats His Match)
15.   DIE GEISTER, DIE ICH RIEF (Spot Marks The X)
16.   VERTRAUENSSACHE (A Matter Of Trust)
17.   EIN BOMBENGESCHÄFT (Dog Day Glickman)

18.	HUND MIT GEDÄCHTNISSCHWUND (Uncle Digby Is History)
19.	HUND-GERECHT (Obedience School)
20.	DAS KEKSIMPERIUM (Iris' Cookies)
21.	DAS FLIEGENDE WOHNZIMMER (Fear Of Flying)
22.	TEDS TALKSHOW (Eye On Clearview)
23.	DIE GÖTTIN DER HÄSSLICHKEIT (Risky Business)
24.	KELLER-KATASTROPHEN (Digby's Secret Is Out)
25.	JUNGGESELLEN-VERSTEIGERUNG (Bachelor Number Three)
26.	DIE ERBSCHAFT (Rentsok)

AUF DER SUCHE NACH DER SCHATZINSEL
(The Search For Treasure Island)
AUS/D/E/JPN 1998/99; 24/25 Episoden
Deutsche Ausstrahlung:
Der Kinderkanal 1998; 12 Episoden
Der Kinderkanal 2000; 14 Episoden

Darsteller: Brooke "Mikey" Anderson (Jacqui Raymond), Chris Baz (Long John Silver), Shane Briant (Dante/Tempes), Brittany Byrnes (Thea Hawkins), Rebeca Cobos (Juanita), Julian Dipley-Hall (Jim Hawkins, „Hawk"), Tim Eliott (Stevenson), Tiago Valente Galvao (Antonio), Bunny Gibson (Mercury), Daniel Guia (Maximilian), Christie Hayes (Maria, „Sturmkind"), Daniel Kellie (Mark Raymond), Jacek Koman (Don Grego), Tanya Lawson (Danni), Kim Lewis (Sally Raymond), Scott McGregor (Paul Raymond), Tiriel Mora (Captain Benito Escovar), Kenia Natalenka (Jane Silver), Enrique Neant (Raoul), John O'Brien (Samurai), Greg Parke (Stürmerpriester Nakuk), Frederick Parslow (Smith), June Salter (Mrs. Silver), Sergio Sebastian (Tomas), Jeremy Shadlow (Ogvat), Scott Swalwell (Hans Peter), Peter Talmacs (Karl Baumann), Jack Taylor (Paco), Anna Volska (Frau Keller), Jan Wachtel (Karl), Bill Young (Black Dog).

Abenteuer Paul Raymond ist verschollen. Seine Familie, Frau Sally, Tochter Jacqui und Stiefsohn Mark, machen sich auf ihn zu suchen. Sie vertrauen sich dem Kapitän Escobar an. Nachdem sie Thea gerettet haben — das Mädchen trieb auf einem Floss auf dem Ozean — geraten sie in eine Strömung, die sie auf einer Insel stranden lässt. Hierbei scheint es sich um die berühmte Schatzinsel aus der gleichnamigen Geschichte von Robert Louis Stevenson zu handeln, also genau der Ort, nach dem auch Vater Raymond gesucht hatte.
In der Folgezeit wird die Familie getrennt und muss sich mehrfach ihres Lebens erwehren, denn die Insel wird von drei gefährlichen, rivalisierenden Stämmen bewohnt.

Brooke Mikey Anderson schwamm bereits mit OCEAN GIRL (qv); Shane Briant war der Bösewicht in der Serie ACHTUNG: STRENG GEHEIM! (qv), in der auch Frederick Parslow mitwirkte.

EPISODEN:
1.	UNENDLICHER OZEAN (The Empty Ocean) 27.10.98
2.	GESTRANDET (Shipwrecked) 28.10.98
3.	VERLOREN IN DER ZEIT (Lost In Time) 29.10.98
4.	GEFANGEN (No Escape) 30.10.98
5.	DIE BRAUT DES HORSELORD (Bride Of The Horselord) 02.11.98
6.	DIE ALTEN (The Old Ones) 03.11.98
7.	SPYGLASS HILL (Spyglass Hill) 04.11.98
8.	PIRATENGOLD (Pirate Gold) 05.11.98
9.	DAS FORT DER VERDAMMNIS (Fortress Of The Damned) 06.11.98
10.	DER FEUERBERG (The Mountains Of Fire) 09.11.98
11.	DANTES HÖHLE (Dante's Lair) 10.11.98
12.	DAS GEHEIMNIS DES STEINKREISES (The Secret Of The Stone Circle) 11.11.98

13.	GEISTER UND DÄMONEN (Ghosts And Demons) 11.04.00
14.	EIN DIEB IN DER NACHT (A Thief In The Night) 12.04.00
15.	DIE STÜRMER (Stormers) 13.04.00
16.	DORNVÖGEL (Thorn Birds) 17.04.00
17.	DIE STINKERPFLANZE (A Snake In The Grass) 18.04.00
18.	DIE FRUCHT DES GUTEN UND BÖSEN (Curse Of Thunder Cove) 19.04.00
19.	DIE BRUDERSCHAFT (The Brotherhood) 20.04.00
20.	CAPTAIN FLINTS TRUHE (Dead Man's Chest) 25.04.00
21.	HINTERLISTIGE PIRATEN (Pirate Treachery) 26.04.00
22.	COMPUTERSPIELE (Computer Games) 27.04.00
23.	UNBEKANNTE IN NOT (Damsel In Distress) 01.05.00
24.	DANTE IN SCHWIERIGKEITEN (Dante In Darkness) 02.05.00
25.	CAPTAIN FLINTS FLUCH (Flint's Curse) 03.05.00

26.   IM AUGE DES STURMS (Eye Of The Storm)
        04.05.00

AUF SCHLIMMER UND EWIG
(Unhappily Ever After)
USA 1995-
Deutsche Ausstrahlung:
RTL Television 1997/1998; 40 Episoden

Darsteller: Geoff Pierson (Jack Malloy), Stephanie Hodge (Jennie Malloy - 1995-98), Kevin Connolly (Ryan Malloy), Nikki Cox (Tiffany Malloy), Justin Berfield (Ross Malloy), Joyce Van Patten (Maureen Slattery - 1995/96), Bobcat Goldthwait (Originalstimme Mr. Floppy), Dana Daurey (Amber Moss - 1995-97), Ant (Barry Wallenstein - 1995-97), Kristianna Loken (Sable O'Brien - 1996/97), Deborah Kellner (Muffy - 1997/98), Oliver Muirhead (Mr. Monteleone - 1997/98), Wendy Benson (Barbara Caulfield - 1998/99).

Jack Malloy, erfolgreicher Gebrauchtwagenhändler, bekommt von seiner Noch-Ehefrau eine Scheidungsvereinbarung vorgelegt, die ihm nur wenig Geld zum Leben lässt. Er zieht in ein heruntergekommenes Apartment. Damit er nicht so alleine ist, gibt ihm sein Sohn Ross Mr. Floppy mit. Mr. Floppy ist ein Stoffkaninchen, das bald anfängt mit Jack zu reden und ihm mit Rat und Tat zur Seite steht.
1995. Jack darf wieder in sein ursprüngliches Haus ziehen, muss jedoch im Erdgeschoss wohnen, da Ehefrau Jennie ihn nicht wieder ins Schlafzimmer lässt.
1996. Jennie stirbt, bleibt jedoch als Geist erhalten. Nur eine Woche später ist sie wieder lebendig (Jordan Levin von Warner Brothers tritt in der Episode auf und erklärt, dass die tote Jennie nicht so witzig sei, wie man dachte).

Situationskomödie, die anfänglich einen phantastischen Aspekt als Grundlage benutzt: Das Spielzeug Mr. Floppy, das im Original mit der Stimme von Bobcat Goldthwait redet. Produziert von den Machern der Reihe EINE SCHRECKLICH NETTE FAMILIE (Married...With Children; 1987-97) und mit ähnlich fiesem Unterton versehen.
Joyce Van Patten spielte bereits in DIE MARSCHRONIKEN (qv); Kristianna Loken betätigte sich später im MORTAL KOMBAT (qv). Für immer unglückliche Gaststars waren unter anderen

Erik Estrada und Tracy (Superman & Babylon 5) Scoggins.

EPISODEN:
1.   SCHEIDUNGSOPFER (Unhappily Ever After)
2.   DER HOCHZEITSTAG (The Gift Of The Magnavox)
3.   DAS GEPLATZTE RENDEZVOUS (Jack's First Date)
4.   JE GRÖSSER SIE SIND... (The Bigger They Are, The Harder They Fall)
5.   JACK THE RIPPER (Jack The Ripper)
6.   AUF DER FLUCHT (Run)
7.   DER UNTERGANG DER MÄNNER (The Descent Of Man)
8.   DER GLÜCKSBRINGER (Boxing Mr. Floppy)
9.   JENNIE KRIEGT KEINEN AB (Don Juan De Van Nuys)
10. DIE GELIEBTE (Mistress Jennie)
11. RYANS ERSTE FREUNDIN (Daddy's Little Girl)
12. KLEIDER MACHEN LEUTE (The Great Depression)
13. SCHWEIN GEHABT (Hoop Dreams)
14. AUS MANGEL AN VEREHRERN (Jack Moves Back)
15. EIN PICKEL KOMMT SELTEN ALLEIN (Zit Could Happen Too)
16. DER RATTEN-KILLER (The Rat)
17. RING FREI (Rocky VI)
18. DER ROCKSTAR (Rock Star)
19. FAHRSTUNDEN (Driving Me Crazy)
20. DAS GLANZSTÜCK (A Touch Of Glass)
21. AUS FEIND MACH FREUND (A Line In The Sand)
22. DIE RACHE DES BRIEFTRÄGERS (Making The Grade)
23. DER EINSPRINGER (Honey, I Screwed Up The Kids For Life)
24. DAS SCHIFFGENIE (The Whiz Kid)
25. STRAFE MUSS SEIN (Hot Wheels)
26. PICKNICK MIT HINDERNISSEN (Picnic Of Pain And Peril)
27. STRAFZETTEL MIT FOLGEN (Meter Maid)
28. DIE STERNE LÜGEN NICHT (In The Stars)
29. VALENTINSTAG (Mr. No)
30. JACKS KRISE (The Agony Of Victory)
31. ES IST NICHT ALLES RUHM WAS GLÄNZT (All About Jennie)
32. FLOPPY, DER SCHRIFTSTELLER (Jack Writes Good)
33. BRILLENSCHLANGEN (Girls Who Wear Glasses)
34. VOLLES HAUS (Leaving Van Nuys)
35. FAMILIENZUWACHS (Getting More Than Some)
36. DIE RIVALIN (Tiffany's Rival)
37. STRANDPARTY (Beach Party)
38. DER GEFALLENE ENGEL (Angel Gone Bad)

39. FLOPPY IST EIFERSÜCHTIG (Temptation Of Jack)
40. VOM BLITZ GETROFFEN (Lightning Boy)

EPISODEN (nicht gesendet):
41. BINGO (Bingo! Bingo! Bingo!)
42. DER HALLOWEEN HAARHACKER (Hair Stalker/Halloween XXVII)
43. ROCK 'N' ROLL (Rock 'N' Roll)
44. TURNVATER JACK (The Pride Of The Injuns)
45. DER TRAUM VON HOLLYWOOD (Eating Hollywood)
46. DAS VERHÄNGNISVOLLE PULVER (High And Dry)
47. DER BRAVE BÖSE (The Tell-Tale Lipstick)
48. TIFFANYS VEREHRER (Sternberg)
49. DER PRÄSIDENT (The President)
50. RICHTIGE MÄNNER (Tiffany On The Wild Side)
51. DER KARTOFFELKRIEG (The Potato Rebellion)
52. DER NOTENKAMPF (The B-Minus Blues)
53. EINE BRAUT AUF BESTELLUNG (From Russia With Love)
54. ARBEIT MACHT FAUL (Little Ice Cream Shoppe Of Horrors)
55. RYANS FILMKARRIERE (Shampoo)
56. AUF NACH HARVARD (College!)
57. DIE FREUDEN DES FLEISCHES (The Joy Of Meat)
58. DIE KLATSCHKOLUMNE (Hot Off The Presses)
59. ALLEIN UNTER FRAUEN (Experimenting In College)
60. DAS HAUS DER LEBENDEN TOTEN (The Ghost And Mr. Malloy)
61. ZURÜCK INS LEBEN (Exorcising Jennie)
62. EINE SACHE DER EHRE (We Got Next)
63. SKLAVENWOCHE (Sorority Girl)
64. VAMPIRE BEISSEN NICHT (Ryan, Vampire Slayer)
65. DIGITALE PHANTASIEN (Cyber-Tiffany)
66. DIE BÖSE VERFÜHRERIN (Tiffany, The Homewrecker)
67. RYAN, DER MÄDCHENHELD (Miss Perfect)
68. EIN HEISSER FLIRT FÜR JACK (The One Kevin's Directing)
69. LEHRER DES JAHRES (Teacher Of The Year)
70. EIN EHRLICHER IDIOT (Ryan's Labour Lost)
71. GEHEIME ERMITTLUNGEN (Undercover Cheerleader)
72. DAS ERSTE MAL (The Chaste Makes Waste)
73. RYANS AFFÄRE (Teacher's Pet)
74. KAMPF MIT DEM YETI (Let's Get Ready To Rum Ball)
75. WEGE ZUM RUHM (Triple Play)
76. TIFFANYS GEBURTSTAG (Tiffany's Birthday)
77. IM WILDEN WESTEN (The Old West)
78. ES WAR EINMAL (The Clip Show)
79. (X-Happily Ever After)
80. (Feline Alright)
81. (Basketball...Again?)
82. (A Movie Show)
83. (Love Letters)
84. (I Know What You Did In The Closet)
85. (Ross' IQ)
86. (The Fencing Show)
87. (Smart And Stupid)
88. (The Silver Rule)
89. (Secrets)

AUTOMAN-DER SUPER-DETEKTIV
(Automan)
USA 1983; Pilot & 11 Episoden
Deutsche Ausstrahlung:
SAT.1 1987/1988; Pilot & 5 Episoden
SAT.1 1989; 5 Episoden

Darsteller: Desi Arnaz jr. (Walter Nebicher), Chuck Wagner (Automan), Heather McNair (Roxanne Caldwell), Gerald S. O'Loughlin (Captain E.G. Boyd), Robert Lansing (Lieutenant Jack Curtis).

Polizist Walter Nebicher stellt in seiner Freizeit Computerspiele her. Eines Tages jedoch passiert etwas Seltsames — was wäre auch sonst aus dieser Serie geworden. Statt der üblichen Computerspiele erschafft Walter Automan, eine Holographie, die fortan den bösen Buben das Leben schwer macht. Er hat nämlich tolle Eigenschaften: Automan kann durch Wände gehen und mit allen Computern Kontakt aufnehmen, die sich offensichtlich immer als sehr hilfsbereit erweisen. Sollten diese Spitzentalente mal nicht genug sein, gibt es ja immer noch Cursor, Automans „Begleiter", der nichts besseres zu tun hat, als immer zum rechten Zeitpunkt Autos oder Panzer oder so'n Kram zu erschaffen.

Wieder einmal eine Serie von Glen A. Larson , die sich um den Preis für den grössten Bockmist aller Zeiten bewirbt. Neben diesem „Highlight" der phantastischen Fernsehserien war Larson mitverantwortlich für die Entstehung der Serien EIN FALL FÜR PROFESSOR CHASE (qv) und HIGHWAYMAN (qv). Bei der Verhackstückung der Comicreihe BUCK ROGERS (qv) in eine völlig misslungene Fernsehserie hatte er ebenfalls seine Hand im Spiel. Ganz ohne Hilfe schaffte er es, KAMPFSTERN GALACTICA (qv) und KNIGHT RIDER (qv) zu erfinden. Wirklich positiv zu erwähnen ist eigentlich nur, dass er auch mitverantwortlich für MAGNUM (Magnum, P.I.) war. Mit Gastauftritten wurden ausgezeichnet: Richard (Der Sechs-Millionen-Dollar-Mann & Die 7-Millionen-Dollar-Frau) Anderson, Delta Burke, Glenn Corbett, Mary Crosby, Don Galloway, Clu Gulager, Ed (Schöne neue Zeit) Lauter, Lance (Werwolf) LeGault, Richard (Kampfstern Galactica) Lynch, Patrick (Mit Schirm, Charme und Melone) Macnee, Doug (Mein Vater ist ein Außerirdischer) McClure, Michelle Phillips, Hari Rhodes, Robert Sampson, David (Space) Spielberg und William Windom.

EPISODEN:
1. BEFREIUNG AUS DEM PARADIES (Automan) 27.12.87
2. SPIEL MIT DEM UNTERGANG (The Biggest Game In Town) 28.12.87
3. ZWEIKAMPF DER GIGANTEN (The Great Pretender) 29.12.87
4. DER RICHTER UND DIE MAFIA (Staying Alive While Running A High Flashdance Fever) 30.12.87
5. REISE OHNE WIEDERKEHR (Ships In The Night) 31.12.87
6. MORD IM MUSIKKANAL (Murder MTV) 01.01.88

7. DIAMANTEN UND PIRANHAS (Flashes And Ashes) 26.07.89
8. ARIZONAS SCHLIMMSTER SHERIFF (Renegade Run) 02.08.89
9. MORD, 1. KLAPPE (Murder, Take One) 09.08.89
10. DER RING DES KRONZEUGEN (Zippers) 16.08.89
11. DER GEHEIMNISVOLLE RÄCHER (Unreasonable Facsimile) 23.08.89

BABYLON 5
(Babylon 5)
USA 1993; Pilot
USA 1994-1998; 109 Episoden
USA 1997-   ; bisher 4 Fernsehfilme
Deutsche Ausstrahlung:
Pro 7 1995-99; Pilot & 109 Episoden

Darsteller: Michael O'Hare (Commander Jeffrey David Sinclair - 1993/94), Bruce Boxleitner (Captain John Sheridan - 1994-98), Jerry Doyle (Michael Garibaldi), Claudia Christian (Lieutenant Commander Susan Ivanova), Andrea Thompson (Talia Winters - 1994-95), Richard Biggs (Dr. Stephen Franklin), Mira Furlan (Ambassador Delenn), Peter Jurasik (Ambassador Londo Mollari),

Andreas Katsulas (Ambassador G'Kar), Stephen Furst (Vir Cotto), Bill Mumy (Lennier), Julie Caitlin Brown (Na' Toth - 1994), Mary Kay Adams (Na'Toth - 1994-95), Ardwight Chamberlain (Kosh - 1994-96), Robert Rusler (Lieutenant Warren Keffer - 1994/95), Jason Carter (Marcus Cole - 1995-97), Jeff Conaway (Sergeant Zack Allen - 1995-98), Patricia Tallman (Lyta Alexander - 1996-98), Tracy Scoggins (Captain Elizabeth Lockley - 1997/98), Robin Atkin Downes (Byron - 1998).

Babylon 5 ist eine Raumstation, die als Knotenpunkt im Weltall dient. Aufgrund der Lage und der Bevölkerungsstruktur wird sie zum Angelpunkt der Ereignisse, die das zukünftige Schicksal der Menschheit und anderer Rassen bestimmen.

Eine breit angelegte Weltraumsaga, auf fünf Jahre Laufzeit konzipiert. J. Michael Straczynski, Erfinder der Serie, bietet eine vielschichtige Geschichte, die für Späteinsteiger kaum zu bewältigen ist. Sollte das Interesse vorhanden sein, den Genuss dieser Serie nachzuholen, empfiehlt es sich, die gesamte Serie von jemanden zu leihen, der sie vollständig aufzeichnete — und das sind nicht wenige.
J. Michael Straczynski hatte vor dieser Serie bereits mehrere Lorbeeren innerhalb und ausserhalb des Genres geerntet. Er schrieb Drehbücher für CAPTAIN POWER (qv), TWILIGHT ZONE (qv) und MORD IST IHR HOBBY (Murder, She Wrote). Weiterhin war er an den Zeichentrickserien HE-MAN, SHE-RA und GHOSTBUSTERS beteiligt.
Der Pilotfilm „Spacecenter Babylon 5" und die zweiteilige Episode „Spacecenter Babylon 5-Angriff der Aliens" erschienen vorab auf Video. Als Seriennachfolger entstand die nicht sehr erfolgreiche Reihe CRUSADE.
Bill Mumy spielte bereits in VERSCHOLLEN ZWISCHEN FREMDEN WELTEN (qv). An Bord gingen im Laufe der Zeit Michael Ansara, Carmen Argenziano, Adrienne Barbeau, Majel (Raumschiff Enterprise) Barrett, Theodore Bikel, James (Burning Zone) Black, Roy Brocksmith, Bernie Casey, Richard (Krieg der Welten) Chaves, Jeffrey Combs, Jeff Corey, Brian Cousins, Andrew (Conan) Craig, Robin Curtis, Henry Darrow, Diane Dilascio, Roy (Die Schöne und das Biest) Dotrice, Sarah Douglas, Brad (Wild Palms) Dourif, Robert (V) Englund, John Fleck, Robert

Foxworth, Melissa Gilbert, Erica (Profiler) Gimpel, Gerrit Graham, Alex (Buck Rogers) Hyde-White, Lenore Kasdorf, Walter (Raumschiff Enterprise) Koenig, Thomas Kopache, June (Verschollen zwischen fremden Welten) Lockhart, Stephen Macht, David (Solo für O.N.C.E.L. & Der Unsichtbare) McCallum, Richard Moll, Marjorie (Space Rangers) Monaghan, Phil (In geheimer Mission) Morris, Julia Nickson, Tricia O'Neil, Eric (Alien Nation) Pierpoint, Clive Revill, Mark (Profiler) Rolston, John (Conor, der Kelte) Saint Ryan, William Sanderson, Reiner (Aeon) Schöne, John (Holmes & Yoyo & Familie Munster) Schuck, Dwight (Raumschiff Enterprise-Das nächste Jahrhundert) Schultz, Judson (V) Scott, Carolyn Seymour, William Morgan (Max Headroom) Sheppard, Don Stroud, Carel (Das Geheimnis von Twin Peaks) Struycken, Keith (Schöne neue Welt) Szarabajka, Cary-Hiroyuki (Space Rangers) Tagawa, Malachi Throne, Tamlyn (Burning Zone) Tomita, Musetta (Super Force) Vander, David (Das Geheimnis von Twin Peaks & Wild Palms) Warner, Paul Williams, Paul Winfield, Michael (Space) York und Efrem Zimbalist, Jr.

EPISODEN:

1. SPACECENTER BABYLON 5 (Babylon 5: The Gathering) 03.08.95
2. RAGESH 3 (Midnight On The Firing Line) 06.08.95
3. DER SEELENJÄGER (Soul Hunter) 13.08.95
4. PURPURDATEN (Born To The Purple) 20.08.95
5. EIN UNHEIMLICHER FUND (Infection) 27.08.95
6. ANGRIFF AUF G'KAR (The Parliament Of Dreams) 03.09.95
7. DIE MACHT DES GEISTES (Mind War) 10.09.95
8. ANGRIFF AUF DIE AUSSERIRDISCHEN (War Prayer) 17.09.95
9. GEFANGEN IM CYBERNETZ (And The Sky Full Of Stars) 24.09.95
10. DIE TODESBRINGERIN (Death Walker) 01.10.95
11. DIE GLÄUBIGEN (Believers) 08.10.95
12. EIN WIEDERSEHEN MIT FOLGEN (Survivors) 15.10.95
13. MIT ALLEN MITTELN (By Any Means Necessary) 22.10.95
14. VISIONEN DES SCHRECKENS (Signs And Portents) 29.10.95
15. IM RING DES BLUTES (TKO) 05.11.95
16. DER GRAL (Grail) 12.11.95
17. DIE UNTERSUCHUNG (Eyes) 19.11.95
18. KRIEGER WIDER WILLEN (Legacies) 26.11.95
19. SPACECENTER BABYLON 5-ANGRIFF DER ALIENS (A Voice In The Wilderness) 01.12.95
20. VERLOREN IN DER ZEIT (Babylon Squared) 03.12.95
21. DIE HEILERIN (The Quality Of Mercy) 10.12.95
22. CHRYSALIS (Chrysalis) 17.12.95
23. DIE FEUERPROBE (Points Of Departure) 31.12.95
24. RÜCKKEHR DER FINSTERNIS (Revelations) 07.01.96
25. EINE FRAGE DER FARBE (The Geometry Of Shadows) 14.01.96
26. RETTET DIE CORTEZ! (A Distant Star) 21.01.96
27. DER UNSICHTBARE FEIND (The Long Dark) 28.01.96
28. FREIHEIT FÜR DEN MARS! (A Spider In The Web) 04.02.96
29. DER GEDANKENPOLIZIST (A Race Through Dark Places) 11.02.96
30. DREI FRAUEN FÜR MOLLARI (Soul Mates) 18.02.96
31. SCHATTEN AM HORIZONT (The Coming Of Shadows) 25.02.96
32. DIE SCHLACHT UM MATOK (Gropos) 03.03.96
33. ALARM IM SEKTOR 92 (All Alone In The Night) 10.03.96
34. AUF DEM PULVERFASS (Acts Of Sacrifice) 17.03.96
35. DER ARZT DES PRÄSIDENTEN (Hunter, Prey) 24.03.96
36. MINBARI LÜGEN NICHT (There All The Honor Lies) 31.03.96
37. 36 STUNDEN AUF BABYLON 5 (And Now For A Word) 14.04.96
38. DUELL UNTER FREUNDEN (Knives) 21.04.96
39. DAS GEHEIMNIS DER Z'HA'DUM (In The Shadow Of Z'Ha'Dum) 28.04.96
40. DAS ENDE DER MARKAB (Confessions And Lamentations) 05.05.96
41. VERRÄTER OHNE SCHULD (Divided Loyalties)
42. DIE ARMEE DES LICHTS (The Long Twilight Struggle)
43. DAS VERHÖR DES INQUISITORS (Comes The Inquisitor) 02.06.96
44. EIN PAKT MIT DEM TEUFEL (The Fall Of Night) 09.06.96

45. DAS SCHATTENSCHIFF (Matters Of Honor) 22.09.96
46. BOMBENTERROR (Convictions) 29.09.96
47. 24 STUNDEN BIS ZUM ENDE (A Day In The Strife) 06.10.96
48. DIE SCHRIFT AUS BLUT (Passing Through Gethsemene) 13.10.96
49. DER BEWEIS (Voices Of Authority) 20.10.96

50.	DER SELBSTVERSUCH (Dust To Dust)
	27.10.96
51.	DER HÜTER DES WISSENS (Exogenesis)
	03.11.96
52.	DAS NETZ DER LÜGEN (Messages From
	Earth) 10.11.96
53.	KRIEGSRECHT (Point Of No Return) 17.11.96
54.	DIE STRAFAKTION (Severed Dreams)
	24.11.96
55.	EIN NEUER ANFANG (Ceremonies In Light
	And Dark) 01.12.96
56.	EINE WAHRE CENTAURI (Sic Transit Vir)
	08.12.96
57.	SCHMERZEN DER ERINNERUNG (A Late De-
	livery From Avalon) 15.12.96
58.	DER FEIND MEINES FEINDES (Ship Of
	Tears) 22.12.96
59.	ZEIT DES ABSCHIEDS (Interludes And Exami-
	nations) 29.12.96
60.	RANGER 1 (War Without End 1) 05.01.97
61.	RANGER 2 (War Without End 2) 12.01.97
62.	WALK ABOUT (Walk About) 26.01.97
63.	DAS RÄTSEL VON GRAU 17 (Grey 17 Is Mis-
	sing) 02.02.97
64.	TOD EINES INTRIGANTEN (And The Rock
	Cried Out) 09.02.97
65.	DER GROSSE SCHLAG (Shadow Dancing)
	16.02.97
66.	Z'HA'DUM (Z'Ha'Dum) 23.02.97

67.	IN DER STUNDE DES WOLFS (The Hour Of
	The Wolf) 23.05.98
68.	DER LETZTE DES KHA'RI (Whatever Happe-
	ned To Mr. Garibaldi?) 30.05.98
69.	RÜCKKEHR VOM SCHATTENPLANETEN
	(The Summoning) 06.06.98
70.	DAS MONSTER AUF DEM THRON (Falling
	Toward Apotheosis) 13.06.98
71.	TYRANNENMORD (The Long Night) 20.06.98
72.	DAS DRITTE ZEITALTER (Into The Fire)
	27.06.98
73.	UNTER QUARANTÄNE (Epiphanies) 04.07.98
74.	LÜGENPROPAGANDA (The Illusion Of Truth)
	11.07.98
75.	DAS TRAUMORAKEL (Atonement) 18.07.98
76.	CAPTAIN JACK (Racing Mars) 25.07.98
77.	DIE STIMME DES WIDERSTANDS (Lines Of
	Communication) 01.08.98
78.	EIN JOB FÜR GARIBALDI (Conflicts Of Inte-
	rest) 08.08.98
79.	KRIEG DER KASTEN (Rumors, Bargains And
	Lies) 15.08.98
80.	IM KREIS DES STERNENFEUERS (Moments
	Of Transition) 22.08.98
81.	DIE BEFREIUNG VON PROXIMA 3 (No Sur-
	render, No Retreat) 29.08.98
82.	HINTER DEN KULISSEN (The Exercise Of Vi-
	tal Powers) 05.09.98
83.	HOMO SUPERIOR (The Face Of The Enemy)
	12.09.98

84.	DAS VERHÖR (Intersections In Real Time)
	19.09.98
85.	DAS WERKZEUG DER VERGELTUNG (Be-
	tween The Darkness And The Light) 26.09.98
86.	SÖHNE UND TÖCHTER DER ERDE (End-
	game) 10.10.98
87.	DIE NEUE ALLIANZ (Rising Star) 17.10.98
88.	IN HUNDERT, IN TAUSEND JAHREN (The
	Deconstruction Of Falling Stars) 24.10.98
89.	DER ATTENTÄTER (No Compromises)
	07.11.98
90.	AN DER SCHWELLE DES TODES (The Very
	Long Night Of Londo Mollari) 14.11.98
91.	DIE STIMME DES UNIVERSUMS (The Para-
	gon Of Animals) 21.11.98
92.	EINFACHE LEUTE (A View From The Gallery)
	28.11.98
93.	LEKTION DES SCHRECKENS (Learning
	Curve) 05.12.98
94.	DER HERR DER BLUTHUNDE (Strange Rela-
	tions) 12.12.98
95.	EIN STERBENDES VOLK (Secrets Of The
	Soul) 19.12.98
96.	DER TAG DER TOTEN (Day Of The Dead)
	02.01.99
97.	DIE TELEPATHENKOLONNE (In The Kingdom
	Of The Blind) 09.01.99
98.	DER LETZTE GEFANGENE (Cat And Mouse)
	16.01.99
99.	VERGESST BRYAN NICHT (Phoenix Rising)
	23.01.99
100.	DAS BUCH DES G'KAR (The Ragged Edge)
	30.01.99
101.	DAS CORPS DER GNADENLOSEN (The
	Corps Is Mother, The Corps Is Father)
	06.02.99
102.	DIE WAHRHEIT IST EIN FLUSS (Meditations
	On The Abyss) 13.02.99
103.	AM RANDE DES ABGRUNDS (Darkness As-
	cending) 20.02.99
104.	DIE BLOCKADE (And All My Dreams, Torn
	Asunder) 27.02.99
105.	DER LETZTE BEFEHL (Movements Of Fire
	And Shadow) 06.03.99
106.	DIE BÜRDE DES IMPERATORS (The Fall Of
	Centauri Prime) 13.03.99
107.	AUGEN AUS FEUER (The Wheel Of Fire)
	20.03.99
108.	WANN, WENN NICHT JETZT (Objects In Mo-
	tion) 27.03.99
109.	DER LETZTE BLICK ZURÜCK (Objects In
	Rest) 03.04.99
110.	DER WEG INS LICHT (Sleeping In Light)
	10.04.99

FILME:

I.	SPACECENTER BABYLON 5-DER FLUSS
	DER SEELEN (Babylon 5: The River Of Souls;
	1998) 09.99; Video

II.	BABYLON 5: WAFFENBRÜDER (Babylon 5: Call To Arms) 20.01.01; Pro 7
III.	BABYLON 5-DER ERSTE SCHRITT (Babylon 5: In The Beginning) 21.01.01; RTL 2
IV.	(Babylon 5: The Legend Of The Rangers)

BAMBINOT-DER WUNSCHKINDAUTOMAT

(Bambinot)
CSSR 1984; 7 Episoden
Deutsche Ausstrahlung:
ARD 1987; 7 Episoden

Darsteller: Jirí Adamíra (Rudolf von Lauranien), Petr Cepek (Frank Williams), Josef Abrahám (Dr. Hardy), Jana Brejchová (Laura von Lauranien), Milos Kopecky (Reeder Mitropoulos), Slávka Budinová (Frau Mitropoulos), Eliska Balzerová (Cathy Hardy), Iva Janzurová (Dr. Phipps), Jiri Labus (Weston), Jane Fuchsová (Semanta), Jirina Bohadalová (Odette), Cestmir Randa (Direktor Brown), Jana Stepánková (Frau Professor Flatscher).

In Lauranien ist es neuerdings möglich, sich seine Kinder im voraus auszusuchen. Das ermöglicht der sogenannte Bambinot. Auch das Regentenpaar Rudolf und Laura benutzen das Gerät und erwarten einen Sohn. Allerdings wird das von der Schwester des Regenten, die gerne ihr eigenes Kind an der Spitze des Landes sehen würde, nicht begrüsst. Erschwert wird die Situation des Thronfolgers noch, als sich dieser als gewalttätiger Vegetarier herausstellt...

EPISODEN:

1.	DIE ERFINDUNG DES JAHRHUNDERTS (- liegt nicht vor -) 09.06.87
2.	EINE UNLÖSBARE AUFGABE (- liegt nicht vor -) 16.06.87
3.	DIE RÜCKKEHR DES GENIES (- liegt nicht vor -) 23.06.87
4.	DAS IDEALE KIND (- liegt nicht vor -) 30.06.87
5.	GELEGENHEIT MACHT DIEBE (- liegt nicht vor -) 07.07.87
6.	UNTER FALSCHEM VERDACHT (- liegt nicht vor -) 14.07.87
7.	ABSCHIED VON ILLUSIONEN (- liegt nicht vor -) 21.07.87

BATMAN

(Batman)
USA 1966-1968; 120 Episoden
USA 1966; Spielfilm
Deutsche Ausstrahlung:
SAT.1 1989/1990; 108 Episoden (drei mit dreifacher Länge)
SAT.1 1992; 6 Episoden

Darsteller: Adam West (Bruce Wayne/Batman), Burt Ward (Dick Grayson/Robin), Neil Hamilton (Commissioner Gordon), Stafford Repp (Chief O'Hara), Alan Napier (Alfred), Madge Blake (Harriet Cooper), Yvonne Craig (Barbara Gordon/Batgirl).

Der Millionär Bruce Wayne bekämpft in der Verkleidung des Batman das Böse in und um Gotham City. Ihm zur Seite steht Robin, hinter dessen Maske sich Waynes Mündel Dick Grayson verbirgt. Durch deren Heldentaten animiert, kleidet sich auch des Commissioners Töchterlein, Barbara Gordon, in eine Fledermauskluft und trägt einen weiblichen Teil zur Verbrechensminimierung bei.
In Wayne Manor betreut werden die Recken vom treuen Butler Alfred, der um ihr geheimes Hobby weiß. Später (als der Vorwurf der latenten Homosexualität zwischen Bruce und Dick laut wurde) durfte Tante Harriet als „Anstandswauwau" einziehen.

Batman, neben Superman die wohl bekannteste Superheldenfigur, wurde 1939 von Bob Kane erfunden. Bereits vier Jahre später erschien ein erstes Serial, das die Abenteuer des Fledermausmannes beschrieb: BATMAN (dt.: Batman und Robin). Ein weiteres Serial folgte 1948: BATMAN AND ROBIN (bisher nicht in Deutschland zu sehen). Nachdem von 1966 bis 1968 diese Vergewaltigung der Vorlage lief, wurden die lange Wartenden, so sie es noch erlebten, mit der Batmanversion von Tim Burton belohnt. Dem ersten Spielfilm — BATMAN (Batman; 1989) — folgten bisher drei weitere: BATMAN RETURNS (Batmans Rückkehr; 1992), BATMAN FOREVER (Batman Forever; 1994) und BATMAN AND ROBIN (Batman und Robin; 1997).
Doch zurück zum eigentlichen Thema. 1966 war man offensichtlich der Ansicht, dass Comics nur für Kinder seien und dass man deshalb eher eine Batman-Clown-Version brauche als einen „Dunklen Ritter". Und seltsamerweise schien dies ge-

nau das zu sein, worauf Amerika wartete: Studenten, denen man eigentlich mehr zutrauen würde, erklärten die Serie zum Kultobjekt, Schauspieler von Rang und Namen wollten Gastrollen. Und Amerika bewies wieder einmal, dass es nur ein grosser, schöner, verführerisch aussehender Ballon ist — gefüllt mit viel heisser Luft.

Nach der ersten Staffel erschien 1966 der Kinofilm BATMAN (Batman hält die Welt in Atem) — für die Produzenten eine gute Gelegenheit teure Anschaffungen, wie Batcopter und Batboot, zu rechtfertigen.

Folgende Schauspieler stellten sich dem Mann in Strumpfhosen — oder schauten als Gastauftritt aus dem Fenster: John (Addams Family) Astin, Tallulah Bankhead, Anne Baxter, Milton Berle, James Brolin, Victor (Der Mann aus dem Meer) Buono, Roger C. Carmel, Art Carney, Ted (Addams Family) Cassidy, Joan Collins, Elisha Cook, Jr., Ellen Corby, John Crawford, Sammy Davis, Jr., Zsa Zsa Gabor, Teri Garr, Frank Gorshin, Carolyn (Addams Family) Jones, Eartha Kitt, Bruce Lee, Jerry Lewis, Liberace, Deanna (Planet der Giganten) Lund, Ida Lupino, Jock Mahoney, Theo Marcuse, Roddy (Planet der Affen & Fantastic Journey) McDowall, Burgess Meredith, Lee (Time Tunnel) Meriwether, Ethel Merman, Lawrence Montaigne, Julie Newmar, Otto Preminger, Vincent Price, Rob Reiner, Michael Rennie, Cliff Robertson, Cesar Romero, Jill St. John, Malachi Throne, Eli Wallach, Grace Lee (Raumschiff Enterprise) Whitney, Shelley Winters.

EPISODEN:
1. DIE ZODIAK-VERBRECHEN (The Zodiac Crimes & The Joker's Hard Times & The Penguin Declines) 01.10.89
2. RÄTSELHAFTER RÄTSELKÖNIG 1 (Hey Diddle Riddle) 06.10.89
3. RÄTSELHAFTER RÄTSELKÖNIG 2 (Smack In The Middle) 07.10.89
4. DIE KATZE LÄSST DAS MAUSEN NICHT 1 (The Purr-Fect Crime) 13.10.89
5. DIE KATZE LÄSST DAS MAUSEN NICHT 2 (Better Luck Next Time) 14.10.89
6. VERTEUFELTE AUTOMATEN 1 (The Joker Goes To School) 20.10.89
7. VERTEUFELTE AUTOMATEN 2 (He Meets His Match, The Grisley Ghoul) 21.10.89
8. GEFIEDERTE LUMPEN 1 (Fine Feathered Finks) 27.10.89
9. GEFIEDERTE LUMPEN 2 (The Penguin's A Jinx) 28.10.89
10. DIE DEMASKIERUNG 1 (The Joker Is Wild) 03.11.89
11. DIE DEMASKIERUNG 2 (Batman Gets Riled) 04.11.89
12. BATMAN AUF EIS 1 (Instant Freeze) 10.11.89
13. BATMAN AUF EIS 2 (Rats Like Cheese) 11.11.89
14. DER PINGUIN SCHLÄGT ZU 1 (Fine Finny Fiends) 17.11.89
15. DER PINGUIN SCHLÄGT ZU 2 (Batman Makes The Scenes) 18.11.89
16. DIE BESTE MUTTER VON ALLEN 1 (The Greatest Mother Of Them All) 24.11.89
17. DIE BESTE MUTTER VON ALLEN 2 (Ma Parker) 25.11.89
18. FRISCH VOM GRILL 1 (Hot Off The Griddle) 01.12.89
19. FRISCH VOM GRILL 2 (The Cat And The Fiddle) 02.12.89
20. ZELDA, DIE GROSSE 1 (Zelda, The Great) 08.12.89
21. ZELDA, DIE GROSSE 2 (A Death Worse Than Fate) 09.12.89
22. RIDDLERS RATTEN RAUBEN BORIS 1 (A Riddle A Day Keeps The Riddler Away) 15.12.89
23. RIDDLERS RATTEN RAUBEN BORIS 2 (When The Rat's Away The Mice Will Play) 16.12.89
24. DAS FALSCHE GESICHT 1 (True Or False-Face) 22.12.89
25. DAS FALSCHE GESICHT 2 (Holy Rat Race) 23.12.89
26. DER RING AUS WACHS 1 (The Ring Of Wax) 29.12.89
27. DER RING AUS WACHS 2 (Give 'Em The Axe) 30.12.89
28. DER 13. HUT 1 (The Thirteenth Hat) 06.01.90
29. DER 13. HUT 2 (Batman Stands Pat) 06.01.90
30. ALLE MACHT DEM PINGUIN 1 (The Penguin Goes Straight) 13.01.90
31. ALLE MACHT DEM PINGUIN 2 (Not Yet, He Ain't) 13.01.90
32. DER MAHARADSCHA VON NIMPAH 1 (The Joker Trumps An Ace) 20.01.90
33. DER MAHARADSCHA VON NIMPAH 2 (Batman Sets The Pace) 20.01.90
34. DER VERRÜCKTE PHARAO 1 (The Curse Of Tut) 27.01.90
35. DER VERRÜCKTE PHARAO 2 (The Pharaoh's In A Rut) 27.01.90
36. DIE BÜCHERWURM-AFFÄRE 1 (The Bookworm Turns) 03.02.90
37. DIE BÜCHERWURM-AFFÄRE 2 (While Gotham City Burns) 03.02.90
38. DAS STUMMFILMFESTIVAL 1 (Death In Slow Motion) 10.02.90
39. DAS STUMMFILMFESTIVAL 2 (The Riddler's False Notion) 10.02.90

40. FREIFLUG INS GEFÄNGNIS 1 (The Penguin's Nest) 17.02.90
41. FREIFLUG INS GEFÄNGNIS 2 (The Bird's Last Jest) 17.02.90
42. BATMAN CONTRA ROBIN HOOD 1 (Shoot A Crooked Arrow) 24.02.90
43. BATMAN CONTRA ROBIN HOOD 2 (Walk In The Straight And Narrow) 24.02.90
44. TUT RUFT-BATMAN RENNT 1 (The Spell Of Tut) 03.03.90
45. TUT RUFT-BATMAN RENNT 2 (Tut's Case Is Shut) 03.03.90
46. FÜNF VOR ZWÖLF 1 (The Clock King's Crazy Crimes) 10.03.90
47. FÜNF VOR ZWÖLF 2 (The Clock King Gets Crowned) 10.03.90
48. MINNESÄNGER-BÖRSENSPRENGER 1 (The Minstrel's Shakedown) 17.03.90
49. MINNESÄNGER-BÖRSENSPRENGER 2 (Barbecued Batman) 17.03.90
50. EIN DICKES EI FÜR GOTHAM CITY 1 (An Egg Grows In Gotham) 24.03.90
51. EIN DICKES EI FÜR GOTHAM CITY 2 (The Yegg Foes In Gotham) 24.03.90
52. WAHLTAG 1 (Hizzoner The Penguin) 07.04.90
53. WAHLTAG 2 (Dizzoner The Penguin) 07.04.90
54. GRÜNES EIS 1 (Green Ice) 14.04.90
55. GRÜNES EIS 2 (Deep Freeze) 14.04.90
56. DIE ZEITMASCHINE 1 (The Impractical Joker) 21.04.90
57. DIE ZEITMASCHINE 2 (The Joker's Provokers) 21.04.90
58. BATMAN VOR DEM TRAUALTAR 1 (Marsha, Queen Of Diamonds) 28.04.90
59. BATMAN VOR DEM TRAUALTAR 2 (Marsha's Scheme Of Diamonds) 28.04.90
60. VORSICHT, STRAHLUNG! 1 (The Contaminated Cowl) 05.05.90
61. VORSICHT, STRAHLUNG! 2 (Mad Hatter Runs A Foul) 05.05.90
62. HIGH NOON IN GOTHAM CITY 1 (Come Back, Shame) 12.05.90
63. HIGH NOON IN GOTHAM CITY 2 (It's The Way You Play The Game) 12.05.90
64. DER STIMMENDIEBSTAHL 1 (The Cat's Meow) 19.05.90
65. DER STIMMENDIEBSTAHL 2 (The Bats Kow Tow) 19.05.90
66. ÜBER DEN WOLKEN 1 (The Puzzles Are Coming) 26.05.90
67. ÜBER DEN WOLKEN 2 (The Duo Is Slumming) 26.05.90
68. TÖDLICHES FINGERSPIEL 1 (The Devil's Fingers) 02.06.90
69. TÖDLICHES FINGERSPIEL 2 (The Dead Ringers) 02.06.90
70. DAS SANDMÄNNCHEN IST DA 1 (The Sandman Cometh) 09.06.90
71. DAS SANDMÄNNCHEN IST DA 2 (The Catwoman Goeth) 09.06.90
72. IN DEN FÄNGEN DER KATZE 1 (That Darn Catwoman) 16.06.90
73. IN DEN FÄNGEN DER KATZE 2 (Scat, Darn Catwoman) 16.06.90
74. RIDDLERS GEHEIMWAFFE 1 (Batman's Anniversary) 23.06.90
75. RIDDLERS GEHEIMWAFFE 2 (A Riddling Controversy) 23.06.90
76. DER JOKER LACHT ZULETZT 1 (The Joker's Last Laugh) 30.06.90
77. DER JOKER LACHT ZULETZT 2 (The Joker's Epitaph) 30.06.90
78. DIE KATZENAUGENOPALE 1 (Catwoman Goes To College) 07.07.90
79. DIE KATZENAUGENOPALE 2 (Batman Displays His Knowledge) 07.07.90
80. DIE GRÜNE HORNISSE 1 (A Piece Of The Action) 14.07.90
81. DIE GRÜNE HORNISSE 2 (Batman's Satisfaction) 14.07.90
82. MEISTER JOKER 1 (Pop Goes The Joker) 04.08.90
83. MEISTER JOKER 2 (Flop Goes The Joker) 04.08.90
84. SPION IM EIS 1 (Ice Spy) 11.08.90
85. SPION IM EIS 2 (The Duo Defy) 11.08.90
86. BATGIRL KOMMT-PINGUIN GEHT (Enter Batgirl, Exit Penguin) 18.08.90
87. RING FREI FÜR DEN RIDDLER (Ring Around The Riddler) 18.08.90
88. LOLA LASAGNE 1 (The Sport Of Penguins) 25.08.90
89. LOLA LASAGNE 2 (A Horse Of Another Color) 25.08.90
90. BATMANS BESTE ROLLE (Penguin Is A Girl's Best Friend & Penguin Sets A Trend & Penguin's Disastrous End) 26.08.90
91. SIRENENGESANG (The Wail Of The Siren) 01.09.90
92. DER SCHLIMMSTE TUT VON ALLEN (The Unkindest Tut Of All) 01.09.90
93. MEIN FREUND, DER NEOSAURUS 1 (The Ogg And I) 16.09.90
94. MEIN FREUND, DER NEOSAURUS 2 (How To Hatch A Dinosaur) 16.09.90
95. HEILIGES SURFBRETT (Surf's Up! Joker's Under!) 23.09.90
96. JOKERS LIEBLINGSKATZE 1 (The Funny Feline Felonies) 30.09.90
97. JOKERS LIEBLINGSKATZE 2 (The Joke's On Catwoman) 30.09.90
98. VORSICHT: UFO (The Joker's Flying Saucer) 14.10.90
99. AUS CASSANDRAS HEXENKÜCHE (The Entrancing Dr. Cassandra) 14.10.90
100. DER GROSSE EISENBAHNRAUB 1 (The Great Escape) 21.10.90
101. DER GROSSE EISENBAHNRAUB 2 (The Great Train Robbery) 21.10.90

102.	DER PINGUIN RÄUMT AUF (Penguin's Clean Sweep) 28.10.90
103.	TIEF, TIEFER, TUT (I'll Be A Mummy's Uncle) 28.10.90
104.	SCHON WIEDER FLIEDER (Louie's Lethal Lilac Time) 11.11.90
105.	LADY NORAS VERBRECHERKRÄNZCHEN (Nora Clavicle And Her Ladies' Crime Club) 11.11.90
106.	KILLER-KÄTZCHEN (Catwoman's Dressed To Kill) 18.11.90
107.	HER MIT DEN MILLIONEN! (Minerva, Mayhem And Millionaires) 18.11.90
108.	NEBEL ÜBER LONDON (The Londinium Larcenies & The Foggiest Notion & The Bloody Tower) 25.11.90
109.	GROSSER KÖNIG VOM NIL 1 (King Tut's Coup) 10.10.92
110.	GROSSER KÖNIG VOM NIL 2 (Batman's Waterloo) 11.10.92
111.	DIE SCHWARZE WITWE 1 (Black Widow Strikes Again) 17.10.92
112.	DIE SCHWARZE WITWE 2 (Caught In The Spider's Den) 18.10.92
113.	LOUIE LILAC SCHLÄGT ZURÜCK (Louie The Lilac) 28.11.92
114.	DAS EIER-PÄRCHEN (The Ogg Couple) 29.11.92

FILME:

I.	BATMAN UND ROBIN (Batman; 1943)
II.	BATMAN HÄLT DIE WELT IN ATEM (Batman; 1966) 10.02.67; Kino
III.	BATMAN (Batman; 1989) 26.10.89; Kino
IV.	BATMANS RÜCKKEHR (Batman Returns; 1992) 16.07.92; Kino
V.	BATMAN FOREVER (Batman Forever; 1995) 03.08.95; Kino
VI.	BATMAN UND ROBIN (Batman & Robin; 1997) 26.06.97; Kino

BAYWATCH NIGHTS
(Baywatch Nights)
USA 1995-97; 44 Episoden (22 davon Horror)
Deutsche Ausstrahlung:
SAT.1 1996/97; 22 Episoden
SAT.1 1997/98; 22 Horrorepisoden

Darsteller: David Hasselhoff (Mitch Buchannon), Angie Harmon (Ryan McBride), Donna D'Errico (Donna Marco), Eddie Cibirian (Griff Walker), Dorian Gregory (Diamont Teague).

Mitch Buchanan, seines Zeichens Oberbademeister, ist offensichtlich nicht so ganz ausgelastet.

Also betätigt er sich als Detektiv.
Nachdem er eine Staffel lang böse Wichter gejagt und gestellt hat, tauchen in der zweiten plötzlich schaurige Wesen und Gruselgestalten in den nicht so sonnigen Nächten Malibus auf.

David Hasselhoff — was ist über diesen Mann nicht schon Schlechtes gesagt und geschrieben worden. Und das meist zu recht. Nach dem Überraschungserfolg der Serie BAYWATCH, traute man ihm auch wieder anderes zu — oder zumindest hatte er plötzlich eine solch starke Machtposition, dass er das Zutrauen erzwingen konnte. Nun ja, jedenfalls durfte er seine Badehosenrolle zum Detektiv umgestalten. Als man aber sah, dass in allen Programmen phantastische Geschichten erzählt wurden, wollte man nicht zurückstehen. Genauer, man sprang beherzt auf das Trittbrett eben dieser Serien — rutschte ab und fiel mächtig auf die Nase. Was Hasselhoff und seine Co-Creators hier präsentieren, ist der PLAN 9 FROM OUTER SPACE des Fernsehens. „Uns David" wirkte schon leicht debil, als er noch mit Autos redete, aber das hier setzt dem Fass die Krone auf. Das einzige was diese Serie neben Hasselhoffs nicht vorhandenen Schauspielkünsten und den Chemiekastentricks zu bieten hat, sind einige ungewollte Lacherfolge. Z. B. die Vampirin, die seit Jahrhunderten lebt, und nicht wusste wonach sie eigentlich die ganze Zeit suchte. Lösung: Einen Mann, in den sie sich verlieben kann. Und wer könnte dies sein, als der abgehalfterte Hasselhoff?! Tja, jetzt wissen wir erst, was für eine wirkliche Qual so ein Vampirdasein sein muss. Hasselhoff spielte bekanntermassen bereits in KNIGHT RIDER (qv) die Hauptrolle. Gaststars in den mehr oder minder horriblen Episoden waren unter anderen Julie Caitlin (Babylon 5) Brown, Robert Ginty, Edward (Der Geist und Mrs. Muir & Knight Rider) Mulhare, Vincent Schiavelli, Sven-Ole (Captain Power) Thorson, Floyd Red Crow Westerman und Danny (Conan) Woodburn.

EPISODEN:

a.	SEIN ERSTER FALL (Pursuit) 14.07.96
b.	DER TOD KOMMT AUF ROLLEN (Bad Blades) 21.07.96
c.	PARTY FÜR EINEN TOTEN (Silent Witness) 28.07.96
d.	TÖDLICHE VISIONEN (Deadly Vision) 04.08.96
e.	ARMER GIGOLO! (Just A Gigolo) 11.08.96

f.	BEI ANRUF SEX (976 Ways To Say I Love You) 18.08.96
g.	UNTER STROM (Pressure Cooker) 25.08.96
h.	DIE KATZE IM SACK (Balancing Act) 01.09.96
i.	FREUNDE FÜRS LEBEN (Blues Boy) 08.09.96
j.	MUTTER IST DIE BESTE (Kind Of A Drag) 15.09.96
k.	DAS SPIEL IST AUS (Takeover) 22.09.96
l.	VERLORENE ERINNERUNGEN (Thin Blood) 29.09.96
m.	ZWISCHEN DEN FRONTEN (Payback) 06.10.96
n.	KILLER GESUCHT (Backup) 13.10.96
o.	DER REINSTE ALPTRAUM (The Curator) 27.10.96
p.	ENTFÜHRUNG AUF JAPANISCH (Code Of Silence) 03.11.96
q.	36 STUNDEN ANGST (Vengeance) 10.11.96
r.	MORD OHNE SKRUPEL (Epilogue) 17.11.96
s.	DIEB IN DER NACHT (Thief In The Night) 24.11.96
t.	GEFÄHRLICHES RENDEZVOUS (Rendez-vous) 08.12.96
u.	DIE DOPPELGÄNGERIN (A Closer Look) 29.12.96
v.	TODESMELODIE (Heat Rays) 05.01.97

23.	DER SCHRECKEN AUS DER TIEFE (Terror Of The Deep) 22.04.98
24.	DAS GESCHÖPF (The Creature) 23.04.98
25.	DIE BOHRINSEL (The Rig) 24.04.98
26.	DER BLITZ (The Strike) 27.04.98
27.	IM KREIS DER ANGST (Circle Of Fear) 28.04.98
28.	DAS ZEITLOCH (The Cabin) 29.04.98
29.	VOODOO-ZAUBER (The Curse Of The Mirrored Box) 30.04.98
30.	DER LETZTE ATEMZUG (Last Breath) 04.05.98
31.	VAMPIRGEFLÜSTER (Night Whispers) 05.05.98
32.	GEFAHR AUS DEM ALL (Space Spore) 06.05.98
33.	DIMENSION X (Mobius) 07.05.98
34.	BESESSEN (Possessed) 08.05.98
35.	TAUSEND JAHRE TOT (Frozen Out Of Time) 11.05.98
36.	DAS SPIEL (Nights To Dragon One) 12.05.98
37.	DIE ORGANISATION (Ascension) 13.05.98
38.	UNHEIMLICHE BEGEGNUNG (Zargtha) 14.05.98
39.	DER DIENER (The Servant) 15.05.98
40.	TODESHAUCH (Symbol Of Death) 18.05.98
41.	MÄCHTE DER FINSTERNIS (The Eighth Seal) 19.05.98
42.	TODESWIND (Hot Winds) 20.05.98
43.	HEUTE, GESTERN, MORGEN (The Vortex) 22.05.98
44.	DAS GEISTERHAUS (A Thousand Words) 25.05.98

BEETLEBORGS
(Saban's Big Bad BeetleBorgs)
USA 1996/97; 52 Episoden (eine doppellange)
Deutsche Ausstrahlung:
RTL Television 1997/98; 43 Episoden

Darsteller: Wesley Barker (Andrew „Drew" McCormick), Herbie Baez (Roland „Magic" Williams), Shannon Chandler (Josephine „Jo" McCormick), Billy Forester (Flabber), Vivian Smallwood (Nano Williams), Kim Delgado (Aaron Williams), Todd Hurst (Trip), Patrick Seaborn (Van), Elisabeth Z. Uwo (Heather), David Fletcher (Frankenbeans), Joe Hackett (Count Fangula), Blake Turney (Mums), Frank Tahoe (Wolfgang), Rick Tane (Vexor), Balinda English (Jara), Lee Whey (Noxic), Kyle Jordan (Typhus).

Zu den besonders beliebten Comicreihen der Jugend gehört „BeetleBorgs" aus dem Zoom Comics-Verlag. Erfinder Art Fortunes lässt hier drei Helden gegen eine Legion farbenfroher Bösewichter antreten. Was aber weder er noch die zahlreichen Fans wissen: Die BeetleBorgs gibt es tatsächlich.
Drei Kinder, Drew, Roland und Jo, trafen in einem Spukhaus den Dschinn Flabber, der dort mit vier weiteren Horrorgestalten wohnt: dem Monster Frankenbohne, Mums, die Mumie, Graf Fangula, ein Vampir, und einem Werwolf namens Wolfgang. Flabber stattet die Kids mit Superkräften aus — Drew erhält die Fähigkeit der Psychokinese, Roland wird superschnell und Jo superstark — und erfüllt somit ihren grössten Wunsch: Sich in die BeetleBorgs verwandeln zu können. Dies geschieht mit Hilfe der BeetleBonder. Auf Befehl senden diese einen sogenannten Beetle-Blast aus, der die drei Freunde zu den Comicgestalten werden lässt.
Damit es auch nicht langweilig wird, ist es auch den Comicgegnern möglich, die Heftchen zu verlassen und gegen die BeetleBorgs anzutreten.

Ähnlicher Nonsens bevölkerte auch die POWER RANGERS-Reihen (qv), die SUPERHUMAN SAMURAI SYBER-SQUAD (qv) und MASKED RIDER (qv). BEETLEBORGS verwendete die Kampfszenen der 1995 entstandenen japanischen Serie „Jiyuukou Bi Fuaita". Darsteller dieser Version, die auch in die Kampfanzüge schlüpften, waren Daisuke Tsuchiya (Blue Beet), Shigeru Kanai (G-Stag) und Reina Kazuki (Reddle).

In USA-Landen landete hiernach der Film BEETLEBORGS METALLIX: THE MOVIE und die Serie BEETLEBORGS METALLIX frisch auf dem Tisch. Diese Reihe lief 1997/98 und brachte es auf 35 Episoden.

EPISODEN:
1. DAS GESPENSTERHAUS 1 (Beetle Rock) 14.09.97
2. DAS GESPENSTERHAUS 2 (Beetle Rock) 14.09.97
3. FLABBERS PLAN (TNT For Two) 21.09.97
4. DR. ZAPPER ZOCKT AB (The Ghost Is Toast) 28.09.97
5. DIE SCHATZSUCHE (Treasure Of Hillhurst Mansion) 05.10.97
6. NICHT WEINEN, WERWOLF (Never Cry, Wolfman) 12.10.97
7. ECHTE UND FALSCHE MONSTER (Lights, Camera, Too Much Action) 19.10.97
8. ABRAKADABRA... (Say The Magic Word) 26.10.97
9. EIN GEFÄHRLICHER AUSFLUG (Drew And Flabber's Less Than Fabulous Adventure) 02.11.97
10. NANO IM SPUKHAUS (Nano In The House) 09.11.97
11. DIE GESTOHLENE EISENBAHN (Locomotion Commotion) 16.11.97
12. DIE FEUERKATZE (Cat-Tastrophy) 23.11.97
13. VERLIEBTE MONSTER (Ghouls Just Want To Have Fun) 30.11.97
14. FROHE WEIHNACHTEN (Christmas Bells And Phasm's Spells) 14.12.97
15. EINE FURCHTBAR BÖSE FAMILIE (It's A Bad, Bad, Bad, Bad World) 28.12.97
16. DER GLÖCKNER VON NOTTERDAM (The Hunchback Of Hillhurst) 04.01.98
17. UNERWÜNSCHTER BESUCH (The Littlest BrattleBorg) 11.01.98
18. DER BANKRAUB (Haunted Hideout) 18.01.98
19. DER MONSTERSOUND (Monster Rock) 25.01.98
20. DAS TREFFEN DER COMIC-FANS (Convention Dimension) 01.02.98
21. DIE ENTFÜHRUNG (Bye, Bye, Frankie) 08.02.98
22. DAS PROJEKT BABY-VENUS (Root Of All Evil) 15.02.98
23. EINE ECHTE GEFAHR (The Doctor Is In) 15.02.98
24. BESUCH AUS DEM ALL (Space Case) 22.02.98
25. DAS ELEKTRONISCHE GEHIRN (The Brain In The Attic) 01.03.98
26. VAMPIRE IN CHARTERVILLE (Fangs Over Charterville) 01.03.98
27. VEXORS SIEG (Curse Of The Shadow Borg) 08.03.98
28. BLASTERBORGS ERSCHAFFUNG (The Rise Of The BlasterBorg) 15.03.98
29. VEXORS RACHE (The Revenge Of Vexor) 15.03.98
30. IN LETZTER SEKUNDE (A Friend In Need) 22.03.98
31. DER MEGA-BEETLEBORG (Raiders Of The Tomb) 22.03.98
32. SHADOW-BORGS ENDE (Big Rumble In Charterville) 05.04.98
33. DIE MONSTERFETE (Pet Problems) 05.04.98
34. DER DOPPELTE PIRAT (Yo Ho Borgs) 19.04.98
35. DAS PHANTOM VON HILLHURST (Phantom Of Hillhurst) 26.04.98
36. OPERATION FRANKENSTEIN (Operation Frankenbeans) 26.04.98
37. DER FLUCH DER MUMIE (The Curse Of Mum's Tomb) 03.05.98
38. AUF HILLHURST SPUKT'S (This Old Ghost) 10.05.98
39. FALSCHER EHRGEIZ (Jo's Strange Change) 17.05.98
40. DIE SCHÖNE UND DAS MONSTER (The Bride Of Frankenbeans) 24.05.98
41. DIE WERWÖLFIN (She-Wolf) 24.05.98

EPISODEN (nicht gesendet):
42. FANGULA IN PANIK (Fangula's Last Bite)
43. VEXORS NEUER TRICK (Something Fishy)
44. DER GESPENSTERMIX (The Good, The Bad, And The Scary)
45. FLABBER IN NOT (Buggin' Out)
46. UNTER HYPNOSE (Svengali By Golli)
47. JEDE MENGE PECH (Big Bad Luck)
48. DAS FINDELMONSTER (A Monster Is Born)
49. DER VAMPIRJÄGER (Norman Nussbaum: Vampire Hunter)
50. KAMPF UMS ÜBERLEBEN (Brotherly Fright)
51. DER FURCHTLOSE MR. FINE (Fright Files)
52. FLABBERS RETTUNG (Borgslayer)
53. DAS LETZTE GEFECHT (Vexor's Last Laugh)

BESUCH AUS LILIPUT
(The Return Of The Antelope)
GB 1987; 27 Episoden (eine doppellange)
Deutsche Ausstrahlung:
ARD 1988; 12 Episoden
ARD 1990; 1 neue Episode

Darsteller: Alan Bowyer (Gerald), Claudia Gambold (Philippa), John Branwell (Spelbush), Gail Harrison (Brelca), John Quentin (Fistram), Derek Farr (W. Garstanton), Stephanie Cole (Sarah Mincing), Paul Chapman (Harwell Mincing), Fiona McArthur (Milly).

Mr. Garstanton findet, zusammen mit seinen Enkelkindern Gerald und Philippa, am Strand das Wrack der „Antilope". Mit an Bord waren drei Besucher aus dem Lande Liliput: Brelca, Spelbush und Fistram. Die Kinder nehmen die Winzlinge mit nach Hause und verbergen diese vor den Erwachsenen. Nach einigen Abenteuern mit Heissluftballon und chinesischem Zauberkasten, gelingt es, ein Boot für die Heimreise der Gestrandeten zu organisieren.

Die zwölfte Episode dieser britischen Kinderserie, die mit Motiven aus Jonathan Swifts „Gullivers Reisen" arbeitet, war ebenfalls für eine Ausstrahlung im Jahre 1988 geplant — für den 4. Juli. Damals fiel sie einer Tennisübertragung zum Opfer und wurde somit erst bei der Serienwiederholung 1990 erstausgestrahlt.

EPISODEN:
1. DIE „ANTILOPE" KEHRT ZURÜCK (- liegt nicht vor -) 11.04.88
2. EIN KEKS FÜR DREI (- liegt nicht vor -) 18.04.88
3. SONATE FÜR SECHS FÜSSE (- liegt nicht vor -) 01.05.88
4. TRAU KEINEM MANN MIT FALSCHEM BART (- liegt nicht vor -) 02.05.88
5. AB IN DEN KOHLENKELLER (- liegt nicht vor -) 09.05.88
6. STURM IN DER BADEWANNE (- liegt nicht vor -) 16.05.88
7. AUF UND DAVON (- liegt nicht vor -) 30.05.88
8. EIN ENGEL NAMENS PHILIPPA (- liegt nicht vor -) 06.06.88
9. CHINESISCHER ZAUBERKASTEN (- liegt nicht vor -) 13.06.88
10. VERSCHOLLEN IM PARK (- liegt nicht vor -) 20.06.88
11. EIN SHERRY MIT FOLGEN (- liegt nicht vor -) 26.06.88
12. DAS ABENTEUER FÄNGT ERST AN (- liegt nicht vor -) 11.07.88

13. DIE GROSSE WÄSCHE (- liegt nicht vor -) 08.11.90

DIE BESUCHER/EXPEDITION ADAM '84
(Navstevnici)
CSSR/BRD 1983; 15 Episoden
Deutsche Ausstrahlung:
ARD 1984; 15 Episoden

Darsteller: Josef Blaha (Akademiker Philipp), Josef Dvorák (Karas), Viktor Král (Adam Bernau), Jiri D. Novotny (Dr. Noll), Dagmar Patrasová (Katja), Vlastimil Brodsky (Drichlik), Jiri Kodet (Karussell-Ede), Dagmar Vesrnová (Mutter Bernau), Eugen Jegorov (Vater Bernau).

2484: Der Zentraldenker entdeckt einen Kometen mit Direktkurs auf die Erde. Selbst wenn dieser die Erde verfehlen sollte, würde die Erdachse durch seine Anziehungskraft verschoben werden, Kontinente würden auseinanderbrechen. Der Akademiker Philipp teilt dem Weltrat mit, dass es eine Lösung gebe: In der Biographie von Adam Bernau, eines Gelehrten des zwanzigsten Jahrhunderts, finden sich Hinweise auf eine mathematische Formel, die dieser entwickelte, die es ermöglichen würde, die Kontinente zu retten. Da jedoch die Formel selber nicht in den Aufzeichnungen zu finden ist, wird eine Zeitreise ins Jahr 1984 angesetzt. Dort soll Bernau, der zu dieser Zeit noch ein Kind ist, die Formel entwendet werden. Diese existiert bereits, sorgsam versteckt in einem Schulheft.
1984: Die Zeitreisenden aus der Zukunft treffen ein, nicht jedoch, wie geplant, auf einer Autobahn, sondern auf einem Felsen über einer Baustelle. Weitere Probleme, die dem Auftrag nicht gerade förderlich sind: Sie werden versehentlich mit Uniformen des 19. Jahrhunderts ausgestattet; Anpassungsschwierigkeiten an die ungewohnte Kultur gefährden ihre Tarnung als Landvermesser; die aus der Zukunft stammenden Geräte haben auffällige Nebeneffekte. Und schliesslich fängt sogar das heissbegehrte Schulheft Feuer. Bevor die Zeitreisenden die Heimreise antreten können wird ihre Identität entdeckt, eine Liebesgeschichte nimmt ihren Lauf und es muss sogar eine Flutwelle, die den Ort bedroht, bekämpft werden.

233 Drehtage waren nötig um ein weiteres Werk des PAN TAU-Teams Jindrich Polak/Ota Hofman zu schaffen. Und es hat sich gelohnt. Gute Kinderunterhaltung.
Am 15.04.84 wurde ein Bericht über die Dreharbeiten gesendet: BESUCH BEI DEN BESUCHERN. Auch hierfür zeichneten Polak und Hofman verantwortlich.

EPISODEN:
1. IM JAHRE 2484 (- liegt nicht vor -) 01.01.84
2. STUFEN IN DIE VERGANGENHEIT (- liegt nicht vor -) 08.01.84
3. KONTAKT! (- liegt nicht vor -) 15.01.84

4.	AKTION HEFT 1 (- liegt nicht vor -) 22.01.84
5.	NUR NICHT AUFFALLEN (- liegt nicht vor -)
	29.01.84
6.	DAS GEHEIMNIS DES GROSSEN LEHRERS
	(- liegt nicht vor -) 05.02.84
7.	KIRMES UM MITTERNACHT (- liegt nicht
	vor -) 12.02.84
8.	GENIE HINTER MAUERN (- liegt nicht vor -)
	19.02.84
9.	43 GRAD FIEBER (- liegt nicht vor -) 26.02.84
10.	ADAM 84-BITTE MELDEN! (- liegt nicht vor -)
	04.03.84
11.	ES GESCHAH MORGEN (- liegt nicht vor -)
	11.03.84
12.	MILLIONEN AUS DER ZUKUNFT (- liegt nicht
	vor -) 18.03.84
13.	ENTDECKT (- liegt nicht vor -) 25.03.84
14.	WASSER UND TRÄNEN (- liegt nicht vor -)
	01.04.84
15.	KLEINE REPARATUR DER WELT (- liegt nicht
	vor -) 08.04.84

BEZAUBERNDE JEANNIE
(I Dream Of Jeannie)
USA 1965-1970; 139 Episoden
USA 1985; Fernsehfilm
USA 1991; Fernsehfilm
Deutsche Ausstrahlung:
ZDF 1967-1971; 78 Episoden
SAT.1 1988/1989; 44 Episoden
Pro 7 1993; Fernsehfilm

Darsteller: Barbara Eden (Jeannie/Jeannie II/
Mama Jeannie), Larry Hagman (Captain/Major
Anthony Nelson), Bill Daily (Captain/Major Roger
Healey), Hayden Rorke (Dr. Alfred Bellows), Bar-
ton MacLane (General Peterson), Vinton Hay-
worth (General Schaeffer), Emmaline Henry
(Amanda Bellows).

Ein Abbruch des Raumfluges von Captain Tony
Nelson zwingt diesen zur Notlandung auf einer
Wüsteninsel. Während er auf das Rettungsteam
wartet, schaut er sich ein wenig um und findet eine alte Flasche, die an Land gespült wurde. Neugierig öffnet er diese. Heraus kommt ein weiblicher Flaschengeist, der, wie sich herausstellt, bereits etwa zweitausend Jahre alt ist — aber nicht
älter als einunddreissig wirkt.
Wie man das so mit Flaschengeistern tut, die einen gerade zu ihrem Meister erklärt haben,
nimmt Tony Jeannie, wie sie genannt wird, mit
nach Hause. Zurück in Cocoa Beach, Florida, erzählt Tony jedem von seinem Fund. Natürlich

stösst er auf Unglauben — Basispsychiater Bellows führt diese „Halluzinationen“ auf Nelsons
Stress zurück. Dummerweise weigert sich Jeannie auch strikt, vor anderen zu erscheinen, ge-
schweige denn ihre Zauberkräfte vorzuführen.
Das ändert sich mit der Zeit: Astronautenkollege
Roger wird im Laufe der Serie eingeweiht und
auch andere bekommen Jeannie zu Gesicht,
letztlich als Tonys Ehefrau.

Der absolute Klassiker der phantastischen Situationskomödie und ein weltweiter Erfolg. Und das
zu recht. Wenn auch nicht alle Episoden den
gleichen Standard hatten, war BEZAUBERNDE
JEANNIE eine überaus amüsante Serie, die ih-
resgleichen nur in VERLIEBT IN EINE HEXE (qv)
— eine Serie mit ähnlichem Grundtenor — fand.
Die Mehrfachnennungen hinter Barbara Edens
Namen rühren daher, dass sie im Laufe der Reihe nahezu ihre gesamte weibliche Verwand-
schaft darstellte. Die zwei Dienstränge der Astronauten Nelson und Healey werden erwähnt, da
sie zwischenzeitlich befördert wurden.
Es folgte eine Zeichentrickserie namens JEAN-
NIE, die von 1973 bis 1975 lief. 1985 und 1991
folgten Fernsehfilme, die jedoch ohne Larry Hag-
mans Beteiligung auskommen mussten.
Zu den verzauberten Gaststars gehörten Michael
Ansara (Edens damaliger Ehemann), Milton Berle, Whit (Time Tunnel) Bissell, Ted (Addams Family) Cassidy, Jackie (Addams Family) Coogan,
Sammy Davis ,Jr., Farrah Fawcett, Melinda (Der
Unsichtbare) Fee, Bernard (Verliebt in eine He-
xe) Fox, Richard Kiel, Mako, Groucho Marx, Ron
Masak, John (Immer wenn er Pillen nahm) McGiver, Billy (Verschollen zwischen fremden Welten
& Babylon 5) Mumy, Alan (Der Sechs-Millionen-
Dollar-Mann) Oppenheimer, Butch (The Mun-
sters) Patrick, Stafford (Batman) Repp, Dick (Verliebt in eine Hexe) Sargent, Reta (Der Geist und
Mrs. Muir) Shaw und David Soul.

EPISODEN (ZDF)**:**
1.	DIE FLASCHE (The Lady In The Bottle)
	19.09.67
2.	ERSTEIGERT VON PRINZESSIN FATIMA (My
	Hero) 26.09.67
3.	DAS TRAINING FÜR DEN MONDFLUG
	(Guess What Happened On The Way To The
	Moon) 03.10.67
4.	HOCHZEITSREISE ENTFÄLLT (Jeannie And
	The Marriage Caper) 10.10.67
5.	KEIN STOLZ DER KOMPANIE (G.I. Jeannie)
	17.10.67

6. FRAU ÜBER BORD (The Yacht Murder Case) 24.10.67

7. WELTRAUMFLUG MIT HINDERNISSEN (Anybody Here Seen Jeannie?) 07.11.67

8. GUTER RAT IST TEUER (The Americanization Of Jeannie) 14.11.67

9. WIE MAN KEIN STAR WIRD (The Moving Finger) 21.11.67

10. ERFUNDEN VOR 2000 JAHREN (Djinn And Water) 28.11.67

11. EIN SELTSAMER NEUBAU (What House Across The Street?) 05.12.67

12. EIN TONY ZUVIEL (Too Many Tonys) 12.12.67

13. EIN UNGLÜCK KOMMT SELTEN ALLEIN (Never Try To Outsmart A Genie) 19.12.67

14. AN DER NASA HERUMGEFÜHRT (My Master, The Spy) 09.01.68

15. GELEGENHEIT MACHT LIEBE (How To Be A Genie In Ten Easy Lessons) 16.01.68

16. SAG'S MIT SCHÜSSEN (Fastest Gun In The West) 23.01.68

17. WIE ALT IST DAS FLASCHENKIND? 1 (The Girl Who Never Had A Birthday 1) 30.01.68

18. WIE ALT IST DAS FLASCHENKIND? 2 (The Girl Who Never Had A Birthday 2) 06.02.68

19. KLEINE LÜGEN ERHALTEN DIE FREUNDSCHAFT (How Do You Beat A Superman) 13.02.68

20. EINMAL UND NIE WIEDER (My Master, The Great Caruso) 20.02.68

21. EIN ZWILLING KOMMT SELTEN ALLEIN (The Greatest Entertainer In The World) 27.02.68

22. ERZIEHUNG IST EIN KINDERSPIEL (My Master, The Author) 05.03.68

23. LIEBE GEHT DURCH DEN WAGEN (You Can't Arrest Me) 12.03.68

24. ALLES FÜR DIE KATZ (Shrinking Master) 19.03.68

25. NAPOLEON IST SELBST DRAN SCHULD (My Master, Napoleon's Best Buddy) 26.03.68

26. WIE SOLL DAS WEITERGEHEN (The Birds And The Bees Bit) 02.04.68

27. SONNTAGS IMMER (Always On Sunday) 14.01.69

28. EIN HUNDELEBEN (What's New, Poodle Dog?) 21.01.69

29. LIEBEN AUF EINEN STREICH (The World's Greatest Lover) 28.01.69

30. TONY, BLEIB BEI DEINEN LEISTEN! (My Master, The Civilian) 04.02.69

31. WER WILL UNTER DIE PIRATEN? (My Master, The Pirate) 11.02.69

32. BANKRAUB OHNE FÜHRERSCHEIN (Jeannie And The Bank Robbery) 18.02.69

33. WEM DIE GEISTERSTUNDE SCHLÄGT (My Master, The Ghost Breaker) 25.02.69

34. BEAT GEFÄLLIG? (Hip Hippie) 04.03.69

35. MEINE SCHWESTER, DAS BIEST (Jeannie Or The Tiger) 11.03.69

36. DIE DIAMANTENBUCHT (The Second Greatest Con Artist In The World) 18.03.69

37. DER LAIE WUNDERT SICH (My Turned-On Master) 25.03.69

38. DER WETTERFROSCH (My Master, The Rainmaker) 01.04.69

39. ALLER ABSCHIED IST SCHWER (There Goes The Best Genie I Ever Had) 08.04.69

40. DIE JAGD-PARTY (The Mod Party) 22.07.69

41. SAGE MIR, WER ICH BIN (Who Are You Calling A Genie?) 29.07.69

42. MAMMIE GO HOME/MUTTER GO HOME (My Master's Mother) 05.08.69

43. KONKURRENZ FÜR GENIE (Here Comes Bootsie Nightingale) 12.08.69

44. JEANNIE UND DIE MONDSAFEKNACKER 1 (Genie, Genie, Who's Got The Genie? 1) 19.08.69

45. JEANNIE UND DIE MONDSAFEKNACKER 2 (Genie, Genie, Who's Got The Genie? 2) 26.08.69

46. JEANNIE UND DIE MONDSAFEKNACKER 3 (Genie, Genie, Who's Got The Genie? 4) 02.09.69

47. JEANNIE IST DER ZEIT VORAUS (Tomorrow Is Not Another Day) 09.09.69

48. TONY IST DER STÄRKSTE (Strongest Man In The World) 16.09.69

49. DER GEBRAUCHTWAGENHÄNDLER: RATLOS (The Used Car Salesman) 23.09.69

50. GEHEIMKURIER TONY (Jeannie And The Top Secret) 30.09.69

51. JEANNIE IST DIE BESTE (Indispensible Jeannie) 07.10.69

52. ICH KOMME MIR SO BEKANNT VOR (Haven't I Seen Me Someplace Before?) 14.10.69

53. DER HIPPIE DES GENERALS (Jeannie, My Guru) 28.07.70

54. UNSICHTBARES HAUS ZU VERKAUFEN (Invisible House For Sale) 04.08.70

55. DER DOPPELTE TONY 1 (My Vanishing Master 1) 11.08.70

56. DER DOPPELTE TONY 2 (My Vanishing Master 2) 18.08.70

57. ...DANN MACHT DER REITER PLUMPS (Ride 'Em, Astronaut) 25.08.70

58. BACKE, BACKE KUCHEN... (My Master, The Swinging Bachelor) 01.09.70

59. WENN FLASCHENGEISTER SICH VERLIEBEN (Is There A Doctor In The House?) 08.09.70

60. WÜNSCHEN WILL GELERNT SEIN (Greatest Invention In The World) 15.09.70

61. DIE PROBE AUFS EXEMPEL (My Double Crossing Master) 22.09.70

62. KANN AGNES FLIEGEN? (Jeannie And The Secret Weapon) 29.09.70

63. EIN WELTRAUMSCHNUPFEN UND DIE FOL-
GEN (Around The World In Eighty Blinks)
06.10.70
64. DER BISSIGE PORZELLANHUND (Porcelain
Puppy) 13.10.70
65. DIE FALSCHE FLASCHE (Happy Anniversary)
20.10.70

66. NUR EIN KLEINES, ROTES KLAVIER (Jeannie At The Piano) 27.07.71
67. EIN KÖNIGREICH FÜR TONY 1 (Guess Who's
Going To Be A Bride? 1) 03.08.71
68. EIN KÖNIGREICH FÜR TONY 2 (Guess Who's
Going To Be A Bride? 2) 10.08.71
69. DIE BRAUT HAT GRÜNES BLUT (The Blood
Of A Jeannie) 17.08.71
70. JUNGGESELLENPARTY: STRENG GEHEIM
(Jeannie And The Bachelor Party) 24.08.71
71. MR. UND MRS. TONY NELSON (The Wedding) 31.08.71
72. DREI ZIMMER AUF DEM DACH (One Of Our
Hotels Is Growing) 07.09.71
73. EINE BRAUT FÜR ROGER (Jeannie, The
Matchmaker) 14.09.71
74. EIN GANZ BESONDERER JAHRGANG
(Please Don't Give My Jeannie No More Wine)
21.09.71
75. TONY FLIEGT VOLLAUTOMATISCH (See You
In C-U-B-A) 28.09.71
76. TONY UND DER BILLARDMEISTER (Help,
Help, A Shark) 05.10.71
77. ENDLICH WIEDER DAHEIM! (The Solid Gold
Jeannie) 12.10.71
78. MRS. DJINN-DJINN (Mrs. Djinn Djinn)
19.10.71

EPISODEN (SAT.1):
79. MEIN MEISTER, DER KUNSTSAMMLER (My
Master, The Rich Tycoon) 07.11.88
80. MEIN MEISTER BLICKZ DURCH (My Wild
Eyed Master) 08.11.88
81. LIEBE UND EIFERSUCHT (Who Needs A
Green-Eyed Jeannie) 09.11.88
82. MILLIONÄRE WERDEN NICHT BÖSE (Jeannie Breaks The Bank) 10.11.88
83. EINE JEANNIE UND ZWEI FLASCHEN (One
Of Our Bottles Is Missing) 14.11.88
84. EINE SEKRETÄRIN FÜR GENERAL PETER-
SON (A Secretary Is Not A Toy) 15.11.88
85. JEANNIE WILL HEIRATEN (There Goes The
Bride) 16.11.88
86. SAM (Fly Me To The Moon) 17.11.88
87. MEIN MEISTER, DER SCHWÄCHLING (My
Master, The Weakling) 21.11.88
88. ASTRONAUT ODER FILMSTAR? (Everybody's
A Movie Star) 22.11.88
89. EINE FRAU FÜR TONY (Tony's Wife) 23.11.88
90. HAJIS SOHN (My Son, The Genie) 24.11.88
91. WIEDERSEHEN IN HONOLULU (Jeannie
Goes To Honolulu) 28.11.88

92. DER KÖNIG VON HAWAII (The Battle Of Wai-
kiki) 29.11.88
93. ABENTEUER IN BAGDAD (Genie, Genie,
Who's Got The Genie? 3) 30.11.88
94. DAS ERNÄHRUNGS-EXPERIMENT (Please
Don't Feed The Astronauts) 01.12.88
95. SCHEIDUNG A LA JEANNIE (Divorce Genie
Style) 05.12.88
96. DAS PARFÜM (Have You Ever Had A Genie
Hate You?) 06.12.88
97. EIN PAAR FÜR DEN MOND (Operation First
Couple On The Moon) 07.12.88
98. DIE MARSMENSCHEN (U-F-Ohhhhhh Jeannie) 08.12.88
99. MUTTERS GEHEIMREZEPT (Jeannie And
The Wild Pipchicks) 12.12.88
100. ABDULLAH (Abdullah) 13.12.88
101. DER UNSICHTBARE HUND (Djinn Djinn Go
Home) 14.12.88
102. DIE LIEBESSCHULE (How To Marry An Astronaut) 15.12.88
103. DER NEUE PSYCHIATER (Bellows Goes
Sane) 19.12.88
104. DIE FRAU DES GOUVERNEURS (Jeannie's
The Governor's Wife) 20.12.88
105. PRINZESSIN ARMINA (The Biggest Star In
Hollywood) 21.12.88
106. TONY VOR GERICHT (Jeannie For The Defense) 22.12.88
107. DIE VERHINDERTE MONDFAHRT (Nobody
Loves A Fat Astronaut) 27.12.88
108. KONKURRENZ FÜR JEANNIE (Jeannie-Go-
Round) 28.12.88
109. DER PULITZER-PREIS (Blackmail Order
Bride) 29.12.88
110. DAS FRECHE HÜNDCHEN (Djinn Djinn, The
Pied Piper) 02.01.89
111. DIE SCHÖNHEITSCREME (Jeannie's Beauty
Cream) 03.01.89
112. HOCHZEITSGESCHENKE (The Mad Home
Wrecker) 04.01.89
113. TONY AUF DEM PRÜFSTAND (Uncles A Go-
Go) 05.01.89
114. EIN TREUES MÄDCHEN (My Sister, The
Homewrecker) 06.01.89
115. JEANNIE AUF SPARKURS (Never Put A Jeannie On A Budget) 09.01.89
116. ALADINS WUNDERLAMPE (Jeannie And The
Curious Kid) 10.01.89
117. DER BESTE EHEMANN (Jeannie, The Recor-
ding Secretary) 11.01.89
118. DIE JUGENDFREUNDIN (Eternally Yours,
Jeannie) 12.01.89
119. DIE KASCHMIR-ZIEGE (An Astronaut In
Sheep's Clothing) 13.01.89
120. DER WIRBELSTURM (Hurricane Jeannie)
16.01.89
121. WER IST DER POKERHAI? (One Jeannie
Beats Four Of A Kind) 17.01.89

FILME:

DIE BIBEL
(The Bible/La Bibbia)
USA/I/BRD/F/GB/CZ1994-; 21 Episoden
Deutsche Ausstrahlung:
ARD 1996-1998; 15 Episoden

Darsteller (Auswahl): *Schöpfung*: Omero Antonutti (Noah), Sabir Aziz (Adam), Haddou Zoubida (Eva), Annabi Abdelialil (Kain), B. Haddan Mohamed (Abel); *Abraham*: Richard Harris (Abraham), Vittorio Gassman (Terach), Barbara Hershey (Sarah), Gottfried John (Eliezer), Carolina Rosi (Hagar), Maximilian Schell (Pharao), Taylor Scipio (Isaak); *Jakob*: Matthew Modine (Jacob), Lara Flynn Boyle (Rachel), Sean Bean (Esau), Joss Ackland (Isaak), Juliet Aubrey (Lea), Irene Papas (Rebekka), Giancarlo Giannini (Laban), Christoph Waltz (Morash), Christoph Orth (Be'or); *Josef*: Ben Kingsley (Potiphar), Paul Mercurio (Josef), Martin Landau (Jakob), Lesley Ann Warren (Potiphars Frau), Alice Krige (Rachel), Dominique Sanda (Lea), Warren Clarke (Ednan), Monica Bellucci (Pharaos Frau), Stefano Dionisi (Pharao), Valeria Cavalli (Asenath), Kelly Miller (Tamar), Gloria Carlin (Bilah), Michael Angelis (Reuben), Vincenzo Nicoli (Simeon), Colin Bruce (Levi), Arthur Brauss (Hamor); *Moses*: Ben Kingsley (Moses), Frank Langella (Memefta), David Suchet (Aaron); Christopher Lee (Ramses), Anna Galiena (Ptira), Enrico Lo Verso (Joshua), Geraldine McEwan (Miriam), Maurice Roëves (Zerack), Anthony Higgins (Korah), Philippe Leroy (Tuntmin), Philip Stone (Jethro), Florian Fitz (Ehemann); *Samson und Delila*: Eric Thal (Samson), Elizabeth Hurley (Delila), Michael Gambon (Re Hamun), Dennis Hopper (General Tariq), Diana Rigg (Mara), Daniel Massey (Ira), Paul Freeman (Manoach), Ben Becker (Sidqa), Jale Arikan (Noemi), Deborah Caprioglio (Rani), Alessandro Gassman (Amrok), Pinkas Braun (Harach), Sebastian Knapp (Yoram), Karl Tessler (Jehiel); *David*: Nathaniel Parker (David), Jonathan Pryce (Saul), Leonard Nimoy (Samuel), Sheryl Lee (Bathsheba), Ben Daniels (Jonathan), Richard Ashcroft (Abner), Gideon Turner (junger David), Maurice Roëves (Joab), Dominic Rowan (Absalom), Edward Hall (Amnon), Clara Bellar (Tamar), Gina Bellman (Michael), Franco Nero (Nathan), John Francis (Phineas), Peter-Hugo Daly (Aphitophel); *Salomon*: Ben Cross (Salomon), Anouk Aimée (Bathsheba), Max von Sydow (König David), Vivica A. Fox (Königin von Saba), Maria Grazia Cucinotta (Abishag), Umberto Orsini (Nathan), Stefania Rocca (Hannah), David Suchet (Joab), Richard Dillane (Jorobaom), Marta Zoffoli (Basemah), Ivan Kaye (Adhonia), G. W. Bailey (Azarel), Dexter Fletcher (Robaom), Roger Hammond (Zadok); *Jeremiah*: Klaus Maria Brandauer (König Nebuchadnezzar), Patrick Dempsey (Jeremiah), Stuart Bunce (Baruch), Silas Carson (Hananiah), Abdessamad Dinia (Isaak), Zaki Houari (Pashur), Hicham Ibrahimi (König Josiah), Simon Kunz (Gemariah), Mohamed Majd (Eliakim), Roger May (Elshuma), Damian Myerscough (Ephraim), Andrea Occhipinti (König Joiakim), Mehdi Ouazzani (Michaiah), Chris Pavlo (Hanamel), Oliver Reed (General Safan), Vincent Regan (König Sedecia), Leonor Varela (Judith).

Die Geschichten des Alten Testaments werden aufwendig und mit einigen Stars versetzt erzählt. Die Zeitperiode wird gut eingefangen und schauspielerisch werden befriedigende Leistungen geboten. Leider sind etliche Passagen zu langatmig und langsam, so dass das Interesse des Zuschauers bald erlahmt.
Ein gerüttelt Mass der Darsteller trat auch in anderen Produktionen auf, die in diesem Buch besprochen werden: Lara Flynn Boyle in DAS GEHEIMNIS VON TWIN PEAKS; Arthur Brauss in ALPHA, ALPHA; Ben Cross in DARK SHADOWS; Florian Fitz im ersten GEISTERJÄGER JOHN SINCLAIR-Pilotfilm; Michael Gambon in GRIECHISCHE SAGEN-JIM HENSON ERZÄHLT; Martin Landau in KOBRA, ÜBERNEHMEN SIE und MONDBASIS ALPHA 1; Christopher Lee in ROBIN HOOD (1997-99); Sheryl Lee in DAS GEHEIMNIS VON TWIN PEAKS; Philippe Leroy in DER SCHATZ IM ALL; Leonard Nimoy in ZOMBIES OF THE STRATOSPHERE, RAUMSCHIFF ENTER-PRISE und KOBRA, ÜBERNEHMEN SIE; Christoph Marius Ohrt in HELICOPS-EINSATZ ÜBER BERLIN; Irene Papas in DIE ODYSSEE; Diana Rigg in MIT SCHIRM, CHARME UND MELONE; Taylor Sci-

pio in TORCH-DIE FACKEL und Lesley Ann Warren in KOBRA, ÜBERNEHMEN SIE.

EPISODEN:
1.   ABRAHAM 1 (Abraham 1) 07.04.96
2.   ABRAHAM 2 (Abraham 2) 08.04.96
3.   DIE SCHÖPFUNG (The Creation/Genesi: La
      Creazione E Il Diluvio) 16.05.96
4.   JAKOB (Jacob) 16.05.96
5.   JOSEF 1 (Joseph 1/Joseph In Egypt 1)
      24.05.96
6.   JOSEF 2 (Joseph 2/Joseph In Egypt 2)
      26.05.96

7.   MOSES 1 (Moses 1) 25.12.96
8.   MOSES 2 (Moses 2) 26.12.96

9.   SAMSON UND DELILA 1 (Samson And Delilah
      1/Sansone E Dalila 1) 18.05.97
10.   SAMSON UND DELILA 2 (Samson And Delilah
      2/Sansone E Dalila 2) 19.05.97

11.   DAVID 1 (David 1) 25.12.97
12.   DAVID 2 (David 2) 26.12.97

13.   SALOMON (Solomon 1/Salomone 1) 31.05.98
14.   SALOMON (Solomon 2/Salomone 2) 01.06.98

15.   JEREMIA (Jeremiah) 25.12.98

EIN BISSCHEN ZAUBER VERTRÄGT DIE WELT

BRD1996; Pilot & 11 Episoden
Ausstrahlung:
ZDF 1996; Pilot & 11 Episoden

Darsteller: Gunter Berger (Dr. Robert Lohmann),
Sonja Kirchberger (Kirke), Eva-Maria Meineke
(Mutter Lohmann), Karin Anselm (Agnes Loh-
mann), Dieter Kirchlechner (Albert Lohmann),
Gerd Baltus (Werner Schäkel).

Bundestagsabgeordneter Dr. Lohmann besucht
als Kenner griechischer Mythologie die Ruinen
von Delphi, Standort des berühmten Orakels. Eine einheimische Fremdenführerin bringt den Interessierten auf die Insel Kirkes. Obwohl diese
schon vor etwa 3000 Jahren Wohnstatt der Zauberin gewesen sein soll, vermeint Lohmann auch
heute noch den magischen Einfluss der ehemaligen Bewohnerin zu verspüren.
Der Sohn von Lohmanns Sekretärin entdeckt in
Bonn ein altes Buch über Kirke. Als der Abgeordnete, frisch aus dem Urlaub zurück, dies erstehen will, wird er beinahe von einem Laster nie-

dergemacht. Fortan ist Lohmanns Leben von der
Anwesenheit Kirkes geprägt, die ihm aus Griechenland gefolgt ist.

Kirke, Tochter des Sonnengottes und der Okeanide Perse, lebte laut griechischer Mythologie auf
der Insel Aiaia. Diese wird von Fachleuten als
das an der Westküste Italiens gelegene Kap Cir-
caeum identifiziert. Jeden, der sie beleidigte, und
jeden ihrer Feinde verwandelte sie in Tiere. Sie
ist Teil der Jason-Sage, Medea war Kirkes Nichte, und der Odyssee, in der sie ihren wohl bekanntesten Auftritt hatte, indem sie Odysseus
Männer in Schweine verwandelte.
Durchschnittliche deutsche Serienware. A bisserl
Zauber vertrugen auch die Gastdarsteller Karin
Baal, Susanne Beck, Florian (Geisterjäger John
Sinclair) Fitz, Cornelia Froboess, Fabian Harloff,
Diana Körner, Volker (Der Hausgeist) Lechten-
brink und Claus Wilcke.

EPISODEN:
1.   KIRKE TRITT AUF 29.06.96
2.   WITTES ANGST 06.07.96
3.   KIRKE UND DAS ALTERSHEIM 13.07.96
4.   KIRKE UND DIE SCHWARZEN RABEN
      19.07.96
5.   EIN ORAKELSPRUCH 27.07.96
6.   MEER DER GEFÜHLE 10.08.96
7.   GOTT AUS DER HAND GEFALLEN 16.08.96
8.   TRÄUM' DIR DEINEN MUT 17.08.96
9.   LANGSAM GEHEN, NICHT LAUFEN 23.08.96
10.   NACHHILFE 24.08.96
11.   DER HERR BECKUM 30.08.96
12.   DER VORTRAG 31.08.96

DAS BLAUE PALAIS

BRD/F1974; 3 Episoden
BRD 1976; 2 Episoden
Deutsche Ausstrahlung:
ZDF 1974; 3 Episoden
ZDF 1976; 2 Episoden

Darsteller: Silvano Tranquilli (Louis Palm), Evelyn Opela (Sibilla Jacopescu), Peter Fricke (Je-
roen de Groot), Dieter Laser (Enrico Polazzo),
Werner Rundshagen (Siegmund von Klöpfer),
Andras Fricsay (Carolus Büdel - 1974), Tsai Lien
Wang (Wong - 1974), Jean Henri Chambois
(Manzini), Herbert Steinmetz (Kühn), Eric P. Caspar (Carolus Büdel - 1976), Helga Anders (Yvonne), Nguyen Tien Huu (Wong - 1976).

Im Blauen Palais, einem abgelegenen Herren-
haus, finden sich Wissenschaftler verschiedener
Couleur zusammen, um in Ruhe ihren Forschun-
gen nachzugehen. Finanziert werden sie von einem nicht näher definiertem Kuratorium. Es entwickeln sich Geschichten, die nicht nur Unsterblichkeit und Parapsychologie zum Thema haben,
sondern die auch hinterfragen, wie weit die Verantwortung von Wissenschaftlern gehen sollte
und muss.
Eigentlich ist dies eher eine Reihe von Fernsehfilmen und hat, trotz wiederkehrender Personon,
den Charakter einer Anthologie. Da Regisseur
und Drehbuchautor Rainer Erler seine Geschichten auf wirklichen wissenschaftlichen Erkenntnissen aufbaut und phantasievoll weiterführt, wirken
die Geschichten umso realistischer und damit
teils auch erschreckender. Er bewies, dass gut
gemachte Science Fiction in Deutschland möglich ist und seinen Platz hat.
Auch mit seinen weiteren Fernsehfilmen blieb
Erler dem Genre, zumindest zum Teil, treu: DIE
DELEGATION (1970; Thema Ausserirdische),
OPERATION GANYMED (1977; Rückkehr einer
Jupiter-Expedition), PLUTONIUM (1979; Diebstahl radioaktiven Materials), FLEISCH (1979;
Organhandel) und DAS SCHÖNE ENDE DIE-
SER WELT (1983; hochgiftige Pflanzenschutz-
mittel).

EPISODEN:
1.   DAS MEDIUM 15.10.74
2.   DAS GENIE 12.11.74
3.   VERRÄTER 10.12.74

4.   UNSTERBLICHKEIT...? 19.10.76
5.   DER GIGANT 16.11.76

BOB MORANS WELTREISEN UND ABENTEUER
(Bob Morane)
F 1963; 26 Episoden
Deutsche Ausstrahlung:
WDR regional 1963/1964; 6 Episoden
WDR regional 1967; 7 Episoden

Darsteller: Claude Titre (Bob Morane), Billy
Kearns (Bill Ballantine).

Die Serie basiert auf den Romanen von Henri
Vernes. Diese enthalten sowohl Abenteuer- als
auch Science Fiction-Stories. Da die Serie im
Regionalprogramm lief und die Fernsehzeitschriften deshalb die Inhaltsangaben der Episoden
sträflich vernachlässigten, war es nicht herauszufinden, ob und wieviel phantastischer Anteil in
dieser Serie enthalten war.
Bob Morane hatte bereits 1960 seinen ersten
Fernsehauftritt: Jacques Santi spielte den Helden
in L'ESPION AUX CENT VISAGES. 1998 folgte
eine französich-kanadische Zeichentrickserie, die
auf Super RTL ausgestrahlt wurde.

EPISODEN:
1.   DER SCHWARZE PFEIL (- liegt nicht vor -) 21.10.63
2.   DAS TESTAMENT DES GRAFEN ALFIERI (- liegt nicht vor -) 11.11.63
3.   DER PIRATENSCHATZ (- liegt nicht vor -)
4.   DIE GÖTTIN MIT DEN GRÜNEN AUGEN (- liegt nicht vor -) 01.06.64
5.   ORLY 15 UHR 30 (Mission À Orly) 05.10.64
6.   INS NETZ GEGANGEN (- liegt nicht vor -) 16.11.64

7.   GEHEIMAUFTRAG (- liegt nicht vor -) 09.01.67
8.   DIE ÖLPIRATEN (Les Forbans De L'Or Noir) 23.01.67
9.   VERSCHWÖRUNG IN VERSAILLES (evtl.: Complot À Trianon) 13.02.67
10.   DER SCHWARZE COWBOY (Le Gardian Noir) 13.03.67
11.   DER PRINZ (Le Prince) 03.04.67
12.   DER DRACHE VON FENSTON (Le Dragon De Fenstone) 24.04.67
13.   GEFAHR FÜR MOLCO VIVO (- liegt nicht vor -) 22.05.67

DER BRACK-REPORT
(The Brack Report)
GB 1982?; 10 Episoden
Deutsche Ausstrahlung:
ARD 1983/1984; 10 Episoden

Darsteller: Donald Sumpter (Paul Brack), Neil
Nisbet (Oliver Brack), Patricia Garwood (Patricia
„Pat" Brack), Jenny Seagrove (Angela Brack),
Anthony Carrick (Norman Phillips), Robert Lang
(Harold Harlan), Toria Fuller (Sophie Ferris).

Kernphysiker Brack schmeisst seinen Job im
Atomkraftwerk und wird prompt von Harold Harlan angestellt, einem Grossindustriellen, dessen
neues Beschäftigungsfeld alternative Energien
ist.
Brack durchleuchtet nun Englands Möglichkeiten

der Energieversorgung in der Zukunft. Nach einigen Monaten Arbeit wird sein Report veröffentlicht, der unter anderem besagt, dass auf Kern-
kraft verzichtet werden kann.

Durchschnittlich interessante Serie mit wissenschaftlichen Anwandlungen und einem leichten
Öko-Touch.

EPISODEN:
1. NUR EIN MITTLERES BEBEN (Chapter One)
    28.12.83
2. DER LIEBE GOTT WÜRFELT NICHT (Chapter
    Two) 04.01.84
3. EINE PLATTFORM FÜR PAUL (Chapter
    Three) 11.01.84
4. ZUKUNFT, DIE UNTER TAGE LIEGT (Chapter
    Four) 18.01.84
5. AUF DEN FLÜGELN DES WINDES (Chapter
    Five) 25.01.84
6. DER TRAUM VON MONDRAGON (Chapter
    Six) 01.02.84
7. DER MEERE UND DER LIEBE WELLEN
    (Chapter Seven) 08.02.84
8. DOCH DIE LÖWEN SIND UNSERE HÜTER
    (Chapter Eight) 15.02.84
9. RICHTE DICH NACH DER FLUT (Chapter
    Nine) 22.02.84
10. DIE ANTWORT WIRD EIN SCHOCK SEIN
    (Chapter Ten) 29.02.84

BRADBURY TRILOGIE; SIEHE: **RAY
BRADBURYS GRUSELTHEATER**

DIE BRÜDER LÖWENHERZ
(Bröderna Lejonhjärta)
S 1977; Kinofilm
Deutsche Ausstrahlung:
ZDF 1980; 5 Episoden

Darsteller: Staffan Götestam (Jonatan), Lars Söderdahl (Krümel), Gunn Wallgren (Sofia), Folke
Hjort (Jossi), Tommy Johnson (Hubert), Allan Edwall (Mattias), Georg Arlin (Tengil), Per Oscarsson (Orvar).

Die beiden Brüder Jonatan und Karl, genannt
Krümel, leben in einem heruntergekommenen Ar-
menviertel Stockholms am Anfang des 20. Jahrhunderts. Der kleine Krümel liegt im Sterben und
um ihn zu trösten erzählt sein Bruder ihm vom
Lande Nagijala, wo sich das Leben nach dem
Tod abspielen soll.

In dieser Phantasiewelt leben die Brüder im wun-
derschönen Kirschblütental und jeder kennt sie
als die Brüder Löwenherz. Doch dieses idyllische
Dasein wird vom schrecklichen Tyrannen Tengil,
seinen schwarzen Rittern und dem Drachen Kat-
la bedroht. Die Brüder machen sich also auf ins
Dornrosental, der Heimstatt ihres Feindes, um
den Frieden ins Land Nagijala zurückzubringen.
Im Laufe des Kampfes wird Jonatan tödlich verwundet. Doch er verspricht seinem Bruder, dass
sie sich in einem anderen Tal wieder treffen werden.

Schöner, stimmungsvoller, manchmal leicht kit-
schiger Film, basierend auf dem Roman von Astrid Lindgren, die auch das Drehbuch schrieb.
Bereits am 13. April 1979 im ZDF als Spielfilm
aufgeführt.
Krümel-Darsteller Lars Söderdahl spielte vorher
bereits in der Lindgren-Verfilmung KARLSSON
AUF DEM DACH (qv) mit.

EPISODEN:
1. MEIN BRUDER JONATAN (- liegt nicht vor -)
    22.11.80
2. IM KIRSCHTAL (- liegt nicht vor -) 29.11.80
3. IM DORNROSENTAL (- liegt nicht vor -)
    06.12.80
4. DIE GEFANGENE IN DER KATLAHÖHLE (-
    liegt nicht vor -) 13.12.80
5. DIE BEFREIUNG (- liegt nicht vor -) 20.12.80

BUCK ROGERS
(Buck Rogers)
USA 1939; Kinoserial in 12 Teilen
Deutsche Ausstrahlung:
BR III 1988; 12 Episoden

Darsteller: Larry „Buster" Crabbe (Lieutenant
Buck Rogers), Constance Moore (Lieutenant
Wilma Deering), Jackie Moran (George „Buddy"
Wade), Jack Mulhall (Captain Rankin), Anthony
Warde (Killer Kane; dt.: Schwarzer Kane), Phil-
son Ahn (Prinz Tallen), C. Montague Shaw (Pro-
fessor Huer), Guy Usher (Older), William Gould,
Henry Brandon, Wheeler Oakman, Kenneth Dun-
can, Carleton Young, Reed Howes, Karl Hackett,
Stanley Price, David Sharpe.

Buck Rogers erwacht in der Zukunft. Wie das
nun mal so ist, wird die Menschheit just von bösen Mächten bedroht. Der kampferfahrene Lieutenant stellt sich dem bösen Killer Kane und sei-

nen Gefolgsleuten.

Buck Rogers erschien 1929 erstmalig als Comicserie im „Courier Press". Philip F. Nowlan, Autor der Serie, zog als Grundlage seine Story „Armageddon 2419 A.D." heran, die ein Jahr vorher in „Amazing Stories" erschienen war. Zeichner dieses ersten Science Fiction-Comics war Dick Calkins.

Nachdem die Produktionsgesellschaft Universal bereits einigen Erfolg mit den Serials FLASH GORDON (qv) und FLASH GORDON'S TRIP TO MARS verbuchen konnte, zog sie nun auch die zweite grosse SF-Comicreihe zur Verfilmung heran. Ford L. Beebe, Spezialist für Serials und Regisseur des zweiten Flash Gordon-Serials, übernahm die Regie und auch der Darsteller des Flash, Larry „Buster" Crabbe, ging mit auf die Zukunftsreise.

Serials, oft als legitime Vorgänger der Fernsehserien bezeichnet, wurden in den Jahren 1908 bis 1953 produziert. Sie bestanden aus 12 bis 15 Teilen zu je etwa 20 Minuten und wurden in Kinos zusätzlich zum Hauptfilm eingesetzt. Wöchentlich präsentierte man eine Episode, die, bis auf die letzte, ein jeweils offenes, spannungsgeladenes Ende hatte: Der Held in einer ausweglosen Situation, wie z.B. inmitten einer Explosion, der er eigentlich nicht entkommen kann — jedenfalls nicht vor dem nächsten Teil. Dieser Cliffhanger genannte „Inszenierungstrick" sollte die, meist jugendlichen, Zuschauer so fesseln, dass sie in der nächsten Woche wieder in die Kinos strömten, um zu sehen, wie es dem Helden weiter ergeht. Diese Methode wird inzwischen auch recht gerne bei US-Fernsehserien eingesetzt, die ja im Normalfall zwischen Frühjahr und Herbst pausieren. Beispiele hierfür: AKTE X und RAUMSCHIFF ENTERPRISE-DAS NÄCHSTE JAHRHUNDERT.

Da besagte Serials nur im Beiprogramm liefen, war ihr Budget natürlich äusserst begrenzt. Es wurde auf bereits vorhandene Sets, Kostüme und *stock footage* anderer Filme zurückgegriffen. Charakterisierungen der Akteure fand kaum statt, da in den Einzelepisoden keine Zeit für so etwas war. Das einfache Gut-Böse-Bild musste reichen. Somit werden Serials selten als grosse Filmkunst angesehen. Jedoch haben sie ihren angestammten, und meines Erachtens auch wichtigen, Platz in der Filmgeschichte. Sie sind schnörkellose Filmwerke, die nichts anderes wollen, als zu unterhalten. Und viele von ihnen tun dies bis heute.

EPISODEN:
1. DIE WELT VON MORGEN (Tomorrow's World) 04.02.88
2. TRAGÖDIE AUF DEM SATURN (Tragedy On Saturn) 11.02.88
3. DAS BOLLWERK DES FEINDES (The Enemy's Stronghold) 18.02.88
4. DIE HIMMELSPATROUILLE (The Sky Patrol) 25.02.88
5. DAS GEISTERFLUGZEUG (The Phantom Plane) 03.03.88
6. DAS UNBEKANNTE KOMMANDO (- liegt nicht vor -) 10.02.88
7. DIE URALTE SEHNSUCHT (- liegt nicht vor -) 17.03.88
8. DIE REVOLTE DER ZUGGS (Revolt Of The Zuggs) 24.03.88
9. KÖRPER OHNE GEIST (- liegt nicht vor -) 31.03.88
10. DURCHBROCHENE BARRIEREN (- liegt nicht vor -) 14.04.88
11. DER PRINZ IN KETTEN (A Prince In Bondage) 21.04.88
12. DER KRIEG DER PLANETEN (- liegt nicht vor -) 28.04.88

BUCK ROGERS
(Buck Rogers In The 25th Century)
USA 1979-1981; 33 Episoden (vier doppellange)
Deutsche Ausstrahlung:
SAT.1 1985; 13 Episoden
RTL plus 1990/1991; 24 Episoden

Darsteller: Gil Gerard (Captain William Anthony „Buck" Rogers), Erin Gray (Colonel Wilma Deering), Tim O'Connor (Dr. Elias Huer), Thom Christopher (Hawk), Jay Garner (Admiral Asimov), Wilfred Hyde-White (Dr. Goodfellow), Alex Hyde-White (Ensign Moore), Paul Carr (Lieutenant Devlin).

Während des letzten amerikanischen Shuttle-Fluges wird Captain William Anthony Rogers, kurz Buck genannt, eingefroren. Erst nach 504 Jahren wird er aufgefunden und aufgetaut. Nach anfänglichem Misstrauen und diverser Schwierigkeiten, entdeckt man, dass dieser als barbarisch eingeordnete Anachronist recht nützlich sein kann, insbesondere im Kampf gegen die Feinde der Menschheit.

Im Zuge von „Erfolgen" wie KAMPFSTERN GALACTICA (qv) wurde diese Serie ins Rennen geschickt. Und genau wie im Fall Galactica, durften wir uns den BUCK ROGERS-Pilotfilm sogar im

Kino ansehen. Und BUCK ROGERS schaffte es, noch schlechter als KAMPFSTERN GALACTICA zu werden. Die Serie präsentiert meist miese Geschichten in einer ekelhaft sterilen Umgebung. Hauptdarsteller Gerard agiert, als ob er ansonsten hauptberuflich in Schaufenstern steht.

Weitere Verfilmungen des Stoffes waren das bereits erwähnte Serial aus dem Jahre 1939, sowie eine Fernsehserie aus den Jahren 1950/51, die es auf 39 Episoden brachte; Hauptdarsteller war Kem Dibbs, der nach kurzer Zeit von Robert Pastene abgelöst wurde.

Im 25. Jahrhundert tauchten die Gaststars Michael Ansara, Robert (Wild Palms) Cornthwaite, Buster Crabbe (Buck Rogers von 1939), Jamie Lee Curtis, Robert (Mission Seaview) Dowdell, Frank Gorshin, Peter (Kobra, übernehmen Sie) Graves, Lance (Werwolf) LeGault, Mark (Planet der Affen) Lenard, Anne (Kampfstern Galactica) Lockhart, Barbara Luna, Richard (Kampfstern Galactica) Lynch, Don (Planet der Giganten) Marshall, Roddy (Planet der Affen & Fantastic Journey) McDowall, Vera Miles, Richard Moll, Julie Newmar, David Opatoshu, Jack Palance, Cesar Romero, Felix (Addams Family) Silla, James Sloyan, Dorothy Stratten, Woody Strode, Harry Townes, Ray (Mein Onkel vom Mars) Walston und Joseph Wiseman auf.

EPISODEN (Sat.1):
1. VERSCHWÖRUNG DER PLANETEN 1 (Plot To Kill A City) 25.04.85
2. VERSCHWÖRUNG DER PLANETEN 2 (Plot To Kill A City) 26.04.85
3. BLACK JACK IM ALL (Vegas In Space) 03.05.85
4. EIN TÖDLICHES WAGNIS (Unchained Women) 10.05.85
5. GEFÄHRLICHE UMARMUNG (Escape From Wedded Bliss) 17.05.85
6. DER KLEINE PRÄSIDENT (Cosmic Wiz Kid) 24.05.85
7. HÖLLENTRIP IN DIE VERGANGENHEIT (A Blast For Buck) 31.05.85
8. DAS OLYMPIADE-SYNDIKAT (Olympiad) 07.06.85
9. EIN GEFÄHRLICHES GESCHÄFT (Twiki Is Missing) 14.06.85
10. JENNIFER (A Dream Of Jennifer) 21.06.85
11. DIE GALAXIS ROCKER (Space Rockers) 28.06.85
12. DER HORRORPLANET (The Satyr) 05.07.85
13. ANGRIFF DER SAURIER (Mark Of The Saurian) 12.07.85

EPISODEN (RTL plus):
14. ZURÜCK VON DEN STERNEN 1 (The Awakening) 04.09.90
15. ZURÜCK VON DEN STERNEN 2 (The Awakening) 11.09.90
16. VISTULA-DIE TÖDLICHE BEDROHUNG 1 (Planet Of The Slave Girls) 18.09.90
17. VISTULA-DIE TÖDLICHE BEDROHUNG 2 (Planet Of The Slave Girls) 25.09.90
18. DIE RÜCKKEHR DES KAMPFGESCHWADERS 69 (Return Of The Fighting 69th) 02.10.90
19. KREUZFAHRT ZU DEN STERNEN (Cruise Ship To The Stars) 09.10.90
20. DIE RAUMFALLE (Planet Of The Amazon Women) 16.10.90
21. VORVONS TÖDLICHER BISS (Space Vampire) 23.10.90
22. PILOT AUS DEM JENSEITS (Happy Birthday, Buck) 30.10.90
23. IN LETZTER SEKUNDE (Ardala Returns) 06.11.90
24. TÖDLICHES DUELL (Buck's Duel To The Death) 20.11.90
25. FLUG DURCH DAS VORTEX 1 (Flight Of The War Witch 1) 27.11.90
26. FLUG DURCH DAS VORTEX 2 (Flight Of The War Witch 2) 04.12.90
27. DIE ZEIT DES FALKEN 1 (Time Of The Hawk) 11.12.90
28. DIE ZEIT DES FALKEN 2 (Time Of The Hawk) 18.12.90
29. DIE SOLAR-ZWERGE (Shgorapchx) 08.01.91
30. ODEE-X UND DIE ATAVARS 1 (Journey To Oasis) 15.01.91
31. ODEE-X UND DIE ATAVARS 2 (Journey To Oasis) 22.01.91
32. DAS DORIANISCHE GEHEIMNIS (The Dorian Secret) 29.01.91
33. SUBATOMARE OSZILLATION (The Golden Man) 05.02.91
34. HÜTER DER GORAL (The Hand Of The Goral) 12.02.91
35. JANOVUS XXVI (The Guardians) 19.02.91
36. DIE KRISTALLE (The Crystals) 26.02.91
37. RÜCKKEHR IN DIE VERGANGENHEIT (Testimony Of A Traitor) 05.03.91

FILMVERSION:
I. BUCK ROGERS (Buck Rogers In The 25th Century; 1978) 12.07.79; Kino

BUFFY-IM BANN DER DÄMONEN
(Buffy, The Vampire Slayer)
USA 1992; Spielfilm
USA 1997- ; Pilot & bisher 76 Episoden
Deutsche Ausstrahlung:
Pro 7 1998; Pilot & 32 Episoden

Pro 7 1999/2000; 22 Episoden
Pro 7 2001; 22 Episoden

Darsteller: Sarah Michelle Gellar (Buffy Anne Summers), Alyson Hannigan (Willow Rosenberg), Nicholas Brendon (Alexander „Xander" Harris), Anthony Stewart Head (Rupert Giles), Charisma Carpenter (Cordelia Chase - 1997-99), Kristine Sutherland (Joyce Summers), David Boreanaz (Angel - 1997-99), Seth Green (Daniel "Oz" Osborne - 1998-2000), James Marsters (Spike - 1997/98 & 1999   ), Mark Metcalf (Master - 1997), Andrew J. Ferchland (Collin - 1997), Robia LaMorte (Jenny Calendar - 1997/98), Juliet Landau (Drusilla - 1997/98), Eliza Dushku (Faith - 1998/99), K. Todd Freeman (Mr. Trick - 1998/ 99), Harry Groener (Mayor Richard Wilkens III - 1998/99), Alexis Denisof (Wesley Wyndham Pryce - 1998/99), Marc Blucas (Riley Finn - 1999-), Emma Caulfield (Anya - 1999-), Amber Benson (Tara - 1999-), Lindsay Crouse (Professor Maggie Walsh - 1999/2000), George Hertzberg (Adam - 2000).

„Aus jeder Menschengeneration wird ein Mädchen auserwählt. Eine Jägerin, die sich allein dem Kampf gegen Dämonen und Vampire, gegen die Mächte der Finsternis stellen muss." Buffy, 16 Jahre alt, könnte eine ganz normale High School-Schülerin sein. Wenn es nicht ihr Schicksal wäre, zu den im Serienvorspann genannten auserwählten Vampirjägerinnen zu gehören. Also macht sich der Teenager auf, neben der Schule noch eben die Menschheit vor dem Bösen zu schützen.

Basierend auf dem eher mässig erfolgreichen Kinofilm, eroberte BUFFY die Zuschauer im Sturm. Die High School/Horror-Mischung mit einer Prise Humor brachte dem ausstrahlenden Warner Bros. Network einen Höhenflug im Einschaltquotenkampf. Die Serie erspielte sich einen Kultstatus und machte Hauptdarstellerin Sarah Michelle Gellar zur bekannten Fernsehpersönlichkeit.
Der äusserst beliebte Charakter des ANGEL bekam 1999 seine eigene Serie (qv); Darsteller der Titelrolle war wieder David Boreanaz, er wurde unterstützt von Charisma Carpenter und Alexis Denisof.
Willow-Darstellerin Hannigan hatte bereits eine Rolle in der Reihe DIE REINSTE HEXEREI (qv). Dämonische Gastauftritte absolvierten Jason (Roswell) Behr, Julie (Roswell) Benz, Christian (Die Abenteuer des Brisco County, Jr.) Clemenson, Conchata Ferrell, Melissa Gilbert, Richard (V) Herd, Jeff (Clan der Vampire) Kober, Max Perlich, Richard Riehle, John Ritter, Channon (Clan der Vampire) Roe, Vincent Schiavelli, Armin (Die Schöne und das Biest & Star Trek: Deep Space Nine) Shimerman, Brian (Clan der Vampire) Thompson und Musetta (Super Force) Vander.

FILM:

I.   BUFFY, DER VAMPIRKILLER (Buffy, The Vampire Slayer; 1992) 22.03.93; Video

EPISODEN:

1.   DAS ZENTRUM DES BÖSEN (Welcome To Hellmouth) 09.10.98
2.   VERHEXT (The Witch) 10.10.98
3.   DIE GOTTESANBETERIN (Teacher's Pet) 17.10.98
4.   OHNE BUFFY LEBT SICH'S LÄNGER (Never Kill A Boy On A First Date) 24.10.98
5.   DIE MACHT DER TRÄUME (Nightmares) 31.10.98
6.   DAS LIED DER HYÄNEN (The Pack) 07.11.98
7.   ANGEL-BLUTIGE KÜSSE (Angel) 14.11.98
8.   COMPUTERDÄMON (I Robot, You Jane) 21.11.98
9.   BUFFY LÄSST DIE PUPPEN TANZEN (The Puppet Show) 28.11.98
10.   AUS DEN AUGEN, AUS DEM SINN (Out Of Mind, Out Of Sight) 05.12.98
11.   DAS ENDE DER WELT (Prophecy Girl) 12.12.98
12.   IM BANNE DES BÖSEN (When She Was Bad) 19.12.98
13.   OPERATION CORDELIA (Some Assembly Required) 02.01.99
14.   ELTERNABEND MIT HINDERNISSEN (School Hard) 09.01.99
15.   DAS GEHEIMNIS DER MUMIE (Inca Mummy Girl) 16.01.99
16.   DER GEHEIMBUND (Reptile Boy) 23.01.99
17.   DIE NACHT DER VERWANDLUNG (Halloween) 30.01.99
18.   TODESSEHNSUCHT (Lie To Me) 06.02.99
19.   DAS MAL DES EYGHON (The Dark Age) 13.02.99
20.   DIE RIVALIN (What's My Line? 1) 20.02.99
21.   DAS RITUAL (What's My Line? 2) 27.02.99
22.   TED (Ted) 06.03.99
23.   FAULE EIER (Bad Eggs) 13.03.99
24.   DER FLUCH DER ZIGEUNER (Surprise) 20.03.99
25.   DER GEFALLENE ENGEL (Innocence) 27.03.99
26.   DER WERWOLF-JÄGER (Phases) 03.04.99

27. DER LIEBESZAUBER (Bewitched, Bothered And Bewildered) 10.04.99
28. DAS JENSEITS LÄSST GRÜSSEN (Passion) 17.04.99
29. DER UNSICHTBARE TOD (Killed By Death) 24.04.99
30. EIN DÄMON NAMENS LIEBE (I Only Have Eyes For You) 08.05.99
31. DAS GEHEIMNIS DER FISCHMONSTER (Go Fish) 15.05.99
32. WENDEPUNKTE (Becoming 1) 22.05.99
33. SPIEL MIT DEM FEUER (Becoming 2) 29.05.99

34. GEFANGEN IN DER UNTERWELT (Anne) 28.08.99
35. DIE NACHT DER LEBENDEN TOTEN (Dead Man's Party) 04.09.99
36. NEUE FREUNDE, NEUE FEINDE (Faith, Hope And Trick) 11.09.99
37. DR. JEKYLL UND MR. HYDE (Beauty And The Beasts) 18.09.99
38. DIE QUAL DER WAHL (Homecoming) 25.09.99
39. AUSSER RAND UND BAND (Band Candy) 02.10.99
49. DER HANDSCHUH VON MYHNEGON (Revelations) 09.10.99
41. LIEBE UND ANDERE SCHWIERIGKEITEN (Lover's Walk) 16.10.99
42. HÄNSEL UND GRETEL (Gingerbread) 23.10.99
43. DIE REIFEPRÜFUNG (Helpless) 25.10.99
44. WAS WÄRE, WENN... (The Wish) 30.10.99
45. HEIMSUCHUNGEN (Amends) 06.11.99
46. DIE NACHT DER LEBENDEN LEICHEN (The Zeppo) 13.11.99
47. DER NEUE WÄCHTER (Bad Girls) 20.11.99
48. KONSEQUENZEN (Consequences) 27.11.99
49. DOPPELGÄNGERLAND (Doppelgangland) 04.12.99
50. GEFÄHRLICHE SPIELE (Enemies) 11.12.99
51. FREMDE GEDANKEN (Earshot) 18.12.99
52. DIE BOX VON GAVROCK (Choices) 08.01.00
53. DER HÖLLENHUND (The Prom) 15.01.00
54. DAS BLUT DER JÄGERIN (Graduation 1) 22.01.00
55. DER TAG DER VERGELTUNG (Graduation 2) 29.01.00

56. FRISCHLINGE (Freshman) 03.01.01
57. (K)EINE MENSCHENSEELE (Living Conditions) 10.01.01
58. DER STEIN VON AMARA (The Harsh Light Of Day) 17.01.01
59. DER DÄMON DER ANGST (Fear, Itself) 24.01.01
60. DAS BIER DER BÖSEN DENKUNGSART (Beer Bad) 31.01.01
61. WILDE HERZEN (Wild At Heart) 07.02.01

62. DIE INITIATIVE (The Initiative) 14.02.01
63a. DER GEIST DES CHUMASH (Pangs) 21.02.01
63b. ANGEL-JÄGER DER FINSTERNIS: LIEBE AUF ZEIT (Angel: I Will Remember You) 21.02.01
64. MEIN WILLE GESCHEHE (Something Blue) 28.02.01
65. DAS GROSSE SCHWEIGEN (Hush) 07.03.01
66. DAS OPFER DER DREI (Doomed) 14.03.01
67. METAMORPHOSEN (A New Man) 21.03.01
68. SCHEIN UND SEIN (The I In Team) 28.03.01
69. DIE KAMPFMASCHINE (Goodbye, Iowa) 04.04.01
70. BÖSES ERWACHEN (This Year's Girl) 11.04.01
71. IM KÖRPER DES FEINDES (Who Are You?) 18.04.01
72. JONATHAN, SUPERSTAR (Superstar) 25.04.01
73. DIE UNERSÄTTLICHEN (Where The Wild Things Are) 02.05.01
74. ABSCHIEDE (New Moon Rising) 09.05.01
75. DER YOKO-FAKTOR (The Yoko Factor) 16.05.01
76. DAS LETZTE GEFECHT (Primeval) 23.05.01
77. JEDEM SEIN ALPTRAUM (Restless) 30.05.01

78. (Buffy Vs. Dracula)
79. (The Real Me)
80. (The Replacement)
81. (Out Of My Mind)
82. (No Place Like Home)
83. (Family)
84. (Fool For Love)
85. (Shadow)
86. (Listening To Fear)
87. (Into The Woods)
88. (Triangle)
89. (Checkpoint)
90. (Blood Ties)
91. (Crush)
92. (I Was Made To Love You)
93. (The Body)
94. (Forever)
95. (Intervention)
96. (Tough Love)
97. (Spiral)
98. (The Weight Of The World)
99. (Centennial)

EPISODE (nicht gesendet):
xx. (The Harvest)

BUGS-DIE SPEZIALISTEN
(Bugs)
GB 1995-; bisher 40 Episoden
Deutsche Ausstrahlung:
Pro 7 1997; 30 Episoden

Pro 7 1999; 10 Episoden

Darsteller: Jesse Birdsall (Nick Beckett), Jaye Griffiths (Ros Henderson), Craig McLachlan (Ed), Jan Harvey (Jan), Paula Hunt (Alex Jordan), Steven Houghton (Ed).

Eine Gruppe von Spezialisten nutzt ihre High-Tech-Ausrüstung — Abhöranlagen, Computer und anderes — zur Bekämpfung von Korruption und Kriminalität.

Gelungene Serie in der Tradition von KOBRA, ÜBERNEHMEN SIE (qv). Eine britische Krimireihe mit futuristischen Anflügen, insbesondere was die Ausrüstung der Helden angeht.

EPISODEN:
1. DAS HIGH-TECH-TEAM (Out Of The Hive) 22.03.97
2. TÖDLICHER HANDEL (Assassins Inc.) 29.03.97
3. DER TOD FLIEGT MIT (All Under Control) 05.04.97
4. TIEFSEEHACKER (Down Among The Dead Men) 12.04.97
5. FALSCHES SPIEL (Shotgun Wedding) 19.04.97
6. FULL SPEED (Stealth) 26.04.97
7. VERDERBLICHE WARE (Manna From Heaven) 03.05.97
8. HEISSES METALL (Hot Metal) 10.05.97
9. DOPING AUF BEFEHL (A Sporting Chance) 17.05.97
10. FEHLER IM SYSTEM (Pulse) 24.05.97
11. AUSFLUG INS ALL 1 (What Goes Up...) 31.05.97
12. AUSFLUG INS ALL 2 (...Must Come Down) 07.06.97
13. VERSEUCHTE ERNTE (Bugged Wheat) 14.06.97
14. DER TANZENDE DERWISCH (Whirling Dervish) 21.06.97
15. BLACKOUT (Blackout) 28.06.97
16. GOLDRAUSCH (Gold Rush) 05.07.97
17. SCHRÖDINGERS KATZE (Schrodinger's Bomb) 12.07.97
18. DER BESTE FREUND DES MENSCHEN (Newton's Run) 19.07.97
19. CYBERAX 1 (The Bureau Of Weapons) 26.07.97
20. CYBERAX 2 (A Cage For Satan) 02.08.97
21. GEFAHR FÜR LONDON (Blaze Of Glory) 09.08.97
22. RACHEPLÄNE (The Revenge Effect) 16.08.97
23. EIN BRILLANTER PLAN (The Price Of Peace) 23.08.97
24. DER FÄLSCHER (Hollow Man) 06.09.97
25. DIE OPERATION (Nuclear Family) 13.09.97
26. DIE UNDICHTE STELLE (Fugitive) 27.09.97
27. ...BIS DASS DER TOD UNS SCHEIDET (Happy Ever After?) 04.10.97
28. DER VERBORGENE SCHATZ (Buried Treasure) 11.10.97
29. EIN NEUER BOSS (Identity Crisis) 18.10.97
30. CYBERAX LEBT! (Renegades) 25.10.97
31. TOD AUS DEM GENLABOR (Absent Friends) 17.04.99
32. EIN HEIMTÜCKISCHER PLAN (Sacrifice To Science) 24.04.99
33. DIE TOTENMASKE (Girl Power) 08.05.99
34. SPÄTE RACHE (The Two Becketts) 15.05.99
35. IN LETZTER SEKUNDE (Hell And High Water) 22.05.99
36. DIE BÜCHSE DER PANDORA (Pandora's Box) 29.05.99
37. DER EIGNUNGSTEST (Jewel Control) 05.06.99
38. GENIE UND WAHNSINN (Twin Geeks) 12.06.99
39. SPINNEN IM NETZ (Money Spiders) 19.06.99
40. EIN UNGEBETENER GAST (The Enemy Within) 26.06.99

DER BUMERANG
(The Boomerang)
AUS 1966 (?)
Deutsche Ausstrahlung:
ZDF 1967; 27 Episoden

Darsteller: David Morgan (Tom Thumbleton), Rodney Pearlman (Wombat), Penelope Shelton, Telford Jackson.

Tom findet einen Bumerang, der, einmal in die Luft geworfen, die Zeit still stehen lässt. Nur für den Benutzer natürlich nicht. Diese Eigenschaft wird für allerlei Schabernack benutzt. Aber Tom setzt diese „Waffe" natürlich auch gegen böse Zeitgenossen ein, denn „mit grosser Macht, kommt grosse Verantwortung".

Australische Kinderserie, die ich damals als unterhaltsam empfand.

EPISODEN:
1. TOM FINDET DEN BUMERANG (- liegt nicht vor -) 12.03.67
2. DIE KÄNGURUHJAGD (- liegt nicht vor -) 19.03.67
3. DER POSTRAUB (- liegt nicht vor -) 26.03.67
4. WOMBAT, DER GROSSE ZAUBERER (- liegt nicht vor -) 02.04.67

5.   DER TAUGENICHTS (- liegt nicht vor -)
        09.04.67
6.   DIE FREUNDSCHAFT (- liegt nicht vor -)
        16.04.67
7.   DER STRÄFLING (- liegt nicht vor -) 23.04.67
8.   VIEHDIEBE (- liegt nicht vor -) 30.04.67
9.   DIE REGATTA (- liegt nicht vor -) 07.05.67
10.   WETTKAMPF MIT MASKE (- liegt nicht vor -)
        14.05.67
11.   DAS GESTOHLENE DOKUMENT (- liegt nicht
        vor -) 21.05.67
12.   DER TRICK DER SCHMUGGLER (- liegt nicht
        vor -) 28.05.67
13.   DUFFYS GROSSER FISCHZUG (- liegt nicht
        vor -) 04.06.67
14.   DER BUSCHBRAND (- liegt nicht vor -)
        11.06.67
15.   DER BANKRAUB (- liegt nicht vor -) 18.06.67
16.   DER STRÄFLING (- liegt nicht vor -) 25.06.67
17.   FAULER ZAUBER (- liegt nicht vor -) 02.07.67
18.   DIE BOMBE (- liegt nicht vor -) 09.07.67
19.   DIE AUKTION (- liegt nicht vor -) 16.07.67
20.   DER KUNSTFREUND (- liegt nicht vor -)
        30.07.67
21.   FINDERLOHN (- liegt nicht vor -) 06.08.67
22.   EINE LEKTION FÜR WOMBAT (- liegt nicht
        vor -) 13.08.67
23.   DAS GROSSE RENNEN (- liegt nicht vor -)
        20.08.67
24.   KNALLBONBONS (- liegt nicht vor -) 27.08.67
25.   STADTBUMMEL (- liegt nicht vor -) 03.09.67
26.   DER AUSREISSER (- liegt nicht vor -)
        10.09.67
27.   DIE BOTSCHAFT (- liegt nicht vor -) 17.09.67

BURNING ZONE-EXPEDITION KILLERVIRUS
(The Burning Zone)
USA 1996/97; Pilot & 18 Episoden
Deutsche Ausstrahlung:
RTL Television 1998; Pilot & 18 Episoden

Darsteller: Jeffrey Dean Morgan (Dr. Edward
Marcase - 1996), Tamlyn Tomita (Dr. Kimberly
Shiroma - 1996), James Black (Michael Hailey),
Michael Harris (Dr. Daniel Cassian), Bradford Ta-
tum (Dr. Brian Taft - 1997), Todd Susman (Henry
Newland - 1997).

Dr. Edward Marcase, Virologe und Überlebender
einer Ebola-Erkrankung, wird einem kleinen
Team, das zur Bekämpfung geheimnisvoller Viren eingesetzt wird, zugeteilt. Ihm zur Seite stehen die Molekulargenetikerin Dr. Shiroma, Dr.
Cassian, Leiter des Teams, und der Sicherheits-
experte Hailey.

Nachdem Cassian die Führung des Einsatz-
teams für biologische Krisenabwehr aufgibt, arbeitet er zusammen mit dem Neuropathologen
Dr. Taft unabhängig weiter. Fortan ist auch die
Virenbekämpfung nicht mehr ihr einziges Betäti-
gungsfeld.

Im Zuge des Erfolges des Wolfgang Petersen-
Filmes OUTBREAK entstanden, bietet die Serie
technisch gut durchgeführte Episoden, die aber
teils zu klinisch wirken — was sich nicht auf die
Handlungsorte bezieht. Erschwert wurde der
Stand von BURNING ZONE an der Einschalt-
quotenfront noch durch die Grösse des US-amerikanischen Fernsehmarktes, der a) viel Konkurrenz zu bieten hat und b) so weitläufig ist, dass
es dem Sender UPN nicht gelang, gleichzeitig
das gesamte Publikum zu erreichen. Eine sinn-
volle Werbung für diese Serie wurde also nahezu
unmöglich. Teilweise wurde diesen Problemchen
Rechnung getragen, in dem man die Serie „um-
baute". Aber auch dieses 'verbesserte' Konzept
vermochte der Reihe nicht zu längerem Leben
verhelfen.
Todd Susman spielte bereits in SCORCH-DER
KLEINE HAUSDRACHE (qv). Mit auf Expedition
gingen die Gaststars Denis Arndt, René (Star
Trek: Deep Space Nine) Auberjonois, Theodore
Bikel, Michael (Dark Shadows & Der Mann vom
anderen Stern) Cavanaugh, Mark Lindsay (Das
Ding aus dem Sumpf) Chapman, Diane Dilascio,
Peter (Profiler) Frechette, Sherman (Superboy)
Howard, Tony (Die Schöne und das Biest) Jay,
Terence Knox, Thomas Kopache, Nicholas Lea,
Tim (Buck Rogers) O'Connor, Randy (Teen En-
gel) Oglesby, John (Conor, der Kelte) Saint Ryan,
Alan (Die geheimnisvolle Insel & Seven Days)
Scarfe, Keith (Schöne neue Welt) Szarabajka
und Grace (Das Geheimnis von Twin Peaks) Za-
briskie.

EPISODEN:
1.   DER SCHRECKEN AUS DER URZEIT (The
        Burning Zone)
2.   ZUM WAHNSINN VERURTEILT (The Silent To-
        wer)
3.   FLAMMEN DES KÖRPERS (Arms Of Fire)
        10.02.98
4.   TÖDLICHE REISE (Night Flight) 17.02.98
5.   BOTSCHAFT AUS DEM JENSEITS (Lethal In-
        jection) 24.02.98
6.   DER HAUCH DES TODES (Touch Of The
        Dead) 03.03.98

7. EIN MÖRDERISCHER MOND (Faces In The Night) 10.03.98
8. DER SCHARLATAN VON ST. MICHAEL (St. Michael's Nightmare) 24.03.98
9. DER TEMPEL DER SCHLANGE (Hall Of The Serpent) 31.03.98
10. TÖDLICHES BLUT (Blood Covenant) 07.04.98
11. DIE WUNDERWAFFE (Midnight In The Carrier) 14.04.98
12. KOSMISCHES GIFT (Critical Mass) 21.04.98
13. DIAGNOSE: KNOCHENBRUCH! (Death Song) 28.04.98
14. VERSEUCHTES WASSER (The Last Endless Summer) 05.05.98
15. FATALE DIÄT (The Last Five Pounds Are The Hardest) 12.05.98
16. DIE KILLERBAKTERIEN (Elegy For A Dream) 19.05.98
17. DIE ZEITBOMBE (A Secret In The Neighborhood) 26.05.98
18. AUF ENGELSFLÜGELN (On Wings Of Angels) 02.06.98
19. SCHWARZE PERLEN (Wild Fires)

CAPTAIN POWER
(Captain Power And The Soldiers Of The Future)
USA 1988/1989; 22 Episoden
Deutsche Ausstrahlung:
RTL plus 1989; 13 Episoden
RTL Plus 1990; 9 Episoden

Darsteller: Tim Dunigan (Captain Jonathan Power), Peter MacNeill (Major Matthew „Hawk" Masterson), Sven Thorsen (Lieutenant Michael „Tank" Ellis), Maurice Dean Wint (Sergeant Robert „Scout" Baker), Jessica Steen (Corporal Jennifer „Pilot" Chase), David Hemblen (Lord Dread), Bruce Gray (Mentor).

2147. Während der sogenannten „Metallkriege" wurde die Menschheit fast vollständig von der Übermacht der Roboter ausgelöscht. Nur einige wenige Splittergruppen sind noch verblieben. Der Wissenschaftler Dr. Stuart Power schafft es, Anzüge zu fertigen, die nach Aktivierung zu mächtigen Rüstungen werden, vollständig mit Waffen ausgerüstet. Als Dr. Power getötet wird, sammelt sein Sohn Jonathan eine Gruppe von Kämpfern um sich, die, mit den „Power Suits" versehen, für das Wohl der restlichen Menschheit und damit gegen den gar schröcklichen Lord Dread und sein Maschinenimperium antreten.

Mitfinanziert wurde die Serie von der Spielzeugfirma Mattel, die eigens hierfür Strahler herausbrachte, die angeblich ein Eingreifen in die Handlung ermöglichen sollten. Damit lag nahe, dass diese Serie wohl eher für das jüngere Publikum gedacht war, was befremdlich wirkt, wenn man sich vor Augen führt, das der Ort der Handlung ein einziger Kriegsschauplatz ist.
Im Nachhinein erweist sich CAPTAIN POWER als Vorläufer der Serie BABYLON 5 (qv), da B 5-Erfinder J. Michael Straczynski für diese Serie Drehbücher schrieb. Die späteren überragenden Computereffekte von BABYLON 5 finden hier ihren Ursprung in den computeranimierten Bio Dreads.
Als Gäste griffen in den Krieg z. B. William B. (Akte X) Davis, Graham Greene, Laurie (Akte X) Holden, Kate (Kung Fu: Im Zeichen des Drachen) Trotter und Gwynyth Walsh ein.

EPISODEN:
1. IN LETZTER SEKUNDE (Shattered)
2. VI UND DIE WARDOGS (Wardogs)
3. DER ABGRUND (Abyss)
4. DAS DUELL (Final Stand)
5. DREADS PEST (Pariah) 24.07.89
6. FEUER IN DER DUNKELHEIT (A Fire In The Dark)
7. DIE TÄUSCHUNG (Mirror In The Darkness)
8. DER NEUE KRIEGSHERR (The Ferryman) 14.08.89
9. VERMEINTLICHES PARADIES (And Study War No More)
10. DER EINDRINGLING (The Intruder) 28.08.89
11. TECH CITY (Flame Street)
12. LETZTE RETTUNG MEDLAB 1 (Gemini And Counting)
13. HERRSCHAFT DES WAHNSINNS (And Madness Shall Reign)
14. BRUCHLANDUNG IN DER WÜSTE (Judgement)
15. RÜCKBLICK IN DIE VERGANGENHEIT 1 (A Summoning Of Thunder 1)
16. RÜCKBLICK IN DIE VERGANGENHEIT 2 (A Summoning Of Thunder 2)
17. DER WEG NACH EDEN (The Eden Road)
18. DIE STIMME DER FREIHEIT (Freedom One)
19. NEW ORDER 1 (New Order 1: The Sky Shall Swallow Them)
20. NEW ORDER 2 (New Order 2: The Land Shall Burn)
21. RETRIBUTION 1 (Retribution 1)
22. RETRIBUTION 2 (Retribution 2)

CATWEAZLE
(Catweazle)
GB 1970/1971; 26 Episoden
Deutsche Ausstrahlung:
ZDF 1974; 26 Episoden

Darsteller: Geoffrey Bayldon (Catweazle), Robin Davies (Carrot Bennett; dt.: Harold), Charles Tingwell (Mr. Bennett), Neil McCarthy (Sam), Gary Warren (Cedric Collingford), Peter Butterworth (Groome), Moray Watson (Lord Collingford), Elspet Gray (Lady Collingford).

Im 11. Jahrhundert lebt im von Normannen besetzten Grossbritannien ein Zauberer namens Catweazle. Eines Tages trifft er auf eine normannische Meute und ergreift furchterfüllt die Flucht. Als er keinen weiteren Ausweg sieht, springt Catweazle in einen See, um sich darin zu verbergen. Als er wieder auftaucht sind die Normannen verschwunden, was auch kein Wunder ist, denn der Zauberer befindet sich plötzlich im 20. Jahrhundert. Der völlig verwirrte und, ob der neuen, magisch scheinenden, Errungenschaften, überraschte Catweazle trifft auf den Farmerssohn Carrot. Dieser versteckt ihn und erklärt sich bereit, den Zauberer bei dem Versuch heimzukehren zu unterstützen. Das gelingt denn auch. Doch da den ersten dreizehn Episoden Erfolg beschieden war, kehrt Catweazle zurück in unsere Zeit und macht sich, unterstützt von Lordssohn Cedric, auf die Suche nach dem dreizehnten Sternzeichen. Dieses soll eine erneute Rückkehr in seine Zeit gewährleisten.

Eine phantasievolle und äusserst amüsante Serie, nicht nur für Kinder. Drehbuchautor Richard Carpenter zeichnete später auch für ROBIN HOOD (qv) und UNSICHTBAR (qv) verantwortlich. Zu den rar gesäten Gaststars gehörte Paul Eddington.

EPISODEN:
1. DIE NORMANNEN KOMMEN (The Sun In The Bottle) 28.04.74
2. DIE BURG SABURAC (Castle Saburac) 05.05.74
3. DAS ZAUBERBUCH (The Curse Of Rapkyn) 12.05.74
4. HEXEREI (The Witching Hour) 19.05.74
5. DAS AUGE DER ZEIT (The Eye Of Time) 26.05.74
6. DAS MAGISCHE ABBILD (The Magic Face) 02.06.74
7. ZAUBERKNOCHEN (The Telling Bone) 09.06.74
8. ADAMCOS (The Power Of Adamcos) 16.06.74
9. DER ZAUBERTRANK (The Demi Devil) 18.06.74
10. DAS HEXENHAUS (The House Of The Sorcerer) 21.06.74
11. 30 REISIGBESEN (The Flying Broomsticks) 23.06.74
12. VERWECHSLUNGEN (The Wisdom Of Solomon) 28.06.74
13. DIE ZAUBERFORMEL (The Trickery Lantern) 30.06.74
14. EIN NEUER FREUND (The Magic Riddle) 07.07.74
15. SOMMERFREUDEN (Duck Halt) 14.07.74
16. GEBURTSTAGSFEST (The Heavenly Twins) 21.07.74
17. IM ZEICHEN DES KREBSES (The Sign Of The Crab) 28.07.74
18. SCHWARZE SCHEIBEN (The Black Wheels) 04.08.74
19. HIER WIRD NICHT GEBAUT (The Walking Trees) 11.08.74
20. DER ZAUBERKASTEN (The Enchanted King) 18.08.74
21. DIE GESCHICHTE MIT KÜHLWALDA (The Familiar Spirit) 25.08.74
22. GESPENSTERGESCHICHTEN (The Ghost Hunters) 01.09.74
23. DER STEIN DER WEISEN (The Wogle Stone) 08.09.74
24. MEIN KÜRBIS IST DER GRÖSSTE! (The Battle Of The Giants) 15.09.74
25. SCHATZSUCHE (The Magic Circle) 22.09.74
26. DER SCHATZ DER COLLINGFORDS (The Thirteenth Sign) 29.09.74

CHAMÄLEON
BRD 1983; 14 Episoden (auch als 7 Episoden)
Ausstrahlung:
NDR regional 1983; 14 Episoden

Darsteller: Ursula von Reibnitz (Anja), Ulrike Kriener (Silvie), Verena Plangger (Kathrin), Moc Thyssen (Professor Züngel), Hinnerk Jensen (Olaf), Carlos Trafic (Kosmides), Franz Josef Steffens (Kapitän Bunt), Walter Spiske (Hoppel), Norbert Goth (Ginster), Katharina Matz (Chevalier), Karl-Heinz Heß (Hauptkommissar Meichsner).

Eine Geheimorganisation spürt von verschiedenen Personen Doppelgänger auf und ersetzt mit diesen die „Originale". Auch die drei Frauen, Anja, Silvie und Kathrin, werden verschleppt und ersetzt. Doch ihnen gelingt die Flucht. Nun jedoch merken sie, dass sie zwischenzeitlich wegen Bankraub gesucht werden. Sie machen sich auf die Jagd nach ihren Doubles und verfolgen diese nach Griechenland. Gerade als sie die Doppelgängerinnen finden, werden sie selbst von der Polizei festgenommen. Bei der Überführung ins Athener Gefängnis gelingt erneut die Flucht. Die drei Frauen kehren ins heimatliche Hamburg zurück. Hier ist die Verwirrung gross, als Originale und Doubles neue Ausweise beantragen. Endlich gelingt es, die falschen Mädels festzusetzen.

Eigentlich erschreckend, was einige Leute für Mist produzieren müssen, nur um auf Kosten anderer nach Griechenland reisen zu dürfen.

EPISODEN:

1.   DAS PREISAUSSCHREIBEN 07.10.83
2.   EIN SCHUSS 07.10.83
3.   PROFESSOR ZÜNGEL 11.10.83
4.   EINE FRIESISCHE KUTSCHE 11.10.83
5.   DER BANKRAUB 14.10.83
6.   MUTTER KUDDEL 14.10.83
7.   GRIECHENLAND 18.10.83
8.   MIT SPECK FÄNGT MAN MÄUSE 18.10.83
9.   NEUE SAITEN 21.10.83
10. URLAUBSFREUDEN 21.10.83
11. DIE FRITÖSE 25.10.83
12. STÜCKCHEN FÜR STÜCKCHEN 25.10.83
13. DER PRÄSIDENT 28.10.83
14. LÄCHERLICH! 28.10.83

THE CHAMPIONS
(The Champions)
GB 1968/1969; 30 Episoden
Deutsche Ausstrahlung:
Pro 7 1991/1992; 26 Episoden
Pro 7 1993; 2 Episoden

Darsteller: Stuart Damon (Craig Stirling), William Gaunt (Richard Barrett), Alexandra Bastedo (Sharron Macready), Anthony Nicholls (Tremayne).

Nemesis, ein internationaler Agentenring im Kampf für das Gute, schickt drei seiner Agenten nach China, wo sie einen tödlichen Virus entwenden sollen. Bei der Flucht, die dem Diebstahl folgt, wird das Flugzeug der Agenten beschädigt. Über Tibet stürzen sie ab. Sie werden von geheimnisvollen Personen gerettet, die die mentalen und physischen Kräfte der drei Agenten verstärken. Fortan sind Craig Stirling, Richard Barrett und Sharron Macready die „Champions" von Nemesis!

Recht gut gemachte britische SF-Crime-Abenteuer-Serie, die allerdings ein Manko aufweist: Die Charaktere werden kaum beleuchtet. Somit bleiben die handelnden Personen Fremde für den Zuschauer und ein wirkliches Mitfiebern oder gar eine Identifikation mit einem der Akteure wird unmöglich.
Verantwortlich für die Serie waren Monty Berman und Dennis Spooner. Berman war Produzent der Publikumsrenner THE SAINT (Simon Templar) und THE BARON (Der Baron); Spooner arbeitete unter anderen für THUNDERBIRDS (Thunderbirds), DOCTOR WHO (Doctor Who; qv) und MAN IN A SUITCASE (Der Mann mit dem Koffer).
Den Champions traten gegenüber: Colin Blakely, Jeremy Brett, Paul Eddington, Michael (Der kleine Vampir) Gough, Burt Kwouk, Bernard Lee, Patrick Magee, Mike (Randall & Hopkirk) Pratt, Donald Sutherland, John (Am Rande der Finsternis) Woodvine und Peter Wyngarde.

EPISODEN:

1.   WIE ALLES BEGANN (The Beginning) 08.09.91
2.   UNSTERBLICHKEIT UND CO. KG (The Bodysnatchers) 14.09.91
3.   SEHNSUCHT NACH DEM TOD (A Case Of Lemmings) 28.09.91
4.   DIE GEHEIMNISVOLLE INSEL (The Dark Island) 12.10.91
5.   HEISSER WÜSTENSAND (Desert Journey) 02.11.91
6.   DAS EXPERIMENT (The Experiment) 23.11.91
7.   EIN DIPLOMATISCHER EINBRUCH (Full Circle) 07.12.91
8.   DIE FANATIKER (The Fanatics) 15.12.91
9.   DER WAFFENKÖNIG (The Gun-Runners) 21.12.91
10. DIE FALLE SCHNAPPT ZU (Get Me Out Of Here!) 22.12.91
11. IM GOLDENEN KÄFIG (The Guilded Cage) 04.01.92
12. DER MANN IN DER WÜSTE (Happening) 11.01.92
13. DAS VERHÖR (The Interrogation) 19.01.92
14. DER EISERNE MANN (The Iron Man) 08.02.92
15. LAUTER NEUE GESICHTER (The Mission) 16.02.92
16. HEXENWAHN (The Night People) 16.02.92

17.   DAS EWIGE EIS (Operation Deep-Freeze)
       29.02.92
18.   DIE F-AKTE (Nutcracker) 01.03.92
19.   PROJEKT ZERO (Project Zero) 08.03.92
20.   PAPAGEI GESUCHT (Reply Box: 666)
       15.03.92
21.   DER LAUTLOSE TOD (The Silent Enemy)
       21.03.92
22.   KAMPF UM LONDON (The Search) 25.04.92
23.   DIE MÖRDERDROGE (Autokill) 26.04.92
24.   DER STOFF, AUS DEM DIE TRÄUME SIND
       (To Trap A Rat) 09.05.92
25.   IM SCHATTEN DES PANTHERS (Shadow Of
       The Panther) 14.06.92
26.   DIE ÜBERLEBENDEN (The Survivors)
       27.06.92

27.   ZWÖLF STUNDEN (Twelve Hours) 17.04.93
28.   DER UNSICHTBARE (The Invisible Man)
       03.07.93

EPISODEN (nicht gesendet):
29.   DAS GEISTERFLUGZEUG (The Ghost Plane)
30.   (The Final Countdown)

CHARMED-ZAUBERHAFTE HEXEN
(Charmed)
USA 1998-läuft noch; bisher 66 Episoden
Deutsche Ausstrahlung:
Pro 7 1999; 22 Episoden
Pro 7 2000/2001; 22 Episoden
Pro 7 2001; 22 Episoden

Darsteller: Shannen Doherty (Prudence „Pru"
Halliwell), Holly Marie Combs (Piper Halliwell),
Alyssa Milano (Phoebe Halliwell), T. W. King (In-
spector Andrew „Andy" Trudeau - 1998/99), Brian
Krause (Leo Wyatt), Leigh Alyn Baker (Hannah
Webster), Dorian Gregory (Inspector Mark Mor-
ris), Neil Roberts (Rex Buckland - 1998), Cristine
Rose (Claire Price - 1999), Greg Vaughan (Dan
Gordon - 1999/ 2000), Lochlyn Munro (Jack She-
ridan - 1999), Julian McMahon (Cole Turner -
2000-).

Die drei Schwestern Prue, Piper und Phoebe
stammen aus einer Hexenfamilie. Als sie nach
Jahren wieder zusammen kommen, werden ihre
Hexenkräfte durch eine leichtsinnig gesprochene
Zauberformel erweckt. Nach einigem Widerwillen
beschliessen die drei, ihre Kräfte als weisse Hexen für gute Taten einzusetzen.

Drei der wohl sehenswertesten Darstellerinnen

ihrer Generation in einer Serie; das allein reicht
schon manchem, in die Serie hinein zu schnup-
pern. Wenn diese Aktricen dann auch noch talen-
tiert sind und mit offensichtlicher Freude spielen,
hat die Reihe bereits mehrere Pluspunkte vorzu-
weisen. Die Inhalte insbesondere der frühen Episoden, sind nicht gerade immer besonders origi-
nell, aber im Laufe der Zeit wurden die Plots und
der Gesamtzusammenhalt der Reihe kompakter.
Produziert von Aaron Spelling, der vorher bereits
für CLAN DER VAMPIRE (qv) verantwortlich war.
T. W. King spielte bereits in TIMECOP (qv); Dorian Gregory in BAYWATCH NIGHTS (qv); Julian
McMahon in PROFILER (qv).
Zauberhaft verhext wurden die Gaststars Dana
(Twin Peaks) Ashbrook, Brenda (American Go-
thic) Bakke, Stephanie (seaQuest DSV) Bea-
cham, Ian (Twin Peaks) Buchanan, David (Kung
Fu & Kung Fu: Im Zeichen des Drachen) Carra-
dine, Jason (Babylon 5) Carter, Mark Lindsay
(Das Ding aus dem Sumpf) Chapman, Billy (Die
Abenteuer des Brisco County, Jr.) Drago, Judy
(Die Mädchen aus dem Weltraum) Geeson, Har-
ry (Buffy) Groener, Stacy (Superboy, seaQuest
DSV & Clan der Vampire) Haiduk, J. G. (Star
Trek: Deep Space Nine) Hertzler, Scott Jaeck,
Jeff (Clan der Vampire) Kober, Bernie (Mini-Max)
Kopell, Ed (Schöne neue Zeit) Lauter, Ron (Die
Schöne und das Biest) Perlman, Steve (Visitor)
Railsback, James Read, Antonio (Earth 2) Saba-
to, Jr, Marco (seaQuest DSV) Sanchez, Raphael
Sbarge, Brian (Werwolf & Clan der Vampire)
Thompson, Morgan (Space 2063) Weisser und
Chad (Countdown X) Willett.

EPISODEN:
1.   DAS BUCH DER SCHATTEN (Something Wic-
      ca This Way Comes) 09.05.99
2.   TEUFLISCHE AUGEN (I've Got You Under My
      Skin) 15.05.99
3.   DIE FORMWANDLER (Thank You For Not
      Morphing) 30.05.99
4.   RENDEZVOUS MIT EINEM GEIST (Dead Man
      Dating) 06.06.99
5.   TÖDLICHE TRÄUME (Dream Sorcerer)
      13.06.99
6.   HÖLLENHOCHZEIT (Wedding From Hell)
      20.06.99
7.   SCHWESTER DER NACHT (Fourth Sister)
      27.06.99
8.   DER WAHRHEITSZAUBER (The Truth Is Out
      There...And It Hurts) 04.07.99
9.   RÜCKKEHR AUS DEM JENSEITS (The Witch
      Is Back) 11.07.99
10.   MACHTLOS (Wicca Envy) 18.07.99

11. DER FLUCH DER URNE (Feats Of Clay)
25.07.99
12. WENDIGO (The Wendigo) 01.08.99
13. LIEBE IST DIE STÄRKSTE MACHT (From
Fear To Eternity) 08.08.99
14. NACHRICHT VON MAX (Secrets And Guys)
15.08.99
15. WER HAT ANGST VORM SCHWARZEN
MANN? (Is There A Woogy In The House?)
22.08.99
16. MAN STIRBT NUR DREIMAL (Which Prue Is
It, Anyway?) 29.08.99
17. ZURÜCK IN DIE VERGANGENHEIT (That 70's
Episode) 05.09.99
18. WENN DAS BÖSE ERWACHT (When Bad
Warlocks Go Good) 12.09.99
19. BLIND (Blind Sided) 12.09.99
20. EIN GEIST, ZWEI SCHWESTERN (The Power
Of Two) 19.09.99
21. WÄCHTER DER DUNKELHEIT (Love Hurts)
26.09.99
22. IMMER WIEDER MITTWOCH (Deja Vu All
Over Again) 03.10.99

23. ABRAXAS (Witch Trial) 09.09.00
24. HEXENJAGD (Morality Bites) 16.09.00
25. PAKT MIT DEM TEUFEL (The Devil's Music)
23.09.00
26. VOLL IM BILD (The Painted World) 30.09.00
27. EINFACH UNWIDERSTEHLICH (She's A Man,
Baby, A Man!) 07.10.00
28. DER AUSERWÄHLTE (That Old Black Magic)
14.10.00
29. DIE AKASHA-ROLLEN (They're Everywhere)
21.10.00
30. SCHRECKEN DER TIEFE (P3 H2O) 28.10.00
31. ZWISCHEN HIMMEL UND HÖLLE (Ms. Hell-
fire) 05.11.00
32. MITTEN INS HERZ (Heartbreak City) 12.11.00
33. DREI HEXEN UND EIN BABY (Reckless Abandon) 18.11.00
34. FIEBER (Awakened) 25.11.00
35. EIN TIERISCH GUTER SPUK (Animal Prag-
matism) 02.12.00
36. VERFLUCHT IN ALLE EWIGKEIT! (Pardon My
Past) 09.12.00
37. DAS ZEICHEN (Give Me A Sign) 16.12.00
38. VOM PECH VERFOLGT (Murphy's Luck)
23.12.00
39. EWIGE JUGEND (How To Make A Quilt Out Of
Americans) 30.12.00
40. DER REINSTE HORROR (Chick Flick)
06.01.01
41. EXLIBRIS (ExLibris) 13.01.01
42. HEXENBLUT (Astral Monkey) 20.01.01
43. DER RETTER DER APOKALYPSE (Apocalypse, Not) 27.01.01
44. WÜNSCH DIR WAS (Be Careful What You
Witch For) 27.01.01

45. DIE VERSCHWÖRUNG DES BÖSEN (The
Honeymoon's Over) 06.06.01
46. HEXENHOCHZEIT (Magic Hour) 13.06.01
47. VON FEEN UND TROLLEN (Once Upon A
Time) 20.06.01
48. DAS ZEITPORTAL (All Halliwell's Eve)
49. DIE DÄMONENFALLE (Sight Unseen)
50. DIE MACHT DER GEFÜHLE (Primrose Empath)
51. BALTHASAR (Power Outage)
52. (Sleuthing With The Enemy)
53. (Coyote Piper)
54. (We All Scream For Ice Cream)
55. (Blinded By The Whitelighter)
56. (Wrestling With Demons)
57. (Bride And Gloom)
58. (The Good, The Bad, And The Cursed)
59. (Just Harried)
60. (Death Takes A Halliwell)
61. (PreWitched)
62. (Sin Francisco)
63. (The Demon Who Came In From The Cold)
64. (Exit Strategy)
65. (Look Who's Barking)
66. (All Hell Breaks Loose)

CLAN DER VAMPIRE
(Kindred: The Embrace)
USA 1995; Pilot & 7 Episoden
Deutsche Ausstrahlung:
RTL 2 1997; Pilot & 7 Episoden

Darsteller: Mark Frankel (Julian Luna), C. Tho-
mas Howell (Detective Frank Kohanek), Stacy
Haiduk (Lillie Langtry), Jeff Kober (Daedalus
Nosferatu), Patrick Bauchau (Archon), Erik King
(Sonny Toussaint), Channon Roe (Cash), Kelly
Rutherford (Caitlin Byrne), Brigid Walsh (Sasha),
Brian Thompson (Eddie Fiori).

Die Vampire sind unter uns. Seit hunderten von
Jahren wandeln sie unerkannt zwischen uns und
schafften es so, eine eigene Gesellschaft innerhalb der menschlichen zu bilden. Um ihre Macht-
positionen in allen Bereichen des alltäglichen Lebens zu erreichen und zu verteidigen, hat jeder
Clan eine eigene Aufgabe, speziell ausgerichtet
nach den jeweiligen Eigenschaften oder Vorlie-
ben. Der Clan der Ventrue ist der edelste und
stellt somit den Führer aller Vampire. Ihnen nahezu gleichgestellt sind die künstlerisch begab-
ten Toreador. Die Nosferatu sind die Hüter des
Wissens und der Gesetze. Der Clan der Gangrel
sind die streitbarsten und stellen somit z.B. den
Leibwächter für den Vampirprinzen. Schutz ist

nötig, da der Clan der Brujah den Ventrue als
Feinde gegenüberstehen.
Diese Serie zeigt die Abenteuer des Vampirprinzen Julian Luna auf.

Produziert von Soap-Spezialist Aaron (Beverly
Hills 90210) Spelling, lässt diese Serie die altbekannte Spezies der Vampire in neuem Licht erscheinen. Wenngleich auch die Idee der Vampire
in der menschlichen Gesellschaft so neu nicht
ist, sie war bereits Thema des 1991 entstandenen Filmes BLOOD TIES (deutsch: Der Klan der
Vampire; 19.09.93 auf Pro 7), hätte man dieser
Serie doch eine längere Laufzeit gewünscht. Nur
so wäre es ihr möglich gewesen, ihr durchaus
vorhandenes Potential voll auszuschöpfen.
Der Pilotfilm wurde unter dem Titel EMBRACED-
CLAN DER VAMPIRE auch noch auf Video ausgewertet. Start hierfür war der 15. Dezember
1997.
Stacy Haiduk spielte bereits in SUPERBOY (qv)
und SEAQUEST DSV (qv); Kelly Rutherford trat
in DIE ABENTEUER DES BRISCO COUNTY,
JR. (v) in Erscheinung; Patrick Bauchau gesellte
sich später dem PRETENDER (qv) zu. Unter den
Gaststars befand sich z. B. Patricia Charbonneau.

EPISODEN:
1. BLUTSVERWANDTE (The Embraced)
   07.01.97
2. RING DES VERDERBENS (Prince Of The City) 14.01.97
3. AUF MENSCHENJAGD (Night Stalker)
   21.01.97
4. BEKEHRT (Romeo And Juliet) 28.01.97
5. IM RAUSCH DER NACHT (Live Hard, Die
   Young, And Leave A Good-Looking Corpse)
   04.02.97
6. GEFÄHRLICHER HASS (Rise And Fall Of Eddie Fiori) 11.02.97
7. UNSCHULDIGES BLUT (Bad Moon Rising)
   18.02.97
8. DER TRIP DES GRAUENS (Cabin In The
   Woods) 25.02.97

CONAN, DER ABENTEURER
(Conan, The Adventurer)
USA 1982 & 1984; Spielfilm
USA 1997/98; Pilot & 20 Episoden
USA 1999; 22 Episoden
Deutsche Ausstrahlung:
ZDF 1998; Pilot & 20 Episoden

Darsteller: Ralf Moeller (Conan), Danny Woodburn (Otli), Robert McRay (Zzeben), Andrew
Craig (Vulkar), Aly Dunne (Karella), Jeremy
Kemp (Hissah Zul).

In einer Zeit der Barbarei kämpft Conan, der letzte von Volk Cimmerias, gegen Hissah Zul, den
dämonischen Herrscher und Mörder der Cimmerier. Conan zur Seite stehen die ehemaligen Gladiatoren Otli und Vulkar sowie der zwergenhafte
Zzeben, ehemaliger Diener des Zauberers Yara.

Schwarzenegger-Freund Moeller in der Rolle die
Arnie in Hollywood bekannt machte: Conan, der
Barbar. Dieser Schlagdrauf entstammte, ebenso
wie die gleichgesinnten RED SONJA (im gleichnamigen Film von Brigitte Nielsen dargestellt)
und KULL, THE CONQUEROR (vom HERCULES-Darsteller Kevin Sorbo auf der Leinwand
verkörpert), vom Fantasy-Autoren Robert E. Howard <1906-36>. 1932 erschien die erste von
insgesamt 17 Conan-Stories aus der Feder Howards.
Die CONAN-Reihe kränkelt am Serienformat,
leicht zu durchschauende Computeranimationen
und nur selten realistisch wirkende Dämonengestalten, und am Hauptdarsteller. Der von Arnold
empfohlene Moeller hat, genau wie sein Rollenvorgänger, kaum schauspielerische Fähigkeiten
aufzuweisen und wesentlich weniger Ausstrahlung. Seine Bildschirmpräsenz unterschreitet den
Nullpunkt bei weitem.
Schade um den teils recht unterhaltsamen Basisstoff, der besseres verdient hat.
Bereits 1992 hatte der Barbar unter dem Serientitel CONAN, DER ABENTEURER (Conan, The
Adventurer) 65 Abenteuer zu bestehen. 1994 trat
er in der Serie CONAN UND SEINE TAPFEREN
FREUNDE (Conan And The Young Warriors) in
Erscheinung. Bei beiden handelte es sich allerdings um Zeichentrickserien.
Barbarische Abenteuer miterleben durften Gaststars wie Edward (Die Schöne und das Biest) Albert, Michael Berryman, Robert Culp, Lydie (Tarzan) Denier, Verona Feldbusch, Lou (Hulk) Ferrigno, Anne Francis, Anthony Michael Hall, Mariette Hartley, Sam J. (Highwayman) Jones, Paul
LeMat und Mickey Rooney.

FILME:
I. CONAN, DER BARBAR (Conan, The Barbarian) 25.08.82; Kino

II.   CONAN, DER ZERSTÖRER (Conan, The Destroyer) 19.10.84; Kino

EPISODEN:
1.   DAS SCHWERT VON ATLANTIS (The Heart Of The Elephant) 03.01.98
2.   GEFANGEN IN DER UNTERWELT (Lair Of The Beast-Man) 05.01.98
3.   DAS UNGEHEUER VON AHL SOHN-BAR (The Siege Of Ahl Sohn-Bar) 05.01.98
4.   EIN FREUND AUS ALTEN ZEITEN (A Friend In Need) 06.01.98
5.   DER FLUCH DER BLUTROTEN STEINE (The Ruby Fruit Forest) 06.01.98
6.   DIE JAGD NACH DEM TALISMAN (Three Virgins) 07.01.98
7.   DER WALD DES VERDERBENS (Ransom) 07.01.98
8.   DER FLUCH VON AFKA (The Curse Of Afka) 08.01.98
9.   DER GEHEIMNISVOLLE DOPPELGÄNGER (Impostor) 08.01.98
10.   DIE RACHE DES BRUDERS (Amazon Woman) 27.02.98
11.   DIE RETTUNG DER ENTFÜHRTEN PRINZESSIN (The Taming) 27.02.98
12.   DAS GEHEIMNIS DER EWIGEN JUGEND (Red Sonja) 06.03.98
13.   DIE SPÄTE HEIMKEHR (Homecoming) 06.03.98
14.   DIE GEHEIMNISVOLLE KÖNIGIN (Heir Apparent) 13.03.98
15.   DIE BEFREIUNG (The Labyrinth) 03.04.98
16.   DIE SCHATTEN DES TODES (Shadows Of Dead) 03.03.98
17.   VIER PATEN FÜR EIN KIND (The Child) 17.04.98
18.   DER ZAUBER DES KRISTALLPFEILS (The Crystal Arrow) 17.04.98
19.   DIE HÖHLE DES FEUERS (The Cavern) 24.04.98
20.   TÖDLICHE FALLE (Lethal Wizard) 08.05.98
21.   DIE MACHT DER FREUNDSCHAFT (Clipshow) 08.05.98

CONOR, DER KELTE
(Roar)
USA/AUS 1997; 13 Episoden
Deutsche Ausstrahlung:
RTL Television 2000; 13 Episoden

Darsteller: Heath Ledger (Conor), Lisa Zane (Königin Diana), John Saint Ryan (Fergus), Vera Farmiga (Caitlin), Alonzo Greer (Tully), Sebastian Roche (Longinus).

„Vor langer Zeit am Rande der damals bekannten Welt kämpften die letzten keltischen Stämme ums Überleben. Die Legionen Roms hatten Europa überrannt und so galt diese wilde, ungezähmte Insel als ein letztes Bollwerk die alten Lebensweisen zu verteidigen."

Im Jahre 400 n. Chr. kämpft eine Gruppe irischer Rebellen gegen die römischen Invasoren. Geführt werden sie vom jungen Keltenprinzen Conor, dessen Familie während der Hochzeit seines Bruders grausam abgeschlachtet wurde. Ihnen gegenüber steht insbesondere der unsterbliche Longinus, der vor 400 Jahren als römischer Zenturio dem gekreuzigten Jesus seinen Speer in die Körperseite stach und daraufhin mit einem Fluch beladen wurde: Er kann nicht sterben, obwohl dies sein Herzenswunsch ist.

Die in Queensland, Australien, gedrehte Serie ist auch nicht schlechter als die anderen mehr oder weniger zeitgleich erschienenen Fantasy-Serien, erfüllte jedoch offensichtlich nicht die Sendererwartungen: nach dreizehn Folgen war Schluss. Unter die Kelten begab sich z.B. der Gaststar Peter (Die verlorene Welt) McCauley.

EPISODEN:
1.   CONORS BESTIMMUNG (Roar) 16.01.00
2.   QUADRAS TRÄUME (The Projector) 23.01.00
3.   KAMPF UM DIE MACHT (The Chosen) 30.01.00
4.   DER TODESENGEL (Banshee) 13.02.00
5.   DER KINDERFÄNGER (Doyle's Solution) 20.02.00
6.   DIE GEHEIMNISVOLLE SCHRIFTROLLE (Red Boot) 27.02.00
7.   DER MAGISCHE SPEER (The Spear Of Destiny) 05.03.00
8.   DAS EWIGE LEBEN (The Eternal) 12.03.00
9.   DER BÖSE GEIST (Tash) 02.04.00
10.   DIE TODESFALLEN (Traps) 16.04.00
11.   RUHET IN FRIEDEN (Daybreak) 30.04.00
12.   TÄUSCHUNGSMANÖVER (The Cage) 14.05.00
13.   DIE FEUERGÖTTIN (Sweet Bridget) 28.05.00

COUNTDOWN X-ALARM IM ALL
(The Cape)
USA 1996/97; Pilot & 20 Episoden
Deutsche Ausstrahlung:
RTL 2 1997; Pilot & 13 Episoden
RTL 2 1998; 7 Episoden

Darsteller: Corbin Bernsen (Commander Henry

„Bull" Eckert), Adam Baldwin (Colonel Jack Riles), Cameron Bancroft (Astronaut Candidate Captain Ezekiel „Zeke" Beaumont), Tyra Farrell (Tamara St. James), Bobby Hosea (Major Reggie Warren), David Kelsey (Astronaut Candidate D. B. Woods), Katie Mitchell (Chief PAO Andrea Wyler), Bobbie Phillips (Astronaut Candidate Lieutenant Commander Barbara De Santos), Chad Willett (Astronaut Candidate Peter Engel), Whitman Mayo (Sweets McCain), Michael Hartson (Curt Beaumont), Robin O'Dell (Ellen Eckert), Sam Anderson (Kevin Davis).

Das Leben und die Abenteuer einer Gruppe von auszubildenden Astronauten.

Eigentlich eher im Bereich Science Fact denn in der Science Fiction angesiedelt. Mit Hurra-Patriotismus und Soap Opera-Einschlägen angereicherte US-amerikanische Serie, die erträgliche Unterhaltung ablieferte, jedoch nie über den Durchschnitt hinausreichte. Teilweise kommt man sich vor wie in einem Werbefilm für die NASA, die dieses Projekt auch intensiv unterstützte.

EPISODEN:
1. NUKLEARE GEFAHR (The Cape) 15.08.97
2. TÖDLICHER ZWEIKAMPF (In Friends We Trust) 22.08.97
3. GEFÄHRLICHER EINSATZ (No Fear) 29.08.97
4. GERÜCHTE (Just A Rumor) 05.09.97
5. KONKURRENTEN (Play Astronaut For Me) 12.09.97
6. COUNTDOWN MIT HINDERNISSEN (Lost In Space) 19.09.97
7. AFFAIREN (Family Value) 26.09.97
8. RUHET IN FRIEDEN (Buried In Peace) 10.10.97
9. FREMDES LEBEN (The Need To Know) 17.10.97
10. EIN UNFALL MIT FOLGEN (The Accusation) 24.10.97
11. GIFTIGE GASE (Reggie's Wild Ride) 31.10.97
12. DIE BOMBENDROHUNG (Burning Fuse) 07.11.97
13. AHNUNGSLOS IM EINSATZ (Judgement Call) 14.11.97
14. ERSCHEINUNGEN (Interpretations) 21.11.97

15. DER HURRIKAN (Hurricane) 19.09.98
16. DIE ZEITKAPSEL (Just Like Old Times) 26.09.98
17. SPIONAGE (Enemy Within) 10.10.98
18. EINE SCHWIERIGE ENTSCHEIDUNG (The Last To Know) 17.10.98
19. DER KLEINE PRINZ (The Astronaut Formerly Known As Prince) 24.10.98
20. KATASTROPHE AUF DER „MIR" 1 (Mir, Mir, Off The Wall 1) 31.10.98
21. KATASTROPHE AUF DER „MIR" 2 (Mir, Mir, Off The Wall 2) 31.10.98

CRIME TRAVELLER-DIE ZEITSPRINGER
(Crime Traveller)
GB 1997; 8 Episoden
Deutsche Ausstrahlung:
Pro 7 1997/98; 8 Episoden

Darsteller: Michael French (Detective Jeff Slade), Chloe Annett (Police Science Officer Holly Turner), Sue Johnston (Kate Grisham), Paul Trussell (Morris).

Holly Turner hat eine Zeitmaschine entwickelt. Nachdem sie ihren Partner, Slade, der in Schwierigkeiten steckt, geholfen hat, benutzen die beiden die Erfindung zur Verbrechensbekämpfung. Zwar können sie Verbrechen und deren Täter beobachten, es ist ihnen jedoch unmöglich, den Verlauf zu verändern.
Eine zusätzliche Erschwernis ist die Tatsache, dass die beiden Polizisten nur relativ kurz in die Vergangenheit reisen können. Und sobald sie den Zeitpunkt ihrer „Abreise" erneut erreichen, müssen sie zurückkehren. Tun sie dies nicht, werden sie für immer in einer Zeitschleife gefangen.

Eine Serie der Mittelklasse. Kann ruhig mal angesehen werden, ohne das die verwöhnten Sehgewohnheiten verdorben werden.

EPISODEN:
1. DIE ZEITMASCHINE (Jeff Slade And The Loop Of Infinity) 20.12.97
2. UNTER VERDACHT (A Death In The Family) 27.12.97
3. MORD AUF DEM LAUFSTEG (Fashion Shoot) 03.01.98
4. SCHÜSSE AUF SLADE (The Revenge Of the Chronology Protection Hypothesis) 10.01.98
5. WIE DER VATER, SO DER SOHN (Sins Of The Father) 17.01.98
6. DAS ATTENTAT (Death Minister) 24.01.98
7. LOTTO MIT SYSTEM (The Lottery Experiment) 31.01.98
8. DER ZERBROCHENE KRISTALL (The Broken Crystal) 07.02.98

THE CROW-STAIRWAY TO HEAVEN
(The Crow: Stairway To Heaven)
USA 1994, 1996 & 1999; Spielfilm
USA 1998/1999; 22 Episoden
Deutsche Ausstrahlung:
RTL 2 2000; 10 Episoden <eine doppellange>
RTL 2 2000; 11 Episoden

Darsteller: Mark Dacascos (Eric Draven), Mark Gomes (Detective Daryl Albrecht), Sabine Karsenti (Shelly Webster), Katie Stuart (Sarah Mohr), Lynda Boyd (Darla Mohr), Jon Cuthbert (Lieutenant David Vicennes), Christina Cox (Detective Jessica Capshaw).

„Früher glaubten die Menschen, dass eine Krähe die Seele der Sterbenden ins Reich der Toten trägt. — Doch manchmal geschieht etwas Schreckliches und die Erinnerung daran lässt eine Seele dort keinen Frieden finden. — Dann kann es passieren, dass die Krähe die Seele zurückbringt um die alten Rechnungen zu begleichen. — So kehrte ich zurück. Doch ich werde nicht ruhen bis wir beide wieder vereint sind." Musiker Eric Draven und seine Verlobte Shelly werden ermordet. Doch im Gegensatz zu Shelly kehrt Eric zurück. Er will den Doppelmord rächen und tritt auch danach weiterhin im Kampf gegen die dunklen Mächte an.

1989 erschien James O'Barrs Comic THE CROW erstmalig. Fünf Jahre später entstand ein erster Spielfilm, der durch den Tod des Hauptdarstellers Brandon Lee traurige Berühmtheit erlangte. Film Nummer 2, zwei Jahre später entstanden, hielt zwar nicht ganz das Niveau seines Vorgängers, führte jedoch zu dieser Serie und einem weiteren Film.
Die Serie präsentiert sich nicht so düster wie die vorangegangenen Spielfilme, kann jedoch mit akzeptablen Stories und einem überzeugenden Hauptdarsteller aufwarten. Doch da offensichtlich nicht allzu viele Zuschauer mit der Thematik etwas anfangen konnten, blieb die erste Staffel der Reihe auch die (vorerst?) letzte. Schade.
Christina Cox spielte vorher bereits in F/X (qv); Katie Stuart trat in DAS HAUS DES MAGIERS (qv) in Erscheinung. Treppauf und -ab des Himmels fanden sich die Gastdarsteller Stefan (Planet der Giganten) Arngrim, Maria (TekWar & Robocop) del Mar, Corey Feldman, Anthony Michael Hall, Bobbie (Countdown X) Phillips, Gerard Plunkett, John (Die Abenteuer des Brisco County, Jr.) Pyper-Ferguson, Mark (Profiler) Rolston und Robert (Odyssee ins Traumland) Wisden.

FILME:
I.   THE CROW-DIE KRÄHE (The Crow; 1994) 21.07.94; Kino
II.   THE CROW-DIE RACHE DER ENGEL (The Crow: City Of Angels; 1996) 30.01.97; Kino
III. THE CROW III-TÖDLICHE ERLÖSUNG (The Crow: Salvation; 1999) 20.02.01; Video

EPISODEN:
1. THE CROW-STAIRWAY TO HEAVEN (The Soul Can't Rest & Souled Out) 04.01.00
2. VISIONEN (Voices) 11.01.00
3. SPIEL MIT DEM FEUER (Get A Life) 18.01.00
4. MILLENNIUM (Like It's 1999) 25.01.00
5. TREIBJAGD (Solitude's Revenge) 01.02.00
6. VERSCHWÖRUNG (Double Take) 08.02.00
7. SCHWARZE FEDER (Before I Wake) 15.02.00
8. TOP DOLLARS RÜCKKEHR (Give Me Death) 22.02.00
9. ENTHÜLLUNGEN (Disclosure) 29.02.00
10. TODESSEHNSUCHT (Death Wish) 29.02.00

11. DER SCHWARZE KREIS (Through A Dark Circle) 05.07.00
12. DAS URTEIL (The People Vs. Eric Draven) 12.07.00
13. EINE ZWEITE CHANCE (It's A Wonderful Death) 19.07.00
14. MEIN IST DIE RACHE (Birds Of A Feather) 26.07.00
15. DIE PROPHEZEIUNG (Never Say Die) 02.08.00
16. SEELENWANDERUNG (Lazarus Rising) 09.08.00
17. TEUFLISCHE KLÄNGE (Closing Time) 16.08.00
18. AM ABGRUND (The Road Not Taken) 23.08.00
19. FAMILIENBANDE (Brother's Keeper) 30.08.00
20. DER COP-KILLER (Dead To Rights) 06.09.00
21. AUF LEBEN UND TOD (Gathering Storm) 13.09.00

DANCER FÜR U.N.C.L.E.
(The Girl From U.N.C.L.E.)
USA 1966/67; 29 Episoden
Deutsche Ausstrahlung:
Super RTL 1995; 29 Episoden

Darsteller: Stefanie Powers (April Dancer), Noel Harrison (Mark Slate), Leo G. Carroll (Alexander Waverly), Randy Kirby (Randy Kovacs).

April Dancer arbeitet als Spionin für das United Network Command for Law and Enforcement, kurz U.N.C.L.E. In Zusammenarbeit mit Mark Slate tritt sie gegen die Bösewichter der Organisation THRUSH an.

Nachdem SOLO FÜR U.N.C.L.E. (qv) sich zu einem riesigen Erfolg mauserte, wurde von NBC ein zweites Agententeam ins Rennen geschickt. Dieses Mal mit einer Frau als Hauptfigur. April Dancer bestritt ähnliche Abenteuer wie ihre Kollegen Solo und Kuryakin. Es erwies sich allerdings wieder einmal, dass nicht jede Kopie eines Formates gleich denselben Erfolg zeitigt. Nach nur einer Staffel heroischen Kampfes gegen THRUSH-Agenten, erlag April im Kampf um Einschaltquoten.

In die verschiedenen Affären verwickelt waren Gaststars wie Philip (Kung Fu) Ahn, Michael Ansara, Edward Asner, Victor (Der Mann aus Atlantis) Buono, John Carradine, Ted (Addams Family) Cassidy, Ellen Corby, Yvonne (The Munsters) DeCarlo, Dom DeLuise, Bernard (Verliebt in eine Hexe) Fox, Boris Karloff, Kurt (Planet der Giganten) Kasznar, Raymond Massey, Edward (Der Geist und Mrs. Muir & Knight Rider) Mulhare, Brock Peters, Michael J. Pollard, Pernell Roberts, Gena Rowlands, Reta (Der Geist und Mrs. Muir) Shaw, Agentenkollege Robert (Solo für U.N.C.L.E.) Vaughn und Jason Wingreen.

EPISODEN:

I. SOLO FÜR O.N.C.E.L.: EIN LIPPENSTIFT FÜR DIE DAME (The Man From U.N.C.L.E.: The Moonglow Affair) 19.03.68

1. AGENTIN MIT HUND (The Dog-Gone Affair)
2. DIE ARABISCHE VERSCHWÖRUNG (The Prisoner Of Zalamar Affair)
3. ÄRGER MIT MUTTER (The Mother Muffin Affair)
4. MATA HARIS LEBEN GEFÄHRLICH (The Mata Hari Affair)
5. DAS SCHMUCKSTÜCK VON U.N.C.L.E. (The Montori Device Affair)
6. ABENTEUER IN ACAPULCO (The Horns Of The Dilemma Affair)
7. KÄSE AUS DÄNEMARK (The Danish Blue Affair)
8. DER SEKTENWAHN (The Garden Of Evil Affair)
9. DIE ATLANTIS-KRISTALLE (The Atlantis Affair)
10. IM PARADIES DER VERLORENEN (The Paradise Lost Affair)
11. DIE STRAHLENKANONE (The Lethal Eagle Affair)
12. DER ZIGEUNERBARON (The Romany Lie Affair)
13. DER KRONZEUGE (The Little John Doe Affair)
14. DIE JUWELEN VON TOPANGO (The Jewels Of Topango Affair)
15. DER VERRÜCKTE WISSENSCHAFTLER (The Faustus Affair)
16. IM HAREM (The U.F.O. Affair)
17. DIE SUPERPILLE (The Moulin Ruse Affair)
18. APRIL UND DER PRINZ (The Catacomb And Dogma Affair)
19. DIE BERGMUSIKANTEN (The Drublegratz Affair)
20. DER JUNGBRUNNEN (The Fountain Of Youth Affair)
21. DIE DOPPELGÄNGER (The Carpathian Caper Affair)
22. DUELL IN DER WÜSTE (The Furnace Flats Affair)
23. FALSCHES SPIEL IM FÜRSTENTUM (The Low Blue C Affair)
24. DER GROSSE ÜBERFALL (The Petit Prix Affair)
25. DAS SUPER-POKER (The Phi Beta Killer Affair)
26. JAGD AUF THRUSH (The Double-O-Nothing Affair)
27. DIE U-BOOT-ENTFÜHRUNG (The U.N.C.L.E. Samurai Affair)
28. EIN SPANNENDER FLUG (The High And Deadly Affair)
29. DAS GEISTERHAUS (The Kooky Spook Affair)

DARK SHADOWS
(Dark Shadows)
USA 1991; Pilot <Zweiteiler> & 9 Episoden
Deutsche Ausstrahlung:
RTL Television 1995/1996; Pilot & 11 Episoden

Darsteller: Ben Cross (Barnabas Collins), Lysette Anthony (Angelique), Barbara Blackburn (Carolyn Stoddard/Millicent Collins), Jim Fyfe (Willie Loomis/Ben Loomis), Joanna Going (Victoria Winters/Josette Du Press), Joseph Gordon-Levitt (David Collins/Daniel Collins), Veronica Lauren (Sarah Collins), Ely Pouget (Maggie Evans), Barbara Steele (Dr. Julie Hoffman/Countess Natalie Du Press), Roy Thinnes (Roger Collins/Reverend Trask), Michael T. Weiss (Joe Haskell/Peter Bradford), Jean Simmons (Elizabeth Collins-Stoddard/Naomi Collins), Michael Cavanaugh (Sheriff George Patterson/Count Andre Du Press), Julianna McCarthy (Mrs. Johnson/Abigail Collins), Stefan Gierasch (Dr. Hyram/Joshua Collins).

Als Willie Loomis während der Suche nach einem Schatz die Gruft derer von Collins öffnet, bereitet er damit die Rückkehr von Barnabas Collins, des 200 Jahre alten Familienvampirs vor. Dieser gibt sich als entfernter Verwandter, der aus England zurückkehrte, aus und tut sich ausserdem an Blut gütlich, das nicht das eigene ist. Allerdings ist er keinesfalls mit seinem Blutsaugerdasein zufrieden und möchte ein normaler Mensch werden. Dieses hehre Ziel zu erreichen wird unterstützt von Dr. Julie Hoffman, die ein Serum entwickelt, das Barnabas' Blutdurst vermindert und ihm die Möglichkeit gibt, im Sonnenlicht umherzuwandeln.

Langweiliger und völlig missratener Versuch, eine Horror-Seifenoper der Jahre 1966 bis 1971 wiederzubeleben. Während es die damalige Version auf 1225 Episoden brachte, ging diese Version nach etwa dreimonatiger Laufzeit verdientermassen ein.
Roy Thinnes spielte bereits in INVASION VON DER WEGA (qv); Michael Cavanaugh in DER MANN VOM ANDEREN STERN (qv); Michael T. Weiss wurde zum PRETENDER (qv). Als Gaststars durchwanderten Eddie (Superman) Jones und Adrian (Krieg der Welten & Highlander) Paul die dunklen Schatten von Collinwood.

EPISODEN:
1. FAMILIENBANDE (Pilot Part 1) 03.12.95
2. BESUCH AUS DEM JENSEITS 1 (Pilot Part 2) 03.12.95
3. BESUCHAUS DEM JENSEITS 2 (Pilot Part 2) 10.12.95
4. STIMMEN DER VERGANGENHEIT (Episode 1) 17.12.95
5. DER VERRAT (Episode 2) 08.01.96
6. DIE NEBEL DER ZEIT (Episode 3) 15.01.96
7. HEXEN (Episode 4) 22.01.96
8. BRUDERMORD (Episode 5) 29.01.96
9. ÜBER DEN TOD HINAUS (Episode 6) 05.02.96
10. LIEBE MACHT BLIND (Episode 7) 12.02.96
11. DAS SATANISCHE BUCH (Episode 8) 19.02.96
12. DER LETZTE ERBE (Episode 9) 26.02.96

DARK SKIES-TÖDLICHE BEDROHUNG
(Dark Skies)
USA 1996/97; Pilot & 18 Episoden
Deutsche Ausstrahlung:
Pro 7 1997; Pilot & 18 Episoden

Darsteller: Eric Close (John Loengard), Megan Ward (Kimberly Sayers), J.T. Walsh (Captain Frank Bach), Jeri Ryan (Juliet Stuart - 1997).

John Loengard wird von Majestic 12 angeworben, einer Regierungsorganisation, die es sich zur Aufgabe machte, das Erscheinen von Ausserirdischen vor der Bevölkerung geheim zu halten. Da Loengard jedoch mit den Aufgaben und Methoden nicht einverstanden ist, bildet er zusammen mit seiner Verlobten und späteren Frau Kimberly Sayers eine Gegenbewegung. Sie machen es sich zum Lebenszweck, darüber aufzuklären, dass die Ausserirdischen nicht nur bereits auf der Erde sind, sondern sich sogar in politische und sonstige Geschicke der Menschheit einmischen — immer natürlich kräftig unterstützt von Majestic 12.

Die Serie ist natürlich im Kielwasser des AKTE X-Erfolges entstanden und ändert deren Prämisse im Prinzip nur dahingehend, dass es keine Frage mehr ist, ob Ausserirdische auf Erden wandeln. Diese Geschichte wird verwoben mit tatsächlichen Begebenheiten und gespickt mit realen Personen. So steht z.B. auch der Mord an John F. Kennedy in Verbindung mit den Geschehnissen dieser Serie.
Die Reihe startet ihre Geschichte im Jahr 1962 und sollte in interner und realer Zeit bis 2001 laufen. Der frühzeitige Serientod verhinderte die Ausführung dieser Planung.
In der zeitgemässen Darstellung gut konzipierte Serie, deren Hauptproblem wohl darin lag, Zuschauer durchgehend zu binden. Serien mit alleinstehenden Episoden haben es hier leichter.
In den Kampf mit Ausserirdischen verwickelt wurden Robert Carradine, Robim Gammell, Richard Gilliland, Scott Jaeck, Gary Lockwood, Kent (Kampfstern Galactica) McCord, Don (Timecop) Stark und Sam (Seven Days) Whipple. Jeri Lynn Ryan trat nach dieser Serie der Besatzung des RAUMSCHIFF VOYAGER (qv) bei.

EPISODEN:
1. DAS FURCHTBARE GEHEIMNIS (The Awakening) 03.04.97
2. AUGENZEUGEN DER LANDUNG (Moving Targets) 10.04.97
3. DER UNBEKANNTE ASTRONAUT (Mercury Rising) 17.04.97
4. DAS BEATLES-EXPERIMENT (Dark Day's Night) 24.04.97

5. DAS RÄTSEL VON DREAMLAND (Dreamland)
15.05.97
6. DASA ABNORME WESEN (Inhuman Nature)
22.05.97
7. DIE FLIEGENDEN FELSEN (Ancient Future)
29.05.97
8. DIE EREIGNISSE VON SOCORRO (Hostile
Convergence) 05.06.97
9. DAS JAHR DER UNRUHEN (We Shall Over-
come) 12.06.97
10. IN TEUFLISCHEN WELLEN (The Last Wave)
19.06.97
11. DER FEIND IST ÜBERALL (The Enemy Within) 26.06.97
12. ABGRÜNDE TUN SICH AUF (The Warren
Omission) 03.07.97
13. AURA Z SCHALTET SICH EIN (White Rabbit)
10.07.97
14. DER KONTAKT ANDERER ART (Shades Of
Gray) 17.07.97
15. FLAMMEN ÜBER L.A. (Burn, Baby, Burn)
24.07.97
16. WELCHEN KRIEG WOLLT IHR? (Both Sides
Now) 31.07.97
17. DER TAG ALS ES DUNKEL WURDE (To Prey
In Darkness) 07.08.97
18. DAS ENDE VOR AUGEN (Strangers In The
Night) 14.08.97
19. DIE FLUCHT NACH VORN (Bloodlines)
21.08.97

DEAD AT 21
(Dead At 21)
USA 1994; 13 Episoden
Deutsche Ausstrahlung:
Kabel 1 1995; 13 Episoden

Darsteller: Jack Noseworthy (Ed Bellamy), Lisa
Dean Ryan (Maria Cavalos), Whip Hibley (Agent
Winston).

Ed Bellamy leidet unter erschreckenden Albträu-
men. Woher diese kommen erfährt er an seinem
zwanzigsten Geburtstag. Er ist Teil eines Regie-
rungsexperiments zur Steigerung der Intelligenz. Ihm und anderen wurden als Babies Chips
ins Gehirn gepflanzt, die ihr Denkvermögen erhöhen. Der Nachteil ist jedoch, dass sein Gehirn,
sollte er es schaffen einundzwanzig zu werden,
durch Überladung explodiert. Während Ed nun
versucht, den Erfinder des Chips, Dr. Victor Heisenberg, seine einzige Hoffnung auf Überleben,
zu finden, wird er seinerseits vom Regierungs-
agenten Winston gejagt, dessen Aufgabe es ist,
alle Mitwisser zu töten. Um seiner Arbeit unge-

stört nachgehen zu können, hängt Winston Ed
und seiner Freundin Maria einen Mord an.

Unter den Gaststars fanden sich Michael Reilly
Burke, Alexander (Star Trek: Raumschiff Voyager) Enberg, Patricia Healey, Andrea (Robocop)
Roth, William Morgan (Max Headroom) Sheppard und Richard Tyson.

EPISODEN:
1. DIE WARNUNG (Dead At 21) 16.09.95
2. GEDANKENCHAOS (Brain Salad) 23.09.95
3. GEFÄHRLICHER FLIRT (Love Minus Zero)
30.09.95
4. DAS GRAB (Shock The Monkey) 07.10.95
5. FAULE TRICKS (Gone, Daddy, Gone)
14.10.95
6. GENIE UND WAHNSINN (Use Your Illusion)
21.10.95
7. KIDNAPPING (Tie Your Mother Down)
28.10.95
8. ZOFF (Live For Today) 04.11.95
9. RUHE SANFT (CTV) 11.11.95
10. TÖDLICHE TRÄUME (Hotel California)
18.11.95
11. BABY AN BORD (Cry Baby Cry) 25.11.95
12. HEISENBERG (In Through The Out Door 1)
02.12.95
13. TREFFPUNKT CYBERSPACE (In Through
The Out Door 2) 09.12.95

DETEKTEI MIT HEXEREI
(Tucker's Witch)
USA 1982/1983; 12 Episoden
Deutsche Ausstrahlung:
SAT.1 1990; 8 Episoden
Pro 7 1991; 4 Episoden

Darsteller: Tim Matheson (Rick Tucker), Catherine Hicks (Amanda Tucker), Barbara Barrie (Ellen
Hobbes), Bill Morey (Lieutenant Sean Fisk), Alfre
Woodard (Marcia Fulbright), Duncan Ross (Stuc-
ky).

Rick Tucker ist ein ganz normaler Detektiv. Auf
seine Frau Amanda, die ihn bei seinen Fällen unterstützt, trifft diese Beschreibung allerdings nicht
zu, da sie auf ihr vererbten Hexenkräfte zurückgreifen kann. Leider stellen sich diese als nicht
immer ganz zuverlässig heraus.

Mixtur aus Detektivgeschichten und Phantastik,
die auf beiden Gebieten nicht überzeugt.
Detektivisch gehext wurde mit Unterstützung von

Ted Danson, Gregg Henry, Kenneth Mars, Simon (Der Nachtjäger) Oakland, Joe Penny, Tracy (Superman & Babylon 5) Scoggins, David (Space) Spielberg und Noble Willingham.

EPISODEN (SAT.1):
1. DIE FAHRSTUHL-MORDE (The Good Witch Of Laurel Canyon) 04.11.90
2. DIE KLATSCHREPORTERIN (Big Mouth) 11.11.90
3. ABRA MAKABRA (Abra Cadaver) 25.11.90
4. DIE LEICHE, DIE ZUVIEL WUSSTE (The Corpse Who Knew Too Much) 02.12.90
5. DER FLUCH DER TOLTEKEN (Curse Of The Toltec Death Mask) 09.12.90
6. MORD PER COMPUTER (Terminal Case) 16.12.90
7. SO SÜSS WIE DIE RACHE (Formula For Revenge) 23.12.90
8. DIE HERAUSFORDERUNG (Psych-Out) 30.12.90

EPISODEN (Pro 7):
9. LADY-KILLER (Dye Job) 01.08.91
10. EIN MÖRDERISCH HARTES GESCHÄFT (Rock Is A Hard Place) 08.08.91
11. SCHATTEN DER VERGANGENHEIT (Murder Is The Key) 22.08.91
12. DIE VERLORENE TOCHTER (Living And Presumed Dead) 29.08.91

DAS DING AUS DEM SUMPF
(Swamp Thing)
USA 1982 & 1989; 2 Spielfilme
USA 1990-1993; 72 Episoden
Deutsche Ausstrahlung:
RTL Television 1995; 17 Episoden
RTL Television; 5 Episoden

Darsteller: Dick Durock (Swamp Thing), Patrick Neil Quinn (Dr. Alec Holland - 1991-93), Mark Lindsay Chapman (Dr. Anton Arcane), Jesse Zeigler (Jim Kipp - 1990), Scott Garrison (Will Kipp - 1991-93), Carrell Myers (Tressa Kipp), Anthony Galde (Oboe - 1990), Marc Macauley (Sheriff Ed Anderson), William M. Whitehead (Dr. Hollister - 1990), Kari Wuhrer (Abigail - 1991-93), Kevin Quigley (Graham - 1991-93), Janet Julian (Dr. Ann Fisk - 1991-93).

Bei einer Explosion, deren Urheber Dr. Arcane ist, „verschmilzt" Dr. Alec Holland mit dem Sumpf, der sein Labor umgibt. Fortan wandelt er als Pflanzenwesen in Menschenform durch eben dieses Ökosystem und kämpft gegen Verschmutzung und Missbrauch seines Reiches. Immer wieder kreuzt sich hierbei sein Weg mit dem von Dr. Anton Arcane. Dieser versucht, neben seinen gewissenlosen Experimenten, hinter das Geheimnis des Dings zu kommen.

DAS DING AUS DEM SUMPF basiert auf der Comicreihe von Len Wein und Berni Wrightson und hatte seinen ersten Auftritt 1971. Aufgrund des Öko-Themas und der mitleiderregenden Darstellung des gequälten Wesens in Kombination mit Wrightsons einmaligem Zeichenstil wurde SWAMP THING zum Erfolg. Nach zwei Spielfilmen, in denen ebenfalls Dick Durock die Titelrolle spielte, entstand diese Serie, die zwar bemüht, aber bestenfalls durchschnittlich ist.
In den Fernsehsumpf begaben sich Gaststars wie Sandahl Bergman, Roscoe Lee Browne, Tyne Daly, Larry Manetti, Peter Mark Richman, Philip Michael Thomas, Ray (Das Geheimnis von Twin Peaks) Wise und Wolfman Jack.

FILME:
I. DAS DING AUS DEM SUMPF (Swamp Thing; 1982) 26.07.86; ARD
II. DAS GRÜNE DING AUS DEM SUMPF (The Return Of Swamp Thing; 1989) 25.08.94; Video

EPISODEN:
1. DER FALKE (Falco) 17.09.95
2. DAS TESTAMENT (From Beyond The Grave) 17.09.95
3. EINE FRAU ZUVIEL (The Living Image) 24.09.95
4. DIE ENTFÜHRUNG (The Death Of Dr. Arcane) 24.09.95
5. DER FLUCH DER NIXE (The Swamp Maiden) 30.09.95
6. DIE SCHWARZE ROSE (Spirit Of The Swamp) 01.10.95
7. DER KRONPRINZ (Blood Wind) 01.10.95
8. LAUTLOSER TOD (Natural Enemy) 07.10.95
9. DIE NEUE FREUNDIN (New Acquaintance) 07.10.95
10. DIE RETTUNG (Birth Marks) 08.10.95
11. DIE UMWANDLUNG (Walk A Mile In My Shoes) 14.10.95
12. DIE TODESBLUME (The Hunt) 14.10.95
13. ENTSCHEIDUNG IM SUMPF (Better Angels)
14. DER PROZESS (A Jury Of His Fears)
15. DER FLUCH DES SCHATZES (This Old House Of Mayan) 04.11.95
16. SPÄTE RACHE (Sonata) 04.11.95
17. TOD BEIM KLASSENTREFFEN (Dead And Married) 11.11.95

18. ALTE SEELEN (Love Lost)
19. MÖRDERZWERGE (Poisonous)
20. DIE STIMME AUS DEM JENSEITS (Special Request)
21. DIE STUNDE DES TODES (A Most Bitter Pill)
22. DIE TÄUSCHUNG (Fear Itself)

EPISODEN (nicht gesendet)**:**
23. JIMS ENTDECKUNG (The Emerald Heart)
24. GEFANGEN (The Grotesquery)
25. SCHMUTZIGES GELD (Treasure)
26. DER HALBBRUDER (The Shipment)
27. JAGD AUF ABIGAIL (The Watchers)
28. STAATSANWÄLTE KILLT MAN NICHT (Dark Side Of The Mirror)
29. DER SCHLANGENBISS (Silent Screams)
30. TÖDLICHE BERÜHRUNG (Touch Of Death)
31. DER EISKALTE ENGEL (Tremors Of The Heart)
32. AUGE UM AUGE (The Prometheus Parabola)
33. VOODOO (Night Of The Dying)
34. GIFTIGER NEBEL (Mist Demeanor)
35. FALSCHE FREUNDE (A Nightmare On Jackson Street)
36. JAHRMARKT DER VERSTORBENEN (Children Of The Fool)
37. TODESROCK (Smoke And Mirrors)
38. DER HERR DER FINSTERNIS (The Powers Of Darkness)
39. DAS DUELL (What Goes Around, Comes Around)
40. KAMPF DER TEUFEL (Lesser Of Two Evils)
41. DER ABGEORDNETE (Future Tense)
42. DER ANSCHLAG (Changes)
43. DIE SCHLACHT UM HOUMA (Destiny)
44. TÖDLICHE VERWECHSLUNG (Tatania)
45. DAS GEHIRN DES GENIES (Mirador's Brain)
46. LEGIONÄRE (Revelations)
47. FALKENJAGD (Easy Prey)
48. EINE OFFENE RECHNUNG (The Handyman)
49. ARCANE GEHT UM (Hide In The Night)
50. ZAHLTAG (Pay Day)
51. VERRÜCKT UND ZUGENÄHT (The Return Of LaRoche)
52. DIE LEKTION (Rites Of Passage)
53. DER AUSSERIRDISCHE (Never Alone)
54. DAS WRACK IM SUMPF (The Curse)
55. UNTER VERDACHT (Judgement Day)
56. IM AUGE DES HURRICANES (Eye Of The Storm)
57. BLUTRACHE (Vendetta)
58. REISE IN DIE VERGANGENHEIT (The Hurting)
59. HEXENVERBRENNUNG (The Burning Times)
60. GESPENST DES TODES (The Spectre Of Death)
61. TRESSA IM ZWIESPALT (Cross-Fired)
62. DER KALTE DOKTOR (Patient Zero)
63. DIE QUELLE DES LEBENS (The Chains Of Forever)
64. TANZE, PFLANZE (In The Beginning)
65. DER KNASTBRUDER (Brotherly Love)
66. DER REAKTOR (An Eye For An Eye)
67. PIRATEN UND ANDERE VÖGEL (Yo Ho Ho)
68. HERZ AUS STEIN (Heart Of Stone)
69. LIEBER EDEL- ALS GALLENSTEINE (Romancing Arcane)
70. TRÄUME IM SUMPF (Swamp Of Dreams)
71. DIE FORMEL UND DIE STIEFTOCHTER (Heart Of The Mantis)
72. UND TSCHÜSS (That's A Wrap)

DOCTOR WHO
(Doctor Who)
GB 1963-1989; 695 Episoden
GB 1965 & 66; 2 Spielfilme
USA/AUS 1996; 1 Fernsehfilm
Deutsche Ausstrahlung:
RTL plus 1989/1990; 42 Episoden (von 1987-89)
VOX 1995; 47 Episoden (von 1983-86)

Darsteller: Sylvester McCoy (der Doctor - 1987-89), Sophie Aldred (Ace - 1987-89), Bonnie Lanford (Melanie „Mel" - 1986/87), Colin Baker (der Doctor - 1983-86), Sarah Sutton (Nyssa - 1983/84), Janet Fielding (Tegan Jovanka - 1983), Mark Strickson (Turlough - 1983/84), Nicola Bryant (Perpugillian „Peri" Brown - 1984-86), Michael Jayston (Valeyard - 1986), Lynda Bellingham (Inquisitor - 1986), Anthony Ainley (Master).

Der Doktor ist ein Mitglied der Time Lords. Als er sich mit den Regeln seines Heimatplaneten Gallifrey nicht mehr abfinden will, entwendet er einen TARDIS (Time And Relative Dimension In Space, also: Zeit und relative Dimension im Raum) und flieht in Begleitung seiner Enkelin Susan. Der TARDIS erlaubt es, wie der Name schon sagt, dem Doktor in Zeit und Raum zu reisen. Hieraus ergeben sich die verschiedensten Abenteuer, die oftmals den Kampf gegen die Daleks, feindliche Roboterwesen, beinhalten.
Von Zeit zu Zeit wandelt sich der Doktor in eine Art Reinkarnation. Nicht nur sein Erscheinungsbild, auch einige Charaktereigenschaften ändern sich.

Der britische Klassiker schlechthin, dem es mit einfachsten Tricks, aber phantasievollen Geschichten, gelang, sage und schreibe 27 Jahre zu laufen. Erstaunlich eigentlich, dass die Serie so lange benötigte, auf bundesdeutschen Fernsehschirmen zu erscheinen. Ähnlich dem US-

Klassiker RAUMSCHIFF ENTERPRISE (qv), hat auch DOCTOR WHO einige interessante Geschichten neben der eigentlichen Serie zu erzählen. Besonders herauszuheben ist hierbei wohl die Entstehung einer „Rettet Doctor Who"-Schallplatte, an der sich nahmhafte Pop-Sänger und -Gruppen beteiligten. Diese konnten es nicht verwinden, dass die Serie, mit der sie aufgewachsen waren, eingestellt werden sollte.

Zusätzlich zur Serie entstanden zwei Doctor Who-Spielfilme mit Peter Cushing in der Titelrolle: DR. WHO AND THE DALEKS (1965) und DALEKS-INVASION EARTH 2150 A.D. (1966). 1996 zogen die US-Amerikaner mit einem Fernsehfilm nach.

Für die, die es immer noch nicht kapiert haben: „Who" ist nicht der Name des Doktors, sondern Ausdruck dafür, dass ein eventuell existierender Name nicht bekannt ist.

Den Doktor konsultierten John (Kappatoo) Abbot, John (Der Mondschimmel & Robin Hood) Abineri, Christien (Relic Hunter) Anholt, Tom Baker (Doctor Nr. 4), Geoffrey (Catweazle & Die Vogelscheuche) Bayldon, Honor (Mit Schirm, Charme und Melone) Blackman, Jason (Robin Hood) Connery, Michael (Der kleine Vampir) Gough, William Hartnell (Doctor Nr. 1), Burt Kwouk, Jean Marsh, Zienia (Mondbasis Alpha 1) Merton, Angelo (Nummer Sechs) Muscat, Jon Pertwee (Doctor Nr. 3), Tim Pigott-Smith, Catherine (Mondbasis Alpha 1) Schell, Barbara Shelley, Joan (Die Vogelscheuche) Sims, Sylvia Sims, Patrick Troughton (Doctor Nr. 2), John (Am Rande der Finsternis) Woodvine und Peter Wyngarde.

EPISODEN (RTL plus):

1. TERROR AUF LAKERTIA 1 (Time And The Rani 1) 22.11.89
2. TERROR AUF LAKERTIA 2 (Time And The Rani 2) 26.11.89
3. TERROR AUF LAKERTIA 3 (Time And The Rani 3) 03.12.89
4. TERROR AUF LAKERTIA 4 (Time And The Rani 4) 10.12.89
5. DELTA UND DIE BANNERMÄNNER 1 (Delta And The Bannermen 1) 17.12.89
6. DELTA UND DIE BANNERMÄNNER 2 (Delta And The Bannermen 2) 25.12.89
7. DELTA UND DIE BANNERMÄNNER 3 (Delta And The Bannermen 3) 26.12.89
8. DER FLUCH DES KROAGNON 1 (Paradise Towers 1) 31.12.89
9. DER FLUCH DES KROAGNON 2 (Paradise Towers 2) 01.01.90
10. DER FLUCH DES KROAGNON 3 (Paradise Towers 3) 07.01.90
11. DER FLUCH DES KROAGNON 4 (Paradise Towers 4) 14.01.90
12. DAS FEUER DES DRACHEN 1 (Dragonfire 1) 21.01.90
13. DAS FEUER DES DRACHEN 2 (Dragonfire 2) 28.01.90
14. DAS FEUER DES DRACHEN 3 (Dragonfire 3) 04.02.90
15. DIE HAND DES OMEGA 1 (Remembrance Of The Daleks 1) 11.02.90
16. DIE HAND DES OMEGA 2 (Remembrance Of The Daleks 2) 18.02.90
17. DIE HAND DES OMEGA 3 (Remembrance Of The Daleks 3) 25.02.90
18. DIE HAND DES OMEGA 4 (Remembrance Of The Daleks 4) 04.03.90
19. DIE TODESMANEGE AUF SEGONAX 1 (The Greatest Show In The Galaxy 1) 11.03.90
20. DIE TODESMANEGE AUF SEGONAX 2 (The Greatest Show In The Galaxy 2) 18.03.90
21. DIE TODESMANEGE AUF SEGONAX 3 (The Greatest Show In The Galaxy 3) 01.04.90
22. DIE TODESMANEGE AUF SEGONAX 4 (The Greatest Show In The Galaxy 4) 08.04.90
23. DAS VERMÄCHTNIS DER NEMESIS 1 (Silver Nemesis 1) 15.04.90
24. DAS VERMÄCHTNIS DER NEMESIS 2 (Silver Nemesis 2) 16.04.90
25. DAS VERMÄCHTNIS DER NEMESIS 3 (Silver Nemesis 3) 22.04.90
26. DIE MACHT DER FRÖHLICHKEIT 1 (The Happiness Patrol 1) 29.04.90
27. DIE MACHT DER FRÖHLICHKEIT 2 (The Happiness Patrol 2) 06.05.90
28. DIE MACHT DER FRÖHLICHKEIT 3 (The Happiness Patrol 3) 13.05.90
29. DIE TODESBUCHT DER WIKINGER 1 (The Curse Of Fenric 1) 20.05.90
30. DIE TODESBUCHT DER WIKINGER 2 (The Curse Of Fenric 2) 27.05.90
31. DIE TODESBUCHT DER WIKINGER 3 (The Curse Of Fenric 3) 03.06.90
32. DIE TODESBUCHT DER WIKINGER 4 (The Curse Of Fenric 4) 10.06.90
33. EXCALIBURS VERMÄCHTNIS 1 (Battlefield 1) 17.06.90
34. EXCALIBURS VERMÄCHTNIS 2 (Battlefield 2) 24.06.90
35. EXCALIBURS VERMÄCHTNIS 3 (Battlefield 3) 01.07.90
36. EXCALIBURS VERMÄCHTNIS 4 (Battlefield 4) 08.07.90
37. DER TOD AUF LEISEN SOHLEN 1 (Survival 1) 15.07.90
38. DER TOD AUF LEISEN SOHLEN 2 (Survival 2) 22.07.90
39. DER TOD AUF LEISEN SOHLEN 3 (Survival 3) 29.07.90

40. DAS HAUS DER TAUSEND SCHRECKEN 1
(Ghost Light 1) 05.08.90
41. DAS HAUS DER TAUSEND SCHRECKEN 2
(Ghost Light 2) 12.08.90
42. DAS HAUS DER TAUSEND SCHRECKEN 3
(Ghost Light 3) 19.08.90

EPISODEN (VOX):
43. FÜNF DOKTOREN 1 (The Five Doctors)
02.02.95
44. FÜNF DOKTOREN 2 (The Five Doctors)
03.02.95
45. FÜNF DOKTOREN 3 (The Five Doctors)
06.02.95
46. DAS URTEIL 1 (The Trial Of The Time Lord 1)
07.02.95
47. DAS URTEIL 2 (The Trial Of The Time Lord 2)
08.02.95
48. DAS URTEIL 3 (The Trial Of The Time Lord 3)
09.02.95
49. DAS URTEIL 4 (The Trial Of The Time Lord 4)
10.02.95
50. DAS URTEIL 5 (The Trial Of The Time Lord 5)
13.02.95
51. DAS URTEIL 6 (The Trial Of The Time Lord 6)
14.02.95
52. DAS URTEIL 7 (The Trial Of The Time Lord 7)
15.02.95
53. DAS URTEIL 8 (The Trial Of The Time Lord 8)
16.02.95
54. DAS URTEIL 9 (The Trial Of The Time Lord 9)
17.02.95
55. DAS URTEIL 10 (The Trial Of The Time Lord
10) 20.02.95
56. DAS URTEIL 11 (The Trial Of The Time Lord
11) 21.02.95
57. DAS URTEIL 12 (The Trial Of The Time Lord
12) 22.02.95
58. DAS URTEIL 13 (The Trial Of The Time Lord
13) 23.02.95
59. DAS URTEIL 14 (The Trial Of The Time Lord
14) 24.05.95
60. PLANET DER TOTEN 1 (Revelation Of The
Daleks 1) 27.02.95
61. PLANET DER TOTEN 2 (Revelation Of The
Daleks 1) 28.02.95
62. PLANET DER TOTEN 3 (Revelation Of The
Daleks 2) 01.03.95
63. PLANET DER TOTEN 4 (Revelation Of The
Daleks 2) 02.03.95
64. DAS AMULETT 1 (Timelash 1) 03.03.95
65. DAS AMULETT 2 (Timelash 1) 06.03.95
66. DAS AMULETT 3 (Timelash 2) 07.03.95
67. DAS AMULETT 4 (Timelash 2) 08.03.95
68. ANDROIDEN IN SEVILLA 1 (The Two Doctors
1) 09.03.95
69. ANDROIDEN IN SEVILLA 2 (The Two Doctors
1) 10.03.95
70. ANDROIDEN IN SEVILLA 3 (The Two Doctors
2) 13.03.95

71. ANDROIDEN IN SEVILLA 4 (The Two Doctors
2) 14.03.95
72. ANDROIDEN IN SEVILLA 5 (The Two Doctors
3) 15.03.95
73. ANDROIDEN IN SEVILLA 6 (The Two Doctors
3) 16.03.95
74. DIE RACHE DES MEISTERS 1 (The Mark Of
The Rani 1) 17.03.95
75. DIE RACHE DES MEISTERS 2 (The Mark Of
The Rani 1) 20.03.95
76. DIE RACHE DES MEISTERS 3 (The Mark Of
The Rani 2) 21.03.95
77. DIE RACHE DES MEISTERS 4 (The Mark Of
The Rani 2) 22.03.95
78. REVOLTE AUF VAROS 1 (Vengeance On Varos 1) 23.03.95
79. REVOLTE AUF VAROS 2 (Vengeance On Varos 1) 24.03.95
80. REVOLTE AUF VAROS 3 (Vengeance On Varos 2) 27.03.95
81. REVOLTE AUF VAROS 4 (Vengeance On Varos 2) 28.03.95
82. ANGRIFF DER KYBERMÄNNER 1 (Attack Of
The Cybermen 1) 29.03.95
83. ANGRIFF DER KYBERMÄNNER 2 (Attack Of
The Cybermen 1) 30.03.95
84. ANGRIFF DER KYBERMÄNNER 3 (Attack Of
The Cybermen 2) 31.03.95
85. ANGRIFF DER KYBERMÄNNER 4 (Attack Of
The Cybermen 2) 03.04.95
86. ZWEIMAL EINSTEIN 1 (The Twin Dilemma 1)
04.04.95
87. ZWEIMAL EINSTEIN 2 (The Twin Dilemma 2)
05.04.95
88. ZWEIMAL EINSTEIN 3 (The Twin Dilemma 3)
06.04.95
89. ZWEIMAL EINSTEIN 4 (The Twin Dilemma 4)
07.04.95

EPISODEN (1963-84; nicht gesendet):
90. (An Unearthly Child)
91. (An Unearthly Child: The Cave Of Skulls)
92. (An Unearthly Child: The Forest Of Fear)
93. (An Unearthly Child: The Firemaker)
94. (The Daleks: The Dead Planet)
95. (The Daleks: The Survivors)
96. (The Daleks: The Escape)
97. (The Daleks: The Ambush)
98. (The Daleks: The Expedition)
99. (The Daleks: The Ordeal)
100. (The Daleks: The Rescue)
101. (The Edge Of Destruction)
101. (The Edge Of Destruction: The Brink Of Disaster)
102. (Marco Polo: The Roof Of The World)
103. (Marco Polo: The Singing Sands)
104. (Marco Polo: Five-Hundred Eyes)
105. (Marco Polo: The Wall Of Lies)
106. (Marco Polo: Rider From Shang-Tu)
107. (Marco Polo: Mighty Kublai Khan)

216.	(The Smugglers 2)	276.	(The Enemy Of The World 3)
217.	(The Smugglers 3)	277.	(The Enemy Of The World 4)
218.	(The Smugglers 4)	278.	(The Enemy Of The World 5)
219.	(The Tenth Planet 1)	279.	(The Enemy Of The World 6)
220.	(The Tenth Planet 2)	280.	(The Web Of Fear 1)
221.	(The Tenth Planet 3)	281.	(The Web Of Fear 2)
222.	(The Tenth Planet 4)	282.	(The Web Of Fear 3)
223.	(The Power Of The Daleks 1)	283.	(The Web Of Fear 4)
224.	(The Power Of The Daleks 2)	284.	(The Web Of Fear 5)
225.	(The Power Of The Daleks 3)	285.	(The Web Of Fear 6)
226.	(The Power Of The Daleks 4)	286.	(Fury From The Deep 1)
227.	(The Power Of The Daleks 5)	287.	(Fury From The Deep 2)
228.	(The Power Of The Daleks 6)	288.	(Fury From The Deep 3)
229.	(The Highlanders 1)	289.	(Fury From The Deep 4)
230.	(The Highlanders 2)	290.	(Fury From The Deep 5)
231.	(The Highlanders 3)	291.	(Fury From The Deep 6)
232.	(The Highlanders 4)	292.	(The Wheel In Space 1)
233.	(The Underwater Menace 1)	293.	(The Wheel In Space 2)
234.	(The Underwater Menace 2)	294.	(The Wheel In Space 3)
235.	(The Underwater Menace 3)	295.	(The Wheel In Space 4)
236.	(The Underwater Menace 4)	296.	(The Wheel In Space 5)
237.	(The Moonbase 1)	297.	(The Wheel In Space 6)
238.	(The Moonbase 2)	298.	(The Dominators 1)
239.	(The Moonbase 3)	299.	(The Dominators 2)
240.	(The Moonbase 4)	300.	(The Dominators 3)
241.	(The Macra Terror 1)	301.	(The Dominators 4)
242.	(The Macra Terror 2)	302.	(The Dominators 5)
243.	(The Macra Terror 3)	303.	(The Mind Robber 1)
244.	(The Macra Terror 4)	304.	(The Mind Robber 2)
245.	(The Faceless Ones 1)	305.	(The Mind Robber 3)
246.	(The Faceless Ones 2)	306.	(The Mind Robber 4)
247.	(The Faceless Ones 3)	307.	(The Mind Robber 5)
248.	(The Faceless Ones 4)	308.	(The Invasion 1)
249.	(The Faceless Ones 5)	309.	(The Invasion 2)
250.	(The Faceless Ones 6)	310.	(The Invasion 3)
251.	(The Evil Of The Daleks 1)	311.	(The Invasion 4)
252.	(The Evil Of The Daleks 2)	312.	(The Invasion 5)
253.	(The Evil Of The Daleks 3)	313.	(The Invasion 6)
254.	(The Evil Of The Daleks 4)	314.	(The Invasion 7)
255.	(The Evil Of The Daleks 5)	315.	(The Invasion 8)
256.	(The Evil Of The Daleks 6)	316.	(The Krotons 1)
257.	(The Evil Of The Daleks 7)	317.	(The Krotons 2)
258.	(The Tomb Of The Cybermen 1)	318.	(The Krotons 3)
259.	(The Tomb Of The Cybermen 2)	319.	(The Krotons 4)
260.	(The Tomb Of The Cybermen 3)	320.	(The Seeds Of Death 1)
261.	(The Tomb Of The Cybermen 4)	321.	(The Seeds Of Death 2)
262.	(The Abominable Snowman 1)	322.	(The Seeds Of Death 3)
263.	(The Abominable Snowman 2)	323.	(The Seeds Of Death 4)
264.	(The Abominable Snowman 3)	324.	(The Seeds Of Death 5)
265.	(The Abominable Snowman 4)	325.	(The Seeds Of Death 6)
266.	(The Abominable Snowman 5)	326.	(The Space Pirates 1)
267.	(The Abominable Snowman 6)	327.	(The Space Pirates 2)
268.	(The Ice Warriors 1)	328.	(The Space Pirates 3)
269.	(The Ice Warriors 2)	329.	(The Space Pirates 4)
270.	(The Ice Warriors 3)	330.	(The Space Pirates 5)
271.	(The Ice Warriors 4)	331.	(The Space Pirates 6)
272.	(The Ice Warriors 5)	332.	(The War Games 1)
273.	(The Ice Warriors 6)	333.	(The War Games 2)
274.	(The Enemy Of The World 1)	334.	(The War Games 3)
275.	(The Enemy Of The World 2)	335.	(The War Games 4)

576.	(The Stones Of Blood 1)	636.	(Warriors' Gate 1)
577.	(The Stones Of Blood 2)	637.	(Warriors' Gate 2)
578.	(The Stones Of Blood 3)	638.	(Warriors' Gate 3)
579.	(The Stones Of Blood 4)	639.	(Warriors' Gate 4)
580.	(The Androids Of Tara 1)	640.	(The Keeper Of Traken 1)
581.	(The Androids Of Tara 2)	641.	(The Keeper Of Traken 2)
582.	(The Androids Of Tara 3)	642.	(The Keeper Of Traken 3)
583.	(The Androids Of Tara 4)	643.	(The Keeper Of Traken 4)
584.	(The Power Of Kroll 1)	644.	(Logopolis 1)
585.	(The Power Of Kroll 2)	645.	(Logopolis 2)
586.	(The Power Of Kroll 3)	646.	(Logopolis 3)
587.	(The Power Of Kroll 4)	647.	(Logopolis 4)
588.	(The Armageddon Factor 1)	648.	(Castrovalva 1)
589.	(The Armageddon Factor 2)	649.	(Castrovalva 2)
590.	(The Armageddon Factor 3)	650.	(Castrovalva 3)
591.	(The Armageddon Factor 4)	651.	(Castrovalva 4)
592.	(The Armageddon Factor 5)	652.	(Four To Doomsday 1)
593.	(The Armageddon Factor 6)	653.	(Four To Doomsday 2)
594.	(Destiny Of The Daleks 1)	654.	(Four To Doomsday 3)
595.	(Destiny Of The Daleks 2)	655.	(Four To Doomsday 4)
596.	(Destiny Of The Daleks 3)	656.	(Kinda 1)
597.	(Destiny Of The Daleks 4)	657.	(Kinda 2)
598.	(City Of Death 1)	658.	(Kinda 3)
599.	(City Of Death 2)	659.	(Kinda 4)
600.	(City Of Death 3)	660.	(The Visitation 1)
601.	(City Of Death 4)	661.	(The Visitation 2)
602.	(The Creature From The Pit 1)	662.	(The Visitation 3)
603.	(The Creature From The Pit 2)	663.	(The Visitation 4)
604.	(The Creature From The Pit 3)	664.	(Black Orchid 1)
605.	(The Creature From The Pit 4)	665.	(Black Orchid 2)
606.	(Nightmare Of Eden 1)	666.	(Earthshock 1)
607.	(Nightmare Of Eden 2)	667.	(Earthshock 2)
608.	(Nightmare Of Eden 3)	668.	(Earthshock 3)
609.	(Nightmare Of Eden 4)	669.	(Earthshock 4)
610.	(The Horns Of Nimon 1)	670.	(Time-Flight 1)
611.	(The Horns Of Nimon 2)	671.	(Time-Flight 2)
612.	(The Horns Of Nimon 3)	672.	(Time-Flight 3)
613.	(The Horns Of Nimon 4)	673.	(Time-Flight 4)
614.	(Shada 1)	674.	(Arc Of Infinity 1)
615.	(Shada 2)	675.	(Arc Of Infinity 2)
616.	(Shada 3)	676.	(Arc Of Infinity 3)
617.	(Shada 4)	677.	(Arc Of Infinity 4)
618.	(Shada 5)	678.	(Snakedance 1)
619.	(Shada 6)	679.	(Snakedance 2)
620.	(The Leisure Hive 1)	680.	(Snakedance 3)
621.	(The Leisure Hive 2)	681.	(Snakedance 4)
622.	(The Leisure Hive 3)	682.	(Mawdryn Undead 1)
623.	(The Leisure Hive 4)	683.	(Mawdryn Undead 2)
624.	(Meglos 1)	684.	(Mawdryn Undead 3)
625.	(Meglos 2)	685.	(Mawdryn Undead 4)
626.	(Meglos 3)	686.	(Terminus 1)
627.	(Meglos 4)	687.	(Terminus 2)
628.	(Full Circle 1)	688.	(Terminus 3)
629.	(Full Circle 2)	689.	(Terminus 4)
630.	(Full Circle 3)	690.	(Enlightenment 1)
631.	(Full Circle 4)	691.	(Enlightenment 2)
632.	(State Of Decay 1)	692.	(Enlightenment 3)
633.	(State Of Decay 2)	693.	(Enlightenment 4)
634.	(State Of Decay 3)	694.	(The King's Demons 1)
635.	(State Of Decay 4)	695.	(The King's Demons 2)

696.   (Warriors Of The Deep 1)
697.   (Warriors Of The Deep 2)
698.   (Warriors Of The Deep 3)
699.   (Warriors Of The Deep 4)
700.   (The Awakening 1)
701.   (The Awakening 2)
702.   (Frontios 1)
703.   (Frontios 2)
704.   (Frontios 3)
705.   (Frontios 4)
706.   (Resurrection Of The Daleks 1)
707.   (Resurrection Of The Daleks 2)
708.   (Planet Of Fire 1)
709.   (Planet Of Fire 2)
710.   (Planet Of Fire 3)
711.   (Planet Of Fire 4)
712.   (The Caves Of Androzani 1)
713.   (The Caves Of Androzani 2)
714.   (The Caves Of Androzani 3)
715.   (The Caves Of Androzani 4)

FILME:

I.   (Dr. Who And The Daleks; 1965)
II.   (Daleks-Invasion Earth 2150 A.D.; 1966)
III.   DOCTOR WHO (Doctor Who; 1996) 1997; Video

DRACULA IST WIEDER DA
(Dracula: The Series)
USA 1990/91; 21 Episoden
Deutsche Ausstrahlung:
TV.München 1993; 21 Episoden

Darsteller: Geordi Johnson (Alexander Lucard, Dracula), Jacob Tierney (Max Townsend), Joe Roncetti (Chris Townsend), Mia Kirshner (Sophie Metternich), Bernard Behrens (Gustav Helsing), Lynne Cormack (Eileen Townsend).

Eileen Townsend ist eine hohe Bankangestellte und Mutter zweier Kinder. Da sie oft reisen muss, lässt sie ihre beiden Jungs bei Onkel Gustav Helsing. Max, einer der Söhne und Vampirfan, entscheidet, dass der Onkel ein ebensolcher Blutsauger sein muss und wendet sich hilfesuchend an den Multimilliardär Alexander Lucard, der sich nach Abkürzen seines Vornamens und Rückwärtslesen des Ergebnisses natürlich als Dracula herausstellt. Nachdem Max in letzter Minute vom Onkel gerettet wird, gründen die beiden zusammen mit Max' Bruder Chris und der bei Gustav lebenden Sophie ein Vampirjäger-quartett.

Die Serie wurde in Luxemburg gedreht und er-

weist sich als ausgesprochen blutleer. Das amerikanische Magazin Epi-Log vergleicht diese Serie — nicht ganz zu Unrecht — mit PLAN 9 FROM OUTER SPACE, einem der schlechtesten Filme aller Zeiten.
In dieser Serie traten die Gaststars Geraint Wyn (Airwolf & Nick Knight) Davies, Denis (Krieg der Welten) Forest, Barry (Mondbasis Alpha 1 & Die Mars-Chroniken) Morse und Kate (Kung Fu: Im Zeichen des Drachen) Trotter in Erscheinung.

EPISODEN:
1.   KINDER DER NACHT (Children Of The Night)
2.   DAS KREUZ DER MAGYAREN (Double Cross)
3.   DIE ANTI-VAMPIR-TINKTUR (The Vampire Solution)
4.   BESSER ALS KREUZ UND KNOBLAUCH (The Boffin)
5.   GRÜSSE VON NOSFERATU (Double Darkness)
6.   DAS SCHWARZE SCHAF (Black Sheep)
7.   DAS KINO DES SCHRECKENS (What A Pleasant Surprise)
8.   DIE SCHRECKLICHE MUTTER (Damsel In Distress)
9.   DIE HELLSEHERIN (Mind Over Matter)
10.   EINE KLEINE NACHTMUSIK (A Little Nightmare Music)
11.   EIN KUNSTFREUND MIT BISS (Get A Job)
12.   DES SÄNGERS FLUCH (The Tickler)
13.   BLUTVERGIFTUNG (Bad Blood)
14.   DIE KÖNIGIN DER NACHT (Sophie, Queen Of The Night)
15.   ZU HOCH GEPOKERT (My Girlfriend's Back And There's Gonna Be Trouble)
16.   DIE VAMPIRJÄGERIN (My Fair Vampire)
17.   DIE FALLE (The Decline Of The Romanian Vampire)
18.   VERLIEBT IN EINEN VAMPIR (I Love Lucard)
19.   VAMPIR ZUM AUFBLASEN (Bats In The Attic)
20.   DAS ZEITLOCH (Klaus Encounters Of The Interred Kind)
21.   GRAF DRACULA BITTET ZU TISCH (My Dinner With Lucard)

DREAMGATE
D/CH 2000; 4 Episoden
Ausstrahlung:
Kika 2001; 4 Episoden

Darsteller: Sophie Ragall (Antje Petersen), Pierce Vaughn (Andrew Wilson), Mariam Diop (Alice Graham), Willy Bartelsen, Beate Finckh, Matthias Bullach, Ulrich Faulhaber, Sarah Dannhäuser, Edvin Jan Kohlsaat, Jan Rieck, Jennifer Ostermann, Jürgen Boyens, Andrea Schöning, Otto

Sawitzki, Jürgen Flohr, Holger Umbreit, Curt Timm, Dieter Kaiser, Karl-Friedrich Gerster, Ben Hecker, Stephanie Archilles, Jan Hendrik Heinzmann, Antje Birnbaum, Jürgen Böhm.

Vor dem australischen Great Barrier Reef wird Andrew von einer Welle erfasst und strandet am Strand von Helgoland. Er kann sich nicht erinnern, wer er ist und wo er her kommt. Das ruft Antje und ihre Freunde auf den Plan.

Ulrich Faulhaber machte bereits dem KLEINEN VAMPIR (qv) in neuen Abenteuern das Leben schwer.

EPISODEN:
1.   TEIL 1 03.04.01
2.   TEIL 2 04.04.01
3.   TEIL 3 05.04.01
4.   TEIL 4 06.04.01

DIE DREIBEINIGEN HERRSCHER
(The Tripods)
GB/AUS 1984/1985; 25 Episoden
Deutsche Ausstrahlung:
ZDF 1986; 6 Episoden (Doppellänge)
ZDF 1988; 13 Episoden

Darsteller: John Shackley (William Parker), Ceri Seel (Jean-Paul, „Beanpole"), Jim Baker (Henry Parker), Robin Hayter (Fritz - 1985), John Woodvine (Meister 468 - 1985).

2089. Die Herrschaft der ausserirdischen dreibeinigen Herrscher währt nun schon seit über 100 Jahren. Eine eventuelle Rebellion wird durch Gehirnmanipulation verhindert. Jeder, der das sechzehnte Lebensjahr vollendet hat, wird mit einem Kontrollwerkzeug versehen. Diese Operation wird als Einführungsritual in das Erwachsenenleben getarnt.
William und Henry Parker, zwei Cousins, steht dieses Ritual bevor. Sie nehmen sich jedoch den Flüchtling Ozymandias als Vorbild und ergreifen die Flucht. Ihr Ziel ist die Schweiz, in der die sagenumwobenen Freien Menschen leben sollen. Während ihrer Reise treffen sie Jean-Paul, von ihnen Beanpole genannt, der sich ihnen anschließt. Zu dritt erleben sie die verschiedensten Abenteuer: Will verliebt sich in Eloise, verliert diese aber, als deren Vater sie als Dienerin an die dreibeinigen Herrscher gibt; sie werden ge-

fangen genommen und entkommen; es gelingt ihnen, einen der Herrscher zu zerstören. Letztlich erreichen sie tatsächlich die Freien Menschen.
In den Schweizer Alpen wird ein Plan geschmiedet, der das Ende für die dreibeinigen Herrscher bedeuten soll. Will, Beanpole und Fritz, ein deutscher Junge, werden ausgewählt, an den jährlichen Spielen in der Stadt der Herrscher teilzunehmen, um so neue Erkenntnisse zu gewinnen. Nachdem sie aus den Spielen als Sieger hervorgehen, werden Will und Fritz in die Goldene Stadt gebracht, Beanpole bleibt zurück. Während Fritz den Sklaven zugeordnet wird, soll Will einem Meister, wie die Schöpfer der dreibeinigen Herrscher genannt werden, als Diener zur Verfügung stehen. Will gelingt die Flucht. Gemeinsam mit dem wiedergefundenen Beanpole macht er sich auf den Weg in die Weissen Berge, um das Wissen, das er und Fritz gewonnen haben, weiterzugeben.

Basierend auf den Romanen von John Christopher, sollte diese Serie die gesamte Triologie umfassen. Nach etwa zwei Dritteln der Geschichte wurden jedoch die finanziellen Mittel gestrichen. Der Grund waren schlechte Kritiken und niedrige Einschaltquoten. Obwohl die Serie interessante Ideen aufzuweisen hatte, war der Storyablauf nur sehr zäh — die notwendige Spannung wollte nicht aufkommen. Vorlageromane der Serie waren „The White Mountains" (Dreibeinige Monster auf Erdkurs) von 1967 und „The City Of Gold And Lead" (Das Geheimnis der dreibeinigen Monster) von 1967. Der dritte, nicht mehr verfilmte Roman ist „The Pool Of Fire" (Der Untergang der dreibeinigen Monster) von 1968.
John Christopher schrieb ebenfalls die Vorlage zur Serie DIE WÄCHTER (qv). Ceri Seel trat bereits in der Reihe NULL IST SPITZE (qv) auf; John Woodvine spielte auch in AM RANDE DER FINSTERNIS (qv).

EPISODEN:
1.   DIE FLUCHT BEGINNT (The White Mountains Episodes 1 & 2) 06.04.86
2.   IN DEN RUINEN VON PARIS (The White Mountains Episodes 3 & 4) 13.04.86
3.   GASTFREUNDSCHAFT MIT BITTEREM GESCHMACK (The White Mountains Episodes 5 & 6) 20.04.86
4.   DIE HERREN FORDERN IHR OPFER (The White Mountains Episodes 7 & 8) 04.05.86
5.   GLÜCK ODER FREIHEIT (The White Mountains Episodes 9 & 10) 11.05.86

6.   DER FALLE ENTKOMMEN (The White Mountains Episodes 11 & 12) 18.05.86

7.   EINE HARTE PRÜFUNG (The White Mountains Episode 13) 31.03.88

8.   VORBEREITUNG FÜR DIE HÖLLENFAHRT (The City Of Gold And Lead Episode 1) 07.04.88

9.   DEN RHEIN ABWÄRTS MIT VOLLDAMPF (The City Of Gold And Lead Episode 2) 14.04.88

10.   ZWEI REIZENDE HELFERINNEN (The City Of Gold And Lead Episode 3) 21.04.88

11.   DER EINTRITTSPREIS FÜR DIE GOLDENE STADT (The City Of Gold And Lead Episode 4) 28.04.88

12.   SKLAVEN UND MEISTER (The City Of Gold And Lead Episode 5) 05.05.88

13.   DAS GEHEIMNIS DER MARGERITE (The City Of Gold And Lead Episode 6) 19.05.88

14.   EIN HEIMLICHER VERBÜNDETER (The City Of Gold And Lead Episode 7) 30.08.88

15.   EINE BEGEGNUNG DER DRITTEN ART (The City Of Gold And Lead Episode 8) 06.09.88

16.   EINE KRISE SPITZT SICH ZU (The City Of Gold And Lead Episode 9) 13.09.88

17.   ALARM IN DER GOLDENEN STADT (The City Of Gold And Lead Episode 10) 20.09.88

18.   SCHUTZ HINTER CLOWNSMASKEN (The City Of Gold And Lead Episode 11) 27.09.88

19.   DIE LETZTE ETAPPE (The City Of Gold And Lead Episode 12) 04.10.88

Anmerkung zur Episodenliste: Die ersten sechs Episoden wurden auch in ihrer ursprünglich aufgeteilten Version, also als 12 Episoden, gezeigt. Die Titel waren wie folgt: 1. Die Flucht beginnt; 2. Gefahren und Mißtrauen überall; 3. Aus dem Gefängnis befreit; 4. In den Ruinen von Paris; 5. Gastfreundschaft mit bitterem Geschmack; 6. Wills große Versuchung; 7. Ein plötzlicher Abschied; 8. Wieder mit den Freunden vereint; 9. Eine liebevolle Verlockung; 10. Glück oder Freiheit; 11. Vor ein Tribunal gestellt; 12. Der Falle entkommen.

DSCHUNGEL FIEBER
(The Mighty Jungle)
USA/CND 1994; 26 Episoden
Deutsche Ausstrahlung:
Premiere 1994/95; 26 Episoden

Darsteller: Francis Guinan (Dan Winfield), Charlene Fernetz (Susan Winfield), Molly Atkinson (Alison Winfield), Noah Shebib (Andrew Winfield), Patrick McKenna (Kenneth Crisp), Sylvie Loeillet (Sylvie).

Dan Winfield übernimmt den Zoo in Cleveland. Hierbei handelt es sich um ein Experiment, da der Zoo sich in einer Biosphäre befindet. Dan und seine Familie beziehen ihre Wohnstatt also auch im Zoo.

Gleich am ersten Tag entdeckt Dan, dass einige der Tiere sprechen können: der Alligator Vinnie, die Tukanhenne Viola, der Orang-Utan Winston, der Dan auch Schach beibringt, und der Seelöwe Jack. In der Folge versuchen die ausgesprochen intelligenten Tiere all das zu tun, was sie für das Beste für Familie Winfield halten — und da sie sich nur mit Dan unterhalten, hat er alle Hände voll zu tun, die Vorkommnisse zu erklären.

Wer bei der Reihe MR. ED (qv) regelmässig Lachkrämpfe bekommt, wird diese Serie lieben... Francis Guinan spielte bereits in EERIE, INDIANA (qv); die bekannteren Tierstimmen im Original stammen von Tony (Wer ist hier der Boss?) Danza als Vinnie und Delta (Sugarbaker's) Burke. Im fiebrigen Dschungel gastierten Colin (Psi Factor) Fox und Sean (Tarzan) Roberge.

EPISODEN:
1.   SPRECHENDE TIERE (In The Beginning)
2.   WINSTON GREIFT EIN (A Hairy Proposal)
3.   EIN TIERISCHER BALL (Beastly Ball)
4.   NUR OHNE MEINEN VATER (Take My Dad, Please)
5.   DER SCHWANGERSCHAFTSTEST (The Test Kit)
6.   DANNYS GROSSE SHOW (Here's Danny)
7.   JEDEM DAS SEINE (To Each His Own)
8.   GELEGENHEIT MACHT LIEBE (Love, Orang Utan Style)
9.   ALLEIN ZU HAUS (Home Alone)
10.   FAMILIENPORTRAIT (Family Portrait)
11.   DAS MASKOTTCHEN (The Mascot)
12.   EIN HERZ FÜR PRINZ CHARLES (About Last Night)
13.   OH, BRUDER (Oh, Brother)
14.   STRAFARBEIT (Community Service)
15.   DER RASENDE REPORTER (Publish Or Perish)
16.   DER EINZIGE ZEUGE (Rights)
17.   GORILLAS IM NEBEN (Guerilla In My Midst)
18.   OPA IN NOT (Hearts Desire)
19.   OH, MEIN COUSIN (Cousin O' Mine)
20.   WAHRE FREUNDSCHAFT (Disbanded)
21.   DER KINDERFRESSER (The Boy Eater)
22.   DER ERSTE JOB (Alison's Restaurant)
23.   ALLES NUR FÜR CRISP (Done To A Crisp)
24.   WINSTON VOM DACH (Winston On The Town)
25.   BARBIE UND KEN (Ken And Barbie)
26.   ZOOGESCHICHTEN (Wrapping It Up)

DUNE-DER WÜSTENPLANET
(Frank Herbert's Dune)
CND/BRD/USA 2000; 3 Teile
Deutsche Ausstrahlung:
Pro 7 2001; 3 Teile

Darsteller: William Hurt (Herzog Leto Atreides), Alec Newman (Paul "Muad'Dib" Atreides), Saskia Reeves (Lady Jessica Atreides), James Watson (Duncan Idaho), Jan Vlasák (Thufir Hawat), P. H. Moriarty (Gurney Halleck), Robert Russell (Dr. Wellington Yueh), Laura Burton (St. Alia Atreides), Ian McNeice (Baron Vladimir Harkonnen), Matt Keeslar (Feyd-Rautha Harkonnen), László Imre Kish (Rabban Harkonnen), Jan Unger (Piter Devries), Giancarlo Giannini (Padishah-Imperator Shaddam Corrino IV), Miroslav Táborsk (Graf Fenring), Barbara Kodeková (Chani), Christopher Lee Brown (Jamis), Jeff Caster (Linger Bewt), Karel Dobry (Dr. Pardot Kynes), Drahomina Fialková (Mutter Ramallo), Zuzana Geislerová (Reverend Mutter Gaius Helen Mohiam), Uwe Ochsenknecht (Stilgar), Jakob Schwarz (Otheym), Jaroslava Sentancová (Shadout Mapes).

Statt der Familie Harkonnen wird den Atreides' der Wüstenplanet Arrakis zugesprochen, einzige Quelle des sagenumwobenen Spice. Da dies eine unglaubliche Machtposition bedeutet, versuchen die Harkonnen, diese Entscheidung mit allen Mitteln zu revidieren.
Fürstensohn Paul Atreides, der sich vor den Übergriffen der Harkonnen-Familie in Sicherheit bringen muss, findet auf Arrakis seine Bestimmung: Als Muad'Dib, der geweissagte Herrscher des Wüstenplaneten.

Bereits 1963 erschien der Roman DUNE des Autoren Frank Patrick Herbert im Science Fiction-Magazin Analog. Aufgrund des Umfangs wurde dieses Werk erst verspätet zu dem Klassiker, als der er jetzt angesehen wird. Zum Bestseller wurde das Werk erst, als David K. (Twin Peaks) Lynch sich anschickte, den Roman fürs Kino zu verfilmen. Ein Grossteil der inzwischen gewachsenen Fangemeinde betrachtete das Ergebnis mit Abscheu, da Lynch ihrer Meinung nach an den falschen Stellen der Story strich und das wahre Flair der Vorlage nicht einzufangen vermochte.
Nachdem im Laufe der Zeit die Tricktechnik erhebliche Fortschritte gemacht hatte, entschloss man sich, die hier vorliegende Fernsehversion herzustellen — dass das Phantastische im Fernsehen seinen Platz behaupten konnte, hatte sich bereits durch andere Werke erwiesen. Die Hersteller gingen mit dem nötigen Fachwissen und Ehrfurcht vor der Vorlage ans Werk und brachten ein erstaunlich sehenswertes Stück Film auf den Bildschirm, wenngleich die Story für "Nichteingeweihte" etwas schwer zu verfolgen ist. Mehr als befriedigende Einschaltquoten waren die Folge — inzwischen spricht man bereits von der Planung der Fortsetzung.
Ian McNeice spielte bereits in AM RANDE DER FINSTERNIS (qv), Giancarlo Giannini in einem Teil der BIBEL (qv), Barbara Kodeková hatte eine Rolle in PRINZESSIN FANTAGHIRO (qv); László I. Kish ist als Schweizer TATORT-Kommissar Philipp von Burg bekannt.

EPISODEN:
1.	TEIL 1 (Part One)	22.04.01
2.	TEIL 2 (Part Two)	23.04.01
3.	TEIL 3 (Part Three)	24.04.01

EARTH 2
(Earth 2)
USA 1994/1995; Pilot & 20 Episoden
Deutsche Ausstrahlung:
RTL Television 1996; Pilot & 20 Episoden

Darsteller: Debrah Farentino (Devon Adair), Joey Zimmerman (Ulysses Adair), Clancy Brown (John Danziger), J. Madison Wright (True Brown), Jessica Steen (Dr. Julia Heller), Sullivan Walker (Yale), Antonio Sabato, Jr. (Alonzo Solace), John Gegenhuber (Morgan Martin), Rebecca Gayheart (Bess Martin).

Die Verschmutzung der Erde zwingt die Menschen in Raumstationen zu leben. Durch diesen künstlichen Lebensraum stellen sich jedoch Krankheiten bei den Kinder ein, die hier geboren werden. Eines dieser Kinder ist Ulysses Adair. Um sein Leben zu retten, kapert seine Mutter, die Wissenschaftlerin Devon Adair, ein Raumschiff. Unterstützt wird sie von einer Gruppe gleichfalls Unzufriedener. Sie machen sich zu einem erdähnlichen Planeten auf. Statt aber an der geplanten Stelle zu landen, stürzen sie auf die gegenüber liegende Seite des Planeten. Die Überlebenden packen das gerettete Material und machen sich auf den Weg nach New Pacifica, wo andere Menschen auf sie warten sollen.

Während ihrer Tour lernen sie die Bewohner des Planeten kennen: Terrianer, Wesen, die Leichen ähneln und über Alonzos Träume mit den Menschen kommunizieren, die aasfressenden Grendler und die niedlichen aber lebensgefährlichen Kobas.

Öko-Schnulze aus Steven Spielbergs Amblin Productions. Neben Hoheliedern auf Umweltbe-wusstsein, Treue und Mitgefühl, brachte die Serie nur gähnende Langeweile.
Als Gaststars verschlug es Patrick (Pretender) Bauchau, Tim (Superhuman Samurai Syber-Squad) Curry, Roy (Die Schöne und das Biest) Dotrice, Andrew J. (Buffy) Ferchland, Louise Latham, Terry (Millennium) O'Quinn und Brian (Harry und die Hendersons) Steele zur Ersatzerde.

EPISODEN:
1. AUFBRUCH INS UNENDLICHE (First Contact) 29.10.95
2. DER UNHEIMLICHE FREMDE (The Man Who Fell To Earth 2) 05.11.95
3. GEHEIMPROJEKT E-2 (Life Lessons) 12.11.95
4. DER ZAUBER DES BÖSEN (Promises, Promises) 19.11.95
5. DER TÖDLICHE VIRUS (A Memory Play) 26.11.95
6. EINER DREHT DURCH (Natural Born Grendlers) 03.12.95
7. KEIN LEBEN OHNE WASSER (Water) 10.12.95
8. ZWEITER VERSUCH (The Church Of Morgan) 17.12.95
9. DAS GEN-EXPERIMENT (The Enemy Within) 07.01.96
10. EIN VERRAT WIRD GERÄCHT (Redemption) 14.01.96
11. DIE AUSGESTOSSENEN (Moon Cross) 21.01.96
12. DER STEIN DER ZUKUNFT 1 (Better Living Through Morganite 1) 28.01.96
13. DER STEIN DER ZUKUNFT 2 (Better Living Through Morganite 2) 04.02.96
14. HILFERUF AUS DER VERGANGENHEIT (Grendlers In The Myst) 11.02.96
15. TRAUMBOTSCHAFTEN (The Greatest Love Story Never Told) 18.02.96
16. DIE SPINNENHÖHLE (Brave New Pacifica) 25.02.96
17. DIE KALTE GEFAHR (After The Thaw) 03.03.96
18. DER KÖNIG DER TERRIANER (The Boy Who Would Be Terrian King) 10.03.96
19. DIE GEWISSENSFRAGE (Survival Of The Fittest) 17.03.96
20. EIN PLANET WIRD ERLÖST (All About Eve) 24.03.96
21. DER DEFEKTE CHIP (Flower Child) 31.03.96

EDGAR ALLAN POE-UNGEWÖHNLICHE GESCHICHTEN
(Edgar Allan Poe)
F/MEX 1980; 6 Episoden
Deutsche Ausstrahlung:
ARD 1981; 6 Episoden

Französisch-mexikanische Anthologieserie nach Geschichten von Edgar Allan Poe (1809-1849), dem Vater der Kriminalliteratur und Meister der schaurigen Geschichten. Nicht alle hierfür verfilmten Stories gehören dem phantastischen Genre an.
Unter den Regisseuren fanden sich so rennomierte Namen wie Maurice Ronet (Episoden 1 und 5), Claude Chabrol (Episode 2) und Juan Luis Bunuel (Episode 3). Darsteller des Ungewöhnlichen waren unter anderen Fanny Ardant, Matthieu Carrière, Josefine Chaplin und Pierre (Es geschah übermorgen) Vaneck.

EPISODEN:
1. DER GOLDKÄFER (- liegt nicht vor -) 30.07.81
2. DIE METHODE VON DR. THAER UND PROF. FEDDERS (Le Système Du Docteur Goudron Et Du Professeur Plume) 27.08.81
3. MAELZELS SCHACHSPIELER (- liegt nicht vor -) 02.09.81
4. DER GESTOHLENE BRIEF (- liegt nicht vor -) 16.09.81
5. LIGEIA (Ligeia) 15.10.81
6. DER UNTERGANG DES HAUSES USHER (La Chute De La Maison Usher) 04.11.81

EERIE, INDIANA
(Eerie, Indiana)
USA 1991/1992; 19 Episoden
Deutsche Ausstrahlung:
RTL Television 1994/1995; 19 Episoden

Darsteller: Omri Katz (Marshall Teller), Justin Shenkarow (Simon Holmes), Mary-Margaret Humes (Marilyn Teller), Francis Guinan (Edgar Teller), Julie Condra (Syndi Mary Priscilla Teller), Jason Marsden (Dash X), John Astin (Bartholomew J. Radford).

Marshall Tellers Familie zog erst vor kurzem

nach Eerie, Indiana, einer nicht ganz so typischen amerikanischen Kleinstadt. Hier lebt nicht nur der totgeglaubte Elvis, hier finden sich auch Geister und Werwölfe, hier haben Tornados eine Identität und es passiert schon einmal, dass man aus dem normalen Zeitgefüge gerät. Und auch gegen den geplanten Aufstand der örtlichen Hunde steht als letzte Bastion der Menschheit nur der dreizehn Jahre alte Marshall und sein Freund Simon.

Gut gelungene Mischung aus Komödie und Phantastik. Als Creative Consultant und Regisseur von vier Episoden fungierte Genre-Spezialist Joe Dante, der auch in einer Folge eine kleine Rolle übernahm.

Sechs Jahre nach Abschluss der Reihe folgte ein neuer EERIE-Versuch; siehe nächsten Eintrag.
Jason Marsden hatte bereits eine Hauptrolle in FAMILIE MUNSTER (qv); John Astin spielte das Familienoberhaupt der ADDAMS FAMILY (qv). Besucher in Eerie waren, neben anderen, René (Star Trek: Deep Space Nine) Auberjonois, Roy Brocksmith, Cory (Die Schöne und das Biest) Danziger, Matt (Max Headroom & Psi Factor) Frewer, Henry Gibson, Gregory Itzin, Tony (Die Schöne und das Biest) Jay, Dick Miller, Michael J. Pollard, Vincent Schiavelli, Gwynyth Walsh und Ray (Mein Onkel vom Mars) Walston.

EPISODEN:
1. MENSCHLICHE KONSERVEN (Forever Ware) 26.11.94
2. DIE ZAHNKLAMMER (The Retainer) 03.12.94
3. DER BANKOMAT, DER MICH LIEBTE (The ATM With The Heart Of Gold) 10.12.94
4. VERSCHWUNDEN (The Losers) 17.12.94
5. DIE MONSTER SIND DA (America's Scariest Home Video) 24.12.94
6. SEHTEST (Just Say No Fun) 31.12.94
7. HERZEN BRECHEN HERZEN (Heart On A Chain) 07.01.95
8. DIE ALLTÄGLICHE BOTSCHAFT DES GRAUENS (The Broken Record) 14.01.95
9. LIEBESBRIEFE AUS DEM JENSEITS (The Dead Letter) 21.01.95
10. DIE GEKLAUTE STUNDE (The Lost Hour) 28.01.95
11. ZEICHNEN MÜSSTE MAN KÖNNEN (The Jolly Roger's Who's Who) 04.02.95
12. UNHEIMLICHE BEGEGNUNG DER UNDURCHSICHTIGEN ART (Marshall's Theory Of Believability) 11.02.95
13. DER TORNADO-TAG (Tornado Day) 18.02.95
14. MÜHLENSTEIN DURCH GEISTER BRICHT (The Hole In The Head Gang)
15. SILBER IM FUSS, VERWEIGERT DES WERWOLFS GRUSS (Mr. Chaney)
16. REALITÄT MACHT URLAUB (Reality Takes A Holiday) 04.03.95
17. DER MANN OHNE HIRN (No Brain, No Pain)
18. KREDIT FÜR DIE EWIGKEIT (Zombies In P.J.s) 11.03.95
19. DER LOYALE ORDEN DES MAISKORNS (The Loyal Order Of The Corn)

EERIE, INDIANA-DIE ANDERE DIMENSION
(Eerie, Indiana: The Other Dimension)
USA 1998; 15 Episoden
Deutsche Ausstrahlung:
Kika 2001; 15 Episoden

Darsteller: Bill Switzer (Mitchell Taylor), Bruce Hunter (Edward Taylor), Daniel Clark (Stanley Hope), Lindy Booth (Carrie Taylor), Deborah Odell (Mrs. Taylor), Neil Crone (Mr. Crawford).

Immer noch existiert ein Zweierteam in Eerie, Indiana, das die wahren Hintergründe der angeblich so normalen Stadt aufdecken will: Mitchell Taylor und sein Freund Stanley Hope. Wird es ihnen gelingen, die Welt über Eerie aufzuklären?

Der zweite Eerie-Versuch ist auch nicht weniger spassig als sein Vorgänger. Dennoch blieb auch dieser Reihe ein grösserer Erfolg versagt.
Lindy Booth wurde später Sekretärin in RELIC HUNTER-DIE SCHATZJÄGERIN (qv). Neue Besucher in Eerie waren Lynne (Dracula ist wieder da) Cormack, Robin Gammell, John (Das Tollhaus) Hemphil, Nick (Wild Palms) Mancuso, Patrick (Dschungel Fieber) McKenna, Richard (F/X) Waugh und Kenneth (Twin Peaks) Welsh.

EPISODEN:
20. TV TOTAL (Switching Channels) 18.05.01
21. KLEIDER MACHEN LEUTE (Perfect) 21.05.01
22. ZU GUT, UM ECHT ZU SEIN (Revenge Of The Goody-Two-Shoes People) 22.05.01
23. DER LETZTE TANGO (Standard Deviation) 23.05.01
24. LITTLE BUDDY BEEP BEEP (Little Buddy Beep Beep) 24.05.01
25. ZEIT IST GELD (Time Flies) 25.05.01
26. WER ZULETZT LACHT (Last Laugh) 28.05.01
27. DIE BETÖRENDEN UND DIE BÖSEN (The Young And The Twitchy) 29.05.01
28. WENN DER VATER MIT DEM SOHNE 30.05.01

29.   DER SCHLAFLOSE SANDMANN (Nightmare On Eerie Street) 31.05.01
xx.   (The Phantom)
xx.   (The Newsroom)
xx.   (Mr. Lucky)
xx.   (Send In The Clones)
xx.   (I'm Okay, You're Really Weird)
xx.   (The Hunting Of The Jackalope)

100 GUTE HUNDETATEN
(100 Deeds For Eddie McDowd)
USA/CND 1999-2001; 29 Episoden
Deutsche Ausstrahlung:
Kika 2001; 26 Episoden

Darsteller: Seth Green (Eddie McDowd <Originalstimme> - 1999-2001), Jason Hervey (Eddie McDowd <Originalstimme> - 2001), Brandon Gilberstadt (Justin Taylor), Morgan Kibby (Gwen Taylor), Catherine MacNeal (Lisa Taylor), William Francis McGuire (Doug Taylor), Richard Moll (Drifter), Brenda Song (Serifa), Josh Hammond (Flaco), Diane Delano (Brenda May), David L. Lander (Caesar), Joe Piscopo (Salli <Originalstimme>), Danny Tamberelli (Spike Cipriano), Melanee Murray (Tori - 2001).

"Ich bin Eddie McDowd. Ich bin zwar ein Hund, aber ich kann sprechen. Ich war mal ein Junge, ein fieser Junge. Aber dann bin ich diesem Irren begegnet." — "Du hast versagt als Mensch." — "Er hat mich in einen Hund verwandelt. Abgefahren, oder? Um mich wieder in einen Jungen zu verwandeln, muß ich hundert gute Taten vollbringen. Und der einzige Mensch, der mich sprechen hören kann, ist der Typ, den ich als letztes fertig gemacht hab'. Jetzt wohn' ich bei diesem Jungen und seiner Familie. Sie lieben mich, aber sie behandeln mich wie einen Hund." — "Du solltest schnell mit den guten Taten anfangen."
Und um Eddie weiter unter Druck zu setzen, sind zusätzlich zu seiner Verwandlung auch noch seine Eltern verschwunden. Deren Rückkehr hängt ebenfalls von Eddies guten Taten ab.

Okay-Fantasy-Märchen insbesondere für Kiddies. Alyson (Buffy) Hanigan übernahm eine hündische Sprechrolle. David L. Lander spielte bereits in DAS GEHEIMNIS VON TWIN PEAKS (qv).

EPISODEN:
1.   - liegt nicht vor - (Tagged) 15.03.01
2.   EDDIE RÄUMT AUF (Dog Gone) 16.03.01
3.   HAUSARREST AN HALLOWEEN (All Howl's Eve) 19.03.01
4.   UMZUGSPLÄNE (Dog Day Out) 20.03.01
5.   HOCH HÄNGENDE KÖRBE (Slam Punk) 21.03.01
6.   EDDIES LIEBLINGSFILM (Cheaters Sometimes Propser) 22.03.01
7.   WEISSE WEIHNACHT (A Very Canine Christmas) 23.03.01
8.   - liegt nicht vor - (Mutts And Robbers) 26.03.01
9.   - liegt nicht vor - (Dog Years) 27.03.01
10.   DIE GROSSE LIEBE (Puppy Love) 28.03.01
11.   JUSTINS ALBTRAUM (The Students Are Revolting) 29.03.01
12.   - liegt nicht vor - (False Hero) 30.03.01
13.   EDDIE HAT GENUG (A Dog's Life) 02.04.01
14.   GIGI IST ZURÜCK (Return Of Gigi) 03.04.01
15.   ENDLICH OHNE HUNDEFÄNGER (Meet The New Boss) 04.04.01
16.   LÜGEN HABEN HUNDEBEINE (Lie Like A Dog) 05.04.01
17.   DER GROSSE HUND (Big Dog) 06.04.01
18.   APRIL APRIL (For Better Or Worse <?>) 09.04.01
19.   - liegt nicht vor - (- liegt nicht vor -) 10.04.01
20.   GWENS PARTY (- liegt nicht vor -) 11.04.01
21.   NEUES ZUHAUSE GESUCHT (Homeward Hound) 12.04.01
22.   EDDIE LIEBT TORI (Eddie Loves Tori) 17.04.01
23.   EDDIES FLIRTSCHULE (Matchmaking Mutt <?>) 18.04.01
24.   NEUES ZUHAUSE GESUCHT (- liegt nicht vor -) 19.04.01
25.   DIE SUCHE GEHT WEITER (- liegt nicht vor -) 20.04.01
xx.   (Good Cop, Bad Dog)
xx.   (113 Dog Years)
xx.   (Personal Trainer)
xx.   (A Star Is Born)
xx.   (So Shoe Me)
xx.   (Sick As A Dog)
xx.   (Ruby)
xx.   (Whistle A Happy Tune)

EINMAL HIMMEL UND ZURÜCK
(Heaven Help Us)
USA 1994; 13 Episoden
Deutsche Ausstrahlung:
Super RTL 1997; 13 Episoden

Darsteller: Ricardo Montalbán (Mr. Shepherd), John Schneider (Doug Monroe), Melinda Clarke (Alexis „Lexy" Kittridge Monroe).

Baseball-Spieler Doug Monroe heiratet die gutaussehende Lexy Kittridge. Nachdem sie in seinem Privatflugzeug die Hochzeitsreise angetreten haben, entscheiden sie auch gleich ihre Hochzeitsnacht in den luftigen Höhen abzuleisten. Noch ehe jemand sagen kann „What a way to go!" finden sich die Neuvermählten erst im Flugzeugwrack und dann im Jenseits wieder. Statt nun in himmlische Gefilde eingelassen zu werden, wird ihnen auferlegt fortan Gutes zu tun — bis sie bewiesen haben, dass sie würdig sind. Mr. Shepherd ist ihr Führer und Beobachter.

Nein, nicht wirklich überzeugend. Das haben wir doch schon besser gesehen. Und nach nur etwa einer halben Staffel ging die Serie ein — ob sie wohl in den Himmel kommt?
Ricardo Montalbán spielte bereits ein überirdisches Wesen in der Erfolgsserie FANTASY IS-LAND (qv). Geholfen wurde den Gaststars Allyce Beasley, Mary Crosby, Peter (seaQuest DSV & seaQuest 2032) DeLuise, Ron (Alien Nation) Fassler, Jason Gedrick, Erin (Buck Rogers) Gray, Terence Knox, Belinda (Der Mann aus dem Meer) Montgomery, Michelle Phillips, Marina (Raumschiff Enterprise-Das nächste Jahrhundert) Sirtis und Efrem Zimbalist, Jr.

EPISODEN:

1. HIMMLISCHER AUFTRAG (A Little Left Of Heaven) 22.09.97
2. GIB NIEMALS AUF! (Upstairs, Upstairs) 29.09.97
3. EIN STOLZER GROSSVATER (Lover's Lullaby) 06.10.97
4. ABSCHIED OHNE TRÄNEN (The Belle's Farewell) 13.10.97
5. DIE RIVALIN (Beauty And The Least) 20.10.97
6. UNSCHULDIG (Steppin' Out) 27.10.97
7. NUR FLIEGEN IST SCHÖNER (The Last Great Hope) 03.11.97
8. ZUERST KOMMT DIE LIEBE (First Comes Love) 10.11.97
9. ES GEHT AUCH ANDERS (Tara's Flight) 17.11.97
10. SERGEANT MICHAELS GEHEIMNIS (The Wall) 24.11.97
11. HIMMLISCHE PAARUNG (A Match Made In Heaven) 01.12.97
12. GEGEN ALLE GESETZE (The Temptress) 08.12.97
13. ES IST NIE ZU SPÄT (The Badge) 15.12.97

EMMERAN-FÜNF MINUTEN FÜR DIE MENSCHLICHKEIT
BRD 1993-1995 & 1997
Ausstrahlung:
Pro 7 1993-1995 & 1997; 47 Episoden

Darsteller: Gerd Lohmeyer (Emmeran).

Irgendwo in Deutschland befindet sich ein Dom mit der mittelalterlichen Steinfigur des Emmeran. Diese Figur erwacht zum Leben und tritt an im Kampf gegen die kleinen und grösseren Ungerechtigkeiten des Lebens.

Von der Kirche unterstützte Serie, die ihre Absicht — Menschlichkeit erzeugen, moralisches Bewusstsein wecken usw. — etwas zu deutlich zeigt. Start der jeweiligen Staffeln war um die Adventszeit herum.
Kirchlich abgesegnete Gaststars waren unter anderen Ingrid Steeger und Carin C. Tietze.

EPISODEN:

1. DIE VERLORENE STADT 28.11.93
2. DER GLÜCKSPILZ 05.12.93
3. I CAN'T DANCE 12.12.93
4. ORIENTEXPRESS 19.12.93
5. DIE FARBE DES GELDES 26.12.93
6. TIME BANDIT 02.01.94
7. DIE KATZE 09.01.94
8. EIN MANN FÜR GEWISSE STUNDEN 16.01.94
9. HOT SHOTS 23.01.984
10. SCHRÄGE VÖGEL 30.01.94
11. KLEINE DIEBE 06.02.94
12. DEUTSCHSTUNDE 13.02.94

13. ENDSTATION SEHNSUCHT 04.12.94
14. - liegt nicht vor -
15. - liegt nicht vor -
16. - liegt nicht vor -
17. - liegt nicht vor -
18. - liegt nicht vor -
19. - liegt nicht vor -
20. - liegt nicht vor -
21. - liegt nicht vor -
22. - liegt nicht vor -
23. - liegt nicht vor -
24. - liegt nicht vor -

25. AN EINEM TAG WIE JEDER ANDERE 03.12.95
26. - liegt nicht vor -
27. - liegt nicht vor -
28. - liegt nicht vor -
29. - liegt nicht vor -
30. - liegt nicht vor -

31.	- liegt nicht vor -
32.	- liegt nicht vor -
33.	- liegt nicht vor -
34.	- liegt nicht vor -
35.	- liegt nicht vor -
36.	- liegt nicht vor -

37.	FRÜCHTE DES ZORNS 29.11.97
38.	TROUBLE IN PARADISE 06.12.97
39.	KARATE KID 13.12.97
40.	DER CLOU 20.12.97
41.	SPEED 27.12.97
42.	DIRTY DANCING 03.01.98
43.	...DENN SIE WISSEN... 10.01.98
44.	DAS NETZ 17.01.98
45.	BEI ANRUF MORD 24.01.98
46.	DIE TIEFE 31.01.98
47.	NICHT OHNE MEINE TOCHTER 07.02.98

EIN ENGEL AUF ERDEN/DER ENGEL KEHRT ZURÜCK

(Highway To Heaven)
USA 1984-1988; Pilot & 109 Episoden
Deutsche Ausstrahlung:
ZDF 1987/1988; 45 Episoden
RTL plus 1988/1989 & 1991; 51 Episoden
RTL 2 1993; 2 Episoden

Darsteller: Michael Landon (Jonathan Smith), Victor French (Mark Gordon).

Jonathan Smith ist Engel auf Probe. Gemeinsam mit seinem menschlichen Partner Mark Gordon, einem ehemaligen Polizisten, versucht er, unschöne Situationen zu ändern oder Geschehnisse in eine erwünschtere Richtung zu treiben. Hilfreich hierbei sind Jonathans besondere Fähigkeiten, kurz die „Kraft" genannt.

Michael Landon war Ausführender Produzent, Drehbuchautor und Regisseur der meisten Episoden der Serie. Es war also im wahrsten Sinne des Wortes seine Serie. Grundgedanke war es, für mehr Verständnis zwischen den Menschen und auch gegenüber der Umwelt zu plädieren. Naturgemäss drifteten hierbei einige Episoden ins Schmalzige ab. Alles in allem handelt es sich um eine sehenswerte Serie, auch wenn — oder gerade weil — Gefühle hier äusserst grossgeschrieben wurden.
Dem himmlischen Sendboten begegnen durften Eddie Albert, Edward Asner, Ned Beatty, Michael Berryman, Lloyd Bochner, Ernest (Airwolf) Borgnine, Roscoe Lee Browne, Robert Culp, Shan-

nen (Charmed) Doherty, Eric Douglas, Michael (V) Durrell, Maureen (Mein Vater ist ein Ausserirdischer) Flannigan, Jonathan (Raumschiff Enterprise-Das nächste Jahrhundert) Frakes, Alan (Der Mann aus Atlantis) Fudge, Alice (Verliebt in eine Hexe) Ghostley, Lorne (Kampfstern Galactica) Greene, Moses Gunn, Jerry (Akte X) Hardin, Gary (Das Geheimnis von Twin Peaks) Hershberger, Bob Hope, Conrad (Mork vom Ork) Janis, James Earl Jones, Lenore Kasdorf, Jeff (Clan der Vampire) Kober, Mimi Kuzyk, John D. (Erben des Fluchs) LeMay, Jon Lormer, Darren (Der Nachtjäger) McGavin, Greg Mullavey, Leslie Nielsen, Donald O'Connor, Ken (Super Force) Olandt, Gerald S. (Automan) O'Loughlin, Robert O'Reilly, Nehemiah Persoff, Eugene Roche, John Rubinstein, Michele (Airwolf & Alien Nation) Scarabelli, William (Mini-Max) Schallert, James Sloyan, Carrie Snodgress, David (Space) Spielberg, Stella Stevens, Roy (Invasion von der Wega & Dark Shadows) Thinnes, Dick Van Dyke, Nana (Star Trek: Deep Space Nine) Visitor, Eli Wallach, Wil (Raumschiff Enterprise-Das nächste Jahrhundert) Wheaton, William Windom und Anthony (Anno Domini) Zerbe.

EPISODEN (ZDF):

1.	EIN ENGEL AUF ERDEN (Highway To Heaven)
2.	EINMAL WERDET IHR NOCH WACH (Another Song For Christmas) 02.01.87
3.	TÖDLICHE SPIELE (Plane Death) 09.01.87
4.	DAS HOTEL DER TRÄUME (Hotel Of Dreams) 16.01.87
5.	DAS GLÜCK FÄLLT NICHT VOM HIMMEL (Catch A Falling Star) 23.01.87
6.	CLUB DER ARMEN UNTERNEHMER (Investment In Caring) 30.01.87
7.	DAS LIED VOM KLEINEN GLÜCK (Song Of The Wild West) 06.02.87
8.	LIEBE GEHT SELTSAME WEGE 1: SPIEL MIT DEM FEUER (Thoroughbreds 1) 13.02.87
9.	LIEBE GEHT SELTSAME WEGE 2: HERZEN IN NOT (Thoroughbreds 2) 20.02.87
10.	DER KINDERSTAR (The Brightest Star) 27.02.87
11.	AUF DEN SCHWINGEN DER LIEBE (One Winged Angels) 06.03.87
12.	GELÄHMTE SCHWINGEN (Birds Of A Feather) 20.03.87
13.	WIE DER STAUB AN DEINEN FÜSSEN (Dust Child) 27.03.87
14.	ENGEL IN UNIFORM (Bless The Boys In Blue) 03.04.87
15.	WIR SIND ALLE GOTTES KINDER (A Child Of God) 10.04.87

16.	DU BIST DER SIEGER (One Fresh Batch Of Lemonade) 24.04.87
17.	KINDER DER LIEBE (Children's Children) 08.05.87
18.	LIEBE IST EINE HIMMELSMACHT (A Match Made In Heaven) 15.05.87
19.	DENN DU BIST EIN MENSCH 1: GEFANGEN (The Monster 1) 22.05.87
20.	DENN DU BIST EIN MENSCH 2: BEFREIT (The Monster 2) 29.05.87
21.	FRIERENDES HERZ (Alone) 05.06.87
22.	ASCHENPUTTEL (Cindy) 12.06.87
23.	DER ENGEL MIT DEM B DAVOR (The Last Assignment) 19.06.87
24.	FREUNDINNEN (Friends) 26.06.87
25.	REISE IN DIE VERGANGENHEIT (Going Home, Going Home) 03.07.87
26.	WOHLTUN ERRETTET VOM TODE (Wally) 08.01.88
27.	...UND UNSERN KRANKEN NACHBARN AUCH (Normal People) 15.01.88
28.	WIE EIN JUNGES IM NEST (Close Encounters Of The Heavenly Kind) 22.01.88
29.	ICH WÜNSCH' MIR EINEN BLAUEN MOND (To Touch The Moon) 29.01.88
30.	WIND WEHT ÜBERS MEER (Sail Away) 05.02.88
31.	JONATHAN UND DER TEUFEL (The Devil And Jonathan Smith) 12.02.88
32.	DER GLÜCKLICHE MARK (Oh, Lucky Man) 19.02.88
33.	GRÜSSE AUS DEM HUNDEHIMMEL (For The Love Of Larry) 04.03.88
34.	...WENN ES DEM BÖSEN NACHBARN NICHT GEFÄLLT (Return Of The Masked Rider) 11.03.88
35.	UND FÜHRE UNS NICHT IN VERSUCHUNG (All That Glitters) 18.03.88
36.	LIEBE HEILT WUNDEN (Heavy Date) 25.03.88
37.	TOD AUF BEWÄHRUNG (The Gift Of Life) 08.04.88
38.	DIE FREUDE KANN ENDEN IM LEID (Heaven On Earth) 15.04.88
39.	DER VATER AUS DER FERNSEHSERIE (That's Our Dad) 22.04.88
40.	OST-WEST IST EINE HIMMELSRICHTUNG (Summit) 29.04.88
41.	IN LIEBE DEINE TOCHTER (A Mother And A Daughter) 06.05.88
42.	NACHSITZEN FÜRS LEBEN (As Difficult As ABC) 13.05.88
43.	DAS GLÜCK KOMMT IN DIE JAHRE (Love And Marriage) 20.05.88
44.	AUCH LIEBE IST EIN PFLEGEFALL (A Special Love) 27.05.88
45.	GLÜCK OHNE HOFFNUNG (A Song For Jason) 03.06.88

EPISODEN (RTL plus)**:**

46.	FAMILIENSTREIT (Divine Madness/A Family Dispute) 06.10.88
47.	FREUNDSCHAFTEN (Help Wanted, Angel) 13.10.88
48.	SPÄTE EINSICHT (The Banker And The Bum) 20.10.88
49.	DIE RICHTIGE ENTSCHEIDUNG (The Right Thing) 27.10.88
50.	DAS GESTÄNDNIS (The Secret) 03.11.88
51.	DIE ERSCHEINUNG (The Smile In The Third Row) 10.11.88
52.	ROLLENTAUSCH (Change Of Life) 17.11.88
53.	DER VERGESSENE HELD (To Bind The Wounds) 24.11.88
54.	UNERWÜNSCHTER FAMILIENZUWACHS (Another Kind Of War, Another Kind Of Peace) 01.12.88
55.	LIEBE AUF DEN ZWEITEN BLICK (Love At Second Sight) 08.12.88
56.	VERSÖHNUNG (Man To Man) 15.12.88
57.	WEIHNACHTSMANN IN NÖTEN (With Love, The Claus) 22.12.88
58.	SCHMERZENDE NARBEN (The Hero) 26.12.88
59.	DIE REIFEPRÜFUNG (A Night To Remember) 29.12.88
60.	VERLIEBT IN EINEN GEIST (Ghost Rider) 05.01.89
61.	SEIN BESTER FREUND 1 (Man's Best Friend 1) 12.01.89
62.	SEIN BESTER FREUND 2 (Man's Best Friend 2) 19.01.89
63.	EIN FAIRER KAMPF (Fight For Your Life) 26.01.89
64.	FEINE GESELLSCHAFT (The People Next Door) 10.02.89
65.	EIN SCHLECHTER SCHERZ (I Was A Middle-Aged Werewolf) 17.02.89
66.	ALLES THEATER (Playing For Keeps) 24.02.89
67.	FLUCHT IN DEN TRAUM (Amazing Man) 03.03.89
68.	FLUCH DER VERGANGENHEIT (The Torch) 10.03.89
69.	LEBENSHILFE (All The Colors Of The Heart) 17.03.89
70.	MITBESTRAFT (Why Punish The Children?) 24.03.89
71.	TOD AUF DEM SCHULHOF (In With The 'In' Crowd) 31.03.89
72.	UNZERTRENNLICH (A Mother's Love) 07.04.89
73.	DER LANDARZT (Country Doctor) 14.04.89
74.	REVANCHE (Time In A Bottle) 21.04.89
75.	VERÄNDERUNGEN (Back To Oakland) 28.04.89
76.	DIE VISION (The Correspondent) 04.05.89
77.	EINE GROSSE LIEBE 1 (We Have Forever 1) 05.05.89

78. EINE GROSSE LIEBE 2 (We Have Forever 2)
12.05.89
79. SELBSTMITLEID (Aloha) 19.05.89
80. GANZ DER VATER (The Whole Nine Yards)
26.05.89
81. HIMMLISCHER FEHLER (Heaven Nose, Mr.
Smith) 02.06.89
82. HOFFNUNG FÜR LEE 1 (A Dolphin Song For
Lee 1) 09.06.89
83. HOFFNUNG FÜR LEE 2 (A Dolphin Song For
Lee 2) 16.06.89

84. DER WAHLKAMPF (Whose Trash Is It Anyway?) 13.03.91
85. LIEBE DER VERGANGENHEIT 1 (Hello And
Farewell 1) 20.03.91
86. LIEBE DER VERGANGENHÉIT 2 (Hello And
Farewell 2) 27.03.91
87. HERZLOS (A Dream Of Wild Horses) 30.03.91
88. EIN NEUER ANFANG? (Summer Camp)
03.04.91
89. DER GLAUBENSZWANG (The Silent Bell)
10.04.91
90. DAS KLASSENTREFFEN (The Reunion)
17.04.91
91. RUFMORD (The Source) 24.04.91
92. DER MANN DES JAHRES (The Squeaky
Wheel) 08.05.91
93. DIE ALTERSGRENZE (Goodbye, Mr. Zelinka)
15.05.91
94. DAS VERSPRECHEN (Choices) 22.05.91
95. EIN UNNÖTIGES OPFER? (The Inner Limits)
29.05.91
96. EIN TRAUMHAFTER AUFTRAG (It's A Dog's
Life) 05.06.91

EPISODEN (RTL 2):
97. SCHÖNE ZUKUNFT (Merry Christmas From
Grandpa) 19.10.93
98. DIE NACHT DER WUNDER (Basinger's New
York) 20.10.93

ERBEN DES FLUCHS
(Friday The 13th: The Series)
CND 1987-1990; 72 Episoden
Deutsche Ausstrahlung:
SAT.1 1990/1991; 64 Episoden
KABEL 1 1995; 2 Episoden

Darsteller: John D. LeMay (Ryan Dallion - 1987-
89), Louise Robey (Michelle „Micki" Foster), Christopher Wiggins (Jack Marshak), Steven Monarque (Johnny Ventura - 1989/90).

Ryan Dallion und Micki Foster, Cousin und Cousine, erben von ihrem verstorbenen Onkel Lewis
Vendredi einen Antiquitätenladen. Bald jedoch

stellt sich heraus, dass der Onkel mit teuflischen
Mächten im Bunde stand und Dinge verkaufte,
die fluchbeladen sind. Die Besitzer ziehen ver-
schiedenartige Vorteile aus den erstandenen
Dingen, müssen jedoch hierfür einen Preis bezahlen oder, was häufiger ist, dafür sorgen, dass
Unschuldige den Preis zahlen. Mit Hilfe des al-
ternden Jack Marshak machen sich die jungen
Leute daran, die verfluchten Stücke aufzuspüren,
um sie für immer sicherzustellen.
Kurz nachdem die drei Helden Johnny Ventura
kennenlernen, ersetzt dieser Ryan, der bei einem
der Einsätze wieder zum Kind wurde.

Die Serie begann mit recht einfachen Geschichten, die immer dem gleichen Schema folgten:
Gegenstand wird ausgeguckt und aufgespürt und
nach einigen Mühen, normalerweise unter Einsatz des eigenenen Lebens, sichergestellt. Im
Laufe der Zeit jedoch gelang es den Autoren dieser Sackgasse zu entfliehen. Die Episoden wurden besser und aus einer unterhaltsamen Serie
wurde eine empfehlenswerte. Durch verstärkten
Einsatz von brutalen Szenen, zumindest für
Fernsehverhältnisse, dürfte die Serie jedoch
nicht jedermanns Geschmack treffen.
Die Doppelepisode in der Ryan Dallion zum Kind
wird, wurde nicht in die Fernsehausstrahlung aufgenommen. Statt dessen erschien sie unter dem
Titel PROPHECIES auf Videokassette. Während
die kanadischen Titelgeber sich an den Erfolg
der Splatterfilmreihe FRIDAY THE 13TH anhängen wollten, bewiesen die Deutschübersetzer ein
ungekanntes Gespür: Der deutsche Titel passt
ausnahmsweise besser zum Serieninhalt.
Regisseur der Folge DER WUNDERHEILER war
Kultfilmemacher David Cronenberg.
Fluchbeladene Gaststars waren R.G. Armstrong,
Nigel (Nick Knight & Psi Factor) Bennett, Tia
(Relic Hunter) Carrere, Richard (Mission Erde)
Chevolleau, Catherine (Krieg der Welten & Nick
Knight) Disher, Carolyn Dunn, Von (Mission Er-
de) Flores, Denis (Krieg der Welten) Forest, Co-
lin (Psi Factor) Fox, Barclay (Psi Factor) Hope,
Robert Ito, Keye (Kung Fu) Luke, Belinda (Krieg
der Welten & Kung Fu: Im Zeichen des Drachen)
Metz, Paul (Psi Factor) Miller, Marsha (Ultraman-
Mein geheimes Ich) Moreau, David (Die verlore-
ne Welt) Orth, Scott Paulin, Andrea (Robocop)
Roth, Monika Schnarre, Joe Seneca, Carrie
Snodgress, Kate (Kung Fu: Im Zeichen des Dra-
chen) Trotter, Vanity, Ilse (Krieg der Welten) von
Glatz, Gwynyth Walsh, Ray (Mein Onkel vom

Mars) Walston, Fritz (Die Mars-Chroniken) Weaver und Maurice Dean (Captain Power, Psi Factor & TekWar) Wint.

EPISODEN (SAT.1):

1. DIE ERBSCHAFT (The Inheritance) 18.01.90
2. AMORS STACHEL (Cupid's Quivor) 25.01.90
3. DAS TODESORAKEL (The Poison Pen) 01.02.90
4. EWIGE JUGEND (A Cup Of Time) 08.02.90
5. DAS KABINETT DER VERDAMMNIS (The Great Montarro) 15.02.90
6. TÖDLICHE SCHATTEN (Shadow Boxer) 22.02.90
7. ONKEL LEWIS' RÜCKKEHR (Hellowe'en) 01.03.90
8. TÖDLICHE GESCHICHTEN (Tales Of The Undead) 15.03.90
9. HEILEN UND TEILEN (Dr. Jack) 22.03.90
10. DIE VOGELSCHEUCHE (Scarecrow) 29.03.90
11. BLUTIGES GELD (Root Of Evil) 05.04.90
12. DER WUNDERHEILER (Faith Healer) 12.04.90
13. BLUTDURST (The Baron's Bride) 19.04.90
14. AUS DEM SPIEGEL BLICKT DER TOD (Vanity Mirror) 26.04.90
15. EIN SCHATZ-EIN LEBEN (Bedazzled) 03.05.90
16. RUSSISCHES ROULETTE (Tattoo) 10.05.90
17. DER BRENNENDE STERN (Badge Of Honor) 17.05.90
18. DER MYSTERIÖSE ASSISTENT (Brain Dead) 24.05.90
19. DER ELEKTRISCHE STUHL (The Electrocutioner) 31.05.90
20. DAS GEHEIMNIS DER SEKTE (The Quilt Of Hathor 1) 07.06.90
21. DER INQUISITOR (The Quilt Of Hathor 2: The Awakening) 14.06.90
22. ALIBI FÜR EINEN MÖRDER (Double Exposure) 21.06.90
23. DER GEIST DES KAPITÄNS (The Pirate's Promise) 28.06.90
24. VATER UND SOHN (Pipe Dream) 05.07.90
25. DIE SPUR FÜHRT ZUR TITANIC (What A Mother Wouldn't Do) 12.07.90

26. IM BANN DER URNE (Bottle Of Dreams) 02.01.91
27. DAS TOR ZUR HÖLLE (The Doorway To Hell) 09.01.91
28. TOD DEN VOODOO-PRIESTERN (The Voodoo Mambo) 16.01.91
29. ES FOLGEN DIE NACHRICHTEN (And Now The News) 23.01.91
30. KOPF ODER ZAHL (Tails I Live, Heads You Die) 30.01.91
31. DIE VERWANDLUNG EINES MONSTERS (Master Of Disguise) 06.02.91
32. DAS WACHSFIGURENKABINETT (Wax Magic) 13.02.91
33. MORD FÜR EINE PUPPE (Read My Lips) 20.02.91
34. ZWISCHEN DER ZEIT (13 O'Clock) 27.02.91
35. DAS LETZTE RENNEN (Night Hunger) 06.03.91
36. BLUTIGE STACHEL (The Sweetest Sting) 13.03.91
37. DAS SPIELHAUS (The Playhouse) 20.03.91
38. DAS AUGE DES TODES (Eye Of Death) 27.03.91
39. DER PREIS DER SCHÖNHEIT (Face Of Evil) 03.04.91
40. VERSUCH AM LEBENDEN OBJEKT (Better Off Dead) 10.04.91
41. DREI OPFER FÜR DEN WERWOLF (Scarlet Cinema) 17.04.91
42. TODSICHERE WETTEN (The Mephisto Ring) 24.04.91
43. EIN WAHRER FREUND (A Friend To The End) 01.05.91
44. FLUCHT IN EIN ANDERES LEBEN (The Secret Agenda Of Mesmer's Bauble) 08.05.91
45. DIE BRAUT DES SATANS (Wedding In Black) 15.05.91
47. DER MAESTRO (The Maestro) 29.05.91
48. KAMPF DER SCHAMANEN (The Shaman's Apprentice) 05.06.91
49. EIN PERFEKTES ALIBI (The Prisoner) 12.06.91
50. ZIRKEL DER FINSTERNIS (Coven Of Darkness) 19.06.91
51. DIE DÄMONENJÄGER (Demon Hunter) 26.06.91
52. GEFANGEN IM EIGENEN KÖRPER (Crippled Inside) 03.07.91
53. TÖDLICHE GEDANKEN (Stick It In Your Ear) 10.07.91
54. RÜCKKEHR AUS DEM REICH DER TOTEN (Bad Penny) 17.07.91

55. BRENNENDER HASS (Hate On Your Dial) 16.10.91
56. DAS KREUZ DES FEUERS (Night Prey) 23.10.91
57. DIE MAGISCHE LEINWAND (Femme Fatale) 30.10.91
58. DIE BLUTIGE FEDER (Mightier Than The Sword) 06.11.91
59. DIE AFFEN DES SAMURAI (Year Of The Monkey) 14.11.91
60. SCHÖN BIS IN DEN TOD (Epitaph For A Lonely Soul) 21.11.91
61. DIE NACHT DER VERGELTUNG (Midnight Riders) 27.11.91
62. DER HUND MEINER TRÄUME (My Wife As A Dog) 04.12.91
63. IN DER HAUT MEINES FEINDES (The Long Road Home) 11.12.91
64. IN DEN WAHNSINN GETRIEBEN (Repitition) 18.12.91

65.   DIE QUALEN DER LIEBE (The Charnel Pit)
        28.09.95
66.   SPIELZEUG DES TEUFELS (Jack-In-The-Box)
        04.10.95

VIDEO:
I.   PROPHECIES (The Prophecies) 07.11.90

ES GESCHAH ÜBERMORGEN/GRENZ-FÄLLE-ES GESCHAH ÜBERMORGEN
(Les Frontières Du Possible)
F/BRD 1973; 13 Episoden
Deutsche Ausstrahlung:
ZDF 1973/1974; 13 Episoden

Darsteller: Pierre Vaneck (Yan Thomas), Elga Andersen (Barbara Andersen), Eva Christian (Christa Neumann), Jean-François Remi (Courtenay-Gabor), Roger Rudel (Chalier), Yvette Montier (Sekretärin Elaine).

Die Sicherheitsorganisation BIPS (=Bureau International de Prévention Scientifique; Internationales Institut zum Schutz der Wissenschaften) kämpft gegen den Missbrauch von wissenschaftlichen Neuentwicklungen und untersucht seltsame Vorkommnisse. Ihr bester Agent ist Yan Thomas, der, wie das bei besten Agenten so ist, immer dann zum Einsatz kommt, wenn es um besonders schwere Fälle geht. Was für Fälle? Ein Astronaut, der grundlos seine Familie tötet; durch eine Art Lähmung vervierfacht sich die Länge des Tages im Dorf La Tour; angebliche UFOs über Finnland; rapide wachsende Tiere; Telepathie; ein lachender Pariser Vorort; Ausserirdische usw.

Mitteldurchwachsene Serie, an die sich heute kaum noch ein Mensch erinnert. Nicht ganz berechtigt, denn die Serie war, trotz einiger Chauvi-Anfälle der Hauptfigur, durchaus amüsant.
Auf deutscher Seite war als Gaststar z. B. Friedrich Schütter vertreten.

EPISODEN:
1.   DER SELTSAME ZWEIG (- liegt nicht vor -)
        12.10.73
2.   DIE ASTRONAUTEN (- liegt nicht vor -)
        26.10.73
3.   DER TAG HAT 96 STUNDEN (- liegt nicht
        vor -) 09.11.73
4.   WARUM LACHT MAN IN SURVILLE? (- liegt
        nicht vor -) 23.11.73
5.   DAS VERMÄCHTNIS BENAZZI (- liegt nicht
        vor -) 07.12.73
6.   GEHEIME KONFERENZEN (- liegt nicht vor -)
        21.12.73
7.   WER GLAUBT SCHON AN MARSMENSCHEN
        (- liegt nicht vor -) 04.01.74
8.   ZWEI HERREN AUF DEM HOLZWEG (- liegt
        nicht vor -) 18.01.74
9.   UNTERTASSEN FLIEGEN NICHT (- liegt nicht
        vor -) 01.02.74
10.   KEINE ANGST VOR GROSSEN STIEREN
        (- liegt nicht vor -) 15.02.74
11.   DAS ZERRISSENE NETZ (- liegt nicht vor -)
        01.03.74
12.   EINE KATZE-KEINE KATZE (- liegt nicht vor -)
        29.03.74
13.   AKTE HEMINGWAY (- liegt nicht vor -)
        19.04.74

EXPEDITION ADAM '84; siehe: DIE BESUCHER

EIN FALL FÜR PROFESSOR CHASE
(Manimal)
USA 1983; Pilot & 7 Episoden
Deutsche Ausstrahlung:
SAT.1 1990; Pilot & 6 Episoden
Pro 7 1993; 1 Episode

Darsteller: Simon MacCorkindale (Professor Jonathan Chase), Melody Anderson (Detective Brooke McKenzie), Reni Santoni (Lieutenant Nick Rivera), Michael D. Roberts (Tyrone C. Earl).

Collegeprofessor Jonathan Chase ist ein reicher Mann. Sein Vater, ein berühmter Forscher, hat ihm viel Geld hinterlassen. Aber das ist nicht alles. Er vererbte seinem Sohn auch das Geheimnis der Körpertransformation. Chase kann sich nunmehr in jedes beliebige Tier verwandeln, dass das Budget der Serie erlaubt. Und mit ebendiesen Fähigkeiten tritt er gegen die Grossen und Kleinen der Unterwelt an.

Lächerliche, total vorraussehbare Zeitverschwendung. Einfallsreichtum und Spannungsniveau halten sich schön gleichmässig auf dem Nullpunkt. Ein weiterer „Leckerbissen" aus dem ruinösem Hause Glen A. Larsons, dem Schöpfer von „Klassikern" wie AUTO- (qv) und HIGHWAY-

MAN (qv).
Tierischen Spass hatten die Gaststars Ursula Andress, Glenn Corbett, Jeff Corey, Robert (V) Englund, Mary-Margaret (Eerie, Indiana) Humes, Richard (Kampfstern Galactica) Lynch, Doug (Mein Vater ist ein Außerirdischer) McClure, Meeno (Zeitreisende) Peluce, Robert O'Reilly, Wolf Roth, Tracy (Superman & Babylon 5) Scoggins und Keenan Wynn.

EPISODEN (SAT.1):
1. EIN FALL FÜR PROFESSOR CHASE (Manimal) 04.11.90
2. BETRUG AUF DER RENNBAHN (High Stakes) 10.11.90
3. DAS WOLFSMÄDCHEN VON SULTANPUR (Female Of The Species) 24.11.90
4. ILLUSIONEN (Illusion) 01.12.90
5. DAS GEHEIMNIS DES WALROSSZAHNS (Scrimshaw) 08.12.90
6. 100 DOLLAR ZUVIEL (Night Of The Scorpion) 22.12.90
7. IM ZEICHEN DES DRACHEN (Breath Of The Dragon) 29.12.90

EPISODEN (Pro 7):
8. URLAUB MIT HINDERNISSEN (Night Of The Beast) 11.09.93

IX. NIGHTMAN: -liegt nicht vor- (NightMan: Manimal)

FAMILIE MUNSTER
(The Munsters Today)
USA 1988-1991; 73 Episoden
Deutsche Ausstrahlung:
RTL plus 1990-1992; 73 Episoden

Darsteller: John Schuck (Herman Munster), Lee Meriwether (Lily Munster), Howard Morton (Grandpa Vladimir Dracula), Jason Marsden (Edward Wolfgang „Eddie" Munster), Hilary Van Dyke (Marilyn Munster).

Die bereits bekannte Familie Munster erwacht nach 20-jährigem Schlaf in unserer modernen Welt und fährt da fort, wo die Urserie endete. Mit der Zeit gewöhnt sich die „veraltete" Sippe an die neue Welt, was insbesondere bei den Teenies Eddie und Marilyn ins Gewicht fällt.

Neue Gesichter, neue Stories und ein altes Format, siehe auch THE MUNSTERS. Kein völliger Missgriff, wie die meisten Neuaufgüsse von Klassikern, aber auch nicht mehr als durchschnittliche Unterhaltung. Dem Look der alten, schwarzweissen Serie wurde Tribut gezollt, indem die Macher die Farben aufhellten und somit einen etwas verwaschenen Eindruck gaben.
John Schuck spielte bereits in HOLMES & YOYO (qv); Lee Meriwether in TIME TUNNEL (qv); Jason Marsden tauchte später in EERIE, INDIANA (qv) auf. Familiäre Gaststars waren Billy Barty, Jonathan (seaQuest DSV & 2032) Brandis, Dr. Joyce Brothers, Bill (Bezaubernde Jeannie) Daily, Norman Fell, Zsa Zsa Gabor, Dick (Immer wenn er Pillen nahm & Mini-Max) Gautier, Richard Moll, Pat Morita, Robbie (Kampfstern Galactica) Rist und Gregory Sierra.

EPISODEN:
1. DIE MRS. TRANSYLVANIA-WAHL (Green-Eyed Munsters) 05.04.90
2. DIE LIEBESTROPFEN (Eau De Munster) 12.04.90
3. LILY MACHT KARRIERE (Designing Munster) 19.04.90
4. MUNSTER ROCK (Rock Fever) 26.04.90
5. DER MUNSTER-FILM (Light, Camera, Munsters) 03.05.90
6. GRANDPAS PASS (Farewell, Grandpa) 10.05.90
7. HERMAN UND DIE FRÜHSTÜCKSFLOCKEN (A Hero Ain't Nothin' But A Cereal) 17.05.90
8. ZWEI LINKE FÜSSE (Two Left Feet) 24.05.90
9. DAS GROSSE HEULEN (The Howling) 31.05.90
10. DIE VAMPIR-PASTETE (Vampire Pie) 04.06.90
11. WERWOLF IN NÖTEN (Don't Cry Wolfman) 07.06.90
12. HERMAN ALS AKTIONÄR (Corporate Munster) 21.06.90
13. HERMAN DRÜCKT DIE SCHULBANK (Magna Cum Munsters) 12.07.90
14. EDDIE, DAS FLIEGENGEWICHT (Flyweight Champion Of The World) 19.07.90
15. BASKETBALL-HORROR (Munster Hoopster) 09.08.90
16. PENSION MUNSTER (MC Munsters) 16.08.90
17. HERMAN IN DER ZWANGSJACKE (The Not So Great Escape) 23.08.90
18. GRANDPA AUF FREIERSFÜSSEN (Computer Mating) 26.08.90
19. NEUE NACHBARN (Neighborly Munsters) 30.08.90
20. PROFESSOR GRANDPA (Professor Grandpa) 02.09.90
21. MARILYN REICHT'S (One Flew Over The Munsters' Nest) 09.09.90
22. SAG AAAA (Say Ahhh) 16.09.90
23. DREIHUNDERT UND IRGENDWAS (Three Hundred Something) 23.09.90

24.	WILLY, DER UNGLÜCKSMAGNET (It's A Sad World) 30.09.90
25.	DAS MÖRDERSPIEL (Murder In Munsterland) 07.10.90
26.	GRANDPAS GROSSE LIEBE (Once In ABlue Moon) 14.10.90
27.	POKERN MIT DEM TEUFEL (The Melting Pot) 21.10.90
28.	HERMAN VOR GERICHT (Trial) 28.10.90
29.	GATEMANS SOHN (Gateman And Son) 11.11.90
30.	DER NEUE JACK THE RIPPER (Drac The Ripper) 18.11.90
31.	WER EINMAL LÜGT (Pants On Fire) 25.11.90
32.	DIE SCHRECKLICHEN TEENAGER (Munstergeist) 02.12.90
33.	BABY MUNSTERS (It's A Baby) 09.12.90
34.	LEONARD HÖRT NICHT AUF ZU KLAPPERN (Never Say Die) 16.12.90
35.	- liegt nicht vor- 23.12.90
36.	- liegt nicht vor- 30.12.90
37.	- liegt nicht vor- 06.01.91
38.	BESUCH VON DR. FRANKENSTEIN (Will The Real Herman) 13.01.91
39.	VAMPIRISCHE VERSE (Thicker Than Water) 27.01.91
40.	HERMAN STREIKT (Take This Job And Shovel It) 03.02.91
41.	EDDIES HORMONSCHUB (Raging Hormones) 10.02.91
42.	FRIEDHOF HERMAN (Tell 'Em Herman Sent You) 17.02.91
43.	MINI-HERMAN (Misadventures In Time) 24.02.91
44.	HOCHZEIT MIT HINDERNISSEN (Reunion) 03.03.91
45.	WOZU WURDE ICH GEBAUT? (It's A Wonderful Afterlife) 10.03.91
46.	- liegt nicht vor- 17.03.91

47.	GRANDPAS WÜNSCHE (A Little Russian Dressing) 14.07.91
48.	HERMAN UNTERWEGS ZUR VENUS (Herman, The Astronaut) 21.07.91

49.	VOM PECH VERFOLGT (The Silver Bullet) 13.10.91
50.	DIE GEBLITZTEN MUNSTERS (The Real Mun sters) 20.10.91
51.	DER DRITTE WUNSCH (Wishing You Were Here) 27.10.91
52.	DREI MONSTER UND EIN BABY (Three Munsters And A Baby) 03.11.91
53.	DAS IST MEINE PARTY-UND ICH STERBE, WANN ICH WILL (It's My Party And I'll Die If I Want To) 10.11.91
54.	ICH WILL MEIN GESICHT ZURÜCK (Just Another Pretty Face) 17.11.91
55.	DER JUNGE DER TRÄUME (Kiss, Kiss) 20.11.91

56.	LASS' MEINE GEDANKEN IN RUHE (Mind Reader) 24.11.91
57.	EINE NORMAL VERRÜCKTE FAMILIE (Family Night) 01.12.91
58.	DAS GETEILTE HAUS (A House Divided) 08.12.91
59.	KLEIN, ABER OH SCHRECK (Large) 15.12.91
60.	KREDITKARTEN-HORROR (A Matter Of Trust) 22.12.91
61.	WER DIE KETTE BRICHT... (Breaking The Chain) 29.12.91
62.	EIN GRÜNES WOCHENENDE (A-Camping We Will Go) 05.01.92
63.	MERLINS GLÜCKSGROSCHEN (Lotsa Luck) 12.01.92
64.	DER GOLDENE GRIFF (If I Only Knew Now) 19.01.92
65.	LAMPENGEIST MIT KLEINEN FEHLERN (Genie From Hell) 26.01.92
66.	DIE STIMME DES HERZENS (Beating Of Your Heart) 02.02.92
67.	DIE MUNSTER MIDLIFE-KRISE (Diary Of A Mad Munster Wife) 09.02.92
68.	DIE WETTE (The Bet) 16.02.92
69.	SURFER-PARADIES (Makin' Waves) 23.02.92
70.	- liegt nicht vor- 01.03.92
71.	- liegt nicht vor- 08.03.92
72.	- liegt nicht vor- 15.03.92
73.	DIE TRUHE (Das Trunk) 22.03.92

DER FAMILIENSCHRECK
(What A Dummy)
USA 1990/1991; 24 Episoden
Deutsche Ausstrahlung:
RTL Television 1994; 10 Episoden

Darsteller: Stephen Dorff (Tucker Brannigan), Joshua Rudoy (Cory Brannigan), David Doty (Ed Brannigan), Annabel Armour (Polly Brannigan), Janna Michaels (Maggie Brannigan), Kaye Ballard (Treva Travalony).

Ed Brannigans Onkel Jackie stirbt und hinterlässt seinem Neffen einen Koffer mit Utensilien aus seiner Bauchrednerzeit, inklusive Buzz. Buzz ist Jackies Puppe, die seit fünfzig Jahren eingesperrt gewesen war und sich nun lauthals Luft verschafft. Ja, diese Puppe kann reden.

Diese Serie war so miserabel, dass Buzz sich einen äusserst kurzen Lebensabend in einem Häksler verdient hätte.
Puppenmitspieler ware unter anderen Allyce Beasley, Henry Gibson und Pat Morita.

EPISODEN:
1. DAS VERMÄCHTNIS AUS DER KISTE (What A Dummy) 16.01.94
2. CORY, HELD DER FAMILIE (My Hero) 23.01.94
3. EIN UNGLÜCK KOMMT SELTEN ALLEIN (The Contractor From Hell) 30.01.94
4. PERSÖNLICHKEIT ZU VERKAUFEN (Whose Life Is It Anyway?) 06.02.94
5. TUCKER IST DER GRÖSSTE (The Champ) 13.02.94
6. BESUCH VOM ANDEREN STERN (Good Neighbor Brannigan) 20.02.94
7. SCHROTT BRINGT SPOTT (Car Wars) 27.02.94
8. HURRA, ICH BIN NICHT VERRÜCKT (Grandpa Lou) 06.03.94
9. EINE VERHÄNGNISVOLLE AFFÄRE (What I Did For Love) 20.02.94
10. LEHRER SIND AUCH MENSCHEN (The Substitute) 10.04.94

FANTASTIC JOURNEY-GEFANGEN AUF DER INSEL DER ZEIT
(Fantastic Journey)
USA 1977; 10 Episoden (erste doppellang)
Deutsche Ausstrahlung:
RTL Television 1995/1996; 10 Episoden

Darsteller: Jared Martin (Varian), Carl Franklin (Dr. Fred Walters), Ike Eisenmann (Scott Jordan), Katie Saylor (Liana), Roddy McDowall (Dr. Jonathan Willaway).

Eine Gruppe von Wissenschaftlern stösst beim Untersuchen des Bermudadreiecks auf eine Insel, auf der sich die Zeiten vermischen. In diese Zeitkrümmung wird Dr. Fred Walters, Mitglied dieser Expedition, hineingezogen, wo er vier weitere Personen aus verschiedenen Zeitzonen trifft, die einen Weg zurück suchen.

Mitteldurchwachsene Serie, der kein Erfolg beim Publikum beschieden war.
Jared Martin spielte später in KRIEG DER WELTEN (qv); Roddy McDowall war vor dieser Serie auf dem PLANET DER AFFEN (qv) ansässig.
Auf die fantastische Reise mitgenommen wurden Joan Collins, Leif Erickson, Mel Ferrer, Susan Howard, Richard (Salvage 1) Jaeckel und John Saxon.

EPISODEN:
1. DIE GEHEIMNISVOLLE INSEL 1 (Vortex) 05.11.95
2. DIE GEHEIMNISVOLLE INSEL 2 (Atlanteum) 19.11.95
3. DIE STADT HINTER DEM BERG (Beyond The Mountain) 26.11.95
4. DER TEMPEL DES TODES (The Children Of The Gods) 03.12.95
5. EIN KONSUL AUF ABWEGEN (A Dream Of Conquest) 10.12.95
6. SPIEL MIT DEM FEUER (An Act Of Love) 07.01.96
7. JAHRMARKT DER VERLORENEN SEELEN (Funhouse) 14.01.96
8. DER AUFSTAND DER FRAUEN (Turnabout) 21.01.96
9. DER STEIN DER WUNDER (Riddles) 28.01.96
10. RAYAT UND SEIN UNSCHULDIGES VOLK (The Innocent Prey) 04.02.96

FANTASTISCHE GESCHICHTEN/ PHANTASTISCHE GESCHICHTEN
(Amazing Stories)
USA 1985-1987; 45 Episoden (zwei doppellange)
Deutsche Ausstrahlung:
RTL 2 1993/1994; 47 Episoden

Anthologieserie, die die Bereiche Science Fiction, Fantasy und stellenweise Horror abdeckt.
Steven Spielberg, bekannter Regisseur von erfolgreichen Kinofilmen und Erfinder oder Produzent verdient erfolgloser Fernsehserien, war schon immer ein Fan des Klassiker TWILIGHT ZONE (qv). Nachdem er in Koopration mit anderen Regisseuren schon einen TZ-Kinofilm herstellte, dem es nicht gelang, das Flair der alten Serie einzufangen, versuchte er sich nun an diesem Abklatsch. Trotz toller Besetzungen und Meistern ihres Faches hinter der Kamera, kamen nur sehr selten gute Episoden zum Vorschein.
Die Masse der Folgen war genau das: Massenware.
Vor der Fernsehausstrahlung fand ein Grossteil der Episoden seinen Weg in die Videotheken.
Zu den Darstellern einzelner Episoden gehören Loni Anderson, Drew Barrymore, Paul Bartel, Frances Bay, Dirk (Kampfstern Galactica) Benedict, Milton Berle, Beau Bridges, Richard (Mission Seaview) Bull, David (Kung Fu & Kung Fu: Im Zeichen des Drachen) Carradine, Kevin Costner, James Cromwell, Royal (Das Geheimnis von Twin Peaks) Dano, Bruce (Harry und die Hendersons) Davison, Dom DeLuise, Danny DeVito,

Hector Elizondo, Lou (Hulk) Ferrigno, Carrie Fisher, Galyn (Das Geheimnis von Twin Peaks & M.A.N.T.I.S.) Görg, Seth (Buffy) Green, Mark Hamill, Gregory Hines, Pat (The Shining) Hingle, Amy Irving, Brion James, Harvey Keitel, John (Hinterm Mond gleich links) Lithgow, Christopher (Tödliches Spiel) Lloyd, Sondra Locke, June (Verschollen zwischen fremden Welten) Lockhart, Mary Stuart Masterson, Dick Miller, Scott Paulin, Leo Penn, Robert (Star Trek: Raumschiff Voyager) Picardo, David Rappaport, Joe (Streethawk) Regalbuto, Tim Robbins, Jamie Rose, Tim (Highwayman & Star Trek: Raumschiff Voyager) Russ, Wendy (Fantasy Island) Schaal, Helen (Poltergeist) Shaver, Charlie Sheen, Lane (Superman & V) Smith, Kiefer Sutherland, Patrick Swayze, M. Emmet Walsh, Sam (Q.E.D.) Waterston, Ian Wolfe und Mary Woronov.
Die bekanntesten Regisseure waren Paul Bartel, Joe Dante, Danny DeVito, Clint Eastwood, Tobe Hooper, Peter Hyams, Irvin Kershner, Burt Reynolds, Martin Scorsese, Steven Spielberg und Robert Zemeckis.

EPISODEN:
1. DER GEISTERZUG (Ghost Train) 08.03.93
2. DER METEOR (The Main Attraction) 09.03.93
3. DAS LETZTE GEFECHT (Alamo Joe) 10.03.93
4. DIE MUMIE (Mummy, Daddy) 11.03.93
5. DIE NOTLANDUNG 1 (The Mission) 15.03.93
6. DIE NOTLANDUNG 2 (The Mission) 16.03.93
7. DER HELLSEHER (The Amazing Fallsworth) 17.03.93
8. DIE MAGIE DER KARTEN (Mr. Magic) 22.03.93
9. DIE HIMMLISCHEN (Guilt Trip) 23.03.93
10. AUSSER KONTROLLE (Remote Control Man) 24.03.93
11. DER WEIHNACHTSMANN (One Amazing Night) 25.03.93
12. VERLIEBT IN DIE KUNST (Vanessa In The Garden) 29.03.93
13. DIE ZÄHMUNG (The Sitter) 30.03.93
14. DER HELD (No Day At The Beach) 31.03.93
15. WER ANDEREN EINE GRUBE GRÄBT... (One For The Road) 01.04.93
16. DER TRÄUMER (Gather Ye Acorns) 05.04.93
17. GEISTREICH (Boo) 06.04.93
18. KOMA (Dorothy And Ben) 07.04.93
19. DAS PHANTOM IM SPIEGEL (Mirror, Mirror) 08.04.93
20. VERSTECKTE KAMERA (Secret Cinema) 13.04.93
21. EIN TÖDLICHES TOUPEE (Hell Toupee) 14.04.93
22. LIEBEMACHERS PUPPEN (The Doll) 15.04.93
23. WISSEN IST MACHT (One For The Books) 19.04.93
24. DER GEIST LEBT WEITER (Grandpa's Ghost) 20.04.93
25. DER GOLDENE RING (The Wedding Ring) 21.04.93
26. DIE FALSCHE FORMEL (Miscalculation) 22.04.93
27. GROSSVATERS SCHÖNSTER TAG (Magic Saturday) 08.03.94
28. JEDEM SEINEN ALPTRAUM (Welcome To My Nightmare) 09.03.94
29. DER FLUGZEUGABSTURZ (You Gotta Believe Me) 10.03.94
30. DAS MONSTER AUS DEM MÄRCHENBUCH (The Greibble) 16.03.94
31. DER TODESKANDIDAT (Life On Death Row) 16.03.94
32. DER UNGELIEBTE LEHRER 1 (Go To The Head Of The Class) 18.03.94
33. DER UNGELIEBTE LEHRER 2 (Go To The Head Of The Class) 23.03.94
34. DIE BRUNNENBEWOHNER (Thanksgiving) 23.03.94
35. DAS WUNDERMITTEL (The Pumpkin Connection) 25.03.94
36. EIN WUNSCHKIND (What If...?) 30.03.94
37. TOT ODER LEBENDIG (Eternal Mind) 30.03.94
38. ZEITZEICHEN (Lane Change) 01.04.94
39. DER NEUE PARTNER (Blue Man Down) 06.04.94
40. LUCY, DIE WUNDERPFLANZE (The 21-Inch Sun) 06.04.94
41. ARMER KÖTER (Family Dog) 07.04.94
42. DER KREATIVE (Gershwin's Trunk) 13.04.94
43. DIE NEUE NACHBARIN (Such Interesting Neighbors) 13.04.94
44. DIE RÜCKKEHR (Without Diana) 15.04.94
45. EIN UNGEWÖHNLICHER UMZUG (Moving Day) 20.04.94
46. DER WETTBEWERB (Miss Stardust) 20.04.94
47. DIE BESUCHER (Fine Tuning) 11.05.94

FANTASY ISLAND
(Fantasy Island)
USA 1978-1984; ca. 150 Episoden
Deutsche Ausstrahlung:
SAT.1 1989-1991; 54 Episoden
Kabelkanal 1992-1994; 91 Episoden
SAT.1 1996; 2 Episoden

Darsteller: Ricardo Montalbán (Mr. Roarke), Hervé Villechaize (Tattoo - 1978-83), Wendy Schaal (Julie - 1981/82), Christopher Hewett (Lawrence - 1983/84).

Auf einer paradiesischen Insel erwartet die Besucher ein ganz spezielles Angebot: Jeder Traum wird hier erfüllt. Leiter dieses aussergewöhnlichen Ferienclubs ist Mr. Roarke, ein geheimnisvolles Wesen, das, wie sich herausstellt, über magische Fähigkeiten verfügt und so illustre Wesen wie Götter, Dämonen, Meerjungfrauen und sogar den Teufel zu seinem Bekanntenkreis zählt. Bei der Abfertigung wird er von Tattoo unterstützt, einem dem schönen Geschlecht nicht abgeneigten Liliputaner. Verstärkung bekommen die beiden für ein Jahr von der jungen Julie. Und nach fünf Jahren geschäftigen Treibens, durfte Tattoo seinen Hut nehmen. Ersetzt wurde er durch Lawrence, durch und durch Typ englischer Butler.

Diese Serie entstand im Kielwasser des LOVE BOATs. Hier wie dort wurden mehrere parallel laufende Geschichten abgehandelt und beide Serien lebten insbesondere vom Einsatz bildschirmbekannter Gaststars. Aus der Vielzahl gefühlsduseliger Episoden ragten nur ab und an solche Stories heraus, in denen der phantastische Teil den Herzschmerzteil überdeckte. Meist waren dies Geschichten in die Mr. Roarke selbst hineingezogen wurde.
Da keine halbwegs erfolgreiche Serie ungeschoren davonkommt, folgte 1998 eine Neuauflage — siehe nächsten Eintrag.
Ricardo Montalbán versuchte sich später in der Serie EINMAL HIMMEL UND ZURÜCK (qv). Ein paar schöne Stunden auf der Phantasieinsel machten sich Don (Mini-Max) Adams, Don Ameche, Loni Anderson, Richard (Der Sechs-Millionen-Dollar-Mann & Die 7-Millionen-Dollar-Frau) Anderson, Michael Ansara, Adrienne Barbeau, Billy Barty, Ed Begley, Jr., Christine (Outlaws) Belford, Ralph Bellamy, Milton Berle, Linda Blair, Sonny Bono, Victor (Der Mann aus Atlantis) Buono, LeVar (Raumschiff Enterprise-Das nächste Jahrhundert) Burton, John Carradine, David Cassidy, Joanna Cassidy, Joan Collins, Christopher (Die Mars-Chroniken) Connelly, Chuck (Werwolf) Connors, Hans Conried, Alex (Airwolf) Cord, Jeff Corey, Joseph Cotten, Ronny Cox, Stuart (The Champions) Damon, Royal (Das Geheimnis von Twin Peaks) Dano, James (Time Tunnel) Darren, Geena Davis, Sammy Davis, Jr., James (Raumschiff Enterprise) Doohan, Samantha Eggar, Ike (Fantastic Journey) Eisenmann, Britt Ekland, Jack Elam, Ron (Tarzan) Ely, José Ferrer, Steve (Team Knight Rider) Forrest, Bernard (Verliebt in eine Hexe) Fox, Anne Francis, Genie Francis, Don Galloway, Dick (Immer wenn er Pillen nahm) Gautier, Lynda Day (Kobra, übernehmen Sie) George, Henry Gibson, Stefan (Dark Shadows) Gierasch, Peter (Kobra, übernehmen Sie) Graves, Erin (Buck Rogers) Gray, Kevin (Planet der Giganten) Hagen, Jonathan (Verschollen zwischen fremden Welten) Harris, Richard (Kampfstern Galactica) Hatch, David (Mission Seaview) Hedison, Pamela (Buck Rogers) Hensley, Celeste Holm, Engelbert Humperdinck, Wilfred (Buck Rogers) Hyde-White, Carolyn (Addams Family) Jones, Bernie (Mini-Max) Kopell, Yaphet Kotto, Peter Lawford, Janet Leigh, Carol Lynley, Simon (Ein Fall für Professor Chase) MacCorkindale, Larry Manetti, Monte (Der Mann von Gestern) Markham, Jared (Fantastic Journey & Krieg der Welten) Martin, Ross (Verrückter Wilder Westen) Martin, Heather (Salvage 1) McAdam, Doug (Mein Vater ist ein Ausserirdischer) McClure, Roddy (Planet der Affen & Fantastic Journey) McDowall, Lee (Time Tunnel) Meriwether, Ray Milland, A (Profiler) Martinez, Cameron Mitchell, Diana (Raumschiff Enterprise-Das nächste Jahrhundert) Muldaur, Ben (Gemini Man) Murphy, Leslie Nielsen, David Opatoshu, Donald O'Connor, Nehemiah Persoff, Donna (Mein Vater ist ein Ausserirdischer) Pescow, Cassandra Peterson, Joanna Pettet, Michelle Pfeiffer, Michelle Phillips, James Read, Cesar Romero, Jamie Rose, John Rubinstein, Dick (Verliebt in eine Hexe) Sargent, John Saxon, John (Holmes & Yoyo & Familie Munster) Schuck, Elke Sommer, Laurette (Kampfstern Galactica) Spang, Jill St. John, Don Stroud, Lyle (Wonder Woman) Waggoner, Ray (Mein Onkel vom Mars) Walston, Patrick Wayne, Adam (Batman) West, Stuart (Superboy) Whitman, Paul Williams, William Windom, Morgan Woodward, Jane Wyatt und Keenan Wynn.

EPISODEN:

1. DER PRINZ UND EIN SHERIFF (The Prince & The Sheriff) 07.07.89
2. SCHWERE WAGEN, LEICHTE MÄDCHEN (Lady Of The Evening & The Racer) 14.07.89
3. TASCHENDIEBE UND PIRATEN (The Big Dipper & The Pirate) 21.07.89
4. DICHTER, GRÄBER UND GELEHRTE (Best Seller & The Tomb) 28.07.89
5. GELD UND MÄDCHEN MACHEN MUNTER (Bet A Million & Mr. Irresistable) 04.08.89
6. EINMAL EIN HELD SEIN (Trouble, My Lovely & The Common Man) 11.08.89

7.   DAS HERZ ENTSCHEIDET (Return & The Toughest Man Alive) 18.08.89

8.   GELD MACHT NICHT GLÜCKLICH (Seance & The Treasure) 25.08.89

9.   LÜGEN HABEN KURZE BEINE (Cowboy & Substitute Wife) 08.09.89

10.   ECHTE MÜTTER, FALSCHE GEISTER (Birthday Party & Ghostbreaker) 15.09.89

11.   BEWÄLTIGTE VERGANGENHEIT (Family Reunion & Voodoo) 22.09.89

12.   ALLER ANFANG IST SCHWER (The Comic & The Golden Hour) 29.09.89

13.   ALTE LIEBE ROSTET NICHT (Yesterday's Love & Fountain Of Youth) 04.10.89

14.   VON VAMPIREN UND VEREHRERN (The Lady And The Longhorn & Vampire) 11.10.89

15.   ALLES KOMMT ANDERS (Hit Man & The Swimmer) 18.10.89

16.   LIEBESGOTT UND BÜRGERKRIEG (Magnolia Blossoms & Tattoo: The Love God) 25.10.89

17.   MIT MUT IM HERZEN (The Red Baron & Young At Heart) 01.11.89

18.   JAGDFIEBER UND KAUFRAUSCH (Spending Spree & The Hunted) 08.11.89

19.   DIE IM SCHATTEN STEHEN (Escape & Cinderella Girls) 15.11.89

20.   DIE TÄNZERIN UND DAS TESTAMENT (The Dancer & Nobody's There) 22.11.89

21.   AUF DER SUCHE NACH DEM GLÜCK (Treasure Hunt & Beauty Contest) 29.11.89

22.   PRAXIS UND THEORIE (King For A Day & Instant Family) 06.12.89

23.   UNGEWÖHNLICHE ERLEBNISSE (The Flight Of The Yellow Bird & The Island Of The Lost Women) 13.12.89

24.   GLÜCK HAT VIELE GESICHTER (Call Me Lucky & Torch Song) 20.12.89

25.   BERÜHMT UND BERÜCHTIGT (The Funny Girl & Butch And Sundance) 27.12.89

26.   GEFÄHRLICHES SPIEL (Superstar & Salem) 26.05.90

27.   GEJAGT UND VERFOLGT (The Beachcomber & The Last Whodunnit) 02.06.90

28.   AUF ABWEGEN (Homecoming & The Sheikh) 09.06.90

29.   LIEBE UND JUWELEN (I Want To Get Married & The Jewel Thief) 16.06.90

30.   WIE IN ALTEN ZEITEN (Carnival & The Vaudevillians) 23.06.90

31.   DAS EINFACHE LEBEN (The Appointment & Mr. Tattoo) 30.06.90

32.   KINDERGESICHT UND POKERFACE (Photographs & Royal Flush) 07.07.90

33.   JEDER AUF SEINE WEISE (The Stripper & The Boxer) 14.07.90

34.   TATTOOS ROMANZE (The Handyman & Tattoo's Romance) 04.08.90

35.   KLASSENTREFFEN (Class Of '69 & The Pug) 11.08.90

36.   OPFER DER LIEBE (The Mermaid & The Victim) 18.08.90

37.   GESUCHT UND GEFUNDEN (The Cheerleaders & Marooned) 25.08.90

38.   EXOTISCHE HOCHZEIT (The Wedding) 15.09.90

39.   ERFINDERGLÜCK (The Inventor & On The Other Side) 22.09.90

40.   GROSSE SCHEINE UND EDLE TROPFEN (Lookalikes & The Winemaker) 29.09.90

41.   NACHT VOLLER SCHRECKEN (Unholy Wedlock & Elizabeth) 06.10.90

42.   DIE GEWALT DER WORTE (Rogues And Riches & Stark Terror) 13.10.90

43.   GESPIELIN WIDER WILLEN (Playgirl & Smith's Valhalla) 20.10.90

44.   IN LETZTER SEKUNDE (Aphrodite & Dr. Jekyll And Miss Hyde) 27.10.90

45.   MIT LETZTER KRAFT (My Fair Pharaoh & The Power) 03.11.90

46.   VOM FLUCH BEFREIT (The Chateau & White Lightning) 10.11.90

47.   FALSCHER ZAUBER (Cyrano & The Magician) 24.11.90

48.   DIE WIDRIGKEITEN DES LEBENS (Mr. Nobody & La Liberatora) 01.12.90

49.   GLÜCKLICH VEREINT (Druids & A Night In A Harem) 08.12.90

50.   MIT CHARME GESIEGT (A Very Strange Affair & The Sailor) 22.12.90

51.   VON ÄUSSERER UND INNERER SCHÖNHEIT (Face Of Love & Image Of Celeste) 29.12.90

52.   WENN TRÄUME WAHR WERDEN (The Magic Camera & Mata Hari & Valeria) 29.03.91

53.   GELIEBTE IDOLE (Don Quixote & The Sex Symbol) 15.12.91

54.   KUNSTVERSUCHE (Also Rans & Portrait Of Solange) 21.12.91

EPISODEN (Kabelkanal):

55.   PROFIS HABEN ES SCHWER (The Over-The-Hill Gang & Poof, The Movie Star) 29.10.92

56.   ERFOLGREICH UND VERLIEBT (Fool For A Client & Double Your Pleasure) 06.11.92

57.   KARRIERE UND VERGELTUNG (The Chain Gang & The Boss) 13.11.92

58.   DSCHUNGELGESCHICHTEN (Jungle Man & Mary Ann And Miss Sophisticate) 20.11.92

59.   KINDERTRAUM UND HEISSE STORY (Eagleman & Children Of Mentu) 26.11.92

60.   HINTER WOLKEN UND MEERESWELLEN (Flying Aces & The Mermaid Returns) 27.11.92

61.   UNGEAHNTES TALENT (The Skater's Edge & Concerto Of Death) 03.12.92

62.   PAKT MIT DEM TEUFEL (The Devil And Mandy Breem & Instant Millionaire) 04.12.92

63. DIE SCHÖNE, DAS BIEST UND DREI FEDERN (Crescendo & Three Feathers) 10.12.92

64. MUTTER- UND KÜNSTLERGLÜCK (The Artist And The Lady & Elizabeth's Baby) 11.12.92

65. LEBEN, UM ZU LIEBEN (My Late Lover & Sanctuary) 17.12.92

66. FEINE LEUTE UND ASCHENPUTTEL (High Off The Hog & Reprisal) 18.12.92

67. HELD UND HELDIN GESUCHT (The Heroine & The Warrior) 24.12.92

68. CHAMPIONS UNTER SICH (Bowling & Command Performance) 31.12.92

69. GLÜCK AM TRAPEZ (The Invisible Woman & The Snowbird) 01.01.93

70. WILLKOMMEN IM CLUB (Return To The Cotton Club & No Friends Like Old Friends) 15.01.93

71. ENGEL ZU DRITT (The Angel's Triangle & Natchez Bound) 17.01.93

72. PERFEKTES GLÜCK (Reunion & Anniversary) 23.01.93

73. IN ZUKUNFT VEREINT (Love Island & The Sisters) 30.01.93

74. EIN GROSSER AUGENBLICK (Show Me A Hero... & Slamdunk) 06.02.93

75. BRETTER, DIE DIE WELT BEDEUTEN (The Tallowed Image & Room And Bard) 07.02.93

76. DIE KONFRONTATION (The Searcher & The Way We Weren't) 13.02.93

77. EINMAL NORMAL SEIN (The Big Switch & The Hooker's Holiday) 20.02.93

78. DEM TÜCHTIGEN GEHÖRT DIE WELT (The Ghost's Story & The Spoilers) 21.02.93

79. DIE RECHNUNG GEHT NICHT AUF (With Affection Jack The Ripper & Gigolo) 27.02.93

80. VERLIEREN UND GEWINNEN (Chorus Girl & Surrogate Father) 13.03.93

81. ES GEHT UM MILLIONEN (Roller Derby Dolls & Thanks A Million) 03.04.93

82. SPIEL MIT DEM FEUER (Everybody Goes To Gilley's & Face Of Fire) 04.04.93

83. DAS EWIGE GLÜCK (Eternal Flame & A Date With Burt) 10.04.93

84. EIN GLÜCKLICHER ABSCHIED (Operation Breakout & Candy Kisses) 11.04.93

85. DIE ZWEITE CHANCE (Revenge Of The Forgotten & Charo) 17.04.93

86. DER LETZTE VORHANG (God Child & Curtain Call) 18.04.93

87. FAST WIE IM MÄRCHEN (Mermaid And The Matchmaker & The Obsolete Man) 24.04.93

88. GELIEBTE TRADITIONEN (Loving Strangers & Something Borrowed, Something Blue) 25.04.93

89. GELD UND EXPERIMENTE (The Proxy Billionaire & The Experiment) 01.05.93

90. SPIELREGELN DES LEBENS (Games People Play & The Sweet Life) 02.05.93

91. DAS FANTASY ISLAND MÄDCHEN (The Fantasy Island Girl & Saturday's Child) 08.05.93

92. DER TOD HAT KEINE MACHT (Delphine & The Unkillable) 09.05.93

93. DUNKLE MÄCHTE (Dark Soorot & The Outrageous Mr. Smith) 15.05.93

94. LEUTE VON GESTERN UND MORGEN (The Man From Yesterday & The World's Most Desirable Woman) 16.05.93

95. MIT UND OHNE VERANTWORTUNG (The Last Cowboy & The Lady And The Monster) 22.05.93

96. MASSLOSE WÜNSCHE (Sitting Duck & Sweet Suzy Swan) 23.05.93

97. VERZICHT AUS LIEBE (Baby & Marathon: Battle Of The Sexes) 29.05.93

98. WER DIE WAHL HAT, HAT DIE QUAL (Sunday Special: Cornelius And Alphonse & The Choice) 30.05.93

99. HINTERS LICHT GEFÜHRT (King Of Burlesque & Death Games) 05.06.93

100. IRREN IST MENSCHLICH (The Wedding Picture & Castaways) 06.06.93

101. RUHM UND REICHTUM (Naughty Marietta & The Winning Ticket) 12.06.93

102. FLAMMENDE TRÄUME (Let The Good Times Roll & Nightmare & Tiger) 13.06.93

103. DIE LIEBE DARF SIEGEN (Romance Times Three & Night Of The Tormented Soul) 19.06.93

104. VON ALPTRÄUMEN BEFREIT (Man-Beast & Ole Island Opry) 20.06.93

105. ZWANGHAFTE VORSTELLUNGEN (Awakening Of Love & The Imposter) 26.06.93

106. SEITENSPRÜNGE SIND NICHT ERLAUBT (Random Choices & My Mommy, The Swinger) 27.06.93

107. GEFÄHRLICHES POKERSPIEL (Lillian Russell & The Lagoon) 03.07.93

108. EIN OPFER MUSS GEBRACHT WERDEN (The Devil Stick & Touch And Go) 04.07.93

109. DIE SCHWESTERN (Nurses Night Out 1 & 2) 10.07.93

110. VERSÄUMTES UND DIE RETTUNG (Edward & Extraordinary Miss Jones) 11.07.93

111. DIE TRÜGERISCHE VERGANGENHEIT (The Love Doctor & The Pleasure Palace & Possessed) 12.07.93

112. DAS LEBEN NACH DEM TRAUM (Hard Knocks & Lady Godiva) 17.07.93

113. EIN FLUCH WIRD BESIEGT (Curse Of The Moreaus & My Man Friday) 18.07.93

114. IM VULKAN DER GEFÜHLE (The Perfect Husband & Volcano) 24.07.93

115. GEMEINSAM GEHT ALLES LEICHTER (Goose For The Gander & Stuntman) 25.07.93

116. ES MUSS NICHT IMMER KARRIERE SEIN (The Songwriter & Queen Of The Soaps) 31.07.93

117. REHABILITIERT UND VERSÖHNT (The Beautiful Sceptic & The Lost Platoon) 01.08.93

118. DIE EIGENE WAHL (Second Time Around &
Three's A Crowd) 07.08.93
119. NIEMAND IST PERFEKT (What's The Matter
With Kids? & Island Of Horrors) 08.08.93
120. EINE WERTVOLLE ERFAHRUNG (Surrogate
Mother & The Ideal Woman) 14.08.93
121. DER TÄNZER UND DAS MÄDCHENGE-
SPANN (Bojangles And The Dancer & Deuces
Are Wild) 15.08.93
122. DREI WÜNSCHE UND DREI VÄTER (Daddy's
Little Girl & The Whistle) 21.08.93
123. GINGER UND MAX (Dancing Lady & The Final
Round) 22.08.93
124. COMPUTER-SPIELCHEN (Funny Man & Tattoo, The Matchmaker) 28.08.93
125. SCHULDGEFÜHLE (Goin' On Home & Ambitious Lady) 29.08.93
126. LANGE FINGER, SPÄTER ERFOLG (The
Kleptomaniac & Thank God, I'm A Country Girl)
04.09.93
127. AUF EIN NEUES (Lost And Found & Dick Tur-
pin's Last Ride) 05.09.93
128. ERBITTERTE GEGNER (Forget-Me-Not & The
Quiz Masters) 11.09.93
129. DES RÄTSELS LÖSUNG (Basin Street & The
Devil's Triangle) 12.09.93
130. VOR MILLIONEN JAHREN (Nona & One Billion B.C.) 18.09.93
131. REINE EIFERSUCHT (Forbidden Love & The
Other Man--Mr. Roarke) 19.09.93
132. SPÄTE RACHE (King Arthur In Mr. Roarke's
Court & Shadow Games) 25.09.93
133. LAMPENFIEBER UND FEUERPROBE (The
Perfect Gentleman & Legend) 26.09.93
134. ZUM LEBEN ERWECKT (House Of Dolls &
Wuthering Heights) 02.10.93
135. ALLES DER REIHE NACH (Baby On Demand
& The Last Dogfight) 03.10.93
136. LIEBE KENNT KEINE GRENZEN (The High
Cost Of Loving & To Fly With Eagles) 09.10.93
137. AUSGELÖSCHTE ZEITEN (Lady Of The
House & Mrs. Brandell's Favorites) 10.10.93
138. ENGEL UND TEUFEL (Charlie's Cherubs &
Stalag 3) 07.11.93

139. RAUHE MÄDCHEN, WEICHE KERLE (Queen
Of The Boston Bruisers & War Games)
02.03.94
140. KINDERTRÄUME WERDEN WAHR (Amuse-
ment Park & Rock Stars) 05.03.94
141. KÖNIGLICHE WÜNSCHE (Midnight Waltz &
Let Them Eat Cake) 06.03.94
142. WETTEN HABEN SCHÖNE BEINE (The Big
Bet & Nancy And The Thunderbirds) 26.03.94
143. LÜGEN DER VERZWEIFLUNG (The Case
Against Mr. Roarke & Save Sherlock Holmes)
27.03.94
144. EINE PERFEKTE FRAU, EIN PERFEKTER
MANN (The Challenge & A Genie Named Joe)
30.03.94

145. DAS LIEBESOPFER (Roarke's Sacrifice & The
Butler's Affair) 02.04.94

EPISODEN (SAT.1):
146. MIT GANZ PERSÖNLICHEM EINSATZ (Penta-
gram & A Little Ball & Casting Director)
25.05.96
147. LIEBE UND ABSCHIED (Don Juan's Last Affair
& Final Adieu) 11.07.96

FANTASY ISLAND
(Fantasy Island)
USA 1998; 13 Episoden
Deutsche Ausstrahlung:
SAT.1 2000; 13 Episoden

Darsteller: Malcolm McDowell (Mr. Roarke),
Louis Lombardi (Cal), Edward Hibbert (Harry),
Mädchen Amick (Ariel), Fyvush Finkel (Fisher),
Sylvia Sidney (Clia).

Und wieder werden Besucher auf einer paradiesischen Insel Abenteuer in der Vergangenheit
oder der Phantasie ermöglicht.

Neuauflage der im vorherigen Eintrag beschrie-
benen Reihe. Hierin wurde das phantastische
Element — das ja Hochkonjunktur hat — in den
Vordergrund gestellt. Das war einerseits eine gute andererseits eine schlechte Entscheidung. Die
Qualität der neuen Episoden sowie deren inhaltliche Ausrichtung, neben dem üblichen schmalzi-
gen Anteil der Stories, vermögen das Interesse
eher zu wecken als die alte Version. Allerdings
erwartete das Publikum in den USA wohl eher eine eins zu eins Kopie. Der Erfolg blieb aus.
Nach nur vier Monaten wurde diese Version „zur
Überarbeitung" zurückgezogen. Auf den Neustart
wird bis heute gewartet.
Mädchen Amick war bereits in die geheimnisvollen Vorgänge in TWIN PEAKS (qv) verwickelt.
Neue phantastische Inselgäste und -angestellte
waren Sam (Countdown X) Anderson, Dean (Superman) Cain, Olivia D'Abo, Larry (Prey) Drake,
Louise (Star Trek: Deep Space Nine) Fletcher,
April Grace, Alyssa (Charmed) Milano, Elise
(seaQuest DSV) Neal, Max Perlich, Nate (Sabri-
na) Richert, Dwight Schultz und Megan (Dark
Skies) Ward.

EPISODEN:
1. DAS ANDERE REISEBÜRO (Fantasy Island
1998) 05.03.00

2.	DIE NEUEN GÄSTE (Superfriends) 12.03.00
3.	GEHEIMNISVOLLER SEE (We're Not Worthy) 19.03.00
4.	EZRA, DER GEIST (Dying To Dance) 26.03.00
5.	DAS ZWEITE ICH (Secret Self) 02.04.00
6.	MEISTERS RACHE (Estrogen) 09.04.00
7.	ZUKUNFTSTRÄUME (Dreams) 16.04.00
8.	MÄDCHEN FÜR ALLES (Handymen) 30.04.00
9.	ERFÜLLTE TRÄUME (Wishboned) 07.05.00
10.	LOSLASSEN (Let Go) 14.05.00
11.	NICHT SCHULDIG (Innocent) 21.05.00
12.	WAHRE LIEBE (The Real Thing) 28.05.00
13.	DIE HELDEN (Heroes) 04.06.00

FARSCAPE-VERSCHOLLEN IM ALL
(Farscape)
USA/AUS 1999- ; bisher 45 Episoden
Deutsche Ausstrahlung:
SAT.1 2000; 13 Episoden
SAT.1 2001

Darsteller: Ben Bowder (Commander John Crichton), Claudia Black (Officer Aeryn Sun), Virginia Hey (Pa'u Zozoh Zhaan), Anthony Simcoe (General Ka D'Argo), Gi Gi Edgely (Chiana), Lani Tupu (Captain Bialar Crais), Jonathan Hardy (Dominar Rygel XVI <Originalstimme>).

Beim Testflug mit einem neuartigen Shuttle wird John Crichton in ein Wurmloch gezogen. Er landet in einem unbekannten Universum und wird sofort in Kämpfe zwischen entflohenen Sträflingen ausserirdischer Herkunft und ihren menschenähnlichen Schergen verwickelt. Es kommt zu einem Raumunfall bei dem der Bruder des Führers der Jäger getötet wird. Von ihm wird Crichton nun als Mörder gejagt. Er schliesst sich den Flüchtlingen an, die um ihre Freiheit kämpfen.

Von Nichtfans mit dem unkleidsamen Beinamen „Muppets im Weltraum" bedacht, startete die Serie von Rockne S. O'Bannon in eine ungewisse Zukunft. Die anfangs noch recht zähen Storyversuche verbesserten sich zunehmend — hilfreich war hierbei die weitere Ausgestaltung der Charaktere. Letztlich entwickelte sich FARSCAPE zu den interessanteren Vertretern ihrer Gattung. Einen Monat vor der „allgemeinen" bundesdeutschen Ausstrahlung startete bereits der Pay-TV-Sender Premiere die Reihe.
Unter den grösstenteils unbekannten Gaststars fand sich auch Kent (Galactica) McCord.

EPISODEN:
1.	PREMIERE (Premiere) 08.10.00
2.	DAS LEBEN SOLL NICHT ENDEN (Exodus From Genesis) 13.10.00
3.	GEFÄHRLICHE BESUCHER AN BORD (Back And Back To The Future) 13.10.00
4.	DER ROTE KRISTALL (Throne For A Loss) 20.10.00
5.	BEGEGNUNG AUF DER ZELBINION (PK Tech Girl) 27.10.00
6.	DIE WAHRHEIT ÜBER SYKAR (Thank God, It's Friday Again) 03.11.00
7.	ICH, E.T. UND DIE ANDEREN (I, E.T.) 10.11.00
8.	DER MAGIER UND DIE GLADIATOREN (That Old Black Magic) 17.11.00
9.	DER DNS-VERRÜCKTE WISSENSCHAFT-LER (DNA Mad Scientist) 25.11.00
10.	GEHEIMNISVOLLE MOJA (They've Got A Secret) 02.12.00
11.	DAS WURMLOCH IST AN ALLEM SCHULD (Till The Blood Runs Clear) 09.12.00
12.	EIN PHÄNOMEN GENANNT FLAX (The Flax) 16.12.00
13.	DIE DUNKLEN IMPULSE (Rhapsody In Blue) 23.12.00

14.	DAS WUNDER VON ACQUARA (Jeremiah Crichton) 01.04.01
15.	DURKA, DER SCHRECKLICHE (Durka Returns) 08.04.01
16.	DIE SUCHE NACH DER FREUNDLICHEN WELT (A Human Reaction) 22.04.01
17.	EIN JENSEITS VON RAUM UND ZEIT? (Through The Looking Glass) 29.04.01
18.	DIE JAGD NACH DEM FLUCHT-VIRUS (A Bug's Life) 06.05.01
19.	IN DEN TIEFEN DES BEWUSSTSEINS (Nerve) 13.05.01
20.	SCORPIUS UND DER AURORASTUHL (The Hidden Memory) 20.05.01
21.	FLORA UND DIESE FLEISCH FRESSENDEN WESEN (Bone To Be Wild) 27.05.01
22.	TÄUSCHUNGSMANÖVER OHNE ENDE (Family Ties) 10.06.01

23.	(Mind The Baby)
24.	(Vitas Mortis)
25.	(Taking The Stone)
26.	(Crackers Don't Matter)
27.	(The Way We Weren't)
28.	(Picture If You Will)
29.	(Home Of The Remains)
30.	(Dream A Little Dream)
31.	(Out Of Their Minds)
32.	(My Three Crichtons)
33.	(Look At The Princess 1: A Kiss Is But A Kiss)
34.	(Look At The Princess 2: I Do, I Think)
35.	(Look At The Princess 3: The Maltese Crichton)

36.		(Beware Of Dogs)
37.		(Won't Get Fooled Again)
38.		(The Locket)
39.		(The Ugly Truth)
40.		(Clockwork Nebari)
41.		(Liars, Guns, And Money 1: A Not So Simple Plan)
42.		(Liars, Guns, And Money 2: I Do, I Think)
43.		(Liars, Guns, And Money 3: Plan B)
44.		(Die Me Dichotomy)
45.		(Season Of Death)
46.		(Suns & Lovers)
47.		(Self-Inflicted Wounds 1: Could'a, Would'a, Should'a)
48.		(Self-Inflicted Wounds 1: Wait For The Wheel)
49.		(Different Destinations)
50.		(Eat Me)
51.		(Thanks For Sharing)
52.		(Green-Eyed Monster)
53.		(Losing Time)

EIN FILM AUS DER ALFRED HITCHCOCK-SERIE/ALFRED HITCHCOCK ZEIGT

(Alfred Hitchcock Presents)
USA 1955-62; 268 Episoden
Deutsche Ausstrahlung:
ARD 1962-64; 11 Episoden
WDR 1999; 7 Episoden
HR 2000; 16 Episoden

Darsteller: Alfred Hitchcock (Gastgeber).

Klassische Fernsehanthologie. Gezeigt wurden Kriminalfälle und phantastisch angehauchte Geschichtchen. Meist wurden die Folgen mit einem sogenannten „surprise ending", also einem überraschenden Schluss, versehen. Die Episoden basieren teilweise auf Kurzgeschichten von z.B. Eric Ambler, Ambrose Bierce, Robert Bloch, Ray Bradbury, Fredric Brown, Roald Dahl, Stanley Ellin, George Langelaan, Ira Levin, Henry Slesar, Jules Verne, Cornell Woolrich und John Wyndham.
Über dreissig Jahre später lief die Reihe unter ihrem eigentlichen Titel: ALFRED HITCHCOCK ZEIGT. Diese Version starteten die dritten Programme zur Feier des hundertsten Geburtstages Hitchcocks und führten sie später weiter fort. Darsteller dieses Klassikers waren unter anderen John Anderson, Michael Ansara, R. G. Armstrong, Barbara Babcock, Martin (Space) Balsam, Billy Barty, Theodore Bikel, Whit (Time Tunnel) Bissel, Antoinette Bower, Charles Bronson, Sebastian (Teufelskreis der Angst) Cabot, John Carradine, John Cassavetes, Richard Chamberlain, James Coburn, Jackie (Addams Family) Coogan, Ellen Corby, Joseph Cotten, Hume Cronyn, Robert Culp, Royal (Das Geheimnis von Twin Peaks) Dano, Bette Davis, Robert Duvall, Denholm Elliott, Leif Erickson, Peter Falk, Steve (Team Knight Rider) Forrest, John Forsythe, Anne Francis, James Franciscus, Lorne (Kampfstern Galactica) Greene, Dabbs Greer, Clu Gulager, Arthur Hill, Steven (Kobra, übernehmen Sie) Hill, Pat (The Shining) Hingle, Skip Homeier, Ron Howard, John Hoyt, John Ireland, Richard (Salvage 1) Jaeckel, Carolyn (Addams Family) Jones, Brian Keith, Jack Klugman, Marta (Verschollen zwischen fremden Welten) Kristen, Peter Lawford, Norman (Seven Days) Lloyd, Robert (Wild Palms) Loggia, Peter Lorre, Patrick (Mit Schirm, Charme und Melone & Thunder in Paradise) Macnee, Walter Matthau, Darren (Der Nachtjäger) McGavin, John (Immer wenn er Pillen nahm) McGiver, Steve McQueen, Vera Miles, Ricardo (Fantasy Island & Einmal Himmel und zurück) Montalbán, Elizabeth (Verliebt in eine Hexe) Montgomery, Roger Moore, Bill (Verschollen zwischen fremden Welten & Babylon 5) Mumy, George (Gefährliche Experimente) Nader, Alan (Batman) Napier, Mildred Natwick, Leslie Nielsen, David Opatoshu, George Peppard, Nehemiah Persoff, Phillip Pine, Michael J. Pollard, Vincent Price, Claude Rains, Robert Redford, Rob Reiner, Michael Rennie, Burt Reynolds, Peter Mark Richman, Robert Sampson, William (Raumschiff Enterprise & TekWar) Shatner, Reta (Der Geist und Mrs. Muir) Shaw, Abraham Sofaer, Stella Stevens, Dean (Zurück in die Vergangenheit) Stockwell, Barry Sullivan, Liam Sullivan, Jessica Tandy, Torin Thatcher, Kenneth Tobey, Harry Townes, Dick Van Dyke, Robert (Solo für O.N.C.E.L.) Vaughn, Dennis Weaver, Joanne Woodward, Fay Wray, Keenan Wynn, Dick (Verliebt in eine Hexe) York und John (Time Tunnel) Zaremba.

EPISODEN (ARD):
1.		DER LETZTE AUFTRITT (The Cream Of The Jest) 28.07.62
2.		DIE ERSTE NACHT IN PARIS (Miss Bracegirdle Does Her Duty) 29.08.62
3.		EIN SELTSAMES BÜRO (Help Wanted) 10.10.62
4.		TÖDLICHES REZEPT (The Perfect Murder) 18.03.63

5.   MRS. CHRISTEL-DAS IST KEINE LÖSUNG!
       (You Can't Trust A Man) 10.07.63
6.   DAVIS HAT KEINE NERVEN (Cop For A Day)
       24.07.63

7.   DIE RICHTIGE MEDIZIN (The Right Kind Of
       Medicine) 03.10.63
8.   EIN GÜNSTIGER KAUF (Mink) 26.10.63
9.   ZWEI SEELEN, EIN GEDANKE... (The End Of
       Indian Summer) 27.11.63
10.   PERLEN, PERLEN... (The Matched Pearl)
       14.12.63
11.   TREUE UM TREUE (Mrs. Bixby And The Colo-
       nel's Coat) 08.01.64

EPISODEN (WDR):
12.   PÄNG! DU BIST TOT! (Bang! You're Dead)
       10.08.99
13.   MORDWAFFE-LAMMKEULE (Lamb To The
       Slaughter) 11.08.99
14.   DIE LEICHE IM KOFFERRAUM (One More
       Mile To Go) 11.08.99
15.   DER DOPPELGÄNGER (The Case Of Mr. Pel-
       ham) 11.08.99
16.   EIN FRESSEN FÜR DIE HÜHNER (Arthur)
       14.08.99
17.   DIE SCHLANGE IM BETT (Poison) 14.08.99
18.   DIE BOMBE IM KELLER (The Mail Order Pro-
       phet) 14.08.99

EPISODEN (HR):
19.   OHNE JEDE SPUR (Into Thin Air/The Vani-
       shing Lady) 01.03.00
20.   ...UND SO STARB RIA BOUCHINSKA (And So
       Died Riabouchinska) 08.03.00
21.   EIN PORTRÄT VON JACQUELINE (Portrait Of
       Jocelyn) 15.03.00
22.   DAS ZWEITE INSERAT (Reward To Finder)
       22.03.00
23.   DIE GANZ ZARTE (The Young One) 29.03.00
24.   DER UNWIDERSTEHLICHE (Alibi Me)
       05.04.00
25.   DAS IDEALE HAUS (The Right Kind Of
       House) 12.04.00
26.   DAS GUTE GESCHIRR (Bull In A China Shop)
       19.04.00
27.   VORTEIL RÜCKSCHLÄGER (Disappearing
       Trick) 26.04.00
28.   EINE MARIONETTEN-BESCHERUNG (Design
       For Loving) 03.05.00
29.   WOHL DEM, DER LÜGT (Little White Frock)
       10.05.00
30.   - liegt nicht vor- (- liegt nicht vor -) 17.05.00
31.   DAS GESTÄNDNIS (Banquo's Chair) 24.05.00
32.   SCHEIDUNG AUF AMERIKANISCH (Final Ar-
       rangements) 14.06.00
33.   GALGENFRIST (- liegt nicht vor -) 05.07.00
34.   WER SOLL DAS BEZAHLEN? (Cheap Is
       Cheap) 12.07.00

EPISODEN (nicht zugeordnet/nicht gesendet):
34.   (Revenge)
35.   (Premonition)
36.   (Triggers In Leash)
37.   (Don't Come Back Alive)
38.   (Salvage)
39.   (Breakdown)
40.   (Our Cook's A Treasure)
41.   (The Long Shot)
42.   (Guilty Witness)
43.   (Santa Claus And The 10th Avenue Kid)
44.   (The Cheney Vase)
45.   SCHÜSSE AUF DEN CHEF (A Bullet For Bald-
       win)
46.   (The Big Switch)
47.   (You Got To Have Luck)
48.   (The Older Sister)
49.   (Shopping For Death)
50.   (The Derelicts)
51.   (Safe Conduct)
52.   (Place Of Shadows)
53.   MASSARBEIT (Back For Christmas)
54.   (The Perfect Murder)
55.   (There Was An Old Woman)
56.   (Whodunit)
57.   (The Orderly World Of Mr. Appleby)
58.   (Never Again)
59.   (The Gentleman From America)
60.   (The Babysitter)
61.   (The Belfry)
62.   (The Hidden Thing)
63.   (The Legacy)
64.   (Decoy)
65.   (The Creeper)
66.   (Momentum)
67.   (Wet Saturday)
68.   (Fog Closing In)
69.   (De Mortuis)
70.   (Kill With Kindness)
71.   (None Are So Blind)
72.   (Toby)
73.   (Conversation Over A Corpse)
74.   (Crack Of Doom)
75.   (Jonathan)
76.   (The Better Bargain)
77.   (The Rose Garden)
78.   (Mr. Blanchard's Secret)
79.   (John Brown's Body)
80.   (Crackpot)
81.   (Nightmare And In 4-D)
82.   (My Brother Richard)
83.   (Manacled)
84.   (A Bottle Of Whine)
85.   (Malice Domestic)
86.   (Number Twenty-Two)
87.   (One For The Road)
88.   (I Killed The Count 1)
89.   (I Killed The Count 2)
90.   (I Killed The Count 3)
91.   (Vicious Circle)

92.   (The Three Dreams Of Mr. Findlater)
93.   (The Night The World Ended)
94.   (The Hands Of Mr. Ottermole)
95.   (A Man Greatly Beloved)
96.   (Martha Mason, Movie Star)
97.   (The West Warlock Time Capsule)
98.   FÜR 50 £ BELOHNUNG (Father And Son)
99.   (The Indestructable Mr. Weems)
100.   (A Little Sleep)
101.   (The Dangerous People)
102.   DAS GLASAUGE (The Glass Eye)
103.   (The Perfect Crime)
104.   (Heart Of Gold)
105.   (Silent Witness)
106.   (Enough Rope For Two)
107.   (Last Request)
108.   (The Diplomatic Corpse)
109.   (The Deadly)
110.   (Miss Paisley's Cat)
111.   (Night Of The Execution)
112.   (The Percentage)
113.   (Together)
114.   (Sylvia)
115.   (The Motive)
116.   (The Equalizer)
117.   (On The Nose)
118.   (Guest For Breakfast)
119.   (The Return Of The Hero)
120.   (Foghorn)
121.   (Flight To The East)
122.   (Fatal Figures)
123.   (Death Sentence)
124.   (The Festive Season)
125.   (Listen! Listen!)
126.   (Post-Mortem)
127.   (The Crocodile Case)
128.   (A Dip In The Pool)
129.   (The Safe Place)
130.   (The Canary Sedan)
131.   (The Impromptu Murder)
132.   (Don't Interrupt)
133.   (The Jokester)
134.   (The Crooked Road)
135.   (The $2,000,000 Defense)
136.   (A Man With A Problem)
137.   SICHERHEIT FÜR DEN ZEUGEN (Safety For The Witness)
138.   (Murder Me Twice)
139.   (Tea Time)
140.   (And The Desert Shall Blossom)
141.   (Mrs. Herman And Mrs. Fenimore)
142.   (Six People, No Music)
143.   (The Morning After)
144.   (A Personal Matter)
145.   (Out There, Darkness)
146.   (Total Loss)
147.   (The Last Dark Step)
148.   (The Morning Of The Bride)
149.   (The Diamond Necklace)
150.   (Relative Value)
151.   (The Right Price)
152.   (I'll Take Care Of You)
153.   (The Avon Emeralds)
154.   (The Kind Waitress)
155.   (The Waxwork)
156.   (The Impossible Dream)
157.   (A Night With The Boys)
158.   (Your Witness)
159.   The Human Interest Story)
160.   (The Dusty Drawer)
161.   (A True Account/Curtains For Me)
162.   (Touche)
163.   (Invitation To An Accident)
164.   (The Crystal Trench)
165.   (Appointment At Eleven)
166.   (Coyote Moon)
167.   (No Pain)
168.   (Anniversary Gift)
169.   (Dry Run)
170.   (The Blessington Method)
171.   (Dead Weight)
172.   (Special Delivery)
173.   (Road Hog)
174.   (Specialty Of The House)
175.   (An Occurrence At Owl Creek Bridge)
176.   (Graduating Class)
177.   (Man From The South)
178.   (The Iron Of Elijah)
179.   (The Cure)
180.   (Backward, Turn Backward)
181.   (Not The Running Type)
182.   (The Day Of The Bullet)
183.   (Hitch Hike)
184.   (Across The Threshold)
185.   (Craig's Will)
186.   (Mme. Mystery)
187.   (The Little Man Who Was There)
188.   (Mother, May I Go Out To Swim?)
189.   (The Cuckoo Clock)
190.   (Forty Detectives Later)
191.   (The Hero)
192.   (Insomnia)
193.   (I Can Take Care Of Myself)
194.   (One Grave Too Many)
195.   (Party Line)
196.   (Cell 227)
197.   (The Schwartz-Metterklume Method)
198.   (Letter Of Credit)
199.   (Escape To Sonoita)
200.   (Hooked)
201.   (The Doubtful Doctor)
202.   (A Very Moral Theft)
203.   (The Contest Of Aaron Gold)
204.   (The Five Forty-Eight)
205.   (Pen Pal)
206.   (Outlaw In Town)
207.   (On Youth And Beauty)
208.   (The Money)
209.   (Sybilla)
210.   (The Man With Two Faces)

211. (The Baby Blue Expression)
212. (The Man Who Found The Money)
213. (Change Of Heart)
214. (Summer Shade)
215. (A Crime For Mothers)
216. (The Last Escape)
217. (The Greatest Monster Of Them All)
218. (The Landlady)
219. (The Throwback)
220. (The Kiss-Off)
221. (The Horseplayer)
222. (Incident In A Small Jail)
223. (A Woman's Help)
224. (Museum Piece)
225. (Coming, Mama)
226. (Deathmate)
227. (Gratitude)
228. (The Pearl Necklace)
229. (The Gloating Place)
230. (Self-Defense)
231. (A Secret Life)
232. (Servant Problem)
233. (Coming Home)
234. (Make My Death Bed)
235. (Ambition)
236. (The Hat Box)
237. (Maria)
238. (Keep Me Company)
239. (Beta Delta Gamma)
240. (You Can't Be A Little Girl All Your Life)
241. (The Old Pro)
242. (I, Spy)
243. (Services Rendered)
244. (A Jury Of Her Peers)
245. (The Silk Petticoat)
246. (Bad Actor)
247. (The Door Without A Key)
248. (The Chase Of M.J.H.)
249. (The Faith Of Aaron Menefee)
250. (The Woman Who Wanted To Live)
251. (Strange Miracle)
252. (The Test)
253. EINBRUCHSICHER (Burglar Proof)
254. (The Big Score)
255. (Profit Sharing Plan)
256. (Apex)
257. (The Last Remains)
258. (Ten O'Clock Tiger)
259. (Act Of Faith)
260. (The Kerry Blue)
261. (What Frightened You, Fred?)
262. ...BERECHTIGT ZU DEN SCHÖNSTEN
       HOFFNUNGEN (Most Likely To Succeed)
263. (Victim Four)
264. (Golden Opportunity)
265. (The Twelve Hour Caper)
266. (The Children Of Alda Nuova)
267. (First-Class Honeymoon)
268. (The Big Kick)
269. (Where Beauty Lies)

270. (The Sorcerer's Apprentice)

FIRST WAVE-DIE PROPHEZEIUNG
(First Wave)
USA 1998- ; Pilot & bisher 65 Episoden
Deutsche Ausstrahlung:
VOX 1999-2000; Pilot & 38 Episoden

Darsteller: Sebastian Spence (Kincaid Lawrence
„Cade" Foster), Rob LaBelle („Crazy Eddie"
Nambulous), Roger R. Cross (Joshua), Traci Eli-
zabeth Lords (Jordan Radcliffe - 2000-).

„1564 hat Nostradamus die Zerstörung der Welt
in drei schrecklichen Wellen vorausgesagt. Die
erste Welle steht bevor. — Mein Name ist Cade
Foster. Das sind meine Aufzeichnungen. Sie haben meine Frau getötet und mir den Mord angehängt. Jetzt bin ich auf der Flucht, aber ich ver-
stecke mich nicht. Ich halte mich an Nostradamus' Prophezeiungen. Ich suche sie, ich jage sie
— ich werde die erste Welle aufhalten!"
Cade Foster ist ein ehemaliger Dieb und — ohne
es zu wissen — eines der Versuchskaninchen
der Gua, einer ausserirdischen Rasse, die die
Erde erobern wollen. Hierzu stellen sie die verschiedensten Experimente an, um zu sehen wie
die Menschheit auf extreme Situationen reagiert
und um aus den Menschen mögliche Sklaven zu
züchten.
Als Foster über diese Informationen stolpert, wird
seine Frau ermordet und er des Mordes ange-
klagt und verurteilt. Er kann entkommen und
stellt sich nun der erste Welle der ausserirdischen Invasion, der Infiltration, entgegen. Ihm
zur Seite steht Eddie Nambulous, der Herausgeber der Internet-Seite *The Paranoid Times*, dem
typischen Sammelsurium aus Berichten über
Verschwörungen, UFO-Sichtungen und so weiter.
Als Führer dient den beiden ein bisher unbekanntes Werk des Nostradamus, der in ver-
schlüsselten Texten bereits im sechzehnten Jahrhundert die drohende Invasion und Cade Foster
als möglichen Retter der Menschheit prophezei-
te: „Beim siebenten Anbruch des siebenten Tages begibt sich ein zweifach gesegneter Mann in
die Schlacht. Dem Untergang geweiht samt seinesgleichen oder Retter all jener, die auf Erden
wandeln."

Sicher, die Nostradamus-Idee ist inzwischen der-
massen ausgelutscht, dass man gewillt ist, gar

nicht erst den Fernseher einzuschalten. Auch das altbekannte „Auf der Flucht"-Muster ist hierbei wenig hilfreich. Somit war das Interessanteste, dass Francis Ford Coppola einer der Ausführenden Produzenten ist. Entsprechend wurde auch Werbung gemacht. Und was erwartet einen nun? Eine recht ordentlich gemachte SF-Serie mit ausgesprochen guten Darstellern, die einem einen angenehmen Zeitvertreib bietet und ab und an sogar etwas mehr.

Von Nostradamus vorhergesagt waren auch die Gaststars Steve Bacic, Dana (TekWar) Brooks, Christine (The Crow & F/X) Cox, William (Die verlorene Welt & Mission Erde) De Vry, Anthony Harrison, Susan (Der kleine Vampir) Hogan, Lisa (Highlander & Mission Erde) Howard, Paul (Raven) Johansson, Hiro Kanagawa, Blu (M.A.N.-T.I.S. & Ro-bocop) Mankuma, Gerard Plunkett, Wrestling-Star Sable, Monika Schnarre und Robert (Odyssee ins Traumland) Wisden.

EPISODEN:
1.   DAS GEHEIMNIS DER 19 (Subject 117) 14.09.99
2.   DER AUSERWÄHLTE (Crazy Eddie) 21.09.99
3.   MATA HARI (Mata Hari) 28.09.99
4.   FALSCHE ERINNERUNGEN (Hypnotic) 05.10.99
5.   GESCHENKTE ZEIT (Elixir) 12.10.99
6.   DER PROPHET (Speaking In Tongues) 19.10.99
7.   DAS ZWEITE ELEMENT (Lungfish) 26.10.99
8.   HEXENTANZ (Book Of Shadows) 02.11.99
9.   JOSHUA (Joshua) 09.11.99
10.   MEILENSTEIN 262 (Marker 262) 16.11.99
11.   MOTEL CALIFORNIA (Motel California) 23.11.99
12.   BRUT DES BÖSEN (Breeding Ground) 30.11.99
13.   CLUB ROYAL (Blue Agave) 07.12.99
14.   DIE SCHWARZE WITWE (Cul-De-Sac) 14.12.99
15.   IN DER FALLE (The Box) 21.12.99
16.   VERBOTENE LIEBE (The Undesirables) 28.12.99
17.   DIE INVASION (Second Wave) 04.01.00
18.   TOTE AUGEN (Blind Witness) 11.01.00
19.   MENSCHENOPFER (Deluge) 18.01.00
20.   LAUSCHANGRIFF (Melody) 25.01.00
21.   ALLEIN GEGEN DIE ZUKUNFT (The Aftertime) 01.02.00
22.   DIE VERSAMMLUNG (The Decision) 08.02.00
23.   DER WUNDE PUNKT (Target 117) 15.02.00
24.   DIE UNBESTECHLICHEN (Deep Throat) 22.02.00
25.   DIE APOSTEL (The Apostles) 29.02.00
26.   TRAUMINVASION (Susperience) 09.03.00
27.   DIE PROPHETIN (The Channel) 16.03.00
28.   RED FLAG (Red Flag) 23.03.00
29.   GEIST DER VÄTER (Prayer For The White Man) 30.03.00
30.   HEXENJAGD (The Purge) 06.04.00
31.   VERSTEINERTE SEELEN (Lost Souls) 13.04.00
32.   DAS LABYRINTH (The Heist) 20.04.00
33.   OHIO PLAYERS (Ohio Players) 27.04.00
34.   VERTRAUENSSACHE (Night Falls) 04.05.00
35.   IN DER HITZE DES GEFECHTS (Normal, Illinois) 11.05.00
36.   ALLES ÜBER EDDIE (All About Eddie) 18.05.00
37.   SPIRALE DER GEWALT (Playland) 25.05.00
38.   DIE LIEBESFALLE (The Harvest) 01.06.00
39.   RUBICON (Rubicon) 08.06.00

40.   (Gladiator)
41.   (Trial Of Joshua Bridges)
42.   (Underworld)
43.   (Tomorrow)
44.   (The Believers)
45.   (Mabus)
46.   (Raven Nation)
47.   (The Flight Of The Francis Jeffries)
48.   (Still At Large)
49.   (Comes A Horseman)
50.   (Gulag)
51.   (Asylum)
52.   (Eyes Of The Gua)
53.   (Skywatchers)
54.   (The Plan)
55.   (Wednesday's Child)
56.   (Unearthed)
57.   (Shadowlands)
58.   (Legacy)
59.   (The Edge)
60.   (The Vessel)
61.   (Requiem)
62.   (Checkmate)
63.   (Black Box)
64.   (Beneath The Black Sea)
65.   (Terminal City)
66.   (Twice Bless'd)

THE FLASH-DER ROTE BLITZ
(The Flash)
USA 1990/1991; Pilot & 21 Episoden
Deutsche Ausstrahlung:
RTL Television 1993; 23 Episoden

Darsteller: John Wesley Shipp (Barry Allen/ Flash), Amanda Pays (Dr. Christina R. „Tina" McGee), Alex Desert (Julio Mendez), Biff Manard (Officer Michael Francis Murphy), Vito D'Ambrosio (Officer Bellows), Mike Genovese (Lieutenant

Warren Garfield).

Barry Allen ist der Spross einer echten Polizistenfamilie. Aber im Gegensatz zu seinem Vater und seinem Bruder, arbeitet Barry „nur" im Polizeilabor. Ein Unfall, bei dem Barry mit Chemikalien übergossen und gleichzeitig vom Blitz getroffen wird, setzt in seinem Körper eine Veränderung in Gange. Barry Allen ist mit einem Mal der schnellste Mann der Welt und tritt im Supertempo gegen all das Böse dieser Welt an.

Die Geschichte des Flash begann im Jahre 1940 in der Welt der bunten Bilder, der Comlcs. Gardner Fox erfand den superschnellen Verbrechensbekämpfer. Nachdem diese frühe Version eine Zeit lang von der Bildfläche verschwunden war, kramte Comicgigant DC Comics, auch verantwortlich für die Abenteuer von Superman und Batman, das Konzept wieder hervor. Die neue Version des Flash, die die Grundlage für diese Serie bot, entstand 1956 durch die Zusammenarbeit von Texter Robert Kanigher und Zeichner Carmine Infantino.
Die Fernsehserie THE FLASH entstand im Zuge des Erfolges der neuen Batman-Spielfilme und benutzt zu einem grossen Teil auch deren Stimmung und Bildsprache. Einige Änderungen lagen auf der Hand, schließlich handelt es sich beim Flash um einen knallig rot gekleideten Helden und nicht um eine Nachtgestalt. Das Ergebnis war eine rasante und überzeugende Superheldenserie, deren frühes Ende eine echte Schande darstellt.
Amanda Pays spielte ebenfalls die weibliche Hauptrolle in MAX HEADROOM (qv).
Blitzschnelle Gastauftritte hatten Corinne (Die reinste Hexerei) Bohrer, Jonathan (seaQuest DSV) Brandis, Ian (Das Geheimnis von Twin Peaks) Buchanan, Richard (Der Sentinel) Burgi, David Cassidy, Denise (Raumschiff Enterprise-Das nächste Jahrhundert) Crosby, Eric (Das Geheimnis von Twin Peaks) Da Re, Lydie (Tarzan) Denier, Elizabeth (Highlander & Raven) Gracen, Mark Hamill, Lenore Kasdorf, Bill (Verschollen zwischen fremden Welten & Babylon 5) Mumy, Lycia Naff, Yvette (Robocop) Nipar, Robert O'Reilly, Carolyn Seymour, Sven (Captain Power) Thorsen und Kenneth (Der Mann aus dem Meer) Tigar.

EPISODEN:

1. DER SCHNELLSTE MANN DER WELT 1 (The Flash) 03.01.93
2. DER SCHNELLSTE MANN DER WELT 2 (The Flash) 10.01.93
3. DER GENFORSCHER (Out Of Control) 17.01.93
4. DAS HAFENVIERTEL BRENNT (Watching The Detectives) 24.01.93
5. EHRE UNTER DIEBEN (Honor Among Thieves) 31.01.93
6. DER PROGRAMMIERTE DOPPELGÄNGER (Double Vlsion) 07.02.93
7. SÜNDEN DES VATERS (Sins Of The Father) 14.02.93
8. TRÜGERISCHES PARADIES (Child's Play) 21.02.93
9. DER TODESENGEL (Shroud Of Death) 28.02.93
10. GEIST IN DER MASCHINE (Ghost In The Machine) 07.03.93
11. DER UNSICHTBARE TOD (Sight Unseen) 14.03.93
12. DER LETZTE BLUES (Beat The Clock) 21.03.93
13. DIE SCHÖNE UND DER ZAUBERER (The Trickster) 04.04.93
14. VERTAUSCHTE ALPTRÄUME (Tina-Is That You?) 18.04.93
15. BABY IN NOT (Be My Baby) 25.04.93
16. EIN MÖRDER KEHRT ZURÜCK (Fast Forward) 02.05.93
17. DER DOPPELTE FLASH (Deadly Nightshade) 09.05.93
18. WENN DER EISMANN KOMMT (Captain Cold) 16.05.93
19. KAMPF DER GIGANTEN (Twin Streaks) 23.05.93
20. TANZ DER HOLOGRAMME (All Done With Mirrors) 06.06.93
21. DAS ELEKTRONISCHE GEWISSEN (Slumber Party) 13.06.93
22. FREQUENZ DES TODES (Alpha) 20.06.93
23. TEUFLISCHES NARRENSPIEL (Trial Of The Trickster) 27.06.93

Anmerkung zur Episodenliste: Da im Vorspann der Episoden keine Titel genannt wurden, kam es wohl schon beim Sender bzw. bei der Synchronfirma zu Verwechslungen. Ein Vergleich Deutscher Titel/Episodeninhalt würde folgende geänderte Titelzuordnung ergeben: DER DOPPELTE FLASH (Twin Streaks), KAMPF DER GIGANTEN (Deadly Nightshade), DAS ELEKTRONISCHE GEWISSEN (Alpha) und FREQUENZ DES TODES (Slumber Party).

FLASH GORDON

(Flash Gordon & Flash Gordon's Trip To Mars & Flash Gordon Conquers The Universe)
USA 1936; Serial: 13 Teile
USA 1938; Serial: 15 Teile
USA 1940; Serial: 12 Teile
Deutsche Ausstrahlung:
BR III 1981; 13 Episoden
BR III 1982; 15 Episoden
RTL plus 1989; 8 Episoden

Darsteller: Larry „Buster" Crabbe (Flash Gordon), Jean Rogers (Dale Arden - 1936/ 1938), Carol Hughes (Dale Arden - 1940), Charles Middleton (Ming), Frank Shannon (Dr. Zarkov), Priscilla Lawson (Prinzessin Aura - 1936), Shirley Deane (Prinzessin Aura - 1940), John Lipson (Vultan - 1936), Richard Alexander (Prinz Barin - 1936/ 1938), Roland Drew (Prinz Barin - 1940), Duke York (König Kala - 1936), Theodore Lorch (Hohepriester - 1936), Richard Tucker (Professor Gordon - 1936), Beatrice Roberts (Azura - 1938), Donald Kerr (Happy Hapgood - 1938), Anne Gwynne (Sonja - 1940), Michael Mark (Karm - 1940), Donald Curtis (Ronal - 1940), Byron Foulger (Druk - 1940).

Der Planet Mongo befindet sich auf direktem Kurs auf die Erde zu. Um einen Zusammenstoss zu verhindern, bricht eine kleine Gruppe, bestehend aus dem Wissenschaftler Dr. Zarkov, dem jugendlichen Helden Flash Gordon und seiner Verlobten Dale Arden, auf in Richtung Mongo. Hier werden sie gefangen genommen und zu Ming, dem Tyrannen, gebracht. In der Folge entstehen verschiedene Scharmützel, um die Schreckensherrschaft Mings zu beenden. Unterstützung bekommen unsere Helden durch die unterdrückten Völker der Löwen- und der Vogelmenschen.

Im zweiten Serial geht die Bedrohung vom Mars und deren Königin Azura aus. Diese hat sich mit dem bereits bekannten Ming verbündet.

Nummer Drei präsentiert Ming als Vergifter der Menschheit. Ein spezieller Staub den er in die Atmosphäre streuen lässt, bringt den Betroffenen eine tödliche Seuche. Flash und seine Freunde müssen also dafür sorgen, dass Ming unschädlich gemacht wird und dass das Gegenmittel zur Erde kommt.

Flash Gordon wurde 1934 von Alex Raymond und Joe Connolly als Comicstrip erfunden. Da diesem ein Riesenerfolg beschieden war, war es nur eine Frage der Zeit, wann Flash zum Film gelangt. Das verstärkte Bedienen der Serial-Macher aus dem Fundus der Comics beinhaltete dann auch FLASH GORDON, der es auf insgesamt drei Serials brachte, was nicht vielen gelang.

Beim Ansehen dieser Reihe fällt einem natürlich schon auf, dass FLASH GORDON mit wenig Geld und zu einer Zeit entstand, in der Action wichtiger war als Trickeffekte. Dennoch ist es immer wieder — manchmal allerdings unfreiwillig — ein Vergnügen, die alten Schinken zu betrachten. Des weiteren muss FLASH GORDON, mehr noch als sein „Bruder" BUCK ROGERS (qv), zu den Klassikern des Genres gerechnet werden. Flash Gordon-Darsteller Buster Crabbe spielte ebenfalls den erwähnten Buck Rogers. Des weiteren durfte der ehemalige Olympiasieger sich auch schon einmal Tarzans Lendenschurz anziehen und übernahm in der BUCK ROGERS-Fernsehserie eine Gastrolle.

Die drei Serials sind auch in umgeschnittener Form als eine Art von Spielfilm herausgekommen. Nach einer Fernsehserie (1953/ 54) in der Steve Holland den Helden in 39 Episoden verkörperte, folgte 1980 ein Spielfilm mit mittlerer Starbesetzung. Des weiteren war Flash, jetzt mit „e" geschrieben, das Objekt der Begierde in zwei Soft-Pornos.

EPISODEN (BR III):
1. DER GEFÄHRLICHE PLANET (The Planet Of Peril) 05.01.81
2. DER TUNNEL DES SCHRECKENS (- liegt nicht vor -) 12.01.81
3. GEFANGEN VON DEN HAIMÄNNERN (Captured By Shark Men) 19.01.81
4. DIE STADT UNTER WASSER (- liegt nicht vor -) 26.01.81
5. DIE HITZESTRAHLEN (The Destroying Ray) 01.02.81
6. DIE FLAMMENDE FOLTER (- liegt nicht vor -) 08.02.91
7. VERNICHTENDES SCHICKSAL (Shattering Doom) 15.02.81
8. DAS TURNIER DES TODES (- liegt nicht vor -) 22.02.81
9. DER KAMPF MIT DEM FEUERDRACHEN (Fighting The Fire Dragon) 01.03.81
10. DIE UNSICHTBARE GEFAHR (The Unseen Peril) 30.04.81
11. KONTAKT MIT DER ERDE (- liegt nicht vor -) 07.05.81
12. GEFANGEN IM TURM (Trapped Into The Turrett) 14.05.81

| 13. | DIE RÜCKKEHR ZUR ERDE (Rocketing To Earth) 28.05.81 |

13.	DIE RÜCKKEHR ZUR ERDE (Rocketing To Earth) 28.05.81
14.	AUF ZU NEUEN WELTEN (New Worlds To Conquer) 01.03.82
15.	DER LEBENDE TOD (The Living Dead) 08.03.82
16.	DIE KÖNIGIN DER MAGIE (- liegt nicht vor -) 15.03.82
17.	ALTE FEINDE (Ancient Enemies) 22.03.82
18.	DER BUMERANG (The Boomerang) 29.03.82
19.	DIE WALDMENSCHEN VOM MARS (- liegt nicht vor -) 12.04.82
20.	DER GEFANGENE VON MONGO (The Prisoner Of Mongo) 19.04.82
21.	DER SCHWARZE SAPHIR VON KALU (The Black Saphire Of Kalu) 26.04.82
22.	DAS SYMBOL DES TODES (Symbol Of Death) 03.05.82
23.	DER RAUCH DES VERGESSENS (Incense Of Forgetfulness) 10.05.82
24.	DER MENSCHLICHE KÖDER (Human Bait) 17.05.82
25.	MING, DER GNADENLOSE (Ming, The Merciless) 24.05.82
26.	DAS WUNDER DER MAGIE (The Miracle Of Magic) 07.06.82
27.	DAS BOMBENGESCHWADER (A Beast At Bay) 14.06.82
28.	AUGE UM AUGE (An Eye For An Eye) 21.06.82

EPISODEN (RTL plus):

27.	DER PURPURNE TOD (The Purple Death) 13.02.89
28.	LEBENDE BOMBEN (The Walking Bombs) 14.02.89
29.	TÖDLICHE STRAHLEN (The Destroying Ray) 15.02.89
30.	DER BRENNENDE PLANET (Flaming Earth) 16.02.89
31.	DER BRENNENDE ABGRUND (- liegt nicht vor -) 17.02.89
32.	DAS SPIEL MIT DEM TOD (The Pool Of Peril) 20.02.89
33.	DER VERSTEINERTE SCHATZ (Stark Treachery) 21.02.89
34.	DAS ENDE DES DIKTATORS (Doom Of The Dictator) 22.02.89

FILMVERSIONEN/FILME:

I.	ROCKET SHIP (Flash Gordon/Flash Gordon: Rocket Ship/Space Soldiers; 1936)
II.	MARS ATTACKS THE WORLD (Flash Gordon's Trip To Mars; 1938)
III.	FLASH GORDON CONQUERS THE UNIVERSE (Flash Gordon Conquers The Universe; 1940)
IV.	FLESH GORDON (Flesh Gordon; 1974) 21.03.75; Kino
V.	FLASH GORDON (Flash Gordon; 1980) 25.02.81; Kino
VI.	FLESH GORDON-SCHANDE DER GALAXIS (Flesh Gordon And The Galactic Cheerleaders/ Flesh Gordon Meets The Cosmic Cheerleaders; 1989) 15.08.91; Kino

DAS FLIEGENDE AUGE
(Blue Thunder)
USA 1982; Spielfilm
USA 1984; 11 Episoden
Deutsche Ausstrahlung:
RTL Television 1996; 11 Episoden

Darsteller: James Farentino (Frank Chaney), Dana Carvey (Clinton „Jafo" Wonderlove), Bubba Smith (Lyman „Bubba" Kelsey), Dick Butkus (Richard „Ski" Sutkowski), Sandy McPeak (Captain Braddock), Ann Cooper (J.J. Douglas).

Kriminalgeschichten um den Einsatz des hochtechnisierten Polizeihubschraubers Blue Thunder.

Nach dem äusserst erfolgreichen Kinofilm um diesen Hubschrauber entstanden sowohl AIRWOLF (qv) als auch diese direkt dem Film folgende Version. Da die Macher grossen Wert darauf legten, immer wieder zu erwähnen, dass alle eingebauten Geräte und Waffen tatsächlich existieren, handelt es sich also eigentlich um keine Science Fiction-Serie. Wie erwähnt ist BLUE THUNDER jedoch Vorlage und Konkurrent von AIRWOLF und, um den Vergleich zu gewährleisten, entschloss ich mich, sie mit aufzunehmen. Die Qualität der Serie spielte hierbei keine Rolle, da eine wie auch immer geartete Qualität kaum vorhanden ist.
Vom fliegenden Auge beobachtet wurden die Gaststars John Hancock, Richard (Kampfstern Galactica) Lynch, Belinda J. (Der Mann aus Atlantis) Montgomery, Tracy (Superman & Babylon 5) Scoggins, Kurtwood Smith, David (Space) Spielberg und Ray (Das Geheimnis von Twin Peaks) Wise.

FILM:

| I. | DAS FLIEGENDE AUGE (Blue Thunder) 05.02.83 |

EPISODEN:

| 1. | DIE LUFTSCHLACHT (Second Thunder) 05.05.96 |

2.	DIE UNTERGRUNDKÄMPFER (A Clear And Present Danger) 12.05.96
3.	DER WAFFENSCHIEBER (Arms Race) 19.05.96
4.	DIE VERSCHWÖRUNG (Revenge In The Sky) 02.06.96
5.	AUSGETRICKST (Trojan Horse) 09.06.96
6.	DIE REBELLEN (Skydiver) 16.06.96
7.	JAGD AUF MR. M. (Clipped Wings) 23.06.96
8.	BRISANTE FORSCHUNG (Payload) 30.06.96
9.	DIE ERPRESSUNG (The Long Flight) 28.07.96
10.	DAS TÖDLICHE ERBE (The Godchild) 04.08.96
11.	DAS SÖLDNER-KOMMANDO (The Island) 11.08.96

Anmerkung zur Episodenliste: Die Serie kam vorher vollständig als „Blue Thunder-Das fliegende Auge" auf Video heraus. Die Episodentitel dort: 1. Der Erzfeind; 2. Terror; 3. Waffenschieber; 4. Der teuflische Plan des KGB; 5. Hinter Gittern; 6. Revolution; 7. Der Rivale; 8. In letzter Sekunde; 9. Kidnapping; 10. Das Syndikat; 11. Nur 72 Stunden.

DER FLIEGENDE FERDINAND

(Letajici Cestmir)
CSSR 1982; 6 Episoden
Deutsche Ausstrahlung:
ARD 1984; 6 Episoden (auch als 11 Episoden)

Darsteller: Lukas Bech (Ferdinand Trenkel), Janeta Fuchsová (Barbara Bartels), Jan Kreindl (David Pelz), Vladimir Mensik (Herr Trenkel), Antonin Kala (Oskar Blecher), Peter Narozny (Herr Blecher), Frantisek Filipovsky (Kohlrausch).

Nachdem Ferdinand von einem blauen Meteoriten entführt wurde (?), bringt er vom Planet der Blumen mehrere verschiedene Zauberblumen mit. Während der Duft der einen ihn zum Fliegen befähigt, hat eine andere zur Folge, dass er zum Erwachsenen wird. Eine Blume ist die der Güte, eine weitere macht überdurchschnittlich intelligent.
Ferdinands Vater, Herr Trenkel, glaubt seinem Sohn natürlich nicht und verpasst ihm, wegen Lügens, Hausarrest. Ferdinand verwandelt sich zum Erwachsenen, der seinem Vater täuschend ähnlich sieht, und verschwindet. Als Herrn Trenkel von den Dingen berichtet wird, die er gemacht haben soll, ist die Verwirrung gross — er sieht nur einen Ausweg und geht zum Psychiater.
Inzwischen gerät die Familie Blecher unter den Einfluss der „Intelligenz-Blume". Herr Blecher,

ehemals Friseur, erlangt als Wunderheiler Berühmtheit, sein Sohn Oskar soll Leiter des „Instituts zur Perfektionierung der Menschheit" werden und gilt als nächster Anwärter auf den Nobelpreis.
Die Trenkels haben nicht so viel Glück. Als Vater Trenkel ins Krankenhaus eingewiesen wird, muss die Familie die Dienstwohnung räumen. Ihre neue „Wohnung" finden sie auf einem Baum. Ferdinand und seine Freunde versuchen nun, den ursprünglichen Zustand wieder herzustellen. Dies geschieht, als die Institutsziege die Zauberblumen verspeist. Bis auf eine...

Zur Einführung der Serie sendete die ARD am 28. September 1984 das Special „Der fliegende Ferdinand stellt sich vor".

EPISODEN:
1.	DER BLAUE STEIN (- liegt nicht vor -) 14.10.84
2.	BLUMENDUFT UND HAUSARREST (- liegt nicht vor -) 21.10.84
3.	SIND WIR NICHT ZUFÄLLIG GENIAL? (- liegt nicht vor -) 28.10.84
4.	DIREKTOR DR. DUMMKOPF (- liegt nicht vor -) 04.11.84
5.	DIE FAMILIE AUF DEM AST (- liegt nicht vor -) 11.11.84
6.	DIE LETZTE BLUME (- liegt nicht vor -) 18.11.84

FLUCHT VOM JUPITER
(Escape From Jupiter)
AUS/JPN 1995/96; 13 Episoden
Deutsche Ausstrahlung:
Nickelodeon 1996; 13 Episoden

Darsteller: Steve Bisley (George Duffy), Arthur Dignam (Professor Ingessol), Justin Rosniak (Gerard), Daniel Taylor (Michael Faraday), Anna Choy (Kumiko), Abraham Forsythe (Kingston Lewis), Robyn MacKenzie (Anna), Ken Radley (Sam Faraday), Linden Wilkinson (Beth), Ivar Kants (Karl), Anne Tenney (Dr. Helen Lewis), Saemi Baba (Akiko), Kazuhiro Muroyama (Tatsuya), Fiona Stewart (Celia), Russell Kiefel (Gilbert), Sally Cahill (P. J.).

Eine Bergwerksstation auf dem Jupiter-Mond Io. Kumiko kommt mit ihren Eltern, die als Spezialisten gebraucht werden, an und schliesst Bekanntschaft mit Michael und Kingston.

Während sich die Teenager auf der Station um-
sehen, kommt es zu einer von Professor Ingessol prophezeiten Katastrophe: Die Bohrer durch-
brechen die Trennung zur Lava im Mondkern.
Die Station muss evakuiert werden. Leider sind
zur Zeit keine Transportschiffe auf Io und der
Kontakt zur Erde ist abgebrochen. Als einzige
Möglichkeit bleibt das im Orbit befindliche Schiff
KL4, dass seit etwa acht Jahren nicht mehr in
Gebrauch ist und bei der Besiedelung der Station ausgeschlachtet worden war.
Das Schiff wird mit einem Gleiter kombiniert und
der Start beginnt. Das erste Ziel ist es, den letzten gestarteten Erztransporter einzuholen, um
von ihm den notwendigen Treibstoff abzuzapfen.

Gleich im Anschluss zeigte Der Kinderkanal die
Nachfolgeserie ZURÜCK ZUM JUPITER (qv).

EPISODEN:
1.   DIE KATASTROPHE (Disaster)
2.   IN DER FALLE (Trapped)
3.   DAS RETTUNGSBOOT (Life Boat)
4.   IN LETZTER SEKUNDE (In The Nick Of Time)
5.   AUF DER FLUCHT (Blast Off)
6.   SPIEL MIT FOLGEN (Temporary Relief)
7.   FALSCHER VERDACHT (Stake Out)
8.   KRÄFTEMESSEN (Fitness Test)
9.   ASTEROIDEN (Asteroids)
10.   KEIN WEIHNACHTEN (Christmas)
11.   ANGRIFF IM ALL (Decoy)
12.   FEHLZÜNDUNG (Misfire)
13.   DER BLAUE PLANET (Rescue)

FORTUNE HUNTER - BEI GEFAHR: AGENT CARLTON DIAL
(Fortune Hunter)
USA 1994; Pilot & 12 Episoden (nur Pilot & 4
ausgestrahlt)
Deutsche Ausstrahlung:
RTL Television 1997; Pilot & 12 Episoden

Darsteller: Mark Frankel (Carlton Dial), John Robert Hoffman (Harry Flack), Kim Faze (Yvonne).

Nachdem Carlton Dial den britischen Geheimdienst M. I. 6 verlassen hat, schliesst er sich der
Organisation Intercept an, die gestohlene Güter
gegen entsprechendes Entgelt wieder beschafft.
Hierbei bedienen sich die Intercept-Mitarbeiter
der allerneuesten Technologie: Kontaktlinsen mit
Minikameras und Sensor zum Scannen des Umfeldes, Armbandfunkgeräte und, in Carlton Dials

Fall, ein im Kopf implantierter Radioempfänger.
Carltons Verbindung zur Zentrale, Harry Flack,
arbeitet vornehmlich mit einem übergrossen
Fernsehschirm, auf dem die Videobilder der Kontaktlinsen zu sehen sind, und einer schier unend-
lichen Computerdatei. Die Informationen hieraus,
an Dial übertragen, ermöglichem es diesem, in
unterschiedlichsten Verkleidungen aufzutreten
und das jeweilige Fachwissen parat zu haben.

1994 schaffte es der amerikanische Sender FOX
die Übertragungsrechte für die Spiele der National Football League zu bekommen. Im Anschluss
an diese Sportübertragungen sollte Carlton Dial
die Zuschauer in ihren Bann ziehen und damit
für eine weitere Stunde an FOX binden. Dieser
Auftrag schien jedoch eine Nummer zu gross für
den Ex-Agenten zu sein: Die Serie floppte und
wurde nach nur fünf Folgen eingestellt.
Mark Frankel trat kurz darauf in der Serie CLAN
DER VAMPIRE (qv) in Erscheinung. Der Gefahr
beiwohnen taten die Gaststars Edward (Die
Schöne und das Biest) Albert, Patrick (Clan der
Vampire & Pretender) Bauchau, Barbara Carrera,
June (V) Chadwick, Meg Foster, Anne Francis,
Elizabeth (Highlander & Raven) Gracen, Sherman (Superboy) Howard, Aharon Ipalé, Chris Sa-
randon, Dwight Schultz und Philip Michael Thomas.

EPISODEN:
1.   UNTERNEHMEN FROSTFIRE (The Frostfire Intercept) 26.01.97
2.   DOPPELTES SPIEL (The Aquarius Intercept) 02.02.97
3.   EINSATZ IN PARIS (Triple Cross) 09.02.97
4.   EIN BLINDER PASSAGIER (Stowaway) 23.02.97
5.   IN LETZTER SEKUNDE (Countdown) 02.03.97
6.   DAS BEFREIUNGSKOMMANDO (The Omega Team) 16.03.97
7.   DER FLUCH DES DOLCHES (The Cursed Dagger Of Agrobah) 23.03.97
8.   SCHMUGGEL IN DER KARIBIK (Sea Trial) 06.04.97
9.   DER KILLER-VIRUS (Body Count) 13.04.97
10.   DIAMANTENFIEBER (Hot Ice) 20.04..97
11.   TÖDLICHES GIFT (Red Alert) 04.05.97
12.   UNBEKANNTES FLUGOBJEKT (Target Millennium) 04.05.97
13.   SPIEL UM LEBEN UND TOD (The Deadliest Game)

FRANKENSTEINS TANTE
(Frankensteins Faster)
BRD/CSSR/A 1986; 7 Episoden
Deutsche Ausstrahlung:
ZDF 1987; 7 Episoden

Darsteller: Viveca Lindfors (Hanna, Frankensteins Tante), Ferdy Mayne (Graf Dracula), Eddie Constantine (Alois, der Wassermann), Flavio Bucci (Baron Wolfskehl), Jacques Herlin (Igor), Gail Gatterburg (Berta), Gerhard Karzel (Albert), Barbara de Rossi (Klara), Tilo Prückner (Sepp, der Feuermann), Mercedes Sampietro (Weisse Frau), Marie Drahukoupilova (Apothekerin), Marin Hreben (Max), Andrej Hryc (Schmied), Sancho Garcia (Erbsenbein).

In Frankensteins Schloss wohnen verschiedene Horrorgestalten. Als nun Hanna, Frankensteins Tante, ihren Besuch ankündigt, verbreitet sich das Gerücht, dass diese das Schloss verkaufen will. Die Bewohner, die dann ja obdachlos wären, beschliessen, Hanna umzubringen.
Der künstlich erschaffene Albert will erfahren was Liebe ist und verfolgt zu diesem Zweck die Weisse Frau. Hierbei gerät er dem Dorfschmied in die Hände, der sich sehr für Alberts Konstruktion interessiert. Graf Dracula hingegen verfolgt Klara, die Dorfschönheit. Nicht aus Liebe, sondern aus Blutdurst. Seine Verfolgungsjagd endet im See und alles was er einfängt ist eine Grippe. Inzwischen hat sich Albert in eben diese Klara verliebt. Während die Schlossbewohner ihn in Liebesdingen unterrichten, verlobt sich Klara, ganz nach dem Wunsch ihrer Mutter, mit Hans. Doch hierbei ist das letzte Wort noch nicht gesprochen. Alberts Monsterfreunde greifen ein.

Intelligent gemachte und durchaus amüsante Verfilmung des Romans von Allan Rune Pettersson. Eine der wenigen Horrorkomödien, die man als gelungen betrachten darf.
Tilo Prückner trat auch in AEON-COUNTDOWN IM ALL (qv) auf.

EPISODEN:
1. DIE GEBURT (- liegt nicht vor -) 01.02.87
2. DIE RENOVIERUNG (- liegt nicht vor -) 08.02.87
3. DIE BRAUT (- liegt nicht vor -) 15.02.87
4. DIE WIEGE (- liegt nicht vor -) 22.02.87
5. DER SALONLÖWE (- liegt nicht vor -) 08.03.87
6. DAS AUTOMOBIL (- liegt nicht vor -) 15.03.87
7. DIE HOCHZEIT (- liegt nicht vor -) 22.03.87

DIE FREUNDE DES FRÖHLICHEN TEUFELS
(Przyjaciel Wesolego Diabla)
PL 1988; 5 Episoden
Deutsche Ausstrahlung:
ARD 1989; 5 Episoden

Darsteller: Rafael Synowka (Zenobi), Jacek Chmielnik (Vater), Franciszek Cwirko (Piepschmatz), Ryszarda Hanin, Leon Niemczyk, Franciszek Pieczka.

Als Zenobis Mutter stirbt, bekommt dieser einen so grossen Schock, dass er fortan gelähmt ist. Während er im Bett liegt, entdeckt er eines Tages eine Art Teufelchen am Fenster. Dieses Piepschmatz genannte Wesen nimmt den Jungen in ihm unbekannte Phantasieländer mit. Oder war dies alles nur ein von der Krankheit hervorgerufener Traum?

EPISODEN:
1. DIE FLIEGENDEN BÄREN (- liegt nicht vor -) 06.08.89
2. DAS TEUFELCHEN BIN ICH (- liegt nicht vor -) 13.08.89
3. DER ZAUBERKRISTALL (- liegt nicht vor -) 20.08.89
4. DER GEIST DER FINSTERNIS (- liegt nicht vor -) 27.08.89
5. TEUFELCHEN, WO STECKST DU? (- liegt nicht vor -) 10.09.89

FROM THE EARTH TO THE MOON
(From The Earth To The Moon)
USA 1998; 12 Episoden
Deutsche Ausstrahlung:
Premiere 1998; 12 Episoden

Darsteller: Tony Goldwyn (Neil Armstrong), David Andrews (Frank Borman), Nick Searcy (Deke Slayton), Stephen Root (Chris Kraft), Dan Lauria (James Webb), Ted Levine (Alan Shepard), Brett Cullen (Dave Scott).

Ein Budget in Höhe von 68 Millionen Dollar verschlang diese Dokumentaranthologie, die damit die teuerste TV-Serie aller Zeiten ist. Möglich wurde die Reihe durch die Beteiligung des zweifachen Oscargewinners Tom Hanks. Hanks spielte nicht nur mit, er trat auch als Regisseur in Erscheinung.

Inhaltlich zeigt die Serie die Entwicklung des NASA-Raumfahrtprogramms von 1961 bis 1974. Statt stetig nur die „heldenhaften" Geschichten der Astronauten zu präsentieren, wurde bei FROM THE EARTH Wert auf andere Blickwinkel gelegt; z.B. aus Sicht der Ehefrauen der Astronauten.

Die Anstrengung eine anständige Serie erstehen zu lassen, trug Früchte: Sie wurde mit zehn Emmy Awards, dem Fernsehoscar, ausgezeichnet und bekam den Golden Globe Award in der Kategorie Beste Miniserie/ Bester für das Fernsehen entstandener Spielfilm.

Nick Searcy trat auch in SEVEN DAYS (qv) in Erscheinung. Auf Erde und Mond fanden sich neben Hanks auch die Gaststars Jo (Die Schöne und das Biest) Anderson, Adam Baldwin, Gary (American Gothic) Cole, Ronny Cox, Tim Daly, Cary Elwes, Jerry (Akte X) Hardin, Mark Harmon, Chris Isaak, Elizabeth Perkins, Ethan (Star Trek: Raumschiff Voyager) Phillips, Peter (Liebling, ich habe die Kinder geschrumpft) Scolari und Lane (Superman) Smith.

EPISODEN:

1. ZEIGEN WIR'S IHNEN (Can We Do This?) 23.08.98
2. APOLLO 1 (Apollo 1) 30.08.98
3. DIE RUHE VOR DEM STURM (We Have Cleared The Tower) 06.09.98
4. DER FLUG ZUM MOND (1968) 13.09.98
5. WETTLAUF GEGEN DIE ZEIT (Spider) 20.09.98
6. EIN GEWALTIGER SCHRITT FÜR DIE MENSCHHEIT (Mare Tranquilitatis) 27.09.98
7. EIN BISSCHEN SPASS MUSS SEIN (That's All There Is) 04.10.98
8. DER TOD REIST MIT (We Interrupt This Program) 11.10.98
9. GOLF AUF DEM MOND? (For Miles And Miles) 18.10.98
10. GALILEI HATTE RECHT (Galileo Was Right) 25.10.98
11. DER PREIS DES RUHMS (The Original Wives Club) 01.11.98
12. DIE LETZTE REISE ZUM MOND (Le Voyage Dans La Lune) 08.11.98

F/X
(F/X: The Series)
USA 1996-98; Pilot & 38 Episoden

Deutsche Ausstrahlung:
VOX 1997; Pilot & 20 Episoden
VOX 1998; 18 Episoden

Darsteller: Cameron Daddo (Rollie Tyler), Kevin Dobson (Detective Leo McCarthy - 1996/97), Carrie-Anne Moss (Lucinda Scott - 1996/97), Christina Cox (Angie Ramirez), Sherry Miller (Colleen O'Malley - 1996/97), Richard Waugh (Detective Frances Gatti), Jason Blicker (Captain Marvin Van Duren), Jacqueline Torres (Detective Mira Sanchez - 1997/ 98).

Rollie Tyler ist der beste Spezialeffekte-Mann Hollywoods. Mit seinen Tricks und Masken hilft er seinem Freund Leo McCarthy, seines Zeichens Polizist, bei der Aufklärung von Verbrechen.

Nicht eigentlich eine phantastische Serie. Da sie aber Tricks und seltsame — künstliche — Wesen aufzuweisen hat, wird sie meist dem SF-Genre zugeordnet. Und wer bin ich, dass ich das ändern dürfte.

Durchschnittliche Crime-Serie, basierend auf den beiden Kinofilmen mit Bryan Brown und Brian Dennehy, die ihren eigentlichen Reiz durch der Verwendung unterschiedlichster Tricks schnell verliert. Merke: Es gehört mehr zu einem guten Film (und zu einer guten Serie) als Tricks! Christina Cox übernahm eine weitere Rolle in THE CROW: STAIRWAY TO HEAVEN (qv). Tricktechnisch bearbeitet wurden die Gaststars Philip (Krieg der Welten & Highlander) Akin, Maria Conchita Alonso, Matthew (Total Recall 2070) Bennett, Nigel (Nick Knight & Psi Factor) Bennett, Nicholas (Hitchhiker) Campbell, Richard (Krieg der Welten) Comar, Von (Mission Erde) Flores, Michael (V & seaQuest 2032) Ironside, Mimi Kuzyk, Kristen (Pol-tergeist) Lehman, Costas Mandylor, John Neville, David (Die verlorene Welt) Orth, Malcolm Stewart, Todd (Scorch & Burning Zone) Susman, Nick (Mondbasis Alpha 1) Tate, Linda (Mit Schirm, Charme und Melone) Thorson, Maurice Dean (Captain Power, TekWar, Psi Factor und Robocop) Wint und Gordon Michael (Die geheimnisvolle Insel) Woolvett.

FILME:

I. F/X-TÖDLICHE TRICKS (F/X: Murder By Illusion; 1985) 07.08.86; Kino
II. F/X 2-DIE TÖDLICHE ILLUSION (F/X 2: The Deadly Art Of Illusion; 1991) 05.09.91; Kino

EPISODEN:

1. F/X (The Illusion) 16.02.97
2. DER VORLETZTE COUNTDOWN (Zero Hour) 23.03.97
3. TON AB-ACTION-MORD! (Payback) 02.03.97
4. IM DIENSTE IHRER MAJESTÄT (The Brother-hood) 09.03.97
5. RISKANTES SPIEL (High Risk) 16.03.97
6. SCIENCE FICTION (White Lights) 23.03.97
7. AUF DEN LETZTEN METERN (Dingo) 30.03.97
8. HEISSE WARE (The Ring) 06.04.97
9. FRENCH KISS (French Kiss) 13.04.97
10. DAS AUGE DES DRACHEN (Eye Of The Dragon) 20.04.97
11. BLÜTENZAUBER (Supernote) 27.04.97
12. IM VISIER (Target) 04.05.97
13. BRETTER, DIE DEN TOD BEDEUTEN (Medea) 11.05.97
14. SCHATZSUCHE (Shivaree) 18.05.97
15. DER EAST-SIDE-RIPPER (Only Living Witness) 25.05.97
16. MASKERADEN (Double Image) 01.06.97
17. WIEDERSEHEN MACHT FEINDE (Reunion) 08.06.97
18. DAS CHAMÄLEON (Quicksilver) 15.06.97
19. NACHHILFE (Bad Influence) 22.06.97
20. PANZERKNACKER (Script Doctor) 29.06.97
21. DROGENKRIEG (Get Fast) 06.07.97

22. REQUIEM FÜR EINEN COP (Requiem For A Cop) 12.06.98
23. BANKGESCHÄFTE (Siege) 15.06.98
24. AUGE UM AUGE (Unfinished Business) 16.06.98
25. FREIER FALL (Shooting Mickey) 17.06.98
26. SCHLEICHENDER TOD (House Of Horror) 18.06.98
27. HIGH SOCIETY (High Roller) 19.06.98
28. EIN GIFTIGES CHAMÄLEON (Deep Cover) 22.06.98
29. ZURÜCK IN DIE VERGANGENHEIT (Flashback) 23.06.98
30. DÜNNE LUFT (Evil Eye) 24.06.98
31. DAS RITUAL (Ritual) 25.06.98
32. AGENTEN-POKER (Spanish Harlem) 26.06.98
33. SCHWERE JUNGS (Stand-Off) 29.06.98
34. DER SCHNEEMANN (Vigilantes) 30.06.98
35. DAS GIFTGAS-KOMPLOTT (Reaper) 01.07.98
36. FLAMMENDES INFERNO (Inferno) 02.07.98
37. KALTES HERZ (Chiller) 03.07.98
38. DER GROSSE COUP (Thief) 06.07.98
39. DAS ATTENTAT (Red Storm) 07.07.98

GÄNSEHAUT-DIE STUNDE DER GEISTER

(Goosebumps & Ultimate Goosebumps)
USA 1995-?; 58+ Episoden

Deutsche Ausstrahlung:
Pro 7 1997; 1 Doppelepisode
Pro 7 1998; 34 Episoden
Pro 7 1998; 1 Doppelepisode
Pro 7 1999/2000; 18 Episoden

Horroranthologie für Kinder basierend auf der amerikanischen Bestsellerreihe von R. L. Stine. Der Autor verfasste für diese Reihe von Jugendbüchern schon über 60 Stück. Hiervon wurden wiederum über 180 Millionen Stück verkauft. Damit ist Stine der auflagenstärkste Schriftsteller der USA. Ein Riesenkult umspann sich um diese literarischen Werke. Üblicherweise folgen hierauf Merchandising-Artikel — so auch in diesem Fall. In Deutschland sind die Bücher unter dem Titel „Gänsehaut" im Omnibus-Verlag erschienen. Unter den Darstellern in der Geflügelhaut-Serie befanden sich unter anderen Philip (Highlander & Krieg der Welten) Akin, Kaj-Erik Eriksen, Colin (Psi Factor) Fox, David (Captain Power & Mission Erde) Hemblen, John (Das Tollhaus) Hemphil, Barclay (Psi Factor) Hope, Malcolm Stewart, Amanda (Stargate) Tapping, Adam (Batman) West und der Autor R. L. Stine.

EPISODEN:

1. DIE GEISTERMASKE (The Haunted Mask) 31.10.97

2. DER SPIEGEL DES SCHRECKENS (Let's Get Invisible) 14.03.98
3. DIE UNHEIMLICHE KAMERA (Say Cheese And Die!) 14.03.98
4. DAS MATSCH-MONSTER (You Can't Scare Me!) 21.03.98
5. PHANTOM DER AULA (Phantom Of The Auditorium) 21.03.98
6. DIE PUPPE MIT DEM STARREN BLICK (Night Of The Living Dummy) 28.03.98
7. DIE GEISTERHÖHLE (Ghost Beach) 28.03.98
8. DIE NACHT IM TURM DER SCHRECKEN 1 (A Night In Terror Tower) 04.04.98
9. DIE NACHT IM TURM DER SCHRECKEN 2 (A Night In Terror Tower) 04.04.98
10. WÜNSCH DIR WAS (Be Careful What You Wish For) 11.04.98
11. GIB ACHT, DIE MUMIE ERWACHT! (Return Of The Mummy) 11.04.98
12. DIE UNHEIMLICHE PUPPE KEHRT ZURÜCK 1 (Night Of The Living Dummy II) 18.04.98
13. DIE UNHEIMLICHE PUPPE KEHRT ZURÜCK 2 (Night Of The Living Dummy II) 18.04.98
14. MEISTER DER MUTANTEN 1 (Attack Of The Mutant) 02.05.98

15.	MEISTER DER MUTANTEN 2 (Attack Of The Mutant) 02.05.98
16.	WER DIE GEISTERMASKE TRÄGT 1 (Haunted Mask II) 09.05.98
17.	WER DIE GEISTERMASKE TRÄGT 2 (Haunted Mask II) 09.05.98
18.	NACHTS, WENN ALLES SCHLÄFT 1 (Welcome To Camp Nightmare 1) 16.05.98
19.	NACHTS, WENN ALLES SCHLÄFT 2 (Welcome To Camp Nightmare 2) 16.05.98
20.	DER MONSTERSCHWAMM (It Came From Beneath The Sink!) 23.05.98
21.	UM MITTERNACHT, WENN DIE VOGEL-SCHEUCHE ERWACHT (The Scarecrow Walks At Midnight) 23.05.98
22.	MONSTERBLUT (Monster Blood) 30.05.98
23.	NOCH MEHR MONSTERBLUT (More Monster Blood) 30.05.98
24.	DER GRUSELZAUBERER (Bad Hare Day) 06.06.98
25.	DIE RACHE DER GARTENZWERGE (Revenge Of The Lawn Gnomes) 06.06.98
26.	MEIN HAARIGSTES ABENTEUER (My Hariest Adventure) 13.06.98
27.	ALLEIN MIT DEM SUMPFMONSTER (How To Kill A Monster) 13.06.98
28.	DIE UNHEIMLICHE KUCKUCKSUHR (The Cuckoo Clock Of Doom) 20.06.98
29.	DER VAMPIR AUS DER FLASCHE (Vampire Breath) 20.06.98
30.	DAS GEISTERPIANO (Piano Lessons Can Be Murder) 27.06.98
31.	KUCK MAL, WAS DA KRIECHT (Go Eat Worms) 27.06.98
32.	SPUKGESCHICHTEN (The Headless Ghost) 04.07.98
33.	DIE KÜRBIS-KÖPFE KOMMEN! (Attack Of The Jack O' Lanterns) 04.07.98
34.	RICKY, DAS REPTIL (Calling All Creeps) 11.07.98
35.	WER EINMAL LÜGT, DEM GLAUBT MAN NICHT (The Girl Who Cried Monster) 11.07.98
36.	DAS UNHEIMLICHE LABOR 1 (Stay Out Of The Basement) 31.10.98
37.	DAS UNHEIMLICHE LABOR 2 (Stay Out Of The Basement) 31.10.98
38.	DAS HAUS OHNE WIEDERKEHR (The House Of No Return) 17.04.99
39.	DIE BRAUT DER UNHEIMLICHEN PUPPE (Bride Of The Living Dummy) 24.04.99
40.	DAS GEISTER-SPIEL (The Haunted House Game) 08.05.99
41.	GEDANKEN-POLIZEI (- liegt nicht vor -) 15.05.99
42.	WILLKOMMEN IM HAUS DER TOTEN 1 (Welcome To Deadhouse) 22.05.99
43.	WILLKOMMEN IM HAUS DER TOTEN 2 (Welcome To Deadhouse) 29.05.99
44.	GEFÄHRLICHES ZAPPING (- liegt nicht vor -) 12.06.99
45.	MUMIEN WECKT MAN NICHT! (Don't Wake The Mummy) 03.07.99
46.	DIE SCHULE DES GRAUENS 1 (Perfect School 1) 24.07.99
47.	DIE SCHULE DES GRAUENS 2 (Perfect School 2) 21.07.99
48.	DER MONSTERMACHER (A Shocker On Shock Street) 14.08.99
49.	DIE MAGISCHE SCHREIBMASCHINE (The Blob That Ate Everyone) 04.09.99
50.	MEIN UNSICHTBARER FREUND (My Best Friend Is Invisible) 25.09.99
51.	WILLKOMMEN IN KARLSVILLE (Chillogy I: Squeal Of Fortune) 13.11.99
52.	RÜCKKEHR NACH KARLSVILLE (Chillogy II: Strike 3...You're Doomed) 20.11.99
53.	DER HERR DER SCHLANGEN (- liegt nicht vor-) 04.12.99
54.	DAS VERWUNSCHENE WOLFSFELL 1 (Werewolf Skin 1) 08.01.00
55.	DAS VERWUNSCHENE WOLFSFELL 2 (Werewolf Skin 2) 15.01.00
56.	DER GEISTERHUND (The Barking Ghost) 19.02.00
57.	HEXENKÜCHE (An Old Story) 25.03.00
58.	MENSCHEN, MONSTER, SENSATIONEN (One Day At Horrorland) 04.07.00
59.	VERFLUCHTE FOTOS (Say Cheese And Die-Again!) 20.01.01
60.	BABYTERROR (Strained Peas) 27.01.01
61.	DER WERWOLF AUS DEN FIEBERSÜMPFEN 1 (The Werewolf Of Fever Swamp)
62.	DER WERWOLF AUS DEN FIEBERSÜMPFEN 2 (The Werewolf Of Fever Swamp)

GEFÄHRLICHE EXPERIMENTE
(Man And The Challenge)
USA 1959/1960; 36 Episoden
Deutsche Ausstrahlung:
ARD 1967/1968; 21 Episoden

Darsteller: George Nader (Dr. Glenn Barton), Jayne Meadows (Lynn Allen).

Dr. Glenn Barton ist ein Wissenschaftler und Athlet, der im Auftrag der Regierung Tests anstellt. Getestet wird die Belastbarkeit von Menschen unter Extrembedingungen; z.B. im abgeschlossenen Raum, unter Wasser, unter Einfluss besonders niedriger Temperaturen, unter Stress oder auch die Folgen der geistigen Folter. Des weiteren überprüft Barton neue Gerätschaften, z.B. einen neuartigen feuerfesten Anzug, und auch verschiedene Drogen, die das Angstempfinden ausschalten sollen oder die körperliche Stärke erhöhen. Oftmals kommt es hierbei zu gefährlichen Komplikationen.

Eine Kritik zu dieser Serie ist mir unmöglich, da sämtliche Informationen nur aus zweiter Hand zu bekommen waren.
Gefährlich experimentierten auch Whit (Time Tunnel) Bissell, Robert (Verrückter Wilder Westen) Conrad, William Conrad und Debra Paget.

EPISODEN (NDR,WDR & HR regional):
1. DIE BEFREIUNG (Invisible Force) 31.01.67; NDR
2. WELLENREITEN (Nightmare Crossing) 14.02.67; NDR
3. STURMFLUG (Flying Lab) 28.02.67; NDR
4. MARSMENSCHEN (The Visitors) 14.03.67; NDR
5. DER TODESFLUSS (Killer River) 28.03.67; NDR
6. DER FAHRSTUHL (- liegt nicht vor-) 29.03.67; WDR
7. DAS AUTORENNEN (Border To Border) 11.04.67; NDR
8. SCHUSSFAHRT (Maximum Capacity) 19.04.67; WDR
9. FISCHFANG (The Storm) 25.04.67; NDR
10. ÜBERARBEITET (Early Warning) 09.05.67; NDR
11. SEGELFLUG (- liegt nicht vor-) 23.05.67; NDR
12. LASTWAGENFAHRER (Highway To Danger) 06.06.67; NDR

13. GEFANGENE DER STRATOSPHÄRE (The Sphere Of No Return) 23.02.68; HR
14. FALLSCHIRMSPRINGER (Sky Diver) 08.03.68; HR
15. HITZETEST (Shooter McLaine) 22.03.68; HR
16. RODEO (Rodeo) 05.04.68; HR
17. DIE FEUERPROBE (Trial By Fire) 16.04.68; NRD
18. DER SECHSTE SINN (The Extra Sense) 19.04.68; HR
19. DIE ANGSTBARRIERE (The Breaking Point) 03.05.68; HR
20. DER TODESFAHRER (Daredevils) 17.05.68; HR
21. DER SCHLEUDERSITZ (Breakoff) 26.06.68; WDR

GEFRIER-SCHOCKER
(Hammer House Of Horror)
GB 1980; 13 Episoden

Deutsche Ausstrahlung:
SAT.1 1989; 13 Episoden

Horroranthologie aus dem berühmten Hause Hammer, den Spezialisten für britische Horrorware der sechziger und siebziger Jahre. Hammer Productions belebte etliche Horrorfiguren neu, darunter Dracula, in der Darstellung von Christopher Lee, Frankenstein, verkörpert von Peter Cushing, und die Mumie, ebenfalls Lee, der auch Frankensteins Geschöpf im ersten Film der Reihe spielte.
Die hier präsentierte Reihe hätte lieber nicht versuchen sollen, dieses Erbe anzutreten. Auch die besseren Episoden schaffen es nicht, über das Niveau von Durchschnittsware herauszukommen. Einzig interessant für Leute, die gute Darsteller in weniger guten Produktionen zu schätzen wissen.
Zu den gefriergeschockten Schauspielern, die in Erscheinung traten, gehörten Christopher Cazenove, Peter Cushing, Diana Dors, Denholm Elliott, Jon Finch, Marius Goring, Caroline (Q.E.D.) Langrishe, Simon (Ein Fall für Professor Chase) MacCorkindale und Kathryn Leigh (Dark Shadows) Scott.

EPISODEN:
1. DIE DINNER-PARTY (The Thirteenth Reunion) 05.04.89
2. DIE HEXE VON WOODSTOCK-FARM (Witching Time) 12.04.89
3. ALPTRAUM OHNE ERWACHEN (Rude Awakening) 19.04.89
4. DIE RACHE DER UNGELIEBTEN (Growing Pains) 26.04.89
5. DAS HAUS DES GRAUENS (The House That Bled To Death) 10.05.89
6. DAS VERMÄCHTNIS DES FALKNERS (The Carpathian Eagle) 17.05.89
7. DER WÄCHTER DES HÖLLENSCHLUNDS (The Guardian Of The Abyss) 24.05.89
8. DIE EXPERIMENTE DES MR. BLUECK (The Silent Scream) 31.05.89
9. DIE HANDLANGER DES SATANS (The Mark Of Satan) 07.06.89
10. KINDER DES VOLLMONDS (Children Of The Full Moon) 14.06.89
11. DIE ZWEI GESICHTER DES BÖSEN (The Two Faces Of Evil) 21.06.89
12. BESUCHER AUS DEM JENSEITS (A Visitor From The Grave) 28.06.89
13. CHARLIE BOY (Charlie Boy) 05.07.89

DIE GEHEIME WELT DER POLLY FLINT
(The Secret World Of Polly Flint)
AUS (GB/F/D) 1987; 6 Episoden
Deutsche Ausstrahlung:
ARD 1987; 6 Episoden

Darsteller: Katie Reynolds (Polly Flint), Emily Richard (Alice Flint), Malcom Storry (Tom Flint), Susan Jameson (Tante Em), Don Henderson (Old Mazy), Dylan Champion (Davey Cole), Daniel Pope (Sam Porter), Brenda Bruce (Granny Porter), Jeremy Coote (Gil Porter), Daphne Neville (Doris), Stacy Davies (Minenarbeiter).

Polly Flint hat die Fähigkeit, Dinge zu sehen, die anderen Menschen verborgen bleiben. Eine Fähigkeit, die in der Geschichte, insbesondere bei pubertierenden Mädchen, oft mit allzu grosser Phantasie erklärt wurde.
Als Pollys Vater, ein Minenarbeiter, bei der Arbeit verunglückt, ziehen die Flints zu ihrer Tante Em. Polly macht die Bekanntschaft von Old Mazy, der ihr von Grimstone erzählt, einem Dorf, das der Legende nach plötzlich verschwunden sein soll. Auf dem Platz, auf dem das Dorf stand, befindet sich derzeit ein Maibaum. Als sich Polly im Morgengrauen diesem Baum nähert, sieht sie dort tanzende Kinder, die aber kurz darauf wieder verschwunden sind. Doch am Nachmittag trifft sie erneut auf zwei dieser Kinder, die zu den sogenannten Zeit-Zigeunern gehören, den Bewohnern von Grimstone. Sie erzählen ihr, dass Grimstone durch das Zeitnetz fiel und deshalb verschwand. Polly und ihre neugewonnenen Freunde versuchen die Rätsel um Grimstone zu lösen, um den Zeit-Zigeunern die Rückkehr zu ermöglichen.

EPISODEN:
1. TEIL 1 (Part One) 19.07.87
2. TEIL 2 (Part Two) 26.07.87
3. TEIL 3 (Part Three) 02.08.87
4. TEIL 4 (Part Four) 09.08.87
5. TEIL 5 (Part Five) 16.08.87
6. TEIL 6 (Part Six) 23.08.87

DAS GEHEIMNIS DER BLAUEN TROPFEN
(Captain Nice)
USA 1967; 15 Episoden
Deutsche Ausstrahlung:
15 Episoden

Darsteller: William Daniels (Carter Nash/Captain Nice; dt.: Charly Nonsens), Alice Ghostley (Mrs. Nash), Ann Prentiss (Sergeant Candy Kane), Liam Dunn (Bürgermeister Finney), William Zuckert (Polizeichef Segal), Byron Foulger (Mr. Nash).

Carter Nash ist Chemiker im Polizeilaboratorium. Neben seinen eigentlichen Pflichten hat er ein Serum entwickelt, das Superkräfte verleihen soll. Als Nash eines Tages mit seiner grossen Liebe, dem Polizeisergeant Candy Kane, einen Spaziergang im Park unternimmt, werden die beiden überfallen. In der Not nimmt der Chemiker die von ihm entwickelten blauen Tropfen. Da er nun Superkräfte besitzt, drängt ihn seine Mutter zu einer Karriere als Superheld. Sie näht ihm ein farbenfrohes Kostüm, damit er unerkannt als Captain Nice Gutes tun kann.

Konzipiert wurde diese Serie von Buck Henry, der, in Zusammenarbeit mit Mel Brooks, auch für MINI-MAX (qv) verantwortlich zeichnete.
Die Geschichten um Charlie Nonsens, wie er so „treffend" in der deutschen Version heißt, sind als Parodie auf Fernseh- und Comicsuperhelden gedacht. Dieser „hohe Anspruch" bleibt jedoch völlig auf der Strecke. Besonders die „witzige" Dominanz der Mutter wird innerhalb kürzester Zeit zum Nervfaktor Nummer Eins.
William Daniels war KITTs Originalstimme in KNIGHT RIDER (qv); Alice Ghostley spielte später auch in VICKI (qv); Byron Foulger war bereits in FLASH GORDON (qv) zu sehen. Charly Nonsens' Taten bewundern durften John Dehner, Victor (Ein Engel auf Erden) French, Deanna (Planet der Giganten) Lund, Simon (Der Nachtjäger) Oakland und Daniel J. (Poltergeist) Travanti.

EPISODEN:
1. CHARLY (The Man Who Flies Like A Pigeon)
2. HAREM (How Sheik Can You Get?)
3. DAS MONSTER (That Thing)
4. DIE BRÜCKE (That Was The Bridge That Was)
5. DAS VERSTECK (The Man With Three Blue Eyes)
6. BRANDSTIFTUNG (Is Big Town Burning?)
7. DER WILDE (Don't Take Any Wooden Indians)
8. DER DIAMANT (That's What Mothers Are For)
9. DER AUSBRUCH (Whatever Lola Wants)
10. DAS NOTIZBUCH (Who's Afraid Of Amanda Woolf?)
11. FALSCHGELD (The Week They Stole Payday)
12. IN LETZTER MINUTE (It Tastes OK But Something Is Missing)

13.   DER PELZRAUB (May I Have The Last Dance?)
14.   APFELCLUB (One Rotten Apple)
15.   DER MAGIER (Beware Of The Hidden Prophet)

DIE GEHEIMNISVOLLE INSEL
(L'Isola Misteriosa E Il Capitano Nemo/ L'Île Mysterieuse/La Isla Misteriosa)
I/F/E 1973; 6 Episoden
Deutsche Ausstrahlung:
ARD 1975; 6 Episoden

Darsteller: Omar Sharif (Kapitän Nemo), Ambroise Bia (Nab), Jess Hahn (Pencroff), Philippe Nicaud (Spilett), Gérard Tichy (Smith), Rafael Bardem (Harbert), Gabriel Tinti (Tom Ayrton), Vidal Molina (Bob Harvey), Rik Battaglia (Finch).

Eine Gruppe von Männern, die in einem Heissluftballon auf der Flucht sind, stranden auf der titelgebenden Insel. Bei ihren Erkundungsgängen stossen sie auf seltsame Apparaturen. Diese sind die Abwehrmechanismen des sagenumwobenen Kapitän Nemo, der diese Insel zu seinem Domizil wählte.

Stimmungsvolle, manchmal allerdings langatmige, Verfilmung des 1874/75 erschienenen Romans von Jules Verne, der vorher bereits sieben Mal für Film- und Fernsehversionen herangezogen wurde. Omar Sharif überzeugt in der Rolle des Kapitäns der Nautilus, den Verne bereits 1869/70 in seinem Roman „Vingt mille lieues sous les mers" (Zwanzigtausend Meilen unter dem Meer) vorstellte.
Eine zusammengeschnittene Spielfilmfassung erreichte bereits am 12. Oktober 1973 deutsche Kinos unter dem Titel HERRSCHER EINER VERSUNKENEN WELT.

EPISODEN:
1.   DIE FLUCHT (- liegt nicht vor -) 05.01.75
2.   DIE WUNDERBARE RETTUNG (- liegt nicht vor -) 12.01.75
3.   DER UNHEIMLICHE BERG (- liegt nicht vor -) 19.01.75
4.   DIE FLASCHENPOST (- liegt nicht vor -) 26.01.75
5.   DIE SCHWARZE FLAGGE (- liegt nicht vor -) 02.02.75
6.   KAPITÄN NEMO (- liegt nicht vor -) 09.02.75

DIE GEHEIMNISVOLLE INSEL
(Jules Verne's Mysterious Island)
USA/CND/NZL 1995; 22 Episoden
Deutsche Ausstrahlung:
RTL 2; 22 Episoden

Darsteller: Alan Scarfe (Captain Cyrus Harding), C. David Johnson (Jack Pencroft), Colette Stevenson (Joanna Pencroft), Stephen Lovatt (Gideon Spilett), Gordon Michael Wolvett (Herbert Pencroft), Andy Marshall (Neb Brown), John Bach (Kapitän Nemo).

Und wieder flüchtet eine kleine Gruppe Gefangener aus einem Gefängnis der Konföderierten mit einem Ballon. Und wie in der vorherigen Version — und in Jules Vernes Roman — landen sie auf Kapitän Nemos geheimnisvoller Insel. Es folgen Abenteuer mit Piraten, Eingeborenen und natürlich dem Herrn dieses Eilandes.

Obwohl sich die Macher dieser Serie einige Freiheiten gegenüber der Vorlage herausnahmen, was ja beileibe nichts Neues ist, ist das Ergebnis eine durchaus gelungene Unterhaltung für die ganze Familie — kein Wunder: Auftraggeber war der US-Sender Family Channel.
Alan Scarfe verdingte sich auch für der Serie SEVEN DAYS-DAS TOR ZUR ZEIT (qv).

EPISODEN:
1.   FLUCHT INS PARADIES (Genesis) 01.02.97
2.   AUF DER ANDEREN SEITE (Down Under) 01.02.97
3.   DAS FELSENHAUS (Safe Haven) 08.02.97
4.   WILDE WASSER (White Water) 15.02.97
5.   DAS TODESURTEIL (A Death In The Family) 22.02.97
6.   MENSCHENJAGD (Love By The Neighbour) 01.03.97
7.   SCHATTEN DER VERGANGENHEIT (All That Glitters) 08.03.97
8.   DER PREIS DER RACHE (The Price Of Vengeance) 15.03.97
9.   IN DER FALLE (Tha Phantom's Lair) 22.03.97
10.   DIE OPFERUNG (Moment Of Truth) 29.03.97
11.   DAS PHANTOM (No One Rules Me) 05.04.97
12.   DER ZWEIKAMPF (He's Not Heavy) 12.04.97
13.   KAMPF UM DIE INSEL (Make Yourself A Home) 19.04.97
14.   DIE PRÜFUNG (First Impressions Are Skin Deep) 26.04.97
15.   DER FLUCH DER ERINNERUNG (Gideon's Tale) 03.05.97
16.   WAHRE LIEBE (Last Rites Of Spring) 10.05.97
17.   EIN NEUES LEBEN (Labours Lost) 17.05.97

DAS GEHEIMNIS VON TWIN PEAKS/ TWIN PEAKS-DAS GEHEIMNIS GEHT WEITER
(Twin Peaks)
USA 1989-1991; Pilot & 29 Episoden
USA 1992; Spielfilm
Deutsche Ausstrahlung:
RTL plus 1991; Pilot & 20 Episoden
Tele 5 1992; 5 Episoden (vier doppellange)

Darsteller: Kyle MacLachlan (Agent Dale B. Cooper), Michael Ontkean (Sheriff Harry S. Truman), Piper Laurie (Catherine Martell/Tojamura), Joan Chen (Jocelyn Packard), Don Amendiola (Emory Battis), Mädchen Amick (Shelley Johnson), Michael J. Anderson (Mann von einem anderen Ort), Dana Ashbrook (Bobby Briggs), Phoebe Augustine (Ronnette Pulaski), Robert Bauer (Johnny Horne), Richard Beymer (Benjamin Horne), James Booth (Ernie Niles), John Boylan (Bürgermeister Dwayne Milford), Lara Flynn Boyle (Donna Hayward), Rich Brinkley (Daryl Lodwick), Ian Buchanan (Richard „Dick" Tremayne), Victoria Catlin (Blackie O'Reilly), Catherine E. Coulsen (Margaret Lanterman, die „Log Lady"), Royal Dano (Richter Clinton Sternwood), Jan D'Arcy (Sylvia Horne), Eric Da Re (Leo Johnson), Don S. Davis (Major Garland Briggs), Mary Jo Deschanel (Eileen Hayward), David Duchovny (Agent Dennis „Denise" Bryson), Sherilyn Fenn (Audrey Horne), Miguel Ferrer (Agent Albert Rosenfield), Warren Frost (Dr. William Hayward), Harry Goaz (Deputy Andy Brennan), Galyn Görg (Nancy), Heather Graham (Annie Blackburn), Jane Greer (Vivian Niles), Gary Hershberger (Mike Nelson), Michael Horse (Deputy Tommy „Hawk" Hill), Tony Jay (Doug Milford), David Patrick Kelly (Jerry Horne), David L. Lander (Tim Pinkle), Sheryl Lee (Laura Palmer/ Madeleine Ferguson), Peggy Lipton (Norma Jennings), Robyn Lively (Lana Milford), David K. Lynch (Agent Chief Gordon Cole), James Marshall (James Hurley), Annette McCarthy (Evelyn Marsh), Everett McGill (Ed Hurley), Jed Mills (Wilson Mooney), Chris Mulkey (Hank Jennings), Jack Nance (Pete Martell), Dan O'Herlihy (Andrew Packard), Gavan O'Herlihy (Preston King), Walter Olkewicz (Jacques Renaud), Michael Parks (Jean Renaud), Kimmy Robertson (Lucy Moran), Wendy Robie (Nadine Hurley), Frank Silva (Bob), Charlotte Stewart (Betty Briggs), Al Strobel (Phillip Michael Gerard), Carel Struycken (der Riese), Russ Tamblyn (Dr. Lawrence Jacoby), Lenny Van Dohlen (Harold Smith), Jessica Wallenfels (Harriet Hayward), David Warner (Thomas Eckhardt), Kenneth Welsh (Windom Earle), Kathleen Wilhoite (Gwen Moran), Clarence Williams III (Roger Hardy), Ray Wise (Leland Palmer), Grace Zabriskie (Sarah Palmer), Billy Zane (John Justin Wheeler).

In dem kleinen Städtchen Twin Peaks wird ein Mädchen tot aufgefunden. Laura Palmer wurde schrecklich zugerichtet, bevor man sie ermordete. FBI Special Agent Dale B. Cooper erhält den Auftrag, diese Gewalttat aufzuklären. Hinweise auf den Täter kommen in Träumen und als Nachrichten aus dem All. Kaum verwunderlich, dass sich auch der Täter nicht als normaler Mensch herausstellt.
Nach Beendigung dieses Mordfalls wird Agent Cooper in Misskredit gebracht. Dales ehemaliger Partner Windom Earle verwickelt unseren Helden in eine Art Spiel — bestehend aus einer ganzen Serie von Morden.

Das Fernsehereignis der Saison 1989/90. David K. Lynch, ehemaliger Experimentalfilmer und Regisseur kontroverser Filme wie BLUE VELVET (1986) und WILD AT HEART (1990), eroberte mit TWIN PEAKS den Bildschirm. Ko-Autor Mark Frost und er mischten Mord, Kleinstadtmilieu und Ausserirdische mit Zen und Kirschkuchen, um den Zuschauern ihre Version einer typisch amerikanischen Seifenoper zu präsentieren. Der Erfolg blieb nicht auf die Einschaltquoten beschränkt: Angelo Badalamentis Musik wurde zum Renner, das Buch „Das geheime Tagebuch der Laura Palmer" stürmte die Bestsellerlisten, T-Shirts, Kalender, Diktiergeräte und sogar Augenklappen wurden zu Verkaufsschlagern. Der imaginäre Ort Twin Peaks bekam sogar einen eigenen Reiseführer.
1991 startete RTL die Serie und auch hierzulande bekam sie das Prädikat „kultig". Ein grosses Wehgeschrei hob an, als der neidzerfressene

Konkurrenzsender SAT.1 den Mörder Laura Palmers verriet. Zuschauer, die alt genug waren, fühlten sich an Wolfgang Neuss' Verrat erinnert. Der Kabarettist und selbsternannte Non-Konformist hatte den Halstuchmörder verraten, unbekannte Zentralfigur eines Fernsehmehrteilers, der sich zum regelrechten „Strassenfeger" entwickelt hatte.

Was TWIN PEAKS allerdings vom HALSTUCH unterschied, war die Tatsache, dass der Palmer-Mordfall von mehr lebte als nur der Suche nach einem Mörder. Wichtiger noch war die gesamte Undurchsichtigkeit der Kleinstadtverhältnisse und die, meist bedrückende, Stimmung. Dargestellt wurde eine Welt, in der die dunkle Seite der menschlichen Seele die Vorherrschaft übernommen hatte, in der das Abnorme die Normalität darstellte.

Dennoch stellte man wieder einmal fest: Keine Rose ohne Dornen: Nachdem der Mordfall Laura Palmer gelöst war, drängte man auf eine Fortsetzung der Serie. Eine Massnahme, die man hätte unterlassen sollen.

Nun gut, auch die Suche nach Lauras Mörder war verworren und undurchsichtig, aber beim neuen Fall um Coopers Ex-Partner Earle schien überhaupt kein Konzept mehr vorhanden zu sein. Kurze Zeit später wurde die Serie dann auch beendet.

Miguel Ferrer und Warren Frost beteiligten sich später an STEPHEN KING'S THE STAND-DAS LETZTE GEFECHT (qv); David Duchovny blieb in AKTE X (qv) beim FBI und Don S. Davis in STARGATE (qv) beim Militär. Einen der rar gesäten Gastauftritte leistete Brenda (Scorch) Strong ab. 1992 folgte der Kinofilm TWIN PEAKS-DER FILM (Twin Peaks: Fire Walk With Me), der zeitlich vor der Serie angesiedelt war. Zusätzlich zu Darstellern der Serie traten David Bowie, Chris Isaak, Kiefer Sutherland, Harry Dean Stanton und Jürgen Prochnow auf.

EPISODEN (RTL plus):
1. DAS GEHEIMNIS VON TWIN PEAKS (Twin Peaks) 10.09.91
2. SPUREN INS NICHTS (Episode One) 13.09.91
3. ZEN ODER DIE KUNST, EINEN MÖRDER ZU FASSEN (Episode Two) 20.09.91
4. RUHE IN UNFRIEDEN (Episode Three) 27.09.91
5. DER EINARMIGE (Episode Four) 04.10.91
6. COOPERS TRÄUME (Episode Five) 11.10.91
7. ZEIT DES ERKENNENS (Episode Six) 18.10.91
8. DER LETZTE ABEND (Episode Seven) 25.10.91
9. DER RIESE SEI MIT DIR (Episode Eight) 29.10.91
10. KOMA (Episode Nine) 01.11.91
11. DER MANN HINTER GLAS (Episode Ten) 08.11.91
12. LAURAS GEHEIMES TAGEBUCH (Episode Eleven) 15.11.91
13. DER FLUCH DER ORCHIDEEN (Episode Twelve) 22.11.91
14. DÄMONEN (Episode Thirteen) 29.11.91
15. EINSAME SEELEN (Episode Fourteen) 06.12.91
16. SPAZIERFAHRT MIT EINER TOTEN (Episode Fifteen) 13.12.91
17. SELBSTJUSTIZ (Episode Sixteen) 20.12.91
18. BRUDERZWIST (Episode Seventeen) 25.12.91
19. MASKENBALL (Episode Eighteen) 26.12.91
20. DIE SCHWARZE WITWE (Episode Nineteen) 28.12.91
21. SCHACHMATT (Episode Twenty) 29.12.91

EPISODEN (Tele 5):
22. DOPPELSPIEL (Episodes Twenty-One & Twenty-Two) 18.01.92
23. DIE VERDAMMTE (Episode Twenty-Three) 25.01.92
24. WUNDEN UND NARBEN (Episodes Twenty-Four & Twenty-Five) 01.02.92
25. BEZIEHUNGSVARIATIONEN (Episodes Twenty-Six & Twenty-Seven) 08.02.92
26. JENSEITS VON LEBEN UND TOD (Episodes Twenty-Eight & Twenty-Nine) 15.02.92

FILM:
I. TWIN PEAKS-DER FILM (Twin Peaks: Fire Walk With Me; 1992) 20.08.92; Kino

GEIHEIMPROJEKT X
(Strange World)
USA 1999; 13 Episoden
Deutsche Ausstrahlung:
VOX 2001; 13 Episoden

Darsteller: Tim Guinee (Paul Turner), Saundra Quarterman (Major Lynn Reese), Vivian Wu (Asiatin), Kristin Lehman (Dr. Sydney MacMillan).

Eine Geheimgesellschaft will die neuesten wissenschaftlichen Erkenntnisse für eigene Zwecke einsetzen. Als Mitarbeiter setzen sie Paul Turner ein, einen Fachman für Kampfstoffe, der nach eigener Vergiftung auf den Tod wartet. Nun werden ihm jedoch Spritzen mit einem Mittel zur Verfügung gestellt, dass sein Weiterleben möglich macht. Dies macht in jedoch zum Abhängigen der Unbekannten.

Gute Grundidee, gute Ausführung. Für amerikanische Zustände zu gut? Möglich, die überaus gelungene Serie wurde jedoch kurz nach ihrem Start bereits wieder aus dem Programm gekickt. Tim Guinee erlebte bereits eine SCHÖNE NEUE ZEIT (qv), Kristin Lehman wirkte in POLTERGEIST-DIE UNHEIMLICHE MACHT (qv) mit. Seltsam erschien die Welt auch den Gastdarstellern Patricia Charbonneau, Tom (Die Minikins) Heaton, Scott Jaeck, Carl (M.A.N.T.I.S.) Lumbly, Michael (Psi Factor) Moriarty, Callum Keith (Mein Leben als Hund) Rennie, Arnold Vosloo, Peter (Highlander) Wingfield und Gwynyth Walsh.

EPISODEN:
1. DER TOD KOMMT LANGSAM (Pilot) 25.04.01
2. WIEGENLIED DES GRAUENS (Lullaby) 02.05.01
3. TODESSUCHT (Azrael's Breed) 09.05.01
4. FÜR IMMER JUNG (Spirit Falls) 16.05.01
5. TÖDLICHES ERBE (The Devil Still Holds Me) 23.05.01
6. UNTER DIE HAUT (Skin) 30.05.01
7. DIE ÜBERMENSCHEN (Man Plus) 13.06.01
8. DIE GROSSE WUT (Rage) 20.06.01
9. LAUTLOSE KILLER (Aerobe)
10. NACHLEBEN (Eliza)
11. AM TAG, ALS DER REGEN KAM (Down Came The Rain)
12. DIE MUTATION (Food)
13. GÖTTERDÄMMERUNG (Age Of Reason)

GEISTER
(Riget/The Kingdom)
DK/BRD/S 1994; 5 Episoden
DK 1997; 6 Episoden
Deutsche Ausstrahlung:
arte 1995; 5 Episoden
arte 1998; 6 Episoden

Darsteller: Ernst Hugo Järegård (Dr. Stig Helmer), Kirsten Rolffes (Sigrid Drusse), Holger Juul Hansen (Professor Dr. Einar Moesgard), Søren Pilmark (Dr. Krogen), Udo Kier (Professor Aage Kröger), Ghita Nørby (Dr. Rigmor), Jens Okking (Bulder Drusse), Otto Brandenburg (Hansen), Annevig Scheida Ebbe, Erk Wedersøe, Baard Owe (Professor Bondo), Brigitte Raabjerg (Judith), John Hahn-Petersen, Peter Myglad, Vita Jensen, Morten Rotne Leifers, Soibjorg Heifeldt, Søren Efung Jensen, Henning Jensen, Paul Hüttel, Holger Perfort, Henrik Koefoed, Klaus Wegener, Louise Fribo, Beate Eskesen, Julie Wieth, Annette Ketscher, Birte Teve, Mette Markmann, Ole Boisen, Tomas Stander, Søren Lenander, Laura Christensen, Mette Munk Pfem.

„Das königliche Reichskrankenhaus steht auf uraltem Sumpfland. Hier waren in alten Zeiten die Färberteiche. Hier wässerten die Bleicher ihre riesigen Tücher. Der Dampf, der aus den nassen Stellen aufstieg, hüllte den Ort in dauernden Nebel. — Jahrhunderte später wurde hier das königliche Reichskrankenhaus gebaut. Die Bleicher wichen den Ärzten und Forschern, den klügsten Köpfen des Landes, mit ihrer hochmodernen Technologie. Zum krönenden Abschluss nannten sie das Krankenhaus 'Das Königreich'. — Von nun an sollte gemessen und gezählt werden, auf das nie mehr Aberglaube und Unwissenheit die Bastion der Wissenschaft erschüttere. — Aber vielleicht wurden sie zu anmassend in ihrem hartnäckigen Leugnen der spirituellen Welt. Denn es ist, als wären Dampf und Kälte zurückgekehrt. Kleine Ermüdungsrisse erscheinen im Gebäude. Noch merkt man wenig. Aber die Tore zum Königreich tun sich wieder auf."
Ein Geist geht um im Reichskrankenhaus „Königreich". Sigrid Drusse, die Mutter eines Pflegers und Möchtegernpatientin, übernimmt es, diesen aufzuspüren, um ihm die ewige Ruhe zu bescheren.
Im Laufe der Zeit stellt sich heraus, dass das Krankenhaus voller Geister ist, die allerdings nicht jeder sehen kann. Des weiteren scheint ein Spitzel des „Grand Duc", des Teufels, sich im Krankenhaus zu befinden. Sogar der Tod — als Person — hat einen Gastauftritt.
Dr. Helmer, ein Arzt aus Schweden, versucht, einen von ihm gemachten Fehler, der das Leben einer Patientin zerstörte, zu vertuschen.

Neben dem ungewohnten Filmmaterial, an das man sich allerdings gewöhnen könnte, wenn die Story genügend Spannung aufweisen und Interesse des Betrachters erwecken könnte, benutzt Regisseur Lars von Trier eine Kamerasprache, die er wohl als künstlerisch betrachtet. Die Geschichte besteht aus einer durchaus vorhandenen Grundlinie, die allerdings nirgendwo hinzuführen scheint. Zusätzlich gibt es ein paar Erzählstränge, die an eine Farce erinnern. Eine

Motivation für das Handeln der meist karrikaturhaften, nervigen Charaktere scheint es nicht zu geben.
Interessanterweise überschütten verschiedene Kritiker die Serie mit Lob. Möglicherweise bekam Regisseur von Trier hier den „Bekanntheitsbonus" zugestanden.
Die erste GEISTER-Staffel hatte seinen deutschen Kinostart am 15. Juni 1995 unter dem Titel „The Kingdom-Hospital der Geister"; die zweite erschien 1998 unter dem Titel „Hospital der Geister II" auf Video.

EPISODEN:
1. DIE HÖLLISCHEN HEERSCHAREN (The Unheavenly Host) 11.03.95
2. DEIN REICH KOMME (- liegt nicht vor-) 18.03.95
3. HORCHT UND IHR WERDET HÖREN (- liegt nicht vor-) 25.03.95
4. EIN FREMDER KÖRPER (A Foreign Body) 01.04.95
5. DER LEBENDE TOTE (The Living Dead) 08.04.95

6. RICORSO (- liegt nicht vor-) 23.05.98
7. ZUGVÖGEL (- liegt nicht vor-) 30.05.98
8. GARGANTUA (- liegt nicht vor-) 06.06.98
9. LEICHT WIE LUFT, SCHWER WIE BLEI (- liegt nicht vor-) 13.06.98
10. DE PROFUNDIS (- liegt nicht vor-) 20.06.98
11. PANDÄMONIUM (- liegt nicht vor-) 27.06.98

DIE GEISTERBRIGADE

BRD 1974; 6 Episoden
Ausstrahlung:
WDR regional 1974; 6 Episoden

Erneut eine Serie zu der keine Informationen erhältlich waren. Grund hierfür ist, wie in den meisten anderen Fällen, die Ausstrahlung im Regionalprogramm. Diese Serien wurden meist nur mit ihrem jeweiligen Serientitel, seltener mit den Episodentiteln, genannt. Inhalte und Besetzung wurden oft völlig ausgespart.
Die Aufnahme in dieses Buch ist also eher eine Vorsichtsmassnahme, die sich auf den Serientitel und die Titel der einzelnen Episoden gründet.

EPISODEN:
1. EINMAL VENUS, HIN UND ZURÜCK 17.10.74
2. DER 7. KANAL 17.10.74
3. EIN HEIM FÜR ANATOLE 24.10.74
4. DER VERZAUBERTE SEE 31.10.74
5. BLUT IST EIN GANZ BESONDERER SAFT 07.11.74
6. DIE IDEALE HAUSFRAU 14.11.74

DAS GEISTERHAUS VON WATERLOO CREEK
(Elly And Jools)
AUS 1989; 12 Episoden
Deutsche Ausstrahlung:
RTL plus 1991; 12 Episoden

Darsteller: Rebecca Smart (Elinor „Elly" Lockett), Clayton Williamson (Julian „Jools" Trevaller), Abigail (Dulcie Dickson), Dennis Miller (Feral O'Farrell), Anne Tenney (Anna Trevaller), Peter Fisher (David Trevaller), Damon Herriman (Liam O'Farrell), Vanessa Collier (Bridget O'Farrell), Sascha Huckstepp (Maxie), David Ritchie (Horatio Digges), Bruce Venables (Jacko), Willie Fennell (Cec), Joseph Dicker (Constable Boyce), David Bracks (Detective Taylor), Bernie Ledger (Chef).

Jools wird von seiner Familie gezwungen, mit aufs Land zu ziehen, obwohl er die Grossstadt so liebt. Hier ist es allerdings dann doch nicht so uninteressant, wie der Junge glaubte.
Ihm begegnen in einem Haus Geister und es entwickelt sich ein spannendes Abenteuer um die Suche nach einem verborgenen Schatz.

Akzeptable Kinderserie aus Australien.

EPISODEN:
1. VOM REIHENHAUS INS GEISTERHAUS (Part One) 08.09.91
2. LIEBE UND GEISTER (Part Two) 15.09.91
3. JOOLS GLAUBT AN GEISTER (Part Three) 22.09.91
4. DER ÄNGSTLICHE POLIZIST (Part Four) 29.09.91
5. GELD HER ODER DU MUSST MEINE SCHWESTER KÜSSEN (Part Five) 06.10.91
6. DER GETÜRKTE MOTORSCHADEN (Part Six) 13.10.91
7. DR UNTERIRDISCHE GANG (Part Seven) 20.10.91
8. GIPFEL DER UNVERFRORENHEIT (Part Eight) 27.10.91
9. DAS MONSTER (Part Nine) 03.11.91
10. DER SCHATZ AUF DER LANDKARTE (Part Ten) 10.11.91

GEISTERJÄGER JOHN SINCLAIR

BRD 1997; Pilot
BRD 1998; Pilot & 8 Episoden
Ausstrahlung:
RTL Television 1997; Pilot
RTL Television 1999; Pilot & 8 Episoden

Darsteller: Florian Fitz (John Sinclair - 1997),
Kai Maertens (John Sinclair - 1998), Jophi Ries
(Bill Connolly - 1997), Urs Redmond (Bill Connolly - 1998), Nicole Belstler-Boettcher (Glenda Perkins - 1997), Jana Hora (Glenda Perkins - 1998).

Oberinspektor John Sinclair ist Beamter des
Scotland Yard. Während seine Kollegen munter
gegen das normale Verbrechen antreten, küm-
mert sich unser Held um die aussergewöhnliche-
ren Fälle: Er kämpft gegen Vampire, Zombies,
Dämonen und allerlei anderes höllisches Ge-
socks. Unterstützt wird Sinclair vom Journalisten
Bill Connolly, Johns bester Freund, und von
Glenda Perkins, die Assistentin/Sekretärin des
Geisterjägers.

John Sinclair erblickte 1973 das Licht der Welt
als „Sohn" des Groschenromanschreibers Helmut Rellergerd, der Sinclairs erstes Abenteuer —
und natürlich auch die folgenden — unter dem
wohlklingenden Namen Jason Dark verfasste.
Ein paar Järchen musste der Geisterjäger John
Sinclair noch in der Reihe „Gespensterkrimi" auftreten; nach fünf Jahren bekam er seine eigene
Reihe! Inzwischen überschritt die immer noch
laufende Romanserie die Nummer 1000, Sinclair
durfte in Taschenbüchern und „normalen" Romanen auftreten, war Hauptdarsteller in Hörspielen,
eroberte die Computerwelt und machte sogar einen Abstecher ins Comicgenre.
1997 endlich betrat Geisterjäger John Sinclair die
schillernde Welt des Fernsehens und...versagte
kläglich.
Der von der „Traumhochzeit"-Produktionsfirma
Endemol produzierte Pilotfilm war nicht nur
schlecht, er war gelinde gesagt eine Frechheit.
Dennoch waren die Einschaltquoten durchaus
zufriedenstellend (werden eigentlich keine Aus-
schaltquoten gezählt?). Eine mögliche Serie wür-

de, richtig gemacht, wohl ein ausreichendes Publikum interessieren können. Also flugs die Darsteller gefeuert und auf ein Neues — auf ein
neues Fiasko!
Kai Maertens dürfte als eine der grössten Fehl-
besetzungen in die Geschichte des Fernsehens
eingehen.Seine schauspielerischen Fähigkeiten
sind entweder gar nicht vorhanden oder gut unter seiner Leichenbittermiene — ab und an fast
amüsant verzerrt, was wohl Emotionen signali-
sieren soll — versteckt worden. Ach ja, die Stories sind flach und miserabel in Szene gesetzt.
Die Serie selbst startete mit dem „Klassiker" „Ich
töte Jeden Sinclair" — hätte der Dämon nur sein
Versprechen gehalten, wäre uns einiges erspart
geblieben.
P.S.: Die Romanreihe ist tatsächlich prädestiniert
für eine Fernsehverfilmung — vielleicht bequemt
sich ja irgendwann jemand, es ernsthaft zu versuchen.
In der Geisterjagd verwickelt waren die Gastdarsteller Horst (Prinzessin Fantaghiró) Buchholz,
Ralf Richter, Jochen Senf und Katja Woywood.

EPISODEN:
1.   GEISTERJÄGER JOHN SINCLAIR: DIE DÄ-
       MONENHOCHZEIT 14.04.97

2.   ICH TÖTE JEDEN SINCLAIR 06.01.00
3.   DAS HORRORKABINETT 13.01.00
4.   HEXENCLUB 20.01.00
5.   ANRUF AUS DEM JENSEITS 27.01.00
6.   DER SENSENMANN ALS HOCHZEITSGAST
       03.02.00
7.   ENGELSGRAB 10.02.00
8.   TODESKARUSSELL 17.02.00
9.   DIE RATTENKÖNIGIN 24.02.00
10.   DER GERECHTE 02.03.00

DAS GEISTERSCHLOSS
(- liegt nicht vor -)
GB 1987; 4 Episoden
Deutsche Ausstrahlung:
ZDF 1988; 4 Episoden

Darsteller: Alex Christie (Tolly), Daphne Oxen-
ford (Mrs. Oldknow, Granny), George Malpas
(Boggis), James Trevelyan (Alexander), Graham
McGrath (Toby), Polly Maberly (Linnet).

Tolly verlässt das Internat, um Weihnachten bei
seiner Urgrossmutter zu verbringen. In ihrem
Schloss gehen seltsame Dinge vor sich, z.B. be-

wegt sich ein Schaukelpferd ohne jedoch über
einen Reiter zu verfügen.
Im Traum erscheinen Tolly drei Kinder, die bereits seit langem tot sind. Nachdem ihm diese
sich auch noch in der Wirklichkeit begeben, erzählt ihm Granny die Geschichte von Linnet, Toby und Alexander.

Britischer Mehrteiler für Kinder, nach einem Roman von Luca M. Boston.

EPISODEN:
1.   TOLLY KEHRT HEIM (Part One) 11.10.88
2.   TOLLY ENTDECKT DIE VERGANGENHEIT
      (Part Two) 18.10.88
3.   ALEXANDER UND DIE ZAUBERFLÖTE (Part
      Three) 25.10.88
4.   GRANNY UND TOLLY FEIERN WEIHNACH-
      TEN (Part Four) 08.11.88

DER GEISTERWALD ODER DES RABEN RACHE
BRD 1988; 6 Episoden
Ausstrahlung:
ZDF 1988; 6 Episoden

Darsteller: Günter Mack (Herbert Holzinger), Ve-
ronika Fitz (Liesl Holzinger), Leonard Lansink
(Franz Koslowsky), Herbert Stass (Christoph
Riepl), Karl Michael Vogler (Graf Bruch), Caroline
Fischer (Stefanie Bruch), Konstantin Wecker
(Fremder), Franz Boehm (Bamberger), Rudolf
Waldemar Brem (Josef Ranzinger), Gundi Ellert
(Frau Ranzinger), Karl Friedrich (Heiligensetzer).

Die Blutbuche ist das Wahrzeichen und die Touri-
stenattraktion des Dorfes Waldesruh. In einer ne-
bligen Nacht wird dieser Baum jedoch von Holzinger gefällt. Die Buche dreht sich im Fallen und
erschlägt den Mann. Aus den Wurzeln taucht ein
Rabe auf, Zeichen des kommenden Spuks.
Liesl versucht zu Geld zu kommt. Der ihr hinter-
bliebene Wald ist nichts wert. Dennoch bekommt
sie von Graf Bruch einen guten Preis — in Gold.
Ein regelrechter Goldrausch bricht aus.
Graf Bruch ist jedoch ein Geist und lässt das
Dorf nicht zur Ruhe kommen. Und die Dorfbe-
wohner versuchen den Schaden an der Blutbuche wieder gutzumachen.

Seichter Horror aus deutschen Landen. Nun ja,
wem's gefällt...

DER GEIST UND MRS. MUIR
(The Ghost And Mrs. Muir)
USA 1947; Spielfilm
USA 1968-1970; 50 Episoden
Deutsche Ausstrahlung:
ARD 1970-1973; 45 Episoden

Darsteller: Hope Lange (Carolyn Muir), Edward
Mulhare (Captain Daniel Gregg), Reta Shaw
(Martha Grant), Kellie Flanagan (Candice Muir),
Harlen Carraher (Jonathan Muir), Charles Nelson
Reilly (Claymore Gregg).

Gull Cottage ist ein hübsches kleines Haus, irgendwo an der Küste Neuenglands. Der Besitzer
ist Claymore Gregg, der dieses Haus gerne ver-
mieten würde. Allerdings stellt sich jedesmal
wenn Interessenten erscheinen, ein Bewohner
mit älteren Wohnrechten ein: Captain Daniel
Gregg, dahingegangener Vorfahre von Claymore.
Auch als die junge Witwe Carolyn Muir mit ihren
beiden Kinder einzieht, versucht der Captain,
den man das letzte Mal im 19. Jahrhundert lebend gesehen hatte, sie zu vertreiben. Das erweist sich als schwieriger als in den anderen
Fällen.
Da es Gregg nicht gelingt, die Eindringlinge zu
vertreiben, kommt man zu einer Einigung. Die
gegenseitige Duldung wird im Laufe der Zeit zu
Freundschaft. Gregg stellt sich als recht umgäng-
licher Geist heraus.

Basierend auf dem gleichnamigen Film des Jahres 1947, erweist sich DER GEIST UND MRS.
MUIR im Vergleich mit anderen Serien als Wohl-
tat. Der Holzhammerhumor, der in sonstigen Reihen dieser Zeit verwendet wurde, weicht hier einem meist gemässigterem Witz. Das Ergebnis ist
eine der empfehlenswerteren Serien.
Edward Mulhare wirkte später in dem „Klassiker"
KNIGHT RIDER (qv) mit. Begeistert oder entgei-
stert waren die Gaststars Bill (Mein Onkel vom
Mars & Hulk) Bixby, Elisha Cook, Jr., Yvonne
(Batman) Craig, William (Das Geheimnis der

blauen Tropfen) Daniels, Dom DeLuise, Richard Dreyfuss, Alice (Verliebt in eine Hexe) Ghostley, Dabbs Greer, Jonathan (Verschollen zwischen fremden Welten) Harris, Stafford (Batman) Repp und Jane Wyatt.

FILM:
I.   EIN GESPENST AUF FREIERSFÜSSEN (The Ghost And Mrs. Muir; 1947) 01.10.89; ZDF

EPISODEN:
1.   DER GEIST UND MRS. MUIR (The Ghost And Mrs. Muir) 18.03.70

2.   HOCHZEITSREISE MIT HINDERNISSEN (Haunted Honeymoon) 02.05.70

3.   DIE SCHATZSUCHER (Treasure Hunt) 27.05.70

4.   DER GEISTERJÄGER (The Ghost Hunter) 01.07.70

5.   BERÜHMT-MORGEN VERGESSEN (Hero Today, Gone Tomorrow) 29.07.70

6.   VANESSA (Vanessa) 19.08.70

7.   DER ECHTE JAMES GATLEY (The Real James Gatley) 02.09.70

8.   ONKEL ARNOLD, DER GROSSE ZAUBERER (Uncle Arnold, The Magnificent) 03.10.70

9.   LIEBE UND ZAHNSCHMERZEN (Love Is A Toothache) 18.10.70

10.   DER WUNDERBAUM (The Monkey-Puzzle Tree) 21.10.70

11.   EIN GLAS MADEIRA (Madeira, My Dear?) 07.11.70

12.   CAPTAIN GREGG ENTFESSELT EINEN STURM (Mr. Perfect) 30.12.70

13.   CAPTAIN GREGG-GEIST ODER EINBIL-DUNG (Dear Delusion) 22.02.71

14.   THEATER-THEATER! (Way Off Broadway) 30.05.71

15.   HUND ENTLAUFEN (Dog Gone) 13.06.71

16.   CLAYMORE HAT EINEN UNFALL (A Pain In The Neck) 20.06.71

17.   CLAYMORE MUSS SEEMANN WERDEN (Strictly Relative) 27.06.71

18.   CAPTAIN GREGGS BILD WIRD MISS-BRAUCHT (Chowderhead) 04.07.71

19.   EIN GESCHENK FÜR CAROLYN (It's A Gift) 11.07.71

20.   CAPTAIN GREGG BEGLEICHT EINE ALTE SCHULD (Buried On Page One) 18.07.71

21.   CAROLYN UND DER CAPTAIN ALS HEI-RATSVERMITTLER (Make Me A Match) 25.07.71

22.   JONATHANS SCHULAUFSATZ (Jonathan Tells It Like It Was) 01.08.71

23.   CAPTAIN GREGGS HEILMITTEL (The Medicine Ball) 08.08.71

24.   CLAYMORES LETZTER WILLE (Son Of The Curse) 22.08.71

25.   EIN LIED FÜR CAROLYN (The Music Maker) 29.08.71

26.   CAPTAIN GREGG UND DER FLIEGENDE HOLLÄNDER (The Great Power Failure) 03.04.72

27.   DER SEEHUND IN DER BADEWANNE (There's A Seal In My Tub) 01.05.72

28.   CLAYMORES GROSSER TAG (Centennial) 28.05.72

29.   DER DOPPELGÄNGER (Double Trouble) 04.06.72

30.   CAPTAIN GREGGS BOOTSMANN (Today I Am A Ghost) 11.06.72

31.   CAROLYN MACHT POLITIK (Madam Candidate) 12.11.72

32.   CAPTAIN GREGG UND DIE HELLSEHERIN (Medium Well Done) 19.11.72

33.   EIN AUFREGENDER TAG (Not So Desperate Hours) 26.11.72

34.   EINE GEBURTSTAGSFEIER FÜR CAPTAIN GREGG (Surprise Party) 07.01.73

35.   CAROLYN VOR GERICHT (Spirit Of The Law) 14.01.73

36.   EIN SCHWERER TAG FÜR DIE FEUERWEHR (The Firehouse Five Plus Ghost) 21.01.73

37.   CANDYS LIEBESKUMMER (Puppy Love) 03.06.73

38.   CLAYMORE IN SCHWIERIGKEITEN (Host To A Ghost <?>) 10.06.73

39.   WARUM HEIRATET CLAYMORE NICHT? (Ladies' Man) 17.06.73

40.   CLAYMORES MUSEUM (Tourist, Go Home!) 24.06.73

41.   CLAYMORE IN DER KLEMME (Pardon My Ghost <?>) 01.07.73

42.   CAPTAIN GREGGS GROSSER ZAUBER (Amateur Night <?>) 08.07.73

43.   MARTHA KÜNDIGT-WAS NUN? (Martha Meets The Captain) 15.07.73

GEMINI MAN
(Gemini Man)
USA 1976; Pilot & 11 Episoden
Deutsche Ausstrahlung:
RTL plus 1990; Pilot & 11 Episoden

Darsteller: Ben Murphy (Sam Casey), Katherine Crawford (Dr. Abby Lawrence), William Sylvester (Dr. Leonard Driscoll).

Als eine Kapsel aus dem Erdorbit ins Meer stürzt, wird der Tiefseetaucher Sam Casey angefordert. Als Sam die Kapsel erreicht, geht ein Sprengsatz hoch. Wie sich herausstellt, war unter seinen Leuten ein Saboteur, der verhindert soll, dass die US-Regierung die Kapsel bekommt. Die Explosion beschädigt den atombetriebenen Motor und Casey wird der Strahlung ausgesetzt.

Wie das mit atomarer Strahlung nun mal so üblich ist, stirbt Sam Casey nicht, sondern wird natürlich unsichtbar. Negativ wirkt sich allerdings aus, dass die Unsichtbarkeit fortan Caseys Normalzustand ist. Und, um das Ganze noch lustiger zu gestalten: Sollte er länger als fünfzehn Minuten unsichtbar bleiben, verschwindet er für immer!

Exekutivproduzent Harve Bennett hatte bereits mit der Vorgängerserie DER UNSICHTBARE (qv) Schiffbruch erlitten. Die Serie lief in der Saison 1975/76 und wurde Mitte Januar, nach nur vier Monaten Laufzeit, gekippt. Statt sich nun etwas Neues einfallen zu lassen, versuchte er es mit einem weiteren Unsichtbaren. Und der GEMINI MAN schaffte es: Er unterbot den Unsichtbaren um zweieinhalb Monate: nach nur sechs gesendeten Episoden verschwand auch er vom Bildschirm!
Mehr Erfolg hatte Bennett übrigens mit DER SECHS-MILLIONEN-DOLLAR-MANN (QV) und DIE SIEBEN-MILLIONEN-DOLLAR-FRAU. Später war er verantwortlich für die Herstellung mehrerer RAUMSCHIFF ENTERPRISE-Kinofilme und spielte in einem davon sogar eine Gastrolle. Die Gaststars, die sich leider nicht unsichtbar machen konnten, waren Kim Basinger, Henry Darrow, Dana Elcar, Don Galloway, Richard (Salvage 1) Jaeckel, Herbert (Kampfstern Galactica) Jefferson jr., Ross (Verrückter Wilder Westen) Martin, Alan (Der Sechs-Millionen-Dollar-Mann) Oppenheimer, Andrew (V) Prine, Laurette (Kampfstern Galactica) Spang, Barry (Kampfstern Galactica & Airwolf) Van Dyke und Jane Wyatt.

EPISODEN:

1. DIE VERSCHWÖRUNG (Gemini Man/Code Name Minus One) 10.02.90
2. DER GEHEIMTRANSPORT (Smithereens) 16.02.90
3. DER ELEKTRISCHE FEIND (Minotaur) 23.02.90
4. WER IST SAM CASEY? (Sam Casey, Sam Casey) 02.03.90
5. DER NACHTEXPRESS (Night Train To Dallas) 09.03.90
6. UNTER MORDVERDACHT (Run, Sam, Run) 16.03.90
7. FLUCHT IN DIE FREIHEIT (Targets) 23.03.90
8. VIER FÄUSTE FÜR DEN CHAMP (8, 9, 10-You're Dead) 06.04.90
9. DAS ATTENTAT (Suspect Your Local Police) 13.04.90
10. EXPLOSIVES RENNEN (Buffalo Bill Rides Again) 20.04.90
11. PERFEKTE TÄUSCHUNG (Escape Hatch) 04.05.90
12. DIE HEIMKEHR DES LÖWEN (Return Of The Lion) 11.05.90

GENE RODDENBERRYS MISSION ERDE: SIE SIND UNTER UNS
(Gene Roddenberry's Earth: Final Conflict)
USA 1997- läuft noch; bisher 67 Episoden
Deutsche Ausstrahlung:
VOX 1999/2000; 52 Episoden
VOX 2000/2001; 14 Episoden

Darsteller: Kevin Kilner (William Boone - 1997/98), Lisa Howard (Captain Lili Marquette), Leni Parker (Da'an), Von Flores (Ronald Sandoval), Richard Chevolleau (Augur), David Hemblen (Jonathan Doors), Anita La Selva (Zo'or), Majel Barrett Roddenberry (Dr. Julianne Belman), Robert Leeshock (Liam Neville Kincaid - 1998-), Janet Kidder (Julia Cook - 1999), Jayne Heitmeyer (Renée Palmer - 1999-), Barry Flatman (Präsident Thompson), William De Vry (Joshua Doors - 1998/99).

„Sie kamen auf die Erde in einer Mission des Friedens. Eine ausserirdische Rasse genannt die Taelons. Aber einige wenige leisten Widerstand gegen diese ausserirdischen 'Companions'. Denn die wahren Absichten der Taelons, die Geheimnisse, die sie verbergen, werden unsere Welt für immer verändern. — Das Schicksal der Menschen hängt nun von denen ab, die mutig genug sind für die Zukunft der Erde zu kämpfen." Eine ausserirdische hochentwickelte Rasse besucht die Erde und bringt scheinbar Wohlstand und Gesundheit. Obgleich die sogenannten Companions nach aussen hin wie Freunde der Menschheit wirken, wird bald klar, dass sie hinter ihrer freundlichen Maske wesentlich unangenehmere Pläne entwickeln.
William Boone wird ein Job angeboten, den er je-

doch zunächst ablehnt. Hierauf wird seine Frau getötet, so dass es keine „Ablenkung" mehr für ihn gibt. Er wird zum Beschützer des Companion Da' an und gleichzeitig zum „Maulwurf" für die Widerstandsbewegung der Menschen.

Als er getötet wird, übernimmt Liam Kincaid diese Funktion — Kincaid ist der erste Mensch-Alien-Hybride.

Die Reihe basiert auf einer Serienidee, die Gene Roddenberry bereits 1975 hatte und zu Beginn des Jahres 1977 als überarbeiteten Entwurf unter dem Titel „Battleground: Earth" vorlegte. Auch in diesem Entwurf traten bereits William Boone, damals noch als Sheriff konzipiert, und Lilli Marquette in Erscheinung. Dieser Serienvorschlag wurde abgelehnt und nun, unter Aufsicht von Roddenberrys Witwe, Majel Barrett-Roddenberry, verwirklicht. Was herauskam war eine anfänglich mässig interessante Reihe, die jedoch mit zunehmendem Verfolgen der Episoden zu immer mehr Bindung beim Betrachter führt. Die später weitreichender werdenden Verknüpfungen, Verwicklungen und Hintergrundinformationen lassen einen kaum mehr los.

Ansonsten bleibt MISSION ERDE jedoch eine leicht überdurchschnittlich gute Serie mit einigen Mängeln in der Ausstattung und gerade noch durchschnittlichen Spezialeffekten.

Barry Flatman war vorher AUF DEN HUND GEKOMMEN (qv). In den letzten Konflikt verwickelt wurden unter anderen die Gastdarsteller Steve Bacic, Nigel (Nick Knight & Psi Factor) Bennett, Lindy (Eerie, Indiana & Relic Hunter) Booth, Christina (The Crow) Cox, Lexa (TekWar) Doig, Richard (Robocop) Eden, Page (Hitchhiker) Fletcher, Tamara Gorski, Paul (Raven) Johansson, James (Robocop) Kidnie, Kristin (Poltergeist) Lehman, Simon (Ein Fall für Professor Chase) MacCorkindale, Peter (Captain Power & Psi Factor) MacNeill, Garwin (Odyssee ins Traumland) Sanford, Monika Schnarre, Marina (Raumschiff Enterprise-Das nächste Jahrhundert) Sirtis, Kate (Kung Fu: Im Zeichen des Drachen) Trotter, Christopher (Erben des Fluchs) Wiggins und Maurice Dean (Captain Power & Psi Factor & TekWar) Wint.

EPISODEN:

1. IM GRIFF DER TAELONS (Decision) 03.06.99
2. BITTERE WAHRHEIT (Truth) 03.06.99
3. WUNDERHEILUNG (Miracle) 10.06.99
4. AVATAR (Avatar) 17.06.99
5. DER FEIND IM BETT (Old Flame) 24.06.99
6. DAS GEHEIMNIS DER SCHMETTERLINGE (Float Like A Butterfly) 01.07.99
7. PALASTREVOLUTION (Resurrection) 08.07.99
8. HINTER DEM HORIZONT (Horizon Zero) 15.07.99
9. AUSSER KONTROLLE (Scorpion's Dream) 22.07.99
10. ENTFÜHRT (Live Free Or Die) 29.07.99
11. DAS GEHEIMNIS DER VOGELSCHEUCHE (The Scarecrow Returns) 05.08.99
12. AMOKLAUF (Sandoval's Run) 12.08.99
13. DAS KELTISCHE GRABMAL (The Secret Of Strandhill) 19.08.99
14. DIE BÜCHSE DER PANDORA (Pandora's Box) 26.08.99
15. BOTSCHAFT AUS VERGANGENER ZEIT (If You Could Read My Mind) 02.09.99
16. TÖDLICHER VIRUS (The Wrath Of Achilles) 09.09.99
17. VERTRAUTER FEIND (The Devil You Know) 16.09.99
18. DER PROZESS (Law And Order) 23.09.99
19. DAS ZEITFENSTER (Through The Looking Glass) 30.09.99
20. DIE EPIDEMIE (Infection) 07.10.99
21. RUSSISCHES ROULETTE (Destruction) 14.10.99
22. FREMDKÖRPER (The Joining) 21.10.99
23. DER ERSTE SEINER ART (The First Of Its Kind) 28.10.99
24. ATAVUS (Atavus) 04.11.99
25. DIE VIERTE DIMENSION (A Stitch In Time) 11.11.99
26. DIE SPIEGELWELT (Dimensions) 18.11.99
27. DEM TODE GEWEIHT (Moonscape) 25.11.99
28. DER TIEFE SCHLAF (The Sleepers) 02.12.99
29. PARASITEN (Fissures) 09.12.99
30. DAS TRIBUNAL (Redemption) 16.12.99
31. ZWISCHEN DEN WELTEN (Isabel) 23.12.99
32. SELBSTVERSUCH (Between Heaven And Hell) 30.12.99
33. DER JARIDAN (The Gauntlet) 06.01.00
34. MENSCHMASCHINEN (One Man's Castle) 13.01.00
35. ZWEITE CHANCE (Second Chances) 20.01.00
36. SPÄTE RACHE (Payback) 27.01.00
37. KAMIKAZE (Friendly Fire) 03.02.00
38. DIE SCHATTENKRIEGER (Volunteers) 10.02.00
39. UNTER DROGEN (Bliss) 17.02.00
40. DIE ENTFÜHRUNG (Hijacked) 24.02.00
41. DIE VERTRAUENSFRAGE (Defectors) 02.03.00
42. DIE WUNDERWAFFE (Heroes & Heartbreak) 09.03.00
43. KOSMISCHE FLASCHENPOST (Message In A Bottle) 16.03.00
44. DER TODESSTOSS (Crossfire) 23.03.00
45. AUSNAHMEZUSTAND (Crackdown) 20.04.00
46. SPURLOS (The Vanished) 27.04.00

47. DAS SUBSTRAT (Emancipation) 04.05.00
48. DIE TOTALE ERINNERUNG (Deja Vu)
11.05.00
49. DAS KÖNIGSGRAB (The Once And Future
World) 18.05.00
50. BLUTSVERWANDTE (Thicker Than Blood)
25.05.00
51. DIE NEUE GENERATION (A Little Bit Of Heaven) 01.06.00
52. DAS SPIEL (Pad' Ar) 08.06.00

53. CAMOUFLAGE (In Memory) 23.11.00
54. DAS KLOSTER (The Cloister) 30.11.00
55. SHOWTIME (Interview) 07.12.00
56. LIEBE DEINEN FEIND (Keep Your Enemies
Closer) 14.12.00
57. DIE AGENTIN (Subterfuge) 21.12.00
58. VERBRANNTE ERDE (Scorched Earth)
28.12.00
59. DEN TOD IM LEIB (Sanctuary) 04.01.01
60. MIT ALLER MACHT (Through Your Eyes)
11.01.01
61. ZEITBOMBE (Time Bomb) 18.01.01
62. GÖTTERDÄMMERUNG (The Fields) 25.01.01
63. DIE ERSCHEINUNG (Apparition) 01.02.01
64. AUSSER KONTROLLE (One Taelon Ave.)
08.02.01
65. DER GEHEIMNISVOLLE CODE (Abduction)
15.02.01
66. NOTLANDUNG (The Arrival) 22.02.01

67. (The Forge Of Creation)
68. (Sins Of The Father)
69. (First Breath)
70. (Limbo)
71. (Motherlode)
72. (Take No Prisoners)
73. (Second Wave)
74. (Essence)
75. (Phantom Companion)
76. (Dream Stalker)
77. (Lost Generation)
78. (The Summit)
79. (Dark Matter)
80. (The Keys To The Kingdom)
81. (Street Chase)
82. (Trapped By Time)
83. (Atonement)
84. (Hearts And Minds)
85. (Blood Ties)
86. (Epiphany)
87. (Dark Horizon)
88. (Point Of No Return)

EIN GENIE KOMMT SELTEN ALLEIN
(The Genie From Down Under)
GB/AUS 1995/96; 26 Episoden

Deutsche Ausstrahlung:
Nickelodeon 1997; 13 Episoden

Darsteller: Sandy Winton (Bruce), Alexandra Milman (Penelope Townes), Anna Galvin (Lady Diana Townes), Monica Maughan (Miss Mossop),
Ian McFadyen (Bubbles), Glenn Meldrum (Baz),
Mark Mitchell (Otto von Meister), Fletcher Humphrys (Conrad).

Lady Townes ist in Geldschwierigkeiten. Sie
wohnt mit ihrer Tochter Penelope im Familienan-
wesen, das wahrlich schon bessere Tage sah.
Als letzte Lösung sieht sie die Heirat mit dem reichen Bankier Bubbles an.
In einer alten Truhe findet Penelope einen
schwarzen Opal. Wie sich herausstellt, ist dieser
der Wohnsitz des Genies Bruce und seines Sohnes Baz. Penelope, nun neue Meisterin der Geister, äussert ihren Wunsch, reich zu sein. Bruce
versetzt sie in die australischen Outbacks, wo
vor über 1000 Jahren der Opal gefunden worden
war. Penelope möchte zurück nach England,
doch Bruce hat eigene Pläne. Hat er erst einmal
den damaligen Fundort des Opals gefunden, besteht für ihn und Baz die Aussicht auf Freiheit.
Unterdessen versuchen die von Meisters, Otto
und sein Neffe Conrad, den Opal in die Hände
zu bekommen. Er war einst Familienbesitz und
wurde von Sir Claude, einem Vorfahren Penelo-
pes, im Jahre 1853 entwendet.

EPISODEN:
1. GEPLATZTE HOFFNUNGEN (Wishing And
Hoping)
2. DER OPAL GEHÖRT MIR (It's My Opal...And
I'll Cry If I Want To)
3. DER FALSCHE WUNSCH (Where It's At)
4. AUF DEM WEG INS ZIEL (Good Cop, Bad Genie)
5. KONSEQUENZEN (Customs)
6. GESTOHLENE WÜNSCHE (Larceny)
7. WO DIE LIEBE HINFÄLLT... (The Eternal Qua-
dangle)
8. NIEMAND IST PERFEKT (Nobody's Perfect)
9. DER DREIFACHAGENT (Triple Agent)
10. WUNSCHWAHN (A Tale Of Two Cities)
11. PRÜFUNGEN DES LEBENS (School Daze)
12. EIN TAG OHNE OPAL (Triple Treat)
13. DIE KRAFT DER LIEBE (It's Still Magic)

GESCHICHTEN AUS DER GRUFT
(Tales From The Crypt)
USA 1989-1995; 93 Episoden

USA 1995/96; 2 Spielfilme
Deutsche Ausstrahlung:
SAT.1 1995-1997; 79 Episoden
RTL 2 1998; TV-Film (3 Episoden)

Horroranthologie, deren Geschichte bereits im
Jahre 1947 begann. Im Frühjahr des Jahres erschien eine neue Comicreihe namens „International Comics". Bis zum Ende des Jahres brachte
es diese auf fünf Ausgaben. Die Ausgabe Nummer Sechs, die im Frühjahr 1948 erschien, bekam den Titel „International Crime Patrol". Schon
die nächste Ausgabe hatte den kürzeren Na-
menszug „Crime Patrol". Diesen behielt die Reihe bis zur Nummer 16, die Februar/März-Ausga-
be des Jahres 1950. Nachdem drei weitere Hefte
mit dem reisserischerem Titel „Crypt Of Terror"
erschienen waren, ent-schied man sich nun endlich, im Oktober 1950, für den Titel „Tales From
the Crypt". Mit diesem Namen wurde die Reihe
berühmt und berüchtigt. Berüchtigt insofern, dass
übereifrige Sittenwächter immer wieder etwas an
den Horrorillustrationen auszusetzen hatten. Mit
der Februar/März-Ausgabe 1955 wurde die Serie
eingestellt.
Auch der Cryptkeeper, jener lebende Leichnam,
der jede Geschichte dieser Serie einführt, entstammt dieser Reihe. Seinen ersten Auftritt hatte
er in der Nummer 15, also noch unter dem Titel
„Crime Patrol".
Wer nun denkt, dass hiermit die Basisdaten aus-
führlich geschildert wurden, irrt gewaltig. William
Gaines, Herausgeber und Autor der „Tales From
The Crypt" hatte noch weitere Titel unter seinem
E. C. Comics-Label laufen: „The Vault Of Horror",
ehemals „War Against Crime", erschien unter diesem Titel von 1950 bis 1955 und unter dem Titel
„Crime SuspenStories" von 1950 bis 1955; das
vormalig „Gunfighter" betitelte Heft erschien von
1950 bis 1954 als „The Haunt Of Fear" und zu-
sätzlich von 1950 bis 1955 als „Two-Fisted
Tales"; die Reihe „Shock SuspenStories" lief von
1952 bis 1955.
Was aber hat all dies mit der hier besprochenen
Fernsehserie zu tun? Nun, aus den genannten
Heften zogen die Macher dieser Serie, Filmpro-
duzent Joel Silver und die Regisseure Robert
Zemeckis, Richard Donner und Walter Hill, ihre
Vorlagen. Die Episoden basieren also auf einzelnen Comicgeschichten aus den genannten Reihen. „Two-Fisted Tales" sollte sogar eine eigene
Serie erhalten, kam jedoch nicht vom sprichwört-
lichen Boden hoch.

Wie bei jeder Anthologie ist auch hier die Qualität
Schwankungen unterworfen, je nach Güte der
Geschichte und der involvierten Talente, vor und
hinter der Kamera. Alles in allem jedoch gehört
GESCHICHTEN AUS DER GRUFT zu den bes-
seren Serien aus diesem Bereich. Eine kleine
Warnung allerdings: Der oftmals recht derbe Hu-
mor dürfte nicht jedermanns Geschmack sein.
Es folgte eine Zeichentrickreihe: GESCHICHTEN
AUS DER GRUFT (Tales From The Cryptkee-
per).
Der Cryptkeeper hatte einen Gastauftritt in dem
Kinofilm CASPER (Casper; 1995).
Bereits in den 70er Jahren wurden in England
zwei Filme zur Comicreihe gedreht: TALES
FROM THE CRYPT (Geschichten aus der Gruft;
1972) und THE VAULT OF HORROR/TALES
FROM THE CRYPT II (In der Schlinge des Teu-
fels; 1973).
Zu den „Grufties" einzelner Episoden gehörten
Harry Anderson, John (Addams Family & Eerie,
Indiana) Astin, Dan (Psi Factor) Aykroyd, Jona-
than Banks, Frances Bay, Ed Begley, Jr., Michael
Berryman, Bibi Besch, Humphrey Bogart (Aus-
schnitte und computererstellte Darstellung),
Bruce (Babylon 5) Boxleitner, Beau Bridges, Roy
Brocksmith, Clancy (Earth 2) Brown, Tia (Relic
Hunter) Carrere, Patricia Charbonneau, Joan
(Twin Peaks) Chen, Ben (Dark Shadows) Cross,
Tim Curry, Maryam D'Abo, Mark (The Crow) Da-
cascos, Timothy Dalton, Roger Daltry, Bruce
(Harry und die Hendersons) Davison, Yvonne
(The Munsters) DeCarlo, Michael (seaQuest
DSV) DeLuise, Diane Dilascio, Roy (Die Schöne
und das Biest) Dotrice, Eric Douglas, Kirk Dou-
glas, Brad Dourif, Larry (Prey) Drake, Aron (Star
Trek: Deep Space Nine) Eisenberg, Hector Eli-
zondo, Sherilyn (Twin Peaks) Fenn, Miguel (Twin
Peaks & The Stand) Ferrer, Louise Fletcher, Mi-
chael J. Fox, Teri Garr, Henry Gibson, Stefan
(Dark Shadows) Gierasch, Whoopi (Raumschiff
Enterprise-Das nächste Jahrhundert) Goldberg,
Bobcat (Auf schlimmer und ewig) Goldthwait,
Nickolas (Robin Hood) Grace, Gerrit Graham,
Faye (V) Grant, Max (Star Trek: Deep Space
Nine) Grodénchik, Anthony Michael Hall, Tom
Hanks, Michael (Burning Zone) Harris, Teri (Su-
perman) Hatcher, David Hemmings, Lance (Mil-
lennium) Henriksen, Richard (V) Herd, Michael
(V & seaQuest 2032) Ironside, Brion James, Sa-
lome (Superboy) Jens, Martin Kemp, Margot Kid-
der, Kevin (Mission Erde) Kilner, Martin (Jesse
aus dem All) Kove, Brian (Charmed) Krause, Ute

Lemper, John (Hinterm Mond gleich links) Lithgow, Traci (Profiler & First Wave) Lords, Kyle (Twin Peaks) MacLachlan, Costas Mandylor, Jason (Familie Munster & Eerie, Indiana) Marsden, Malcolm (Fantasy Island) McDowell, Ewan McGregor, Meat Loaf, Demi Moore, David Morse, Natalija Nogulich, Donald O'Connor, Lou Diamond Philips, Robert (Star Trek: Raumschiff Voyager) Picardo, Brad Pitt, Amanda Plummer, Michael J. Pollard, Alan Rachins, Christopher Reeve, John (Sliders) Rhys-Davies, Mark (Profiler) Rolston, Isabella Rosselli-ni, Tim Roth, Zelda Rubinstein, William (Roswell) Sadler, John Savage, Vincent Schiavelli, Arnold Schwarzenegger, John (Superman) Shea, Martin Sheen, Brooke Shields, Madge Sinclair, Charles Martin Smith, Patricia (Babylon 5) Tallman, Richard Thomas, Vanity, John (Krieg der Welten) Vernon, M. Emmet Walsh, David (Twin Peaks & Wild Palms) Warner, Sam (Q.E.D.) Waterston, Adam (Batman) West, Wil (Raumschiff Enterprise-Das nächste Jahrhundert) Wheaton, Treat Williams, Grace (Twin Peaks) Zabriskie, Billy (Twin Peaks) Zane und Anthony (Anno Domini) Zerbe.

Unter den Regisseuren fanden sich so genreerfahrene Personen wie Manny Coto, Howard Deutch, Ulli Edel, John Frankenheimer, William Friedkin, Randa Haynes, Rowdy Herrington, Tom Holland, Tobe Hooper, Russell Mulcahy, Mary Lambert, Peter Medak, Jack Sholder, Chris Walas und die bereits erwähnten Donner, Hill und Zemeckis. Des weiteren durften einige Schauspieler erstmalig den Platz hinter der Kamera einnehmen: Michael J. Fox, Tom Hanks, Kyle MacLachlan, Arnold Schwarzenegger und Vincent Spano.

EPISODEN (SAT.1):

1. BALL DER EINSAMEN HERZEN (None But The Lonely Heart) 10.12.95
2. TÖDLICHER HINTERHALT (Dead Wait) 17.12.95
3. DIE FALLE (The Trap) 25.12.95
4. ABRA CADAVER (Abra Cadaver) 07.01.96
5. DER AASGEIER (Carrion Death) 14.01.96
6. AUS EINS MACH ZWEI (Split Second) 21.01.96
7. DAS WERWOLF-KONZERT (Werewolf Concerto) 28.01.96
8. WENN DIE NACHT KOMMT... (Came The Dawn) 04.02.96
9. DAS SPEZIALMENÜ (What's Cookin') 11.02.96
10. DER VERKAUFTE TOD (Death Of Some Salesman) 18.02.96
11. DOPPELT GENÄHT HÄLT BESSER (Split Personality) 25.02.96
12. DER NACHFOLGER (The New Arrival) 03.03.96
13. EIN SOUVENIR MIT FOLGEN (Forever Ambergris) 10.03.96
14. ZWISCHEN MÜLL UND LEICHENWAGEN (People Who Live In Brass Hearses) 17.03.96
15. BRENNENDE LIEBE (On A Dead Man's Chest) 24.03.96
16. ÖL IST EIN BESONDERER SAFT (Oil's Well That Ends Well) 31.03.96
17. DIE HAUPTROLLE (Top Billing) 08.04.96
18. VORSICHT, KAMERA! (Undertaking Palor) 15.04.96
19. ABEL MIT DEM KABEL (Spoiled) 22.04.96
20. TÖDLICHER DENKZETTEL (This'll Kill Ya) 29.04.96
21. DIE FRAU OHNE HERZ (Seance) 06.05.96
22. DER PUPPENSPIELER (Strung Along) 13.05.96
23. DAS GEHEIMNIS DER EWIGEN JUGEND (Curiosity Killed) 20.05.96
24. KOFFER NACH CHICAGO (Two For The Show) 03.06.96
25. DAS MÖRDERSPIEL (Till Death Do We Part) 10.06.96
26. DER GROSSE ZAMBINI (Food For Thought) 17.06.96
27. SEIFENBLASEN (99 & 44/100 % Pure Horror) 24.06.96
28. HART, ABER GERECHT (Let The Punishment Fit The Crime) 01.07.96
29. MOLLYS MASKEN (Only Skin Deep) 08.07.96
30. GESCHICHTE OHNE ENDE (Whirlpool) 15.07.96
31. DER EINZIGE FREUND (Operation Friendship) 22.07.96
32. TOTE LEBEN LÄNGER (You, Murderer) 04.08.96
33. DIE BÖSE SEITE (Half-Way Horrible) 12.08.96
34. DAS TOTENGERICHT (Mournin' Mess) 19.08.96
35. DAS HAUS DES SCHRECKENS (House Of Horrors) 26.08.96
36. DER TODESKÄFIG (The Pit) 02.09.96
37. WER IST RONNIE? (Assassin) 09.09.96
38. DER SEELENRÄUBER (Doctor Of Horror) 16.09.96
39. DIE ÜBERRASCHUNGSPARTY (Surprise Party) 23.09.96
40. DER ZAUBERLEHRLING (Well Cooked Hams) 30.09.96
41. UNSTERBLICH VERLIEBT (Loved To Death) 07.10.96
42. BLINDE RACHE (Revenge Is The Nuts) 14.10.96
43. INNERE WERTE (Beauty Rest) 21.10.96
44. DIE GEISTER, DIE ICH RIEF (As Ye Sow) 28.10.96

45. DER SCHÜCHTERNE VAMPIR (The Reluctant Vampire) 24.12.96
46. DAS GEHEIMNIS (The Secret) 25.12.96
47. DAS TAUSCHGESCHÄFT (The Switch) 25.12.96

48. DIE FARBEN DES TODES (Easel Kill Ya) 14.06.97
49. NUR DIE STORY ZÄHLT (Deadline) 14.06.97
50. DER SERIENMÖRDER (Maniac At Large) 14.06.97
52. DIE UNSTERBLICHE MUMIE (Creep Course) 14.06.97
53. STUFEN DES GRAUENS (Staired In Horror) 14.06.97
54. DER RADIOSCHOCKER (In The Groove) 14.06.97
55. NACHT ÜBER ALASKA (Comes The Dawn) 14.06.97

56. DIE PERFEKTE FLUCHT (Escape) 04.10.97
57. DREI WÜNSCHE (Last Respects) 04.10.97
58. MIT DEN AUGEN EINER FRAU (Fatal Caper) 04.10.97
59. DER KIDNAPPER (The Kidnapper) 04.10.97
60. DREI AUF EINEN SCHLAG (A Slight Case Of Murder) 04.10.97
61. WER NICHT HÖREN KANN, MUSS FÜHLEN! (Ear Today, Gone Tomorrow) 04.10.97
62. ARMER NICK (Horor In The Night) 04.10.97
63. SCHÖN WIE DIE SÜNDE (Only Sin Deep) 04.10.97
64. DIE PERFEKTE HOCHZEITSNACHT (Lover, Come Hack To Me) 04.10.97
65. DAS PRUNKSTÜCK DER SAMMLUNG (Collection Completed) 01.11.97
66. SPIELEREHRE (Cutting Cards) 01.11.97
67. VERSPROCHEN IST VERSPROCHEN (The Thing From The Grave) 01.11.97
68. AUF EWIG DEIN ('Til Death) 01.11.97
69. ALLES GUTE ZUM HOCHZEITSTAG (Three's A Crowd) 01.11.97
70. OPFER AUS LIEBE (The Sacrifice) 01.11.97
71. EINE DICKE ERBSCHAFT (Dead Right) 01.11.97
72. KLEINER MANN IM OHR (For Cryin' Out Loud) 01.11.97
73. LANDLIEBE (Four-Sided Triangle) 29.11.97
74. DIE BAUCHREDNERPUPPER (The Ventriloquist's Dummy) 29.11.97
75. WER IST HIER DIE HEXE? (Judy, You're Not Yourself Today) 29.11.97
76. DER BEILEIDSONKEL (Fitting Punishment) 29.11.97
77. MONSTER WIE IM BILDERBUCH (Korman's Kalamity) 29.11.97
78. EIN KIND DER LIEBE (Lower Berth) 29.11.97
79. DIE STUMME ZEUGIN (Mute Witness To Murder) 29.11.97

FILME:
I.   GESCHICHTEN AUS DER GRUFT (Tales From The Crypt; 1972) 18.01.73; Kino
II.   IN DER SCHLINGE DES TEUFELS (The Vault Of Horror/Tales From The Crypt II; 1973)
III. RITTER DER DÄMONEN (Tales From The Crypt Presents Demon Knight; 1995) 16.03.95; Kino
IV.   GESCHICHTEN AUS DER GRUFT: BORDELLO OF BLOOD (Tales From The Crypt: Bordello Of Blood; 1996) 07/1997; Video
V.   DREI WEGE IN DEN TOD: DIE HERAUSFORDERUNG & DER REVOLVERHELD & DER FEIGLING (Two-Fisted Tales: King Of The Road & Showdown & Yellow) 15.07.98

GESCHICHTEN AUS DER SCHATTENWELT
(Tales From The Darkside)
USA 1984-1988; 90 Episoden
USA 1990; Spielfilm
Deutsche Ausstrahlung:
Pro 7 1989-1991; 64 Episoden
Pro 7 1996; 26 Episoden

Anthologie. Im Aufbau folgt, wie so viele andere, GESCHICHTEN AUS DER SHATTENWELT dem des Klassikers TWILIGHT ZONE (qv). Während TZ sich jedoch mehr im Science Fiction- und Fantasy-Bereich bewegt, geht GESCHICHTENs Hauptaugenmerk in Richtung Horror. Hier wie dort wurde jedoch versucht, dem Ende eine kleine Überraschung beizumischen. Dieser Storyaufbau setzt sich auch in anderen Serien dieser Kategorie, HITCHHIKER (qv), MONSTERS (qv) oder GESCHICHTEN AUS DER GRUFT (qv), fort, was diese Reihen zu den Vertretern der Kurzgeschichte im Serienbereich macht. Somit finden sich in diesen Serien auch oftmals Episoden, die auf Kurzgeschichten mehr oder weniger berühmter Autoren basieren. In dem hier besprochenen Fall wurden z.B. Stories von Harlan Ellison (Episode 34) und Stephen King (Ep. 54). Weitere Drehbücher stammen von Clive Barker, Robert Bloch und King.
GESCHICHTEN AUS DER SCHATTENWELT wurde vom Genre-Spezialisten George A. Romero konzipiert, der auch mehrfach an Drehbüchern mitarbeitete. Neben Regisseuren, die sich bereits im phantastischen Bereich hervortaten, Fernsehen oder Film, wie Theodore Gershuny, Michael Gornick, Armand Mastroianni und Tom Savini, fand sich auch Hollywoodstar Jodie Foster hinter

der Kamera ein.

In der Schattenwelt agierten Kareem (The Stand) Abdul-Jabbar, Harry Anderson, Sam (Countdown X) Anderson, Talia Balsam, Seymour Cassel, Bud Cort, Bruce (Harry und die Hendersons) Davison, Divine, Roy (Die Schöne und das Biest) Dotrice, Alice (Das Geheimnis der blauen Tropfen & Vickie) Ghostley, Farley Granger, Seth (Buffy) Green, Deborah Harry, John Heard, Tippi Hedren, Larry Manetti, Jean Marsh, Darren (Der Nachtjäger) McGa-vin, Stephen (Die Schöne und das Biest) McHattie, Colm (Star Trek: Deep Space Nine) Meaney, Dick Miller, Alan (Die geheimnisvolle Insel & Seven Days) Scarfe, Carolyn Seymour, Richard B. (Holmes & YoYo) Shull, Christian Slater, Brent (Raumschiff Enterprise-Das nächste Jahrhundert) Spiner, Susan Strasberg, Linda (Mit Schirm, Charme und Melone) Thorson, Craig Wasson, Fritz (Die Mars-Chroniken) Weaver, Stuart (Superboy) Whitman, Max (Alf & Die Spezialisten unterwegs) Wright und Keenan Wynn.

EPISODEN:

1. DAS GEHEIMNIS DER FAMILIE CASAVIN (The Casavin Curse) 07.10.89
2. DAS ZIMMER MEINER TOCHTER (Inside The Closet) 14.10.89
3. BUBBAS WIEDERKEHR (The Swap) 21.10.89
4. DER FLUCH DER TEMPELJUNGFRAU (Beetles) 28.10.89
5. EINE TÜTE BONBONS (Halloween Candy) 04.11.89
6. DER KRACHSCHLUCKER (Hush) 11.11.89
7. MEIN SOHN, DER WERWOLF (Family Reunion) 18.11.89
8. DER ZIRKUS DES DR. NIS (The Circus) 25.11.89
9. KEIN ANSCHLUSS UNTER DIESER NUMMER (Sorry, Right Number) 02.12.89
10. IM SPINNENNETZ (Black Widows) 09.12.89
11. FLORENCE BRAVO (Florence Bravo) 16.12.89
12. DER GREIFER (Seasons Of Belief) 23.12.89
13. DER ANGSTHASE (Monsters In My Room) 30.12.89
14. DER TEDDY WAR'S (Ursa Minor) 06.01.90
15. DER LETZTE MIETER (Parlour Floor Front) 13.01.90
16. ALPTRAUM IM TUNNEL (Last Car) 20.01.90
17. ZWISCHEN HIMMEL UND HÖLLE (Unhappy Medium) 27.01.90
18. DIE SCHAUFENSTERPUPPE (Everybody Needs A Little Love) 03.02.90
19. DER KETZER (Heretic) 10.02.90
20. DIE MACHT DER KARTEN (In The Cards) 17.02.90
21. DIE SÜNDEN EINER HEILIGEN (Deliver Us From Goodness) 24.02.90
22. RUNDFUNK SEHR PRIVAT (The Enormous Radio) 03.03.90
23. STERBLICHE GEFÜHLE (The GamesBegin) 10.03.90
24. DIE AUGEN DER MEDUSA (Miss May Dusa) 17.03.90
25. UNTERMIETER AUS KALKUTTA (My Own Place) 24.03.90
26. HEXENJAGD (The Apprentice) 31.03.90
27. SCHOTTISCHES ALLERHEILIGEN (The Cutty Black Sow) 07.04.90
28. ÖFFNEN VERBOTEN (Do Not Open This Box) 14.04.90
29. ZAHLUNG ÜBERFÄLLIG (Payment Overdue) 28.04.90
30. TELEFONTERROR (All A Clone By Telephone) 05.05.90
31. DIE KINDER ZUM ESSEN (Anniversary Dinner) 12.05.90
32. SCHLAFLOSE NÄCHTE (Answer Me) 19.05.90
33. EIN KÄFIG FÜR RAUCHER (Bigalow's Last Smoke) 26.05.90
34. DER QUÄLGEIST AUS DER FLASCHE (Djinn, No Chaser) 02.06.90
35. GROSSMUTTERS LETZTER WUNSCH (Grandma's Last Wish) 09.06.90
36. DER KANDIDAT (If The Shoes Fit) 16.06.90
37. EINE FURCHTBARE LEKTION 23.06.90
38. SEELENWÄSCHEREI (It All Comes Out In The Wash) 07.07.90
39. STUR BIS IN DEN TOD (A Case Of The Stubborns) 14.07.90
40. JENSEITS DES SPIEGELBILDS (Slippage) 21.07.90
41. TRÄUME NACH DEM TOD (A Choice Of Dreams) 28.07.90
42. MOOKIE UND POOKIE (Mookie And Pookie) 04.08.90
43. GLÜCKLICHE UNFÄLLE (Painkiller) 11.08.90
44. ZAHLENZAUBER (Snip, Snip) 18.08.90

45. DAS PUPPENHAUS (The Geezenstacks)
46. DER LETZTE GROSSE ZAUBERER (Levitation)
47. CASSIE UND DIE STERNE (The False Prophet)
48. IM ZIMMER DES WAHNSINNS (The Madness Room)
49. EIN GRUND ZUM FEIERN (The New Man)
50. DIE LETZTE WETTE (The Odds)
51. DER TRÄNENSAMMLER (The Tear Collector)
54. DER TEXTCOMPUTER (The Word Processor)
55. HALSABSCHNEIDERS HÖLLENFAHRT (Trick Or Treat)

56. -liegt nicht vor- 28.01.91
57. -liegt nicht vor- 04.02.91

58.	-liegt nicht vor-	11.02.91
59.	-liegt nicht vor-	18.02.91
60.	KLAATZU UND DER AMMONIAK (Barter) 25.02.91	
61.	GARANTIERT GEWICHTSVERLUST! (Love Hungry) 04.03.91	
62.	-liegt nicht vor-	11.03.91
63.	-liegt nicht vor-	18.03.91
64.	-liegt nicht vor-	25.03.91
65.	DES TEUFELS ADVOKAT (The Devil's Advocate)	
66.	ARNOLD, DER SCHWEBENDE (Fear Of Floating)	
67.	DAS MÄDCHEN AUS DEM VULKAN (Ring Around The Redhead)	
68.	DER TALISMAN DES SATANS (Auld Acquaintances)	
69.	BESUCH VOM DACH DER WELT (Seymourlama)	
70.	POKER MIT DER MUMIE (The Grave Robber)	
71.	LICHT IM KINDERZIMMER (The Shrine) 22.08.96	
72.	DER IMITATOR (The Impressionist) 29.08.96	
73.	DIE LEBENSBOMBE (Lifebomb) 05.09.96	
74.	EINE WOHNUNG FÜRS LEBEN (A New Lease On Life) 24.10.96	
75.	DIE MAGIE DES ERFOLGS (Printer's Devil) 07.11.96	
76.	DIE LIEBE DER VAMPIRE (Strange Love) 14.11.96	
77.	WENN DER KOMET KOMMT... (Comet Watch)	
78.	ICH BIN NICHT HARRY! (The Old Soft Shoe)	
79.	GEFANGEN IN EINEM TRAUM (Dream Girl)	
80.	DÄMONEN IN MARY JANE (The Trouble With Mary Jane)	
81.	MAX PARADISE (Distant Signals)	
82.	DER GEISTERFOTOGRAF (The Spirit Photographer) 04.04.97	
83.	EINSAMES MÄDCHEN (Mary, Mary) 11.04.97	
84.	DER SCHLANGENZAHN (Serpent's Tooth) 18.04.97	
85.	KARENS TODESGRUSS (I Can't Help Saying Goodbye) 25.04.97	
86.	DIE BITTERSTE PILLE (The Bitterest Pill) 16.05.97	
87.	WENN DER MILCHMANN KOMMT (The Milkman Cometh) 23.05.97	
88.	DIE RICHTIGEN SCHUHE FÜR DIE RICHTIGEN LEUTE (The Social Climber) 30.05.97	
89.	VAMPIRE STERBEN NICHT (My Ghostwriter-The Vampire) 06.06.97	
90.	DAS DREIZEHNERDUTZEND (Baker's Dozen) 20.06.97	
91.	EINE HÖLLISCHE KARRIERE (Red Leader) 27.06.97	
92.	DER PUPPENSPIELER (No Strings) 04.07.97	

FILM:

I.	GESCHICHTEN AUS DER SCHATTENWELT (Tales From The Darkside: The Movie; 1990) 29.11.90; Kino	

GESCHICHTEN AUS DER ZUKUNFT
BRD 1977/1978; 7 Episoden
Ausstrahlung:
ZDF 1978-1980; 6 Episoden

Physiker und Astronom Professor Heinz Haber moderierte diese deutsche Anthologieserie, die sich um realistische Zukunftsvisionen bemühte. Er selber steuerte auch Ideen bei, zusammen mit Dieter Seelmann und Irmgard Haber. Die Stories befassten sich mit verschiedenen Bereichen der Wissenschaft, hauptsächlich aber mit dem Bereich Biologie, und versuchten auszuloten, welche möglichen Entwicklungen uns erwarten. Besonders herauszuheben ist hierbei Episode 3: Für das Paar Hochkamp wird ein Kind durch fremden Samen gezeugt und von einer Leihmutter ausgetragen — ein heutzutage fast alltäglicher Vorgang. Weitere Inhalte befassen sich mit einem künstlichen Virus, der Blindheit erzeugt; einem Mittel für Unsterblichkeit, das zur Folge hat, dass die Behandelten sich sterilisieren lassen müssen; zwei im Mutterleib verstrahlte Kinder, die sich als Telepathen erweisen; ein schädliches Insektenvertilgungsmittel, das gegen eine Wespenplage eingesetzt wird; das Hervorrufen verschiedenster Gefühle, wie Hunger, Müdigkeit und Aggression, durch Einsatz von elektrischen Impulsen.

Diese Serie und Erlers DAS BLAUE PALAIS (qv) legen die Vermutung nahe, dass sich bundesdeutsche Versuche im SF-Bereich immer dann lohnen, wenn sie streng wissenschaftlich angegangen werden. Das wiederum entspräche dem Bild der Deut-schen in vielen Ländern: Humorlose Menschen, trocken, geradlinig und ernst. Problematisch werden diese Serien nur, wenn der Wissenschaft zuviel Platz eingeräumt wird. Nur wenige bringen genügend Lust auf, sich wissenschaftliche Abhandlungen im Gewand der Unterhaltung anzusehen. Jene, die es interessiert, würden sich entsprechende Magazinsendungen zu Gemüte führen.

Doch glücklicherweise schaffte GESCHICHTEN AUS DER ZUKUNFT es, diesen Abgründen zu entgehen.

Darsteller waren unter anderen Gerd Baltus, Herbert Fleischmann, Horst (Timm Thaler & Mandara) Frank, Sascha Hehn, Wolfgang (Hellseher wider Willen) Kieling, Friedrich Schütter, Vera Tschechowa und Judy Winter.

EPISODEN:
1. AUSTRALISCHE BLINDHEIT 13.01.78
2. ZUM LEBEN VERURTEILT 10.02.78
3. GEBURT EINES WAISENKINDES 10.03.78
4. NOCH EINMAL ADAM UND EVA 07.04.78
5. NACH MENSCHLICHEM ERMESSEN 21.10.79
6. GELIEBTE KNECHTSCHAFT 24.01.80

GESCHICHTEN, DIE NICHT ZU ERKLÄREN SIND, SIEHE: **UNWAHR-SCHEINLICHE GESCHICHTEN**

GESPENSTERGESCHICHTEN
BRD 1984; 6 Episoden
Ausstrahlung:
ARD 1985; 6 Episoden

Darsteller: Wolfgang Büttner (Erzähler).

Gruselanthologie nach literarischen Vorlagen. Das Basismaterial stammt von John MacLaughin (Episode 1), Amelia Edwards (Episode 2), Elizabeth Bowen (Episode 3), Marie-Luise Kaschnitz (Episode 4), E. F. Benson (Episode 5) und W. W. Jacobs (Episode 6).
Gespenstisch sind auch die Gastdarsteller Peer Augustinski, Gabriel Barylli, Udo (Geister) Kier, Ruth-Maria Kubitschek, Leslie Malton und Hannes Messemer.

EPISODEN:
1. DIE BRÜCKE NACH FENDERS
2. DIE VERSCHWÖRUNG
3. AMBROSE TEMPLE
4. IM SCHATTEN DES ZWEIFELS
5. DAS GESICHT
6. DIE AFFENPFOTE

GRENZFÄLLE-ES GESCHAH ÜBERMORGEN, SIEHE: **ES GESCHAH ÜBERMORGEN**

GRIECHISCHE SAGEN-JIM HENSON ERZÄHLT
(Jim Henson's The Storyteller: Greek Myths)
GB 1990; 4 Episoden
Deutsche Ausstrahlung:
ZDF 1993; 4 Episoden

Darsteller: Michael Gambon (Erzähler), Brian Henson (Hund).

Nach JIM HENSONS BESTE GESCHICHTEN (qv), in denen bekannte Märchen präsentiert wurden, folgt nun eine Kurzserie mit Erzählungen aus der griechischen Mythologie. Das Ergebnis ist gewohnt gut.
Bekanntester Darsteller war der Shakespeare-Mime Derek Jacobi.

EPISODEN:
1. DÄDALUS UND IKARUS (Daedalus & Icarus) 12.09.93
2. ORPHEUS UND EURYDIKE (Orpheus & Eurydice) 19.09.93
3. THESEUS UND DER MINOTAURUS (Theseus & The Minotaur) 26.09.93
4. PERSEUS UND DIE GORGON (Perseus & The Gorgon) 10.10.93

GRÜSSE AUS DEM JENSEITS
(Shades Of L.A.)
USA 1990; 20 Episoden
Deutsche Ausstrahlung:
RTL 2 1994; 15 Episoden

Darsteller: John DiAquino (Detective Michael Burton), Warren Berlinger (Detective James Wesley), Kenneth Mars (Onkel Louie), David L. Crowley (Jack Monaghan), Gale Mayron (Annie Brighton), Brian Libby (Nick Santini).

Nachdem Michael Burton dem Tod von der Schippe gesprungen ist, besitzt er plötzlich die Fähigkeit, mit Geistern in Kontakt zu treten. Diese haben nichts besseres zu tun, als ihn zu bitten, bestimmte Dinge ihres vergangenen Lebens zu einem Ende zu bringen, z. B. den eigenen Mörder zu suchen.

Nicht gänzlich ernst zu nehmende US-Serie mit phantastischem Touch. Eine der vielen „Okay, im anderen Programm läuft sowieso nichts Gescheites"-Serien.

John DiAquino spielte später auch in SEA-QUEST DSV (qv). Grüsse versendeten oder bekamen Carmen Argenziano, Allyce Beasley, Robert (Star Trek: Raumschiff Voyager) Beltran, Mary Crosby, Terri Garber, Frank Gorshin, Conrad (Mork vom Ork) Janis, Sam (Highwayman) Jones, Tawny Kitaen, Greg Mullavey, Ben (Gemini Man) Murphy, Clive Revill, Vincent Schiavelli, Gregory Sierra, Carrie Snodgress, Don Stroud und Ray (Mein Onkel vom Mars) Walston.

EPISODEN:
1. EIN COP KEHRT ZURÜCK (Rest In Peace) 09.05.94
2. TOTE HUNDE LÜGEN NICHT (Dead Dogs Tell No Tales) 16.05.94
3. EIN FELSENFESTER BEWÉIS (Concrete Evidence) 30.05.94
4. DER SCHATTENSPIELER (Cooper's Coroner) 06.06.94
5. MANCHE MÖGEN'S KALT (Some Like It Cold) 10.06.94
6. EIN SCHATTIGES SCHLITZOHR (Pointers From Paz) 13.06.94
7. BIS DAS DER TOD EUCH SCHEIDET (Til Death Do Us Part) 17.06.94
8. LEHRER AUS DER HÖLLE (The Teacher From Hell) 20.06.94
9. ALPTRAUM (Dreams) 24.06.94
10. GEHEIMNIS DER WÜSTE (Burial Ground) 27.06.94
11. MÖRDERISCHE SPIELE (Ten Little Thespians) 01.07.94
12. MORD VERJÄHRT NICHT (Really Big Sleep) 04.07.94
13. EIN TOTER KRIEGT SKRUPEL (The Wrong Man) 08.07.94
14. DIE STUMMEN CLOWNS (Send Up The Clowns) 11.07.94
15. DER GROSSE BRUDER SIEHT ALLES (Big Brother Is Watching) 14.07.94

EPISODEN (nicht gesendet):
16. SCHATTEN DER EIFERSUCHT 1 (Line Of Fire 1)
17. SCHATTEN DER EIFERSUCHT 2 (Line Of Fire 2)
18. AUS HEITEREM HIMMEL (Where There's A Will)
19. WER ZULETZT LACHT... (Last Laugh)
20. RODNEYS SPRÜCHE (Cross The Center Line)

GRUSEL, GRAUEN, GÄNSEHAUT
(Are You Afraid Of The Dark?)
USA/CND 1992-96; 65 Episoden

Deutsche Ausstrahlung:
Nickelodeon 1997 <vorher DF 1>; 65 Episoden

Darsteller: Jason Alisharan (Frank - 1992-95), Rachel Blanchard (Kristen - 1992/93), Ross Hull (Gary), Nathaniel Moreau (David - 1992/93), Raines Pare-Covall (Betty Ann), Jodie Resther (Kiki), Jacob Tierney (Eric - 1992), Daniel DeSanto (Tucker - 1994-), Joanna Garcia (Sam - 1994-96), Codie Wilbee (Stig - 1995/96).

Spät in der Nacht trifft sich die „Midnight Society", eine Gruppe von Kindern, die sich die Zeit damit vertreiben, sich Gruselgeschlchten am Lagerfeuer zu erzählen. Wenn jemand dieser Gruppe beitreten will, wird er oder sie mit verbundenen Augen zum Treffpunkt gebracht und muss eine Horrorgeschichte für alle Anwesenden erzählen. Wenn die Story allgemein gefällt, wird entsprechend abgestimmt; der Anwärter wird aufgenommen.

Kinder-Horroranthologie. Die oben genannten Darsteller slnd die Erzähler der unblutigen gruseligen Geschichtchen. Aufgrund ihres Alters sind auch die Protagonisten der erzählten Stories Jugendliche.
1999 erfolgte ein erneuter Aufguss der Serie im US-Fernsehen.
Vor der Dunkelheit fürchteten sich nicht die Gastdarsteller Tatyana Ali, Neve Campbell, Kaj-Erik Eriksen, Colin (Psi Factor) Fox, Bobcat (Auf schlimmer und ewig) Goldthwait, Frank Gorshin, Melissa Joan (Sabrina) Hart, Tamara & Tia Mowry und Illya (Odyssee ins Traumland) Woloshyn.

EPISODEN:
1. DIE GESCHICHTE VOM GEISTERTAXI (The Tale Of The PhantoM Cab)
2. DIE GESCHICHTE VOM EINSAMEN GESPENST (The Tale Of The Lonely Ghost)
3. DIE GESCHICHTE VOM CLOWN MIT DER ZIGARRE (The Tale Of Laughing In The Dark)
4. DIE GESCHICHTE VON DER GEIERKLAUE (The Tale Of The Twisted Claw)
5. DIE GESCHICHTE VON DEN HUNGRIGEN HUNDEN (The Tale Of The Hungry Hounds)
6. DIE GESCHICHTE VON DER SUPERBRILLE (The Tale Of The Super Specs)
7. DIE GESCHICHTE VON DEN ERBEUTETEN SEELEN (The Tale Of The Captured Souls)
8. DIE GESCHICHTE VON DEN UNHEIMLICHEN NACHBARN (The Tale Of The Nightly Neighbors)

62. DIE GESCHICHTE VOM BISS DES CHAMÄ-
LEONS (The Tale Of The Chameleons)
63. DIE GESCHICHTE VOM PREIS DER HAB-
GIER (The Tale Of The Vacant Lot)
64. DIE GESCHICHTE VON DER MAGISCHEN
TÜR (The Tale Of The Door Unlocked)
65. DIE GESCHICHTE VON DER UNHEIMLI-
CHEN NACHTSCHICHT (The Tale Of The
Night Shift)

GULLIVERS REISEN
(- liegt nicht vor -)
F 1974 (?)
Deutsche Ausstrahlung:
ZDF 1975; 9 Episoden

Darsteller: Bernard Faur (Dr. Lemuel Gulliver).

Das Schiff auf dem Dr. Lemuel Gulliver reist, wird
während eines Sturmes zerstört. Der Arzt kann
sich an den Strand retten und findet sich in einem Land, das von Riesen bewohnt wird. Er selber wird bei Hofe als Spielzeug hochgeschätzt.
Schließlich gelingt es ihm zu entkommen. Statt
aber nun nach Hause zu kommen, verschlägt es
ihn ins Land Liliput, welches von winzigen Wesen bewohnt wird. Nachdem er hier unter anderem einen Krieg mitentscheidet, reist er weiter,
nur um ein weiteres bisher unbekanntes Land zu
entdecken: Laputa, die Insel der sprechenden
Pferde.

Wie gemeinhin schon üblich, wurde Jonathan
Swifts sozialkritisches Buch, erschienen 1726,
das insbesondere fehlgeleitete Moralvorstellun-
gen und überalterte Herrschaftssysteme anpran-
gert, wieder einmal zur Kinderserie umfunktio-
niert. Das Ergebnis ist bestenfalls Durchschnitt.

EPISODEN:
1. IM LANDE BROBDIMGNAG 1 (- liegt nicht
vor -) 06.07.75
2. IM LANDE BROBDIMGNAG 2 (- liegt nicht
vor -) 13.07.75
3. IM LANDE BROBDIMGNAG 3 (- liegt nicht
vor -) 0.07.75
4. IM LANDE LILIPUT 1 (- liegt nicht vor -)
27.07.75
5. IM LANDE LILIPUT 2 (- liegt nicht vor -)
03.08.74
6. IM LANDE LILIPUT 3 (- liegt nicht vor -)
10.08.74
7. AUF DER INSEL LAPUTA 1 (- liegt nicht vor -)
17.08.74

8. AUF DER INSEL LAPUTA 2 (- liegt nicht vor -)
24.08.74
9. AUF DER INSEL LAPUTA 3 (- liegt nicht vor -)
31.08.74

EIN HAMSTER IM NACHTHEMD
(Krecek V Nocni Kosili)
CSSR 1988; 6 Episoden
Deutsche Ausstrahlung:
ARD 1989; 6 Episoden (auch als 10 Episoden)

Darsteller: Ondrej Regazzo (Karl Berka), Marek
Brodsky (Radim Berka), Jiri Zahajsky (Vater Ber-
ka), Bozidara Turzonová (Mutter Berka), Monika
Effenbergerová (Alice Hamster), Martin Mejzlik
(Thomas Hamster), Julius Satinsky (Vater Ham-
ster), Jana Svandová (Mutter Hamster).

Karl Berka, der mit seiner Familie zu Besuch bei
den Grosseltern ist, wird mit dem Nachthemd
seines Urgrossvaters ausgestattet, da er seinen
Schlafanzug vergessen hat. Den Vorbesitzer trifft
Karl nachts im Traum. Dieser erzählt dem Jungen von den Erfindungen, die er gemacht hatte:
Ein Auto, das ohne Benzin fährt, und eine Zeitmaschine.
Leider bleiben diese Erfindungen nicht geheim.
Thomas Hamster, dessen Vater Ingenieur ist,
stiehlt die wiedergefundenen Pläne. Er will, zusammen mit seinem Vater, das besagte Auto
bauen und es als eigene Erfindung ausgeben.
Um diesen hinterhältigen Plan zu vereiteln, bedarf es der Hilfe des verstorbenen Uropas. Dieser stattet die Berkas mit neuen Plänen aus, darunter auch einer für eine Verkleinerungsmaschi-
ne. Karl und Albert werden geschrumpft und
schaffen es, in Ingenieur Hamsters Gehirn einzu-
dringen. Nun wird allerdings der Apparat gestohlen, der eine Rückvergrösserung ermöglicht.
Während Frau Hamster versucht, die Eindringlinge aus ihrem Mann zu vertreiben, erkennt Alice
Hamster, die mit Radim Berka befreundet ist,
dass die Pläne gestohlen sind. Um zu helfen
reist sie mit der Zeitmaschine in die Vergangenheit, um von Professor Berka eine weitere Aus-
fertigung der Pläne für die Verkleinerungsma-
schine zu erlangen.
Inzwischen steuern Karl und Albert den Ingenieur
in einen Zooladen, wo sie von Herrn Hamster in
einen richtigen Hamster wechseln. Diesen bringen sie dazu, mit einem Minifahrrad zur Fabrik
zu fahren, wo sich alle treffen und die Geschich-

te ein gutes Ende nimmt.

Ein weiterer Kinderspass aus dem Hause Vorlicek/ Macourek.

EPISODEN:
1. DIE GESTOHLENE ERFINDUNG (- liegt nicht vor -) 08.01.89
2. EXPEDITION TRAUM (- liegt nicht vor -) 15.01.89
3. GEHEIMAKTION GEHIRN (- liegt nicht vor -) 22.01.89
4. IN DER FALLE (- liegt nicht vor -) 29.01.89
5. VORWÄRTS IN DIE VERGANGENHEIT (- liegt nicht vor -) 05.02.89
6. URGROSSVATER LÄSST SCHÖN GRÜSSEN (- liegt nicht vor -) 12.02.89

HARRY UND DIE HENDERSONS
(Harry And The Hendersons)
USA 1987; Spielfilm
USA 1991-1993; 72 Episoden
Deutsche Ausstrahlung:
RTL plus 1992; 9 Episoden
RTL plus/RTL Television 1994; 63 Episoden

Darsteller: Kevin Peter Hall (Harry - 1990/1991), Dawan Scott (Harry - 1991/1992), Brian Steele (Harry - 1992/1993), Bruce Davison (George Henderson), Molly Cheek (Nancy Henderson), Zachary Bostrom (Ernie Henderson), Carol-Ann Plante (Sara Henderson), Gigi Rice (Samantha Glick - 1990/1991), Cassie Cole (Tiffany Glick - 1990/1991), David Coburn (Walter Potter - 1990/1991), Jeff Doucette (Officer Perth - 1991), Noah Blake (Bret Douglas - 1991-1993), Courtney Peldon (Darcy Payne - 1991/1992), Mark Dakota Robinson (Hilton Woods, Jr. - 1992/1993).

Während einer Ferienfahrt stösst Familie Henderson im wahrsten Sinne des Wortes auf einen Bigfoot, jenes legendäre Waldwesen des nordamerikanischen Kontinents. Da sie Harry, wie er in Zukunft genannt werden wird, mit dem Auto angefahren haben, fühlen sie sich verpflichtet, ihn mit nach Hause zu nehmen, um ihn gesund zu pflegen. Nach einem erfolglosen Versuch, ihn wieder in seine gewohnte Umgebung zu bringen, entschliessen sich die Hendersons, Harry in die Familie aufzunehmen. Probleme bringen Harrys doch recht tierische Manieren und die vielfältigen Versuche, ihn vor Besuchern zu verstecken. Nach zwei Jahren wird allerdings allgemein bekannt, dass die Hendersons diesen haarigen Hausgast beherbergen.

Vom Aufbau her ähnelt die Serie sehr dem Erfolgsrezept von ALF (qv). Gravierendster Unterschied ist wohl, dass Harry etwa viermal so gross wie der Besucher vom Melmac war; es war also wesentlich schwieriger ihn vor neugierigen Blicken zu schützen. Die Serie erwies sich als oberer Durchschnitt mit einigen witzigen Highlights.
Kevin Peter Hall, ehemaliger Star der Serie DIE SPEZIALISTEN UNTERWEGS (qv), spielte den Harry bereits im Kinofilm, der dieser Serie zugrunde liegt. Eine Umbesetzung wurde nötig, als Hall im Frühjahr des Jahres 1991 verstarb.
Den Film-Familienvater spielte John Lithgow, der, neben mehreren Genrefilmen, in der Serie HINTERM MOND GLEICH LINKS (qv) auftrat.
Gaststars dieser naturverbundenen Serie waren Nan Martin, Pat Morita, Robbie (Kampfstern Galactica) Rist, Dick (Verliebt in eine Hexe) Sargent, Vincent Schiavelli und Wendy Jo Sperber.

FILM:
I. BIGFOOT UND DIE HENDERSONS (Harry And The Hendersons; 1987) 17.12.87; Kino

EPISODEN:
1. EIN ZUHAUSE (The Arrival) 12.04.92
2. DER TAG DANACH (The Day After) 19.04.92
3. DIE FLUCHT (Cool) 26.04.92
4. DER ABSCHIED (Harry Goes Home) 01.05.92
5. WEM GEHÖRT DER WALD? (Who's Forest Is It Anyway?) 10.05.92
6. DER LEIBWÄCHTER (The Bodyguard) 24.05.92
7. DIE ZERREISSPROBE (Harry Goes Ape) 07.06.92
8. ALTE FREUNDE (Roots, The Herb) 14.06.92
9. HARRY, DER HELD (Harry The Hero) 21.06.92

10. JÄGER UND GEJAGTE (Bagging The Big One) 20.02.93
11. GESANGSPARTNER (Sarah Sings The Blues) 27.02.93
12. HILFE FÜR HARRY (Mentor) 06.03.93
13. DER SCHEIN TRÜGT (Harry And The Homeless Man) 13.03.93
14. DER WAHRSAGER (The Pet Psychic) 20.03.93
15. GESCHWISTERLIEBE (Mom) 27.03.93
16. BALL-SPIELE (The Father-Son Game) 03.04.93
17. HARRY, DER CATCHER (Masked Wrestler) 10.04.93

18. DIE BEGEGNUNG (When Harry Met Sammy...) 17.04.93
19. HARRY, DER STAR (The Bigfoot That Ate Seattle) 24.04.93
20. HARRY UND DIE CHEERLEADERS (Harry And The Cheerleaders) 08.05.93
21. WALDGEISTER (Terror Of The Trees) 15.05.93
22. DIE NACHT DES SCHRECKENS (Halloween) 22.05.93
23. HARRYS GEBURTSTAG (The Retrospective) 29.05.93
24. HARRYS ENTFÜHRUNG (The Ransom Of Bigfoot) 05.06.93
25. BRETT SORGT FÜR CHAOS (Brett Hits Home) 12.06.93
26. EIN NEUES LEBEN (George's White Light) 19.06.93
27. DAS LIEBE GELD (Working Stiffs) 26.06.93
28. DIE LIEBESMASKE (Love Mask) 03.07.93
29. DER FALSCHE BUDDHA (The Blue Parrot) 10.07.93
30. NANCYS GROSSE STUNDE (Winning) 17.07.93
31. DER HOCHZEITSTAG (Till Theft Do Us Part) 24.07.93
32. EINSTEIN AUS DEM WALDE (The Genius) 31.07.93
33. ERDBEBEN (Wild Things) 07.08.93
34. DAS FINDELKIND (Fatherhood) 14.08.93
35. ANGST VOR HARRY (Sarah Spills The Bigfoot Beans) 21.08.93
36. AFFENSTIMMUNG (Moonlighting) 28.08.93
37. EIFERSUCHT (The Green-Eyed Bigfoot) 04.09.93
38. DER HYPOCHONDER (The Ichthyologist) 11.09.93
39. VERLUSTREICHER GEWINN (Selling Out) 25.09.93
40. DARCYS ENTDECKUNG (The Girl Who Cried Bigfoot) 02.10.93
41. DER SENSATIONSVERKÄUFER (Barnacle/The Busy Body) 09.10.93
42. DIE NEUE AUFGABE (I Got Your Birthday Right Here) 16.10.93
43. DER NEFFE AUS NEW YORK (Yo, Richie!) 23.10.93
44. EIN HAARIGER KANDIDAT (The Candidate) 30.10.93
45. DAS TÄUSCHUNGSMANÖVER (The Bride And The Gloom) 06.11.93
47. DER ZWEITE FRÜHLING (Born Again/Siblings) 13.11.93
48. DIE NERVENSÄGE (Breaking Up Is Hard To Do/Retrospective Two) 27.11.93
49. DAS VIDEOBAND (The Outing) 04.12.93
50. GERECHTIGKEIT FÜR HARRY (Harry Henderson National Park) 11.12.93
51. DIE BLUMENKINDER (Blood Is Thicker Than Charma) 18.12.93
52. SPOT AB FÜR HARRY (Pitch, Pitch, Pitch) 08.01.94
53. ALLE LIEBEN HARRY (Harry, The Mascot) 15.01.94
54. DER LAUFPASS (The Big Kiss-Off) 22.01.94
55. HALS- UND BEINBRUCH (Laid Up) 05.02.94
56. DER FILM (Harrywood Babylon) 12.02.94
57. HARRY UND DIE MAFIA 1 (Witness) 19.02.94
58. HARRY UND DIE MAFIA 2 (Harry, The Hostage) 26.02.94
59. ECHTE MÄUSE-FALSCHE JÄGER (Exterminator) 05.03.94
60. DIE SPRACHE DER LIEBE (The Frenchman) 12.03.94
61. DIE SCHÖNE UND DAS BIEST (Beauty And The Beast) 19.03.94
62. DER NEUE PASTOR (Big Feet, Small Minds) 26.03.94
63. RITT ÜBER DIE WELLEN (Surf's Down) 02.04.94
64. KUNST UND BERUFUNG (Follow Your Heart) 09.04.94
65. KNOCHEN UND STEINE (Them Bones) 16.04.94
66. FAULER ZAUBER (The Three Facts Of Brett) 23.04.94
67. STRENG VERTRAULICH (Ernie Confidential) 30.04.94
68. SCHOTTEN, SCHLÖSSER, SCHLOSSGESPENSTER (Uncle Mack Comes Back) 07.05.94
69. BRETT AUF BRAUTSCHAU (Skin Deep/Love This) 14.05.94
70. WEN DIE MUSE KÜSST (Retrospective Three/The Write Stuff) 28.05.94
71. JEDEM SEIN GLÜCK 1 (The Long Goodbyes 1) 04.06.94
72. JEDEM SEIN GLÜCK 2 (The Long Goodbyes 2) 11.06.94

EIN HAUCH VON HIMMEL
(Touched By An Angel)
USA 1994- ; bisher 160 Episoden
Deutsche Ausstrahlung:
RTL 2 1995; 10 Episoden
RTL 2 1997; 23 Episoden
RTL 2 1998/99; 52 Episoden

Darsteller: Roma Downey (Monica), Della Reese (Tess), John Dye (Andrew), Paul Winfield (Special Agent Engel Sam - 1995-), Alexis Cruz (Rafael - 1997/98).

Der auszubildende Engel Monica wird befördert. Statt wie bisher „nur" Rettungsmissionen zu erfüllen, darf sie sich nun aufwendigeren Fällen zuwenden. Ihre Aufgabe ist es, verschiedenen Menschen bei der Verbesserung ihres Lebens zu helfen. Unterstützt und überwacht wird sie hierbei von Tess, ihrer himmlischen „Führungskraft". Gemeinsam haben es die beiden mit Trinkern, Selbstmördern in spe und anderen normalen Menschen zu tun.

Da stellt sich einem doch die Frage, ob der verstorbene Michael Landon in der Gestalt Roma Downeys zurückkehrte, um seine Arbeit der Serie EIN ENGEL AUF ERDEN (qv) weiterzuführen. In dem was sie darstellen und erreichen will, geht die Serie in Ordnung. Gefühlsduselei ist zwar vorprogrammiert, aber das ist in diesem Rahmen ebenfalls okay.

Seelisch und körperlich berührt von einem Engel wurden die Gastdarsteller Talia Balsam, Ed Begley, Jr., Kevin (F/X) Dobson, Greg (TekWar) Evigan, Stephanie (Space) Faracy, Stefan (Dark Shadows) Gierasch, Erica (Profiler) Gimpel, Elliott (The Shining) Gould, Martha (Star Trek: Raumschiff Voyager) Hackett, Anthony Michael Hall, Alyson (Die reinste Hexerei & Buffy) Hannigan, Melissa Joan (Sabrina) Hart, Al Jarreau, B. B. King, Hudson Leick, A (Profiler) Martinez, Rue McClanahan, Joe Penny, Scarlett (Star Trek: Raumschiff Voyager) Pomers, Phylicia Rashad, Charles (Max Headroom) Rocket, Richard (Outlaws) Roundtree, Susan Ruttan, Dwight Schultz, Peter (Liebling, ich habe die Kinder geschrumpft) Scolari, Ted (Space Cops) Shackelford, Concetta (Max Headroom) Tomei und Craig Wasson.

EPISODEN:
1. SCHLÄGER NACH VORN (Show Me The Way To Go Home) 05.11.95
2. LIEBESDIENSTE (Fallen Angela) 12.11.95
3. MÄDCHEN OHNE AUSWEG (Cassie's Choice) 19.11.95
4. ERBSCHAFT MIT HINDERNISSEN (The Heart Of The Matter) 26.11.95
5. EINE EHRENWERTE FAMILIE (Manny) 10.12.95
6. HOCHMUT KOMMT VOR DEM FALL (There, But For The Grace Of God) 17.12.95
7. VERKANNTE LIEBE (Tough Love) 07.01.96
8. FREUNDINNEN (An Unexpected Snow) 14.01.96
9. EIN WAHRER HELD (The Hero) 28.01.96
10. EIN ENGEL FÜR BESONDERE FÄLLE/IM NAMEN GOTTES (In The Name Of God) 04.02.96
11. INTERVIEW MIT EINEM ENGEL (Interview With An Angel) 02.02.97
12. JUNKIE (Trust) 09.02.97
13. SYMPATHIE FÜR DEN TEUFEL (Sympathy For The Devil) 16.02.97
14. FAHRERFLUCHT (The Driver) 23.02.97
15. EINE LIEBE MIT AIDS (Reunion) 09.03.97
16. OPERATION SMILE (Operation Smile) 16.03.97
17. DER GROSSE KNALL (The Big Bang) 23.03.97
18. SCHATTEN DER VERGANGENHEIT (The Feather) 06.04.97
19. EIN SCHRECKLICHES GEHEIMNIS (The One That Got Away) 13.04.97
20. BIS WIR UNS WIEDERSEHEN (Til We Meet Again) 20.04.97
21. ROCK 'N' ROLL DAD (Rock 'n' Roll Dad) 27.04.97
22. BLUES (The Indigo Angel) 04.05.97
23. ICH BIN EIN ENGEL (Jacob's Ladder) 18.05.97
24. WEG AUS DER DUNKELHEIT (Out Of The Darkness) 25.05.97
25. GUT GEGEN BÖSE (Lost And Found) 01.06.97
26. KINDER GOTTES (Dear God) 08.06.97
27. FAMILIENBANDE (Portrait Of Mrs. Campbell) 15.06.97
28. WENN VÄTER IRREN (The Quality Of Mercy) 29.06.97
29. TALK SHOW QUEEN (Statute Of Limitations) 06.07.97
30. MEIN EIGEN FLEISCH UND BLUT (Flesh And Blood) 13.07.97
31. BUS NACH SÜDEN (The Southbound Bus) 20.07.97
32. BEVOR ES DUNKEL WIRD (Fear Not!) 28.09.97
33. EIN ENGEL AUF SENDUNG (Angels On The Air) 23.11.97

34. EIN NEUER ANFANG (Promised Land) 18.10.98
35. ENGELSSTIMMEN (A Joyful Noise) 25.10.98
36. DIE MACHT DES ZUFALLS (Random Acts) 01.11.98
37. IN DER TODESZELLE (Sins Of The Father) 08.11.98
38. DER VERLORENE SOHN (Written In Dust) 15.11.98
39. DIE GEHEIMAGENTIN (Secret Service) 22.11.98
40. ENGEL LÜGEN NICHT (Groundrush) 29.11.98
41. FÜRCHTET EUCH NICHT! (The Sky Is Falling) 06.12.98
42. DER SCHÖNSTE TAG DES LEBENS (Something Blue) 13.12.98
43. WEIHNACHTSBESUCH (The Violin Lesson) 20.12.98

137. (Bar Mitzvah)
138. (True Confessions)
139. (Quality Time)
140. (Living The Rest Of My Life)
141. (Stealing Home)
142. (Monica's Bad Day)
143. (Send In The Clowns)
144. (Mother's Day)
145. (Pandora's Box)
146. (The Face In The Barroom Floor)
147. (Legacy)
148. (The Invitation)
149. (Restoration)
150. (Finger Of God)
151. (The Empty Chair)
152. (God Bless The Child)
153. (Reasonable Doubt)
154. (The Grudge)
155. (An Angel On My Tree)
156. (Mi Familia)
157. (The Lord Moves In Mysterious Ways)
158. (A Death In The Family)
159. (Bringer Of Light)
160. (Thief Of Hearts)
161. (Winner, Losers, And Leftovers)
162. (I Am An Angel)
163. (Visions Of Thy Father)

DAS HAUS DES MAGIERS
(The Magician's House)
GB/CND 1999; 6 Episoden
Deutsche Ausstrahlung:
Kika 2000; 6 Episoden

Darsteller: Ian Richardson (Stephen Tyler, der Magier), Neil Pearson (Jack Green), Siân Phillips (Meg Lewis), Jennifer Saunders (Originalstimme der Ratte), Katie Stuart (Mary Green), Christopher Redman (Matthew Morden), Olivia Coles (Alice Constant), Steven Webb (William Constant), Kate Greenhouse (Phoebe Taylor), Martin Evans (Kev), Matthew Walker (Arthur), Tim Cadeny (Dave), Bernard Cuffling (Mr. Parsons), Stephen Fry (Originalstimme von Jasper, der Eule), Mark Gash (Les), John Paul MacLeod (Originalstimme von Fleck <Spot>, dem Hund), Gary Martin (Originalstimme von Waldemar <Cinnabar>, dem Fuchs).

Magier Tyler wartete 400 Jahre auf die Ankunft der drei Kinder Jack, Meg und Mary. Sie sollen ihm helfen das Goldene Tal in Wales zu beschützen. Eine wichtige Rolle spielen hierbei die in dem Tal ansässigen Golddachse und Marys noch ungeborene Halbschwester. Erschwert wird der Auftrag durch Tylers Schüler Matthew Morden, der seine egoistischen Pläne verfolgt. So schürt er zum Beispiel Marys Abneigung gegen ihres Vaters neue Frau.

Phantasievolle Kinderserie mit einigen moralisierenden Einschlägen, die jedoch gut in der Geschichte verwoben sind, und der Spannung keinen Abbruch tun.
Basierend auf Romanen von William Corlett. Katie Stuart hatte vor dieser Reihe eine feste Rolle in THE CROW-STAIRWAY TO HEAVEN (qv).

EPISODEN:
1. ALCHEMIE (- liegt nicht vor -) 03.11.00
2. DAS GEHEIMZIMMER (- liegt nicht vor -) 06.11.00
3. DER AUFTRAG (- liegt nicht vor -) 07.11.00
4. FALSCHES GOLD (- liegt nicht vor -) 08.11.00
5. DIE RATTE (- liegt nicht vor -) 09.11.00
6. - liegt nicht vor - (- liegt nicht vor -) 10.11.00

DER HAUSGEIST
BRD 1991; 13 Episoden
Ausstrahlung:
ZDF 1991; 13 Episoden

Darsteller: Susanne Uhlen (Henriette von Sydeck), Stefan Behrens (Benedict „Ben" von Weber), Ursela Monn (Carla von Weber), Volker Lechtenbrink (Vincenz), Ursula Diestel (Frau Wiegand).

Henriette Freifrau von Sydeck starb bereits im Jahre 1918. Als nun ihre Villa abgerissen werden soll, muss die seit dem entstofflichte Baronin ein neues Zuhause finden. Ihre Wahl fällt auf die Wohnstatt des Werbetexters Benedict von Weber und dessen Frau Carla. Erstmalig entdeckt Ben den neuen Hausgast im Keller und hält sie für eine gerissene Diebin. Letztlich bleibt der Verstorbenen nichts anderes übrig, als sich als Geist zu outen.

Und da ist er wieder: Der Beweis, dass es den Deutschen immer wieder gelingt, im phantastischen Bereich Spitzenleistungen zu vollbringen — zumindest was die Produktion von langweiligem Mist angeht. Der recht ansehlichen Sammlung deutschen Fernsehtalentes obliegt es, des Bundesbürgers vom Mund abgesparte Fernsehgebühren zu verschwenden.

EPISODEN:
1. GEISTERSTUNDE 13.09.91
2. EIN LIEBENSWERTES GESPENST 20.09.91
3. TOTEL VERHEXT 27.09.91
4. MIT ALLEN TRICKS 04.10.91
5. GENUSS OHNE FOLGEN 11.10.91
6. JEDE MENGE PROBLEME 18.10.91
7. AUSGETRICKST 25.10.91
8. NACHT DER EINSAMEN HERZEN 08.11.91
9. EIN ENGEL IN DER UNTERWELT 15.11.91
10. AUF DEN HUND GEKOMMEN 22.11.91
11. HEXENSCHUSS 29.11.91
12. DEM GEHEIMNIS AUF DER SPUR 06.12.91
13. SELTSAME GÄSTE 13.12.91

HELICOPS-EINSATZ ÜBER BERLIN
BRD 1998/1999; Pilot & 13 Episoden
BRD 1999; 12 Episoden
BRD 2000; 8 Episoden
Ausstrahlung:
SAT.1 1998; Pilot & 13 Episoden
SAT.1 2000; 12 Episoden
SAT.1 2001; 8 Episoden

Darsteller: Christoph Marius Ohrt (Karl „Charly"
von Schumann - 1998-2000), Joachim Kretzer
(Robert Becker - 2001-), Matthias Matz (Stephan Rubelli), Peter Simonischek (Hagen Dahl-
berg), Doreen Jacobi (Hauptkommissarin Jenny
Harland - 1998/99), Iris Junik (Gina Holland -
2000-).

Von der Berliner Polizei wird die Spezialeinheit
„HeliCops" gegründet. So genannt weil der kleinen Gruppe der Superhubschrauber AK 1 zur
Verfügung gestellt wird. Nachdem sich herausstellt, dass nur der scheinbar abgehalfterte
„Charly" von Schumann das High-Tech-Baby fliegen kann, wird er trickreich zur Mitarbeit gebracht. Fortan haben alle Terroristen, Bombenle-
ger, Giftvergaser usw., die in Berlin ihr Unwesen
treiben, nichts mehr zu lachen.

Nein, natürlich ist dies eigentlich keine phantastische Serie. Ja, eigentlich ist es eine Actionserie.
Aber andererseits ist dies die verspätete deutsche Antwort auf AIRWOLF (qv) und DAS FLIE-
GENDE AUGE (qv). Der supermoderne, technisch hochgerüstete Heli gibt also den Aus-
schlag.
Und wie ist die Serie? Voller Platitüden, eine

Lehrstunde in Klischees, aber, Herrgott, wenn
man sowieso nichts anderes vorhat...
Matthias Matz bekam es zwischenzeitlich auch
mit DER SONNENLANZE (qv) zu tun. Eine Ber-
lin-Reise wert war die Serie den Gaststars Valeria Cavalli, Fabian Harloff, Tobias (Aeon) Hoesl,
Bernd Michael Lade, Andreas (Oliver Maass)
Mannkopff, Silke (Sprechstunde bei Dr. Frankenstein) Matthias, Nikolaus Paryla, Tilo (Frankensteins Tante & Aeon) Prückner, Toyo (Projekt
Aphrodite) Tanaka und Katja Woywood.

EPISODEN:
1. FEUERTAUFE FÜR AK 1 02.10.98
2. BABELS UNTERGANG 05.10.98
3. PROJEKT BRAINSTORM 12.10..98
4. 42 KM IN DEN TOD 19.10.98
5. DAS DREHBUCH SCHREIBT DER TOD
    26.10.98
6. STURZFLUG 02.11.98
7. BLACKMAIL 09.11.98
8. TODESFLUG IL 888 16.11.98
9. TEUFELSBERG 23.11.98
10. BLUTSONNTAG 30.11.98
11. FREIER FREITAG 07.12.98
12. DER EURO-RAUB 14.12.98
13. TOTER PUNKT 21.12.98
14. FAULE EIER 04.01.98

15. ZWISCHEN HIMMEL UND HÖLLE 13.03.00
16. TOD AUF DER RAVEPARADE 20.03.00
17. DAS JAHR DES DRACHEN 27.03.00
18. DIE BRODSKY-VARIANTE 03.04.00
19. DIE VENUSJAGD 10.04.00
20. BLUTIGE GESCHÄFTE 17.04.00
21. DAS GOLD DER KLEOPATRA 08.05.00
22. JONNYS LETZTE SHOW 15.05.00
23. RICHTFEST 22.05.00
24. DIE VERSCHWÖRUNG 29.05.00
25. EXPLOSIV 05.06.00
26. VERSCHWUNDENE KINDER 26.06.00

27. HIMMELSSTÜRMER 12.03.01
28. DOPPELTES SPIEL 19.03.01
29. SCHNEEKÖNIG UND SAMURAI 26.03.01
30. JUWELEN-BRÜDER 02.04.01
31. DER MILLIARDEN-COUP 09.04.01
32. FEHLGELEITET 23.04.01
33. DAS CHAMÄLEON 30.04.01
34. JUNGBRUNNEN 07.05.01

HELLSEHER WIDER WILLEN
BRD 1982; 8 Episoden
Ausstrahlung:
WDR regional 1982; 8 Episoden

Darsteller: Wolfgang Kieling (Karl Zeisig), Elisabeth Wiedemann (Grete Zeisig).

Karl Zeisig ist ein fast normaler Postbeamter. Als er eines Tages vorhersieht, dass sein Postbüro überfallen werden soll, meldet er dies pflichtbewusst. Die Folge ist, dass sein Vorgesetzter ihn wegen Mittäterschaft festnehmen lässt.
Wieder entlassen, wird es ihm verwehrt, seinen Job wieder aufzunehmen. Seine Frau Grete rät ihm also, seine Gabe zu trainieren und sinnvoll einzusetzen. Der erste Erfolg ist das Gewahrwerden der Wohnung des besagten Posträubers. Nun boomt Zeisigs „Geschäft". Karls Frau gestaltet seine Wohnung zum Büro um, um Kunden gebührend empfangen zu können. Doch dem Ex-Postler wird dies alles zuviel.

Ausser den Episodeninhalten waren in den herangezogenen Fernsehzeitschriften leider keine Informationen zu bekommen. Die Reihe basiert auf einem Roman von Henry Jaeger.
Weniger widerwillig als Karl Zeisig waren die Gastdarsteller Ivan Desny und Gila von Weitershausen.

EPISODEN:
1. KARL ZEISIG MUSS INS GEFÄNGNIS 09.12.82
2. KARL ZEISIG WIRD ENTLASSEN 09.12.82
3. KARL ZEISIG UND DER POSTRÄUBER 16.12.82
4. KARL ZEISIG KOMMT IN DIE ZEITUNG 16.12.82
5. KARL ZEISIG UND DIE SCHÖNE FRAU WIELAND 23.12.82
6. KARL ZEISIG UND DER KINDESENTFÜHRER 23.12.82
7. KARL ZEISIG UND DAS GESCHÄFT MIT DER HELLSEHEREI 30.12.82
8. KARL ZEISIGS LETZTE VISION 30.12.82

HERCULES
(Hercules: The Legendary Journeys)
USA 1993; 5 Fernsehfilme
USA 1994-1999; 111 Episoden
Deutsche Ausstrahlung:
RTL Television 1994; 5 Fernsehfilme
RTL Television 1995/96; 11 Episoden
RTL Television 1996/97; 26 Episoden
RTL Television 1997/98; 22 Episoden
RTL Television 1998/99; 22 Episoden
RTL Television 1999/2000; 30 Episoden

Darsteller: Kevin Sorbo (Hercules), Anthony Quinn (Zeus - 1993), Michael Hurst (Iolaus), Elizabeth Hawthorne (Alkmene), Robert Trebor (Salmonius).

Hercules, Sohn des Zeus, erlebt vielerlei Abenteuer mit Sagengestalten und machtbesessenen Menschen. Immer wieder wird er dazu gezwungen, seine übermenschlichen Kräfte zum Wohle der von ihm so geliebten Menschheit einzusetzen.
Herakles Alkeides — der Beiname bedeutet „aus dem Stamm des Alkaios" — wie er in der griechischen Sagenwelt heißt, ist der uneheliche Sohn von Zeus und Alkmene, der Gattin des Amphytrion. Während dessen Abwesenheit näherte sich Zeus der treuen Frau in der Maske ihres Gatten. Göttervater Zeus, der für seinen Sohn nur das Beste wollte, liess verlauten, dass der Nächstgeborene Herrscher über Mykenai werden solle. Da aber seine Gattin Hera eifersüchtig war, verzögerte sie Herkules, wie er im Lateinischen heißt, Geburt. Aber auch das war der rachsüchtigen Hera noch nicht genug. Sie schickte Schlangen, die Herkules töten sollten. Dieser hatte allerdings als Halbgott schon als Säugling unermessliche Kräfte und tötete die Gesandten Heras. Sprichwörtlich wurden seine zwölf Taten, die letztlich auch auf das Konto Heras gehen. König Kreon hatte Herkules seine Tochter Megara zur Frau gegeben. In einem von Hera hervorgerufenen Anfall von Wahnsinn, tötete Herkules die mit Megara gezeugten Kinder und musste, als Sühne, zwölf Jahre in den Dienst des Eurystheus treten und die besagten Aufgaben erfüllen.
Der in der Serie auftauchende Iolaus erscheint auch bereits in den Sagen um Herakles. Unter dem griechischen Namen Iolaos ist er der Weggefährte und Knappe des Helden.
Salmonius oder Salmoneus wiederum ist in der Sagenwelt der Gründer der nach ihm benannten Stadt Salmonia. Er versuchte, voller Überheblichkeit, wie Zeus zu sein. Er fuhr einen Wagen dessen Bronzeräder Donnergeräusche imitierten und nahm Fackeln als Blitzersatz. Zeus geriet in Wut und vernichtete Salmoneus und dessen Stadt.
Die hier vorliegende Serie nimmt die wohl berühmteste Gestalt der griechischen Mythologie nur als Basis, um Geschichten zu erzählen, die geschichtliche Ereignisse sowie griechische und andere Sagen munter durcheinanderwerfen. Erster Anhaltspunkt hierfür war die Namenswahl:

Während die Hauptfigur mit der lateinischen Variante seines Namens ausgestattet wurde, ganz im Sinne der italienischen „Sandalenfilme" der 50er und 60er Jahre, wurde sein Vater Zeus mit dem griechischen Namen bedacht — und nicht mit dem Namen Jupiter, der in diesem Zusammenhang richtiger wäre.

Die Weiterentwicklung der computeranimierten Trickeffekte machte es möglich, sagenhafte Gestalten im Rahmen von überschaubaren finanziellen Mitteln zum Leben zu erwecken. Dies nahm Genre-Spezialist Sam Raimi zum Anlass, diese Vergewaltigung der Sagengestalt in Angriff zu nehmen. HERCULES hatte seine ersten Auftritte im Rahmen der „Action Pack"-Fernsehfilmreihe, der auch William Shatners TEKWAR (qv) entstammt. Nach fünf Filmen bekam der Held seine wöchentliche Serie, die im preiswerten Neuseeland produziert wird.

In der HERCULES-Serie hatte auch die Figur XENA (qv), die bald darauf ihre eigene Serie bekam, ihre ersten Auftritte.

Legendäre Gastauftritte leisteten Claudia (Farscape) Black, Katrina (Tell) Browne, Bruce (Die Abenteuer des Brisco County, Jr.) Campbell, Jacqueline (Sindbads Abenteuer) Collen, Jane (Der Junge von Andromeda) Cresswell, Roy (Die Schöne und das Biest) Dotrice, Roma (Ein Hauch von Himmel) Downey, Meg Foster, Galyn (Das Geheimnis von Twin Peaks & M.A.N.T.I.S.) Görg, Tamara Gorski, Ray (Tell) Henwood, Tawny Kitaen, Martin (Jesse aus dem All) Kove, Lucy (Xena) Lawless, Nathaniel (Tell) Lees, Hudson Leick, Lucy Liu, Traci (Profiler & First Wave) Lords, Jeffrey (Mortal Kombat) Meek, Richard Moll, Renee (Xena) O'Connor, Ted (seaQuest DSV) Raimi, Cynthia Rothrock, Kevin Smith, Brian (Clan der Vampire) Thompson, Tony Todd, Alexandra Tydings und Sharon (Tell) Tyrrell.

FILME:

1. HERCULES UND DAS AMAZONENHEER (Hercules And The Amazon Women) 07.10.94
2. HERCULES UND DAS VERGESSENE KÖNIGREICH (Hercules And The Lost Kingdom) 18.11.94
3. HERCULES IM REICH DER TOTEN GÖTTER (Hercules In The Underworld)
4. HERCULES UND DER FLAMMENDE RING (Hercules And The Circle Of Fear)
5. HERCULES IM LABYRINTH DES MINOTAURUS (Hercules In The Maze Of The Minotaur)

EPISODEN:

1. DER FALSCHE WEG (The Wrong Path) 08.12.95
2. HERCULES UND DER WÄCHTER DES WEINBERGS (Eye Of The Beholder) 15.12.95
3. DIE REISE NACH CALYDON (The Road To Calydon) 22.12.95
4. HERCULES UND DAS FEST DES DIONYSUS (The Festival Of Dionysus) 29.12.95
5. HERCULES UND DER KRIEGSGOTT ARES (Ares) 05.01.96
6. HERCULES UND DAS GIFT DER HERA (As Darkness Falls) 12.01.96
7. HOCHMUT KOMMT VOR DEM FALL (Pride Comes Before A Brawl) 19.01.96
8. HERCULES UND DIE SKLAVENPRINZESSIN (The March To Freedom) 26.01.96
9. DER KAMPF UM IOLAUS (The Warrior Princess) 02.02.96
10. FREIHEIT FÜR DIE SKLAVEN (The Gladiator) 09.02.96
11. DIE VERSCHWUNDENEN TOTEN (Vanishing Dead) 16.02.96
12. EINE WEIBLICHE KAMPFMASCHINE (The Gauntlet) 20.10.96
13. DAS BEFREITE HERZ (The Unchained Heart) 20.10.96
14. DER KÖNIG DER DIEBE (The King Of Thieves) 27.10.96
15. SPIEL MIT DEM GLÜCK (All That Glitters) 03.11.96
16. UNTER FALSCHEM NAMEN (What's In A Name?) 10.11.96
17. GOTH, DER BARBAR (The Siege At Naxos) 17.11.96
18. DER AUSSENSEITER (Outcast) 24.11.96
19. EWIGE LIEBE (Under The Broken Sky) 01.12.96
20. DER HEIRATSSCHWINDLER (The Mother Of All Monsters) 08.12.96
21. IN DER UNTERWELT (The Other Side) 15.12.96
22. DER SCHATZ DER HERA (The Fire Down Below) 22.12.96
23. MACEUS' RACHE (Cast A Giant Shadow) 29.12.96
24. DER GEIST DES TIMURON (Highway To Hades) 05.01.97
25. DAS SCHWERT DER WAHRHEIT (The Sword Of Veracity) 12.01.97
26. HERAS KRIEGERIN (The Enforcer) 19.01.97
27. EINMAL EIN HELD, IMMER EIN HELD (Once A Hero) 26.01.97
28. HELLSEHER WIDER WILLEN (Heedless Hearts) 02.02.97
29. DER GROSSE WETTKAMPF (Let The Games Begin) 09.02.97
30. DER GOLDENE APFEL (The Apple) 16.02.97

31.	HOCHZEIT MIT HINDERNISSEN (Promises) 23.02.97
32.	KÖNIG FÜR EINEN TAG (King For A Day) 02.03.97
33.	DER VERWANDLUNGSKÜNSTLER (Protean Challenge) 16.03.97
34.	DIE RÜCKKEHR DES BLAUEN PRIESTERS (The Wedding Of Alcmene) 23.03.97
35.	EINE BESONDERE GABE (The Power) 06.04.97
36.	GLEICHES RECHT FÜR ALLE (Zentaur Mentor Journey) 13.04.97
37.	DIE HÖHLE DER ECHOS (Cave Of Echoes) 20.04.97
38.	DAEDALUS' GROSSER IRRTUM (Doomsday) 02.11.97
39.	FLUCH DER MUMIE (Mummy Dearest) 09.11.97
40.	VON DEN TOTEN AUFERSTANDEN (Not Fade Away) 16.11.97
41.	DAS MONSTERBABY (Monster-Child In The Promised Land) 23.11.97
42.	DAS GRÜNÄUGIGE MONSTER (The Green-Eyed Monster) 30.11.97
43.	PRINZ HERCULES (Prince Hercules) 14.12.97
44.	EIN UNERKLÄRLICHER TRAUM (A Star To Guide Them) 21.12.97
45.	DIE LADY UND DER DRACHE (The Lady And The Dragon) 28.12.97
46.	LANG LEBE DER KÖNIG (Long Live The King) 04.01.98
47.	DIE GEBURTSTAGSPARTY (Surprise) 11.01.98
48.	FREUND UND FEIND (Encounter) 18.01.98
49.	WENN GÖTTER LIEBEN (When A Man Loves A Woman) 25.01.98
50.	DIE ABRECHNUNG (Judgment Day) 01.02.98
51.	DIE UNTERIRDISCHE STADT (The Lost City) 08.02.98
52.	IM NAMEN DER GERECHTIGKEIT (Les Contemptibles) 15.02.98
53.	HERRSCHAFT DES BÖSEN (Reign Of Terror) 22.02.98
54.	EIN NEUER ANFANG (The End Of The Beginning) 01.03.98
55.	DIE FAUST DES TOLAS (War Bride) 15.03.98
56.	SPÄTE REUE (A Rock And A Hard Place) 22.03.98
57.	DER UNTERGANG VON ATLANTIS (Atlantis) 29.03.98
58.	OHNE LIEBE GEHT ES NICHT (Love Takes A Holiday)
59.	GELDGIER (Mercenary) 19.04.98
60.	DIE HÜTERIN DER HARPYEN (Beanstalks And Bad Eggs) 08.11.98
61.	DAS HERZ EINES HELDEN (Hero's Heart) 15.11.98
62.	EINE BITTERE LEKTION (Regrets, I've Had A Few) 22.11.98
63.	DIE INSEL DES TODES (Web Of Desire) 29.11.98
64.	IN EINER FREMDEN WELT (Stranger In A Strange World) 06.12.98
65.	ZWEI MÄNNER UND EIN BABY (Two Men And A Baby) 13.12.98
66.	DIE VERLORENE SCHWESTER (Prodigal Sister) 20.12.98
67.	FREI WIE DER WIND (...And Fancy Free) 03.01.99
68.	DER DOPPELTE HERCULES (If I Had A Hammer) 10.01.99
69.	HELDEN HABEN'S SCHWER (Hercules On Trial) 17.01.99
70.	MEDEA CULPA (Medea Culpa) 24.01.99
71.	MIP-MEN IN PINK (Men In Pink) 31.01.99
72.	JA, VIRGINIA, ES GIBT DEN HERCULES (Yes Virginia, There Is A Hercules) 07.02.99
73.	ARMAGEDDON 1 (Armageddon Now 1) 14.02.99
74.	ARMAGEDDON 2 (Armageddon Now 2) 21.02.99
75.	DER BOGEN DES ARTEMIS (Porkules) 28.02.99
76.	VON MONSTERN UND MENSCHEN (One Fowl Day) 07.03.99
77.	DER PRINZ UND DIE TÄNZERIN (My Fair Cupcake) 14.03.99
78.	WUNDEN DES KRIEGES (War Wounds) 21.03.99
79.	DAS BLUT DES ERSTEN KRIEGES (Twilight) 28.03.99
80.	DAS BLUT DES VATERS (Top God) 11.04.99
81.	BÖSES BLUT (Reunion) 18.04.99
82.	GILGAMESCHS UNTERGANG (Faith) 24.10.99
83.	SCHIFF DER UNTOTEN (Descent) 31.10.99
84.	MORRIGANS SCHICKSAL (Resurrection) 07.11.99
85.	CÄSAR VOR IRLAND (Render Unto Caesar) 14.11.99
86.	OH, MANN, SALMONEUS MAL DREI! (Genies And Graecians And Geeks, Oh My) 21.11.99
87.	DER WINTER DER GÖTTER VON ASGARD (Norse By Norsewest) 05.12.99
88.	STERBENDE GÖTTER (Somewhere Over The Rainbow Bridge) 12.12.99
89.	NEBULAS VISIONEN (Drakness Rising) 19.12.99
90.	WER HERCULES NICHT KENNT... (For Those Of You Just Joining Us...) 02.01.00
91.	DAHAKS DUNKLE MISSION (Let There Be Light) 09.01.00
92.	ALSO STARB ZARATHUSTRA (Redemption) 16.01.00
93.	KRISTALLE VON ATLANTIS (Sky High) 23.01.00

94.	IOLAUS? (Stranger And Stranger) 13.02.00
95.	SIND MAL EBEN EINEN PANTHER ERLEDIGEN GEGANGEN... (Just Passing Through) 20.02.00
96.	PRÊT-À-PORTER (Greece Is Burning) 27.02.00
97.	CYPRUS WIRD UNS IMMER BLEIBEN... (We'll Always Have Cyprus) 05.03.00
98.	JEDOCH DEM SCHLECHTEN FOLGE ICH... (The Academy) 12.03.00
99.	NAUTICA, DIE MEERJUNGFRAU (Love On The Rocks) 19.03.00
100.	ES WAR EINMAL EIN ZUKÜNFTIGER KÖNIG (A Greek Hero In King Arthur's Court) 26.03.00
101.	WENN DAS LIED DES HELDEN VERKLINGT... (Fade Out) 02.04.00
102.	DIE HOCHZEIT MEINER BESTEN FREUNDIN (My Best Girl's Wedding) 16.04.00
103.	DIE VIER REITER DER APOKALYPSE (Revelations) 30.04.00
104.	DAS SCHWERT DER HERA (Be Deviled) 14.05.00
105.	LIEBE AUF AMAZONENART (Love, Amazon Style) 28.05.00
106.	DER FLUCH DES ÖDIPUS (Rebel With A Cause)
107.	BLUTDURST (Darkness Visible) 09.07.00
108.	HERCULES, VAGABUNDEN UND DIEBE (Hercules, Tramps And Thieves) 23.07.00
109.	STADT DER TOTEN (City Of The Dead) 06.08.00
110.	VERHEXT NOCH MAL... (A Wicked Good Time) 20.08.00
111.	...DURCH DUNKLE NACHT ZUM HAPPY END (Full Circle) 03.09.00

HIGHLANDER
(Highlander: The Series/Highlander)
USA 1985/1990; 2 Spielfilme
CND/F/GB 1994; Spielfilm
CND/F/I/BRD 1992-98; Pilot & 118 Episoden
USA 1998; Spielfilm
Deutsche Ausstrahlung:
RTL Television 1993; Pilot & 21 Episoden
RTL Television 1995; 20 Episoden (zwei doppellange)
VOX 1996; 44 Episoden
VOX 1998; 31 Episoden

Darsteller: Adrian Paul (Duncan MacLeod), Stan Kirsch (Richard „Richie" Ryan), Alexandra Vandernoot (Tessa Noel - 1992-94), Lisa Howard (Dr. Anne Lindsey - 1994/95), Amanda Wyss (Randi Mc-Farland - 1992), Tim Reid (Sergeant Bennett - 1992), Werner Stocker (Darius - 1993), Philip Akin (Charlie DeSalvo - 1993/94), Jim Byr-

nes (Joe Dawson - 1993-98), Michel Modo (Maurice - 1994), Elizabeth Gracen (Amanda Darieux/Donahue - 1993-98), Peter Wingfield (Methos/Adam Pierson - 1995-98).

Unerkannt wandeln Unsterbliche zwischen den normalen Menschen, deren Lebenszweck der Kampf gegeneinander ist. Erst wenn nur noch einer von ihnen übrig ist, hat der Kampf ein Ende. Und auf den letzten wartet ein Preis, der jede Vorstellung sprengt.
Zu diesen Unsterblichen gehört auch Duncan MacLeod, Ziehsohn eines alten schottischen Clans, der bereits selber einen Unsterblichen hervorbrachte. Dieser Duncan muss etliche Kämpfe gegen andere Unsterbliche bestehen, in die auch seine langjährige Lebensgefährtin Tessa und deren Mitbewohner Richie, ein Jugendlicher, den die beiden auf der Strasse auflesen, einbezieht.
Bei einem Überfall werden sowohl Tessa als auch Richie tödlich verwundet. Während Tessa stirbt, erweist sich Richie ebenfalls als Unsterblicher und wird fürderhin von Duncan in die Regeln des Waffenganges eingeführt.
Zusätzlich erschwert wird beider Leben durch die Beobachter, eine geheime Organisation, die die Unsterblichen bereits seit Jahrhunderten studiert und katalogisiert, und deren Splittergruppe, die Jäger, die es sich zur Aufgabe machen, alle Unsterbliche auszurotten.

Die Highlander-Saga begann 1985 in der Spielfilmversion des Australiers Russell Mulcahy, eines ehemaligen Videoclipregisseurs; Drehbuchautor war Gregory Widen. In dieser Urversion verkörperte Ex-Tarzan Christopher Lambert den Unsterblichen Connor MacLeod, der im Pilotfilm dieser Serie auftaucht, um die sprichwörtliche Fackel weiterzureichen.
Krankte die Serie anfänglich noch am „Köpfung-der-Woche-Syndrom", gelang es den Machern doch tatsächlich noch, das Steuer herumzureissen und die Serie in interessantere Bahnen zu lenken. Sehr hilfreich waren hierbei die Einführung der Beobachter und des für MacLeod zuständigen Vertre-ters dieser Gruppe, Joe Dawson. Dieser entwickelte sich binnen Kurzem zum Freund von Duncan und Richie. Dies ging sogar so weit, dass er gegen seine eigene Gemeinschaft antrat. Weitere Charaktere waren Dr. Anne Lindsey, zeitweilig Duncans neue Lebensgefährtin, der es aber unmöglich war, mit seiner Un-

sterblichkeit zurecht zu kommen, Amanda, eine alte Bekannte und Immer-mal-wie-der-Geliebte von Duncan, ausserdem ebenfalls unsterblich, und der älteste der Unsterblichen, Methos, der unter dem falschen Namen Adam Pierson den Beobachtern angehört.

Diese Mischung machten HIGHLANDER zu einer überaus ansehnlichen Serie, deren Hauptdarsteller Adrian Paul mit genügend Attraktivität und Spielfreude ausgestattet war, um die Zuschauer — insbesondere die weiblichen — bei der Stange zu halten.

Dieser Serie folgte eine Zeichentrickserie, die noch mehr dem Phantastischen verbunden war. Diese präsentierte die Abenteuer eines weiteren MacLeod, Quentin, und zeigt die Welt nach dem Ende unserer Zivilisation. Die auf Pro 7 gezeigte Reihe weist unterdurchschnittliche Animationen auf und kann auch sonst in keiner Weise überzeugen.

Nachdem klar wurde, dass Adrian Paul seinen schwertschwingenden Schotten nicht mehr im Fernsehen darstellen würde, suchte man nach Ersatz. Titel der Ableger-Serie: RAVEN-DIE UNSTERBLICHE (qv); Elizabeth Gracen übernahm in ihrer Amanda-Rolle den Hauptpart.

Adrian Paul und Philip Akin bewährten sich vorher im KRIEG DER WELTEN (qv); Lisa Howard übernahm eine Hauptrolle in GENE RODDENBERRYS MISSION ERDE-SIE SIND UNTER UNS (qv). Sterbliche und Unsterbliche wurden dargestellt von Stefan (Planet der Giganten) Arngrim, Steve Bacic, Kabir Bedi, Hagan Beggs, Ed (UFO & Apocalypse Wow) Bishop, Dee Dee Bridgewater, Nicholas (Hitchhiker) Campbell, Rae Dawn Chong, Roger R. (First Wave) Cross, Martin (Poltergeist) Cummins, Roger Daltry, Jan (Das Geheimnis von Twin Peaks) D'Arcy, Geraint Wyn (Airwolf & Nick Knight) Davies, Don S. (Das Geheimnis von Twin Peaks & Stargate) Davis, Peter (seaQuest DSV) DeLuise, Alexis (Buffy) Denisof, Carolyn Dunn, Sheena Easton, Kathy (seaQuest DSV) Evison, Roland Gift, John (Star Trek: Deep Space Nine) Hertzler, Laurie (Akte X) Holden, Robert Ito, Brion James, Joan Jett, Hiro Kanagawa, Martin Kemp, Christopher Lambert, Ed (Schöne neue Zeit) Lauter, Nicholas Lea, Traci (Profiler) Lords, Richard (Kampfstern Galactica) Lynch, Stephen Macht, Stephen (Die Schöne und das Biest) McHattie, Richard Moll, Sandra Nelson, Christoph Marius (HeliCops) Ohrt, Peter (Millennium) Outerbridge, Meilani Paul, Ron (Die Schöne und das Biest) Perlman, Roddy Piper, Gerard Plunkett, John (Die Abenteuer des Brisco County, Jr.) Pyper-Ferguson, Andrea (Robocop) Roth, Alan (Die geheimnisvolle Insel & Seven Days) Scarfe, Vincent Schiavelli, Eric Schneider, Tracy (Superman & Babylon 5) Scoggins, Michael (Stargate) Shanks, Marc (V) Singer, Julia Stemberger, Stella Stevens, Venus Terzo, Tamlyn (Burning Zone) Tomita, Ian (Die Minikins) Tracey, Kim Johnston Ulrich, Justina (Seven Days) Vail, Musetta (Super Force) Vander, Vanity, Mary Woronov und Bruce A. (Sentinel) Young.

FILME:

I.   HIGHLANDER (Highlander; 1985) 28.08.86; Kino

II.   HIGHLANDER II-DIE RÜCKKEHR (Highlander II: The Quickening; 1990) 31.01.91; Kino

III.   HIGHLANDER III-DIE LEGENDE (Highlander III: The Sorcerer/Highlander-The Final Dimension; 1994) 23.02.95; Kino

IV.   HIGHLANDER: ENDGAME (Highlander: Endgame; 2000) 08.02.01; Kino

EPISODEN (RTL Television):

1.   DIE BEGEGNUNG (The Gathering) 02.03.93
2.   SPRUNG IN DEN TOD (Free Fall) 09.03.93
3.   WILLENLOS (Road Not Taken) 16.03.93
4.   DER WILDERER (Mountain Man) 23.03.93
5.   DIE MASKE (Family Tree) 30.03.93
6.   DAS VERLORENE SCHWERT (Revenge Is Sweet) 13.04.93
7.   DER FREMDE (Innocent Man) 20.04.93
8.   EIN TOTER ZU WENIG (Bad Day In Building A) 27.04.93
9.   DER TODESENGEL (Deadly Medicine) 04.05.93
10.   DER RUSSE (The Sea Witch) 11.05.93
11.   DAS ATTENTAT (Eyewitness) 18.05.93
12.   BLONDINEN BEVORZUGT (See No Evil) 25.05.93
13.   NACHRICHT VON DARIUS (Band Of Brothers) 01.06.93
14.   MASKEN DES TODES (For Evil's Sake) 08.06.93
15.   BEICHTGEHEIMNISSE (For Tomorrow We Die) 15.06.93
16.   DER KÖNIG VOM AMAZONAS (Saving Grace) 22.06.93
17.   DER DÄMON DES WALDES (The Beast Below) 29.06.93
18.   ZIRKUSLUFT (The Lady And The Tiger) 06.07.93
19.   DAS GEHEIMNIS DES MODESCHÖPFERS (Eye Of The Beholder) 13.07.93
20.   DER RACHEENGEL (Avenging Angel) 27.07.93
21.   FLUCHT OHNE AUSWEG (Nowhere To Run) 03.08.93

| 22. | DIE FÜNFTE CHRONIK (The Hunters) 10.08.93 |

22. DIE FÜNFTE CHRONIK (The Hunters)
10.08.93

23. TÖDLICHER WAHN (The Watchers) 16.07.95
24. WAHRE GEFÜHLE (Studies In Light) 23.07.95
25. ZUM TODE VERURTEILT (Turnabout)
30.07.95
26. DUELL IM DUNKELN (The Darkness) 30.07.95
27. AMANDAS RÜCKKEHR (The Return Of Amanda) 06.08.95
28. AUGE UM AUGE (Eye For An Eye) 13.08.95
29. DIE ARMEE DER WEHRLOSEN (The Zone)
13.08.95
30. DIE RACHE DES SCHWERTES (Revenge Of The Sword) 20.08.95
31. DIE GEHEIMORGANISATION (Run For Your Life) 27.08.95
32. EIN GEFÄHRLICHES GESCHÄFT (Epitaph For Tommy) 03.09.95
33. TOD DES BOXERS (The Fighter) 10.09.95
34. VON KLEINEN BABYS UND GROSSEN BÄREN (Bless The Child) 01.10.95
35. DER LETZTE VON UNS (Unholy Alliance 1 & 2) 08.10.95
36. DER VAMPIR (The Vampire) 08.10.95
37. TOD EINES PRÄSIDENTEN (Warmonger)
15.10.95
38. DIE TOCHTER DES PHARAO (Pharaoh's Daughter) 22.10.95
39. DAS VERMÄCHTNIS (Legacy) 29.10.95
40. DER VERLORENE SOHN (Prodigal Son)
01.11.95
41. LAURAS GEHEIMNIS (Under Color Of Authority) 05.11.95
42. DIE DOPPELGÄNGERIN (Counterfeit 1 & 2)
12.11.95

EPISODEN (VOX)**:**
43. DER SAMURAI (The Samurai) 03.03.96
44. IN DER SCHUSSLINIE (Line Of Fire) 10.03.96
45. DER REVOLUTIONÄR (The Revolutionary)
17.03.96
46. DAS KREUZ DES HEILIGEN ANTONIUS (The Cross Of St. Antoine) 24.03.96
47. RITUS DES ÜBERGANGS (Rite Of Passage)
31.03.96
48. KAMPFGEIST (Courage) 07.04.96
49. DAS LAMM (The Lamb) 14.04.96
50. BESESSENHEIT (Obsession) 21.04.96
51. SCHATTEN (Shadows) 28.04.96
52. ERPRESSUNG (Blackmail) 05.05.96
53. BLUTRACHE (Vendetta) 12.05.96
54. IM DIENSTE DER SACHE (They Also Serve)
19.05.96
55. BLINDER GLAUBE (Blind Faith) 26.05.96
56. DES HENKERS LIED (Song Of The Executioner) 02.06.96
57. UNTER EINEM SCHLECHTEN STERN (Star-Crossed) 09.06.96
58. METHOS (Methos) 16.06.96

59. DAS ENDE DER DUNKELHEIT (Take Back The Night) 23.06.96
60. BEKENNTNIS (Testimony) 30.06.96
61. TODSÜNDEN (Mortal Sins) 07.07.96
62. BERECHTIGTER ZWEIFEL (Reasonable Doubt) 14.07.96
63. DIE ENTSCHEIDUNG 1 (Finale 1) 21.07.96
64. DIE ENTSCHEIDUNG 2 (Finale 2) 28.07.96
65. ZURÜCK ZU DEN WURZELN (Homeland)
04.08.96
66. GEFÄHRLICHE NÄHE (Brothers In Arms)
11.08.96
67. DAS OPFER (The Innocent) 18.08.96
68. HERR DER MEUTE (Leader Of The Pack)
25.08.96
69. GLÜCKSSPIELE (Double Eagle) 01.09.96
70. UM JEDEN PREIS (Reunion) 08.09.96
71. DER PSYCHOPATH (The Colonel) 15.09.96
72. UNSICHERE HELDEN (Reluctant Heroes)
22.09.96
73. DER ZORN DER GÖTTIN (The Wrath Of Kali)
29.09.96
74. GEFÄHRLICHE LEIDENSCHAFT (Chivalry)
06.10.96
75. ZEITLOS (Timeless) 13.10.96
76. DIE KATASTROPHE (The Blitz) 20.10.96
77. DIE MACHT DES BÖSEN (Something Wicked)
27.10.96
78. DIE LETZTE CHANCE (Leap Of Faith)
03.11.96
79. VERSPRECHUNGEN (Promises) 10.11.96
80. DIE JAGD NACH DEM JUWEL (Methuselah's Gift) 17.11.96
81. DER UNSTERBLICHE CIMOLI (The Immortal Cimoli) 24.11.96
82. SELTSAMES WIEDERSEHEN (Through A Glass Darkly) 01.12.96
83. GEFÄHRLICHES DOPPEL (Double Jeopardy)
01.12.96
84. BIS DASS DER TOD... (Till Death) 08.12.96
85. DER JÜNGSTE TAG (Judgement Day)
08.12.96
86. 1 MINUTE VOR MITTERNACHT (One Minute To Midnight) 15.12.96

87. DIE STIMME DES TODES (Prophecy)
13.02.98
88. DAS ENDE DER UNSCHULD (The End Of Innocence) 16.02.98
89. AUF DER FLUCHT (Manhunt) 17.02.98
90. DAS GESETZ DER STRASSE (Glory Days)
18.02.98
91. DICHTUNG UND WAHRHEIT (Dramatic License) 19.02.98
92. ALTE KOMPLIZEN (Money No Object)
20.02.98
93. GEISTERSTUNDE (Haunted) 23.02.98
94. DER KRIEGER GOTTES (Little Tin God)
24.02.98
95. EWIGER FRIEDE (The Messenger) 25.02.98

96.	GÖTTERDÄMMERUNG (The Valkyrie) 26.02.98
97.	DER REITER DER APOKALYPSE 1 (Comes A Horseman) 27.02.98
98.	DER REITER DER APOKALYPSE 2 (Revelation 6:8) 02.03.98
99.	OFFENE RECHNUNG (The Ransom Of Richard Redstone) 03.03.98
100.	DUELL DER MEISTER (Duende) 04.03.98
101.	DER THRON VON SCHOTTLAND (The Stone Of Scone) 05.03.98
102.	EINE FRAGE DER GERECHTIGKEIT (Forgive Us Our Trespasses) 06.03.98
103.	DAS LEBEN DER BOHEME (The Modern Prometheus) 09.03.98
104.	DER ERZENGEL (Archangel) 10.03.98
105.	DIE RÜCKKEHR DES DÄMONEN (Avatar) 11.03.98
106.	ARMAGEDDON (Armageddon) 12.03.98
107.	DIE SÜNDEN DES VATERS (Sins Of The Father) 13.03.98
108.	DAS TODESSPIEL (Diplomatic Immunity) 16.03.98
109.	OHNE ERINNERUNG (Patient Number 7) 17.03.98
110.	JAGDSAISON (Black Tower) 18.03.98
111.	SHERLOCK MACLEOD (Unusual Suspect) 19.03.98
112.	DIE VERGELTUNG (Justice) 20.03.98
113.	SCHÖNE FERIEN (Deadly Exposure) 23.03.98
114.	DER KREUZRITTER (Two Of Hearts) 24.03.98
116.	SEIN ODER NICHT SEIN 1 (To Be) 26.03.98
117.	SEIN ODER NICHT SEIN 2 (Not To Be) 27.03.98
118.	OFFENE RECHNUNG (Indiscretions)

HIGHWAYMAN

(The Highwayman)
USA 1987/1988; Pilot & 9 Episoden
Deutsche Ausstrahlung:
Pro 7 1992; Pilot & 9 Episoden

Darsteller: Sam J. Jones (Highwayman), Jacko (Jetto), Jane Badler (Winthrop), Tim Russ (D.C. Montana).

In einer nicht ganz so fernen Zukunft, werden die Strassen von einer neuen Art der Verbrechensbekämpfer bevölkert, den Highwaymen, Spezialkämpfer, die ihr Hauptquartier immer in Form riesiger Trucks mit Spezialausrüstung bei sich haben.

Wieder ein Glen A. Larson-Serienversuch, der, im wahrsten Sinne des Wortes, auf der Strecke blieb. Hauptdarsteller Sam J. Jones, ehemaliger

Kino-Flash Gordon, hat die Ausstrahlung und die schauspielerischen Fähigkeiten eines Motorblocks, die Stories den Gehalt von Altöl.
Um wenigstens noch etwas Geld mit diesem Mist zu machen, wurde der Pilotfilm im Oktober 1988 bereits in bundesdeutsche Videotheken gebracht. Schade um die Leihgebühr.
Jane Badler ist auch bekannt aus V (qv) und IN GEHEIMER MISSION (qv); Tim Russ spielte später in STAR TREK: RAUMSCHIFF VOYAGER (qv). Als Gaststars schickte Glen Larson eine Miniriege von Ex-GALACTICA-Darstellern auf den Highway: Terry Carter, Anne Lockhart, Kent McCord und George Murdock. Dazu kamen Lloyd Bochner, Claudia (Babylon 5) Christian, Wings Hauser, Michael (Das Geheimnis von Twin Peaks) Horse, Clyde Kusatsu, Gary Lockwood, Mark Thomas (Die Spezia-listen unterwegs) Miller, Greg Mullavey, Roddy Piper, Joe (Streethawk) Regalbuto und Kim Johnston Ulrich.

EPISODEN:
1.	HIGHWAYMAN (The Highwayman/Terror On The Blacktop) 07.01.92
2.	DIE ORGANBANK DER MULTIMILLIONÄRE (The Billionaire Body Club) 08.01.92
3.	DAS DING AUS DEM ALL (The Hitchhiker) 15.01.92
4.	MENSCHEN AUS STAHL (Road Ranger) 22.01.92
5.	DIE HEILIGEN KRIEGER (The Haunted Highway) 29.01.92
6.	DUELL UNTER FREUNDEN ('Til Death Duel Us Part) 05.02.92
7.	BESUCH AUS DER ZUKUNFT (Summer Of '45) 12.02.92
8.	DAS VERRÄTERQUARTETT (Warzone) 19.02.92
9.	KAMPF DER KLONE (Send In The Clones) 26.02.92
10.	TECHNO-ALPTRÄUME (Frightmare) 04.03.92

HINTER DER SONNE-NEBEN DEM MOND

(-liegt nicht vor-)
GB 1988
Deutsche Ausstrahlung:
Südwest 3 1988/89; 7 Episoden

Märchenanthologie, die auf ein Kinderpublikum zugeschnitten ist. Jede Episode beinhaltet zwei recht phantasievolle Geschichten.

1. DIE HEXE UND DER REGENBOGENKATER & DER SEETIGER (- liegt nicht vor -)
2. DAS SCHIFF DER KNOCHEN & DIE GROS-SEN NASEN (- liegt nicht vor -)
3. WARUM DIE VÖGEL AM MORGEN SINGEN & DAS SCHIFF NACH NIRGENDWO (- liegt nicht vor -)
4. DER KORNGEIST & DER TÖRICHTE KÖNIG (- liegt nicht vor -)
5. DAS HONIGKUCHENPFERD & DER FALL DES ELFENKÖNIGS (- liegt nicht vor -)
6. DAS SCHLOSS DER FERNE & DIE DREI RE-GENTROPFEN (- liegt nicht vor -)
7. DIE INSEL DER PURPURFRÜCHTE & EIN FLUG IN DIE NACHT (- liegt nicht vor -)

HINTERM MOND GLEICH LINKS
(3rd Rock From The Sun)
USA 1996-2001; bisher 115 Episoden
Deutsche Ausstrahlung:
ZDF 1996; 6 Episoden
RTL Television 1999/2000; 27 Episoden
RTL Television 2000-läuft noch

Darsteller: John Lithgow (Dick Solomon), Kristen Johnston (Sally Solomon), French Stewart (Harry Solomon), Joseph Gordon-Levitt (Tommy Solomon), Jane Curtin (Dr. Mary Albright), Simbi Khali (Nina Campbell), Larisa Oleynik (Alissa Strudwick), Elmarie Wendel (Mamie Dubcek), Jan Hooks (Vicki Dubcek - 1997-), Wayne Knight (Officer Don - 1997-), Ian Lithgow (Leon), Chyna (Janice).

Ausserirdische besuchen die Erde um die Menschheit zu studieren. Gleichzeitig stehen sie in der Pflicht, ihre wahre Identität nicht preiszugeben.

Situationskomödie, die eine altbewährte Grundlage benutzt. Entgegen allen Erwartungen wurde die Serie in den USA ein Erfolg. Dies dürfte nicht zuletzt auch der Verdienst des Hauptdarstellers John Lithgow sein, der sein Talent bereits in Genrefilmen wie BUCKAROO BANZAI-DIE ACHTE DIMENSION, 2010-DAS JAHR, IN DEM WIR KONTAKT AUFNEHMEN und der Serienvorlage BIGFOOT UND DIE HENDERSONS unter Beweis stellte. Prompt wurde er für diese Serie auch mit dem Emmy Award, eine Art Fernseh-Oscar, ausgezeichnet.
Joseph Gordon-Levitt spielte bereits in DARK

SHADOWS (qv); Jane Curtin wurde durch die Comedyshow SATURDAY NIGHT LIFE bekannt, in der sie unter anderem eine der ausserirdischen Coneheads verkörperte, eine Rolle, die sie 1993 im Spielfilm CONEHEADS wiederholte; Larisa Oleynik trat bereits in WAS IST LOS MIT ALEX MACK? (qv) in Erscheinung. Gaststars waren Ed Begley jr., John (Apocalypse Wow) Cleese, Cindy Crawford, John (Grüsse aus dem Jenseits & seaQuest DSV) D'Aquino, Jonathan (Raumschiff Enterprise-Das nächste Jahrhundert) Frakes, Mark Hamill, William (Raumschiff Enterprise & TekWar) Shatner und George (Raumschiff Enterprise) Takei.

EPISODEN (ZDF):
1. SCHÖN IST ES, AUF DER WELT ZU SEIN (Brains And Eggs) 07.09.96
2. EIN VERSCHNUPFTER HOCHZEITSGAST (Post-Nasal Dick) 14.09.96
3. EIN MANN IN DEN BESTEN JAHREN (Dick's First Birthday) 21.09.96
4. LIEBESKUMMER (Dick Is From Mars, Sally Is From Venus) 28.09.96
5. BLAUER DUNST (Dick, Smoker) 05.10.96
6. LIEBE UND EIFERSUCHT (Green-Eyed Dick) 12.10.96

EPISODEN (RTL Television):
7. SCHÖNHEIT HAT IHREN PREIS (Lonely Dick) 05.06.99
8. KEIN SCHMERZLICHER VERLUST (Body And Soul And Dick) 12.06.99
9. FAMILIENBANDE (Ab-Dick-Ted) 19.06.99
10. DIE NACKTE WAHRHEIT (Truth Or Dick) 03.07.99
11. KUNSTSTÜCKE (The Art Of Dick) 17.07.99
12. INVASION DER SCHNEEFLOCKEN (Frozen Dick) 21.08.99
13. DIE LIEBEN NACHBARN (Angry Dick) 04.09.99
14. ZURÜCK IN DIE VERGANGENHEIT (The Dicks They Are A-Changin') 18.09.99
15. FRAUENPOWER (I Enjoy Being A Dick) 02.10.99
16. AMORE, AMORE (Dick Like Me) 09.10.99
17. GELEGENHEIT MACHT DIEBE (Assault With A Deadly Dick) 23.10.99
18. ...VATER SEIN DAGEGEN SEHR (Father Knows Dick) 06.11.99
19. WER ANDEREN EINE GRUBE GRÄBT... (Selfish Dick) 13.11.99
20. PLÖTZLICH UND UNERWARTET (See Dick Run) 20.11.99
21. DICK IN HÖCHSTEN NÖTEN 1 (See Dick Continue To Run) 27.11.99
22. DICK IN HÖCHSTEN NÖTEN 2 (See Dick Continue To Run, Continued) 04.12.99

23.	ALIENS SIND AUCH NUR MENSCHEN (Hotel Dick) 11.12.99		54.	DICK UND SEIN FREUND (A Friend In Dick) 04.11.00
24.	WEIHNACHTSFREUD-WEIHNACHTSLEID (Jolly Old St. Dick) 18.12.99		55.	DIE SIEBEN TODSÜNDEN (Seven Deadly Clips) 11.11.00

23. ALIENS SIND AUCH NUR MENSCHEN (Hotel Dick) 11.12.99
24. WEIHNACHTSFREUD-WEIHNACHTSLEID (Jolly Old St. Dick) 18.12.99
25. DIE JUNGFRAU AUS DEM WELTALL (The Big Angry Virgin From Outer Space) 15.01.00
26. VIEL LÄRM UM DICK (Much Ado About Dick) 22.01.00
27. HARRYS WAHLKAMPF (Dick The Vote) 29.01.00
28. FOOTBALL-FIEBER (Fourth And Dick) 12.02.00
29. WENN DER VATER MIT DEM SOHNE... (World's Greatest Dick) 19.02.00
30. MEINE MUTTER IST EIN ALIEN (My Mother Is An Alien) 26.02.00
31. EIN HOCH DER FAMILIE (Gobble, Gobble, Dick, Dick) 04.03.00
32. HUMOR FÜR ANFÄNGER (Dick Jokes) 18.03.00
33. PARKPLATZPROBLEME (Proud Dick) 25.03.00
34. ROMEO UND JULIA UND DICK (Romeo & Juliet & Dick) 22.04.00
35. DER ZAUBERFUSS (Guilty As Dick) 29.04.00
36. DER ILLEGALE BRÄUTIGAM (Dick On One Knee) 13.05.00
37. IMMER DIE ALTE LEIER (Same Old Song And Dick) 27.05.00
38. ICH BREMSE FÜR DICK (I Brake For Dick) 10.06.00
39. WAHRE MÄNNER (Dick Behaving Badly) 17.06.00
40. DER HOFNARR (Dickmalion) 24.06.00
41. DICKS DOPPELTE WANDLUNG (Sensitive Dick) 08.07.00
42. EIN JOB BEI DICK (Will Work For Dick) 22.07.00
43. SALLYS SCHNELLER RUHM (15 Minutes Of Dick) 05.08.00
44. DICK, DAS OBJEKT DER BEGIERDE (Dick And The Single Girl) 19.08.00
45. DICKS ALBTRAUM 1 (A Nightmare On Dick Street 1) 02.09.00
46. DICKS ALBTRAUM 2 (A Nightmare On Dick Street 2) 09.09.00
47. EINE FRAU ZU VIEL 1 (Fun With Dick And Janet 1) 16.09.00
48. EINE FRAU ZU VIEL 2 (Fun With Dick And Janet 2) 23.09.00
49. WIE DU MIR, SO ICH DIR (Tricky Dicky) 30.09.00
50. DER IDEALE SCHWIEGERSOHN (Dick-In-Law) 07.10.00
51. DICK, DER ANGSTHASE (Scaredy Dick) 14.10.00
52. MOBY DICK (Moby Dick) 21.10.00
53. DAS ZÜNGLEIN AN DER WAAGE (Eleven Angry Men And One Dick) 28.10.00
54. DICK UND SEIN FREUND (A Friend In Dick) 04.11.00
55. DIE SIEBEN TODSÜNDEN (Seven Deadly Clips) 11.11.00
56. TOM, DICK UND MARY (Tom, Dick And Mary) 18.11.00
57. DICK UND DER KNASTOLOGE (Jailhouse Dick) 25.11.00
58. ROLLSTUHLFAHRER DICK (Dick On A Roll) 02.12.00
59. MACHO DICK (The Great Dicktator) 09.12.00
60. DIE DAMEN VOM ANDEREN STERN 1 (36! 24! 36! Dick! 1) 13.01.01
61. DIE DAMEN VOM ANDEREN STERN 2 (36! 24! 36! Dick! 2) 20.01.01
62. MITGEFANGEN-MITGEHANGEN (Auto Euro-dicka) 27.02.01
63. TOMMY GEHT IN PENSION (Portrait Of Tommy As An Old Man)
64. DADDY AUF ABWEGEN (My Daddy's Little Girl) 17.02.01
65. DICK UND DIE PHYSIK (The Physics Of Being Dick) 24.02.01
66. EINE GANZ NORMALE FAMILIE (Just Your Average Dick) 10.03.01
67. NOCH EIN AUSSERIRDISCHER (Dick And The Other Guy) 24.03.01
68. DER ERSTE KUSS (Sally And Don's First Kiss) 31.03.01
69. DAS CAMPING-WOCHENENDE (When Aliens Camp) 07.04.01
70. HARRY UND DIE WEISHEITSZÄHNE (The Tooth Harry) 21.04.01
71. DER CHEFKOCH UND DER JAHRESTAG (Eat, Drink, Dick, Mary) 05.05.01
72. DR. SOLOMONS AUSSERIRDISCHER WANDERZIRKUS (Dr. Solomon's Traveling Alien Show) 19.05.01
73. IM RAUSCH DER MACHT (Power Mad Dick) 02.06.01
74. (Pickles And Ice Cream)
75. (Stuck With Dick)
76. (Feelin' Albright)
77. (Collect Call For Dick)
78. (What's Love Got To Do, Got To Do With Dick?)
79. (I'm A Dick Pentameter!)
80. (D III: Judgement Day)
81. (Indecent Dick)
82. (Happy New Dick!)
83. (Two-Faced Dick)
84. (Dick Solomon Of The Indiana Solomons)
85. (Dick And Taxes)
86. (Sally Forth)
87. (Paranoid Dick)
88. (The House That Dick Built)
89. (Superstitious Dick)
90. (Y2dicK)
91. (Dick The Mouth Solomon)
92. (Citizen Solomon)

93.   (Alien Hunter)
94.   (Dick Vs. Strudwick)
95.   (Near Dick Experience)
96.   (Dick's Big Giant Headache)
97.   (Episode I: The Baby Menace)
98.   (Dick For Tat)
99.   (Dial M For Dick)
100.   (Dick And Tuck)
101.   (Dick, Who's Coming To Dinner)
102.   (Sex And The Sally)
103.   (Charitable Dick)
104.   (The Loud Solomon Family: A Dickumentary)
105.   (Gwen, Larry, Dick & Mary)
106.   (Dick Puts The Id In Cupid)
107.   (Big Giant Head Returns)
108.   (Rutherford Beauty)
109.   (This Little Dick Goes To Market)
110.   (Youth Is Wasted On The Dick)
111.   (Dick Strikes Out)
112.   (Dick And Harry Fall In A Hole)
113.   (Frankie Goes To Rutherford)
114.   (Dick Solomon's Day Off)
115.   (The Big Giant Head Returns Again)
116.   (Les Liaisons Dickgereuses)
117.   (Fear And Loathing In Rutherford)
118.   (Indickscretion)
119.   (Dick'll Take Manhattan 1)
120.   (Dick'll Take Manhattan 2)
121.   (Why Dickie Can't Teach)
122.   (B.D.O.C.)
123.   (Red, White & Dick)
124.   (Dick Digs)
125.   (There's No Business Like Dick Business)
126.   (A Dick Replacement)
127.   (Dick's Ark)
128.   (You Don't Know Dick)
129.   (My Mother, My Dick)

HITCHHIKER
(The Hitchhiker)
USA 1983-1988; 39 Episoden (HBO)
USA 1989-1991; 46 Episoden (USA Network)
Deutsche Ausstrahlung:
Pro 7 1989/1990; 39 Episoden
Pro 7 1991/1992; 25 Episoden

Darsteller: Nicholas Campbell (Hitchhiker - 1983/84), Page Fletcher (Hitchhiker - 1984-91).

Horroranthologie, deren jeweilige Episoden vom Hitchhiker, dem Anhalter, eingeführt werden. Im grossen und ganzen unterer Durchschnitt, der aber mit einer Reihe interessanter Gaststars aufwarten konnte. Hierzu gehörten namentlich Edward (Die Schöne und das Biest) Albert, Kirstie Alley, Melody (Ein Fall für Professor Chase) Anderson, Karen Black, Timothy (Im Land der Saurier II) Bottoms, Robert Carradine, Rae Dawn Chong, John (Kampfstern Galactica) Colicos, Stephen Collins, Jennifer (V) Cooke, Bud Cort, Peter Coyote, Sybil Danning, Michael Des Barres, Brad (Wild Palms) Dourif, Carolyn Dunn, Greg (TekWar) Evigan, Louise Fletcher, Meg Foster, Robert Foxworth, Elliott (The Shining) Gould, Erin (Buck Rogers) Gray, Bruce (Nowhere Man) Greenwood, Harry (Space) Hamlin, Gregg Henry, Barclay (Psi Factor) Hope, C. Thomas (Clan der Vampire) Howell, John Ireland, Michael (V & seaQuest 2032) Ironside, Robert Ito, Brion James, Margot Kidder, Klaus Kinski, Nick (Wild Palms) Mancuso, Dean Paul (Die Spezialisten unterwegs) Martin, Darren (Der Nachtjäger) McGavin, Stephen (Die Schöne und das Biest) McHattie, Belinda J. (Der Mann aus Atlantis) Montgomery, Ornella Muti, Franco Nero, Michael (Twin Peaks) Ontkean, Steve (Visitor) Railsback, Sebastian (Conor, der Kelte) Roche, Andrea (Robocop) Roth, Michelle (Airwolf & Alien Nation) Scarabelli, John (Superman) Shea, Marc (V) Singer, Tom Skerritt, David Soul, Renée Soutendijk, Robert (Solo für U.N.C.L.E.) Vaughn und M. Emmet Walsh. Page Fletcher verwandelte sich später in den ROBOCOP (qv).

EPISODEN:
1.   DER IMMOBILIENMAKLER (Split Decision) 06.10.89
2.   GEBROCHENE VERSPRECHEN (Shattered Vows) 13.10.89
3.   DER WAHRE GLAUBE (True Believer) 20.10.89
4.   DIE TODESKURVE (Dead Man's Curve) 27.10.89
5.   KILLER (Killer) 04.11.89
6.   DER PERFEKTE TOD (Perfect Order) 10.11.89
7.   DER BESTE FREUND DES MANNES (Man's Best Friend) 17.11.89
8.   DER MANN IHRER TRÄUME (Man Of Her Dreams) 24.11.89
9.   GESTOHLENE WORTE (Man At The Window) 01.12.89
10.   NACHHILFE FÜR EINEN STAR (Last Scene) 08.12.89
11.   ZUM ERSTEN, ZUM ZWEITEN, ZUM DRITTEN (Minute Man) 15.12.89
12.   DER LEGENDÄRE BILLY B. (The Legendary Billy B.) 22.12.89
13.   FRAGEN SIE DR. RITA (Doctor's Orders) 29.12.89
14.   DER PREIS DES RUHMS (Ghostwriter) 05.01.90

15. DIE AUSHILFE (Hired Help) 12.01.90
16. GEFÄHRLICHER SPASS (Joker) 19.01.90
17. MORGENGRAUEN (When Morning Comes) 26.01.90
18. MELODY-ZUR ERINNERUNG (Remembering Melody) 02.02.90
19. FIT, FITTER, TOT (Secret Ingredient) 09.02.90
20. WENN FRAUEN HASSEN (In The Name Of Love) 16.02.90
21. MIRANDA GEGEN MIRANDA (Last Prayer) 23.02.90
22. DAS WEISSE GIFT (O.D. Feelin') 02.03.90
23. VIDEODATE (Videodate) 09.03.90
24. MÖRDERISCHE GEFÜHLE (Murderous Feeling) 16.03.90
25. WUNSCHVORSTELLUNGEN (Home Bodies) 23.03.90
26. DER MAESTRO (Love Sounds) 30.03.90
27. DIE WETTE (Best Shot) 06.04.90
28. DER RASENDE REPORTER (Why Are You Here?) 20.04.90
29. DAS SOMMERHAUS (Cabin Fever) 27.04.90
30. TÖDLICHE HITZE (Dead Heat) 04.05.90
31. WGOD-DIE STIMME GOTTES (W.G.O.D.) 11.05.90
32. IM DUNKELN DER NACHT (Out Of The Night) 18.05.90
33. VON ANGESICHT ZU ANGESICHT (Face To Face) 25.05.90
34. DIE MACHT DER TRÄUME (And If We Dream) 01.06.90
35. DIE GESETZE DER NACHT (Nightshift) 08.06.90
36. KLEINE DIEBE (Petty Thieves) 15.06.90
37. DER FLUCH (The Curse) 22.06.90
38. ZEIT DER RACHE (A Time For Rifles) 29.06.90
39. FÜR EINANDER BESTIMMT (Made For Each Other) 07.07.90
40. WUNSCHLOS GLÜCKLICH (The Martyr) 24.12.91
41. DER TODESSPRUNG (In Living Color) 31.12.91
42. DUNKLE WÜNSCHE (Dark Wishes) 07.01.92
43. DER MANN MIT PRINZIPIEN (Garter Belt) 14.01.92
44. DAS UNGEHEUER IN HELEN (Shadow Puppets) 21.01.92
45. PROJEKT RENAISSANCE (Renaissance) 28.01.92
46. ALICE UND DIE FALSCHE LIEBE (The Miracle Of Alice Ames) 04.02.92
47. DIE BILDSCHIRMFRAU (3615-Code Liz) 11.02.92
48. EIN TODSICHERES VERSTECK (Her Finest Hour) 18.02.92
49. FÜR IMMER VEREINT (Together Forever) 25.02.92
50. DER BESTE SEINER KLASSE (Phantom Zone) 03.03.92
51. DREHSCHLUSS FÜR WENDY (Spinning Wheel) 10.03.92
52. ORIGINALE IM DUTZEND (Square Deal) 17.03.92
53. EIN TEIL VON MIR (Part Of Me) 24.03.92
54. DIE WAHRHEIT HINTER DEM SPIEGEL (Fashion Exchange) 31.03.92
55. DAVIDS HÖLLE (Hootch) 07.04.92
56. DIE 37. VERURTEILUNG (The Verdict) 14.04.92
57. KEIN REKORD HÄLT EWIG (The Coach) 21.04.92
58. RAYS LETZTER AUFTRITT (Hit And Run) 28.04.92
59. EINSCHALTQUOTE: 100 PROZENT (Studio 3X) 05.05.92
60. PANZER UMS HERZ (Strip Tease) 12.05.92
61. LIEBLINGSFARBE: BLUTROT (The Cruelest Cut) 19.05.92
62. DAS DRITTE AUGE (Dying Generation) 26.05.92
63. HART IM NEHMEN (Power Play) 02.06.92
64. DAS VERPFÄNDETE LEBEN (Pawns) 09.06.92

HOLMES & YOYO
(Holmes & Yoyo)
USA 1976; 13 Episoden
Deutsche Ausstrahlung:
HR regional 1979; 13 Episoden

Darsteller: Richard B. Shull (Detective Alexander Holmes), John Schuck (Gregory „Yoyo" Yoyonovich), Bruce Kirby (Captain Harry Sedford), Andrea Howard (Officer Maxine Moon).

Detective Alexander Holmes gilt als besonders gefährlicher Polizist — insbesondere für seine Partner. Immer wieder gelingt es ihm, Unfälle heraufzubeschwören, die er selber unbeschadet übersteht. Nicht so jedoch seine Kollegen.
Diese „Fähigkeit" prädestiniert ihn zur Zusammenarbeit mit der neuesten Errungenschaft der Polizei: Gregory Yoyonovich, kurz Yoyo genannt. Yoyo ist ein nahezu unzerstörbarer Roboter, der nun im Rahmen der Polizeiarbeit getestet werden soll. Obwohl Holmes die wahre Identität seines neuen Partners verschwiegen wird, dauert es nicht lange, bis diese sich ihm offenbart.

Produzent Leonard Stone griff hoch: „Seit über dreissig Jahren haben wir wundervolle Possen von Laurel & Hardy, Abbott & Costello, Hope &

Crosby, Martin & Lewis, Gleason & Carney. Und plötzlich kommt diese unerklärliche Lücke. Doch nun hoffen wir, dass Schuck & Shull diesen leeren Platz der Comedy besetzen werden." Und er griff ins Leere. Was einem hier aufgetischt wurde, war der grösste Bockmist seit Erfindung der Ziegenherde.

John Schuck spielte später das Oberhaupt der FAMILIE MUNSTER (qv). In dieser Alteisensammlung unter den Polizeiserien wirkten als Gaststars John Abbott, Yvonne (Batman) Craig, Stefan (Dark Shadows) Gierasch, Robert (Mini-Max) Karvelas und King (Mini-Max) Moody mit.

EPISODEN:
1. DER NEUE PARTNER (Holmes And Yoyo) 17.01.79
2. EIN GERISSENER HUND (The K-9 Caper) 24.01.79
3. ZAHNÄRZTE LEBEN GEFÄHRLICH (The Dental Dynamiter) 31.01.79
4. DER KATZENDIEB (The Cat Burglar) 07.02.79
5. DAS LETZTE PHANTOM (The Last Phantom) 14.02.79
6. BLITZSAUBERE BLÜTEN (Funny Money) 21.02.79
7. DER KRONZEUGE (Key Witness) 28.02.79
8. LOLA UND DER DIAMANT (The Thornhill Affair) 07.03.79
9. DIE VERDÄCHTIGE GOLFTASCHE (-liegt nicht vor-) 14.03.79
10. DIE BANKRÄUBER (The Hostages) 21.03.79
11. IDEEN MUSS MAN HABEN (-liegt nicht vor-) 28.03.79
12. FLITTERWOCHEN FÜR YOYO (Yoyo Takes A Bride) 04.04.79
13. HOLMES' GROSSE STUNDE (Dead Duck) 11.04.79

DAS HORROR-HOSPITAL
(Let The Blood Run Free)
AUS 1990/1992
Deutsche Ausstrahlung:
RTL Television 1997

Darsteller: Peter Rowsthorn (Hilfspfleger Warren Cronkshonk), Helen Knight (Schwester Effie), David Swann (Dr. Richard Lovechild), Jean Kittson (Schwester Pam Sandwich), Brian Nakervis (Dr. Ray Good), Lynda Gibson (Oberschwester Dorothy).

Ein völlig abgedrehtes Krankenhaus in dem offensichtlich nur Unbedarfte und Irre beschäftigt sind. Zusätzlich kann diese Anstalt mit einem Vampir aufwarten.

Jeder halbwegs vernünftige Bodensatz würde sich schämen, mit dieser Zeitverschwendung in einen Topf geworfen zu werden. Die Schimpfwörter, die dieses Machwerk treffend beschreiben könnten, sind noch nicht erfunden worden.

EPISODEN:
1. FRISCHE MÖPSE FÜR DEN DOKTOR (- liegt nicht vor -) 04.01.97
2. PATIENT IN SCHEIBEN (- liegt nicht vor -) 04.01.97
3. VON GOLFLÖCHERN UND ANDEREN VERTIEFUNGEN (- liegt nicht vor -) 04.01.97
4. LOVECHILD'S MASCHEN BEIM VERNASCHEN (- liegt nicht vor -) 04.01.97
5. WAS MACHT DIE AXT IM KOPF? (- liegt nicht vor -) 04.01.97
6. KAMIKAZE-LOVECHILD (- liegt nicht vor -) 04.01.97
7. TODESKAMPF AUF HEISSER MATTE (- liegt nicht vor -) 06.01.97
8. BRÄUTIGAM IN SCHOKOLADENGLASUR (- liegt nicht vor -) 06.01.97
9. VOM KILLER ZUM SCHWEIZER KÄSE (- liegt nicht vor -) 06.01.97
10. STEILER ZAHN AUS SILIKON (- liegt nicht vor -) 06.01.97
11. DER TEUFELSTRANK DES DR. GOOD (- liegt nicht vor -) 13.01.97
12. ÜBERSTUNDEN AN EINER BRÜNETTEN (- liegt nicht vor -) 13.01.97
13. JETZT GEHT DAS CHAOS RICHTIG LOS (- liegt nicht vor -) 13.01.97
14. EHEVOLLZUG IM KNAST (- liegt nicht vor -) 13.01.97
15. ST. CHRISTOPHERS WIRD VERKAUFT (- liegt nicht vor -) 20.01.97
16. LIEBESSEHNSUCHT IM HIMMEL (- liegt nicht vor -) 27.01.97
17. GEISTER BLEIBEN KINDERLOS (- liegt nicht vor -) 03.02.97
18. EIN SKELETT KANN MAN NICHT LIEBEN (- liegt nicht vor -) 10.02.97
19. EIN VAMPIR ZIEHT EIN (- liegt nicht vor -) 24.02.97
20. REIZWÄSCHE IM EHETEST (- liegt nicht vor -) 24.02.97
21. VAMPIR SAUGT POLIZISTIN LEER (- liegt nicht vor -) 03.03.97
22. POLIZIST WIRD HALSBEISSER (- liegt nicht vor -) 03.03.97
23. DER ECKZÄHNE-DRINK (- liegt nicht vor -) 10.03.97
24. VERFÄLLT WARREN DER MÄNNLICHEN LIEBE? (- liegt nicht vor -) 10.03.97

HULK
(The Incredible Hulk)
USA 1978-1982; 79 Episoden & 3 Fernsehfilme
USA 1988-1990; 3 Fernsehfilme
Deutsche Ausstrahlung:
RTL plus 1987/1988; 79 Episoden
RTL plus 1991; 3 Fernsehfilme

Darsteller: Bill Bixby (Dr. David Bruce Banner), Lou Ferrigno (Hulk), Jack Colvin (Jack McGee).

Dr. David Bruce Banner ist Spezialist für Gammastrahlung. Bei einem Laborunfall wird er eben dieser Strahlung ausgesetzt, was zur Folge hat, dass er sich immer dann in ein riesiges grünes Ungetüm verwandelt, wenn er sich aufregt. Als Hulk, wie dieses Geschöpf genannt wird, verfügt Banner zwar über übermenschliche Kräfte, wird aber gleichzeitig zu einem reizbaren Hohlkopf. Um sich von diesem Fluch zu befreien, macht sich Banner daran, ein Gegenmittel für sein „Mr. Hyde-Problem" zu finden. Ständig verfolgt wird er dabei von dem Reporter Jack McGee, der versucht, Beweise für die Existenz des Monsters zu bekommen.

Seine Karriere begann der Hulk im Jahre 1962 als Comicgestalt aus dem Hause Marvel Comics. Erfinder der gequälten Kreatur waren die Comic-Legenden Stan Lee und Jack Kirby. In dieser Version war übrigens die Strahlung einer Bombe für die Verwandlung verantwortlich. Banner geriet in deren Einflussbereich, als er einen jungen Mann retten wollte, der unwissentlich ins Versuchsgebiet geriet.
Im Gegensatz zu der Masse der Comic-Realverfilmungen, war dem Hulk ein ungewohnter Erfolg beschieden. Dies dürfte wohl insbesondere auf die Mischung der beliebten Themen „unschuldig Gejagter" und „unverstandene Kreatur" zurückzuführen sein. Der Fernseh-Hulk war also, mehr noch als sein Comicvorbild, eine Mischung aus Dr. Kimble und Frankensteins Monster. Problematisch für diese Serie erwies sich allerdings der immer gleiche Story-Aufbau: Banner kommt in eine Stadt und wird mit einem Missstand konfrontiert; er kann nichts dagegen tun und regt sich auf, was das Erscheinen des Hulk zur Folge hat; dieser erledigt die involvierten bösen Buben mit seinen steinzeitlichen Fähigkeiten; Banner, inzwischen beruhigt, zieht weiter. Der Serie folgten drei Fernsehfilme, die die Comichelden Thor und Daredevil einführten und der Serie mit dem Tode Banners ein Ende setzten. Bill Bixby spielte bereits in MEIN ONKEL VOM MARS (qv); Lou Ferrigno wiederholte ab 1996 stimmlich seine Rolle als Zeichentrickversion des grünen Hünen. Dem Ungetüm begegneten als Gaststars Marc Alaimo, June Allyson, John Anderson, Loni Anderson, Christine (Outlaws) Belford, Whit (Time Tunnel) Bissell, Jeremy Brett, Grand L. (Visitor) Bush, Kim (Wild Palms) Cattrall, Diane (Die Spezialisten unterwegs) Civita, Michael Conrad, John Crawford, Scatman Crothers, William (Das Geheimnis der blauen Tropfen) Daniels, Henry Darrow, Robert (Profiler) Davi, Dick (Das Ding aus dem Sumpf) Durock, Dana Elcar, Stefan (Dark Shadows) Gierasch, Gary (Alien Nation) Graham, Faye (V) Grant, Dabbs Greer, Mariette Hartley, Richard (V) Herd, Skip Homeier, Martin (Jesse aus dem All) Kove, Lance (Werwolf) LeGault, Mark (Planet der Affen) Lenard, Anne (Kampfstern Galactica) Lockhart, Jon Lormer, William (Outlaws) Lucking, Deanna (Planet der Giganten) Lund, Mako, Don (Planet der Giganten) Marshall, Jared (Fantastic Journey & Krieg der Welten) Martin, A (Profiler) Martinez, Cameron Mitchell, Del (Mission Seaview) Monroe, Pat Morita, Diana (Raumschiff Enterprise-Das nächste Jahrhundert) Muldaur, Charles (Outlaws) Napier, Robert O'Reilly, Meeno (Zeitreisende) Peluce, Peter Mark Richman, Michael D. (Ein Fall für Professor Chase) Roberts, Andrew (Star Trek: Deep Space Nine) Robinson, Ned Romero, Anne (Alf) Schedeen, James B. Sikking, Rick (Die Maske) Springfield, Don Stroud, Harry Townes, Ray (Mein Onkel vom Mars) Walston, William Windom und Morgan Woodward.

EPISODEN:

6.	UNRUHE IN LAS VEGAS (The Hulk Breaks Las Vegas) 20.10.87
7.	DIE TÖDLICHE SPEDITION (Never Give A Trucker An Even Break) 26.10.87
8.	GESTOHLENES LEBEN (Life And Death) 27.10.87
9.	DER GESCHEITERTE VERSUCH (Earthquakes Happen) 02.11.87
10.	DER HAFENGANG (The Waterfront Story) 03.11.87
11.	HORROR IN ANTOWUK (The Antowuk Horror) 09.11.87
12.	RICKY (Ricky) 10.11.87
13.	TÖDLICHER GALOPP (Rainbow's End) 16.11.87
14.	KIND IN NOT (A Child In Need) 17.11.07
15.	GEÄNDERTE ZEITEN (Another Path) 23.11.87
16.	SAUBERES ESSEN (Stop The Presses) 24.11.87
17.	FLUCHT AUS LOS SANTOS (Escape From Los Santos) 30.11.87
18.	UNBARMHERZIGES NACHSTELLEN (A Solitary Place) 01.12.87
19.	MIT JACK MCGEE UNTERWEGS 1 (Mystery Man 1) 07.12.87
20.	MIT JACK MCGEE UNTERWEGS 2 (Mystery Man 2) 08.12.87
21.	ELTERN VERREIST (Like A Brother) 14.12.87
22.	AUF EIGENE FAUST (The Disciple) 15.12.87
23.	SCHIZOPHRENIE (No Escape) 21.12.87
24.	MELBOURNES ENTHÜLLUNG (The Confession) 22.12.87
25.	DIE GELBE STAHTFLASCHE (Blind Rage) 28.12.87
26.	DIE WESTCO RAFFINERIE (Vendetta Road) 29.12.87
27.	ALICE IM DISCOLAND (Alice In Discoland) 04.01.88
28.	KILLER-INSTINKT (Killer Instinct) 05.01.88
29.	WILDFEUER (Wildfire) 11.01.88
30.	SANATORIUM DES GRAUENS (The Quiet Room) 12.01.88
31.	SKLAVENLAGER (The Slam) 18.01.88
32.	DER RODEO-KÖNIG (Jake) 19.01.88
33.	HEIMKEHR (Homecoming) 25.01.88
34.	JAHRMARKT DES SCHRECKENS (Sideshow) 26.01.88
35.	DAS 40 000-DOLLAR-DING (A Rock And Hard Place) 01.02.88
36.	BRING MIR DEN KOPF DES HULK (Bring Me The Head Of The Hulk) 02.02.88
37.	PROMETHEUS 1 (Prometheus 1) 08.02.88
38.	PROMETHEUS 2 (Prometheus 2) 09.02.88
39.	GEFALLENE ENGEL (Falling Angels) 15.02.88
40.	DIE SCHRECKENSMÜHLE (The Haunted) 16.02.88
41.	KAMPF DES EASY RIDER (Long Run Home) 22.02.88
42.	TOLLE TRICKS UND FAULER ZAUBER (My Favorite Magician) 23.02.88
43.	HIMMELSAKROBATEN (Free Fall) 29.02.88
44.	EIN STREITBARER ENGEL (Sanctuary) 01.03.88
45.	GEFÄHRLICHE RHYTHMEN (Metamorphosis) 07.03.88
46.	DIE TOTENMASKE (Deathmask) 08.03.88
47.	SCHLAGENDE BEWEISE (Nightmare) 14.03.88
48.	MÖRDERISCHE MASKERADE (Equinox) 15.03.88
49.	TAXI IN NOT (Behind The Wheel) 21.03.88
50.	DIE TODESFALLE (The Snare) 22.03.88
51.	GALGENFRIST (Nine Hours) 28.03.88
52.	HOCHSPANNUNG (Deep Shock) 29.03.88
53.	EINE STARKE HALBE PORTION (Half Nelson) 03.04.88
54.	DAS UNHEIMLICHE WACHSMUSEUM (Wax Museum) 08.04.88
55.	GOLDRAUSCH IN CHINATOWN (East Winds) 11.04.88
56.	GELÄHMT (The Harder They Fall) 15.04.88
57.	MÄDCHENRAUB (Triangle) 18.04.88
58.	JÄGER DER STEINZEIT (Kindred Spirits) 22.04.88
59.	INTERVIEW MIT DEM HULK (Interview With The Hulk) 25.04.88
60.	GEFÄHRLICHES EXPERIMENT (Dark Side) 29.04.88
61.	HEISSE FRACHT (Fast Lane) 02.05.88
62.	EINE HEISSE MODENSCHAU (Patterns) 06.05.88
63.	FAULER ZAUBER (Babalao) 09.05.88
64.	EINE FALLE FÜR EDDIE CAIN (Goodbye, Eddie Cain) 13.05.88
65.	EIN SCHOCK FÜR STARKE MÄNNER (King Of The Beach) 16.05.88
66.	DER VOLLTREFFER (The Lottery) 20.05.88
67.	-liegt nicht vor- (The Phenom) 27.05.88
68.	KRIEGSTRÄUME (Veteran) 30.05.88
69.	-liegt nicht vor- (Slaves) 03.06.88
70.	HORRORVISIONEN (The Psychic) 06.06.88
71.	EIN KINDLICHES GENIE (Brain Child) 10.06.88
72.	EIN WINZIGES PROBLEM (A Minor Problem) 13.06.88
73.	GEISELGANGSTER (Captive Night) 20.06.88
74.	DER FEUERTEUFEL (On The Line) 24.06.88
75.	UNHEIMLICHE BEGEGNUNGEN 1 (The First 1) 27.06.88
76.	UNHEIMLICHE BEGEGNUNGEN 2 (The First 2) 01.07.88
77.	DIE PATINNEN (Two Godmothers) 08.07.88
78.	DANNY (Danny) 26.07.88
79.	DER DOPPELGÄNGER (Broken Image) 19.09.88

FILME:

1.	DIE RÜCKKEHR DES UNHEIMLICHEN HULK/ THOR 2000 (The Incredible Hulk Returns) 09.08.91

2. DER UNHEIMLICHE HULK VOR GERICHT (Trial Of The Incredible Hulk) 16.08.91
3. DER TOD DES UNHEIMLICHEN HULK (Death Of The Incredible Hulk) 23.08.91

IM BANN DER STERNE
(Sky Trackers)
AUS 1994; 26 Episoden
Deutsche Ausstrahlung:
ARD 1996/1997; 26 Episoden

Darsteller: Anna-Maria Monticelli (Marie Colbert), Petra Jared (Nikki Colbert), Emily-Jane Romig (Maggie Colbert), Steve Jacobs (Tony Masters), Zbych Trofimiuk (Mike Masters), Paul Sonkkila (Frank Giles).

Genau wie ihre Eltern unterliegen auch Nikki, Maggie und Mike dem Bann der Sterne. Während die Erwachsenen in einer Bodenstation in Australien die Planeten und Monde des Sonnensystems beobachten und auf der Suche nach Ausserirdischen sind, benutzen die Kinder das Satellitennetz unseres Planeten für verschiedene Abenteuer. Sie bekommen es mit Computerhackern und Kinder in Not zu tun und gehen auf die Suche nach verborgenen Schätzen.

EPISODEN:
1. GEFÄHRLICHE FOTOS (Skating The Dish) 14.09.96
2. METEOREN-GOLD (Meteor Rights) 21.09.96
3. EIN PFERD FÜR MIKE (The Beast) 28.09.96
4. STEINE AM FLUSS (Tell Someone Who Cares) 05.10.96
5. VERSCHMÄHTE LIEBE (The Big Skip) 12.10.96
6. SONNENFLECKEN UND AURORA (Goddess Of The Dawn) 19.10.96
7. SCHÄTZE IM SEE (Dead Ducks) 26.10.96
8. FALSCHE SIGNALE (Is There Life On Earth?) 02.11.96
9. SCHATTEN DER VERGANGENHEIT (Letting Go) 09.11.96
10. STREIT UM JUPITER (To Tell Or Not To Tell) 16.11.96
11. TAUSCHGESCHÄFTE (Kiss The Sky) 23.11.96
12. FALSCHE TRÄUME (Can't Buy Me Love) 30.11.96
13. RAKETEN-WETTBEWERB (Rocket To Me) 07.12.96
14. GEHEIMNISVOLLE LICHTER (Aliens) 14.12.96
15. RETTET DEN BAUM! (Three's A Crowd) 21.12.96
16. KOMETENRAUSCH (Ice Balls) 28.12.96
17. VERLETZTE GEFÜHLE (Long Distance Calls) 04.01.97
18. VERLOCKENDE ANGEBOTE (Star Time) 11.01.97
19. HÖHLENSUCHE (Secrets) 18.01.97
20. EINMAL PARIS UND ZURÜCK (The Wish Star) 25.01.97
21. COMPUTERHACKER (Origins) 01.02.97
22. ARMER PINGUIN (Penguin Point) 08.02.97
23. ROCKMUSIK IM ALL (The Black Prince) 15.02.97
24. KRISENSTIMMUNG (Wow) 22.02.97
25. HOCHZEIT MIT HINDERNISSEN (Precious Days On The Planet) 01.03.97
26. MUTPROBEN (Do Or Die) 08.03.97

IM LAND DER SAURIER
(Land Of The Lost)
USA 1974-1976; 43 Episoden
Deutsche Ausstrahlung:
RTL plus 1990 (Wdh.?); 17 Episoden
RTL plus 1991; 26 Episoden

Darsteller: Wesley Eure (Will Marshall), Kathy Coleman (Holly Marshall), Spencer Milligan (Rick Marshall - 1974/ 75), Walker Edminston (Enik), Phillip Paley (Cha-Ka), Ron Harper (Jack Marshall - 1976). Joe Giamalva (Ta - 1974), Scutter McKay (Ta - 1975), Sharon Baird (Sa - 1974/75), Van Snowden (Zarn - 1975), Jon Locke (Sleestak-Führer - 1976), David Greenwood, William Laimbeer, John Lambert, Scott Fullerton, Jack Tingley, Mike Westra, Brian Heublein, Bill Boyd, Cleveland Porter (Sleestaks).

Forest Ranger Marshall wird mit seinen beiden Kindern in einen Wasserstrudel gezogen, der sich als eine Art Raum-Zeit-Vortex erweist. Die drei landen in einer Welt mit zwei Monden, die von Sauriern bevölkert ist. Die Suche nach einem Rückweg wird durch den zusätzlichen Überlebenskampf natürlich erschwert.

Die Serie war ausgestattet mit einer Vielzahl von guten Autoren, die hier allerdings ihre erdenklich schlechtesten Arbeiten ablieferten. Darunter so genreerfahrene Schreiber wie Margaret Armen, Ben Bova, D.C. Fontana, David Gerrold, Larry Niven, Norman Spinrad und Theodore Sturgeon. Zusätzlich versuchte sich auch RAUMSCHIFF ENTERPRISE-Darsteller Walter Koenig an einem Drehbuch.
Die Saurieranimationen waren für Fernsehver-

hältnisse der Zeit ausgesprochen gut gelungen, was jedoch durch die weniger guten menschlichen Darsteller wieder ausgewogen wurde. Das Ergebnis war eine durchschnittliche Samstagvormittag-Serie, die in gewissen Fankreisen als Kult angesehen wird — das allerdings passiert oft mit Serien, die man noch aus der Kinderzeit erinnert. Fünfzehn Jahre später folgte ein Neuaufguss der Serie; siehe nächsten Eintrag.

Zu den selten in dieses Land verschlagenen Gaststars gehörten Rex Holman, Richard Kiel, Ron Masak und Ned Romero.

EPISODEN:
1. NEUE FREUNDE (Cha-Ka) 01.09.90
2. DAS DINOBABY (Dopey) 08.09.90
3. DER UNHEIMLICHE TEMPEL (The Sleestak God) 15.09.90
4. DER ZEITLOSE KRIEGER (Downstream) 22.09.90
5. KAMPF UMS ÜBERLEBEN (Tag Team) 29.09.90
6. DER FREMDE (The Stranger) 06.10.90
7. DIE FALLE (Album) 13.10.90
8. FLIEGENDE TÜRME (Skylons) 20.10.90
9. GEFANGENE DER SLEESTACKELS (The Hole) 27.10.90
10. DIE MACHT DER DÜFTE (The Paku Who Came To Dinner) 03.11.90
11. DIE VERSUCHUNG (The Search) 10.11.90
12. UNTER HYPNOSE (The Possession) 17.11.90
13. DIE SPUR ZUR FREIHEIT (Follow That Dinosaur) 24.11.90
14. STEINSUPPE (Stone Soup) 01.12.90
15. BEGEGNUNG MIT DER ZUKUNFT (Elsewhen) 08.12.90
16. DER WIRBELSTURM (Hurricane) 15.12.90
17. DIE GROTTE ZUM ZEITTOR (Circle) 22.12.90

18. DER NOTFALL (Tar Pit) 23.03.91
19. DAS FREMDE RAUMSCHIFF (The Zarn) 30.03.91
20. DIE SCHWEINEREI (Fair Trade) 06.04.91
21. DAS HERZ DER DIMENSIONEN (One Of Our Pylons Is Missing) 13.04.91
22. DIE MUTPROBE (The Test) 20.04.91
23. SELTSAME KRÄFTE (Gravity Storm) 27.04.91
24. DER LÄNGSTE TAG (The Longest Day) 04.05.91
25. DAS GEHEIMNIS DER DREI MONDE (The Pylon Express) 11.05.91
26. GEFÄHRLICHE PFLANZEN (A Nice Day) 18.05.91
27. VERBÜNDET (Baby Sitter) 25.05.91
28. DIE HÖHLE DES ZAUBERERS (The Musician) 01.06.91
29. EINE NEUE DIMENSION (Split Personality) 08.06.91

30. IM DUNKELN (Blackout) 15.06.91
31. DAS ERDBEBEN (After-Shock) 22.06.91
32. AUSGETRICKST (Survival Kit) 29.06.91
33. DER UNSICHTBARE (The Orb) 06.07.91
34. DER NOTHELFER (The Repairman) 13.07.91
35. IN DEN FÄNGEN DER MEDUSA (The Medusa) 20.07.91
36. DER FEUERDRACHE (Cornered) 27.07.91
37. DAS GEISTERSCHIFF (Flying Dutchman) 03.08.91
38. DER BALLONFAHRER (Hot-Air Artist) 10.08.91
39. HOLLY UND DAS EINHORN (Abominable Snowman) 17.08.91
40. DIE ZEITMASCHINE (Timestop) 24.08.91
41. DER EWIGE WÄCHTER (Ancient Guardian) 31.08.91
42. CHA-KAS VERWANDLUNG (Scarab) 07.09.91
43. SCHNELLER WOLF (Medicine Man) 14.09.91

Anmerkung zur Episodenliste: Die tatsächlichen deutschen Aufführungsdaten sind nur für die Episoden 1 und 3 sicher.

IM LAND DER SAURIER II
(Land Of The Lost)
USA 1991; 26 Episoden
Deutsche Ausstrahlung:
RTL Television 1993/1994; 13 Episoden

Darsteller: Timothy Bottoms (Tom Porter), Jennifer Drugan (Annie Porter), Robert Gavin (Kevin Porter), Ed Gale (Tasha), Shannon Day (Christa), Bobby Porter (Stink), Tom Allard (Shung), Brian Williams (Keeg), R.C. Tass (Nim).

Tom Porter und seine Kinder werden von einem Erdbeben überrascht und rutschen, mitsamt ihrem Auto, in eine sich auftuende Erdspalte. Unter der Erde fahren sie weiter und treffen auf ein seltsames Licht. Der vermeintliche Ausgang erweist sich als Übergang in ein Land, das von Sauriern bevölkert ist. Des weiteren existieren dort mehr oder weniger intelligente Mischungen aus Echse und Mensch, die den drei Neuankömmlingen nicht gerade wohlgesonnen sind.

Neue Version der vorgenannten Serie. Neue Darsteller, neue Effekte, altes Muster, alte Qualität. Die Serie ist mit Ausnahme einer Episode vollständig auf Video erschienen.

EPISODEN:
1. TASHA/DAS ÜBERRASCHUNGSEI (Tasha) 01.11.93
2. GEJAGT (Something's Watching) 01.11.93

3. WILDE DIEBE (Shung, The Terrible) 06.11.93
4. DAS DSCHUNGELMÄDCHEN (Jungle Girl) 13.11.93
5. DAS MAGISCHE SCHWERT (The Crystal) 20.11.93
6. KEINE RUHE (Wild Thing) 27.11.93
7. DER TRAUMHELD (Day For Knight) 04.12.93
8. KAMPF GEGEN DEN VULKAN (Kevin Vs. The Volcano) 11.12.93
9. DER TEUFLISCHE BANN (Mind Games) 18.12.93
10. DIE RÜCKFAHRKARTE (Flight To Freedom) 08.01.94
11. DIE HITZEWELLE (Heat Wave) 15.01.94
12. EIN SCHRÄGER VOGEL (The Thief) 22.01.94
13. DIE ENTDECKUNG (Power Play) 29.01.94

IMMER WENN ER PILLEN NAHM
(Mr. Terrific)
USA 1966; Pilot <nicht gesendet>
USA 1967; 17 Episoden
Deutsche Ausstrahlung:
ZDF 1970; 13 Episoden
RTL plus 1992; 4 Episoden

Darsteller: Stephen Strimpall (Stanley Beamish/ Mr. Terrific; dt.: Mr. Wundervoll), John McGiver (Barton J. Reed), Dick Gautier (Hal Walters), Paul Smith (Harley Trent).

Statt, wie gehofft, ein Mittel zu finden, das den Schnupfen ein für alle Mal ausrottet, erwies sich die neue Entwicklung als Pille, die übermenschliche Stärke und Flugfähigkeit hervorruft. Leider stellt sich aber auch heraus, dass sie nur bei einem einzigen Menschen auf der ganzen Welt wirkt: Stanley Beamish, schwächlicher und schüchterner Tankwart.
Als silbergekleideter Mr. Terrific — Mr. Wundervoll — übernimmt er gefährliche Aufträge für den amerikanischen Geheimdienst.

Reichlich alberne Superheldenpersiflage, die Kindern durchaus gefallen kann. Exekutivproduzent der Serie und Regisseur vieler Episoden war Genre-Grossmeister Jack Arnold (1916-1992), der durch Filme wie GEFAHR AUS DEM ALL (It Came From Outer Space; 1953), DER SCHRECKEN VOM AMAZONAS (Creature From The Black Lagoon; 1954), TARANTULA (Tarantula; 1955) und DIE UNGLAUBLICHE GESCHICHTE DES MISTER C. (The Incredible Shrinking Man; 1957) Berühmtheit erlangte. Seine Fernsehregiearbeiten hatten nicht immer diese Güte: Er arbei-

tete später z. B. auch für LOVE BOAT.
Als Gäste des Pillenschluckers traten unter anderen Ted (Addams Family) Cassidy, Ellen Corby, John Hoyt, Don (Planet der Giganten) Marshall und David Opatoshu in Erscheinung.

EPISODEN (ZDF):
1. HABEN SIE MAL FEUER? (Matchless) 20.01.70
2. DER KILLER IST LOS (Harley And The Killer) 27.01.70
3. WER KLAUT DENN DA JUWELEN? (My Partner, The Jewel Thief) 03.02.70
4. DIE TOLLEN KURVEN DES MR. BIG (Mr. Big Curtsies Out) 10.02.70
5. KEINER FLIEGT FEINER (Has Mr. Terrific Sold Out?) 17.02.70
6. TRESORKNACKEN EINMAL ANDERS (Stanley, The Safecracker) 24.02.70
7. DER AUSBRECHERKÖNIG (Stanley, The Jailbreaker) 03.03.70
8. DIE FORMEL IST WEG (The Formula Is Stolen) 10.03.70
9. DAS GESCHENK DES SULTANS (The Sultan Has Five Wives) 17.03.70
10. DIE FLIEGENDE BALLERINA (Fly, Ballerina, Fly) 24.03.70
11. STARKER MANN, WAS NUN? (Stanley Joins The Circus) 31.03.70
12. WER EINEN IN DER KRONE HAT (Stanley Goes To The Dentist) 07.04.70
13. HILFE, ICH KANN NICHT FLIEGEN! (I Can't Fly) 14.04.70

EPISODEN (RTL plus):
14. DER SPION, DER MICH DIEBTE (Try This On For Spies) 07.01.92
15. ROMANZE IN PROMILLE (Stanley And The Mountaineers) 08.01.92
16. BOXER, BLÜTEN UND BREDOUILLEN (Stanley, The Fighter) 09.01.92
17. ZEHNKAMPF DER GIGANTEN (Stanley, The Track Star) 10.01.92

IN GEHEIMER MISSION
(Mission: Impossible)
USA 1988-1990; 35 Episoden
USA 1996; Spielfilm
USA 2000; Spielfilm
Deutsche Ausstrahlung:
ARD regional 1991; 15 Episoden
ARD regional 1992; 12 Episoden
Pro 7 1992; 3 Episoden
Pro 7 1995/1996; 4 Episoden

Darsteller: Peter Graves (James „Jim" Phelps),

Thaao Penghis (Nicholas Black), Antony Hamilton (Max Harte), Phil Morris (Grant Collier), Terry Markwell (Casey Randall - 1988/89), Jane Badler (Shannon Reed - 1989/90).

Fünfzehn Jahre nachdem sein wohl bekanntestes Team die Arbeit eingestellt hat, sammelt Geheimagent Jim Phelps ein neues Team von Spezialisten um sich. Erneut beginnt der vor der Öffentlichkeit versteckte Kampf gegen das Böse in Form von Diktatoren, Killern und anderen Möchtegerns.

Fortsetzung des Klassikers KOBRA, ÜBERNEHMEN SIE (qv). Was fehlt ist die „Unschuld" der alten Serie. Aber was soll's?! Es reichte immer noch für eine durchschnittlich unterhaltsame — teils sogar überdurchschnittliche — Serie. Besonders gelungen ist die Besetzung von Phil Morris, Sohn des Darstellers Greg Morris, Barney Collier in der ersten Serie, als dessen Sohn Grant.
1996 folgte ein Kinofilm, der alles ignorierte, was an der Serie gut war. Statt der ausgefeilten Pläne des Originals, wurde einem hier ein Actionschinken serviert, der von Verrat in den eigenen Reihen handelt. Besonders hirnrissig muss es jedem, der die Serie kennt, erscheinen, dass hierbei gerade Jim Phelps der Verräter war. Das „normale" Publikum fands gut und Neu-Agent Tom Cruise legte Teil 2 nach.
Jane Badler brach vorher als Ausserirdische in V (qv) über die Menschheit herein. In gastdarstellender Mission waren unter anderen Alex (Airwolf) Cord, John de Lancie, Linda Day George (in ihrer alten Rolle als Lisa Casey), Greg Morris (in seiner alten Rolle als Barney Collier), Judson (V) Scott, James Sloyan, Cary-Hiroyuki (Space Rangers) Tagawa und Sharon (Tell) Tyrrell.

EPISODEN (ARD):
1.	DIE RÜCKKEHR (The Killer) 06.08.91
2.	EIN TODSICHERES SYSTEM (The System) 13.08.91
3.	BLUTSBANDE (Holograms) 20.08.91
4.	GERECHTIGKEIT FÜR BARNEY (The Condemned) 27.08.91
5.	GEFÄHRLICHER ZAUBER (The Cattle King) 03.09.91
6.	SCHACHMATT (The Pawn) 10.09.91
7.	MÖRDER IN DER FALLE (The Haunting) 17.09.91
8.	DAS RÄTSEL DER LÖWEN (The Lions) 24.09.91

9.	BETROGENE BETRÜGER (The Creek) 01.10.91
10.	HUNGER NACH MACHT (The Fortune) 08.10.91
11.	DER ERPRESSER (The Fixer) 15.10.91
12.	DIE GIFTFABRIK (Spy) 22.10.91
13.	CODENAME XERXES (The Plague) 29.10.91
14.	DER DOPPELGÄNGER (Reprisal) 05.11.91
15.	AUF TAUCHSTATION (Submarine) 12.11.91

16.	DER KOJOTE (The Princess) 07.07.92
17.	DAS KREUZ DES HEILIGEN BONIFATIUS (Command Performance) 14.07.92
18.	IN LETZTER SEKUNDE (Countdown) 21.07.92
19.	KRIEGSSPIELE (War Games) 28.07.92
20.	GEFAHR AUS DEM ALL (Target-Earth) 11.08.92
21.	DIE TODESFEE (Banshee) 18.08.92
22.	ALLES FÜR DIE KUNST (For Art's Sake) 25.08.92
23.	VOLLES RISIKO (Deadly Harvest) 01.09.92
24.	JÄGER UND GEJAGTE (The Assassin) 08.09.92
25.	WILDER WESTEN (The Gunslinger) 15.09.92
26.	FLUCH DER VERGANGENHEIT (The Sands Of Seth) 22.09.92
27.	HOCHZEIT IN BOGOTA (Church Bells In Bogotá) 29.09.92

EPISODEN (Pro 7):
28.	DIE GOLDENE SCHLANGE 1 (The Golden Serpent 1) 22.04.92
29.	DIE GOLDENE SCHLANGE 2 (The Golden Serpent 2) 29.04.92
30.	DER URWALDGOTT (Cargo Cult) 06.05.92

31.	HITLERS VERMÄCHTNIS (The Legacy) 04.11.95
32.	DIE MAUER (The Wall) 11.11.95
33.	IM ZEICHEN DES SATANS (The Devils) 13.01.96
34.	VOODOO (Bayou) 10.02.96

FILME:
I.	MISSION: IMPOSSIBLE (Mission: Impossible; 1996) 08.08.96; Kino
II.	MISSION: IMPOSSIBLE 2 (Mission: Impossible 2; 2000) 06.07.00; Kino

DIE INSEL DER DREISSIG TODE
(L'Île Aux Trente Cercueils)
F 1979; 12 Episoden
Deutsche Ausstrahlung:
arte 1996; 12 Episoden

Darsteller: Claude Jade (Véronique d'Hergemont), Jean-Paul Zehnacker (Vorski).

Erster Weltkrieg: Véronique d'Hergemont ist Krankenschwester im Militärhospital von Besançon. Sie erfährt, dass ihr Mann, den sie seit vierzehn Jahren nicht mehr gesehen hat, gestorben ist. In einem Film entdeckt sie ihre Initialen auf einem Wärterhäuschen. Um aufzuklären, wie dies geschehen konnte, reist sie zum Drehort des Filmes in die Bretagne. Tatsächlich gelingt es ihr, das Häuschen aufzustöbern; zusätzlich findet sie eine Leiche.

In der Folge wird Véronique mit Weissagungen und Legenden konfrontiert. Ihr Ziel ist nun die Insel der dreissig Tode, deren Bewohner dem Tode geweiht sind.

EPISODEN:

1. EPISODE 1 (- liegt nicht vor) 09.06.96
2. EPISODE 2 (- liegt nicht vor) 16.06.96
3. EPISODE 3 (- liegt nicht vor) 23.06.96
4. EPISODE 4 (- liegt nicht vor) 30.06.96
5. EPISODE 5 (- liegt nicht vor) 07.07.96
6. EPISODE 6 (- liegt nicht vor) 14.07.96
7. EPISODE 7 (- liegt nicht vor) 21.07.96
8. EPISODE 8 (- liegt nicht vor) 28.07.96
9. EPISODE 9 (- liegt nicht vor) 04.08.96
10. EPISODE 10 (- liegt nicht vor) 11.08.96
11. EPISODE 11 (- liegt nicht vor) 18.08.96
12. EPISODE 12 (- liegt nicht vor) 25.08.96

INSEL DER TRÄUME

BRD 1990; 21 Episoden
Deutsche Ausstrahlung:
ZDF 1991; 12 Episoden
ZDF 1991; 9 Episoden

Darsteller: Rolf Henniger (Gregor Satorius), Andrea Heuer (Sandra Satorius), Walther Reyer (Julian Cortese).

Gregor Satorius wohnt mitsamt Tochter auf einer einsamen Insel. Hier entdeckt der Wissenschaftler einen Wasserfall, der magische Kräfte hat: Er ruft eine traumähnliche Bewusstseinserweiterung hervor, die die Vergangenheit klar aufzeigt oder mögliche Zukunften vorhersagt.

Satorius bietet Besuchern die Möglichkeit, die Mächte des Wasserfalls zu nutzen, um auf spezielle Fragen Antworten zu bekommen. Die Entscheidung, was hieraus gemacht wird, bleibt jedoch jedem selber überlassen.

Nach nur zwölf Folgen starb zwar nicht die Serie, wohl aber der Charakter des Satorius — Ersatz-

mann Cortese brachte es auf nur lebensrettende neun.

Bundesdeutscher Abklatsch der erfolgreichen Serie FANTASY ISLAND (qv).

Träumende Insulaner waren unter anderen Mario (Pinocchio & Prinzessin Fantaghiró) Adorf, Robert (Oliver Maass & Die Wächter) Atzorn, Peter (Mission Eureka) Bongartz, Hans (Mandara, Meister Eder und sein Pumuckl & Oliver Maass) Clarin, Michael (Mission Eureka) Degen, Reinhard Glemnitz, Vadim (Projekt Aphrodite) Glowna, Jochen Horst, Roger (Mandara & Sternensommer) Hübner, Christian Kohlund, Hans-Peter Korff, Volker (Projekt Aphrodite) Kraeft, Ruth-Maria Kubitschek, Evelyn (Das blaue Palais) Opela, Olivia Pascal, Günter Pfitzmann, Jörg (Projekt Aphrodite) Pleva, Barbara Rudnik, Jane (Oliver Maass) Tilden, Vera Tschechowa und Karl Michael (Alpha Alpha, Geisterwald, Mission Eureka, Projekt Aphrodite & Stella Stellaris) Vogler.

EPISODEN:

1. DIE VERLORENE TOCHTER 12.01.91
2. DAS ENDE IST DER ANFANG 19.01.91
3. KOMA 26.01.91
4. DER PRIESTER 02.02.91
5. BLUTSBRÜDER 09.02.91
6. EIN SINNLOSES LEBEN 16.02.91
7. GETEILTE LIEBE 23.02.91
8. EIFERSUCHT 02.03.91
9. DIE FALSCHE FRAU 09.03.91
10. ZWEI VÄTER 16.03.91
11. DER SIEGER 23.03.91
12. EINMAL KOMMT DER TAG 30.03.91

13. DIE FRAU IM BOOT 02.11.91
14. ZWEI ZENTNER ZÄRTLICHKEIT 09.11.91
15. DER ROUTINEFALL 16.11.91
16. DAS GENIE 23.11.91
17. DAS KIND DER ANDEREN 30.11.91
18. THERAPIE FÜR TANTE CELIA 07.12.91
19. AM ENDE DES WEGES 14.12.91
20. ZWILLINGE AUF LEBEN UND TOD 21.12.91
21. DER MANN AUS DER VERGANGENHEIT 28.12.91

INVASION VON DER WEGA
(The Invaders)
USA 1967/1968; 43 Episoden
USA 1995; Fernsehfilm in 2 Teilen
Deutsche Ausstrahlung:
ZDF 1970/1971; 20 Episoden

Darsteller: Roy Thinnes (David Vincent), Kent

Smith (Edgar Scoville).

Architekt David Vincent wird Zeuge einer UFO-
Landung. Wie sich herausstellt, kommen die
Ausserirdischen von einem sterbenden Planeten
und haben die Erde als ihren neuen Lebensraum
auserkoren. Vincent beschließt, als Beschützer
der Menschheit einzutreten. Da man ihm die Geschichte der Invasoren nicht glaubt, ist er auf
sich allein gestellt.
Glücklicherweise gibt es verschiedene Merkmale
an denen man die in Menschengestalt auftretenden Ausserirdischen erkennen kann: Sie beginnen zu leuchten, wenn ihre Maskerade erneuert
werden muss; sie besitzen kein Herz, also haben
sie auch keinen Puls; da die Maschine zur Umwandlung in einen Menschen nicht perfekt ist,
haben sie leicht verkrüppelte kleine Finger.

Für die Entstehungszeit recht spannende Science Fiction-Abenteuer-Version. Zählt nicht zu Unrecht zu den Klassikern des Genres.
In einer Presseverlautbarung erwähnte Roy Thinnes, dass er während der Dreharbeiten tatsächlich ein echtes UFO sah. Publlicitygag? Oder
wollten sich Ausserirdische den Invasionsplan
abgucken?
Von der Invasion betroffen waren die Gaststars
Richard (Der Sechs-Millionen-Dollar-Mann & Die
7-Millionen-Dollar-Frau) Anderson, R. G. Armstrong, Edward Asner, Ralph Bellamy, Antoinette
Bower, Peter Brocco, Roscoe Lee Browne, Ellen
Corby, Anne Francis, Will Geer, Peter (Kobra,
übernehmen Sie) Graves, Dabbs Greer, Gene
Hackman, Arthur Hill, Pat (The Shining) Hingle,
Roy Jenson, Sally Kellerman, Jon Lormer, Barbara Luna, Carol Lynley, Theo Marcuse, Nan
Martin, John McLiam, Burgess Meredith, Lawrence Montaigne, Barry (Mondbasis Alpha 1, Die
Mars-Chroniken & Apocalypse Wow) Morse, Diana (Raumschiff Enterprise-Das nächste Jahrhun-
dert) Muldaur, Susan Oliver, Phillip Pine, Andrew
(V) Prine, Michael Rennie, Peter Mark Richman,
Susan Strasberg, Harry Townes, Jack (Anno Domini) Warden, Fritz (Die Mars-Chroniken) Weaver und William Windom.

EPISODEN:
1.   DIE ENTDECKUNG (Beach Head) 14.04.70
2.   ALARMSTUFE 1 (Condition: Red) 28.04.70
3.   DER CHARTERPILOT (The Ivy Curtain)
        12.05.70
4.   DER MORDPROZESS (The Trial) 26.05.70

5.   DAS RAUMSCHIFF (The Saucer) 09.06.70
6.   DIE INSEKTEN (Nightmare) 23.06.70
7.   TÖDLICHE KRISTALLE (Wall Of Crystal)
        07.07.70
8.   DER ASTRONAUT (Moonshot) 21.07.70
9.   DIE GEHEIMAKTE (The Condemned) 04.08.70
10.   HERKUNFT: UNBEKANNT (Quantity: Un-
        known) 18.08.70
11.   REISE NACH UTOPIA (The Innocents)
        01.09.70
12.   DIE HELFER (The Believers) 15.09.70
13.   DER ZEITUNGSKÖNIG (Task Force) 29.09.70
14.   DIE MARIONETTEN (The Possessed)
        13.10.70
15.   DIE TRAUMMASCHINE (The Pit) 27.10.70
16.   DIE GANGSTER (The Organization) 10.11.70
17.   DIE GALGENFRIST (The Vise) 24.11.70
18.   DIE VERFOLGTEN (The Pursued) 08.12.70
19.   DER GEGENSCHLAG (Counterattack)
        22.12.70
20.   DIE REBELLEN (The Life Seekers) 05.01.71

EPISODEN (nicht gesendet)**:**
21.   (The Experiment)
22.   (The Mutation)
23.   (The Leeches)
24.   (Genesis)
25.   (Vikor)
26.   (Doomsday Minus One)
27.   (The Betrayed)
28.   (Storm)
29.   (Panic)
30.   (The Watchers)
31.   (Valley Of The Shadow)
32.   (The Enemy)
33.   (The Spores)
34.   (Dark Outpost)
35.   (Summit Meeting 1)
36.   (Summit Meeting 2)
37.   (The Prophet)
38.   (Labyrinth)
39.   (The Captive)
40.   (The Ransom)
41.   (The Peacemakers)
42.   (The Miracle)
43.   (Inquisition)

FILM:
I.   THE NEW INVADERS I & II/THE INVADERS-
        INVASION AUS DEM ALL (The Invaders I & II;
        1995) 31.07.96; Video

DIE JAGD NACH DEM MAGISCHEN WASSERRAD
(- liegt nicht vor -)
S 1996; 7 Episoden

Darsteller: Oliver Lofteen (Kalle Magnusson), David Fornander (Max), Jenny Lindroth (Isabella), Krister Henriksson (Rauni Harkinen), Åke Lindmann (Hasse Brandin), Jan Malmsjö (Doktor Zeth), Marie Richardson (Miss Kapri), Thomas von Brömssen (Folke Magnusson).

Nachdem in Afrika eine magische Wassermühle gestohlen wurde, wird das ehemals fruchtbare Land zur Wüste. Eine lange Zeit später wird eben dieses Rad zum umkämpften Gegenstand einer Art Schatzsuche, in der ein paar Kinder hineingezogen werden.

EPISODEN:
1.   TEIL 1 (- liegt nicht vor -) 15.03.97
2.   TEIL 2 (- liegt nicht vor -) 22.03.97
3.   TEIL 3 (- liegt nicht vor -) 28.03.97
4.   TEIL 4 (- liegt nicht vor -) 29.03.97
5.   TEIL 5 (- liegt nicht vor -) 05.04.97
6.   TEIL 6 (- liegt nicht vor -) 12.04.97
7.   TEIL 7 (- liegt nicht vor -) 19.04.97

JAN VOM ANDEREN STERN

BRD 1979; 3 Episoden
Ausstrahlung:
ARD 1980; 3 Episoden

Darsteller: Balthasar Lindauer (Jan), Lutz Hochstraate (Thomas), Thekla Carola Wied (Hilda), Natascha Kilbinger (Julie), Hans Zander (Hecker), Gisela Ferber (Emma), Helmuth Kosiarka (Stockum).

Während einer Feierlichkeit auf dem Goldenen Planeten, wird Jan unglücklicherweise zur Erde geschickt. Er erwacht verletzt und ohne Gedächtnis in einer Höhle. Kurze Zeit später wird er von der Familie Kaufmann aufgenommen.
Ein Einbruchverdacht bringt Jan in Bedrängnis: Die Polizei will wissen, wer er ist. Als der Junge den Diebstahl aufklärt, wird offensichtlich, dass er Gedanken lesen kann. Da die Kaufmanns ihn als Russen ausgaben, fällt nun der Verdacht der Spionage auf ihn.

Kinderkurzserie nach dem Roman „Die Tür zu einer anderen Welt" von Alexander Key.
Ergänzend zur Serie wurde, jeweils im Anschluss der ersten beiden Episoden, ein zweiteiliger Bericht über die Dreharbeiten gesendet: Hollywood in Kalk: 1. Die Raumstation am 18.03.80 und 2. Der Zwanzig-Meter-Sprung am 19.03.80.

EPISODEN:
1.   DER STURZ 18.03.80
2.   DER VERDACHT 19.03.80
3.   DIE JAGD 20.03.80

JESSE AUS DEM ALL
(Hard Time On Planet Earth)
USA 1989; 13 Episoden
Deutsche Ausstrahlung:
Super RTL 1997; 13 Episoden

Darsteller: Martin Kove (Jesse), Danny Mann (Originalstimme von Control).

Hauptfigur ist ein ausserirdischer Krieger. Zu diesem Zweck wurde er gezüchtet und konditioniert. Nun allerdings gerät er in die Kritik, gerade weil er gewalttätig ist. Um sich zu ändern, ein wertvolles Mitglied der Gesellschaft zu werden, wird er in menschlicher Form zur Erde geschickt, wo er sich bewähren soll. Seine Fortschritte in Sachen Mitgefühl werden von Control beobachtet und weitergegeben.
Auf der Erde angekommen findet er einen Arbeitsanzug und übernimmt den darauf befindlichen Namen, Jesse.
Seine Weiterentwicklung wird durch die Tatsache erschwert, dass Jesse absolut nichts über menschliche Sitten weiss und mit seinen übermenschlichen Kräften im wahrsten Sinne des Wortes aneckt. Zusätzlich tauchen von Zeit zu Zeit andere Fremdwesen auf, die Jesse in Kämpfe verwickeln.

Als Okay einzustufende amerikanische Serie mit gelegentlichen Humoreinschlägen.
Eine harte Zeit auf dem Planeten Erde erlebten auch Adam Arkin, Sandahl Bergman, Christian (Die Abenteuer des Brisco County, Jr.) Clemenson, Tim (Captain Power & Mr. Smith) Dunigan, Dick (Das Ding aus dem Sumpf) Durock, Martha (Star Trek: Raumschiff Voyager) Hackett, Mark Thomas (Die Spezialisten unterwegs) Miller, Jamie Rose und Larry B. (Super Force) Scott.

JIM HENSONS BESTE GESCHICHTEN
(Jim Henson's The Storyteller)
GB 1988; 9 Episoden
Deutsche Ausstrahlung:
ZDF 1989; 9 Episoden

Darsteller: John Hurt (der Erzähler), Brian Henson (sein Hund).

Märchenanthologie aus dem Hause Jim Hensons, dem Erfinder der Muppets. Grundlage sind Märchen verschiedener Kulturkreise, die sehr phantasievoll in Szene gesetzt wurden. Empfehlenswert, nicht nur für Kinder.
Die erste Episode wurde 1987 mit dem US-Fernsehoscar, dem Emmy, als 'Herausragende Kindersendung' ausgezeichnet.
Die bekannteren Darsteller in den besten Geschichten waren Geoffrey (Catweazle) Bayldon, Alison Doody, Jonathan Pryce und Miranda Richardson.

DER JUNGE VOM ANDEREN STERN
(The Powers Of Matthew Star)
USA 1982/1983; 21 Episoden & „Pilot"
Deutsche Ausstrahlung:
Pro 7 1989/1990; 21 Episoden

Darsteller: Peter Barton (Matthew Star), Louis Gossett, Jr. (Walt Shepherd), Amy Steel (Pam Elliott), Chip Frye (Bob Alexander), Barry Van Dyke (Coach Curtis), John Crawford (General Tucker), James Karen (Major Wendell Wymore).

Matthew Star, Kronprinz des Planeten Quadris, flieht in Begleitung seines Bewachers Walt Shepherd zur Erde, da ihr eigener Planet unter die Macht böser Kräfte geriet. Natürlich weiss gar niemand auf der Erde von ihrer Herkunft. Während sich die beiden anfänglich noch um normale Leben bemühen — Matt geht zur High School, Walt wird Lehrer — ändert sich dies im Laufe der Zeit: Unter Zwang übernehmen die beiden Aufträge für die US-Regierung.

Ein völlig verworrenes Machwerk mit dem offensichtlich auch die Macher nicht so recht was anzufangen wussten. Das Konzept der Serie wurde plötzlich völlig geändert, wohl um die mieserablen Einschaltquoten zu steigern. Ein Pilotfilm zur Serie, STARR KNIGHT, wurde nach (!) der Reihe gezeigt und präsentierte eine weitere Variante der Story. Hier waren es 'David Starr' und 'Max', die zur Erde kamen — natürlich waren auch die Darsteller andere.
Barry Van Dyke hatte die „Ehre", den Pilotenstuhl von AIRWOLF (qv) übernehmen zu dürfen. Weitere Beteiligte waren die RAUMSCHIFF ENTERPRISE-Veteranen Leonard Nimoy und Walter Koenig. Nimoy war Regisseur der Episode „Absturz im Bermuda-Dreieck", Koenig der Drehbuchautor von „Matthews Mutter". Unter den Gaststars, die Matthew zurück zu seinem Stern

wünschten, waren Corinne (Die reinste Hexerei) Bohrer, Jeff Corey, Bill (Bezaubernde Jeannie) Daily, Robert (Profiler) Davi, Dick (Das Ding aus dem Sumpf) Durock, Clyde Kusatsu, Spencer (Im Land der Saurier) Milligan, Julie Newmar, Gerald S. (Automan) O'Loughlin, Hari Rhodes, Susan Ruttan, Robert Sampson, Judson (V) Scott, Don Stroud und John (Krieg der Welten) Vernon.

EPISODEN:
1. ANGRIFF DER ROBOTER (Jackal) 07.10.89
2. DIE ALLERGIE (The Fugitive) 14.10.89
3. DAS EXPERIMENT (Experiments) 21.10.89
4. KAMPF DER QUARTERBACKS (Winning) 28.10.89
5. GEFÄHRLICHE VISIONEN (Predictions) 04.11.89
6. UNTER ANKLAGE (The Accused) 11.11.89
7. ABSTURZ IM BERMUDA-DREIECK (Triangle) 18.11.89
8. ÜBERLEBENSTRAINING (Survival) 25.11.89
9. HARTE ZEITEN IN ITALIEN (The Italian Caper) 02.12.89
10. DAS GENIE (Genius) 09.12.89
11. STUNTMAN (Daredevil) 16.12.89
12. MATTHEWS MUTTER (Mother) 23.12.89
13. TOT ODER LEBENDIG (Matthew Star, D.O.A.) 30.12.89
14. DAS RENNEN (The Racer's Edge) 06.01.90
15. EIN GEWAGTES SPIEL (Dead Man's Hand) 13.01.90
16. 36 STUNDEN (36 Hours) 20.01.90
17. HOCH ÜBER DEM BODEN (The Great Waldo Shepherd) 27.01.90
18. GEHIRNWÄSCHE (Brain Drain) 03.02.90
19. DIE OMBORO-DIAMANTEN (The Quadrian Caper) 10.02.90
20. NUR EIN SPIEL (Swords And Quests) 17.02.90
21. GANGSTER DER STRASSE (Road Rebels) 24.02.90

DER JUNGE VON ANDROMEDA
(The Boy From Andromeda)
NZL/CND 1990; 6 Episoden
Deutsche Ausstrahlung:
Der Kinderkanal 1998; 6 Episoden

Darsteller: Katrina Hobbs (Jenny), Jane Cresswell („Drom", Andromeda), Fiona Kay (Tessa Whitley), Anthony Samuels (Lloyd Radcliffe), Brian Carbee (Wächter), Heather Bolton, Paul Gittins, Andy Anderson, Brian McNeil, Alex Van Dam, Dale Corlett, Grant McFarlane.

Drei Jugendliche, Jenny, Tessa und Lloyd, finden jeweils einen Teil einer Art ausserirdischen Steins. Zusammengesetzt ergeben ihre Teile eine blau leuchtende Pyramide. Diese ist der Feuerschlüssel des ehemalig kriegerischen Volkes von Andromeda. Durch ihn nehmen sie auch Kontakt mit Drom auf, dem einzigen Überlebenden eines von eigenen Waffen abgeschossenen Raumschiffs. Der zehn Jahre alte Ausserirdische teilt den jugendlichen Erdbewohnern mit, dass der nahe Vulkan eine Waffe von Andromeda beinhaltet, daher auch die kürzlich aufgetretenen Ausbrüche. Diese Waffe ist so eingestellt, dass sie jedes Raumschiff abschiesst — auch die eigenen. Ein Konvoi von Andromeda wird erwartet, der nur durch das irdische Sonnensystem fliegen kann. Ohne spezielle Eingabe wird die Waffe abgefeuert und die Erde dabei zerstört.
Es liegt jetzt also an dieser Vierergruppe, die Waffe mit Hilfe des Feuerschlüssels abzuschalten. Leider muss vorher der fast allmächtige Wächter der Waffe besiegt werden. Eine weitere Schwierigkeit ergibt sich aus der Tatsache, dass Drom aufgrund seines Alters keine Kentnis von der Funktionsweise des Schlüssels hat. Da der frühere Abschuss Droms Raumschiff schwer beschädigte, ist auch eine Kontaktaufnahme mit anderen Andromeda-Bewohnern unmöglich.

EPISODEN:
1. TEIL 1 (Episode One) 26.02.98
2. TEIL 2 (Episode Two) 02.03.98
3. TEIL 3 (Episode Three) 03.03.98
4. TEIL 4 (Episode Four) 04.03.98
5. TEIL 5 (Episode Five) 05.03.98
6. TEIL 6 (Episode Six) 06.03.98

DAS KALTE HERZ
BRD 1978; 6 Episoden
Ausstrahlung:
ZDF 1978/1979; 6 Episoden

Darsteller: Thomas Ahrens (Peter Munk), Inge Herbrecht (Mutter Munk), Roman Fromlowitz (Kirrnmeier), Heinz Lieven (Schlurker), Reinhard Kolldehoff (Holländermichel), Egon Schäfer (Glasmännlein), Hans W. Hamacher (Amtmann), Hermann Ebeling (Holzfäller Veit), Christine Schnell (Frau Veit), Lena Stolze (Lisbeth).

Peter Munk ist Köhler und lebt mit seiner Mutter in einer Hütte im Wald. Die beiden sind bettel-

arm, Peters Einnahmen reichen vorne und hinten nicht. Ein Losverkäufer verrät Peter einen Reim, bei dem das Ende fehlt. Sollte es ihn gelingen, den Reim zu vollenden, wird das Glasmännchen erscheinen und ihm seine Wünsche erfüllen. Gleichzeitig bekommt Peter noch eine Warnung vor dem Holländermichel, dem Unglückbringer. Munk gelingt es den Vers zu vollenden. Er wünscht sich viel Geld. Da er jedoch zu sorglos damit umgeht, ist der Reichtum bald verspielt. Obendrauf hat er sogar noch Schulden. Voller Verzweiflung wendet sich der Köhler an den Holländermichel, der ihm einen Schatz im Tausch gegen Peters Herz anbietet. Als dieser den Schatz sieht, stimmt er zu und trägt fortan einen Stein statt seines Herzens in der Brust.
Peter Munk ist nun zwar wieder reich, aber sehr unbeliebt. Er heiratet die arme Lisbeth, die ein grosses Herz für die Armen hat. Peter bringt dies in Rage.
Als Lisbeth tot aufgefunden wird, richtet sich der Verdacht gegen Munk. Ihm wird klar, wie wichtig sein Herz für ihn ist. Ein letzter Wunsch vom Glasmännchen blieb ihm noch und so wünscht er sein Herz zurück. Das jedoch liegt ausserhalb der Macht des Zauberwesens. Es zeigt Peter allerdings einen Weg, den Holländermichel zu überlisten.

Verfilmung des gleichnamigen Märchens von Wilhelm Hauff.

EPISODEN:
1.	TEIL 1 11.12.78
2.	TEIL 2 18.12.78
3.	TEIL 3 08.01.79
4.	TEIL 4 15.01.79
5.	TEIL 5 22.01.79
6.	TEIL 6 29.01.79

KAMPFSTERN GALACTICA
(Battlestar Galactica & Galactica: 1980)
USA 1978/1979; Pilot & 21 Episoden (eine doppellange)
USA 1980; Pilot (Dreiteiler) & 7 Episoden
Deutsche Ausstrahlung:
RTL plus 1989; 29 Episoden

Darsteller: Lorne Greene (Commander Adama), Richard Hatch (Captain Apollo - 1978/79), Dirk Benedict (Lieutenant Starbuck - 1978/79), Herb Jefferson, Jr. (Lieutenant/Colonel Boomer), Maren Jensen (Athena - 1978/79), Tony Schwartz (Flight Sergeant Jolly - 1978/79), Noah Hathaway (Boxey - 1978/79), Terry Carter (Colonel Tigh - 1978/79), Laurette Spang (Cassiopeia - 1978/79), John Colicos (Baltar - 1978/79), Anne Lockhart (Sheba - 1979), Kent McCord (Lieutenant Troy - 1980), Barry Van Dyke (Lieutenant Dillon - 1980), Robyn Douglass (Jamie Hamilton - 1980), Robbie Rist & Patrick Stuart (Dr. Zee - 1980), Allan Miller (Colonel Sydell - 1980), Richard Lynch (Xavier - 1980).

Seit fast eintausend Jahren befinden sich die Zwölf Kolonien der Menschheit und die Zylonen, ein Volk von Robotern, im Krieg. Die Menschen sind des Kämpfens müde und somit gern bereit, an geplanten Friedensverhandlungen teilzunehmen. Diese erweisen sich jedoch als Trick — die Menschheit soll ausgerottet werden. Eines der Kampfstern genannten Schlachtschiffe kann entkommen. Die GALACTICA macht sich, mit etwa weiteren 220 Schiffen jeglicher Couleur, auf den Weg. Ziel ist eine sagenumwobene, verlorene Kolonie namens Erde.
Der Weg ist mit etlichen Schwierigkeiten verbunden. Neben den immer wieder auftretenden Angriffen und Tricks der Zylonen, muss die Besatzung auch mit Verrat in den eigenen Reihen und dem Problem der Nahrungsmittelversorgung fertig werden.
Schließlich erreichen die Flüchtenden die Erde (Serie 2), nur um festzustellen, dass diese Kolonie keine grosse Hilfe sein kann. Ihr technischer Stand ist viel zu niedrig.

Grosser Erfolg zieht immer einige Nachahmer nach sich. Den Erfolg in diesem Fall hatte George Lucas mit KRIEG DER STERNE, der „Aasgeier", der sich auch ein paar Fetzen des Erfolges sichern wollte, war Serientäter Glen A. Larson, der sein „Talent" auch mit solchen Knallern wie AUTOMAN (qv) und KNIGHT RIDER (qv) unter Beweis stellen wollte. Nun ist es jedoch nicht so, dass Larson mit seinen Serien keinen Erfolg hatte: KNIGHT RIDER wurde von vielen geliebt und auch KAMPFSTERN GALACTICA brachte es auf eine enorme Fangemeinschaft. Das ändert allerdings nichts daran, dass beide Serien grosser Müll sind.
Der 1978-Pilotfilm SAGA OF A STAR WORLD lief in deutschen Kinos als KAMPFSTERN GALACTICA (ab 26.10.78), die zweiteilige Episode THE LIVING LEGEND folgte als zweiter „Kino-

film" MISSION GALACTICA: ANGRIFF DER ZY-LONEN.

Zwischen den Sternen kämpften auch Fred Astaire, Christine (Outlaws) Belford, Jeremy Brett, Lloyd Bridges, William (Das Geheimnis der blauen Tropfen) Daniels, John de Lancie, Britt Ekland, Dana Elcar, Paul Fix, John Hoyt, Alex (Buck Rogers) Hyde-White, Wilfrid (Buck Rogers) Hyde-White, Lance (Werwolf) LeGault, Patrick (Mit Schirm, Charme und Melone) Macnee, Ray Milland, Edward (Der Geist und Mrs. Muir & Knight Rider) Mulhare, George Murdock, Nehemiah Persoff, Brock Peters, Peter Mark Richman, Ned Romero, Jane Seymour, Rick (Die Maske) Springfield, Liam Sullivan und Roy (Invasion von der Wega & Dark Shadows) Thinnes.

EPISODEN:
1. DER VERLORENE PLANET DER GÖTTER 1 (Lost Planet Of The Gods 1) 22.03.89
2. DER VERLORENE PLANET DER GÖTTER 2 (Lost Planet Of The Gods 2) 29.03.89
3. DER VERSCHWUNDENE KRIEGER (The Lost Warrior) 05.04.89
4. DIE LANGE PATROUILLE (The Long Patrol) 12.04.89
5. DAS GESCHÜTZ AUF DEM EISPLANETEN NULL 1 (Gun On Ice Planet Zero 1) 19.04.89
6. DAS GESCHÜTZ AUF DEM EISPLANETEN NULL 2 (Gun On Ice Planet Zero 2) 26.04.89
7. RISKANTER HANDEL (The Magnificent Warriors) 03.05.89
8. DER GEGENANGRIFF (The Young Lords) 10.05.89
9. GALACTICA UNTER FEUER (Fire In Space) 17.05.89
10. DIE MEUTEREI (Take The Celestra) 24.05.89
11. TEUFLISCHE VERSUCHUNG 1 (War Of The Gods 1) 31.05.89
12. TEUFLISCHE VERSUCHUNG 2 (War Of The Gods 2) 07.06.89
13. UNTER MORDVERDACHT (Murder On The Rising Star) 14.06.89
14. KONTAKTE ZUR ERDE 1 (Greetings From Earth) 21.06.89
15. KONTAKTE ZUR ERDE 2 (Greetings From Earth) 28.06.89
16. DER MANN MIT DEN NEUN LEBEN (The Man With Nine Lives) 19.07.89
17. FLUCHTGEFAHR (Baltar's Escape) 26.07.89
18. KRIEGSGEFAHR (Experiment In Terra) 02.08.89
19. DIE GROSSE SCHLACHT (The Hand Of God) 09.08.89
20. ERFORSCHUNG DER ERDE (Galactica Discovers Earth 1) 16.08.89
21. GEFAHR FÜR DIE MENSCHHEIT (Galactica Discovers Earth 2) 23.08.89
22. DER MACHTKAMPF (Galactica Discovers Earth 3) 30.08.89
23. RETTUNG DER KINDER 1 (The Super Scouts 1) 06.09.89
24. RETTUNG DER KINDER 2 (The Super Scouts 2) 13.09.89
25. DIE ERPRESSUNG (Spaceball) 20.09.89
26. DIE LANDUNG DER CYLONEN (The Night The Cylons Landed 1) 27.09.89
27. HETZJAGD DURCH NEW YORK (The Night The Cylons Landed 2) 04.10.89
28. NEUE PARTNER (Harvest Home) 11.10.89
29. DAS GEHEIMNIS UM STARBUCK (The Return Of Starbuck) 18.10.89

Anmerkung zur Episodenliste: Folgen 1 bis 19 entsprechen der ersten, die restlichen Episoden entstammen der zweiten Serie.

KAPPATOO-DER DOPPELGÄNGER AUS DEM ALL
(Kappatoo)
GB 1990; 7 Episoden
GB 1992; 7 Episoden
Deutsche Ausstrahlung:
ZDF 1992; 14 Episoden

Darsteller: Simon Nash (Kappatoo/ Simon), Andrew O'Connor (Computer), Graeme Hawley (Steve Williams), Felipe Izquierdo (Sigmasix), Nina Muschallik (Lucy Cashmere), John Abbot (Derek Cashmere), Gillian Eaton (Carol Cashmere), Lou Hirsch (Donut), Denise Outen (Tracey Cotton - 1990), David Dexter (Martin Midgeley - 1990), Tika Viker-Bloss (Belinda Blunt - 1990), Vanessa Hadaway (Mufour - 1990), Prentis Hancock (Kappatoos Vater - 1990), Anthony Pedley (Mr. Coppitt - 1990), Liz Edmonds (Miss Davies - 1990), Perrin Sledge (Delta Four - 1990), Peter Kelly (Psycho - 1992), Nicholas Parsons (Präsentator - 1992), Rula Lenska (Zeta - 1992), Janet Dale (Hazel - 1992), Nicholas Day (Brian - 1992), Joanna Hall (Sharon - 1992), Sarah Alexander (Melanie - 1992).

Kappatoo ist ein Ausserirdischer der Zukunft. Als Sigmasix ihn zum Duell fordert, lässt Kappatoo seinen Master-Class-Computer nach einem Doppelgänger suchen, der für ihn einspringt. Im 20. Jahrhundert wird dieser fündig.
Während Kappatoo nun Simons Leben übernimmt, muss Simon im 23. Jahrhundert auf dem Hypergrid zum Kampf antreten.

EPISODEN:
1. ROLLENTAUSCH DURCH ZEIT UND RAUM (A Stitch In Time) 08.09.92
2. LEBEN IN FREMDER ZEITZONE (Ravages Of Time) 15.09.92
3. DUELL AUF DER HYPERGRID (Time-Slime And The Tiswas) 22.09.92
4. DIE DOPPELTE TRACY (Tracey Times Two) 29.09.92
5. DER WAHRHEITSERZEUGER (Time-Fuse) 06.10.92
6. ZUKUNFTSCHANCEN (Mean-Time) 13.10.92
7. ZEITVERBRECHER (Out Of Time) 20.10.92
8. DAS ENDE EINER PSYCHO-KORREKTUR (Time After Time) 27.10.92
9. ZURÜCK IN DIE ZUKUNFT (It's About Time) 10.11.92
10. VERBOTENE ZEITREISEN (Bad Timing) 17.11.92
11. DIE VERJÜNGTE GROSSMUTTER (Bang On Time) 24.11.92
12. BESUCH DER AUSSERIRDISCHEN (Wrong Time, Wrong Place) 01.12.92
13. COMPUTER-VIREN (Dangerous Times) 08.12.92
14. DAS ENDE DER ZEITREISEN (Home Time) 15.12.92

KARLSSON AUF DEM DACH
(Världens Bästa Karlsson)
S 1975; Spielfilm
Deutsche Ausstrahlung:
ZDF 1976; 4 Episoden

Darsteller: Mats Wikström (Karlsson), Lars Söderdahl (Lillebror), Catrin Westerlund (Mamma), Stig Ossian Ericson (Pappa), Staffan Hallerstam (Bosse), Britt Marie Näsholm (Bettan).

Lillebror wünscht sich sehnlichst einen Hund als Spielgefährten. Statt dessen jedoch macht er die Bekanntschaft mit Herrn Karlsson, dem weltbesten Fleischklossesser und, wie sich herausstellt, für Lillebror der weltbeste Spielgefährte. Denn Herr Karlsson hat einige interessante Eigenschaften. Darunter die Fähigkeit zu fliegen, was ihm ein spezieller Propeller ermöglicht. Einige lustige Abenteuer erwarten die beiden neuen Freunde.

Ein weiterer amüsanter Kinderfilm aus der Feder Astrid Lindgrens, die das Drehbuch nach ihrem eigenen Roman verfasste. Der Spielfilm wurde fürs Fernsehen in Stückchen geschnitten und als Miniserie präsentiert. Die Filmfassung lief ab dem 15. Dezember 1978 in bundesdeutschen Kinos an.

Lars Söderdahl spielte zwei Jahre später in einer weiteren Lindgren-Verfilmung: DIE BRÜDER LÖWENHERZ (qv).

EPISODEN:
1. DER WELTBESTE NACHBAR (- liegt nicht vor -) 18.04.76
2. DIE WELTBESTE MEDIZIN (- liegt nicht vor -) 25.04.76
3. DAS WELTBESTE GESPENST (- liegt nicht vor -) 02.05.76
4. DER WELTBESTE HUND (- liegt nicht vor -) 09.05.76

KASPER LARIS ABENTEUER
BRD 1979; 6 Episoden
Ausstrahlung:
ARD 1979; 6 Episoden

Darsteller: Folker Bohnet (Kasper Lari).

Kasper Lari ist eine Holzfigur in einem Glockenspiel. Als er eines Tages zum Leben erwacht, gefällt ihm dies so gut, dass er Mensch bleiben möchte. Hierfür werden ihm allerdings ein paar Regeln auferlegt: Brav sein, kein Schabernack treiben und arbeiten. Das erweist sich als recht schwierig für Kasper. Ein wenig Hilfe bekommt er von seiner Freundin Zimberimbimba, eine Taube.

Ausgesprochen langweilige Kinderserie nach den Büchern von Max Kruse.

EPISODEN:
1. DIE GALGENFRIST 11.09.79
2. SCHÖNHEITSPFLEGE 12.09.79
3. DIE HOLZFIGUR 18.09.79
4. GEISTERSTUNDE 19.09.79
5. AUF DEM BAHNHOF 25.09.79
6. DIE GROSSE REDE 26.09.79

KATJA UND DIE GESPENSTER
(Kacenka A Zase Strasidla)
CZ/BRD/A/CH 1992; 13 Episoden
Deutsche Ausstrahlung:
ARD 1992; 8 Episoden

Darsteller: Helena Vitovská (Katja Mahler), Jiri Schmitzer (Peter Mahler), Jana Krausová (Theresa Mahler), Svatopluk Benes (Dr. Caligari), Jirina Bohdalová (Hexe Berta), Eva Vejmelková (Fräulein Elvira), Lubomir Kostelka (Franz Svoboda), Gabriela Wilhelmová (Frau Seidel), Jan Jiran (Onkel Paul Mahler), Alena Kreuzmannová (Oma Mahler), Josef Somr (Notar Dr. Weber), Adriana Romanová (Waltraud).

Katja liegt im Krankenhaus und sehnt sich nach Zuhause. Erleichtert wird ihr Aufenthalt, als sie Herrn Swoboda kennenlernt, der ihr Geistergeschichten erzählt und sie zum Lachen bringt. Doch eines Tages ist Herr Swoboda einfach verschwunden.
Monate später werden Katja und ihre Eltern darüber informiert, dass Herr Swoboda ausgewandert ist, und das er Katja seine Geisterbahn, die im Wiener Prater steht, vermacht hat. Katja überredet ihre Eltern, das Haus zu behalten.
Als sie eine scheinbar kaputte, stehengebliebene Uhr wieder zum Laufen bringt, werden drei Figuren des Gruselkabinetts, Dr. Caligari, Berta und Elvira, lebendig.

EPISODEN:
1.　DAS SCHLOSS IN WIEN (- liegt nicht vor -) 12.92
2.　DIE ZAUBERUHR (- liegt nicht vor -) 12.92
3.　SPASS OHNE GRENZE (- liegt nicht vor -) 12.92
4.　DAS SELTSAME HAUS (- liegt nicht vor -) 12.92
5.　SPURENSUCHE (- liegt nicht vor -) 12.92
6.　UNSICHTBARE UNTERMIETER (- liegt nicht vor -) 12.92
7.　DAS GROSSE THEATER (- liegt nicht vor -) 12.92
8.　BITTE RECHT SCHRECKLICH (- liegt nicht vor -) 12.92

KLASSIKER DER UNHEIMLICHEN ART
(Nightmare Classics)
USA 1989; 4 Episoden
Deutsche Ausstrahlung:
Pro 7 1992; 4 Episoden

Minianthologie von Horrorfilmen für das amerikanische Kabelfernsehen, die allesamt auf klassischen, literarischen Werken des Genres basieren. Initiatorin des Ganzen war Hollywoodstar Shelley Duvall. Die Serie bietet überdurchschnittliche Schauspieler und stimmungsreiche, solide Verfilmungen.
Zu den Darstellern, die einen klassischen Alb-

traum erlebten, gehörten Anthony (Anno Domini) Andrews, Laura Dern, Roy (Die Schöne und das Biest) Dotrice, Balthazar Getty, Elizabeth (Highlander & Raven) Gracen, David Hemmings, C. Thomas (Clan der Vampire) Howell, Amy Irving, Rue McClanahan, Roddy (Planet der Affen, Fantastic Journey & Die Mars-Chroniken) McDowall, lone Skye, Meg Tilly und Daphne Zuniga.

EPISODEN:
1.　DER FLUCH DES TOTEN DIENERS (The Turn Of The Screw) 04.01.92
2.　TÖDLICHE FREUNDSCHAFT (Carmilla) 12.01.92
3.　ELIXIER DES GRAUENS (The Strange Case Of Dr. Jekyll And Mr. Hyde) 19.01.92
4.　DAS PANTHERMÄDCHEN (The Eyes Of The Panther) 26.01.92

DER KLEINE VAMPIR
(The Little Vampire)
CND/BRD 1985; 13 Episoden
USA/BRD 2000; Spielfilm
Deutsche Ausstrahlung:
ARD 1986/1987; 13 Episoden

Darsteller: Joel Daks (Rüdiger), Marsha Moreau (Anna), Lynn Seymour (Tante Dorothee), Michael Gough (Onkel Theodor), Jim Gray (Lumpi), Christopher Stanton (Anton Bohnensack), Susan Hogan (Helga Bohnensack), Michael Hogan (Robert Bohnensack), Gert Fröbe (Geiermeier).

Anton Bohnensack ist ein ganz normaler Junge. Sein neuer Freund wird Rüdiger, ein ganz normaler Vampir. Im Verlauf ihrer Freundschaft lernt Anton Rüdigers Familie kennen, sieht wie Vampire wirklich sind, erfährt von besonderen Geheimnissen, z.B. wodurch Vampire fliegen können, und macht auch die Bekanntschaft Geiermeiers, des eingeschworenen Feindes aller Vampire. Auch Rüdiger lernt dazu. Er erfährt, was wahre Freundschaft für Folgen nach sich ziehen kann — seine Familie, die die Freundschaft zu einem Menschen nicht gutheisst, verstösst den kleinen Vampir.

Es war nur eine Frage der Zeit, wann die erfolgreichen Vampirbücher der Autorin Angela Sommer-Bodenburg verfilmt werden würden. Für diese Serie wurden die Bücher „Der kleine Vampir" und „Der kleine Vampir zieht um" herangezogen. DER KLEINE VAMPIR gehört zu den unterhalt-

samsten Kinderserien überhaupt. Besonderes
Highlight ist die Verpflichtung Gert Fröbes für die
Rolle des Vampirjägers Geiermeier. Marsha Moreau spielte kurz darauf die Schwester des Helden in ULTRA-MAN-MEIN GEHEIMES ICH (qv).

EPISODEN:
1. NÄCHTLICHER BESUCH (- liegt nicht vor -)
   31.12.86
2. FLIEGEN WILL GELERNT SEIN (- liegt nicht
   vor -) 04.01.87
3. BEI DEN SCHLOTTERSTEINS (liegt nicht
   vor -) 11.01.87
4. VAMPIRUMHÄNGE WÄSCHT MAN NICHT
   (- liegt nicht vor -) 18.01.87
5. ANNAS TRICK (- liegt nicht vor -) 25.01.87
6. RÜDIGER IN JEANS (- liegt nicht vor -)
   01.02.87
7. TEE MIT ÜBERRASCHUNGEN (- liegt nicht
   vor -) 08.02.87
8. RÜDIGER IN NOT (- liegt nicht vor -) 15.02.87
9. UNRUHE IM KELLER (- liegt nicht vor -)
   22.02.87
10. DAS GROSSE FEST DER VAMPIR (- liegt
    nicht vor -) 01.03.87
11. GEIERMEIER IST ÜBERALL (- liegt nicht vor -)
    08.03.87
12. EIN TRANSPORTPROBLEM (- liegt nicht
    vor -) 15.03.87
13. KEIN ABSCHIED FÜR IMMER (- liegt nicht
    vor -) 22.03.87

FILM:
I. DER KLEINE VAMPIR (The Little Vampire;
   2000) 28.09.00; Kino

DER KLEINE VAMPIR-NEUE ABENTEUER

BRD/A 1993; 13 Episoden
Ausstrahlung:
ARD 1993/1994; 13 Episoden

Darsteller: Jan Steilen (Rüdiger), Matthias
Ruschke (Anton Bohnensack), Lena Beyer (Anna), Dominique Horwitz (Stöbermann), Andreas
Nickl (Lumpi), Nadja Engelbrecht, Peter Lohmeyer, Ingeburg Kantstein, Ulrich Faulhaber.

Und hier sind sie wieder: Vampir Rüdiger und
sein Menschenfreund Anton mit neuen Abenteuern. Zwar füllt eine neue Besetzung die Rollen
aus, doch das tut dem Spass keinen Abbruch.
Zugrunde liegende Bücher sind dieses mal „Der
kleine Vampir verreist" und „Der kleine Vampir
auf dem Bauerhof".

EPISODEN:
1. SCHRECK IN DER ABENDSTUNDE 05.12.93
2. ANNA IN NOT 12.12.93
3. ÜBERRASCHUNG IN DER NACHT 19.12.93
4. GEIERMEIERS VERDACHT 24.12.93
5. DER SARG MUSS MIT 25.12.93
6. NÄCHTLICHE BAHNFAHRT 26.12.93
7. ANGST UM RÜDIGER 31.12.93
8. GLÜCK IM UNGLÜCK 01.01.94
9. VOM TEUFEL GERITTEN 02.01.94
10. DER UNHEIMLICHE ORGANIST 09.01.94
11. DIE GRUSEL-SHOW 16.01.94
12. DER BLUTROTE RUBIN 23.01.94
13. DAS VAMPIRFEST 30.01.94

KNIGHT RIDER
(Knight Rider)
USA 1982-1986; Pilot & 83 Episoden (fünf dop-
pellange)
USA 1991 & 1994; 2 Fernsehfilme
Deutsche Ausstrahlung:
RTL plus 1985; 38 Episoden
RTL plus 1986; 50 Episoden

Darsteller: David Hasselhoff (Michael Knight),
Edward Mulhare (Devon Miles), Patricia McPher-
son (Bonnie Barstow), Rebecca Holden (April
Curtis), Peter Parros (Reginald „RC3" Cornelius
III).

Michael Long ist ein junger Polizist, der im Untergrund arbeitet. Er wird überfallen und, durch einen Schuss ins Gesicht, beinahe getötet. Millionär und Erfinder Wilton Knight, der kurz vor seinem Tod steht, finanziert die plastische Operation des Polizisten.
Michael wird mit einer neuen Identität ausgestattet. Nach seinem Gönner nennt er sich nun Michael Knight. Im Auftrag der „Foundation for Law
and Government", auch ein Werk Wilton Knights,
soll er fortan gegen das Böse dieser Welt antreten. Hilfreich hierbei ist Michaels neuer Wagen,
der „Knight Industries Two Thousand", kurz KITT
genannt. Dieses Superauto ist mit allem ausgestattet, was des Verbrechensbekämpfers Herz
begehrt: Rauchende Bomben, flammende Wer-
fer, infrarote Sensoren und einem sogenannten
Turbo Boost, der den Wagen über alle Massen
beschleunigt, und es sogar ermöglicht, über
mögliche Hindernisse hinwegzuspringen. Ach ja,
und schließlich kann dieses Auto auch sprechen;
es verfügt sogar über einen, manchmal etwas eigensinnigen, Charakter.

Eine Serie, in der ein Mensch und ein Auto die Hauptrollen spielen, bekommt dann Probleme, wenn das Auto über mehr schauspielerische Fähigkeiten verfügt als der Partner. Das ist hier leider der Fall. So ist es auch nicht verwunderlich, dass die meisten Fans von KITT schwärmten und nicht von Hauptdarsteller Hasselhoff. Dennoch konnte dieser den Erfolg der Serie dazu nutzen, seinen Traum von einer Sangeskarriere zu verwirklichen. Des weiteren fand er in BAYWATCH und BAYWATCH NIGHTS (qv) Serien, in denen er weiterhin nur dümmlich in die Kamera zu stieren brauchte.

Trotz öder Drehbücher und eines unfähigen Hauptdarstellers wurde die Serie ein grosser Erfolg. 1991 und 1994 folgten zwei Fernsehfilme, wovon der erste KITT in neuem Gewand zeigte, der zweite so gut wie nichts mit KNIGHT RIDER zu tun hatte, und schließlich 1997 die Serie TEAM KNIGHT RIDER (qv), die gleich fünf „intelligente" Gefährte und ihre Gefährten aufzuweisen hat.

Der Original-KITT wurde auf der Basis eines Pontiac Trans Am gebaut. Zuständig für den Umbau war die Firma, die bereits für das TV-Batmobil und den Black Beauty von Green Hornet verantwortlich zeichnete.

Edward Mulhare spielte vorher in DER GEIST UND MRS. MUIR (qv). Die Originalstimme von KITT steuerte William Daniels, der seinen schlechten Geschmack bereits durch die Hauptrolle in DAS GEHEIMNIS DER BLAUEN TROPFEN (qv) bewiesen hatte, bei. Eine Plauderstunde mit dem schwarzen Auto hielten Marc (Star Trek: Deep Space Nine) Alaimo, Richard (Der Sechs-Millionen-Dollar-Mann & Die 7-Millionen-Dollar-Frau) Anderson, Richard (Mission Seaview) Basehart, Kabir Bedi, Theodore Bikel, Joan (Das Geheimnis von Twin Peaks) Chen, Robert (Time Tunnel) Colbert, John Crawford, John Cromwell, Robin Curtis, Henry Darrow, Geena Davis, Dick (Das Ding aus dem Sumpf) Durock, Michael (V) Durrell, Dana Elcar, Robert (V) Englund, Bernard (Verliebt in eine Hexe) Fox, Alan (Der Mann aus dem Meer) Fudge, Don Galloway, Mike (The Flash) Genovese, Clu Gulager, Richard (V) Herd, Gary (Twin Peaks) Hershberger, Aharon Ipalé, Roy Jenson, Lenore Kasdorf, Lance (Werwolf) LeGault, Anne (Kampfstern Galactica) Lockhart, William (Outlaws) Lucking, Jared (Fantastic Journey & Krieg der Welten) Martin, Heather (Automan) McNair, Cameron Mitchell, Phil (In geheimer Mission) Morris, George

Murdock, Tim (Buck Rogers) O'Connor, Alan (Der Sechs-Millionen-Dollar-Mann) Oppenheimer, Robert O'Reilly, Joanna Pettet, Michael D. (Ein Fall für Professor Chase) Roberts, Joseph Ruskin, Robert Sampson, Wendy (Fantasy Island) Schaal, Don Stroud, Kenneth (Der Mann aus dem Meer) Tigar, Terri (Alien Nation) Treas, Janine Turner, John (Krieg der Welten) Vernon, Nana (Star Trek: Deep Space Nine) Visitor, Stuart (Superboy) Whitman, William Windom und Morgan Woodward ab.

EPISODEN:

1. KNIGHT RIDER (Knight Rider) 28.08.85
2. REVANCHE (Knight Rider) 29.08.85
3. TÖDLICHE MANÖVER (Deadly Maneuvers) 02.09.85
4. MINISTER AUF ABWEGEN (Just My Bill) 03.09.85
5. DER BANDENKRIEG (Good Day At White Rock) 09.09.85
6. EIN RICHTER SPIELT SEIN SPIEL (No Big Thing) 10.09.85
7. GANGSTER WIDER WILLEN (Inside Out) 16.09.85
8. ZWISCHEN ZWEI FRAUEN (Forget Me Not) 17.09.85
9. SAMMYS SENSATIONSSHOW (Slammin' Sammy's Stunt Spectacular) 23.09.85
10. DAS ENDGÜLTIGE URTEIL (The Final Verdict) 24.09.85
11. HERZEN AUS STEIN (Hearts Of Stone) 30.09.85
12. GEHEIMCODE TOPAS (The Topaz Connection) 01.10.85
13. WEISSER VOGEL (White Bird) 07.10.85
14. GEKIDNAPPT (Short Notice) 08.10.85
15. EINE MUSTERSTADT OHNE VERBRECHEN (A Nice Indecent Little Town) 14.10.85
16. EIN MYSTERIÖSER SABOTEUR (Give Me Liberty...Or Give Me Death) 15.10.85
17. DIE HELIOS-NADEL (Chariot Of Gold) 21.10.85
18. UNERWÜNSCHTE KONKURRENZ (Knight Moves) 22.10.85
19. HÄNDLER DES TODES (Merchants Of Death) 28.10.85
20. COMPUTERSPIELE (Nobody Does It Better) 29.10.85
21. EIN RING AUS FEUER (Ring Of Fire) 04.11.85
22. GEHEIMVERSTECK „CADIZ" (Return To Cadiz) 05.11.85
23. DIAMANTENSCHMUGGEL (Diamonds Aren't A Girl's Best Friend) 11.11.85
24. EINE KLEINSTADT LEBT GEFÄHRLICH (White Line Warriors) 12.11.85
25. DEVON MILES IN NÖTEN (Custom KITT) 18.11.85

26.	DER FASSADENKLETTERER (KITT, The Cat) 19.11.85
27.	GOLIATHS GEBURT (Goliath) 25.11.85
28.	DER KAMPF MIT GOLIATH (Goliath) 26.11.85
29.	SCHNELLE TEUFEL (Speed Demons) 02.12.85
30.	DIE GROSSE DÜRRE (Not A Drop To Drink) 03.12.85
31.	DAS GIPFELTREFFEN (Plush Ride) 09.12.85
32.	GEDÄCHTNISSCHWUND (Knightmares) 10.12.85
33.	DER DOPPELGÄNGER (Trust Doesn't Rust) 16.12.85
34.	TÖDLICHES KOSTÜMFEST (Halloween Knight) 17.12.85
35.	FAHRERFLUCHT (Knight Of The Fast Lane) 23.12.85
36.	EINE SCHÖNE BESCHERUNG (Silent Night) 24.12.85
37.	VIEHDIEBE (The Rotten Apples) 30.12.85
38.	DAS ZWEITE GESICHT (The Ice Bandits) 31.12.85

26. DER FASSADENKLETTERER (KITT, The Cat)
19.11.85
27. GOLIATHS GEBURT (Goliath) 25.11.85
28. DER KAMPF MIT GOLIATH (Goliath) 26.11.85
29. SCHNELLE TEUFEL (Speed Demons)
02.12.85
30. DIE GROSSE DÜRRE (Not A Drop To Drink)
03.12.85
31. DAS GIPFELTREFFEN (Plush Ride) 09.12.85
32. GEDÄCHTNISSCHWUND (Knightmares)
10.12.85
33. DER DOPPELGÄNGER (Trust Doesn't Rust)
16.12.85
34. TÖDLICHES KOSTÜMFEST (Halloween
Knight) 17.12.85
35. FAHRERFLUCHT (Knight Of The Fast Lane)
23.12.85
36. EINE SCHÖNE BESCHERUNG (Silent Night)
24.12.85
37. VIEHDIEBE (The Rotten Apples) 30.12.85
38. DAS ZWEITE GESICHT (The Ice Bandits)
31.12.85

39. GEFÄHRLICHES SPIELZEUG (A Good
Knights Work) 07.02.86
40. MICHAEL FÄLLT IN UNGNADE (Knight In Dis-
grace) 10.02.86
41. WETTLAUF MIT DEM TOD (Race For Life)
11.02.86
42. KITT SITZT IN DER FALLE (Soul Survivor)
18.02.86
43. GOLDSCHMUGGEL (Mouth Of The Snake)
25.02.86
44. DAS SCHLANGENMAUL (Mouth Of The
Snake) 03.03.86
45. EIN GEHEIMNISVOLLER ROBOTER (Knight
Of The Drones) 04.03.86
46. DER CHINESISCHE TUNNEL (Knight Of The
Drones) 12.03.86
47. DER SCHWARZE TEUFEL TAUCHT WIEDER
AUF (KITT Versus KARR) 13.03.86
48. BLINDES VERTRAUEN (Blind Spot) 19.03.86
49. DER ERPRESSER (Brother's Keeper)
20.03.86
50. TÖDLICHE ORCHIDEEN (Dead Of Knight)
26.03.86
51. EINER SPIELT FALSCH (Big Iron) 27.03.86
52. GOLIATH KOMMT ZURÜCK (Goliath Returns)
02.04.86
53. GOLIATH WIRD VERNICHTET (Goliath Returns) 03.04.86
54. EIN NEUBAU MIT WANZEN (Knightlines)
09.04.86
55. EINE NASENLÄNGE VORAUS (Knight By A
Nose) 10.04.86
56. KITT KRIEGT EINEN SCHLAG (Lost Knight)
16.04.86
57. DAS 19. LOCH (The Nineteenth Hole)
17.04.86

58. MORD NACH MASS (Custom Made Killer)
23.04.86
59. EINE SCHRECKLICHE FALLE (Junkyard Dog)
24.04.86
60. DAS CHAMÄLEON (Knight Of The Chameleon) 30.04.86
61. ELLIOT, DER SCHLAUKOPF (Knight And
Knerd) 01.05.86
62. DIE SCHATZSUCHE (A Knight In Shining Armor) 07.05.86
63. MICHAEL KNIGHT UND DIE ZUFLUCHT
(Knight In Retreat) 08.05.86
64. SHATNERS KOMPLOTT (Ten Wheel Trouble)
14.05.86
65. DER KONKURS (Buy Out) 15.05.86
66. TOD UNTER DER ZIRKUSKUPPEL (Circus
Knights) 21.05.86
67. DIE WAFFENBÖRSE (Knight Strike) 22.05.86
68. KITTS UNFALL MIT FOLGEN (Knight Of The
Juggernaut) 29.05.86
69. DER DUFT EINER ROSE (The Scent Of Roses) 04.06.86
70. KILLER KITT (Killer KITT) 0.06.86
71. WER ANDERN EINE GRUBE GRÄBT (Knight
Of A Thousand Devils) 11.06.86
72. DER MILITÄRPUTSCH (Knight Flight To Freedom) 12.06.86
73. ZAUBERSPIELE (Deadly Knightshade)
18.06.86
74. DIE BOXMEISTERSCHAFT (Redemption Of A
Champion) 19.06.86
75. KNIGHT HINTER GITTERN (Knight Behind
Bars) 26.06.86
76. KIDNAPPING (KITTnap) 02.07.86
77. DIE FLUGZEUGENTFÜHRUNG (Sky Knight)
03.07.86
78. DIE HEILIGE GRABSTÄTTE (Burial Ground)
09.07.86
79. AUS SPASS WIRD BITTERER ERNST (The
Wrong Crowd) 10.07.86
80. TÖDLICHE BAKTERIEN (Knight Sting)
16.07.86
81. HERZLICHEN GLÜCKWUNSCH (Many Happy
Returns) 17.07.86
82. DER TOD FÄHRT MIT (Knight Racer) 23.07.86
83. DIE BODENSPEKULANTEN (Knight Song)
24.07.86
84. WIE DIE AXT IM WALDE (Out Of The Woods)
30.07.86
85. DER UNHEIMLICHE MÖNCH (Fright Knight)
31.07.86
86. DIE BRANDSTIFTER (Hills Of Fire) 06.08.86
87. DER JAPANISCHE GEHEIMBUND (Knight Of
The Rising Sun) 12.08.86
88. DER GEHEIMNISVOLLE OHRCLIP (Voodoo
Knights) 13.08.86

FILME:

I. KNIGHT RIDER 2000 (Knight Rider 2000;
1991) 02.09.92; Video

II.   KNIGHT RIDER 2010 (Knight Rider 2010;
        1994) 23.11.94; Video

KOBRA, ÜBERNEHMEN SIE/
UNMÖGLICHER AUFTRAG
(Mission: Impossible)
USA 1966-1973; 171 Episoden
Deutsche Ausstrahlung:
ARD 1967/1968; 9 Episoden
ARD 1969; 13 Episoden
ARD 1972; 6 Episoden
ARD 1976; 23 Episoden
ARD 1977/1978; 41 Episoden (neue?)
Pro 7 1990-1992; 61 Episoden
Kabel 1 1993

Darsteller: Steven Hill (Daniel Briggs - 1966/67),
Peter Graves (James „Jim" Phelps - 1967-73),
Barbara Bain (Cinnamon Carter - 1966-69), Mar-
tin Landau (Rollin Hand - 1966-69), Greg Morris
(Barney Collier - 1966-73), Peter Lupus (Willie
Armitage - 1966-73), Leonard Nimoy (Paris -
1969-71), Sam Elliott (Doug - 1970/71), Lesley
Ann Warren (Dana Lambert - 1970/71), Lynda
Day George (Lisa Casey - 1971-73), Barbara An-
derson (Mimi Davis - 1972/73).

Daniel Briggs ist der Leiter einer handverlesenen
Gruppe von Agenten, die besonders schwierige
und gefährliche Aufträge zu erledigen hat. Diese
Spezialisten bewegen sich, zum Wohle der
Menschheit — oder zumindest des US-amerikanischen Wohles — ausserhalb der Gesetze und
dürfen dadurch nicht mit Rückendeckung rech-
nen. Die Aufträge werden auf Band gesprochen
und mit zusätzlichen Informationen und Fotos
versehen. An geheimen Stellen plaziert, werden
sie von Briggs — später von seinem Nachfolger
Jim Phelps — abgeholt.

Ein riesiger Erfolg und ein absoluter Klassiker
seiner Sparte. Eigentlich kann man nicht genau
sagen, was an dieser Serie so gut war. Denn es
fehlen viele Komponenten für eine gute Serie:
Die Hauptfiguren wurden kaum wirklich charakte-
risiert, sie definieren sich nur über ihre jeweiligen
speziellen Fähigkeiten; ein Privatleben kam so
gut wie gar nicht vor und die Stories folgten eigentlich immer dem selben Schema. Vielleicht
war es ihr Einfallsreichtum, wenn es darum ging,
böse Buben aufs Kreuz zu legen. Den Gegner
wurde vorgegaukelt sie seien in einem U-Boot,

oder das sie es mit einer Geistererscheinung zu
tun hätten, oder das sie sich in einer vergange-
nen Zeit befänden.
15 Jahre nach Beendigung der Erfolgsserie, star-
tete die Nachfolgeserie IN GEHEIMER MISSION
(qv), wieder mit Peter Graves in der Jim Phelps-
Rolle. Barbara Bain hatte 1997 einen weiteren
Auftritt als Cinnamon Carter in der Episode „Mein
Vater, der Spion" der Serie DIAGNOSE: MORD
(Diagnosis: Murder), in der auch die Ex-Agenten-
darsteller Robert (Tennisschläger und Kanonen)
Culp, Patrick (Mit Schirm, Charme und Melone)
Macnee, Phil (In geheimer Mission) Morris und
Robert (Solo für U.N.C.L.E.) Vaughn auftraten.
Barbara Bain und Martin Landau, die zu der Zeit
verheiratet waren, spielten zusammen in MOND-
BASIS ALPHA 1 (qv), Leonard Nimoy trat direkt
vorher in RAUMSCHIFF ENTERPRISE (qv) auf.
In der ersten Serie wurden Philip (Kung Fu) Ahn,
Charles (Verrückter Wilder Westen) Aidman, Ri-
chard (Der Sechs-Millionen-Dollar-Mann & Die 7-
Millionen-Dollar-Frau) Anderson, Michael Ansara,
Edward Asner, Barbara Babcock, Joe Don (Am
Rande der Finsternis) Baker, Lee Bergere, Theo-
dore Bikel, Antoinette Bower, Lloyd Bridges, Mar-
tin E. (Der Sechs-Millionen-Dollar-Mann) Brooks,
Richard (Mission Seaview) Bull, Joanna Cassidy,
Robert (Time Tunnel) Colbert, John (Kampfstern
Galactica) Colicos, Joan Collins, Christopher (Die
Mars-Chroniken) Connelly, Michael Conrad, Ro-
bert (Verrückter Wilder Westen) Conrad, Alex
(Airwolf) Cord, John Crawford, Tyne Daly, Henry
Darrow, Peter (Time Trax) Donat, Dana Elcar,
Steve (Team Knight Rider) Forrest, Anne Francis,
Victor (Ein Engel auf Erden) French, Will Geer,
Arthur Hill, Pat (The Shining) Hingle, Rex Hol-
man, Skip Homeier, Susan Howard, Wilfred
(Buck Rogers) Hyde-White, John Ireland, Ri-
chard (Salvage 1) Jaeckel, Herbert (Kampfstern
Galactica) Jefferson jr., Roy Jenson, Eartha Kitt,
Mark (Planet der Affen) Lenard, Gary Lockwood,
William (Outlaws) Lucking, Barbara Luna, Monte
(Der Mann von Gestern) Markham, Don (Planet
der Giganten) Marshall, A (Profiler) Martinez,
Roddy (Planet der Affen & Fantastic Journey)
McDowall, Darren (Der Nachtjäger) McGavin,
John McLiam, Lee (Time Tunnel) Meriwether, Sal
Mineo, Cameron Mitchell, Lawrence Montaigne,
Ricardo (Fantasy Island & Einmal Himmel und
zurück) Montalbán, Charles (Outlaws) Napier, Si-
mon (Der Nachtjäger) Oakland, Gerald S. (Auto-
man) O'Loughlin, David Opatoshu, Nehemiah
Persoff, Brock Peters, Pat (The Munsters) Priest,

Robert Reed,Hari Rhodes, Madlyn Rhue, Peter Mark Richman, Sugar Ray Robinson, Pernell Roberts, Percy Rodrigues, Joseph Ruskin, Robert Sampson, George Sanders, William (Mini-Max) Schallert, John (Holmes und YoYo & Familie Munster) Schuck, William (Raumschiff Enterprise & TekWar) Shatner, Martin Sheen, James B. Sikking, Henry Silva, Abraham Sofaer, Dean (Zurück in die Vergangenheit) Stockwell, Barry Sullivan, George (Raumschiff Enterprise) Takei, Rockne (Tarzan) Tarkington, Torin Thatcher, Malachi Throne, Daniel J. (Poltergeist) Travanti, John (Krieg der Welten) Vernon, Ray (Mein Onkel vom Mars) Walston, Fritz (Die Mars-Chroniken) Weaver, Billy Dee Williams, William Windom, Paul Winfield, Jason Wingreen und John (Time Tunnel) Zaremba in die Fälle verstrickt.

EPISODEN (ARD):
1. VIER GEDECKE UND EIN SAFE (The Frame) 29.12.67
2. VERRATENE VERRÄTER (The Traitor) 12.01.68
3. GEFÄHRLICHER ZEUGE (The Ransom) 26.01.68
4. POKER MIT DOPPELTEM BODEN (The Psychic) 09.02.68
5. DUELL DER KOMÖDIANTEN (Fakeout) 08.03.68
6. DAS FÜRSTLICHE SPIEL (Odds On Evil) 22.03.68
7. EINE EXPLOSIVE ROLLE (Pilot) 05.04.68
8. DER SUPERDIAMANT (The Diamond) 19.04.68
9. DER SPION OHNE GEPÄ'CK (The Short Tail Spy) 03.05.68

10. DAS JADESIEGEL (The Seal) 20.06.69
11. EIN DENKWÜRDIGES WOCHENENDE (Charity) 04.07.69
12. DIE WITWE (The Widow) 18.07.69
13. DIEBSTAHL IN OFFIZIELLEM AUFTRAG (Recovery) 01.08.69
14. UNHEIMLICHE TANKSTELLE (The Town) 15.08.69
15. DER TODESKANDIDAT (The Condemned) 29.08.69
16. DAS GEHEIMNIS DER SCHATULLE (The Heir Apparent) 12.09.69
17. EIN GROSSES RISIKO (The Diplomat) 26.09.69
18. SPIEL OHNE LIMIT (The Emerald) 10.10.69
19. COMEBACK FÜR RICHY 1 (The Contender 1) 24.10.69
20. COMEBACK FÜR RICHY 2 (The Contender 2) 31.10.69
21. DOPPELTES SPIEL (The Mind Of Stefan Milkos) 14.11.69

22. HALLUZINATIONEN (The Bargain) 28.11.69

23. DIE LIEBESFALLE (Lover's Knot) 06.76
24. BUTTERFLY (Butterfly)
25. WECHSELSPIEL (Flip Side)
26. DOPPELRING (The Double Circle)
27. DIE FEINDLICHEN BRÜDER (The Brothers)
28. DER FALKE 1 (The Falcon 1)
29. DER FALKE 2 (The Falcon 2)
30. DER FALKE 3 (The Falcon 3)
31. DAS BUNTE FENSTER (Time Bomb)
32. ZIGEUNER (Gitano)
33. FREUND ODER FEIND (My Friend, My Enemy)
34. SCHWESTER UND BRUDER (Decoy)
35. DER NACHFOLGER (Squeeze Play)
36. FALSCH GESTEUERT (The Missile)
37. SPERRZONE (The Field)
38. DA CAPO (Encore)
39. DIE ZEUGIN (Committed)
40. DIE SPIELER (Break!)
41. DER AUSBRUCH (Hit)
42. BLUES (Blues)
43. IN DER FALLE (Trapped)
44. IMITATIONEN (Imitation)
45. RAUSCHGIFT (Cocaine)
46. NERVEN (Nerves)
47. DER KILLER (The Killer)
48. ENTFÜHRT (Kidnap)
49. DAS GEISTERSCHIFF (Shape-Up)
50. BLIND (Blind)

WEITERE EPISODEN:
51. GEDÄCHTNIS OHNE LÜCKEN (Memory)
52. DER BRUNNENVERGIFTER (Operation Rogosh)
53. DIE ARTISTEN 1 (Old Man Out 1)
54. DIE ARTISTEN 2 (Old Man Out 2)
55. BETROGENE WAHLBETRÜGER (Wheels)
56. DIE ARMENIER (A Spool There Was)
57. WILLKOMMEN IN KLEIN-AMERIKA (The Carriers)
58. ZUBROVNIKS GEIST (Zubrovnik's Ghost)
59. ELENA (Elena)
60. DAS ERBE DER VÄTER (The Legacy)
61. DER MANN, DER NICHT FLIEHEN WOLLTE (The Reluctant Dragon)
62. DER SCHAUPROZESS (The Trial)
63. DIE PUPPE HINTER DEM VORHANG (The Legend)
64. DER KOMMANDANT VON BORADUR (Snowball In Hell)
65. DAS SENATOREN-DUO (The Confession)
66. DER PROPAGANDAFILM (Action!)
67. DER ZUG ZUR WAHRHEIT (The Train)
68. WO IST CARL WILSON? (Shock)
69. DIE GUMMIZELLE (A Cube Of Sugar)
70. GOLD DER INKAS (Trek)
71. EIN FAST ECHTES ERDBEBEN (The Survivors)

72.	DER TUNNEL IN DEN TOD (The Bank)
73.	DIE SKLAVENHÄNDLER 1 (The Slave 1)
74.	DIE SKLAVENHÄNDLER 2 (The Slave 2)
75.	EIN KOMPLOTT ZUM JUBILÄUM (Operation "Heart")
76.	DIE GELDMASCHINE (The Money Machine)
77.	SPIEL DER MASKEN 1 (The Council 1)
78.	SPIEL DER MASKEN 2 (The Council 2)
79.	ASTROLOGIN AN BORD (The Astrologer)
80.	DER STARPHOTOGRAPH (The Photographer)
81.	DIE TOPSPIONIN (The Spy)
82.	COMPUTER-SCHACH (A Game Of Chess)
83.	DIE PILLENFÄLSCHER (The Counterfeiter)
84.	GESPENSTISCHE RACHE (The Killing)
85.	DIE STAHLSKULPTUR (The Phoenix)
86.	SPITZELJAGD (Trial By Fury)
87.	DER SÖLDNERFÜHRER (Mercenaries)
88.	DIE TODESZELLE (The Execution)
89.	DER FALSCHE KARDINAL (The Cardinal)
90.	EWIGE JUGEND (The Elixir)
91.	DIE STAATSSCHAUSPIELER (The Play)
92.	ZURÜCK AUS DER ZUKUNFT (The Freeze)
93.	AGENTENAUSTAUSCH (The Exchange)
94.	DER MENSCHENVERSUCH (The Test Case)
95.	SPIEL MIT SYSTEM (The System)
96.	DER KÄFIG AUS GLAS (The Glass Cage)
97.	WELTUNTERGANG (Doomsday)
98.	DER DOPPELAGENT (Live Bait)
99.	AUFTRAG UNTER DER ERDE (The Bunker/ Mission Beneath The Earth 1 & 2) 05.02.91
100.	NITROGLYZERIN (Nitro)
101.	NICOLE (Nicole)
102.	DER TRESOR (The Vault)
103.	DIE ZWEITE CARLOTTA (Illusion)
104.	DER VERHÖRSPEZIALIST (The Interrogator)
105.	DER CODE (The Code)
106.	IM BUNKER DER ILLUSIONEN (The Number Game)
107.	DIE SKLAVENDROGE 1 (The Controllers 1)
108.	DIE SKLAVENDROGE 2 (The Controllers 2)
109.	100 MILLIONEN IN GOLD (Fool's Gold)
110.	REVOLUZZER UND RIVALEN (Commandante)
111.	DER GEDANKENLESER (Mastermind Check)
112.	DER LEBENDE ROBOTER (Robot)
113.	DER MANN OHNE GEDÄCHTNIS (The Amnesiac)
114.	DAS U-BOOT (Submarine)
115.	CHICO UND DIE BRIEFMARKEN (Chico)
116.	DER DIKTATOR SIEHT GESPENSTER (Phantoms)
117.	DER HERR DES TERRORS (Terror)
118.	DECKNAME ORPHEUS (Orpheus)
119.	KONSTANTIN (The Crane)
120.	DIE TODESSCHWADRON (Death Squad)
121.	DER SCHARLATAN (The Choice)
122.	DER MÄRTYRER (The Martyr)
123.	DER GIFTMISCHER (The Innocent)
124.	DIE STADT SEINER JUGEND (Homecoming)
125.	DIE INSEL DER VERDAMMTEN (Flight)
126.	KEIN SPIEL FÜR AMATEURE (The Amateur)
127.	SCHWARZ UND WEISS (Hunted)
128.	DAS NOTIZBUCH (The Rebel)
129.	IN REBELLENHAND (The Hostage)
130.	DER FALSCHE BÜRGERMEISTER (Takeover)
131.	DAS SCHWARZE SYNDIKAT (Cat's Paw)
132.	DER SPRENGSTOFFEXPERTE (Blast)
133.	DIE WACHSFIGUR IM SARG (The Catafalque)
134.	KITARA (Kitara)
135.	GEISTER AUS DER RETORTE (A Ghost Story)
136.	SELBSTHYPNOSE (The Party)
137.	DER HÄNDLER DES TODES (The Merchant)
138.	DIE SEILBAHN (The Tram)
139.	DIE GEHIRNWÄSCHER (Mindbend)
140.	DER MÖRDER MIT DEM WEICHEN HERZEN (The Miracle)
141.	STONERS FRAU (Encounter)
142.	DIAMANTEN AUS DEM MEER (Underwater)
143.	SCHAUSPIEL FÜR EINEN VERRÄTER (The Invasion)
144.	DIE AUSSERIRDISCHEN (The Visitors)
145.	DAS WUNDERPFERD (Run For The Money)
146.	EINE INSEL VOR AFRIKA (The Connection)
147.	DER MILLIONEN-SARG (The Bride)
148.	DER PROFESSOR (Stone Pillow)
149.	DAS KORSISCHE ZEICHEN (Image)
150.	WER IST C-6? (Bag Woman)
151.	DIE KREDITHAIE (Double Dead)
152.	CASINO AQUARIUS (Casino)
153.	FÜNFZIG KILO PLUTONIUM (Two Thousand)
154.	DER CAMAGUA-PUTSCH (The Deal)
155.	LEONA (Leona)
156.	DER BIO-KAMPFSTOFF (TOD-5)
157.	FLUCHT IM SARG (Underground)
158.	PORTRAIT EINES MORDES (Movie)
159.	DAS ULTIMATUM (Ultimatum)
160.	DER SCHACHKILLER (Crack-Up)
161.	DER MANN OHNE GESICHT (The Puppet)
162.	NICHT ALLE WITWEN TRAUERN (Boomerang)
163.	DER ÜBERLÄUFER (The Question)
164.	DIE WUNDERQUELLE (The Fountain)
165.	DER DEALER UND SEINE TOCHTER (Speed)
166.	OPERATION NACHTFALKE (The Pendulum)
167.	TROMMELN IN DER NACHT (Incarnate)
168.	AUFERSTEHUNG EINES RÄUBERS (The Western)
169.	DER BOXER (The Fighter)

Anmerkung zur Episodenliste: Nach der 22. Folge lief die Serie in den Regionalprogrammen. Die Auflistung folgt — ohne Datumsangabe — der Originalreihenfolge.

DER KÖNIG VON NARNIA
(The Chronicles Of Narnia)
GB 1989; 12 Episoden
GB/BRD 1990; 6 Episoden

Darsteller: Sophie Wilcox (Lucy), Jonathan R. Scott (Edmund), Sophie Cook (Susan), Michael Aldredge (Professor), Camilla Power (Jill Pole - 1990), David Thwaites (Eustace Pole - 1990), Samuel West (Prinz Caspian - 1989), Geoffrey Russell (Prinz Caspian - 1990), William Todet-Jones (Centaur - 1990), Tom Baker (Puddlegum - 1990), Barbara Kellermann (Hexe/Grüne Lady - 1990), Richard Henders (Prinz Rilian - 1990), Warwick Davis (Reepicheep - 1990), Lesley Nicol (Biber/Riesenkönigin - 1989), Kerry Shale (Biberin - 1989), John Hallam (Kapitän Drinian - 1989), Guy Fithen (Rhince - 1990), Neal S. McGrath (Rynelf - 1990), Mike Edmonds.

Durch einen Wandschrank gelangen vier Kinder in das Märchenland Narnia. Dieses Land wurde von Aslan erschaffen, dem sagenumwobenen Herrscher des Reiches. Dieser gütige Herrscher, der im Körper eines Löwen daherkommt, entstammt dem Land jenseits des Weltendes. Während die Kinder wochenlange Abenteuer mit Hexen und Ungeheuern bestehen, vergeht in ihrer realen Welt keine Minute.

Verfilmung eines der Klassiker der britischen Kinderliteratur. Grundlage sind die Bücher von Clive Staples Lewis, die in den fünfziger Jahren erschienen. Mit britisch-dezentem Aufwand produziert, bietet diese Serie sehr gute Unterhaltung — auch für phantasiebegabte Erwachsene. Tom Baker war einer der Darsteller, die DOCTOR WHO (qv) verkörperten.

EPISODEN:
1. LUCYS ABENTEUER IM KLEIDERSCHRANK (The Lion, The Witch And The Wardrobe 1) 02.01.90
2. EDMUND UND DIE FALSCHE KÖNIGIN (The Lion, The Witch And The Wardrobe 2) 02.01.90
3. EDMUND IM BANNE DER WEISSEN HEXE (The Lion, The Witch And The Wardrobe 3) 03.01.90
4. ASLAN BRICHT DAS EIS (The Lion, The Witch And The Wardrobe 4) 04.01.90
5. ASLAN IM KAMPF GEGEN DIE WEISSE HEXE (The Lion, The Witch And The Wardrobe 5) 04.01.90
6. ASLANS SIEG ÜBER DAS BÖSE (The Lion, The Witch And The Wardrobe 6) 06.01.90
7. GEHEIMNISVOLLER RUF AUS DEM ZAUBERLAND (Prince Caspian And The Voyage Of The "Dawn Trader" 1 & 2) 24.12.90
8. ANS ENDE DER WELT (Prince Caspian And The Voyage Of The "Dawn Trader" 3) 25.12.90
9. EIN DRACHE WEINT (Prince Caspian And The Voyage Of The "Dawn Trader" 4) 26.12.90
10. DEM SEEUNGEHEUER ENTKOMMEN (Prince Caspian And The Voyage Of The "Dawn Trader" 5) 29.12.90
11. EIN KÖNIG AUS DER STERNENWELT (Prince Caspian And The Voyage Of The "Dawn Trader" 6) 31.12.90
12. DIE TÜR INS ZAUBERLAND (The Silver Chair 1) 28.01.92
13. EIN SELTSAMES WESEN AUS DEM SUMPF (The Silver Chair 2) 30.01.93
14. DAS SCHLOSS DER RIESEN (The Silver Chair 3) 04.02.92
15. DEN RIESEN VOM TELLER GESPRUNGEN (The Silver Chair 4) 06.02.92
16. IM UNTERIRDISCHEN HEXENREICH (The Silver Chair 5) 11.02.92
17. DER ZAUBER WIRD GEBROCHEN (The Silver Chair 6) 18.02.92

KOMM ZURÜCK, LUCY
(Come Back, Lucy)
GB 1975 (aq: 1979); 4 Episoden
Deutsche Ausstrahlung:
1981; 4 Episoden

Darsteller: Emma Barkle (Lucy), Bernadette Windsor (Alice), Eve Karpf (Gouvernante), Russell Lewis (Patrick), Francois Evans (Bill), Phyllida Law, Royce Mills, Oona Kirach.

Die zwölfjährige Lucy ist Waise und lebt bei ihrer altmodischen Tante Olive. Als auch diese stirbt, wird das Mädchen von den Longs, der Familie ihrer Tante Gwen, aufgenommen. Diese Familie hat bereits drei Kinder, doch Lucy schafft es nicht, mit diesen warm zu werden. Ihr Unglücksgefühl wird erst gelindert, als sie Alice trifft und sich mit ihr anfreundet. Allerdings lebt bzw. lebte Alice bereits vor hundert Jahren. Lucy begleitet ihre neue Freundin in ihre Zeit. Je länger jedoch die Freundschaft dauert, desto besitzergreifender wird Alice. Sie will Lucy nicht mehr zurück lassen. Doch Lucy findet den Weg alleine, sie muss durch ihre eigenen Spiegelungen wandern. Aber Alice gibt nicht auf.

Gut gelungene Kinderunterhaltung nach dem

Buch von Pamela Sykes.

EPISODEN:
1. DIE NEUE FAMILIE (Part One) 24.03.81
2. DAS GEHEIMNISVOLLE MÄDCHEN (Part Two) 25.03.81
3. EINE WICHTIGE ENTDECKUNG (Part Three) 31.03.81
4. IN TÖDLICHER GEFAHR (Part Four) 01.04.81

KRIEG DER WELTEN
(War Of The Worlds & War Of The Worlds-The Second Invasion)
USA 1988-1990; Pilot & 42 Episoden
Deutsche Ausstrahlung:
Pro 7 1992; Pilot & 42 Episoden

Darsteller: Jared Martin (Dr. Harrison Blackwood), Lynda Mason Green (Dr. Suzanne McCullough), Philip Akin (Norton Drake - 1988/89), Richard Chaves (Lieutenant Colonel Paul Ironhorse - 1988/89), Rachel Blanchard (Debi McCullough), Ann Robinson (Sylvia Van Buren - 1988/89), Norah Grant (Sergeant Coleman - 1988/89), John Vernon (General Wilson - 1988/89), Corinne Conley (Mrs. Pennyworth - 1988/89), Adrian Paul (John Kincaid - 1989/90), Richard Comar & David Calderisi (Advocate #1 - 1988/89), Ilse von Glatz (Advocate #2 - 1988/89), Michael Rudder (Advocate #3 - 1988/89), Denis Forest (Malzor - 1989/90), Catherine Disher (Mana - 1989/90), Julian Richings (Ardix - 1989/90), Patricia Phillips (Bayda - 1989/90), Belinda Metz (Scoggs - 1989/90).

Nach einer Aufklärmission von Ausserirdischen im Jahre 1938 und einer ersten Auseinandersetzung mit den Menschen im Jahre 1953, erwachen nun die Überlebenden und starten ihre eigentliche Invasion. Hierbei übernehmen die Wesen vom Planeten Mortax die Körper der Menschen, um so an Waffen und andere nützliche Dinge zu kommen. Aufgrund ihrer eigenen Strahlung, werden die Körper jedoch bald zerstört. Wird einer von ihnen getötet, zerfliesst der Körper zu Schleim.
Ihnen entgegen stellt sich der Astrophysiker Harrison Blackwood, unterstützt von einer kleinen Gruppe Gleichgesinnter. Dies sind Computerspezialist Norton Drake, Mikrobiologin Suzanne McCullough und Paul Ironhorse, indianischer Vertreter des Militärs.

Nach Beendigung dieser Kampfhandlungen kommt es zu einer zweiten Invasion. Dieses Mal erscheinen die Bewohner des zerstörten Planeten Morthrai. Wie sich herausstellt, waren die ersten Invasoren nur Krieger im Dienste dieser Rasse von Humanoiden.
Und wieder sind Blackwood und McCullough zur Stelle, um ihren Heimatplaneten zu schützen. Dieses Mal werden sie von dem ehemaligen Soldaten John Kincaid unterstützt.

Vor der Fernsehausstrahlung wurde die Serie unter grossem Tamtam in die Videotheken gebracht und erwies sich als Renner. Trotzdem ist sie nicht mehr als eine dieser vielen durchschnittlichen Invasionstories.
Wie schon der Titel sagt, entstammt die Grundidee dem gleichnamigen Roman von Herbert George Wells, der bereits 1953 als US-Spielfilm realisiert wurde. Mehr Ähnlichkeit weist die Serie allerdings mit INVASION VON DER WEGA (qv) auf.
Die Jahreszahlen vom Erstkontakt und dem ersten Krieg, 1938 und 1953, wurden aus folgenden Gründen gewählt: 1953 erschien, wie bereits erwähnt der Spielfilm, aus denen auch verschiedene Szenen für die Serie verwendet wurden, und 1938 war das Jahr in dem Orson Welles' Bearbeitung des Wells-Romans über den Äther ging. Legendär wurde diese Halloweensendung durch die Tatsache, dass ein Teil der US-Bevölkerung davon überzeugt war, mit einer echten Invasion Ausserirdischer konfrontiert zu sein. Das Radiohörspiel und die daraus resultierenden Reaktionen waren 1975 Thema eines Fernsehfilms: THE NIGHT THAT PANICKED AMERICA.
Adrian Paul und Philip Akin spielten später in HIGHLANDER (qv). In den Krieg griffen John (Kampfstern Galactica) Colicos, Alex (Airwolf) Cord, Jeff Corey, John Ireland, Patrick (Mit Schirm, Charme und Melone) Macnee, Greg (Kobra, übernehmen Sie) Morris, Michelle (Airwolf & Alien Nation) Scarabelli, Roy (Dark Shadows & Invasion von der Wega) Thinnes und Gwynyth Walsh ein.

EPISODEN:
1. DIE AUFERSTEHUNG (The Resurrection) 01.02.92
2. ZIELORT JERICHO (The Walls Of Jericho) 09.02.92
3. DER GUTE SAMARITER (The Good Samaritan) 16.02.92
4. KATYA (Epiphany) 23.02.92

5.   SPIEL DER MUTANTEN (Goliath Is My Name) 29.02.92
6.   WILLKOMMEN IN BEETON (A Multitude Of Idols) 07.03.92
7.   STILL RUHT DER SEE (Thy Kingdom Come) 14.03.92
8.   AUGE UM AUGE (Eye For An Eye) 22.03.92
9.   SPUREN DER VERGANGENHEIT (The Second Seal) 29.03.92
10.   HEILT DIE AUSSÄTZIGEN (To Heal The Leper) 05.04.92
11.   DAS VERMÄCHTNIS DER WESTESKIWIN (Dust To Dust) 11.04.92
12.   QUINN (The Prodigal Son) 18.04.92
13.   MACHT DER SUGGESTION (Choirs Of Angels) 25.04.92
14.   ZÜCHTEN FÜR DIE FORSCHUNG (He Feedeth Among The Lillies) 03.05.92
15.   DIE PHILISTER SIND UNTER UNS (Among The Philistines) 10.05.92
16.   AUSFLUG MIT MOLLY (The Meek Shall Inherit) 17.05.92
17.   UNS IST EIN KIND GEBOREN (Unto Us A Child Is Born) 23.05.92
18.   DAS PHILADELPHIA-TREFFEN (The Last Supper) 30.05.92
19.   DER REPORTER DES TEUFELS (My Soul To Keep) 07.06.92
20.   MEIN IST DIE RACHE (Vengeance Is Mine) 14.06.92
21.   PROJEKT 9 (The Raising Of Lazarus) 21.06.92
22.   ENGEL DES TODES (The Angel Of Death) 27.06.92
23.   DIE KILLERDROGE (So Shall Ye Reap) 04.07.92
24.   DIE ZWEITE GENERATION (The Second Wave) 12.07.92
25.   DER DIENER GOTTES (No Direction Home) 19.07.92
26.   DIE BRUT DES BÖSEN (Breeding Ground) 25.07.92
27.   SCAVENGER-ROCK (Terminal Rock) 01.08.92
28.   WASSER!!! (Doomsday) 09.08.92
29.   DIE HOHEPRIESTERIN VON EMUN (Seft Of Emun) 16.08.92
30.   ZARTE BANDE (Loving The Alien) 23.08.92
31.   TREIBHAUSEFFEKT (Night Moves) 29.08.92
32.   DER STOFF AUS DEM DIE TRÄUME SIND (Synthetic Love) 06.09.92
33.   REISE IN DIE VERGANGENHEIT (Time To Reap) 13.09.92
34.   COMPUTERSPIELE (The Defector) 20.09.92
35.   DER RATTENFÄNGER (The Pied Piper) 22.09.92
36.   EIN TROPFEN LEBEN (The Deadliest Desease) 29.09.92
37.   EWIGES LEBEN (Path Of Lies) 06.10.92
38.   DER VIDEO-MESSIAS (Video Messiah) 13.10.92
39.   EINE KERZE IN DER NACHT (Candle In The Night) 19.10.92
40.   SPIEL AUF LEBEN UND TOD (Totally Real) 26.10.92
41.   MAX (Max) 03.11.92
42.   DIE KOPFGELDJÄGER (The True Believer) 09.11.92
43.   DIE TELESISCHEN SPOREN (The Obelisk) 17.11.92

KUNG FU
(Kung Fu)
USA 1972-75; Pilot & 61 Episoden <eine doppellange>
USA 1986; Fernsehfilm
Deutsche Ausstrahlung:
ZDF 1975/1976; 39 Episoden
Kabel 1; 1995; ca. 23 Episoden

Darsteller: David Carradine (Kwai Chang Caine), Philip Ahn (Meister Kan), Keye Luke (Meister Po), Radames Pera (Caine als Junge), Season Hubley (Margit McLean - 1975).

Kwai Chang Caine, ein amerikanisch-chinesischer Mischling, wird von den Mönchen des Shaolin-Ordens aufgezogen und ausgebildet. Nach Jahren der Schulung in Philosophie und Kung Fu wird er zum Priester ernannt.
Während eines Zwischenfalls sieht sich Caine gezwungen, ein Mitglied der Königsfamilie in Notwehr zu töten. Er wird als Mörder abgestempelt und flieht nach Amerika. Hier beginnt er die Suche nach seinem Halbbruder.

Was macht diese Serie in diesem Buch? Gute Frage. KUNG FU wird von vielen zu den phantastischen Serien gezählt. Berechtigung hierfür präsentieren die seltsamen Eigenschaften Caines, z.B. die Fähigkeit in Trance Hunger, Durst und Hitze zu überwinden. Zusätzlich tauchen im Laufe der Serie verschiedentlich Episoden auf, die klar dem Genre verbunden sind. Abgehandelt werden Themen wie Hellseherei, Nahtoderlebnis, metaphysische Reise in den Geist einer anderen Person und Begegnungen mit Dämonen und dem Teufel.
Die Grundidee zu KUNG FU entstammt dem Gehirn des wohl bekanntesten Vertreters des Martial Arts-Films: Bruce Lee. Er wollte auch die Hauptrolle übernehmen. Da man sich angeblich keinen Erfolg hiervon versprach, wurde aus dieser Planung jedoch nichts. Eine gewisse Zeit

später erfuhr der Filmstar aus dem Fernsehen von der Existenz „seiner" Serie. Neu war jedoch, dass ein Amerikaner nun die Hauptrolle spielte und dass Lee mit keinem Wort erwähnt wurde. Entgegen frühen Unkenrufen wurde KUNG FU ein Erfolg und machte David Carradine zu einem weltweit bekannten Darsteller.

1986 folgte ein Fernsehfilm in dem interessanterweise Bruce Lees Sohn, Brandon, den Sohn Kwai Chang Caines verkörperte. 1991 hatte Caine einen Gastauftritt — wie ungefähr jeder zweite Fernsehwesterncharakter — in einem GAMBLER-Film. 1993 schließlich folgte die Nachfolgeserie KUNG FU: IM ZEICHEN DES DRACHEN (siehe nächsten Eintrag).

Caines Irrwege kreuzten neben Davids Vater John Carradine, seinem Adoptivbruder Bruce Carradine und seinen Halbbrüdern Keith und Robert Carradine die Gaststars Edward (Die Schöne und das Biest) Albert, Gary Busey, Rosalind (Raumschiff Enterprise-Das nächste Jahrhundert & Star Trek: Deep Space Nine) Chao, Royal (Twin Peaks) Dano, Henry Darrow, Ike (Fantastic Journey) Eisenmann, Jack Elam, Harrison Ford, Jodie Foster, Robert Foxworth, Anne Francis, Lynda Day (Kobra, übernehmen Sie) George, Robert Ito, Don Johnson, James Keach, Clyde Kusatsu, William (Outlaws) Lucking, Tim Matheson, Diana (Raumschiff Enterprise-Das nächste Jahrhundert) Muldaur, Leslie Nielsen, France Nuyen, Stefanie (Dancer für U.N.C.L.E.) Powers, Andrew (V) Prine, Andrew (Star Trek: Deep Space Nine) Robinson, William Schallert, William (Raumschiff Enterprise & TekWar) Shatner, Barry Sullivan, Robert Urich, Carl Weathers und Fritz (Die Mars-Chroniken) Weaver.

EPISODEN (ZDF):
1. IM ZEICHEN VON DRACHEN UND TIGER (Kung Fu) 27.09.75
2. CAINE UND DER KOPFGELDJÄGER (King Of The Mountain) 04.10.75
3. CAINE UND DER RIESENDIAMANT (The Stone) 18.10.75
4. CAINE UND DIE SCHLANGENGRUBE (The Soul Is The Warrior) 25.10.75
5. CAINE UND DIE TOTE KATZE (Nine Lives) 08.11.75
6. CAINE UND DIE BANKRÄUBER (A Praying Mantis Kills) 15.11.75
7. CAINE UND DER SPIELER (The Third Man) 06.12.75
8. CAINE UND DER ALTE HÄUPTLING (The Ancient Warrior) 13.12.75
9. CAINE UND DAS SKLAVENLAGER (Superstition) 27.12.75
10. CAINE UND DAS MÄDCHEN MIT DER MANDOLINE (Alethea) 03.01.76
11. CAINES BLUTSBRUDER (Blood Brother) 10.01.76
12. CAINE UND UND DIE GOLDGRÄBER (Sun And Cloud Shadow) 24.01.76
13. CAINE UND DER MASKENMÖRDER (The Assassin) 31.01.76
14. CAINE UND DAS WUNDERMITTEL (The Elixir) 07.02.76
15. CAINE UND UND DIE SQUAW (The Squaw Man) 14.02.76
16. CAINE UND DER GESETZLOSE (The Gunman) 28.02.76
17. CAINE UND UND DER TEXAS-RANGER (Empty Pages Of A Dead Book) 06.03.76
18. CAINE UND DIE GOLDRÄUBER (The Raiders) 13.03.76
19. CAINE UND DIE KIDNAPPER (In Uncertain Bondage) 27.03.76
20. CAINE IM KREUZFEUER (Crossties) 03.03.76
21. CAINE UND DER AUSGESTOSSENE (The Passion Of Chen Yi) 17.04.76
22. CAINE UND DER SCHEINTOTE (Arrogant Dragon) 24.04.76
23. CAINE UND DIE SOLDATEN (The Soldier) 08.05.76
24. CAINE UND DIE SEKTIERER (The Hoots) 22.05.76
25. CAINE UND DER NEGER (The Well) 29.05.76
26. CAINES BEGNADIGUNG (A Small Beheading) 05.06.76
27. CAINE UND DIE SKALPJÄGER (The Predators) 12.06.76
28. CAINES BRUDER (My Brother, My Executioner) 26.06.76
29. CAINE UND DER KUNG-FU-MEISTER (The Garments Of Rage) 03.07.76
30. CAINE UND DER SCHWINDELPRIESTER (The Last Raid) 28.08.76

31. CAINE UND DIE CHINESIN (The Tide)
32. CAINE UND DER ALTE FOTOGRAF (The Vanishing Image)
33. CAINE UND DER MEXIKANER (A Lamb To The Slaughter)

EPISODEN (Kabel 1):
34. CAINE UND DER GROSSE GEISTHELFER (The Spirit Helper) 06.08.95
35. CAINE UND DER FEUERSALAMANDER (The Salamander) 19.08.95
36. CAINE UND DER MANN IM BAUM (A Dream Within A Dream) 03.09.95
37. CAINE UND DAS ZEICHEN DER EULE (Night Of The Owls, Day Of The Doves) 16.09.95
38. CAINE UND DIE NATUR DES BÖSEN (The Nature Of Evil) 30.09.95

39.	CAINE UND DIE KISTE MIT DER TOTEN 1 (The Cenotaph 1) 01.10.95
40.	CAINE UND DIE KISTE MIT DER TOTEN 2 (The Cenotaph 2) 07.10.95
41.	CAINE UND DAS BLUT DES DRACHEN 1 (Blood Of The Dragon) 08.10.95
42.	CAINE UND DAS BLUT DES DRACHEN 2 (Blood Of The Dragon) 14.10.95
43.	CAINE UND DAS TAL DES SCHRECKENS (This Valley Of Terror) 21.10.95
44.	CAINE UND DAS SELTSAME TIER (Cry Of The Night Beast) 28.10.95
45.	CAINE UND DIE SAAT DES HASSES (The Devil's Champion) 04.11.95
46.	CAINE UND DER TOD AM KALTEN BERG (Besieged: Death On Cold Mountain) 18.11.95
47.	CAINE UND DIE KANONE DES KAISERS (Besieged: Cannon At The Gate) 25.11.95
48.	CAINE UND DAS REICH DES TODES (The Demon God) 02.12.95
49.	CAINE UND DAS VERBOTENE KÖNIGREICH (Forbidden Kingdom) 23.12.95
50.	CAINE UND DIE WELT DES DÄMONS (One Step To Darkness) 30.12.95

51.	CAINE UND DIE FLUCHT IN KETTEN (Chains)
52.	CAINE UND DER FLUCH DES HEXERS (The Brujo)
53.	CAINE UND DER BUND DER TONG (The Tong)
54.	CAINE UND DIE SUCHE NACH DEM EICHENHAIN (Battle Hymn)
55.	CAINE UND DIE PREISBOXER (Barbary House)
56.	CAINE UND DIE INDIANER (Flight To Orion)
57.	CAINE IN DER TODESFALLE (The Brothers Caine)
58.	DAS ENDE EINES LANGEN WEGES (Full Circle)
59.	CAINE UND DER MEISTERDIEB (The Thief Of Chendo)
60.	CAINE UND DER FANATIKER (Ambush)

FILME:

I.	KUNG FU-DER FILM (Kung Fu: The Movie; 1986) 20.08.93; ZDF
II.	DER BESTE SPIELER WEIT UND BREIT: SEIN HÖCHSTER EINSATZ (The Gambler Returns: The Luck Of The Draw; 1991) Pro 7

KUNG FU: IM ZEICHEN DES DRACHEN
(Kung Fu: The Legend Continues)
USA 1993-96; Pilot & 85 Episoden
Deutsche Ausstrahlung:
Pro 7 1994; Pilot & 19 Episoden
Pro 7 1994/95; 19 Episoden
Pro 7 1995; 2 Episoden
Kabel 1 1996/97; 44 Episoden

Darsteller: David Carradine (Kwai Chang Caine), Chris Potter (Detective Peter Caine), Kim Chan (Lo Si, Ancient), Nathaniel Moreau (Junger Peter Caine - 1993-95), Robert Lansing (Captain Paul Blaisdell - 1993/94), William Dunlop (Chief Frank Strenlich), Belinda Metz (Detective Jody Blakemore Powell - 1994-96), Victoria Snow (Detective Mary Margaret Skalany - 1994-96), Kate Trotter (Captain Karen Simms - 1995-96), Scott Wentworth (Detective Kermlt Grlffin - 1994-96), David Hewlett (M. E. Nick Elder - 1993-96), Robert Nicholson (Dctcctive Bla-ke - 1994-96), Callista Carradine (Cheryl Himes).

Kwai Chang Caine, Enkel des gleichnamigen Westernhelden, lebt mit seinem Sohn Peter in einem Shaolin-Tempel. Ein ehemaliger Lehrer, der sich zum Führer einer kriminellen Vereinigung aufgeschwungen hat, vernichtet den Tempel. Caine und sein Sohn verlieren sich aus den Augen — jeder hält den anderen für tot.
15 Jahre später treffen sie sich wieder. Peter, der vom Polzeicaptain Blaisdell und seiner Frau aufgezogen worden war, ist nun ebenfalls Polizist. Sein Vater hilft ihm in der Folgezeit bei vielen seiner Fälle und lehnt auch sonst keine Bitte um Hilfe ab.

Während die erste Staffel noch grösstenteils aus relativ normalen Cop-Stories bestand, geriet das Übersinnliche im Laufe der Serie immer mehr in den Vordergrund. So bekämpften die Caines z. B. böse Geister und Dämonen. Kwai Chang muss ins Reich der Schatten eintreten, vollbringt eine Zeitreise, in der er den Platz mit seinem berühmten Vorfahren tauscht und tritt sogar in einen Film ein.
Manche der Ideen haben den „Oh, bitte!"-im-genervten-Ton-Effekt. Aber andererseits: Ich persönlich mochte schon die alte Serie. Grösstenteils ist die neue KUNG FU-Generation ein hübscher Zeitvertreib ohne übermässigen Tiefgang.
Zu den Gästen der weitergeführten Legende gehörten Richard (Der Sechs-Millionen-Dollar-Mann & Die 7-Millionen-Dollar-Frau) Anderson, Nigel (Nick Knight & Psi Factor) Bennett, Robert Carradine, Patrick (Der Mann vom anderen Stern) Culliton, Catherine (Krieg der Welten & Nick Knight) Disher, Von (Mission Erde) Flores, Martin (Jesse aus dem All) Kove, Mimi Kuzyk, Anita (Mission Erde) La Selva, Patrick (Mit Schirm, Charme und

Melone & Thunder in Paradise) Macnee, Peter
(Captain Power & Psi Factor) MacNeill, Julia
Nickson-Soul, Mickey Rooney, George (Raum-
schiff Enterprise) Takei, Linda (Mit Schirm, Char-
me und Melone) Thorson, Robert (Solo für O.N.-
C.E.L.) Vaughn, Craig Wasson und Christopher
(Erben des Fluchs) Wiggins.
Ex-Captain Kirk William Shatner übernahm die
Re-gie von Folge 9. Callista Carradine ist die
Tochter des Hauptdarstellers David.

EPISODEN (Pro 7):
1.   KUNG FU: IM ZEICHEN DES DRACHEN/
     CAINE UND DIE KUNG FU-CONNECTION
     (Initiation) 02.02.94
2.   CAINE UND DER MEISTER DES SCHATTEN-
     MORDES (Shadow Assassin) 09.02.94
3.   CAINE UND DAS FAMILIENFEST (Sunday At
     The Hotel With George) 16.02.94
4.   CAINE UND DER FALSCHE VERDACHT (Sa-
     cred Trust) 23.02.94
5.   CAINE UND DIE WEISSEN KRANICHE (Force
     Of Habit) 02.03.94
6.   CAINE UND DER STEIN DES TODES (Pai
     Gow) 09.03.94
7.   CAINE UND DER KUNG FU-SCHÜLER (Disci-
     ple) 16.03.94
8.   CAINE UND DER STACHEL DER HORNISSE
     (Rain's Only Friend) 30.03.94
9.   CAINE UND DAS GEHEIME WASSER (Secret
     Place) 06.04.94
10. CAINE UND DIE WUNDERPFLANZE (Dra-
     gon's Eye) 13.04.94
11. CAINE UND DAS INNERE AUGE (Blind Eye)
     20.04.94
12. CAINE UND DIE LACKSCHACHTEL (The La-
     quered Box) 27.04.94
13. CAINE UND DER DROGENDEALER (Illusions)
     04.05.94
14. CAINE UND DIE ZWANGSJACKE (Straight
     Jacket) 11.05.94
15. CAINE UND DIE MACHT DER ANGST (Reuni-
     on) 18.05.94
16. CAINE UND DIE SIEBEN AUFRECHTEN (Dra-
     gon's Wing) 25.05.94
17. CAINE UND DER TOD DES INDIANERS (Sha-
     man) 01.06.94
18. CAINE UND DER JAPANEXPRESS (I Never
     Promised You A Rose Garden) 08.06.94
19. CAINE UND DER THRONFOLGER 1 (Re-
     demption 1) 15.06.94
20. CAINE UND DER THRONFOLGER 2 (Re-
     demption 2) 22.06.94

21. CAINE UND DER CHI-RU-MEISTER (Return
     Of The Shadow Assassin) 12.10.94
22. CAINE UND EIN TAG REINER ROUTINE (May
     I Ride With You?) 19.10.94
23. CAINE UND DIE TÖDLICHE RACHE (Dra-
     gon's Daughter) 26.10.94
24. CAINE UND SEIN DOPPELGÄNGER (Laurie's
     Friend) 02.11.94
25. CAINE UND DER WEG ZURÜCK (Temple)
     09.11.94
26. CAINE UND DIE INSEL IM STROM (Tourna-
     ment) 10.01.95
27. CAINE UND DIE SCHATTENWELT (The Bar-
     do) 17.01.95
28. CAINE UND DER KIDNAPPER (Only The
     Strong Survive) 24.01.95
29. CAINE UND DER DÄMON (The Possessed)
     31.01.95
30. CAINE UND DER CHINESISCHE GENERAL
     (Warlord) 07.02.95
31. CAINE UND DER FALSCHE MÖRDER (The
     Innocent) 14.02.95
32. CAINE UND DIE SCHWEBENDE JUNGFRAU
     (Magic Trick) 21.02.95
33. CAINE UND DIE DREI GERECHTEN (The
     Gang Of Three) 28.02.95
34. CAINE UND DIE SIEBEN AUFRECHTEN 2
     (Dragon's Wing II) 07.03.95
35. CAINE UND DER VERRAT (Retribution)
     14.03.95
36. CAINE UND DAS ZEICHEN DES TIGERS (En-
     ter The Tiger) 21.03.95
37. CAINE UND DER KRIEG DER BANDEN (As-
     pects Of The Soul) 28.03.95
38. CAINE UND DER SARG DES KAISERS (Sun-
     day Afternoon In The Museum With George)
     04.04.95
39. CAINE UND DER KAMPF DER KRANICHE
     (Sing Wah) 11.04.95
40. CAINE UND DER FLUCH DER AHNEN (Kun-
     dela) 18.04.95

41. CAINE UND DER SEILTRICK (Out Of The
     Woods) 11.11.95
42. CAINE UND DER LOTTERIESCHEIN (An An-
     cient Lottery) 18.11.95

EPISODEN (Kabel 1):
43. CAINE UND DER DUNKLE KRIEGER (Rite Of
     Passage) 22.10.96
44. CAINE UND DIE SEUCHE (Plague) 29.10.96
45. CAINE UND DER LANGE TAG (May I Walk
     With You?) 05.11.96
46. CAINE UND DER JUNGE KAISER (The Re-
     turn Of Sing Ling) 12.11.96
47. CAINE UNTER VERDACHT (Manhunt)
     19.11.96
48. CAINE UND DER FEIGE SHERIFF (Gunfigh-
     ters) 26.11.96
49. CAINE UND DIE GIFTHAND (The Chinatown
     Murder Mystery: The Case Of The Poisoned
     Hand) 03.12.96

50. CAINE UND DER HEXENMEISTER (Target) 10.12.96
51. CAINE UND DER WAHLKAMPF (Citizen Caine) 17.12.96
52. CAINE UND DAS ERDBEBEN (Quake!) 07.01.97
53. CAINE UND DIE SCHULE IN GEFAHR (Goodbye Mr. Caine) 14.01.97
54. CAINE UND DER HEILIGE KELCH (The Sacret Chalice Of I-Ching) 21.01.97
55. CAINE UND DIE ANWÄLTIN (Eye Witness) 28.01.97
56. CAINE UND DAS DÄMONENHAUS (Demons) 04.02.97
57. CAINE UND DIE SKORPIONE (Deadly Fashion) 11.02.97
58. CAINE UND DIE KREUZFAHRT (Cruise Missiles) 18.02.97
59. CAINE UND DAS VERSPRECHEN (The Promise) 25.02.97
60. CAINE UND DIE SCHAUSPIELER (Flying Fists Of Fury II) 04.03.97
61. CAINE UND DIE BANKRÄUBER (Banker's Hours) 11.03.97
62. CAINE UND DER BLUES (Kung Fu Blues) 18.03.97
63. CAINE UND DIE BRUDERSCHAFT DER GLOCKE (Brotherhood Of The Bell) 25.03.97
64. CAINE UND DER TODESKRISTALL (Destiny) 01.04.97
65. CAINE UND DIE SCHRECKENSVISION (Dark Vision) 08.04.97
66. CAINE UND DER ERSTE TEMPEL (The First Temple) 15.04.97
67. CAINE UND DER ABSTURZ (Circle Of Light) 22.04.97
68. CAINE UND DAS PRISMA (Prism) 29.04.97
69. CAINE UND DAS NETZ DER SCHWARZEN WITWE (Black Widow) 27.05.97
70. CAINE UND DIE EISHOCKEY-MANNSCHAFT (Shaolin Shot) 03.06.97
71. CAINE UND DER PHOENIX (Phoenix) 10.06.97
72. CAINE UND DIE ELITEKADETTEN (Special Forces) 17.06.97
73. CAINE UND DIE DRACHENHÖHLE (Dragon's Lair) 24.06.97
74. CAINE UND DAS TRÄNENTATTOO (Veil Of Tears) 01.07.97
75. CAINE UND DIE GEISTERBAHN (Chill Ride) 08.07.97
76. CAINE UND DER FLUCHTTUNNEL (Escape) 15.07.97
77. CAINE UND ROCKY DALTON (Who Is Kwai Chang Caine?) 22.07.97
78. CAINE UND DER STURM DER RACHE (Storm Warning) 29.07.97
79. CAINE UND DER SCHLEIER AUS SCHNEE (A Shaolin Treasure) 05.08.97
80. CAINE UND DER WEG INS SCHATTENREICH (Dark Side Of The Chi) 12.08.97
81. CAINE UND DER TAG DER WAHRHEIT (Ancient Love) 19.08.97
82. CAINE UND DER BLACKOUT (Blackout) 26.08.97
83. CAINE UND DAS FENSTER IN DER ZEIT (Time Prisoners) 09.09.97
84. CAINE UND SEIN GRÖSSTER FEIND (Requiem) 16.09.97
85. CAINE UND DER WEIHNACHTSABEND (A Shaolin Christmas) 23.09.97
86. CAINE UND DER RADIOMANN (May I Talk With You?) 30.09.97

L.A. MACHINE
(Mann & Machine)
USA 1992; 9 Episoden
Deutsche Ausstrahlung:
RTL Television 1995; 9 Episoden

Darsteller: David Andrews (Officer Bobby Mann), Yancy Butler (Sergeant Eve Edison), S. Epatha Merkerson (Captain Margaret Claghorn).

Nicht so fern in der Zukunft wird der Los Angeles Police Detective Bobby Mann mit einem neuen Partner versehen. Es handelt sich um einen Androiden, der es fertig bringt, dass Mann beim ersten gemeinsamen Auftrag fast getötet wird. Als Mann sich bei seiner Vorgesetzten über den Einsatz von künstlichen Polizisten beschwert, bekommt er eine neue Partnerin, Eve Edison, die erst vor kurzem in Manns Abteilung versetzt wurde.
Mann kommt allerdings ins Grübeln, als Eve ihn blitzschnell aus der Flugbahn einer Kugel katapultiert. Es stellt sich heraus, dass auch Eve ein Roboter-Polizist ist, aber eine Weiterentwicklung der bisherigen Versionen.
Wohl oder übel nimmt Mann die Partnerin unter seine Fittiche und hilft er beim Verständnis der menschlichen Natur, eine Sache, die ihr nicht einprogrammiert werden konnte.

Das Netteste, was man über diese Serie sagen kann, ist, dass die Hauptdarsteller zumindest optisch für männliche und weibliche Zuschauer etwas zu bieten haben. Andererseits gibt es inzwischen auch Schaufensterpuppen, deren äussere Erscheinung durchaus anziehend wirkt. Ab und zu blinken ein paar Ideen auf, die aber meist schon anderweitig besser verwendet wurden und

es nicht schaffen, diesen Langweiler genügend
aufzupeppen.
Gaststars bei der kurzlebigen Maschine waren
Christine (Outlaws) Belford, Richard (Der Sentinel) Burgi, John Diehl, Samantha Eggar und William Sanderson.

EPISODEN:
1. L.A. MACHINE (Prototype) 19.11.95
2. IN SACHEN LIEBE (The Dating Game)
   26.11.95
3. DER TRICK MIT DEM WASSER (Water, Water
   Everywhere) 03.12.95
4. WEN DER TEUFEL LIEBT (Torch Song)
   10.12.95
5. LOMAX' RACHE (Mann's Fate) 16.12.95
6. DIE KRONZEUGIN (Truth Or Consequences)
   17.12.95
7. BABYHANDEL (Billion Dollar Baby) 23.12.95
8. GUT GEKÜHLT UND UNSTERBLICH (Cold,
   Cold Heart) 30.12.95
9. AUF HERZ UND NIEREN (No Pain, No Gain)
   31.12.95

EINE LAUSIGE HEXE
(The Worst Witch)
CND/GB 1998; 26 Episoden
Deutsche Ausstrahlung:
KIKA 2000; 26 Episoden

Darsteller: Holly Rivers (Drusilla Blaumilch <Ori-
ginal: Drusilla Paddock>), Jenny McCracken
(Blindschleiche), Berwick Kaler (Frank Blüten-
staub), Jay Barushel (Bohnenstange), Nicholas
Pepper (Charly Blütenstaub), Anthony Salador
(Dose), Paul Child (Berni Drachenfels), Claire
Porter (Frau Drill <Miss Drill>), Patrick Labbé
(Serge Dubois), Felicity Jones (Esther Edel
<Ethel Hallow>), Patrick Pearson (Herr Edel), Ju-
lia Malewski (Fenella Feuerfee), Clare Coulter
(Agathe Graustein <Miss Cackle>), Kate Duchê-
ne (Constanze Harschmann <Miss Hardbroom>),
Terrence Hardiman (Egbert Hellibore), Georgina
Sherrington (Mildred Hoppelt <Mildred Hubble>),
Joanna Dice (Ruby Kirschenkern <Ruby Cherry-
tree>), Sheena Larkin (Frau Kosi), Guy Witcher
(Merlin Langohr), Una Stubbs (Frau Maus <Miss
Bat>), Emma Brown (Mona Mondschein), Jessi-
ca Fox (Edith Nachtschatten <Enid Night-
shade>), Anthony Hamblin (Kuno Querfeldt), Ste-
phen Spreekmeester (Sam), Harry Hill (Bruno
Schlitzohr), Poppy Gaye (Griselda Schwarzberg),
Todd Fennell (Spooky), Anthony Etesonne-Bé-

dard (Springer), Annette Badland (Maria Tapio-
ca), Jacki Webb (Zahnstein), Harshna Brahmbhatt (Jadu Wali <Jadu Wali>).

Die Abenteuer der Hexen-Internats-Schülerin Mildred Hoppelt und ihrer Freundinnen präsentiert
in einer recht amüsanten Kinderserie, die die Hexen vornehmlich als sympathische Exzentrikerin-
nen präsentiert.

Die Reihe basiert auf den Romanen „The Worst
Witch" und „The Worst Witch Strikes Again", angereichert mit einigen neuen Figuren und Geschichten.
Lehrerin-Darstellerin Una Stubbs spielte bereits
in DIE VOGELSCHEUCHE (qv); Jessica Fox trat
in PHOENIX, DER ZAUBERVOGEL (qv) in Erscheinung.
Bereits 1986 gab es eine Verfilmung mit Fairuza
Balk und Tim Curry.

EPISODEN:
1. DIE BESENFLUG-PRÜFUNG (- liegt nicht
   vor -) 28.09.00
2. DAS MITTERNACHTSMAHL (- liegt nicht vor -)
   29.09.00
3. SCHWEIN GEHABT (- liegt nicht vor -)
   02.10.00
4. DIE HAUPTROLLE (- liegt nicht vor -) 03.10.00
5. ALVERIX ORCUS TRANS-FROGAMORPHUS
   (- liegt nicht vor -) 04.10.00
6. AFFENTHEATER (- liegt nicht vor -) 05.10.00
7. FRAU GRAUSTEINS GEBURTSTAG (- liegt
   nicht vor -) 06.10.00
8. DIE KLASSENFAHRT (- liegt nicht vor -)
   09.10.00
9. DER DURSTLÖSCHER (- liegt nicht vor -)
   10.10.00
10. HEXEREI IM INTERNET (- liegt nicht vor -)
    11.10.00
11. TEESTUBE IN GEFAHR (- liegt nicht vor -)
    12.10.00
12. DIE ZAUBERLEHRLINGE (- liegt nicht vor -)
    13.10.00
13. DER LETZTE SCHULTAG (- liegt nicht vor -)
    16.10.00
14. NEUE BESEN-ALTE HÜTE (- liegt nicht vor -)
    17.10.00
15. ALARM (- liegt nicht vor -) 18.10.00
16. FRÖSCHE UNERWÜNSCHT (- liegt nicht
    vor -) 19.10.00
17. EINLADUNG ZUM TEE (- liegt nicht vor -)
    20.10.00
18. DIE INSPEKTORIN (- liegt nicht vor -) 23.10.00
19. VERKEHRTE WELT (- liegt nicht vor -)
    24.10.00

20.	FERIEN BEI ALGERNON (- liegt nicht vor -) 25.10.00
21.	AM REISSENDEN FLUSS (- liegt nicht vor -) 26.10.00
22.	DIE WUNDERLAMPE (- liegt nicht vor -) 27.10.00
23.	DIE GRÜNDUNGSTAGS-KLAUSEL (- liegt nicht vor -) 30.10.00
24.	DAS BASKETBALLSPIEL (- liegt nicht vor -) 31.10.00
25.	BLÜTENSTAUB KÜRBIS (- liegt nicht vor -) 01.11.00
26.	ZAUBERKRÄFTE (- liegt nicht vor -) 02.11.00

LEXX-THE DARK ZONE
(Lexx: The Dark Zone)
CND/BRD 1996; 4 Episoden
CND/BRD 1998-2000; 33 Episoden
Deutsche Ausstrahlung:
VOX 1997; 4 Episoden
RTL 2 1999/2000; 20 Episoden

Darsteller: Michael McManus (Kai), Eva Habermann (Zev - 1996), Brian Downey (Stanley Tweedle), Xenia Seeberg (Xev - 1998), Jeffrey Hirschfield (790 - 1998).

Das Universum wird beherrscht von „sein Schatten", einem Tyrannen erster Garnitur. In seinem Auftrag wird LEXX fertiggestellt, ein Raumschiff, das eigentlich ein Insekt ist. Diese Umwandlung war einst das Geheimnis der Brunnen G-Zivilisation, die „sein Schatten" ausrotten liess. Einen dieses Volkes, Kai, behielt der Tyrann jedoch in der Hinterhand und lässt ihn nun aufwecken, damit er LEXX beschützt. Kai gewinnt jedoch sein Gedächtnis zurück und flüchtet mit der LEXX und neugewonnenen Verbündeten: Stanley Tweedle, Ex-Wächter, der zur Entkörperung verurteilt worden war, Zev, eine ehemalig fette und hässliche Ehefrau, die ihre Pflichten nicht erfüllte und zum Dienst als Liebessklavin verurteilt worden war — hierzu wurde ihr Körper in eine hübsche Blondine umgewandelt — und 790, ein Roboter, der bei einem Unfall seinen Körper verlor und somit nur noch als Kopf existiert.

Gut, die Macher wollten etwas neues, phantasievolles und chaotisches schaffen, das sich von anderer Science Fiction-Massenware abhebt. Soweit ist ihnen dies auch gelungen. Leider schossen sie hierbei übers Ziel hinaus. Teile der Filmreihe sind so verworren, dass es schwer

oder unmöglich ist, zu folgen.
Gast-Zonengänger waren Barry Bostwick, Tim Curry, Page (Hitchhiker) Fletcher, Rutger Hauer, Dieter (Das blaue Palais) Laser, Malcolm McDowell und Stephen (Die Schöne und das Biest) McHattie.

EPISODEN (Vox):
1.	REBELLEN DER GALAXIS (I Worship His Shadow) 04.05.97
2.	SUPERNOVA (Super Nova) 11.05.97
3.	KARUSSELL DES TODES (Fating Pattern) 18.05.97
4.	GIGASCHATEN (Giga Shadow) 25.05.97

EPISODEN (RTL 2):
5.	MANTRID (Mantrid) 01.09.99
6.	TERMINAL (Terminal) 08.09.99
7.	DIE TRAUMFRAU (Lyekka) 15.09.99
8.	DER LIEBESKREUZER (Luvliner) 22.09.99
9.	TV-PLANET (Lafftrak) 29.09.99
10.	STANS PROZESS (Stan's Trial) 06.10.99
11.	LIEBE GEDEIHT (Love Grows) 13.10.99
12.	WHITE TRASH (White Trash) 06.11.99
13.	EIN KÖRPER FÜR 790 (791) 13.11.99
14.	DER UNTOTE (Wake The Dead) 20.11.99
15.	PLANET DER MÖNCHE (Nook) 27.11.99
16.	NORB (Norb) 01.12.99
17.	ZWIELICHT (Twilight) 08.12.99
18.	WOZ (Woz) 15.12.99
19.	DER HIMMEL STIRBT (Patches In The Sky) 22.12.99
20.	SPINNENWEBEN (The Web) 29.12.99

EPISODEN (nicht gesendet):
21.	DAS NETZ (The Net)
22.	DER LETZTE DER BRUNNEN G (Brigadoom)
23.	BRIZON (Brizon)
24.	DAS SPIEL IST AUS (End Of The Universe)
25.	(Fire And Water)
26.	(May)
27.	(Gametown)
28.	(Boomtown)
29.	(Gondola)
30.	(K-Town)
31.	(Tunnels)
32.	(The Key)
33.	(Garden)
34.	(Battle)
35.	(Girltown)
36.	(The Beach)
37.	(Heaven And Hell)

LIEBLING, ICH HABE DIE KINDER GESCHRUMPFT
(Disney's Honey, I Shrunk The Kids)
USA 1989 & 1992; 2 Spielfilme

USA 1996; 1 Videofilm
USA 1997-2000; 66 Episoden
Deutsche Ausstrahlung:
Super RTL 1998; 20 Episoden
Super RTL 1999; 7 Episoden
Super RTL 2000/2001; 7 Episoden

Darsteller: Peter Scolari (Professor Wayne Szalinski), Barbara Alyn Woods (Diane Szalinski), Hillary Tuck (Amy Szalinski), Thomas Dekker (Nicholas „Nick" Szalinski), Bruce Jarchow (Mr. Jennings), Hilary Alexander (Ms. Elders), George Buza (Jake McKenna - 1998-2000), Andrew T. Grant (Joel McKenna - 1998-2000).

Wayne Szalinski ist ein zerstreuter Professor — aber ein Genie. Immer wieder gelingen ihm überragende Erfindung, die leider die Tendenz haben, sein Familienleben durcheinander zu bringen.

Nach zwei erfolgreichen Spielfilmen und einem direkt für den Videomarkt produziertem Film, alle drei mit Rick Moranis in der Hauptrolle, durfte diese Idee nicht ungenutzt bleiben. In der Tradition seiner 60er und 70er Jahre Wissenschaftler-Filme — mit Fred MacMurray oder Kurt Russell oder beiden — produzierte Disney Productions diese Serie, die insbesondere für Kinder gedacht ist und meist auch genau so wirkt.
George Buza spielte bereits in DAS TOLLHAUS (qv) und SINDBADS ABENTEUER (qv).

FILME:
I. LIEBLING, ICH HABE DIE KINDER GE-SCHRUMPFT (Honey, I Shrunk The Kids; 1989) 14.12.89; Kino
II. LIEBLING, JETZT HABEN WIR EIN RIESEN-BABY (Honey, I Blew Up The Kid; 1992) 28.01.93; Kino
III. LIEBLING, JETZT HABEN WIR UNS GE-SCHRUMPFT (Honey, We Shrunk Ourselves; 1996) 28.05.98; Video

EPISODEN:
1. LIEBLING, OPA HAT UNS VERSCHLUCKT (Honey, We've Been Swallowed By Grandpa) 29.01.98
2. LIEBLING, WIR HABEN EINE ZEITMASCHINE (Honey, We're Stuck In The 70's) 05.02.98
3. LIEBLING, DAS HAUS WILL UNS UMBRINGEN (Honey, The House Is Trying To Kill Us) 12.02.98
4. LIEBLING, ICH BIN EIN GEIST (Honey, I'm Haunted) 19.02.98
5. LIEBLING, DU HAST NEUN LEBEN (Honey, You've Got Nine Lives) 26.02.98
6. LIEBLING, WIR SIND SPIELFIGUREN (Honey, I Shrunk The Science Dude) 05.03.98
7. LIEBLING, ICH WEISS WAS DU DENKST (Honey, I Know What You're Thinking) 12.03.98
8. LIEBLING, MICH GIBT'S MEHRFACH (Honey, I Got Duped) 19.03.98
9. LIEBLING, KOBOLDE GIBT ES NICHT (Honey, They're After My Lucky Charms) 26.03.98
10. LIEBLING, MEIN FREUND IST EIN ALIEN (Honey, They Call Me The Space Cowboy) 02.04.98
11. LIEBLING, DU LEBST IN DER VERGANGENHEIT (Honey, You're Living In The Past) 09.04.98
12. LIEBLING, ICH LÖSE MICH AUF (Honey, I'm Streakin') 16.04.98
13. LIEBLING, DIE BARBAREN KOMMEN (Honey, Meet The Barbarians) 23.04.98
14. LIEBLING, DEIN SOHN IST EIN MONSTER (Honey, You Drained My Brain) 30.04.98
15. LIEBLING, MICH LAUST EIN YETI (Honey, He's Not Abominable...He's Just Misunderstood) 07.05.98
16. LIEBLING, ICH BIN VERRÜCKT VOR LIEBE (Honey, I'm In Mood For Love) 14.05.98
17. LIEBLING, DIE BÄREN SIND LOS (Honey, The Bear Is Bad News) 28.05.98
18. LIEBLING, ICH BIN EIN GEHEIMAGENT (From Honey, With Love) 04.06.98
19. LIEBLING, HAB' KEINE ANGST VORM SCHWARZEN MANN (Honey, It's No Fun Being An Illegal Alien) 18.06.98
20. LIEBLING, WACH' ICH ODER TRÄUM' ICH? (Honey, I'm Dreaming, But Am I?) 25.06.98

21. LIEBLING, WIR HABEN EIN MÜLLPROBLEM (Honey, The Garbage Took Us Out) 04.03.99
22. LIEBLING, ICH BIN UNSICHTBAR (Honey, You're So Transparent) 11.03.99
23. LIEBLING, UNSER HUND IST 20 METER GROSS (Honey, It's Quarkzilla!) 18.03.99
24. LIEBLING, UNSERE TOCHTER IST EINE MEERJUNGFRAU (Honey, She's Like A Fish Out Of Water) 25.03.99
25. LIEBLING, UNSER SOHN HAT EIN HEIMSPIEL (Honey, I'm Rooting For The Home Team) 08.04.99
26. LIEBLING, WIR GEHEN ZUM ZIRKUS (Honey, I've Joined The Big Top) 15.04.99
27. LIEBLING, ICH GLAUBE DIE WELT GEHT UNTER (Honey, It's Doomsday!) 22.04.99

28. LIEBLING, GRUSELGESCHICHTEN WERDEN WAHR (Honey, Let's Trick-Or-Treat) 26.10.00
29. LIEBLING, WIR ALTERN ZU SCHNELL (Honey, We're Young At Heart) 02.11.00

30.	LIEBLING, WIR SIND VERGANGENHEIT (Honey, We're Past Tense) 09.11.00

30. LIEBLING, WIR SIND VERGANGENHEIT (Honey, We're Past Tense) 09.11.00
31. LIEBLING, DER HASE IST EIN MONSTER (Honey, The Bunny Bit It) 16.11.00
32. LIEBLING, MAGST DU WRESTLING ? (Honey, I'm Wrestling With A Problem...And The Chief) 23.11.00
33. LIEBLING, ICH BIN DER ZAUBERLEHRLING (Honey, I'm The Sorcerer's Apprentice) 30.11.00
34. LIEBLING, ICH BIN KÖNIG DER HIMMELS-STÜRMER (Honey, I'm King Of The Rocket Guys) 07.12.00
35. LIEBLING, DIE ZUKUNFT HOLT MICH EIN (Honey, The Future's Comin' Back On Me) 14.12.00
36. LIEBLING, WIR HABEN DIE WINDPOCKEN IM HAUS (Honey, There's A Pox On Our House) 21.12.00
37. LIEBLING, ES IST EIN WUNDER (Honey, It's A Miracle) 28.12.00
38. LIEBLING, DU WIRST IMMER MEINE PRIN-ZESSIN SEIN (Honey, You'll Always Be A Princess To Me) 04.01.01
39. LIEBLING, DAS LEBEN IST VOLLER TÜC-KEN (Honey, It's A Blunderful Life) 11.01.01
40. LIEBLING, ICH VERSUCHE MEIN GLÜCK ALS LEHRER (Honey, I'm Going To Teach You A Lesson) 18.01.01
41. LIEBLING, ES IST DEINE PARTY (Honey, It's Your Party) 25.01.01
42. LIEBLING, WIR HABEN EINEN GUTEN GEIST (Honey, It's The Ghostest With The Mostest) 01.02.01
43. LIEBLING, DIE HEXEN SIND UNTER UNS (Honey, I'll Be Right Witch You) 08.02.01
44. LIEBLING, DIE CLOWNS SIND LOS (Honey, I'm Not Just Clowning Around) 15.02.01

45. LIEBLING, ICH HABE DEINE SCHWESTER IN MIR (Honey, It Takes Two To Mambo) 29.03.01
46. LIEBLING, ES IST EIN "MILLIARDEN DOL-LAR"-GEHIRN (Honey, It's A Billion Dollar Brain) 05.04.01
47. LIEBLING, WIR GEHEN AUF SENDUNG (Honey, He Ain't Rude, He's My Brother) 12.04.01
48. LIEBLING, ICH BIN KURZ IN DER VERGAN-GENHEIT (Honey, Name That Tune) 19.04.01
49. LIEBLING, WIR SIND IM FERNSEHEN (Honey, We're On TV) 21.04.01
50. LIEBLING, WIR RETTEN DAS THEATER (Honey, The Play's The Thingie) 12.05.01
49. LIEBLING, ES HERRSCHT GLUT UND VER-DERBEN (Honey, It's Gloom And Doom) 19.05.01
50. LIEBLING, ICH BIN EINE GOLFNIETE (Honey, I'm Not Up To Par) 26.05.01
51. LIEBLING, AMORS WEGE SIND UNER-GRÜNDLICH (Honey, It's One Small Step For Mankind) 02.06.01

52. LIEBLING, ICH BIN DER NINJA-SCHRECK (Honey, I'm Kung Fu Fighting) 09.06.01
53. LIEBLING, DEIN FAHRSTIL LÄSST ZU WÜN-SCHEN ÜBRIG (Honey, You're Driving Me Like Crazy) 16.06.01
56. (Honey, You Won't Believe What Happens Next)
57. (Honey, Situation Normal, All Szalinski'd Up)
58. (Honey, It's The Fixer-Uppers)
59. (Honey, I'm On The Lam)
60. (Honey, I'm The Wrong Arm Of The Law)
61. (Honey, It's An Interplanetary, Extraordinary Life)
62. (Honey, I'm Spooked)
63. (Honey, Like Father, Like Son)
64. (Honey, Growing Up Is Hard To Do)
65. (Honey, I Shrink, Therefore I Am)
66. (Honey, Whodunit?)

LUZIE, DER SCHRECKEN DER STRASSE
(Lucie, Postrach Ulice)
CSSR/BRD 1980; 6 Episoden
Deutsche Ausstrahlung:
ARD 1980; 6 Episoden

Darsteller: Janeta Fuchsová (Luzie), Dana Kola-rová (Mutter), Jaromir Hanzlik (Vater), Michael Hofbauer (Oswald), Jiri Pleskot (Grossvater).

Das kleine Mädchen Luzie findet in einem Kaufhaus Friedrich und Friedrich, zwei Knetmännchen, die ihre Umwelt ins Chaos stürzen.

Kinderserie des Teams Jindrich Polak/Ota Hofman, die uns mit PAN TAU (qv) beschenkten und auch für DIE TINTENFISCHE AUS DEM 2. STOCK (qv) verantwortlich zeichneten. In letzterer spielte ebenfalls Janeta Fuchsova die Hauptrolle.

EPISODEN:
1. LUZIE WILL NICHT ALLEIN SEIN (- liegt nicht vor -) 12.10.80
2. LUZIE UND FRIEDRICH & FRIEDRICH (- liegt nicht vor -) 19.10.80
3. LUZIE UND DIE SCHÖNEN ZAHNSCHMER-ZEN (- liegt nicht vor -) 26.10.80
4. LUZIE GEHT DURCH DIE STADT (- liegt nicht vor -) 02.11.80
5. LUZIE UND DER SOMMERSCHNEE (- liegt nicht vor -) 09.11.80
6. LUZIE KOMMT IN DIE SCHULE (- liegt nicht vor -) 16.11.80

DIE MACHT DES SCHWERTES
(The Wanderer)
GB/D/E 1995/1996; 13 Episoden
Deutsche Ausstrahlung:
ZDF 1997; 4 Episoden

Darsteller: Bryan Brown (Adam, der Wanderer/
Zachary), Tony Haygarth (Godbold), Kim Thomson (Beatrice), Deborah Moore (Clare), Otto Tausig (Mathias).

Vor etwa tausend Jahren waren Adam und sein Zwillingsbruder Zachary bereits erbitterte Feinde. Adam tötete seinen bösen Bruder. Heute, tausend Jahre später, beginnt der Kampf aufs Neue. Zachary will Adams Zauberkristall, eingelassen in ein Schwert, für sich. Des weiteren will er erfahren, wo Adam seine Gebeine versteckte. Adam hat jedoch nur noch bruchstückhafte Erinnerungen an sein damaliges Leben.
In seinem Kampf für das Gute stehen Adam Godbold, der Eremit von Leeds, ein ebenfalls wiedergeborener alter Freund des Wanderers, und sein persönlicher Assistent aus Geschäftszeiten, Mathias, zur Seite. Zachary wird unterstützt von der Zauberin Beatrice, eine ehemalige Geliebte Adams.

Die Sage um zwei ewig verfeindete Brüder wurde vom ZDF nach Ausstrahlung von nur vier Episoden wieder aus dem Programm geworfen. Und zu Recht. Die interessante Grundidee wurde zu blossem Mumpitz verhunzt und Hauptdarsteller Bryan Brown, bekannt aus den F/X-Spielfilmen und der Miniserie DIE DORNENVÖGEL, spielte noch nie so schlecht.
Die Ohnmacht des Schwertes bekamen die Gaststars Kenny Baker, Katharina Böhm, Bruno (Raumstation Unity) Eyron, Wolf (Space) Kahler, Burt Kwouk, Uwe (Dune) Ochsenknecht und Götz Otto zu spüren.

EPISODEN:
1. WIEDERGEBURT (Rebirth) 13.03.97
2. UNTER FALSCHEM VERDACHT (Mind Games) 20.03.97
3. AM ABGRUND (Bridges) 27.03.97
4. ZWEITE CHANCE (False Witness) 03.04.97

EPISODEN (nicht gesendet):
5. RITTERSPIELE (Castle Takes Knight)
6. LADY CLARE (Clare)
7. TÖDLICHE SIESTA)
8. FAMILIENFEHDE (Everybody Must Get Stoned)
9. IM ZEICHEN DES DRACHEN (A Dragon By Any Other Name)
10. DIE AUGENZEUGIN (See No Evil)
11. VERBORGENES GIFT (Waste Not, Want Not)
12. REISE OHNE WIEDERKEHR (Home)
13. AM ZIEL (Knight Time)

DIE MÄDCHEN AUS DEM WELTRAUM
(Star Maidens)
GB/BRD 1976; 13 Episoden
Deutsche Ausstrahlung:
NDR regional 1977; 13 Episoden

Darsteller: Pierre Brice (Adam; dt.: Akam), Gareth Thomas (Shem; dt.: Schemm), Judy Geeson (Fulvia; dt.: Brisba), Christiane Krüger (Octavia; dt.: Osnawa), Lisa Harrow (Dr. Liz Berry), Christian Quadflieg (Dr. Richard Smith), Dawn Addams (Präsidentin), Derek Farr (Professor Evans).

Auf dem Planeten Medora haben die Frauen das Sagen; Männer sind nicht mehr als nützliche Drohnen.
Zwei dieser unterjochten Männer, Akam und Schemm, ergreifen die Flucht. Sie setzen sich zu einer besseren Welt ab, der Erde. Aber Ober-Mutter Brisba kann Abtrünnige natürlich nicht dulden und lässt die beiden verfolgen.

In den Siebziger hatte die Frauenbewegung einen ersten Höhepunkt erreicht. Einigen Männern stand die Angst offenbar nicht nur ins Gesicht, sondern auch in die Drehbücher geschrieben. Wie sonst erklärt sich dieses lächerliche Machwerk um einen matriachalischen Planeten, das in deutsch-britischer Co-Produktion entstand. Schuld an dem Misserfolg haben die Deutschen — so sehen es jedenfalls die Briten — die sich krampfhaft dagegen sträubten, Humor einzubauen und dem deutschen Bierernst den Vorzug gaben. Ob Humor, selbst wenn es britischer wäre, etwas an dieser Serie gerettet hätte, bleibt dahingestellt.
Trotz notwendiger Einordnung in die unterste Kategorie der phantastischen Serien, schaffte man es dennoch, die Serie in etwa vierzig Länder zu verkaufen, darunter die USA, Südafrika, Ungarn und der mittlere Osten. Die Serie sollte sogar in Kanada weiterproduziert werden, was jedoch durch die zu erwartenden Kosten verhindert wurde.

1. FLUCHT INS PARADIES (Escape To Paradise) 01.04.77
2. MEDORA RUFT ERDE (Nemesis) 15.04.77
3. DIE ALPTRAUM-KANONE (The Nightmare Cannon) 22.04.77
4. PROTONEN-STURM (The Proton Storm) 29.04.77
5. DIE ENTFÜHRUNG (Kidnap) 13.05.77
6. DIE SYMPATHIEMASCHINE (Test For Love) 20.05.77
7. DAS GERICHT (The Trial) 27.05.77
8. EIN IDEALES PAAR (The Perfect Couple) 03.06.77
9. GEFÄHRLICHER REGEN (What Have They Done To The Rain?) 10.06.77
10. DER SCHLAFENDE PLANET (The End Of Time) 24.06.77
11. DAS VERSTECK (Hideout) 01.07.77
12. DER EINSAME ROBOTER (Creatures Of The Mind) 08.07.77
13. BEGEGNUNG ZWISCHEN DEN STERNEN (The Enemy) 15.07.77

DAS MÄDCHEN AUS DER ZUKUNFT

(The Girl From Tomorrow/Tomorrow's End)
AUS 1990; 12 Episoden
AUS 1992; 12 Episoden
Deutsche Ausstrahlung:
ARD 1992; 12 Episoden
ARD 1996/1997; 12 Episoden

Darsteller: Katharine Cullen (Alana), Melissa Marshall (Jenny Kelly), James Findlay (Petey), Helen O'Connor (Irene), John Howard (Silverthorn), Andrew Clarke (James), Miles Buchanan (Eddie), Helen Jones (Tulisa), Pauline Chan (Arva), Monroe Reimers (Bruno), Catherine McClements (Lorien - 1993), Marshall Napier (Draco - 1993), Paul Sonkkila (Vance - 1993), Andrew Windsor (Macro - 1993), Jeremy Scrivener (Nik), Connie Gower, Martin Reefman, Anna Maria Monticelli.

Im Jahre 3000 hat die Erde endlich Frieden gefunden. Die 14 Jahre alte Wissenschaftlerin Alana wird in die Vergangenheit des Jahres 2500 geschickt, um herauszufinden, warum damals die Zerstörung der Welt drohte. Nach erfolgreicher Erledigung des Auftrages wird Alana vom niederträchtigen Silverthorn entführt, mitsamt ihrer Zeitkapsel. Die ungewollte Zeitreise führt ins Jahr 1990, wo Alana Unterschlupf bei Jenny findet. Gemeinsam machen sie sich auf der Suche nach der Zeitkapsel, damit Alana wieder in ihre Zeit heimkehren kann.

EPISODEN:

1. AUS EINER ANDEREN WELT (Episode One) 19.07.92
2. HARTE LANDUNG (Episode Two) 26.07.92
3. DIE AUSSERIRDISCHEN (Episode Three) 09.08.92
4. ALANAS SPEZIALITÄTEN (Episode Four) 16.08.92
5. DIE JAGD NACH DEM TRANSDUCER (Episode Five) 23.08.92
6. DIE ZEITKAPSEL (Episode Six) 30.08.92
7. DER BORDCOMPUTER (Episode Seven) 06.09.92
8. ALANAS BEWEISE (Episode Eight) 13.09.92
9. DIE TRANSDUCER-SHOW (Episode Nine) 20.09.92
10. SILVERTHORN AM ENDE (Episode Ten) 04.10.92
11. DER KAMPF UM DIE KAPSEL (Episode Eleven) 11.10.92
12. DER COUNTDOWN LÄUFT (Episode Twelve) 18.10.92

13. IM JAHR 3000 (Series Two Episode One) 16.11.96
14. IM JAHR 2500 (Series Two Episode Two) 23.11.96
15. DIE GLOBE-COPS(Series Two Episode Three) 30.11.96
16. DAS ZEIT-TOR (Series Two Episode Four) 07.12.96
17. DIE WASSER-ZEITREISE (Series Two Episode Five) 14.12.96
18. DIE MODIFIZIERTEN (Series Two Episode Six) 21.12.96
19. DRACOS MACHTSPIEL (Series Two Episode Seven) 28.12.96
20. AUF VERRAT PROGRAMMIERT (Series Two Episode Eight) 04.01.97
21. DER HYPNOFELD-PROJEKTOR (Series Two Episode Nine) 11.01.97
22. ZEITKAPSEL IN POLIZEIGEWAHRSAM (Series Two Episode Ten) 18.01.97
23. STARTRAMPE HOCHHAUS (Series Two Episode Eleven) 25.01.97
24. WILLKOMMEN IN DER VERGANGENHEIT (Series Two Episode Twelve) 01.02.97

MÄRCHEN AUS ALLER WELT

(Storybook International)
GB 1981-1983 <?>; 65 Episoden
Deutsche Ausstrahlung:
RTL plus 1990/1991; 12 Episoden
RTL plus 1991/1992; 39 Episoden

RTL 2 1993; 14 Episoden

Märchenanthologie speziell für Kinder aufbereitet. Die Serie beinhaltet sowohl Realverfilmungen als auch Zeichentrickepisoden. Die Qualität schwankt, ist aber allgemein akzeptabel.

EPISODEN (RTL plus):
1. DIE KLUGE MANKA (Clever Manka) 01.09.90
2. DIE FAULE TOCHTER (The Widow's Lazy Daughter) 08.09.90
3. REICHTUM ODER GLÜCK (Riches Or Happiness) 15.09.90
4. HINEMOA (Hinemoa) 22.09.90
5. DIE FÜNF BROTE (The Five Loaves) 29.09.90
6. DER SOLDAT, DER SICH NICHT WASCHEN WOLLTE (The Soldier Who Didn't Wash) <?> 01.11.90
7. DER KUMMER DES PIKARI (The Grief Of Pikari) <?> 24.12.90
8. DER TRAUM DES HAUSIERERS (The Pedlar's Dream) <?> 25.12.90
9. DER FALSCHE PRIESTER (The Priest Know All) <?> 27.12.90
10. DER DUMME BRUDER (The Foolish Brother) <?> 28.12.90
11. DIE VERBOTENE TÜR (The Forbidden Door) <?> 29.12.90
12. LACI UND DER KUMMER (Sorrow) <?> 01.01.91
13. MOSES UND DER KALKOFEN (Moses And The Lim-Kiln) 28.09.91
14. MINU (Minu) 03.10.91
15. DER BLUMENKORB (The Basket Of Flowers) 05.10.91
16. DAS SPRECHENDE PONY (The Talking Pony) 12.10.91
17. DER WUNDERDOKTOR (The Miraculous Doctor) 19.10.91
18. DREI ARME BRÜDER (Rich Man, Poor Man) 26.10.91
19. DER HOLZFÄLLER UND DER TEUFEL (The Woodcutter And The Devil) 02.11.91
20. DER GEHEIMNISVOLLE HOLZFÄLLER (The Mysterious Woodcutter) 09.11.91
21. DIE FÜRSTENTOCHTER UND DER BETTLER (The Surprise Gift) 16.11.91
22. CARL UND DIE RÄUBERBANDE (The Robber Chief) 23.11.91
23. DER VERZAUBERTE KÖNIG (The Enchanted King) 30.11.91
24. DIE DREI SILBERTALER (The Three Coins) 07.12.91
25. DER EINFÄLTIGE JÜNGLING (The Foolish Lad) 14.12.91
26. DER SCHMIED (The Blacksmith) 21.12.91
27. DER KÖNIG UND DER ABT (The Emperor And The Abbot) 28.12.91
28. MORWEN AUS DEM WALDE (Morwen Of The Woodlands) 01.01.92
29. DER GOLDBARREN (The Bar Of Gold) 04.01.92
30. BINSENKAPPE (Cap O' Rushes) 25.01.92
31. DER KLUGE DIEB (The Clever Thief) 01.02.92
32. DIE BRAUT DES KAUFHERRN (The Suire's Bride) 08.02.92
33. DER VERLORENE RUBIN (The Lost Ruby) 15.02.92
34. DIE BLINDE SCHÖNHEIT (The Blind Beauty) 22.02.92
35. DER WEISE KAUFMANN (The Wise Merchant) 29.02.92
36. DIE FRAU MIT DEN ZWEI MÄNNERN (Two For One) 07.03.92
37. DER KLEINE BETTLER (The Little Beggar) 14.03.92
38. GROSSES HERZ (Great Heart) 21.03.92
39. DER ZAUBERSACK (The Old Kitbag) 28.03.92
40. DER SELTSAME GAST (The Strange Guest) 04.04.92
41. DER KLUGE TRAPPER (The Clever Trapper) 11.04.92
42. DER ZAUBERSTEIN (The Magic Stone) 17.04.92
43. DER TÖRICHTE DOMINIC (Myself) 18.04.92
44. DER SCHNEIDER ALS HELLSEHER (The Ambitious Cobbler) 20.04.92
45. ZEHN BEUTEL SILBER (Bags Of Silver) 25.04.92
46. DER SCHUSTER UND DER RIESE (The Great Slayer) 01.05.92
47. DIE WIDERSPENSTIGE PRINZESSIN (The Stubborn Princess) 02.05.92
48. DIE TRAURIGE PRINZESSIN (The Princess Who Never Laughed) 09.05.92
49. DIE VERWUNSCHENE PRINZESSIN (The Three Helpers) 16.05.92
50. DIE GEHEIMNISVOLLE SUPPE (Secret Soup) 23.05.92
51. DIE HOCHMÜTIGE TOCHTER (The Discontented Daughter) 30.05.92

EPISODEN (RTL 2):
52. DER WUNDERSAME STROHHUT (The Straw Hat) 28.04.93
53. DER BRUNNEN AM ENDE DER WELT (The Well At The World's End) 29.04.93
54. INSEL DER TROMMELN (The Island Of Drums) 05.05.93
55. DIE ZWÖLF MONATE (The Twelve Months) 06.05.93
56. NIKORIMA (Nikorima) 07.05.93
57. DER DUMME PETER (Simpleton Peter) <?> 10.05.93
58. DIE VERWUNSCHENE WEIDE (The Haunted Pasture) 11.05.93

59. DER GERBER UND DER HÄNDLER (The
Russian And The Tartar) 13.05.93
60. DER KNECHT UND SEIN LOHN (The Hired
Help) 14.05.93
61. HUNDERT RINDER (100 Cattle) 17.05.93
62. DAS SCHWARZE UNGEHEUER (The Black
Cape) <?> 18.05.93
63. DER VOLLKOMMENE PRINZ (The Perfect
Prince) <?> 24.05.93
64. DER VERZOGENE SOHN (The Spoiled Son)
25.05.93
65. DAS GEHEIMNIS DES KÖNIGS (The King's
Secret) <?> 26.05.93

DIE MÄRCHENBRAUT
(Arabela)
CZ/BRD 1980; 13 Episoden
Deutsche Ausstrahlung:
ARD 1981; 13 Episoden

Darsteller: Jana Nagyová (Prinzessin Arabella),
Vladimir Dloughy (Peter Meyer), Jiri Labus (Rumburak), Vladimir Mensik (Herr Meyer), Stella Zazvorková (Frau Meyer), Vlastimil Brodsky (König
Hyazinth), Jana Brejchová (Königin/Hexe), Dagmar Patrasová (Prinzessin Xenia), Jiri Sovak
(Hofzauberer Vigo), Ondrej Kepka (Hans), Veronika Tyblová (Grete).

Schauspieler Meyer, verheiratet, zwei Kinder, findet eines Tages ein Glöckchen. Als er klingelt,
erscheint ein Zauberer namens Rumburak. Unter
dem Vorwand, Herrn Meyer das Jagen beibrin-
gen zu wollen, nimmt dieser ihn mit in die Märchenwelt, wo Herr Meyer den sprechenden Wolf
erschiesst.
Nach dieser ersten Verbindung zwischen der realen und der Märchenwelt geht plötzlich alles
drunter und drüber: Herr Meyer wird zum Hund,
Sohn Peter verliebt sich in Prinzessin Arabella,
ein grosser Kampf um die Vorherrschaft im Märchenreich entbrennt und erreicht auch unsere
Welt. Erschwerend wechseln Zauberring und
Zaubermantel ständig die Besitzer, so dass die
damit verbundenen Mächte, z.B. das Reisen zwischen den beiden Welten, stets neu verteilt werden. Am Ende — wie es sich so für Märchen gehört — gerät alles wieder ins Lot und das Gute
triumphiert. Der böse Zauberer Rumburak darf
sein weiteres Leben als Rabe fristen.

Als Fortsetzungen dieser sehr guten und erfolgreichen Serie folgte DER ZAUBERRABE RUM-

BURAK (Rumburak; CZ 1984) und DIE RÜCK-
KEHR DER MÄRCHENBRAUT (qv).

EPISODEN:
1. DER WOLF IST TOT (- liegt nicht vor -)
04.10.81
2. RUMBURAKS RACHE (- liegt nicht vor -)
11.10.81
3. LIEBE AUF DEN ERSTEN BLICK (- liegt nicht
vor -) 18.10.81
4. DER DACKEL HERR MEYER (- liegt nicht
vor -) 25.10.81
5. ARABELLA AUF DER FLUCHT (- liegt nicht
vor -) 01.11.81
6. WUNSCHRING UND ZAUBERMANTEL (- liegt
nicht vor -) 08.11.81
7. MÄRCHEN FÜR DEN MÜLL (- liegt nicht vor -)
15.11.81
8. HÄNSEL UND GRETEL (- liegt nicht vor -)
22.11.81
9. VERHEXTE AUTOS (- liegt nicht vor -)
10. RUMBURAKS GROSSE CHANCE (- liegt nicht
vor -) 29.11.81
11. EINE HEXE UND FÜNF GENERÄLE (- liegt
nicht vor -) 06.12.81
12. IM VERLIES DER GEISTERBURG (- liegt nicht
vor -) 13.12.81
13. GLÜCKLICHES ENDE (- liegt nicht vor -)
20.12.81

XIV. DER ZAUBERRABE RUMBURAK: DAS LE-
BEN IM TURM (Rumburak) 25.12.85
XV. DER ZAUBERRABE RUMBURAK: ABRACA-
DABRA IM COMPUTER (Rumburak) 26.12.85

DIE MAGISCHE MÜNZE
(Queen's Nose)
GB 1997; 12 Episoden
GB 1997; 6 Episoden
Deutsche Ausstrahlung:
Der Kinderkanal 1998; 12 Episoden
Der Kinderkanal 1998; 6 Episoden

Darsteller: Victoria Shalet (Harmony Parker),
Heather-Jay Jones (Melody Parker), Anthony
Hemblin (Tom), Paula Wilcox (Audrey Parker),
Stephen Moore (Arthur Parker), Donald Sumpter
(Onkel Ginger), Liz Smith (Grandma), Nerys
Hughes (Tante Glenda), Vicky Lee Taylor (Dino),
Callum Dixon (Gregory).

Erste Staffel: Harmony bekommt von ihrem Onkel eine Münze mit dem Konterfei Königin Elisa-
beths II. geschenkt. Hierbei handelt es sich allerdings um ein besonderes Geldstück, nämlich ein

magisches. Zehn Wünsche hält die Münze für das Mädchen bereit.
Zweite Staffel: Harmony lernt Dino kennen. Wie sich herausstellt ist dieses freche Mädchen nun im Besitz der magischen Münze. Fortan gilt es, die folgenden Abenteuer gemeinsam zu bestehen.

Typische britische Kinderserie nach dem Roman von Dick King-Smith.

EPISODEN:
1. TEIL 1 (- liegt nicht vor -) 08.01.98
2. TEIL 2 (- liegt nicht vor -) 09.01.98
3. TEIL 3 (- liegt nicht vor -) 12.01.98
4. TEIL 4 (- liegt nicht vor -) 13.01.98
5. TEIL 5 (- liegt nicht vor -) 14.01.98
6. TEIL 6 (- liegt nicht vor -) 15.01.98
7. TEIL 7 (- liegt nicht vor -) 16.01.98
8. TEIL 8 (- liegt nicht vor -) 19.01.98
9. TEIL 9 (- liegt nicht vor -) 20.01.98
10. TEIL 10 (- liegt nicht vor -) 21.01.98
11. TEIL 11 (- liegt nicht vor -) 22.01.98
12. TEIL 12 (- liegt nicht vor -) 23.01.98

13. TEIL 13 (- liegt nicht vor -) 29.06.98
14. TEIL 14 (- liegt nicht vor -) 30.06.98
15. TEIL 15 (- liegt nicht vor -) 01.07.98
16. TEIL 16 (- liegt nicht vor -) 02.07.98
17. TEIL 17 (- liegt nicht vor -) 03.07.98
18. TEIL 18 (- liegt nicht vor -) 06.07.98

MANDARA
BRD 1983; 12 Episoden
Ausstrahlung:
ZDF 1983; 12 Episoden

Darsteller: Horst Frank (Professor Hass), Christina Kubinek (Eltje Timm), Florian Jentsch (Hendrik Söhnkensen), Stefan Ernst (Shabu), Roger Hübner (Sven), Hellmut Lange (Pastor Petersen), Hans Clarin (Küster Lodders), Gernot Endemann (Apotheker Timm), Astrid Fournell (Frau Timm), Anita Kupsch (Klavierlehrerin Erlebrecht), Rainer Hunold, Michael Chevalier.

1850. Vor dem Nordseedorf Breemster strandet der exotische Thronfolger Shabu, der aus seiner Heimat geflohen ist. In seinem Gepäck befindet sich die geraubte Statue einer Göttin. Shabu freundet sich mit den einheimischen Kindern Eltje und Hendrik an.
Währenddessen empfängt Pastor Petersen den Künstler Professor Hass, der das Kirchenfenster neu gestalten soll. Hass jedoch erweist sich als Dämon, der Breemster in seine Gewalt bringen will. Keiner der Einwohner, selbst die vorgewarnte Eltje nicht, bemerken den wachsenden Einfluss Hass'. Eltje wird unter diesem Einfluss zur Priesterin der Göttin Mandara. Erst als ihr Freund Hendrik verunglückt, bekommt sie Zweifel an ihrem Tun.
1983. Ein exotischer Prinz besucht auf seiner Yacht das Örtchen Breemster; es ist Shabu, der den alten Kampf gegen Professor Hass erneut aufnehmen will. Als Eltje Timm den Prinzen unterstützt, entbrannt der Kampf Gut gegen Böse erst richtig.

Phantasievolle und spannende Serie aus deutschen Landen. In einer späteren Version lief sie als Sechsteiler unter Verwendung der ungeraden Episodentitel.
Horst Frank spielte bereits den Bösewicht in TIMM THALER (qv); Hans Clarin wurde die Stimme Pumuckls in MEISTER EDER UND SEIN PUMUCKL (qv) und PUMUCKLS ABENTEUER, er spielte auch in OLIVER MAASS (qv).

EPISODEN:
1. DIE WINDGESTALT 15.11.83
2. VOM ANDEREN ENDE DER WELT 17.11.83
3. DAS GEHEIMNIS UM SHABU 22.11.83
4. DE GAST AUS POLDER 24.11.83
5. DIE GOLDENE HAND 29.11.83
6. DER STEIN DES GROSSEN RATES 01.12.83
7. DER FLUCH AUS FERNEN TAGEN 06.12.83
8. EIN NEUER SHABU 08.12.83
9. MANDARA WIRD WIEDERGEFUNDEN 13.12.83
10. DAS WEISSE RAUSCHEN 15.12.83
11. ELTJE UND DIE GOLDENE HAND 20.12.83
12. DAS ENDE DES DÄMONS 22.12.83

DER MANN AUS DEM MEER/DER MANN AUS ATLANTIS
(Man From Atlantis)
USA 1977/1978; 4 Pilots & 13 Episoden
Deutsche Ausstrahlung:
ARD 1982/1983; 11 Episoden
RTL plus 1988/1989; 9 Episoden

Darsteller: Patrick Duffy (Mark Harris), Belinda Montgomery (Dr. Elizabeth Merrill), Alan Fudge (C.W. Crawford), Victor Buono (Mr. Schubert), Kenneth Tigar (Miller Simon), Robert Lussier (Brent), Richard Williams (Jomo), J. Victor Lopez

(Chuey), Jean Marie Horn (Jane), Anson Downes (Allen).

Ein an den Strand gespülter Mann wird von Dr. Merrill aufgefunden und gesund gepflegt. Mark, wie er genannt wird, erweist sich als letzter Überlebender des unterseeischen Reiches von Atlantis. Er entschliesst sich, seine Fähigkeiten — übermenschliche Stärke und Sinne, Schwimmtempo höher als das eines Delphins — in den Dienst der Foundation for Oceanic Research (=Stiftung für Ozeanische Forschung) zu stellen.

Mässig spannende Science Fiction-Fantasy-Serie mit dem damals noch recht unbekannten Patrick Duffy, der mit DALLAS einen weit höheren Erfolg zu verbuchen hatte. Gaststars, die Schwimmunterricht nahmen, waren Kareem Abdul-Jabbar, René (Star Trek: Deep Space Nine) Auberjonois, Billy Barty, Ted (Addams Family) Cassidy, Dick (Immer wenn er Pillen nahm) Gautier, Pat Morita, Pernell Roberts, John (Superman) Shea, James B. Sikking, Laurette (Kampfstern Galactica) Spang und Noble Willingham.

EPISODEN (ARD):
1. DER FREMDE (The Man From Atlantis) 21.11.82
2. DAS UNBEKANNTE U-BOOT (The Man From Atlantis) 28.11.82
3. DIE GROSSE SCHMELZE (Melt Down) 05.12.82
4. TÖDLICHER KUNDSCHAFTER (Man From Atlantis II: Death Scouts) 12.12.82
5. MARKS HEIMAT? (Man From Atlantis II: Death Scouts) 19.12.82
6. DER MUDWORM (The Mudworm) 02.01.83
7. DIE TODESSPOREN (Man From Atlantis III: Killer Spores) 09.01.83
8. DIE SEUCHE (Man From Atlantis III: Killer Spores) 16.01.83
9. DER HABICHT (Hawk Of Mu) 23.01.83
10. DIE GEHEIMWAFFE (Man O' War) 30.01.83
11. DIE VERSCHWUNDENEN (Man From Atlantis IV: The Disappearances) 06.02.83

EPISODEN (RTL plus):
12. DAS LOCH IM MEERESGRUND (Giant) 07.12.88
13. WILDWEST IN LAND'S END (Shoot-Out At Land's End) 21.12.88
14. FREMDE WELT UNTER DEM MEER (Crystal Water, Sudden Death) 28.12.88
15. STURZ IN DIE VERGANGENHEIT (The Naked Montague) 04.01.89
16. GEFAHR FÜR DIE 'CETACEAN' (C.W. Hyde) 11.01.89
17. DIABOLISCHE VERWANDLUNG (Imp) 18.01.89
18. MARK UNTER GANGSTERN (Deadly Carnival) 25.01.89
19. DAS SEEUNGEHEUER (Scavenger Hunt) 01.02.89
20. DER GANGSTER UND DIE NIXE (The Siren) 08.02.89

EIN MANN KAM IM AUGUST
BRD 1976; 6 Episoden
Ausstrahlung:
ZDF 1977; 6 Episoden

Darsteller: Günther Stoll (Iglody), Jordan Kornfeld (Maurus), Maximilian Wigger (Rudi), Hjalmar Hengstmann (Katzenjunge), Hanitra Rosoarivong (Sonja).

In einem August kommt Iglody mit seiner Gauklertruppe in die Stadt. Er beginnt mit dem Verkauf von geheimnisvollen Pendeln, die vor Blitzeinschlag schützen sollen. Der Gaukler scheint auch über andere besondere Fähigkeiten zu verfügen. Als eine Rattenplage die Stadt befällt, fragt man sich ob Oglody der Urheber ist. Der bietet jedoch an, die Ratten zu vertreiben. Das gelingt ihm tatsächlich und er hofft, in der Stadt bleiben zu können. Doch die Städter trauen Iglody nicht und überreichen ihm einen Ausweisungsbefehl. Iglody schwört Rache.

Eine weitere fesselnde Serie aus der Feder Justus Pfaues, des Autors von MANDARA (qv), der dieses Drehbuch nach einer galizischen Legende verfasste.
Hauptdarsteller Günther Stoll war es nicht vergönnt, die Ausstrahlung dieser Serie zu erleben. Er starb völlig überraschend am 10. Januar 1977.

EPISODEN:
1. SOMMERGEWITTER 20.03.77
2. RATTENPLAGE 27.03.77
3. LABYRINTH 03.04.77
4. GEZEICHNET 10.04.77
5. ZEITVERTRAG 17.04.77
6. PANIK 24.04.77

DER MANN VOM ANDEREN STERN
(Starman)
USA 1984; Spielfilm
USA 1986/1987; 22 Episoden
Deutsche Ausstrahlung:
ZDF 1990; 20 Episoden

Darsteller: Robert Hays (Paul Forrester), C. B. Barnes (Scott Hayden), Michael Cavanaugh (George Fox), Patrick Culliton (Wiley).

Der Starman kehrt zurück auf die Erde und ermächtigt sich eines neuen Körpers. In diesem gelingt es ihm, seinen, inzwischen fast erwachsenen, Sohn Scott zu finden. Beide machen sich zusammen auf die Suche nach Scotts verschollener Mutter. Gleichzeitig werden sie von der Regierung gejagt, die den Ausserirdischen in ihre Gewalt bringen wollen.

Basierend auf dem Spielfilm STARMAN (Starman), den John Carpenter 1984 inszenierte und der die Vorgeschichte zu dieser Serie erzählt: Ein Ausserirdischer nimmt den Körper eines verstorbenen Mannes an. Mit Hilfe der Witwe und eines Wissenschaftlers schaffen sie es, dass der Starman rechtzeitig zum Treffpunkt mit seinem Volk gelangt und somit heimkehren kann. Während des Weges, auf dem ihnen die US-Regierung immer auf den Fersen ist, wird Jenny Hayden, die eigentlich keine Kinder bekommen kann, schwanger.
Der Mann vom anderen Stern ist umgänglich, gütig und recht gut aussehend — ein Mann wie ihn sich die Frauen wünschen. So fand die Serie dann auch einen gewissen Zuschauerkreis. Ansonsten liegt hier eine durchschnittliche Serie vor, deren wohl positivster Punkt ist, dass hier Science Fiction ohne Laserwaffen und Weltraumkriege präsentiert wird.
Auf seiner Muttersuche traf der Sternenmann auf die Gaststars John Anderson, Lisa Blount, Jeff Corey, Erin (Buck Rogers) Gray, Mimi Kuzyk, Janet Leigh, Patricia (Knight Rider) McPherson, Radames (Kung Fu) Pera, Tim (Highwayman & Star Trek: Raumschiff Voyager) Russ, David (Space) Spielberg, Kenneth Tobey, Jason Wingreen und Jane Wyatt.

FILM:
I.   STARMAN (Starman; USA 1984) 05.09.85; Kino

EPISODEN:
1.   DIE ERDE HAT IHN WIEDER (The Return) 13.01.90
2.   DER SOHN (Like Father, Like Son) 20.01.90
3.   BLAUE LICHTER (Blue Lights) 27.01.90
4.   ALTE FREUNDE (Best Buddies) 03.02.90
5.   DIE FALLE (Secrets) 10.02.90
6.   DAS FOTO (One For The Road) 17.02.90
7.   DER FALKE (Peregrine) 24.02.90
8.   FALSCHES SPIEL (Society's Pet) 03.03.90
9.   FIEBER (Fever) 10.03.90
10.   DER RING (The Gift) 17.03.90
11.   DIE FLUCHT (The System) 24.03.90
12.   DER BLINDE (Appearances) 31.03.90
13.   DER TEST (The Probe) 07.04.90
14.   DIE SPIELERIN (Dusty) 14.04.90
15.   GRENZGÄNGER (Barriers) 20.04.90
16.   DIE SPUR INS NICHTS (Grifters) 21.04.90
17.   DIE HOCHZEIT (The Wedding) 28.04.90
18.   VÄTER UND SÖHNE (Fathers And Sons) 05.05.90
19.   DIE BEGEGNUNG 1: EINE GROSSE LIEBE (Starscape 1) 12.05.90
20.   DIE BEGEGNUNG 2: JENNY HADEN (Starscape 2) 19.05.90

DER MANN VON GESTERN
(The Second Hundred Years)
USA 1967/1968
Deutsche Ausstrahlung:
WDR/NDR regional 1969/1970; 11 Episoden

Darsteller: Monte Markham (Luke B. Carpenter/Ken Carpenter), Arthur O'Connell (Edwin Carpenter), Frank Maxwell (Colonel Garroway), Kay Reynolds (Erica), Don Beddoe (Mr. Tolliver), Karen Black (Marcia Garroway), Bridget Hanley (Lieutenant Lucille Anderson).

1900. Luke Carpenter verabschiedet sich von seiner Familie um in Alaska nach Gold zu suchen. Hier fällt er jedoch in eine Gletscherspalte und wird tiefgefroren. 67 Jahre später, aufgetaut und bei vollem Bewusstsein, trifft er seinen Sohn wieder, der nun älter ist als sein mit 33 eingeeister Vater. Auch kann er mehr Schwung aufweisen als sein Enkel Ken, ebenfalls 33 und das genaue Abbild seines Grossvaters.
Unter den Augen des Armeearztes Colonel Garroway versucht sich Luke nun in der für ihn völlig neuen Welt zurecht zu finden.

Situationskomödie, die insbesondere mit den Anachronismen Lukes und den Gegensätzen zwischen ihm und seinen Nachfahren spielt.

Durchschnitt.
Nicht von gestern waren die Gaststars Majel
(Raumschiff Enterprise) Barrett, Richard Drey-
fuss, Dabbs Greer, Susan Howard, William (Out-
laws) Lucking, Stuart (Mr. Smith) Margolin, Ron
Masak und Daniel J. (Poltergeist) Travanti.

EPISODEN:
1. DAS ATTEST (-liegt nicht vor-) 08.12.69; WDR
2. ENDLICH DAHEIM (-liegt nicht vor-) 06.01.70;
    NDR
3. HELFER IN DER NOT (-liegt nicht vor)
    05.01.70; WDR
4. DIE SCHWARZBRENNER (Shine On Harvest
    Moonshine) 12.01.70; WDR
5. KAVALIER ALTER SCHULE (-liegt nicht vor-)
    19.01.70; WDR
6. MIT GLEICHEN MITTELN (-liegt nicht vor-)
    26.01.70; WDR
7. AUSFLUG MIT MARCIA (-liegt nicht vor-)
    27.01.70; NDR
8. DER TEST (-liegt nicht vor-) 03.02.70; NDR
9. DIE KRONZEUGEN (A Different Kind Of Bug)
    17.02.70; NDR
10. WER IST WER? (Love On The Double)
    24.02.70; NDR
11. DAS HIPPIE-MÄDCHEN (On Bended Knee)
    03.03.70; NDR

M.A.N.T.I.S.
(M.A.N.T.I.S.)
USA 1994/1995; Pilot & 22 Episoden
Deutsche Ausstrahlung:
RTL Television 1996; Pilot & 22 Episoden

Darsteller: Carl Lumbly (Dr. Miles Hawkins/
M.A.N.T.I.S.), Roger Rees (John Stonebrake),
Christopher Russell Gartin (Taylor Savidge), Ga-
lyn Görg (Lieutenant Leora Maxwell), Gary Gra-
ham (Captain Ken Hetrick), Blu Mankuma (Chief
Grant).

Miles Hawkins ist brilliant und reich, Besitzer von
Hawkins Technology, Inc. Leider wird er von einem korrupten Polizisten niedergeschossen und
bleibt gelähmt. Durch Mithilfe seines Freundes
John Stonebrake gelingt es ihm, ein Exoskelett
anzufertigen, das es ihm ermöglicht, wieder her-
umzugehen. Um genau zu sein: Dieser M.A.N.-
T.I.S. genannte Anzug verleiht ihm übermenschliche Kräfte und Geschwindigkeit. Als Mantis bekämpft Hawkins nun das Verbrechen in seiner
Port Columbia. Hilfreich dabei ist sein Spezial-
fahrzeug, die Chrysalis, eine Mischung aus Auto

und Helicopter. Als Waffen benutzt er Pfeile, die
eine zeitweilige Paralyse herbeiführen.
Die Polizei der Stadt, mit Ausnahme von Lieutenant Maxwell, die hinter Hawkins' Geheimnis
kommt, hält ihn für einen Gesetzlosen und bildet
eine Spezialeinheit um Mantis zu schnappen.

Fernseheigenentwurf eines Superhelden. Trotz
des talentierten Hauptdarstellers und der kaum
weniger befähigten weiteren Besetzung eine nur
durchschnittliche Serie, die sie zu oft am Rande
des Mists bewegt.
M.A.N.T.I.S. steht für Mechanically Automated
Neuro Transmitter Interactive System, etwa: Me-
chanisch angetriebenes interaktives Neuroüber-
tragungssystem.
Gary Graham spielte eine der Hauptrollen in ALI-
EN NATION (qv); Blu Mankuma war bereits in
ROBOCOP (qv) zu sehen. Mut im Umgang mit
metallenen Insekten bewiesen als Gäste Leonar-
do (V) Cimino, Roger R. (First Wave) Cross, Mar-
tin (Poltergeist) Cummins, John (Grüße aus dem
Jenseits & seaQuest DSV) D'Aquino, Jan (Twin
Peaks) D'Arcy, Don S. (Twin Peaks & Stargate)
Davis, Peter (Profiler) Frechette, Gregg Henry,
Alex (Buck Rogers) Hyde-White, Brion James,
Hiro Kanagawa, Kenneth Mars, Stephen (Die
Schöne und das Biest) McHattie, Andrew (Star
Trek: Deep Space Nine) Robin-son, John (Conor,
der Kelte) Saint Ryan, Vincent Schiavelli, Mal-
colm Stewart und Sydney Walsh.

EPISODEN:
1. M.A.N.T.I.S. (M.A.N.T.I.S.) 08.02.96
2. DIE GEBURT (First Steps) 11.02.96
3. DIE ARMEE DES UNTERGRUNDES (Tango
    Blue) 25.02.96
4. HINEIN INS TAL DES TODES (Days Of Rage)
    03.03.96
5. WAFFENSTILLSTAND (Cease Fire) 17.03.96
6. DIE KAMPFMASCHINE (Soldier Of Misfortune)
    24.03.96
7. AUF LEBEN UND TOD (Gloves Off) 31.03.96
8. DER SCHWARZE DRACHE (The Black Dra-
    gon) 14.04.96
9. DER DOPPELAGENT (To Prey In Darkness)
    21.04.96
10. FEUER IM HERZEN (Fire In The Heart)
    28.04.96
11. DER ZEITSPRUNG (The Eyes Beyond)
    12.05.96
12. DER MANN OHNE GESICHT (Faces In The
    Mask) 26.05.96
13. DIE SEEWESPE (The Sea Wasp) 09.06.96
14. WETTLAUF GEGEN DAS LEBEN (Progenitor)
    16.06.96

15.	AUFSTAND DER KINDER (The Delusionist) 23.06.96
16.	SCHNELLER ALS DAS AUGE (Fast Forward) 04.08.96
17.	DAS SPINNENNETZ (Spider In The Tower) 18.08.96
18.	AUS GRAUER VORZEIT (Ancestral Evil) 01.09.96
19.	DAS TOR ZUR ANDEREN WELT (Through The Dark Circle) 29.09.96
20.	DER UNSICHTBARE (Ghost Of The Ice)
21.	TREIBJAGD 1 (Thou Shalt Not Kill)
22.	TREIBJAGD 2 (Revelation)
23.	DER ELEKTRISCHE MANN (Switches)

DIE MARS-CHRONIKEN
(The Martian Chronicles)
USA/GB/BRD 1978/1979; 3 Episoden
Deutsche Ausstrahlung:
ZDF 1983; 3 Episoden

Darsteller: Rock Hudson (Colonel John Wilder), Gayle Hunnicutt (Ruth Wilder), Darren McGavin (Sam Parkhill), Roddy McDowall (Father Stone), Joyce Van Patten (Elma Parkhill), Bernie Casey (Jeff Spender), Nicholas Hammond (Captain Black), Robert Beatty (General Halstead), James Faulkner (Mr. K), Maggie Wright (Ylla), John Cassady (Briggs), Richard Heffer (Conover), Richard Oldfield (York), Fritz Weaver (Father Peregrine), Maria Schell (Anna Lustig), Michael Anderson, Jr. (David Lustig), Jon Finch (Jesus Christus), Wolfgang Reichmann (Lafe Lustig), Nyree Dawn Porter (Alice Hathaway), Barry Morse (Hathaway), Christopher Connelly (Ben Driscoll), Bernadette Peters (Genevieve), Terence Longdon (Älterer Marsianer).

Januar 1999. Der erste bemannte Flug zum Mars. Ziel des Zeusprojekts ist die spätere Besiedelung des Mars. Marsianerin Ylla träumt von der Ankunft der Astronauten und ihr Ehemann sieht den Untergang der Marszivilisation voraus. Nach der zweiten Expedition, die mit einer scheinbar gewohnten aber tödlichen Umgebung konfrontiert wird, folgt bald Zeus III, Colonel Wilders Flug. Wilder und seine Crew entdecken, dass die Marsbevölkerung von Windpocken ausgerottet wurde.
Februar 2004. Siedler überfluten den roten Planeten. Während Wilder nach einem Marsianer sucht, ist Pater Peregrine auf der Suche nach Christus. Familie Lustig ist auf der Suche nach ihrem Sohn und die Parkhills auf der nach ihrem Glück.
November 2006. Die Erde wurde durch einen Atomkrieg zerstört. Zurück bleibt nur ein Bruchteil der Menschen: Die Marssiedler. Diese verloren aber nicht nur ihre Heimat, sondern auch sich gegenseitig, ein Kontakt zwischen den Grüppchen existiert nicht. Wilder trifft endlich seinen Marsianer.

Basierend auf der poetischen und bewegenden Kurzgeschichtensammlung Ray Bradburys, die erstmalig 1950 erschien; eine Storyline der zweiten Folge stammt aus Bradburys THE ILLUSTRATED MAN (Der illustrierte Mann; 1951). Aufgrund der einmaligen Vorlage wollte man sich besonders anstrengen und machte alles falsch. Die lächerlichen Trickeffekte wären vielleicht noch zu ertragen gewesen, wenn man die Stimmung des Buches auch nur halbwegs auf die Bildschirme gebracht hätte.
Ein absoluter Tiefpunkt in den Karrieren von Hollywoodregisseur Michael Anderson, der die wunderbare Jules Verne-Verfilmung IN ACHTZIG TAGEN UM DIE WELT machte, des Autoren Richard Matheson, der neben einigen als Klassiker geltenden Romanen auch schon mehrere um Klassen bessere Drehbücher verfasst hat, und dem Grosstell der fast nur aus Stars bestehenden Besetzung.
Darren McGavin spielte bereits in DER NACHTJÄGER (qv); Roddy McDowall in PLANET DER AFFEN (qv) und FANTASTIC JOURNEY (qv); Barry Morse war in MONDBASIS ALPHA 1 (qv) zu sehen; Joyce Van Patten später in AUF SCHLIMMER UND EWIG (qv).

EPISODEN:
1.	DIE EXPEDITIONEN (The Expeditions) 03.04.83
2.	DIE KOLONISTEN (The Settlers) 04.04.83
3.	DIE MARSIANER (The Martians) 06.04.83

DIE MASKE
(Human Target)
USA 1992; Pilot & 7 Episoden
Deutsche Ausstrahlung:
Pro 7 1996; 7 Episoden

Darsteller: Rick Springfield (Christopher Chance/Human Target), Kirk Baltz (Philo Marsden), SaMi Chester (Jeff Carlyle), Signy Coleman (Libby Page).

Christopher Chance wird von Leuten engagiert,
die in Gefahr sind. Statt nur deren Fall zu lösen,
bringt Chance sie auch ausser Schusslinie. Er
fertigt spezielle Masken an und übernimmt die
Plätze derer, die ihn um Hilfe bitten.

HUMAN TARGET ist eine Schöpfung des Texters
Len Wein und des Zeichners Carmine Infantino.
Er erschien 1972 erstmalig in der Reihe „Action
Comics" in der Nr. 419; Coverdatum: Jan. 1973.
Trotz der interessanten Grundidee schafft die Se-
rie es nicht, wirkliche Spannung aufkommen zu
lassen. Die Drehbücher sind allenfalls mittelmäs-
sige Ware, die Darsteller zweit- bis drittklassig.
Zu den maskierten und demaskierten Gaststars
gehörten Bibi Besch, David (Kung Fu & Kung Fu:
Im Zeichen des Drachen) Carradine, George
(Superboy) Chakiris, Mike (The Flash) Genove-
se, Harry Guardino, Fredric Lehne, Yvette (Robo-
cop) Nipar, Scott Paulin, John Wesley (The
Flash) Shipp, Kenneth (Der Mann aus dem
Meer) Tigar und Lisa (Conor, der Kelte) Zane.

EPISODEN:
1. AUF FALSCHER FÄHRTE (The Human Target)
    29.06.96
2. DUNKLE ERINNERUNGEN (Second Chance)
    06.07.96
3. MODE, MODELS, MORDVERSUCHE (Desig-
    ned By Chance) 13.07.96
4. DAS SPIEGELBILD (Mirror Image) 20.07.96
5. DER KILLER IM KNAST (Cool Hand Chance)
    27.07.96
6. DER RICHTER UND SEIN MÖRDER (Going
    Home) 03.08.96
7. EIN UNGEWÖHNLICHER KUNDE (Chances
    Are)

MASKED RIDER
(The Masked Rider)
USA 1995; 39 Episoden
Deutsche Ausstrahlung:
RTL Television 1996/1997; 26 Episoden

Darsteller: T. J. Roberts (Dex/Masked Rider),
Rheannon Jo Slover (Molly Stewart), Ashton Mc-
Arn II (Albee Stewart), David Stenstrom (Hal Ste-
wart), Candace Camille Bender (Barbara Ste-
wart), Ken Ring (Lord Dregon), Jennifer Rung
(Nefaria), Paul Pistore (Ferbus), Libby Letlow
(Patsy), Matt Bates (Herbie).

Auf dem Planeten Edenoi will der böse Lord Dregon die Macht übernehmen. Doch der Enkel König Lexians, Dex, stellt sich in der Verkleidung
des MASKED RIDER der Herausforderung. Sein
Grossvater war es auch, der Dex die Macht zur
Verwandlung in den Helden verlieh.
Dex reist zur Erde, um den Planeten vor dem Tyrannen Dregon zu beschützen. Unterschlupf findet er bei der Familie Stewart. In deren Obhut
lebt er ein normales Leben, aber wenn Not am
Jungen ist, verwandelt er sich wieder in MAS-
KED RIDER und setzt seine Superkräfte gegen
jedweden Unbill ein.

Wie in der Episodenliste zu sehen, begann die
Karriere des MASKED RIDER in einem Mehrteiler der POWER RANGERS-Reihe (qv). Die verantwortlichen Produzenten waren der Meinung,
dass dieser neue Verbrechensbekämpfer genügend Wohlwollen erregt hatte, um eine eigene
Serie zu rechtfertigen. Ebenso wie seine irdischen Power-Kumpel muss nun der Thronerbe
des Planeten Edenoi gegen viele viele bunte
Monster antreten.
Für die Kampfszenen wurde die japanische Serie
„Kamen Raida Buraku Aru Ekusu" ausgeschlachtet.

EPISODEN:
I.   POWER RANGERS: ANGRIFF AUS DEM ALL
      1 (Mighty Morphin Power Rangers: A Friend In
      Need 1) 27.07.96
II.   POWER RANGERS: ANGRIFF AUS DEM ALL
      2 (Mighty Morphin Power Rangers: A Friend In
      Need 2) 03.08.96
III. POWER RANGERS: ANGRIFF AUS DEM ALL
      3 (Mighty Morphin Power Rangers: A Friend In
      Need 3) 10.08.96

1. FLUCHT VON EDENOI 1 (Escape From Ede-
    noi 1) 05.10.96
2. FLUCHT VON EDENOI 2 (Escape From Ede-
    noi 2) 12.10.96
3. DER FÜHRERSCHEIN (License To Thrill)
    19.10.96
4. FERBUS WIRD ENTFÜHRT (Pet Nappers)
    26.10.96
5. VON INSEKTEN UND MENSCHEN (Bugs On
    The Loose) 02.11.96
6. GEWINNER UND VERLIERER (Arcade Ace)
    09.11.96
7. DER ZAUBERKRISTALL 1 (Super Gold 1)
    16.11.96
8. DER ZAUBERKRISTALL 2 (Super Gold 2)
    23.11.96

9.   GRANDMA KOMMT (The Grandma Factor)
      01.12.96
10.   MOLLYS SCHULPROJEKT (Something's Tra-
      shy) 15.12.96
11.   DER GRÜNE NEBEL (Water, Water Every-
      where) 22.12.96
12.   DER VERRÜCKTE TANZWETTBEWERB
      (Dance Crazy) 29.12.96
13.   DER FREMDE AUS DEM NORDEN (Stranger
      From The North) 05.01.97
14.   DAS MOTOCROSS-RENNEN (The Green
      Eyed Monster) 12.01.97
15.   DONAIS KEHRT ZURÜCK (The Unmasked Ri-
      der) 19.01.97
16.   DIE HITZEWELLE (The Heat Is On) 26.01.97
17.   DER POKAL (The Dash) 02.02.97
18.   ZURÜCK ZUR NATUR (Back To Nature)
      09.02.97
19.   DER HOCHZEITSTAG (Ferbus' Day Out)
      16.02.97
20.   FERBUS IST AN ALLEM SCHULD (Jobless)
      23.02.97
21.   DEX WIRD GETESTET (Testing, 1, 2, 3)
      02.03.97
22.   DIE LIEBEN NACHBARN (Know Your Neigh-
      bor) 09.03.97
23.   MUSIK IST TRUMPF (Power Out) 16.03.97
24.   VIEL WIND UM NICHTS (Showdown At Lea-
      wood High) 23.03.97
25.   DREI GEGEN EINEN (Ferbus Maximus)
      30.03.97
26.   DER WETTSTREIT (Battle Of The Bands)
      06.04.97

MAX HEADROOM

(Max Headroom)
GB 1985; Fernsehfilm
USA 1987/1988; 14 Episoden
Deutsche Ausstrahlung:
SAT.1 1989; 14 Episoden
ARD 1991; Fernsehfilm in zwei Teilen

Darsteller: Matt Frewer (Edison Carter/Max
Headroom), Amanda Pays (Theora Jones), Ge-
orge Coe (Ben Chiviot), Chris Young (Bryce
Lynch), Jeffrey Tambor (Murray), Virginia Kiser
(Mrs. Formby), Hank Garrett (Ashwell), Lee Wil-
kof (Edwards), William Morgan Sheppard (Blank
Reg), Concetta Tomei (Dominique), Charles Roc-
ket (Ned Grossberg), Sharon Barr (Lauren).

In einer nicht ganz so fernen Zukunft ermittelt
Fernsehreporter Edison Carter einen Fall von
plötzlichem Tod vor dem Fernseher. Als er der
Wahrheit — der Zuschauer explodierte aufgrund
einer Art Überladung durch ultrakomprimierte

Werbespots — zu nahe kommt, wird er gejagt.
Seine Flucht auf einem Motorrad endet nahezu
tödlich an einer Tiefgaragenschranke. Das letzte
was Edison sieht, ist die Schrift der Höhenwar-
nung an dieser Schranke: „Max. Headroom".
Das junge Genie Bryce Lynch versucht im Computer eine Kopie Carters zu schaffen. Dieser kör-
perlose Kopf entwickelt jedoch ein Eigenleben
und, da er mit Carters Gedächtnis ausgestattet
wurde, nennt sich selbst Max Headroom.
Nach einigen Verwicklungen kommt es zu einer
Zusammenarbeit zwischen Max und Edison. Gemeinsam mit Carters Senderverbindung, Theora,
decken sie weiterhin unmenschliche Methoden
der neuen Herrscher der Welt, der Fernsehsen-
der, auf.

Eine der wohl besten SF-Serien überhaupt, der
leider nur ein recht kurzes Leben beschieden
war. Die Serie wurde hoch gelobt und der Erfolg
zeigte sich auch durch blitzschnell auftretende
Persiflagen. Einige der seltsam abgehobenen
Sprüche Max Headrooms wurden zeitweilig in
die Umgangssprache aufgenommen.
Bevor Max seine Serie bekam, war er bereits in
Werbespots, Videoclips und Fernsehsendungen
zu sehen. Die Basisgeschichte der Serie wurde
vorab in einem britischen Fernsehfilm gezeigt.
Die Produzenten der Serie entschieden sich, die
„Entstehungsgeschichte" noch einmal zu verfilmen. Die erste Folge ist dadurch Szene für Szene zum Abbild des Filmes geworden.
Für Hauptdarsteller Matt Frewer und Amanda
Pays war diese Serie der Absprungpunkt vom
heimatlichen England ins film- und fernseherfah-
rene Amerika. Amanda Pays übernahm unter anderem die weibliche Hauptrolle in THE FLASH-
DER ROTE BLITZ (qv); Matt Frewer spielte einige Fernsehgastrollen, versuchte sich in Situati-
onskomödien und Spielfilmen und tauchte später
auch in THE STAND-DAS LETZTE GEFECHT
(qv) und PSI FACTOR (qv) auf. Ebenfalls um
Einschaltquoten in der Zukunft kämpften Rosalind (Star Trek: Deep Space Nine) Chao, Mark
Lindsay (Das Ding aus dem Sumpf) Chapman,
Andreas (Babylon 5) Katsulas, Lycia Naff, Lisa
Niemi und Joseph Ruskin.

EPISODEN:
1.   PSYCHO-SPOTS (Blipverts) 24.04.89
2.   ORGAN-BANK (Body Banks) 01.05.89
3.   KAMPFBOARD-TURNIER (Rakers) 08.05.89
4.   ANARCHO-TV (War) 15.05.89

5. NICHT-EXISTENZEN (The Blanks) 22.05.89
6. ELEKTRONIK-BARRIEREN (Security Systems) 29.05.89
7. ZIPP-PROGRAMME (Academy) 05.06.89
8. VIDEO-RELIGION (Deities) 12.06.89
9. INFO-MANIPULATION (Grossberg's Return) 19.06.89
10. GEHIRN-SPENDEN (Dream Thieves) 26.06.89
11. WHACKETS-QUIZSHOW (Whacketts) 03.07.89
12. NEURO-STIMULATION (Neurostim) 10.07.89
13. ZENSUR-COMPUTER (Lessons) 17.07.89
14. BABY-REPRODUKTION (Baby Grobags) 24.07.89

FILM:
I. MAX HEADROOM-20 MINUTEN IN DIE ZUKUNFT 1 (Max Headroom) 22.11.91
II. MAX HEADROOM-20 MINUTEN IN DIE ZUKUNFT 2 (Max Headroom) 29.11.91

MAXWELL SMART
(Get Smart)
USA 1995; 7 Episoden
Deutsche Ausstrahlung:
RTL Television 1996; 7 Episoden
Darsteller: Don Adams (Chief Maxwell Smart), Andy Dick (Zachary „Zach" Smart), Elaine Hendrix (Agent 66), Barbara Feldon (Kongressabgeordnete 99 Smart), Heather Morgan (Trudy).

Der gemeinsame Sohn der berühmten Agenten 86 und 99, auch bekannt als Ehepaar Smart, tritt in die Fussstapfen seiner Eltern... und immer wieder ins Fettnäpfchen.

Der Versuch, den Erfolg der 60er-Jahre Kultserie zu wiederholen, erwies sich als Inbegriff des Rohrkrepierers. Natürlich liess es sich RTL nicht nehmen, diese Serie, die es auf überragende sieben Episoden brachte, dennoch dem deutschen Publikum zu präsentieren.
Don Adams und Barbara Feldon spielten (natürlich) bereits in MINI-MAX (qv), der Vorlage für diese Reihe; ihre Gastauftritte aus der alten Serien wiederholten hier Dave Ketchum (als Agent 13) und Bernie Kopell (als Siegfried), Alexander (Star Trek: Raumschiff Voyager) Enberg war ebenfalls unter den Gastdarstellern.

EPISODEN:
1. DER AGENTENTROTTEL (Get Smart)
2. WER HAT DIE LEBER GEKLAUT? (Liver Let Die)
3. BLACK JACK MIT ZACH (Casino Evil)
4. DIE NACKTE SCHILDKRÖTE (Passenger 99)
5. HITVERDÄCHTIG (Shoot Up The Charts)
6. MEIN NAME IST HIRN (Goodbye, Ms. Chip)
7. EIN FESSELNDES RENDEZVOUS (Wurst Enemies)

MEIN LEBEN ALS HUND
(My Life As A Dog)
CND 1996; 22 Episoden
Deutsche Ausstrahlung:
Nickelodeon 1997; 22 Episoden

Darsteller: Michael Yarmush (Eric Johansson), Callum Keith Rennie (Johnny Johansson), Marley Otto (Anastasia „AJ" Burke), Jennifer Clement (Zoe Johansson), Joy Coghill (Tantchen).

Die Verfilmung des Romanes von Reidar Jonsson erzählt die Geschichte des elfjährigen Halbwaisen Eric. Seine Mutter ist kürzlich verstorben und sein Vater hat als Seemann keine Zeit für ihn. Eric wird also zu Onkel und Tante nach Gimli, einem kleinen Fischerdorf, geschickt. Verfolgt wird er dabei von einem Djinn in Hundegestalt. Dieser Geist ist für Eric und seine Umgebung ein Unglücksbringer.
In Gimli lernt Eric AJ kennen. Die beiden werden Freunde und erleben in der Folge verschiedenste Abenteuer.

EPISODEN:
1. DIE ANKUNFT (The Arrival)
2. DIE MUTPROBE (Tribe)
3. DAS GEHEIMNIS (Smelly's Dark Secret)
4. DER GEIST (Stranded)
5. DER VERDACHT (Root Of All Evil)
6. DIE WETTE (A Day In The Life)
7. DIE STUNDE DER WAHRHEIT (Great Expectations)
8. DER KUNSTFEHLER (Profile Of An Artist)
9. DER FLÜCHTLING (Fugitive)
10. DIE PFEIFENTE (Widgeon)
11. DER HÜHNERDIEB (Once They Got A Taste)
12. DIE LEBENDE ZIELSCHEIBE (The Puck Stops Here)
13. EIN STAR KEHRT ZURÜCK (Soap Gets In Your Eyes)
14. DER GIMLI-MARATHON (Gimli Marathon)
15. DER METEORIT (The Why?-Files)
16. DER PICKEL (Beauty And The Zit)
17. DER GEIST VON GIMLI (Return Of The Undead)
18. EIN FAULER APFEL (All In Your Head)
19. DER FILMEMACHER (A Winter's Tale)

20.   DER EISHOCKEY-STAR (Obsession)
21.   DIE BAND (Blizzard)
22.   UNERWARTETER BESUCH (Where The Wind
        Blows)

MEIN ONKEL VOM MARS
(My Favorite Martian)
USA 1963-1966; 107 Episoden
USA 1999; Spielfilm
Deutsche Ausstrahlung:
ZDF 1976; 10 Episoden
ZDF 1976/1977; 22 Episoden

Darsteller: Bill Bixby (Tim O'Hara), Ray Walston
(Onkel Martin, X-ldguis 12), Pamela Britton (Lorelei Brown), Alan Hewitt (Detective Bill Brennan), Roy Engle (Polizeichef).

Tim O'Hara, Reporter der 'Los Angeles Sun', soll
über den Flug der X-15 berichten. Er erfährt,
dass das Flugzeug den Weg eines UFOs kreuzte
und will der Story auf den Grund gehen. Seine
Vorgesetzten lehnen diesen Unsinn jedoch ab.
Als Tim auf dem Heimweg ist, sieht er, wie ein
seltsames Gebilde in ein nahes Wäldchen stürzt.
Dieses Gebilde stellt sich als die bereits gesich-
tete „Fliegende Untertasse" heraus; ihr Insasse:
Ein Anthropologe vom Mars, der das irdische Leben studieren will. Er stürzte ab, weil die X-15
seinen Flug störte.
Tim nimmt den Marsianer mit nach Hause und
gibt ihn anderen gegenüber als seinen Onkel
aus. Bis Onkel Martin einen Weg findet, sein
Raumschiff wieder flott zu machen, muss er sich
wohl oder übel mit der neuen Situation und den
seltsamen Menschen abfinden.
Die folgenden Abenteuer zeigen seine Bemühun-
gen, aber auch seine ausserirdischen Fähigkeiten und Apparate: Martin kann sich unsichtbar
machen und verfügt sogar über eine Zeitmaschine.

Der Klassiker der Ausserirdische-bei-uns-zu-
Hause-Situationskomödie. Die Serie will nie etwas anderes als unterhalten und das gelingt ihr
vorzüglich. Der Erfolg des Formates zeigt sich
auch in späteren Serien, die gleiches als Basis
benutzen: MORK VOM ORK (qv), ALF (qv).
Bei den in Deutschland gelaufenen Episoden
handelt es sich nur um die letzte Staffel der Reihe, die in Farbe produziert worden war. Es folgte
eine Zeichentrickserie mit dem gleichen Titel, die

ebenfalls im ZDF gesendet wurde.
Bill Bixby spielte später in HULK (qv). Ray Wal-
ston spielte später in STEPHEN KING'S THE
STAND-DAS LETZTE GEFECHT (qv) und hatte
auch in der 1999 entstandenen Spielfilmversion
des marsianischen Onkels eine Rolle. Zu Gast
beim Onkel vom Mars waren John Anderson,
Madge (Batman) Blake, John Carradine, Robert
(Time Tunnel) Colbert, Michael Conrad, Yvonne
(Batman) Craig, Victor (Ein Engel auf Erden)
French, Henry Gibson, Jill Ireland, Conrad (Mork
vom Ork) Janis, Bernie (Mini-Max) Kopell, Burt
Kwouk, Simon (Der Nachtjäger) Oakland, Butch
(The Munsters) Patrick, Pat (The Munsters) Pri-
est, James B. Sikking, Tom Skerritt und David
(Verliebt in eine Hexe) White.

EPISODEN:
1.   DIE REISE NACH ST. LOUIS 1 (Go West,
        Young Martian 1) 15.05.76
2.   DIE REISE NACH ST. LOUIS 2 (Go West,
        Young Martian 2) 29.05.76
3.   ZWEI SELTSAME ALTE DAMEN (Avenue "C"
        Mob) 12.06.76
4.   DER BLAUE SCHLEIER DER WÜSTE (Martin
        Of The Movies) 26.06.76
5.   DIE MEXIKANISCHE HEIRAT (Keep Me From
        The Church On Time) 10.07.76
6.   DER ONKEL IST DIE TANTE (I'd Rather Fight
        Than Switch) 24.07.76
7.   DIE GENIE-PILLE (Tim, The Mastermind)
        07.08.76
8.   EINE GOLDIGE GESCHICHTE (Martin Gold-
        finger) 14.08.76
9.   DER FLASCHENGEIST IM HAREM (Bottled
        Martin) 21.08.76
10.   GELIEBTER RÄUBER (Hate Me A Little)
        28.08.76

11.   DIE PANNE MIT ZELDA (Girl In The Flying
        Machine) 23.10.76
12.   DUETT FÜR ZWEI ALTE PISTOLEN (The
        Time Machine Is Waking Up That Old Gang Of
        Mine) 30.10.76
13.   DER DOPPELTE TIM (Tim And Tim Again)
        06.11.76
14.   LORALEE, DER GANGSTERSCHRECK (Lore-
        lei Brown Vs. Everybody) 13.11.76
15.   DER GEHEIMNISTRÄGER (Who's Got A Se-
        cret?) 20.11.76
16.   DAS ZWEIEINHALB-MILLIONEN-DING (The
        O'Hara Caper) 27.11.76
17.   TIM MACHT EINE ERBSCHAFT (Heir Today,
        Gone Tomorrow) 04.12.76
18.   RENDEZVOUS IM TRÖDELLADEN (Man
        From Uncle Martin) 11.12.76
19.   MIT PERRÜCKE UND KORSETT (TV Or Not
        TV) 18.12.76

20.	BUBI KANN ALLES (Virus M For Martin) 08.01.77
21.	GEFÄHRLICHE DÜFTE (Martin, The Mannequin) 22.01.77
22.	BUTTERBALL IST WIEDER DA (Butterball) 29.01.77
23.	DER FLUCH DES ZIGEUNERS (When A Martian Makes His Violin Cry) 05.02.77
24.	WIE KOMMT DER ONKEL IN DEN HUND? (Doggone Martian) 12.02.77
25.	DIE DIAMANTENKISTE (Our Notorious Landlady) 19.02.77
26.	WO IST MR. HOPPENDAHL? (Martin's Revoltin' Development) 26.02.77
27.	ALS ONKEL MARTIN EIN RENNPFERD WAR (Horse And Buggy Martin) 05.03.77
28.	DER LÖWE UND DIE ZEITUNGSGANS (Stop The Presses, I Want To Get Off) 12.03.77
29.	MONA LISA-TIEFGEFROREN (Martin Meets His Match) 19.03.77
30.	NOCH EINER VOM MARS (When You Get Back Home To Mars, Are You Going To Get It) 26.03.77
31.	FOLTERABEND AM MARTERPFAHL (Pay The Man $24.00) 02.04.77
32.	DAS KARIERTE EICHHORN (My Nut Cup Runneth Over) 09.04.77

EPISODEN (1963-65; nicht gesendet):

33.	(My Favorite Martian)
34.	(The Matchmakers)
35.	(There Is No Cure For The Common Martin)
36.	(Russians 'R' In Season)
37.	(Man Or Amoeba)
38.	(The Man On The Couch)
39.	(A Loaf Of Bread, A Jug Of Wine And Peaches)
40.	(The Awful Truth)
41.	(Rocket To Mars)
42.	(Raffles No. 2)
43.	(The Atom Misers)
44.	(That Little Old Matchmaker, Martin)
45.	(How To Be A Hero Without Really Trying)
46.	(Blood Is Thicker Than The Martian)
47.	(Poor Little Rich Cat)
48.	(Rx For Martian)
49.	(Going, Going, Gone)
50.	(Who Am I?)
51.	(Now You See It, Now You Don't)
52.	(My Nephew, The Artist)
53.	(Hitchhike To Mars)
54.	(Uncle Martin's Broadcast)
55.	(An Old, Old Friend Of The Family)
56.	(Super-Duper Snooper)
57.	(The Sinkable Mrs. Brown)
58.	(Martin And The Eternal Triangle)
59.	(Danger! High Voltage!)
60.	(If You Can't Lick Them)
61.	(Unidentified Flying Uncle Martin)

62.	(How Are You Gonna Keep Them Down On The Pharmacy?)
63.	(Miss Jekyll And Hide)
64.	(Who's Got The Power?)
65.	(Oh, My Aching Antenna)
66.	(The Disastro-Nauts)
67.	(Shake Well And Don't Use)
68.	(A Nose For News)
69.	(Uncle Martin's Wisdom Tooth)
70.	(Dreaming Can Make It So)
71.	(The Memory Pill)
72.	(Three To Make Ready)
73.	(Nothing But The Truth)
74.	(Dial M For Martin)
75.	(Extra! Extra! Sensory Perception!)
76.	(My Uncle, The Folk Singer)
77.	(The Great Brain Robbery)
78.	(Double Trouble)
79.	(Has Anybody Seen My Electro-Magnetic Neutron Converting Gravitator?)
80.	(Don't Rain On My Parade)
81.	(Night Life Of Uncle Martin)
82.	(To Make A Rabbit Stew-First Catch A Martian)
83.	(Won't You Come Home, Uncle Martin, Won't You Come Home?)
84.	(The Case Of The Missing Sleuth)
85.	(How Are Things In Glocca Martin?)
86.	(Gesundheit, Uncle Martin)
87.	(Martin Report #1)
88.	(Uncle Martin And The Identified Flying Object)
89.	(A Martian Fiddles Around)
90.	(Humbug, Mrs. Brown)
91.	(Crash Diet)
92.	(Gone But Not Forgotten)
93.	(Stop Or I'll Steam)
94.	(The Magnetic Personality And Who Needs It)
95.	(We Love You, Miss Pringle)
96.	(Uncle Baby)
97.	(Once Upon A Martian Mother's Day)
98.	(Uncle Martin's Bedtime Story)
99.	(006 3/4)
100.	(Never Trust A Naked Martian)
101.	(Martin's Favorite Martian)
102.	(The Martian's Fair Hobo)
103.	(A Martian's Sonata In Mrs. B's Flat)
104.	(The Green-Eyed Martian)
105.	(El Senor From Mars)
106.	(Time Out For Martin)
107.	(Portrait In Brown)

FILM:

| I. | DER ONKEL VOM MARS (My Favorite Martian; 1999) 1999; Kino |

MEIN VATER IST EIN AUSSERIRDISCHER
(Out Of This World)
USA 1987-1991; 96 Episoden

Darsteller: Donna Pescow (Donna Garland), Maureen Flannigan (Evie Garland), Doug McClure (Bürgermeister Kyle Applegate), Joe Alaskey (Beano Froelich), Buzz Belmondo (Buzz).

Als Evie Grland dreizehn wird, tritt sie das Erbe ihres Vaters, eines Ausserirdischen vom Planeten Antareus, an. Sie verfügt plötzlich über nichtmenschliche Fähigkeiten: Sie kann die Zeit anhalten und Dinge materialisieren.
Um diese Fähigkeiten besser verstehen zu können, und manchmal auch bei anderen Problemen, tritt sie mit ihrem Vater über eine Art Würfel in Kontakt. Dieser — der Vater, nicht der Würfel — wurde nämlich noch vor Evies Geburt abgerufen.

Diese Serie behandelte normale Themen des Erwachsenwerdens — Schule, Ausgehen, Freunde — und setzt die ausserirdischen Kräfte als Unterstützung oder Verstärkung der Gags ein. Durchschnittlich amüsante Situationskomödie.
In der amerikanischen Originalversion lieh Burt Reynolds dem ausserirdischem Vater Troy seine Stimme. Innerirdische Gaststars waren neben anderen Jim (Highlander) Byrnes, Norman Fell, Florence Henderson, Richard Kiel, Richard Moll und Patrick Wayne.

EPISODEN:
1. EVIES 13. GEBURTSTAG (Evie's Thirteenth Birthday) 31.12.89
2. DER ALPTRAUM (The Nightmare) 07.01.90
3. BIS DANN (Till Then) 14.01.90
4. EVIE, HOL' DEINEN BASKETBALL (Evie, Get Your Basketball) 21.01.90
5. JEDER BEANO HAT SEINEN TAG (Every Beano Has His Day) 28.01.90
6. EVIE UND DIE JUNGEN ASTRONAUTEN (Evie And The Young Astronauts) 04.02.90
7. EINE MUTTER AUS DEN FÜNFZIGERN (Fifties Mom) 11.02.90
8. DAS DUELL DER BÜRGERMEISTER (Dueling Mayors) 18.02.90
9. BABYSPRACHE (Baby Talk) 25.02.90
10. BEANOS NEUE DIÄTKLINIK (Beano's New Diet Clinic) 04.03.90
11. GROSSMUTTERS ZWEITER FRÜHLING (Uh, Oh...Here Comes Mother) 11.03.90
12. DAS SPIEL MIT DER MACHT (Playing With The Power) 18.03.90
13. DER HOCHZEITSTAG (The Anniversary) 25.03.90
14. UM DIE WAHRHEIT ZU SAGEN (To Tell The Truth) 01.04.90
15. BRIEFFREUNDE (Pen Pals) 08.04.90
16. BROADWAY DANNY DEREK (Broadway Danny Derek) 13.04.90
17. MOSQUITO MANN-DER FILM (Mosquito Man: The Motion Picture) 15.04.90
18. DIE RUSSEN KOMMEN (The Russians Are Coming) 16.04.90
19. ALIAS VATI (AKA: Dad) 22.04.90
20. BLAUE FLECKEN AUS DEM ALL (The Illness) 29.04.90
21. DER WÜRFEL IST WEG (The Box Is Missing) 06.05.90
22. DURCHGEDREHT (Boy Crazy) 13.05.90
23. DIE DREI GESICHTER DER EVIE GARLAND (The Three Faces Of Evie) 20.05.90
24. MEIN GEHEIMNIS (I've Got A Secret) 27.05.90
25. EVIES GEBURTSTAGSWUNSCH (Evie's Birthday Wish) 03.06.90
26. DAS ERSTE RENDEZVOUS (Blast From The Past) 10.06.90
27. KARRIEREKRISE (Career Crunch) 17.06.90
28. IM SCHATTEN EINER LEGENDE (Should Old Acquaintance Be Forgot?) 01.07.90
29. EVIES ERSTER KUSS (Evie's First Kiss) 08.07.90
30. DIE FREUDEN DES ALLTAGS (Princess Evie) 15.07.90
31. ALTE LIEBE ROSTET NICHT (Old Flame) 22.07.90
32. BESUCH AUS DEM WELTALL (Guess Who's Coming To Earth) 29.07.90
33. AUF IN DEN WESTEN (Go West, Young Mayor) 05.08.90
34. EIN KIND AUS EINER ANDEREN WELT (Close Encounters Of The Nerd Kind) 12.08.90
35. DER TRAUMMANN (The Incredible Hunk) 19.08.90
36. DAS GEHEIMNIS VON EVIES ERFOLG (The Secret Of Evie's Success) 26.08.90
37. DER TRAUMPAPA (Evie's Two Dads) 02.09.90
38. EHRENHAFTE EVIE (Honest Evie) 09.09.90
39. EINE EVIE ZUVIEL (Two Many Evies) 16.09.90
40. DAS SCHÜLERGERICHT (Pupil's Court) 23.09.90
41. KÖNIGINNEN FÜR EINEN TAG (Queen For A Day) 30.09.90
42. BEANO ALS DON JUAN (Futile Attraction) 07.10.90
43. EINE KINDISCHE ZAUBEREI (Beano The Kid) 14.10.90
44. AUSFLUG IN EINE TRAUMWELT (Evie Goes To Hollywood) 21.10.90
45. IN DIE ZUKUNFT SEHEN (The Amazing Evie) 28.10.90
46. ABRAKADABRA (Frisky Business) 11.11.90

47. EIN UNGLAUBLICHER HUND (Star Dog)
     18.11.90
48. EIN UNGEBETENER GAST (Whose House Is
     It Anyway) 21.11.90
49. EIN HEIMLICHER VEREHRER (Evie's Secret
     Admirer) 25.11.90
50. EINE REISE UM DIE WELT (Around The
     World In 80 Minutes) 02.12.90
51. WOHIN MIT DEM FROSCH? (A Froggy Day In
     Marlowe Town) 09.12.90
52. DER ERSTE AUTOUNFALL (Evie's Driver's Li-
     cense) 16.12.90
53. BEZAUBERNDE EVIE (Evie's Magic Touch)
     23.12.90
54. DIE PANIKFRISUREN (Hair Today, Gone To-
     morrow) 30.12.90
55. EINE HERBE ÜBERRASCHUNG (Cinderella
     Evie) 31.12.90
56. LIEBE UND VIDEO (It's A Cruel World)
     01.01.91
57. EINE KLEINE NOTLÜGE (One In A Million)
     06.01.91
58. POLTERGEIST (Eviegeist) 13.01.91
59. MIT 16 HAT MAN NOCH TRÄUME (Evie's
     Sweet Sixteen) 20.01.91
60. EINE DAME VERSCHWINDET (Bring Me The
     Head Of ...) 27.01.91
61. DER NOTNAGEL (Evie/Stevie 03.02.91
62. WENN DADDY NICHT WÄRE (The Rocks
     That Couldn't Roll) 10.02.91
63. WIR SEHEN UNS VOR GERICHT (Four Men
     And A Baby) 17.02.91
64. DER RITT AUF DEM BULLEN (Cowboy Kyle,
     Man Of Granite) 24.02.91
65. EIN KOMISCHES DUETT (Evie's Double Trou-
     ble) 03.03.91
66. PFLANZEN SIND AUCH NUR MENSCHEN
     (The Garden Of Evie) 10.03.91
67. KAMPF UM DIE MEDAILLE (Evie Goes For
     The Gold) 17.03.91
68. FRAUENSACHE (Evie's Yuppie Love)
     24.03.91
69. DIE WAHL-ÜBERRASCHUNG (A Kinder, Gen-
     tler Mayor) 31.03.91
70. DER SCHOKOLADENMARDER (My Mother,
     The Cow) 07.04.91
71. DIAMANTEN-FIEBER (Diamonds Are Evie's
     Best Friend) 14.04.91
72. ALLES WIRD GUT (Goodbye, Mr. Chris)
     21.04.91
73. DAS UNGEWÖHNLICHE HOCHZEITSGE-
     SCHENK (My Little Evie/Mini-Evie) 05.05.91
74. VERGISS DEINE SORGEN (Forget Your Trou-
     bles) 12.05.91
75. EVIE WEISS ALLES (A Mind Is A Terrible
     Thing To Read) 19.05.91
76. MEINE LIEBSTE FREUNDIN (Best Friends)
     02.06.91
77. ALARM AN ALLEN ECKEN (Evie's False
     Alarm) 09.06.91

78. EVIE SUPERSTAR (I Want My Evie-TV)
     16.06.91
79. SCHULE DES LEBENS (Roomies) 23.06.91
80. DER TANZWETTBEWERB (Evie's High Anxie-
     ty) 07.07.91
81. AUFREGUNG IN DER CAFETERIA (Marlowe
     Vice) 14.07.91
82. BESUCH AUS SÜDAMERIKA (Evie's Latin
     Touch) 21.07.91
83. DER MISSGLÜCKTE NACHHILFEUNTER-
     RICHT (Heck's Angels) 28.07.91
84. WARUM ICH DICH LIEBE (My Mom, And Why
     I Love Her) 04.08.91
85. ANGST VORM FLIEGEN (Come Fly With Evie)
     11.08.91

86. ERZIEHUNG ZUR PÜNKTLICHKEIT (Too Late
     For Evie) 31.01.93
87. DER FERNSEHWETTBEWERB (Stump Your
     Neighbor) 07.02.93
88. EIN KONZERT MIT FOLGEN (Mayor Evie)
     14.02.93
89. ROMEO UND JULIA (All About Evie) 21.02.93
90. ZWEI VERABREDUNGEN ZUVIEL (Evie's
     Three Promises) 07.03.93
91. GEBRAUCHTWAGENHÄNDLER (Would You
     Buy A Used Car From This Dude) 21.03.93
92. DER HIGHSCHOOLABSCHLUSS (Educating
     Kyle) 28.03.93
93. ENDLICH 18! (Evie's Eighteen) 25.04.93
94. DER VERTAUSCHTE PATIENT (Evie's Nightin-
     gale) 02.05.93
95. RETTUNG AUS DEM WELTRAUM (Evie's
     Guardian Angel) 09.05.93
96. ZWEIKAMPF UM EVIE (New Kid On The
     Block) 16.05.93

MEISTER EDER UND SEIN PUMUCKL

BRD/H 1980; Spielfilm
BRD/H 1982; 26 Episoden
BRD 1988; 26 Episoden
BRD 1993; Spielfilm
Ausstrahlung:
ARD 1982/1983; 26 Episoden
ARD 1988/1989; 26 Episoden

Darsteller: Gustl Bayrhammer (Meister Eder),
Hans Clarin (Stimme von Pumuckl), Erni Singerl
(Frau Eichinger).

Eines Tages taucht in der Werkstatt des Schrei-
nermeister Eder ein kleiner rothaariger Kobold
auf. Er heißt Pumuckl. Dieser kleine Wicht nistet
sich bei Eder ein und hält ihn mit seinen Streichen durchgehend auf Trab.

Basierend auf Büchern und auf der erfolgreichen
Kassetten-Hörspielreihe, die insbesondere von
Hans Clarins Stimme profitierte, entstand im Jahre 1980 ein erster Spielfilm, der den Pumuckl ins
Bild setzte. Dieser und die darauf folgende Serie
hatte einen weiteren Bekanntheitsanstieg Pumuckls zur Folge. So folgte dann auch eine riesige Vermarktungskampagne, in der von Figuren
und Federtaschen bis hin zu Aufklebern und
Bettwäsche nahezu alles erhältlich war. Pumuckl
wurde ein geflügeltes Wort für Rothaarige und
einige gingen sogar so weit, ihr Kind nach dem
niedlichen Kobold benennen zu wollen.
1999 folgte eine weitere Koboldreihe: PU-
MUCKLS ABENTEUER (qv).
Unter den Streichen des Koboldes litten auch
Rainer (Der Räuber Hotzenplotz) Basedow, Toni
Berger, Helga Feddersen, Towje (Pumuckls
Abenteuer) Kleiner, Barbara Rudnik, Gisela Uhlen und Wolfgang (Raumpatrouille) Völz.

EPISODEN:
1.   SPUK IN DER WERKSTATT 26.09.82
2.   DAS VERKAUFTE BETT 03.10.82
3.   DAS NEUE BADEZIMMER 10.10.82
4.   DAS SCHLOSSGESPENST 17.10.82
5.   DIE ABERGLÄUBISCHE PUTZFRAU
     24.10.82
6.   PUMUCKL MACHT FERIEN 31.10.82
7.   DER GEIST DES WASSERS 07.11.82
8.   PUMUCKL UND DIE SCHULE 14.11.82
9.   PUMUCKL UND DER PUDDING 21.11.82
10. DER RÄTSELHAFTE HUND 28.11.82
11. PUMUCKL UND DER NIKOLAUS 05.12.82
12. PUMUCKL AUF HEISSER SPUR 12.12.82
13. DAS WEIHNACHTSGESCHENK 19.12.82
14. DER ERSTE SCHNEE 02.01.83
15. DER WOLLPULLOVER 09.01.83
16. DER GROSSE KRACH 16.01.83
17. DER GROSSE KRACH UND SEINE FOLGEN
     23.01.83
18. EDER BEKOMMT BESUCH 30.01.83
19. DAS SPANFERKELESSEN 06.02.83
20. PUMUCKL UND PUWACKL 13.02.83
21. PUMUCKL UND DIE ANGST 20.02.83
22. DER VERHÄNGNISVOLLE SCHLAGRAHM
     27.02.83
23. PUMUCKL IM ZOO 06.03.83
24. DIE GEHEIMNISVOLLEN BRIEFE 13.03.83
25. PUMUCKL UND DIE OSTEREIER 20.03.83
26. DER ERSTE APRIL 27.03.83

27. DAS SPIELZEUGAUTO 01.10.88
28. PUMUCKL UND DIE OBSTBÄUME 08.10.88
29. PUMUCKL UND DIE MAUS 15.10.88
30. DAS SEGELBOOT 22.10.88
31. DIE BERGTOUR 29.10.88
32. DIE BLECHBÜCHSEN 05.11.88
33. DIE SCHATZSUCHER 12.11.88
34. DAS GESPENST IM GARTENHÄUSCHEN
     19.11.88
35. DIE GEHEIMNISVOLLE SCHAUKEL 26.11.88
36. PUMUCKL UND DIE KATZE 03.12.88
37. PUMUCKL UND DER SCHNUPFEN 10.12.88
38. EDERS WEIHNACHTSGESCHENK 17.12.88
39. PUMUCKL IST AN GAR NICHTS SCHULD
     31.12.88
40. EIN SCHWIERIGER KUNDE 07.01.89
41. DER BLUTIGE DAUMEN 14.01.89
42. PUMUCKL UND DIE KOPFWEHTABLETTEN
     21.01.89
43. EIN KNÜLLER FÜR DIE ZEITUNG 28.01.89
44. PUMUCKL GEHT ANS TELEFON 04.02.89
45. PUMUCKL WILL SCHREINER WERDEN
     11.02.89
46. DER SILBERNE KEGEL 18.02.89
47. DAS SPIEL MIT DEM FEUER 25.02.89
48. PUMUCKL WILL EINE UHR HABEN 04.03.89
49. PUMUCKL UND DIE PLASTIKENTE 11.03.89
50. PUMUCKL AUF HEXENJAGD 18.03.89
51. HILFE, EINE AUSHILFE! 25.03.89
52. PUMUCKL UND DIE MUSIK 01.04.89

FILME:
I.   MEISTER EDER UND SEIN PUMUCKL
     02.04.82; Kino
II. PUMUCKL UND DER BLAUE KLABAUTER
     24.03.94; Kino

MERKWÜRDIGE GESCHICHTEN
BRD 1971 (?); 13 Episoden
Ausstrahlung:
WDR regional 1972; 7 Episoden
NDR regional 1972; 6 neue Episoden

Leider war über diese Serie nicht mehr als die
folgenden Episodeninformationen in Erfahrung
zu bringen. Aufgrund der Titel habe ich diese
Serie jedoch vorsichtshalber aufgenommen.
Die Verteilung der Episoden auf zwei Sender
liegt daran, dass der WDR die Serie startete,
dann aber erst einmal unterbrach. Währenddessen begann der NDR mit der Ausstrahlung der
Reihe und zeigte letztlich auch die verbliebenen
sechs Episoden.

EPISODEN (WDR):
1.   ANRUF AUS DEM JENSEITS 07.01.72
2.   EIN BRIEF AUS DER VERGANGENHEIT
     14.01.72
3.   DIE KÄLTE EINER SOMMERNACHT 21.01.72
4.   DIE VERHEXTE BAHNSTATION 28.01.72
5.   BILD AUS DER ZUKUNFT 11.02.72

6.	DIE TÖDLICHE FLAMME 18.02.72
7.	NICHT VON DIESER WELT 25.02.72

EPISODEN (NDR):
8.	DREI STUNDEN MEINES LEBENS 08.03.72
9.	ÜBERIRDISCHE MELODIE 15.03.72
10.	EIN TOTER ALS LEBENSRETTER 22.03.72
11.	EIN WINK DES SCHICKSALS 29.03.72
12.	BESCHWÖRUNG NACH MITTERNACHT
	05.04.72
13.	EIN SCHATTEN SEINER SELBST 12.04.72

MERLIN
Das geheimnisvolle Leben eines Magiers
BRD 1979; 13 Episoden
Ausstrahlung:
ZDF 1980; 13 Episoden

Darsteller: Thomas Ohrner (Merlin mit 13), Ekkehardt Belle (Merlin, 18 bis 28), Josef Fröhlich (Merlin mit 45), Dieter Brammer (König Ostar), Achim Geisler (Hamor), Philipp Geigel (Odoaker), Roman Fromlowitz (Blaise/Bischof von Canterbury), Grete Wurm (Amalia), Franz Günther Heider (Rufus/Rickert), Brigitta Fischer (Alviga/Viviane), Klaus Konczak (Uter), Peter Bachelier (Thulin), Lars Winterkamp (Artus), Michael Klemm (Artus), Hans von Borsody (Ralf), Andrea L'Arronge (Adelaide), Edwige Pierre (Morgian), Thomas Fischer (Sir Donald), Carolin Ohrner (Ouza), Jaspar von Oertzen (Colgrimm).

Die Lebensgeschichte des Zauberers Merlin, Sohn des Teufels und Berater von König Artus, des Begründers der Tafelrunde.

Obwohl die Serie durchaus interessante Ansatzpunkte aufzuweisen hat, krankt sie doch zu sehr an der geringen Erzählgeschwindigkeit und an einigen der Darsteller. Besonders Thomas Ohrner, der in TIMM THALER (qv) als Grinsekatze der Nation bekannt wurde, schafft es nicht zu überzeugen. Den Lebensmittelteil des Magiers verkörperte Ekkehardt Belle, der sich recht gut über die Folgen rettet, nur um von Josef Fröhlich abgelöst zu werden, dessen Hauptbeschäftigung wohl die Negierung seines Nachnamens war. Die Geschichte des Zauberers Merlin reicht in der Literatur mindestens bis ins Jahr 1136 zurück, in welchem Geoffrey von Monmouths „Historia Regum Britanniae", die Geschichte der Könige Britanniens, erschien. In diesem mehr fiktiven denn historischen Werk wird die Geschichte Vortigerns erzählt, dessen Festung von einem Zauber befallen scheint. Seine beratenden Magier verordnen ihm die Hilfe eines Jünglings, der nie einen Vater hatte. Hier hat nun Merlin seinen Auftritt, dessen Vater ein Inkubus (=frauenverführender Dämon) gewesen sein soll — später wird die Identität seines Vaters als Luzifer daselbst angegeben.
Nicolai Tolstoy gelangt in seinem Buch „The Quest For Merlin" (dt.: Auf der Suche nach Merlin) zu der Überzeugung, dass es im ausgehenden 6. Jahrhundert tatsächlich einen druidischen Seher gegeben habe, auf dessen Person Merlin und seine Geschichte basieren.
Seit dem ersten Erscheinen Merlins, taucht er immer wieder in verschiedenen Versionen auf. Die Figur ist inzwischen fest verankert mit der Artussage und hatte in diesem Zusammenhang auch etliche Auftritte in Büchern, Filmen und Comics. Es etablierte sich mit der Zeit natürlich ein recht fester Handlungsrahmen, der aber eher ein Konglomerat der älteren Quellen darstellt.

EPISODEN:
1.	RIVALEN 12.01.80
2.	DIE ERDE BEBT 19.01.80
3.	GEFÄHRLICHER PAKT 26.01.80
4.	VERRÄTER 02.02.80
5.	DER UNHEIMLICHE GESANDTE 09.02.80
6.	IN DIESER NACHT... 16.02.80
7.	DER TOD AUF CAMELOT 23.02.80
8.	DIE VISION 01.03.80
9.	DER AUSERWÄHLTE 08.03.80
10.	DER SCHWARZE RITTER 15.03.80
11.	DIE FALLE 22.03.80
12.	DIE GROSSE LIST 29.03.80
13.	DER DUFT DES WEISSDORNS 05.04.80

MILLENNIUM
(Millennium)
USA 1996-1999; Pilot & 53 Episoden
Deutsche Ausstrahlung:
SAT.1 1997/1998; Pilot & 34 Episoden
Pro 7 1999; 1 Episode
Pro 7 2000; 9 Episoden
Pro 7 2001; 22 Episoden

Darsteller: Lance Henriksen (Frank Black), Megan Gallagher (Catherine Black - 1996-98), Brittany Tiplady (Jordan Black), Bill Smitrovich (Lieutenant Bob Bletcher - 1996/ 97), Terry O'Quinn (Peter Watts), Kristen Cloke (Lara Means - 1997/ 98), Stephen James Lang (Detective Bob Giebel-

haus - 1998), Klea Scott (Agent Emma Hollis -
1998/99), Peter Outerbridge (Agent Barry Baldwin - 1998/99), Stephen E. Miller (Assistent Director Andy MacLaren - 1998/ 99).

Frank Black, ehemaliger Angehöriger des FBI,
hatte, nachdem seine Familie von einem Serien-
killer bedroht worden war, einen Nervenzusam-
menbruch. Der Wunsch, seine Familie zu beschützen, wurde so mächtig, dass er nicht mehr
das Haus verlassen konnte. Bei diesem Problem
half ihm schließlich die Millennium-Gruppe, ein
Zusammenschluss ehemaliger Angehöriger verschiedener Polizeiorganisationen.
Teils aus Dankbarkeit und teils aus dem Wunsch
wieder zu arbeiten, stellte Frank nun seine Fähigkeit — es ist ihm möglich, sich in die Gedanken der Killer hineinzuversetzen und durch ihre
Augen das Geschehene zu rekonstruieren — in
den Dienst dieser Gruppe.
Später ergründet Frank die wahren Ziele der Millennium-Gruppe und verweigert die weitere Zusammenarbeit. Statt dessen wendet er sich wieder dem FBI zu.

Die Serie, deren Basisidee der der Serie PROFI-
LER (qv) ähnelt, spielt mit der Tatsache des en-
denden Jahrtausends, immer wieder von vielen
als Ende der Welt prophezeit: Je mehr sich das
Jahr 2000 nähert, desto mehr eskalieren auch
die Greueltaten der Menschheit.
Um diesem Grundgedanken Rechnung zu tragen, plante Chris Carter, Erfinder dieser Serie
und geistiger Vater der Reihe AKTE X (qv), MIL-
LENNIUM im Jahr 2000 enden zu lassen.
Für viele Zuschauer erwies und erweist es sich
als ausgesprochen schwierig, dieser düsteren
Serie etwas Positives abzugewinnen. Insbesondere der Charakter der Hauptfigur Frank Black,
der nicht von ungefähr diesen Nachnamen erhielt, scheint den gejagten Killern zu nah. In den
immer wieder eingestreuten Familienszenen
wirkt Darsteller Henriksen fast fehl am Platz.
Dennoch ist MILLENNIUM eine herausragende
Serie, die, ähnlich wie AKTE X, insbesondere
durch eben diese düstere Stimmung zu überzeugen versteht. In dieser Schwesternserie bekam
der Frank Black-Charakter auch — nach Ablauf
von MILLENNIUM — einen Gastauftritt.
Kristen Cloke spielte bereits in SPACE 2063 (qv).
Zum Ende des Jahrtausends hin agierten auch
die Gaststars Jo (Die Schöne und das Biest) Anderson, Sam (Countdown X) Anderson, Philip

Anglim, R.G. Armstrong, Stefan (Planet der Giganten) Arngrim, Steve Bacic, Barbara (Kobra,
übernehmen Sie & Mondbasis Alpha 1) Bain, Ha-
gan Beggs, Roger (First Wave) Cross, Brad
(Wild Palms) Dourif, Brian (Lexx) Downey, Bren-
dan (Roswell) Fehr, John Fleck, Robin Gammell,
Anthony Harrison, Doug Hutchison, Brion James,
Gottfried (Space Rangers & Das Sahara-Projekt)
John, Hiro Kanagawa, Andreas (Babylon 5) Kat-
sulas, Tamsin Kelsey, Ed (Schöne neue Zeit)
Lauter, William (Outlaws) Lucking, Tzi Ma, Ja-
mes (Buffy) Marsters, Heather (Profiler) Mc-
Comb, Darren (Der Nachtjäger) McGavin, Bob
Morrisey, James (Space 2063) Morrison, Kevin
Nultry, CCH Pounder, John (Die Abenteuer des
Brisco County, Jr.) Pyper-Ferguson, Sean (Alien
Nation) Six, Tucker (Space 2063) Smallwood,
Amy (Der Junge vom anderen Stern) Steel, Mal-
colm Stewart, Amanda (Stargate) Tapping, Gwy-
nyth Walsh, Floyd Red Crow Westerman, Cla-
rence (Twin Peaks) Williams III, Robert (Odyssee
ins Traumland) Wisden und Morgan Woodward.

EPISODEN (SAT.1):
1. DER JÜNGSTE TAG (Millennium) 10.10.97
2. GEHENNA (Gehenna) 17.10.97
3. HEUTE HIER, MORGEN TOT (Dead Letters) 24.10.97
4. DER RICHTER (The Judge) 31.10.97
5. EINMAL EIN STAR (522666) 07.11.97
6. DEIN REICH KOMME (Kingdom Come) 14.11.97
7. DIE SCHRIFT AUS BLUT (Blood Relatives) 21.11.97
8. DAS LANGE SCHWEIGEN (The Well Worn Lock) 28.11.97
9. SKLAVEN DER ANGST (Wide Open) 05.12.97
10. ANGEL (The Wild And Innocent) 12.12.97
11. DIE SÜNDEN DER VÄTER (Weeds) 19.12.97
12. TOTE JAHRE (Lion Like A Hunting Flame) 02.01.98
13. TAUSEND LETZTE JAHRE (Force Majeure) 09.01.98
14. ZWEI UND ZWEI (The Thin White Line) 16.01.98
15. IM ZEICHEN LUZIFERS (Sacrament) 23.01.98
16. ENGEL STERBEN NICHT (Covenant) 27.02.98
17. DER VERSUCH (Walkabout) 06.03.98
18. GESICHTER DES BÖSEN (Lamentation) 13.03.98
19. TOTE FREUNDE (Powers, Principles, Thrones And Dominions) 20.03.98
20. DER PFERDEMÖRDER (Broken World) 03.04.98
21. DER SCHWARZE MANN (Maranatha) 17.04.98

22.	SCHWEIGEN IST GOLD (Paper Dove)
24.04.98
23.	DER KOMET DES BÖSEN (The Beginning
And The End) 21.08.98
24.	DIE HUNDE (Beware Of The Dog) 28.08.98
25.	PATIENT ZERO (Sense And Antisense)
04.09.98
26.	MONSTER (Monster) 11.09.98
27.	PAHANA (A Single Blade Of Grass) 18.09.98
28.	ZWEI-SECHS-ACHT (The Curse Of Frank
Black) 25.09.98
29.	DIE KINDER VON BROKEN BOW (19:19)
23.10.98
30.	DER MANN IM MOOR (The Hand Of San Se-
bastian) 30.10.98
31.	DIE FANTASIEN DES JOSE CHUNG (José
Chung's Doomsday Defense) 06.11.98
32.	DER TODESENGEL (Goodbye Charlie)
20.11.98
33.	MORGEN UND MORGEN UND MORGEN
(Midnight Of The Century) 27.11.98
34.	ALASKA (Luminary) 11.12.98
35.	MORD IM INTERNET (The Mikado) 18.12.98

EPISODEN (Pro 7):
36.	MEIN'S, NICHT ICH! (The Pest House)
26.10.99

37.	DIE STIMME DER VERFÜHRUNG (Siren)
04.07.00
38.	GOTTES KIND (In Arcadia Ego) 11.07.00
39.	EULEN UND HÄHNE 1 (Owls) 17.07.00
40.	EULEN UND HÄHNE 2 (Roosters) 24.07.00
41.	CLARES WEG (Anamnesis) 31.07.00
42.	NAMENLOS (A Room With No View) 07.08.00
43.	ARME TEUFEL (Somehow, Satan Got Behind
Me) 14.08.00
44.	DREIZEHN NACH VIER (The Fourth Horse-
man) 21.08.00
45.	DIE ZEIT IST NAHE (The Time Is Now)
28.08.00

45a.	AKTE X: MILLENNIUM (The X-Files: Millenni-
um) 30.10.00

46.	HIMMELBLAUE AUGEN (The Innocents)
15.05.01
47.	FÜNF-ZWÖLF (Exegesis) 22.05.01
48.	COUNTDOWN (Taotwawki) 29.05.01
49.	KÖNIGE DER WELT (Closure) 05.06.01
50.	HALLOWEEN (...Thirteen Years Later)
12.06.01
51.	OPFER 38 (Skull And Bones) 19.06.01
52.	VERGEBUNG (Through A Glass, Darkly)
53.	HEROIN (Human Essence)
54.	LASSA UND ROSE (Omerta)
55.	GESCHENKTE ZEIT (Borrowed Time)
56.	NICHTS ALS DIE WAHRHEIT (Collateral Da-
mage)

57.	WEISSES RAUSCHEN (The Sound Of Snow)
58.	TEUFELS BRAUT (Antipas)
59.	NUMMER 633 (Matryoshka)
60.	DER DRITTE TEMPEL (Forcing The End)
61.	AUGEN DES BÖSEN (Saturn Dreaming Of
Mercury)
62.	GEKREUZTE PALMEN (Darwin's Eye)
63.	JUNGE HÄNDE (Bardo Thodol)
64.	UNTER WASSER (Seven And One)
65.	REGEN IN SOUTH MILLS (Nostalgia)
66.	KREUZWEG (Via Dolorosa)
67.	WIR SIND ALLE HIRTEN (Goodbye To All
That)

DIE MINIKINS
(- liegt nicht vor -)
CND 1981 (?); 12 Episoden
Deutsche Ausstrahlung:
ZDF 1982; 12 Episoden

Darsteller: Ty Haller (Paul Herman), Cathryn
Balk (Anna Herman), Fiona Brodie (Trudi Her-
man), Ted Stidder (Pincus), Ian Riddell (Dido),
Ian Tracey (Albi), Tom Heaton (Dick Foster).

Trudi Herman reist mit ihrer Familie auf die Insel
Bilbo; ihr Vater soll für einen grossen Konzern eine Ferienanlage bauen. Bald entdeckt das Mädchen, dass die Insel von den Minikins, einer Rasse von Miniaturmenschen, bewohnt wird. Diese
stammen von hier gestrandeten Schiffbrüchigen
ab. Ihre Körpergrösse verdanken sie einer auf
Bilbo wachsenden Beerenart, die sie schrumpfen
ließ, dadurch aber ihr Überleben auf der mit wenig Nahrungsmitteln ausgestatteten Insel ermöglichte.
Als die Minikins von den Bebauungsplänen erfahren, beschliessen sie, um ihre Heimat zu
kämpfen. Mit Hilfe der besagten Beeren gelingt
es ihnen, auch ihre Feinde schrumpfen zu lassen.
Als Paul Herman „verschwindet", glaubt sein Ge-
schäftspartner Foster, dass dieser das Geschäft
allein tätigen will. Bald jedoch erfährt er die
Wahrheit, denn die Minikins verlangen von ihm,
die Bebauungspläne zu verwerfen. Nur dann
würden sie ihm das Gegenmittel überlassen. Foster erklärt sich einverstanden, plant jedoch in
Wirklichkeit, die Minikins finanziell auszuwerten.

EPISODEN:
1.	DIE GEHEIMNISVOLLE INSEL (- liegt nicht
vor -) 01.04.82

2.	EIN FOLGENSCHWERES URTEIL (- liegt
	nicht vor -) 08.04.82
3.	FLUCHT IN DEN DSCHUNGEL (- liegt nicht
	vor -) 29.04.82
4.	IM LAND DER RIESEN (- liegt nicht vor -)
	06.05.82
5.	SCHRECKENSFLUG (- liegt nicht vor -)
	13.05.82
6.	NOTLÜGEN (- liegt nicht vor -) 27.05.82
7.	EIN ROBOTER GREIFT AN (- liegt nicht vor -)
	03.06.82
8.	DREI IN DER FALLE (- liegt nicht vor -)
	26.06.82
9.	TOLLKÜHNE BALLONFAHRT (- liegt nicht
	vor -) 01.07.82
10.	DER TROPFENDOKTOR (- liegt nicht vor -)
	08.07.82
11.	FOSTER LÄSST DIE MASKE FALLEN (- liegt
	nicht vor -) 15.07.82
12.	HEIMKEHR NACH BILBO (- liegt nicht vor -)
	22.07.82

MINI-MAX/SUPERMAX, DER MEISTERSPION
(Get Smart)
USA 1965-1970; 138 Episoden
USA 1980; Spielfilm
USA 1989; Fernsehfilm
Deutsche Ausstrahlung:
HR region. 1967/1968; 13 Episoden (Supermax)
ZDF 1971/1972; 45 Episoden
SAT.1 1988; 43 Episoden
SAT.1 1990; 22 Episoden
Kabel 1 1995; 26 Episoden

Darsteller: Don Adams (Maxwell Smart, Agent
86), Barbara Feldon (Agent 99), Edward C. Platt
(Thaddeus, der Chef), Victor French (Agent 44),
Dick Gautier (Hymie), Joey Forman (Harry Hoo),
Bernie Kopell (Conrad Siegfried), Jane Dulo (99s
Mutter), King Moody (Starker), Robert Karvelas
(Larrabee), Robert Cornthwaite (Professor Win-
dish), Ellen Weston (Dr. Steele), William Schal-
lert (Admiral H. Harmon Hargrade), Charlie Wat-
kins (Angelique), George Ives (Dr. Bascomb),
David Ketchum (Agent 13).

Maxwell Smart ist Agent 86 der Organisation
C.O.N.T.R.O.L. Als solcher tritt er an im Kampf
gegen die böse Geheimorganisation K.A.O.S.,
deren Ziel die Weltherrschaft ist. Ihm zur Seite
steht Agent 99, seine hübsche Kollegin und spätere Ehefrau.

Nach dem Erfolg von JAMES BOND und SOLO
FÜR U.N.C.L.E. (qv) war es nur eine Frage der
Zeit, bis eine Verballhornung dieser Spionagege-
schichten das Licht des Fernsehens erblickt. Verantwortlich hierfür zeichneten Buck Henry und
Mel Brooks, die der Fernsehwelt einen Klassiker
sondergleichen schenkten. Nicht zuletzt durch
das hervorragende Zusammenspiel der Hauptdarsteller und des respektlosen Humors wurde
MINI-MAX ein Supererfolg. In Deutschland hatte
der Agent einen ersten, kaum beachteten, Auftritt
im Regionalfernsehen des Hessischen Rund-
funks. 13 Episoden absolvierte Maxwell Smart
als SUPERMAX. Doch erst die MINI-MAX-Versi-
on des ZDF brachte Agent 86 auch in bundesdeutschen Stuben den verdienten Erfolg.
1995 folgte eine Nachfolgeserie, MAXWELL
SMART (qv), in der wieder Don Adams und Barbara Feldon auftraten.
Weitere geheimdienstliche Arbeit leisteten John
Abbott, Barbara (Kobra, übernehmen Sie &
Mondbasis Alpha 1) Bain, Billy Barty, Milton Berle, Ernest (Airwolf) Borgnine, Victor (Der Mann
aus dem Meer) Buono, James Caan, Johnny
Carson, Ellen Corby, Michael Dunn, Dana Elcar,
Alice (Verliebt in eine Hexe) Ghostley, Farley
Granger, Buddy Hackett, Jonathan (Verschollen
zwischen fremden Welten) Harris, Bob Hope,
John Hoyt, Robert Ito, Conrad (Mork vom Ork)
Janis, Stacy Keach, Ron Masak, Julie Newmar,
Leonard (Raumschiff Enterprise) Nimoy, Simon
(Der Nachtjäger) Oakland, Alan (Der Sechs-Mil-
lionen-Dollar-Mann) Oppenheimer, Phillip Pine,
Vincent Price, Cesar Romero, Joseph Ruskin
und John (Time Tunnel) Zaremba ab.

EPISODEN (HR):
1.	PRINZESSIN INKOGNITO (The Diplomat's
	Daughter) 20.09.67
2.	SCHACHMATT (Smart, The Assassin)
	04.10.67
3.	DER ROBOTER (Back To The Old Drawing
	Board) 18.10.67
4.	HUBERTS UNVOLLENDETE (Hubert's Unfini-
	shed Symphony) 01.11.67
5.	NACHRICHT IN ZEMENT (The Dead Spy
	Scrawls) 15.11.67
6.	ZWISCHENFALL IM WARENHAUS (Our Man
	In Toyland) 29.11.67
7.	AUF DER SCHULBANK (School Days)
	13.12.67
8.	DIE ATOMBOMBE (Stakeout On Blue Mist
	Mountain) 27.12.67
9.	VORSICHT, GIFT (Our Man In Leotards)
	10.01.68

56. 99 WAFFEN EINER FRAU (Kisses For KAOS) 14.01.88
57. BILLARD UM HALB ELF (The Dead Spy Scrawls) 15.01.88
58. ROBOTER MIT HERZ (Back To The Old Drawing Board) 16.01.88
59. SCHACHMATT UM MITTERNACHT (Smart, The Assassin) 17.01.88
60. TOTAL AUF DEN HUND GEKOMMEN (I'm Only Human) 18.01.88
61. MINI-MAX HILFT BOMBENSICHER (Stakeout On Blue Mist Mountain) 19.01.88
62. WER IST WO? (The Amazing Harry Hoo) 20.01.88
63. HUBERTS UNVOLLENDETE (Hubert's Unfinished Symphony) 21.01.88
64. MINI-MAX AUF GROSSER FAHRT 1 (Ship Of Spies 1) 22.01.88
65. MINI-MAX AUF GROSSER FAHRT 2 (Ship Of Spies 2) 24.01.88
66. EIN SÜDSEEPARADIES (Hoo Done It) 25.01.88
67. GOLDFINGER LÄSST GRÜSSEN (Bronzefinger) 26.01.88
68. REGELRECHT EINGEWICKELT (The Mummy) 27.01.88
69. MISS KAOS (The Girls From KAOS) 28.01.88
70. DIE MAUERN VON JERICHO (Smart Fit The Battle Of Jericho) 29.01.88
71. WIE DENN, WO DENN, WAS DENN? (Where-What-How-Who Am I?) 30.01.88
72. ZWEI GENTLEMEN AUS LONDON (The Expendable Agent) 31.01.88
73. COCKTAILS UND KESSE KATZEN (Pussycats Galore) 01.02.88
74. MINI-MAX GEGEN KAOS 1 (A Man Called Smart 1) 02.02.88
75. MINI-MAX GEGEN KAOS 2 (A Man Called Smart 2) 03.02.88
76. MINI-MAX GEGEN KAOS 3 (A Man Called Smart 3) 04.02.88
77. ZEUGE DER ANKLAGE: MAXWELL SMART (Witness For The Prosecution) 05.02.88
78. DIESE FRAU HAT'S IN SICH (One Of Our Olives Is Missing) 06.02.88
79. KAOS ZEIGT DIE KRALLEN (Dr. Yes) 07.02.88
80. DER GEHEIMNISVOLLE DR. T (The Mysterious Dr. T) 08.02.88
81. ES LEBE DER KÖNIG (The King Lives?) 09.02.88
82. DER DOPPELTE MAX (Don't Look Back) 10.02.88
83. KAOS LÄSST DIE PUPPEN TANZEN (The Wax Max) 11.02.88
84. DABEISEIN IST NICHT ALLES (Run, Robot, Run) 12.02.88
85. HIER BEDIENT SIE DER CHEF PERSÖNLICH (The Hot Line) 13.02.88
86. MIT PING-PONG-SCHLÄGER UND MINI-MAX (Die Spy) 14.02.88

87. TRAUZEUGEN LEBEN GEFÄHRLICH (The Worst Best Man) 15.02.88
88. FLITTERWOCHEN ÜBER BORD (Temporarily Out Of Control) 16.02.88

89. UNSER MANN IN DER SPIELWARENABTEILUNG (Our Man In Toyland) 06.07.90
90. WIE DU MIR, SO ICH DIR (A Spy For A Spy) 13.07.90
91. MAXWELL SMART IM FALSCHEN BOOT (Rub-A-Dub-Dub...Three Spies In A Sub) 20.07.90
92. DER AUSGESTOPFTE AGENT (Island Of The Darned) 27.07.90
93. TREFFPUNKT SAHARA (Appointment In Sahara) 03.08.90
94. VIVA SMART! (Viva Smart) 10.08.90
95. DOPPELGÄNGER KÜSST MAN NICHT (The Spy Who Met Himself) 17.08.90
96. DER GEIST IST WILLIG (The Spirit Is Willing) 24.08.90
97. WER, WIE, WO, WAS, WANN? (Shipment To Beirut) 14.09.90
98. HAIE IM SWIMMINGPOOL (The Last One Is A Rotten Spy) 21.09.90
99. ALLE JAHRE WIEDER (The Only Way To Die) 28.09.90
100. IRGENDJEMAND HAT WAS GEGEN MICH (Someone Down Here Hates Me) 05.10.90
101. SPARMASSNAHMEN BEI CONTROL (Cutback At Control) 12.10.90
102. IM HAREM SIND DIE PRINZEN LOS (The Man From Yenta) 19.10.90
103. AUF DEN RIECHER KOMMT ES AN (How To Succeed In The Spy Business Without Really Trying) 26.10.90
104. DIE PURPURNEN RITTER (The Mild Ones) 02.11.90
105. LAUTE STÄDTE STERBEN LEISE (Spy, Spy Birdie) 09.11.90
106. DAS CHAMÄLEON GEHT UM (The Return Of The Ancient Mariner) 23.11.90
107. DIE 1001. INSEL (Schwartz's Island) 30.11.90
108. DAS GROSSE LASTWAGEN-STEHLEN (Shock It To Me) 07.12.90
109. RETTET DEN CHEF 1 (The Not-So-Great Escape 1) 14.12.90
110. RETTET DEN CHEF 2 (The Not-So-Great Escape 2) 21.12.90

EPISODEN (Kabel 1):
111. PROFESSOR IM GLAS (Pheasant Under Glass) 22.08.95
112. PLAN 3A2R (Ironhand) 23.08.95
113. RETTET LOS ANGELES (Valerie Of The Dolls) 24.08.95
114. AUF DASS DER TUD UNS SCHEIDET (Widow Often Annie) 25.08.95
115. DER SCHATZ DES C. ERROL MADRE (The Treasure Of C. Errol Madre) 29.08.95

116. GEHEIMKOMMANDO MAXWELL SMART
(Smart Fell On Alabama) 30.08.95
117. SIMON, DER LIEBENSWÜRDIGE 1 (And Baby Makes Four 1) 31.08.95
118. SIMON, DER LIEBENSWÜRDIGE 2 (And Baby Makes Four 2) 01.09.95
119. OPERATION BIG EDDIE (Physician Impossible) 06.09.95
120. BEI BANANE MORD (The Apes Of Wrath)
07.09.95
121. LIEBLING, ICH WERDE ÄLTER (Age Before
Duty) 08.09.95
122. TRÄUM WAS SCHÖNES, AMERIKA (Is This
Trip Necessary?) 13.09.95
123. AMERIKA ON THE ROCKS (Ice Station Siegfried) 14.09.95
124. HÖRSPIEL MIT NEBENEFFEKT (Moonlighting
Becomes You) 15.09.95
125. DAS WACHSFIGURENKABINETT DES MR.
DUVAL 1 (House Of Max 1) 19.09.95
126. DAS WACHSFIGURENKABINETT DES MR.
DUVAL 2 (House Of Max 2) 20.09.95
127. DAS GEHEIMNIS DER MRS. VAN HOOTEN
(Rebecca Of Funny-Folk Farm) 21.09.95
128. ...DA WAREN'S NUR NOCH ZWEI (The Mess
Of Adrian Listenger) 26.09.95
129. DER EXTERMINATOR (Witness For The Execution) 27.09.95
130. EIN TREUER DIENER SEINES HERRN (How
Green Was My Valet) 28.09.95
131. 2 X 99, ODER WER IST MEINE FRAU? (And
Only Two Ninety-Nine) 04.10.95
132. ZUSTÄNDE WIE IM ALTEN ROM (Smartacus)
05.10.95
133. LASST BLUMEN SPRECHEN (What's It All
About Algie?) 10.10.95
134. HALLO KOLUMBUS, GOODBYE AMERIKA
(Hello Columbus, Goodbye America) 11.10.95
135. DAS BUCH DER BÜCHER (Do I Hear A
Vaults?) 12.10.95
136. IM BANNE DES PEITSCHERS (I Am Curiously
Yellow) 17.10.95

FILME:
I. DIE NACKTE BOMBE (The Nude Bomb/The
Return Of Maxwell Smart) 07.08.80; Kino
II. DIE NACKTE BOMBE II/MACH'S NOCHMAL,
MAXWELL SMART (Get Smart, Again!)
30.03.90; Video

MINTY IN DER MONDZEIT
(Moondial)
GB 1989 (?); 6 Episoden
Deutsche Ausstrahlung:
ZDF 1990; 6 Episoden

Darsteller: Siri Neal (Minty), Tony Sands (Tom),
Joanna Durham (Mutter), Arthur Hewlett (World),
Valerie Lush (Tante Mary), Helena Avellano (Sa-
rah), Jacqueline Pearce (Miss Rabe).

Minty verbringt die Ferien bei ihrer Tante Mary in
Belton House. Hier trifft sie eines Tages Tom. Der
Junge ist Waise und erzählt Minty von seinem
traurigen Leben. Wie sich herausstellt, lebt Tom
jedoch in der Vergangenheit. Minty versucht her-
auszubringen, ob eine Verbindung zwischen
Toms Erscheinen und der Monduhr besteht. Des
weiteren stellt sich die Frage, was Frau Rabe, eine Geisterjägerin, die bei Mintys Tante als Lo-
giergast wohnt, bezweckt.

EPISODEN:
1. TEIL 1 (Part One) 13.03.90
2. TEIL 2 (Part Two) 20.03.90
3. TEIL 3 (Part Three) 27.03.90
4. TEIL 4 (Part Four) 03.04.90
5. TEIL 5 (Part Five) 10.04.90
6. TEIL 6 (Part Six) 17.04.90

MISSION ERDE; SIEHE: **GENE
RODDENBERRYS MISSION ERDE: SIE
SIND UNTER UNS**

MISSION EUREKA
BRD/GB/I/F/?/? 1989; 7 Episoden
Ausstrahlung:
ZDF 1989; 7 Episoden

Darsteller: Peter Bongartz (Thomas Altenburg),
Karl Michael Vogler (Leo Graf Waldegg - Pilotepi-
sode), Michael Degen (Leo Graf Waldegg), Delia
Boccardo (Gräfin Giovanna Waldegg), Agnes
Dünneisen (Meike Beck), James Aubrey (Dr.
Swann), Sergio Fantoni (Petrinelli), Patrick Fierry
(Lefébre), Elizabeth Rath (Marianne Altenburg),
Hannes Jaenicke (Stephan), Jürgen Holtz (Hur-
ler), William Mang (Peter), Patricia Barzyk
(Chantal), Raymond Pellegrin (Goncourt), Gerd
Böckmann (Dr. Gibbs), Michael Gempart (Rittig),
Werner Kreindl (Dirk de Groot), Michael Roll
(Medler), Martina Duncker (Claudia Altenburg),
Holger Petzold (Troger), Roberto Bisacco (Mäd-
ler).

Eureka ist eine europäische Forschungsstelle,
die für den Flug der Raumfähre Magellan 1 zuständig ist. Rangeleien um die Macht führen dazu, dass die Fähre ohne genügende Sicherheits-

massnahmen gestartet wird. Die daraus folgende
Katastrophe zieht eine Rettungsaktion nach sich.
Graf Waldegg versucht unterdessen, den wissenschaftlichen Direktor Altenburg ablösen zu lassen.

Wie man bereits an den Namen der Besetzungs-
liste sehen kann, hatte Deutschland den Haupt-
teil der Verantwortung dieser Serie zu tragen.
Und in gewohnter deutscher Manier schaffte man
es wieder einmal, einen Edellangweiler zu produzieren. Man bekommt langam das Gefühl, dass
die deutschen Fernsehschaffenden krampfhaft
darum bemüht sind, ihren wohlverdient schlechten Ruf zu behalten.
1993 folgte eine Nachfolgeserie unter dem Titel
DAS SAHARA-PROJEKT (qv).

EPISODEN:
1.   GRIFF NACH DEN STERNEN 09.10.89
2.   DIE ENTSCHEIDUNG 15.10.89
3.   GEFÄHRLICHES SPIEL 22.10.89
4.   DIE WENDE 29.10.89
5.   DIE FÜNFTE GENERATION 05.11.89
6.   DIE ERPRESSUNG 12.11.89
7.   DER KILLER-COMPUTER 19.11.89

MISSION SEAVIEW/DIE SEAVIEW-IN GEHEIMER MISSION
(Voyage To The Bottom Of The Sea)
USA 1961; Spielfilm
USA 1964-1968; 110 Episoden
Deutsche Ausstrahlung:
Pro 7 1994/1995; 46 Episoden
TV.Berlin 1998; 31 Episoden

Darsteller: Richard Basehart (Admiral Harriman
Nelson), David Hedison (Commander Lee Cra-
ne), Robert Dowdell (Lieutenant Commander
Chip Morton), Henry Kulky (Chief Curley Jones),
Terry Becker (Chief Francis Sharkey), Del Mon-
roe (Kowalski), Arch Whiting (Sparks), Allan Hunt
(Stu Riley), Paul Trinka (Crewman Patterson), Ri-
chard Bull (Doc).

Zehn Jahre in der Zukunft hat der Admiral im Ruhestand Harriman Nelson zwei supermoderne
Unterseeboote bauen lassen: die Polidor und die
Seaview. Nach kurzer Zeit wird die Polidor zerstört, so dass nur noch die Seaview übrig bleibt
um die sieben Weltmeere zu erforschen.
Hierbei stösst die Mannschaft der Seaview auf

grössenwahnsinnige Wissenschaftler, Ausserirdische und vielerlei Horrorwesen (Werwolf, Mumie
et al).

Im Nachhinein kein tricktechnisches Meisterwerk,
aber immer noch eine amüsante Unterhaltung.
VOYAGE TO THE BOTTOM OF THE SEA, basierend auf Irwin Allens gleichnamigen Spielfilm,
zählt längst zu den Klassikern des Genres.
Irwin Allen (1916-91) galt bei vielen als absoluter
Despot, der sich in jeden Bereich des Filmens,
sowohl bei seinen Spielfilmen als auch bei seinen Serien einmischte. Obwohl seine Serien
schnell und billig produzierte Massenware waren,
mauserten sich einige von ihnen zu Klassikern.
MISSION SEAVIEW gehört ebenso dazu, wie
TIME TUNNEL (qv), VERSCHOLLEN ZWI-
SCHEN FREMDEN WELTEN (qv) und PLANET
DER GIGANTEN (qv). In den 70er Jahren fiel Al-
len insbesondere durch seine Katastrophenfilme
auf. Hierzu gehören THE POSEIDON ADVEN-
TURE (Die Höllenfahrt der Poseidon; 1972), THE
TOWERING INFERNO (Flammendes Inferno;
1974) und der fürs Fernsehen produzierte
FLOOD! (Die Flut bricht los; 1976).
Gaststars, die in dieser Serie untertauchten, wa-
ren Eddie Albert, John Anderson, Michael Ansa-
ra, Edward Asner, Whit (Time Tunnel) Bissell,
Peter Brocco, James (X-Factor) Brolin, Victor
(Der Mann aus Atlantis) Buono, Roger C. Car-
mel, John Cassavetes, Robert (Mini-Max & Wild
Palms) Cornthwaite, Yvonne (Batman) Craig,
John Crawford, James (Time Tunnel) Darren, Ja-
mes (Raumschiff Enterprise) Doohan, Michael
Dunn, Robert Duvall, Paul Fix, Vincent Gardenia,
Arthur Hill, Skip Homeier, John Hoyt, Jill Ireland,
Roy Jenson, Victor Jory, June (Verschollen zwi-
schen fremden Welten) Lockhart, Robert (Wild
Palms) Loggia, Jon Lormer, Theo Marcuse, Don
(Planet der Giganten) Matheson, John McLiam,
Lawrence Montaigne, Leslie Nielsen, Nehemiah
Persoff, Phillip Pine, Vincent Price, Pat (The
Munsters) Priest, Peter Mark Richman, George
Sanders, Henry Silva, Tom Skerritt, Liam Sulli-
van, George (Raumschiff Enterprise) Takei, Torin
Thatcher, Malachi Throne, Patrick Wayne, Jason
Wingreen und John (Time Tunnel) Zaremba.

SPIELFILM:
I.   UNTERNEHMEN FEUERGÜRTEL (Voyage To
      The Bottom Of The Sea; 1961) 07.09.61; Kino

EPISODEN (Pro 7)**:**
1. SCHRECKEN AUS STEIN (The Fossil Men) 17.12.94
2. ALPTRAUM AUS DER TIEFE (The Deadly Amphibians) 07.01.95
3. HALLUZINATIONEN (Leviathan) 14.01.95
4. INSEL DER DINOSAURIER (Terror On Dinosaur Island) 21.01.95
5. DER CYBORG (The Cyborg) 28.01.95
6. DER TAG, AN DEM DIE WELT UNTERGING (The Day The World Ended) 04.02.95
7. DIE MUMIE (The Mummy) 11.02.95
8. DAS SPINNENNETZ (The Monster's Web) 18.02.95
9. IM BAUCH DES WALS (Jonah And The Whale) 25.02.95
10. DIE WANDELNDE ZEITBOMBE (Time Bomb) 04.03.95
11. NUR FÜNF BLIEBEN ÜBRIG (And Five Of Us Are Left) 11.03.95
12. FLUCHT AUS VENEDIG (Escape From Venice) 18.03.95
13. DER LINKSHÄNDER (The Left-Handed Man) 25.03.95
14. SPIEL MIT DEM TOD (The Deadliest Game) 01.04.95
15. DER PAZIFIST (The Peacemaker) 08.04.95
16. SABOTAGE (The Silent Saboteurs) 15.04.95
17. DER X-FAKTOR (The X-Factor) 22.04.95
18. ANGRIFF DER KILLERDROHNEN (The Machines Strike Back) 29.04.95
19. DAS DING AUS DEM WELTALL (Monster From Outer Space) 06.05.95
20. AUF GEFECHTSSTATION (Killers Of The Deep) 13.05.95
21. DAS MONSTER AUS DER TIEFE (Deadly Creature Below) 20.05.95
22. DER KAPITÄN AUS DEM JENSEITS (The Phantom Strikes) 27.05.95
23. HIMMEL IN FLAMMEN (The Sky's On Fire) 03.06.95
24. FRIEDHOF DES GRAUENS (Graveyard Of Fear) 10.06.95
25. DIE SCHWIMMENDE BOMBE (The Shape Of Doom) 06.08.95
26. FLUCH DER DUBLONEN (Dead Man's Dubloons) 13.08.95
27. SCHIFF DER TOTEN (The Death Ship) 20.08.95
28. FISCHMONSTER GREIFEN AN (The Menfish) 27.08.95
29. DER ANDROID (The Mechanical Man) 03.09.95
30. DAS PHANTOM KEHRT ZURÜCK (Return Of The Phantom) 09.09.95
31. DAS WESEN AUS DEM ALL (Monster From The Inferno) 16.09.95
32. DER WERWOLF (Werewolf) 23.09.95
33. SPANISCHES GOLD (Night Of Terror) 30.09.95
34. TÖDLICHES SPIELZEUG (The Terrible Toys) 07.10.95
35. DER UNSICHTBARE AUS DEM WELTALL (Day Of Evil) 14.10.95
36. ALARM IN DER TIEFE (Deadly Waters) 21.10.95
37. DAS UNGEHEUER AUS DEM MEER (Thing From Inner Space) 28.10.95
38. ERSCHIESSEN SIE DEN ADMIRAL! (The Death Watch) 04.11.95
39. INVASION AUS DEM WELTALL (Deadly Invasion) 11.11.95
40. DER KAPITÄN AUS DEM JENSEITS (The Haunted Submarine) 18.11.95
41. ANGRIFF DER KILLERPFLANZEN (The Plant Man) 25.11.95
42. DIE VERLORENE BOMBE (The Lost Bomb) 02.12.95
43. DER VIRUS (The Brand Of The Beast) 09.12.95
44. DAS UNHEIMLICHE WESEN (The Creature) 16.12.95
45. TOD AUS DER VERGANGENHEIT (Death From The Past) 23.12.95
46. DAS FLAMMENMONSTER (The Heat Monster) 30.12.95

EPISODEN (TV.Berlin)**:**
47. DIE SEEJUNGFRAU (The Mermaid)
48. DAS SCHATTENWESEN (The Shadow Man)
49. ES GIBT KEIN ENTRINNEN (No Escape From Death)
50. DIE ROTEN MONSTER AUS DEM ALL (Doomsday Island)
51. DIE WACHSMENSCHEN (The Wax Men)
52. WOLKE DES TODES (Deadly Cloud)
53. „ZERSTÖREN SIE DIE SEAVIEW!" (Destroy Seaview!)
54. FEUER UND LAVA (Fires Of Death)
55. DER PUPPENSPIELER (The Deadly Dolls)
56. DER SCHRECKEN DER VENUS (Journey With Fear)
57. STRENG VERTRAULICH (Sealed Orders)
58. DER MANN MIT DEN VIELEN GESICHTERN (Man Of Many Faces)
59. TÖDLICHE FRACHT (Fatal Cargo)
60. DIE ZEITSCHLEUSE (Time Lock)
61. DER SABOTEUR (Rescue)
62. BLUMEN DES TODES (Terror)
63. REISE DURCH DIE ZEIT (A Time To Die)
64. GEFÄHRLICHES GAS (Blow Up)
65. DER PIRAT (The Return Of Blackbeard)
66. DER TEUFLISCHE KOBOLD (The Terrible Leprechaun)
67. DER KREBSMENSCH (The Lobster Man)
68. DER ALPTRAUM (Nightmare)
69. GRAUEN AUS DER ANTARKTIS (The Abominable Snowman)

70.	DER SCHRECKEN DER TIEFE (Secret Of The Deep)
71.	EINE SCHRECKLICHE VERWANDLUNG (Man-Beast)
72.	WILDWUCHS (Savage Jungle)
73.	BRENNENDES EIS (Flaming Ice)
74.	ANGRIFF DER AUSSERIRDISCHEN (Attack!)
75.	AUF MESSERS SCHNEIDE (The Edge Of Doom)
76.	DIE VIERTE DIMENSION (The Death Clock)
77.	REISE OHNE WIEDERKEHR (No Way Back)

Anmerkung zur Episodenliste: Bei der Titelgleichheit von Episode 22 und Episode 40 handelt es sich nicht um einen Druckfehler. Laut meinen Unterlagen bekamen beide Episoden den selben deutschen Titel.

EPISODEN (nicht gesendet):

78.	(Eleven Days To Zero)
79.	(The City Beneath The Sea)
80.	(The Fear Makers)
81.	(The Mist Of Silence)
82.	(The Sky Is Falling)
83.	(Turn Back The Clock)
84.	(Hot Line)
85.	(The Price Of Doom)
86.	(Submarine Sunk Here)
87.	(The Magnus Beam)
88.	(The Village Of Guilt)
89.	(No Way Out)
90.	(The Blizzard Makers)
91.	(The Ghost Of Moby Dick)
92.	(Hail To The Chief)
93.	(The Last Battle)
94.	(Doomsday)
95.	(Mutiny)
96.	(Long Live The King)
97.	(The Invaders)
98.	(The Indestructible Man)
99.	(The Buccaneer)
100.	(The Human Computer)
101.	(The Saboteur)
102.	(Cradle Of The Deep)
103.	(The Amphibians)
104.	(The Exile)
105.	(The Creature)
106.	(Secret Of The Loch)
107.	(The Enemies)
108.	(The Condemned)
109.	(The Traitor)
110.	(Cave Of The Dead)

MISSION TERRA
Expedition zum blauen Planeten
BRD 1985/1988; 25 Episoden
Ausstrahlung:
ARD 1985; 4 Episoden
ARD; 4 Episoden
ARD 1988/1989; 17 Episoden

Darsteller: Dieter Eppler (Ro), Renate Danzeisen (Dr. Kyra).

Metamor 5, ein ausserirdisches Raumschiff, nähert sich der Erde, um diese zu erforschen. Die Untersuchungen umfassen natürliche Gegebenheiten, technische Errungenschaften und gesellschaftliche Belange.

Das Science Fiction-Genre wurde bei dieser Serie dazu benutzt, Kindern verschiedene Aspekte ihrer Umgebung nahezubringen. Da die Betrachtungen aus der Sicht der Ausserirdischen geschehen, werden die behandelten Themen klar verständlich dargestellt und hinterfragt. Als Art Lehrstück gelungen.

EPISODEN:

1.	ERDE 14.11.85
2.	LUFT 21.11.85
3.	FEUER 28.11.85
4.	WETTER 05.12.85
5.	AUTOPILOT IN GRÖSSTER NOT
6.	DER VERHÄNGNISVOLLE KÄSE
7.	AUTOS, MÜLL UND TRÄNEN
8.	EINE SCHLAFLOSE NACHT
9.	DAS GEHEIMNIS DER PYRAMIDEN 22.12.88
10.	DREISSIG METER RICHTUNG ALL 29.12.88
11.	DIE ENTLARVUNG 05.01.89
12.	RENDEZVOUS IN ÖL 12.01.89
13.	DIREKT INS AUGE 19.01.89
14.	DER TRAKTOR RUFT 26.01.89
15.	VON STÜRZEN UND ANDEREN FLÜGEN 02.02.89
16.	IM NETZ DER SPINNE 09.02.89
17.	DER TODESSPRUNG ZUM TELLERRAND 16.02.89
18.	EINE ALTE RECHNUNG 23.03.89
19.	KALTES FEUER 02.03.89
20.	DIE LÄRMSCHLACHT 09.03.89
21.	DAS MOORLOCH 16.03.89
22.	DIE RACHE DES ROBOTERS 23.03.89
23.	S.O.S. NORDSEE 30.03.89
24.	...WIE AM SPIESS 06.04.89
25.	EIN LOCH IN DER MAUER

MISTER ED, siehe: **MR. ED**

MIT SCHIRM, CHARME UND MELONE
(The Avengers)
GB 1961-1969; 161 Episoden

Deutsche Ausstrahlung:
ZDF 1966-1968; 36 Episoden
ZDF 1970; 10 Episoden
SAT.1 1993; 4 Episoden
SAT.1 1998/99; 32 Episoden

Darsteller: Patrick Macnee (John Steed), Ian
Hendry (Dr. David Keel - 1961), Ingrid Hafner
(Carol Wilson - 1961), Honor Blackman (Catherine Gale - 1962-64), Diana Rigg (Emma Peel -
1965-68), Linda Thorson (Tara King - 1968/69),
Patrick Newell (Mother - 1968/69), Rhonda Parker (Rhonda - 1969).

Geheimagent John Steed kämpft fürs Wohl seines britischen Vaterlandes. Ihm zur Seite stehen
wechselnde Gehilfen und Gehilfinnen. Meist gilt
es, gegen grössenwahnsinnige Wissenschaftler
und feindlich gesinnte Mächte anzutreten.
In Deutschland begann man mit der Ausstrahlung der Emma Peel-Episoden und hatte damit
gleich vier Staffeln der Serie unter den Tisch fallen lassen. Allerdings muss man den deutschen
Auswählern zugestehen, dass sie mit der interessantesten Periode der AVENGERS begannen.
Von den vorerst angekauften Episoden, 38 an
der Zahl, wurden 36 gesendet. Die beiden übri-
gen, „The £50,000 Breakfast" und „Murdersville",
wurden unter dem Titel EMMA PEEL: MEINE
TOLLSTEN ABENTEUER MIT JOHN STEED in
die bundesdeutschen Kinos gebracht.
Weitere vier Episoden wurden während der
Hochzeit der Serie in Deutschland als Super 8-
Filme herausgebracht: EINE ÜBERDOSIS WAS-
SER (A Surfeit Of H$_2$0), NADELN TÖTEN LEISE
(The Girl From Auntie), ZUR HÖLLE, SIR (A
Touch Of Brimstone) und MORDET DIE MÄN-
NER (How To Succeed... At Murder).
Nachdem die ersten Episoden auch in Deutschland ein Erfolg wurden, versuchte man, auch Ta-
ra King dem bundesdeutschen Publikum näher-
zubringen. Eine kleine Hilfeleistung lieferte Diana
Rigg, die in der ersten King-Episode noch mit-
wirkte und sozusagen die Fackel weiterreichen
sollte — es war dies übrigens die einzige Episode der Reihe, die jemals solch eine „Übergabe"
beinhaltete.
Auch wenn die Qualität kaum absank, versetzten
die Tara King-Episoden der Serie den vorläufigen
Todesstoss: Rigg/Peel war ein solcher Erfolg,
das keine Ersatzagentin mehr akzeptiert wurde.
Sieben Jahre nach Serienende startete man eine
neue Variante der AVENGERS-Reihe, die eben-

falls unter dem Titel MIT SCHIRM, CHARME
UND MELONE (qv) in deutschen Wohnzimmern
Einzug hielt.
Die Serie, insbesondere die Peel-Episoden, entwickelte sich vom immer wieder gern gesehenen
Klassiker zum absoluten Kultobjekt. Sie wurde zu
einem nicht mehr wegzudenkendem Bestandteil
der britischen Kultur. Noch bis zum heutigen Tage sind T-Shirts und andere „Andenken" erhältlich. Theaterprojekten, Schallplatten und anderem folgte die Auswertung auf dem Videomarkt.
Die Musikgruppe THE PRETENDERS setzte der
Serie ein besonderes Denkmal mit dem Videoclip
zum Song „Don't Get Me Wrong".
1998, im Zuge anderer „Fernsehverfilmungen",
folgte ein — ausgesprochen mieser — Spielfilm
mit Ralph Fiennes als Steed, Uma Thurman als
Peel und Ex-Bond Sean Connery als Bösewicht.
In der ersten Serie tummelten sich in Gastauftritten Geoffrey (Catweazle) Bayldon, John Cleese,
Carol Cleveland, Peter Cushing, Paul Eddington,
Edward Fox, Michael (Der kleine Vampir) Gough,
Gordon Jackson, Burt Kwouk, Christopher (Robin Hood) Lee, Patrick Magee, Lois (UFO) Maxwell, Ferdy (Frankensteins Tante) Mayne, Ian
Ogilvy, Jon (Die Vogelscheuche) Pertwee, Charlotte Rampling, Barbara Shelley, Donald Suther-
land, Charles (Catweazle) Tingwell, John (Am
Rande der Finsternis) Woodvine und Peter Wyngarde.

EPISODEN (ZDF)**:**
1.   DIE ROBOTER (The Cybernauts) 18.10.66
2.   TÖDLICHER STAUB (Silent Dust) 08.11.66
3.   2 : 1 = 1 (Two's A Crowd) 22.11.66
4.   VORSICHT BEI ANRUF (Dial A Deadly Number) 06.12.66
5.   STADT OHNE RÜCKKEHR (The Town Of No
Return) 20.12.66
6.   DAS SCHOTTISCHE SCHLOSS (Castle
De'ath) 10.01.67
7.   GEFÄHRLICHE TANZSTUNDE (The Quick-
Quick-Slow Death) 24.01.67
8.   DIE TOTENGRÄBER (The Gravediggers)
07.02.67
9.   CLUB DER HIRNE/SCHULE DES TÖTENS
(The Masterminds) 21.02.67
10.   DAS 13. LOCH (The 13th Hole) 07.03.67
11.   AUSVERKAUF DES TODES (Death At Bargain
Prices) 21.03.67
12.   AFRIKANISCHER SOMMER (Small Game For
Big Hunters) 04.04.67
13.   BUTLER SIND GEFÄHRLICH (What The Butler Saw) 18.04.67

EPISODEN (SAT.1):

73. MANNERINGS FRAGESTUNDE (The Interrogators) 28.08.99
74. SAG MIR, WO DIE MENSCHEN SIND (The Morning After) 04.09.99
75. KOFFER, KOFFER, DU MUSST WANDERN (Take Me To Your Leader) 18.09.99
76. URLAUB AUF RATEN (Stay Tuned) 02.10.99
77. DIE DAME IM ZENTRUM (Who Was That Man I Saw You With?) 09.10.99
78. PANDORA (Pandora) 16.10.99
79. VORSICHT! HOCHSPANNUNG (Thingumajig) 30.10.99
80. REQUIEM (Requiem) 06.11.99
81. STILLE TAGE AUF DEM LAND (Take-Over) 13.11.99
82. NÄCHSTER AUFENTHALT: PARADIES (Bizarre) 20.11.99

EPISODEN (1961-64; nicht gesendet):

83. (Hot Snow)
84. (Brought To Book)
85. (Square Root Of Evil)
86. (Nightmare)
87. (Crescent Moon)
88. (Girl On The Trapeze)
89. (Diamond Cut Diamond)
90. (The Radioactive Man)
91. (Ashes Of Roses)
92. (Hunt The Man Down)
93. (Please Don't Feed The Animals)
94. (Dance With Death)
95. (One For The Mortuary)
96. (The Springers)
97. (The Frighteners)
98. (The Yellow Needle)
99. (Death On The Slipway)
100. (Double Danger)
101. (Toy Trap)
102. (The Tunnel Of Fear)
103. (The Far Distant Dead)
104. (Kill The King)
105. (Dead Of Winter)
106. (The Deadly Air)
107. (A Change Of Bait)
108. (Dragonsfield)
109. (Mr. Teddy Bear)
110. (Propellant 23)
111. (The Decapod)
112. (Bullseye)
113. (Mission To Montreal)
114. (The Removal Men)
115. (The Mauritius Penny)
116. (Death Of A Great Dane)
117. (The Sell-Out)
118. (Death On The Rocks)
119. (Traitor In Zebra)
120. (The Big Thinker)
121. (Death Dispatch)
122. (Dead On Course)
123. (Intercrime)
124. (Immortal Clay)
125. (Box Of Tricks)
126. (Warlock)
127. (The Golden Eggs)
128. (School For Traitors)
129. (The White Dwarf)
130. (Man In The Mirror)
131. (Conspiracy Of Silence)
132. (A Chorus Of Frogs)
133. (Six Hands Across The Table)
134. (Killerwhale)
135. (Brief For Murder)
136. (The Undertakers)
137. (The Man With Two Shadows)
138. (The Nutshell)
139. (Death Of A Batman)
140. (November Five)
141. (The Gilded Cage)
142. (Second Sight)
143. (The Medicine Men)
144. (The Grandeur That Was Rome)
145. (The Golden Fleece)
146. (Don't Look Behind You)
147. (Death À La Carte)
148. (Dressed To Kill)
149. (The White Elephant)
150. (The Little Wonders)
151. (The Wringer)
152. (Mandrake)
153. (The Secrets Broker)
154. (The Trojan Horse)
155. (Build A Better Mousetrap)
156. (The Outside-In Man)
157. (The Charmers)
158. (Concerto)
159. (Esprit De Corps)
160. (Lobster Quadrille)

MIT SCHIRM, CHARME UND MELONE
(The New Avengers)
GB/F/CND 1976/1977; 26 Episoden
Deutsche Ausstrahlung:
ARD 1978; 7 Episoden
Tele 5 1991; 19 Episoden

Darsteller: Patrick Macnee (John Steed), Joanna Lumley (Purdey), Gareth Hunt (Mike Gambit).

Geheimagent John Steed kämpft weiterhin fürs Wohl seines britischen Vaterlandes. Ihm zur Seite stehen die Agenten Purdy und Gambit. Gemeinsam haben sie es mit den bereits gewohnten Grössenwahnsinnigen zu tun, die es auszuschalten gilt.

Kaum war ein wenig Wasser die Themse hinuntergeflossen, kam dieser Neuaufguss des im vorhergehenden Eintrag behandelten Klassikers. Steed wurde nun von zwei Agenten unterstützt. Hintergrund war wohl, dass man auch weiterhin eine gewisse erotische Spannung im Team haben wollte, Macnee, der unverzichtbar war, kam jedoch langsam in das Alter, in dem dieser Storybestandteil mit ihm als männlichem Part nicht mehr die nötige Überzeugungskraft haben würde — insbesondere, da man für das männliche Publikum eine junge gutaussehende Agentin benötigte. Dieser Variante war nur mässiger Erfolg beschieden.

In Deutschland wurde diese Serie erstmalig von der ARD ausgestrahlt und landete genau in der Zeit der Brutalitätshetzkampagne auf die deutschen Medien. In einer Zeit, in der sogar Zeichentrickreihen wie SPEED RACER und SCHWEINCHEN DICK als zu brutal gebrandmarkt wurden, hatte eine Serie mit „ach, so blutigen Mordszenen" keine Chance. Nach nur sieben Folgen kam das Aus.

Ein Manko der neuen Serie war auch ihr Drang zu mehr Realismus — weniger in den Themen, als in der Präsentation. Der locker leichte Stil, mit dem Steed/Peel und Steed/King zu Werke gingen, war dahin. Die NEW AVENGERS waren bereits Vorboten einer weiteren Serie der Verantwortlichen, die voll auf harten Realismus setzte: THE PROFESSIONALS (Die Profis).

In dieser zweiten Runde waren u. a. Lewis Collins, Peter Cushing, Stuart (The Champions) Damon, Jon Finch, Ian (Mit Schirm, Charme und Melone - 1961) Hendry, Ronald Lacey, Ferdy (Frankensteins Tante) Mayne, Caroline Munro, Clive Revill, Martin Shaw und William Morgan (Max Headroom) Sheppard die Gaststars.

EPISODEN (ARD):
1. WIE AUS HEITEREM HIMMEL (Cat Amongst The Pigeons) 12.01.78
2. DOPPELGÄNGER (Faces) 23.02.78
3. DIE WEISSE RATTE (To Catch A Rat) 23.03.78
4. TÖDLICHES TRAINING (Target!) 20.04.78
5. HERZDAME (House Of Cards) 01.06.78
6. GOLD (The Midas Touch) 29.06.78
7. DAS GEHEIMNISVOLLE YPSILON (The Tale Of The Big Why) 27.07.78

EPISODEN (Tele 5):
8. DAS DRECKIGE DUTZEND (Dirtier By The Dozen) 23.06.91
9. DAS UNGEHEUER (Gnaws) 07.07.91
10. DAS STÄHLERNE MONSTER (The Last Of The Cybernauts...??) 21.07.91
11. SCHLAF ÜBER DER STADT (Sleeper) 04.08.91
12. DREI MINUS EINS IST NULL (Three Handed Game) 25.08.91
13. DER ADLERHORST (Eagle's Nest) 15.09.91
14. POKER UM PURDY (Hostage) 22.09.91
15. TOTE MÄNNER SIND GEFÄHRLICH (Dead Men Are Dangerous) 29.09.91
16. DIE WAHRSAGERIN (Medium Rare) 06.10.91
17. DER RACHEFELDZUG (Obsession) 13.10.91
18. DIE FALLE (Trap) 20.10.91
19. ENGEL DES TODES (Angels Of Death) 27.10.91
20. EINE KÖNIGLICHE GEISEL (The Lion And The Unicorn) 03.11.91
21. DER DRACHE ERWACHT 1 (K Is For Kill: The Tiger Awakens) 10.11.91
22. DER DRACHE ERWACHT 2 (K Is For Kill: Tiger By The Tail) 17.11.91
23. DER MEISTERSPION (Complex) 24.11.91
24. DIE KAMPFMASCHINE (The Gladiators) 01.12.91
25. ABENTEUER IN KANADA (Forward Base) 08.12.91
26. EMILY (Emily) 15.12.91

MONDBASIS ALPHA 1
(Space: 1999)
GB 1975-1978; 48 Episoden
GB 1975-1979; 3 Spielfilmversionen
Deutsche Ausstrahlung:
ZDF 1977/1978; 30 Episoden

Darsteller: Martin Landau (Commander John Koenig), Barbara Bain (Dr. Helena Russell), Barry Morse (Professor Victor Bergman), Nick Tate (Alan Carter), Zienia Merton (Sandra Benes/ Sahn), Prentis Hancock (Paul Morrow), Anton Phillips (Dr. Mathias), Clifton Jones (David Kano), Catherine Schell (Maya), Tony Anholt (Tony Verdeschi), Yasuko Nagazumi (Yasuko).

John Koenig, Kommandant der Mondbasis Alpha 1, hat bereits kurz nach seiner Ankunft mit Problemen zu kämpfen. Viele Mitglieder seiner Besatzung sind krank; schuld daran ist der atomare Abfall, der auf dem Erdtrabanten gelagert wird. Um alles zu erschweren explodiert eben dieser nukleare Müll und schleudert den Mond aus der Umlaufbahn um die Erde. Innerhalb kürzester Zeit ist die Entfernung so weit gewachsen, dass an eine Rückkehr zum Heimatplaneten nicht mehr zu denken ist. Ziellos treibt der Himmelskörper durchs All und es ist fraglich, ob eine Rückkehr zur Erde jemals möglich sein wird.

Mit einer Vorbereitungszeit von zwei Jahren, war SPACE: 1999 eins der wohl engagiertesten Projekte in der TV-Science Fiction überhaupt. Dennoch blieb der Erfolg hinter den Erwartungen zurück. Insbesondere im Mutterland der Reihe nahmen die Einschaltquoten drastisch ab. Natürlich hatte auch MONDBASIS ALPHA 1 seine Fans: In Ländern wie Japan, Frankreich, Italien und den USA nahmen diese zeitweilig sogar beträchtliche Ausmasse an. Doch auch das half nicht viel.
Um den Karren aus dem Monddreck zu ziehen, wurde der amerikanische Produzent Fred Freiberger eingestellt, der bereits an RAUMSCHIFF ENTERPRISE (qv) mitgearbeitet hatte. Er übernahm die Oberaufsicht für die zweite Staffel und war somit auch für die drastischen Veränderungen mitverantwortlich. Herauszuheben ist hierbei die Einführung von Maya, eines ausserirdischen Charakters mit der Fähigkeit der Gestaltswandlung. Doch alle Veränderungen halfen nichts. Der Mond setzte seine Reise in die Tiefen des Alls und der Einschaltquotenlöcher fort.
Wie so viele Projekte in Fernsehen und Film, in deren Spezialeffekte viel Mühe investiert wurde, kränkelte auch ALPHA an der Ausarbeitung und Präsentation der Charaktere. Koenig, Russell, Bergman und auch die später hinzugekommene Maya waren als Personen zu steril angelegt und fügten sich damit zwar nahtlos in ihre ebenfalls steril wirkende Umgebung ein, schafften es jedoch nicht, genügend Mitgefühl im Betrachter zu erwecken und damit eine notwendige Zuschauerzahl an sich zu binden. Schade um das viele Geld, das in diese Serie investiert wurde.
Den abtrünnigen Mond beehrten als Gäste Geoffrey (Catweazle) Bayldon, Joan Collins, Peter Cushing, Stuart (The Champions) Damon, Roy (Die Schöne und das Biest) Dotrice, Sarah Douglas, Jeremy Kemp, Christopher (Robin Hood) Lee, Leo (Nummer Sechs) McKern, Ian (Anno Domini) McShane, Kathryn Leigh Scott, Carolyn Seymour und Patrick Troughton.

EPISODEN:
1. DIE KATASTROPHE (Breakaway) 07.08.77
2. DIE TEUFELSMASCHINE (The Infernal Machine) 21.08.77
3. ZWISCHEN ZWEI PLANETEN (The Last Enemy) 04.09.77
4. AUF GEFÄHRLICHEM KURS (Collision Course) 18.09.77
5. WER PROGRAMMIERT KELLY? (Space Brain) 02.10.77
6. ANGRIFF AUS DEM WELTALL (War Games) 16.10.77
7. DIE STEINZEIT-FALLE (The Full Circle) 30.10.77
8. DER MANN, DER SEINEN NAMEN ÄNDERTE (Voyager's Return) 13.11.77
9. DIE VERWANDLUNG (The Last Sunset) 27.11.77
10. DAS BLAUE LICHT (Force Of Life) 18.12.77
11. KOENIG : 2 (Missing Link) 15.01.78
12. DAS GLÜCK DER TRÄUMENDEN (Guardian Of Piri) 29.01.78
13. FAST WIEDER DAHEIM (Another Time, Another Place) 12.02.78
14. RÜCKKEHR DER TOTEN (A Matter Of Life And Death) 26.02.78
15. CAPTAIN ZANDOR (Earthbound) 12.03.78
16. EIN RING VON LICHT (Ring Around The Moon) 26.03.78
17. DIE SCHWARZE SONNE (The Black Sun) 09.04.78
18. DIE METAMORPHOSE (The Metamorph) 23.04.78
19. DIE VERSTOSSENEN (The Exiles) 07.05.78
20. DER ENTSCHEIDENDE STOFF (All That Glisters) 21.05.78
21. SCHOTTISCHE GESCHICHTEN (Journey To Where) 04.06.78
22. DIE ANDERE SEITE (A Matter Of Balance) 18.06.78
23. RÜHR NICHT DIE PFLANZE AN! (The Rules Of Luton) 09.07.78
24. DIE FEUERWOLKE (The Beta-Cloud) 23.07.78
25. DAS SPIEGELWUNDER (Seed Of Destruction) 06.08.78
26. DIE MEUTEREI (The Seance Spectre) 20.08.78
27. GEGEN DIE ZEIT (Catacombs Of The Moon) 03.09.78
28. PLANET DER WARTENDEN (The A-B Chrysalis) 17.09.78
29. DER BÖSE ZAUBER (Space Warp) 01.10.78
30. ZORANS SCHICKSAL (The Immunity Syndrome) 15.10.78

EPISODEN (nicht gesendet):
31. (Death's Other Dominion)
32. (Alpha Child)
33. (Dragon's Domain)
34. (Mission Of The Darians)
35. (End Of Eternity)
36. (The Troubled Spirit)
37. (The Testament Of Arkadia)
38. (One Moment Of Humanity)
39. (Brian, The Brain)
40. (New Adam, New Eve)
41. (The Mark Of Archanon)
42. (The Taybor)

43.   (The Kambda Factor)
44.   (The Bringers Of Wonder 1)
45.   (The Bringers Of Wonder 2)
46.   (Dorzak)
47.   (Devil's Planet)
48.   (The Dorcons)

FILMVERSIONEN:
I.   ANGRIFF AUF ALPHA ! (Destination Moonbase Alpha; 1975)
II.   BLACK SUN-DER TODESPLANET GREIFT AN (Journey Through The Black Sun; 1976)
III.   ALIEN ATTACK-DIE AUSSERIRDISCHEN SCHLAGEN ZU (Alien Attack; 1979)

DIE MONDPRINZESSIN
(Moon Acre)
GB 1993; 6 Episoden
Deutsche Ausstrahlung:
ARD 1996; 6 Episoden

Darsteller: Camilla Power (Maria), Noah Huntley (Robin), Thomas Szekeres (Peter), Philip Madoc (Sir Benjamin Merryweather), Alannah O'Sullivan (Loveday), Jean Anderson (Miss Heliotrope), Richard Elfyn (Simon Blackheart), Polnah Vertrih (Lady Blackheart).

Die Waisen Maria und Peter ziehen samt Gouvernante bei ihrem Onkel, Sir Benjamin Merryweather, in Moon Acre ein. Maria hat bereits seit längerem Visionen, in dem ein Schimmel und ein irischer Wolfshund eine Rolle spielen. Als sie eine uralte Prophezeiung hört, in der ebendiese Tiere erwähnt werden, wird der Sinn der Visionen langsam klarer.

Hauptdarstellerin Camilla Power trat bereits einige Zeit zuvor in der Serie DER KÖNIG VON NARNIA (qv) in Erscheinung.

EPISODEN:
1.   EIN MAGISCHER ORT (Episode One) 31.08.96
2.   EIN DOPPELTER FLUCH (Episode Two) 07.09.96
3.   EIN UNVORSICHTIGER AUGENBLICK (Episode Three) 14.09.96
4.   EIN GEHEIMER TUNNEL (Episode Four) 21.09.96
5.   VERLORENE JAHRE (Episode Five) 28.09.96
6.   DER ENTSCHEIDENDE BEWEIS (Episode Six) 05.10.96

DER MONDSCHIMMEL
(Moon Stallion)
GB/BRD 1977; 3 Episoden
Deutsche Ausstrahlung:
ARD 1980; 3 Episoden

Darsteller: Sarah Sutton (Diana), James Green (Professor Purwell), David Pullan (Paul), David Haig (Todman), John Abineri (Sir George), Caroline Goodall (Estelle), Joy Harington (Mrs. Brookes), Michael Kilgarriff (Grüner König).

Die blinde Diana fährt mit ihrem Vater nach Coleshill Hal — in dieser Gegend soll König Artus gekämpft haben. Eine Gegend voller Mysterien also. Das Mädchen entdeckt den geheimnisvollen Mondschimmel, der sie in märchenhafte Gefilde bringt. So lernt sie Wielands Schmiede kennen und trifft den Grünen König, dessen Leben zu verlängern sie hilft. Hierfür erhält Diana im Gegenzug den Goldenen Zweig, Zeichen des ewigen Lebens. Doch es lauert Gefahr. Einige skrupellose Leute wollen den Mondschimmel für ihre Zwecke benutzen. So auch Dianas Vater, der seinen Frevel mit dem Leben bezahlt. Ein anderer, Todman, geht sogar so weit, Diana zu entführen, damit diese den Mondschimmel für ihn herbeiruft.

EPISODEN:
1.   TEIL 1 (Part One) 25.12.80
2.   TEIL 2 (Part Two) 26.12.80
3.   TEIL 3 (Part Three) 28.12.80

MONSTERS-NACHTS, WENN DAS BLUT GEFRIERT
(Monsters)
USA 1988-1990; 71 Episoden
Deutsche Ausstrahlung:
RTL plus 1990/1991; 23 Episoden
RTL 2 1994; 48 Episoden

Anthologieserie, die von allerlei Horrorgestalten bevölkert wird. Darunter klassische Vertreter der Zunft, wie Vampire, Hexen und Dämonen, aber auch exotischere, z. B. eine menschliche Bienenkönigin, Ausserirdische in Rattengestalt und die Verkörperung einer Krankheit.
Wie bei nahezu jeder Anthologie, ist auch die Qualität dieser Serie starken Schwankungen unterworfen. Hinzu kommt, dass es sich hierbei um eine für viele Zuschauer recht unappetitlich wir-

kende Reihe handelt.

Wenngleich die Serie auch keine wirklichen Highlights zu bieten hatte, driftet sie auch nur selten in Langeweile ab. Durchschnittlicher Zeitvertreib.

Monströse Auftritte hatten Michael (Twin Peaks) Anderson, Philip Anglim, Adrienne Barbeau, Linda Blair, Tempestt Bledsoe, Olivia Brown, Dennis (Profiler) Christopher, Imogene Coca, Alex (Airwolf) Cord, John Diehl, Leif Garrett, Frank Gorshin, Farley Granger, Pam Grier, Deborah Harry, Robert (Automan) Lansing, Ed (Schöne neue Zeit) Lauter, Carol Lynley, Ferdy (Frankensteins Tante) Mayne, David (Solo für U.N.C.L.E. & Der Unsichtbare) McCallum, Darren (Der Nachtjäger) McGavin, Meat Loaf, Richard Moll, James (Space 2063) Morrison, John Saxon, Raphael Sbarge, David (Space) Spielberg, Linda (Mit Schirm, Charme und Melone) Thorson, Kim Johnston Ulrich, Fritz (Die Mars-Chroniken) Weaver, Wil (Raumschiff Enterprise-Das nächste Jahrhundert) Wheaton und Mary Woronov.

EPISODEN (RTL plus):

1. TEUFLISCHE HEILUNG (The Feverman) 09.12.90
2. TÖDLICHE EIFERSUCHT (Holly's House) 16.12.90
3. DIE RACHE DES VAMPIRS (The Vampire Hunter) 06.01.91
4. SÜSSE VERSUCHUNG (New York Honey) 13.01.91
5. MEIN FREUND, DER ZOMBIE (My Zombie Lover) 20.01.91
6. AUGE UM AUGE (Where Is The Rest Of Me?) 27.01.91
7. DAS VERMÄCHTNIS (The Legacy) 03.02.91
8. DER KELLERGEIST (Rouse Him Not) 10.03.91
9. ETAGENMONSTER (Pillow Talk) 17.03.91
10. DIE GOLDFALLE (Fools' Gold) 24.03.91
11. ADOPTION (Parents From Space) 07.04.91
12. GESCHWISTERLIEBE (Their Divided Self) 21.04.91
13. AUS SPASS WIRD ERNST (The Match Game) 05.05.91
14. GLIM GLIM, DER AUSSERIRDISCHE (Glim-Glim) 12.05.91
15. UNZERTRENNLICH (Taps) 12.05.91
16. DIE UNGLÄUBIGEN (Rain Dance) 26.05.91
17. MUTTERINSTINKTE (The Mother Instinct) 02.06.91
18. SCHRECKLICHE ENTDECKUNG (Sleeping Dragon) 09.06.91
19. NÄCHTLICHES DUELL (Pool Sharks) 16.06.91
20. EWIGES LEBEN (Cocoon) 23.06.91
21. DER DÄMON (All In A Day's Work) 30.06.91
22. DER KARRIERETEUFEL (Satan In The Suburbs) 07.07.91
23. VERFLUCHT (La Strega) 14.07.91

EPISODEN (RTL 2):

24. DIE FRATZE (The Face) 17.03.94
25. DIE KUNST LEBT! (Portrait Of The Artist) 18.03.94
26. DIE HOCHZEITSFALLE (A Bond Of Silk) 23.03.94
27. HÖLLISCH VERLIEBT (Rerun) 24.03.94
28. BESESSEN (Love Hurts) 25.03.94
29. DER TREUESCHWUR (The Farmer's Daughter) 30.03.94
30. SPURLOS VERSCHWUNDEN (Jar) 31.03.94
31. VERHEXT (The Demons) 01.04.94
32. DER PAKT MIT DEM TEUFEL (Reaper) 06.04.94
33. GELIEBTES ERBE (The Mandrake Root) 07.04.94
34. DER JUNGBRUNNEN (Half As Old As Time) 08.04.94
35. EIN HERZ FÜR HEXEN (Museum Hearts) 13.04.94
36. DER TEST (Habitat) 14.04.94
37. SCHWEINEREI (Bed And Boar) 15.04.94
38. DER GRÜNE FREUND (Mr. Swlabr) 20.04.94
39. DAS TRAUMA (Perchance To Dream) 21.04.94
40. EINE RASSE FÜR SICH (One Wolf's Family) 22.04.94
41. MIT ANDEREN AUGEN (The Offering) 27.04.94
42. DAS TUNNEL-MONSTER (Far Below) 28.04.94
43. GEFÄHRLICHE SCHÖPFUNG (Micro Minds) 29.04.94
44. SPION DER HÖLLE (Refugee) 04.05.94
45. DAS GUTE BIEST (The Gift) 05.05.94
46. DAS NEUE GESICHT (The Bargain) 06.05.94
47. DURCHSCHAUT (The Family Man) 11.05.94
48. DER AUFSTAND DER RATTEN (Stressed Environment) 12.05.94
49. DIE SPEZIALBEHANDLUNG (Murray's Monster) 18.05.94
50. TEUFLISCHE BRUT (Bug House) 19.05.94
51. DER GEISTERKNAST (Cellmates) 20.05.94
52. DIE STIMME AUS DEM ALL (Outpost) 25.05.94
53. DAS LABYRINTH (The Hole) 26.05.94
54. DAS BESONDERE KIND (Small Blessing) 27.05.94
55. EINE SCHARFE RASUR (A Shave And A Haircut, Two Bites) 01.06.94
56. EX UND KLOPS (The Young And The Headless) 02.06.94
57. DER OVERKILL (The Waiting Game) 03.06.94
58. DER SÜNDENBOCK (Sin-Sop) 08.06.94
59. DAS GUTE SIEGT (A New Woman) 09.06.94
60. DAS UNTERDRÜCKTE TALENT (Malcolm) 10.06.94

61.   DER PUTZTEUFEL (Household Cods)
        15.06.94
62.   ALLEIN MIT DEM ALIEN (The Space-Eaters)
        16.06.94
63.   DAS VERSPRECHEN (The Waiting Room)
        17.06.94
64.   DIE FRANKENSTEIN-COPS (Leavings)
        22.06.94
65.   DER SCHÖNHEITSFEHLER (Desirable Alien)
        23.06.94
66.   DER MODERATOR UND DAS BIEST (A Face
        For Radio) 24.06.94
67.   DER WERWOLF VON HOLLYWOOD (Were-
        wolf Of Hollywood) 29.06.94
68.   TELEFON-TERROR (Talk Nice To Me)
        30.06.94
69.   DER FINGER (The Moving Finger) 01.07.94
70.   TEUFLISCHE GIER (Hostile Takeover)
        06.07.94
71.   ZAUBERPECH (The Maker) 07.07.94

MORGEN SCHON

BRD 1984; 11 Episoden
Ausstrahlung:
ZDF 1984; 11 Episoden

In den Ankündigungen der Fernsehzeitschriften
wurde diese Anthologie als „Serie für Kinder und
Erwachsene", also als Familienserie, angekündigt. Die Definition dieses Begriffes scheint bei
deutschen Fernsehmachern wie folgt zu lauten:
Eine Kinderserie, die zeigt, dass auch diese ihre
Probleme haben, gesendet zu einer Zeit, die Eltern dazu zwingt, mit vor dem Fernseher zu sitzen.
MORGEN SCHON ist ein utopisches Land, in
das verschiedene Kinder unserer Republik reisen. Dort herrschen bereits heute Zustände, die
in unserer Welt wünschenswert wären — sagt
die Werbung.
Das Ergebnis ist ein krampfhafter Problembewäl-
tigungsversuch, bei dessen Betrachtung man
wünscht, dass es dieses Land tatsächlich gebe,
um dorthin vor dieserlei Fernsehkost flüchten zu
können.
Der einzig interessante Darsteller tritt in Folge 10
auf: Tilo (Frankensteins Tante & Aeon) Prückner.
Ansonsten erscheint eine riesige Ansammlung
von Kinder, über die ich bei meinen Recherchen
nicht noch einmal gestolpert bin.

EPISODEN:
1.   DERYA TANZT 14.10.84
2.   DER ROTE SESSEL 21.10.84
3.   DAS KIND IN DER KOMMODE 28.10.84
4.   WUT IM BAUCH 04.11.84
5.   ANGST VORM WASSER 11.11.84
6.   DAS ENDE EINER GESCHICHTE 18.11.84
7.   DIE GLÄSERNE KUGEL 25.11.84
8.   DIE REISE ZUM MUTSTEIN 02.12.84
9.   FRANK WIRD FREI 09.12.84
10.   DIE TÜR IN DER MAUER 16.12.84
11.   EIN MITTAG MIT PANNEN 23.12.84

MORK VOM ORK
(Mork & Mindy)

USA 1978-1982; Special & 93 Episoden
Deutsche Ausstrahlung:
ZDF 1979; 18 Episoden
Pro 7 1991; 26 Episoden
Kabelkanal 1992/1993; 19 Episoden
Pro 7 1997; 10 Episoden
Pro 7 1997; 21 Episoden

Darsteller: Robin Williams (Mork), Pam Dawber
(Mindy Beth McConnell), Conrad Janis (Frede-
rick McConnell - 1978/79 & 1980-82), Elizabeth
Kerr (Cora Hudson - 1978/79 & 1981/82), Jeffrey
Jacquet (Eugene - 1978/79), Tom Poston (Frank-
lin Delano Bickley), Jay Thomas (Remo Da Vinci
- 1979-81), Gina Hecht (Jean Da Vinci - 1979-
81), Jim Staahl (Nelson Flavor - 1979-81), Ro-
bert Donner (Exidor), Crissy Wilzak (Glenda
Faye „Crissy" Comstock - 1980/81), Foster
Brooks (Miles Sternhagen - 1981), Jonathan
Winters (Mearth - 1981/82).

Da Mork auf seinem Heimatplaneten nicht gerade gut angesehen ist — er verfügt nämlich über
eine schreckliche Eigenschaft: Humor — wird er
auf die Erde abgeschoben, um die seltsamen
Sitten der dortigen Bevölkerung zu studieren.
Mork landet mit seinem eiförmigen Raumschiff in
der Nähe von Boulder, Colorado, und wird
prompt von Mindy McConnell aufgesammelt.
Diese nimmt ihn mit zu sich.
Nach anfänglichen Missverständnissen und
Streitereien, gipfelt diese „Wohngemeinschaft"
schliesslich in der Hochzeit der beiden. Sohn
Mearth lässt nicht lange auf sich warten — er
schlüpft aus einem von Mork gelegten Ei. Mearth
ist bereits voll ausgewachsen: Auf Ork werden
die Kinder mit zunehmendem Alter jünger.

Mork begann im Februar 1978 als Gaststar in
der Serie HAPPY DAYS, die auch in Deutschland lief. Sein Auftrag hierin war es, Hauptfigur

Richie zu kidnappen. Nach einem weiteren Auftritt erwies sich der von Robin Williams dargestellte Charakter als so populär, dass man ihm seine eigene Serie zugestand.

Einem anfänglichen Riesenerfolg folgte der Einbruch in der zweiten Staffel. Der Sender ABC beschloss verschiedene Änderungen in Besetzung und Aufbau. Auch der Sendeplatz wechselte. Das Abmaschieren von nahezu der Häfte des Publikums war die Folge. Im Dezember 1979 versuchte man, diese Veränderungen wieder zu kitten, doch MORK & MINDY schaffte es nie wieder, seine ursprünglichen Quoten einzufahren. Die letzte Staffel, in der Sohn Mearth eingeführt wurde, besiegelte das Ende des einst so populären Orkianers.

Wenn man beginnt, diese Serie zu sehen, machen einem die Verrücktheiten und Sprüche, das Unverständnis gegenüber dem menschlichen Verhalten und das Wörtlichnehmen verschiedener Aussprüche von Mork durchaus Spass. Leider verliert diese Art des Humors sehr schnell seinen Reiz und auch die Möglichkeiten der Drehbücher erweisen sich als begrenzt. Letztlich ist MORK VOM ORK nichts anderes als eine weitere „Alien auf der Erde"-Story, wie vormals MEIN ONKEL VOM MARS (qv) und später ALF (qv).

In die Geschichte eingehen wird die Reihe wohl am ehesten dafür, dass sie Komiker Robin Williams zum Durchbruch verhalf.

Neben den Auftritten in der Serie HAPPY DAYS, erschien Mork im September 1979 auch in der Episode „Random's Arrival" der Serie OUT OF THE BLUE.

Herzlich willkommen auf der Erde hiessen Mork die Gaststars Corey Feldman, Don Galloway, Noah (Kampfstern Galactica) Hathaway, Gregory Itzin, David Letterman, Ross (Verrückter Wilder Westen) Martin, Roddy (Planet der Affen & Fantastic Journey) McDowall, Richard Moll, Joe (Streethawk) Regalbuto, Robby, der Roboter, William (Raumschiff Enterprise & TekWar) Shatner, David (Space) Spielberg, Tim Thomerson, Barry (Kampfstern Galactica & Airwolf) Van Dyke, Lyle (Wonder Woman) Waggoner und Raquel Welch.

EPISODEN:

I.   HAPPY DAYS: RICHIES BEGEGNUNG MIT DER MORK-ART (Happy Days: My Favorite Orkan)

II.   HAPPY DAYS: MORK IST WIEDER DA (Happy Days: Mork Returns)

EPISODEN (ZDF):

1. DAS EI AUS DEM WELTALL (Mork & Mindy Hour Special) 26.05.79
2. UNSCHULDIG VOR GERICHT (Mork & Mindy Hour Special) 02.06.79
3. EIN GELEHRIGER SCHÜLER (Mork Moves In) 09.06.79
4. EIN FEINER HAUSWIRT (To Tell The Truth) 23.06.79
5. MINDY ENTSCHEIDET SICH (Mork Runs Away) 30.06.79
6. EIN NEUER SCHWARM (Mork In Love) 07.07.79
7. DIE VERSUCHUNG (Mork's Seduction) 14.07.79
8. DIE ZEITUNGSENTE (Mork Goes Public) 21.07.79
9. DAS KIND IM MANNE (A Mommy For Morky) 28.07.79
10. DER EINFALTSPINSEL (Mork, The Gullible) 04.08.79
11. KLEIN-EUGENE GIBT LEBENSHILFE (Old Fears) 18.08.79
12. VERTEIDIGUNG AUF ORKEANISCH (Mork's Greatest Hits) 08.09.79
13. EIN NEUER FREUND (Mork And The Immigrant) 15.09.79
14. NACHBARSCHAFTSHILFE (Mork, The Tolerant) 22.09.79
15. VERSETZUNG AUF EINEN ANDEREN STERN (Mork Goes Erk) 29.09.79
16. DIE HOCHZEIT (Young Love) 06.10.79
17. EINKAUFSRUMMEL (Mork's First Christmas) 13.10.79
18. RETTUNG IN LETZTER MINUTE (Sky Flakes Keep Falling On My Head) 20.10.79

EPISODEN (Pro 7):

19. DAS KOSMISCHE ENERGIE-EI (Mork Runs Down) 06.07.91
20. VATERFREUDEN (Yessir, That's My Baby) 13.07.91
21. GEMISCHTE GEFÜHLE (Mork's Mixed Emotions) 20.07.91
22. SHERLOCK MORK UND DIE ZEITMASCHINE (In Mork We Trust) 27.07.91
23. MORK MACHT EINEN DRAUF (Mork's Night Out) 03.08.91
24. MORKS BESTER FREUND (Mork's Best Friend) 10.08.91
25. EINE WELT OHNE MORK (It's A Wonderful Mork) 17.08.91
26. DIE INVASION DER MORKFRESSER (Invasion Of The Mork Snatchers) 24.08.91
27. FROMMER IRRTUM (Clerical Error) 31.08.91
28. MORK RASTET AUS (Stark Raving Mork) 07.09.91

| 29. | POLITISCHER MORK (Mork Vs. Mindy) 14.09.91 | 58. | DREI NETTE MINDYS (Mindy, Mindy, Mindy) 11.12.92 |

29. POLITISCHER MORK (Mork Vs. Mindy) 14.09.91

30. MORKS MINDYITIS (Mork Gets Mind-itis) 21.09.91

31. MORKENSTEINS MONSTER (Dr. Morkenstein) 28.09.91

32. MORK IM WUNDERLAND 1 (Mork In Wonderland 1) 05.10.91

33. MORK IM WUNDERLAND 2 (Mork In Wonderland 2) 12.10.91

34. MORK LERNT SEHEN (Mork Learns To See) 19.10.91

35. DIE DAME, DIE KEINE WAR (Mork's Baby Blues) 26.10.91

36. DIE ALPTRAUMKLINIK (Mork's Health Hints) 02.11.91

37. DIE EXIDOR-AFFÄRE (Exidor Affair) 09.11.91

38. EXIDORS HOCHZEIT (Exidor's Wedding) 16.11.91

39. EINE MAMI FÜR MINDY (A Mommy For Mindy) 23.11.91

40. MORKS FALSCHE FREUNDE (The Night They Raided Mind-Skis) 30.11.91

41. BEI ANRUF-MORK (Dial N For Nelson) 07.12.91

42. DER ANGRIFF DER NEKROTONEN 1 (Mork Vs. The Necrotons 1) 14.12.91

43. DER ANGRIFF DER NEKROTONEN 2 (Mork Vs. The Necrotons 2) 21.12.91

44. MORKS LEIBESÜBUNGEN (Hold That Mork) 29.12.91

EPISODEN (Kabelkanal):

45. DER MORKYVILLE-HORROR (A Morkyville Horror) 03.07.92

46. DAS MORKSYNDROM (Mork Syndrome) 31.07.92

47. MORKS KO(S)MISCHER URLAUB (Mork's Vacation) 18.09.92

48. JEANNIE LIEBT MORK (A Genie Loves Mork) 02.10.92

49. MORK, DER ARME WAISENKNABE (Little Orphan Morkie) 09.10.92

50. BESUCH AUS DEM WELTALL 1 (Putting The Ork Back In Mork 1) 16.10.92

51. BESUCH AUS DEM WELTALL 2 (Putting The Ork Back In Mork 2) 23.10.92

52. MORK TRIFFT PETER PAN (Mork In Never Never Land) 30.10.92

53. OPERATION SCHÖNHEIT (Mork's New Look) 06.11.92

54. MORK ROLLT INS ZIEL (Dueling Skates) 13.11.92

55. GIB DEM AFFEN ZUCKER (Mork's The Monkey's Uncle) 20.11.92

56. MORK AUF FREIERSFÜSSEN (Limited Engagement) 27.11.92

57. MORK TRIFFT ROBIN WILLIAMS (Mork Meets Robin Williams) 04.12.92

58. DREI NETTE MINDYS (Mindy, Mindy, Mindy) 11.12.92

59. MORK, DIESER WÜSTLING (Mork, The Swinging Single) 18.12.92

60. MORK JAGGER UND DIE 'STUPIDS' (Mork And Mindy Meet Rick And Ruby) 25.12.92

61. UNTER BRÜDERN (Mork And The Family Reunion) 01.01.93

62. TANTE MORK UND DIE HANDTASCHEN-RÄUBER (Old Muggable Mork) 08.01.93

63. MORK IN DER GERÜCHTEKÜCHE (I Heard It Through The Morkvine) 15.01.93

EPISODEN (Pro 7):

64. ERINNERUNGEN AN MORK (The Way Mork Were) 13.01.97

65. DER ANTI-MORK (There's A New Mork In Town) 23.01.97

66. MORK JAGT BILLY THE KID (Gunfight At The Mor-Kay Corral) 24.01.97

67. MORK, DER WITZBOLD (Mork, The Prankster) 27.01.97

68. SCHLUSS MIT DIESEM MORK! (Alas, Poor Mork, We Knew Him Well) 28.01.97

69. SCHÖNES WETTER HEUTE (Mindy Gets Her Job) 29.01.97

70. DIE ZWÖLF ELEKTRISCHEN GESCHWORE-NEN (Twelve Angry Appliances) 30.01.97

71. MORK UND DER PENNERBLUES (Mork And The Bum Rap) 04.02.97

72. MINDYS GEHEIMER WUNSCH (Reflections And Regrets) 13.02.97

73. MINDY UND MORK (Mindy And Mork) 14.02.97

74. MORK HEIRATET MINDY (The Wedding) 01.08.97

75. FLITTERWOCHEN AUF DEM ORK (The Honeymoon) 04.08.97

76. MORK LEGT EIN EI (Three The Hard Way) 05.08.97

77. MAMA MORK, PAPA MINDY (Mama Mork, Papa Mindy) 06.08.97

78. EXIDORS EXZENTRIK-BOUTIQUE (Rich Mork, Poor Mork) 07.08.97

79. SUPERMORK (My Dad Can't Beat Up Anyone) 08.08.97

80. WER IST WLADIMIR ORKOFF? (Long Before We Met) 11.08.97

81. MORK UND DIE BABAS (Alienation) 12.08.97

82. SCHULE AUF DEM ORK (P.S. 2001) 13.08.97

83. BLUMEN, BIENEN USW. (Pajama Game II) 14.08.97

84. HEITER BIS WOLKIG (Present Tense) 15.08.97

85. EIN DACHSCHADEN (Metamorphosis-The TV Show) 18.08.97

86. MORK IN DER FAHRSCHULE (Drive, She Said) 19.08.97

87.   MORKS GEDÄCHTNISSCHWUND (I Don't
       Remember Mama) 20.08.97
88.   MIDAS MORK (Midas Mork) 21.08.97
89.   MINDY IM GEFÄNGNIS (Cheerleaders In
       Chains) 22.08.97
90.   DER ELEKTRISCHE DIKTATOR (Mork, Mindy
       And Mearth Meet MILT) 25.08.97
91.   AUF DER FLUCHT 1 (Gotta Run 1) 26.08.97
92.   AUF DER FLUCHT 2 (Gotta Run 2) 27.08.97
93.   AUF DER FLUCHT 3 (Gotta Run 3) 28.08.97
94.   MORK MACHT WEITER (The Mork Report)
       29.08.97

Anm. zur Episodenliste: Einige der Folgen liefen vor
der Pro 7-Ausstrahlung bereits auf TV.München bzw.
DF1. Diese Publikation bevorzugt die Gesamterreich-
barkeit des Publikums.

MORTAL KOMBAT
(Mortal Kombat: Conquest)
USA 1995; Spielfilm
USA 1997; Spielfilm
USA 1998/1999; Pilot & 20 Episoden
Deutsche Ausstrahlung:
RTL 2 2000; Pilot & 20 Episoden

Darsteller: Paulo Montalban (Kung Lao), Daniel
Bernhardt (Siro), Kristianna Loken (Taja), Bruce
Locke (Shang Tsung), Tracy Douglas (Vorpax),
Jeffrey Meek (Lord Rayden & Shao Kahn).

„In vielen von uns brennt die Seele eines Kriegers. Doch in jeder Generation werden nur wenige auserwählt, dies zu beweisen. — Vor Jahrhunderten, in einer Zeit der Dunkelheit und der
Gewalt, fiel diese Wahl auf drei Freunde: Den
Mönch Kung Lao, den verstossenen Söldner Siro
und die Diebin Taja. Es ist ihr Schicksal, das
Reich der Erde gegen die Kräfte von Outworld zu
verteidigen. Dafür werden sie um ihr Leben kämpfen und um ihre Ehre." — *„Deine Seele ist
mein!"* — „Und sie kämpfen für ihr Reich..." —
„Du musst alles geben, was du hast!" — „...in einem Turnier, in dem man nur eine Chance bekommt — MORTAL KOMBAT!"
Kung Lao trat für die Erde im Mortal Kombat an,
ein Kampf, bei dem nur die besten eines jeden
Planeten antreten dürfen, um über die Zukunft
der Heimat zu entscheiden: Freiheit oder Sklaverei. Nachdem dies nun erledigt ist, überlegt Kung
Lao sich zurück zu ziehen. Da aber der Vater
seiner Geliebten Jen dem wohlverdienten Happy
End entgegensteht, bleibt Kung nur noch die
Rückkehr zum Kampf. Während er als Ausbilder
zukünftiger Kämpfer wirkt, muss er auch immer

wieder gegen die bösen Mächte antreten. Hierbei
helfen ihm sein Berater Lord Raydon, ein zur Erde geschickter Donnergott, der als Beschützer
der Erde fungiert, Siro, der ehemalige Bodyguard
von Kungs Geliebter Jen, und die Diebin Taja.

MORTAL KOMBAT gehört zu den wohl erfolg-
reichsten Videospielen überhaupt. Nicht weiter
verwunderlich war es also, als es als Grundlage
für einen Spielfilm herangezogen wurde.
Nachdem dieser in den USA recht erfolgreich
lief, folgte zwei Jahre später Teil Zwei und
schliesslich die hier vorliegende Fernsehserie.
Sword & Sorcery gepaart mit asiatischer Kampfkunst; es gibt viele Beispiele die zeigen, dass
das zu einer erfolgreichen Mischung werden
kann — leider nicht in diesem Fall. Diese Serie
ist — wie soll ich es nur nett ausdrücken? —
Schund!
Kristianna Loken hatte vorher eine Rolle in AUF
SCHLIMMER UND EWIG (qv).

FILME:
I.   MORTAL KOMBAT (Mortal Kombat; 1995)
       18.01.96; Kino
II.   MORTAL KOMBAT 2-ANNIHILATION (Mortal
       Kombat II: Annihilation; 1997) 02.09.98; Video

EPISODEN:
1.   DIE AUFERSTEHUNG DES KRIEGERS (War-
       rior Eternal) 19.01.00
2.   KÄMPFER DER NATURGEWALTEN (Cold Re-
       ality) 26.01.00
3.   OMEGIS, DIE GEHEIMNISVOLLE ZAUBERIN
       (Immortal Kombat) 02.02.00
4.   PRINZESSIN KITANA (The Essence) 09.02.00
5.   NOOB SAIBOT (Noob Saibot) 16.02.00
6.   DIE KRAFT DES DRACHEN (Debt Of The
       Dragon) 23.02.00
7.   EWIGE SEHNSUCHT (Undying Dream)
       15.03.00
8.   HERR DER FINSTERNIS (Quan Chi) 22.03.00
9.   DAS GELOBTE LAND (Unholy Alliance)
       29.03.00
10.   BLUTSBANDE (Thicker Than Blood) 05.04.00
11.   KITANA KEHRT ZURÜCK (Shadow Of A
       Doubt) 12.04.00
12.   TOMAS (Twisted Truth) 19.04.00
13.   KAMPF DER LEBENDEN TOTEN (The Festi-
       val Of Death) 26.04.00
14.   FEUER UND EIS (The Serpent And The Ice)
       03.05.00
15.   KREEYA (Kreeya) 10.05.00
16.   FLUCH DER UNSTERBLICHKEIT (The Ma-
       ster) 17.05.00
17.   KREEYA KEHRT ZURÜCK (In Kold Blood)
       24.05.00

18.   DUELL DER ZAUBERER (Flawed Victory)
       31.05.00
19.   SHAO KHANS GEHEIME STADT (Stolen Lies)
       07.06.00
20.   VORPAX-DIE NEUE KÖNIGIN (Balance Of Po-
       wer) 14.06.00
21.   DIE RACHE DES SHAO KHAN (Vengeance)

MOWGLI-Neue Abenteuer aus dem Dschungel
(Mowgli)
CND 1997; 26 Episoden
Deutsche Ausstrahlung:
Der Kinderkanal 2000 <11.07.- >; 26 Episoden

Darsteller: Sean Price-McConnell (Mowgli),
Lindsey Peter (Nahbiri), Bart Braverman (Dr.
Bhandari), Richard Assad (Arun).

Mowgli, von Wölfen aufgezogen, erlebt viele
spannende Abenteuer im indischen Dschungel.

Kinderserie basierend auf „Das Dschungelbuch"
(The Jungle Book; 1894) und „Das zweite
Dschungelbuch" (The Second Jungle Book;
1895) von Rudyard Kipling. Das Ergebnis kann
sich in diesem vorgegebenen Rahmen — also
als Reihe für Kinder und Jugendliche — sehen
lassen.
Als deutscher Sprecher fungierte Otto Sander.

MR. ED
(Mister Ed)
USA 1958; Pilotepisode (nicht ausgestrahlt)
USA 1961-1965; 143 Episoden
Deutsche Ausstrahlung:
ARD 1962-1964; 18 Episoden
SAT.1 1989/1990; 52 Episoden
Pro 7 1991; 2 neue Episoden
Kabelkanal 1993; 85 Episoden
Kabelkanal 1997; 4 Episoden

Darsteller: Gold Coast (Mr. Ed/Eds Originalstim-
me: Allan „Rocky" Lane), Alan Young (Wilbur
Post), Connie Hines (Carol Post), Larry Keating
(Roger Addison - 1961-64), Edna Skinner (Kay
Addison - 1961-64), Barry Kelley (Mr. Higgins,
Carols Vater - 1961-66), Leon Ames (Gordon
Kirkwood - 1963-65), Florence MacMichael (Win-
nie Kirkwood - 1963-65), James Flavin (Agent
Slattery - 1965/66).

Wilbur Post und seine Frau Carol kaufen sich ein
Haus auf dem Land, inklusive Stall und dazuge-
hörigem Pferd. Da der Stall vom Architekten Wilbur als Arbeitszimmer genutzt wird, verbringt er
sehr viel Zeit mit Ed, wie das Pferd genannt wird.
Eines Tages beginnt Ed, mit seinem neuen Besitzer zu reden. Diese Fähigkeit ist für Mister Ed
nichts Neues, es ergab sich nur, dass bisher niemand da war, mit dem zu reden es sich gelohnt
hätte. Leider ist Wilbur dann auch die einzige
Person, mit der Ed redet, was zu allerlei Missverständnissen mit Ehefrau und Nachbarn führt.

Eigentlich unverständlich, dass diese Serie in
den USA so lange überlebt hat. Sie arbeitet eigentlich mit nur einer Grundvoraussetzung und
reizt diese bis zum letzten aus. Na ja, für diese
Art einer Serie, eigentlich recht gelungen. Sie
bietet zumindest einige billige Lacher, die keinem
weh tun.
Stallgäste waren George Burns, Sebastian (Teufelskreis der Angst) Cabot, Hans Conried, Clint
Eastwood, Victor (Ein Engel auf Erden & Mini-
Max) French, Zsa Zsa Gabor, Neil (Batman) Hamilton, Butch (The Munsters) Patrick, Jon Provost, Hayden (Bezaubernde Jeannie) Rorke,
Sharon Tate und Mae West.

EPISODEN (ARD)**:**
1.   ERSTE BEGEGNUNG (The First Meeting)
       07.10.62
2.   DIE TANTE (The Aunt) 04.11.62
3.   HÖHENANGST (Psychoanalyst Show)
       01.12.62
4.   UNSERE LIEBE TANTE MARTHA (Aunt Mar-
       tha) 06.01.63
5.   DER SCHLAGERDICHTER (Ed, The Songwri-
       ter) 24.02.63
6.   ED WILL HEIRATEN (- liegt nicht vor -)
       24.03.63
7.   MR. ED UND SEIN SOHN (My Son, My Son)
       15.04.63
8.   ALS TURNIERPFERD (Ed, The Jumper)
       04.05.63

9.   DER KRONZEUGE (Ed, The Witness)
       11.08.63
10.   MR. ED, DIE PETZE (- liegt nicht vor -)
11.   DER LIEBHABER (Ed, The Lover) 19.10.63
12.   DER RETTER IN DER NOT (The Hero)
       15.12.63

13.   DIE FLUCHT (- liegt nicht vor -) 02.02.64

EPISODEN (SAT.1):

1. UNSER PFERD KANN SPRECHEN (The First Meeting) 22.04.89
2. DER BAUCHREDNER (The Ventriloquist) 29.04.89
3. DER FRAUENCLUB (Busy Wife) 06.05.89
4. DREI IN EINEM STALL (Stable For Three) 13.05.89
5. MISTER ED REISST AUS (Kiddy Park) 20.05.89
6. MASKOTTCHEN MISTER ED (Sorority House) 27.05.89
7. KEINER SPIELT MIT PETE (The Little Boy) 03.06.89
8. ED BEIM FILM (Ed, The Lover) 10.06.89
9. DER FESTZUG (Pageant Show) 17.06.89
10. TANTE MARTHA (Aunt Martha) 24.06.89
11. AB HEUTE WIRD GESPART (Missing Statue) 01.07.89
12. ED IST ZEUGE (The Witness) 08.07.89
13. EIN PFERD TRIFFT SEINE MUTTER (Ed's Mother) 15.07.89
14. DIE WETTE GILT (Ed, The Tout) 22.07.89
15. MISTER ED LANDET EINEN HIT (Ed, The Songwriter) 29.07.89
16. SO EIN LIEBER PUDEL (Ed, The Stoolpigeon) 05.08.89
17. HÖHENKOLLER (Psychoanalyst Show) 12.08.89
18. EIN MANN FÜR VELMA (A Man For Velma) 19.08.89
19. AUTO ODER KUTSCHE (Ed Agrees To Talk) 26.08.89
20. BART AB (The Moustache) 16.09.89
21. DER GROSSE PREIS (The Contest) 23.09.89
22. DIE ANDERE FRAU (The Other Woman) 30.09.89
23. MISTER ED WIRD VERKAUFT (Wilbur Sells Ed) 07.10.89
24. HALTET DEN DIEB! (Mister Ed Cries Wolf) 14.10.89
25. EIN BAUM IST KEIN BAUM (Pine Lake Lodge) 21.10.89
26. VATERFREUDEN (My Son, My Son) 28.10.89
27. ED IM ALL (The Horsetranaut) 04.11.89
28. TRICK 17 (Ed, The Jumper) 11.11.89
29. HAWAII MODERN (Ed, The Redecorator) 18.11.89
30. EDS VORFAHREN (Ed's Ancestors) 25.11.89
31. WAHLTAG (The Voter) 02.12.89
32. ED, DER LEBENSRETTER (The Hero) 09.12.89
33. AUF ENTENJAGD (Hunting Show) 16.12.89
34. ED HAT DEN BLUES (Ed's Blues) 23.12.89
35. DER TELEFONVERKÄUFER (Ed, The Salesman) 06.01.90
36. ZSA ZSA GABOR (Zsa Zsa) 13.01.90
37. WILBUR MACHT SEIN TESTAMENT (Ed, The Beneficiary) 20.01.90
38. DER HYPOCHONDER (Ed's Bed) 27.01.90
39. DER CATCHER (The Wrestler) 03.02.90
40. TIERARZT DR. ED (Ed, The Horsedoctor) 10.02.90
41. PFERDEWÄSCHE (Horse Wash) 17.02.90
42. EHRENWORT (Ed's Word Of Honor) 24.02.90
43. ED, DER STRANDGAMMLER (Ed, The Beachcomber) 03.03.90
44. DIE BESTE NUMMER (George Burns Meets Mr. Ed) 10.03.90
45. NEUE NACHBARN (Ed's New Neighbors) 17.03.90
46. MISTER ED WIRD KAHL (Bald Horse) 24.03.90
47. PFERDE VERBOTEN (No Horses Allowed) 31.03.90
48. MISTER ED VERJAGT CLINT EASTWOOD (Clint Eastwood Meets Mr. Ed) 28.04.90
49. ED UND DER GEHEIMDIENST (Ed And The Secret Service) 12.05.90
50. WILBUR AUF DEM DACH (Wilbur, The Good Samaritan) 09.06.90
51. DIE FALSCHE BRAUT (Wilbur's Father) 07.07.90
52. ED IM SHOWGESCHÄFT (Wilbur And Ed In Show Biz) 21.07.90

EPISODEN (Pro 7):

53. DAS ALLERSCHÖNSTE HAUS (Ed's New Shoes) 13.11.91
54. ED UND DER WEIHNACHTSMANN (Ed's Christmas Story) 19.12.91

EPISODEN (Kabelkanal):

55. IN DER HÖHLE DES LÖWEN (Wilbur In The Lion's Den) 08.01.93
56. WASCHEN, SCHNEIDEN, LEGEN (The Bashful Clipper) 11.01.93
57. DIE PFERDEALLERGIE (Ed And The Allergy) 13.01.93
58. DER LESERBRIEF (Horse Sense) 14.01.93
59. ED, DAS DENKMAL (Ed And Paul Revere) 15.01.93
60. ED, DER WÜSTLING (Wilbur, The Masher) 18.01.93
61. KEINE FEIER OHNE PFERDE (Horse Party) 19.01.93
62. ED, DER PILGER (Ed, The Pilgrim) 20.01.93
63. DER TRICK MIT DEM PFERD (Disappearing Horse) 21.01.93
64. ED UND DAS FAHRRAD (Ed And The Bicycle) 22.01.93
65. DER ZIRKUS KOMMT (Horse Of A Different Color) 25.01.93
66. KINDERSEGEN (The Blessed Event) 26.01.93
67. DER SCHAUKELSTUHL (Ol' Rockin' Chair) 27.01.93
68. ARBEITSLOS (Unemployment Show) 28.01.93
69. POKERFACE (Big Pine Lodge) 29.01.93
70. PFERDESPRACHE (Horse Talk) 01.02.93
71. NICHT ALS ARBEIT (Working Wives) 02.02.93

72.   IM NAMEN DER FREIHEIT (Ed, The Emancipator) 03.02.93
73.   WUNDERVOLLE ÄPFELCHEN (The Price Of Apples) 04.02.93
74.   DER BESTE DOKTOR WEIT UND BREIT (Doctor Ed) 05.02.93
75.   EIN PFERD MIT STREIFEN (Ed And The Zebra) 08.02.93
76.   ICH WERD' ZUM PFERD (Wilbur Post, Honorary Horse) 09.02.93
77.   ED, DER BASEBALLSTAR (Leo Durocher Meets Mr. Ed) 11.02.93
78.   ED ENTDECKT AMERIKA (Ed Discovers America) 12.02.93
79.   GRÖSSER ALS PENELOPE (Taller Than She) 15.02.93
80.   SEID GUT ZU DEN MENSCHEN (Be Kind To Humans Week) 16.02.93
81.   DER STREIK DER PFERDE (Don't Laugh At Horses) 17.02.93
82.   DER ZIEGENBOCK (Getting Ed's Goat) 18.02.93
83.   HIER SPIELT DIE MUSIK (Ed, The Musician) 19.02.93
84.   IMMER DIESE HÜTE (Oh, Those Hats) 22.02.93
85.   ZAUBERSPEER UND HASENFUSS (Ed, The Shishkebob) 23.02.93
86.   AB IN DIE WÜSTE (Ed, The Desert Rat) 24.02.93
87.   GESTATTEN, KIRKWOOD (Home Sweet Trailer) 25.02.93
88.   LIEBE DEINEN NACHBARN (Love Thy New Neighbor) 26.02.93
89.   EIN PFERDCHEN IN EHREN (Pattern Of Little Hooves) 01.03.92
90.   BESUCH VOM MARS (Moko) 02.03.93
91.   EINE GEISHA FÜR WILBUR (Ed Joins The Peace Corps) 03.03.93
92.   PFERDEMUMPS (Ed Gets The Mumps) 04.03.93
93.   VERRÜCKT, VERRÜCKT (Ed's Dentist) 08.03.93
94.   DIE WAHRSAGERIN (Ed Visits The Gypsy) 09.03.93
95.   ED AM STEUER (Ed, The Chauffeur) 10.03.93
96.   ARMER SAM (Old Swayback) 11.03.93
97.   STUR WIE EIN ESEL (Ed, The Donkey) 12.03.93
98.   ED TRIFFT MAE WEST (Mae West Meets Mr. Ed) 15.03.93
99.   VOM TEUFEL GERITTEN (Saddles And Gowns) 16.03.93
100. FAST SO GUT WIE SHERLOCK HOLMES (The Prowler) 17.03.93
101. BILLARD-EDDIE (Chicago Chubby/Ed, The Pool Player) 18.03.93
102. LIEBE ABBY, WAS NUN? (Ed Writes Dear Abby) 19.03.93
103. DAS GESCHENK (Hi-Fi Horse) 22.03.93
104. DER TUNNEL IN DIE FREIHEIT (Ed's Tunnel Of Freedom) 23.03.93
105. DAS GROSSE SPIEL (Jon Provost Meets Mr. Ed) 24.03.93
106. WIE DER VATER, SO DER SOHN (Like Father, Like Horse) 25.03.93
107. DAS RENNEN (Ed, The Racehorse) 26.03.93
108. PFADFINDER (My Horse, The Ranger) 29.03.93
109. EIN DICKER BROCKEN (The Heavy Rider) 30.03.93
110. ÜBEN DEN WOLKEN (Ed, The Pilot) 31.03.93
111. DER BLINDE PASSAGIER (Stowaway Horse) 01.04.93
112. DER PAPAGEI (Animal Jury) 02.04.93
113. OH, MEIN PAPA (What Kind Of Foal Am I?) 05.04.93
114. AUF MEINE ALTEN TAGE (Ed's Juice Stand) 06.04.93
115. DAS HOROSKOP (The Dragon Horse) 07.04.93
116. REITEN VERBOTEN! (Never Ride Horses) 08.04.93
117. EIN ALTER HUT (Ed, The Sentry) 12.04.93
118. SOZUSAGEN SPRACHLOS (Ed's Diction Teacher) 13.04.93
119. VATER WERDEN IST SCHON SCHWER (Ed, The Godfather) 14.04.93
120. GALILEO UND DIE BRILLE (Ed's Contact Lenses) 15.04.93
121. EIN HERZ SO KALT WIE EIS (Ed's Cold Tail) 16.04.93
122. HÄNDE HOCH! DAS IST EIN ÜBERFALL (The Bank Robbery) 19.04.93
123. HURRA, HURRA! DIE POST IST DA! (My Horse, The Mailman) 20.04.93
124. BÄRTE UND ANDERE DICKE (Whiskers And Tails) 21.04.93
125. SO GUT WIE ROBIN HOOD (Robin Hood Ed) 22.04.93
126. ALLES GUTE, EINSTEIN (Ed, The Artist) 23.04.93
127. ED IN FEINDESHAND (Ed, The Counterspy) 26.04.93
128. ROCK 'N' ROLL-FIEBER (Ed A Go-Go) 27.04.93
129. SPION MIT KALTEN HÄNDEN (Coldfinger) 28.04.93
130. VIER HUFE UND EIN HELD (Ed Breaks The Hip Code/Number Oat-Oat Seven) 29.04.93
131. AUS MEINEM PFERDELEBEN (Love And The Single Horse) 30.04.93
132. IHR LETZTER EINSATZ (Anybody Got A Zebra?) 03.05.93
133. IM FERNSEHRAUSCH (TV Or Not TV) 04.05.93
134. BRING' MIR EINE KLEINE MIEZEKATZE (The Horse And The Pussycat) 05.05.93
135. EIN STÄNDCHEN FÜR MEIN PFERD (Ed, The Bridegroom) 06.05.93

136. DAS BÄRENFELL (Don't Skin That Bear)
07.05.93
137. DER RUF NACH FREIHEIT (My Horse, The
Motorcycle Hater) 10.05.93
138. UNTER INDIANERN (Cherokee Ed) 11.05.93
139. TIERKLINIK DR. ED (Ed Goes To College)
12.05.93

140. DER ELEFANT (Ed And The Elephant)
24.11.97
141. EIN FREUND FÜR EMMY-LOU (Ed, The
Matchmaker) 12.12.97
142. DER LÜGENDETEKTOR (The Lie Detector)
16.12.97
143. GEDÄCHTNISSCHWUND (Ed Gets Amnesia)
18.12.97

MR. MERLIN
(Mr. Merlin)
USA 1981/1982; 20 Episoden
Deutsche Ausstrahlung:
RB regionel 1983/1984; 13 Episoden
WDR regional 1984; 7 Episoden

Darsteller: Barnard Hughes (Max Merlin), Clark
Brandon (Zachary „Zac" Rogers), Jonathan
Prince (Leo Samuels), Elaine Joyce (Alexandra).

Was macht ein legendärer Zauberer, der einstmals am Hofe König Artus' lebte, in der heutigen
Zeit? Genau, er betreibt unter dem „Tarnnamen"
Max Merlin eine Tankstelle in San Francisco.
Und da jeder gute Zauberer einen Lehrling benötigt, pickt sich Merlin aus allen ihm zur Verfügung
stehenden Bewohner der Stadt den 15-jährigen
Zac Rogers aus. Natürlich ist Zac alles andere
als perfekt, seine Zaubereien gehen oft daneben
und er versucht auch schon mal, die Magie für
egoistische Zwecke einzusetzen. Stoff genug also für etliche Episoden.

...und auf zwanzig brachte es diese „magische"
Serie dann auch, die den gewohnt naiven und
durchschnittlichen Aufbau der ebenso naiven und
durchschnittlichen US-amerikanischen Comedy-
serien aufzuweisen hat. Aber mal ehrlich, mehr
wollte diese Serie wohl auch nie sein.
Magische Gastauftritte absolvierten Carmen Argenziano, Richard (Mission Seaview) Basehart,
Phil (In geheimer Mission) Morris, Eugene Roche
und Janine Turner.

EPISODEN (RB):
1. DER ZAUBERLEHRLING (Mr. Merlin) 17.09.83

2. DER KUNSTFEHLER (The Cloning Of The
Green) 24.09.83
3. STERNENSTAUB (Star Sand) 08.10.83
4. SIEG FÜR MAX (All About Sheila) 15.10.83
5. DER DOPPELGÄNGER (The Two Faces Of
Zac) 22.10.83
6. DER CHAMPION (A Message From Wall-
shime) 29.10.83
7. ANSICHTSSACHEN (Getting To Know You)
05.11.83
8. ALEX GEHT DER POP AUS (Alex Goes Pop-
less) 19.11.83
9. DAS PUZZLE (The Egg And Us) 26.11.83
10. VÖLKERVERSTÄNDIGUNG (How To Help A
Gymnast...In A Foreign Country) 10.12.83
11. PING PONG (An Absence Of Amulets)
17.12.83
12. HOT DOGS (Arriverderchi Dink) 07.01.84
13. LEO IST DER GRÖSSTE (I Was A Teenage
Loser) 14.01.84

EPISODEN (WDR):
14. ALCHEMISTERIEN (A Moment In Camelot)
06.06.84
15. NUR MUT, MR. MERLIN! (Take My Tonsils...
Please!) 13.06.84
16. DAS RENNEN (Not So Sweet Sixteen)
20.06.84
17. EIN MÄDCHEN FÜR LEO (Everthing's Coming
Up Daisies) 27.06.84
18. MUSIK IM BLUT (The Music's In Me) 04.07.84
19. ABSCHIED IST SCHWER (Change Of Venue
1) 11.07.84
20. VERÄNDERUNGEN (Change Of Venue 2)
18.07.84

MR. SMITH
(Mr. Smith)
USA 1983; 13 Episoden
Deutsche Ausstrahlung:
Pro 7 1989; 13 Episoden

Darsteller: Leonard Frey (Raymond Holyoke),
Tim Dunigan (Tommy Atwood), Laura Jacoby
(Ellie Atwood), Terri Garber (Dr. Judy Tyson),
Stuart Margolin (Dr. Klein), C.J. (Cha Cha/Mr.
Smith).

Cha Cha ist ein normaler Zirkus-Orang Utan. Ei-
nes Tages trinkt er jedoch eine Flasche mit expe-
rimentellen Enzymen. Unter dem Einfluss dieses
Mittels erreicht der Menschenaffe plötzlich einen
Intelligenzquotienten von 256. Mr. Smith, wie
Cha Cha fortan genannt wird, kann bei soviel
Grips natürlich auch sprechen und erweist sich
als intelligentestes Wesen Washingtons. Bei be-

sonders kniffligen Sachen fragt man nun nur
noch Mr. Smith.

Tim Brooks und Earle Marsh in ihrem Buch über
Primetime-Fernsehserien: „Eine der Serien über
die am meisten geredet wurde und die am we-
nigsten gesehen wurde in der 1983-84er Staffel."
Dem ist wohl nichts hinzuzufügen.
Die Titelrolle wurde von dem Hollywood-erfahre-
nen Affen C. J. verkörpert, der bereits in mehre-
ren Spielfilmen in Erscheinung trat: EVERY
WHICH WAY BUT LOOSE (Der Mann aus San
Fernando; 1978), ANY WHICH WAY YOU CAN
(Mit Vollgas nach San Fernando; 1980) und TAR-
ZAN, THE APE MAN (Tarzan, Herr des Urwalds;
1981).
Tim Dunigan spielte später die Titelrolle in CAP-
TAIN POWER (qv). Ed Weinberger, Exekutivpro-
duzent, Miterfinder und Regisseur der Serie, lieh
Mr. Smith im Original seine Stimme. Politisch
korrekte Affengäste waren Don Ameche, Carmen
Argenziano, Jane (Highwayman, In geheimer
Mission & V) Badler und Kabir Bedi.

EPISODEN:
1. WILLKOMMEN IN WASHINGTON (Mr. Smith
   Goes To Washington 1) 06.10.89
2. RAYMOND, ÜBERNEHMEN SIE! (Mr. Smith
   Goes To Washington 2) 13.10.89
3. EINE SCHWIERIGE OPERATION (Mr. Smith
   Operates) 20.10.89
4. GLÜCKSSPIEL UM BOBO (Mr. Smith Finds
   His Brother) 27.10.89
5. BEFREIUNGSAKTION 'BOBO' (Mr. Smith Res-
   cues Bobo) 03.11.89
6. ADIEU, MR. SMITH (Goodbye, Mr. Smith)
   10.11.89
7. LIEBE IST... (Mr. Smith Falls In Love) 17.11.89
8. DES PROFESSORS LETZTER WILLE (Mr.
   Smith Loses A Friend) 24.11.89
9. AUF DIÄT GESETZT (Mr. Smith Gets Physical)
   01.12.89
10. SAG'S DURCH DIE BLUMEN (Mr. Smith Plays
    Cyrano) 08.12.89
11. DER HOLLYWOOD-FLOP (Mr. Smith Makes A
    Commercial) 15.12.89
12. MR. SMITH LÜFTET SEIN GEHEIMNIS (Mr.
    Smith Goes Public) 22.12.89
13. STARANWALT MR. SMITH (Mr. Smith Goes To
    Court) 29.12.89

THE MUNSTERS
(The Munsters)
USA 1964; Pilot <nicht gesendet>
USA 1964-1966; 70 Episoden

USA 1966; Kinofilm
USA 1981; Fernsehfilm
USA 1996; Fernsehfilm
Deutsche Ausstrahlung:
RB regional 1987; 6 Episoden
ARD 1988/1989; 8 Episoden
ARD 1991; 7 Episoden
Südwest 3 1991; 44 neue Episoden
ARD 1992; 9 neue Episoden

Darsteller: Fred Gwynne (Herman Munster),
Yvonne DeCarlo (Lily Munster), Al Lewis (Grandpa Munster), Butch Patrick (Edward Wolfgang
„Eddie" Munster), Beverly Owen (Marilyn Munster - 1964), Pat Priest (Marilyn Munster - 1964-
66).

In dem Haus 1313 Mockingbird Lane wohnt eine
Familie, die etwas von der gängigen Norm ab-
weicht. Die Munsters bestehen fast nur aus Horrorwesen. Vater Herman wurde irgendwann einmal von einem gewissen Dr. Frankenstein zusammengesetzt, seine Frau Lily wirkt wie eine
Mischung aus Vampir und Frankensteins Monsterbraut, Grandpa benutzt auch den hübschen
Beinamen Dracula und Sohn Eddie ist ein Wer-
wolfwelpe. Das schwarze Schaf der Familie —
und jede halbwegs normale Familie besitzt mindestens eines — ist Nichte Marilyn, deren Höchs-
tes es ist, bunte Kleider anzuziehen und sich
sogar für normale Jungs interessiert. Aber trotz
dieser offensichtlicher Fehler wird auch sie innig
von der Familie geliebt.
Neben all diesen Eigenheiten erweisen sich die
Munsters als die normale amerikanische Mittel-
standsfamilie mit all ihren entsprechenden Problemen und Problemchen.

Im Aufbau und der Verwendung von Stories und
Gags ist diese Sitcom nahezu deckungsgleich
mit der fast zeitgleich gestarteten Serie ADDAMS
FAMILY (qv) — und mindestens genauso gut.
Die ersten Episoden wurden in Deutschland im
Original mit Untertiteln gesendet. Der Serie folgte
ein Kino- und ein Fernsehfilm. Schliesslich wur-
den zwei neue Versionen kreiert: 1988 die Fern-
sehserie FAMILIE MUNSTER (qv) und der 1996
entstandene TV-Film HERE COME THE MUN-
STERS.
Den Munsters begegneten die Darsteller John
Abbott, Barbara Babcock, Roger C. Carmel, Ro-
bert (Mini-Max & Wild Palms) Cornthwaite, Dom
DeLuise, Frank Gorshin, Neil (Batman) Hamilton,

John Hoyt, Bill (Babylon 5 & Verschollen zwischen fremden Welten) Mumy, Ned Romero und John (Time Tunnel) Zaremba.
Hermans Boss, Mr. Gateman, wurde in zwei Episoden von John Carradine dargestellt. Carradine war die erste Wahl für die Rolle des Herman Munster. Da er jedoch den Vorstellungstermin nicht wahrnehmen konnte — er drehte gerade für Jerry Lewis und bekam die nötigen zwei Tage nicht frei — wurde Fred Gwynne mit Geld zur Rollenübernahme „gezwungen". John Carradine spielte später auch im MUNSTERS-Kinofilm mit, allerdings in einer anderen Rolle.

EPISODEN (RB):
1. FAMILY PORTRAIT (Family Portrait) 06.05.87
2. HERMAN'S RIVAL (Herman's Rival) 21.10.87
3. -liegt nicht vor- 04.11.87
4. FOLLOW THAT MUNSTER (Follow That Munster) 02.12.87
5. MOVIESTAR MUNSTER (Moviestar Munster) 16.12.87
6. EDDIE'S NICKNAME (Eddie's Nickname) 30.12.87

EPISODEN (ARD):
1. FAMILIEN-BANDE (Family Portrait) 07.01.88
2. DAS LIEBE GELD (Love Comes To Mockingbird Heights) 14.01.88
3. DER EHEKRACH (Love Locked Out) 21.01.88
4. AUF JOBSUCHE (Herman's Raise) 28.01.88
5. DAS TALENT (Herman, The Rookie) 04.01.88
6. DIE BEFÖRDERUNG (Munsters On The Move) 11.02.88
7. DIE MODENSCHAU (Lily Munster, Girl Model) 02.08.89
8. DER GENERATIONSKONFLIKT (Grandpa Leaves Home) 09.08.89
9. DAS VER-HÄNG-NIS (Bats Of A Feather) 03.01.91
10. EIN PRINZ FÜR MARILYN (Sleeping Cutie) 10.01.91
11. DER RIVALE (Herman's Rival) 17.01.91
12. EDDIES BRUDER (Eddie's Brother) 24.01.91
13. ROCK IM MUNSTER-HAUS (Far Out Munsters) 31.01.91
14. DER RECHTSSTREIT (Herman's Lawsuit) 07.02.91
15. DAS AUTORENNEN (Hot Rod Herman) 21.02.91

EPISODEN (SW 3):
16. DAS KOSTÜMFEST (Munster Masquerade) 12.09.91
17. DER LIEBESTRANK (My Fair Munster) 13.09.91
18. SCHLAFLOSE NÄCHTE (A Walk On The Mild Side) 16.09.91
19. VATERFREUDEN (Rock-A-Bye Munster) 17.09.91
20. DIE GASLEITUNG (Pike's Pique) 19.09.91
21. DIE DIÄT (Low Cal Munster) 20.09.91
22. DER ROBOTER (Tin Can Man) 23.09.91
23. DER ZWILLINGSBRUDER (Knock Wood, Here Comes Charley) 24.09.91
24. AUF FREIERSFÜSSEN (Autumn Croakus) 26.09.91
25. DAS MASKIERTE WUNDER (Herman, The Great) 30.09.91
26. DER KOMPLIZE (The Midnight Ride Of Herman Munster) 01.10.91
27. DIE TANZSTUNDE (Dance With Me, Herman) 05.10.91
28. RUF DER WILDNIS (Grandpa's Call Of The Wild) 08.10.91
29. AUFNAHME IN DAS COLLEGE-TEAM (All-Star Munster) 11.10.91
30. EDDIES SPITZNAME (Eddie's Nickname) 15.10.91
31. DER BANKRAUB (Don't Bank On Herman) 17.10.91
32. STIMMEN AUS DEM ALL (If A Martian Answers, Please Hang Up) 18.10.91
33. HERMAN AUF SCHLEICHWEGEN (Follow That Munster) 22.10.91
34. DIE FILM-KARRIERE (Movie Star Munster) 25.10.91
35. OPAS AFFEN-ZIRKUS (Grandpa's Magic Faulty) 29.10.91
36. DER GOLF-CLUB (Country Club Munsters) 04.11.91
37. DER ZAUBERLEHRLING (Munster, The Magnificent) 11.11.91
38. DIE MUMIE (Mummy Munster) 12.11.91
39. DAS FERIENDOMIZIL (Herman's Happy Valley) 14.11.91
40. DIE MÄNNERFREUNDSCHAFT (Yes, Galen, There Is A Herman) 18.11.91
41. DAS SPIONAGE-NETZ (Herman, Master Spy) 19.11.91
42. BEIM RODEO (Bronco Bustin' Munster) 21.11.91
43. BESUCHSVERBOT (Operation Herman) 22.11.91
44. STAR-ALLÜREN (Will Success Spoil Herman Munster?) 25.11.91
45. TRAINER DES JAHRES (Herman, The Coach Of The Year) 26.11.91
46. DER UNTERMIETER (Lily's Star Boarder) 28.11.91
47. DER SCHNAPPSCHUSS (Herman Munster, Shutterbug) 29.11.91
48. STREITHÄHNE (A House Devided) 02.12.91

49.	FALSCHE VORSTELLUNGEN (Zombo) 03.12.91
50.	DER GHOSTWRITER (Cyrano De Munster) 05.12.91
51.	GRANITHOCHZEIT (Happy 100th Anniversary) 06.12.91
52.	DIE FÜHRERSCHEINPRÜFUNG (Herman's Driving Test) 09.12.91
53.	UNFALL MIT FOLGEN (John Doe Munster) 10.12.91
54.	DIE ERBSCHAFT (The Most Beautiful Ghoul In The World) 12.12.91
55.	DIE PROVOKATION (Herman's Peace Offen- sive) 13.12.91
56.	DER GEHEIMTIP (Herman Picks A Winner) 16.12.91
57.	DIE SCHATZSUCHE (The Treasure Of Moc- kingbird Heights) 17.12.91
58.	DER VERSCHOLLENE GATTE (Grandpa's Lost Wife) 19.12.91
59.	HERMANS NEUES GESICHT (Just Another Pretty Face) 20.12.91

EPISODEN (ARD):

60.	HINTER SCHWEDISCHEN GARDINEN (Her- man, The Tire Kicker) 16.07.92
61.	DER AUSREISSER (Herman's Child Psycholo- gy) 21.07.92
62.	DUNKLE KANÄLE (Underground Munster) 28.07.92
63.	HÄUPTLING WANITOBA (Big Heap Herman) 05.08.92
64.	DER FREGOSI-SMARAGD (The Fregosi Eme- rald) 11.08.92
65.	DER IRRTUM (Prehistoric Munster) 13.08.92
66.	SCHRÄGE TÖNE (The Musician) 18.08.92
67.	DR. FRANKENSTEINS URENKEL (A Visit From Johann) 19.08.92
68.	DER PÄDAGOGEN-SCHRECK (A Visit From The Teacher) 20.08.92

Anmerkung zur Episodenliste: Am 04.10.91 brachte SW 3 die Episode „Grandpa Leaves Home" unter dem neuen deutschen Titel „Verletzte Eitelkeit".

FILME:

I.	GESPENSTERPARTY/DIE FRANKENSTEIN- FAMILIE (Munster, Go Home!; 1966) 14.07.67; Kino
II.	DIE RÜCKKEHR DER FAMILIE FRANKEN- STEIN (The Munster's Revenge; 1981) 26.12.96; RTL Television
III.	HERE COME THE MUNSTERS (Here Come The Munsters; 1996) Video
IV.	MUNSTERS FRÖHLICHE WEIHNACHTEN (Munster's Scary Little Christmas; 1996) 24.12.00; RTL Television

MYSTIC KNIGHTS-DIE LEGENDE VON TIR NA NOG
(Mystic Knights Of Tir Na Nog)
USA/IRL 1998; 50 Episoden
Deutsche Ausstrahlung:
Super RTL 1999/2000; 50 Episoden

Darsteller: Lochlann O'Mearain (Ritter Rowen), Lisa Dawn (Prinzessin Deirdre), Vincent Walsh (Angus), Justin Pierre (Ivar), Charlotte Bradley (Königin Maeve), Stephen Brennan (König Conchobar), Barry Cassin (Cathbad).

Vier Personen ohne jegliche schauspielerische Begabung verwandeln sich andauernd wieder in die sogenannten Mystic Knights, deren schauspielerisches Unvermögen hinter schweren Spielzeugrüstungen versteckt werden sollte — funktionierte aber nicht.
Worauf wir alle gewartet haben: Sabans Irische Power Rangers! — Schund!

EPISODEN:

1.	AUF DER SUCHE NACH TIR NA NOG (The Legend Of The Ancient Scroll) 26.08.99
2.	VERTRAUEN IST GUT... (Tir Na Nog) 27.08.99
3.	EISLORD, WÄCHTER DER MAGISCHEN RÜ- STUNG (The Fire Dragon Of Dare) 30.08.99
4.	DER WOLFSHUND (Tash Hound Of Temra) 31.08.99
5.	IVAR UND DAS SEEMONSTER (Ivar And The Sea Serpent) 01.09.99
6.	DER BULLE VON TEMRA (The Wolf In The Rocks) 02.09.99
7.	WÄCHTER DES BÖSEN (The Taming Of Pyre 1) 03.09.99
8.	KAMPF OHNE WAFFEN (The Taming Of Pyre 2) 06.09.99
9.	DRAGANTA (Draganta) 07.09.99
10.	MIDERS FLUCH (War Of The Little People) 08.09.99
11.	DER WÜTENDE DRACHE/ANGRIFF DES FEUERDRACHENS (Dragon's Fury) 09.09.99
12.	TYRUNE, DER DREIKÖPFIGE DRACHE (Ty- rune) 10.09.99
13.	DRACHE GEGEN DRACHE (Tyrune Returns) 13.09.99
14.	AIDEEN UND DIE STEINPRINZESSIN (Aideen And The Stone Princess) 14.09.99
15.	KAMPF DER DRUIDEN/DIE SCHLACHT DER DRUIDEN (Battle Of The Druids) 15.09.99
16.	KÖNIGIN DEIRDRE (Queen Deirdre) 16.09.99
17.	AIDEENS WAHL/AUS EINS MACH ZWEI (Ai- deen's Choice) 17.09.99
18.	IVAR, DER FLASCHENGEIST (Divide And Conquer) 20.09.99

19.	DER SCHÖNHEITSTRUNK (Eye Of The Be- holder) 21.09.99
20.	GEISTER AUS EINER ANDEREN WELT (Night Of The Spirits) 22.09.99
21.	GARRETT UND DIE PRINZESSIN (Garrett And The Princess) 23.09.99
22.	DER VERRÄTER (The Traitor Of Kells) 24.09.99
23.	DER FÜNFTE RITTER (The Fifth Knight) 27.09.99
24.	MYSTISCHER RITTER DES WALDES (The Mystic Knight Of The Forest) 28.09.99
25.	DER SCHWARZE RIESENFALKE (Egg Of The Dragon) 29.09.99
26.	KLEINER DRACHE IN GROSSER GEFAHR (The Drageen) 30.09.99
27.	INVASION (A King's Ransom) 01.10.99
28.	DIE SCHÖNE UND DAS BIEST (Shipwrecked) 04.10.99
29.	WER EINMAL LÜGT... (The Trial Of Angus) 05.10.99
30.	EIN FLUCH ÜBER KELLS (The Curse Of Kells) 06.10.99
31.	IVARS RACHE (Ivar's Revenge) 07.10.99
32.	DIE BRAUT DES KÖNIGS (The King's Bride) 08.10.99
33.	ROLLENTAUSCH (All Kings Great And Small) 11.10.99
34.	MIDER, DER NEUE KÖNIG VON TEMRA (Mi- der-King Of Temra) 12.10.99
35.	ROHANS ZWEIFEL (Rohan's Doubt) 13.10.99
36.	EINEN WUNSCH FREI (The Wish) 14.10.99
37.	GRÖSSE IST NICHT ALLES (The Buckler Of Bré) 15.10.99
38.	FREUNDE FÜRS LEBEN (Friends For Life) 18.10.99
39.	DER VERMISSTE KÖNIG/VIN VARA WIRD VERMISST (The Lost King) 19.10.99
40.	DER HÜGEL VON BALIN/AUF MESSERS SCHNEIDE (The Barrow Of Balin) 20.10.99
41.	DER GEFANGENE PRINZ (The Prisoner Prince) 21.10.99
42.	AIDEEN-DIE VERZAUBERTE ELFE/VERHEX- TE AIDEEN (Dark Rider) 22.10.99
43.	DER KRIEGER VON TEMRA/TEMRAS GE- HEIMWAFFE (The Warrior Of Temra) 25.10.99
44.	HITZE DES GEFECHTS/EIN NEUER FEIND (Battle Fury) 26.10.99
45.	LUGADS HERAUSFORDERUNG/ZWEI- KAMPF (Luigad's Challenge) 27.10.99
46.	DAS ZEICHEN DES SCHICKSALS/ BLUTSBRÜDER (The Mark Of Destiny) 28.10.99
47.	DIE KÖNIGINMUTTER/DIE WAHRHEIT (The Queen Mother) 29.10.99
48.	GARRETT KEHRT ZURÜCK (Knight In The Forest) 02.11.99
49.	TAG DER ENTSCHEIDUNG (The Final Battle) 03.11.99
50.	FALSCHES SPIEL (Banished) 04.11.99

DER NACHTJÄGER
(Kolchak: The Night Stalker)
USA 1972/1973; 2 Fernsehfilme (Pilots)
USA 1974/75; 20 Episoden
Deutsche Ausstrahlung:
RTL plus 1992; 10 Episoden
RTL 2 1993; 10 Episoden

Darsteller: Darren McGavin (Carl Kolchak), Si-
mon Oakland (Tony Vincenzo), Jack Grinnage
(Ron Updyke), Ruth McDevitt (Emily Cowels),
Gordon Spangler (John Fielder).

Carl Kolchak arbeitet für den Independence
News Service in Chicago als Reporter. Nachdem
er durch Zufall über einen Fall mit übernatürli-
chem Hintergrund gestolpert ist, befasst er sich
nun weiterhin mit diesem aussergewöhnlichem
Gebiet. Oftmals gehen Kolchaks Aktivitäten hierbei weit über die Arbeit eines Zeitungsmannes
hinaus.

Wenngleich diese Serie in Hinblick auf Storyaufbau und Präsentation nicht gerade eine künstlerische Hochleistung darstellt, ist sie doch genügend interessant, um gute Unterhaltung zu präsentieren und sich im Laufe der Jahre einen gewissen Kultstatus erarbeitet zu haben.
Chris Carter bezeichnet KOLCHAK als Inspirati-
on zu seiner Serie AKTE X (qv).
Eingeführt wurde die Serie mit zwei, in Deutschland bisher nicht gezeigten, Pilotfilmen: „The
Night Stalker" (USA: 11.01. 72) und „The Night
Strangler" (USA: 16.01.73).
Nächtliche Gaststars waren in den Filmen Richard (Der Sechs-Millionen-Dollar-Mann & Die 7-
Millionen-Dollar-Frau) Anderson, John Carradine,
Elisha Cook, Jr., und Carol Lynley und in der Se-
rie Ramon Bieri, Hans Conried, Scatman Cro-
thers, William (Das Geheimnis der blauen Tro-
pfen) Daniels, John Dehner, Erik Estrada, Dick
(Immer wenn er Pillen nahm) Gautier, Alice (Das
Geheimnis der blauen Tropfen) Ghostley, John
Hoyt, Carolyn (Addams Family) Jones, Victor Jo-
ry, Richard Kiel, John Marley, Andrew (V) Prine,
Madlyn Rhue, Tom Skerritt, Abraham Sofaer und
Keenan Wynn.

EPISODEN (RTL plus):
1.	JACK THE RIPPER (The Ripper) 27.06.92
2.	DIE RACHE DES ZOMBIE (The Zombie) 04.07.92

3. FEINDE AUS DEM ALL (They Have Been,
    They Will Be, They Are) 11.07.92
4. DER VAMPIR (The Vampire) 18.07.92
5. DER WERWOLF (The Werewolf) 25.07.92
6. DER RUHELOSE GEIST (Fire-Fall) 01.08.92
7. TEUFLISCHE MÄCHTE (The Devil's Platform)
    08.08.92
8. DER SCHAMANE DES GRAUENS (Bad Medi-
    cine) 15.08.92
9. DIE MACHT DER GEDANKEN (The Spanish
    Moss Murders) 22.08.92
10. STROMAUSFALL (The Energy Eater) 29.08.92

EPISODEN (RTL 2)**:**
11. DER DÄMON DES HINDU (Horror In The
    Heights) 05.07.93
12. SUPERKILLER (Mr. R.I.N.G.) 06.07.93
13. DER RUF AUS DER KÄLTE (Primal Scream)
    07.07.93
14. DIE SCHÖNEN UND BÖSEN (The Trevi Col-
    lection) 08.07.93
15. DER KOPFLOSE RÄCHER (Chopper)
    09.07.93
16. GEFÄHRLICH SCHÖN (Demon In Lace)
    12.07.93
17. DIE MUMIE FÜHRT ZUM TÄTER (Legacy Of
    Terror) 13.07.93
18. RITTERLICH GEMORDET (The Knightly Mur-
    ders) 14.07.93
19. JUNG GEFREIT... (The Youth Killer) 15.07.93
20. MUTTERLIEBE (The Sentry) 16.07.93

PILOTFILME:
I.   (The Night Stalker; 1972)
II. (The Night Strangler; 1973)

NEUE ABENTEUER VON HUCK FINN, TOM UND BECKY

(The New Adventures Of Huck Finn)
USA 1968/1969; 20 Episoden
Deutsche Ausstrahlung:
ZDF 1974; 8 Episoden

Darsteller: Michael Shea (Huckleberry Finn), Lu
Ann Haslam (Becky Thatcher), Kevin Schultz
(Tom Sawyer), Ted Cassidy (Injun Joe), Anne
Bellamy (Tante Polly), Dorothy Tennart (Mrs.
Thatcher).

Huck, Tom und Becky treffen auf Injun Joe, den
Mörder, gegen den Huck vor Gericht ausgesagt
hatte. Joe hatte Rache geschworen und will dies
nun in Angriff nehmen. Die drei Kinder nehmen
Reissaus.
Die Verfolgungsjagd geht durch alle Kontinente,
durch verschiedene Zeitepochen — und sogar
durch einige literarische Schauplätze.

Während Injun Joe kurz nach dem Start der Serie zur Zeichentrickfigur wurde, agierten die drei
Kinder auch in der Folge als Realpersonen vor
gezeichnetem Hintergrund.
Die Serie nimmt Mark Twains 1876 erschienenen
Tom Sawyer-Roman als Basis und verwendet
weiterhin Motive aus Jonathan Swifts „Gulliver's
Travels" (1726) und aus „Don Quijote" von Miguel de Cervantes Saavedra (1605, 1615).
Ted Cassidy spielte auch in ADDAMS FAMILY
(qv).

EPISODEN:
1. IM LANDE LILLIPUT (The Little People)
    15.08.74
2. DIE INSEL DER TIERE (- liegt nicht vor -)
    22.08.74
3. BEGEGNUNG MIT DON QUICHOTTE (Huck
    Of La Mancha) 29.08.74
4. ABENTEUER IM DSCHUNGEL (The Jungle
    Adventure) 05.09.74
5. DAS CHINESISCHE PFERD (- liegt nicht vor -)
    12.09.74
6. IM REICH DER KOBOLDE (The Magic Shille-
    lagh) 19.09.74
7. DIE PIRATENINSEL (Pirate Island) 26.09.74
8. DER KÖNIG VON ATLANTIS (All Whirlpools
    Lead To Atlantis) 03.10.74

NEUE GESCHICHTEN VON BILLY WEBB

(Alfonso Bonzo: Billy Webb's Amazing Story)
GB 1992; 6 Episoden
Deutsche Ausstrahlung:
ZDF 1995; 6 Episoden

Darsteller: Scott Riley (Billy Webb), Mike Walling
(Trevor Trotman), Brian Hall (Mr. Webb), Susan
Porrett (Mrs. Webb), Fleur Taylor (Linda Webb),
Gil Brailey (Mrs. Peasgood), Tony Melody (Mr.
Hardwood).

In der Nachfolgeserie zu ALFONSO BONZO (qv)
erleben Billy Webb und Reporter Trotman einige
unglaubliche Abenteuer. Hierbei spielen normale
Dinge eine nicht immer normale Rolle.
Brian Hall, Susan Porrett, Scott Riley, Fleur Taylor und Mike Walling wiederholten ihre Rollen
aus der ersten Serie.

NICK KNIGHT
(Forever Knight)
USA 1989; Fernsehfilm (Pilot)
USA 1992/1993; 22 Episoden
USA 1994-1996; 48 Episoden
Deutsche Ausstrahlung:
RTL 2 1994/1995; 47 Episoden (1 doppellange)

Darsteller: Rick Springfield (Detective Nicholas
„Nick" Knight - 1989), Geraint Wyn Davies (Detective Nicholas „Nick" Knight - 1992-96), John
Kapelos (Detective Don Schanke), Robert Harper (Dr. Jack Brittington - 1989), Richard Fancy
(Captain Brunetti - 1989), Cec Verrell (Janette -
1989), Catherine Disher (Dr. Natalie Lambert -
1992-96), Nigel Bennett (Lacroix - 1992-96), Deborah Duchene (Janette - 1992-96), Gary Farmer
(Captain Joe Stonetree - 1992/93), Natsuko Ohama (Captain Amanda Cohen - 1994-96).

Nicholas Knight arbeitet als Polizeidetective in
der Nachtschicht. Am Tage zu arbeiten wäre für
ihn auch unmöglich, denn er ist ein Vampir. Seine wirklich blutrünstige Vergangenheit hat er jedoch hinter sich gelassen. Er ernährt sich von
Blutkonserven und sucht nach einem Weg, wieder ein normaler Mensch zu werden.

Der HIGHLANDER (qv) unter den Vampirserien.
Knight löst teils normale, teils weniger normale
Polizeifälle in heutiger Zeit, taucht gedanklich jedoch immer wieder in seine blutige Vergangenheit ab. Im Gegensatz zur Serie über den unsterblichen Schotten, wurde hier nur ein wesentlich geringerer Teil des Budgets verwendet. Das
macht sich dann auch insbesondere in den re-
gelmässigen Rückblenden bemerkbar.
Ansonsten ist NICK KNIGHT allerdings eine Serie, die durchaus Stimmung zu erzeugen weiss.

Der ursprüngliche Darsteller des Vampirs war
Rick Springfield, der Knight in einem, von der
Serie unabhängigen, Pilotfilm spielte. Die Story
dieses Filmes wurde wieder für den Startzweitei-
ler der Serie verwendet. Der Film wurde sogar
Szene für Szene neu gedreht — eine Methode,
die auch in der Serie MAX HEADROOM (qv)
Verwendung fand. Als Ersatz für Springfield wurde in der aus Kostengründen nun in Kanada pro-
duzierten Serie Geraint Wyn Davies eingesetzt.
Dieser hatte bereits in AIRWOLF (qv) einen der
Ersatzmänner gemimt.
Ursprünglich lief die Serie nur für eine Staffel und
wurde dann aus dem Programm gekippt. Es folgte ein STAR TREK-ähnliches Aufbegehren der
inzwischen recht grossen Fangemeinde. Auch
Produzent und Erfinder James D. Pariott setzte
sich im Kampf um seine Serie ein. Nach einer
beeindruckenden Anzahl von Briefen, Anrufen
und Faxen und einer Pause von etwa anderthalb
Jahren, kehrte NICK KNIGHT, ganz Unsterblicher, wieder auf den Bildschirm zurück. Als jedoch die Quoten rapide sanken, hatte der Sender CBS genug. Als vorerst rettender Anker erwies sich der Privatsender USA Network, der
weitere Folgen orderte. Da sich auch hier die
Quoten als unzureichend herausstellten, sägte
USA die Serie ab. Einige Folgen gelangten nicht
einmal mehr zur Ausstrahlung. Diese präsentierte erstmalig der auf phantastische Serien und Fil-
me abonnierte Sender Sci-Fi-Channel. Eine Pro-
duktion weiterer Episoden kam allerdings auch
für diesen Pay TV-Kanal nicht in Frage.
Unter vampirischen Polizeischutz stellten sich
Peter (Psi Factor) Blais, Richard (Mission Erde)
Chevolleau, Christina (The Crow) Cox, Don S.
(Twin Peaks & Stargate) Davis, Nicole (Star Trek:
Deep Space Nine) DeBoer, Maria (Robocop &
TekWar) del Mar, Richard (Robocop) Eden, Page
(Hitchhiker & Robocop) Fletcher, Von (Mission
Erde) Flores, Colin (Psi Factor) Fox, Soo (Psi
Factor) Garay, David (Captain Power & Mission
Erde) Hemblen, Torri (TekWar) Higginson, Lisa
(Highlander & Mission Erde) Howard, Geordi
(Dracula ist wieder da) Johnson, Michael (Lexx)
McManus, Paul (Psi Factor) Miller, Carrie-Anne
(F/X) Moss, Peter (Millennium) Outerbridge, Na-
talie (TekWar) Radford, Sean (Tarzan) Roberge,
Andrea (Robocop) Roth, Amanda (Stargate) Tap-
ping, Gwynyth Walsh, Maurice Dean (Psi Factor)
Wint, Illya (Odyssee ins Traumland) Woloshyn
und Gordon Michael (Die geheimnisvolle Insel)
Woolvett.

FILM:
I.   MIDNIGHT COP (Nick Knight) 03.10.90; Video

EPISODEN:
1. SCHWARZE SONNE (Dark Knight & Dark Knight: The Second Chapter) 06.03.94
2. DER RACHEENGEL (For I Have Sinned) 09.03.94
3. WEG ZUR UNSTERBLICHKEIT (Last Act) 16.03.94
4. IM SCHATTEN DES MONDES (Dance By The Light Of The Moon) 23.03.94
5. TÖDLICHE BLICKE (Dying To Know You) 30.03.94
6. FLUCH DER VERGANGENHEIT (False Witness) 06.04.94
7. DIE CHINA-CONNECTION (Cherry Blossoms) 13.04.94
8. EIN ZWEITES LEBEN (I Will Repay) 20.04.94
9. NIGHT TALK (Dead Air) 27.04.94
10. MÖRDERISCHE EIFERSUCHT (Dead Issue) 04.05.94
11. EIN SCHLECHTER VERLIERER (Hunters) 11.05.94
12. VÄTERLICHE GEFÜHLE (Father Figure) 18.05.94
13. TOD EINES ROCKSTARS (Dying For Fame) 25.05.94
14. EINE SCHNEEWEISSE WESTE (Spin Doctor) 01.06.94
15. EINSAME HERZEN (Only The Lonely) 06.06.94
16. WENN BILDER LÜGEN (Unreality TV) 13.06.94
17. DIE BESTIE BRAUCHT NAHRUNG (Feeding The Beast) 20.06.94
18. 1966 (1966) 27.06.94
19. WENN BLICKE TÖTEN (If Looks Could Kill) 04.07.94
20. NOTWEHR (Fatal Mistake) 11.07.94
21. LIEBE BIS ZUM TOD (Love You To Death) 18.07.94

22. KILLERINSTINKT (Killer Instinct) 01.06.95
23. EIN SCHICKSAL, SCHLIMMER ALS DER TOD (A Fate Worse Than Death) 08.06.95
24. LIEBESPHANTASIEN (Stranger Than Fiction) 22.06.95
25. BÖSES BLUT (Bad Blood) 29.06.95
26. MAN LEBT NUR ZWEIMAL (Forward In The Past) 06.07.95
27. ZUM TODE VERURTEILT (Capital Offense) 13.07.95
28. JAGDZEIT (Hunted) 20.07.95
29. VÄTER UND SÖHNE (Father's Day) 27.07.95
30. GETREUE JÜNGER (Faithful Followers) 03.08.95
31. AUGE UM AUGE (Undue Process) 10.08.95
32. APOCALYPSE NOW (Can't Run, Can't Hide) 17.08.95
33. MAN STIRBT NUR ZWEIMAL (Near Death) 24.08.95
34. DER SCHREI NACH LIEBE (Crazy Love) 31.08.95
35. VOLLMOND (Baby, Baby) 07.09.95
36. MÄNNERWIRTSCHAFT (Partners Of The Month) 14.09.95
37. DER DRACHE (The Fire Inside) 21.09.95
38. ACTION! (Amateur Night) 28.09.95
39. AN DER NADEL (The Fix) 05.10.95
40. NICK IM WUNDERLAND (Curioser And Curioser) 12.10.95
41. ÜBER DEM GESETZ (Beyond The Law) 19.10.95
42. DIE HARFE (The Queen Of Harps) 26.10.95
43. BIS DER TOD EUCH SCHEIDET (Be My Valentine) 02.11.95
44. VAMPIRGESCHICHTEN (Close Call) 09.11.95
45. LEIDEN IST SCHLIMMER ALS STERBEN (A More Permanent Hell) 16.11.95
46. BLUTGELD (Blood Money) 23.11.95
47. EIN FREUND FÜRS LEBEN (The Code) 30.11.95

NIGHTMAN
(NightMan)
USA 1997-1999; Pilot & 42 Episoden
Deutsche Ausstrahlung:
Pro 7 2001; 22 Episoden

Darsteller: Matt McColm (Johnny Domino/Night-Man), Earl Holliman (Frank Dominus - 1997/97), Derek Webster (Rollie Jordan - 1997/98), Derwin Jordan (Rollie Jordan - 1998/99), Felicia M. Bell (Jessica "Night Bird" Rogers - 1997/98), Michael Woods (Lieutenant Charles Dann - 1997/98), Jayne Heitmeyer (Lieutenant Briony Branca - 1998/99), Kim Coates (Kieran Keyes - 1998/99), Kiara Hunter (Ali - 1998/99), Saskia Garel (Jasmine - 1998/99).

Bei den Vorbereitungen zu einem Auftritt wird der Jazzmusiker Johnny Domino von einem Blitz getroffen und kann fortan gleich einem Radio böse Gedanken empfangen. Naturgemäss beschliesst Johnny nun das Böse zu bekämpfen. Gut das er Rollie kennt, denn dieser stattet den zukünftigen Superhelden mit einem Anti-Gravitations-Gürtel, einer Art Röntgenbrille, Vorrichtungen zur Unsichtbarmachung und zur Projektion eines holographischen Bildes sowie einem kugelsicheren Anzug aus. Und los geht's...

Basierend auf der Comicreihe von Steve Engle-

hart aus dem Hause Malibu, bietet NIGHTMAN
einen mitteldurchwachsenen Superheldeneintopf.
Nach einer vor sich hin dümpelnden ersten Staffel, wurde die zweite „abgedunkelt". Der Ton wurde ernster und näherte sich somit wieder eher
seiner Vorlage an. Dennoch verschwand der
Held nach insgesamt nur zwei Jahrenfür immer
in den Schatten der Nacht.

Unter den nächtlichen Gästen fanden sich Lysette (Dark Shadows) Anthony, Casey (Star Trek:
Deep Space Nine) Biggs, Andrew (Conan, der
Abenteurer) Craig, Henry Darrow, Brendan (Roswell) Fehr, Kathleen (Topper) Freeman, Ron (Planet der Affen & Im Land der Saurier) Harper, James (Der Junge vom anderen Stern) Karen, Little
Richard, Patrick (Mit Schirm, Charme und Melone) Macnee, Allan (Kampfstern Galactica) Miller,
Melody (Power Rangers in Space & Power Rangers Lost Galaxy) Perkins, Tucker (Space 2063)
Smallwood, Donald Trump und Simon MacCorkindale in der Rolle des Jonathan Chase, den er
bereits in der Reihe EIN FALL FÜR PROFES-
SOR CHASE (qv) gespielt hatte.

EPISODEN:
1. BÖSE GEDANKEN 1 (Nightman) 17.03.01
2. BÖSE GEDANKEN 2 (Nightman) 24.03.01
3. DIE ERDE BEBT! (Whole Lotta Shakin')
   31.03.01
4. DAS BIEST (In The Still Of Night) 07.04.01
5. DAS FALSCHE GESICHT (Face To Face)
   14.04.01
6. MR. CHROM (Chrome) 21.04.01
7. AUF LEBEN UND TOD (Takin' It To The
   Streets) 28.04.01
8. DIE FRAU IN ROT (Lady In Red) 05.05.01
9. BONNIE UND JOHNNY (That Ol' Gang Of
   Mine) 19.05.01
10. DER MANN MIT DER GOLDENEN MASKE
    (You Are Too Beautiful) 26.05.01
11. SCHWARZE MAGIE (Do You Believe In Ma-
    gic?) 02.06.01
12. SCHATZSUCHE (House Of Soul) 09.06.01
13. NIGHTWOMAN (NightWoman) 16.06.01
14. DIE RÜCKKEHR DES MR. CHROM (Chrome
    II)
15. DER DOPPELTE NIGHTMAN (Bad To The
    Bone)
16. FEINDLICHER BESUCH (Hitchhiker)
17. DEVIL IN DISGUISE (Devil In Disguise)
18. DER PERFEKTE MENSCH? (Double Vision)
19. DIE ZWEITE CHANCE (Amazing Grave)
20. DIE OPERATION (I Left My Heart In San Fran-
    cisco)
21. TÖDLICHER STOFF (Bad Moon Rising)
22. UNSTILLBARES VERLANGEN (Constant Cra-
    ving)
23. (The Ultraweb)
24. (The Black Knight)
25. (It Came Out Of The Sky)
26. (Book Of The Dead)
27. (Fear City)
28. (Manimal)
29. (Knight Life)
30. (The People's Choice)
31. (Ring Of Fire)
32. (Sixty Minute Man)
33. (Blader)
34. (Double Double)
35. (Burning Love)
36. (Scent Of A Woman)
37. (Dust)
38. (Spellbound)
39. (Love & Death)
40. (The Enemy Within)
41. (Gore)
42. (Revelations)
43. (Nightwoman Returns)
44. (Keys To The Kingdom Of Hell)

DIE NINJA TURTLES
(Ninja Turtles Next Mutation)
USA 1990/1991/1993; Spielfilm
USA 1997/98; 26 Episoden
Deutsche Ausstrahlung:
RTL Television 1998/99; 26 Episoden

Darsteller: Jared Blanchard & Lauro Chartrano
(Michelangelo), Mirchell Lee Yeun & Dean Choe
(Raphael), Richard Yee & Geoff Wong (Donatel-
lo), Gabe Khouth & Larry Lam (Leonardo), Nicole
Parker & Shishir Inocalla (Venus De Milo), Fiona
Scott (Splinter), Patrick Pon (Shredder).

Vier mutierte Schildkröten werden von einer nicht
minder mutierten Ratte im Kampfsport ausgebildet. Sie kämpfen gegen allerlei böses Gesocks
und vertilgen zwischenzeitlich unendlich viele
Pizzen.

1984 erschien erstmalig das Comic um die
„Teenage Mutant Ninja Turtles" von Kevin East-
man und Peter Laird. Als Persiflage auf die Superheldencomics konzipiert, konnte die Reihe
bald einen enormen Achtungserfolg verbuchen.
Erst die Entscheidung, hieraus eine Zeichentrickreihe zu entwickeln, brachte jedoch das wirklich
grosse Geld. Die Figuren wurden für das Kinderpublikum entschärft und zu kleinen knuddeligen
Wesen umgeformt. Was folgte, war die typische
Merchandising-Welle. 1990 wagte man sich an

einen ersten Realspielfilm, dem, aufgrund ausrei-
chenden Erfolges, zwei weitere folgten.
Waren diese bereits von sinkender Qualität,
schaffte es die Serie diese vom Niveau her lok-
ker zu unterbieten. Für ein nicht zu anspruchs-
volles Kinderpublikum, das sich auch mit künstlerisch wertvollen Werken wie POWER RANGERS
beschäftigt, blieb jedoch noch genug Amüsantes
übrig.
Wen's interessiert: Raphael ist der mit der roten
Augenbinde, Leonardo der mit der blauen, Michelangelo trägt gelb und Donatello violett.

FILME:
I.   TURTLES (Teenage Mutant Ninja Turtles;
1990) 12.12.90; Kino
II.   TURTLES II-DAS GEHEIMNIS DES OOZE
(Teenage Mutant Ninja Turtles II; 1991)
18.07.91; Kino
III.   NINJA TURTLES III (Teenage Mutant Ninja
Turtles III: The Turtles Are Back...In Time;
1993) 29.07.93; Kino

EPISODEN:
1.   IM OSTEN VIEL NEUES 1 (East Meets West
1) 27.09.98
2.   IM OSTEN VIEL NEUES 2 (East Meets West
2) 27.09.98
3.   IM OSTEN VIEL NEUES 3 (East Meets West
3) 04.10.98
4.   IM OSTEN VIEL NEUES 4 (East Meets West
4) 11.10.98
5.   IM OSTEN VIEL NEUES 5 (East Meets West
5) 18.10.98
6.   VENUS WIRD ERWACHSEN (Staff Of Bu-Ki)
25.10.98
7.   AFFIGE GOLDGIER (Silver And Gold)
08.11.98
8.   EIN GANZ VERRÜCKTER PROFESSOR
(Meet Dr. Quease) 22.11.98
9.   AUF DER PIRSCH (All In The Family) 29.11.98
10.   EIN DOKTOR AUF ABWEGEN (Trusting Dr.
Quease) 06.12.98
11.   EIN MILLIONÄR HAT'S SCHWER (Windfall)
13.12.98
12.   EIN TIERISCHES FEST (Turtles Night Out)
13.12.98
13.   DOPPELGÄNGER (Mutant Reflections)
20.12.98
14.   DER HARTE WEG ZUM RUHM (Truth Or Consequences) 20.12.98
15.   GEFAHR AUS DEM NETZ (Sewer Cash)
27.12.98
16.   AFFENALARM (Going Ape) 03.01.99
17.   ALTE FEINDE-NEUE FEINDE (Enemy Of My
Enemy) 03.01.99
18.   KÖNIG WICK (King Wick) 10.01.99
19.   DER GUTE DRACHE (The Good Dragon)
10.01.99
20.   DER HAUSGAST (The Guest) 17.01.99
21.   BRUDERZWIST (Like Brothers) 17.01.99
22.   HERZFLATTERN 1 (Unchain 1) 24.01.99
23.   HERZFLATTERN 2 (Unchain 2) 24.01.99
24.   HERZFLATTERN 3 (Unchain 3) 31.01.99
25.   HERZFLATTERN 4 (Unchain 4) 07.02.99
26.   FRAUEN UNERWÜNSCHT (Who Needs Her)
07.02.99

NOWHERE MAN-OHNE IDENTITÄT
(Nowhere Man)
USA 1996/97; Pilot & 24 Episoden
Deutsche Ausstrahlung:
RTL Television 1997; Pilot & 24 Episoden

Darsteller: Bruce Greenwood (Thomas Veil),
Megan Gallagher (Alison Veil).

Thomas Veil, Photograf,verheiratet, schiesst das
Bild einer Hinrichtung und hat damit erstmalig
aufs falsche Pferd gesetzt. Eine in den abgelich-
teten Vorfall verstrickte Geheimorganisation
löscht Veil förmlich aus. Jeder Hinweis auf seine
bisherige Existenz verschwindet. Selbst seine
geliebte Frau will nie etwas von ihm gewusst haben und lebt mit einem anderen Mann.
All das wurde unternommen, um die Negative
der bewussten Photos zu bekommen. Doch Veil
kämpft um sein verlorenes Leben. Er durchstreift
die USA auf der Suche nach seiner Vergangenheit und Spuren der Organisation, die ihm so böse mitspielt.

Im Zuge der 90er Jahre-Geheimgesellschaften
und bösen Regierungsabteilungen wurde hiermit
eine Serie präsentiert, die diese neue Publikums-
vorliebe mit der ehemaligen Erfolsserie AUF
DER FLUCHT mischt. Statt einem mordverdäch-
tigen Arzt nahm man einen Photographen, der
zur falschen Zeit das Falsche auf Film bannte.
Und eigentlich funktioniert dies auch. Doch zu
wenig Zuschauer liessen sich auf dieses Ränke-
und Verfolgungsspiel ein. Der NOWHERE MAN
verlor nach nur einer Staffel zusätzlich zu seiner
Identität auch seine Serie.
Eine besonders hübsche Idee ist Thomas' Nach-
name Veil (dt.: Schleier); Ausdruck seiner ver-
schleierten Persönlichkeit?!
Megan Gallagher spielte eine weitere Ehefrau in
MILLENNIUM (qv). In die Verschleierungstakti-
ken einbezogen wurden die Gaststars Sam

(Countdown X) Anderson, Roy Brocksmith, Cliff De Young, Dean Jones, Bob Morrisey, Carrie-Anne (F/X) Moss, Jamie Rose, Raphael Sbarge, Dwight Schultz, Dean (Zurück in die Vergangenheit) Stockwell, Michael Tucker und Sydney Walsh.

EPISODEN:
1. IM NETZ DES BÖSEN (Absolute Zero) 28.07.97
2. DIE ORGANISATION (Turnabout) 10.07.97
3. DER UNGLAUBLICHE DEREK (The Incredible Derek) 17.07.97
4. FALSCHE ERINNERUNGEN (Something About Her) 24.07.97
5. EIN APFEL IM PARADIES (Paradise On Your Doorstep) 31.07.97
6. DER GLÄSERNE MANN (Spider Webb) 07.08.97
7. EIN VIRTUELLER FREUND (Rough Whimper Of Insanity) 14.08.97
8. SCHÖNE NEUE WELT (The Alpha Spike) 21.08.97
9. SEIN LETZTER GROSSER AUFTRITT (You Really Got A Hold On Me) 26.08.97
10. DER FREMDE VATER (Father) 02.09.97
11. VERTRAUEN (The Enemy Within) 09.09.97
12. IST DAS LEBEN NICHT SCHWER? (It's Not Such A Wonderful Life) 23.09.97
13. KONTAKT! (Contact) 30.09.97
14. WILLKOMMEN IN DER HÖLLE (Heart Of Darkness) 07.10.97
15. MEIN IST DEIN LEIB! (Forever Young) 14.10.97
16. EIN LICHT AM HIMMEL (Shine A Light On You) 21.10.97
17. BILDSCHIRMFLIMMERN (Stay Tuned) 04.11.97
18. VERABREDUNG MIT EINEM VERRÄTER (Hidden Agenda) 11.11.97
19. DAS ROTE MUTTERMAL (Doppelganger) 25.11.97
20. STREBEN NACH DER WAHRHEIT (Through A Lens Darkly) 02.12.97
21. JAGD DURCH DIE NACHT (Dark Side Of The Moon) 09.12.97
22. ICH ERSETZE DIR DEIN WESEN (Calaway) 16.12.97
23. NUR EIN GRAUSAMER ALP, DER MIT MIR SPIELT? (Zero Minus Ten) 23.12.97
24. PROJEKT MARATHON (Marathon) 06.01.98
25. WER IST DER, DER ICH BIN? (Gemini) 13.01.98

NULL IST SPITZE
(The Bagthorpe Saga)
GB; 6 Episoden

Deutsche Ausstrahlung:
ARD 1982; 6 Episoden

Darsteller: Edward Hardwicke (Henry Bagthorpe), Angela Vorne (Laura Bagthorpe), Richard Orme (Jack Bagthorpe), Ceri Seel (William), Ruth Potter (Tess).

Die Bagthorpes sind alle mit ungewöhnlichen Talenten ausgestattet. Eine Ausnahme hiervon bieten nur Jack und sein Hund Null. Glücklicherweise dauert dieser Zustand nicht allzu lange. Bald hat Jack die Fähigkeit durch Visionen die Zukunft vorherzusagen.

Ceri Seel spielte später auch in der Serie DIE DREIBEINIGEN HERRSCHER (qv).

EPISODEN:
1. EIN FEURIGER GEBURTSTAG (- liegt nicht vor -)
2. EIN KOPFSTAND MIT FOLGEN (- liegt nicht vor -)
3. ERBSEN MIT VANILLESOSSE (- liegt nicht vor -)
4. TAPETENSPRÜCHE (- liegt nicht vor -)
5. EIN GLÜCK KOMMT SELTEN ALLEIN (- liegt nicht vor -)
6. ZWEI BÄREN IM BALLON (- liegt nicht vor -)

NUMMER SECHS
(The Prisoner)
GB 1967; 17 Episoden
Deutsche Ausstrahlung:
ZDF 1969/1970; 13 Episoden

Darsteller: Patrick McGoohan (Nummer 6), Angelo Muscat (Butler), Leo McKern (Nummer 2 <in drei Episoden>), Peter Swanwick (Supervisor), Alexis Kanner (Nummer 48).

Ein britischer Geheimagent quittiert aus unerfindlichen Gründen seinen Dienst. Als er in seiner Wohnung den Koffer packt, wird er betäubt und an einen geheimen Ort, einfach 'Dorf' genannt, verschleppt. Jeder wird hier nur als Nummer geführt, Leiter der 'Gemeinschaft' ist die Nummer 2, deren Identität immer wieder wechselt. Hauptaufgabe von Nummer 2 und verschiedenen Bewohnern des Dorfes scheint es zu sein, Nummer 6's Willen zu brechen und den Grund für seine Kündigung herauszufinden. Nummer 6 versucht wiederum, der Gemeinschaft zu entfliehen

und die Identität der geheimnisvollen Nummer 1
zu ergründen.

Eine der interessantesten und intelligentesten
Serien, die je gedreht wurden — ein Plädoyer für
Individualität, Entscheidungsfreiheit und Menschlichkeit. McGoohans Serie nimmt bereits viele
Aspekte der paranoiden Serienbewegung der
90er (Akte X, Dark Skies, Nowhere Man) vor-
weg. Eine genauere Betrachtung dieser viel-
schichtigen und phantasievollen Serie wäre so
umfangreich, dass sie ein eigenes Buch zur Folge hätte. Aber es sei jedem empfohlen, diese
Serie bei nächster Gelegenheit anzuschauen.
THE PRISONER gehört zu den wenigen Serien,
die im Laufe der Jahre nach ihrer Ausstrahlung
eine ständig wachsende Fangemeinde aufzuweisen haben. Erstaunlich zwar bei nur siebzehn
existierenden Episoden, aber durchaus gerecht-
fertigt.
Ebenfalls von der Aussenwelt abgeschnitten waren u. a. Paul Eddington, Charles Lloyd-Pack, Nigel Stock und Peter Wyngarde.

EPISODEN:
1.   DIE ANKUNFT (Arrival) 16.08.69
2.   HERZLICHEN GLÜCKWUNSCH (Many Happy
        Returns) 13.09.69
3.   A, B UND C (A, B & C) 25.10.69
4.   DER GENERAL (The General) 15.11.69
5.   SCHACHMATT (Checkmate) 29.11.69
6.   DAS AMTSSIEGEL (It's Your Funeral)
        13.12.69
7.   DIE ANKLAGE (Dance Of The Dead) 03.01.70
8.   2 : 2 = 2 (Do Not Forsake Me, Oh My Darling)
        24.01.70
9.   --3-2-1-0 (The Girl Who Was Death) 14.02.70
10.   HAMMER ODER AMBOSS (Hammer Into An-
        vil) 28.02.70
11.   DIE GLOCKEN VON BIG BEN (The Chimes Of
        Big Ben) 14.04.70
12.   PAS DE DEUX (Once Upon A Time) 11.04.70
13.   DEMASKIERUNG (Fall Out) 25.04.70

EPISODEN (nicht gesendet)**:**
14.   (Free For All)
15.   (A Change Of Mind)
16.   (Do Not Forsake Me, Oh My Darling)
17.   (Living In Harmony)

DIE OASE
BRD 1993; 6 Episoden
Ausstrahlung:
ARD 1993; 6 Episoden

Darsteller: Atossa Akbar (Julia Becker), Jürgen
Haug (Erich Becker), Julian Wagner (Herbert,
„Mozart"), Miriam Ziegler (Tini), Peter Neutzling
(Rudi), Maren Büsing (Gabi), Nico Schuhmacher
(Johannes), Gisela Kettner (Marianne Becker),
Matthias Girbig (Helmut Keller), Edda Petri
(Claudia Lichtenhahn), Chiem van Houweninge
(Jan Spoor), Harald Krassnitzer (Dieter Krause).

An ihrem 13. Geburtstag darf Julia Becker zum
ersten Mal die Erfindung ihres Vaters ausprobie-
ren: das Virtual Reality-Programm DX 745. Wie
sich herausstellt, hat dieses auch Traumator genannte „Spielchen" einen unangenehmen Nebeneffekt: Es macht süchtig. Auch Julia ist kaum
mehr von der virtuellen Realität zu trennen. Das
ist für Erich Becker Grund genug, seine Erfindung nicht vermarkten zu wollen. Doch es gibt
Interessenten, die weniger Skrupel haben...

EPISODEN:
1.   DIE ENTFÜHRUNG 13.06.93
2.   ERICHS GEHEIMNIS 20.06.93
3.   JULIAS BEFREIUNG 27.06.93
4.   SPURLOS VERSCHWUNDEN 04.07.93
5.   ANGRIFF BEI NACHT 11.07.93
6.   TINIS GROSSER AUFTRITT 18.07.93

OCEAN GIRL
(Ocean Girl)
AUS 1994; 13 Episoden
AUS 1995; 13 Episoden
AUS 1996; 26 Episoden
AUS 1997; 26 Episoden
Deutsche Ausstrahlung:
ZDF 1996; 26 Episoden
ZDF 1998; 26 Episoden

Darsteller: Marzena Godecki (Neri), David Hoflin
(Jason Bates), Jeffrey Walker (Brett Bates), Ker-
ry Armstrong (Dr. Dianne Bates - 1994/95), Liz
Burch (Dr. Dianne Bates - 1996/97), Alex Pinder
(Dr. Winston Seth), Nicholas Bell (Dr. Hellegren -
1994-96), Lauren Hewett (Mera, „Jane Seaforth"
-1995-97), Jeremy Angerson (Kal - 1996), Cas-
sandra McGrath (Zoe Condellas - 1994/95), Joel
De Carteret (Jake „Froggy" Reilly - 1994/95), Ja-
calyn Prince (Vanessa Lane - 1994/95), Andrea
McEwun (Lee Lucas - 1994), William McInnes
(Commander Jack Lucas - 1994), Bryony Price
(Joddie Turner - 1994), Guy Mallaby (Damien
Geoffries - 1994), Anthony Hayes (Michael „Mick"

Byrne - 1995), Terry Serio (Captain Sam Phillips - 1995), Claudia Buttazzoni (Kimberly McGinnis - 1995), Kristy Barnes Cullen (Joanne - 1995), Sam Johnson (Rocky - 1995), William Gluth (Forsyth - 1995), Sonya Suanes (Liselle - 1995), Pamela Rabe (Commander Byrne - 1995), Brooke „Mikey" Anderson (Cassandra „Cass" Claypool - 1996/97), Sudi De Winter (Benjamin „Benny" Malcovich - 1996), Olivia Hiddlestone (Sally-Anne Taylor - 1996), Verity McIntyre (Kadett Morgan Claypool - 1996), Tony Briggs (Dave Hartley - 1996/97), Joelene Canogoras (Lena Hellegren - 1996), Bruce Hughes (Commander Wellington - 1996), Nadia Kostich (Miss Keller - 1996), Susan Gorlivce (Mrs. Clayborn - 1996).

Zusammen mit ihren Söhnen Jason und Brett zieht die Meeresbiologin Dr. Dianne Bates auf der Unterwasserstation ORCA (Oceanic Research Centre Australia) ein. Ihr Forschungsgebiet ist der Gesang der Buckelwale. Als Sohn Jason einen Wal mit einer Art Sender versehen soll, wird er von einem im Wasser befindlichen Mädchen gehindert. Dianne übernimmt den „Schuss" selber. Jasons Erzählung von einem Mädchen mitten im Ozean wird als dumme Ausrede abgetan.

Wenig später wird Brett von dem Mädchen gerettet, als er auf ihrer Insel giftige Beeren zu sich nimmt. Hierbei erfährt er auch den Namen der Inselbewohnerin: Neri.

Neri ist mit dem Buckelwal, den sie Charly nennt, befreundet. Sie selber ist offensichtlich ein halb-amphibisches Wesen. Sie verfügt über übermenschliche Kräfte, kann unwahrscheinlich lange unter Wasser bleiben und sich mit Charly, auch über eine gewisse Entfernung hinweg, verständigen. Von Zeit zu Zeit muss sie sich wieder ins Wasser begeben, um nicht auszutrocknen.

Später stellt sich heraus, dass Neri ausserirdischer Herkunft ist. Ihr Volk zerstörte auf dem Heimatplaneten die Meere und reiste zur Erde, um die Bevölkerung vor den gleichen Fehlern zu warnen. Das Raumschiff stürzte jedoch ab. Neri und ihr Vater überlebten. Dieser kümmerte sich so gut es ging um seine Tochter, bis er starb. Dann legte er Neri in die Obhut Charlys. Eine holographische Aufnahme teilt Neri diese Fakten mit; auch dass sie die Gabe, sich mit Charly zu verständigen, von ihrer Mutter geerbt hat und dass sie eine Schwester, Mera, besitzt, die vor dem Absturz mit einer Rettungskapsel gerettet wurde.

Nachdem Mera aus den Klauen der bösen Firma Ubri gerettet ist, kehrt diese mit zwei Neuankömmlingen auf den Heimatplaneten zurück, um diesen zu retten. Neri bleibt auf der Erde.

Ubri übernimmt die Macht auf Orca — sie sollen Orca City, eine riesige Unterwasserstadt, bauen — Neri, Jason und Brett finden im Raumschiffwrack Kal, der vor dem Absturz in Tiefschlaf versetzt worden war. Des weiteren erfahren die Freunde, dass es Neris Bestimmung ist, das Synchronium zu finden. Dieses Allheilmittel für den Ozean ist in mehreren Bruchstücken auf die Erde gefallen. Die Teile müssen nun gefunden und wieder zusammengesetzt werden. Ubri entdeckt das Potential dieses Stoffes und macht sich ebenfalls auf die Suche.

Kal wird durch falsche Versprechungen zum Verräter an den Freunden und verhilft Ubri zum Besitz aller Teile des Synchroniums.

Auf dem Meeresgrund wird eine Pyramide gefunden. Neri gelingt es, diese zu öffnen. Zusammen mit Jason und Brett erforscht sie das Gebäude. Ihr wird mitgeteilt, dass eine grosse Aufgabe auf sie wartet. Hinter einer Steintür ist eine Art Dimensionstor versteckt, durch das die drei Freunde nach Ägypten transportiert werden. Die hierauf folgenden Abenteuer drehen sich um die Machtverhältnisse auf Neris Heimatplaneten und eine drohende Invasion der Erde.

Australische Jugenserie, ausgestattet mit viel Phantasie und durchaus unterhaltsamen Stories, angereichert mit überzeugenden Charakteren, denen von den befähigten Darstellern Leben eingehaucht wird.

Jeffrey Walker, Kerry Armstrong und Lauren Hewett spielten bereits gemeinsam in QUER DURCH DIE GALAXIS UND DANN LINKS (qv). Zu den in unseren Breiten meist unbekannten, weil australischen, Gaststars gehörte z. B. Charles (Catweazle) Tingwell.

EPISODEN (Kinderkanal):

1. CHARLY, DER BUCKELWAL (Episode One) 03.03.97
2. BRETT IN GEFAHR (Episode Two) 04.03.97
3. DAS TREIBNETZ (Episode Three) 05.03.97
4. DAS ERDBEBEN (Episode Four) 06.03.97
5. STIEFVATER UNERWÜNSCHT (Episode Five) 07.03.97
6. DIE VERHEXTE INSEL (Episode Six) 10.03.97
7. DER GIFTMÜLL-TRANSPORT (Episode Seven) 11.03.97

8. DIE GEKLAUTE UNIFORM (Episode Eight)
12.03.97

9. DER LANDURLAUB (Episode Nine) 13.03.97

10. DIANNE'S LETZTE CHANCE (Episode Ten)
14.03.97

11. NERI WIRD GETESTET (Episode Eleven)
17.03.97

12. CHARLY IN DER FALLE (Episode Twelve)
18.03.97

13. DIE BEFREIUNG (Episode Thirteen) 19.03.97

14. NERI KEHRT ZURÜCK (Season Two Episode
One) 20.03.97

15. DIE SUCHE NACH DER VERGANGENHEIT
(Season Two Episode Two) 21.03.97

16. DAS PHANTOMBILD DES VATERS (Season
Two Episode Three) 24.03.97

17. DIE SUCHE NACH NERIS SCHWESTER
(Season Two Episode Four) 25.03.97

18. WO IST MERA? (Season Two Episode Five)
26.03.97

19. DIE ENTFÜHRUNG (Season Two Episode Six)
27.03.97

20. FEUER AN BORD (Season Two Episode Seven) 28.03.97

21. MERA IN LEBENSGEFAHR (Season Two Episode Eight) 31.03.97

22. MICK SIEHT GESPENSTER (Season Two Episode Nine) 01.04.97

23. DIE VERFOLGER (Season Two Episode Ten)
02.04.97

24. BEFEHLSVERWEIGERUNG (Season Two Episode Eleven) 03.04.97

25. ZWEI AUSSERIRDISCHE BESUCHER (Season Two Episode Twelve) 04.04.97

26. DIE ENTSCHEIDUNG (Season Two Episode
Thirteen) 07.04.97

27. DAS RIFF IN GEFAHR (Season Three Episode
One) 08.04.97

28. GEDÄCHTNISVERLUST (Season Three Episode Two) 09.04.97

29. DAS VERSUNKENE RAUMSCHIFF (Season
Three Episode Three) 10.04.97

30. KAL KENNT KEINE FURCHT (Season Three
Episode Four) 11.04.97

31. TAUCHGANG MIT HINDERNISSEN (Season
Three Episode Five) 14.04.97

32. FREISCHWIMMER WINSTON (Season Three
Episode Six) 15.04.97

33. EIN SUPERSPORTLER (Season Three Episode Seven) 16.04.97

34. AUSSERIRDISCHE FÄHIGKEITEN (Season
Three Episode Eight) 17.04.97

35. DIE KAPSEL IN DER WÜSTE (Season Three
Episode Nine) 18.04.97

36. BENNY HAT PROBLEME (Season Three Episode Ten) 21.04.97

37. CASSANDRAS ALPTRAUM (Season Three
Episode Eleven) 22.04.97

38. DIE HELIKOPTERPRÜFUNG (Season Three
Episode Twelve) 23.04.97

39. LENA'S VERRAT (Season Three Episode Thirteen) 24.04.97

40. BENNY HAT PECH (Season Three Episode
Fourteen) 25.04.97

41. DIE SPIONIN (Season Three Episode Fifteen)
28.04.97

42. LEVEL GAMMA IST RADIOAKTIV (Season
Three Episode Sixteen) 29.04.97

43. CHARLY IST GESTRANDET (Season Three
Episode Seventeen) 30.04.97

44. DER LIEBESBRIEF (Season Three Episode
Eighteen) 01.05.97

45. JASON AM ABGRUND (Season Three Episode Nineteen) 02.05.97

46. LAUSCHER IM LUFTSCHACHT (Season
Three Episode Twenty) 05.05.97

47. WASSER IN DER WÜSTE (Season Three Episode Twenty-One) 06.05.97

48. DER TRESORSCHLÜSSEL (Season Three
Episode Twenty-Two) 07.05.97

49. DER CHINAMANN (Season Three Episode
Twenty-Three) 08.05.97

50. DER STEINFISCH (Season Three Episode
Twenty-Four) 09.05.97

51. DIE ZEITBOMBE IM DSCHUNGEL (Season
Three Episode Twenty-Five) 12.05.97

52. DIE LETZTE CHANCE (Season Three Episode
Twenty Six) 13.05.97

EPISODEN (ZDF: Tabaluga tivi):

53. OPERATION SPHINX (Season Four Episode
One) 04.04.98

54. EINE GEHEIMNISVOLLE PYRAMIDE (Season
Four Episode Two) 11.04.98

55. DIE BEFÖRDERUNG (Season Four Episode
Three) 18.04.98

56. DAS GOLDENE ANKH (Season Four Episode
Four) 25.04.98

57. GESTRANDET IN DER WÜSTE (Season Four
Episode Five)

58. DER LÜGENDETEKTOR (Season Four Episode Six)

59. DIE WANZE (Season Four Episode Seven)
02.05.98

60. DIE FALSCHE FREUNDIN (Season Four Episode Eight) 09.05.98

61. DIE JAGD NACH DEM GOLDENEN ANKH
(Season Four Episode Nine) 16.05.98

62. DIE GESCHICHTE VON DER WALFISCH-
FRAU (Season Four Episode Ten) 23.05.98

63. BETROGENE BETRÜGER (Season Four Episode Eleven) 30.05.98

64. GEFANGEN IM BUNKER (Season Four Episode Twelve) 06.06.98

65. WIEDERBELEBUNGSVERSUCHE (Season
Four Episode Thirteen) 13.06.98

66. DER SCHLANGENBISS (Season Four Episode Fourteen) 20.06.98

67. EIN GEIST ERSCHEINT (Season Four Episode Fifteen) 27.06.98

68.   HELEN LERNT DAS LACHEN (Season Four Episode Sixteen) 04.07.98
69.   MERA'S FLUCHT ZUR ERDE (Season Four Episode Seventeen) 11.07.98
70.   DAS WETTRENNEN (Season Four Episode Eighteen) 18.07.98
71.   DIE ATTACKE (Season Four Episode Nineteen) 25.07.98
72.   DIE GEISELNAHME (Season Four Episode Twenty) 01.08.98
73.   DER ROTE VIRUS (Season Four Episode Twenty-One) 08.08.98
74.   VOR DEM COUNTDOWN (Season Four Episode Twenty-Two) 15.08.98
75.   DER COUNTDOWN (Season Four Episode Twenty-Three) 22.08.98
76.   DAS EIS SCHMILZT (Season Four Episode Twenty-Four) 29.08.98
77.   DIE BLUTPROBE (Season Four Episode Twenty-Five) 05.09.98
78.   DIE KÖNIGIN (Season Four Episode Twenty-Six) 19.09.98

DIE ODYSSEE
(Les Aventures D'Ulyssey/Le Avventure Di Ulisse)
F/I 1968; 4 Episoden
Deutsche Ausstrahlung:
ZDF 1969; 4 Episoden

Darsteller: Bekim Fehmiu (Odysseus), Irene Papas (Penelope), Renaud Verley (Telemach), Barbara Gregorini (Nausikaa), Karl Otto Alberty (Eurymachos), Kira Bester (Kalypso), Jaspar von Oertzen (Nestor), Scilla Gabel (Helena), Fausto Tozzi (Menelaos), Roy Purcell (Alkinoos), Marina Berti (Arete), Samson Burke (Polyphem), Juliette Mayniel (Circe), Rolf Boysen (Agamemnon), Giulio Donini (Teiresias), Konstantin Nepo (Antinoos), Marcella Valeri (Eurykleia), Franco Balducci, Michèle Breton, Bianca Maria Doria, Enzo Fiermonte, Stefanella Giovannini, Gérard Herter, Franco Indovina, Tiberio Mitri, Laura Nucci, Mimmo Palmara, Luciano Rossi, Maurizio Tocchi, Giulio Tomei.

Nach dem Sieg über Troja begibt sich Odysseus auf die Heimreise nach Ithaka. Da er sich bei dem Angriff auf Troja den Zorn der Götter zugezogen hat — insbesondere den Poseidons — wird ihm eine direkte Rückkehr verwehrt. Seine Heimreise wird zu einer zehn Jahre währenden Irrfahrt.
Hierbei muss er sich mit dem Zyklopen Polyphemos, mit Aiolos, dem Herrn der Winde, mit den menschenfressenden Laistrygonen, der Zauberin Circe, den Schatten der Toten, Skylla und Charybdis und der heiratswilligen Okeanide Calypso auseinandersetzen.

Durchschnittliche Fernsehunterhaltung aus der griechischen Sagenwelt nach den Aufzeichnungen Homers, der schätzungsweise im 8. Jahrhundert v. Chr. gelebt hat.
Mitbeteiligt an der Produktion — als Co-Gestalter der Polyphem-Episode — war Horrorfilmer Mario Bava.

EPISODEN:
1.   AUFBRUCH (- liegt nicht vor -) 19.10.69
2.   IRRFAHRTEN (- liegt nicht vor -) 26.10.69
3.   HEIMKEHR (- liegt nicht vor -) 02.11.69
4.   VERGELTUNG (- liegt nicht vor -) 09.11.69

ODYSSEE INS TRAUMLAND
(The Odyssey)
CND 1992-94; 39 Episoden
Deutsche Ausstrahlung:
Kabel 1 1995; 26 Episoden

Darsteller: Illya Woloshyn (Jan Ziegler), Ashley Rogers (Donna/Alpha), Tony Sampson (Keith/Flash; dt.: Zack), Janet Hodgkinson (Valerie Ziegler; dt.: Vera), Andrea Nemeth (Sierra Jones/Medea), James Sherry (Ryan/Rachet), Austin Basille (Bodo), Devon Zawa (Schlau), Mark Hildreth (Finger), Dwight Koss (Dr. Max Oswald), Jeremy Radick (Fractal), Ryan Reynolds (Macro), Garwin Sanford (Arthur Bourne/Ice Face), Robert Wisden (Bradford Ziegler)

Jan lebt mit seiner Mutter allein. Sein Vater ist seit einiger Zeit verschwunden.
Der Junge möchte gern in Oskars Baumhausclub aufgenommen werden. Dies erlaubt Oskar nur, wenn Jan das Teleskop seines scheinbar verstorbenen Vaters mitbringt. Oskar geht es in Wahrheit nur um das Teleskop. Als Jan ihm nachklettert, um das Gerät wiederzuerlangen, stürzt er vom Baum. Er fällt ins Koma und „erwacht" in der Traumwelt.
Hier versucht Jan nun, den Weg nach Hause zu finden. Zur Seite stehen ihm dabei die neugewonnenen Freunde Alpha und Zack. Während seiner Reisen durchs Traumreich findet Jan Anzeichen dafür, dass sein Vater nicht wirklich tot

ist.
In der realen Welt kämpft die Mutter um die Unterbringung ihres ins Koma gefallenen Sohnes und gegen die finanziellen Schwlerigkeiten, die sich hieraus ergeben.

Gäste im Traumland waren Hagan Beggs, Sarah Chalk, Kaj-Erik Eriksen und Brad Swaile.

EPISODEN:

1. STURZ IN DIE TIEFE (The Fall) 22.04.95
2. KEIN FAIRER PROZESS (No Fair) 29.04.95
3. IN FEINDESHAND (Out Of The Woods) 06.05.95
4. ADLERS LANDUNG (Checkpoint Eagle) 13.05.95
5. SPURENSUCHE IM MAIS (The Believers) 20.05.95
6. EIN ORT NAMENS „NIRGENDWO" (A Place Called Nowhere) 27.05.95
7. ACHTUNG, SPRENGSTOFF! (Wanted) 03.06.95
8. SONNENFINSTERNIS (Galileo And The Gypsy) 10.06.95
9. KAMPF UM DIE BUCHSTABEN (By The Book) 17.06.95
10. DAS TOR ZUR ANDEREN WELT (In The Dark) 24.06.95
11. DAS GEHEIMNISVOLLE MÄDCHEN (The Brad Exchange) 01.07.95
12. WILLKOMMEN IM TURM! (Welcome To The Tower) 08.07.95
13. BEGEGNUNG MIT BODO (The One Called Brad) 15.07.95
14. DAS VERSTECK DER PIRATEN (Land's End) 22.07.95
15. DER HEILIGE SCHATZ (To The Lighthouse) 29.07.95
16. DER MAGISCHE KRISTALL (Some Place Like Home) 05.08.95
17. DIE ERDE BEBT (Whispers Like Thunder) 12.08.95
18. DIE HALLE DER DUNKELHEIT (The Hall Of Darkness) 19.08.95
19. DIE PROPHEZEIUNG (The Prophecy) 26.08.95
20. ZAUBERSPIEL IM ZIRKUS (The Greatest Show On Earth) 02.09.95
21. SPIEGEL-SPIELE (But Where Is Here?) 09.09.95
22. EIN VERRÄTERISCHES BILD (The Big Picture) 16.09.95
23. DAS WUNDER DER GROSSEN UHR (Tick Tock) 23.09.95
24. AUF DER FLUCHT (Run For Your Life) 30.09.95
25. EISGESICHT (Who Do You Believe?) 07.10.95
26. DIE WÜNSCHE DER KINDER (You Decide) 14.10.95

OLIVER MAASS
BRD 1985; 6 Episoden
Ausstrahlung:
ZDF 1985; 6 Episoden

Darsteller: Josef Gröbmayr (Oliver Maass), Hans Clarin (Graf Esteban), Jane Tilden (Louise Maass), Robert Atzorn (Michael Maass), Karl Lieffen (Eickelberg), Anja Schüte (Julia Maass), Andreas Mannkopff (Marek), Horst Kummeth (Welter), Udo Thomer (Ludwig).

Von Graf Esteban bekommt Oliver Maass das Instrument des „Teufelsgeigers" Paganini geschenkt, das ihm ermöglicht, in die Zukunft zu blicken. Erst als es ihm gelingt, ein vermisstes Mädchen zu finden, glaubt man ihm diese neuerworbene Fähigkeit. Als sich jedoch herausstellt, dass die Violine auch Unglück bringt, beschliesst Oliver, sie nie wieder zu benutzen. Ein Vorsatz, den er nicht halten kann...

Hans Clarin tat sich besonders als PUMUCKL-Stimme hervor. Einen kurzen Gastauftritt absolvierte Thomas Gottschalk.

EPISODEN:

1. TEIL 1 25.12.85
2. TEIL 2 26.12.85
3. TEIL 3 27.12.85
4. TEIL 4 28.12.85
5. TEIL 5 29.12.85
6. TEIL 6 30.12.85

OPERATION PHOENIX-JÄGER ZWISCHEN DEN WELTEN
BRD 1997; Pilot
BRD 1998; 10 Episoden
Ausstrahlung:
RTL Television 1997; Pilot
RTL Television 1999; 10 Episoden

Darsteller: Dirk Martens (Mark Pohl), Alana Bock (Kris Mertens), Robert Jarczyk (Richard Lorenz), Hans-Georg Panczak (Christoph Volz).

Das Bundesministerium des Inneren bildet eine Spezialgruppe, die sich mit Paranormalen befassen soll. Die sogenannte „Operation Phoenix", bestehend aus dem Leiter Christoph Volz und seinen drei Ermittlern Pohl, Mertens und Lorenz, bekommt es in der Folge mit Mutanten, Zeitsprüngen, Seelenwanderung, Hellseherei und ähnlichem zu tun.

Wie soll man eine Serie kritisieren, deren Pilotfilm wohlwollend aufgenommen wurde, die jedoch nach nur zwei Episoden mangels Zuschauerbeteiligung aus dem Programm geschmissen wurde? Trotz Startproblemen hätte man durchaus etwas aus der Serie machen können.
Um das für die Produktion ausgegebene Geld nicht gänzlich zu verschwenden, folgte drei Monate nach dem Cancelling eine Ausstrahlung Im Nachtprogramm.

EPISODEN:
1.   MUTTERINSTINKT 28.10.97

2.   IM KÖRPER DER FEINDE 21.01.99
3.   GRAUSAME VISION 28.01.99

4.   WETTLAUF MIT DER ZEIT 29.04.99
5.   NUR EINER KANN ÜBERLEBEN 06.05.99
6.   TUNNEL DES TODES 20.05.99
7.   IM ZEICHEN DER PHARAONEN 10.06.99
8.   DER ERLKÖNIG 17.06.99
9.   AUGE UM AUGE 24.06.99
10.   HEIDNISCHE BRÄUCHE
11.   FREVEL 01.07.99

OUTER LIMITS-DIE UNBEKANNTE DIMENSION
(The Outer Limits)
USA/CND 1995-2000; Pilot & 122 Episoden
Deutsche Ausstrahlung:
Pro 7 1997/1998; Pilot & 63 Episoden
Pro 7 1998/1999; 23 Episoden
Pro 7 2000/2001; 22 Episoden

„Sind Sie bereit, bereit für das Unbekannte? Für eine neue Erfahrung, die alles in Frage stellen könnte, was Sie zu wissen glauben? Was Sie jetzt sehen werden, wird Ihr Bewusstsein verändern. Denn hinter der vertrauten Realität lauert das Unfassbare, hinter dem Sichtbaren verbergen sich geheimnisvolle Rätsel, hinter dem Augenscheinlichen liegt noch eine andere Wahrheit. Die nächste Stunde versetzt Sie in eine Welt jenseits aller Vorstellungskraft. Sie überschreiten die Grenze in die unbekannte Dimension."

Anthologieserie mit vornehmlicher Science Fiction-Thematik.
Bereits 1963 startete die ursprüngliche Version der Serie, die neben der TWILIGHT ZONE (qv) zu den herausragenden Klassikern des Genres zählt. Als sie 1965 eingestellt wurde, konnte sie 49 mehr oder weniger gekonnte Episoden vorweisen, in denen Stars wie John Anderson, Michael Ansara, Lee Bergere, Peter Brocco, Jeff Corey, Robert Culp, Bruce Dern, James (Raumschiff Enterprise) Doohan, Robert Duvall, Neil (Batman) Hamilton, Rex Holman, Skip Homeier, John Hoyt, Richard (Salvage 1) Jaeckel, Sally Kellerman, Martin (Kobra, übernehmen Sie & Mondbasis Alpha 1) Landau, Barbara Luna, Theo Marcuse, David (Solo für O.N.C.E.L. & Der Unsichtbare) McCallum, John McLiam, Vera Miles, Lawrence Montaigne, Barry (Mondbasis Alpha 1, Die Mars-Chroniken & Apocalypse Wow) Morse, Edward (Der Geist und Mrs. Muir & Knight Rider) Mulhare, Leonard (Raumschiff Enterprise) Nimoy, Simon (Der Nachtjäger) Oakland, Warren Oates, Tim (Buck Rogers) O'Connor, David Opatoshu, Phillip Pine, Donald Pleasence, Peter Mark Richman, Joseph Ruskin, Robert Sampson, William (Raumschiff Enterprise & TekWar) Shatner, Martin Sheen, James B. Sikking, Abraham Sofaer, Malachi Throne, Harry Townes, Adam (Batman) West, Grace Lee (Raumschiff Enterprise) Whitney und Jason Wingreen in Erscheinung getreten waren. Diese Version war bisher nicht im deutschen Fernsehen zu bewundern.
Die im genannten Rahmen gesendete Episode „Soldier", 1964 nach einem Drehbuch von Harlan Ellison entstanden, gilt als Vorlage/Inspiration für die TERMINATOR-Filmreihe.
Die hier vorliegende neue Version entstand für den Kabelsender Showtime und hat, wie jede andere Anthologie auch, von Episode zu Episode sehr unterschiedliche Qualität aufzuweisen. Im Grossen und Ganzen ist sie jedoch recht gut und überzeugend produziert und bietet wenigstens gute Unterhaltung, oftmals sogar mehr.
Besonders interessant ist Leonard Nimoys Gastauftritt, der in einem Remake der Originalepisode „I, Robot" auftrat. Bereits in der früheren Version gehörte er der Besetzung an, spielte jedoch damals eine andere Rolle als in der Neufassung.
Zu den weiteren Darstellern gehören Maria Conchita Alonso, Dana (Twin Peaks) Ashbrook, René (Star Trek: Deep Space Nine) Auberjonois, Steve Bacic, Adam (Countdown X) Baldwin, Christopher (Ultraman) Bolton, Beau Bridges, Lloyd Bridges, Clancy (Earth 2) Brown, Kim Cattrall, Joan (Twin Peaks) Chen, Rae Dawn Chong, Robbi (Poltergeist) Chong, Gary (American Go-

thic) Cole, Ronny Cox, Roger R. (First Wave) Cross, Jan (Twin Peaks) D'Arcy, Geraint Wyn (Nick Knight) Davies, Don S. (Twin Peaks & Stargate) Davis, William B. (Akte X) Davls, Bruce (Harry und die Hendersons) Davison, Nicole (Star Trek: Deep Space Nine) De Boer, Rebecca (The Shining) De Mornay, William (Die verlorene Welt & Mission Erde) De Vry, John Diehl, Peter (Time Trax) Donat, Michael (Raumschiff Enterprise-Das nächste Jahrhundert & Star Trek: Deep Space Nine) Dorn, Larry (Prey) Drake, Kirsten Dunst, Sheena Easton, Cary Elwes, Debrah (Earth 2) Farentino, Page (Hitchhiker) Fletcher, Matt (Max Headroom, Psi Factor & The Stand) Frewer, Michelle (Raumschiff Enterprise-Das nächste Jahrhundert) Forbes, Robert Foxworth, Don (seaQuest DSV & Seven Days) Franklin, Megan (Nowhere Man & Millennium) Gallagher, Graham Greene, Joel Grey, Mark Hamill, Harry Hamlin, Bruce (Akte X) Harwood, Robert (Der Mann vom anderen Stern) Hays, John Heard, David (Captain Power & Mission Erde) Hemblen, Torri (TekWar) Higginson, Clint Howard, C. Thomas (Clan der Vampire) Howell, Michael (V & seaQuest 2032) Ironside, Robert Ito, Hiro Kanagawa, Martin Kemp, Mimi Kuzyk, Nicholas Lea, Kristin (Poltergeist) Lehman, Megan Leitch, Nick (Wild Palms) Mancuso, Costas Mandylor, Blu (Robocop & M.A.N.T.I.S.) Mankuma, Samantha Mathis, Marlee Matlin, David (Solo für O.N.-C.E.L.) McCallum, Malcolm (Fantasy Island) McDowell, Stephen (Die Schöne und das Biest) McHattie, Dale (Time Trax) Midkiff, Alyssa (Charmed) Milano, Pat Morita, Bob Morrisey, Chris (Twin Peaks) Mulkey, Jack (Dead at 21) Noseworthy, France Nuyen, Michael (Peaks) Ontkean, Peter (Millennium) Outerbridge, Ron (Die Schöne und das Biest) Perlman, Lou Diamond Phillips, Robert (Star Trek: Raumschiff Voyager) Picardo, Roddy Piper, Amanda Plummer, Gerard Plunkett, Jason (Teen Engel) Priestley, John (Die Abenteuer des Brisco County, Jr.) Pyper-Ferguson, Alan Rachins, Cliff Robertson, Andrea (Robocop) Roth, Teryl (Stargate) Rothery, William (Roswell) Sadler, Garwin (Odyssee ins Traumland) Sanford, Chris Sarandon, Michael Sarrazin, John Savage, Alan (Die geheimnisvolle Insel & Seven Days) Scarfe, Eric Schneider, Ted (Space Cops) Shackelford, Michael (Stargate) Shanks, Helen (Poltergeist) Shaver, Ally Sheedy, Marina (Raumschiff Enterprise-Das nächste Jahrhundert) Sirtis, Charles Martin Smith, Lane (Superman) Smith, Bill (Millennium) Smitrovich, Sebastian (First Wave) Spence, Brent (Raumschiff Enterprise-Das nächste Jahrhundert) Spiner, Brent Stait, Jessica (Captain Power & Earth 2) Steen, David Ogden Stiers, Amanda (Stargate) Tapping, Richard Thomas, Ian (Die Minikins) Tracey, Daniel J. (Poltergeist) Travanti, Mario Van Peebles, Nana (Star Trek: Deep Space Nine) Visitor, Ralph Waite, M. Emmet Walsh, David (Twin Peaks & Wild Palms) Warner, Wil (Raumschiff Enterprise-Das nächste Jahrhundert) Wheaton, Maurice Dean (Captain Power, TekWar, & Psi-Factor) Wint, Robert (Odyssee ins Traumland) Wisden und Daphne Zuniga.

EPISODEN (1963-65; nicht gesendet):

1. (The Galaxy Being)
2. (The Hundred Days Of The Dragon)
3. (The Architects Of Fear)
4. (The Man With The Power)
5. (The Sixth Finger)
6. (The Man Who Was Never Born)
7. (O.B.I.T.)
8. (The Human Factor)
9. (Corpus Earthling)
10. (Nightmare)
11. (It Crawled Out Of The Woodwork)
12. (The Borderland)
13. (Tourist Attraction)
14. (The Zanti Misfits)
15. (The Mice)
16. (Controlled Experiment)
17. (Don't Open Till Doomsday)
18. (Z-Z-Z-Z-Z)
19. (The Invisibles)
20. (The Bellero Shield)
21. (The Children Of Spider County)
22. (Specimen Unknown)
23. (Second Chance)
24. (Moonstone)
25. (The Mutant)
26. (The Guests)
27. (Fun And Games)
28. (The Special One)
29. (A Feasibility Study)
30. (The Production And Decay Of Strange Particles)
31. (The Chameleon)
32. (The Forms Of Things Unknown)
33. (Soldier)
34. (Cold Hands, Warm Heart)
35. (Behold, Eck!)
36. (Expanding Human)
37. (Demon With A Glass Hand)
38. (Cry Of Silence)
39. (The Invisible Enemy)
40. (Wolf 359)
41. (I, Robot)
42. (The Inheritors 1)

43.   (The Inheritors 2)
44.   (Keeper Of The Purple Twilight)
45.   (The Duplicate Man)
46.   (Counterweight)
47.   (The Brain Of Colonel Barham)
48.   (The Premonition)
49.   (The Probe)

EPISODEN:
1.   DIE SANDKÖNIGE (The Sandkings) 10.04.97
2.   DURCH DIE AUGEN DES MÖRDERS (Living Hell) 17.04.97
3.   MISSION MARS III (The Voyage Home) 24.04.97
4.   HAUS DES SCHRECKENS (If These Walls Could Talk) 15.05.97
5.   TÖDLICHE LIEBE (Caught In The Act) 22.05.97
6.   DIE DÄMONEN (Corner Of The Eye) 29.05.97
7.   DER VIRUS (Blood Brothers) 05.06.97
8.   VALERIE (Valerie 23) 12.06.97
9.   DAS GEISTERSCHIFF (Dark Matters) 19.06.97
10.   DER ROBOTER (I, Robot) 26.06.97
11.   NACHTS UNTERM BETT (Under The Bed) 03.07.97
12.   DAS EXPERIMENT (The New Breed) 10.07.97
13.   DAS T-CHROMOSOM (The Choice) 17.07.97
14.   BLICK IN DIE ZUKUNFT (Virtual Future) 24.07.97
15.   DIE BOTSCHAFT (The Message) 31.07.97
16.   DER KALTE TOD (White Light Fever) 07.08.97
17.   DIE ZWEITE CHANCE (The Conversion) 14.08.97
18.   STÄNDIGE BEDROHUNG (The Voice Of Reason) 21.08.97
19.   KRIEG DER PLANETEN (Quality Of Mercy) 28.08.97
20.   WER BIN ICH? (Birthright) 21.09.97
21.   DIE FEUERPROBE (Trial By Fire) 11.09.97
22.   GEIST UND MATERIE (Mind Over Matter) 05.10.97
23.   AKADEMIE DES GRAUENS (Straight And Narrow) 12.10.97
24.   EIN LEBEN NACH DEM TOD (Afterlife) 19.10.97
25.   GEHIRNWÄSCHE (The Deprogrammers) 26.10.97
26.   DIE ZEITMASCHINE (A Stitch In Time) 02.11.97
27.   DIE KÄLTE AUS DEM ALL (The Heist) 09.11.97
28.   DIE LETZTE ZUFLUCHT (The Refuge) 16.11.97
29.   DIE PARASITEN (From Within) 23.11.97
30.   DAS URTEIL (The Sentence) 30.11.97
31.   DIE ANDROIDEN (Resurrection) 07.12.97
32.   DER GERUCH DES TODES (First Anniversary) 14.12.97
33.   UNNATÜRLICHE AUSLESE (Unnatural Selection) 21.12.97
34.   NOTRUF AUS DER VERGANGENHEIT (Worlds Apart) 05.01.98
35.   DER MOND SCHEINT ZU HELL (Inconstant Moon) 11.01.98
36.   DAS GESICHT IM SPIEGEL (Falling Star) 12.01.98
37.   DER MANN MIT DEN SELTSAMEN AUGEN (I Hear You Calling) 18.01.98
38.   SEELENWANDERUNG (Second Soul) 19.01.98
39.   DER GANG INS LICHT (Paradise) 25.01.98
40.   DIE SUPERBANDE (The Light Brigade) 26.01.98
41.   SPURLOS VERSCHWUNDEN (Vanishing Act) 01.02.98
42.   JENSEITS DER SCHWELLE (Beyond The Veil) 08.02.98
43.   DIE VIERTE DIMENSION (Out Of Body) 15.02.98
44.   DIE FRAU MIT DEN GRÜNEN AUGEN (Last Supper) 16.03.98
45.   DAS GRAUEN IST UNTER UNS (Bodies Of Evidence) 23.03.98
46.   GENETISCHE BOTSCHAFT (Double Helix) 30.03.98
47.   SEX UND MEGABYTES (Bits Of Love) 06.04.98
48.   PARALLELE WELTEN (In Another Life) 20.04.98
49.   PLANET DER RIESENSPINNEN (Tempests) 27.04.98
50.   TÖDLICHER REGEN (Dark Rain) 04.05.98
51.   DAS LAGER (The Camp) 11.05.98
52.   EMBRYO (Regeneration) 18.05.98
53.   WARNUNG AUS DEM ALL (Music Of The Spheres) 25.05.98
54.   DER ROTE KNOPF (Dead Man's Switch) 08.06.98
55.   DER STROM (Stream Of Concsiousness) 15.06.98
56.   HALLUZINATION (Hearts And Minds) 22.06.98
57.   FREMDE GEDANKEN (Second Thoughts) 29.06.98
58.   GESPENSTER (The Awakening) 06.07.98
59.   DAS ZWEITE LEBEN (The New Lease) 20.07.98
60.   JENSEITS DER ZEIT (In The Zone) 27.07.98
61.   DIE VERBOTENE ZONE (Rite Of Passage) 10.08.98
62.   KUGEL IM KOPF (Revelations Of Becka Paulson) 17.08.98
63.   DER UNHEILIGE PREDIGER (Heart's Desire) 24.08.98
64.   SONDERSENDUNG (A Special Edition) 31.08.98
65.   DAS ENDE DER STRASSE (Feasibility Study) 28.09.98

66. TRANSFER DER SEELEN (Identity Crisis)
05.10.98
67. SARKOPHAG (Sarcophagus) 12.10.98
68. DIE LETZTEN ÜBERLEBENDEN (Vaccine)
19.10.98
69. DAS MEDIUM (Glyphic) 26.10.98
70. DIE ECHSEN (Relativity Theory) 02.11.98
71. BLUTIGE RITUALE (The Hunt) 09.11.98
72. MUTANTEN (Criminal Nature) 16.11.98
73. JOSH (Josh) 23.11.98
74. MANIPULIERTE ÄNGSTE (Fear Itself)
30.11.98
75. TÖDLICHES WISSEN (Final Exam) 07.12.98
76. WER EINMAL LÜGT... (To Tell The Truth)
14.12.98
77. DAS GELOBTE LAND (Promised Land)
18.01.99
78. DIE VENUS-FALLE (The Joining) 25.01.99
79. ALPTRAUM (Nightmare) 01.02.99
80. DIE KRAFT DES GEISTES (Monster) 08.02.99
81. DAS VERMÄCHTNIS (The Origin Of Species)
15.02.99
82. MARY 25 (Mary 25) 22.02.99
83. LITHIA (Lithia) 15.03.99
84. DIE MACHT DER FURCHT (Phobos Rising)
12.04.99
85. BLACK BOX (Black Box) 19.04.99
86. AUFSTAND DER SKLAVEN (In Our Own
Image) 26.04.99
87. WER BIN ICH? (Identity Crisis) 03.05.99

88. DAS BÖSE IN UNS (Alien Radio) 12.09.00
89. IM KÖRPER EINES FREMDEN (Donor)
19.09.00
90. SEINE KINDER (Small Friends) 26.09.00
91. GRELL-SKLAVEN AUS DEM ALL (The Grell)
10.10.00
92. DIE ANDERE SEITE (The Other Side)
17.10.00
93. FLUG IN DIE VERGANGENHEIT (Joy Ride)
24.10.00
94. DER RIPPER (Ripper) 31.10.00
95. DER MENSCHLICHE FAKTOR (The Human
Operators) 07.11.00
96. ERINNERUNGEN (Blank Slate) 14.11.00
97. DAS TIER IN UNS (Descent) 21.11.00
98. DAS GRABTUCH (The Shroud) 28.11.00
99. GEFANGEN IN DER ZEITSCHLEIFE (Deja Vu)
05.12.00
100. DER PREIS DES FRIEDENS (Summit)
12.12.00
101. KEVINS GEHEIMNIS (Stranded) 19.12.00
102. DIE ERBEN (The Inheritors) 03.01.01
103. DER KODEX (Essence Of Life) 10.01.01
104. KÜNSTLICHE INTELLIGENZ (Haven) 17.01.01
105. DAS TRIBUNAL (Tribunal) 24.01.01

106. DIE GENIE-FABRIK (Fathers And Sons)
10.04.01

107. DIE LIEBEN NACHBARN (What Will The
Neighbors Think?) 24.04.01
108. MEHR GLÜCK DAS NÄCHSTE MAL (Better
Luck Next Time) 08.05.01
109. TRÜGERISCHER FRIEDEN (Star Crossed)

OUTLAWS-DIE GESETZLOSEN
(Outlaws)
USA 1986/1987; Pilot & 11 Episoden
Deutsche Ausstrahlung:
RTL 2 1993; Pilot & 11 Episoden

Darsteller: Rod Taylor (Sheriff Jonathan „John“ Grail), William Lucking (Harland Pike), Richard Roundtree (Isaiah „Ice“ McAdams), Charles Napier (Wolfson „Wolf“ Lucas), Patrick Houser (William „Billy“ Pike), Christina Belford (Deputy Maggie Randall).

1899. Harlan Pikes Bande überfällt eine Bank in Houston. Ihnen auf den Fersen ist Sheriff Jonathan Grail, ein ehemaliges Mitglied der Gang. Durch einen Erdrutsch ist der übliche Fluchtweg versperrt, Pike und seine Leute landen in einem Canyon, der sich als Sackgasse herausstellt. Dieser Felseinschnitt dient den Apachen als Friedhof und so werden dem Ort magische Eigenschaften zugeschrieben. Grail, der mit seiner Gruppe aufschliesst, wird gewarnt, dass ein Geistersturm in Anzug ist. Der Sheriff lässt sich jedoch nicht stoppen. Als er seine ehemaligen Gefährten stellt, wird die Gruppe vom Blitz getroffen. — Grail, Pike und seine Bande finden sich im Jahre 1986 wieder.
Mit dem modernen Geld, gegen das sie die gestohlenen Goldmünzen eingetauscht haben, kaufen sie sich eine Ranch. Nach einigen Verwicklungen und Schwierigkeiten entschliesst sich die Fünfergruppe, ihre anachronistischen Fähigkeiten im Kampf gegen böse Buben einzusetzen. Sie gründen eine ganz spezielle Detektivagentur, Double Eagle, die besondere Schützenhilfe und einige Aufträge von Deputy Randall erhält.

Eine interessante Grundidee, gute Drehbücher und eine phantastische Besetzung: OUTLAWS ist eine erstklassige Serie, die aber von der Mehrzahl der Zuschauer ignoriert wurde. So verschwand diese Serie ungerechterweise viel zu früh von den Bildschirmen.
Der Pilotfilm der Serie wurde bereits 1987 unter dem Originaltitel OUTLAWS auf Video herausge-

bracht.

Es ritten mit: Grand L. (Visitor) Bush, Shannen
(Charmed) Doherty, Samantha Eggar, Mary-Margaret (Eerie, Indiana) Humes, Ethan (Star Trek:
Raumschiff Voyager) Phillips, Morgan Woodward
und Leigh Taylor Young.

EPISODEN:
1.	OUTLAWS-DIE GESETZLOSEN (Outlaws)
	18.07.93
2.	DER AUFTRAG (Primer) 25.07.93
3.	DAS EDENBILD (Tintype) 01.08.93
4.	DAMALS IN MADRID (Madrid) 08.08.93
5.	KREUZ UND SCHWERTER (Hymn) 15.08.93
6.	BROCKS RACHE (Potboiler) 22.08.93
7.	VERFOLGT (Pursued) 29.08.93
8.	EINE ALTE RECHNUNG (Orleans) 05.09.93
9.	JACKPOT (Jackpot) 12.09.93
10.	DIE UNABHÄNGIGEN (Independents)
	19.09.93
11.	SCHÜSSE AM GEBURTSTAG (Birthday)
	26.09.93
12.	DER ÜBERFALL (Hardcase) 03.10.93

PAN TAU
**(Pan Tau & Od Zitrka Necaruji & Poplach V
Oblacich)**
CSSR/BRD 1970; 6 Episoden
CSSR/BRD1971/72; 7 Episoden
CSSR/BRD 1975; 12 Episoden
CSSR/BRD 1978; 7 Episoden
CSSR/BRD 1988; Spielfilm
Deutsche Ausstrahlung:
ARD 1970/1971; 7 Episoden
ARD; 1972; 7 Episoden
ARD 1975; 12 Episoden
ARD 1978/1979; 7 Episoden

Darsteller: Ota Simanek (Pan Tau), Vladimir
Mensik (Herr Urban), Jirina Bohadalová (Frau
Urban), Frantisek Filipovsky (Grossvater), Vlastí-
mil Brodsky, Josef Bláha, Jirí Lábus, Petr Nároz-
ny, Zdena Hadrbolcová, Marie Rosulková, Jana
Brejchová.

Eine kleine Figur kommt in einem Miniraumschiff
zur Erde. Pan Tau, wie er genannt wird, besitzt
eine Zaubermelone, die ihn nicht nur in eine normale Grösse versetzt, sondern auch vieler anderer Zaubereien fähig ist.
Pan Tau erweist sich insbesondere als Freund
der Kinder und erlebt in der Folge Abenteuer verschiedenster Art. Darunter z. B. den Verlust sei-

ner Melone und die Verwechslung mit einem
menschlichen Doppelgänger. Schliesslich lernt
der ehemals stumme Ausserirdische auch sprechen.

Zu PAN TAU liefen zwei „Specials": „Pan-Tau-
Nachrichten" am 05.11.71 und „Wie Pan Tau
zaubert" am 20.02.72. Die ersten Folgen der
1975er Staffel wurden vom Evangelischen Pres-
sedienst zum Fernsehspiel des Monats gewählt.
Nachdem einige seiner Abenteuer in umgeschnittener Form bereits im Kino gelaufen waren, folgte 1988 ein echter Kinofilm: PAN TAU-DER FILM.

EPISODEN:
1.	DAS ERSTE ABENTEUER (- liegt nicht vor -)
	06.12.70
2.	PAN TAU TRITT AUF (- liegt nicht vor -)
	13.12.70
3.	SCHÖNE BESCHERUNG (- liegt nicht vor -)
	26.12.70
4.	PAN TAU IM SCHNEE (- liegt nicht vor -)
	27.12.70
5.	DER LANGE SONNTAG (- liegt nicht vor -)
	03.01.71
6.	PAN TAU IN DER SCHULE (- liegt nicht vor -)
	10.01.71
7.	LAUTER WASSER (- liegt nicht vor -) 17.01.71
8.	PAN TAU UND CLAUDIA IM SCHLOSS (- liegt
	nicht vor -) 09.04.72
9.	PAN TAU PACKT DIE KOFFER (- liegt nicht
	vor -) 16.04.72
10.	PAN TAU AUF REISEN (- liegt nicht vor -)
	23.04.72
11.	PAN TAU UND ZIRKUS WELT (- liegt nicht
	vor -) 30.04.72
12.	PAN TAU FÄHRT TAXI (- liegt nicht vor -)
	07.05.72
13.	PAN TAU WIRD GESUCHT (- liegt nicht vor -)
	14.05.72
14.	PAN TAU IST WIEDER DA (- liegt nicht vor -)
	21.05.72
15.	PAN TAU UND ROBINSON (- liegt nicht vor -)
	19.10.75
16.	PAN TAU IM BALLON (- liegt nicht vor -)
	26.10.75
17.	PAN TAU UND DER ZIEGENHUND (- liegt
	nicht vor -) 02.11.75
18.	PAN TAU UND DIE VERWANDTEN (- liegt
	nicht vor -) 09.11.75
19.	PAN TAU MACHT QUARK (- liegt nicht vor -)
	16.11.75
20.	PAN TAU WIRD UNTERSUCHT (- liegt nicht
	vor -) 23.11.75
21.	PAN TAU UND VEREINZELT SONNEN-
	SCHEIN (- liegt nicht vor -) 30.11.75

22.	PAN TAU TANZT AUS DER REIHE (- liegt nicht vor -) 07.12.75
23.	PAN TAU UND DIE JAGD AUF DEN FROSCH (- liegt nicht vor -) 14.12.75
24.	PAN TAU UND DER BLECHSCHADEN (- liegt nicht vor -) 21.12.75
25.	PAN TAU BAUT UM (- liegt nicht vor -) 25.12.75
26.	PAN TAU UNBEKANNT VERZOGEN (- liegt nicht vor -) 28.12.75
27.	ALARM IN DEN WOLKEN (- liegt nicht vor -) 31.12.78
28.	ELEFANTENJAGD (- liegt nicht vor -) 01.01.79
29.	DAS IST NICHT ZU FASSEN (- liegt nicht vor -) 07.01.79
30.	ZAUBERN IST NICHT LEICHT (- liegt nicht vor -) 14.01.79
31.	REIN IN DIE KARTOFFELN, RAUS AUS DEN KARTOFFELN (- liegt nicht vor -) 21.01.79
32.	DE VERTAUSCHTE MELONE (- liegt nicht vor -) 28.01.79
33.	AUF WIEDERSEHEN, PAN TAU (- liegt nicht vor -) 04.02.79

FILMVERSIONEN:

I.	PAN TAU TRITT AUF (1970)
II.	PAN TAU NIMMT ABSCHIED (Od Zítrka Necaruji; 1978)
III.	PAN TAU-ALARM IN DEN WOLKEN (Poplach V Oblacích; 1978)
IV.	PAN TAU UND CLAUDIA IM SCHLOSS (1981)
V.	PAN TAU GEHT AUF REISEN (1981)
VI.	PAN TAU UND DER LANGE SONNTAG (1987)
VII.	PAN TAU WIRD GESUCHT (1987)
VIII.	PAN TAU-DER FILM (1988) 03.11.88; Kino

PAULINE LEBT GEFÄHRLICH
(The Perils Of Pauline)
USA 1934; 12 Episoden
Deutsche Ausstrahlung:
Nord III 1970; 12 Episoden

Darsteller: Evelyn Knapp (Pauline Hargrave), Robert Allen, James Durkin, John Davidson.

Pauline Hargraves Vater ist Wissenschaftler und hat ein neues Giftgas entdeckt. Zusammen mit ihrem Freund Robert Ward steht Pauline ihrem Vater im Kampf gegen asiatische Bösewichter bei, die sich das giftige Gemisch unter den Nagel reissen wollen.

Bereits 1914 erblickte Pauline das Licht der Leinwand. Pathé brachte ein 20-teiliges Serial mit Pearl White in der Hauptrolle heraus. Auch der damalige Titel war bereits *The Perils of Pauline*. Die Ausstrahlung der damals 25-jährigen White verhalf diesem Werk zum Erfolg an den Kassen. 1934 folgte ein angebliches Remake: das hier vorliegende Serial. Trotz der stringenteren Erzählweise konnte diese Produktion das Flair des Vorgängers nicht einfangen.

1967 folgte in den USA ein fürs Fernsehen gedrehter Film, der es dann doch irgendwie in die Kinos schaffte; der Titel war abermals *The Perils of Pauline*, Pamela Austin verkörperte Pauline.

EPISODEN:

1.	IN LETZTER SEKUNDE (- liegt nicht vor -) 26.09.70
2.	IM ZENTRUM DES TAIFUNS (- liegt nicht vor -) 03.10.70
3.	DER SPRUNG DES LEOPARDEN (- liegt nicht vor -) 10.10.70
4.	IN DER FALLE DES FEINDES (- liegt nicht vor -) 17.10.70
5.	DIE BRENNENDE FALLE (- liegt nicht vor -) 24.10.70
6.	VON DEN WILDEN GEHETZT (- liegt nicht vor -) 31.10.70
7.	VOM FEIND VERFOLGT (- liegt nicht vor -) 07.11.70
8.	GEFÄHRLICHE TIEFEN (- liegt nicht vor -) 14.11.70
9.	DIE MUMIE LEBT (- liegt nicht vor -) 21.11.70
10.	DER NÄCHTLICHE ÜBERFALL (- liegt nicht vor -) 28.11.70
11.	VOM FEUER EINGESCHLOSSEN (- liegt nicht vor -) 05.12.70
12.	KONFU'S HEILIGES GEHEIMNIS (- liegt nicht vor -) 12.12.70

PAUL UND PAULINCHEN
BRD 1975 (?); 6 Episoden
Ausstrahlung:
ZDF 1976; 6 Episoden

Darsteller: Thomas Hammer (Paul), Yella Rottländer (Paulinchen).

Paul ist ein kleiner Junge, der sich, wie so viele andere auch, unverstanden fühlt. Seine Schulaufgaben sind viel zu schwer und die Pflichten und Regeln, die ihm auferlegt werden, offensichtlich nur dazu da, ihn zu quälen. Paul wünscht sich nichts mehr, als einen Freund, der ihn versteht und zu ihm hält.
Dieser Wunsch geht in Erfüllung, als Paulinchen aus dem Nichts erscheint. Dieses etwa gleichal-

trige Mädchen „entführt" Paul in verschiedene phantastische Länder.

EPISODEN:
1. ZWEIMAL VIER IST FÜNF 16.05.76
2. DER WALDLÄUFER 23.05.76
3. ALLES KOSTET GELD 30.05.76
4. DIE PRINZESSIN UND IHR MUSKETIER 06.06.76
5. BORGEN BRINGT SORGEN 13.06.76
6. ROBINSON-HIER BIN ICH 20.06.76

PER ANHALTER DURCH DIE GALAXIS
(The Hitch-Hiker's Guide To The Galaxy)
GB 1981; 6 Episoden
Deutsche Ausstrahlung:
ARD 1984; 6 Episoden

Darsteller: Simon Jones (Arthur Dent), David Dixon (Ford Prefect), Mark Wing-Davey (Zaphod Beeblebrox), Sandra Dickinson (Trillian), David Learner (Marvin).

Als Arthur Dent eines Morgens erwacht und aus seinem Haus schaut, erspäht er einen Bulldozer, dessen offensichtliche Aufgabe es ist, Dents Heimstatt einzuebnen — sie steht direkt im Weg einer geplanten Umgehungsstrasse. Arthur ist bereit, bis zum letzten zu kämpfen. Ehe der bademantelbekleidete Hausbesitzer jedoch vom Bulldozer überrollt werden kann, taucht dessen Freund Ford Prefect auf, der Arthur zu dem Besuch eines nahegelegenen Pubs überredet.
Hier konfrontiert Ford Arthur mit einigen erstaunlichen Neuigkeiten. Statt, wie bisher behauptet, aus dem Örtchen Guilford zu kommen, stammt Prefect von einem entfernten Planeten, er ist Rechercheur für den Bestseller „Per Anhalter durch die Galaxis" und die Erde ist im Begriff von einem Bautrupp der Vogonen 'abgerissen' zu werden, da sie sich im Weg einer geplanten Hyperraum-Umgehungsstrasse befindet.
Statt mit seinem Heimatplaneten aus dem Weg geräumt zu werden, darf Arthur seinen ausserirdischen Freund auf die Anhaltertour durchs Weltall begleiten.

ANHALTER startete seinen ungewöhnlichen Erfolg als nicht ganz so normales Hörspiel in einem britischen Radioprogramm. Autor Douglas Adams, der später auch das Drehbuch zu dieser Miniserie schrieb, brachte das Hörspiel 1979 in

Buchform, 1980 folgte ein zweiter Teil. Diese beiden Bücher bildeten die Grundlage für die TV-Serie.
Bücher und Serie seien jedem wärmstens empfohlen, für den Science Fiction nicht immer nur ernsthafte Geschichten präsentieren muss.
Adams behandelte die üblichen Versatzstücke des Genres mit dem zu recht weltberühmten britischen Humor und lieferte ein absolutes Juwel, sowohl in der Welt der Literatur als auch des Fernsehens.
Wer genau hinsieht, kann unter den Mitwirkenden Peter Davison erkennen, einen der Darsteller DOCTOR WHOs (qv).

EPISODEN:
1. TEIL 1 (Part One) 29.04.84
2. TEIL 2 (Part Two) 06.04.84
3. TEIL 3 (Part Three) 13.04.84
4. TEIL 4 (Part Four) 20.04.84
5. TEIL 5 (Part Five) 27.05.84
6. TEIL 6 (Part Six) 03.06.84

PHANTASTISCHE GESCHICHTEN; siehe: FANTASTISCHE GESCHICHTEN

PHOENIX, DER ZAUBERVOGEL
(The Phoenix And The Carpet)
GB 1997; 6 Episoden
Deutsche Ausstrahlung:
ARD 1998; 6 Episoden

Darsteller: Ivan Berry (Robert), Charlotte Chinn (Jane), Jessica Fox (Anthea), Ben Simpson (Cyril), Lesley Dunlop (Eliza), Miriam Margolyes (Cookie), Jean Alexander (Lily), Ian Keith (Vater), Mary Waterhouse (Mutter).

Die Geschwister Robert, Jane, Anthea und Cyril finden in ihrem neuen Teppich ein Ei, dem der sagenhafte Phoenix entschlüpft. Dieser erzählt ihnen, dass der Teppich Wünsche erfüllt, jedoch nur drei pro Tag.
Es folgen Abenteuer auf Südseeinseln und in Indien, mit einem „fliegenden" Pfarrer und zu rettenden unschuldigen Gefängnisinsassen.

Die Serie basiert auf einem Roman von Edith Nesbitt, der Erfinderin des ZAUBERMÄCHTIGEN PSAMMEAD (qv), der auch hier einen Gastauftritt absolvieren durfte.

Deutscher Phoenix-Sprecher war Kabarettist und
Schauspieler Jochen Busse.

EPISODEN:
1.   VIER KINDER-EIN GEHEIMNIS (- liegt nicht
      vor -) 21.12.98
2.   ZWISCHEN ZEIT UND RAUM (- liegt nicht
      vor -) 22.12.98
3.   LEICHTSINN MIT FOLGEN (- liegt nicht vor -)
      23.12.98
4.   BESUCHER IN DER NACHT (- liegt nicht
      vor -) 24.12.98
5.   INSEL DER TRÄUME (- liegt nicht vor -)
      25.12.98
6.   KEIN ABSCHIED FÜR IMMER (- liegt nicht
      vor -) 26.12.98

PINOCCHIO
(Le Avventure Di Pinocchio/Pinocchio)
I/BRD/F 1972; 13 Episoden
Deutsche Ausstrahlung:
WDR regional 1973; 10 Episoden
WDR regional 1974; 3 Episoden

Darsteller: Nino Manfredi (Gepetto), Andrea Ba-
lestri (Pinocchio), Gina Lollobrigida (Fee), Mario
Adorf (Zirkusdirektor), Franco Franchi (Katze),
Ciccio Ingrassia (Hund), Ugo D'Allessio, Lionel
Stander, Vittorio de Sica, Walter Richter.

Tischler Gepetto ist ein einsamer Mann. Um Ab-
hilfe zu schaffen, schnitzt er sich einen Sohn,
den er Pinocchio nennt. Aber erst durch den
Zauber einer guten Fee, wird die Marionette mit
Leben erfüllt.
Pinocchio erweist sich als nicht ganz so idealer
Junge, wie Gepetto ihn gerne hätte. Aber als die
Puppe davonläuft, vermisst ihn der 'Vater' natür-
lich doch.
Nach vielerlei Abenteuer kehrt Pinocchio zu sei-
nem Schöpfer zurück und wird, durch schlechte
Erfahrungen geläutert, zu einem wirklichen Jun-
gen.

Realverfilmung des Klassikers von Carlo Collodi,
eine der wohl bekanntesten Geschichten überhaupt. Diese Version schleppt sich allerdings
streckenweise dahin und bietet somit nie mehr
als durchschnittliche Unterhaltung.
Mario Adorf spielte später auch in PRINZESSIN
FANTAGHIRO (qv).

EPISODEN:
1.   DER ARME TISCHLER GEPETTO SCHNITZT
      EINEN HAMPELMANN (- liegt nicht vor -)
      04.04.73
2.   PINOCCHIO WIRD ZU EINEM JUNGEN UND
      NIMMT REISSAUS (- liegt nicht vor -) 04.04.73
3.   PINOCCHIO BEKOMMT NEUE FÜSSE (- liegt
      nicht vor -) 11.04.73
4.   DIE MARIONETTEN ERKENNEN IHREN
      BRUDER (- liegt nicht vor -) 11.04.73
5.   DER GROSSE PUPPENSPIELER MANGIA-
      FUOCO SCHENKT PINOCCHIO FÜNF GOLD-
      STÜCKE (- liegt nicht vor -) 18.04.73
6.   ZWEI MORDGESELLEN VERFOLGEN PI-
      NOCCHIO (- liegt nicht vor -) 18.04.73
7.   PINOCCHIO SÄT GOLDSTÜCKE IM WUN-
      DERLAND (- liegt nicht vor -) 25.04.73
8.   PINOCCHIO WIRD EIN WACHHUND UND
      VERTREIBT DIE DIEBE (- liegt nicht vor -)
      25.04.73
9.   PINOCCHIO SUCHT SEINEN VATER UND
      FINDET EINEN SCHLECHTEN FREUND
      (- liegt nicht vor -) 02.05.73
10.   PINOCCHIO MÖCHTE GERN EIN GUTER
      SCHÜLER WERDEN (- liegt nicht vor -)
      02.05.73

11.   PINOCCHIO WIRD IN EINEN ESEL VERWAN-
      DELT (- liegt nicht vor -) 20.03.74
12.   PINOCCHIO LANDET IM BAUCH EINES
      GROSSEN FISCHES (- liegt nicht vor -)
      03.04.74
13.   PINOCCHIO WIRD ENDLICH EIN RICHTIGER
      JUNGE (- liegt nicht vor -) 10.04.74

PIPPI LANGSTRUMPF
**(Pippi Langstrump/Pippi Langstrump Pa
De Sju Haven/Pa Rymmen Med Pippi
Langstrump)**
S/BRD 1968-1970; 4 Spielfilme
Deutsche Ausstrahlung:
ARD 1971/1972; 21 Episoden

Darsteller: Inger Nilsson (Pippilotta Rollgardinia
Viktualia Pfefferminz Efraimstochter Lang-
strumpf), Pär Sundberg (Tommy), Maria Persson
(Annika).

Tommy und Annika bekommen eine neue Nachbarin: Die völlig selbständige Pippi, die so gar
nicht das typische Mädchen von nebenan ist. Die
Tochter eines Piraten ist stärker als jeder Erwachsene und sieht solch störende Dinge wie z.
B. die Schule als völlig überflüssig an.
Es folgen lustige und spannende Abenteuer der
drei Kinder.

Ursprünglich handelt es sich hierbei um vier Spielfilme, die für eine Fernsehauswertung in Serienform gebracht wurden. Vorlage bildeten natürlich die überaus erfolgreichen Kinderbücher von Astrid Lindgren, die auch die Drehbücher hierfür schrieb.
Die Abenteuer begleiteten unter anderen Hans (Oliver Maass) Clarin, Walter Richter, Benno Sterzenbach, Margot Trooger und Wolfgang (Raumpatrouille) Völz.

EPISODEN:

1. PIPPI ZIEHT IN DIE VILLA KUNTERBUNT (- liegt nicht vor -) 31.10.71
2. PIPPIS NEUE FREUNDE (- liegt nicht vor -) 07.11.71
3. PIPPI AUF SACHEN-SUCHE (- liegt nicht vor -) 14.11.71
4. PIPPI MACHT EINEN AUSFLUG (- liegt nicht vor -) 21.11.71
5. PIPPI UND DIE GESPENSTER (- liegt nicht vor -) 05.12.71
6. PIPPI AUF DEM RUMMELPLATZ (- liegt nicht vor -) 12.12.71
7. PIPPI LERNT PLUTIMIKATION (- liegt nicht vor -) 19.12.71
8. PIPPI UND DAS WEIHNACHTSGESCHENK (- liegt nicht vor -) 26.12.71
9. PIPPI UND DER SPUNK (- liegt nicht vor -) 02.01.72
10. PIPPI AUF GROSSER BALLONFAHRT (- liegt nicht vor -) 09.01.72
11. PIPPI UND DIE FLASCHENPOST (- liegt nicht vor -) 16.01.72
12. PIPPIS ABSCHIEDSFEST (- liegt nicht vor -) 23.01.72
13. PIPPI GEHT AN BORD DER HOPPETOSSE (- liegt nicht vor -) 30.01.72
14. PIPPI UND DIE SEERÄUBER 1 (- liegt nicht vor -) 06.02.72
15. PIPPI UND DIE SEERÄUBER 2 (- liegt nicht vor -) 13.02.72
16. PIPPI UND DIE SEERÄUBER 3 (- liegt nicht vor -) 20.02.72
17. PIPPI UND DIE SEERÄUBER 4 (- liegt nicht vor -) 27.02.72
18. MIT PIPPI LANGSTRUMPF AUF DER WALZ 1 (- liegt nicht vor -) 05.03.72
19. MIT PIPPI LANGSTRUMPF AUF DER WALZ 2 (- liegt nicht vor -) 12.03.72
20. MIT PIPPI LANGSTRUMPF AUF DER WALZ 3 (- liegt nicht vor -) 19.03.72
21. MIT PIPPI LANGSTRUMPF AUF DER WALZ 4 (- liegt nicht vor -) 26.03.72

FILMVERSIONEN:

I. PIPPI LANGSTRUMPF (Pippi Langstrump; S/D 1968) 09.05.69; Kino
II. PIPPI GEHT VON BORD (Pippi Langstrump Pa De Sju Haven; S/D 1969) 31.10.69; Kino
III. PIPPI IM TAKA-TUKA-LAND (S/D 1969) 15.07.70; Kino
IV. PIPPI AUSSER RAND UND BAND (Pa Rymmen Med Pippi Langstrump; S/D 1970) 27.05.71; Kino
V. PIPPI LANGSTRUMPFS NEUESTE STREICHE (The New Adventures Of Pippi Longstocking; USA 1987) 07.07.88; Kino

PLANET DER AFFEN
(Planet Of The Apes)
USA 1968-1973; 5 Spielfilme
USA 1974; 14 Episoden
USA 2001; Spielfilm
Deutsche Ausstrahlung:
SAT.1 1989; 14 Episoden

Darsteller: Roddy McDowall (Galen), Ron Harper (Alan Virdon), James Naughton (Pete Burke), Booth Colman (Zaius), Mark Lenard (Urko).

Alan Virdon und Pete Burke, zwei amerikanische Astronauten, bruchlanden in der Zukunft der Erde. In dieser Zeit beherrschen intelligente Affen den Planeten — die Menschen degenerierten zu Tieren und werden gern als Jagdobjekte benutzt. Die Astronauten freunden sich mit Galen an, einem Schimpansen und Wissenschaftler, der sich als ausgesprochen tolerant erweist. Gemeinsam versuchen sie, in dieser seltsamen und feindlich eingestellten Welt einen Platz für sich zu finden.

Diese Serie ist teils Remake, teils Weiterführung der einstmals so erfolgreichen Kinofilme. Wie diese basiert sie auf dem 1963 erschienenen Roman „Le Planete des Singes" von Pierre Boule. Statt jedoch wirklich etwas Neues zu kreieren, scheint sich diese Reihe eher auf dem Ruhm der Filme ausruhen und somit leichtes Geld einzufahren zu wollen. Sowas geht nur selten gut und in diesem Fall tat es das auch nicht.
Trotz des geringen Erfolges dieser Serie folgte mit BEYOND THE PLANET OF THE APES (1975/76) eine für das amerikanische Samstagmorgenprogramm geschaffene Zeichentrickreihe, die das Thema vollends totprügelte.
Roddy McDowall spielte bereits in vier der fünf genannten Filme und tauchte später in FANTASTIC JOURNEY (qv) auf. Affengeile Gaststars waren Martin E. (Der Sechs-Millionen-Dollar-Mann) Brooks, Roscoe Lee Browne, Michael

Conrad, Royal (Twin Peaks) Dano, John Hoyt,
John Ireland, Sondra Locke, Jon Lormer, John
McLiam, Percy Rodrigues, Joseph Ruskin, Marc
(V) Singer, Harry Townes und Morgan Wood-
ward.

FILME:
I.   PLANET DER AFFEN (Planet Of The Apes;
       1968) 03.05.68; Kino
II.   RÜCKKEHR ZUM PLANET DER AFFEN (Be-
       neath The Planet Of The Apes; 1970)
       01.05.70 Kino
III.   FLUCHT VOM PLANET DER AFFEN (Escape
       From The Planet Of The Apes; 1971) 12.08.72;
       Kino
IV.   EROBERUNG VOM PLANET DER AFFEN
       (Conquest Of The Planet Of The Apes; 1972)
       10.08.72; Kino
V.   DIE SCHLACHT UM DEN PLANET DER AF-
       FEN (Battle For The Planet Of The Apes;
       1973) 10.08.73; Kino
VI.   (Planet Of The Apes; 2001)

EPISODEN:
1.   ZURÜCK IN DIE ZUKUNFT (Escape From To-
       morrow) 01.03.89
2.   DER GLADIATOR (The Gladiators) 08.03.89
3.   SPUREN DER VERGANGENHEIT (The Lega-
       cy) 15.03.89
4.   DIE SEUCHE (The Cure) 22.03.89
5.   DER TEMPEL DES TODES (The Liberator)
       29.03.89
6.   ANTO, DER FARMER (The Good Seeds)
       05.04.89
7.   DAS FISCHERDORF (Tomorrow's Tide)
       12.04.89
8.   DAS ERDBEBEN (The Trap) 19.04.89
9.   ALTE LIEBE (The Surgeon) 26.04.89
10.   MENSCHENJAGD (The Interrogation)
       03.05.89
11.   DAS PFERDERENNEN VON VENTA (The
       Horse Race) 10.05.89
12.   FAMILIENBANDE (The Deception) 17.05.89
13.   KAMPF DER TYRANNEN (The Tyrant)
       24.05.89
14.   DER TRAUM VOM FLIEGEN (Up Above The
       World So High) 31.05.89

PLANET DER GIGANTEN
(Land Of The Giants)
USA 1968-1970; 51 Episoden
Deutsche Ausstrahlung:
Pro 7 1992; 51 Episoden

Darsteller: Gary Conway (Captain Steve Burton), Kurt Kasznar (Commander Alexander Fitz-

hugh), Don Marshall (Dan Erickson), Heather
Young (Betty Hamilton), Don Matheson (Mark
Wilson), Deanna Lund (Valerie Scott), Stefan
Arngrim (Barry Lockridge), Kevin Hagen (Inspek-
tor Kobrick).

Ein Linienraumschiff auf dem Weg nach London.
An Bord Pilot Burton, Copilot Erickson, Stewar-
dess Hamilton, Tycoon Wilson, High Society-Er-
bin Scott, Waisenkind Barry, sein Hund Chipper
und der Betrüger Fitzhugh.
Die Piloten haben hart zu kämpfen, da die 'Spindrift' in Turbulenzen gerät. Dch schließlich gelingt
die Landung. Als Steve und Dan das Schiff verlassen, werden sie fast von einem Auto überfahren — und dieses ist riesig. Ihnen wird klar, dass
sie nicht in London sind. Zurück im Schiff wollen
sie starten, doch ein Riesenjunge hebt das Schiff
— er denkt natürlich, es sei ein Spielzeug — auf.
Nur mit voller Kraft der Triebwerke entkommen
die Reisenden. In einem nahen Wald landen sie.
Kurz darauf 'bearbeitet' eine riesige Katze das
Schiff und richtet grossen Schaden an. Die sieben Insassen sind nun Gefangene des Planeten
der Giganten.

Eine weitere Schöpfung des Vaters von MISSI-
ON SEAVIEW (qv), VERSCHOLLEN ZWISCHEN
FREMDEN WELTEN (qv) und TIME TUNNEL
(qv), Irwin Allen. Und dieses Mal hat er den Vogel abgeschossen. Eine völlig hirnlose Grundidee mit ebensolchen Drehbüchern. Dazu kamen
Darsteller, die bestenfalls durchschnittliche Leistungen brachten. Das Ergebnis ist fast schon eine Frechheit. Trotzdem schaffte es diese Serie
auf zwei Staffeln.
Gigantische Gastauftritte absolvierten John Abbott, Richard (Der Sechs-Millionen-Dollar-Mann
& Die 7-Millionen-Dollar-Frau) Anderson, Michael
Ansara, Whit (Time Tunnel) Bissell, John Carradine, Robert (Time Tunnel) Colbert, Glenn Corbett, Yvonne (Batman) Craig, John Crawford,
Bruce Dern, Paul Fix, Jonathan (Verschollen zwischen fremden Welten) Harris, Ron Howard, Susan Howard, John Hoyt, Lance (Werwolf) Le-
Gault, Stuart (Mr. Smith) Margolin, John Marley,
Lee (Time Tunnel) Meriwether, Nehemiah Persoff, Sugar Ray Robinson, Joseph Ruskin, William (Mini-Max) Schallert, Torin Thatcher und John
(Time Tunnel) Zaremba.

EPISODEN:
1.   DIE BRUCHLANDUNG (The Crash) 20.01.92

2.   EINE ANDERE WELT (Weird World) 27.01.92
3.   DIE FALLE (The Trap) 03.02.92
4.   DIE KOPFGELDJÄGER (Bounty Hunter) 10.02.92
5.   DER GOLDENE KÄFIG (The Golden Cage) 17.02.92
6.   DIE VERLORENEN (The Lost Ones) 24.02.92
7.   TREIBSAND (Manhunt) 09.03.92
8.   ZEUGEN EINES VERBRECHENS (Framed) 16.03.92
9.   DIE OPERATION (The Creed) 23.03.92
10. DER FLUCHTPLAN (Flight Plan) 30.03.92
11. IN GEHFIMER MISSION (Underground) 06.04.92
12. DER RUBIN (Double-Cross) 13.04.92
13. BLICK AUF DIE ERDE (On A Clear Day You Can See Earth) 20.04.92
14. DIE GEISTERSTADT (Ghost Town) 04.05.92
15. GEHIRNWÄSCHE (Brainwash) 11.05.92
16. ZIRKUS DES SCHRECKENS (Terror-Go-Round) 18.05.92
17. SABOTAGE (Sabotage) 25.05.92
18. DAS GENIE (Genius At Work) 01.06.92
19. TÖDLICHES METALL (Deadly Loadstone) 09.06.92
20. DIE NACHT DES KOBOLDS (The Night Of Thrombeldinbar) 15.06.92
21. STRICH DURCH DIE RECHNUNG (Seven Little Indians) 22.06.92
22. FLUGZIEL: ERDE (Target: Earth) 29.06.92
23. DIE RETTUNG (Rescue) 06.07.92
24. DIE NACHT DER GESPENSTER (Return Of Inidu) 13.07.92
25. EINE WELT DER STILLE (Shell Game) 29.08.92
26. SPUREN IM UNTERGRUND (The Chase) 30.08.92
27. WIE GEWONNEN, SO ZERRONNEN (The Inside Rail) 05.09.92
28. KABINETT DES SCHRECKENS (Chamber Of Fear) 06.09.92
29. DER ROBOTER (The Mechanical Man) 12.09.92
30. SPIELUHR DES TODES (Collector's Item) 13.09.92
31. SPIEL'S NOCHMAL, DAN! (Giants And All That Jazz) 19.09.92
32. NOCH SECHS STUNDEN ZU LEBEN (Six Hours To Live) 20.09.92
33. VERFOLGUNGSWAHN (The Unsuspected) 26.09.92
34. REISENDE DURCH DIE ZEITEN (A Place Called Earth) 27.09.92
35. SCHACHMATT (Deadly Pawn) 03.10.92
36. DAS MEER DER STÜRME (Land Of The Lost) 04.10.92
37. GEFAHR FÜR CHIPPER (Every Boy Needs A Dog) 10.10.92
38. DIE KLONE (The Clones) 11.10.92
39. DER HORRORFILM (Comeback) 17.10.92
40. DER DELTA-EFFEKT (Nightmare) 18.10.92
41. DIE ZEITMASCHINE (Home, Sweet Home) 24.10.92
42. UNSER FREUND, DER RIESE (Our Man O'Reilly) 25.10.92
43. PANIK (Panic) 31.10.92
44. DER RATTENFÄNGER (Pay The Piper) 01.11.92
45. DIE UNTERIRDISCHE STADT (Secret City Of Limbo) 07.11.92
46. UM ELF UHR GEHT DIE WELT UNTER (Doomsday) 08.11.92
47. REISE IN DIE VERGANGENHEIT (Wild Journey) 14.11.92
48. PFEILE DES TODES (Deadly Dart) 15.11.92
49. FRIEDHOF DER NARREN (Graveyard Of Fools) 21.11.92
50. TÖDLICHES SPIELZEUG (A Small War) 22.11.92
51. DIE MARIONETTEN (The Marionettes) 28.11.92

POLTERGEIST-DIE UNHEIMLICHE MACHT
(Poltergeist: The Legacy)
USA 1996-2000; Pilot & 84 Episoden
Deutsche Ausstrahlung:
RTL 2; 1997; Pilot & 20 Episoden
VOX 1998; 22 Episoden
VOX 1999; 22 Episoden
VOX 2000; 22 Episoden

Darsteller: Derek de Lint (Dr. Derek Rayne), Helen Shaver (Dr. Rachel Corrigan), Robbi Chong (Alexandra „Alex" Moreau), Martin Cummins (Nicholas „Nick" Boyle), Patrick Fitzgerald (Pater Philip Callaghan/Pilot: Connolly), Alexandra Purvis (Katherine „Kat" Corrigan), Daniel J. Travanti (Dr. William Sloane - 1997), Kristin Lehman (Kristin Adams - 1998-2000).

„Seit Anbeginn der Zeit hat der Mensch zwischen der Welt des Lichtes und der Welt der Finsternis existiert. Dieses Buch ist die Chronik der Arbeit unserer Gesellschaft, bekannt als 'Das Legat', geschaffen um die Unschuldigen vor den Geschöpfen zu schützen, die die Schatten und die Nacht bewohnen."
Seit etwa 500 v. Chr. ist das „Legat" damit beschäftigt, übernatürlichen Vorfällen auf die Spur zu kommen. Die San Francisco-Abteilung wird von dem Anthropologen und Theologen Derek Rayne geleitet. Er übernahm damit das Erbe seines Vaters, der im Dienste fürs Legat und vor

den Augen seines Sohnes das Leben liess. Ihm zur Seite steht die Psychiaterin Rachel Corrigan, die zum Legat kam, als sie selber Opfer einer übernatürlichen Erscheinung wurde. Ihre Tochter Katherine besitzt das zweite Gesicht. Auch Alexandra Moreau, die eigentliche Forscherin des Teams, besitzt diese Fähigkeit. Father Philip Callahan hatte das Legat verlassen, kehrt nun aber wieder in dessen Schoss zurück. Komplettiert wird das Team vom Ex-Marine Nick Boyle.

POLTERGEIST präsentiert ein ernsthaftes Ghostbuster-Team. Der Titel wurde natürlich aufgrund der erfolgreichen Filmreihe gewählt. Statt nun aber die Geschichten um die Freeling-Familie weiterzuführen, was wohl auch ein Fehler gewesen wäre, wurde ein ganz neues Konzept verwendet.
Stimmungsmässig war POLTERGEIST von Anfang an auf dem richtigen Weg. Jedoch schien die Gefahr gegeben, dass die Folgen eine stete Abfolge von einzelnen immer gleich aufgebauten Fällen bieten würden — eine Sackgasse der auch ERBEN DES FLUCHS (qv) im letzten Moment entging. Interessant werden die Episoden insbesondere durch die Verwendung des geheimen Legats.
Unter Poltergeistern und anderem Gesocks litten Stefan (Planet der Giganten) Arngrim, René (Star Trek: Deep Space Nine) Auberjonois, Hagan Beggs, David Birney, Christopher (Ultraman) Bolton, Michael Reilly Burke, Mark Lindsay (Das Ding aus dem Sumpf) Chapman, Rae Dawn Chong, Ben (Dark Shadows) Cross, Don S. (Twin Peaks & Stargate) Davis, William B. (Akte X) Davis, Nicole (Star Trek: Deep Space Nine) DeBoer, William (Die verlorene Welt & Mission Erde) De Vry, Diane Dilascio, Rosemary Dunsmore, Kaj-Erik Eriksen, Fionnula Flanagan, Tamara Gorski, Graham Greene, Anthony Michael Hall, Anthony Harrison, Laurie (Akte X) Holden, Geordi (Dracula ist wieder da) Johnson, Tamsin Kelsey, Kevin (Mission Erde) Kilner, Jeff (Clan der Vampire) Kober, Mimi Kuzyk, Tzi Ma, Simon (Ein Fall für Professor Chase) MacCorkindale, Nick (Wild Palms) Mancuso, Stephen (Die Schöne und das Biest) McHattie, Michael (Psi Factor) Moriarty, John (Die Abenteuer des Brisco County, Jr.) Pyper-Ferguson, Alan Rachins, Zelda Rubinstein, William (Roswell) Sadler, Garwin (Odyssee ins Traumland) Sanford, Michael Sarrazin, Eric Schneider, William Morgan (Max Headroom) Sheppard, Sebastian (First Wave) Spence, Mal-

colm Stewart, David Ogden Stiers, Cary-Hiroyuki (Space Rangers) Tagawa, Venus Terzo, Roy (Invasion von der Wega) Thinnes, Ian (Die Minikins) Tracey, Floyd Red Crow Westerman und Robert (Odyssee ins Traumland) Wisden.

EPISODEN (RTL 2):
1. DER FÜNFTE SCHREIN (Poltergeist: The Legacy) 26.03.97
2. DIE SÜNDEN EINES VATERS (Sins Of The Father) 02.04.97
3. KOLONIE DER EWIGKEIT (Town Without Pity) 09.04.97
4. HAUS DER VERDAMMNIS (The Tenement) 16.04.97
5. BLUTIGES PERGAMENT (The Twelfth Cave) 23.04.97
6. JOHN DOE-DER UNBEKANNTE KAPITÄN (Man In The Mist) 30.04.97
7. STRASSEN DES TODES (Ghost In The Road) 07.05.97
8. DOPPELGÄNGER (Doppelganger) 14.05.97
9. DAS TAGEBUCH (The Substitute) 21.05.97
10. KRANKENHAUS OHNE WIEDERKEHR (Do Not Go Gently) 28.05.97
11. DAR SCARABÄUS (The Crystal Scarab) 04.06.97
12. DIE GLOCKE DES GIRARDIUS (The Bell Of Girardius) 11.06.97
13. RUHET IN FRIEDEN (Fox Spirit) 18.06.97
14. DIE DREIZEHNTE GENERATION (The 13th Generation) 25.06.97
15. DAS MEDAILLON (The Dark Priest) 02.07.97
16. DER CLUB DER HEXEN (Revelations) 09.07.97
17. DIE GEBEINE DES HEILIGEN ANTONIUS (The Bones Of St. Anthony) 16.07.97
18. DAS VERMÄCHTNIS (The Inheritance) 23.07.97
19. DIE ABRECHNUNG (The Reckoning) 30.07.97
20. IM TUNNEL DER VERDAMMTEN (The Signalman) 06.08.97
21. DIE VERSCHWÖRUNG (The Traitor) 13.08.97

EPISODEN (VOX):
22. TEUFEL IN WEISS (The New Guard) 29.03.98
23. DIE SCHWARZE WITWE (The Black Widow) 05.04.98
24. EWIGE FINSTERNIS (Lights Out) 12.04.98
25. VERSKLAVTE SEELEN (Spirit Thief) 19.04.98
26. PUPPENSPIEL (The Gift) 26.04.98
27. TÖDLICHE THERAPIE (Transference) 03.05.98
28. DER TODESENGEL (Dark Angel) 10.05.98
29. DER VERLORENE SOHN (Lives In The Balance) 17.05.98
30. DER WOLFSMENSCH (Rough Beast) 24.05.98
31. MENSCHENOPFER (Ransom) 31.05.98

32. DER SPINNENGOTT (Finding Richter)
07.06.98
33. ABSOLUTION (Repentance) 14.06.98
34. LEUCHTTURM DES SCHRECKENS (The Devil's Lighthouse) 21.06.98
35. WIEGENLIED FÜR EINE LEICHE (Lullaby)
28.06.98
36. RACHE AUS DEM JENSEITS (Silent Partner)
05.07.98
37. TÖDLICHER BESCHÜTZER (Shadow Fall)
12.07.98
38. DAS ZWEITE GESICHT (Mind's Eye) 19.07.98
39. NACKTE ANGST (Fear) 26.07.98
40. DAS TOR ZUR UNTERWELT (Someone To Watch Over Me) 02.08.98
41. DER HEXER (Let Sleeping Demons Lie)
09.08.98
42. AM SCHEIDEWEG (The Choice) 16.08.98
43. DER LANGE ARM DES BÖSEN (Trapped)
23.08.98

44. TRANSFORMATION 1 (Darkness Falls)
18.04.99
45. TRANSFORMATION 2 (Light Of Day) 25.04.99
46. DAS FLAMMENKREUZ (Enlightened One)
02.05.99
47. VERRATEN UND VERKAUFT (Stolen Hearts)
09.05.99
48. IM NAMEN DES VATERS (Father To Son)
16.05.99
49. GEFALLENE ENGEL (Fallen Angel) 23.05.99
50. DER FEIND IM BETT (Dream Lover) 30.05.99
51. FELD DER EHRE (Debt Of Honor) 06.06.99
52. DÄMON DER ZERSTÖRUNG (The Light)
13.06.99
53. DAS SZEPTER (Hell Hath No Fury) 20.06.99
54. DER IRISCHE KRUG (Irish Jug) 27.06.99
55. DER KILLEREFFEKT (Metamorphosis)
04.07.99
56. DAS DUELL (La Belle Dame Sans Merci)
11.07.99
57. TOTENTANZ (The Prodigy) 18.07.99
58. KURZES ERWACHEN (The Human Vessel)
25.07.99
59. TODSÜNDE (The Covenant) 01.08.99
60. DIE VERFLUCHTE STADT (The Internement)
08.08.99
61. DIE KUNST DER VERFÜHRUNG (Seduction)
15.08.99
62. GEISTER, DIE ER RIEF (Out Of Sight)
22.08.99
63. DER LETZTE RITTER (The Last Good Knight)
29.08.99
64. DAS HEER DER UNTOTEN (Armies Of Knight) 05.09.99
65. ZWISCHEN LICHT UND SCHATTEN (The Darkside) 12.09.99

66. AUGE UM AUGE (Song Of The Raven)
20.06.00
67. BESESSEN (Bird Of Prey) 27.06.00
68. BLUTRACHE (The Vendetta) 04.07.00
69. DAS BILDNIS (The Painting) 11.07.00
70. FLUCH DER GENERATIONEN (The Possession) 18.07.00
71. SAAT DES ZWEIFELS (The Traitor) 25.07.00
72. DOPPELTES SPIEL (Double Cross) 01.08.00
73. DAS AMULETT (The Initiation) 08.08.00
74. DER FLASCHENGEIST (Wishful Thinking)
15.08.00
75. HAUS DER VERDAMMTEN (Still Waters)
22.08.00
76. DER SEELENJÄGER (Brother's Keeper)
77. DER SEELENSAMMLER (Unholy Congress)
29.08.00
78. HEXENJAGD (The Sacrifice) 05.09.00
79. DEN TEUFEL IM HERZEN (She's Got The Devil In Her Heart) 12.09.00
80. SOUVENIR AUS DER HÖLLE (Body And Soul)
19.09.00
81. VERGISSMEINNICHT (Forget Me Not)
26.09.00
82. DAS HÖLLENPORTAL (The Portents)
17.10.00
83. DAS GEISTERHAUS (Gaslight) 24.10.00
84. HEXENSABBAT (Sabbath's End) 31.10.00
85. DAS TESTAMENT (The Beast Within) 07.11.00
86. DER PARASIT (The Mephisto Strain) 13.11.00
87. DAS SPIEL DES SCHICKSALS (Internal Affairs) 14.11.00

POWER RANGERS
(Mighty Morphin Power Rangers & Power Rangers Zeo & Power Rangers Turbo)
USA 1993-96; 156 Episoden (Mighty Morphin)
USA 1996/97; 20 Episoden (Zeo)
USA 1997/98; 46 Episoden (Turbo)
USA 1995 & 1998; 2 Spielfilme
Deutsche Ausstrahlung:
RTL Television 1994-99; 193 Episoden

Darsteller: Austin St. John (Jason Lee Scott/Roter Ranger - 1993/94), Thuy Trang (Trini Kwan/Gelber Ranger - 1993/94), Walter Jones (Zack Taylor/Schwarzer Ranger - 1993/94), Amy Jo Johnson (Kimberly Hart/Pink Ranger - 1993-95), David Yost (Billy/Blauer Ranger - 1993-96), Jason David Frank (Tommy Oliver/Grüner Ranger/Weisser Ranger/Zeo: Roter Ranger), Paul Schrier (Farkus „Bulk" Bulkmeier), Jason Narvy (Eugene „Skull" Skullowicz), David Fielding (Zordon - 1993), Soga Machiko (Rita Repulsa - 1993/94), Romy J. Scharf (Alpha 5 - 1993-95), Bob Monahan (Zordon - 1993-98), Karan Ashley (Aisha Campbell/Gelber Ranger - 1994-96), Johnny

Yong Bosch (Adam/Schwarzer Ranger/Zeo: Grüner Ranger - 1994-98), Steve Cardenas (Rocky/Roter Ranger/Zeo: Blauer Ranger - 1994-98), Carla Perez (Rita Repulsa - 1994-98), Catherine Sutherland (Katherine „Kat" Hillard/Pink Ranger - 1995-98), Sandi Sellner (Alpha 5 - 1995-97), Nakia Burrise (Tonya/Zeo: Gelber Ranger - 1996/97), Richard Genelle (Ernie), Gregg Bullock (Lieutenant Jerome Stone - 1995-98), Carol Hoyt (Divatox - 1996/97), Tracy Lynn Cruz (Ashley/Gelber Ranger), Blake Foster (Justin Stewart/Blue Ranger - 1997/98), Patricia Ja Lee (Cassie/Pink Ranger - 1997/98), Roger Velasco (Carlos/Grüner Ranger - 1997/98), Selwyn Ward (T. J./Roter Ranger - 1997/98), Hilary Shepard Turner (Divatox - 1997/98), Donene Kistler (Alpha 6 - 1997/98).

Eine Gruppe von Teenagern wird von einer ausserirdischen Macht, Zordon genannt, auserwählt, um als Power Rangers gegen die Mächte des Bösen anzutreten.

Produzent Haim Saban stolperte auf einer Japanreise über die Serie „Zuy Rangers" — fünf japanische Teenager verwandeln sich in Superhelden — und dachte sich, dass man eine solche Serie auch in den USA zeigen könne. Um es einfach zu machen, kaufte er die Kampfszenen von der verantwortlichen Toei Company. Sein Plan war es, den Kampfszenen der glücklicherweise mit bedecktem Gesicht agierenden Helden, neue Szenen mit jungen, hübschen Amerikanern anzufügen, damit diese nun zu Rangern werden konnten. Allerdings dauerte es acht Jahre, ehe ein Sender anbiss. Den Köder schluckte letztlich Fox Children's Network in Form seiner Präsidentin Margaret Loesch. Die Rechnung ging auf. Binnen kürzester Zeit wurde POWER RANGERS die Nummer 1 in seinem Bereich. Hinzu kam ein riesiger Erfolg auf dem Spielzeugmarkt — die Actionfiguren der Firma Bandai gingen weg wie die sprichwörtlichen Semmeln.
Um den Erfolg auszubauen, kreierte man mit V. R. TROOPERS (qv) eine zweite Serie gleicher Machart. Schliesslich folgte MASKED RIDER (qv) als wirkliches Spin-Off, da deren Hauptcharakter in einem RANGERS-Mehrteiler eingeführt wurde. Auch die Konkurrenz liess nicht lange auf sich warten: DIC Entertainment startete SUPERHUMAN SAMURAI SYBER-SQUAD (qv), eine Serie, die es schaffte, den niedrigen Standard von POWER RANGERS noch zu unterbieten.

Naturgemäss brachten die Prügeleien der RANGERS wieder einmal einige Sittenwächter auf den Plan, die ob der hohen Verwendung „brutaler" Szenen ins Schaudern gerieten. Statt sich über diese Sandkastenkämpfe Gedanken zu machen, sollten diese vielleicht mal überprüfen, was hinrissige Drehbücher in „unseren Kindern" anrichten...
Aufgrund der Tatsache, dass die japanischen „Vorlage-Serien" jeweils nur auf ein Jahr konzipiert werden, musste man, wegen ansonsten fehlender Kampfszenen, mehrere Neudefinitionen der Figuren in Uniform vornehmen. Staffel 1 benutzte z.B. Kampfszenen der Reihe ZYU RANGER, Staffel 2 die der Reihe DAI RANGER. Die amerikanischen POWER RANGER wurden also mit neuen Zords (das sind die Dinger, die ihnen ihre Kräfte verleihen) ausgestattet und wechselten die Kostüme. Etwa so lief es auch in den Folgestaffeln und -serien ab.
Die Anzahl der Darsteller resultiert aus der Tatsache, dass im Laufe der Serie auch die POWER RANGERS-Darsteller mehrfach wechselten.
Es folgte POWER RANGERS IN SPACE (qv).

EPISODEN:
1. DIE RÜCKKEHR DER HEXE (Day Of The Dumpster) 16.04.94
2. HÖHENANGST (High Five) 23.04.94
3. GEMEINSAMKEIT MACHT STARK (Teamwork) 30.04.94
4. DAS GEHEIMNIS DER KRISTALLE (Pressing Engagement) 07.05.94
5. DIE ENTFÜHRUNG (A Different Drum) 14.05.94
6. EINE TEUFLISCHE IDEE (Food Fight) 21.05.94
7. DIE MAGISCHE LAMPE (Switching Places) 28.05.94
8. DER BÖSE BLICK(I, Eye Guy) 04.06.94
9. EIN GEFÄHRLICHES SPIELZEUG (For Whom The Bell Trolls) 11.06.94
10. DER SCHWARZE RITTER (Happy Birthday, Zack) 18.06.94
11. DER TAG DES CLOWNS (No Clowning Around) 25.06.94
12. DIE RIESENKRÖTE (Power Rangers Punks) 02.07.94
13. DER ZWEIKAMPF (Peace, Love, And Woe) 09.07.94
14. SCHWARZ WIE DIE NACHT (Dark Warrior) 16.07.94
15. ANGST ÜBER DEN WOLKEN (Foul Play In The Sky) 23.07.94
16. DER GRÜNE RANGER (Green With Evil 1) 30.07.94

17.	DAS SCHWERT DER FINSTERNIS (Green With Evil 2) 06.08.94
18.	DER HINTERHALT (Green With Evil 3) 13.08.94
19.	ALLES LÄUFT SCHIEF (Green With Evil 4) 20.08.94
20.	RITAS BÖSER ZAUBER (Green With Evil 5) 27.08.94
21.	ÄRGER MIT SHELLSHOCK (The Trouble With Shellshock) 03.09.94
22.	ZACHY UND DIE SPINNEN (Itsy Bitsy Spider) 10.09.94
23.	RITAS GEHEIMWAFFE (The Spit-Flower) 17.09.94
24.	DIE PARTYÜBERRASCHUNG (Life's A Masquerade) 24.09.94
25.	EIN GUTES TEAM (Gung Ho!) 01.10.94
26.	DAS VERHEXTE SPINNRAD (Wheel Of Misfortune) 08.10.94
27.	INSEL DER ILLUSIONEN 1 (Island Of Illusion 1) 15.10.94
28.	INSEL DER ILLUSIONEN 2 (Island Of Illusion 2) 22.10.94
29.	DER SPIEGEL DES SCHRECKENS (The Rock Star) 29.10.94
30.	GLÜCK IM UNGLÜCK (Calamity Kimberly) 05.11.94
31.	TOMMY KOMMT GROSS RAUS (A Star Is Born) 12.11.94
32.	EIN GESCHENK FÜR RITA (The Yolk's On You) 19.11.94
33.	DIE GEHEIMNISVOLLE KERZE 1 (The Green Candle 1) 26.11.94
34.	DIE GEHEIMNISVOLLE KERZE 2 (The Green Candle 2) 03.12.94
35.	DER PANZERSAURUS (Birds Of A Feather) 10.12.94
36.	SCHRECKEN OHNE ENDE (Clean Up Club) 17.12.94
37.	DOPPELGÄNGER (A Bad Reflection On You) 24.12.94
38.	DER UNBESIEGBARE 1 (Doomsday 1) 31.12.94
39.	DER UNBESIEGBARE 2 (Doomsday 2) 07.01.95
40.	EIN GEMEINER TRICK (A Pig Surprise) 14.01.95
41.	STURM ÜBER ANGEL GROVE (Lions And Blizzards) 21.01.95
42.	DIE SCHLINGPFLANZE (Rita's Seed Of Evil) 28.01.95
43.	DER ZAUBERKRISTALL (Crystal Of Nightmares) 04.02.95
44.	ABENTEUER UNTER WASSER (Something Fishy) 11.02.95
45.	DER HERRENLOSE HUND (To Flea Or Not To Flea) 18.02.95
46.	DIE ZEITKAPSEL (Reign Of The Jellyfish) 25.02.95
47.	TRINI IN NOT (Plague Of The Mantis) 04.03.95
48.	DER KAMPF UM DIE POWERMÜNZEN 1 (Return Of An Old Friend 1) 11.03.95
49.	DER KAMPF UM DIE POWERMÜNZEN 2 (Return Of An Old Friend 2) 18.03.95
50.	MIT GIFT UND STACHEL (Grumble Bee) 25.03.95
51.	DAS MONSTER MIT DEN ZWEI KÖPFEN (Two Heads Are Better Than One) 01.04.95
52.	KALT ERWISCHT (Fowl Play) 08.04.95
53.	DER EIDECHSENMANN (Enter The Lizzinator) 14.04.95
54.	WIE GEWONNEN, SO ZERRONNEN (Trick Or Treat) 15.04.95
55.	DAS NINJA-ABENTEUER 1 (Ninja Quest 1) 22.06.96
56.	DAS NINJA-ABENTEUER 2 (Ninja Quest 2) 29.06.96
57.	DAS NINJA-ABENTEUER 3 (Ninja Quest 3) 06.07.96
58.	DAS NINJA-ABENTEUER 4 (Ninja Quest 4) 13.07.96
59.	WENN TRÄUME WAHR WERDEN (A Brush With Destiny) 20.07.96
60.	ANGRIFF AUS DEM ALL 1 (A Friend In Need 1) 27.07.96
61.	ANGRIFF AUS DEM ALL 2 (A Friend In Need 2) 03.08.96
62.	ANGRIFF AUS DEM ALL 3 (A Friend In Need 3) 10.08.96
63.	EIN GEFÄHRLICHES ERBE (Passing The Lantern) 17.08.96
64.	ROLLENTAUSCH (Wizard For A Day) 24.08.96
65.	SCHICKSALSSPIEL (Fourth Down And Long) 31.08.96
66.	DIE UNHEIMLICHE MASKE (Final Face-Off) 07.09.96
67.	BLIND VOR HASS 1 (Stop The Hate Master 1) 14.09.96
68.	BLIND VOR HASS 2 (Stop The Hate Master 2) 21.09.96
69.	CHAOS IN ANGEL GROVE (The Potion Notion) 28.09.96
70.	BEGEGNUNG AM NORDPOL (I'm Dreaming Of A White Ranger) 05.10.96
71.	DAS MÄDCHEN UND DIE KATZE 1 (A Ranger Catastrophe 1) 12.10.96
72.	DAS MÄDCHEN UND DIE KATZE 2 (A Ranger Catastrophe 2) 19.10.96
73.	DIE EROBERUNG DER ZORDS 1 (Changing Of The Zords 1) 26.10.96
74.	DIE EROBERUNG DER ZORDS 2 (Changing Of The Zords 2) 02.11.96
75.	DIE EROBERUNG DER ZORDS 3 (Changing Of The Zords 3) 09.11.96
76.	DAS GEISTERAUTO (Follow That Cab!) 16.11.96

77. AM RANDE DES ABGRUNDS 1 (A Different Shade Of Pink 1) 23.11.96
78. AM RANDE DES ABGRUNDS 2 (A Different Shade Of Pink 2) 30.11.96
79. AM RANDE DES ABGRUNDS 3 (A Different Shade Of Pink 3) 07.12.96
80. DER HÖLLENSCHLUND (Rita's Pita) 14.12.96
81. DIE LEBENDE MAUER (Another Brick In The Wall) 21.12.96
82. DER AFFE IST LOS (A Chimp In Charge) 28.12.96
83. DER FÜRST DER FINSTERNIS 1 (Master Vile And The Metallic Armor 1) 04.01.97
84. DER FÜRST DER FINSTERNIS 2 (Master Vile And The Metallic Armor 2) 11.01.97
85. DER FÜRST DER FINSTERNIS 3 (Master Vile And The Metallic Armor 3) 18.01.97
86. IM RAUSCH DER TÖNE (The Sound Of Dischordia) 25.01.97
87. DIE ERDE STEHT STILL (Rangers In Reverse) 01.02.97
88. DIE RANGERS VON AQUITAR 1 (Alien Rangers Of Aquitor 1) 08.02.97
89. DIE RANGERS VON AQUITAR 2 (Alien Rangers Of Aquitor 2) 15.02.97
90. ANGEL GROVES NEUE HELDEN (Climb Every Mountain) 22.02.97
91. IN DER FALLE (The Alien Trap) 01.03.97
92. MIT HERZ UND VERSTAND (Attack Of The 60' Bulk) 08.03.97
93. DIE JAGD NACH DEM KRISTALL (Water Are Thinking?) 15.03.97
94. IM NETZ DER SPINNE (Along Came A Spider) 22.03.97
95. VERSCHLUNGENE PFADE (Sowing The Seas Of Evil) 29.03.97
96. EINSAME WEGE 1 (Hogday Afternoon 1) 05.04.97
97. EINSAME WEGE 2 (Hogday Afternoon 2) 12.04.97
98. DER ROBOTERKÖNIG 1 (A Zeo Beginning 1) 19.04.97
99. DER ROBOTERKÖNIG 2 (A Zeo Beginning 2) 26.04.97
100. DER KAMPFSTERN (The Shooting Star) 03.05.97
101. DAS COMPUTERSPIEL (Target Rangers) 10.05.97
102. FÜNF POWER RANGERS UND EIN BABY (For Cryin' Out Loud) 17.05.97
103. EIN KNAPPER SIEG (Rangers In The Outfield) 24.05.97
104. SMOKEY UND DER VULKAN (Every Dog Has His Day) 31.05.97
105. DER PUPPENMANN (The Puppet Blaster) 07.06.97
106. DIE INVASION DER RANGER-FRESSER (Invasion Of The Ranger Snatchers) 14.06.97
107. REISE INS UNGEWISSE (Graduation Blues) 21.06.97

108. GEFÄHRLICHE BLÜTEN (A Few Bad Seeds) 28.06.97
109. EIN KONZERT FÜR KÖNIG MONDO (Instrument Of Destruction) 05.07.97
110. DER COMPUTERSCHRECK (Mean Screen) 12.07.97
111. IRRFAHRT DURCHS ALL (Mr. Billy's Wild Ride) 19.07.97
112. IN EIS UND SCHNEE 1 (There's No Business Like Snow Business 1) 26.07.97
113. IN EIS UND SCHNEE 2 (There's No Business Like Snow Business 2) 02.08.97
114. IN EIS UND SCHNEE 3 (There's No Business Like Snow Business 3) 09.08.97
115. WAS IST MIT TOMMY LOS? (Inner Spirit) 16.08.97
116. DIE HERAUSFORDERUNG (Challenges) 23.08.97
117. TOMMYS BRUDER IN GEFAHR (Found And Lost) 30.08.97
118. DOPPELT AUSGETRICKST (Brother, Can You Spare An Arrowhead?) 06.09.97
119. EIN FALSCHER FREUND 1 (Trust In Me) 13.09.97
120. EIN FALSCHER FREUND 2 (Trust In Me) 20.09.97
121. DER KLEINE BÖSE PRINZ (Bulk Fiction) 27.09.97
122. TANYA SUPERSTAR (Song Sung Yellow) 04.10.97
123. AUF EHRE UND GEWISSEN (Game Of Honor) 11.10.97
124. DIE PYRAMIDE AUS DEM WELTALL (The Power Of Gold) 18.10.97
125. EIN KLEINES PROBLEM (A Small Problem) 25.10.97
126. GIFTIGES WASSER (Oily To Bed, Oily To Rise) 08.11.97
127. DIE MONSTERPARADE (It Came From Angel Grove) 15.11.97
128. WIEGENLIED FÜR DIE POWER RANGERS (Rock-A-Baby Power Rangers) 22.11.97
129. WER IST DER GOLDENE RANGER? (Do I Know You?) 29.11.97
130. DAS GOLDENE GEHEIMNIS (Revelation Of Gold) 06.12.97
131. DER NEUE GOLDENE RANGER (A Golden Homecoming) 13.12.97
132. MONDOS LETZTER KAMPF (Mondo's Last Stand) 20.12.97
133. DER ÜBERRASCHUNGSANGRIFF (Bomber In The Summer) 27.12.97
134. EIN STINKTIER KOMMT SELTEN ALLEIN (Scent Of A Weasel) 03.01.98
135. DIE HÖHLE VON AURIC (The Lore Of Auric) 10.01.98
136. DER MIDAS-HUND (The Ranger Who Came In From The Cold) 17.01.98
137. EIN SCHLECHTER SCHERZ (The Joke's On You) 24.01.98

138. EIN MYSTERIÖSER FALL (Where In The World Is Zeo Ranger 5) 31.01.98
139. KÖNIG FÜR EINEN TAG 1 (King For A Day 1) 07.02.98
140. KÖNIG FÜR EINEN TAG 2 (King For A Day 2) 14.02.98
141. WETTLAUF MIT DER ZEIT (A Brief Mystery Of Time) 21.02.98
142. AUS SPIEL WIRD ERNST (A Mystery To Me) 28.02.98
143. MELODIE DER ANGST (Another Song And Dance) 07.03.98
144. KAMPF DER ZWEI WELTEN 1 (Rangers Of Two Worlds 1) 14.03.98
145. KAMPF DER ZWEI WELTEN 2 (Rangers Of Two Worlds 2) 21.03.98
146. DIE ROBOTER-FALLE (Hawaii Zeo) 28.03.98
147. JASONS SCHWERSTE STUNDE (Good As Gold) 04.04.98
148. EIN FEST DER LIEBE (A Season To Remember) 11.04.98
149. DIE BOMBE TICKT 1 (Shift Into Turbo 1) 18.04.98
150. DIE BOMBE TICKT 2 (Shift Into Turbo 2) 25.04.98
151. DIE BOMBE TICKT 3 (Shift Into Turbo 3) 02.05.98
152. DER TRICK MIT DER FARBE (Shadow Rangers) 09.05.98
153. SOS AUS DEM ALL (Transmission Impossible) 16.05.98
154. VOLL AUF SIEG (Rally Rangers) 23.05.98
155. DER RASENDE DÄMON (Built For Speed) 30.05.98
156. EIN TÜCKISCHES GESCHENK (Bicycle Built For The Blues) 06.06.98
157. ALLES LÜGE (The Whole Lie) 13.06.98
158. RÄTSEL DER HIEROGLYPHEN (Glyph Hanger) 20.06.98
159. DAS EINMALEINS DES SCHRECKENS (Weight And See) 27.06.98
160. ALARM AN ALLEN FRONTEN (Alarmed And Dangerous) 04.07.98
161. NACHRICHT AUS DER ZUKUNFT (The Millennium Message) 11.07.98
162. GEFAHR IM STADION (A Drive To Win) 18.07.98
163. AUTOS GREIFEN AN (Cars Attacks) 25.07.98
164. LIEBLING, ICH HABE DIE RANGERS GESCHRUMPFT 1 (Honey, I Shrunk The Rangers 1) 01.08.98
165. LIEBLING, ICH HABE DIE RANGERS GESCHRUMPFT 2 (Honey, I Shrunk The Rangers 2) 08.08.98
166. FEUERSTURM 1 (Passing The Torch 1) 15.08.98
167. FEUERSTURM 2 (Passing The Torch 2) 22.08.98
168. EINE NUMMER ZU GROSS (Stitch Witchery) 29.08.98

169. WILLKOMMEN IM TEAM (The Wheel Of Fate) 05.09.98
170. DAS PIZZAMONSTER (Trouble By The Slice) 12.09.98
171. DAS PHANTOM (The Phantom Phenomenon) 19.09.98
172. SPURLOS VERSCHWUNDEN (Vanishing Act) 26.09.98
173. DIE ZEIT STEHT STILL (When Time Freezes Over) 10.10.98
174. EIN SCHWARZER TAG (The Darkest Day) 17.10.98
175. DIE LETZTE HOFFNUNG (One Last Hope) 24.10.98
176. DIE FALLE SCHNAPPT ZU (The Fall Of The Phantom) 31.10.98
177. EINE SCHWERE ENTSCHEIDUNG (Clash Of The Megazords) 07.11.98
178. SPIEGELBILDER (The Robot Ranger) 14.11.98
179. DIE DREI MÜNZEN (Beware The Third Wish) 21.11.98
180. DIE SAAT DES BÖSEN (Gardener Of Evil) 28.11.98
181. EINE EXPLOSIVE MISCHUNG (Fire In Your Tank) 05.12.98
182. DER VERRÜCKTE MECHANIKER (Turn Off The Wretched Wrench) 12.12.98
183. DER WALDGEIST (Spirit Of The Woods) 19.12.98
184. AUSGETRICKST NACH NOTEN (Song Of The Confusion) 02.01.99
185. DER UNFALL (The Accident) 09.01.99
186. JESSIES BESTER FREUND (Cassie's Best Friend) 16.01.99
187. EIN SPIEL MIT RISIKO (The Curve Ball) 23.01.99
188. DER VAMPIR (Carlos And The Count) 30.01.99
189. KLEINER MANN GANZ GROSS (Little Strong Man) 06.02.99
190. RIVALINNEN (The Rival Rangers) 13.02.99
191. MEISTERDIEBE AUS DEM ALL (The Stakeout) 20.02.99
192. GROSSANGRIFF VON DIVATOX 1 (Chase Into Space 1) 27.02.99
193. GROSSANGRIFF VON DIVATOX 2 (Chase Into Space 2) 06.03.99

EPISODEN (nicht gesendet):
Mighty Morphin Power Rangers:
194. (Big Sisters)
195. (Switching Places)
196. (On Fins And Needles)
197. (Second Chance)
198. (Football Season)
199. (Mighty Morphin' Mutants)
200. (An Oyster Stew)
201. (Alpha's Magical Christmas)
202. (The Mutiny 1)

203. (The Mutiny 2)
204. (The Mutiny 3)
205. (Beauty And The Beast)
206. (White Light 1)
207. (White Light 2)
208. (Two For One)
209. (Opposites Attract)
210. (Zedd's Monster Mash)
211. (The Ninja Encounter 1)
212. (The Ninja Encounter 2)
213. (The Ninja Encounter 3)
214. (A Monster Of Global Proportions)
215. (Zedd Waves)
216. (The Power Transfer 1)
217. (The Power Transfer 2)
218. (The Wanna-Be Ranger)
219. (Putty On The Brain)
220. (Bloom Of Doom)
221. (The Green Dream)
222. (The Power Stealer)
223. (The Beetle Invasion)
224. (Welcome To Venus Island)
225. (The Songs Of Guitardo)
226. (Green No More 1)
227. (Green No More 2)
228. (Missing Green)
229. (Orchestral Maneuvers In The Park)
230. (Goldar's Vice-Versa)
231. (Mirror Of Regret)
232. (Scavenger Hunt)
233. (Where There's Smoke, There's Fire)
234. (The Great Bookala Escape)
235. (When Is A Ranger Not A Ranger?)
236. (Rocky Just Wants To Have Fun)
237. (Forever Friends)
238. (Rangers Back In Time 1)
239. (Rangers Back In Time 2)
240. (The Wedding 1)
241. (The Wedding 2)
242. (The Wedding 3)
243. (Return Of The Green Ranger 1)
244. (Return Of The Green Ranger 2)
245. (Return Of The Green Ranger 3)
246. (I Came, I Saw, I Almost Conquered)
247. (A Reel Fish Story)
248. (Lights, Camera, Action)
249. (Best Man For The Job)
250. (Storybook Rangers 1)
251. (Storybook Rangers 2)
252. (Wild West Rangers 1)
253. (Wild West Rangers 2)
254. (Blue Ranger Gone Bad)
Power Rangers Turbo:
255. (Parts And Parcel)
256. (Strength In Numbers)

FILME:
I. POWER RANGERS-DER FILM (Mighty Morphin' Power Rangers: The Movie; 1995) 13.07.95; Kino

II. TURBO: DER POWER RANGERS FILM (Turbo: A Power Rangers Film) 1998; Video

POWER RANGERS IN SPACE
(Power Rangers In Space)
USA 1998; 43 Episoden
Deutsche Ausstrahlung:
RTL Television 1999/2000; 43 Episoden

Darsteller: Tracy Lynn Cruz (Ashley/Gelber Ranger), Patricia Ja Lee (Cassie/Pink Ranger), Christopher Khayman Lee (Andros/Roter Ranger), Roger Velasco (Carlos/Schwarzer Ranger), Selwyn Ward (T. J./Blauer Ranger), Melody Perkins (Astronema), Paul Schrier (Farkus „Bulk" Bulkmeier), Jason Narvy (Eugene „Skull" Skullowicz), A. Lesley (Adelle), Donene Kistler (Alpha 6), Kenny Graceson (Elgar), Jack Banning (Professor Phenomenus).

Mehr Ranger-Geschichten — siehe vorhergehenden Eintrag — ohne grosse Änderung der Grundlagen und Inhalte. Okay, okay, die powerigen Ranger kämpfen jetzt im Weltall — wohl, weil das besonders en vogue ist — und mit dem Ausserirdischen Andros ist ein neuer Charakter eingeführt worden, aber viel Veränderung bringt das eigentlich nicht.
Der wohl gravierenste Unterschied: Selbst RTL ist diesmal zu einem Titelwechsel übergegangen. Von der letzten Version übernommen wurden die Rangers-Darsteller Cruz, Patricia Ja Lee, Velasco und Ward sowie Kistlers Alpha 6-Darstellung; Melody Perkins übernahm eine weitere Rolle in der Folgeserie POWER RANGERS LOST GALAXY (qv).

EPISODEN:
1. ZWISCHEN HIMMEL UND ERDE 1 (From Out Of Nowhere 1) 13.03.99
2. ZWISCHEN HIMMEL UND ERDE 2 (From Out Of Nowhere 2) 20.03.99
3. VERFOLGUNG IM WELTALL (Save Our Ship) 27.03.99
4. FEINDE AUS DEM UNTERGRUND (Shell Shocked) 10.04.99
5. ALLE FÜR EINEN (Never Stop Searching) 17.04.99
6. SATELLITENJAGD (Satellite Search) 24.04.99
7. ANDROS UND DIE RÄUBERBANDE (A Ranger Among Thieves) 01.05.99
8. DAS VERSCHWUNDENE TAGEBUCH (When Push Comes To Shove) 08.05.99

9.	INVASION DER KRATERWESEN (The Crate-
	rite Invasion) 15.05.99
10.	DER VERSAGER (The Wasp With A Heart)
	22.05.99
11.	RAUMSCHIFF DELTA (The Delta Discovery)
	29.05.99
12.	- liegt nicht vor - (The Great Evalyzer) 05.06.99
13.	- liegt nicht vor - (Grandma Matchmaker)
	12.06.99
14.	EIN GIFTIGER FEIND (The Barillian Sting)
	19.06.99
15.	- liegt nicht vor - (The Blue Identity Crisis)
	26.06.99
16.	- liegt nicht vor - (Flashes Of Darkona)
	03.07.99
17.	- liegt nicht vor - (The Rangers Mega Voyage)
	10.07.99
18.	- liegt nicht vor - (True Blue To The Rescue)
	17.07.99
19.	- liegt nicht vor - (Invasion Of The Body Swit-
	cher) 24.07.99
20.	KALT WIE EIS (Survival Of The Silver)
	31.07.99
21.	- liegt nicht vor - (Red With Envy) 07.08.99
22.	- liegt nicht vor - (The Silver Secret) 14.08.99
23.	- liegt nicht vor - (A Date With Danger)
	21.08.99
24.	- liegt nicht vor - (Zhane's Destiny) 28.08.99
25.	- liegt nicht vor - (Always A Chance) 04.09.99
26.	- liegt nicht vor - (The Secret Of The Locket)
	11.09.99
27.	- liegt nicht vor - (Astronema Thinks Twice)
	18.09.99
28.	DER DSCHUNGELPLANET (The Rangers
	Leap Of Faith) 25.09.99
29.	DIE GROSSE PANIK 1 (Dark Specter's Re-
	venge 1) 02.10.99
30.	DIE GROSSE PANIK 2 (Dark Specter's Re-
	venge 2) 09.10.99
31.	- liegt nicht vor - (Rangers Gone Psycho)
	16.10.99
32.	ANRUF FÜR CARLOS (Carlos On Call)
	23.10.99
33.	- liegt nicht vor - (A Rift In The Rangers)
	30.10.99
34.	DIE FARBE DES RANGERS (Five Of A Kind)
	06.11.99
35.	- liegt nicht vor - (Silence Is Golden) 13.11.99
36.	- liegt nicht vor - (The Enemy Within) 20.11.99
37.	- liegt nicht vor - (Andros And The Stowaway)
	27.11.99
38.	- liegt nicht vor - (Mission To Secret City)
	04.12.99
39.	- liegt nicht vor - (Ghosts In The Machine)
	11.12.99
40.	- liegt nicht vor - (The Impenetrable Web)
	18.12.99
41.	DAS MONSTERAUTO (A Line In The Sand)
	25.12.99

42.	DAS LETZTE GEFECHT 1 (Countdown To De-
	struction 1) 15.01.00
43.	DAS LETZTE GEFECHT 2 (Countdown To De-
	struction 2) 22.01.00

POWER RANGERS LIGHTSPEED RESCUE
(Power Rangers Lightspeed Rescue)
USA 2000-2001; 40 Episoden
Deutsche Ausstrahlung:
RTL Television 2001; 6 Episoden

Darsteller: Michael Chaturantabut (Chad Lee/
Blauer Ranger), Alison MacInnes (Dana Mitchell/
Pink Ranger), Sean Johnson (Carter Grayson/
Roter Ranger), Sasha Williams (Kelsey Winslow/
Gelber Ranger), Keith Robinson (Joel Rawlings/
Grüner Ranger), Ron Rogge (Captain Mitchell),
Monica Louwerens (Miss Fairweather), Neil Kap-
lan (Diabolico), Diane Salinger (Königin Ban-
sheera), Jennifer L. Yen (Vypra), Brianne Siddall
(Impus), Kim Strauss (Jinxer).

Der böse Diabolico will die Erde beherrschen.
Als Basis will er Mariner Bay benutzen. Doch ge-
nau hier stösst er auf fünf nigelnagelneue Power
Rangers.

Und wieder werden fünf irdische Teenager zu
sinnlosen Prügeleien als Power Rangers verleitet
— als ob es davon nicht schon genug gäbe.
Es folgte POWER RANGERS TIME FORCE.

EPISODEN:
1.	DAS NEUE TEAM (Operation Lightspeed)
	17.02.01
2.	MIT VEREINTER KRAFT (Lightspeed Team-
	work) 24.02.01
3.	DIE MACHT DES FEUERS (Trial By Fire)
	03.03.01
4.	EIN GEFÄHRLICHER FLUG (Riding The
	Edge) 10.03.01
5.	VERTRAUEN IST ALLES (A Matter Of Trust)
	24.03.01
6.	EIN HEISSES RENNEN (Wheels Of Destruc-
	tion) 31.03.01

7.	(Cyborg Rangers)
8.	(Up To The Challenge)
9.	(Go Volcanic)
10.	(Rising From Ashes)
11.	(From Deep In The Shadows)
12.	(Truth Discovered)
13.	(Ryan's Destiny)
14.	(Curse Of The Cobra)

15. (The Strength Of The Sun)
16. (The Cobra Strikes)
17. (Olympus Ascends)
18. (A Face From The Past)
19. (The Queen's Return)
20. (The Omega Project)
21. (The 5th Crystal)
22. (The Chosen Path)
23. (Yesterday Again)
24. (As Time Runs Out)
25. (In The Freeze Zone)
26. (The Mighty Mega Battles)
27. (The Great Egg Caper)
28. (Ocean Blue)
29. (Trakeena's Revenge 1)
30. (Trakeena's Revenge 2)
31. (The Last Ranger)
32. (The Sorcerer Of Sands)
33. (Olympus Unbound)
34. (Neptune's Daughter)
35. (Web War)
36. (In The Limelight)
37. (The Wrath Of The Queen)
38. (The Rise Of The Super Demons)
39. (The Fate Of Lightspeed 1)
40. (The Fate Of Lightspeed 2)

POWER RANGERS LOST GALAXY
(Power Rangers Lost Galaxy)
USA 1998; Spielfilm
USA 1998-2000; 44 Episoden
Deutsche Ausstrahlung:
RTL Television 2000/01; 43 Episoden (1 doppel-
lange)

Darsteller: Archie Kao (Kai Chen/Blauer Galaxy
Ranger), Valerie Vernon (Kendrix Morgan/Pink
Galaxy Ranger), Danny Slavin (Leo Corbett/Ro-
ter Galaxy Ranger), Cerina Vincent (Maya/Gelber
Galaxy Ranger), Reggie Rolle (Damon Hender-
son/Grüner Galaxy Ranger), Russell Lawrence
(Mike Corbett/Magna Defender), Amy Miller (Tra-
keena), Melody Perkins (Karone/Pink Galaxy
Ranger - 1999/2000).

Kolonisten von der Erde werden von den Power
Rangers begleitet. Leider werden die Rangers in
unbekanntes Gebiet versetzt, die verlorene Galaxie des Titels. Hier kämpfen sie gegen dammich
viele böse Raummonster, die der Erde und den
Power Rangers feindlich gesinnt sind.

Mehr Power Rangers-Prügeleien in gewohnter
Manier.
Melody Perkins verkörperte in POWER RAN-
GERS IN SPACE (qv) bereits einen anderen
Charakter. Es folgte die Reihe POWER RAN-
GERS LIGHTSPEED RESCUE (qv).

EPISODEN:
1. START INS UNGEWISSE (Quasar Quest 1 &
2) 29.01.00
2. RAUMSCHIFF TERRA IN GEFAHR (Race To
The Rescue) 05.02.00
3. DER ROTE REKRUT (The Red Rookie)
26.02.00
4. HEIMWEH (Homesick) 04.03.00
5. DAS LICHT DES ORION (The Lights Of Orion)
11.03.00
6. DIE DOPPELTE KENDRIX (Double Duty)
18.03.00
7. WENN DIE ERDE BEBT... (The Blue Crush)
25.03.00
8. DER GROSSE UNBEKANNTE (The Magna
Defender) 01.04.00
9. GNADENLOSE JAGD (Sunflower Search)
08.04.00
10. EIN EISIGER GEGNER (Silent Sleep)
15.04.00
11. DER UNSICHTBARE KÄFIG (Orion Rising 1)
22.04.00
12. DIE AUSERWÄHLTEN (Orion Rising 2)
29.04.00
13. TRAKEENAS TRIUMPH (Shark Attack)
06.05.00
14. EIN WAHRER HELD (Redemption Day)
13.05.00
15. DAS VERMÄCHTNIS (Destined For Great-
ness) 27.05.00
16. GERAUBTE SCHÖNHEIT (Stolen Beauty)
10.06.00
17. DIE LETZTEN GIGANTEN 1 (The Lost Galac-
tabeasts 1) 17.06.00
18. DIE LETZTEN GIGANTEN 2 (The Lost Galac-
tabeasts 2) 24.06.00
19. DIE THRONERBIN (Heir To The Throne)
08.07.00
20. SPIEL MIT DEM FEUER (An Evil Game)
22.07.00
21. ERINNERUNGEN AN MIRINOI (Memories Of
Mirinoi) 05.08.00
22. DIE STUNDE DES GRÜNEN RANGERS
(Green Courage) 19.08.00
23. DER ROTE STERN (Blue To The Test)
02.09.00
24. UNTERNEHMEN FEUERBALL (Mean Wheels
Mantis) 16.09.00
25. EIN STOLZER KRIEGER (Loyax' Last Battle)
23.09.00
26. MARONDA (A Red Romance) 30.09.00
27. DIE FARBEN DES SIEGERS (The Chameliac
Warrior) 07.10.00
28. DIE GLORREICHEN ZWÖLF (Power To The
Tenth) 14.10.00

PRETENDER
(The Pretender)
USA 1996-2000; 84 Episoden
USA 2001; 2 Fernsehfilme
Deutsche Ausstrahlung:
VOX 1997; 22 Episoden
VOX 1998; 22 Episoden
VOX 1999; 22 Episoden
VOX 2000; 18 Episoden

Darsteller: Michael T. Weiss (Jarod Russell), Andrea Parker (Miss Parker), Patrick Bauchau (Dr. Sydney Green), Jon Gries (Broots), Richard Marcus (Mr. Raines), Paul Dillon (Angelo), Jamie Denton (Mr. Lyle - 1997-2000), Pamela Gidley (Brigitte - 1997-2000), Harve Presnell (Mr. Parker), Ryan Merriman (Junger Jarod), Ashley Peldon (Junge Miss Parker), Zachary Browne (Junger Lyle), Alex Wexo (Junger Sydney), Lenny von Dohlen (Mr. Cox - 1999/2000).

Jarod Russel wird als Kind verschleppt und ins Centre gebracht. Grund hierfür ist seine besondere Fähigkeit, in kürzester Zeit Fachwissen zu speichern und dieses auch anzuwenden, als ob es normal erlernt worden wäre. Unter der Leitung von Dr. Green wächst Jarod zum Mann heran. Der Zeitpunkt seine speziellen Kräfte für die obskuren Pläne des Centres einzusetzen rückt näher. Vorerst läuft alles gut. Doch schliesslich erkennt Jarod, der keine kriminelle Energie sein eigen nennt, zu was er benutzt werden soll und flieht. Während Jarod Russel sich aufmacht, um seine Wurzeln, sprich seine Familie, zu finden, versucht das Centre, vertreten durch Miss Parker, des Pretenders wieder habhaft zu werden.

Das Spiel zwischen Jarod und Centre ist interessant angelegt und die Böse vom Dienst, Miss Parker, erweckt ein wirkliches Gefühl von Bedrohung — auch wenn sie ab und an etwas überzogen wirkt. Später wurde sie denn auch leicht abgemildert.
Michael T. Weiss spielte bereits in DARK SHADOWS (qv). Die Episode „Im Namen des Vaters" ist ein Crossover mit der Serie PROFILER (qv); als Darsteller dieser Reihe wirken bei PRETENDER Ally Walker und Robert Davi mit. Im Gegenzug absolvierte Jarod einen Gastauftritt in PROFILER. Dies gegenseitige Besuchen wurde später wiederholt.
Täuschen liessen sich unter anderen Jay (Die Schöne und das Biest) Acavone, Sam (Countdown X) Anderson, Mario & Michael Andretti, Denis Arndt, Dana (Twin Peaks) Ashbrook, Barbara Babcock, Theodore Bikel, Eric (Teen Engel) Bruskotter, Robert Carradine, Lanei (Space 2063) Chapman, Melinda (Einmal Himmel und zurück) Clarke, Michael Des Barres, John Diehl, Michael (Raumschiff Enterprise-Das nächste Jahrhundert & Star Trek: Deep Space Nine) Dorn, Stephanie (Space) Faracy, John Fleck, John (Earth 2) Gegenhuber, Susan Gibney, Francis (Eerie, Indiana & Dschungel Fieber) Guinan, Gregg Henry, Clint (Space Rangers) Howard, Lisa (Highlander & Mission Erde) Howard, Gregory Itzin, Terence Knox, Jeff (Clan der Vampire) Kober, Clyde Kusatsu, George Lazenby, Chris (Thunder in Paradise) Lemmon, William (Outlaws) Lucking, Tzi Ma, Kenneth Mars, Jeffrey (Mortal Kombat) Meek, Natalija Nogulich, Brock Peters, Eric (Alien Nation) Pierpoint, Tony Plana, Lawrence Pressman, Richard Riehle, Andrew J. (Star Trek: Deep Space Nine) Robinson, Marco (seaQuest DSV) Sanchez, Raphael Sbarge, David Spielberg, Caitlin (Profiler) Wachs, Sam (Seven Days) Whipple, Vanessa Williams und Leigh Taylor Young.

79.	DER SCHLÄCHTER (The Agent Of Year Zero) 10.10.00
80.	HARTER STOFF (Junk) 17.10.00
81.	TOD NACH STUNDENPLAN (School Daze) 24.10.00
82.	GIFTALARM (Meltdown) 31.10.00
83.	DIE UNÜBLICHEN VERDÄCHTIGEN (Corn Man) 07.11.00
83b.	PROFILER: PIANISSIMO (The Profiler: Pianissimo) 07.11.00
84.	ENDSPIEL 1 (The Inner Sense 1) 14.11.00
85.	ENDSPIEL 2 (The Inner Sense 2) 21.11.00

PREY-GEFÄHRLICHE SPEZIES!
(Prey: Hungry For Survival)
USA 1997/1998; 13 Episoden
Deutsche Ausstrahlung:
RTL Television 1999; 12 Episoden

Darsteller: Debra Messing (Dr. Sloan Parker), Adam Storke (Agent Tom Daniels), Vincent Ventresca (Dr. Ed Tate), Larry Drake (Dr. Walter Attwood), Frankie R. Faison (Detective Ray Peterson).

Aufgrund einer 1,6-prozentigen Veränderung der Erbmasse entwickelt sich eine neue Menschenrasse: stärker, schneller und skrupelloser. Jeder der von ihrer Existenz erfährt, wird getötet. Dr. Sloan Parker nimmt den Kampf auf. Ihr zur Seite steht einer der Mutanten, Tom Daniels, der es nicht fertig bringt für seine Rasse zu töten. Der Kampf erweist sich als besonders schwierig, da die neue Rasse nur mittels DNS-Untersuchung festgestellt werden kann; äusserlich sind sie nicht von den normalen Menschen zu unterscheiden. Zusätzlich stellt sich heraus, dass bereits viele Schaltstellen von den Mutanten infiltriert wurden. Eine Unterstützung durch die Öffentlichkeit fällt also flach, da jeder Versuch der Veröffentlichung im Keime erstickt werden würde.

Nach dreizehn Folgen wurde die Serie, mitten in einem Zweiteiler, in den USA eingestellt. Normalerweise ist dies ein untrügliches Zeichen für mangelnde Qualität einer Serie — nicht so in diesem Fall. Wenngleich hier auch keine „Bombenreihe" vorliegt, brachte PREY doch genug Interessantes und hätte sich mit der Zeit sogar noch weiter mausern können — wenn die Reihe die Zeit denn gehabt hätte.
Adam Storke hatte eine weitere Rolle in STEPHEN KING'S THE STAND-DAS LETZTE GE-

FECHT (qv). Gefährlich spezialisiert haben sich die Gaststars Sam (Countdown X) Anderson, Kaj-Erik Eriksen, James Handy, James (Space 2063) Morrison, Natalija Nogulich und Cristine (Charmed) Rose.

EPISODEN:
1.	DIE KILLERMASCHINE (Existence) 19.01.99
2.	DIE ENTDECKUNG (Discovery) 26.01.99
3.	LYNCH WIRD GESTELLT (Pursuit) 02.02.99
4.	DER AUSERWÄHLTE (Origins) 09.02.99
5.	DIE SÄULE DES TODES (Revelations) 16.02.99
6.	DIE NEUE SPEZIES SCHLÄGT ZU! (Infiltration) 25.02.99
7.	DER SCHLEIER (Veil) 18.03.99
8.	DER TODESVIRUS (Collaboration) 25.03.99
9.	DIE SPANISCHE GRIPPE (Sleeper) 01.04.99
10.	DER ZWILLINGSBRUDER (Vengeance) 08.04.99
11.	DAS HORROR-KIND (Progeny) 15.04.99
12.	NUR DER STÄRKSTE ÜBERLEBT! (Deliverance) 22.04.99
13.	AUF DER FLUCHT (Transformations)

PRINZESSIN FANTAGHIRO
(Fantaghiró & Fantaghiró II)
I/D 1991 & 1992; 2 & 4 Episoden
Deutsche Ausstrahlung:
SAT.1 1993/1994; 3 Episoden
SAT.1 1998; 2 Episoden

Darsteller: Alessandra Martines (Prinzessin Fantaghiró), Mario Adorf (König), Kim Rossi Stuart (König Romualdo), Angela Molina (Weisse Hexe/Weisser Ritter - 1991), Katarina Kolajova (Weisse Hexe/ Weisser Ritter - 1992), Brigitte Nielsen (Schwarze Königin - 1992), Jean-Pierre Cassel (General - 1991), Stefano Davanzati (Cataldo), Tomas Valik (Ivaldo), Ornella Marcucci (Prinzessin Caterina - 1991), Barbara Kodekova (Prinzessin Caterina - 1992), Katarina Brozova (Prinzessin Carolina), die Brüder Ruggeri (Wahrsager - 1991), Jakub Zdenek (Blitz - 1992), Lenka Kubalkova (Donner - 1992), Horst Buchholz (Darken - 1992), Ursula Andress (Xellesia - 1992).

Statt ein normales Frauenleben zu führen, zieht es Prinzessin Fantaghiro dahin, die Kunst des Schwertkampfes zu erlernen. Das gelingt ihr auch mit Hilfe des Weissen Ritters. Fortan ist es ihr möglich für sich selbst und für ihr Volk zu kämpfen. Letztlich führt ihr Lebensweg sie dann aber doch in die Arme eines schönen und starken Mannes (Gähn!).

Basierend auf dem Buch „Fantaghiró persona bella" von Italo Calvino.

EPISODEN.
1. TEIL 1 (- liegt nicht vor -) 25.12.93
2. TEIL 2 (- liegt nicht vor -) 26.12.93
3. TEIL 3 (- liegt nicht vor -) 02.01.94

4. TEIL 4 (- liegt nicht vor -) 01.02.98
5. TEIL 5 (- liegt nicht vor -) 08.02.98

PROFESSOR DREISTEIN HAT GESAGT
BRD 1980 (?)
Ausstrahlung:
WDR regional 1980; 19 Episoden

Hierbei handelt es sich um einen Teil der Regionalprogramm-Füllserie „4tel vor Acht", in der z. B. auch Karl Dall sein Unwesen treiben durfte. Die jeweiligen Geschichten sollten die Zeit bis zum Beginn der Tagesschau überbrücken helfen. Leider war es unmöglich, zur Reihe selber Informationen zu erlangen. Die Episodentitel — soweit bekannt — legen jedoch eine Zugehörigkeit zum Genre des Phantastischen nahe.

EPISODEN:
1. ABENTEUER UND ALPTRAUM 02.06.80
2. DIE WELTRAUMHELDEN 03.06.80
3. JULES VERNE UND DIE FOLGEN 04.06.80
4. -liegt nicht vor- 09.06.80
5. -liegt nicht vor- 10.06.80
6. DIE SYNTHETISCHEN TRÄUME 11.06.80
7. DIE WELT VON ÜBERMORGEN 12.06.80
8. -liegt nicht vor- 16.06.80
9. -liegt nicht vor- 18.06.80
10. -liegt nicht vor- 19.06.80
11. INTELLIGENZ IM WELTRAUM 23.06.80
12. KURVENFAHRT DURCH RAUM UND ZEIT 24.06.80
13. LOCKRUF DES KOSMOS 25.06.80
14. PROPHEZEIEN WIR UNS ZUGRUNDE? 26.06.80
15. HOPPLA, WIR ÜBERLEBEN 30.06.80

PROFESSOR POPPERS ERFINDUNG
(Professor Popper's Problems)
GB 1975; 6 Episoden
Deutsche Ausstrahlung:
ZDF 1978; 6 Episoden

Darsteller: Charlie Drake (Professor Popper), Milo O'Shea (Professor Crabbit), Richard Caldicor (Direktor), Adam Rickens (Simon), Debra Collins (Liz), Leo Maguire (Rollins), Sydney Bromley (Crickle), Keith Smith (Whitby), Alan Curtis (Grainger), Philip da Costa (Terry), Tod Carty (Angus), Karen Saunders (Carol), Eric Holliday (Peter).

Professor Popper ist der Erfinder einer neuartigen Pille, die Menschen schrumpfen lässt. Aus Versehen schlucken Popper und sein bester Schüler Simon dieses Mittelchen beim Tee trinken. Beide befinden sich nun im Gardemass von etwa fünf Zentimetern. Es gibt nur einen, der helfen kann: Poppers Freund und Kollege Crabbit. Dieser schafft es auch tatsächlich, ein Gegenmittel in Pulverform zu entwickeln.
Währenddessen haben jedoch einige Spitzbuben von der Erfindung Wind bekommen und versuchen alles, um das Mittel und die Zwerge in ihren Besitz zu bekommen.

EPISODEN:
1. EINE REISE INS UNBEKANNTE (- liegt nicht vor -) 23.06.78
2. EIN STURZ IN DIE GEFAHR (- liegt nicht vor -) 30.06.78
3. DAS UNGEHEUER (- liegt nicht vor -) 07.07.78
4. VERFOLGT (- liegt nicht vor -) 14.07.78
5. DER RASENDE ROLLSCHUH (- liegt nicht vor -) 21.07.78
6. DAS ZAUBERPULVER (- liegt nicht vor -) 28.07.78

PROFILER
(The Profiler)
USA 1996-2000; 84 Episoden
Deutsche Ausstrahlung:
VOX 1997; 22 Episoden
VOX 1998; 20 Episoden
VOX 1999; 22 Episoden
VOX 2000; 19 Episoden

Darsteller: Ally Walker (Dr. Samantha „Sam" Waters - 1996-99), Jamie Luner (Rachel Burke - 1999-2000), Robert Davi (Agent Bailey Malone), Julian McMahon (Detective John Grant), Roma Maffia (Grace Alvarez), Michael Whaley (Detective Nathan Brubaker - 1996/97), Peter Frechette (George Fraley), Caitlin Wachs (Chloe Waters - 1996-98), Evan Rachel Wood (Chloe Waters - 1998/99), Erica Gimpel (Angel Brown - 1996-98),

Dennis Christopher (Albert „Jack of all Trades"
Newquay - 1996-99), Shiek Mahmud-Bey (Detective Marcus Payton - 1997/ 98), Heather McComb (Frances Malone - 1997/ 98), Traci Lords
(Sharin „Jill" Le-sher - 1997/ 98), A Martinez
(Agent Nick „Coop" Cooper - 1996/97), Mark Rolston (Donald Lucas - 1998/99).

Dr. Samantha Waters ist eine FBI-Psychologin,
die mit der Profilerstellung von Serientätern betraut ist, dem sogenannten 'Profiling'. Hilfreich
hierbei ist Ihre Fähigkeit, die Atmosphäre eines
Tatortes so sehr in sich aufzunehmen, dass der
Ablauf der Tat förmlich in ihrem Kopf wieder entsteht. Ihre Profile sind dadurch nahezu unfehlbar.
Neben den neu auftauchenden Killern macht besonders Serienmörder „Jack of all Trades" (etwa:
Hans Dampf in allen Gassen) Sam das Leben
schwer. Dieser hat bereits Sams Ehemann auf
dem Gewissen und fixiert sich nun auf die Psychologin.
Nach drei Jahren Jagd auf „Jack" kam dieser Fall
zu einem Ende — Sam verliess die Truppe und
wurde von der nicht minder talentierten Rachel
Burke ersetzt.

Ähnlichkeiten mit MILLENNIUM (qv) sind natürlich nicht von der Hand zu weisen, jedoch präsentieren beide Serien genug Eigenständiges,
dass man jede für sich geniessen kann. Störend
bei PROFILER ist nur die Geschichte um Malones Tochter — das Unverständnis zwischen Vater und Tochter, das wohl der besseren Charakterisierung des Agenten dienen soll, geht auf die
Dauer auf die Nerven — dieser Charakter wurde
dann auch fallen gelassen.
In der Folgen „Operation Kolibri", „Doppeltes
Spiel" und „Pianissimo" spielt Michael T. Weiss
Jarod Russel, den Charakter seiner Serie PRETENDER (qv). Im Gegenzug agierten Ally Walker, Robert Davi und Jamie Luner in Crossovers
in Weiss' Reihe.
Julian McMahon wandte sich nach den PROFILER-Abenteuern den zauberhaften Hexen von
CHARMED (qv) zu; Traci Lords kämpfte gegen
die FIRST WAVE (qv).
Gaststars, die sich profilieren wollten, waren Edward (Die Schöne und das Biest) Albert, Carmen
Argenziano, Talia Balsam, Jason (Roswell) Behr,
Richard Beymer, David (Kung Fu & Kung Fu: Im
Zeichen des Drachen) Carradine, James Coburn,
Cristi (Timecop) Conaway, Kim Darby, Cliff De
Young, John Diehl, Michael Ensign, Louise Fletcher, Erin (Buck Rogers) Gray, Harry (Buffy)
Groener, Stacy (Superboy, seaQuest DSV &
Clan der Vampire) Haiduk, James Handy, Gregory Itzin, Rob (First Wave) LaBelle, Michael Learned, William (Outlaws) Lucking, Nan Martin, Jeffrey (Mortal Kombat) Meek, Yvette (Robocop) Nipar, Jennifer (Die verlorene Welt) O'Dell, Lori
Petty, Lawrence Pressman, Andrew J. (Star Trek:
Deep Space Nine) Robinson, Richard Roundtree,
Raphael Sbarge, Craig T. Wasson, Clarence
(Twin Peaks) Williams III und Grace (Twin
Peaks) Zabriskie.

EPISODEN:
1.   DER ALPTRAUM KEHRT ZURÜCK (Insight)
        26.03.97
2.   DER FEUERTEUFEL (Ring Of Fire) 02.04.97
3.   WAHNSINN MIT METHODE (Unholy Alliance)
        09.04.97
4.   DER PUPPENMÖRDER (I'll Be Watching You)
        16.04.97
5.   EXPLOSIVE MISCHUNG (Unsoiled Sovereignity) 23.04.97
6.   ICH TÖTE, WAS DU LIEBST (Modus Operandi) 30.04.97
7.   SONNENWENDE (Night Dreams) 07.05.97
8.   DER TODESKANDIDAT (Cruel And Unusual)
        14.05.97
9.   ZAUBERLEHRLING (Sorcerer's Apprentice)
        21.05.97
10.   TODESSTILLE (Shattered Silence) 28.05.97
11.   DOPPELGÄNGER (Doppelganger) 04.06.97
12.   ALTE MEISTER (Learning From The Masters)
        11.06.97
13.   UNTER KONTROLLE (The House That Jack
        Built) 18.06.97
14.   GEFALLENE ENGEL 1 (Shadows Of Angels 1)
        25.06.97
15.   GEFALLENE ENGEL 2 (Shadows Of Angels 2)
        02.07.97
16.   AUGE UM AUGE (Film At Eleven) 09.07.97
17.   ENTFÜHRT! (Crisis) 16.07.97
18.   DER HIGHWAYKILLER (Blue Highways)
        23.07.97
19.   DAS MÖRDERSPIEL (FTX: Field Training Exercise) 30.07.97
20.   DAS LÄCHELN DES TODES (Into The Abyss)
        06.08.97
21.   VERWANDTE SEELEN 1 (Venom 1) 13.08.97
22.   VERWANDTE SEELEN 2 (Venom 2) 20.08.97

23.   KALTGESTELLT (Ambition In The Blood)
        07.04.98
24.   AUSSER KONTROLLE (Primal Scream)
        14.04.98
25.   IM NAMEN DES RICHTERS (Power Corrupts)
        21.04.98

26.	GEMEINSAME SACHE (It Cuts Both Ways) 28.04.98

26. GEMEINSAME SACHE (It Cuts Both Ways) 28.04.98
27. FEUERWERK (Second Best) 05.05.98
28. ALTE BEKANNTE (Old Acquaintance) 12.05.98
29. UM HAARESBREITE (Jack Be Nimble, Jack Be Quick) 19.05.98
30. ERBSÜNDE (Victims Of Victims) 26.05.98
31. SCHWERE GEBURT (Birthright) 02.06.98
32. DER TODESENGEL (Dying To Love) 09.06.98
33. FAMILIENBANDE (Ties That Bind) 14.07.98
34. IM ZEICHEN DES SCHÜTZEN (Shoot To Kill) 21.07.98
35. BLUT UND SPIELE (Bloodlust) 28.07.98
36. ALLE FÜNF MINUTEN (Every Five Minutes) 04.08.98
37. MIT DEM RÜCKEN ZUR WAND (Breaking Point) 11.08.98
38. DER FAN (Lethal Obsession) 18.08.98
39. SAAT DER GEWALT (Cycle Of Violence) 25.08.98
40. DIE SCHÖNE UND DAS BIEST (Die Beautiful) 01.09.98
41. DIE WURZEL ALLES BÖSEN 1 (The Root Of All Evil 1) 08.09.98
42. DIE WURZEL ALLES BÖSEN 2 (The Root Of All Evil 2) 15.09.98

43. VON ANGESICHT ZU ANGESICHT (Coronation) 13.04.99
44. IM NEUNTEN MONAT (Cravings) 20.04.99
45. UM EIN HAAR (Do The Right Thing) 27.04.99
46. DIE GEZEICHNETEN (Double Vision) 04.05.99
47. STÜCK FÜR STÜCK (The Sum Of Her Parts) 11.05.99
48. SCHAU MICH NICHT AN (The Monster Within) 18.05.99
49. DER LEICHENSAMMLER (Perfect Helen) 25.05.99
50. DER BLUTSBRUDER (Home For The Homicide) 01.06.99
51. GESTOHLENE KINDHEIT (All In The Family) 08.06.99
52. SCHACHMATT (Ceremony Of Innocence) 15.06.99
53. EIN GANZ NORMALER HELD (Where Or When) 22.06.99
54. BÖSES BLUT (Inheritance) 29.06.99
55. DER MODEL-KILLER (Heads, You Lose) 06.07.99
56. FERNGESTEUERT (Otis, California) 13.07.99
57. BONNIE UND CLYDE (Spree Of Love) 20.07.99
58. FLAMMENOPFER (Burnt Offerings) 27.07.99
59. ENDLOSE STUNDE (Three Carat Crisis) 03.08.99
60. KLEINE FISCHE (Seduction) 10.08.99
61a. PRETENDER: IM NAMEN DES VATERS (The Pretender: End Game) 17.08.99
61b. OPERATION KOLIBRI (Grand Master) 17.08.99

62. ENDSPIEL 1 (La Brisas 1) 24.08.99
63. ENDSPIEL 2 (La Brisas 2) 07.09.99
64. MÖRDERISCHE BEZIEHUNGEN (What Does Love Have To Do With It?)
65. DIE LETZTE SCHLACHT 1 (Reunion 1) 04.07.00
66. DIE LETZTE SCHLACHT 2 (Reunion 2) 11.07.00
67. DER SAUBERMANN (Blind Eye) 18.07.00
68. TREIBGUT (Old Ghosts) 25.07.00
69. ALLES AUS LIEBE (Infidelity) 01.08.00
70. DENN SIE WISSEN NICHT, WAS SIE TUN (To Serve & Protect) 08.08.00
71. DER MADONNENMÖRDER (Original Sin) 15.08.00
72. ZUG UM ZUG (Train Man) 22.08.00
73. DAS VERSPRECHEN (Quid Pro Quo) 29.08.00
74a. PRETENDER: DOPPELTES SPIEL (The Pretender: Spin Doctor) 05.09.00
74. DOPPELTES SPIEL (Clean Sweep) 05.09.00
75. AUF EIGENE FAUST (Random Act) 12.09.00
76. WOLF IM SCHAFSPELZ (Besieged) 19.09.00
77. PROTEUS (Proteus) 26.09.00
78. MORD IM PARADIES (Paradise Lost) 10.10.00
79. DER MÄUSEKÖNIG (The Long Way Home) 17.10.00
80. BLUTZOLL (House Of Cards) 24.10.00
81. MEA CULPA (Mea Culpa) 31.10.00
82. PIANISSIMO (Pianissimo) 07.11.00
83. BLONDES GIFT (Tsuris) 14.11.00
84. NICHTS GEHT MEHR (On Your Marks) 21.11.00

PROJEKT APHRODITE

BRD 1990; 6 Episoden
Ausstrahlung:
WWF 1992; 6 Episoden

Darsteller: Günther-Maria Halmer (Professor Dr. Günther Hartig), Volker Kraeft (Dr. Jochen Krüger), Vadim Glowna (Ministerialrat Helmut Sluga), Christina Plate (Daisy), Jörg Pleva (Dr. Kurt Nellesen), Julia Biedermann (Tanja Hartig), Brigitte Karner (Dr. Andrea Jung), Karl-Michael Vogler (Professor Dr. Dr. Willi Leblang), Günter Meisner (Johannes Rösberger), Toyo Tanaka (Fumio Katayama), Heinz Voss (US-Colonel Andy), Maximilian Wigger (Dr. Thomas Sterner), Emi Shindo (Norio Yaki), Christian Doermer (Schmitz-Ostritz), Jürgen Schornagel (Minister), Gerhard Naujoks (Kotthaus).

Eine Gruppe von Wissenschaftlern unter der Führung von Professor Hartig arbeiten am Pro-

jekt Aphrodite. Ziel ist ein Apparatur zur Aufhebung der Schwerkraft.
Während dieser, letztlich von Erfolg gekrönten, Arbeit, haben sich die Wissenschaftler mit der Regierung, den Militärs, einem Verräter, den Japanern, Kidnapping und der obligatorischen Liebesgeschichte auseinander zu setzen.

Für deutsche Verhältnisse recht gut gemachte Miniserie, die jedoch mit einigen Längen der Erzählstruktur aufwartet. Die guten Darsteller machen einiges wett. Gelungene Unterhaltung.

EPISODEN:
1. DIE STUNDE DER KATZE 09.11.92
2. LOCKRUF AUS JAPAN 16.11.92
3. DIE FREIHEIT VON LAS CABANAS 23.11.92
4. SPIELZEUG FÜR DIE GENERÄLE 30.11.92
5. FLUCHT IN DEN WELTRAUM 07.12.92
6. SCHNELLER ALS DAS LICHT 14.12.92

PROJEKT DELTA WAVE
(The Delta Wave)
GB 1996; 10 Episoden
Deutsche Ausstrahlung:
Der Kinderkanal 1998; 10 Episoden

Darsteller: Robin McCaffrey (Dr. Ruby Munro), Ania Sowinski (Julia Stone), Jason Stracey (Edward Curtis).

Dr. Munro, Dozentin in Cambridge, untersucht seit etwa sechs Monaten Julia Stone, ein paranormal begabtes Mädchen. Zusätzlich hat sie bekannt gegeben , dass sie auch für andere Hilfe bieten will.
Der junge Ed zerlegt mit seinen psychokinetischen Kräften regelmässig den Haushalt seiner Eltern. Also schicken ihn diese zu Dr. Munro.
Kurz nach seiner Ankunft wird bei einem Versuch Julias und Eds Kräfte zur Gedankenübertragung zu kombinieren, Munros Labor und einiges andere der Universität zerstört. Professor Quealy, Munros Chef, der sie schon länger auf dem Kieker hat, feuert die Doktorin — wie er es auch mit ihrem Vorgänger Otto Weevil tat.
Jener Weevil will sich allerdings am Professor rächen. Die Delta Waver greifen ein und retten Quealys Leben. Voll der Dankbarkeit hört der Professor zum allerersten Mal zu, worum sich Dr. Munros Test drehen.
Dennoch wird Munro nicht wieder eingestellt. Sie lebt weiterhin zusammen mit Julia, für die sie das Sorgerecht bekommt, und Ed, von dessen Eltern sie ja eine Genehmigung hat, in einem Wohnwagen.
Die folgenden Abenteuer beinhalten eine falsche Zeitmaschine, einen Diamantenraub, einen Psycho-Vampir und die versuchte Umwandlung in einen Fischmenschen.

Typische britische Kinderserie, die durch ihre Darsteller, insbesondere der überzeugenden und recht sympathischen Robin McCaffrey, durchaus aus der Mittelklasse herausragt.
Das 'Delta' im Titel steht für „Department for Experimentation into Linked Thought Activity" (Abteilung für Experimente im Bereich Verbundene Gedankenaktivität).
Unter den Gaststars befanden sich Nickolas (Robin Hood) Grace und Una (Die Vogelscheuche & Eine lausige Hexe) Stubbs.

EPISODEN:
1. VERSUCHSKANINCHEN 1 (A Twist Of Lemming 1) 12.11.98
2. VERSUCHSKANINCHEN 2 (A Twist Of Lemming 2) 13.11.98
3. DIE ZEITMASCHINE 1 (A Glitch In Time 1) 16.11.98
4. DIE ZEITMASCHINE 2 (A Glitch In Time 2) 17.11.98
5. SCHRÄGE TÖNE 1 (Dodgy Jammers 1) 18.11.98
6. SCHRÄGE TÖNE 2 (Dodgy Jammers 2) 19.11.98
7. MAGISCHER TRAUMTÄNZER 1 (The Light Fantastic 1) 20.11.98
8. MAGISCHER TRAUMTÄNZER 2 (The Light Fantastic 2) 23.11.98
9. FISCH AN DER ANGEL 1 (Something Fishy 1) 24.11.98
10. FISCH AN DER ANGEL 2 (Something Fishy 2) 25.11.98

PSI FACTOR-ES GESCHIEHT JEDEN TAG
(Psi Factor: Chronicles Of The Paranormal)
USA 1996-2000; 88 Episoden
Deutsche Ausstrahlung:
RTL 2 1997/98; 22 Episoden
VOX 1998; 22 Episoden
VOX 1999; 22 Episoden
VOX 2000/2001; 22 Episoden

Darsteller: Dan Aykroyd (Gastgeber), Paul Miller

(Professor Connor Doyle - 1996/97), Maurice Dean Wint (Dr. Curtis Rollins - 1996/97 & 1999), Nancy Anne Sakovich (Lindsay Donner), Colin Fox (Professor Anton Hendricks), Barclay Hope (Peter Axon), Peter MacNeil (Ray Donahue), Lisa LaCroix (Dr. Natasha Constantine - 1996/ 97), Nigel Bennett (O.S.I.R. Superior Frank Elsinger), Matt Frewer (Matt Praeger - 1997-99), Michael Moriarty (Michael Kelly - 1997/98), Peter Blais (Lennox „L. Q." Cooper), Soo Garay (Dr. Claire Davison - 1998-2000), Joanne Vannicola (Dr. Mia Stone - 1999/2000).

„Die folgenden wahren Begebenheiten wurden durch das „Office of Scientific Investigation and Research" (O.S.I. R.) wissenschaftlich untersucht."
— Das O.S.I.R.-Team wird immer dann gerufen, wenn etwas völlig unerklärliches passiert. Teilweise gibt es eine einfache, manchmal auch eine wissenschaftliche/re Erklärung. Viel zu oft jedoch wird auch gar keine wirkliche Erklärung gefunden.

Durch die teilweise recht sterile Erzählstruktur und der grösstenteils mangelnden Darstellung der Hintergründe und des Gefühlslebens der Charaktere hatte PSI FACTOR es schwer am Markt. Wer sich aber für Paranormales interessiert, dem konnte diese Serie jedoch durchaus etwas geben.
Spätere Episoden versuchen genau das erwähnte Manko zu entfernen. Die Motivation der Charaktere für das O.S.I.R. zu arbeiten wird aufgezeigt — teils auch hinterfragt; persönliche Beziehungen kommen zum Zuge.
Maurice Dean Wint trat auch in TEKWAR (qv) in Erscheinung; Nigel Bennett war bereits in NICK KNIGHT (qv), zu sehen; Matt Frewer spielte bereits die Titelrolle in MAX HEADROOM (qv) und trat auch in STEPHEN KINGS THE STAND-DAS LETZTE GEFECHT (qv) auf. Die „Realfälle" stellten unter anderen die Gastdarsteller Philip (Krieg der Welten & Highlander) Akin, Matthew (Total Recall 2070) Bennett, Linda Blair, Christopher (Ultraman) Bolton, Lindy (Eerie, Indiana & Relic Hunter) Booth, David (Auf den Hund gekommen) Bronstien, Nicholas (Hitchhiker) Campbell, Richard (Krieg der Welten) Comar, Lynne (Dracula ist wieder da) Cormack, Christine (F/X & The Crow) Cox, Neil (Eerie, Indiana) Crone, Nicole (Star Trek: Deep Space Nine) DeBoer, Catherine (Krieg der Welten & Nick Knight) Disher, James

(Viper) Downing, Carolyn Dunn, Rosemary Dunsmore, Tamara Gorski, Graham Greene, Torri (TekWar) Higginson, Bruce (Eerie, Indiana) Hunter, Robert Ito, Geordi (Dracula ist wieder da) Johnson, Tamsin Kelsey, Margot Kidder, Mimi Kuzyk, Kristin (Poltergeist) Lehman, Patrick (Dschungel Fieber) McKenna, Deborah (Eerie, Indiana) Odell, Michael (Twin Peaks) Ontkean, Kate (Kung Fu: Im Zeichen des Drachen) Trotter, Fred Williamson und Gordon Michael (Die geheimnisvolle Insel) Woolvett nach.

EPISODEN (RTL 2):
1.	EPISODE 1 (Dream House & UFO Encounter) 20.08.97
2.	EPISODE 2 (Possession & Man Out Of Time) 27.08.97
3.	EPISODE 4 (Creeping Darkness & The Power) 10.09.97
4.	EPISODE 5 (Freefall & The Presence) 17.09.97
5.	EPISODE 6 (The Infestation & Human Apportation) 24.09.97
6.	EPISODE 7 (The Underneath & Phantom Limb) 01.10.97
7.	EPISODE 8 (The Transient & Two Lost Old Men) 08.10.97
8.	EPISODE 3 (Reptilian Revenge & Ghostly Voices) 15.10.97
9.	EPISODE 9 (UFO Duplication & Clara's Friend) 22.10.97
10.	EPISODE 10 (The Hunter & The Healer) 29.10.97
11.	EPISODE 11 (The Curse & Angel On A Plane) 05.11.97
12.	EPISODE 12 (Anasazi Cave & Devil's Triangle) 12.11.97
13.	EPISODE 13 (The Undead & The Stalker) 19.11.97
14.	EPISODE 14 (The Forbidden North & Reincarnation) 26.11.97
15.	EPISODE 15 (The Buzz & Greenhouse Effect) 03.12.97
16.	EPISODE 16 (The Light) 10.12.97
17.	EPISODE 17 (The 13th Floor & The Believer) 17.12.97
18.	EPISODE 18 (The Fog & House On Garden Street) 07.01.98
19.	EPISODE 19 (Second Sight & Chocolate Soldier) 14.01.98
20.	EPISODE 20 (Fire Within & Fate) 21.01.98
21.	EPISODE 21 (Death At Sunset & Collision) 28.01.98
22.	EPISODE 22 (Perestroika) 04.02.98

EPISODEN (VOX):
23.	DER BEAM (Threads) 29.03.98
24.	DIE KREATUR (Donor) 05.04.98

25.	DIE UNTOTEN (Wish I May) 12.04.98
26.	METAMORPHOSEN (Communion) 19.04.98
27.	ERSTARRTES LEBEN (Frozen In Time) 26.04.98
28.	DIE DROGE DER JUGEND (Devolution) 03.05.98
29.	DER KRIEGER (The Warrior) 10.05.98
30.	SIE SIND UNTER UNS (The Grey Men) 17.05.98
31.	AUF KRIEGSPFAD (Man Of War) 24.05.98
32.	NASSES GRAB (The Damned) 31.05.98
33.	BRUDERKAMPF (Hell Week) 07.06.98
34.	IN DEN FÄNGEN DES WAHNSINNS (The Edge) 14.06.98
35.	BLUTIGER ALPTRAUM (Bad Dreams) 14.06.98
36.	DER KUSS DES TIGERS (Kiss Of The Tiger) 28.06.98
37.	DAS PHANTOM VON ZIMMER 1033 (The Haunting) 05.07.98
38.	BLUTGIER (The Night Of The Setting Sun) 12.07.98
39.	DAS LICHT DES TODES (The Labyrinth) 19.07.98
40.	BLUTIGE BILDER (Pentimento) 26.07.98
41.	DÄMON AUS DUNKLER ZEIT (Frozen Faith) 02.08.98
42.	DIE AUSERWÄHLTEN (Map To The Stars) 09.08.98
43.	DER AFFENMENSCH (The Endangered) 16.08.98
44.	DER MAGISCHE BOGEN (The Egress) 23.08.98
45.	DER SCHRITT INS NICHTS (Jaunt) 18.04.99
46.	AUS DEM REICH DER TOTEN (Comings And Goings) 25.04.99
47.	FEUER AUS DER ERDE (Heartland) 02.05.99
48.	KUSS DES TODES (The Kiss) 09.05.99
49.	SEELENSAMMLER (Absolution) 16.05.99
50.	MASKENBALL (All Hallows Eve) 23.05.99
51.	PALIMPSET (Palimpsest) 30.05.99
52.	BESESSEN (Return) 06.06.99
53.	CHUPACABRA (Harlequin) 13.06.99
54.	KLEINGEISTER (Little People) 20.06.99
55.	DAS GRABTUCH (The Winding Cloth) 27.06.99
56.	TODESRHYTHMUS (Chango) 04.07.99
57.	ALLEIN MIT DER ANGST (Solitary Confinement) 11.07.99
58.	VALENTINSNACHT (Valentine) 18.07.99
59.	HIMMLISCHER FRIEDEN (Old Wounds) 25.07.99
60.	DIE PHANTOMSTADT (The Observer Effect) 01.08.99
61.	DAS GEDANKENEXPERIMENT (School Of Thought) 08.08.99
62.	DER ZWEITAUSEND-VIRUS (Y2K) 15.08.99
63.	DAS TRIBUNAL (The Tribunal) 22.08.99

64.	DER MANN OHNE VERGANGENHEIT (John Doe) 29.08.99
65.	DIE VIER ELEMENTE 1 (Forever And A Day 1) 05.09.99
66.	DIE VIER ELEMENTE 2 (Forever And A Day 2) 12.09.99
67.	FUNKEN DER BEGIERDE (Shocking) 02.11.00
68.	DER KULT DER WEISSEN FRAUEN (Sacrifices) 09.11.00
69.	SPIEL DES LEBENS (Happy Birthday, Matt Praeger) 16.11.00
70.	DIE GEFRORENE ZEIT (Soul Survivor) 23.11.00
71.	DIE NEUE GENERATION (883) 30.11.00
72.	EIN KISS IN DER ZEIT (Once Upon A Time In The West) 07.12.00
73.	TODESVISIONEN (Body And Soul) 14.12.00
74.	TEMPEL DES LICHTS (Temple Of Light) 21.12.00
75.	DIE BESUCHERIN (Inertia) 28.12.00
76.	TODESPARTY (Nocturnal Cabal) 04.01.01
77.	BIS DASS DER TOD UNS SCHEIDET ('Til Death Do Us Part) 11.01.01
78.	DER VERBORGENE ZWILLING (Tyler/Tim) 18.01.01
79.	VOM HIMMEL GEFALLEN (Super Sargasso Sea) 25.01.01
80.	SETH (Persistence Of Vision) 01.02.01
81.	DER TROCKENE TOD (GeoCore) 08.02.01
82.	DIE GEHEIMNISVOLLE FRAU (Gone Fishing) 15.02.01
83.	TEUFELSFRATZE (Chiaroscuro) 22.02.01
84.	DER KLON (Regeneration) 26.02.01
85.	KANNIBALEN (Wendigo) 05.03.01
86.	FAHRSTUHL DES SCHRECKENS (Elevator) 12.03.01
87.	SELTSAME NACHBARN (Force Majeure) 19.03.01
88.	VISIONEN DES GRAUENS (Stone Dreams) 26.03.01

PUMUCKLS ABENTEUER

D 1999; 13 Episoden
Deutsche Ausstrahlung:
Der Kinderkanal 1999; 13 Episoden

Darsteller: Towje Kleiner (Odessi), Wolfgang Völz (Willibald), Gerald Karrer (Paul), Hans Clarin (Pumuckls Stimme & Kapitän), Regine Leonhardt (Corinna).

Der Meister Eder-lose rothaarige Kobold Pumuckl macht sich mit dem Schiffskoch Odessi auf grosse Fahrt. Die Reise führt sie nach Hamburg, Israel, Griechenland und Venedig.

Wolfgang Völz ist bekannt durch RAUMPA-
TROUILLE (qv); Hans Clarin ist insbesondere
durch seine Stimme bekannt: Ersten Erfolg hatte
er, als er die deutsche Stimme Kookies aus der
Serie 77 SUN-SET STRIP wurde. Zu seinen bekanntesten Sprachcharakteren gehört, neben Pumuckl, den er auch in der Vorgängerreihe MEI-
STER EDER UND SEIN PUMUCKL (qv) sprach,
das Schlossgespenst Hui Buh. Normale schauspielerische Tätigkeit leistete er z. B. in MAN-
DARA (qv) und OLIVER MAASS (qv) ab.

EPISODEN:
1.   PUMUCKLS ALLERSCHÖNSTER TRAUM
     30.08.99
2.   PUMUCKLS LUFTIGE REISE 31.08.99
3.   PUMUCKLS FRECHE HILFE 01.09.99
4.   PUMUCKLS BÖSER KLABAUTERFEIND
     02.09.99
5.   PUMUCKLS STILLE POST 03.09.99
6.   PUMUCKLS STÜRMISCHE SEEREISE
     06.09.99
7.   PUMUCKLS GESTOHLENER FISCH
     07.09.99
8.   PUMUCKLS GROSSE MUSIKSHOW
     08.09.99
9.   PUMUCKLS LISTIGE TRICKS 09.09.99
10. PUMUCKLS NÄCHTLICHER SPUK 10.09.99
11. PUMUCKLS ROTES BILD 13.09.99
12. PUMUCKLS ABSCHIEDS-FOTO 14.09.99
13. PUMUCKLS NEUES HEIM 15.09.99

Q.E.D.
(Q.E.D.)
GB 1982; 6 Episoden
Deutsche Ausstrahlung:
Tele 5 1988; 6 Episoden

Darsteller: Sam Waterston (Quentin E. Deverill),
Julian Glover (Dr. Stefan Kilkiss), George Innes
(Mr. Phipps), A.C. Weary (Charlie Andrews), Ca-
roline Langrishe (Jenny Martin).

1912. Professor Deverill ist an der Harvard Uni-
versity tätig. Nach einer Meinungsverschieden-
heit mit Kollegen — Quentin vertritt die Ansicht,
dass es möglich sei, Bilder durch die Luft senden
und woanders empfangen zu können — geht der
Professor nach England, um dort seinen eigenen
Versuchen ungestört nachgehen zu können.
Hier wird er in verschiedene Abenteuer verwickelt, die sich aus den Missetaten seines Erzfein-
des Dr. Kilkiss ergeben. Deverills Erlebnisse beinhalten ein Treffen mit einem Medium, einen

Rennwagen mit neuem Superantrieb, ein Rake-
tengeschoss, eine Fernsteuerung für Sprengsät-
ze, tödliches Nervengas, eine experimentelle Kamera und eine Anzahl sterbender Chinesen,
Opfer einer neuen Morphiumart.

Eine Serie mit durchaus vorhandenen Qualitäten,
die, ähnlich wie VERRÜCKTER WILDER WE-
STEN (qv) mit den vermeintlichen Anachronismen spielt. Leider hat Niveau nicht viel mit Einschaltquoten zu tun, so dass Q.E.D. — was sowohl das Kürzel des Namen der Hauptperson als
auch die Abkürzung für das lateinische „Quod
erat demonstrandum" (= Was zu beweisen war)
ist — nach nur sechs Episoden eingestellt wurde.
Burt Kwouk, Ronald Lacey und Ian Ogilvy liefer-
ten schnell noch Gastauftritte ab, ehe die Serie
abgesetzt wurde.

EPISODEN:
1.   RETTER IN DER NOT (Target: London)
     28.06.88
2.   DAS GROSSE RENNEN (The Great Motor
     Race) 05.07.88
3.   DAS UNSICHTBARE SIGNAL (Infernal De-
     vice) 12.07.88
4.   4.10 H NACH ZÜRICH (4:10 To Zurich)
     19.07.88
5.   ERGREIFUNG EINES GESPENSTES (To
     Catch A Ghost) 26.07.88
6.   DIE OPIUMHÖHLE (Limehouse Connection)
     02.08.88

QUER DURCH DIE GALAXIE UND DANN LINKS
(Halfway Across The Galaxy And Turn Left)
AUS/BRD 1992; 28 Episoden
Deutsche Ausstrahlung:
SAT.1 1993; 25 Episoden
SAT.1 1995; 3 Episoden

Darsteller: Lauren Hewett (X/Charlotte Jackson),
Jeffrey Walker (Qwkr/George Jackson), Silvia
Seidel (Dovis/Astrella Jackson), Bruce Myles
(Vater/Mortimer Jackson), Jan Friedl (Mutter/Re-
née Jackson), Sandy Gore (Tante Hecla), Col-
leen Hewett (Mrs. Roland), Kellie Smythe (Jenny
Roland), Che Broadbent (Colin Roland), Tenley
Gillmore (Michelle Froggatt), Katrina Lambert
(Dallas Hohenhaus), Bruce Spence (Chief), Ker-
ry Armstrong (Jody), Paul Kelman (Lox), David
Argue (Yorp), Marion Edward (Miss D. Brewster),

Celeste Ament (Sally), Susan Ellis (Lynne), Marion Heathfield (Miss Bloom), Diane Cilento (Authoritax/Principa), Alex Menglet (Mr. Hohenhaus), David Walters (David Carruthers), Denis Moore (Clive Froggatt), Ellen Cressey (Dawn Froggatt), Brandon McLean (Andrew), Michael Walsh (Shane).

Ein paar Ausserirdische haben es satt, auf ihrem totalitären Heimatplaneten zu leben. Sie flüchten zur Erde, wo sie sich als ganz normale Familie etablieren.
Kinderhausmannskost, die wieder einmal die Frage aufwirft: Wieso flüchten die geknechteten Aliens eigentlich immer zu unserem Planeten?
Die Serie basiert auf dem gleichnamigen Roman des renommierten australischen Kinderbuchautors Robin Klein.
Lauren Hewett, Jeffrey Walker und Kerry Armstrong spielten später in OCEAN GIRL (qv); Hewett zusätzlich auch in ACHTUNG: STRENG GEHEIM und SPELLBINDER (qv).

EPISODEN:
1. FLUCHT VOM PLANETEN ZYRGON (Don't Forget To Turn Left) 04.04.93
2. DIE FREMDEN IN DER RENMARK STREET (Exiles On Renmark Street) 11.04.93
3. EMIGRANTEN AUS PERU (Next Item On The Schedule School) 18.04.93
4. DER ERSTE SCHULTAG (First Day At School) 25.04.93
5. DAS GROSSE HEIMWEH (Homesickness) 02.05.93
6. DER TAG AM STRAND (A Day At The Beach) 09.05.93
7. DIE JAGD BEGINNT (Visitor From Another Planet) 16.05.93
8. X IN BEDRÄNGNIS (X Is Not Herself) 23.05.93
9. MEUTEREI IN BELL WOOD (The Jackson Mutiny) 30.05.93
10. LETZTER FLUG NACH ZYRGON (The Turning Point) 13.06.93
11. KOMMANDO ZURÜCK! (Home Is Where The Heart Is) 20.06.93
12. DER GROSSE SHOWDOWN (X-The Unknown Factor) 27.06.93
13. GEFÄHRLICHE FREUDEN (Fun Is Dangerous) 04.07.93
14. QWRK UND DIE SKATEBOARD-GANG (Qwrk Lands On His Feet) 11.07.93
15. DIE HALBE WAHRHEIT (Hearing A Different Drummer) 18.07.93
16. DIE WURZEL ALLEN ÜBELS (The Root Of All Evil) 01.08.93
17. UMZUG INS SPUKHAUS? (Strange Encounters) 08.08.93
18. DAS WISSENSCHAFTLICHE PHÄNOMEN (Understanding The Material World) 15.08.93
19. IRDISCHE GEFÜHLE (Welcome To The Human Race) 22.08.93
20. AUF DEM SELBSTVERWIRKLICHUNGS-TRIP (We're Them Now) 29.08.93
21. AUSGEFLIPPTE AUSSERIRDISCHE? (Illegal Aliens) 05.09.93
22. ROMANZE MIT HINDERNISSEN (Growing Up Quick) 12.09.93
23. SCHMERZLICHE ERKENNTNIS (The Writings On The Wall) 19.09.93
24. DIE ENTFÜHRUNG (The Past Is Creeping Back) 26.09.93
25. UNTERNEHMEN ZYRGON (Crescendo) 03.10.93
26. MISS BLOOM WEISS ALLES (Dark Night, Star Bright)
27. EISCREME! BANANEN! FREIHEIT! (Trial By Lava)
28. ZURÜCK ZUM BESTEN PLANETEN (We Live On The Best One)

DER RÄUBER HOTZENPLOTZ
BRD 1973/1974; Spielfilm
Ausstrahlung:
ZDF 1978; 4 Episoden

Darsteller: Gert Fröbe (Hotzenplotz), Josef Meinrad (Zauberer Zwackelmann), Rainer Basedow (Wachtmeister Dimpfelmoser), Lina Carstens (Kasperls Grossmutter), David Friedmann (Kasperl), Gerd Acktun (Seppl).

In den Wäldern wohnt ein schrecklicher Unhold. Es ist der Räuber Hotzenplotz. Eines Tages erdreistet sich dieser, die Spieluhr der Grossmutter zu stehlen. Also machen sich Kaspar und Seppl auf die Verfolgung des Schurken.

Zur Fernsehversion geschnittener Spielfilm nach dem Roman von Otfried Preußler. 1978 folgte ein zweiter Spielfilm: NEUES VOM RÄUBER HOTZENPLOTZ. Darsteller dieses Filmes waren Peter Kern, Muckenstruntz und Bamschabl sowie Barbara Valentin.

EPISODEN:
1. TEIL 1 01.05.78
2. TEIL 2 04.05.78
3. TEIL 3 14.05.78
4. TEIL 4 15.05.78

RANDALL & HOPKIRK-DETEKTEI MIT GEIST
(Randall And Hopkirk (Deceased))
GB 1969-1971; 26 Episoden
Deutsche Ausstrahlung:
Pro 7 1990; 26 Episoden

Darsteller: Mike Pratt (Jeff Randall), Kenneth Cope (Marty Hopkirk), Annette Andre (Jean Hopkirk), Ivor Dean (Inspector Large).

Jeff Randall und Marty Hopkirk betreiben gemeinsam eine Detektei. Da Marty mundtot gemacht werden soll, wird ein Autounfall arrangiert, bei dem der Detektiv ums Leben kommt. Statt sich nun jedoch zur ewigen Ruhe zu begeben, beschliesst Marty Hopkirk posthum bei seinem Mordfall zu helfen. Dies gelingt.
Danach will der verschiedene Detektiv doch noch den Weg allen Fleisches gehen. Leider ist da die Sache mit diesem uralten Fluch: „Bevor die Sonne sich erhebt, soll jeder Geist sein Grab aufsuchen. Verflucht sei, der es wagt, zu bleiben und das schreckliche Licht des Tages zu erblicken."
Da Marty genau dies getan hat und nun nichts besseres mehr vorhat, beschliesst er seinem Partner, der einzigen Person, die ihn sehen kann, weiterhin tatkräftig zur Seite zu stehen.

Im Ursprungsland wurde RANDALL & HOPKIRK ein grosser Erfolg. Nicht so bei der US-Ausstrahlung (unter dem Titel: „My Partner, The Ghost"). Tatsächlich ist die Serie Durchschnittsware mit den üblichen Hochs und Tiefs.
Inspirierte Gäste waren Alexandra (The Champions) Bastedo, Brian Blessed, Carol Cleveland, Ronald Lacey, Sue Lloyd, Charles Lloyd-Pack, Lois (UFO) Maxwell und George Sewell.

EPISODEN:
1. MEIN VERSTORBENER PARTNER UND FREUND (My Late Lamented Friend And Partner) 03.03.90
2. TANTE CLARAS TODSICHERES SYSTEM (The Ghost Who Saved The Bank At Monte Carlo) 10.03.90
3. EHEBRUCH MIT EINER BRÜNETTEN (The Trouble With Women) 17.03.90
4. DIE QUITTUNG FÜR EINE KURIERIN (A Sentimental Journey) 24.03.90
5. MORD IM VOGELHAUS (Who Killed Cock Robin?) 31.03.90
6. EIN SCHLEIERHAFTES LÄCHELN (The Smile Behind The Veil) 04.06.90
7. ANGEBLICH DICKER ALS WASSER (It's Supposed To Be Thicker Than Water) 11.06.90
8. SIND GEISTER STERBLICH? (Who Ever Heard Of A Ghost Dying?) 18.06.90
9. SCHWINGEN AUS DEM JENSEITS (But What A Sweet Little Room) 25.06.90
10. GESPENST IM BÜCHERSCHRANK (For The Girl Who Has Everything) 02.07.90
11. UNVORHERGESEHENER TOD AN EINEM GEDANKENLESER (That's How Murder Snowballs) 09.07.90
12. EINE NONNE SUCHT EINEN SÜNDENBOCK (You Can Always Find A Fall Guy) 16.07.90
13. RACHE AN EINEM TOTEN (Vendetta For A Dead Man) 23.07.90
14. PHANTASTEREIEN EINES GEISTES (Never Trust A Ghost) 30.07.90
15. HEISSES GELD (Money To Burn) 06.08.90
16. MARTY HOPKINS GRÖSSTER FALL (The Ghost Talks) 13.08.90
17. SPIRITISTISCHE BÜCHER (All Work And No Pay) 20.08.90
18. DER GEIST IN DER FLASCHE (When The Spirit Moves You) 27.08.90
19. EIN FEHLER IN DER THRONFOLGE (Just For The Record) 03.09.90
20. TELEPATHISCH FALSCH VERBUNDEN (Could You Recognise That Man Again?) 10.09.90
21. RÜCKKEHR EINES TOTEN (The Man From Nowhere) 17.09.90
22. JEFF RANDALLS SELTSAMES VERHALTEN (A Disturbing Case) 24.09.90
23. KEIN SINN FÜR GEISTER (When Did You Start To Stop...) 06.10.90
24. DAS SPUKSCHLOSS (The House On Haunted Hill) 13.10.90
25. MORD IST UNMODERN (Murder Ain't What It Used To Be) 20.10.90
26. STÖRUNG DER TOTENRUHE (Somebody Just Walked Over My Grave) 27.10.90

Anmerkung zur Episodenliste: Die deutsche Reihenfolge ab Episode 11 der Liste ist nicht gesichert.

RAUMPATROUILLE - Die phantastischen Abenteuer des Raumschiffes ORION
BRD/F 1965; 7 Episoden
Ausstrahlung:
ARD 1966; 7 Episoden

Darsteller: Dietmar Schönherr (Commander Cliff Allister McLane), Eva Pflug (Leutnant Tamara Jagellovsk), Wolfgang Völz (Leutnant Mario de Monti), Claus Holm (Leutnant Hasso Sigbjörnson), Friedrich G. Beckhaus (Leutnant Atan Shu-

bashi), Ursula Lillig (Leutnant Helga Legrelle),
Benno Sterzenbach (General Winston Woodrow
Wamsler), Friedrich Joloff (Oberst Henryk Villa),
Franz Schafheitlin (Sir Arthur), Hans Cossy (Mar-
shall Kublai-Krim), Charlotte Kerr (General Lydia
van Dyke), Thomas Reiner (Ordonanz-Leutnant
Michael Spring-Brauner).

„Was heute noch wie ein Märchen klingt, kann
morgen Wirklichkeit sein. Hier ist ein Märchen
von übermorgen. Es gibt keine Nationalstaaten
mehr, es gibt nur noch die Menschheit und ihre
Kolonien im Weltall. Man siedelt auf fernen Sternen; der Meeresboden ist als Wohnraum erschlossen. Mit heute noch unvorstellbaren Ge-
schwindigkeiten durcheilen Raumschiffe unser
Milchstrassensystem. — Eines dieser Raumschiffe ist die ORION, winziger Teil eines giganti-
schen Sicherheitssystems, das die Erde vor Be-
drohungen aus dem All schützt. Begleiten wir die
ORION und ihre Besatzung bei ihrem Patrouillendienst am Rande der Unendlichkeit."
Aufgrund mehrerer Kompetenzüberschreitungen
und Befehlsverweigerungen, wird die Besatzung
der ORION VII für drei Jahre zum Raumpatrouil-
lendienst strafversetzt. Zusätzlich wird der Crew
eine Aufpasserin in der Person Leutnant Jagel-
lovsks, vom Galaktischen Sicherheitsdienst, zugeordnet. Dieses gestandene GSD-Mitglied soll
weiteren Regelverletzungen einen Riegel vor-
schieben.
In der Folge wird der angeblich so langweilige
Patrouillendienst durch viele erstaunliche Abenteuer angereichert. Die gemeinsamen Erfahrungen ziehen letztlich sogar den GSD-Leutnant auf
die Seite der Mannschaft. Hilfreich bei dieser
Entwicklung ist, dass sich zwischen Commander
McLane und Leutnant Jagellovsk etwas entwickelt, was gemeinhin als 'romantisches Gefühl'
bekannt ist.

Bügeleisen, Badezimmerarmaturen, Plastikbe-
cher, Bleistiftanspitzer. Das sind die klassisch
gewordenen Requisiten der wohl besten jemals
gedrehten deutschen SF-Serie. Ganz bewusst
wurde hier das Abenteuer dem Wissenschaftlichen vorgezogen. Die Richtigkeit dieser Auswahl
stellt sich bei jeder Ausstrahlung erneut unter Beweis.
Wenn es jemals einen deutschen TV-Kultklassi-
ker gegeben hat, dann ist es diese — leider viel
zu kurz geratene — Serie.
Auf der Erde und im All patrouillierten Vivi Bach,

Herbert Fleischmann, Reinhard Glemnitz, Lieselotte Quilling, Sigfrit Steiner und Margot Trooger.

EPISODEN:
1.   ANGRIFF AUS DEM ALL 17.09.66
2.   PLANET AUSSER KURS 01.10.66
3.   HÜTER DES GESETZES 15.10.66
4.   DESERTEURE 29.10.66
5.   DER KAMPF UM DIE SONNE 12.11.66
6.   DIE RAUMFALLE 26.11.66
7.   INVASION 10.12.66

RAUMSCHIFF ENTERPRISE
(Star Trek)
USA 1965; Pilot
USA 1966-1969; 79 Episoden
USA 1979-1994; 7 Spielfilme
Deutsche Ausstrahlung:
ZDF 1972-1974; 39 Episoden
SAT.1 1987/1988; 39 Episoden
SAT.1 1993; Pilot
Video; 1 neue Episode & 1 „restaurierte"

Darsteller: William Shatner (Captain James Tiberius Kirk), Leonard Nimoy (Mr. Spock), DeForest Kelley (Dr. Leonard „Pille" McCoy), James
Doohan (Lieutenant Commander Montgomery
„Scotty" Scott), George Takei (Lieutenant Sulu),
Nichelle Nichols (Lieutenant Uhura), Walter Koenig (Ensign Pavel Andreievich Chekov - 1967-
69), Majel Barrett (Schwester Christine Chapel -
1966-68), Grace Lee Whitney (Yeoman Janice
Rand - 1966).

„Der Weltraum, unendliche Weiten. Wir schreiben das Jahr 2200. Dies sind die Abenteuer des
Raumschiffs ENTERPRISE, das mit seiner 400
Mann starken Besatzung fünf Jahre unterwegs
ist, um neue Welten zu erforschen, neues Leben
und neue Zivilisationen. Viele Lichtjahre von der
Erde entfernt dringt die ENTERPRISE in Galaxi-
en vor, die nie ein Mensch zuvor gesehen hat."
Das Raumschiff Enterprise befindet sich auf einer fünf Jahre währenden Entdeckungsreise. Ziel
ist es, bisher unbekannte Planeten zu erforschen
und zu katalogisieren. Dies beinhaltet ebenfalls
die friedliche Kontaktaufnahme mit anderen Le-
bensformen. Captain des Föderationsraumschif-
fes ist James Kirk, erster Offizier ist Mr. Spock,
Wissenschaftsoffizier und zur Hälfte Vulkanier,
Bordarzt ist Leonard McCoy. Zum Offiziersstab
gehören weiterhin Chefingenieur Scott, Nachrich-

tenoffizier Uhura und Steuermann Sulu. Später
stösst der junge russische Ensign Chekov zur
Mannschaft.

Die Serie hat sich zwischenzeitlich von einer bei
der Erstausstrahlung mässig erfolgreichen Reihe
über einen Überraschungserfolg bei der Kabel-
verwertung zu einem Kultklassiker sondergleichen entwickelt. STAR TREK wurde zu einem
Teil der amerikanischen — und bis zu einem gewissen Grad auch internationalen — Kultur. Die
Darsteller wurden von einer ständig wachsenden
Fangemeinde nahezu in den Status von Halbgöt-
tern versetzt. Problematisch hierbei war nur,
dass die Fans eher die Charaktere als die wirklichen Personen meinten. Das wirkte sich auf die
Karrieren der Beteiligten nicht immer positiv auf.
Leonard Nimoy startete einen frühen Befreiungs-
schlag, indem er seine Autobiographie „Ich bin
nicht Spock" betitelte. Shatner hatte nach etlichen Gastauftritten und verschiedenen miss-
glückten Versuchen erst dreizehn Jahre nach der
Enterprise-Serie wieder einen wirklichen Erfolg
mit der Polizistenreihe T. J. HOOKER.
Auch Serienerfinder Gene Roddenberry hatte
Probleme mit neuen Projekten. Sein einziger
Post-STAR TREK-Erfolg, den er noch erleben
durfte, war die Nachfolgeserie RAUMSCHIFF
ENTERPRISE-DAS NÄCHSTE JAHRHUNDERT
(qv).
Wenngleich es heute kaum noch vorstellbar ist,
sollte die Serie doch mit anderen Darstellern verwirklicht werden. Shatner bekam die Captainsrol-
le erst, als Jeffrey Hunter, Kommandant des ersten Pilotfilmes, absagen musste. Der Charakter
des Spock war von der Produktionsfirma unge-
liebt. Roddenberry erkämpfte seinen Erhalt. Ge-
rüchten zufolge war diese Rolle übrigens vorher
Martin (Kobra, übernehmen Sie & Mondbasis
Alpha 1) Landau angeboten worden. DeForest
Kelley war bereits der dritte Darsteller eines
Bordarztes der Enterprise.
Auch wenn einige eingefleischte Fans es nicht
wahrhaben wollen: Der Grossteil der Folgen war
schon zu damaliger Zeit Mittelmass oder
schlechter. STAR TREK hatte jedoch den Vorteil,
auch mit einigen herausragenden Drehbüchern
hervorzutreten, die nicht nur gute Science Fiction
präsentierten, sondern allgemein als überdurchschnittlich angesehen werden müssen. Diese
Stories, die Tatsache, dass hiermit 'erwachsene
SF' präsentiert wurde, die Grundaussage der Serie — Verständnis und Toleranz — sowie das na-

hezu perfekte Zwischenspiel insbesondere der
drei Hauptfiguren begründeten den Erfolg der
Reihe.
Im Zuge diverser Ausstrahlungen brachte SAT.1
auch das TV-Special RAUMSCHIFF ENTER-
PRISE-WIE ALLES ANFING (Leonard Nimoy's
Star Trek Special; 1983). Bisher nicht gesendet
wurde die berühmt-berüchtigt gewordene Nazi-
Episode „Patterns Of Force", die jedoch in
Deutschland auf Video erschien. Diese Folge hat
ihren Ruf übrigens hauptsächlich durch die Thematik und insbesondere durch das Zurückhalten
— als Story ist sie unterer Durchschnitt.
1973/74 folgte eine Zeichentrickserie — 1976
teilweise und stark geschnitten im ZDF als DIE
ENTERPRISE. Ab 1979 flog die Enterprise im
Kino. Die Classicmannschaft brachte es auf sie-
ben Spielfilme. 1987 trat die erste Nachfolgeserie
auf den Plan — RAUMSCHIFF ENTERPRISE-
DAS NÄCHSTE JAHRHUNDERT — der bisher
zwei weitere folgten: STAR TREK: DEEP SPACE
NINE (qv) und STAR TREK: RAUMSCHIFF VO-
YAGER (qv); Nummer Drei, STAR TREK: EN-
TERPRISE, ist angekündigt.
Für Komplettisten: Die Charaktere Uhura und
Sulu wurden nach der Serie auch mit Vornamen
ausgestattet. Sie heissen nun vollständig Nyota
Uhura und Hikaru Sulu.
William Shatner spielte später in TEKWAR (qv);
Leonard Nimoy in KOBRA, ÜBERNEHMEN SIE
(qv); Majel Barrett in GENE RODDENBERRYS
MISSION ERDE: SIE SIND UNTER UNS (qv).
Klassische Gastauftritte erfolgten von John Ab-
bott, Michael Ansara, Barbara Babcock, Hagan
Beggs, Lee Bergere, Whit (Time Tunnel) Bissell,
Antoinette Bower, Peter Brocco, Roger C. Car-
mel, Ted (Addams Family & Neue Abenteuer von
Huck Finn, Tom und Becky) Cassidy, John
(Kampfstern Galactica) Colicos, Joan Collins,
Elisha Cook, Jr., Jeff Corey, Yvonne (Batman)
Craig, John Crawford, Michael Dunn, Dick (Das
Ding aus dem Sumpf) Durock, Paul Fix, Teri
Garr, Frank Gorshin, Mariette Hartley, Rex Hol-
man, Skip Homeier, Clint Howard, Susan Ho-
ward, John Hoyt, Jeffrey Hunter, Jill Ireland, Roy
Jenson, Sally Kellerman, Robert (Automan &
Kung Fu: Im Zeichen des Drachen) Lansing,
Mark (Planet der Affen) Lenard, Gary Lockwood,
Jon Lormer, Keye (Kung Fu) Luke, Barbara Lu-
na, Theo Marcuse, Don (Planet der Giganten)
Marshall, Lee (Familie Munster & Time Tunnel)
Meriwether, Lawrence Montaigne, Ricardo (Fan-
tasy Island & Einmal Himmel und zurück) Montal-

bán, Phil (In geheimer Mission) Morris, Diana (Raumschiff Enterprise-Das nächste Jahrhundert) Muldaur, Charles (Outlaws) Napier, Julie Newmar, France Nuyen, Susan Oliver, David Opatoshu, Phillip Pine, Michael J. Pollard, Madlyn Rhue, Percy Rodrigues, Ned Romero, Joseph Ruskin, Robert Sampson, William (Mini-Max) Schallert, Melanie Shatner, Abraham Sofaer, David Soul, Liam Sullivan, Torin Thatcher, Malachi Throne, Harry Townes, Fred Williamson, William Windom, Jason Wingreen, Ian Wolfe, Morgan Woodward, Jane Wyatt und William (Das Geheimnis der blauen Tropfen) Zuckert.

EPISODEN (ZDF):
1. MORGEN IST GESTERN (Tomorrow Is Yesterday) 27.05.72
2. DAS LOCH IM WELTRAUM (The Immunity Syndrome) 03.6.72
3. KIRK UNTER ANKLAGE (Court-Martial) 10.06.72
4. DAS SPINNENNETZ (The Tholian Web) 17.06.72
5. PLANETEN-KILLER (The Doomsday Machine) 24.06.72
6. ICH HEISSE NOMAD (The Changeling) 01.07.72
7. EPIGONEN (A Piece Of The Action) 08.07.72
8. COMPUTER M 5 (The Ultimate Computer) 15.07.72
9. KIRK : 2 = ? (The Enemy Within) 22.07.72
10. TÖDLICHE WOLKEN)Obsession) 29.07.72
11. STRAHLEN GREIFEN AN (The Lights Of Zetar) 05.08.72
12. DIE UNSICHTBARE FALLE (The Enterprise Incident) 12.08.72
13. GEFÄHRLICHE PLANETENGIRLS (That Which Survives) 19.08.72
14. DER DRESSIERTE HERRSCHER (I, Mudd) 26.08.72
15. EIN PLANET, GENANNT ERDE (Assignment: Earth) 02.09.72
16. REISE NACH BABEL (Journey To Babel) 16.09.72
17. KENNEN SIE TRIBBLES? (The Trouble With Tribbles) 23.09.72
18. DIE FREMDE MATERIE (Is There In Truth No Beauty?) 30.09.72
19. POKERSPIELE (The Corbomite Maneuver) 07.10.72
20. NOTLANDUNG AUF GALILEO 7 (The Galileo Seven) 14.10.72
21. DER SCHLAFENDE TIGER (Space Seed) 21.10.72
22. DER VERIRRTE PLANET (For The World Is Hollow And I Have Touched The Sky) 28.10.72
23. DER TEMPEL DES APOLL (Who Mourns For Adonais?) 04.11.72
24. STEIN UND STAUB (By Any Other Name) 11.11.72
25. DER OBELISK (The Paradise Syndrome) 18.11.72
26. SEIT ES MENSCHEN GIBT (The Savage Curtain) 25.11.72
27. DIE SPITZE DES EISBERGS (Where No Man Has Gone Before) 06.10.73
28. BRAUTSCHIFF ENTERPRISE (Elaan Of Troyius) 20.10.73
29. WAS SUMMT DENN DA? (Wink Of An Eye) 03.11.73
30. METAMORPHOSE (Metamorphosis) 17.11.73
31. DAS SPUKSCHLOSS IM WELTALL (Catspaw) 01.12.73
32. KAMPF UM ORGANIA (Errand Of Mercy) 15.12.73
33. GEIST SUCHT KÖRPER (Return To Tomorrow) 29.12.73
34. WELTRAUMFIEBER (Amok Time) 12.01.74
35. BROT UND SPIELE (Bread And Circuses) 26.01.74
36. DER FALL CHARLIE (Charlie X) 09.02.74
37. KURS AUF MARCUS 12 (And The Children Shall Lead) 23.02.74
38. PLANET DER UNSTERBLICHEN (Requiem For Methuselah) 09.03.74
39. TÖDLICHE SPIELE AUF GOTHOS (The Squire Of Gothos) 23.03.74

EPISODEN (SAT.1):
40. DIE FRAUEN DES MR. MUDD (Mudd's Women) 21.09.87
41. DAS LETZTE SEINER ART (The Man Trap) 28.09.87
42. IMPLOSION IN DER SPIRALE (The Naked Time) 05.10.87
43. SPOCK UNTER VERDACHT (Balance Of Terror) 12.10.87
44. DER ALTE TRAUM (What Are Little Girls Made Off?) 19.10.87
45. DER ZENTRALNERVENSYSTEMMANIPULATOR (Dagger Of The Mind) 26.10.87
46. MIRI, EIN KLEINLING (Miri) 02.11.87
47. KODOS, DER HENKER (The Conscience Of The King) 09.11.87
48. TALOS IV-TABU 1 (The Menagerie 1) 16.11.87
49. TALOS IV-TABU 2 (The Menagerie 2) 23.11.87
50. LANDEURLAUB (Shore Leave) 30.11.87
51. GANZ NEUE DIMENSIONEN (Arena) 07.12.87
52. AUF MESSERS SCHNEIDE (The Alternative Factor) 14.12.87
53. LANDRU UND DIE EWIGKEIT (Return Of The Archons) 21.12.87
54. KRIEG DER COMPUTER (A Taste Of Armageddon) 28.12.87
55. FALSCHE PARADIESE (This Side Of Paradise) 04.01.88

56. HORTA RETTET IHRE KINDER (Devil In The Dark) 11.01.88
57. GRIFF IN DIE GESCHICHTE (The City On The Edge Of Forever) 18.01.88
58. SPOCK AUSSER KONTROLLE (Operation Annihilate!) 25.01.88
59. IM NAMEN DES JUNGEN TIRU (Friday's Child) 01.02.88
60. DER WOLF IM SCHAFSPELZ (Wolf In The Fold) 08.02.88
61. DIE STUNDE DER ERKENNTNIS (The Apple) 15.02.88
62. EIN PARALLEL-UNIVERSUM (Mirror, Mirror) 22.02.88
63. WIE SCHNELL DIE ZEIT VERGEHT (The Deadly Years) 29.2.88
64. DER ERSTE KRIEG (A Private Little War) 07.03.88
65. MEISTER DER SKLAVEN (The Gamesters Of Triskelion) 14.03.88
66. DAS JAHR DES ROTEN VOGELS (The Omega Glory) 21.03.88
67. WILDWEST IM WELTRAUM (Spectre Of The Gun) 28.03.88
68. SPOCK'S GEHIRN (Spock's Brain) 04.04.88
69. DER PLAN DER VIANER (The Empath) 11.04.88
70. DAS GLEICHGEWICHT DER KRÄFTE (Day Of The Dove) 18.04.88
71. PLATONS STIEFKINDER (Plato's Stepchildren) 25.04.88
72. BELE JAGT LOKAI (Let That Be Your Last Battlefield) 02.05.88
73. WEN DIE GÖTTER ZERSTÖREN (Whom Gods Destroy) 09.05.88
74. FAST UNSTERBLICH (The Mark Of Gideon) 16.05.88
75. DIE WOLKENSTADT (The Cloud Minders) 23.05.88
76. DIE REISE NACH EDEN (The Way To Eden) 30.05.88
77. PORTAL IN DIE VERGANGENHEIT (All Our Yesterdays) 06.06.88
78. GEFÄHRLICHER TAUSCH (Turnabout Intruder) 13.06.88

79. DER KÄFIG (The Cage) 25.10.93

FILME:
I. STAR TREK-DER FILM (Star Trek-The Motion Picture; 1979) 27.03.80; Kino
II. STAR TREK II-DER ZORN DES KHAN (Star Trek II: The Wrath Of Khan; 1982) 04.11.82; Kino
III. STAR TREK III-AUF DER SUCHE NACH MR. SPOCK (Star Trek III: The Search For Spock; 1984) 16.11.84; Kino
IV. ZURÜCK IN DIE GEGENWART-STAR TREK IV (Star Trek IV: The Voyage Home; 1986) 26.03.87; Kino

V. STAR TREK V-AM RANDE DES UNIVERSUMS (Star Trek V: The Final Frontier; 1989) 16.11.89; Kino
VI. STAR TREK VI-DAS UNENTDECKTE LAND (Star Trek VI: The Undiscovered Country; 1991) 05.03.92; Kino
VII. STAR TREK-TREFFEN DER GENERATIONEN (Star Trek Generations; 1994) 09.02.95; Kino

VIDEO:
I. SCHABLONEN DER GEWALT (Patterns Of Force)
II. PON FARR (Amok Time)

RAUMSCHIFF ENTERPRISE-DAS NÄCHSTE JAHRHUNDERT
(Star Trek-The Next Generation)
USA 1987-1994; Pilot & 175 Episoden (eine doppellange)
USA 1994-; bisher drei Spielfilme
Deutsche Ausstrahlung:
ZDF 1990-1993; 83 Episoden
SAT.1 1994; 95 Episoden

Darsteller: Patrick Stewart (Captain Jean-Luc Picard), Jonathan Frakes (Commander William Thomas Riker), LeVar Burton (Lieutenant Geordi LaForge), Denise Crosby (Lieutenant Natasha Yar - 1987/ 88), Michael Dorn (Lieutenant Worf), Gates McFadden (Dr. Beverly Crusher - 1987/88 & 1989-94), Marina Sirtis (Counselor Deanna Troi), Brent Spiner (Lieutenant Commander Data), Wil Wheaton (Fähnrich Wesley Crusher - 1987-90), Diana Muldaur (Dr. Katherine Pulaski - 1988/89), Whoopi Goldberg (Guinan - 1988-93), Colm Meaney (Transporter Chief Miles Edward O'Brien - 1988-92), Patti Yasutake (Schwester Alyssa Ogawa - 1990-94).

Vorgeschichte siehe RAUMSCHIFF ENTERPRISE.
76 Jahre sind vergangen und wieder ist ein Raumschiff namens Enterprise auf Forschungsreise durchs All. Es ist das fünfte dieses Namens. Das neue Schiff ist wesentlich grösser als seine Vorgängerinnen und hat, neben der Besatzung, auch deren Familien an Bord. Die Geschichte beginnt mit der Übernahme des Kommandos durch Captain Picard.

Als die Ankündigung erfolgte, dass eine weitere STAR TREK-Serie mit neuer Besetzung geplant ist, liefen die angeblich doch so toleranten Fans der Originalserie Sturm. Ohne auch nur ein Stückchen Filmes der neuen Version gesehen zu haben, verdammten sie die Serie, die Darsteller und insbesondere auch Erfinder Roddenberry, dem z. B. vorgeworfen wurde, aus Geldgründen seine eigene Schöpfung auszuschlachten.

Trotz einiger immer noch existierender Unverbesserlichen, erwies sich NEXT GENERATION jedoch bald als wohldurchdachte Weiterführung der ersten Serie. Natürlich hatte auch diese Reihe ihre Tiefpunkte, diese jedoch hauptsächlich in der ersten Staffel, während die Charaktere noch in der Entwicklung waren. Innerhalb kürzester Zeit wurden die Abenteuer der Picard-Crew noch erfolgreicher als ihr Vorfahr, schafften es sogar, einen Grossteil seiner Zuschauerschaft aus den Nicht-SF-Fans zu rekrutieren. Es wurde bald zum 'Muss', die Serie zu verfolgen.

Und der Erfolg kam zu recht. NEXT GENERATION baute das STAR TREK-Universum beträchtlich aus, präsentierte intelligente Scripts und konnte mit überaus talentierten Darstellern aufwarten. Als besondere Entdeckungen erwiesen sich Picard-Darsteller Patrick Stewart, Data-Darsteller Brent Spiner und Jonathan Frakes, der den Ersten Offizier Riker verkörperte.

Auch STAR TREK-THE NEXT GENERATION ist — nach sieben Jahren Laufzeit — inzwischen ins Kino abgewandert. Die Serie kann bisher drei Spielfilme auf ihrem Konto verbuchen.

Colm Meaney und Michael Dorn setzten ihre Rollen in STAR TREK: DEEP SPACE NINE (qv) fort. Im nächsten Jahrhundert tummelten sich die Gaststars Marc Alaimo, Mädchen (Twin Peaks) Amick, John Anderson, Sam (Countdown X) Anderson, Brenda (American Gothic) Bakke, Stephanie (seaQuest DSV) Beacham, Corbin (Countdown X) Bernsen, Theodore Bikel, Roy Brocksmith, Merritt Butrick, William O. „Bill" Campbell, Seymour Cassel, Michael (Dark Shadows & Der Mann vom anderen Stern) Cavanaugh, Laney (Space 2063) Chapman, Brian Cousins, Nikki (Auf schlimmer und ewig) Cox, Ronny Cox, James Cromwell, Robin Curtis, Olivia D'Abo, Cory (Die Schöne und das Biest) Danziger, Henry Darrow, Daniel Davis, James (Raumschiff Enterprise) Doohan, Kirsten Dunst, Samantha Eggar, Siddig (Star Trek: Deep Space Nine) El Fadil/Alexander Siddig, Michael Ensign, Shannon Fill, Fionnula Flanagan, John Fleck, Mick Fleetwood, Matt (Max Headroom, The Stand & Psi Factor) Frewer, Robin Gammell, Ellen (Die Schöne und das Biest) Geer, Mike (The Flash) Genovese, Susan Gibney, Stefan (Dark Shadows) Gierasch, Max (Star Trek: Deep Space Nine) Grodénchik, Kevin Peter (Die Spezialisten unterwegs & Harry und die Hendersons) Hall, John Hancock, Jerry (Akte X) Hardin, Teri (Superman) Hatcher, Professor Stephen Hawking, Gina (Mork vom Ork) Hecht, Richard (V) Herd, Jennifer Hetrick, Sherman (Superboy) Howard, David Huddleston, Robert Ito, Scott Jaeck, Tony (Die Schöne und das Biest & Twin Peaks) Jay, Dr. Mae Jemison, Salome (Superboy) Jens, Ashley Judd, Lenore Kasdorf, DeForest (Raumschiff Enterprise) Kelley, Jeremy Kemp, Thomas Kopache, Clyde Kusatsu, Ed (Schöne neue Zeit) Lauter, Lance (Werwolf) LeGault, Mark (Planet der Affen) Lenard, Norman (Seven Days) Lloyd, Franc (Die reinste Hexerei) Luz, Richard (Kampfstern Galactica) Lynch, Tzi Ma, Nan Martin, Carolyn McCormick, John McLiam, Robert Duncan (Star Trek: Raumschiff Voyager) McNeill, Patricia (Knight Rider) McPherson, Dick Miller, George Murdock, Lycia Naff, Bebe (Wild Palms) Neuwirth, John Neville, Julia Nickson, Leonard (Raumschiff Enterprise & Kobra, übernehmen Sie) Nimoy, Tim (Buck Rogers) O'Connor, Ken (Super Force) Olandt, Tricia O'Neil, Alan (Der Sechs-Millionen-Dollar-Mann) Oppenheimer, Terry (Millennium) O'Quinn, Peter (Knight Rider) Parros, Nehemiah Persoff, Ethan (Star Trek: Raumschiff Voyager) Phillips, Michelle Phillips, Eric (Alien Nation) Pierpoint, Andrew (V) Prine, John (Die Abenteuer des Brisco County, Jr.) Pyper-Ferguson, Duncan (V) Regehr, Clive Revill, Peter Mark Richman, Leon (Visitor) Rippy, Mark (Profiler) Rolston, Ned Romero, Stephen D. (Schöne neue Zeit & From the Earth to the Moon) Root, Cristine (Charmed) Rose, Tim (Highwayman & Star Trek: Raumschiff Voyager) Russ, Michelle (Airwolf & Alien Nation) Scarabelli, Alan (Die geheimnisvolle Insel & Seven Days) Scarfe, Vincent Schiavelli, Reiner (Aeon) Schöne, Judson (V) Scott, Kathryn Leigh Scott, Carolyn Seymour, William Morgan (Max Headroom) Sheppard, Armin (Die Schöne und das Biest & Star Trek: Deep Space Nine) Shimerman, Jean Simmons, Madge Sinclair, James Sloyan, Paul Sorvino, David (Space) Spielberg, David Ogden Stiers, Brenda (Scorch) Strong, Cary-Hiroyuki (Space Rangers) Tagawa, Patricia (Babylon 5) Tallman, Nick (Mondbasis Alpha 1) Tate, Brian (Clan der Vampire) Thompson, Linda (Mit Schirm, Charme und Melone) Thorson, Malachi Throne, Kenneth (Der Mann aus dem Meer) Ti-

gar, Ben Vereen, Ray (Mein Onkel vom Mars)
Walston, David (Twin Peaks & Wild Palms) War-
ner, Derek (NightMan) Webster, Noble Willing-
ham, Paul Winfield und Ray (Twin Peaks) Wise.
Wiederkehrende Rollen hatten Majel (Raumschiff
Enterprise) Barrett als Lwaxana Troi, John de
Lancie als Q, Michelle Forbes als Fähnrich Ro
Laren, April Grace als Transporter Chief Maggie
Hubbell, Andreas (Babylon 5) Katsulas als Toma-
lak, Barbara March als Lursa, Eric Menyuk als
Reisender, Natalija Nogulich als Vizeadmiral Ele-
na Nechayev, Robert O'Reilly als Gowron,
Dwight Schultz als Lieutenant Reginald Endicott
Barclay III, Carel (Twin Peaks) Struycken als Mr.
Homm, Tony Todd als Kurn, Gwynyth Walsh als
B'Etor und Doug Wert als Jack Crusher.

EPISODEN (ZDF):
1.   DER MÄCHTIGE (Encounter At Farpoint)
07.09.90
2.   MISSION FARPOINT (Encounter At Farpoint)
14.09.90
3.   GEDANKENGIFT (The Naked Now) 21.09.90
4.   DER EHRENKODEX (Code Of Honor)
28.09.90
5.   DER WÄCHTER (The Last Outpost) 05.10.90
6.   DER REISENDE (Where No One Has Gone
Before) 12.10.90
7.   DIE GEHEIMNISVOLLE KRAFT (Lonely
Among Us) 19.10.90
8.   DAS GESETZ DER EDO (Justice) 26.10.90
9.   DIE SCHLACHT UM MAXIA (The Battle)
02.11.90
10.   DIE FRAU SEINER TRÄUME (Haven)
16.11.90
11.   DER GROSSE ABSCHIED (The Big Goodbye)
23.11.90
12.   DAS DUPLIKAT (Datalore) 30.11.90
13.   PLANET ANGEL ONE (Angel One) 08.12.90
14.   11001001 (11001001) 15.12.90
15.   DIE ENTSCHEIDUNG DES ADMIRALS (Too
Short A Season) 22.12.90
16.   RIKERS VERSUCHUNG (Hide And Q)
12.01.91
17.   DIE SORGE DER ALDEANER (When The
Bough Breaks) 19.01.91
18.   EIN PLANET WEHRT SICH (Home Soil)
26.01.91
19.   WORFS BRÜDER (Heart Of Glory) 09.02.91
20.   DER WAFFENHÄNDLER (Arsenal Of Freedom) 16.02.91
21.   DIE SEUCHE (Symbiosis) 23.02.91
22.   PRÜFUNGEN (Coming Of Age) 02.03.91
23.   DIE SCHWARZE SEELE (Skin Of Evil)
09.03.91
24.   BEGEGNUNG MIT DER VERGANGENHEIT
(We Always Have Paris) 16.03.91
25.   DIE VERSCHWÖRUNG (Conspiracy) 23.03.91

26.   DIE NEUTRALE ZONE (Neutral Zone)
06.04.91
27.   DAS KIND (The Child) 13.04.91
28.   ILLUSION ODER WIRKLICHKEIT? (Where Silence Has Lease) 20.04.91
29.   SHERLOCK DATA HOLMES (Elementary,
Dear Data) 27.04.91
30.   DER UNMÖGLICHE CAPTAIN OKONA (The
Outrageous Okona) 11.05.91
31.   DER STUMME VERMITTLER (Loud As A
Whisper) 18.05.91
32.   DAS FREMDE GEDÄCHTNIS (The Schizoid
Man) 25.05.91
33.   DER AUSTAUSCHOFFIZIER (A Matter Of Honor) 08.06.91

34.   DIE JUNGEN GREISE (Unnatural Selection)
07.02.92
35.   WEM GEHÖRT DATA? (The Measure Of A
Man) 14.02.92
36.   DIE THRONFOLGERIN (The Dauphin)
28.02.92
37.   DIE ICONIA SONDEN (Contagion) 06.03.92
38.   HOTEL ROYAL (The Royale) 13.03.92
39.   DIE ZUKUNFT SCHWEIGT (Time Squared)
20.03.92
40.   RIKERS VATER (The Icarus Factor) 27.02.92
41.   BRIEFFREUNDE (Pen Pals) 03.04.92
42.   ZEUTSPRUNG MIT Q (Q Who) 10.04.92
43.   DAS HERZ EINES CAPTAINS (Samaritan
Snare) 24.04.92
44.   DER PLANET DER KLONE (Up The Long Ladder) 15.05.92
45.   ANDERE STERNE, ANDERE SITTEN (Manhunt) 22.05.92
46.   KLINGONENBEGEGNUNG (The Emissary)
12.06.92
47.   GALAVORSTELLUNG (Peak Performance)
19.06.92
48.   KRAFT DER TRÄUME (Shades Of Gray)
26.06.92
49.   DIE MACHT DER NANITEN (Evolution)
03.07.92
50.   DIE MACHT DER PARAGRAPHEN (The En-
signs Of Command) 10.07.92
51.   DIE ÜBERLEBENDEN AUF RANA-VIER (The
Survivors) 17.07.92
52.   DER GOTT DER MINTAKANER (Who Wat-
ches The Watchers?) 24.07.92
53.   MUTTERLIEBE (The Bonding) 31.07.92
54.   DIE ENERGIEFALLE (Booby Trap) 14.08.92
55.   AUF SCHMALEM GRAT (The Enemy)
21.08.92
56.   DER BARZANHANDEL (The Price) 28.08.92
57.   YUTA, DIE LETZTE IHRES CLANS (The Vengeance Factor) 04.09.92
58.   DER ÜBERLÄUFER (The Defector) 11.09.92
59.   DIE VERFEMTEN (The Hunted) 18.09.92
60.   TERROR AUF RUTIA VIER (The High Ground)
09.10.92

61. NOCHEINMAL Q (Déjà Q) 16.10.92
62. RIKER UNTER VERDACHT (A Matter Of Perspective) 23.10.92
63. DIE ALTE ENTERPRISE (Yesterday's Enterprise) 30.10.92
64. DATAS NACHKOMME (The Offspring) 06.11.92
65. DIE SÜNDEN DES VATERS (Sins Of The Father) 13.11.92
66. VERSUCHSKANINCHEN (Allegiance) 20.11.92
67. PICARD MACHT URLAUB (Captain's Holiday) 27.11.92

68. DER TELEPATH (Tin Man) 02.08.93
69. DER SCHÜCHTERNE REGINALD (Hollow Pursuits) 03.08.93
70. DER SAMMLER (The Most Toys) 04.08.93
71. BOTSCHAFTER SAREK (Sarek) 05.08.93
72. DIE DAMEN TROI (Ménage A Troi) 09.08.93
73. WER IST JOHN? (Transfigurations) 10.08.93
74. IN DEN HÄNDEN DER BORG (The Best Of Both Worlds) 11.08.93
75. ANGRIFFSZIEL ERDE (The Best Of Both Worlds 2) 12.08.93
76. FAMILIENBEGEGNUNG (Family) 16.08.93
77. DIE UNGLEICHEN BRÜDER (Brothers) 17.08.93
78. ENDARS SOHN (Suddenly Human) 18.08.93
79. DAS EXPERIMENT (Remember Me) 19.08.93
80. DIE RETTUNGSOPERATION (Legacy) 23.08.93
81. TÖDLICHE NACHFOLGE (Reunion) 24.08.93
82. GEDÄCHTNISVERLUST (Future Imperfect) 25.08.93
83. DIE LETZTE MISSION (Final Mission) 26.08.93

EPISODEN (SAT.1):
84. DAS KOSMISCHE BAND (The Loss) 02.03.94
85. DATAS TAG (Data's Day) 03.03.94
86. DER RACHEFELDZUG (The Wounded) 04.03.94
87. DER PAKT MIT DEM TEUFEL (Devil's Due) 07.03.94
88. BEWEISE (Clues) 08.03.94
89. ERSTER KONTAKT (First Contact) 09.03.94
90. DIE BEGEGNUNG IM WELTRAUM (Galaxy's Child) 10.03.94
91. AUGEN IN DER DUNKELHEIT (Night Terrors) 11.03.94
92. DER UNBEKANNTE SCHATTEN (Identity Crisis) 14.03.94
93. DIE REISE INS UNGEWISSE (The Nth Degree) 15.03.94
94. GEFANGEN IN DER VERGANGENHEIT (Qpid) 16.03.94
95. DAS STANDGERICHT (The Drumhead) 17.03.94
96. DIE AUFLÖSUNG (Half A Life) 18.03.94
97. ODAN, DER SONDERBOTSCHAFTER (The Host) 21.03.94
98. VERRÄTERISCHE SIGNALE (The Mind's Eye) 22.03.94
99. DATAS ERSTE LIEBE (In Theory) 23.03.94
100. DER KAMPF UM DAS KLINGONISCHE REICH 1 (Redemption) 24.03.94
101. DER KAMPF UM DAS KLINGONISCHE REICH 2 (Redemption 2) 28.03.94
102. DARMOK (Darmok) 29.03.94
103. FÄHNRICH RO (Ensign Ro) 30.03.94
104. DAS RECHT AUF LEBEN (Silicon Avatar) 31.03.94
105. KATASTROPHE AUF DER ENTERPRISE (Disaster) 05.04.94
106. GEFÄHRLICHE SPIELSUCHT (The Game) 06.04.94
107. WIEDERVEREINIGUNG? 1 (Unification 1) 07.04.94
108. WIEDERVEREINIGUNG? 2 (Unification 2) 08.04.94
109. DER ZEITREISENDE HISTORIKER (A Matter Of Time) 11.04.94
110. DIE SOLITON-WELLE (New Ground) 12.04.94
111. DER EINZIGE ÜBERLEBENDE (Hero Worship) 13.04.94
112. GEISTIGE GEWALT (Violations) 14.04.94
113. DAS KÜNSTLICHE PARADIES (The Masterpiece Society) 15.04.94
114. MISSION OHNE GEDÄCHTNIS (Conundrum) 18.04.94
115. UNGEBETENE GÄSTE (Power Play) 25.04.94
116. DIE OPERATION (Ethics) 26.04.94
117. VERBOTENE LIEBE (The Outcast) 27.04.94
118. DEJA VU (Cause And Effect) 28.04.94
119. EIN MISSGLÜCKTES MANÖVER (The First Duty) 29.04.94
120. HOCHZEIT MIT HINDERNISSEN (Cost Of Living) 02.05.94
121. EINE HOFFNUNGSLOSE ROMANZE (Perfect Mate) 03.05.94
122. DIE IMAGINÄRE FREUNDIN (Imaginary Friend) 04.05.94
123. ICH BIN HUGH (I, Borg) 05.05.94
124. SO NAH UND DOCH SO FERN (The Next Phase) 06.05.94
125. DAS ZWEITE LEBEN (The Inner Light) 09.05.94
126. DER FEUERSTURM (Lessons) 12.05.94
127. GEFAHR AUS DEM 19. JAHRHUNDERT 1 (Time's Arrow) 16.05.94
128. GEFAHR AUS DEM 19. JAHRHUNDERT 2 (Time's Arrow 2) 17.05.94
129. TODESANGST BEIM BEAMEN (Realm Of Fear) 18.05.94
130. DER UNMORALISCHE FRIEDENSVERMITTLER (Man Of The People) 19.05.94
131. BESUCH VON DER ALTEN ENTERPRISE (Relics) 20.05.94

FILME:

RAUMSTATION UNITY
(Space Island One)
GB/D 1997/1998; 26 Episoden
Deutsche Ausstrahlung:
VOX 1998/1999; 26 Episoden

Darsteller: Judy Loe (Commander Kathryn Mc-Tiernan), Angus MacInnes (Walter B. Shannon), Bruno Eyron (Dusan Kashakavian), Kourosh Asad (Kaveh Homayuni), William Oliver (Lyle Campbell), Indra Ové (Paula Hernandez), Julia Bremermann (Henrietta Eschenbach).

Anfang des 21. Jahrhunderts. Die Raumstation Unity befindet sich im stabilen Orbit über der Erde. Die vornehmliche Aufgabe der Besatzung besteht in Forschungsaufträgen und anderen wissenschaftlichen Problemen.
Die Serie zeigt die täglichen Abenteuer des zusammengewürfelten Teams mit allen seinen Facetten: Notfälle, Stress, Rivalitäten und Langeweile.

Mitteldurchwachsene Co-Produktion, die leider keine wirklichen Höhepunkte zu bieten hatten und damit zu den vielen Fussnoten der Fernsehgeschichte gehören wird.

EPISODEN:

3.	BEDROHUNG VOM MARS (Quarantine) 25.11.98
4.	AUSSER KONTROLLE (Rogue Satellite) 26.11.98
5.	GEFÄHRLICHE GÄSTE (Dangerous Liaison) 27.11.98
6.	BEWÄHRUNGSPROBE (Crew Test) 30.11.98
7.	DIE PYRAMIDE (The Barrier Of Second Attention) 01.12.98
8.	DIE LETZTE EHRE (Sarcophagus) 02.12.98
9.	FRÜHLINGSGEFÜHLE (Spring Fever) 03.12.98
10.	DER DRITTE MANN (The Third Man) 04.12.98
11.	BÖSES ERWACHEN (Awakening) 07.12.98
12.	NEMESIS (Nemesis) 08.12.98
13.	MUTTERGEFÜHLE (A Child Is Born) 09.12.98
14.	WELTRAUMPIRATEN (Unfinished Business) 10.12.98
15.	DAS ULTIMATUM (Split Allegiances) 11.12.98
16.	EISKALT ERWISCHT (Winter Kills) 14.12.98
17.	EIN PLATZ AN DER SONNE (Place In The Sun) 15.12.98
18.	DER ZUSAMMENSTOSS (Lost Property) 16.12.98
19.	GENIE UND WAHNSINN (Mayfly) 17.12.98
20.	LAUTLOSE KILLER (Not In My Back Yard) 18.12.98
21.	DER ÜBERLEBENDE (Abandoned) 21.12.98
22.	DER SELBSTVERSUCH (Silver Bullet) 22.12.98
23.	BITTERES JUBILÄUM (Anniversary) 23.12.98
24.	HEXENJAGD (Lost In Space) 04.01.99
25.	NICHTS GEHT MEHR (Money Makes The World Go Round) 05.01.99
26.	VERLOREN IM ALL (Trouble In Paradise) 06.01.99

RAVEN-DIE UNSTERBLICHE
(Highlander: The Raven/L'Immortelle)
CND/F 1998/1999; 22 Episoden
Deutsche Ausstrahlung:
Pro 7 1999/2000; "Pilot" & 20 Episoden

Darsteller: Elizabeth Gracen (Amanda Montrose <Darieux/Donahue>), Paul Johansson (Nicholas Charles „Nick" Wolfe), Patricia Gage (Lucy Becker), Hannes Jaenicke (Bert Myers), Michael Copeman (Captain Carl Magus), Robert Cavanaugh (Father Liam Riley).

„Sie ist unsterblich. Über tausend Jahre alt. Ein Fabelwesen. — Wie der Rabe. Der Legende nach stahl er die Sonne und den Mond. Man schickte einen Krieger um ihn zu suchen. Er fand ihn. Gemeinsam brachten sie der Erde das Licht zurück. — Für mich war sie nur eine Kriminelle, wie jede andere Diebin. Aber das war sie nicht. Sie veränderte mein Leben. Alles veränderte sich. Wir wussten beide, dass nichts mehr so sein würde, wie es einmal war."
(Grundlagen siehe: HIGHLANDER)
Die Unsterbliche Meisterdiebin Amanda, ehemalige Geliebte des Highlanders Duncan McLeod, tut sich mit dem Ex-Cop Nick Wolfe zusammen um Missetaten rigoros zu verfolgen.

Fan-Liebling Elizabeth Gracen durfte mit dieser Serie aus dem Schatten ihres Unsterblichkeits-Vorgängers Adrian Paul heraustreten, verschwand jedoch nach nur einer Staffel wieder darin. Trotz Vorschusslorbeeren gelang es ihr (vorerst?) nicht, eine eigene Serie zum Erfolg zu tragen. Pech.
Hannes Jaenicke spielte bereits in MISSION EUREKA (qv). Unter den Gaststars befanden sich Philip (Krieg der Welten & Highlander) Akin, Lysette (Dark Shadows) Anthony, Jim (Highlander) Byrnes, Carolyn Dunn und Geordi (Dracula ist wieder da) Johnson.

EPISODEN:

I.	HIGHLANDER: ZIRKUSLUFT (Highlander: The Series: The Lady And The Tiger) 06.07.93
II.	HIGHLANDER: AMANDAS RÜCKKEHR (Highlander: The Series: The Return Of Amanda) 06.08.95
III.	HIGHLANDER: DAS VERMÄCHTNIS (Highlander: The Series: Legacy) 29.10.95
IV.	HIGHLANDER: DAS KREUZ DES HEILIGEN ANTONIUS (Highlander: The Series: The Cross Of St. Antoine) 24.03.96
V.	HIGHLANDER: RITUS DES ÜBERGANGS (Highlander: The Series: Rite Of Passage) 31.03.96
VI.	HIGHLANDER: DIE ENTSCHEIDUNG 1 (Highlander: The Series: Finale 1) 21.07.96
VII.	HIGHLANDER: DIE ENTSCHEIDUNG 2 (Highlander: The Series: Finale 2) 28.07.96
VIII.	HIGHLANDER: GLÜCKSSPIELE (Highlander: The Series: Double Eagle) 01.09.96
IX.	HIGHLANDER: UM JEDEN PREIS (Highlander: The Series: Reunion) 08.09.96
X.	HIGHLANDER: DER PSYCHOPATH (Highlander: The Series: The Colonel) 15.09.96
XI.	HIGHLANDER: DIE JAGD NACH DEM JUWEL (Highlander: The Series: Methuselah's Gift) 17.11.96
XII.	HIGHLANDER: DER UNSTERBLICHE CIMOLI (Highlander: The Series: The Immortal Cimoli) 24.11.96
1.	WIEDERGEBOREN (Reborn & Full Disclosure) 12.11.99

2.	BLUTRACHE (Bloodlines) 14.11.99
3.	TÖDLICHE DIPLOMATIE (Immunity) 21.11.99
4.	FREIBRIEF (Birthright) 28.11.99
5.	SCHULD UND SÜHNE (Crime & Punishment) 05.12.99
6.	EINE FRAGE DER EHRE (The Unknown Soldier) 12.12.99
7.	UND NICHTS ALS DIE WAHRHEIT (So Shall Ye Reap) 19.12.99
8.	SCHATTEN DER VERGANGENHEIT (Cloak & Dagger) 02.01.00
9.	EINE ALTE RECHNUNG (Passion Play) 09.01.00
10.	DER TEUFEL IN PERSON (The Devil You Know) 16.01.00
11.	EINE FRAGE DER ZEIT (A Matter Of Time) 23.01.00
12.	FRENCH CONNECTION (French Connection) 30.01.00
13.	DER EINZELGÄNGER (The Rogue) 06.02.00
14.	EINE ALTE SCHULD (The Inferno) 13.02.00
15.	DIE RIVALEN (The Frame) 20.02.00
16.	AUF LIEBE UND TOD (Love And Death) 27.02.00
17.	DIEBESBANDE (Thick As Thieves) 05.03.00
18.	DER DRAHTZIEHER (The Manipulator) 12.03.00
19.	DIE EX-AKTE (The Ex-Files) 19.03.00
20.	KRIEG UND FRIEDEN (War And Peace) 26.03.00
21.	DER SCHLEICHENDE TOD (Dead On Arrival) 02.04.00

RAY BRADBURYS GRUSELTHEATER/ BRADBURY TRILOGIE

(The Ray Bradbury Theatre)
USA 1985/1986; 6 Episoden
USA/CND/GB/F 1988-1990; 36 Episoden
USA/CND/GB/F 1992; 23 Episoden
Deutsche Ausstrahlung:
WWF 1988; 3 Episoden
Tele 5 1991/1992; 48 Episoden

Darsteller: Ray Bradbury (Gastgeber).

Anthologieserie nach Kurzgeschichten des Science Fiction- und Kriminalautoren Ray Bradbury, der auch die Drehbücher für diese Reihe lieferte. Des weiteren erscheint er im Vorspann zur Serie. Vorab wurden einige „Probeepisoden" in den USA produziert. Als das Ergebnis gefiel, wandte man sich billigeren Produktionsmärkten wie Kanada und Frankreich zu. Das Ergebnis ist eine durchaus sehenswerte Reihe, deren Qualität jedoch starken Schwankungen unterworfen ist.

Ein weiteres Produkt nach einer Bradbury-Vorlage ist die 1979 erschienene und völlig misslungene Miniserie DIE MARS-CHRONIKEN (qv).
Zu den Gruseltheaterdarstellern einzelner Episoden gehörten Eddie Albert, Drew Barrymore, Peter (Der Junge vom anderen Stern) Barton, Timothy (Im Land der Saurier II) Bottoms, David (Kung Fu & Kung Fu: Im Zeichen des Drachen) Carradine, Joanna Cassidy, Richard (Krieg der Welten) Comar, Ben (Dark Shadows) Cross, Robert Culp, Tyne Daly, Shelley Duvall, Denholm Elliott, Louise (Star Trek: Deep Space Nine) Fletcher, Jeff Goldblum, Elliott (The Shining) Gould, Michael (Hercules) Hurst, Michael (V & seaQuest 2032) Ironside, Sally Kellerman, Linda Kelsey, Mimi Kuzyk, Lucy (Xena) Lawless, Paul LeMat, Patrick (Mit Schirm, Charme und Melone & Thunder in Paradise) Macnee, Nick (Wild Palms) Mancuso, Stuart (Mr. Smith) Margolin, Nathaniel (Kung Fu: Im Zeichen des Drachen) Moreau, Barry (Mondbasis Alpha 1) Morse, Leslie Nielsen, David (Die verlorene Welt) Orth, Peter O'Toole, Adrian (Krieg der Welten & Highlander) Paul, Donald Pleasence, Michael J. Pollard, Michael Sarrazin, John Saxon, Alan (Die geheimnisvolle Insel & Seven Days) Scarfe, William (Raumschiff Enterprise & TekWar) Shatner, Helen (Poltergeist) Shaver, Gregory Sierra, Mark (V) Singer, Errol (Tarzan) Slue, Charles Martin Smith, Malcolm Stewart, David Ogden Stiers, Kate (Kung Fu: Im Zeichen des Drachen) Trotter, Robert (Solo für U.N.C.L.E.) Vaughn, John (Krieg der Welten) Vernon und Susannah York.

EPISODEN (WWF):
1.	DIE MARIONETTEN-AG (Marionettes, Inc.) 05.01.88
2.	EIN FREMDER IN DER STADT (The Town Where No One Got Off) 12.01.88
3.	DIE MENGE AUS DEM NICHTS (The Crowd) 19.01.88

EPISODEN (Tele 5)**:**
4.	DAS MÖRDERLEIN (The Small Assassin) 07.09.91
5.	BESTRAFUNG OHNE VERBRECHEN (Punishment Without Crime) 14.09.91
6.	DER SARG (The Coffin) 21.09.91
7.	DIEALTE FRAU UND DER TOD (There Was An Old Woman) 28.09.91
8.	FINGERABDRÜCKE (The Fruit At The Bottom
Of	The Bowl) 05.10.91
9.	DAS SKELETT (Skeleton) 12.10.91
10.	DER BOTE (The Emissary) 19.10.91
11.	HARMLOSES SPIEL (Gotcha!) 26.10.91

12. DER REISENDE (The Man Upstairs) 02.11.91
13. ORIENTEXPRESS GEN NORDEN (On The Orient, North) 09.11.91
14. KÖNIG DER ECHSEN (Tyrannosaurus Rex) 16.11.91
15. DAS BÖSE ENDE DER RIABOUCHINSKA (And So Died Riabouchinska) 23.11.91
NT. MARIONETTEN (Marionettes, Inc.) 30.11.91
16 DER SPIELPLATZ (The Playground) 07.12.91
17. BOTIN DES TODES (Banshee) 14.12.91
NT. DIE MEUTE (The Crowd) 21.12.91
18. DIE WEINENDE FRAU (The Screaming Woman) 28.12.91
19. EXORCISMUS (Exorcism) 04.01.91

20. DIE LANGEN JAHRE (The Long Years) 31.05.92
21. DER UNTERGANG DES HAUSES USHER II (Usher II) 07.06.92
22. DAS WUNDERSAME HARFENSPIEL (The Day It Rained Forever) 14.06.92
23. DAS SCHWARZE RIESENRAD (The Black Ferris) 21.06.92
24. WEG IN DIE VERGANGENHEIT (Touch Of Petulance) 28.06.92
25. DER MÖRDER (The Murderer) 05.07.92
26. 102 GRAD FAHRENHEIT (Touched With Fire) 12.07.92
27. DER TOYNBEE KONVERTER (The Toynbee Convector) 19.07.92

28. INVASION DER RIESENPILZE (Boys! Raise Giant Mushrooms In Your Cellar) 10.11.92
29. ZUM ABGRUND VON CHICAGO (To The Chicago Abyss) 11.11.92
30. DER ZWERG (The Dwarf) 12.11.92
31. WILLKOMMEN UND LEBEWOHL (Hail And Farewell) 13.11.92
32. DER SPUK DES NEUEN (The Haunting Of The New) 14.11.92
33. DER SEE (The Lake) 17.11.92
34. EIN WUNDER VON SELTENER KUNST (A Miracle Of Rare Device) 18.11.92
35. FUSSGÄNGER (The Pedestrian) 19.11.92
36. EIN GERÄUSCH WIE DONNERHALL (A Sound Of Thunder) 20.11.92
37. DIE STEPPE (The Veldt) 21.11.92
38. DIE STIMME DES WINDES (The Wind) 24.11.92
39. DER WUNDERBARE TOD DES DUDLEY STONE (The Wonderful Death Of Dudley Stone) 25.11.92
40. ZWEI SEELEN, EIN GEDICHT (And The Moon Be Still As Bright <?>) 26.11.92
41. BEGEGNUNG AUF DEM MARS (Mars Is Heaven) 27.11.92
42. FASTFOOD FÜR DEN MARS (The Earthmen <?>) 28.11.92
43. DAS GLAS (The Jar) 01.12.92

44. DIE GIFTMISCHERIN (Let's Play Poison) 02.12.92
45. DIE STUNDE NULL (Zero Hour) 03.12.92
46. MUMMENSCHANZ (Colonel Stonesteel And The Desperate Empties) 04.12.92
47. ZUR EINSAMKEIT VERDAMMT (The Lonely One <?>) 05.12.92
48. DER MARS-MENSCH (The Martian) 08.12.92
49. DER ABSOLUT PERFEKTE MORD (The Utterly Perfect Murder) 09.12.92

EPISODEN (nicht gesendet/nicht zugeordnet):
50. (Here There Be Tygers)
51. (The Concrete Mixer)
52. (The Happiness Machine)
53. (Tomorrow's Child)
54. (The Handler)
55. (Great Wide World Over There)
56. (Fee Fie Foe Fum)
57. (The Anthem Sprinters)
58. (By The Numbers)
59. (The Long Rain)
60. (The Dead Man)
61. (Sun And Shadow)
62. (Silent Towns)
63. (Downwind From Gettysburg)
64. (Some Live Like Lazarus)
65. (The Tombstone)

DIE REBELLEN VOM LIANG SHAN PO
('The Water Margin' <internationaler Titel>**)**
JPN 1977; 26 Episoden
Deutsche Ausstrahlung:
ARD 1980/1981; 10 Episoden
Nord/West/Hessen III 1982; 11 Episoden
West III 1983; 5 Episoden

Darsteller: Atsuo Nakamura (Lin Chung), Sanae Tsuchida (Hu Sanjang), Takashi Obayashi (Sung Chiang), Kei Sato (Ko Kiu), Hajime Hana (Wu Sung), Yoshiyo Matsuo (Hsiao Yeh-Lan, Lin Chungs Frau), Ryonhei Uchida (Chu Wu), Teruhiko Aoi (Shi Chin), Isamu Nagato (Lu Ta), Shino Kawai (Huang Wen-Ping), Noh Tereda (Kung Sun-Sheng), Hitsoshi Omae (Li Kwei), Daijiro Harada (Hua Yung), Ryonosuke Minegishi (Huang Hsing), Tetsuro Tanba (General).

Der neue Oberbefehlshaber der Kaiserlichen Garde begehrt Lin Chungs Frau. Dieser ist Offizier der Garde und ein ehrenhafter Mann. Er wendet sich gegen seinen Befehlshaber. Als „Belohnung" wird Lin Chung erst suspendiert und kurz darauf in ein Straflager gesperrt. Hier findet er Verbündete, von denen jeder mit besonderen

Fähigkeiten gesegnet ist, und bildet mit diesen nach der Flucht eine Rebellengruppe. Sie versuchen die ungerechte Unterdrückung durch die Kaiserliche Garde zu beenden..

Gute Familienunterhaltung, die zeigte, dass auch exotische Werke in Deutschland Erfolg haben können.
Die Serie basiert auf dem chinesischen Volksbuch „Shui Hu Tschuan" (Die Räuber vom Liang Schan Moor). Die „Wasserufergeschichte", so die Übersetzung des Originaltitels, soll im dreizehnten Jahrhundert von Schi Nai An aufgeschrieben worden sein und zählt zu den wichtigsten Werken der chinesischen Literatur. Bis zum Anfang des 20. Jahrhunderts lag das Werk nur in einem Umfang von siebzig Kapiteln vor, obgleich bekannt war, dass es ältere Ausgaben geben müsse, die umfangreicher sind. Zwischen 1919 und 1929 unternahm die chinesische Literaturforschung besondere Anstrengungen, erweiterte Versionen wieder zu entdecken. Der Literarhistoriker Hu Schi, Professor in Peking, brachte schliesslich 1933 eine einhundertundzwanzig Kapitel umfassende Ausgabe heraus.
Der Rebell Sung Chiang lebte übrigens tatsächlich. Er schaffte es mit Hilfe von sechsunddreissig Häuptlingen die ehemaligen Fürstentümer Tsi und Weh unter seine Gewalt zu bekommen. Im Jahre 1120 taucht sein Name in einem Bericht an die Regierung Hui Tsung (1100-1126) auf. Es wird erwähnt, dass seine Fähigkeiten übermenschlich seien und dass Regierungstruppen nichts gegen ihn auszurichten vermögen. Als Folgerung wird eine Begnadigung empfohlen, die laut geschichtlichen Unterlagen tatsächlich im Jahre 1122 verkündet wurde. Danach unternahm Sung für den Kaiser einen Feldzug gegen die Liao Tartaren. Im ersten Drittel des Mai 1124 soll er gestorben sein.
Bereits 1972 gab es eine chinesische Verfilmung unter dem Titel SUI WOO JUEN — der anders erscheinende Titel dürfte daher rühren, dass die Übertragung des Chinesischen in verschiedene westliche Sprachen unterschiedlich vorgenommen wird.

EPISODEN (ARD):
1. NEUN DUTZEND HELDEN UND EIN BÖSEWICHT (- liegt nicht vor -) 21.12.80
2. LEBEND IST NOCH NIEMAND ENTKOMMEN (- liegt nicht vor -) 28.12.80
3. DIE LIEBE IST STÄRKER ALS DER TOD (- liegt nicht vor -) 04.01.81
4. DER TÄTOWIERTE DRACHE (- liegt nicht vor -) 11.01.81
5. EIN SCHATZ VON GOLD UND JADE (- liegt nicht vor -) 18.01.81
6. IN DEN SCHLINGEN DER LIEBE (- liegt nicht vor -) 25.01.81
7. DER KAMPF AM TOTEN FLUSS (- liegt nicht vor -) 01.02.81
8. DIE FRAU DES GOUVERNEURS (- liegt nicht vor -) 08.02.81
9. DAS HERZ DES TOREN FRISST DER WOLF (- liegt nicht vor -) 15.02.81
10. IN DEN KLAUEN KO KIOUS (- liegt nicht vor -) 22.02.81

EPISODEN (N/W/H III):
11. DER HANDSTREICH AUF DEM ZWEIDRACHENBERG (- liegt nicht vor -) 06.07.82
12. DIE TÖDLICHE ZWICKMÜHLE (- liegt nicht vor -) 13.07.82
13. DIE TRÄNE IN DER LOTUSBLÜTE (- liegt nicht vor -) 20.07.82
14. DIE BELAGERUNG DER FESTUNG CHU (- liegt nicht vor -) 27.07.82
15. IN DEN KRALLEN DES GEISTERVERTREIBERS (- liegt nicht vor -) 03.08.82
16. DER JADETRANSPORT (- liegt nicht vor -) 10.08.82
17. WENN EIN KAISER SICH VERLIEBT (- liegt nicht vor -) 17.08.82
18. KAMPF DER MAGIER (- liegt nicht vor -) 24.08.82
19. DER TODESVERÄCHTER (- liegt nicht vor -) 31.08.82
20. DIE ZEHNTAUSEND-GEWITTER-MASCHINE (- liegt nicht vor -) 07.09.82
21. TIGER UND WÖLFE (- liegt nicht vor -) 14.09.82

EPISODEN (West III):
22. IM ZEICHEN DER SCHLANGE (- liegt nicht vor -) 18.07.83
23. DAS LIEBESOPFER (- liegt nicht vor -) 25.07.83
24. DER HERR DES KUPFERNEN BERGES (- liegt nicht vor -) 01.08.83
25. KUANG SHENG MIT DEM LANGEN SCHWERT (- liegt nicht vor -) 08.08.83
26. ES BLEIBT NUR EINE HAND VOLL STAUB (- liegt nicht vor -) 15.08.83

DIE REINSTE HEXEREI
(Free Spirit)
USA 1989; Pilot <nicht gesendet>
USA 1989/1990; 14 Episoden <nur 13 gesendet>

Darsteller: Corinne Bohrer (Winnie Goodwinn), Franc Luz (Thomas J. Harper), Paul Scherrer (Robb Harper), Alyson Hannigan (Jessie Harper), Edan Gross (Gene Harper).

Thomas Harper ist Anwalt, geschieden und alleinerziehender Vater dreier Kinder. Als sich Sohn Gene vernächlässigt fühlt, wünscht er sich einen ganz speziellen Freund. Vom obersten Hexenmeister geschickt, erscheint Hexe Winnie auf der Bildfläche, um fortan Hausangestellte und spezielle Freundin zu sein.

Gut gemeinte kleine Serie, die sich das Prädikat „Rohrkrepierer" anstecken darf. Die Darsteller liefern Arbeit der unteren Mittelklasse und die Stories hat man alle schon mal gesehen — und besser.
Alyson Hannigan wurde bekannter durch BUFFY-IM BANN DER DÄMONEN (qv). Freigeistige Gaststars waren Jim (Superboy & Tödliches Spiel) Calvert, Alex (The Flash) Desert und Seth (Buffy) Green.

EPISODEN:
1. HOKUS POKUS FIDIBUS (Free Spirit) 24.01.91
2. WENN DER HEXENMEISTER KOMMT (The Bosses Are Coming) 25.01.91
3. HOCHZEITSBLUES (Wedding Bell Blues) 26.01.91
4. HEXEN WILL GELERNT SEIN (Too Much Of A Good Thing) 28.01.91
5. DAS WAHRHEITSPÜPPCHEN (Guess Who's Staying For Dinner?) 29.01.91
6. SCHRECK LASS NACH (Halloweenie) 30.01.91
7. AB DURCH DIE MITTE (Two For The Road) 31.01.91
8. NICHT VERZAGEN, WINNIE FRAGEN (Not With My Sister You Don't) 01.02.91
9. VERLIEBT IN WINNIE (Love That Winnie) 02.02.91
10. VERLIEBT-VERHEXT-GESCHIEDEN? (New Secretary) 04.02.91
11. DIE ENTE IST FÜR MICH (Radio Nights) 05.02.91
12. AUS EINS MACH ZWEI UND UMGEKEHRT (We Gotta Be Me) 06.02.91
13. BESUCH AUS ALTEN ZEITEN (Blast From The Past) 07.02.91
14. EIN BISSCHEN STERBLICH (Love & Death) 08.02.91

DIE REISEN DES PROFESSOR KLECKS
(Akademia Pana Kleksa/Akademija Pana Klaksy)
PL/UDSSR 1983; 4 Episoden
Deutsche Ausstrahlung:
ZDF 1988; 4 Episoden

Darsteller: Piotr Fronczewski (Professor Klecks), Henryk Bista (Grosser Elektroniker), Lena Morozowa (Fürstin Reseda), Zbibniew Buczkowski (Oberst Pickel), Marcin Baranski (Peter), Gieorgij Witcyn (König Apolinarius), Jerzy Krysak (König Pillendreher), Ryszard Dreger (Prot), Malgrozata Ostrowska (Königin Aba).

Im Märchenkönigreich Fabelonien steht der Wettbewerb der Märchenschreiber an. Doch der Grosse Elektroniker, Feind der Phantasie, beauftragt einen Agenten, alle Tintenvorräte zu vernichten. Also sticht Professor Klecks mit der „Apolinaria" in See um neue Tinte aufzutreiben. Doch alle Versuche bleiben fruchtlos. Es gibt nur noch einen Ausweg: Die Zurückeroberung der Insel der Erfinder, die sich in der Gewalt des Grossen Elektronikers beflndet. Hierbei sieht sich Klecks dazu gezwungen seine schrecklichste Waffe einzusetzen: Den Makkaronimörser!

Amüsante Kinderunterhaltung in polnisch-sowjet-russischer Koproduktion.

EPISODEN:
1. OHNE TINTE SITZT DER KÖNIG IN DER TINTE (- liegt nicht vor -) 21.08.88
2. GEHEIMNISSE IN DER TIEFSEE (- liegt nicht vor -) 28.08.88
3. KÖNIG PILLENDREHER HAT EIN PROBLEM (- liegt nicht vor -) 04.09.88
4. DIE GROSSE NUDELSCHLACHT (- liegt nicht vor -) 11.09.88

RELIC HUNTER-DIE SCHATZJÄGERIN
(Relic Hunter)
USA 1999- ; bisher 44 Episoden
Deutsche Ausstrahlung:
Pro 7 2000- ; 22 Episoden

Darsteller: Tia Carrere (Sydney), Christien Anholt (Nigel Bailey), Lindy Booth (Claudia).

Geschichtsprofessorin Sydney hat ein seltsames Hobby: Sie streift immer wieder durch die teils entlegensten Teile der Welt, um wichtige archäo-logische Fundstücke, oftmals mit magischen Ei-genschaften, zu sichern.

Lindy Booth spielte bereits in EERIE, INDIANA-DIE ANDERE DIMENSION (qv); Christien An-holts Dad, Tony, bekannt aus MONDBASIS AL-PHA 1 (qv), absolvierte einen Gastauftritt. Weite-re Reliquienfans waren Michael (Raven) Cope-man, James (Die Mars-Chroniken) Faulkner, John (Das Tollhaus) Hemphil, Anthony (Robocop) Lemke, Paul (Psi Factor) Miller, Sherry (F/X) Mil-ler, Michel (Highlander) Modo, Tim (Sindbads Abenteuer) Progosh, John (Einmal Himmel und zurück) Schneider und Wrestlerin Sable.

EPISODEN:
1. DIE MAGISCHE SCHALE (Buddha's Bowl) 12.11.00
2. TOD AM TEUFELSMUND (The Headless Nun) 19.11.00
3. AUF DEN SPUREN VON AL CAPONE (Smo-king Gun) 26.11.00
4. MEIN FREUND ELVIS (Thank You Very Much) 03.12.00
5. IM ZEICHEN DES BÄREN (Flag Day) 10.12.00
6. DER MILLIONEN-DOLLAR-HANDSCHUH (Diamond In The Rough) 17.12.00
7. DER TRAUM VOM GOLD (Transformation) 07.01.01
8. DER WIKINGERSCHATZ (Etched In Stone) 14.01.01
9. DAS BUCH DER LIEBE (The Book Of Love) 21.01.01
10. GEFANGEN IM LABYRINTH (The Myth Of The Maze) 28.01.01
11. DIE VERSCHOLLENE KRONE (Irish Crown Af-fair) 04.02.01
12. DER SARKOPHAG (The Emperor's Bride) 11.02.01
13. DIAMANTENFIEBER (Afterlife And Death) 18.02.01
14. DER FLUCH DER KATZENGÖTTIN (Nine Lives) 25.02.01
15. OPHELIA (Affaire De Coeur) 04.03.01
16. DER GROSSE BRODSKY (A Vanishing Art) 11.03.01
17. JAGD AUF DIE KRONJUWELEN (A Good Year) 18.03.01
18. DER LETZTE TEMPELRITTER (The Last Knight) 25.03.01
19. IM NAMEN DER LIEBE (Love Letter) 01.04.01
20. UNTER VAMPIREN (Possessed) 08.04.01
21. DER KELCH DER WAHRHEIT (Nothing But The Truth) 22.04.01
22. ISABELS GEHEIMNIS (Memories Of Montmar-tre) 22.04.01
23. (The Put Back)
24. (Dagger Of Death)
25. (Last Of The Mohicans)
26. (The Legend Of The Lost)
27. (Fertile Ground)
28. (Gypsy Jigsaw)
29. (Three Rivers To Cross)
30. (Roman Holiday)
31. (Cross Of Voodoo)
32. (Lost Contact)
33. (The Reel Thing)
34. (M. I. A.)
35. (Out Of The Past)
36. (Eyes Of Toklamanee)
37. (Run, Sydney, Run)
38. (French Connection)
39. (Don't Go Into The Woods)
40. (Midnight Flight)
41. (Executioner's Mask)
42. (The Royal Ring)
43. (Set In Stone)
44. (Deadline)

ROBIN HOOD
(Robin Of Sherwood)
GB 1984-1986; 26 Episoden
Deutsche Ausstrahlung:
ZDF 1984; 7 Episoden
ZDF 1986; 6 Episoden
ZDF 1987; 13 Episoden

Darsteller: Michael Praed (Robin of Loxley/Ro-bin Hood), Jason Connery (Robert of Hunting-don/Robin Hood), Judi Trott (Marion), Ray Win-stone (Will Scarlet), Clive Mantle (Little John), Phil Rose (Bruder Tuck), Peter Llewellyn-Willi-ams (Much), Mark Ryan (Nasir), Nickolas Grace (Sheriff von Nottingham), Robert Addie (Sir Guy of Gisburne), John Abineri (Herne, der Jäger).

Der junge Robin entkommt der Vernichtung sei-nes Dorfes Loxley. Sein Vater Ailric wird bei dem Versuch, den heiligen silbernen Pfeil zu vergra-ben, getötet.
Jahre später ist es eben dieser Robin, der von Herne, dem Jäger, eine Art Waldgott, auserwählt wird, gegen die Unterdrückung durch die Herr-schaftsmacht anzukämpfen. Robin beginnt im Sherwood Forest eine Kampftruppe aufzustellen. Währenddessen will Baron de Belleme die schö-ne Lady Marion von Leaford mit seinen okkulten Fähigkeiten in den Bann schlagen. Mit Hilfe der Magie Hernes und der Kraft des Schwertes Albi-on gelingt es Robin, Marion zu retten.

Schliesslich heiraten die beiden mit dem Segen des Waldgottes.

Es folgen verschiedene Scharmützel, gegen die Untertanen von King John, der, in Abwesenheit seines Bruders Richard, den englischen Thron bestieg. Diese Kämpfe geschehen immer zum Wohl des Volkes und im Namen des wahren Herrschers.

Schliesslich kommt der heissersehnte Tag der Rückkehr Richards. Robin und seine Mannen unterstellen sich seinem Befehl und verlassen Sherwood Forest. Aber auch von Richard Löwenherz werden sie verraten. In dem folgenden Kampf wird Robin getötet. Seine Männer werden durch das Eingreifen eines geheimnisvollen Mannes mit Kapuze gerettet. Nach einem Essen im Hause des Earl von Huntington, wird Marion, die wieder bei ihrem Vater wohnt, von Owen of Clun entführt. Robert, der Sohn des Earls, dessen Interesse für Marion geweckt worden war, eilt zu ihrer Rettung. Diese kann er aber nur mit Hilfe der Leute des Robin Hood zustande bringen. Robert wird fortan in der Rolle des neuen Robin Hoods gegen die Macht reicher Ausbeuter kämpfen.

Robin Hood, neben Tarzan, den drei Musketieren und Zorro, eine der wohl bekanntesten Abenteuergestalten der Literatur. Die Geschichte des grüngekleideten Kämpens der Armen, basiert, wie viele seiner Kollegen, auf wahren Personen der Geschichte. Personen in der Mehrzahl, denn der bekannte Robin Hood ist ein Konglomerat aus verschiedenen Gestalten. So, wie er allgemein bekannt wurde, hat er nie existiert. Wie es oftmals mit Volkslegenden der Fall ist, wurden die positiven Eigenschaften mehrerer Personen zusammengenommen, um den Überhelden Robin Hood zu bilden, der als solcher bereits 1377 in „Piers Plowman" zum ersten Mal Erwähnung fand. Durch die verschiedenen Vorbilder erklärt sich auch, dass es verschiedene Abwandlungen seiner Geschichte gibt. Meist wird von ihm als Robin of Locksley oder als Robert Fitzooth, Earl of Huntington, geschrieben. Die Handlungszeit wird gemeinhin in die Regierungszeit von Richard I., genannt Löwenherz, gelegt, also 1189 bis 1199.

Hauptverantwortlich für die Serie zeichnet Richard Carpenter, der bereits die Abenteuer des Zauberers CATWEAZLE (qv) beschrieb.

Carpenter greift nicht nur auf die verschiedenen Robin Hood-Legenden, sondern auch auf die keltische Sagenwelt zurück. Herne, der Jäger, der eine Art Leitfigur für Robin ist, ist ein direkter Verwandter des keltischen Hirschgottes Cernunnos. Die Legende besagt, dass Herne im Windsor Great Park, der Parkanlage von Windsor Castle, eine der Residenzen des britischen Königshauses, zu finden sei. Im Gegensatz zur hilfreichen Unterstützung in dieser Serie, wird dem „echten" Herne nachgesagt, dass eine Sichtung kommendes Unheil ankündigt. Dies wird durch die Besuche Hernes in diesem Jahrhundert unterstützt: 1931, zu Beginn der Depression; 1936, Abdankung Edwards VIII.; 1939, Kriegserklärung; 1952, der Tod Georges VI.

Die Einführung Hernes bot Carpenter die Möglichkeit, die beiden bekanntesten Herkunftsgeschichten Robin Hoods in einer Serie zu vereinen: Herne ist es, der Robert of Loxley zum neuen Robin Hood erwählt.

Die Einbeziehung des gehörnten Gottes des Waldes, in die Robin Hood-Legende, das vorsichtige und stimmungsvolle Spiel mit magischen Kräften,die realistische Darstellung z.B. der Arbeits- und Wohnbedingungen des Volkes zu dieser Zeit, ja sogar der Wechsel von der einen Hauptfigur zur nächsten, machen aus dieser Serie die wohl stilvollste und beste Version, die es je von Robin Hood gab.

Für Gastauftritte schlugen sich Lewis Collins, John (Sliders) Rhys-Davies, Matt (Max Headroom) Frewer, Richard O'Brien, Ian Ogilvy, David Rappaport und Oliver Tobias in den Wald.

EPISODEN:

1. DER MAGISCHE PFEIL (Robin Hood And The Sorcerer 1) 03.10.84
2. DER WETTKAMPF (Robin Hood And The Sorcerer 2) 10.10.84
3. DIE HEXE VON ELSDON (The Witch Of Elsdon) 17.10.84
4. DIE KREUZRITTER (Seven Poor Knights From Acre) 24.10.84
5. DER MINNESÄNGER (Alan-A-Dale) 07.11.84
6. RICHARD LÖWENHERZ (Richard The Lionhearted) 14.11.84
7. DIE PROPHEZEIUNG (The Prophecy) 28.11.84
8. TÖDLICHE GELDGIER (The Children Of Israel) 12.09.86
9. DER HERR DER BÄUME (Lord Of The Trees) 19.09.86
10. DIE VERZAUBERUNG (The Enchantment) 26.09.86

11.	DIE HUNDE LUZIFERS 1 (The Swords Of Wayland 1) 03.10.86
12.	DIE HUNDE LUZIFERS 2 (The Swords Of Wayland 2) 10.10.86
13.	DER HINTERHALT (The Greatest Enemy) 17.10.86
14.	DAS VERMÄCHTNIS (Herne's Son 1) 17.07.87
15.	DER NACHFOLGER (Herne's Son 2) 24.07.87
16.	MARION (The Power Of Albion) 31.07.87
17.	DER SCHATZ (The Inheritance) 07.08.87
18.	DER NEUE SHERIFF (The Sheriff Of Nottingham) 14.08.87
19.	DIE AUSSÄTZIGEN (The Cross Of St. Ciricus) 21.08.87
20.	DAS VERZAUBERTE DORF (Cromm Cruac) 28.08.87
21.	DER KÖNIG KOMMT (The Betrayal) 04.09.87
22.	FREUND ODER FEIND? (Adam Bell) 11.09.87
23.	DER THRONERBE (The Pretender) 18.09.87
24.	VON SCHWEINEN UND HEXEN (Rutterkin) 25.09.87
25.	DIE ZEIT DES WOLFES 1 (Time Of The Wolf 1) 02.10.87
26.	DIE ZEIT DES WOLFES 2 (Time Of The Wolf 2) 09.10.87

ROBIN HOOD
(The New Adventures Of Robin Hood)
USA 1997-1999; 52 Episoden
Deutsche Ausstrahlung:
RTL Television 1998; 18 Episoden
RTL Television 1999; 20 Episoden

Darsteller: Matthew Porretta (Robin Hood - 1997/98), John Bradley (Robin Hood - 1998/99), Anna Galvin (Marion Fitzwalter - 1997), Barbara Griffin (Marion Fitzwalter - 1997-99), Richard Ashton (Little John), Martyn Ellis (Bruder Tuck), Hakim Alston (Kemal), Christie Woods (Rowena - 1998/99), Christopher Lee (Olwyn).

Robin Hood, britischer Freiheitsheld, kämpft mit seinen Mannen gegen allerlei böses Gesindel. Darunter Mongolen, Wikinger, Samurai, Hexen, Geister und Ausserirdische.

Sicher, die grundlegende Figurenkonstellation der Robin Hood-Legende ist beibehalten worden: Robin Hood, Marion, Little John und Bruder Tuck. Das war es dann aber auch schon. THE NEW ADVENTURES OF ROBIN HOOD ist eine der zahlreicher werdenden Serien im Fahrwasser des HERCULES/XENA-Erfolges (qv).

Genau wie in SINDBADS ABENTEUER (qv) wird eine weltbekannte Figur genommen und für allgemeine Fantasy-Zwecke missbraucht. Was in diesem Fall dabei herauskam, ist nicht nur unvereinbar mit der Legende, sondern auch in anderer Hinsicht Mist. Natürlich haben die Tricks dieses ROBIN HOODs den inzwischen gewohnten, recht hohen Fernsehstandard. Leider schaffen es die Darsteller in keinster Weise zu überzeugen und die Stories sind diesen schauspielerischen Leistungen angeglichen.
In Sherwood tummelten sich dieses Mal die Gaststars Robert Addie (Robin Hood; 80er), Geoffrey (Catweazle) Bayldon, Andrew Bicknell, Lydie (Tarzan) Denier, Gareth (Mit Schirm, Charme und Melone) Hunt und David Soul.

EPISODEN:

1.	DER GOLDENE PFEIL (Robin And The Golden Arrow) 05.04.98
2.	DIE RACHE DER MONGOLEN (Rage Of The Mongols) 12.04.98
3.	ANGRIFF DER WIKINGER (Attack Of The Vikings) 19.04.98
4.	TÖDLICHER WETTKAMPF (A Race Against Death) 03.05.98
5.	TRAUM VON DER UNSTERBLICHKEIT (A Price On His Soul) 17.05.98
6.	RETTERIN IN HÖCHSTER NOT (Marion To The Rescue) 07.06.98
7.	DIE LEGENDE VON OLWYN (The Legend Of Olwyn) 14.06.98
8.	DAS WESEN VOM ANDEREN STERN (Dragon From The Sky) 21.06.98
9.	DER JUWELENRAUB (The Birthday Trap) 05.07.98
10.	DAS WUNDER VON AVALON (Miracle At Avalon) 19.07.98
11.	DER ARABISCHE PRINZ (The Arabian Knight) 09.08.98
12.	DIE RÜCKKEHR DES BÖSEN (Nightmare Of The Magic Castle) 23.08.98
13.	LITTLE JOHN IM BANN DER HEXEN (Witches Of The Abbey) 06.09.98
14.	LITTLE JOHN AUF ABWEGEN (The Ultimate Army) 04.10.98
15.	DER PAKT MIT DER HEXE (The Legion) 20.09.98
16.	DIE BRAUT DES TEUFELS (The Devil's Bride) 11.10.98
17.	EIN GNADENLOSER FEIND (The Hunt) 18.10.98
18.	DER BOMBENLEGER (Bombs Away) 01.11.98
19.	DER BARON VON ROYSTON (Road To Royston) 01.05.99
20.	DAS GEHEIMNIS DES DRUIDEN-WALDES (The Mystery Of The Druid's Cove) 02.05.99

21. DIE AMAZONEN DER KÖNIGIN (The Legend Of The Amazons) 09.05.99
22. DOPPELTES SPIEL (Outlaw Express) 16.05.99
23. GERECHTIGKEIT FÜR ALLE (Justice For All) 23.05.99
24. HILFE AUS DEM JENSEITS (Percy's Ghost) 30.05.99
25. LANDDIEBSTAHL (Your Land Is My Land) 13.06.99
26. ERSTE LIEBE (First Love) 20.06.99
27. DAS SPUKSCHLOSS (The Haunted Castle) 27.06.99
28. DER KÖNIG DER RIESEN (The Giant King) 04.07.99
29. DAS SCHWERT DES SAMURAI (Sword Of The Samurai) 11.07.99
30. ROBINVILLE (The Haunted Castle) 18.07.99
31. SKLAVENHÄNDLER (Vanishing Act) 25.07.99
32. DER UNHEIMLICHE JÄGER (The Hunter) 08.08.99
33. EINMAL VERGANGENHEIT UND ZURÜCK (A Date With Destiny) 05.09.99
34. WAISENKINDER (Orphans) 19.09.99
35. DAS GIPFELTREFFEN (The Assassin) 10.10.99
36. DIE WIEDERAUFERSTEHUNG (Body And Soul) 17.10.99
37. DER GIFTANSCHLAG (Assault On Castle Dundeen) 17.10.99
38. DIE VERSTEIGERUNG (The Auction) 01.11.99

ROBINZAK

BRD 1973-1976; 23 Episoden
Ausstrahlung:
ZDF 1974; 6 Episoden
ZDF 1975; 11 Episoden
ZDF 1976; 6 Episoden

Kinder finden einen seltsam anmutenden Raumanzug. Durch das Anziehen wird das jeweils betroffene Kind zu Robinzak. Dieser weiss nicht viel von Erdbewohnern und hinterfragt in der Folge verschiedene Aspekte des normalen menschlichen Lebens. Hilfreich zur Seite steht ihm der Roboter Telezak, der erklärende Filmbeiträge liefert.

Äusserst flache Lehrserie für Kinder die im Science Fiction-Gewand einhertrabt. Man schaffte es in den 76er Episoden sogar noch das Niveau zu senken, indem man den „Raumanzug" weg liess und nur noch die Filmchen und den erhobenen Zeigefinger übrig behielt.

EPISODEN:
1. MEISTER WIRBELWIND HEIRATET FRAU SAUBERMANN 11.01.74
2. EIN FREUND, KANN DAS DER PAPA SEIN? 25.01.74
3. STREIT MUSS GELERNT SEIN! 08.02.74
4. DIESE VÄTER 22.02.74
5. SCHON WIEDER DIESE FERIEN! 08.03.74
6. ALLE GEGEN EINEN-IST DAS GERECHT? 22.03.74

7. AKTION 'SCHÖNE SCHULE' 10.01.75
8. HAUSARBEITEN-SCHWERARBEIT FÜR KINDER? 24.01.75
9. SIND DIE LEHRER FÜR DIE SCHÜLER DA? 07.02.75
10. SIND LEHRER AUCH MENSCHEN? 21.02.75
11. OHNE PREIS KEINEN FLEISS 07.03.75
12. EIFERSUCHT-WAS IST DENN DAS? 21.03.75
13. ABER DER JÜRGEN HAT GESAGT... 11.04.75
14. SO WAR DAS DOCH NICHT GEMEINT! 25.04.75
15. 11 JAHRE ALT UND UNGLÜCKLICH VERLIEBT...? 09.05.75
16. SOWAS KÖNNEN WIR UNS NICHT LEISTEN... 23.05.75
17. OHNE TASCHENGELD GEHT ES NICHT 06.06.75

18. MONIKAS SPEZIALARBEIT 01.10.76
19. ENGLISCH 1-ERDKUNDE 5 15.10.76
20. IM LANDSCHULHEIM 29.10.76
21. DAS GEBURTSTAGSGESCHENK 12.11.76
22. GROSSE UND KLEINE SPORTSKANONEN 26.11.76
23. MIT KEINEM KANN MAN REDEN... 10.12.76

ROBOCOP
(Robocop-The Series)
USA 1987-1993; 3 Spielfilme
USA 1994; Pilot & 21 Episoden
USA 2000; Vierteiliger Fernsehfilm
Deutsche Ausstrahlung:
RTL Television 1995/1996; Pilot & 21 Episoden

Darsteller: Richard Eden (Alex Murphy/Robocop - 1994), Yvette Nipar (Detective Lisa Madigan - 1994), Blu Mankuma (Sergeant Stanley Parks - 1994), Andrea Roth (Diana Powers - 1994), David Gardner (OCP Chairman - 1994), Sarah Campbell (Gertrude „Gadget" Modesto - 1994), Ed Sahely (Charlie Lippincott - 1994), Dan Duran (Bo Harlan - 1994), Erica Ehm (Rocky Crenshaw - 1994), Jennifer Griffin (Nancy Murphy - 1994),

Peter Costigan (James „Jimmy" Murphy - 1994),
Jordan Hughes (Little James „Jimmy" Murphy -
1994), James Kidnie (Pudface Morgan - 1994),
Page Fletcher (Alex Murphy/Robocop - 2000),
Maurice Dean Wint (John T. Cable - 2000), Les-
lie Hope (Ann R. Key - 2000), Anthony Lemke
(James Murphy - 2000), Maria del Mar (Sara Ca-
ble - 2000).

Ein Polizist des beginnenden 21. Jahrhunderts
wird tödlich verletzt, Statt ihn nun sterben zu lassen, wird er zum ersten Cyborg-Cop umgewandelt, der Einfachheit halber Robocop genannt.
Seinen Dienst versieht er in Delta City, ein hoch-
moderner Teil der erweiterten US-Autohauptstadt
Detroit. Seine Gegner reichen von Psychopa-
then, die in dieser Zeit in Mengen auftreten, und
Massenmördern, über Bürokraten bis hin zu Poli-
tikern.

ROBOCOP basiert auf den drei Kinofilmen gleichen Titels. Wenn man auch erwartet hatte, dass
diese Serie die absteigende Qualität der Filme
noch unterbieten würde, sah man sich getäuscht.
Die Fernsehversion war zwar kein Highlight und
wird wohl auch nie Kultstatus erreichen, jedoch
war sie in ihrer Art unterhaltsam. Action und
Crime, die zwar nichts wirklich Neues zu bieten
hatten, aber doch im guten Mittelfeld der phantastischen Serien anzusiedeln sind.
Es folgte die Zeichentrickreihe ROBOCOP: AL-
PHA COMMANDO.
Page Fletcher war bereits der HITCHHIKER (qv);
Maurice Dean Wint spielte in CAPTAIN POWER
(qv), PSI FACTOR (qv) und zusammen mit Maria
del Mar in TEKWAR (qv). Der 1994er Polizeige-
walt beugten sich Nigel (Nick Knight & Psi Fac-
tor) Bennett, Richard (Mission Erde) Chevolleau,
Richard (Krieg der Welten) Comar, Geraint Wyn
(Airwolf & Nick Knight) Davies, Cliff DeYoung,
Rosemary Dunsmore, Colin (Psi Factor) Fox, Da-
vid (Captain Power & Mission Erde) Hemblen, Li-
sa (Highlander & Mission Erde) Howard, Roger
Earl Mosley, David (Die verlorene Welt) Orth,
Roddy Piper, Tim (Sindbads Abenteuer) Progosh,
John Rubinstein, Gwynyth Walsh, Christopher
(Erben des Fluchs) Wiggins und Maurice Dean
(Captain Power, Psi Factor, TekWar & Robocop
<2000>) Wint.

FILME:
I.   ROBOCOP (RoboCop; 1987) 07.01.88; Kino

II.   ROBOCOP 2 (RoboCop 2; 1990) 13.09.90;
Kino
III.   ROBOCOP 3 (RoboCop 3; 1993) 05.05.94;
Kino

EPISODEN:
1.   TÖDLICHES NETZWERK (The Future Of Law
Enforcement) 15.12.95
2.   UNTER VERDACHT (Prime Suspect) 15.12.95
3.   ÄRGER IN DELTA CITY (Trouble In Delta City)
22.12.95
4.   ROBOCOP AUF SPRITZTOUR (Officer Missing) 29.12.95
5.   DER ORGANSCHWINDEL (What Money Can't
Buy) 05.01.96
6.   ALTE FREUNDE (Ghosts Of War) 12.01.96
7.   DIE WUNDERDROGE (Zone Five) 19.01.96
8.   GEHIRNWÄSCHE (Provision 22) 26.01.96
9.   GEHEIMWAFFE EVE (Faces Of Eve) 02.02.96
10.   DIE KALTBLÜTIGE LADY (When Justice Fails)
09.02.96
11.   DAS SPINNENNETZ (The Human Factor)
16.02.96
12.   KRIMIHELDEN (Inside Crime) 23.02.96
13.   DER WAHRE SUPERHELD (RoboCop Vs.
Commander Cash) 01.03.96
14.   DER MAGIER (Illusions) 08.03.96
15.   DER EINZELKÄMPFER (The Tin Man)
15.03.96
16.   ALLE MACHT DEN FRAUEN (Sisters In
Crime) 22.03.96
17.   HEIMLICHE LIEBE (Heartbreakers) 29.03.96
18.   MUTTERTAG (Mothers Day) 12.04.96
19.   MIKRO-ROBOTER (Nanno) 19.04.96
20.   DIE BRUDERSCHAFT (Corporate Raiders)
26.04.96
21.   WETTLAUF MIT DEM TOD (Midnight Minus
One) 03.05.96
22.   STAATSFEINDE (Public Enemy) 10.05.96

ROBOTER EMIL UND TANTE BODZENKA

(- liegt nicht vor -)
CSSR ?
Deutsche Ausstrahlung:
ARD 1970; 11 Episoden
ARD 1971; 12 Episoden

Darsteller: Jitka Frantowa (Tante Bodzenka).

Tante Bodzenka wohnt mit dem kleinen Roboter
Emil zusammen. Da dieser nicht einsieht, das zu
tun, was ihm die Tante sagt, bekommt er Lehr-
stunden in Form von Märchen. Diese sollen ihm
so lebensnotwendige Dinge wie z.B. das Waschen nahebringen.

Wieder einmal ein Versuch, Kinder von hinten
herum auf den rechten Weg zu bringen. In ihrer
Heimat soll diese Serie ein absoluter Renner gewesen sein.

EPISODEN:
1.   TEIL 1 (- liegt nicht vor -) 06.10.70
2.   TEIL 2 (- liegt nicht vor -) 08.10.70
3.   TEIL 3 (- liegt nicht vor -) 13.10.70
4.   TEIL 4 (- liegt nicht vor -) 20.10.70
5.   TEIL 5 (- liegt nicht vor -) 22.10.70
6.   TEIL 6 (- liegt nicht vor -) 27.10.70
7.   TEIL 7 (- liegt nicht vor -) 29.10.70
8.   TEIL 8 (- liegt nicht vor -) 03.11.70
9.   TEIL 9 (- liegt nicht vor -) 05.11.70
10.   TEIL 10 (- liegt nicht vor -) 10.11.70
11.   TEIL 11 (- liegt nicht vor -) 12.11.70

12.   TEIL 12 (- liegt nicht vor -) 05.10.71
13.   TEIL 13 (- liegt nicht vor -) 07.10.71
14.   TEIL 14 (- liegt nicht vor -) 12.10.71
15.   TEIL 15 (- liegt nicht vor -) 14.10.71
16.   TEIL 16 (- liegt nicht vor -) 19.10.71
17.   TEIL 17 (- liegt nicht vor -) 21.10.71
18.   TEIL 18 (- liegt nicht vor -) 26.10.71
19.   TEIL 19 (- liegt nicht vor -) 27.10.71
20.   TEIL 20 (- liegt nicht vor -) 02.11.71
21.   TEIL 21 (- liegt nicht vor -) 04.11.71
22.   TEIL 22 (- liegt nicht vor -) 09.11.71
23.   TEIL 23 (- liegt nicht vor -) 11.11.71

DER ROSTROTE RITTER
BRD 1977; 6 Episoden
Ausstrahlung:
ARD 1978; 6 Episoden

Darsteller: Diether Krebs (Ritter Kunibert von
Scharfenstein), Peter Schiff (Hofknecht Schorse),
Walter Gross (Dagobert, König von Speyer).

Kunibert soll ein echter Ritter werden. Also wird
er mit Vaters alter Rüstung ausgestattet und von
seiner Mutter ins Abenteuer geschickt. Dieses
lässt auch nicht lange auf sich warten. Der durch
Rost geschützte Ritter in spe tritt gegen Raubrit-
ter an und hat sogar einen Kampf mit einem echten Drachen zu bestehen — ein Apfelkuchen
fressendes, feuerspeiendes Wesen namens
Knurks. Um die, in Märchen obligatorische,
Hochzeit mit der Prinzessin zu erreichen, muss
Kunibert schliesslich für deren Vater ein Rasier-
zeug mit Zauberkräften auftreiben.

EPISODEN:
1.   DER SCHRECKLICHE SCHRECK VON
    SCHRECKENSTEIN 26.03.78
2.   DER BLECHERNE GÄRTNER 27.03.78
3.   DER APFELKUCHENDRACHE UND DER
    KOPF-AB-EMIR 02.04.78
4.   NUR LAPPALIEN! NUR LAPPALIEN! 09.04.78
5.   DAS VERFLIXTE UNGEHEUER 16.04.78
6.   RÄUBER, FÜRSTEN UND SCHAUMSCHLÄ-
    GER! 23.04.78

ROSWELL
(Roswell)
USA 1999- ; bisher 44 Episoden
Deutsche Ausstrahlung:
Pro 7 2001; 22 Episoden

Darsteller: Shiri Appleby (Liz Parker), Jason
Behr (Max Evans), Katherine Heigl (Isabel
Evans), Majandra Delfino (Maria DeLuca), Bren-
dan Fehr (Michael Guerin), Colin Hanks (Alex
Charles Whitman), Nick Wechsler (Kyle Valenti),
Emilie deRavin (Tess Harding - 2000-), William
Sadler (Sheriff James "Jim" Valenti, Jr.), Jo Ande-
rson (Nancy Parker), Julie Benz (Kathleen Topol-
sky - 1999/2000), Sara Downing (Courtney
Banks - 2000-), Diane Farr (Amy DeLuca), Mi-
chael Horse (Deputy Owen Blackwood - 1999),
Steve Hytner (Milton Ross - 1999/2000), Mary
Ellen Trainor (Diane Evans).

1947: In Roswell, New Mexico, stürzt ein unbekanntes Flugobjekt ab. Es gibt drei Überlebende.
— 1989: Die drei Ausserirdischen tauchen als
sechsjährige Kinder auf und werden von zwei
Familien aufgenommen. Sie wissen nicht, was in
den fehlenden Jahren mit ihnen passierte. —
1999: Die drei Adoptivkinder Max und Isabel
Evans und Michael Guerin besuchen die Roswell
High School. Als die Mitschülerin Liz angeschos-
sen wird, rettet ihr Max mit seinen übermenschlichen Fähigkeiten das Leben. Liz weiht ihre
Freundin Maria ein. Die beiden beschliessen,
keiner Menschenseele von den Vorfällen zu erzählen. Doch Sheriff Valenti, der schon lange
versucht, die Wahrheit über den UFO-Absturz
ans Licht zu bringen, wird aufmerksam...

Eine weitere Teenie-Serie im phantastischen Bereich. Bereits nach kurzer Zeit kämpfte ROS-
WELL ums Überleben, da die Einschaltquoten
nicht ganz den Vorgaben entsprachen. Jedoch
hatte sich eine stabile Fangemeinde entwickelt,

die eine Einstellung vorerst verhinderte.
In Deutschland lief die Serie vorab auf Premiere
World.
Nick Wechsler war vorher Mitglied des TEAM
KNIGHT RIDER (qv); Jo Anderson spielte in DIE
SCHÖNE UND DAS BIEST (qv); Julie Benz wan-
derte an die Seite von ANGEL (qv); Michael
Horse löste mit anderen DAS GEHEIMNIS VON
TWIN PEAKS (qv).
Co-Exekutivproduzent der Serie war RAUM-
SCHIFF ENTERPRISE-DAS NÄCHSTE JAHR-
HUNDERT-Darsteller Jonathan Frakes. Bei
ROSWELL war er ebenfalls als Regisseur und
Darsteller tätig. Einen weiteren Gastauftritt über-
nahm die Gattin Frakes', Genie Francis. Weitere
Kleinstadtbesucher waren Dennis (Profiler) Chri-
stopher, Megan (Nowhere Man & Millennium)
Gallagher, Erica (Profiler) Gimpel, J. G. (Star
Trek: Deep Space Nine) Hertzler, Charles (Out-
laws) Napier und Ned Romero.

EPISODEN:
1. DAS GEHEIMNIS (Pilot) 03.02.01
2. DER SCHLÜSSEL (The Morning After)
    10.02.01
3. JEDEM SEIN MONSTER (Monsters) 17.02.01
4. DER GANZ NORMALE WAHNSINN (Leaving
    Normal) 24.02.01
5. DAS TAGEBUCH (Missing) 03.03.01
6. MARATHON, TEXAS (285 South) 10.03.01
7. DAS SYMBOL (River Dog) 17.03.01
8. BLUTSBRÜDER (Blood Brother) 24.03.01
9. DEZEMBERHITZE (Heat Wave) 31.03.01
10. NASEDO (The Balance) 07.04.01
11. DAS SPIELZEUGHAUS (The Toy House)
    14.04.01
12. DAS ZELTLAGER (Into The Woods) 21.04.01
13. BESESSEN (The Convention) 28.04.01
14. BLIND DATE (Blind Date) 05.05.01
15. UNABHÄNGIG (Independence Day) 12.05.01
16. HERZBEBEN (Sexual Healing) 19.05.01
17. DIE LISTE (Crazy) 26.05.01
18. TESS, LÜGEN UND VIDEO (Tess, Lies And
    Videotape) 02.06.01
19. DAS VIERTE QUADRAT (Four-Square)
    09.06.01
20. MAX MAXIMAL (Max To The Max) 16.06.01
21. DAS WEISSE ZIMMER (The White Room)
22. ENDE UND ANFANG (Destiny)

23. (Skin And Bones)
24. (Ask Not)
25. (Surprise)
26. (Summer Of '47)
27. (The End Of The World)
28. (Harvest)
29. (Wipeout!)

30. (Meet The Dupes)
31. (Max In The City)
32. (A Roswell Christmas Carol)
33. (To Serve And Protect)
34. (We Are Family)
35. (Disturbing Behavior)
36. (How The Other Half Lives)
37. (Viva Las Vegas)
38. (Off The Menu)
39. (Heart Of Mine)
40. (Cry Your Name)
41. (It's Too Late, And It's Too Bad)

RUBY
BRD 1993; 4 Episoden
Ausstrahlung:
ARD 1993; 4 Episoden

Darsteller: Harald Leipnitz (Wolfgang Pernack),
Katharina Kihm (Bess Pernack), Gerlinde Locker
(Doris Bertram), Thomas Schmelzer (Frank), Rex
Gildo (Harald), S. Kalhammer (Dieter Braun), Pia
Hänggi (Frieda), Holger Petzold (Hans Ehrhart),
Jennifer Minetti (Helga), Rainer Grenkowitz (Wer-
ner).

Die 11-jährige Bess lebt bei ihrem Grossvater. Eines Tages findet sie eine zerzauste Puppe, die ti-
telgebende Ruby. Das Erstaunen ist gross, als
sich herausstellt, dass Ruby sprechen kann. Nun
ist es nicht mehr weit bis zu der Erkenntnis, dass
es sich bei Ruby um eine Ausserirdische handelt
— wie das mit sprechenden Puppen eben so ist.

EPISODEN:
1. DIE BOTSCHAFT AUS DEM WASSER
    25.06.93
2. DER GEHEIMNISVOLLE MANNE 02.07.93
3. DER BESUCH 09.07.93
4. DAS GEISTERHAUS 16.07.93

DIE RÜCKKEHR DER MÄRCHENBRAUT
**(Arabela Se Vraci Aneb Rumburak Kralem
Rise Pohadek)**
Tschechien 1993; 26 Episoden
Deutsche Ausstrahlung:
ARD 1994/1995; 26 Episoden

Darsteller: Miroslava Safranková (Prinzessin
Arabella), Vladimir Dloughy (Peter Meyer), Jiri
Labus (Rumburak), Stella Zazvorková (Frau
Meyer), Jana Kimlová (Natalia), Marian Labuda
(Papp), Dagmar Patrasová (Prinzessin Xenia),

Jiri Sovák (Vigo), Vlastimil Brodsky (König Hyazinth), Hana Sevciková (Margret), Jana Brejchová (Königin), Jaroslawa Kretschmerová (Roxana), Vitezslav Jandak (Graf Targan), Jana Adresiková (Hexe/Frau Schwarz), Bronislav Poloczek (General Dur), Ondrej Kepka (Hans), Petr Narozny (Karl Meyer, Peters Sohn), Pavel Zednizek (Hyazinth Meyer, Peters Sohn), Ljuba Skorepová (Hexe), Pavel Novy (Fantomas), Radek Brzobohaty (Sherlock Holmes), Iva Janzurová (Frau Müller), Matous Soukenka (Fredy), Vaclav Stekl (Onkel Pompo).

Vorgeschichte siehe DIE MÄRCHENBRAUT. Erneut muss das Märchenland sich gegen die gemeinen Übergriffe des bösen Zauberers Rumburak verteidigen.

Wieder mit viel Phantasie und Spielfreude umgesetzte Kinderserie aus der Tschechischen Republik. Eine gute und unterhaltsame Fortführung der vom gleichen Team in Szene gesetzte Erfolgsserie.

EPISODEN:
1. RIESEN-SORGEN (- liegt nicht vor -) 28.11.94
2. AB IN DIE ZUKUNFT (- liegt nicht vor -) 29.11.94
3. ZAUBER OHNE ENDE (- liegt nicht vor -) 30.11.94
4. PLEITEN, PECH UND PETER (- liegt nicht vor -) 01.12.94
5. DIE REISE ZUM APFEL (- liegt nicht vor -) 05.12.94
6. APFEL DURCH DIE WAND (- liegt nicht vor -) 06.12.94
7. DIE HELDEN DRÜCKEN SICH (- liegt nicht vor -) 07.12.94
8. DIE OPI-BABYS (- liegt nicht vor -) 08.12.94
9. ACHTUNG, FERTIG-LOS! (- liegt nicht vor -) 12.12.94
10. NEUE FREUNDE, NEUE FEINDE (- liegt nicht vor -) 13.12.94
11. DER DREH MIT DEM RING (- liegt nicht vor -) 14.12.94
12. DUMME ZIEGE (- liegt nicht vor -) 15.12.94
13. DIE MOTZ-CASSETTE (- liegt nicht vor -) 19.12.94
14. WER IST WER? (- liegt nicht vor -) 20.12.94
15. KÖNIG! NA UND? (- liegt nicht vor -) 21.12.94
16. NICHTS WIE WEG (- liegt nicht vor -) 22.12.94
17. EINGEBUDDELT, AUSGEBUDDELT (- liegt nicht vor -) 27.12.94
18. DOPPEL-PAPP (- liegt nicht vor -) 28.12.94
19. ACHTUNG-DIE KINDER KOMMEN (- liegt nicht vor -) 29.12.94
20. UM EIN HAAR AM GALGEN (- liegt nicht vor -) 02.01.95
21. ALLE MACHT DEN BÖSEN (- liegt nicht vor -) 03.01.95
22. KRACH UM DIE INSEL (- liegt nicht vor -) 05.01.95
23. RETTUNGSRING UND APFELKUCHEN (- liegt nicht vor -) 09.01.95
24. MIT RIESEN AUF REISEN (- liegt nicht vor -) 10.01.95
25. AUS DER TRAUM (- liegt nicht vor -) 11.01.95
26. RABE GUT, ALLES GUT (- liegt nicht vor -) 12.01.95

RÜCKKEHR ZUM JUPITER
(Return To Jupiter)
AUS 1996; 13 Episoden
Deutsche Ausstrahlung:
Nickelodeon 1997; 13 Episoden

Darsteller: Sonia Todd (Commander Dent), David Wenham (Dr. Ghrobak), Jeanette Cronin (Glovic), Colin Moody (Selby), Anna Choy (Kumiko), Justin Rosniak (Gerard), Daniel Taylor (Michael Faraday), Dominic Elmaloglou (Abraham D. „Abe" Spinks), Robyn MacKenzie (Anna), Emma Jane Fowler (Zac), Anita Hegh (Samantha „Sam"), Miguel Lopez (Quadro), Bruce Spence (Ed-Einheit; „Mister Ed"), Anthony Martin (Billings), Yuka Mitani (Vegas), Tony Llewellyn-Jones (Smith), Matthew Long (Dr. Jones), David Hoey (Med Tech 1), Dawn Rogers (Med Tech 2), Kris McQuade (Gillian).

Nachfolgeserie zur Reihe FLUCHT VOM JUPITER (qv); von den Darstellern dieser Serie führten Anna Choy, Justin Rosniak, Daniel Taylor und Robyn MacKenzie ihre Rollen fort.
Ein Versorgungsschiff ist auf dem Weg zum Jupitermond Ganymed. Nach einem Absturz auf dem Mars und ein paar Rangeleien mit Raumpiraten finden sie die Station, ihren Zielort, verlassen vor. Die Besatzung ist vor einem drohenden Kometeneinschlag geflohen.

Mit mehr Aufwand gedreht als ihre „Mutterserie", kommt RÜCKKEHR ZUM JUPITER bunter daher, büsst dadurch aber einiges an Qualität ein. Ein paar hirnige Charaktere, die wohl lustig sein sollten, nehmen der Serie Realismus und Charme.

EPISODEN:
1. SCHIFFBRUCH (Shipwreck)

2.	QUARANTÄNE (Quarantine)
3.	BLINDER PASSAGIER (Stowaway)
4.	AUF RETTUNGSMISSION (Rescue)
5.	BEI DÄMONEN (Demons)
6.	SPIEL MIT FOLGEN (Moonlighting)
7.	WELTRAUMPIRATEN (Hackers)
8.	BALLAST (Jettison)
9.	BEINAHE VERTRAUEN (Virtual Trust)
10.	DIE GEISTER (Ghosts)
11.	DER KOMET (Comet)
12.	GEFANGENE IM ALL (Space Pirates)
13.	FLUCHTPUNKT TERMINEX (Terminex)

RUSALKA
(Russalotschka/Rusalka)
BUL/UDSSR 1976
Ausstrahlung:
HR regional 1979; 8 Episoden

Darsteller: Vika Nowiková (Rusalka), Valentin Nikulin.

Das Märchen der Wassernixe Rusalka, die sich in einen menschlichen Prinzen verliebt. Obwohl ihr der Wassermann von ihrer Liebe abrät, wendet sich Rusalka an eine Hexe, die aus der Nixe ein schönes menschliches Mädchen macht. Der Preis, den Rusalka hierfür zahlt, ist ihre Stimme.

Die oben genannten Angaben sind insofern Vermutungen, dass es nicht klar ist, ob die hier vorliegende Serie der bulgarisch-sowjetischen Verfilmung entspricht. Die Spielfilmversion der genannten Credits wurde in Deutschland unter den Titeln DIE TRAURIGE NIXE, DIE KLEINE MEERJUNGFRAU und DIE KLEINE NIXE gezeigt. 1962 gab es bereits eine tschechische Verfilmung mit Jana Andrsová und Vladimír Róz in den Hauptrollen: RUSALKA (Rusalka).

EPISODEN:
1.	DER WALDSEE (- liegt nicht vor -) 10.07.79
2.	DAS LIED DER UNDINE (- liegt nicht vor -) 10.07.79
3.	VON HEXEN UND MENSCHEN (- liegt nicht vor -) 12.07.79
4.	DIE GROSSE LIEBE (- liegt nicht vor -) 12.07.79
5.	DIE HOCHZEIT (- liegt nicht vor -) 17.07.79
6.	VERRAT UND VERDAMMNIS (- liegt nicht vor -) 17.07.79
7.	DAS TODBRINGENDE IRRLICHT (- liegt nicht vor -) 19.07.79
8.	DER TODESKUSS (- liegt nicht vor -) 19.07.79

SABRINA-TOTAL VERHEXT!
(Sabrina, The Teenage Witch)
USA 1996; Fernsehfilm
USA 1996- ; bisher 118 Episoden
USA 1998; Fernsehfilm
USA 1999; Fernsehfilm
Deutsche Ausstrahlung:
Pro 7 1998; Fernsehfilm
Pro 7 1998; 31 Episoden
Pro 7 1998/1999; 18 Episoden
Pro 7 2000; 24 Episoden
Pro 7 2001; 22 Episoden
Pro 7 2001; 22 Episoden

Darsteller: Melissa Joan Hart (Sabrina Spellman), Caroline Rhea (Tante Hilda Spellman), Beth Broderick (Tante Zelda Spellman), Nate Richert (Harvey), Nick Bakay (Originalstimme Salem), Jenna Leigh Green (Libby), Paul Feig (Mr. Pool - 1996/97), Michelle Beaudoin (Jenny - 1996/97), Melissa Murray (Cee Cee - 1996/97), Cee-Cee Harshaw (Cee Cee - 1997/98), Bridget Flanery (Jill), Lindsay Sloane (Valerie - 1997-), Martin Mull (Willard Kraft - 1997-), Mary Gross (Mrs. Quick - 1997/98), Alimi Ballard (Quizmaster - 1997-).

An ihrem sechzehnten Geburtstag erfährt Sabrina das sie eine Hexe ist. Genau wie ihre Tanten Hilda und Zelda. Auch ihr Vater ist ein Zauberer. Einzig ihre Mutter gehört zu den Normalsterblichen. Und genau das ist der Grund, wieso Sabrina sie bis zu ihrem achtzehnten Geburtstag nicht sehen darf. Ihre Mutter würde sich sonst in einen Wachsball verwandeln.
Also verbleibt Sabrina bei ihrer Tanten in Riverdale, wo sie die High School besuchen wird. Turbulente Abenteuer bahnen sich an.

„Sabrina, the Teen-Age Witch" hatte ihren ersten Auftritt im Oktober 1962 in der Nummer 22 der Comicreihe „Archie's Madhouse". 1965 endlich erfuhren die Leser ihre Hintergrundgeschichte. Nach Auftritten in verschiedenen Heften der Archie-Reihen, erhielt Sabrina im April 1971 ihr eigenes Heft. Hier trieb sie bis Anfang 1983 ihr Unwesen.
Nach einem Fernsehfilm, der den Markt nach dem Bedarf nach dieser Sitcom abklopfen sollte, bekam sie 1996 ihre hier vorliegende Serie. Aufgrund der grundlegenden Thematik liegt natürlich der Vergleich zum Serienklassiker VERLIEBT IN EINE HEXE (qv) nahe. Das würde aber

beiden Serien unrecht tun. SABRINA spielt in und mit der High School-Szene der USA — oder zumindest dem, was Serienmacher sich darunter vorstellen. Somit wäre der Vergleich eher mit einer Reihe wie MEIN VATER IST EIN AUSSERIRDISCHER (qv) zu ziehen. Das wiederum ist ein Vorteil für die Teenager-Hexe, da sie hierbei besser abschneidet.

Verhexte Gaststars waren Paula Abdul, Edward (Die Schöne und das Biest) Albert, Loni Anderson, die Backstreet Boys, Ed Begley, Jr., Robby Benson, Coolio, Brian Cousins, Dom DeLuise, Erik Estrada, Charlene (Dschungel Fieber) Fernetz, Teri Garr, Alice (Verliebt in eine Hexe) Ghostley, Henry Gibson, Bobcat (Auf schlimmer und ewig) Goldthwait, Brian Austin Green, Deborah Harry, J. G. (Star Trek: Deep Space Nine) Hertzler, Sherman (Superboy) Howard, Shelley Long, Richard Moll, 'N Sync, Richard Riehle, Cristine (Charmed) Rose, Britney Spears, Cary-Hiroyuki (Space Rangers) Tagawa, Tim Thomerson, Dick Van Dyke, Fritz (Die Mars-Chroniken) Weaver und Raquel Welch.

FILME:

I.   SABRINA, THE TEENAGE WITCH/SABRINA UND DIE ZAUBERHEXEN (Sabrina, The Teenage Witch) 04.01.98; Pro 7

II.   SABRINA-VERHEXT IN ROM (Sabrina Goes To Rome) 12.08.99; Video

III.   SABRINA DOWN UNDER (Sabrina Down Under; 1999) 10.00; Video

EPISODEN:

1. EINE HEXE WIRD FLÜGGE (Pilot) 28.03.98
2. GANZE WAHRHEIT, HALBES GLÜCK (Bundt Friday) 04.04.98
3. WER HAT ANGST VOR RUDY KAZOOTIE? (The True Adventures Of Rudy Kazootie) 11.04.98
4. MAGIE LIEGT IN DER LUFT (Terrible Things) 18.04.98
5. EIN DOUBLE AUF ABWEGEN (A Halloween Story) 25.04.98
6. EIN MANN WIRD GEBACKEN (Dream Date) 02.05.98
7. AUS DEM REICH DER SINNE (Third Aunt From The Sun) 09.05.98
8. EIN WAHRES WUNDER (Magic Joel) 16.05.98
9. STREBERGLÜCK (Geek Like Me) 23.05.98
10. DER WEG IST DAS ZIEL (Sweet & Sour Victory) 30.05.98
11. SALEM AUF ABWEGEN (A Girl And Her Cat) 06.06.98
12. DER TIEFGEKÜHLTE RICHTER (Trial By Fury) 13.06.98
13. TRÄUME LÜGEN NICHT (Jenny's Non-Dream) 20.06.98
14. DER ZAUBERSPIEGEL (Sabrina Through The Looking-Glass) 27.06.98
15. DRITTER FRÜHLING (Hilda And Zelda: The Teenage Years) 04.07.98
16. DR. CYCLOP (Mars Attracts!) 11.07.98
17. DER ERSTE KUSS (First Kiss) 18.07.98
18. AUCH HEXEN HABEN'S SCHWER (Sweet Charity) 25.07.98
19. KATZENJAMMER (Cat Showdown) 01.08.98
20. BESUCH AUS DEM JENSEITS (Meeting Dad's Girlfriend) 08.08.98
21. AUSSER RAND UND BAND (As Westbridge Turns) 15.08.98
22. AUCH HEXEN MACHEN FEHLER (The Great Mistake) 22.08.98
23. DIE SCHÖNE UND DER ZWERG (Troll Bride) 22.08.98
24. LIZENZ ZUM ZAUBERN 1 (Sabrina Gets Her License 1) 29.08.98
25. LIZENZ ZUM ZAUBERN 2 (Sabrina Gets Her License 2) 29.08.98
26. HEXENJAGD (The Crucible) 05.09.98
27. LIEBE UND HIEBE (Dummy For Love) 05.09.98
28. BLIND DATE (Dante's Inferno) 12.09.98
29. EIN COOLER JOB (A Doll's Story) 12.09.98
30. SABRINA HAT DIE HOSEN AN (Sabrina, The Teenage Boy) 19.09.98
31. DER ZEITSPRUNG (A River Of Candy Corn Runs Through It) 26.09.98
32. ALLES WIE VERHEXT (Inna-Gadda-Sabrina) 10.10.98
33. FREITAG DER DREIZEHNTE (Witch Trash) 17.10.98
34. VERZAUBERT WIDER WILLEN (To Tell A Mortal) 24.10.98
35. PARTY TIME (Oh, What A Tangled Spell She Weaves) 31.10.98
36. DIE VERJÜNGUNGSKUR (Little Big Kraft) 07.11.98
37. LIBBY GREHT ZU BRUCH (Five Easy Pieces Of Libby) 14.11.98
38. DER EINGEBILDETE KRANKE (Finger Lickin' Flu) 21.11.98
39. DIE MODERNE HEXE (Sabrina And The Beanstalk) 28.11.98
40. EIN NIVELLIERER NAMENS ROLAND (The Equalizer) 05.12.98
41. SABRINA GOES ROCK (The Band Episode) 12.12.98
42. ROLLENTAUSCH (When Teens Collide) 19.12.98
43. DAS WEIHNACHTSFRÄULEIN (Sabrina Claus) 24.12.98
44. EIN ALPTRAUM AUF VIER RÄDERN (My Nightmare, The Car) 02.01.99
45. ZAUBER MIT NEBENWIRKUNG (Quiz Show) 09.01.99

46. DIE GROSSE PRÜFUNG (Fear Strikes Up A Conversation) 16.01.99
47. EIN TIERISCHER AUSFLUG (Rumor Mill) 23.01.99
48. DIE QUAL DER WAHL (Mom Vs. Magic) 30.01.99
49. MUTTERTAG IM ANDEREN REICH (Mom Vs. Magic) 13.02.99

50. AUS ZWEI MACH EINS (It's A Mad Mad Mad Season Opener) 08.01.00
51. PEINLICH, PEINLICH (Boy, Was My Face Red) 15.01.00
52. TRAU KEINEM UNTER HUNDERT (Suspicious Minds) 22.01.00
53. SCHÖNE AUSSICHTEN (The Pom Pom Incident) 29.01.00
54. DER RUNDE WAHNSINN (Pancake Madness) 05.02.00
55. JEDE WETTE (You Bet Your Family) 12.02.00
56. KAISER LARRY (And Sabrina Goes To...) 19.02.00
57. LIBBY INTERN (Nobody Nose Libby Like Sabrina Nose Libby) 26.02.00
58. SCHÖN HÄSSLICH! (Sabrina And The Beast) 04.03.00
59. COOLE WEIHNACHTEN (Christmas Amnesia) 11.03.00
60. ICH BIN DU (Whose So-Called Life Is It Anyway?) 18.03.00
61. COUSINE ZSA ZSA (What Price Harvey?) 25.03.00
62. MRS. KRAFT (Mrs. Kraft) 01.04.00
63. PIRATEN IM HAUS (Sabrina And The Pirates) 08.04.00
64. LIEBESZAUBER MIT FOLGEN (Sabrina, The Matchmaker) 15.04.00
65. SALEM AN DIE MACHT! (Salem, The Boy) 22.04.00
66. DIE KUNST DES SCHREIBENS (Sabrina, The Teen-Age Writer) 29.04.00
67. SCHLAF, HEXE, SCHLAF (The Big Sleep) 06.05.00
68. GESUCHT WIRD... (Sabrina's Pen Pal) 13.05.00
69. WIE IM RICHTIGEN LEBEN (Sabrina's Real World) 20.05.00
70. ABKÜRZUNG! VORSICHT (The Long And Winding Shortcut) 27.05.00
71. TRAUMSEHEN (Sabrina, The Sandman) 03.06.00
72. OHNE WORTE (Silent Movie) 10.06.00
73. HEXENTREFFEN (The Good, The Bad, And The Luau) 17.06.00

74. PARIS RUFT (No Place Like Home) 06.01.01
75. DER ZAUBERLEHRLING (Dreama Little Dreama Me) 13.01.01
76. EIFERSUCHT (Jealousy) 20.01.01

77. VÖLLIG AUFGELÖST (Little Orphan Hilda) 27.01.01
78. HABEN, HABEN, HABEN (Spoiled Rotten) 03.02.01
79. KATZENHORROR (Episode LXXXI-The Phantom Menace) 10.02.01
80. WER KÜSST WEN? (Prelude To A Kiss) 17.02.01
81. EINE FRAGE DES ALTERS (Aging, Not So Gracefully) 24.02.01
82. ALTES NEUES GLÜCK (Love Means Having To Say You're Sorry) 28.02.01
83. EISKALT ERWISCHT (Ice Station Sabrina) 01.03.01
84. SALEM UND JULIETTE (Salem And Juliette) 02.03.01
85. ZUM SCHMELZEN SCHÖN (Sabrina Nipping At Your Nose) 05.03.01
86. DÜNN, DÜNNER, AM DÜMMSTEN (Now You See Her, Now You Don't) 06.03.01
87. LAUTER HELDEN (Super Hero) 07.03.01
88. BLÜTEN DER LIEBE (Love In Bloom) 08.03.01
89. FAULER ZAUBER (Welcome Back, Duke) 09.03.01
90. SALEMS TOCHTER (Salem's Daughter) 12.03.01
91. EINE MAUS NAMENS DREAMA (Dreama, The Mouse) 13.03.01
92. ES LEBE DAS CHAOS (The Wild, Wild Witch) 14.03.01
93. EINE COUSINE ZUVIEL (She's Baaaack!) 15.03.01
94. SABRINA MAL VIER (The Four Faces Of Sabrina) 16.03.01
95. SCHLUSS MIT LUSTIG (The End Of An Era) 19.03.01

96. EIN MAGISCHER UMZUG (Every Witch Way But Loose) 09.06.01
97. PARTY, PARTY (Double-Time) 16.06.01
98. (Heart Of The Matter)
99. (You Can't Twin)
100. (House Of Pi's)
101. (The Halloween Scene)
102. (Welcome, Traveler)
103. (Some Of My Best Friends Are Half-Mortals)
104. (Lost At C)
105. (Sabrina's Perfect Christmas)
106. (My Best Shot)
107. (Tick-Tock Hilda's Clock)
108. (Sabrina's New Roommate)
109. (Making The Grade)
110. (Love Is A Many Complicated Thing)
111. (Sabrina, The Muse)
112. (Beach Blanket Bizarro)
113. (Witchright Hall)

DAS SAHARA-PROJEKT
BRD/GB(I/F/...? 1993); 4 Episoden

Deutsche Ausstrahlung:
ZDF 1993; 4 Episoden

Darsteller: Peter Bongartz (Thomas Altenburg), Michael Degen (Leo Graf Waldegg), Delia Boccardo (Gräfin Giovanna Waldegg), Renan Demirkan (Dr. Ayse Erkin), Laura Sadler (Laura), Heinz Bennent (Dreesen), Helmut Berger (Bergmann), Sebastian Koch (Toni Waldegg), Rüdiger Vogler (Olaf Greiner), Anne Kasprik (Eva Bosch), Jean Sorel (Dhouzain), Peter Ehrlich (Wieland), Gottfried John (Collani), Jürgen Hentsch (Harald Dahlhaus), H. Azoulay-Hasfari (Raghda Aziz), Veronica Ferres (Julla Dahlhaus), Angelika Bartsch (Evita Ploog).

Während Thomas Altenburg seine Forschung in der Sahara fortsetzt, er will Europa von hier aus mit Solarenergie versorgen, wird die Erde von Klimakatastrophen heimgesucht. Als die Polkappen zu schmelzen beginnen, versinkt beispielsweise die Nordseeinsel Sylt im Meer.

DAS SAHARA-PROJEKT ist eine Fortsetzung der 1989 gesendet Reihe MISSION EUREKA (qv). Peter Bongartz, Michael Degen und Delia Boccardo wiederholen ihre damaligen Rollen.

EPISODEN:
1.   TEIL 1 25.10.93
2.   TEIL 2 31.10.93
3.   TEIL 3 01.11.93
4.   TEIL 4 06.11.93

SALVAGE 1-HINTER DER GRENZE ZUM RISIKO
(Salvage-1)
USA 1979; Pilot & 18 Episoden (14 gesendet)
Deutsche Ausstrahlung:
RTL Television 1997; Pilot & 18 Episoden

Darsteller: Andy Griffith (Harry Broderick), Joel Higgins (Skip Carmichael), Trish Stewart (Melanie Slozar), J. Jay Saunders (Mack), Richard Jaeckel (Agent Klinger), Lee De Broux (Hank Beddoes), Heather McAdam (Michelle Ryan).

Harry Broderick besitzt einen Schrottplatz. Als er liest, wieviel Geld für Raumfahrtprojekte ausgegeben wird, beschliesst er, ein eigenes Raumschiff zu bauen. Das jedoch aus Schrott und somit mit erheblich weniger Kosten. Durch Mithilfe von zwei ehemaligen Raketeningenieuren, dem Ex-Astronauten Skip und Melanie, Erfinderin eines besonderen Raketentreibstoffs, gelingt der Plan. Kurz bevor das FBI die Pioniere stoppen kann, erhebt sich die SALVAGE 1 in die Luft. Nachdem der Flug einiges Aufsehen erregt hat, werden Harry und seine Crew für verschiedene Spezialaufträge engagiert.

Hirnrissige Grundideen müssen nicht unbedingt schlechte Serien nach sich ziehen. In diesem Fall schaffte die Reihe es jedoch nur viel zu selten, die Qualität seiner Basis zu übertreffen. Ein misslungener Abstecher des inzwischen auch bei uns bekannten Darstellers Andy Griffith (Matlock) in phantastische Gefilde.
Gaststars der Müll-Raketen-Saga waren R. G. Armstrong, William (Vicki) Bogert, Christopher (Die Mars-Chroniken) Connelly, John Crawford, Peter (Time Trax) Donat, Richard (Wonder Woman) Eastham, Sam Groom, Moses Gunn, John Ireland, Mako Iwamtsu, David Opatoshu, Ben Piazza, Hari Rhodes und Morgan Woodward.

EPISODEN:
1.   SALVAGE 1-HINTER DER GRENZE ZUM RISIKO (Salvage-1) 17.08.97
2.   DIE GEHEIMNISVOLLE INSEL (Dark Island) 24.08.97
3.   EIN HELD AUS VERGANGENEN TAGEN (Shangri-La Lil) 31.08.97
4.   ALARM IN BUNKER FÜNF (Shelter Five) 07.09.97
5.   BEGEGNUNG DER DRITTEN ART (The Haunting Of Manderly Mansion) 14.09.97
6.   DER ALTE BUGATTI (Bugatti Treasure) 21.09.97
7.   DIE BEFREIUNGSAKTION (Operation Breakout) 28.09.97
8.   DER PERFEKTE SOLDAT (Mermadon) 05.10.97
9.   HEISSE WARE (Up, Up & Away) 12.10.97
10.   DER GOLDENE SATELLIT 1 (Golden Orbit 1) 12.10.97
11.   DIE ENERGIEKRISE (Energy Solution) 19.10.97
12.   DER GOLDENE SATELLIT 2 (Golden Orbit 2) 19.10.97
13.   EINE STADT IM GOLDRAUSCH (Confederate Gold) 26.10.97
14.   WASSER FÜR SANTA LEA 1 (Hard Water 1) 26.10.97
15.   WASSER FÜR SANTA LEA 2 (Hard Water 2) 26.10.97
16.   DIAMANTENFIEBER (Diamond Volcano) 09.11.97

17.   REGEN FÜR TREVOR COUNTY (Dry Spell)
        16.11.97
18.   EIN PFERD FÜR HARRY (Harry's Doll)
        16.11.97
19.   COWBOYS WIDER WILLEN (Round Up)
        28.12.97

DER SCHATZ IM ALL
(L'Isola Del Tesoro)
BRD/I/F 1987; Spielfilm & 7 Episoden-Fassung
Deutsche Ausstrahlung:
WWF 1989; 7 Episoden

Darsteller: Anthony Quinn (Long John Silver), Ernest Borgnine (Captain Billy Bones), Itaco Nardulli (Jimmy Hawkins), Philippe Leroy (Graf Ravano), David Warbeck (Doktor Livesey), Klaus Löwitsch (Captain Smollet), Renato de Carmine (Arrow), Ida di Benidetto (Mrs. Hawkins), Giovanni Lombardo Radici (Hands), Ulrich von Dobschütz (Davis).

Im Jahre 2300 begeben sich Captain Smollet, Dr. Livesey, Jimmy und Long John Silver auf eine altbekannte Schatzsuche.

1882 erschien der von Robert Louis Stevenson verfasste Roman, der als Grundlage für dieses Machwerk diente. Verpflichtet wurden hierfür die Hollywood-Altstars Anthony Quinn und Ernest Borgnine — bekannt aus AIRWOLF (qv) — deren einziger Anreiz wohl die Aufbesserung ihrer Rente war. Mieserable Story, schlechte Trickeffekte und insgesamt ein Schlag ins Gesicht sowohl für SF- als auch für Stevenson-Fans.
Die Filmfassung kam am 19.10.88 unter dem Titel SPACE PIRATES in deutsche Videotheken.

EPISODEN:
1.   TEIL 1 (- liegt nicht vor -) 31.10.89
2.   TEIL 2 (- liegt nicht vor -) 07.11.89
3.   TEIL 3 (- liegt nicht vor -) 14.11.89
4.   TEIL 4 (- liegt nicht vor -) 21.11.89
5.   TEIL 5 (- liegt nicht vor -) 28.11.89
6.   TEIL 6 (- liegt nicht vor -) 04.12.89
7.   TEIL 7 (- liegt nicht vor -) 11.12.89

SCHAURIGE GESCHICHTEN
BRD 1975; 13 Episoden
Ausstrahlung:
NDR regional 1976; 8 Episoden

Einige junge Leute aus Schweden und Deutschland machen zusammen einen Schoner wieder seetüchtig. Zum Zeitvertreib erzählen sie sich gegenseitig verschiedene schaurige Geschichten. Heutzutage wirken die Episoden hoffnungslos veraltet. Auch der „Schauerfaktor" ist nur durchschnittlich, teilweise sogar gar nicht vorhanden: Neben tatsächlich horrormässig angehauchten Folgen werden auch solche präsentiert, die sich besser in einer Krimi-Anthologie machen würden. Von der Gesamtqualität her eine schaurige Serie. Zu den mit Schauern bedachten Darstellern gehörten Staffan (Karlsson auf dem Dach) Hallerstam, Hans-Peter Korff, Andrea (Merlin) L'Arronge, Jürgen Prochnow, Achim (Der Androjäger) Strietzel und Gisela Trowe.

EPISODEN:
1.   WER HAT ANGST VOR WETZENSTEIN?
       20.02.76
2.   DER TRAUM VOM FLIEGEN 27.02.76
3.   SPURLOS VERSCHWUNDEN 05.03.76
4.   GEISTERSTUNDE 12.03.76
5.   10 000 MÄUSE 19.03.76
6.   EIN RÄTSELHAFTER ABGANG 26.03.76
7.   REINER ZUFALL 02.04.76
8.   DIE FALKEN 09.04.76

9.   BÖSES ERWACHEN
10.   ALTES GEMÄUER
11.   TAXI NACH HAMBURG
12.   DER AUSBRECHER
13.   LIEBSTE LUISE

SCHÖNE NEUE ZEIT
(Stephen King's Golden Years)
USA 1991; 7 Episoden (eine doppellange)
Deutsche Ausstrahlung:
RTL Television 1995; 7 Episoden

Darsteller: Keith Szarabajka (Harlan Williams), Frances Sternhagen (Gina Williams), Felicity Huffman (Terry Spann), R. D. Call (Jude Andrews), Ed Lauter (General Louis Crewes), Bill Raymond (Dr. Richard Todhunter), Tim Guinee (Fredericks), Phil Lenkowsky (Billy DeLois), Stephen D. Root (Major Moreland), John Rothman (Dr. Ackerman).

Der siebzigjährige Hausmeister Harlan Williams wird bei einer Explosion einer mysteriösen Strahlung ausgesetzt, die dazu führt, dass sich der ehemals alte Mann stetig verjüngt. Natürlich will die Regierung die Gründe hierfür erforschen und schickt zu diesem Zwecke einige Untersuchungsbeamte. Der damit nicht einverstandene Harlan flüchtet.

Riesennamen schweben über dieser Produktion: Horrormeister Stephen King lieferte die Originalstory und schrieb einige der Drehbücher — ausserdem trat er kurz als Busfahrer in Erscheinung — und David Bowie zeichnet für die Titelmusik verantwortlich. Was folgte war eine Riesenpleite. GOLDEN YEARS schaffte es nicht, das Interesse der Zuschauer zu wecken und hatte dies auch nicht verdient.

Vor der Fernsehausstrahlung — gut versteckt im RTL'schen Nachtprogramm — erfolgte die Videoauswertung.

EPISODEN:
1. DAS GRÜNE LEUCHTEN (Episode One) 24.12.95
2. FLUCHTVORBEREITUNGEN (Episode One) 25.12.95
3. FLUCHT IM LEICHENWAGEN (Episode Two) 25.12.95
4. KATZ UND MAUS (Episode Three) 26.12.95
5. DIE MASKEN FALLEN (Episode Four) 26.12.95
6. BLINDE WUT (Episode Five)
7. DAS ENDE DES WEGES (Episode Six)

DIE SCHÖNE UND DAS BIEST
(Beauty And The Beast)
USA 1987-1990; Pilot & 54 Episoden (eine doppellange)
Deutsche Ausstrahlung:
SAT.1 1988/1989; Pilot & 21 Episoden
SAT.1 1989/1990; 22 Episoden
SAT.1 1991; 12 Episoden

Darsteller: Linda Hamilton (Assistenzstaatsanwältin Catherine Chandler - 1987-89), Ron Perlman (Vincent), Jo Anderson (Diana Bennett - 1989/90), Roy Dotrice („Vater" Jacob Wells), Jay Acavone (Stellvertretender Staatsanwalt Joe Maxwell), Edward Albert (Elliot Burch - 1989/90), Stephen McHattie (Gabriel - 1989/90), Ren Woods (Edie - 1987/88), Cory Danziger (Kipper - 1987/88), David Greenlee (Mouse - 1988-90), Tony Jay (Paracelsus), Ellen Geer (Mary - 1988-90), Zachary Rosencrantz (Zach - 1988/89), Rich Brinkley (William - 1988-90), Lewis Smith (Mark - 1989/90), Armin Shimerman (Pascal).

Die New Yorker Anwältin Catherine Chandler wird entführt, lebensgefährlich verletzt und im Central Park ausgesetzt. Ihr zu Hilfe eilt Vincent, ein geheimnisvoller Löwenmensch, der, gemeinsam mit einem ganzen Volk von Ausgestossenen, in den geheimen Tunneln unter den Strassen New Yorks lebt.

Während ihrer Genesung findet Catherine Gefallen an ihrem unmenschlichen Retter. Aus dieser Freundschaft entwickelt sich bald eine tief empfundene Liebe, die es Vincent möglich macht, zu spüren, wenn die Anwältin in Gefahr ist. Nach einigen Abenteuern gebiert Catherine am Anfang der dritten Staffel Vincents Kind. Die frischgebackene Mutter wird getötet, das Kind entführt. Fortan ist es Vincents Hauptaufgabe, seinen Sohn wiederzufinden. Hilfreich zur Seite stehen ihm dabei Diana Bennett, Polizistin und neue „Schöne" der Serie, und Grossunternehmer Elliot Burch, der seine Unterstützung ebenfalls mit dem Leben bezahlt.

Teils poetisch, oft romantisch, manchmal brutal. Eine Märchenstory angesiedelt in der heutigen, modernen Welt. Grundlage eine Welt in der Freundschaft und Liebe vorherrscht. Und ein Paradies zu unseren Füssen, das wir aber nicht sehen können.

Ein erstaunlicher Erfolg, insbesondere in weiten Teilen der weiblichen Bevölkerung, die wohl den Serientitel „DER Schöne und das Biest" vorgezogen hätten. Gerade dieser Erfolg bei Frauen brachte oft höhnische Bemerkungen aus der Ecke des sogenannten starken Geschlechts. Der Serie wird damit aber Unrecht getan. Sie bot erfrischende Neuerungen und konnte eine Anzahl wirklich guter Stories aufweisen. Natürlich ist das, teils zum Schwülstigen geratene, Zwischenspiel der Liebenden nicht jedermans Sache, aber das dürfte das Problem des jeweiligen einzelnen sein.

Jo Anderson siedelte später nach ROSWELL (qv) über. Oberhalb und unterhalb den Strassen New Yorks fanden sich R.G. Armstrong, Theodore Bikel, Merritt Butrick, Rosalind (Star Trek: Deep Space Nine) Chao, Christian (Die Abenteuer des Brisco County, Jr.) Clemenson, Jeffrey Combs, Jeff Corey, Robert (Mini-Max & Wild Palms) Cornthwaite, Cliff DeYoung, John Diehl, Michael Ensign, Fionnula Flanagan, Dorian (Viper) Harewood, Lance (Millennium) Henriksen, Richard (V) Herd, Piper (Twin Peaks) Laurie, Keye (Kung Fu) Luke, Franc (Die reinste Hexerei) Luz, John McLiam, Chris (Twin Peaks) Mulkey, Adrian (Krieg der Welten & Highlander) Paul, Eric (Alien Nation) Pierpoint, Suzie Plakson, Tony Plana, Richard (Outlaws) Roundtree, Tim (Highwayman & Star Trek: Raumschiff Voyager) Russ und Ray (Twin Peaks) Wise.

EPISODEN:

1. ES WAR EINMAL IN NEW YORK (Beauty And The Beast) 25.09.88
2. EINE BESSERE WELT (A Children's Story) 02.10.88
3. BELAGERUNG (Siege) 09.10.88
4. DER FURCHTBARE RETTER (Terrible Savior) 16.10.88
5. KEIN WEG ZURÜCK (No Way Down) 23.10.88
6. DER GEFALLENE ENGEL (Beast Within) 30.10.88
7. DIE NACHT DER MASKEN (Masques) 06.11.88
8. KÄFIG DER QUALEN (Nor Iron Bars A Cage) 13.11.88
9. EIN ANFANG UND EIN ENDE (Song Of Orpheus) 20.11.88
10. DUNKLE MÄCHTE (Dark Spirit) 27.11.88
11. DIE STUMME ZEUGIN (An Impossible Silence) 04.12.88
12. ZWISCHENTÖNE (Shades Of Grey) 11.12.88
13. TODESMOND (China Moon) 18.12.88
14. DER ALCHIMIST (The Alchemist) 25.12.88
15. DIE VERSUCHUNG (Temptation) 01.01.89
16. EINES FERNEN TAGES (Promises Of Someday) 08.01.89
17. HINAB IN EIN SONNENLOSES MEER (Down To A Sunless Sea) 15.01.89
18. GOLD (Fever) 22.01.89
19. EIN HARTES URTEIL (Everything Is Everything) 29.01.89
20. REGENT DER HÖLLE (To Reign In Hell) 05.02.89
21. OSYMANDIAS (Ozymandias) 12.02.89
22. EIN GLÜCKLICHES LEBEN (A Happy Life) 19.02.89
23. VERSCHENKTE BEGABUNG (Chamber Music) 01.10.89
24. VINCENTS TRAUM (Remember Love) 08.10.89
25. EIN SCHWERER ABSCHIED (Ashes, Ashes) 22.10.89
26. DAS FEST DES LICHTES (Dead Of Winter) 29.10.89
27. LIEBE BRAUCHT KEINE WORTE (Sticks And Stones) 05.11.89
28. KEHRSEITE DER LIEBE (A Fair And Perfect Knight) 12.11.89
29. EINE WELT IN GEFAHR (Labyrinths) 19.11.89
30. BRÜDER (Brothers) 26.11.89
31. DAS VERLORENE PARADIES (A Gentle Rain) 10.12.89
32. ZEIT DER TRAUER (Orphans) 17.12.89
33. EIN NEUES LEBEN (God Bless The Child) 31.12.89
34. ZWEI SEELEN (The Outsiders) 07.01.90
35. VON DINGEN, DIE NICHT SIND (When The Blue Bird Sings) 14.01.90
36. DIE BALLERINA (Arabesque) 21.01.90
37. UNTER BEOBACHTUNG (The Watcher) 28.01.90
38. AN FERNEN UFERN (A Distant Shore) 04.02.90
39. DAS SCHWEIGEN DES HERZENS (Trial) 11.02.90
40. EIN FREUNDSCHAFTSDIENST (A Kingdom By The Sea) 18.02.90
41. IM REICH DER DUNKELHEIT (The Hollow Men) 25.02.90
42. DER DÄMON DER TIEFE (What Rough Beast) 04.03.90
43. RITUAL DER UNSCHULD (Ceremony Of Innocence) 11.03.90
44. DER REST IST SCHWEIGEN (The Rest Is Silence) 25.03.90

45. WENN LIEBENDE FALLEN 1 (Though Lovers Be Lost) 04.07.91
46. WENN LIEBENDE FALLEN 2 (Though Lovers Be Lost) 11.07.91
47. ERINNERUNG (Walk Slowly) 18.07.91
48. EIN ÜBERMÄCHTIGER GEGNER (Nevermore) 25.07.91
49. GABRIELS GESANDTER (Snow) 01.08.91
50. DER KOMET DES BETTLERS (Beggar's Comet 08.08.91
51. DER RUF DES HERZENS (A Time To Heal) 15.08.91
52. EINE NACHT OHNE HOFFNUNG (In The Forests Of The Night) 22.08.91
53. TRÄUME UND VISIONEN (The Chimes At Midnight) 29.08.91
54. DIE HEIMKEHR DES KINDES (Invictus) 05.09.91
55. DIE FREUNDE IN DER ANDEREN WELT (The Reckoning) 12.09.91
56. DAS VERMÄCHTNIS (Legacies) 19.09.91

SCHUSTERS GESPENSTER

BRD 1978; 5 Episoden
Ausstrahlung:
ARD 1978; 5 Episoden

Darsteller: Sören Möller (Pit), Sandra Michaelis (Jovanka), Balduin Baas (Onkel Herbert), Kurt Schmidtchen (Eugen Dracula), Paul Dahlke (Herr Dorklein).

Opa Weber ist in fernen Australien gestorben.
Die Erben seiner Villa sind die Schusters, die
auch flugs im neuen Domizil einziehen.
Leider sind sie jedoch nicht die einzigen Bewohner des Anwesens: Auf dem Dachboden hausen
Gespenster. Und diese sehen es gar nicht gerne,
dass ihre „ewige Ruhe" von fremden Eindringlin-
gen gestört wird.

Aus deutschen Landen: Wohl kein Klassiker,
aber durchaus gelungene Kinderkurzweil. Besonders gut ist Kurt Schmidtchen als fliegender
Postbote Eugen Dracula.

EPISODEN:
1.   DER ZINKSARG, DIE MERKWÜRDIGE VILLA
        UND EINE MITTERNACHTSÜBERRA-
        SCHUNG 10.09.78
2.   SCHUSTERS EINZUG, DIE GEHEIMNISVOL-
        LE KISTE UND EIN ANSTRENGENDER
        SPUK 17.09.78
3.   DIE MAGISCHEN KRÄFTE DER TRUHE, DER
        UNDURCHSICHTIGE BESUCHER UND EINE
        ZERSTÖRUNG 24.09.78
4.   DER GROSSE SCHRECK, NÄCHTLICHER
        WIRRWARR UND EIN MERKWÜRDIGER AN-
        RUF 01.10.78
5.   DAS VERSCHWINDEN, DAS WIEDERSEHEN
        UND DAS ENDE 08.10.78

SCORCH-DER KLEINE HAUSDRACHE
(Scorch)
USA 1992; 6 Episoden <3 nicht gesendet>
Deutsche Ausstrahlung:
SAT.1 1994; 6 Episoden

Darsteller: Jonathan Walker (Brian Stevens),
Rhea Silver-Smith (Jessica Stevens), Todd Sus-
man (Jack Fletcher), Brenda Strong (Allison
King), John O'Hurley (Howard Gurman), Lauren
Katz (Robin), Rose Marie (Edna Bracken).

Brian Stevens ist ein alleinerziehender Vater in
New Haven, Connecticut. Er arbeitet als Wetter-
mann des Fernsehsenders WWEN.
Scorch ist ein 1300 Jahre alter Drache, der aus
einem verlängerten Winterschlaf erwacht, und
prompt den Stevens durchs Fenster ins Haus
schneit.
Nachdem Brian Scorch mit zur Arbeit genommen
hat und sein Chef davon überzeugt wurde, dass
der sprechende Drache in Wirklichkeit eine
Bauchrednerpuppe ist, dürfen sie nun im Team

das Wetter prophezeien.

Sechs Episoden produziert und trotzdem hat
man das Gefühl, dass das schon zuviel war. In
den USA wurde bereits nach drei gesendeten
Episoden der Stecker herausgezogen. Brave
Amis.
Todd Susman trat später auch in BURNING ZO-
NE-EXPEDITION KILLERVIRUS (qv) in Erschei-
nung.

EPISODEN:
1.   DER FEUERSPEIENDE HAUSGAST (Scorch)
        08.06.94
2.   DIE DRACHENGRIPPE (Dragon Flu) 09.06.94
3.   DIE ENTFÜHRUNG (You Gaslight Up My Life)
        10.06.94
4.   AUCH FLIRTEN WILL GELERNT SEIN (The
        First Time) 13.06.94
5.   SCORCHINA TRITT AUF (Scorch Likes It Hot)
        14.06.94
6.   DIE POKERRUNDE (Money, Money, Money)
        15.06.94

SEAQUEST DSV
(SeaQuest DSV)
USA 1993-1995; Pilot & 43 Episoden
Deutsche Ausstrahlung:
RTL Television 1994; Pilot & 4 Episoden
RTL Television 1994; 18 Episoden
RTL Television 1995/1996; 21 Episoden

Darsteller: Roy Scheider (Captain Nathan Hale
Bridger), Don Franklin (Commander Jonathan
Ford), Jonathan Brandis (Lucas Wolenczak), Stephanie Beacham (Dr. Kristin Westphalen - 1993/
94), Stacy Haiduk (Lieutenant Commander Katherine Hitchcock - 1993/94), Ted Raimi (Lieutenant <Junior Grade> Tim O'Neill), Marco Sanchez (Sensor Chief Miguel Ortiz), Royce D. Applegate (Chief Manilow Crocker - 1993/94), John
D'Aquino (Lieutenant Benjamin Krieg - 1993/94),
Edward Kerr (Lieutenant James Brody - 1994/
95), Rosalind Allen (Dr. Wendy Smith - 1994/95),
Michael DeLuise (Tony Piccolo - 1994/95), Peter
DeLuise (Dagwood - 1994/ 95), Kathy Evison
(Ensign Lenore Ellen „Lonnie" Henderson - 1994/
95).

Die seaQuest ist ein Prototyp, das modernste
Unterseeboot das jemals hergestellt wurde. Einer
der Planer ist Nathan Bridger, der auch, allerdings widerwillig, das Kommando übernimmt.

Bridger und seine Crew haben viele Abenteuer mit grössenwahnsinnigen Wissenschaftlern, Rebellen, feindlichen Mächten und sogar Ausserirdischen zu bestehen.

Teuer produzierter, aber dennoch billiger, Abklatsch des Klassikers MISSION SEAVIEW (qv). Nur wenige Zuschauer mochten sich mit den allzu statisch angelegten Charakteren identifizieren. Die Weiterführung der Serie — mit etlichen Änderungen, die jedoch nicht für Verbesserung sorgten — wurde zum einem grösseren K(r)ampf als jedweder den die seaQuest-Crew bestehen musste.
Stacy Haiduk war vorher in SUPERBOY (qv) zu sehen und nach SEAQUEST in CLAN DER VAMPIRE (qv); John D'Aquino spielte die Hauptrolle in GRÜSSE AUS DEM JENSEITS (qv); Don Franklin spielte später in SEVEN DAYS (qv). Gaststars, die mehr Qualität versprachen als sie präsentieren durften, waren Denis Arndt, Jonathan Banks, Roscoe Lee Browne, Eric (Twin Peaks) Da Re, Dom DeLuise, Robert Foxworth, Seth (Buffy) Green, Mark Hamill, Richard (V) Herd, Charlton Heston, Sherman (Superboy) Howard, Udo (Geister) Kier, Yaphet Kotto, Mimi Kuzyk, Carl (M.A.N.T.I.S.) Lumbly, David (Solo für U.N.C.L.E.) McCallum, Kent (Kampfstern Galactica) McCord, David Morse, Tim (Highwayman & Star Trek: Raumschiff Voyager) Russ, John (Conor, der Kelte) Saint Ryan, Raphael Sbarge, Alan (Die geheimnisvolle Insel & Seven Days) Scarfe, William (Raumschiff Enterprise & TekWar) Shatner, William Morgan (Max Headroom) Sheppard, David (Space) Spielberg, Kristoffer Tabori, Chaim Topol, Steven (Akte X) Williams und Rob (Space Cops) Youngblood.

EPISODEN:
1. SEAQUEST DSV (SeaQuest DSV) 19.01.94
2. DER TEUFELSGRABEN (The Devil's Window) 26.01.94
3. DAS VERSUNKENE WISSEN (Treasure Of The Mind) 02.02.94
4. VEREIST IN ALLE EWIGKEIT (Games) 16.02.94
5. TIEFSEEFLIMMERN (Treasures Of The Tonga Trench) 23.02.94
6. DIE VERGESSENEN KINDER (Brothers And Sisters) 07.05.94
7. TÖDLICHE GENE (Give Me Liberty) 14.05.94
8. DAS GEISTERSCHIFF (Knight Of Shadows) 21.05.94
9. S.O.S. IM SARGASSOMEER (Bad Water) 28.05.94
10. DER REGULATOR (The Regulator) 04.06.94
11. GOLDRAUSCH (SeaWest) 11.06.94
12. KAMPF GEGEN DIE WELT (Photon Bullet) 18.06.94
13. DUELL DER ENTDECKER (Better Than Martians) 09.07.94
14. GEFÄHRLICHES EXPERIMENT (Nothing But The Truth) 16.07.94
15. DIE SCHATZINSEL (Greed For A Pirate's Dream) 30.07.94
16. DIE RÄCHER DER WALE (Whale Song) 06.08.94
17. TURBULENZEN (The Stinger) 13.08.94
18. DER ALPTRAUM (Hide And Seek) 20.08.94
19. IN LETZTER SEKUNDE (The Last Lap Of Luxury) 27.08.94
20. DIE MEERJUNGFRAU (Abalon) 03.09.94
21. ENDLOSE GEDULD (Such Great Patience) 10.09.94
22. DIE SCHWESTERN VOM GUTEN TOD (The Good Death) 10.09.94
23. DAS ENDE DER SEAQUEST (An Ocean On Fire) 10.09.94

24. SEAQUEST DSV (Higher Power)
25. DIE ANGST IM NACKEN (The Fear That Follows) 04.11.95
26. IM RAUSCH DER TIEFE (Sympathy For The Deep) 18.11.95
27. LANDURLAUB (Vapors) 25.11.95
28. HILFERUF AUS DER ZUKUNFT (Playtime) 02.12.95
29. BEGENUNG MIT DER VERGANGENHEIT (The Sincerest Form Of Flattery) 09.12.95
30. SCHLINGEN DES TODES (By Any Other Name) 16.12.95
31. WENN TOTE ERWACHEN (When The Dead Awaken) 07.01.96
32. FAMILIENBANDE (Special Delivery) 14.01.96
33. EIN MANN ZUVIEL (Dead End) 21.01.96
34. GRÜSSE AUS DER STEINZEIT (Meltdown) 28.01.96
35. AUF DER SUCHE NACH ATLANTIS (Lost Land) 04.02.96
36. FALSCHE LIEBE (And Everything Nice) 11.02.96
37. DER BLINDE SEHER (Dream Weaver) 18.02.96
38. ALLEIN (Alone) 25.02.96
39. SOLITAIRE-DIE GEHEIMNISVOLLE INSEL (Watergate) 03.03.96
40. DAS VERBRECHEN IN DER ALPHA-BASIS (Something In The Air) 17.03.96
41. O'NEILLS ENTLASSUNG (Dagger Redux) 24.03.96
42. DER ZUKUNFTSMENSCH (The Siamese Dream) 31.03.96
43. DER KNASTBRUDER (Blindsided) 14.04.96

44.   AUSWEGLOSE MISSION (Splashdown)
        14.04.96

SEAQUEST 2032
(SeaQuest 2032)
USA 1995/1996; 13 Episoden
Deutsche Ausstrahlung:
RTL Television 1996/97; 13 Episoden

Darsteller: Michael Ironside (Captain Oliver Hudson), Don Franklin (Commander Jonathan Ford), Jonathan Brandis (Lucas Wolenczak), Ted Raimi (Lieutenant Tim O'Neill), Edward Kerr (Lieutenant James Brody), Michael DeLuise (Tony Piccolo), Peter DeLuise (Dagwood), Kathy Evison (Ensign Lenore Ellen „Lonnie" Henderson), Elise Neal (Lieutenant J.J. Fredericks).

Nach den Irrfahrten des Captain Bridger (vorheriger Eintrag) übernahm Oliver Hudson das Kommando über die seaQuest. Doch auch ihm war es nicht vergönnt, das U-Boot aus dem trüben Gewässer mittelmässiger Drehbücher zu ziehen.

Michael Ironside spielte bereits in V (qv). Neben den mit der Vorgängerserie abgesoffenen John D'Aquino und Roy Scheider kamen Jonathan Banks, Bernie Casey, Patricia Charbonneau, Dennis (Profiler) Christopher, William (Die verlorene Welt & Mission Erde) De Vry, Terence Knox, Julie Nickson und Michael York als Gaststars zum Unterwassereinsatz.

EPISODEN:
1.   SCHÖNE NEUE WELT (Brave New World) 20.10.96
2.   DAS TRINKWASSERMONOPOL (In Company Of Profit And Ice) 27.10.96
3.   UNSICHTBARE PIRATEN (Smoke On The Water) 03.11.96
4.   ENDSTATION PEKING (Destination Terminal) 10.11.96
5.   BEFEHL IST BEFEHL (Chains Of Command) 17.11.96
6.   WILLENLOS (Brainlock) 01.12.96
7.   VERTRAUENSSACHE (Equilibrium) 08.12.96
8.   DER GEPLANTE WELTUNTERGANG (Resurrection) 15.12.96
9.   DER FLUCH VON BANABA ISLAND (Good Soldiers) 22.12.96
10.   DIE SKLAVENKOLONIE (Reunion) 29.12.96
11.   KRIEGER-EHRE (Spindrift) 05.01.97
12.   ZEITREISE (Second Chance) 12.01.97

13.   AUF LEBEN UND TOD (Weapons Of War)
         19.01.96

DIE SEAVIEW-IN GEHEIMER MISSION,
SIEHE: **MISSION SEAVIEW**

DER SECHS-MILLIONEN-DOLLAR-MANN
(The Six Million Dollar Man)
USA 1973; Pilot & 2 Fernsehfilme
USA 1974-1978; 102 Episoden (3 doppellange)
USA 1987/89/94; 3 Fernsehfilme
Deutsche Ausstrahlung:
RTL plus 1988/1989; 70 Episoden
RTL plus 1990; 32 Episoden (2 doppellange)

Darsteller: Lee Majors (Colonel Steve Austin), Richard Anderson (Oscar Goldman), Alan Oppenheimer (Dr. Rudy Wells - 1974/75), Martin E. Brooks (Dr. Rudy Wells - 1975-78).

Der amerikanische Testpilot und Astronaut Steve Austin stürzt beim Flug mit einer neuen Mondlandefähre ab. Hierbei zieht er sich lebensgefährliche Verletzungen zu. Die verantwortliche Ärztegruppe, unter der Leitung von Dr. Wells, entscheidet sich für eine neuartige Operation: Alle in Mitleidenschaft gezogenen Körperteile werden durch künstliche ersetzt. Die neuen Teile — beide Beine, der rechte Arm, das linke Auge — sind wesentlich robuster und leistungsfähiger als die natürlichen. Gespeist werden sie von einem ebenfalls eingepflanzten Mini-Atomreaktor. Aufgrund seiner jetzt übermenschlichen Kräfte, wird Steve als Agent des 'Office of Scientific Information' (etwa: Wissenschaftlicher Nachrichtendienst) eingesetzt. Im Zuge dieser Arbeit trifft Colonel Austin auf ein gerüttelt Mass an verrückten Wissenschaftlern, Möchtegern-Weltherrschern und wird auch von den — bald schon obligatorischen — Ausserirdischen nicht verschont.

DER SECHS-MILLIONEN-DOLLAR-MANN begann 1973 als eine Serie von Fernsehfilmen in der Reihe ABC Suspense Movie. Im Januar des darauffolgenden Jahres bekam er seine eigene Serie und gehörte bereits 1975 zu den grössten Fernsehhits. Grundlage dieser Reihe ist der 1972 erschienene Roman „Cyborg" von Martin Caidin, der auch Folgeromane verfasste.
Ableger der Serie ist DIE 7-MILLIONEN-DOLLAR-FRAU (qv), Geschichten um die Ex-Tennis-

profispielerin Jaime Summers, die ihre ersten
Auftritte unter dem SECHS-MILLIONEN-Label
ableistete. Die entsprechende Doppelepisode erschien bereits 1987 auf bundesdeutschem Videoband: DAS SECHS MILLIONEN DOLLAR
GIRL. Schon 1986 war der Serienpilotfilm auf Video herausgebracht worden. Weitere Mitglieder
der „bionischen Familie" wurden Rennfahrer Barney Miller, der „Seven Million Dollar Man", der
sechzehnjährige Sportler Andy Sheffield und ein
Hund — denn was ist eine typische amerikanische Fernsehfamilie ohne Hund?
Neben Lindsay Wagner in der Rolle der bionischen Miss Summers tauchten Barbara (Kobra,
übernehmen Sie) Anderson, Martin (Space) Balsam, Kim Basinger, Hagan Beggs, Christine
(Outlaws) Belford, Bibi Besch, Sonny Bono, Terry
(Kampfstern Galactica) Carter, Ted (Addams Family) Cassidy, John (Kampfstern Galactica) Colicos, Chuck (Werwolf) Connors, Alex (Airwolf)
Cord, Jeff Corey, Yvonne (Batman) Craig, Micha-
el Dante, Henry Darrow, John de Lancie, Sandy
Duncan, Britt Ekland, Dana Elcar, Leif Erickson,
Greg (TekWar) Evigan, Farrah Fawcett-Majors,
Paul Fix, Meg Foster, Louis (Der Junge vom an-
deren Stern) Gossett jr., Farley Granger, Pamela
Hensley, Pat (The Shining) Hingle, Skip Homeier,
John (Anno Domini) Houseman,John Hoyt, Ro-
bert Ito, Carolyn (Addams Family) Jones, Bernie
(Mini-Max) Kopell, John Landis, Gary Lockwood,
Robert (Wild Palms) Loggia, Stephen Macht,
Monte (Der Mann von Gestern) Markham, Jared
(Fantastic Journey & Krieg der Welten) Martin,
David (Solo für O.N.C.E.L. & Der Unsichtbare)
McCallum, Darren (Der Nachtjäger) McGavin,
Greg (Kobra, übernehmen Sie) Morris, France
Nuyen, Tim (Buck Rogers) O'Connor, David Opa-
toshu, Nehemiah Persoff, Phillip Pine, Stefanie
(Dancer für U.N.C.L.E.) Powers, Hari Rhodes,
Peter Mark Richman, Pernell Roberts, Ned Ro-
mero, Joseph Ruskin, Dick (Verliebt in eine He-
xe) Sargent, John Saxon, William (Mini-Max)
Schallert, Anne (Alf) Schedeen, William (Raum-
schiff Enterprise & TekWar) Shatner, Elke Som-
mer, Laurette (Kampfstern Galactica) Spang,
Rick (Die Maske) Springfield, George (Raum-
schiff Enterprise) Takei, Malachi Throne, John
(Krieg der Welten) Vernon, Ray (Mein Onkel vom
Mars & The Stand) Walston, Carl Weathers und
Jason Wingreen in Gastrollen auf.

EPISODEN:

1. DIE TOTE STADT (Population Zero) 08.07.88
2. DER STÄRKSTE ÜBERLEBT (Survival Of The Fittest) 22.07.88
3. UNTERNEHMEN LEUCHTKÄFER (Operation Firefly) 25.07.88
4. DER DIEBISCHE ROBOTER (Day Of The Robot) 29.07.88
5. DER VERSCHOLLENE AUFKLÄRER (Little Orphan Airplane) 01.08.88
6. HILFE FÜR DEN RIVALEN (Doomsday, And Counting) 05.08.88
7. JAGD NACH DEM AUGENZEUGEN (Eyewitness To Murder) 08.08.88
8. RETTUNG AUS DEM ALL (The Rescue Of Athena One) 12.08.88
9. DR. WELLS WIRD VERMISST (Dr. Wells Is Missing) 15.08.88
10. KILLER-SATELLIT (The Last Of The Fourth Of Julys) 18.08.88
11. WAHNSINN AUS DEM ALL (Burning Bright) 22.08.88
12. DER FEIGLING (The Coward) 26.08.88
13. GEFAHR FÜR STEVE AUSTIN (Run, Steve, Run) 29.08.88
14. DER BOMBENSCHMUGGLER (Nuclear Alert) 02.09.88
15. UNFALL IM WELTRAUM (The Pioneers) 05.09.88
16. PILOTEN-FEHLER (Pilot Error) 09.09.88
17. PERSONENSCHUTZ (The Pal-Mir Escort) 12.09.88
18. DER KONKURRENT (The Seven Million Dollar Man) 16.09.88
19. DIE AUSSERIRDISCHEN (Straight On 'Til Morning) 19.09.88
20. GOLDFIEBER (The Midas Touch) 23.09.88
21. SABOTAGE (The Deadly Replay) 26.09.88
22. FORSCHER IM SPANNUNGSGEBIET (Act Of Piracy) 30.09.88
23. STEVE AUSSER KONTROLLE (Stranger In Broken Fork) 03.10.88
24. PRESSEGANGSTER (The Peeping Blonde) 07.10.88
25. ENTFÜHRUNGSGEFAHR (Cross Country Kidnap) 10.10.88
26. TODSICHER (Lost Love) 14.10.88
27. DER LETZTE KAMIKAZE (The Last Kamikaze) 17.10.88
28. DER SPIONAGE-ROBOTER (Return Of The Robot Maker) 21.10.88
29. EIN FREUNDSCHAFTSDIENST (Taneha) 24.10.88
30. DIE SPUR DES DOPPELGÄNGERS (Look Alike) 28.10.88
31. DER UNSICHTBARE SPION (The E.S.P. Spy) 31.10.88
32. EINE PARTNERIN FÜR STEVE 1 (The Bionic Woman 1) 04.11.88
33. EINE PARTNERIN FÜR STEVE 2 (The Bionic Woman 2) 07.11.88

34. GEISELRETTUNG (Outrage In Balinderry) 11.11.88
35. DIE ABRECHNUNG (Steve Austin, Fugitive) 14.11.88
36. DIE NEUE JAIME 1 (The Return Of The Bionic Woman 1) 18.11.88
37. DIE NEUE JAIME 2 (The Return Of The Bionic Woman 2) 21.11.88
38. LEBENSGEFAHR FÜR DEN PRINZEN (The Deadly Test) 25.11.88
39. SPIONAGE-VERDACHT (The Song And Dance Spy) 28.11.88
40. DER WOLFSJUNGE (The Wolf Boy) 02.12.88
41. ERPRESSERISCHE RACHE (The Price Of Liberty) 05.12.88
42. RAKETENSCHLAG (Target In The Sky) 09.12.88
43. EIN FAULES SPIEL (One Of Our Running Backs Is Missing) 12.12.88
44. EIN RISKANTER TEST (The Bionic Criminal) 16.12.88
45. DER SCHMUGGLER-RING (The Blue Flash) 19.12.88
46. VERBRECHER-HERRSCHAFT (The White Lightning War) 23.12.88
47. DIE WANDLUNG (A Bionic Christmas Carol) 26.12.88
48. FLUCHT IN DIE HEIMAT (Divided Loyalty) 02.01.89
49. DER EINZELKÄMPFER (Clark Templeton O'Flaherty) 06.01.89
50. GEHEIMNIS-VERRAT (The Winning Smile) 09.01.89
51. AUSGETRICKST (Hocus-Pocus) 13.01.89
52. RAUB DES PHARAOS (The Golden Pharaohs) 16.01.89
53. BIGFOOT UND DIE AUSSERIRDISCHEN 1 (The Secret Of Bigfoot 1) 20.01.89
54. BIGFOOT UND DIE AUSSERIRDISCHEN 2 (The Secret Of Bigfoot 2) 23.01.89
55. DIE VERSCHWÖRUNG (Love Song For Tanya) 27.01.89
56. KORRUPTIONSVERDACHT (The Bionic Badge) 30.01.89
57. DIE LETZTE CHANCE (Big Brother) 03.02.89
58. KAMPF DER AUSSERIRDISCHEN 1 (The Return Of Bigfoot 1) 06.02.89
59. KAMPF DER AUSSERIRDISCHEN 2 (The Bionic Woman: The Return Of Bigfoot 2) 09.02.89
60. FLUG XY 7-VERSCHOLLEN (Nightmare In The Sky) 13.02.89
61. AUSGETAUSCHT (Double Trouble) 16.02.89
62. DAS TODESSERUM (The Most Dangerous Enemy) 20.02.89
63. DIE BEFREIUNG DES PRINZEN 1 (Thunderbird Connection) 23.02.89
64. DIE BEFREIUNG DES PRINZEN 2 (Thunderbird Connection) 27.02.89
65. RAKETEN-TERROR (Vulture Of The Andes) 02.03.89

66. RISKANTE OPERATION 1 (Deadly Countdown 1) 06.03.89
67. RISKANTE OPERATION 2 (Deadly Countdown 2) 09.03.89
68. ÜBERLEBEN UNTER WASSER (H + 2 + O = Death) 13.03.89
69. UNTER SÖLDNERN (Task Force) 16.03.89
70. DAS SUPERHIRN (The Ultimate Impostor) 23.03.89
71. DER WAFFENSCHIEBER 1 (Wine, Women And War) 05.01.90
72. DER WAFFENSCHIEBER 2 (Wine, Women And War) 12.01.90
73. ERPRESSER-SYNDIKAT 1 (Solid Gold Kidnapping) 19.03.90
74. ERPRESSER-SYNDIKAT 2 (Solid Gold Kidnapping) 26.03.90
75. DIE HETZJAGD 1 (Date With Danger 1) 29.03.90
76. DIE HETZJAGD 2 (Date With Danger 2) 05.04.90
77. ERFINDER-PECH (Danny's Inferno) 12.04.90
78. DIE INTRIGE (The Fires Of Hell) 19.04.90
79. DIE SPEZIALISTEN (The Infiltrators) 26.04.90
80. AGENTEN-RUMMEL (Carnival Of Spies) 03.05.90
81. U-509 (U-509) 10.05.90
82. UNTER FALSCHEM NAMEN (Privacy Of The Mind) 17.05.90
83. DIE ÜBERSINNLICHEN (Ghostly Teletype) 31.05.90
84. SCHRECKLICHES ERWACHEN (Bigfoot V) 07.06.90
85. STURM DER ANGST (Killer Wind) 14.06.90
86. ÜBERROLLT (Rollback) 21.06.90
87. DIE DUNKLE SEITE DES MONDES (Dark Side Of The Moon 1 & 2) 30.06.90
88. FLUG DURCH DIE ZEIT (Just A Matter Of Time) 05.07.90
89. AUSSER KONTROLLE (Death Probe 1 & 2) 07.07.90
90. UNERSCHÜTTERLICH (Target: Steve Austin) 12.07.90
91. VERSCHOLLEN (The Cheshire Project) 19.07.90
92. ZWISCHEN DEN FRONTEN (Walk A Deadly Wing) 02.08.90
93. EIN DOPPELTES SPIEL (The Madonna Caper) 09.08.90
94. SELTSAME ERSCHEINUNG (Deadly Ringer) 16.08.90
95. ALLIANZ DER FEINDE (The Moving Mountain) 23.08.90
96. RAUBZUG DER HAIE 1 (Sharks! 1) 30.08.90
97. RAUBZUG DER HAIE 2 (Sharks! 2) 13.09.90
98. VERBOTENES LAND (To Catch The Eagle) 20.09.90
99. UNAUFHALTSAM 1 (Return Of The Death Probe 1) 27.09.90

100.	UNAUFHALTSAM 2 (Return Of The Death Probe 2) 04.10.90
101.	INSEL DER VERSCHOLLENEN 1 (The Lost Island 1) 11.10.90
102.	INSEL DER VERSCHOLLENEN 2 (The Lost Island 2) 18.10.90

I.	DIE 7-MILLIONEN-DOLLAR-FRAU: WILLKOMMEN, JAIME 1 (Welcome Home, Jaime 1) 26.03.89
II.	DIE 7-MILLIONEN-DOLLAR-FRAU: WILLKOMMEN, JAIME 2 (The Bionic Woman: Welcome Home, Jaime 1) 30.03.89
III.	DIE 7-MILLIONEN-DOLLAR-FRAU: WEHRLOS (The Bionic Woman: The Deadly Missiles) 27.07.89
IV.	DIE 7-MILLIONEN-DOLLAR-FRAU: UNTERWANDERT (The Bionic Woman: Kill Oscar 1) 03.08.89
V.	DIE 7-MILLIONEN-DOLLAR-FRAU: FRANKLINS FEHLER (Kill Oscar 2) 10.08.89
VI.	DIE 7-MILLIONEN-DOLLAR-FRAU: DER GEGENANGRIFF (Kill Oscar 3) 17.08.89

Anmerkungen zur Episodenliste: Episode 59 ist eine Folge der Serie THE BIONIC WOMAN. In den USA wurden zwei 2- und eine 3-teilige Episode auf beide Serien verteilt. In der deutschen Version wurde ein Zweiteiler in DER SECHS-MILLIONEN-DOLLAR-MANN integriert und ein Zweiteiler und der Dreiteiler in DIE 7-MILLIONEN-DOLLAR-FRAU. Des weiteren wurden im Deutschen doppellange Episoden als Zweiteiler ausgestrahlt, US-Zweiteiler jedoch als doppellange Episoden. Zur Verdeutlichung: Bei den ursprünglich doppellangen Episoden fehlt der Zusatz „1 & 2".

FILME:

I.	DER 6 MILLIONEN DOLLAR-MANN (The Six Million Dollar Man; 1973) Video; 1986
II.	DAS SECHS MILLIONEN DOLLAR GIRL (The Six Million Dollar Man: The Bionic Woman 1 & 2; 1975) 01.03.87; Video
III.	RÜCKKEHR DER ROBOTER (The Return Of The Six Million Dollar Man And The Bionic Woman; 1987) Video; 10/1987
IV.	(Bionic Showdown: The Six Million Dollar Man And The Bionic Woman; 1989)
V.	(Bionic Ever After?; 1994)

DIE SELTSAMEN ABENTEUER DES HERMAN VAN VEEN

NL/BRD 1977; 6 Episoden
Deutsche Ausstrahlung:
ARD 1977; 6 Episoden

Darsteller: Herman Van Veen (Herman).

Herman und seine Freunde wohnen in einer Windmühle, die sich mitten in der Stadt befindet. Die Wände ihres Heimes sind mit vielerlei Bilder behangen. In diese Kunstwerke kann man hineinstelgen und verschiedene phantastische Abenteuer erleben.

Märchenhafte Geschichten für Kinder von und mit Hollands berühmten Musikpoeten.

EPISODEN:

1.	DER LANGE WEG ZUR PROF.-PROKUTATIS-KRAKEDATUS-STRASSE 13.11.77
2.	DER TIEFGEFRORENE AGENT 20.11.77
3.	DAS ÄNGSTLICHE GESPENST 27.11.77
4.	DER KAMPF DER GIGANTEN 04.12.77
5.	DER KNALL IM SCHRANK 11.12.77
6.	ALS DIE MÜHLE FLIEGEN LERNTE 18.12.77

DER SENTINEL-IM AUGE DES JÄGERS
(The Sentinel)
USA 1996-1999; Pilot & 65 Episoden
Deutsche Ausstrahlung:
Pro 7 1997; Pilot & 8 Episoden
Pro 7 1997; 22 Episoden
Pro 7 1999/2000; 34 Episoden

Darsteller: Richard Burgi (Detective James „Jim" Ellison), Garrett Maggart (Blair Sandburg), Bruce A. Young (Captain Simon Banks), Kelly Curtis (Carolyn Plummer - 1996-98), Lisa Akey (Dr. Cassie Wells - 1997/98), Anna Galvin (Megan Conner - 1998/99).

Jim Ellison überlebt als einziger einen Flugzeugabsturz im peruanischen Dschungel. Er wird von Eingeborenen gefunden und gesund gepflegt. Während seines Aufenthalts, der insgesamt achtzehn Monate dauert, schärfen sich alle seine Sinne.
Ellison wird gerettet und geht wieder nach Cascade, wo er bei der örtlichen Polizei als Detective arbeitet. Beim Verständnis und der Anwendung seiner hypersensiblen Sinne hilft ihm Blair Sandburg, ein junger Anthropologiestudent, der bereits von Fällen wie Ellison gehört hat. Neu ist allerdings, dass alle Sinne gleichermassen betroffen sind — bei den bisherig bekannten Fällen war nur ein Sinn, höchstens zwei, verstärkt.

Krimiserie mit Fantasy-Basis. Schade ist, dass das phantastische Element nur Mittel zum Zweck ist. Viel zu selten werden Erwerb und Umgang mit den Fähigkeiten in den Mittelpunkt gerückt. Fairerweise sei allerdings erwähnt, dass DER SENTINEL auch als Krimireihe durchaus Unterhaltungswert besitzt.

In den Blickwinkel des Jägers gerieten die Gaststars Jay (Die Schöne und das Biest) Acovone, Edward (Die Schöne und das Biest) Albert, Steve Bacic, Alex Bruhanski, Dennis (Profiler) Christopher, Roger R. (First Wave) Cross, Don S. (Twin Peaks & Stargate) Davis, William (Die verlorene Welt & Mission Erde) De Vry, April Grace, Anthony Harrison, Nancy (Star Trek: Raumschiff Voyager) Hower, Brion James, Jeff (Space Rangers) Kaake, Hiro Kanagawa, Udo (Geister) Kier, Robia (Buffy) LaMorte, Marjorie (Space Rangers) Monaghan, Bob Morrisey, Yvette (Robocop) Nipar, Gerard Plunkett, Lawrence Pressman, Jamie Rose, Jeri (Dark Skies & Star Trek: Raumschiff Voyager) Ryan, Eric Schneider, Rex (Streethawk) Smith, Malcolm Stewart, Venus Terzo, Tim Thomerson, Tamlyn (Burning Zone) Tomita, Musetta (Super Force) Vander, Robert (Solo für O.N.-C.E.L.) Vaughn, Sydney Walsh, Peter (Highlander) Wingfield, Kai Wulff und Leigh Taylor Young.

EPISODEN:

1. DIE MACHT DER SINNE (Switchman) 14.01.97
2. IM KRIEGSZUSTAND (Siege) 21.01.97
3. DER KILLER UND SEIN ALIBI (The Killers) 28.01.97
4. TOD ZWISCHEN DEN FRONTEN (The Debt) 04.02.97
5. DER PSYCHO-KILLER GEHT UM (Cypher) 11.02.97
6. ZWISCHENFALL IM NACHTEXPRESS (Night Train) 18.02.97
7. AUF EIGENE FAUST (Rogue) 25.02.97
8. ZWISCHEN LIEBE UND KANONEN (Love And Guns) 04.03.97
9. DER PURE INSTINKT (Attraction) 11.03.97
10. DER FLUG INS UNGEWISSE (Flight) 22.04.97
11. EINER MUSS DER MÖRDER SEIN (Vow Of Silence) 29.04.97
12. DIE VERGANGENHEIT SCHLÄGT ZURÜCK (Out Of The Past) 06.05.97
13. TIEFE WASSER SIND STILL (Deep Water) 13.05.97
14. MENSCHENJAGD IM HOTEL (Reunion) 20.05.97
15. VERGELTUNG UM JEDEN PREIS (Payback) 27.05.97
16. DIE KAMERA IM NACKEN (True Crime) 03.06.97
17. DER 'ICE MAN' KOMMT! (Ice Man) 10.06.97
18. HÖLLE „NORTH STAR 5" (The Rig) 17.06.97
19. NAOMI UND DIE AUTODIEBE (Spare Parts) 24.06.97
20. MAYAS ZWEITE CHANCE (Second Chance) 01.07.97
21. SCHWARZ ODER WEISS-LEBEN ODER TOD (Black Or White) 08.07.97
22. SEIN BESTER BLUFF (Blind Man's Bluff) 15.07.97
23. SIE NANNTEN SICH 'DIE CREW' (Hear No Evil) 22.07.97
24. BEI ANRUF: FEUER (Light My Fire) 29.07.97
25. DAS CALLIE-DROGEN-KARTELL (Secret) 05.08.97
26. IM FAHRSTUHL DES GRAUENS (Dead Drop) 12.08.97
27. AUS EINER VERBOTENEN STADT (Red Dust) 12.08.97
28. ALEC, DAS WUNDERKIND (Smart Alec) 19.08.97
29. DER HELLSEHER UND DAS MÄDCHEN (Private Eyes) 19.08.97
30. DER UNGLAUBLICHE PROSKY-FALL (Vanishing Act) 26.08.97
31. DOLLARS FALLEN VOM HIMMEL (Pennies From Heaven) 26.08.97
32. DER UNERBITTLICHE RÄCHER (Vendetta) 07.06.99
33. DAS MÄDCHEN AUS DEM KOFFERRAUM (The Girl Next Door) 14.06.99
34. DAS GROSSE AUGE (Warriors) 21.06.99
35. IM KOMA LIEGT DAS GEHEIMNIS (Sleeping Beauty) 28.06.99
36. DAS NACKTE ÜBERLEBEN (Survival) 05.07.99
37. DIE ZWEITE RAKETE (Fool Me Twice) 12.07.99
38. MORD AUF DER RENNBAHN (His Brother's Keeper) 12.07.99
39. UNTER WILDERERN UND PIRATEN (Poachers) 19.07.99
40. IM ENGSTEN FAMILIENKREIS (The Inside Man) 19.07.99
41. LETZTE MELDUNG: STURMWARNUNG (Storm Warning) 26.07.99
42. EIN MÖRDERISCHES SPIEL (Three Point Shot) 26.07.99
43. WIE ROTES EIS (Red Ice) 02.08.99
44. EIN GOTTVERLASSENER ORT (Dead Certain) 09.08.99
45. DAS GEHEIME LABYRINTH (Breaking Ground) 16.08.99
46. AUF DER TODESLISTE (Prisoner X) 23.08.99
47. ZEUGIN IN TRANCE (The Trance) 30.08.99
48. EIN ALPTRAUM KEHRT ZURÜCK (Mirror Image) 30.08.99
49. DER FAST PERFEKTE MORDPLAN (Finkleman's Folly) 06.09.99
50. DAS KAIN UND ABEL MOTIV (Sweet Science) 06.09.99

51. DER MANN MIT DEM MESSER (Remembrance) 13.09.99
52. DAS SHANG SYNDIKAT (Love Kills) 13.09.99
53. UNTERNEHMEN VIRUS & CO. (Crossroads) 27.09.99
54. CHAOS IN CASCADE (Foreign Exchange) 04.10.99
55. TODESURTEIL FÜR DEN ZEUGEN (Neighborhood Watch) 11.10.99
56. NACHTSCHICHT EINES ENGELS (Night Shift) 18.10.99
57. DER TÖDLICHE JAGUAR (Sentinel Too) 08.11.99
58. DER TÖDLICHE JAGUAR 2 (Sentinel Too 2) 15.11.99
59. DER FALL „CYBER-DETEKTIV" (Murder 101) 22.11.99
60. ENDSTATION - U-BOOT (Four Point Shot) 29.11.99
61. DAS MORDMOTIV UND DIE METHODE (Dead End On Blank Street) 06.12.99
62. IM WARTESAAL ZUM TOD (The Waiting Room) 13.12.99
63. DER GEJAGTE WIRD ZUM JÄGER (The Real Deal) 20.12.99
64. DER BESTE PLANT DEN GRÖSSTEN COUP (Most Wanted) 27.12.99
65. DIE WAHRHEIT ÜBER DEN SENTINEL (The Sentinel By Blair Sandburg) 03.01.00

SEVEN DAYS-DAS TOR ZUR ZEIT
(Seven Days)
USA 1998- ; Pilot & bisher 66 Episoden
Deutsche Ausstrahlung:
Pro 7 2000; Pilot & 19 Episoden
Pro 7 2000/2001; 14 Episoden
Pro 7 2001; 9 Episoden

Darsteller: Jonathan LaPaglia (Agent Francis Bartholomew „Frank" Parker), Justina Vail (Dr. Olga Vukavitch), Don Franklin (Captain Craig Donovan), Alan Scarfe (Bradley Talmadge), Norman Lloyd (Dr. Isaac Mentnor), Nick Searcy (Nate Ramsey), Sam Whipple (Dr. John Ballard - 1998-2000), Kevin Christy (Andrew „Hooter" Owsley - 2000-).

„Sie werden jetzt in Dinge eingeweiht, die der höchsten Geheimhaltungsstufe unterliegen." — „Wir haben eine Maschine, mit der wir einen Menschen in die Vergangenheit schicken können — und zwar um sieben Tage." — „Wir werden dieses Ereignis ungeschehen machen!"

Nach einer geheimen Militäraktion wurde Frank Parker in Somalia gefangen genommen und gefoltert. Bei seiner Rückkehr in die USA musste er in eine psychiatrische Klinik eingewiesen werden. Seine Ausbildung, seine Schmerzunempfindlichkeit, sein photographisches Gedächtnis und seine Intelligenz machen ihn zum idealen Kandidaten für die Operation Backstep. Als Parker hinzustösst, ist Backstep noch in der Testphase, soll jedoch sofort eingesetzt werden, da der US-Präsident ermordet wurde.
Das Projekt benutzt Technik aus einem im Jahre 1947 in Roswell, New Mexico, abgestürzten UFO und ermöglicht eine Zeitreise in die Vergangenheit, jedoch nur um sieben Tage. Parker wird also in die Vergangenheit geschickt um katastrophale Entwicklungen im Vorwege zu verhindern.

Gut gemachte, unterhaltsame SF-Serie, die durch Einschränkung der Zeitreisemöglichkeit einen gewissen Realismus beibehält. Des weiteren sind natürlich aufwendige Bauten und Kostüme unnötig, was den Produktionskosten entgegenkommt.
Don Franklin spielte bereits in den SEAQUESTs DSV (qv) und 2032 (qv); Alan Scarfe in DIE GEHEIMNISVOLLE INSEL (qv). Siebentägliche Gaststars waren Aki (V) Aleong, Hagan Beggs, Roxann (Star Trek: Raumschiff Voyager) Biggs-Dawson, Anthony Harrison, Hiro Kanagawa, Jeff (Clan der Vampire) Kober, Thomas Kopache, Blu (M.A.N.T.I.S. & Robocop) Mankuma, Ben (Gemini Man) Murphy, Stephanie (Angel) Romanov, Ned Romero, Tucker (Space 2063) Smallwood, Brent Stait, Malcolm Stewart, Cary-Hiroyuki (Space Rangers) Tagawa, Venus Terzo, Brian (Clan der Vampire) Thompson, Tamlyn (Burning Zone) Tomita, Craig Wasson, Robert (Odyssee ins Traumland) Wisden und Lauren (Alien Nation) Woodland.

EPISODEN:
1. OPERATION ZEITSPRUNG (Seven Days) 11.01.00
2. DER LAUTLOSE TOD (The Ghettysburg Virus) 17.01.00
3. GEFANGEN IN DER ZEIT (Come Again?) 24.01.00
4. DER RIVALE (Vows) 31.01.00
5. DOPPELGÄNGER 1 (Doppelganger 1) 07.02.00
6. DOPPELGÄNGER 2 (Doppelganger 2) 14.02.00
7. TÖDLICHE TARNUNG (Shadow Play) 21.02.00

8.	TOD AUS DER ZUKUNFT (As Times Goes By)
	28.02.00
9.	LEBENDE ZEITBOMBEN (Sleepers) 06.03.00
10.	TOD AUS DEN WOLKEN (HAARP Attack)
	13.03.00
11.	FANATISCH (Last Card Up) 20.03.00
12.	RUSSISCHES ROULETTE (Last Breath)
	03.04.00
13.	JENSEITS DES TODES (Parkergeist) 10.04.00
14.	HINTER FEINDLICHEN LINIEN (Daddy's Girl)
	17.04.00
15.	DIE FURIE (There's Something About Olga)
	08.05.00
16.	DER SCHAMANE (A Dish Best Served Cold)
	15.05.00
17.	MILLIONENRAUB IN VEGAS (Vegas Heist)
	22.05.00
18.	MUTANTEN (EBEs) 29.05.00
19.	JASMINE (Walter) 05.06.00
20.	DAS OPFER (Lifeboat) 19.06.00

21.	DAS ORAKEL (The Football) 12.09.00
22.	PINBALL-TÖDLICHES SPIEL (Pinball Wizard)
	19.09.00
23.	SEX ONLINE (Parker.com) 26.09.00
24.	ZWEI HOCHZEITEN UND EIN TODESFALL
	(Two Weddings And A Funeral) 10.10.00
25.	GIFTGAS (For The Children) 17.10.00
26.	DIE FALSCHE NONNE (Sister's Keeper)
	24.10.00
27.	DIE RACHE DES ALIEN (Walk Away) 31.10.00
28.	ENGEL DES SATANS (The Collector) 07.11.00
29.	LORD PARKER (Love And Other Disasters)
	14.11.00
30.	KALTE KRIEGER (The Devil And The Blue
	Deep Sea) 21.11.00
31.	DER GREMLIN (Time Gremlin) 28.11.00
32.	SEIN LETZTER KAMPF (Buried Alive)
	05.12.00
33.	KOLLISION AM HIMMEL (The Backstepper's
	Apprentice) 12.12.00
34.	DÉJÀ-VU ALL OVER AGAIN (Deja Vu All Over
	Again) 19.12.00

35.	TRAGÖDIE IM ALL (Space Station Down)
	30.04.01
36.	WUNDERKIND X-35 (X-35 Needs Changing)
	07.05.01
37.	BRUDERKRIEG (The Cuban Missile) 14.05.01
38.	SEINE HEILIGKEIT FRANK B. (Pope Parker)
	21.05.01
39.	ZEICHEN UND WUNDER (Mr. Donovan's
	Neighborhood) 28.05.01
40.	HEXENSABBAT (Witch Way To The Prom)
	11.06.01
41.	SYMPATHIE FÜR DEN TEUFEL (Playmates
	And Presidents) 18.06.01
42.	(The Cure)
43.	(Brother, Can You Spare A Bomb?)

44.	(Stairway To Heaven)
45.	(Peacekeepers)
46.	(Rhino)
47.	(The Dunwych Madness)
48.	(Olga's Excellent Vacation)
49.	(Deloris Demands)
50.	(The Fire Last Time)
51.	(Tracker)
52.	(Top Dog)
53.	(Adam & Eve & Adam)
54.	(Head Case)
55.	(Raven)
56.	(The First Freshman)
57.	(Revelation)
58.	(Crustal Blue Persuasion)
59.	(Empty Quiver)
60.	(Kansas)
61.	(The Final Countdown)
62.	(The Brink)
63.	(Sugar Mountain)
64.	(Born In The USSR)
65.	(Live: From Death Row)

SHERLOCK HOLMES UND DIE SIEBEN ZWERGE
BRD 1991; 8 Episoden
Ausstrahlung:
ARD 1992; 8 Episoden

Darsteller: Alfred Müller (Hans Holms), Ellen Schwiers (Helene), Ulrike Haase (Anne), Stefan Limprecht (Martin), Reiner Heise (Schwarzer Magier), Heike Jonca (Hexe), Jürgen Watzke (Wirt), J. Kaps (Dummling).

Endlich scheint für Kriminalhauptkommissar Hans Holms eine Zeit der Ruhe angebrochen: Er geht in Pension. Doch der verdiente Ruhestand wird gleich gestört, da Tochter Heidemarie ihre Kinder Anne und Martin beim Grossvater ablädt. Zusätzlich taucht überraschender Besuch auf: Die angeblich nur erfundenen sieben Zwerge! Holms und seine Enkel begeben sich mittels eines Zaubersessels ins Märchenreich, um den Entführungsfall Schneewittchen zu untersuchen. Nach diesem ersten Fall wünschen auch andere Märchenreichbewohner die Hilfe des Exkommissars. Durch die Hilfeleistungen machen sich die „Realgestalten" jedoch Feinde im Märchenreich. Die bösen Märchenfiguren locken Holms ins Labyrinth des Todes. Doch auch dieser Falle entkommt er.
Schliesslich kommt es zum Endkampf. Der Schwarze Magier entführt Holms Freundin Hele-

ne und unsere Helden eilen zu ihrer Rettung.

EPISODEN:
1. EIN GEHEIMNISVOLLES GESCHENK 10.05.92
2. DIE SCHWARZE DROSCHKE 17.05.92
3. EIN KÖNIGLICHER GAST 24.05.92
4. LABYRINTH DES TODES 31.05.92
5. DIE HERBERGE DES BÖSEN 08.06.92
6. DIE GERAUBTEN SCHÄTZE 14.06.92
7. DER VERSCHWUNDENE ARCHIVAR 21.06.92
8. DAS GEHEIMNIS DES TURMZIMMERS 28.06.92

DIE 7-MILLIONEN-DOLLAR-FRAU
(The Bionic Woman)
USA 1976-1978; 57 Episoden
USA 1987/89/94; 3 Fernsehfilme
Deutsche Ausstrahlung:
RTL plus 1989/1990; 57 Episoden

Darsteller: Lindsay Wagner (Jaime Sommers), Richard Anderson (Oscar Goldman), Martin E. Brooks (Dr. Rudy Wells), Ford Rainey (Jim Elgin), Martha Scott (Helen Elgin).

Siehe auch: DER SECHS-MILLIONEN-DOLLAR-MANN.
Einstmals war Jaime Sommers die Verlobte von Steve Austin. Doch als Steve Astronaut wurde und Jaime Tennisprofi, lebte sich das Paar auseinander.
Da Tennisprofis bekanntermassen gefährlich leben, dauerte es auch nicht lange, bis Jaime etwas zustösst — allerdings dann doch nicht beim Tennis: Ein Fallschirmsprung geht daneben und lässt Jaime am Boden zerstört zurück — wörtlich. Statt nun das Zeitliche zu segnen, darf sie den Segen der Technik verspüren. Ähnlich ihrem Ex-Verlobten, wird nun auch Jaime mit „Ersatzteilen" ausgestattet. Sie bekommt künstliche Beine, einen mechanischen rechten Arm und ihr Gehör wird technisch runderneuert.
Frisch aus einem Koma erwacht, verdingt sich Jaime Sommers vorerst als Lehrerin. Voll der Dankbarkeit ob ihrer Rettung, lässt sie sich jedoch auch vom OSI (Office of Scientific Information) für gefährliche Aufträge einspannen.

„Wenn eine Serie erfolgreich ist, können wir's doch erstmal mit der gleichen Story und einer weiblichen Hauptfigur versuchen..." — Dies scheint ein grundlegender Gedankengang amerikanischer Fernsehmacher zu sein. Diese Art der Überlegung brachte uns DANCER FÜR U.N.-C.L.E (qv), XENA (qv) und eben auch diese Serie. Seltsam nur, dass dieser noch uninteressantere Abklatsch gleichfalls ein recht achtbarer Erfolg wurde. Es handelt sich hier wie dort um bestenfalls durchschnittliche Abenteuerepisödchen. Neun Jahre nach Beendigung beider Serien folgte der erste von inzwischen drei Fernsehfilmen, die durchgehend beide bionische Wesen präsentieren.
Ausser dem 6-Million-Dollar-Kumpel Steve Austin, in der Verkörperung von Lee Majors, statteten Marc Alaimo, Carmen Argenziano, René (Star Trek: Deep Space Nine) Auberjonois, Whit (Time Tunnel) Bissell, Ted (Addams Family) Cassidy, Diane (Die Spezialisten unterwegs) Civita, Jack (Hulk) Colvin, Elisha Cook, Jr., Jeff Corey, John Crawford, Henry Darrow, Sandy Duncan, Melinda (Der Unsichtbare) Fee, Ellen (Die Schöne und das Biest) Geer, Andy (Salvage 1) Griffith, Sam (Time Tunnel) Groom, Tippi Hedren, Skip Homeier, John (Anno Domini) Houseman, Herbert (Kampfstern Galactica) Jefferson, Jr., Gary Lockwood, Robert (Wild Palms) Loggia, Richard (Kampfstern Galactica) Lynch, Don (Planet der Giganten) Marshall, Spencer (Im Land der Saurier) Milligan, Donald O'Connor, David Opatoshu, Nehemiah Persoff, Brock Peters, Vincent Price, Andrew (V) Prine, Peter Mark Richman, Robbie (Kampfstern Galactica) Rist, Joseph Ruskin, John Saxon, William (Mini-Max) Schallert, Anne (Alf) Schedeen, James B. Sikking, Barry Sullivan, William Windom und Keenan Wynn Jaime einen Besuch ab.

EPISODEN:
I. DER SECHS-MILLIONEN-DOLLAR-MANN: EINE PARTNERIN FÜR STEVE 1 (The Six Million Dollar Man: The Bionic Woman 1) 04.11.88
II. DER SECHS-MILLIONEN-DOLLAR-MANN: EINE PARTNERIN FÜR STEVE 2 (The Six Million Dollar Man: The Bionic Woman 2) 07.11.88
III. DER SECHS-MILLIONEN-DOLLAR-MANN: DIE NEUE JAIME 1 (The Six Million Dollar Man: The Return Of The Bionic Woman 1) 18.11.88
IV. DER SECHS-MILLIONEN-DOLLAR-MANN: DIE NEUE JAIME 2 (The Six Million Dollar Man: The Return Of The Bionic Woman 2) 21.11.88

V.   DER SECHS-MILLIONEN-DOLLAR-MANN: BIGFOOT UND DIE AUSSERIRDISCHEN 1 (The Six Million Dollar Man: The Secret Of Bigfoot 1) 20.01.89

VI.   DER SECHS-MILLIONEN-DOLLAR-MANN: BIGFOOT UND DIE AUSSERIRDISCHEN 2 (The Six Million Dollar Man: The Secret Of Bigfoot 2) 23.01.89

VII. DER SECHS-MILLIONEN-DOLLAR-MANN: DIE VERSCHWÖRUNG (The Six Million Dollar Man: Love Song For Tanya) 27.01.89

VIII. DER SECHS-MILLIONEN-DOLLAR-MANN: KAMPF DER AUSSERIRDISCHEN 1 (The Six Million Dollar Man: The Return Of Bigfoot 1) 06.02.89

IX.   DER SECHS-MILLIONEN-DOLLAR-MANN: KAMPF DER AUSSERIRDISCHEN 2 (The Return Of Bigfoot 2) 09.02.89

1. WILLKOMMEN, JAIME 1 (The Six Million Dollar Man: Welcome Home, Jaime 1) 26.03.89
2. WILLKOMMEN, JAIME 2 (Welcome Home, Jaime 2) 30.03.89
3. FLUCHTHILFE (Angel Of Mercy) 06.04.89
4. GEFAHR FÜR DEN ZEUGEN (A Thing Of The Past) 13.04.89
5. DIE DOPPELAGENTIN (Jaime's Mother) 27.04.89
6. DIE 500-MEILEN-JAGD (Winning Is Everything) 04.05.89
7. GEHEIMNISVERRAT (Canyon Of Death) 11.05.89
8. DAS DOUBLE (Mirror Image) 18.05.89
9. SCHÖNER SCHMUGGEL (Bionic Beauty) 25.05.89
10. DER POLTERGEIST (The Ghost Hunter) 01.06.89
11. EIN RISKANTER FLUG (Assault On The Princess) 08.06.89
12. EXPLOSIVE FRACHT (Fly, Jaime) 15.06.89
13. DIE TÄUSCHUNG (The Jailing Of Jaime) 22.06.89
14. DIE SPUR NACH NASHVILLE (Road To Nashville) 13.07.89
15. FALSCHER VERDACHT (Claws) 20.07.89
16. WEHRLOS (The Deadly Missiles) 27.07.89
17. UNTERWANDERT (Kill Oscar 1) 03.08.89
18. FRANKLINS FEHLER (The Six Million Dollar Man: Kill Oscar 2) 10.08.89
19. DER GEGENANGRIFF (Kill Oscar 3) 17.08.89
20. IM FALSCHEN GLAUBEN (Sister Jaime) 19.08.89
21. RING FREI FÜR JAIME (In This Corner, Jaime Summers) 24.08.89
22. EIN BEDROHLICHER FUND (The Vega Influence) 07.09.89
23. DIE POLIZEIAKADEMIE (Jaime's Shield 1) 14.09.89
24. FALSCHE POLIZISTIN (Jaime's Shield 2) 21.09.89
25. DER ÜBERLÄUFER (Biofeedback) 28.09.89
26. BEDROHUNG DER WELT 1 (Doomsday Is Tomorrow 1) 12.10.89
27. BEDROHUNG DER WELT 2 (Doomsday Is Tomorrow 2) 19.10.89
28. DIE VERWECHSLUNG (Deadly Ringer 1) 26.10.89
29. GEJAGT (Deadly Ringer 2) 01.11.89
30. PUTSCHGEFAHR (Jaime And The King) 02.11.89
31. OPFER DES KRIEGES (Beyond The Call) 09.11.89
32. DER FÄLSCHER (The DeJon Caper) 16.11.89
33. DER FLUCH DES MASAU (The Night Demon) 23.11.89
34. SPUREN DER VERGANGENHEIT (Iron Ships And Dead Men) 07.12.89
35. INKYS GROSSER COUP (Once A Thief) 14.12.89
36. MAX (Max) 21.12.89
37. ANGST DER BEFREIUNG (Escape To Love) 28.12.89
38. DIE ROBOTER-GIRLS (Fembots In Las Vegas 1) 04.01.90
39. REVANCHE (Fembots In Las Vegas 2) 11.01.90
40. COMPUTERGANGSTER (All For One) 25.01.90
41. DIE PYRAMIDE DER GÖTTER (The Pyramid) 01.02.90
42. WETTLAUF MIT DEM TOD (The Antidote) 08.02.90
43. VERRATEN UND VERKAUFT (Brain Wash) 15.02.90
44. STARKE FREUNDE (The Bionic Dog 1) 22.02.90
45. FLUCHT VOR DEN FLAMMEN (The Bionic Dog 2) 01.03.90
46. WAHLBETRUG (African Connection) 08.03.90
47. DIE MOTORRADJAGD (Motorcycle Boogie) 22.03.90
48. AUSGENUTZT (The Martians Are Coming, The Martians Are Coming) 03.04.90
49. DER MEISTERDETEKTIV (The Over-The-Hill Spy) 10.04.90
50. RODEO (Rodeo) 17.04.90
51. FLUCHTPUNKT ERDE (Sanctuary Earth) 24.04.90
52. UNTER HAIEN (Deadly Music) 01.05.90
53. DIE ENTFÜHRUNG (Which One Is Jaime?) 08.05.90
54. HILFE AUS DEM JENSEITS (Out Of Body) 15.05.90
55. LANG LEBE DER KÖNIG (Long Live The King) 22.05.90
56. DIE STADT DER GESETZLOSEN (Rancho Outcasts) 29.05.90
57. AUF DER FLUCHT (On The Run) 05.06.90

Anmerkungen zur Episodenliste: Die Episoden 1 und 18 sind Folgen der Serie THE SIX MILLION DOLLAR

MAN. In den USA wurden zwei 2- und eine 3-teilige Episoden auf beide Serien verteilt. In der deutschen Version wurde ein Zweiteiler in DER SECHS-MILLIONEN-DOLLAR-MANN integriert und ein Zweiteiler und der Dreiteiler in DIE 7-MILLIONEN-DOLLAR-FRAU.

FILME:

I.	DAS SECHS MILLIONEN DOLLAR GIRL (The Six Million Dollar Man: The Bionic Woman 1 & 2; 1975) 01.03.87; Video
II.	6 MILLION DOLLAR DOG (The Bionic Dog 1 & 2; 1977) 01.06.87; Video
III.	RÜCKKEHR DER ROBOTER (The Return Of The Six Million Dollar Man And The Bionic Woman; 1987) Video; 10/1987
IV.	(Bionic Showdown: The Six Million Dollar Man And The Bionic Woman; 1989)
V.	(Bionic Ever After?; 1994)

SIE KAM AUS DEM ALL
(Spadla Z Oblakov)
CZ 1980; 13 Episoden
Deutsche Ausstrahlung:
Südwest 3 1983; 13 Episoden

Darsteller: Zuzana Pravnanska (Majka), Matej Landl (Karol), Lubor Cajka (Slavo).

In der äusseren Form eines kleinen Mädchens kommt ein ausserirdisches Wesen auf die Erde und wird sofort von den Kindern mit offenen Armen empfangen. Anfänglich glauben die Erwachsenen den Beteuerungen der Kinder nicht, das ein fremdes Wesen zu Besuch gekommen ist — doch Präsentationen der übernatürlichen Kräfte des Wesens lassen auch sie in Staunen geraten.

Regisseur Radim Cvrcek und Drehbuchschreiber Vaclav Pavel und Frantisek Vicek legten ein Werk vor, das — für Kinder vielleicht gerade noch zu ertragen — für Heran- und Erwachsene eine reine Qual ist. Schlechte schauspielerische Leistungen „bereichern" den allzu albernen Plot.

EPISODEN:

1.	DIE ERSCHEINUNG (- liegt nicht vor -)
2.	DAS SCHWEBENDE MÄDCHEN (- liegt nicht vor -)
3.	DAS BRAUTKLEID (- liegt nicht vor -)
4.	DER ÜBERFALL (- liegt nicht vor -)
5.	DAS BANKETT (- liegt nicht vor -)
6.	VATER ERLEDIGT DAS! (- liegt nicht vor -)
7.	DER SEKRETÄR (- liegt nicht vor -)
8.	DER RÄTSELHAFTE FREMDE (- liegt nicht vor -)
9.	OPERATION LÖWENZAHN (- liegt nicht vor -)
10.	AUSFLUG PER RAKETE (- liegt nicht vor -)
11.	DIE ENTFÜHRUNG (- liegt nicht vor -)
12.	DIE SCHIESSBUDE (- liegt nicht vor -)
13.	DER ABSCHIED (- liegt nicht vor -)

SINDBADS ABENTEUER
(The Adventures Of Sinbad)
USA 1996-98; 44 Episoden
Deutsche Ausstrahlung:
Pro 7 1998; Pilot & 20 Episoden

Darsteller: Zen Gesner (Sindbad), George Buza (Doubar), Tim Progosh (Firouz), Oris Erhuero (Rongar), Jacqueline Collen (Maeve - 1996/97), Mariah Shirley (Bryn - 1997/ 98).

Sindbad und seine Gefährten erleben auf ihren Seereisen viele gefährliche Abenteuer mit Zauberern, Monstern und Sagenwesen.

Ähnlich wie die vorab erschienenen Serien HERCULES (qv) und XENA (qv), an deren Erfolg sich die Reihe anhängen will, wird auch von den Machern SINDBADS aus den Sagen und Märchen verschiedener Kulturen geklaut. Zusammen mit den ausstrahlungslosen Stammdarstellern ergab dies ein schwer verdauliches Konglomerat, das dennoch genügend Erfolg für eine zweite Staffel hatte — zum Teil dürfte diese Entscheidung allerdings auch den relativ geringen Produktionskosten zu verdanken sein.
Die Abenteuer um Sindbad wurden möglicherweise bereits in vorchristlicher Zeit ersponnen. Das genaue Entstehungsjahr ist jedoch nicht mehr herauszufinden. Als eine der Quellen für Sindbads sieben märchenhafte Reisen könnte Homers *Odyssee* gelten — Sindbads dritte Reise liest sich wie ein Abklatsch des Kampfes von Odysseus gegen den Zyklopen Polyphem.
Nach Europa wurden Sindbads Abenteuer durch den Übersetzer Antoine Galland gebracht, der die Geschichten des Seemanns 1704 als Teil seiner *Mille et une Nuits* (Geschichten aus tausendundeiner Nacht) veröffentlichte. Die bekanntere Version ist allerdings die von Sir Richard Francis Burton, der die *Geschichten aus tausendundeiner Nacht* in den Jahren 1885/86 in 15 Bänden herausbrachte.
Die englische Schreibweise „Sinbad" entstand übrigens erst Anfang des zwanzigsten Jahrhunderts. Bestimmte Kreise wollten in den Sindbad-

Geschichten eine Allegorie des „Gut gegen Bö-
se"-Kampfes sehen und verkürzten deshalb das
originale „Sind" zu „Sin" (= Sünde).
Im Laufe der Zeit entstanden verschiedene Sind-
bad-Filme, die allerdings alle nicht viel mit dieser
Serie gemein haben — oftmals allerdings auch
nicht mit der ursprünglichen Vorlage. Unter den
Sindbad-Darstellern finden sich Douglas Fair-
banks jr., Kerwin Matthews, Guy Williams, John
Phillip Law, Patrick Wayne (Johns Sohn) und
HULK-Darsteller Lou Ferrigno.
Abenteuerlich mit Sindbad wurde es auch für die
Gaststars Ardwight (Babylon 5) Chamberlain,
Von (Mission Erde) Flores, Brett „The Hitman"
Hart, Lisa (Highlander & Mission Erde) Howard,
Monika Schnarre und Ian (Die Minikins) Tracey.

EPISODEN:
1. RÜCKKEHR NACH BAGDAD (The Return Of
   Sinbad) 23.05.98
2. DIE INSEL DER TRÄNEN (The Return Of Sinbad) 30.05.98
3. DUELL DER ZAUBERINNEN (The Beast Within) 06.06.98
4. DER STEINERNE BANN (Still Life) 13.06.98
5. DAS SCHWERT DES HADES (The Ronin)
   20.06.98
6. DIE STADT IM NEBEL (Little Miss Magic)
   27.06.98
6. KÖNIG FIROUZ (King Firouz) 04.07.98
7. DIE NORDMÄNNER (The Ties That Bind)
   11.07.98
8. DER WILDE SULTAN (Double Trouble)
   18.07.98
9. VIER ELEMENTE (Conundrum) 25.07.98
10. DER PRINZ VON ARBOREA (The Prince Who
    Wasn't) 01.08.98
11. DIE UNSICHTBARE MAUER (The Village Va-
    nishes) 08.08.98
12. DER JUNGE KÖNIG (Masked Marauders Of
    Mirhago) 15.08.98
13. PRINZESSIN GAIA (The Ghoul's Tale)
    22.08.98
14. IM TAL DES COLOSSUS (The Rescue)
    29.08.98
15. DAS AUGE DES KRATOS (The Eye Of Kratos)
    05.09.98
16. DER ZYKLOP (The Bully) 12.09.98
17. DAS ELIXIER DES BÖSEN (Monument)
    19.09.98
18. DAS DREIZACK DES POSEIDON (The Siren's
    Song) 10.10.98
19. DAS SINGENDE SCHWERT (The Isle Of
    Bliss) 17.10.98
20. RUMINAS RACHE (The Vengeance Of Rumi-
    na) 07.11.98
21. CAIMANS INSEL (The Sacrifice) 14.11.98

23. DIE SIEBEN DÄMONEN (The Return Of The
    Ronin) 21.11.98
24. DAS GESTOHLENE HERZ (Heart And Soul)
    28.11.98
25. REISE IN DIE HÖLLE (The Voyage To Hell)
    05.12.98
26. EIN PRINZ AN BORD (Ali Rashid And The
    Thieves) 12.12.98
27. SPIELZEUG DES TEUFELS (The Gift)
    19.12.98
28. MEDUSA (Curse Of The Gorgons) 02.01.99
29. DIE BESTIE VON BASRA (The Beast Of Bas-
    ra) 09.01.99
30. KUNDALINS GEHEIMNIS (Passengers)
    16.01.99
31. DER SANFTE RIESE (The Monster) 23.01.99
32. DIE BUCH DER SEELEN (The Book Of Be-
    fore) 30.01.99
33. DIE SEUCHENSTADT (A City Under Plague)
    06.02.99
34. DIE VERBANNTE KAISERIN (The Empress)
    13.02.99
35. UNTER PIRATEN (Castle Keep) 20.02.99
36. DER GROSSE GREIF (The Gryphon's Tale)
    27.02.99
37. MUTAROS INSEL (The Beast Of The Dark)
    06.03.99
38. DIE SCHÖNE GEFANGENE 13.03.99
39. IM LABYRINTH DES MINOTAURUS (The Mi-
    notaur) 20.03.99
40. AM RANDE DES ABGRUNDS (Hell House)
    27.03.99
41. DIE BESUCHER (Invaders)
42. DIE FALLE DES TÄUSCHERS (The Trickster)

SLEEPWALKERS
(Sleepwalkers)
USA 1997/1998; 9 Episoden (nur 2 gesendet)
Deutsche Ausstrahlung:
DF 1 1999; 9 Episoden

Darsteller: Bruce Greenwood (Dr. Nathan Bradford), Kathrin Nicholson (Gail Bradford), Abraham
Benrubi (Vince Konefke), Naomi Watts (Kate
Russell), Jeffrey D. Sams (Ben Costigan), Michael Watson (Steve Turner).

Neurophysiologe Dr. Bradford gründet ein
Traumforschungslabor, das Morpheus Institute.
Mit der Hilfe einer Schlafkammer gelingt es ihm,
in die Träume der Patienten einzutreten, um ihre
inneren Dämonen zu bekämpfen. Das erweist
sich als überaus gefährlich, da in Träumen be-
kanntlich unwirkliche Monster leben können —
und der Schaden den sie im Traum verursachen,
tritt auch in der wahren Welt auf.

Interessante Seriengrundlage, die nie wirklich eine Chance hatte, ein Stammpublikum zu gewinnen: NBC kickte sie nach nur zwei Folgen aus dem Programm.

Bruce Greenwood hatte vorher in NOWHERE MAN (qv) um seine Identität zu ringen; Jeffrey D. Sams gesellte sich zu AMOR (qv).

Schlafwandlerisch gastierten Jeff (Alien Nation) Doucette, Jennifer (Ro-bocop) Griffin, Harry (Buffy) Groener, Julianna (Dark Shadows) McCarthy, Devon (Vicki) Odessa, Matthew (Das Haus des Magiers) Walker, Robert (Odyssee ins Traumland) Wisden und Ray (Twin Peaks) Wise.

EPISODEN:

1. BEGRABEN IN BETHLEHEM (Pilot/Buried In Bethlehem)
2. NÄCHTE IN PANIK (Night Terrors)
3. TODESANGST (Eye Of The Beholder)
4. IN DEN KLAUEN DER WÖLFIN (Forlorn)
5. BLUMEN DES TODES (Counting Sheep)
6. GEFANGEN (Passed Imperfect/Past Imperfect)
7. TRAUMTOD (A Matter Of Fax)
8. KASSANDRA (Cassandra)
9. TÖDLICHE UMARMUNG (Sub Sub-Conscious)

SLIDERS-DAS TOR IN EINE FREMDE DIMENSION
(Sliders)
USA 1995-2000; 87 Episoden
Deutsche Ausstrahlung:
RTL Television 1997/1998; Pilot & 21 Episoden
RTL Television 1998/1999; 22 Episoden
RTL Television 1999/2000; 22 Episoden

Darsteller: Jerry O'Connell (Quinn Mallory - 1995-99), Cleavant Derricks (Rembrandt „Crying Man" Brown), John Rhys-Davies (Professor Maximilian Arturo - 1995-97), Sabrina Lloyd (Wade Wells - 1995-97), Kari Wuhrer (Margaret „Maggie" Beckett - 1997/98), Charlie O'Connell (Colin Mallory - 1998/99), Robert Floyd (Quinn 2 - 1999/2000), Tembi Locke (Dr. Diana Davis - 1999/2000).

Quinn Mallory studiert Physik. In diesem Rahmen beschäftigt er sich auch mit parallelen Welten, anderen Dimensionen. Er erfindet sogar einen Apparat, der das Reisen in diese fremden Bereiche erlaubt.

Doch etwas geht schief: Die 'Reisegruppe', bestehend aus Quinn, seiner Freundin Wade, seinem Professor Arturo und dem Soulsänger Rembrandt Brown, kann nicht mehr zurückkehren sondern besucht immer neue Dimensionen, die sich teils gering, teils extrem von der unseren unterscheiden. Mal ist es eine von Dinosauriern bewohnte, mal eine am Rande des Aussterbens, mal eine, die unter einer neuen Eiszeit leidet.

Recht unterhaltsame Serie, die ab und an den einfachen Weg geht und mit zu wenig neuem aufwartet. Diese Episoden bewegen sich dann auch am Rande der Langeweile. Meist wird die Serie jedoch kurz darauf durch eine hübschere Idee wieder aus ihrem Tief gerissen.

Jerry O'Connell spielte bereits in ULTRAMAN-MEIN GEHEIMES ICH (qv) die Hauptrolle. Schlitternde Gaststars waren Jay (Die Schöne und das Biest) Acavone, Adrienne Barbeau, David Birney, Alex Bruhanski, Melinda (Einmal Himmel und zurück) Clarke, Brian Cousins, Roger R. (First Wave) Cross, Roger Daltry, John (Grüsse aus dem Jenseits & seaQuest DSV) D'Aquino, William B. (Akte X) Davis, Jamie (Pretender) Denton, Michael Des Barres, Roy (Die Schöne und das Biest) Dotrice, Robert (V) Englund, Corey Feldman, Meg Foster, Rebecca (Earth 2) Gayheart, Max (Star Trek: Deep Space Nine) Grodénchik, Francis (Eerie, Indiana & Dschungel Fieber) Guinan, Jerry (Akte X) Hardin, Jennifer Hetrick, Sherman (Superboy) Howard, Hiro Kanagawa, Rob (First Wave) LaBelle, Nicholas Lea, Kristianna (Auf schlimmer und ewig & Mortal Kombat) Loken, Stephen Macht, Chase (Star Trek: Deep Space Nine) Masterson, Jeffrey Dean (Burning Zone) Morgan, Bob Morrisey, Walter (Twin Peaks) Olkewicz, Gerard Plunkett, Natalie (TekWar) Radford, Reiner (Aeon) Schöne, Armin (Die Schöne und das Biest & Star Trek: Deep Space Nine) Shimerman, Sebastian (First Wave) Spence, Malcolm Stewart, Kristoffer Tabori, Venus Terzo, Tim Thomerson, Gwynyth Walsh, Malcolm Jamal Warner, Gordon Michael (Die geheimnisvolle Insel) Woolvett, Michael York und Rob (Space Cops) Youngblood.

EPISODEN:

1. SLIDERS-DAS TOR IN EINE FREMDE DIMENSION (Sliders) 02.11.97
2. DER KEIMFREIE PLANET (Fever) 09.11.97
3. DAS ENDE DER WELT (Last Days) 16.11.97
4. DER KORRUPTE SHERIFF (Prince Of Wails) 23.11.97
5. REISE DURCH DAS ZEITLOCH (Summer Of Love) 30.11.97

6.   DIE DOPPELGÄNGER (Eggheads) 07.12.97
7.   DER SPITZENKANDIDAT (The Weaker Sex) 14.12.97
8.   KÖNIG DES ROCK 'N' ROLL (The King Is Back) 21.12.97
9.   PARADIES AUF ERDEN (Luck Of The Draw) 28.12.97
10. IM REICH DES HEXENMEISTERS (Into The Mystic) 04.01.98
11. MÄNNERMANGEL (Love Gods) 11.01.98
12. DER UNSICHTBARE QUINN (Gillian Of The Spirits) 18.01.98
13. DUELL IN DER WALL STREET (The Good, The Bad, And The Wealthy) 25.01.98
14. VERBUNDEN BIS IN DEN TOD (El Sid) 01.02.98
15. VERKEHRTE WELTEN (Time Again And World) 08.02.98
16. UNTER DINOSAURIERN (In Dino Veritas) 15.02.98
17. ENDLICH ZUHAUSE? (Post Traumatic Slide Syndrome) 22.02.98
18. EINE JAHRHUNDERTE ALTE LIEBE (Obsession) 01.03.98
19. HERRSCHAFT DER MAFIA (Greatfellas) 15.03.98
20. IM RAUSCH DER JUGEND (The Young & The Relentless) 22.03.98
21. HAWKINGS THEORIE (As Time Goes By) 29.03.98
22. DIE INVASION (Invasion) 05.04.98

23. DER GEIST AUS DER FLASCHE (Electric Twister Acid Test) 07.06.98
24. DER SCHUTZENGEL (The Guardian) 14.06.98
25. TÖDLICHES SPIEL (Rules Of The Game) 27.07.98
26. DIE TRAUMKILLER (The Dream Masters) 03.08.98
27. ZAUBERTRANK UND DRACHENBLUT (Dragon Slide) 09.08.98
28. FEUERHÖLLE (The Fire Within) 23.08.98
29. DER KÖNIGSSOHN (The Prince Of Slides) 06.09.98
30. QUINN UNTER MORDVERDACHT (Dead Man Sliding) 20.09.98
31. ROBOTER MIT SEELE (State Of The A.R.T.) 11.10.98
32. FRÖHLICHE WEIHNACHTEN (Season's Greedings) 18.10.98
33. AUF DEN SPUREN VON JOLLY JACK (Murder Most Foul) 01.11.98
34. DAS GEHEIMNIS DER PYRAMIDE (Slide Like An Egyptian) 08.11.98
35. DAS EWIGE LEBEN (Paradise Lost) 15.11.98
36. EXODUS 1 (The Exodus 1) 22.11.98
37. EXODUS 2 (The Exodus 2) 29.11.98
38. ENDZEIT (Sole Survivors) 06.12.98
39. DAS BÖSE IM NEBEL (The Other Slide Of Darkness) 13.12.98

40. RACHE AN RICKMAN (Dinoslide) 10.01.99
41. GESANG DER VAMPIRE (Stoker) 17.01.99
42. MONSTERBRAUT (The Breeder) 17.01.99
43. EIN HIMMLISCHER SLIDE (This Slide Of Paradise) 24.01.99

44. WOHER KOMMST DU, QUINN? (Genesis) 24.10.99
45. DAS PORTAL DES TODES (Prophets And Loss) 31.10.99
46. RACHSUCHT (Common Ground) 07.11.99
47. EIN VIRTUELLER SLIDE (Virtual Slide) 14.11.99
48. DIE HÖLLENMASCHINE (World Killer) 21.11.99
49. BRUDER AUS EINER ANDEREN WELT (Oh, Brother, Whore Are Thou?) 05.12.99
50. LAND DES LÄCHELNS (Just Say Yes) 12.12.99
51. FRANKENSTEINS ENKEL (The Alternateville Horror) 19.12.99
52. GEFANGEN IN DER FESTUNG (Slidecage) 02.01.00
53. QUINN AUSSER GEFECHT (Asylum) 16.01.00
54. AMERIKA DEN AMERIKANERN (California Reich) 13.02.00
55. FAST EIN MENSCH (The Dying Fields) 20.02.00
56. TALKSHOW TOTAL (Lipschitz Live!) 27.02.00
57. MUTTER UND KIND (Mother And Child) 05.03.00
58. VERNETZT (Net Worth) 12.03.00
59. PERFEKTE PILOTEN (Slide By Wire) 19.03.00
60. VIRTUELLE MACHT (Data World) 26.03.00
61. IM WILDEN WESTEN (Way Out West) 02.04.00
62. MEINES BRUDERS MUTTER (My Brother's Keeper) 16.04.00
63. DER ABGRUND (The Chasm) 30.04.00
64. BLICK IN DIE ZUKUNFT (Roads Taken) 14.05.00
65. FAMILIENTREFFEN (Revelations) 28.05.00

EPISODEN (nicht gesendet):
66. (The Unstruck Man)
67. (Applied Physics)
68. (Strangers & Comrades)
69. (The Great Work)
70. (New Gods For Old)
71. (Please Press One)
72. (A Current Affair)
73. (Java Jive)
74. (The Return Of Maggie Beckett)
75. (Easy Slider)
76. (Requiem)
77. (Map Of The Mind)
78. (A Thousand Deaths)
79. (Heavy Metal)
80. (To Catch A Slider)
81. (Dust)

82.   (Eye Of The Storm)
83.   (The Seer)
84.   (Double Cross)
85.   (Desert Storm)
86.   (The Last Of Eden)
87.   (Slither)

SOLARIS TV-DER FREUNDLICHE SENDER IM ALL

BRD 1986; 6 Episoden
Ausstrahlung:
ARD 1986/1987; 6 Episoden

Darsteller: Günther Kaufmann (Hummel), Irene Fischer (Sunny), Ilse Biberti (Victoria), Peter Faerber (Wolf), Bernd Vollbrecht (Oluf), Ulrich Tukur (Boss).

Auf einem veralteten Satelliten im Orbit soll ein Piratenfernsehsender ins Leben gerufen werden. Da der künstliche Trabant aufgegeben und dem Zahn der Zeit überlassen worden war, gibt es vor Inbetriebnahme noch einiges zu reparieren.

EPISODEN:
1.   NUMERO UNO
2.   TELLY VILLY
3.   DER STREIK
4.   HIRN UND MUCKIES
5.   DAS KOMPLOTT 11.01.87
6.   DIE ÜBERNAHME 18.01.87

SOLO FÜR O.N.C.E.L/SOLO FÜR U.N.C.L.E.
(The Man From U.N.C.L.E.)
USA 1964-1968; 105 Episoden
USA 1983; Fernsehfilm
Deutsche Ausstrahlung:
ZDF 1967/1968; 26 Episoden
RTL Television 1994; 14 Episoden
RTL Television 1995; 25 Episoden
Super RTL 1995; 25 Episoden

Darsteller: Robert Vaughn (Napoleon Solo), David McCallum (Illya Kuryakin), Leo G. Carroll (Alexander Waverly), Barbara Moore (Lisa Rogers - 1967/ 68).

Vom geheimen US-Hauptquartier in New York aus, werden die Einsätze der Agenten von U.N.-C.L.E. (=United Network Command for Law and Enforcement) geleitet. Im Kampf gegen internationale Kriminalität,vornehmlich gegen das Verbrechersyndikat THRUSH (dt.: Drossel), ist das Team Solo/Kuryakin besonders erfolgreich.

Als Fernsehantwort auf die James Bond-Erfolge war diese Serie natürlich in erster Linie eine Spionage-Abenteuer-Reihe. Doch die Methoden, mit denen man der Welt an den Kragen wollte, siedelte sie zumindest im Randgebiet der Science Fiction an.
SOLO FÜR U.N.C.L.E. war und ist ausgesprochen amüsant und unterhaltend und zählt längst zu den Fernsehklassikern.
Aufgrund des grossen Erfolges folgte 1966 DANCER FÜR U.N.C.L.E. (qv).
Mehrere Doppelepisoden und Einzelepisoden wurden — neu geschnitten — in Europa als Kinofilme herausgebracht. 1983 folgte der fast schon obligatorische Reunion-Film.
Einen weiteren Auftritt hatten die beiden Agenten Solo und Kuryakin in der Episode „Die Sonnenuhr" der Serie UNSER TRAUTES HEIM (Please Don't Eat The Daisies).
In Geheimdienstkreise gerieten John Abbott, Eddie Albert, Richard (Der Sechs-Millionen-Dollar-Mann & Die 7-Millionen-Dollar-Frau) Anderson, Michael Ansara, Martin (Space) Balsam, Senta Berger, Lee Bergere, Richard (Twin Peaks) Beymer, Whit (Time Tunnel) Bissell, Sonny Bono, Victor (Der Mann aus Atlantis) Buono, Roger C. Carmel, Ted (Addams Family) Cassidy, John Carradine, Cher, Joan Collins, Elisha Cook, Glenn Corbett, Yvonne (Batman) Craig, Joan Crawford, Robert Culp, James (Raumschiff Enterprise) Doohan, Barbara (Mini-Max) Feldon, Bernard (Verliebt in eine Hexe) Fox, Anne Francis, John Hoyt, Jill Ireland, Roy Jenson, Curt Jürgens, Kurt (Planet der Giganten) Kasznar, Marta (Verschollen zwischen fremden Welten) Kristen, Elsa Lanchester, Martin (Kobra, übernehmen Sie & Mondbasis Alpha 1) Landau, Angela Lansbury, Janet Leigh, June (Verschollen zwischen fremden Welten) Lockhart, Jack Lord, Barbara Luna, Carol Lynley, Theo Marcuse, Darren (Der Nachtjäger) McGavin, John (Immer wenn er Pillen nahm) McGiver, Lee Meriwether, Lawrence Montaigne, Ricardo (Fantasy Island & Einmal Himmel und zurück) Montalbán, King (Mini-Max) Moody, Leslie Nielsen, Leonard (Raumschiff Enterprise & Kobra, übernehmen Sie) Nimoy, France Nuyen, Susan Oliver, David Opato-shu, Jack Palance, Nehemiah Persoff, Vincent Price, Michael Rennie, Madlyn Rhue, Peter Mark Richman, Percy

Rodrigues, Cesar Romero, Joseph Ruskin, Kurt Russell, Telly Savalas, William (Raumschiff Enterprise & TekWar) Shatner, Reta (Der Geist und Mrs. Muir) Shaw, Barbara Shelley, Nancy Sinatra, Liam Sullivan, Sharon Tate, Malachi Throne, Daniel J. (Poltergeist) Travanti, Fritz (Die Mars-Chroniken) Weaver und Paul Winfield.

EPISODEN (ZDF):
1. DIE DAME, DIE ZIGARREN RAUCHTE (The Iowa Scuba Affair) 02.05.67
2. ES BEGANN MIT EINER SCHREIBMASCHI-NE (The Yellow Scarf Affair) 16.05.67
3. FAULE TRICKS UND VIELE HUNDE (The Bow Wow Affair) 30.05.67
4. KLEINE FISCHE-GROSSE WIRKUNG (The Mad Mad Tea Party Affair) 13.06.67
5. DER TRESOR DER DROSSELN (The Fiddlesticks Affair) 27.06.67
6. DIE AUSZOGEN, DAS FÜRCHTEN ZU LEHREN (The Quadripartite Affair) 11.07.67
7. AUSGESPIELT, MISS RAVEL! (The Giuoco Piano Affair) 25.07.67
8. DIE AMERIKANISCHE HOCHZEIT (The Deadly Decoy Affair) 22.08.67
9. TABAK FÜR DEN CHEF (The Never Never Affair) 05.09.67
10. PARIS SEHEN UND STERBEN (The See Paris And Die Affair) 19.09.67
11. NUR MIT EINEM SCHILLING BEZAHLT (The Hong Kong Shilling Affair) 03.10.67
12. EINE BLONDINE ZUVIEL (The Dippy Blonde Affair) 17.10.67
13. DIAMANTENKÖNIG (The King Of Diamonds Affair) 14.11.67
14. ADRIA-EXPRESS (The Adriatic Express Affair) 28.11.67
15. HONIG FÜR DIE BIENEN (The Birds And The Bees Affair) 12.12.67
16. IRGENDWO-NIRGENDWO (The Nowhere Affair) 09.01.68
17. DER WAVERLY-RING (The Waverly Ring Affair) 23.01.68
18. DIE ERFINDUNG DES MONSIEUR MERLIN (The Foxes And Hounds Affair) 06.02.68
19. EIN KUNSTMÄZEN VON GREENWICH VILLAGE (The Pop Art Affair) 20.02.68
20. EINE SHOW FÜR O.N.C.E.L. (The Off-Broadway Affair) 05.03.68
21. EIN LIPPENSTIFT FÜR DIE DAME (The Moonglow Affair) 19.03.68
22. EIN HAUCH VON WESTERN (The Indian Affairs Affair) 02.04.68
23. JAPANISCHE DROSSELN (The Cherry Blossom Affair) 16.04.68
24. IN ÖL MIT BLAUEN BOHNEN (The Recollectors Affair) 30.04.68
25. EIN LOCH IN DER ERDE (The 'Project Deephole' Affair) 14.05.68
26. IM DREHBUCH STAND ES ANDERS (The Super-Colossal Affair) 28.05.68

EPISODEN (RTL):
1. DAS SUPERHIRN (The Ultimate Computer Affair) 03.04.94
2. DER BESTE GEWINNT (The Foxes And Hounds Affair) 10.04.94
3. SICHER IST SICHER (The Discotheque Affair) 17.04.94
4. DIE KUNSTFREUNDE (The Recollectors Affair) 24.04.94
5. SPURLOS VERSCHWUNDEN (The Arabian Affair) 01.05.94
6. DIE TIGERJAGD (The Tigers Are Coming Affair) 08.05.94
7. IN DEN FÄNGEN VON T.R.U.S.H. (The Deadly Toys Affair) 15.05.94
8. TANZ AUF DEM VULKAN (The Cherry Blossom Affair) 29.05.94
9. ZWISCHEN RAKETEN UND DER GUILLOTINE (The Virtue Affair) 05.06.94
10. DIE GANGSTER SCHMIEDE (The Children's Day Affair) 12.06.94
11. SCHÖN GEFÄHRLICH (The Adriatic Express Affair) 19.06.94
12. AUF EIS GELEGT (The Yukon Affair) 26.06.94
13. VOODOO-ZAUBER (The Very Important Zombie Affair) 03.07.94
14. MAN LEBT NUR ZWEIMAL (The Dippy Blonde Affair) 10.07.94
15. DER SCHATZ, DER VOM HIMMEL FIEL (The Deadly Goddess Affair) 09.01.95
16. DIE KILLERBIENEN (The Birds And The Bees Affair) 10.01.95
17. DER DOPPELAGENT (The Waverly Ring Affair) 11.01.95
18. GEFANGENE DER WÜSTE (The Foreign Legion Affair) 12.01.95
19. EINE STRAHLENDE ERFINDUNG (The Moonglow Affair) 13.01.95
20. GEDÄCHTNISPILLE (The Nowhere Affair) 16.01.95
21. DER DIAMANTENPUDDING (The King Of Diamonds Affair) 17.01.95
22. DAS TÄUSCHUNGSMANÖVER (The 'Project Deephole' Affair) 18.01.95
23. DAS GANGSTERNEST (The Round-Table Affair) 19.01.95
24. OPERATION „NACHTFLUG" (The Bat Cave Affair) 20.01.95
25. DIE GEHEIMFORMEL (The Minus X Affair) 23.01.95
26. UNTER DEN INDIANERN (The Indians Affairs Affair) 24.01.95
27. AUF MORD PROGRAMMIERT (The Her Master's Voice Affair) 25.01.95
28. DIE ROBO-MÄDCHEN (The Sort Of Do-It-Yourself Affair) 26.01.95

29. GEMISCHTES DOPPEL (The Galatea Affair) 27.01.95
30. DER BÄR DES BALKANS (The Jingle Bells Affair) 30.01.95
31. DER FALSCHE ABT (The Monks Of St. Thomas Affair) 31.01.95
32. DER HIPPIE JOB (The Pop Art Affair) 01.02.95
33. DER FRIEDENSSTIFTER (The Thor Affair) 02.02.95
34. DIE FRAU AN SEINER SEITE (The Candidate's Wife Affair) 03.02.95
35. DER ARABISCHE HANDEL (The Come With Me To The Casbah Affair) 06.02.95
36. ALLES THEATER (The Off-Broadway Affair) 07.02.95
37. DER THRONERBE (The Abominable Snowman Affair) 08.02.95
38. DIE SCHÖNE WILDE (The My Friend The Gorilla Affair) 09.02.95
39. EIN BOMBENERFOLG (The Super-Colossal Affair) 10.02.95

EPISODEN (Super RTL):

40. DER UFO-SCHWINDEL (The Take Me To Your Leader Affair)
41. DIE NETTEN NACHBARN (The Suburbia Affair)
42. ERSTARRT (The Deadly Smorgasboard Affair)
43. MEUTEREI (The Yo-Ho-Ho And A Bottle Of Rum Affair)
44. DER STAATSBESUCH (The Napoleon's Tomb Affair)
45. UNTER RÄUBERN (The It's All Greek To Me Affair)
46. DIE EXPLOSIVE PUPPE (The Hula Doll Affair)
47. DER SPIONAGEROMAN (The Pieces Of Hate Affair)
48. AHNUNGSLOS (The Matterhorn Affair)
49. DIE T.R.U.S.H.-MODE (The Hot Number Affair)
50. DAS DUFTGEHEIMNIS (The When In Roma Affair)
51. DIE SPRENGÄPFEL (The Apple-A-Day Affair)
52. EHRENSACHE (The Cap And Gown Affair)
53. DER VERRAT (The Summit-Five Affair)
54. DIE KILLER-ELITE (The Test-Tube Killer Affair)
55. DIE FIRMA (The J For Judas Affair)
56. DER GEGENSCHLAG (The Master's Touch Affair)
57. DAS T.H.R.U.S.H.-ROULETTE (The T.H.R.U.S.H. Roulette Affair)
58. TEUFLISCHE JAGD (The Deadly Quest Affair)
59. DIE RÄTSELHAFTEN DREI (The Fiery Angel Affair)
60. DIE U.N.C.L.E.-SCHULE (The Survival School Affair)
61. DIE STRAHLENPISTOLE (The Gurnius Affair)
62. DIE SKLAVENINSEL (The Man From T.H.R.U.S.H. Affair)
63. DER BOMBENTRICK (The Maze Affair)
64. DAS GEHEIME U-BOOT (The Deep Six Affair)

EPISODEN (nicht gesendet):

65. (The Vulcan Affair)
66. (The Shark Affair)
67. (The Deadly Games Affair)
68. (The Green Opal Affair)
69. (The Double Affair)
70. (The Project Strigas Affair)
71. (The Finny Foot Affair)
72. (The Neptune Affair)
73. (The Dove Affair)
74. (The King Of Knaves Affair)
75. (The Terbuf Affair)
76. (The Secret Sceptre Affair)
77. (The Four Steps Affair)
78. (The Brain Killer Affair)
79. (The Love Affair)
80. (The Gazebo In The Maze Affair)
81. (The Girls From Nazarone Affair)
82. (The Odd Man Affair)
83. (The Alexander The Greater Affair 1)
84. (The Alexander The Greater Affair 2)
85. (The Bridge Of Lions Affair 1)
86. (The Bridge Of Lions Affair 2)
87. (The Concrete Overcoat Affair 1)
88. (The Concrete Overcoat Affair 2)
89. (The Jingle Bells Affair)
90. (The Five Daughters Affair 1)
91. (The Five Daughters Affair 2)
92. (The Prince Of Darkness Affair 1)
93. (The Prince Of Darkness Affair 2)
94. (The Seven Wonders Of The World Affair 1)
95. (The Seven Wonders Of The World Affair 2)

FILMVERSIONEN/FILM:

I.   AGENT AUF KANAL D (To Trap A Spy/The Vulcan Affair & The Four Steps Affair; 1965) 19.05.65; Kino
II.   DER SPION MIT MEINEM GESICHT (The Spy With My Face/The Double Affair & The Four Steps Affair; 1965) 08.07.65; Kino
III. EIN SPION ZUVIEL (One Spy Too Many/The Alexander The Greater Affair 1 & 2; 1966) 05.08.66; Kino
IV.   KRIEG DER SPIONE (One Of Our Spies Is Missing/The Bridge Of Lions Affair 1 & 2; 1967) 01.06.67; Kino
V.   DER MANN IM GRÜNEN HUT (The Spy In The Green Hat/The Concrete Overcoat Affair 1 & 2; 1967) 04.08.67; Kino
VI.   DIE KARATE-KILLER (The Karate Killers/The Five Daughters Affair 1 & 2; 1967) 19.01.68; Kino
VII. DIE UNVERBESSERLICHEN DREI (The Helicopter Spies/The Prince Of Darkness Affair 1 & 2; 1968) 21.06.68; Kino
VIII. WIE STEHLE ICH DIE WELT (How To Steal The World/The Seven Wonders Of The World Affair 1 & 2; 1969) 02.10.69; Kino

IX.   THUNDERBALL (Reuturn Of The Man From
        U.N.C.L.E.-The Fifteen Years Later Affair;
        1983); Video

DIE SONNENLANZE
(- liegt nicht vor-)
PL/D 2000; 13 Episoden
Deutsche Ausstrahlung:
Kika 2001; 13 Episoden

Darsteller: Maciej Lagodzinski (Maximilian „Max"
Grey), Maria Borowska (Matilda, „Wilde"), Matgorzata Gluchowska (Monika Grey), Gudrun Okras (Adele Grey), Jerzy Gudejko (Matthäus
Grey), Matthias Zahlbaum (Philipp Weller), Matthias Matz (Erwin), Katarzyna Chrzanowska (Maria Grey), Grzegorz Ruda (Arthur Gordon), Jan
Rekiel (Känguru), Michal Frach (Dodo), Lukasz
Jazwiec (Titu), Reiner Heise (Zac), Jürgen Reuter (Dr. Dennis Gordon), Karin Düwel (Gordons
Sekretärin), Stephen Dürr (Konrad Konrad).

Bei einer archäologischen Ausgrabung in Ataca-
ma, Chile, findet der Physiker Matthäus Grey eine Art Speerspitze, die fortan Sonnenlanze genannt wird. Diese nimmt er mit nach Hause. Bei
einem Gewitter entlädt sich Energie aus diesem
offensichtlich ausserirdischen Relikt und verleiht
Greys Sohn Max geniales Wissen und die Fähigkeit der Psychokinese. Zusätzlich beginnt allerdings auch seine Transformation in ein körperlo-
ses Wesen. Dem muss Einhalt geboten werden.

Hätte eine interessante Story für Kinder sein
können. Krankt allerdings an den fast durchweg
überzogenen schauspielerischen Darstellungen
und wird von Folge zu Folge nerviger. Ein biss-
chen Ernsthaftigkeit wäre besser gewesen.
Matthias Matz war auch in HELICOPS-EINSATZ
ÜBER BERLIN (qv) zu sehen; Reiner Heise in
SHERLOCK HOLMES UND DIE SIEBEN ZWER-
GE (qv), SPUK AUS DER GRUFT (qv) und
SPUK IM REICH DER SCHATTEN (qv).

EPISODEN:
1.   DER GEHEIMNISVOLLE FUND (- liegt nicht
        vor -) 14.02.01
2.   ARTHUR KONTRA MAX (- liegt nicht vor -)
        15.02.01
3.   DIE MAGISCHE KRAFT (- liegt nicht vor -)
        16.02.01
4.   MAX, DAS PHÄNOMEN (- liegt nicht vor -)
        19.02.01

5.   DIE ENTFÜHRUNG (- liegt nicht vor -)
        20.02.01
6.   DAS ORCHIDEENHAUS (- liegt nicht vor -)
        21.02.01
7.   EIN SELTSAMER BESUCH (- liegt nicht vor -)
        22.02.01
8.   EIN FREMDER AUF DEM PLANETEN TERRA
        (- liegt nicht vor -) 23.02.01
9.   DER VERRAT (- liegt nicht vor -) 26.02.01
10.   DIE GEHEIMNISVOLLE SPUR (- liegt nicht
        vor -) 27.02.01
11.   DAS DUELL DER AUSSERIRDISCHEN (- liegt
        nicht vor -) 28.02.01
12.   DIE RÜCKKEHR ZUM SONNENTOR (- liegt
        nicht vor -) 01.03.01
13.   DAS WICHTIGSTE MATCH (- liegt nicht vor -)
        02.03.01

SPACE-DER MENSCH GREIFT NACH DEN STERNEN
(Space)
USA 1985; 5 Teile
Deutsche Ausstrahlung:
Sat.1 1987/1988; 13 Episoden

Darsteller: James Garner (Norman Grant), Su-
san Anspach (Elinor Grant), Blair Brown (Penne
Hardesty Pope), Bruce Dern (Stanley Mott), Me-
linda Dillon (Rachel Mott), David Dukes (Leopold
Strabismus, geb. Martin Scorcella), Michael York
(Dieter Kolff), Barbara Sukowa (Liesl Kolff), Beau
Bridges (Randy Claggett), Stephanie Faracy
(Debbie Dee Claggett), Harry Hamlin (John Po-
pe), Martin Balsam (Senator Glancey), James
Sutorius (Finnerty), G. D. Spradlin (Tucker Tho-
mas), Maggie Han (Cindy Rhee), Wolf Kahler
(Funkhauser), Jennifer Runyon (Marcia Grant),
David Spielberg (Skip Morgan).

Nach dem Ende des Zweiten Weltkriegs versuchen sowohl die USA als auch die UDSSR die
besten deutschen Raketenspezialisten für sich
zu gewinnen, um ihr jeweiliges Raketenpro-
gramm voranzutreiben.
Norman Grant, ehemaliger Kriegsheld und nun
Senator, benutzt das US-amerikanische Rake-
tenprogramm für seine Zwecke. Er möchte eine
stabile Machtposition erreichen.

SPACE, basierend auf dem Buch von James A.
Michener, fällt natürlich nicht in den Science Fic-
tion-Bereich. Die Entwicklung des amerikanischen Raumfahrtprogramms wird als Hintergrund
für allerlei seifige Handlungsabläufe benutzt.

Nicht zuletzt durch die Auswahl der Darsteller, die grösstenteils der ersten Riege der TV-Darsteller entspringen, gelungene Unterhaltung — wenn man dergleichen mag.

Die Originalausstrahlung der Reihe war im Miniserienformat. In 5 Teilen brachte der Sender CBS diese Story im April 1985 heraus. Die Gesamtlänge betrug 13 Stunden, inkl. Werbung. 1987 kam eine umgeschnitte Version mit 9 Stunden Länge.

EPISODEN:

1.	TEIL 1	19.12.87
2.	TEIL 2	20.12.87
3.	TEIL 3	21.12.87
4.	TEIL 4	22.12.87
5.	TEIL 5	23.12.87
6.	TEIL 6	25.12.87
7.	TEIL 7	26.12.87
8.	TEIL 8	27.12.87
9.	TEIL 9	28.12.87
10.	TEIL 10	29.12.87
11.	TEIL 11	30.12.87
12.	TEIL 12	01.01.88
13.	TEIL 13	02.01.88

Anmerkung zur Episodenliste: Während die Dreizehn-Folgen-Version ohne Einzeltitel auskommen musste, bekam die Ausstrahlung in fünf Teilen — also der Originalversion entsprechend — Episodentitel: 1. Raketen aus Peenemünde; 2. Kampf den Deutschen; 3. Der Wettlauf mit den Russen; 4. Die Stunde der Astronauten; 5. Das Ziel heisst: Mond

SPACE CASES-DAS GALAKTISCHE KLASSENZIMMER
(Space Cases)
USA 1996/97; 26 Episoden
Deutsche Ausstrahlung:
Nickelodeon 1996/1997; 13 Episoden
Nickelodeon 1997; 13 Episoden

Darsteller: Kristian Ayre (Radu), Rahi Azizi (Bova), Paul Boretski (Commander Seth Goddard), Christina Paige (Rosi Ianni), Becky Herbst (Suzee), Walter Emanuel Jones (Harlan Band), Cary Lawrence (T. J. Davenport), Anik Matern (Thelma), Jewel Staite (Catalina).

Fünf junge Kadetten schleichen sich heimlich an Bord des Raumschiffes Christa. Dummerweise startet dieses und findet auch noch just einen Riss im Weltall. Nun sind die fünf mitsamt den ebenfalls an Bord gewesenen Commander Goddard und Miss Davenport verloren im All.

Wesentlich früher „Verloren im All" war Bill Mumy, Co-Autor der Serie. Er spielte bereits in VERSCHOLLEN ZWISCHEN FREMDEN WELTEN und BABYLON 5. Mumy konzipierte die Serie gemeinsam mit dem Comic-Autoren Peter David, der insbesondere einigen Ruhm durch seine STAR TREK-Comics erntete.

Gaststars der Fälle im Raum waren neben Bill Mumy und Peter David z. B. Mark Hamill und George (Raumschiff Enterprise) Takei.

EPISODEN:

1.	DAS ABENTEUER BEGINNT (We Gotta Get Out Of This Place)
2.	WELTRAUMVIREN (Who Goes Where?)
3.	ALLES NACH PLAN (A Day In The Life)
4.	DAS ORAKEL (Spung At Heart)
5.	FÜR IMMER JUNG (Forever Young)
6.	DER UNSICHTBARE (Nowhere Man)
7.	SUZEE...VERZWEIFELT GESUCHT (Desperately Seeking Suzee)
8.	DAS GEBURTSTAGSGESCHENK (It's My Birthday, Too (Yeah!))
9.	ZEICHEN AUS DER ZUKUNFT (Tie Me Kangaroo Down, Court)
10.	DER GEFANGENE VON LUFF (Prisoner Of Luff)
11.	DIE GESCHICHTE VOM RITTER DRAM (The Impossible Dram)
12.	DIGITALE GEFÜHLE (Break On Through To The Other Side)
13.	CHRISTA II (On The Road To Find Out)
14.	NEUE GESICHTER, ALTE SORGEN (New Places, New Faces)
15.	EINSPEICHELEIEN (The Sporting Kind)
16.	FERNGESPRÄCHE (Long Distance Calls)
17.	DER KÖNIG DER HIL (King Of The Hil)
18.	SAG' DIE WAHRHEIT (Truth Hurts)
19.	NUR GETRÄUMT? (Homeward Bound)
20.	FALSCH VERBUNDEN (All You Can Eaty)
21.	ICH BIN DU (Both Sides Now)
22.	MA (Mother Knows Best)
23.	SUPER-NOVA (A Star Is Boring)
24.	DIE LUFT IST RAUS! (Runaway)
25.	ZWEI SIND EINER ZUVIEL (The Trouble With Doubles)
26.	FREUND UND FEIND (A Friend In Need)

SPACE COPS-TATORT DEMETER CITY
(Space Precinct)
GB 1994/1995; 24 Episoden
Deutsche Ausstrahlung:
RTL Television 1996; 24 Episoden

Darsteller: Ted Shackelford (Police Lieutenant

Patrick Brogan), Rob Youngblood (Officer Jack Haldane), Simone Bendix (Officer Jane Castle), Mary Woodvine (Officer Took), Nancy Paul (Sally Brogan), Nic Klein (Matt Brogan), Megan Olive (Liz Brogan), Richard James (Officer Orrin), David Quilter (Officer Fredo), Jerome Willis (Captain Podly), Lou Hirsch (Officer Romek).

2040. Polizei-Lieutenant Patrick Brogan, seit 25 Jahren im Dienst, wird von New York City nach Demeter City versetzt. Diese auf dem Planeten Alitorp gelegene Stadt bietet mehr als genug Beschäftigung für den wackeren Gesetzeshüter und seine Kollegen.

Gerry Anderson, Erfinder solch illustrer Serien wie THUNDERBIRDS und UFO (qv), produzierte diese Copshow in England mit amerikanischem Hauptdarsteller. Und es ist tatsächlich eine Krimiserie, die sich mit Setting und ausserirdischen Akteuren das Mäntelchen der SF umhängt. Heraus kam eine unterhaltsame, meist kurzweilige Serie. Nicht mehr, nicht weniger.
Aktivitäten im Revier zeigten auch Steven Berkoff, Maryam D'Abo, Nickolas (Robin Hood) Grace und Burt Kwouk.

EPISODEN:
1. IM XYRONFIEBER (Protect And Survive) 21.04.96
2. DIE SCHLANGE (The Nake) 28.04.96
3. ALARMSTUFE ROT (Time To Kill) 05.05.96
4. MIT LEIB UND SEELE (Body And Soul) 12.05.96
5. ORGANSCHMUGGEL (Deadline) 19.05.96
6. DAS GEHEIMNIS VON VALA (Enforcer) 02.06.96
7. TÖDLICHER VIRUS (Two Against The Rock) 09.06.96
8. RAUBTIER UND BEUTE (Predator And Prey) 16.06.96
9. INVASION DER OMERA (Seek And Destroy) 23.06.96
10. AUF LEBEN UND TOD (Illegal) 30.06.96
11. PERFEKT GETARNT (Double Duty) 21.07.96
12. ENERGIE (The Power) 28.07.96
13. LÜGE UND WAHRHEIT (Takeover) 04.08.96
14. DIE KOPFGELDJÄGERIN (Hate Street) 11.08.96
15. DIE AUGENZEUGIN (The Witness) 18.08.96
16. EXPLOSIV (Flash) 25.08.96
17. WETTLAUF MIT DEM TOD (Friends) 25.08.96
18. DIE HÖLLENMASCHINE (Smelter Skelter) 08.09.96
19. FEUER IM HERZEN 1 (The Fire Within 1) 15.09.96
20. FEUER IM HERZEN 2 (The Fire Within 2) 15.09.96
21. DAS ATTENTAT (The Forever Beetle) 29.09.96
22. UNVERWUNDBAR (Divided We Stand) 29.09.96
23. DAS DING AUS DEM ALL 1 (DeathWatch 1) 06.10.96
24. DAS DING AUS DEM ALL 2 (DeathWatch 2) 06.10.96

SPACE RANGERS
(Space Rangers)
USA 1993; 6 Episoden
Deutsche Ausstrahlung:
Pro 7 1994; 6 Episoden

Darsteller: Linda Hunt (Commander Chennault), Jeff Kaake (Captain John Boon), Jack McGee (Doc), Marjorie Monaghan (Jojo), Cary-Hiroyuki Tagawa (Zylyn), Danny Quinn (Daniel „Danny" Kincaid), Clint Howard (Mimmer), Gottfried John (Colonel Erich Weiss).

2104. Fort Hope, Planet Avalon. Eine Gruppe von Gesetzeshütern versucht an der Grenze des besiedelten Raumes das Gesetz zu hüten.

Texas Rangers im All ergibt: Space Rangers. Dieses Mal also eine Western-Thematik. Trotz nur mässigem Erfolges und ausgesprochen wenig Zeit für eine Weiterentwicklung innerhalb der Serie, ist SPACE RANGERS so schlecht nicht. Gaststars waren Claudia (Babylon 5) Christian, Buddy Hackett, Wings Hauser, Sherman (Superboy) Howard, Pat Morita, Amy (Der Junge vom anderen Stern) Steel und Sam (Seven Days) Whipple.

EPISODEN:
1. EIN MYSTERIÖSER AUFTRAG (Space Rangers) 29.06.94
2. ACHTUNG, BANSHIES! (Banshees) 06.07.94
3. DER SPITZEL (The Replacements) 13.07.94
4. DER EHRENKODEX (Death Before Dishonor) 20.07.94
5. SEIN ODER NICHTSEIN (To Be Or Not To Be) 27.07.94
6. UNTER VERDACHT (The Trial) 03.08.94

SPACE 2063
(Space: Above And Beyond)
USA 1995/1996; Pilot & 22 Episoden

Deutsche Ausstrahlung:
VOX 1996; Pilot & 22 Episoden

Darsteller: Kristen Cloke (Lieutenant Shane Autumn Vansen), Morgan Weisser (Lieutenant Nathan West), Rodney Rowland (Lieutenant Cooper Hawks), Lanei Chapman (Lieutenant Vanessa Camille Damphousse), Joel de la Fuente (Lieutenant Paul Wang), James Morrison (Lieutenant Tyrus Cassius „T.C." McQueen), Tucker Smallwood (Commodore Ross).

SPACE COPS (qv) benutzte das Krimigenre, SPACE RANGERS (qv) den Western; was bleibt? — Z. B. der Kriegsfilm! Und hier isser. Glen Morgan und James Wong, bekannt durch ihre Drehbücher für AKTE X (qv), wurde das Grundthema „Top Gun im Weltraum" vorgegeben. Herausgekommen ist eine Serie über junge Raumkadetten im Kampf gegen Ausserirdische, die statt TOP GUN eher die Serie DIENST IN VIETNAM (Tour Of Duty) zum Vorbild zu haben scheint.
Gute Ausstattung, stringente Erzählung, teils gefühlvolle Darstellung der jungen mit den Grauen des Krieges konfrontierten Menschen und eine aktive Fangruppe konnten die Serie trotz allem nicht vor ihrem frühen Heldentod bewahren.
In Kampfhandlungen wurden Brian Cousins, David (Twin Peaks & Akte X) Duchovny, Richard (Nick Knight) Fancy und Doug Hutchinson verstrickt.

EPISODEN:
1.   SPACE 2063 (Space: Above And Beyond) 25.02.96
2.   IN DER HÖHLE DES LÖWEN (The Farthest Man From Home) 03.03.96
3.   KOPF ODER ZAHL (The Dark Side Of The Sun) 10.03.96
4.   MEUETEREI (Mutiny) 17.03.96
5.   DAS SCHWARZE LOCH (Ray Butts) 24.03.96
6.   HEXENJAGD (Eyes) 31.03.96
7.   DER UNSICHTBARE FEIND (The Enemy) 07.04.96
8.   DAS TROJANISCHE PFERD (Hostile Visit) 14.04.96
9.   FOLTER (Choice Or Chance) 21.04.96
10.   GEDENKET DER TOTEN (Stay With The Dead) 28.04.96
11.   PER ANHALTER DURCHS ALL (River Of Stars) 05.05.96
12.   WER ÜBERWACHT DIE VÖGEL? (Who Monitors The Birds?) 12.05.96
13.   VISIONEN DES TODES (Level Of Necessity) 19.05.96
14.   ABSCHIED FÜR IMMER (Never No More) 26.05.96
15.   AUGE UM AUGE (The Angriest Angel) 02.06.96
16.   DER KLEINE BRUDER (Toy Soldiers) 09.06.96
17.   FELDPOST (Dear Earth) 16.06.96
18.   EIN PANZER NAMENS PEARLY (Pearly) 18.08.96
19.   BACCHUS (R & R) 25.08.96
20.   DEAD MAN FLYING (Stardust) 01.09.96
21.   DIE VERGESSENEN (Sugar Dirt) 08.09.96
22.   BEGEGNUNG DER DRITTEN ART (And If They Lay Us To Rest) 15.09.96
23.   FÜR IMMER TREU (Tell Your Moms We Done Our Best) 22.09.96

SPELLBINDER
(Spellbinder)
AUS/PL 1996; 26 Episoden
Deutsche Ausstrahlung:
Der Kinderkanal 1997; 26 Episoden

Darsteller: Zbych Trofimiuk (Paul Reynolds), Gosia Piotrowska (Riana), Michela Noonan (Katrina Muggleton), Heather Mitchell (Spellbinder Ashka), Andrew McFarlane (Brian Reynolds), Krzysztof Kumor (Herrscher Correon), Rafal Zwierz (Spronz Gryvon), Brian Rooney (Alex Kastonas), Georgina Fisher (Christine Reynolds), Paula Forrest (Miss Gibson).

Paul Reynolds ist mit den Klassenkameraden Alex und Katrina auf Tour. Als eine Hochspannungsleitung reisst befindet sich Paul genau unter ihr. Die Entladung schleudert ihn in eine Parallelwelt. In dieser für seine Begriffe primitiven Welt trifft er das junge Mädchen Riana. Unwissentlich hat Paul ein sogenanntes Feuerauge mitgenommen. Nun jagen ihn die Spellbinder in ihrer Flugmaschine, von denen die Bewohner dieser Welt glauben, dass sie durch Magie funktioniert. Nachdem sie dem Spellbinderschiff knapp entkommen sind, nimmt Riana Paul mit zu sich nach Hause. Hier lernt dieser Gryvon kennen. Gryvon ist ein sogenannter Spronz, ein angehender Spellbinder. Er ist überheblich und unsympathisch und den Herrschern treu ergeben. Als Paul eine Gruppe Marauder, eine Art Räuberbande, mit selbstgebastelten Schiesspulverhandgranaten vertreibt, lässt ihn Gryvon wegen Zauberei verhaften. Paul wird an Bord eines Spellbinderschiffes gebracht. Er hofft, dass die Herrscher ihm helfen, wieder in seine Welt zurückzukehren. Statt dessen und trotz der Fürsprache der Spellbinderfrau Ashka wird Paul zur Verbannung in die Wüste geschickt.

Unterdessen ist in unserer Welt Katrina auf der richtigen Spur. Während der Arbeiten an der Hochspannungsleitung hat sie Paul kurz erblickt und ist sich deshalb sicher, dass er in einer anderen, parallelen Dimension fest steckt. Sie versucht Pauls besten Freund Alex hiervon zu überzeugen, damit sie gemeinsam einen Ausweg für den Verschollenen finden können.

Interessante Ko-Produktion quer über die Welt (Australien/Polen), die mit überzeugenden Darstellern und einer interessanten Geschichte aufwartet. Gute Unterhaltung für Kinder, Jugendliche und — nun ja — einige Erwachsene.
Ein Jahr später gab es eine neue SPELLBINDER-Version; Informationen hierzu im nächsten Eintrag.

EPISODEN:
1. GEISTERSPUK (Episode One) 06.10.97
2. DER BANNSTRAHL (Episode Two) 07.10.97
3. CHOCOLATE RAPPER/GEFANGEN IN DER VERGANGENHEIT (Episode Three) 08.10.97
4. DER SPRONZ (Episode Four) 09.10.97
5. DAS URTEIL (Episode Five) 10.10.97
6. SCHIESSPULVER (Episode Six) 13.10.97
7. DAS VERLIES (Episode Seven) 14.10.97
8. DIE FALLE (Episode Eight) 15.10.97
9. DAS LABYRINTH (Episode Nine) 16.10.97
10. DIE RAUCHBOMBE (Episode Ten) 17.10.97
11. DAS DUELL (Episode Eleven) 20.10.97
12. EIN STURER OCHSE (Episode Twelve) 21.10.97
13. DAS BEWEISSTÜCK (Episode Thirteen) 22.10.97
14. EINE NEUE WELT (Episode Fourteen) 23.10.97
15. NEUE FREUNDE (Episode Fifteen) 24.10.97
16. DIE FLUCHT (Episode Sixteen) 27.10.97
17. DAS TROJANISCHE PFERD (Episode Seventeen) 28.10.97
18. ACHTUNG, VATER GESUCHT (Episode Eighteen) 29.10.97
19. COMPUTER DENKEN NICHT (Episode Nineteen) 30.10.97
20. HARLEY DAVIDSON (Episode Twenty) 31.10.97
21. DER ÜBERFALL (Episode Tenty-One) 03.11.97
22. DER CLOWN (Episode Twenty-Two) 04.11.97
23. DIE ARCHÄOLOGIN (Episode Twenty-Three) 05.11.97
24. FLUGVERSUCHE (Episode Twenty-Four) 06.11.97
25. RÜHREI MIT PFIFF (Episode Twenty-Five) 07.11.97
26. SHOWDOWN AM HAFEN (Episode Twenty-Six) 10.11.97

SPELLBINDER-IM DRACHENKAISERLAND
(Spellbinder)
AUS/TJ/PL 1997; 26 Episoden
Deutsche Ausstrahlung:
Der Kinderkanal 1998/99; 26 Episoden

Darsteller: Heather Mitchell (Spellbinder Ashka), Lauren Hewett (Kathy Morgan), Ryan Kwantzen (Josh Morgan), Leonard Fung (Drachenkaiser Sun), Anthony Wong (Mek), Ye Mang (Sharak), Lenore Smith (Vicky Morgan), Peter O'Brien („Crazy" Carl Morgan), Hu Xin (Aya), Gai Jeilan (Jasmine).

Das Mädchen Kathy Morgan verschlägt es in eine Parallelwelt. Im sogenannten Drachenkaiserland wird sie freundlich aber bestimmt vom Drachenkaiser, einem kleinen eigensinnigen Jungen, festgehalten. Mit ihr am Hof des Kaisers befindet sich Ashka, der bereits bekannte weibliche Spellbinder, die versucht, Macht über den kindlichen Herrscher und sein Reich zu gewinnen.

Fortsetzung der ersten SPELLBINDER-Reihe mit noch mehr Parallelwelten. Die neue Darstellerriege und der neue Handlungsort tun dem bereits gewohnten Spass keinen Abbruch.
Lauren Hewett entwickelt sich langsam zur Nummer 1 des australischen phantastischen Fernsehens. Nach ACHTUNG: STRENG GEHEIM! (qv), QUER DURCH DIE GALAXIS UND DANN LINKS (qv) und OCEAN GIRL (qv) ist SPELLBINDER-IM DRACHENKAISERLAND bereits die vierte in diesem Buch befindliche Serie, in der sie auftrat.

EPISODEN:
1. DAS TRANSDIMENSIONALE BOOT (Series Two Episode One) 28.12.98
2. IM DRACHENKAISERLAND (Episode Two) 29.12.98
3. DER SCHOKOLADENKAISER (Episode Three) 30.12.98
4. DIE BARBAREN (Episode Four) 01.01.99
5. EIN UNGLEICHER KAMPF (Episode Five) 04.01.99

6.   DAS MONSTER (Episode Six) 05.01.99
7.   DER WASSERGEIST (Episode Seven)
        06.01.99
8.   DER FILMSTAR (Episode Eight) 07.01.99
9.   DIE ENTERTAINERIN (Episode Nine) 08.01.99
10.   DRACHENTANZ (Episode Ten) 11.01.99
11.   DIE UNSTERBLICHEN (Episode Eleven)
        12.01.99
12.   STREIT UM KATHY (Episode Twelve) 13.01.99
13.   KATHY WIRD ADOPTIERT (Episode Thirteen)
        14.01.99
14.   ASHKA'S TRIUMPH (Episode Fourteen)
        15.01.99
15.   ROBOTER SIND BLÖD (Episode Fifteen)
        18.01.99
16.   DER MOLOCH (Episode Sixteen) 19.01.99
17.   DER ZERSTÖRER (Episode Seventeen)
        20.01.99
18.   DER KRISTALL (Episode Eighteen) 21.01.99
19.   DAS HOCHZEITSKLEID (Episode Nineteen)
        22.01.99
20.   JAGD AUF DIE KRONJUWELEN (Episode
        Twenty) 25.01.99
21.   EIN ZWEIFELHAFTES GESCHÄFT (Episode
        Twenty-One) 26.01.99
22.   DIE SPORTSKANONE (Episode Twenty-Two)
        27.01.99
23.   ZWEI SUPERHIRNE SITZEN IN DER FALLE
        (Episode Twenty-Three) 28.01.99
24.   EINGESPERRT (Episode Twenty-Four)
        29.01.99
25.   RUSSISCHE ARTISTEN (Episode Twenty-
        Five) 01.02.99
26.   DIE HOCHZEIT (Episode Twenty-Six) 02.02.99

DIE SPEZIALISTEN UNTERWEGS
(Misfits Of Science)
USA 1985/1986; Pilot & 15 Episoden
Deutsche Ausstrahlung:
RTL plus 1988; 17 Episoden

Darsteller: Dean Paul Martin (Dr. Billy Hayes),
Kevin Peter Hall (Dr. Elvin „El" Lincoln), Mark
Thomas Miller (Johnny Bukowsky, „Johnny B.",
„B-Man"), Courteney Cox (Gloria Dinallo), Jenni-
fer Holmes (Jane Miller), Max Wright (Richard
Stetmeyer), Diane Civita (Miss Nance).

Die Doctores Hayes und Lincoln arbeiten am Hu-
manidyne Institute in Los Angeles. Ihr Spezialge-
biet: Menschen mit erstaunlichen Fähigkeiten.
Ausgestattet mit T-Shirts, die für eine mögliche
Basketballmannschaft gedacht waren, kämpfen
diese „Misfits of Science" (etwa: Fehlgriffe der
Wissenschaft) gegen den Einsatz einer schrecklichen Strahlenwaffe, die mit einer unglaublichen
Vernichtungskraft aufwartet.
Dieses erste — glücklicherweise positiv verlaufe-
ne — Abenteuer hat zur Folge, dass die Gruppe
weiterhin zusammenbleibt, um das Böse in all
seinen grausigen Schattierungen zu stellen und
sich auch um einen nicht geringen Teil um eigene Probleme zu kümmern.
Zu den „Spezialisten" gehören: Dr. Billy Hayes,
Wissenschaftler, keine besonderen Fähigkeiten,
inoffizieller Leiter der Gruppe; Dr. Elvin Lincoln,
übergrosser farbiger Wissenschaftler, der sich
selbst ein Versuchsmittel spritzt, das ihn zeitlich
begrenzt zum Däumling werden lässt; Johnny
Bukowski, Rock-Sänger, der während eines Kon-
zertes „elektrifiziert" wurde und seitdem Strom-
blitze abschiessen kann, zusätzlich wurde er superschnell; Gloria Dinallo, ein junges Mädchen
mit psychokinetischen Fähigkeiten; Jane Miller,
Glorias Bewährungshelferin.

DIE SPEZIALISTEN UNTERWEGS zeigt mit au-
genzwinkerndem Humor, dass auch scheinbare
Missgeburten Helden werden können.
Eine überragende Reihe, der offensichtlich mit
viel Unverständnis begegnet wurde. Sie hätte ein
grösseres Publikum verdient und natürlich auch
eine längere Laufzeit. Die besten sterben eben
tatsächlich jung.
Der Pilotfilm der Serie war bereits 1986 unter
dem Titel DIE SUPERHELDEN auf Video er-
schienen.
Kevin Peter Hall spielte später den Bigfoot in
HARRY UND DIE HENDERSONS (qv); Max
Wright bot ALF (qv) Unterschlupf in seinem
Haus. Den Spezialisten begegneten unterwegs
June Allyson, Larry Linville, Kenneth Mars, John
(Holmes und YoYo & Familie Munster) Schuck,
James Sloyan, Brenda (Scorch) Strong, Liam
Sullivan und Ray (Mein Onkel vom Mars) Wal-
ston.

EPISODEN:
1.   GEFÄHRLICHE WAFFEN 1 (Misfits Of Sci-
        ence) 29.08.88
2.   GEFÄHRLICHE WAFFEN 2 (Misfits Of Sci-
        ence) 05.09.88
3.   MIT VEREINTEN KRÄFTEN (Your Place Or
        Mayan?) 12.09.88
4.   IN LETZTER SEKUNDE (Guess What's Co-
        ming To Dinner?) 19.09.88
5.   DIE GUTE TAT (Lost Link) 26.09.88
6.   LIEBESWERBEN EINMAL ANDERS (Sort Of
        Looking For Gina) 03.10.88

7.	MIAMI HAYES (Sonar...And Yet So Far) 10.10.88
8.	EINEN STRAHLENBURGER, BITTE (Steer Crazy) 17.10.88
9.	CASINO FATAL (Fumble On The One) 24.10.88
10.	ZWILLINGSMOTOREN (Twin Engines) 31.10.88
11.	HÄSCHEN CONNECTION (Grand Theft Bunny) 07.11.88
12.	HOKUSPOKUS (Grand Elusion) 14.11.88
13.	ADEL VERPFLICHTET (Once Upon A Night) 21.11.88
14.	DER BASKETBALLPROFI (Center Of Attention) 28.11.88
15.	DER ALPTRAUM (Against All Oz) 05.12.88
16.	DER RACHEENGEL (The Avenging Angel) 12.12.88
17.	DREI TAGE IM LEBEN EINES MIXERS (Three Days Of The Blender) 19.12.88

SPRECHSTUNDE BEI DR. FRANKENSTEIN

BRD 1996/97; 54 Episoden
Ausstrahlung:
ZDF 1997; 48 Episoden
ZDF 1998; 3 Episoden

Darsteller: Silke Matthias (Dr. Charlotte „Charly" Frankenstein), Michael Trischan (Lenni), Ursula Staack (Frau Mompel), Fritzi Eichhorn (Franziska „Franzi" Frankenstein).

Dr. Frankenstein, Nachfahrin des berühmten Monsterbauers Viktor von Frankenstein, und ihre Tochter Franzi ziehen in ein Haus, das ihnen Onkel Julius vererbt hat. Hier wohnt auch die namenlose Kreatur, die der berühmte Vorfahr geschaffen hatte. Franzi gibt ihm den Namen Lenni. Als Franzis Kater Leo überfahren wird, pflanzt Lenni dem Tier einen Teil seines Gehirns ein und erweckt es damit wieder zum Leben. Als Nebeneffekt besitzt Leo nun die Fähigkeit zu sprechen.

Als erste deutsche Sitcom für Kinder angekündigt, benutzt diese Serie einen bekannten Hintergrund aus dem phantastischen Bereich für seine so spassigen Geschichtchen (ha!). Das eher durchschnittliche Ergebnis tut keinem weh und kann daher zumindest toleriert werden.

EPISODEN:

1.	DAS UNHEIMLICHE ERBE 23.09.97
2.	MASERN 24.09.97
3.	DIESE MEDIZINER! 29.09.97
4.	VORSICHT, KILLERTOMATEN! 30.09.97
5.	AUF FREIERS-PFOTEN 01.10.97
6.	ENGLISH FOR MONSTERS 02.10.97
7.	HÖHERE MATHEMATIK 06.10.97
8.	BA-BA-BANKÜBERFALL 07.10.97
9.	EIN TOTAL SÜSSER TYP 08.10.97
10.	DADDYS GROSSER AUFTRITT 09.10.97
11.	KLASSENFAHRT 10.10.97
12.	WANDA 13.10.97
13.	LAMPENFIEBER 14.10.97
14.	LENNIS RECHTE HAND 15.10.97
15.	POST FÜR LENNI 16.10.97
16.	ALWIN 17.10.97
17.	DIE SCHÖNE OHNE BIEST 20.10.97
18.	DIE WUNDERPILLE 23.10.97
19.	SWEET SEVENTY 24.10.97
20.	OH. MEIN PAPA! 27.10.97
21.	HAUSMUSIK 28.10.97
22.	EINSAM GEMEINSAM 29.10.97
23.	DER HELD DES TAGES 30.10.97
24.	DANNI PLUS LIEBE 31.10.97
25.	VIEL LÄRM UM LEO 03.11.97
26.	SCHLUCKAUF 04.11.97
27.	LADY CYNTHIAS UNSTERBLICHE AUGEN 05.11.97
28.	HOROSKOPE 06.11.97
29.	STILLE NACHT 07.11.97
30.	HORRORGESCHICHTEN 17.11.97
31.	RISIKEN UND NEBENWIRKUNGEN 18.11.97
32.	MONSTERRIEGEL, DIE DRITTE 19.11.97
33.	ELVIS 20.11.97
34.	WENN MAN VOM TEUFEL SPRICHT 21.11.97
35.	M WIE MÖRDER 24.11.97
36.	HOCHZEIT MIT HINDERNISSEN 25.11.97
37.	HALLO, SCHWESTER 26.11.97
38.	NACHHILFESTUNDEN 27.11.97
39.	LENNI DA VINCI 28.11.97
40.	KOMMT EIN MESSER GEFLOGEN 01.12.97
41.	PICKEL-PROBLEME 02.12.97
42.	NICHTGEBURTSTAG 08.12.97
43.	DIE HAUPTROLLE 09.12.97
44.	ZAHNWEH 10.12.97
45.	ALPTRÄUME 16.12.97
46.	MODELL 1377 17.12.97
47.	EIN FALL VON LIEBE 18.12.97
48.	WER BIN ICH? 19.12.97
49.	FALSCHER SCHEIN 05.09.98
50.	FRANZI UND FREDDY 06.09.98
51.	DIE GEDANKEN SIND FREI 13.09.98

SPUK AUS DER GRUFT

BRD 1997; 4 Episoden
Ausstrahlung:
Der Kinderkanal 1997; 4 Episoden

Darsteller: Kurt Böwe (Onkel Hermann), Barbara Dittus (Frau Stillmark), Saskia Grasemann (Maja Köhler), Reiner Heise (Pacholke), Nina Hoger (Renate Köhler), Friedrich Lindner (Marco Köhler), Walter Plathe (Bürgermeister Lothar), Gudrun Ritter (Hanne), Benjamin Sadler (Junker Friedrich von Kuhlbanz), Jaecki Schwarz (Lord Coolberry), Matthias Schweighöfer (Torsten), Axel Werner (Pastor Stillmark), Gregor Weber (Balthasar von Kuhlbanz), Joachim Kaps (Schäfer Dühn), Kurt Radeke (Pfarrer Mangold).

Renate Köhler erbt den Gasthof „Zum alten Ritter" in dem Brandenburgischen Örtchen Reggelin. Sie zieht also mit Tochter Maja und Sohn Marco aus Berlin in die Provinz.
In der Kirche von Reggelin liegt der Junker Friedrich bestattet. Er soll vor 300 Jahren einen Mord begangen haben und nun ist es seiner armen Seele nicht gestattet zu ruhen — und seiner Leiche nicht erlaubt zu verwesen.
Maja ist von dem schmucken Ritter, der ihr als Geist erscheint, fasziniert und beschließt, seine Unschuld zu beweisen. Gemeinsam mit Friedrich bekommt sie heraus, dass der wahre Mörder damals Friedrichs Bruder Balthasar war. Sie will nun das Gericht der Schatten anrufen, damit ihrem Angebeteten Gerechtigkeit widerfährt.

Gruselspass für Kinder dessen Vorführung über einen Tag verstreut — alle zwei Stunden eine Episode — und mit dem Making of-Special WIE KAM DER SPUK IN DIE GRUFT? im Anschluss an die vierte Episode abgerundet wurde. Im Jahre 2000 folgte eine Fortsetzung unter dem Titel SPUK IM REICH DER SCHATTEN (qv).
1998 lief SPUK AUS DER GRUFT auch als Kinofilm; Filmstart: 24.09.98.

EPISODEN:
1.   DIE MUMIE VON ROGGELIN 22.11.97
2.   DAS MEDAILLON AUS DEM SARG 22.11.97
3.   DAS GEHEIMNIS DES KÖNIGS 22.11.97
4.   DAS GERICHT DER SCHATTEN 22.11.97

SPUK IM HAUS
(Nobody's House)
GB 1977; 7 Episoden
Deutsche Ausstrahlung:
ZDF 1978; 7 Episoden

Darsteller: Kevin Moreton (Niemand), Stuart Wilde (Tom Sinclair), Mandy Woodward (Gilly Sinclair), William Gaunt (Peter Sinclair), Wendy Gilford (Jane Sinclair), John Cater (Makler), Walter Gaunt (Wally), Michael Elwyn (Moody), Joe Gladwin (Smiley), Artro Morris (Heathcote Oliver Small).

Die Familie Sinclair zieht von London in ein Haus aus viktorianischer Zeit im Norden Englands. Sie wollen hier ein Antiquitätengeschäft eröffnen. Nach kurzer Zeit stellt sich heraus, dass sie nicht die einzigen Bewohner sind. Ein Geist, der nur Niemand genannt wird, lebt hier, Überbleibsel eines Armenhauses, das vor dem jetzigen Gebäude auf diesem Platz stand. Bisher hatte dieser Geisterjunge noch jeden vertrieben, doch nun gehören die Teenager Tom und Gilly zu den neuen Bewohnern.

EPISODEN:
1.   DER EINZUG (- liegt nicht vor -) 20.06.78
2.   DER SCHULAUFSATZ (- liegt nicht vor -) 27.06.78
3.   TASCHENGELD (- liegt nicht vor -) 04.07.78
4.   SEIN ERSTES GESCHENK (- liegt nicht vor -) 11.07.78
5.   DIE FREUNDIN (- liegt nicht vor -) 18.07.78
6.   DIE PARTY (- liegt nicht vor -) 25.07.78
7.   DIE FALLE SCHNAPPT ZU (- liegt nicht vor -) 01.08.78

SPUK IM HOCHHAUS
DDR 1981; 7 Episoden
Ausstrahlung:
<DFF 1 1982/1983; 7 Episoden>
ARD 1993; 7 Episoden

Darsteller: Katja Paryla (Jette Deibelschmidt), Heinz Rennhack (August Deibelschmidt), Stefan Lisewski (Kegel), Klaus Mertens (Neuhausen), Gerry Wolff (Archivar Licht), Brit Teutoburg-Weiß (Schnecke), Marina Krogull, Wolfgang Greese, Käthe Reichel, Madeleine Lierck, Hilmar Baumann, Rosemarie Bärhold.

Jette und August Deibelschmidt, ein im 18. Jahrhundert verstorbenes Wirtsehepaar, unterliegen einem Fluch. Da sie zu Lebzeiten insbesondere als Diebe in Erscheinung traten, müssen sie nun sieben gute Taten abliefern, um in Frieden ruhen zu dürfen. Als Wirkungsfeld ihrer zu erwartenden Pfadfindertaten wählen sie ein Hochhaus in Berlin.

Nach jeder akzeptierten guten Tat ertönt ein
Gong; der siebente bringt die Erlösung.

Katja Paryla und Stefan Lisewski geisterten bereits durch die Serie SPUK UNTERM RIESEN-
RAD (qv).

EPISODEN (ARD):
1.   FEUER UND WASSER 23.06.93
2.   DAS ZORNIGE SOFA 24.06.93
3.   WIE HUND UND KATZE 28.06.93
4.   BEMME UND DIE SIEBEN GEISSLEIN
      29.06.93
5.   KUSS ODER KEILE 30.06.93
6.   OMAS WUNDERKUCHEN 05.07.93
7.   ABSCHIED WIDER WILLEN 06.07.93

SPUK IM REICH DER SCHATTEN
BRD 2000; 4 Episoden
Ausstrahlung:
KiKa 2000; 4 Episoden

Darsteller: Saskia Grasemann (Maja Köhler),
Matthias Schweighöfer (Torsten), Ilja Richter
(Müller-Wadenstedt), Benjamin Sadler (Junker
Friedrich von Kuhlbanz), Christian Kuchenbuch
(Balthasar von Kuhlbanz), Reiner Heise (Pachol-
ke), Nina Hoger (Renate), Walter Plathe (Bürger-
meister Lothar), Friedrich Lindner (Marco Köh-
ler), Gudrun Ritter (Hanne), Axel Werner (Pastor
Stillmark), Uwe Madel (Gruftbesucher), Katrin
Meyer (Kellnerin).

Vor 297 wurde im Dorf Reggelin der Junker
Friedrich von seinem neidischen Bruder Balthasar ermordet. Balthasar wurde vom Gericht der
Schatten schuldig gesprochen und liegt nun als
nie vewesende Leiche als Ausstellungsstück in
einem Glassarg.
Maja ist unsterblich in den toten Junker Friedrich
verliebt. Sie war auch mit verantwortlich für die
Verurteilung Balthasars. Dieser sinnt nun auf Rache. Als er Maja in eine Falle lockt, wird diese
von Friedrich gerettet. Doch Balthasar gibt nicht
auf. Er übernimmt den Körper von Torsten, der in
Maja verliebt ist, und überzeugt diese, das
Schattenreich zu betreten.

Fortsetzung der Reihe SPUK AUS DER GRUFT
(qv) aus dem Jahre 1997. Alle Hauptdarsteller
treten erneut in Erscheinung; Reiner Heise gehörte auch zur Besetzung der Serie SHERLOCK
HOLMES UND DIE SIEBEN ZWERGE (qv).

EPISODEN:
1.   BESUCH AUS DEM GRAB 17.11.00
2.   DER KUSS DER MUMIE 20.11.00
3.   DAS TOR ZUM SCHATTENREICH 21.11.00
4.   BALTHASARS RACHE 22.11.00

SPUK UNTERM RIESENRAD
DDR 1978; 7 Episoden
Ausstrahlung:
<DFF 1 1979; 6 Episoden>
Hessen Fernsehen 1979; 7 Episoden

Darsteller: Katja Paryla (Hexe), Stefan Lisewski
(Riese), Siegfried Seibt (Rumpelstilzchen).

Im Berliner Kulturpark steht eine Geisterbahn,
die auch verschiedene Märchenfiguren beherbergt. Als Keks, Umbo und Tammi ihrem Opa,
dem Besitzer der Bahn, beim Saubermachen
helfen, werden die Hexe, der Riese und Rumpelstilzchen lebendig und flüchten. Eine wilde Verfolgungsjagd beginnt...

Katja Paryla und Stefan Lisewski spielten später
die Geister in SPUK IM HOCHHAUS (qv).

EPISODEN:
1.   DIE AUSREISSER
2.   GESPENSTER AUF RÄDERN
3.   ALARM IM WARENHAUS
4.   FLUCHT IN DIE BERGE
5.   EINE BURG IN GEFAHR
6.   DIE SCHAUERLICHE NACHT
7.   RUMPI SCHLÄGT ZU

SPUK VON DRAUSSEN
DDR 1987; 9 Episoden
Ausstrahlung:
<DFF 1 1987; 9 Episoden>
1 Plus 1991; 9 Episoden

Darsteller: Madeleine Lierck (Frau Habermann),
Wolf-Dieter Lingk (Herr Dr. Habermann), Hajo
Müller (Opa Rodenwald), Kathrin Bachert (Max
Habermann), Janine Demuschewsky (Moritz Ha-
bermann), Maurice Zirm (Torsten).

Nach einem Urlaub im Erzgebirge, bezieht die
Familie des Wissenschaftlers Habermann ein
Haus in Bärenbach, in dem es spuken soll.
Wenngleich Habermann das auch für Mumpitz
hält, fällt doch auf, dass ihr Mitbewohner, ein ge-

wisser Rodenwald ein paar seltsame Angewohn-
heiten an den Tag legt. Wie sich herausstellt, ist
Opa Rodenwald ein Roboter. Als Ausserirdische
landen muss sich Rodenwald verteidigen. Die
Töchter Habermann und ihr Freund Torsten stehen ihm bei.

EPISODEN (1 Plus)**:**
1.   DAS ALTE HAUS 14.10.91
2.   DIE VORZEICHEN 15.10.91
3.   DIE LANDUNG 16.10.91
4.   DIE FREMDEN 17.10.91
5.   DER KAMPF BEGINNT 18.10.91
6.   DIE UNSICHTBARE WAND 19.10.91
7.   DER PLANET OBSKURA 20.10.91
8.   DER RAUMSTREICHER 21.10.91
9.   DIE ENTSCHEIDENDE NACHT 22.10.91

S.R.I. UND DIE UNHEIMLICHEN FÄLLE
(Kaiki SRI)
JPN 1969; 26 Episoden
Deutsche Ausstrahlung:
ZDF 1971; 13 Episoden

Darsteller: Reiko Kohashi (Saori Ogawa), Mori
Kishida (Shiro Maki), Miho Hara (Tadashi Matoya), Shyoji Matsuyama (Hiroshi Nomura).

Wenn in deiner Nachbarschaft etwas seltsam ist,
wen rufst du dann? — In Japan das S.R.I., das
Science Research Institute —Auch im modernen
Japan gibt es noch Geistererscheinungen oder
andere unerklärliche Begebenheiten: Geister, die
über Seen schweben; Samuraihorden, die das
Moor unsicher machen; einfache Menschen, deren Stofflichkeit durch Strahlung aufgelöst wird
und die zu einer Gefahr für ihre Mitmenschen
mutieren.
Und genau auf diese Fälle sind Tadashi Matoya
und sein S.R.I. spezialisiert.

Wenn man eine Serie zuletzt mit neun Jahren
sah, ist die später geäusserte Kritik immer mit
Vorsicht zu geniessen. Damals fand ich die Serie
spannend und gelungen, ja, teilweise sogar ausgesprochen gruselig.

EPISODEN:
1.   ICH WILL KYOTO KAUFEN (- liegt nicht vor -)
     14.07.71
2.   DER TOTE VOM BERG ASO (- liegt nicht
     vor -) 21.07.71
3.   DIE FRAU IM SCHNEE (- liegt nicht vor -)
     28.07.71
4.   WIE EIN GESPENST (- liegt nicht vor -)
     04.08.71
5.   DIANAS PFEILE TREFFEN IMMER (- liegt
     nicht vor -) 11.08.71
6.   DIE FLEDERMÄUSE DES HERRN IWAI
     (- liegt nicht vor -) 18.08.71
7.   KRIEG AUF EIGENE FAUST (- liegt nicht vor -)
     25.08.71
8.   DIE WEISSEN HÄNDE VON HAI-KE (- liegt
     nicht vor -) 01.09.71
9.   DIE STIMME AUS DEM JENSEITS (- liegt
     nicht vor -) 08.09.71
10. DER FLUCH DER SAMURAI (- liegt nicht
     vor -) 15.09.71
11. DES JAGUARS AUGEN SIND ROT (- liegt
     nicht vor -) 22.09.71
12. TOD AM TELEFON (- liegt nicht vor -)
     29.09.71
13. DIE SPUR DES TODES (- liegt nicht vor -)
     06.10.71

STARGATE
(Stargate SG-1)
USA 1994; Spielfilm
USA 1997- ; bisher 90 Episoden
Deutsche Ausstrahlung:
RTL 2 1999; Pilot & 21 Episoden
RTL 2 1999; 20 Episoden
RTL 2 2000/2001; 23 Episoden
RTL 2 2001

Darsteller: Richard Dean Anderson (Colonel
Jack O'Neill), Michael Shanks (Dr. Daniel Jackson), Amanda Tapping (Captain Samantha Carter), Don S. Davis (General Hammond), Christopher Judge (Teal'c), Teryl Rothery (Dr. Frasier),
Vanessa Angel (Anise - 2000-).

Im Cheyenne Mountain existiert ein geheimer
Stützpunkt der US-Air Force, der das Stargate
beherbergt. Das Stargate ist eine Art ausserirdischer Transporter, hergestellt vom Volk der Go-
a'uld. Die Goa'uld finden ihren Lebenszweck in
der Eroberung und Unterdrückung fremder Völker.
Zur Erforschung der durch das Stargate zu errei-
chenden Planeten werden neun Teams zusam-
mengestellt. SG-1 steht unter der Leitung von
Colonel Jack O'Neill, der, gemeinsam mit dem
Teammitglied Dr. Jackson, bereits die erste Star-
gatereise unternahm. Ihnen und ihren Kameraden, Captain Carter und der übergelaufene Aus-

serirdische Teal'c vom Sklavenvolk der Jaffa, unterliegt nun die Aufgabe der Erforschung unbekannter Welten. Oftmals kommt es jedoch auch zu Rettungsaktionen oder Kampfeinsätzen, da die Aktionen der menschlichen Einsatztruppen natürlich nicht unbemerkt bleiben.

Basierend auf dem Kinofilm STARGATE, den Roland Emmerich 1995 mit Kurt Russell und James Spader inszenierte. Die Serie breitet die vorgegebene Geschichte der ausserirdischen Eroberer mehr oder weniger geschickt weiter aus, schafft es grösstenteils genügend Spannung für die wöchentliche Unterhaltung aufzubauen.
Die Serie wurde in Deutschland vorab auf Video ausgewertet.
Don S. Davis spielte bereits in DAS GEHEIMNIS VON TWIN PEAKS (qv). Gäste dies- und jenseits des Sternentors waren Jay (Die Schöne und das Biest) Acovone, Carmen Argenziano, René (Star Trek: Deep Space Nine) Auberjonois, Kristian (Space Cases) Ayre, Matthew (Total Recall 2070) Bennett, Christina (The Crow) Cox, Ronny Cox, Roger R. (First Wave) Cross, William (Die verlorene Welt & Mission Erde) De Vry, Sarah Douglas, Galyn (Twin Peaks & M.A.N.T.I.S.) Görg, Sam J. (Highwayman) Jones, Tamsin Kelsey, Megan Leitch, Kevin Nultry, Bobbie (Countdown X) Phillips, Gerard Plunkett, Alan Rachins, William Russ, Eric Schneider, Dwight Schultz, Armin (Star Trek: Deep Space Nine) Shimerman, Marina (Raumschiff Enterprise-Das nächste Jahrhundert) Sirtis, Cary-Hiroyuki (Space Rangers) Tagawa, Musetta (Super Force) Vander, Peter (Highlander) Wingfield und Robert (Odyssee ins Traumland) Wisden.

FILM:

I.   STARGATE (Stargate; 1994) 09.03.95; Kino

EPISODEN:

1.   DAS TOR ZUM UNIVERSUM (Children Of The Gods 1/2) 06.01.99
2.   DER FEIND IN MEINEM KÖRPER (The Enemy Within) 13.01.99
3.   VERRATEN UND VERKAUFT (Emancipation) 20.01.99
4.   DIE SEUCHE (The Broca Divide) 27.01.99
5.   DAS ERSTE GEBOT (First Commandment) 03.02.99
6.   DIE AUFERSTEHUNG (Cold Lazarus) 10.02.99
7.   DIE MACHT DER WEISEN (The Nox) 17.02.99
8.   DIE AUSERWÄHLTEN (Brief Candle) 24.02.99
9.   IM REICH DES DONNERGOTTES (Thor's Hammer) 03.03.99
10.   DIE QUALEN DES TANTALUS (The Torment Of Tantalus) 10.03.99
11.   BLUTSBANDE (Bloodlines) 17.03.99
12.   FEUER UND WASSER (Fire And Water) 24.03.99
13.   DER KUSS DER GÖTTIN (Hathor) 31.03.99
14.   CASSANDRA (Singularity) 07.04.99
15.   VERGELTUNG (Cor-Ai) 14.04.99
16.   ENIGMA (Enigma) 21.04.99
17.   IM EWIGEN EIS (Solitudes) 28.04.99
18.   ÜBERMENSCHEN (Tin Man) 05.05.99
19.   DIE INVASION 1 (There But For The Grace Of God) 12.05.99
20.   DIE INVASION 2 (Politics) 12.05.99
21.   DIE INVASION 3 (Within The Serpent's Grasp) 13.05.99
22.   DIE INVASION 4 (Serpent's Lair) 13.05.99

23.   FREUND ODER FEIND? (In The Line Of Duty) 18.08.99
24.   ZERSTÖRERIN DER WELTEN (Prisoners) 25.08.99
25.   VIRTUELLER ALPTRAUM (Gamekeeper) 01.09.99
26.   DER SARKOPHAG (Need) 08.09.99
27.   RÜCKKEHR DES THOR (Thor's Chariot) 15.09.99
28.   TROJANISCHE KUGEL (Message In A Bottle) 22.09.99
29.   DER VERLORENE SOHN (Family) 29.09.99
30.   SHA'RES RÜCKKEHR (Secrets) 06.10.99
31.   INSEKTEN DES TODES (Bane) 13.10.99
32.   DIE TOK'RA 1 (The Tok'ra 1) 20.10.99
33.   DIE TOK'RA 2 (The Tok'ra 2) 20.10.99
34.   GEISTER (Spirits) 27.10.99
35.   DAS ZWEITE TOR (Touchstone) 03.11.99
36.   DAS SCHWARZE LOCH (A Matter Of Time) 10.11.99
37.   DIE FÜNFTE SPEZIES (The Fifth Race) 17.11.99
38.   DER STURZ DES SONNENGOTTES (Serpent's Song) 24.11.99
39.   SEELENWANDERUNG (Holiday) 01.12.99
40.   TÖDLICHE KLÄNGE (One False Step) 08.12.99
41.   NEUE FEINDE (Show And Tell) 15.12.99
42.   1969 (1969) 22.12.99

43.   DIE HÖHLE DES LÖWEN 1 (Out Of Mind) 02.08.00
44.   DIE HÖHLE DES LÖWEN 2 (Into The Fire) 02.08.00
45.   SETH (Seth) 09.08.00
46.   DIE SAAT DES VERRATS (Fair Game) 16.08.00
47.   BESESSEN (Legacy) 23.08.00
48.   DIE LEKTION DER ORBANER (Learning Curve) 30.08.00

49.   LEBENSLINIEN (Point Of View) 06.09.00
50.   KOPFGELDJÄGER (Dead Man's Switch)
       13.09.00
51.   DÄMONEN (Demons) 20.09.00
52.   REGELN DER KRIEGSFÜHRUNG (Rules Of
       Engagement) 27.09.00
53.   SHA'RES TOD (Forever In A Day) 04.10.00
54.   VERGANGENHEIT UND GEGENWART (Past
       And Present) 11.10.00
55.   JOLINARS ERINNERUNGEN (Jolinar's Memo-
       ries) 18.10.00
56.   APOPHIS' RÜCKKEHR (The Devil You Know)
       25.10.00
57.   AUSSERIRDISCHE AUF DEM VORMARSCH
       (Foothold) 01.11.00
58.   DIE TOLLAN-TRIADE (Pretense) 08.11.00
59.   URGO (Urgo) 15.11.00
60.   O'NEILL UND LAIRA (A Hundred Days)
       22.11.00
61.   O'NEILL AUF ABWEGEN (Shades Of Gray)
       29.11.00

62.   TÖDLICHER VERRAT (New Ground)
63.   HARSESIS' RETTUNG (Maternal Instinct)
64.   DER KRISTALLSCHÄDEL (Crystal Skull)
       30.05.01
65.   NEMESIS (Nemesis & Small Victories)
       01.06.01
66.   DIE ANDERE SEITE DER MEDAILLE (The
       Other Side) 06.06.01
68.   DAS VERMÄCHTNIS DER ATANIKER (Up-
       grades) 13.06.01
69.   SHAN'AUCS OPFER (Crossroads) 20.06.01
70.   (Divide And Conquer)
71.   (Window Of Opportunity)
72.   (Watergate)
73.   (The First Ones)
74.   (Scorched Earth)
75.   (Beneath The Surface)
76.   (Point Of No Return)
77.   (Tangent)
78.   (The Curse)
79.   (The Serpent's Venom)
80.   (Chain Reaction)
81.   (2010)
82.   (Absolute Power)
83.   (The Light)
84.   (Prodigy)
85.   (Entity)
86.   (Double Jeopardy)
87.   (Exodus)
88.   (Enemies)
89.   (Threshold)

STAR TREK: DEEP SPACE NINE
(Star Trek: Deep Space Nine)
USA 1993-1999; Pilot & 172 Episoden (zwei dop-
pellange)

Deutsche Ausstrahlung:
SAT.1 1994; Pilot & 18 Episoden
SAT.1 1994; 26 Episoden
SAT.1 1996; 26 Episoden
SAT.1 1996; 25 Episoden (eine doppellange)
SAT.1 1997; 1 Episode
SAT.1 1998; 25 Episoden
SAT.1 1998; 26 Episoden
SAT.1 1999/2000; 26 Episoden

Darsteller: Avery Brooks (Commander/Captain
Benjamin Lafayette Sisko), René Auberjonois
(„Constable" Odo Ital), Siddig El Fadil/Alexander
Siddig (Dr. Julian Subatoi Bashir), Terry Farrell
(Lieutenant Jadzia Dax - 1993-98), Cirroc Lofton
(Jake Sisko), Colm Meaney (Chief Miles Edward
O'Brien), Armin Shimerman (Quark), Nana Visitor
(Major/Colonel Kira Nerys), Michael Dorn (Lieu-
tenant Commander Worf - 1995-99), Nicole de
Boer (Ezri Dax - 1998/99), Rosalind Chao (Keiko
O'Brien), Aron Eisenberg (Nog), Max Grodénchik
(Rom), Marc Alaimo (Gul Dukat), Andrew J. Ro-
binson (Elim Garak), Louise Fletcher (Vedek/Kai
Winn Adami), Salome Jens (Gründerin - 1994 &
1996-99), Chase Masterson (Leeta - 1995-99), J.
G. Hertzler (General Martok - 1995-99), Penny
Johnson (Kasidy Yates - 1995-99), Jeffrey
Combs (Weyoun & Brunt - 1996-99), Casey
Biggs (Legate Damar - 1996-99), Barry Jenner
(Admiral William Ross - 1998/99).

Commander Benjamin Sisko übernimmt eine von
Cardassianern verlassene Raumstation an den
Grenzen der Föderation. Durch ein hier befindli-
ches stabiles Wurmloch ist der Übergang in den
Gamma-Quadranten möglich, was viel Neues
und viel Gefährliches in sich birgt. Trotz anfänglichem Widerwillen lebt sich Sisko bald ein und
bildet mit dem Föderationspersonal und den
Mannschaftsmitgliedern von Bajor, dem Planeten
über dem die Station positioniert ist, eine ver-
schworene Gemeinschaft von Kollegen und
Freunden.

Nach RAUMSCHIFF ENTERPRISE (qv) und
RAUMSCHIFF ENTERPRISE-DAS NÄCHSTE
JAHRHUNDERT (qv) die dritte Serie in diesem
Universum.
Kurz nach dem Start von DEEP SPACE NINE
wurden bereits erste Stimmen laut, dass es sich
hierbei nicht um „echtes Star Trek" handeln wür-
de und das die Serie insgesamt viel zu blöd sei.
Einige dieser berufenen Stimmen meldeten sich

sogar schon vor der Ausstrahlung der Serie. Wie auch immer. Genau wie sein Vorgänger, DAS NÄCHSTE JAHRHUNDERT, hatte DEEP SPACE NINE einige Kinderkrankheiten zu überwinden. Mit der Zeit mauserte sie sich zu einer durchaus spannenden und unterhaltsamen Serie, der allerdings zugegebenermassen noch oftmals Ausrutscher passierten, soll heissen, Episoden, die nicht das Filmmaterial auf dem sie entstanden wert sind.

Die Ausweitung der Serie durch Themen, Handlungsstränge und wiederkehrende Charaktere hat zur Folge, dass DEEP SPACE NINE den meist herangezogenen Vergleich, nämlich den mit der anderen Raumstation, BABYLON 5 (qv), kaum zu scheuen braucht.

Colm Meaney und Michael Dorn spielten bereits in RAUMSCHIFF ENTERPRISE-DAS NÄCHSTE JAHRHUNDERT (qv); Armin Shimerman in DIE SCHÖNE UND DAS BIEST (qv), Salome Jens in SUPERBOY (qv). In den Tiefenraum begaben sich Edward (Die Schöne und das Biest) Albert, Michael John (Twin Peaks) Anderson, Philip Anglim, Michael Ansara, Jonathan Banks, Adrienne Barbeau, Majel (Raumschiff Enterprise, Raumschiff Enterprise-Das nächste Jahrhundert & Mission Erde) Barrett, Felicia M. (NightMan) Bell, Richard (Twin Peaks) Beymer, James (Burning Zone) Black, Roy Brocksmith, K (Superman) Callan, Bernie Casey, Dennis (Profiler) Christopher, John (Kampfstern Galactica) Colicos, James Cromwell, Mary Crosby, James Darren, John de Lancie, Michael (V) Durrell, Michael Ensign, Michael Fairman, Fionnula Flanagan, John Fleck, Meg Foster, Robert Foxworth, Jonathan (Raumschiff Enterprise-Das nächste Jahrhundert) Frakes, Megan (Nowhere Man & Millennium) Gallagher, Mike (The Flash) Genovese, Susan Gibney, Galyn (Twin Peaks & M.A.N.T.I.S.) Görg, April (Raumschiff Enterprise-Das nächste Jahrhundert) Grace, Gerrit Graham, Martha (Star Trek: Raumschiff Voyager) Hackett, Jennifer Hetrick, Clint (Space Rangers) Howard, Sherman (Superboy) Howard, Gregory Itzin, Brian Keith, Thomas Kopache, Frank Langella, William (Outlaws) Lucking, Stephen Macht, Barbara (Raumschiff Enterprise-Das nächste Jahrhundert) March, Kenneth Mars, Jason (Familie Munster & Eerie, Indiana) Marsden, Kenneth Marshall, Julianna (Dark Shadows) McCarthy, Dick Miller, Phil (In geheimer Mission) Morris, Charles (Outlaws) Napier, Sandra Nelson, Julia Nickson, Natalija (Raumschiff Enterprise-Das nächste Jahrhundert) Nogulich,

Tricia O'Neil, Randy (Teen Engel) Oglesby, Alan (Der Sechs-Millionen-Dollar-Mann) Oppenheimer, Robert O'Reilly, Brock Peters, Eric (Alien Nation) Pierpoint, Tony Plana, Lawrence Pressman, Andrew (V) Prine, Duncan (V) Regehr, Wendy (Twin Peaks) Robie, Joseph Ruskin, Tim (Highwayman & Star Trek: Raumschiff Voyager) Russ, William (Roswell) Sadler, Chris Sarandon, Michael Sarrazin, Camille Saviola, William (Mini-Max) Schallert, John (Holmes und YoYo & Familie Munster) Schuck, Tracy (Superman & Babylon 5) Scoggins, Gregory Sierra, James Sloyan, Kurtwood Smith, Bill (Millennium) Smitrovich, Don (Timecop) Stark, Patrick (Raumschiff Enterprise-Das nächste Jahrhundert) Stewart, Patricia (Babylon 5) Tallman, Brian (Clan der Vampire) Thompson, Kenneth Tobey, Tony (Raumschiff Enterprise-Das nächste Jahrhundert) Todd, Gwynyth (Raumschiff Enterprise-Das nächste Jahrhundert) Walsh, Craig T. Wasson, Fritz (Die Mars-Chroniken) Weaver, Clarence (Twin Peaks) Williams III und Vanessa L. Williams

EPISODEN:

1. DER ABGESANDTE (Emissary) 28.01.94
2. DIE KHON-MA (Past Prologue) 30.01.94
3. UNTER VERDACHT (A Man Alone) 06.02.94
4. BABEL (Babel) 13.02.94
5. TOSK, DER GEJAGTE (Captive Pursuit) 20.02.94
6. Q-UNERWÜNSCHT (Q-less) 27.02.94
7. DER FALL „DAX" (Dax) 06.03.94
8. DER PARASIT (The Passenger) 13.03.94
9. CHULA-DAS SPIEL (Move Along Home) 20.03.94
10. DER STEINWANDLER (Vortex) 03.04.94
11. DIE PROPHEZEIUNG (Battlelines) 10.04.94
12. DIE LEGENDE VON DAL'ROK (The Storyteller) 17.04.94
13. MULIBOKS MOND (Progress) 24.04.94
14. MACHT DER PHANTASIE (If Wishes Were Horses) 01.05.94
15. PERSÖNLICHKEITEN (The Forsaken) 08.05.94
16. MEUTEREI (Dramatis Personae) 15.05.94
17. DER UNDURCHSCHAUBARE MARRITZA (Duet) 22.05.94
18. BLASPHEMIE (In The Hands Of The Prophets) 29.05.94
19. DIE NACHFOLGE (The Nagus) 05.06.94

20. DIE HEIMKEHR (The Homecoming) 29.08.94
21. DER KREIS (The Circle) 30.08.94
22. DIE BELAGERUNG (The Siege) 31.08.94
23. DER SYMBIONT (Invasive Procedures) 01.09.94
24. DIE KONSPIRATION (Cardassians) 02.09.94

103. DIE REISE NACH RISA (Let He Who Is Without Sin) 27.02.98
104. DIE SCHULD (Things Past) 02.03.98
105. DER AUFSTIEG (The Ascent) 03.03.98
106. HEILIGE VISIONEN (Rapture) 04.03.98
107. DUNKELHEIT UND LICHT (The Darkness And The Light) 05.03.98
108. DAS BABY (The Begotten) 06.03.98
109. FÜR DIE UNIFORM (For The Uniform) 09.03.98
110. DIE SCHATTEN DER HÖLLE (In Purgatory's Shadow) 10.03.98
111. IM LICHTE DES INFERNOS (By Inferno's Light) 11.03.98
112. DR. BASHIRS GEHEIMNIS (Dr. Bashir, I Presume) 12.03.98
113. DER DATENKRISTALL (A Simple Investigation) 13.03.98
114. KRIEGSGESCHÄFTE (Business As Usual) 14.03.98
115. DIE ÜBERWINDUNG (Ties Of Blood And Water) 16.03.98
116. LIEBE UND PROFIT (Ferengi Love Songs) 17.03.98
117. MARTOKS EHRE (Soldiers Of The Empire) 18.03.98
118. KINDER DER ZEIT (Children Of Time) 19.03.98
119. GLANZ DES RUHMS (Blaze Of Glory) 20.03.98
120. EMPOK NOR (Empok Nor) 23.03.98
121. DIE KARTE (In The Cards) 24.03.98
122. ZU DEN WAFFEN! (A Call To Arms) 25.03.98

123. ZEIT DES WIDERSTANDS (A Time To Stand) 09.05.98
124. ENTSCHEIDUNGEN (Rocks And Shoals) 16.05.98
125. SÖHNE UND TÖCHTER (Sons And Daughters) 23.05.98
126. HINTER DEN LINIEN (Behind The Lines) 30.05.98
127. EIN KÜHNER PLAN (Favor The Bold) 06.06.98
128. SIEG ODER NIEDERLAGE (The Sacrifice Of Angels) 13.06.98
129. KLINGONISCHE TRADITION (You Are Cordially Invited) 20.06.98
130. ERKENNTNIS (Resurrection) 27.06.98
131. STATISTISCHE WAHRSCHEINLICHKEITEN (Statistical Probabilities) 04.07.98
132. DER GLORREICHE FERENGI (The Magnificent Ferengi) 11.07.98
133. DAS GUTE UND DAS BÖSE (Waltz) 18.07.98
134. WER TRAUERT UM MORN? (Who Mourns For Morn?) 25.07.98
135. JENSEITS DER STERNE (Far Beyond The Stars) 01.08.98
136. DAS WINZIGE RAUMSCHIFF (One Little Ship) 08.08.98

137. EHRE UNTER DIEBEN (Honor Among Thieves) 15.08.98
138. WANDEL DES HERZENS (Changes Of Heart) 22.08.98
139. TIEFES UNRECHT (Wrongs Darker Than Death Or Night) 29.08.98
140. INQUISITION (Inquisition) 05.09.98
141. IN FAHLEM MONDLICHT (In The Pale Moonlight) 12.09.98
142. AUF SEINE ART (His Way) 19.09.98
143. ZEIT DER ABRECHNUNG (The Reckoning) 26.09.98
144. VALIANT (Valiant) 10.10.98
145. DIE BERATERIN (Profit And Lace) 17.10.98
146. DAS ZEITPORTAL (Time's Orphan) 24.10.98
147. DER KLANG IHRER STIMME (The Sound Of Her Voice) 31.10.98
148. TRÄNEN DER PROPHETEN (Tears Of The Prophet) 07.11.98

149. DAS GESICHT IM SAND (Image In The Sand) 04.09.99
150. SCHATTEN UND SYMBOLE (Shadows And Symbols) 11.09.99
151. NACHEMPFINDUNG (Afterimage) 18.09.99
152. WETTKAMPF IN DER HOLOSUITE (Take Me Out To The Holo Suite) 25.09.99
153. VERRAT, GLAUBE UND GEWALTIGER FLUSS (Treachery, Faith, And The Great River) 02.10.99
154. SARINA (Chrysalis) 09.10.99
155. DER DAHAR-MEISTER (Once More Into The Breach) 16.10.99
156. DIE BELAGERUNG VON AR-558 (The Siege Of AR-558) 23.10.99
157. ENTSCHEIDUNG AUF EMPOK NOR (Covenant) 30.10.99
158. LEBEN IN DER HOLOSUITE (It's Only A Paper Moon) 06.11.99
159. DIE VERLORENE TOCHTER (Prodigal Daughter) 13.11.99
160. DIE TARNVORRICHTUNG (The Emperor's New Cloak) 20.11.99
161. FREIES SCHUSSFELD (Field Of Fire) 27.11.99
162. HIRNGESPINST (Chimera) 11.12.99
163. BADDA-BING, BADDA-BANG (Badda-Bing, Badda-Boom!) 18.12.99
164. UNTER DEN WAFFEN SCHWEIGEN DIE GESETZE (Inter Arma Enim Silent Leges) 08.01.00
165. IM UNGEWISSEN (Penumbra) 22.01.00
166. BIS DASS DER TOD UNS SCHEIDE ('Til Death Do Us Part) 29.01.00
167. EINE SONDERBARE KOMBINATION (Strange Bedfellows) 05.02.00
168. IM ANGESICHT DES BÖSEN (The Changing Face Of Evil) 12.02.00
169. EIN UNGLÜCK KOMMT SELTEN ALLEIN (When It Rains...) 19.02.00

170.   KAMPF MIT ALLEN MITTELN (Tacking Into The Wind) 26.02.00
171.   EXTREME MASSNAHMEN (Extreme Measures) 04.03.00
172.   IN DEN WIRREN DES KRIEGES (The Dogs Of War) 11.03.00
173.   DAS, WAS DU ZURÜCKLÄSST 1 (What You Leave Behind) 18.03.00
174.   DAS, WAS DU ZURÜCKLÄSST 2 (What You Leave Behind) 25.03.00

STAR TREK: RAUMSCHIFF VOYAGER
(Star Trek Voyager)
USA 1995-2001; Pilot & 165 Episoden
Deutsche Ausstrahlung:
SAT.1 1996; Pilot & 22 Episoden
SAT.1 1997; 5 Episoden
SAT.1 1997; 8 Episoden
SAT.1 1998/99; 52 Episoden <eine doppellange>
SAT.1 1999; 1 Episode <doppellange>
SAT.1 2000; 38 Episoden
SAT.1 2001

Darsteller: Kate Mulgrew (Captain Kathryn Janeway), Robert Beltran (Commander Chakotay), Roxann Biggs <-Dawson> (Lieutenant B'Elanna Torres), Jennifer Lien (Kes - 1995-97), Robert Duncan McNeill (Lieutenant/Ensign Thomas Eugene Paris), Ethan Phillips (Neelix), Robert Picardo (der Doktor), Tim Russ (Lieutenant Tuvok), Garrett Wang (Ensign Harry Kim), Martha Hackett (Seska - 1995/96), Jeri Ryan (Seven of Nine/ Annika Hansen - 1997-2001), Nancy Hower (Fähnrich Samantha Wildman), Alexander Enberg (Fähnrich Vorik - 1997-99), Samantha Pomers (Naomi Wildman - 1998-2001).

Die VOYAGER wird bei der Verfolgung eines Schiffes der Maquis, einer föderationsfeindlichen Freiheitsbewegung, von seinem heimischen Alpha-Quadranten in den Delta-Quadranten verfrachtet. Hier macht sich die neuformierte Besatzung, die überlebenden Maquis wurden mit an Bord genommen und in die Crew integriert, auf den langen Weg nach Hause — eine Reise, die über siebzig Jahre dauern wird.

RAUMSCHIFF VOYAGER ist das vierte der STAR TREK-Geschwister und fungierte als Ersatz für die ins Kino abgewanderte Erfolgsserie RAUMSCHIFF ENTERPRISE-DAS NÄCHSTE JAHRHUNDERT. Mit viel Pomp gestartet, wussten die Macher wohl zeitweilig nicht so recht, was sie eigentlich mit dieser Serie erreichen wollten und wohl auch nicht, wie sie die von ihnen kreierten buntgemischten Charaktere einsetzen und interagieren lassen sollten. Langsam aber sicher fand jedoch auch die VOYAGER ihren Kurs und konnte eine stetig wachsende Qualität für sich verbuchen.

2001 folgt als Prequel aller bisheriger Reihen die Serie STAR TREK: ENTERPRISE.

Tim Russ spielte bereits in HIGHWAYMAN (qv) mit; Jeri <Lynn> Ryan in DARK SKIES-TÖDLICHE BEDROHUNG (qv). Vor und während der Irrfahrt empfing man Michael Ansara, Ed Begley, Jr., LeVar (Raumschiff Enterprise-Das nächste Jahrhundert) Burton, Richard (Krieg der Welten) Chaves, Jeffrey (Star Trek: Deep Space Nine) Combs, Michael Cumpsty, Henry Darrow, Bruce (Harry und die Hendersons) Davison, John (Raumschiff Enterprise-Das nächste Jahrhundert) de Lancie, Brad (Wild Palms) Dourif, Aron (Star Trek: Deep Space Nine) Eisenberg, Michael Ensign, Richard (Nick Knight) Fancy, Ron (Alien Nation) Fassler, John Fleck, Jonathan (Raumschiff Enterprise-Das nächste Jahrhundert) Frakes, John (Earth 2) Gegenhuber, Galyn (Twin Peaks & M.A.N.T.I.S.) Görg, Gary (Alien Nation & M.A.N.T.I.S.) Graham, Gerrit Graham, Joel Grey, Francis (Eerie, Indiana) Guinan, Jerry (Akte X) Hardin, Richard (V) Herd, J. G. (Star Trek: Deep Space Nine) Hertzler, Sherman (Superboy) Howard, Scott Jaeck, Thomas Kopache, Rob (First Wave) LaBelle, Kristianna (Auf schlimmer und ewig & Mortal Kombat) Loken, Derek (Ultraman) McGrath, Marjorie (Space Rangers) Monaghan, Phil (In geheimer Mission) Morris, Sandra Nelson, Randy (Teen Engel) Oglesby, Gavan (Twin Peaks) O'Herlihy, Alan (Der Sechs-Millionen-Dollar-Mann) Oppenheimer, Lori Petty, Suzie Plakson, John (Sliders) Rhys-Davies, Richard Riehle, Eugene Roche, The Rock, Charles (Max Headroom) Rocket, Ned Romero, John Rubinstein, Joseph Ruskin, John Savage, Raphael Sbarge, Alan (Die geheimnisvolle Insel & Seven Days) Scarfe, Wendy (Fantasy Island) Schaal, Dwight (Raumschiff Enterprise-Das nächste Jahrhundert) Schultz, Judson (V) Scott, William Morgan (Max Headroom) Sheppard, Armin (Die Schöne und das Biest & Star Trek: Deep Space Nine) Shimerman, Carolyn Seymour, Marina (Raumschiff Enterprise-Das nächste Jahrhundert) Sirtis, James Sloyan, Tucker (Space 2063) Smallwood, Kurtwood Smith, Carel (Twin Peaks) Struycken, George (Raumschiff Enterprise) Takei, Kenneth

(Der Mann aus dem Meer) Tigar, Tony Todd,
Concetta (Max Headroom) Tomei, Musetta (Super Force) Vander, Gwynyth Walsh, Ray (Mein
Onkel vom Mars & The Stand) Walston, Grace
Lee (Raumschiff Enterprise) Whitney, Paul Williams und Ray (Twin Peaks) Wise als Gäste.

EPISODEN:

1. DER FÜRSORGER (The Caretaker) 21.06.96
2. DIE PARALLAXE (Parallax) 28.06.96
3. SUBRAUMSPALTEN (Time And Again) 05.07.96
4. TRANSPLANTATIONEN (Phage) 12.07.96
5. DER MYSTERIÖSE NEBEL (The Cloud) 19.07.96
6. DAS NADELÖHR (Eye Of The Needle) 26.07.96
7. DIE AUGEN DES TOTEN (Ex Post Facto) 02.08.96
8. DAS UNVORSTELLBARE (Emanations) 09.08.96
9. DAS OBERSTE GESETZ (Prime Factors) 16.08.96
10. DER VERRAT (State Of Flux) 23.08.96
11. HELDEN UND DÄMONEN (Heroes And Demons) 30.08.96
12. BEWUSSTSEINSVERLUST (Cathexis) 06.09.96
13. VON ANGESICHT ZU ANGESICHT (Faces) 13.09.96
14. DR. JETRELS EXPERIMENT (Jetrel) 20.09.96
15. ERFAHRUNGSWERTE (Learning Curve) 27.09.96
16. DAS HOLO-SYNDROM (Projections) 04.10.96
17. ELOGIUM (Elogium) 11.10.96
18. DIE RAUMVERZERRUNG (Twisted) 18.10.96
19. DIE 37er (The '37s) 25.10.96
20. DER NAMENLOSE (Initiations) 01.11.96
21. DER ZEITSTROM (Non Sequitur) 08.11.96
22. DER HÖLLENPLANET (Parturition) 15.11.96
23. RÄTSELHAFTE VISIONEN (Persistance Of Vision) 22.11.96

24. TATTOO (Tattoo) 10.01.97
25. SUSPIRIA (Cold Fire) 17.01.97
26. DAS SIGNAL (Maneuvers) 24.01.97
27. DIE RESISTANCE (Resistance) 31.01.97
28. PROTOTYP (Prototype) 07.02.97

29. ALLIANZEN (Alliances) 28.06.97
30. DIE SCHWELLE (Threshold) 05.07.97
31. GEWALT (Meld) 12.07.97
32. DER FLUGKÖRPER (Dreadnought) 19.07.97
33. TODESSEHNSUCHT (Death Wish) 26.07.97
34. LEBENSANZEICHEN (Lifesigns) 16.08.97
35. DER VERRÄTER (Investigations) 23.08.97
36. DIE VERDOPPELUNG (Deadlock) 30.08.97

37. UNSCHULD (Innocence) 13.03.98
38. DAS ULTIMATUM (The Thaw) 20.03.98
39. TUVIX (Tuvix) 27.03.98
40. ENTSCHEIDUNGEN (Resolutions)
41. DER KAMPF UMS DASEIN 1 (Basics) 17.04.98
42. DER KAMPF UMS DASEIN 2 (Basics 2) 24.05.98
43. TUVOKS FLASHBACK (Flashback) 08.05.98
44. DAS HOCHSICHERHEITSGEFÄNGNIS (The Chute) 15.05.98
45. DER SCHWARM (The Swarm) 22.05.98
46. DAS WURMLOCH (False Profits) 29.05.98
47. DAS ERINNERN (Remember) 05.06.98
48. DAS RITUAL (Sacred Ground) 12.06.98
49. VOR DEM ENDE DER ZUKUNFT 1 (Future's End 1) 19.06.98
50. VOR DEM ENDE DER ZUKUNFT 2 (Future's End 2) 19.06.98
51. DER KRIEGSHERR (The Warlord) 26.06.98
52. DIE „Q"-KRISE (The Q And The Grey) 03.07.98
53. MAKROKOSMOS (Macrocosm) 10.07.98
54. DAS WAGNIS (Fair Trade) 17.07.98
55. DAS ANDERE EGO (Alter Ego) 24.07.98
56. DER WILLE (Coda) 07.08.98
57. PON FARR (Blood Fever) 07.08.98
58. DIE KOOPERATIVE (Unity) 14.08.98
59. CHARAKTERELEMENTE (The Darkling) 14.08.98
60. DIE ASTEROIDEN (Rise) 21.08.98
61. DIE NEUE IDENTITÄT (Favorite Son) 28.08.98
62. TEMPORALE SPRÜNGE (Before And After) 04.09.98
63. DAS WIRKLICHE LEBEN (Real Life) 11.09.98
64. HERKUNFT AUS DER FERNE (Distant Origin) 18.09.98
65. TRANSLOKALISATION (Displaced) 25.09.98
66. SKORPION 1 (Scorpion) 16.10.98
67. SKORPION 2 (Scorpion II) 16.10.98
68. REBELLION ALPHA (Worst Case Scenario) 23.10.98
69. DIE GABE (The Gift) 30.10.98
70. TAG DER EHRE (Day Of Honor) 06.11.98
71. NEMESIS (Nemesis) 20.11.98
72. DER ISOMORPH (Revulsion) 27.11.98
73. DAS TÖTUNGSSPIEL (The Killing Game) 04.12.98
74. DER SCHWARZE VOGEL (The Raven) 11.12.98
75. VERWERFLICHE EXPERIMENTE (Scientific Method) 18.12.98
76. EIN JAHR HÖLLE (Year Of Hell 1 & 2) 08.01.99
77. GEWALTTÄTIGE GEDANKEN (Random Thoughts) 22.01.99
78. APROPOS FLIEGEN (Concerning Flight) 29.01.99
79. LEBEN NACH DEM TOD (Mortal Coil) 05.02.99

STELLA STELLARIS

BRD 1994; 3 Episoden
Ausstrahlung:
ZDF 1994; 3 Episoden

Darsteller: Sissi Perlinger (Stella Stellaris), Karl Michael Vogler (Graf Achilles von Fall), Gunther Philipp (Alfons „Alf" Habakuk Riemenschneider III.), Andrzej Precigs (Dom von Fall), Kamil Krawiec (Timmy), Tomasz Tworkowski (James), Krzysztof Janczak.

Stella wurde vom Planeten Stellaris ausgeschickt, um die Gefühle der Menschen zu erforschen. Als Studienobjekt wird die Adelsfamilie von Fall ausgesucht, die in Geldnöten steckt. Damit die Familie ihren Besitz nicht völlig verliert, setzt Stella ihre ausserirdischen „Zauberkräfte" zur Geldbeschaffung ein.

STELLA STELLARIS war der ZDF-Weihnachtsmehrteiler des Jahres 1994, eine süssliche Märchengeschichte ohne wirkliche Höhepunkte. Die verwendeten Trickeffekte (Morphing etc.) machten diese Miniserie zur bis dahin aufwendigsten Fernsehproduktion Deutschlands.

EPISODEN:
1.   TEIL 1 25.12.94
2.   TEIL 2 26.12.94
3.   TEIL 3 27.12.94

STEPHEN KING'S THE SHINING
(Stephen King's The Shining)
USA 1997; 3 Episoden
Deutsche Ausstrahlung:
RTL Television 2000; 3 Episoden

Darsteller: Rebecca De Mornay (Wendy Torrance), Steven Weber (Jack Torrance), Melvin Van Peebles (Dick Hallorann), Will Horneff (Tony), Elliott Gould (Stuart Ullman), Pat Hingle (Bill Watson), Courtland Mead (Danny „Doc" Torrance), Cynthia Garris (Lady in Zimmer 217), Micky Giacomazzi (Kellner), Tomas Herrera (George Hatfield), Tim Perovich (Croquetspieler), Kenn Solomon (Basketballspieler), John Durbin (Horace Derwent), Jan Van Sickle (Al Shockley), Peter Boyles (Mitglied der Anonymen Alkoholiker), Dan Bradley (Zweiter Bodyguard), Lou Carlucci (Erster Bodyguard), Bertha Lynn (Fernsehansagerin), J. P. Romano (Erster Kellner), David Sosna (Gene), David Zambrano (Mitch), Mick Garris (Hartwell), Shawnee Smith (Kellnerin), Ron Allen (Fernsehwettermann), Richard Beall (Luftlinienangestellter), Joyce Bullifant (Kundin), Stanley Anderson (Delbert Grady), Wendelin Harston (Autoverleihangestellter), Lois Hicks (Buchladendame), Stephen King (Cage Creed), Billie McBride (Direktorin), Sam Raimi (Tankwart Howie), Lisa Thornhill (Rita Hayworth-Double), Frank Darabont (Dr. Daniel Edwards), Christa Faust (Schreiender weiblicher Geist), Peter James (Betender Geist), Roger Baker (Hundemann), Richard Christian Matheson (Erster Schläger), Richard Peterson (Zweiter Schläger), David J. Schow (Erster Geist im Spielhaus), Preston Sturges Jr. (Zweiter Geist im Spielhaus).

„Dieser Ort ist böse. Alles Böse was hier jemals geschah, bleibt in diesem Hotel. Und es will uns. Uns alle drei. Aber vor allen Dingen, denke ich, will das Böse mich." — „Weswegen sollte es dich wollen, Danny?" — „Wegen dem Shining. So hat Dick dazu gesagt. Das Hotel hat auch das Shining — und es wird ständig stärker. Und es wird Wirklichkeit. Dick hat gesagt, die Dinge hier, die Dinge, die mir erscheinen, können mich nicht verletzen, denn sie sind wie Bilder in einem Buch und die kann ich auch verschwinden lassen, wenn ich es will. Am Anfang ging das auch, aber..." — „Aber was, Danny?" — "Aber sie kommen raus, sie kommen raus aus dem Buch." — „Also, ähm, es tut mir leid, ich kann nicht ganz folgen. Du willst also sagen, dass du gewürgt wurdest von einem Geist?" — „Es gibt Geister hier, Daddy, das weißt du doch. Und da sind auch noch andere Dinge. — Dir wollen sie auch Böses antun, Daddy. Sie möchten dich zwingen schlimme Sachen zu tun." — „Also gut, hör mir zu, hör mir gut zu. Sieh mich an. Ich habe keinen Alkohol mehr getrunken seit...seit wirklich sehr langer Zeit. Und, äh, selbst wenn ich was gewollt hätte, könnte ich, könnte ich hier nichts bekommen, weil hier nichts Trinkbares steht. Nicht mal Sherry zum Kochen." — „Ich weiß es, aber..." — „Aber-aberaber was?" — „...aber, wenn wir nicht bald fort gehen, kommen wir vielleicht niemals wieder von hier weg. Dick hat gesagt, das Overlook kann uns nichts antun. Aber er hat sich geirrt."
Jack Torrance, ein ehemaliger Lehrer, der seinen Job aufgrund seines Alkoholismus verloren hat, bekommt die Aufgabe, über die Winterzeit auf das Overlook Hotel aufzupassen. Sein übersinn-

lich begabter Sohn Danny und seine Frau Wendy begleiten ihn. Es dauert nicht lange und es stellt sich heraus, dass hinter der weissen Fassade der Nobelresidenz das Böse lauert.

Basierend auf Stephen Kings Bestsellerroman ist dieser Fernsehdreiteiler bereits die zweite Verfilmung des Stoffes. Die erste erfolgte unter der Regie des Kultregisseurs Stanley Kubrick im Jahre 1980. Kubrick lieferte einen recht guten Film ab, der aber gleichzeitig eine nicht sonderlich gelunge Verfilmung des Basisstoffes war. Stephen King selber monierte, dass Kubrick nicht das Gefühl für den Stoff gehabt habe und wünschte sich eine Neuverfilmung — er spielte sogar mit dem Gedanken, hierfür selber in den Regiestuhl zu steigen.
Siebzehn Jahre später war es endlich soweit: Es entstand dieser Dreiteiler für das US-amerikanische Fernsehen für den King selbst zumindest das Drehbuch schrieb — wohl nicht zuletzt um die getreue Verfilmung sicher zu stellen.
Heraus kam ein durchschnittlicher Fernsehfilm, der zu lange benötigt, um wirklich in Fahrt zu geraten. Die ersten Vorkommnisse im Overlook Hotel werden nahezu bis zum Exzess ausgewalzt. Dennoch handelt es sich alles in allem um ein gerade noch unterhaltsames Stück Fernsehfilm. Stephen King absolviert in Teil 3 seinen bereits üblichen Gastauftritt. Weitere interessante Miniauftritte präsentierten die Regisseure und Autoren Mick Garris, Sam Raimi, Frank Darabont und Richard Christian Matheson. Miguel (Twin Peaks & The Stand) Ferrer lieh in der Originalversion Jacks Vater seine Stimme. Neben King und Garris nahmen auch Cynthia Garris, Shawnee Smith und David Sosna bereits am letzten Gefecht in STEPHEN KING'S THE STAND (qv) teil.

EPISODEN:
1.   TEIL 1 (Part One) 24.12.00
2.   TEIL 2 (Part Two) 26.12.00
3.   TEIL 3 (Part Three) 27.12.00

STEPHEN KING'S THE STAND-DAS LETZTE GEFECHT
(Stephen King's The Stand)
USA 1994; 4 Episoden
Deutsche Ausstrahlung:
RTL 2 1996; 4 Episoden

Darsteller: Gary Sinise (Stuart „Stu" Redman), Molly Ringwald (Fran „Frannie" Goldsmith), Rob Lowe (Nick Andros), Jamey Sheridan (Randall Flagg), Laura San Giacomo (Nadine Cross), Ruby Dee (Mutter Abagail Freemantle), Ossie Davis (Richter Farris), Miguel Ferrer (Lloyd Henreid), Corin Nemec (Harold Lauder), Matt Frewer (Mülleimermann), Adam Storke (Larry Underwood), Ray Walston (Professor Glen Bateman), Bill Fagerbakke (Tom Cullen), Peter Van Norden (Ralph Brandner), Bridgit Ryan (Lucy Swann), Kellie Overbey (Dayna Jurgens), Patrick Kilpatrick (Ray Booth), Shawnee Smith (Julie Lawry), Rick Aviles (Rattenmann), Max Wright (Dr. Herbert Denninger), Ray McKinnon (Charlie Campion), Kareem Abdul-Jabbar (Monster Shouter), Chuck Adamson (Barry Dorgan), Tony Adler (Sterbender Hausmeister), Sam Anderson (Whitney Horgan), Steven Anderson (Armyoffizier), Jesse Bennett (Vic Palfrey), Johnny Biscuit (Norm Bruett), John I. Bloom (Joe-Bob Brentwood), J. Scott Bronson (Mann im Konvoy), Ervin Butler (B-Ball Boy), Hope Marie Carlton (Sally Campion), David Kirk Chambers (Brad Kitchner), Laura Conover (Schwester), Bill Corso (Leiche im Lincoln-Tunnel), Kevin Doyle (Sarge), John Dunbar (Dave Roberts), Troy Evans (Sheriff Ba-ker), Warren Frost (George Richardson), Cynthia Garris (Susan Stern), Mick Garris (Henry Dunbarton), Jeff Gelb (New York-Radiosprecher), Leo Geter (Chad Norris), Sandra Lee Gimpel (Frau im Laden), Alan Gregory (Al Blundell), Mary Ethel Gregory (Alice Underwood), Thomasyn Harlow (Cynthia), Jim Haynie (Deputy Kinsolving), Ryan Healy (4ter Teenager), Thomas „Tom" Holland (Carl Hough), Sherman Howard (Dietz), Ken Jenkins (Peter Goldsmith), David Jensen (Major Jalbert), Richard Jewkes (Dick Ellis), Kevin Kennedy (Dave Zellman), Michelle King (Reporterin), Stephen King (Teddy Weizak), Robert Knott (Lou Carsleigh), John Landis (Russ Dorr), Brittney Lewis (Arlene), Richard Lineback (Poke), Mike Lookinland (Posten Nr. 1), Elizabeth Lough (Junge Frau), Jordan Lund (Bill Hapscomb), Bruce MacVittie (Ace-High), Frank Magner (Vince Hogan), Dan Martin (Rich Moffat), Patrick McKinley (Flu Buddy Man), William Newman (Dr. Soames), Wendy Phillips (Lisa Hull), Sam Raimi (Bob Terry), Vince Rodriguez (Lisas Fahrer), Sarah Schaub (Gina McCone), Tressa Sharbough (Marcy Halloran), Julie Simper (Lila Bruett), Taylor Smith (Baby Lavon), David Sosna (Ein Mann), Billy L. Sullivan (Joe), George Sullivan (Sargent), Millie Teri (Weinende Frau), Michael D. Weatherred (Mike Childress), Rob Weller (Spielshowgastgeber), Mike Westenskow (Paul Burlson), Derryl Yeager (Mann auf Strasse), Brayton Yerkes (Alter Mann im Laden), Ed Harris (General Billy Starkey), Kathy Bates (Rae Flowers), Dennis W. Zerull (Maskierter Soldat).

Eine Seuche tötet den Grossteil der Bevölkerung der USA und kündigt gleichzeitig die Ankunft des verkörperten Bösen an. Randall Flagg, der Teufel in Menschengestalt, sammelt Anhänger um sich, die ihn im letzten Gefecht um das Schicksal der Menschheit unterstützen sollen. Aber auch die „gute Seite" sammelt sich. Ihre Anführer, Stuart Redman, Fran Goldsmith und der stumme Nick Andros entsinnen einen Plan, der Machtübernahme durch das Böse entgegenzuwirken.

Einer der umfangreichsten Romane Stephen Kings galt lange Zeit als unverfilmbar, insbesondere gerade wegen seines Umfangs. Nach dem Erfolg einiger anderer Fernsehverfilmungen von Kings Werken, wagte man sich nun an „The Stand".
Die von überdurchschnittlich guten Darstellern getragene Verfilmung überzeugt über den Grossteil seiner Ausstrahlungsstrecke. Das Ende jedoch wirkt völlig unglaubwürdig und verpufft ohne wirkliches Spannungsmoment. Ein Problem, das auch in vielen Romanen Stephen Kings auftritt — somit könnte man dies, mit dem notwendigen Aufwand an Sarkasmus, als perfekte King-Verfilmung ansehen.
Miguel Ferrer und Warren Frost spielten bereits in DAS GEHEIMNIS VON TWIN PEAKS (qv), Matt Frewer in MAX HEADROOM (qv), Ray Walston in MEIN ONKEL VOM MARS (qv), Max Wright in DIE SPEZIALISTEN UNTERWEGS (qv) und ALF (qv), Sherman Howard in SUPERBOY (qv), Regisseur Mick Garris, Autor Stephen King, Cynthia Garris, Shawnee Smith und David Sosna traten später in STEPHEN KINGS THE SHINING (qv) wieder in Er-scheinung.

EPISODEN:
1.   TEIL 1 (Part One) 03.06.96
2.   TEIL 2 (Part Two) 04.06.96
3.   TEIL 3 (Part Three) 05.96.96
4.   TEIL 4 (Part Four) 06.06.96

STERNENSOMMER
BRD 1980; 6 Episoden

Ausstrahlung:
ZDF 1981; 6 Episoden

Darsteller: Roger Hübner (Jochen Feucht), Oliver Korittke (Michael Glasuschek), Angela Weiss (Babettchen), Rainer Hunold (Martin Feucht), Susanne Barth (Lore Feucht), Wolfrid Lier (Opa Glasuschek), Karin Baal (Anna Glasuschek), Ronald Nitschke (Stricker), Anita Kupsch (Sylvie), Nadja Tiller (Gena Markward), Ludwig Boettger (Tobias), Rudolf Schündler (Herr Lodeweik), Klaus Münster (1. Techniker), Jonathan Kinsler (2. Techniker).

Die Familie Feucht zieht um. Sohn Jochen macht sich natürlich sofort auf die Socken, um die ungewohnte Umgebung zu erforschen. Hierbei trifft er Michael Glatuschek mit dem ihn das Interesse für Astronomie verbindet. Die beiden Jungen werden Freunde.
Eines Nachts, als die beiden vom Dachboden aus die Sterne betrachten, erscheint wie aus dem Nichts ein älterer Herr, der sich als Lodeweik vorstellt und behauptet, von einem anderen Planeten zu kommen. Wie sich später herausstellt, ist die Behauptung wahr. Und Herr Lodeweik ist nicht der einzige Ausserirdische auf Erden.
Auf Lodeweiks Heimatplaneten kämpfen zwei unterschiedliche Gruppen gegeneinander; dieser Kampf wurde nun auch auf die Erde gebracht. Gegner von Herrn Lodeweik sind Tobias und vor allem die angebliche Nervenärztin Gena Markward.
Gemeinsam mit dem alten Mann versuchen Jochen und Michael, die Erde vor dem negativen Einfluss der skrupellosen Frau Markward zu bewahren. Ihr Eingreifen bewirkt jedoch, dass auch ihre Familien in Gefahr geraten.

Rainer Hunold und Anita Kupsch spielten später auch in MANDARA (qv).

EPISODEN:
1.   UNHEIMLICHER BESUCH 03.01.81
2.   DER MANN, DER IN DIE KÄLTE GEHT
       10.01.81
3.   TOBIAS SCHALTET SICH EIN 17.01.81
4.   LODEWEIK HAT DAS NACHSEHEN 24.01.81
5.   FRAU MARKWARD SPIELT HARFE 31.01.81
6.   EINE CHANCE FÜR ALLE 07.02.81

STRANGE LUCK-DEM ZUFALL AUF DER SPUR
(Strange Luck)
USA 1995/1996; 17 Episoden
Deutsche Ausstrahlung:
Pro 7 1996/1997; 17 Episoden

Darsteller: D.B. Sweeney (Chance Harper), Frances Fisher (Angie), Pamela Gidley (Audrey Westins), Cynthia Martelis (Dr. Anne Richter).

Im Alter von elf Monaten wurde Alex Sanders mitsamt seiner Familie in einen Flugzeugabsturz verwickelt. Er war der einzige Überlebende. Aufgrund dieser Tatsache wurde er von seinen Adoptiveltern, den Harpers, Chance genannt. Der erwachsene Chance arbeitet nun als freischaffender Zeitungsphotograph — und verfügt immer noch über erstaunliches Glück. Er schafft es immer wieder, zur rechten Zeit am falschen Ort zu sein — oder am rechten Ort — wie man es nimmt. Diese Fähigkeit ermöglicht ihm immer wieder helfend einzugreifen.
Zum vorzeitigen Ende der Serie stellt sich heraus, dass sowohl Chances Bruder als auch sein Vater den besagten Flugzeugabsturz überlebt haben — nicht zuletzt deshalb, weil das „seltsame Glück" in der Familie liegt.

Mittelmässig unterhaltsame Serie mit Fantasy-Grundlage. Aufgrund mangelnden Erfolges beim Publikum blieb es bei nur einer verkürzten Staffel (die normale Episodenanzahl liegt meist bei 22). Seltsamen Glück unterworfen waren auch James Cromwell, Roger R. (First Wave) Cross, Roy (Die Schöne und das Biest) Dotrice, Francis (Eerie, Indiana) Guinan, Anthony Harrison, Gregg Henry, Mark (Profiler) Rolston, James Sloyan und Kim Johnston Ulrich.

EPISODEN:
1. WAS FÜR EINE NACHT (Soul Survivor) 24.10.96
2. SCHÜSSE AUF DEN STAR (She Was) 31.10.96
3. DOPPELT BELICHTET (Over Exposure) 07.11.96
4. ZUFÄLLE GIBT ES NICHT (Last Chance) 14.11.96
5. ANSTÄNDIGE LEUTE (Blind Man's Bluff) 21.11.96
6. ANGIES GLÜCK (Angie's Turn) 28.11.96
7. HÖHERE GEWALT (Hat Trick) 05.12.96
8. DER MANN, DER VOM HIMMEL FIEL (The Liver Wild) 12.12.96
9. WARUM IMMER ICH? (Walk Away) 19.12.96
10. DER SCHWARZE WÜRFEL (The Box) 02.01.97
11. GEBOREN AM 29. FEBRUAR (Brothers Grim) 09.01.97
12. DER RIVALE (Trial Period) 16.01.97
13. HEILENDE HÄNDE (Healing Hands) 23.01.94
14. FALSCH VERBUNDEN (Wrong Number) 30.01.97
15. LIEBE AUF DEN ERSTEN BLICK (In Sickness And In Wealth) 06.02.97
16. MILLIONÄR FÜR EINEN TAG (Blinded By Son) 13.02.97
17. VOM BLITZ GETROFFEN (Lightning Strikes) 20.02.97

STREETHAWK
(Street Hawk)
USA 1985; Pilot & 12 Episoden
Deutsche Ausstrahlung:
RTL plus 1986/1987; Pilot & 12 Episoden

Darsteller: Rex Smith (Officer Jesse Mach), Joe Regalbuto (Norman Tuttle), Richard Venture (Captain Leo Altobelli), Jeannie Wilson (Rachel Adams).

Officer Jesse Mach war ein Spitzen-Motorradpolizist — bis er diesen Unfall hatte. Ein zerschmettertes Bein machte es nötig, ihn zum Innendienst zu versetzen.
Doch Jesse Mach bekommt eine zweite Chance. Der Erfinder Norman Tuttle macht ihm das Angebot, sein Bein wider Instand zu setzen; allerdings muss sich Jesse hierfür dazu bereit erklären, Tuttles hypermodernes Versuchsmotorrad STREETHAWK zu fahren. Dieses Motorrad ist unglaublich schnell und natürlich mit modernsten Waffensystemen ausgerüstet. In schwarzer Verkleidung macht sich Jesse Mach nun auf, das Böse aus der Welt zu rotten.

Erneut eine dieser Technik-Schnickschnack-Serien aus der untersten Schublade. Nachdem wir jetzt Autos, Hubschrauber und Motorräder durch hatten und inzwischen auch ein Boot hinzugekommen ist, fehlt uns nur noch „Superscooter", der selbständig denkende, redende, flugfähige und vollautomatische Tretroller mit eingebauten Raketenwerfern.
Die Strassen unsicher machten Marc Alaimo, Robert (Star Trek: Raumschiff Voyager) Beltran, Bibi

Besch, George Clooney, Christopher (Tödliches Spiel) Lloyd, Sybil Danning, Clu Gulager, Bianca Jagger, Keye (Kung Fu) Luke, Charles (Outlaws) Napier und Belinda J. (Der Mann aus Atlantis) Montgomery.

EPISODEN:
1. STREETHAWK (Street Hawk) 21.12.86
2. DER BESTE FREUND (A Second Self) 22.12.86
3. JOE CANNON KOMMT (The Adjuster) 23.12.86
4. DIE KRONZEUGIN (Vegas Run) 29.12.86
5. DER MORD AUF VIDEO (Dog Eat Dog) 30.12.86
6. FEUER VOM HIMMEL (Fire On The Wing) 05.01.87
7. ALTE ZEITEN WERDEN WACH (Chinatown Memories) 06.01.87
8. DER DOPPELGÄNGER (The Unsinkable 453) 12.01.87
9. TÖDLICHER WAFFENSCHMUGGEL (Hot Target) 13.01.87
10. SCHRIFTSTELLER LEBEN GEFÄHRLICH (Murder Is A Novel Idea) 19.01.87
11. DAS ARABISCHE VOLLBLUT (The Arabian) 20.01.87
12. GOLDRAUB (Follow The Yellow Brick Road) 21.01.87
13. DAS FALSCHE OPFER (The Assassin) 26.01.87

SUPERBOY
(The Adventures Of Superboy/Superboy)
USA 1988-1992; 100 Episoden
Deutsche Ausstrahlung:
SAT.1 1992/1993; 95 Episoden
SAT.1 1994; 1 Episode

Darsteller: John Haymes Newton (Clark Kent/Superboy - 1988/89), Gerard Christopher (Clark Kent/Superboy - 1989-92), Stacy Haiduk (Lana Lang), Jim Calvert (T.J. White - 1988/89), Scott Wells (Lex Luthor - 1988/89), Sherman Howard (Lex Luthor - 1989-92), Ilan Mitchell-Smith (Andy McAllister - 1989/90), Peter Jay Fernandez (Matt Ritter - 1990-92), Robert Levine (C. Dennis Jackson - 1990-92), Stuart Whitman (Jonathan Kent - 1988-90), Salome Jens (Martha Kent - 1988-90), George Chakiris (Dr. Peterson).

Die Abenteuer von Superman als er noch Teenager war. Während seiner High School-Zeit hat er sich mit etlichen Ausserirdischen und verschiedenen Horrorwesen — Werwolf, Vampir, Golem usw. — 'rumzuprügeln.

Nicht gerade überragende Tricks, aber ausreichend; nicht gerade überragende Stories, aber ausreichend; nicht gerade glänzende schauspielerische Leistungen, aber ausreichend. Also ausreichende Unterhaltung, vornehmlich für ein etwas jüngeres Publikum.
2001 folgte eine weitere Supie-Jugendserie: SMALLVILLE.
Stacy Haiduk spielte später in SEAQUEST DSV (qv) und CLAN DER VAMPIRE (qv), Sherman Howard in STEPHEN KING'S THE STAND-DAS LETZTE GEFECHT (qv). Den stählernen Teenie unterstützten in Gastrollen Allyce Beasley, Sybil Danning, Michael Des Barres, Britt Ekland, Ron (Tarzan) Ely, Leif Garrett, Erin (Buck Rogers) Gray, Richard Kiel, George Lazenby, Gary Lockwood, Keye (Kung Fu) Luke, James MacArthur, Marc (Das Ding aus dem Sumpf & Super Force) Macauley, Doug (Mein Vater ist ein Außerirdischer) McClure, Greg (Kobra, übernehmen Sie) Morris, Bill (Babylon 5 & Verschollen zwischen fremden Welten) Mumy, Noel Neill, Roddy Piper, Michael J. Pollard, Cary-Hiroyuki (Space Rangers) Tagawa, Philip Michael Thomas, Brian (Clan der Vampire) Thompson und Ray (Mein Onkel vom Mars) Walston.

EPISODEN:
1. DER COUNTDOWN LÄUFT (Countdown To Nowhere) 30.08.92
2. DER FLUCH DES JUWELS (The Jewel Of Techacal) 06.09.92
3. EIN HOHER PREIS (A Kind Of Princess) 12.09.92
4. ES GIBT KEIN VERGESSEN (Back To Oblivion) 13.09.92
5. VERDACHT AUF SABOTAGE (The Russian Exchange Student) 19.09.92
6. GEFÄHRLICHE SUCHT (Bringing Down The House) 20.09.92
7. SUPERBOY UNTER VERDACHT (The Beast And Beauty) 26.09.92
8. FALSCHES SPIEL (The Fixer) 27.09.92
9. DER KÄMPFER AUS DEM ALL (The Alien Solution) 03.10.92
10. EIN UNSICHTBARER SCHATZ (Troubled Waters) 04.10.92
11. FALSCHE VERSPRECHUNGEN (The Invisible People) 10.10.92
12. SPUREN EINER FREMDEN WELT (Kryptonite Kills) 11.10.92
13. DIE RÜCKKEHR DES AUSSERIRDISCHEN 1 (Revenge Of The Alien 1) 17.10.92

14. DIE RÜCKKEHR DES AUSSERIRDISCHEN 2 (Revenge Of The Alien 2) 18.10.92
15. EIN LEBENSGEFÄHRLICHER AUFTRITT (Stand Up And Get Knocked Down) 24.10.92
16. BESUCH AUS DER FÜNFTEN DIMENSION (Meet Mr. Mxyzptlk) 25.10.92
17. INDIANERZAUBER (The Birdwoman Of The Swamps) 31.10.92
18. IM NAMEN DES GESETZES (Terror From The Blue) 01.11.92
19. KÜNSTLICHE INTELLIGENZ (War Of The Species) 07.11.92
20. GEFÄHRLICHE LIEBESGRÜSSE (Little Hercules) 08.11.92
21. BEDROHUNG AUS DER ZUKUNFT (Mutant) 14.11.92
22. LANG ERSEHNTE RACHE (The Phantom Of The Third Division) 15.11.92
23. METALLO (Metallo) 18.11.92
24. STIMME DES TERRORS (Black Flamingo) 21.11.92
25. HOLLYWOOD (Hollywood) 22.11.92
26. SUKKUBUS (Succubus) 28.11.92
27. AUFTRAG MORD (Luthor Unleashed) 29.11.92
28. DIE MASKE DES BÖSEN 1 (With This Ring I Thee Kill 1) 05.12.92
29. DIE MASKE DES BÖSEN 2 (With This Ring I Thee Kill 2) 06.12.92
30. KAMPF DER VAMPIRE (Young Dracula) 12.12.92
31. INSEL DES SCHRECKENS (Nightmare Island) 13.12.92
32. BIZARRO 1 (Bizarro...The Thing Of Steel) 19.12.92
33. BIZARRO 2 (The Battle With Bizarro) 20.12.92
34. DIE MACHT DES BÖSEN (The Power Of Evil) 25.12.92
35. RUHE IN FRIEDEN (Superboy...Rest In Peace) 26.12.92
36. SUPERBOY WIRD GEFÄHRLICH (Super Menace!) 27.12.92
37. DER FLUCH DER PUPPE (Yellow Peri's Spell Of Doom) 31.12.92
38. TÖDLICHE PROGRAMMIERUNG (Programmed For Death) 02.01.93
39. GEFÄHRLICHE BERÜHRUNGEN (Superboy's Deadly Touch) 09.01.93
40. MIKROBOY (Microboy) 16.01.93
41. GRAF DRACULA LÄSST GRÜSSEN (Run, Dracula, Run) 23.01.93
42. HEXENMEISTER (Brimstone) 30.01.93
43. ABSCHIED VON DER ERDE (Abandon Earth) 06.02.93
44. FLUCHT ZUR ERDE (Escape To Earth) 13.02.93
45. DER SUPERSTAR (Superstar) 20.02.93
46. DER HERR DES SPIELZEUGS (Nick Knack) 27.02.93
47. RACHE AUS DEM TOTENREICH (The Haunting Of Andy McAllister) 06.03.93
48. GEFAHR AUS DER TIEFE (Revenge From The Deep) 13.03.93
49. TÖDLICHE GEDANKEN (The Secrets Of Superboy) 20.03.93
50. DER UNWIDERSTEHLICHE JOHNNY CASANOVA (Johnny Casanova And The Case Of The Secret Serum) 27.03.93
51. DIE MACHT DER KRISTALLE (A Woman Called Tiger Eye) 03.04.93
52. BIZARROS BRAUT 1 (The Bride Of Bizarro 1) 09.04.93
53. BIZARROS BRAUT 2 (The Bride Of Bizarro 2) 10.04.93
54. EINE RÄTSELHAFTE KREATUR (The Lair) 12.04.93
55. NEILA (Neila) 17.04.93
56. VARIATIONEN DER WIRKLICHKEIT 1 (Roads Not Taken 1) 24.04.93
57. VARIATIONEN DER WIRKLICHKEIT 2 (Roads Not Taken 2) 01.05.93
58. DIE SÖHNE DES IKARUS (The Sons Of Icarus) 08.05.93
59. DER JAHRMARKT (Carnival) 15.05.93
60. ZEITVERSCHIEBUNG (The Test Of Time) 20.05.93
61. ALPTRÄUME (Mindscape) 22.05.93
62. VERMISST (Superboy...Lost) 29.05.93
63. SPEZIALEFFEKTE (Special Effects) 31.05.93
64. NEILAS RÜCKKEHR (Neila And The Beast) 05.06.93
65. EIN TAG IM DOPPELLEBEN (A Day In The Double Life) 12.06.93
66. DIE QUAL DER VERANTWORTUNG 1 (Rebirth 1) 19.06.93
67. DIE QUAL DER VERANTWORTUNG 2 (Rebirth 2) 26.06.93
68. DER WERWOLF (Werewolf) 03.07.93
69. DAS VOLK GEGEN METALLO (People Vs. Metallo) 10.07.93
70. DAS TEUFELSELIXIER (Jackson And Hyde) 17.07.93
71. AUF GEDEIH UND VERDERB (Mine Games) 24.07.93
72. EWIGE QUAL (Wish For Armageddon) 31.07.93
73. DER AUSBRUCH (Standoff) 07.08.93
74. WEGE DURCH RAUM UND ZEIT 1 (The Road To Hell 1) 14.08.93
75. WEGE DURCH RAUM UND ZEIT 2 (The Road To Hell 2) 21.08.93
76. SINNESWANDEL 1 (A Change Of Heart 1) 28.08.93
77. SINNESWANDEL 2 (A Change Of Heart 2) 04.09.93
78. DAS KRYPTONIT-EXPERIMENT (The Kryptonite Kid) 11.09.93
79. WESEN OHNE KÖRPER (The Basement) 18.09.93
80. DARLA AUF HOCHTOUREN (Darla Goes Ballistic) 25.09.93

81.	DIE SAAT DES MISSTRAUENS (Paranoia) 02.10.93
82.	FEINDBILDER 1 (Know Thine Enemy 1) 09.10.93
83.	FEINDBILDER 2 (Know Thine Enemy 2) 16.10.93
84.	BOTSCHAFT AUS DEM JENSEITS (Hell Breaks Loose) 23.10.93
85.	SPIEL DES LEBENS (Into The Mystery) 30.10.93
86.	MENSCHLICHKEIT 1 (To Be Human 1) 06.11.93
87.	MENSCHLICHKEIT 2 (To Be Human 2) 13.11.93
88.	WESTLICH VON ALPHA CENTAURI (West Of Alpha Centauri) 17.11.93
89.	DIE GLORREICHEN DREI 1 (Threesome 1) 20.11.93
90.	DIE GLORREICHEN DREI 2 (Threesome 2) 27.11.93
91.	VOM PECH VERFOLGT (Out Of Luck) 04.12.93
92.	WER IST SUPERBOY? (Who Is Superboy?) 11.12.93
93.	DER PURPURKRISTALL 1 (Rites Of Passage 1) 18.12.93
94.	DER PURPURKRISTALL 2 (Rites Of Passage 2) 24.12.93
95.	KATZ UND MAUS (Cat And Mouse) 26.12.93
96.	MR. & MRS. SUPERBOY (Mr. And Mrs. Superboy) 02.08.94

EPISODEN (nicht gesendet):

97.	(The Golem)
98.	(Bodyswap)
99.	(Obituary For A Super Hero)
100.	(Metamorphosis)

SUPER FORCE

(Super Force)
USA 1990-1992; Pilot & 44 Episoden
Deutsche Ausstrahlung:
Pro 7 1992; 24 Episoden

Darsteller: Ken Olandt (Zachary Stone/Super Force), Larry B. Scott (F.X. Spinner), Patrick Macnee (E.B. Hungerford), Lisa Niemi (Captain Carla Frost - 1990), Marc Macauley (Buddy - 1990), Musetta Vander (Zander Tyler - 1991/92), Tom Schuster (Sergeant Avery Merkel - 1991/92).

Astronaut Zachary Scott kehrt von einer Zwei-Jahres-Mission zum Mars zur Erde zurück. Da die Welt, man schreibt das Jahr 2020, sich sehr zum Negativen geändert hat, entschliesst sich Scott, den Kampf gegen das Verbrechen aufzunehmen (woher nehmen diese Helden eigentlich immer ihre tollen Ideen?). Zu seiner Ausrüstung gehören ein Schutzanzug — ausgestattet mit einem Schutzfeld — futuristische Waffen und ein Supermotorrad.

Durchschnittliche, aber ausreichen unterhaltsame Serie, die wie eine Transition der Serie STREETHAWK (qv) in die Zukunft wirkt. Einen Hauch besser als diese und natürlich wesentlich futuristischer.
Der Pilotfilm erschien unter dem Titel THE PLOGGER auf Video.
Patrick Macnee spielte bereits in MIT SCHIRM, CHARME UND MELONE (qv) und trat später in THUNDER IN PARADISE (qv) in Erscheinung.
Der Superkraft des 21. Jahrhunderts unterwarfen sich Sarah Douglas, Michael Des Barres, Steve „Sting" Borden, Lou (Hulk) Ferrigno, Denis (Krieg der Welten) Forest, Richard (Kampfstern Galactica) Hatch, Traci (Profiler & First Wave) Lords, Richard (Kampfstern Galactica) Lynch und Don Stroud.

EPISODEN:

1.	RÜCKKEHR VOM MARS 1 (Super Force/A Hero's Welcome) 05.04.92
2.	RÜCKKEHR VOM MARS 2 (Super Force/Too Late The Hero) 12.04.92
3.	DER FALSCHE BRUDER (The Carcinoma Angels) 26.04.92
4.	IM FRIEDEN DIE HÖLLE (Battle Cry) 03.05.92
5.	DER BOTSCHAFTER GOTTES (As God Is My Witness) 10.05.92
6.	KAMPFMASCHINE MIT GEFÜHL 1 (U-Gene 1) 17.05.92
7.	KAMPFMASCHINE MIT GEFÜHL 2 (U-Gene 2) 24.05.92
8.	EINE PERFEKTE FRAU (Prisoners Of Love) 31.05.92
9.	DER KRISTALL IM GEHIRN (The Crime Doctor) 07.06.92
10.	DER UNBEKANNTE DRITTE (Come Home To Die) 14.06.92
11.	DIE LICHTFAUST (The Gauntlet) 21.06.92
12.	DIE SCHWERKRAFTBOMBE 1 (Gravity's Rainbow 1) 28.06.92
13.	DIE SCHWERKRAFTBOMBE 2 (Gravity's Rainbow 2) 05.07.92
14.	BOBBY MONROE (Water Mania) 12.07.92
15.	UNBARMHERZIG BIS ZUM TOD 1 (Sins Of The Father 1) 19.07.92
16.	UNBARMHERZIG BIS ZUM TOD 2 (Sins Of The Father 2) 26.07.92

17. DIE SKLAVEN DES DOKTOR LANDRU 1
(Come Under The Way 1) 02.08.92
18. DIE SKLAVEN DES DOKTOR LANDRU 2
(Come Under The Way 2) 09.08.92
19. DAS GRÜNE LICHT (Of Human Bondage)
16.08.92
20. EINSCHALTQUOTE: HUNDERT PROZENT (A
Hundred Share) 23.08.92
21. REISE DURCH DIE ZEIT (Tales Of Future
Past) 30.08.92
22. DAS MUSEUM DER SCHÖNHEIT (Yo! Super
Force) 06.09.92
23. DIE WELTENKRIEGER (Breakfast For Champions) 13.09.92
24. ZURÜCK AUS DER HÖLLE (There's A Light)
20.09.92

EPISODEN (nicht gesendet):
25. (At The End Of The Tunnel 1)
26. (At The End Of The Tunnel 2)
27. (Love Slaves Of Outer Space)
28. (Light Around The Body)
29. (Instant Karma)
30. (Hank's Back 1)
31. (Hank's Back 2)
32. (Ghost In The Machine)
33. (Made For Each Other 1)
34. (Made For Each Other 2)
35. (Illegal Aliens)
36. (The Viral Staircase 1)
37. (The Viral Staircase 2)
38. (The Big Spin)
39. (The Luddite Crusade)
40. (King Of The Trees)
41. (A Rainbow At Midnight)
42. (The Monkey's Breath)
43. (The End Of Everything 1)
44. (The End Of Everything 2)
45. (The Long Journey Home)
46. (A Hundred Years A Second)

SUPERGRAN-DIE OMA AUS DEM 21. JAHRHUNDERT
(Supergran)
GB 1990; 26 Episoden
Deutsche Ausstrahlung:
ZDF 1991; 25 Episoden

Darsteller: Gudrun Ure (Lady Smith, „Supergran"), Iam Towell (Willie), Iain Cuthbertson (Edward Teller), Bill Shine (Professor Black), Michael
Elphick (Rolli Rohfisch).

Willies Oma, Lady Smith, gerät in den Strahl der
neuesten Maschine von Professor Black. Und
wie das mit Strahlen so ist, wird aus Oma SU-

PERGRAN, die Seniorin mit den Superkräften.
Fortan ist es ihr Liebstes, allerlei gute Taten zu
vollbringen und insbesondere das Städtchen Chi-
selton vor der Gaunerbande Edward Tillers zu
beschützen.

„Alle Kinder lieben ihre Oma. - Alle Kinder lieben
Superhelden. — Was müssen die erst eine Su-
perhelden-Oma lieben." — Eine Serie, die be-
weist, dass man immer noch ein wenig schlechter werden kann als erwartet.

EPISODEN:
1. DER ZAUBERSTRAHL (- liegt nicht vor -)
18.06.91
2. DAS WUNDERMOBIL (- liegt nicht vor -)
25.06.91
3. DIE TRAUMFRAU (- liegt nicht vor -) 02.07.91
4. DIE RIESENPERLE (- liegt nicht vor -)
09.07.91
5. DAS POKALSPIEL (- liegt nicht vor -) 16.07.91
6. DER ROBOTER (- liegt nicht vor -) 23.07.91
7. DER MAGIER (- liegt nicht vor -) 30.07.91
8. DER FERNSEHKRIMI (- liegt nicht vor -)
06.08.91
9. DIE DOPPELGÄNGERIN (- liegt nicht vor -)
13.08.91
10. DER FERIENTAG (- liegt nicht vor -) 20.08.91
11. DER MARATHONLAUF (- liegt nicht vor -)
27.08.91
12. DER SCHÖNHEITS-WETTBEWERB (- liegt
nicht vor -) 09.09.91
13. DIE GIFTSCHLANGE (- liegt nicht vor -)
10.09.91
14. DER TAUBEN-WETTFLUG (- liegt nicht vor -)
11.09.91
15. DIE SCHATZSUCHE (- liegt nicht vor -)
16.09.91
16. DER YANKEE-DOODLER (- liegt nicht vor -)
18.09.91
17. DER HILSPOLIZIST (- liegt nicht vor -)
23.09.91
18. DER STAATSBESUCH (- liegt nicht vor -)
24.09.91
19. DER CHISLETON-BLUES (- liegt nicht vor -)
25.09.91
20. DER GANOVEN-KURSUS (- liegt nicht vor -)
30.09.91
21. DER SUPERSTAR (- liegt nicht vor -) 01.10.91
22. DIE BILLARDKATZE (- liegt nicht vor -)
02.10.91
23. DIE WELT DER MODE (- liegt nicht vor -)
07.10.91
24. DER KAMPFPILOT (- liegt nicht vor -) 08.10.91
25. DER ERBSCHLEICHER (- liegt nicht vor -)
09.10.91

SUPERHUMAN SAMURAI SYBER-SQUAD

(Superhuman Samurai Syber-Squad)
USA 1994/95; 54 Episoden
Deutsche Ausstrahlung:
SAT.1 1995; 5 Episoden
Kabel 1 1996/1997; 26 Episoden
Kabel 1 1997; 28 Episoden

Darsteller: Matthew Lawrence (Sam „Servo" Collins), Glen Beaudin (Malcolm Frink), Troy Slaten (Amp), Kevln Castro (Tanker), Robin Mary Florence (Sydney „Syd" Forrester), Jayme Betcher (Jennifer Doyle), John Wesley (Schuldirektor Pratchert), Diana Bellamy (Mrs. Starkey), Kelli Kirkland (Yolli Pratchert).

Das Computerwesen Kilokahn und seine Viren bedrohen die Welt — insbesondere die digitale, die Kilokahn zu seinem Reich machen möchte. Unterstützt wird er hierbei von dem High School-Schüler Malcolm Frink. Ihnen stellen sich Sam und seine Freunde entgegen, die sich in den Computer versetzen und dort als Superhuman Samurai Syber-Squad den Kampf aufnehmen können.

Im Zuge des Erfolges von POWER RANGERS (qv) entstanden. SYBER-SQUAD ist die (bisher) schlechteste der aus japanischen und neuen Szenen zusammengestückelten Fernsehserien. Im Original stammt die US-Stimme des Bösewichts Kilokahn von Tim Curry.

EPISODEN (SAT.1):
1. MANCHE MÖGEN'S HEISS (Some Like It Scalding) 01.01.95
2. AMPS GROSSE LIEBE (Amp Loves You, Yeah, Yeah, Yeah!) 07.01.95
3. -liegt nicht vor- (- liegt nicht vor -)14.01.95
4. DIE GESTOHLENE STIMME (His Master's Voice) 21.01.95
5. KILOKAHN IST LOS! (Mal-Kahn-Tent) 28.01.95

EPISODEN (Kabel 1):
1. EINE HÜBSCHE UHR (To Protect And Servo) 02.11.96
2. DER DIGITALE SUPERHELD (Samurize!) 09.11.96
3. EIN SONG FÜR JENNIFER (Samurize Guys!) 16.11.96
4. WEM DIE STUNDE SCHLÄGT (Out Of Sight, Out Of Time) 23.11.96
5. MANCHE MÖGEN'S HEISS (Some Like It Scalding) 30.11.96
6. GELD REGIERT DIE WELT! (Money For Nothing & Bits For Free) 07.12.96
7. DIE GESTOHLENE STIMME (His Master's Voice) 14.12.96
8. WEIHNACHTEN MIT KILOKAHN (Kilokahn Is Coming To Town) 21.12.96
9. KAMERA LÄUFT! (Lights, Camera, Action) 28.12.96
10. EISKALTE HERZEN! (The Cold Shoulder) 04.01.97
11. AMPS GROSSE LIEBE (Amp Loves You, Yeah, Yeah, Yeah!) 11.01.97
12. WILDE ZEITEN (Que Sera Servo) 18.01.97
13. DIE BÖSE HAND (An Un-Helping Hand) 25.01.97
14. DIE HUNGERKÜNSTLER (A Break In The Food Chain) 01.02.97
15. KILOKAHN IST LOS! (Mal-Kahn-Tent) 08.02.97
16. GEFANGEN AUF DER FLOPPY (Ashes To Ashes, Disk To Disk) 15.02.97
17. DER KÖNIG DER MUSKELN (Hello Darkness, My Old Friend) 22.02.97
18. SYD MACHT KEINE FEHLER (Pride Goeth Before A Brawl) 01.03.97
19. DER ALPTRAUMVIRUS (To Sleep, Perchance To Scream) 08.03.97
20. DINNER FÜR ZWEI (Just Brown And Servo) 15.03.97
21. DER ROCK 'N' ROLL-VIRUS (Rock 'n' Roll Virucide) 22.03.97
22. GEFÄHRLICHES WASSER (Water You Doing?) 05.04.97
23. DAS ENDE DER WELT? (My Virus Ate My Homework) 12.04.97
24. DAS SMOGMONSTER (Born With A Jealous Mind) 19.04.97
25. WER IST HIER DER DUMME? (Cheater, Cheater, Megabyte Eater) 26.04.97
26. KILOKAHNS HUMOR (Little Ditch, Big Glitch) 07.06.97
27. SAM, DIE SALZSÄULE (Static Interference) 14.06.97
28. DER HELD IM STRESS (Sweet And Sour Kilokahn) 21.06.97
29. ROMEO UND JULIA IN DER SCHULE (Romeo & Joule-Watt) 28.06.97
30. DIE FALLE (The Taunt Heard Round The World) 05.07.97
31. EIN HAARIGES PROBLEM (Hair I Stand, Head In Head) 12.07.97
32. ÄRGER MIT DEM STUNDENPLAN (Portrait Of The Artist As A Young Virus) 19.07.97
33. NUR FÜR GIRLS! (Starkey In Cyberspace) 26.07.97
34. DAS MEGA-GEDÄCHTNIS (Tanks For The Memories) 02.08.97
35. FRÜHLINGSGEFÜHLE (Love Me Don't) 09.08.97

36.	NERVENSÄGEN UNTER SICH (Cybertia Combat) 16.08.97
37.	WO IST SAM? (Hide And Servo) 23.08.97
38.	VERSAUTER FEIERTAG (Over The River And Through The Grid) 30.08.97
39.	DER WEIHNACHTSHASSER (Do Not Reboot 'Til Christmas) 06.09.97
40.	BASSIST GESUCHT! (Hasta La Virus, Baby) 13.09.97
41.	DIE VERSCHENKTE FREUNDIN (Give 'Til It Megahertz) 20.09.97
42.	DER WAHLBETRÜGER (The President's A Frink) 27.09.97
43.	DAS MÄDCHEN MIT DEM PIEPSER (Beep My, Beep My Baby) 04.10.97
44.	ALLES VERGESSEN? (Forget You!) 11.10.97
45.	DAS WAHRHEITSVIRUS (Loose Lips Sink Microchips) 18.10.97
46.	EIN KUSS FÜR DEN ZAUBERER (It's Magic) 25.10.97
47.	ALLE MACHT DEN SCHÜLERN! (Pratchert's Radical Departure) 01.11.97
48.	MÄNNER MIT BART (Foreign Languages) 08.11.97
49.	NIE WIEDER FERIEN? (Truant False) 15.11.97
50.	PECHVOGEL LUCKY (Lucky's Unlucky Adventure) 22.11.97
51.	VERKEHRTE WELTEN (What Rad Universe) 29.11.97
52.	SUPERSTAR ZU BESUCH (Syber-Dunk) 06.12.97
53.	NICHTS GEHT OHNE STROM (Take A Hide) 13.12.97

SUPERMAN-DIE ABENTEUER VON LOIS UND CLARK
(Lois & Clark-The New Adventures Of Superman)
USA 1993-1997; Pilot & 86 Episoden
Deutsche Ausstrahlung:
Pro 7 1994/95; Pilot & 20 Episoden
Pro 7 1995; 22 Episoden
Pro 7 1996; 22 Episoden
Pro 7 1998; 22 Episoden

Darsteller: Teri Hatcher (Lois Lane), Dean Cain (Clark Kent/Superman), John Shea (Lex Luthor), Lane Smith (Perry White), Tracy Scoggins (Catherine „Cat" Grant - 1993/94), Michael Landes (James Bartholomew „Jimmy" Olsen - 1993/94), Justin Whalin (James Bartholomew „Jimmy" Olsen - 1994-97), K. Callan (Martha Kent), Eddie Jones (Jonathan Kent).

Also für alle die es immer noch nicht wissen: Superman ist ein Ausserirdischer dessen wirklicher Name Kal-El ist. Als Baby wurde er von seinen Eltern in eine Rakete gesteckt, damit er der Vernichtung seines Heimatplaneten Krypton entgeht. Auf der Erde angekommen, fanden ihn die Kents, die ihn als ihren eigenen Sohn aufzogen und Clark nannten.

Der erwachsene Clark Kent macht sich auf in die grosse Stadt namens Metropolis, um es dort als Reporter zu versuchen. Er findet eine Anstellung beim Daily Planet, für den auch Lois Lane tätig ist. In diese schöne wie intelligente Reporterin verliebt sich unser Clark. Und tatsächlich gelingt es ihm eines Tages, Lois als Ehefrau heimzuführen.

Ach ja, nebenbei beginnt Clark seine Tätigkeit als Superman. Da er unter den Strahlen der irdischen gelben Sonne Superstärke, Unverwundbarkeit, Flugfähigkeit, Superschnelligkeit, Superpuste, Supergehör und mehrere Superblicke (Teleskop-, Mikroskop-, Röntgen- und Hitze-) erlangt, ist es für ihn nur naheliegend, sich in ein enges Kostüm zu zwängen und gegen all das Böse dieser und anderer Welten zu kämpfen.

In dieser modernen Variante der Supie-Story sollte mehr Akzent auf das romantische und sonstige Zwischenspiel der beiden Hauptcharaktere gelegt werden. Um das auch gleich klar zu machen, wird Lois im Originaltitel zuerst genannt. Das klappte auch sehr gut. Es kam in den besten Szenen ein ähnliches Spielchen heraus wie in der hierfür berühmt gewordenen Detektivserie DAS MODELL UND DER SCHNÜFFLER (Moonlighting). Nachdem in der Comicvorlage nach Was-weiss-ich-wieviel-tausend Versuchen endlich doch noch die Hochzeitsglocken läuteten, wollte man in dieser Serie nicht zurückstehen und liess Lois und Clark vor den Traualtar treten....und bereitete damit das kurze und unschöne Ende der Serie vor.

Die romantischen Superhelden-Abenteuer begleiteten Harry Anderson, Robert (Star Trek: Raumschiff Voyager) Beltran, Sonny Bono, Peter Boyle, Roy Brocksmith, Olivia Brown, Bruce (Die Abenteuer des Brisco County, Jr.) Campbell, Robert Carradine, Patrick Cassidy, Michael (Der Mann vom anderen Stern) Cavanaugh, Mark Lindsay (Das Ding aus dem Sumpf) Chapman, Christian (Die Abenteuer des Brisco County, Jr.) Clemenson, Phyllis Coates (Lois Lane von 1951; hier in der Rolle von Ellen Lane, Lois Mutter), Denise (Raumschiff Enterprise-Das nächste

Jahrhundert) Crosby, Robert Culp, Tony Curtis, Roger Daltry, John (Grüße aus dem Jenseits & seaQuest DSV) D'Aquino, Michael Des Barres, Morgan Fairchild, John Fleck, Genie Francis, Jonathan (Raumschiff Enterprise-Das nächste Jahrhundert & X-Factor) Frakes, Frank Gorshin, Elliott (The Shining) Gould, Gerrit Graham, Jerry (Akte X) Hardin, Michael (Burning Zone) Harris, John G. (Star Trek: Deep Space Nine) Hertzler, Tony (Die Schöne und das Biest & Twin Peaks) Jay, James Earl Jones, John (Nick Knight) Kapelos, Clyde Kusatsu, Rob (First Wave) LaBelle, Kristianna (Auf schlimmer und ewig & Mortal Kombat) Loken, Kenneth Mars, Dick Miller, George Murdock, Charles (Outlaws) Napier, Michelle Phillips, Harve (Pretender) Presnell, Alan Rachins, James Read, Clive Revill, Mark (Profiler) Rolston, John Rubinstein, William (Mini-Max) Schallert, Dwight Schultz, Dean (Zurück in die Vergangenheit) Stockwell, Tim Thomerson, Kenneth (Der Mann aus dem Meer) Tigar, Kim Johnston Ulrich, Ben Vereen, Sydney Walsh, David (Twin Peaks & Wild Palms) Warner, Raquel Welch, Adam (Batman) West und Danny (Conan) Woodburn.

EPISODEN:
1. SUPERMAN: DIE RÜCKKEHR (Lois & Clark-The New Adventures Of Superman) 25.08.94
2. BESUCHER VON 3-9 (Strange Visitor From Another Planet) 04.09.94
3. WER ANDEREN EINE STORY KLAUT... (Neverending Battle) 11.09.94
4. DER UNSICHTBARE MANN (I'm Looking Through You) 18.09.94
5. DER KAMPF DES JAHRHUNDERTS (Requiem For A Superhero) 25.09.94
6. DIE FEUERTEUFEL (I've Got A Crush On You) 02.10.94
7. DIE SUPERSCHLAUEN KIDS (Smart Kids) 09.10.94
8. DIE GRÜNE GEFAHR (The Green, Green Glow Of Home) 16.10.94
9. EIN HEISSER NOVEMBER (The Man Of Steel Bars) 23.10.94
10. LIEBE AUS DER LUFT (Pheremone, My Lovely) 30.10.94
11. NÄCHTE IN DER HOCHZEITSSUITE (Honeymoon In Metropolis)
12. NUR NOCH 55 STUNDEN (All Shook Up) 06.11.94
13. MISTER MAKE-UP (Witness) 13.11.94
14. DER MAGISCHE KANAL (Illusions Of Grandeur) 20.11.94
15. EIN VIRUS IM SYSTEM (Ides Of Metropolis) 27.11.94
16. ERINNERUNGEN AN KRYPTON (The Foundling) 18.12.94
17. RIVALINNEN (The Rival) 25.12.94
18. DER FALSCHE BRUDER (Vatman) 08.01.95
19. DRAGONETTIS SAFE (Fly Hard) 15.01.95
20. DIE TRÜMMER EINES TRAUMS (Barbarians At The Planet) 22.01.95
21. DIE HOCHZEIT DES JAHRES (The House Of Luthor) 29.01.95
22. DIE DOPPELGÄNGERIN (Madame Ex) 10.03.95
23. TEUFLISCHE TÖNE (Wall Of Sound) 17.03.95
24. QUELLE IN GEFAHR (The Source) 24.03.95
25. DER UNHEIMLICHE VEREHRER (The Prankster) 31.03.95
26. DER NETTESTE MILLIARDÄR DER WELT? (Church Of Metropolis) 07.04.95
27. DER KILLERSATELLIT (Operation Blackout) 21.04.95
28. COMEBACK FÜR AL CAPONE (That Old Gang Of Mine) 28.04.95
29. KLEINER MANN GANZ GROSS (Bolt From The Blue) 05.05.95
30. DER SPIELZEUGMACHER (Season Greedings) 12.05.95
31. DER METALLGANOVE (Metallo) 19.05.95
32. DAS HERZ DES DRACHEN (Chi Of Steel) 26.05.95
33. FARADAYS ERFINDUNG (The Eyes Have It) 02.06.95
34. PHOENIX (The Phoenix) 09.06.95
35. DIANAS JAGD (Top Copy) 16.06.95
36. DAS GELBE LICHT (The Return Of The Prankster) 23.06.95
37. LUCKY LEON (Lucky Leon) 30.06.95
38. PROJEKT WIEDERAUFERSTEHUNG (Resurrection) 07.07.95
39. DIE ZEITMASCHINE (Tempus Fugitive) 14.07.95
40. VERSUCHSKANINCHEN JIMMY (Target Jimmy Olsen) 21.07.95
41. DAS ROTE KRYPTONIT (Individual Responsibility) 28.07.95
42. AUCH SUPERHELDEN BRAUCHEN ANWÄLTE (Whine, Whine, Whine) 04.08.95
43. DIE FRAGE ALLER FRAGEN (And The Answer Is...) 11.08.95
44. EINE BOMBENPARTY (We Have A Lot To Talk About) 24.11.96
45. REIF FÜR DIE INSEL (Ordinary People) 01.12.96
46. ENTFÜHRT VON AUSSERIRDISCHEN (Contact) 08.12.96
47. DER IRISCHE FLUCH (When Irish Eyes Are Killing) 15.12.96
48. ARCHE NOAH NUMMER ZWEI (Just Say Noah) 22.12.96

49. WILLKOMMEN IN DER EWIGKEIT (Don't Tug On Superman's Cape) 29.12.96
50. DIE FRAU AUS STAHL (Ultra Woman) 05.01.97
51. EIN KIND VON SUPERMAN? (Chip Off The Old Clark) 19.01.97
52. VERSCHWÖRUNG GEGEN AMERIKA (Supermann) 26.01.97
53. NENNEN SIE MICH „X"! (Virtually Destroyed) 02.02.97
54. DER WEIHNACHTSVIRUS (Home Is Where The Hurt Is) 09.02.97
55. DAS ZEICHEN DER SCHLANGE (Never On Sunday) 16.02.97
56. MEIN VATER, DER SPION (The Dad Who Came In From The Cold) 23.02.97
57. DIE SACHE MIT LANA LANG (Tempus, Anyone?) 02.03.97
58. HOCHZEIT MIT HINDERNISSEN (I Now Pronounce You...) 09.03.97
59. WANDA DETROIT (Double Jeopardy) 16.03.97
60. LOIS MAL DREI (Seconds) 23.03.97
61. FRAU OHNE VERGANGENHEIT (Forget Me Not) 06.04.97
62. EIN GESCHENK FÜR MOM (Oedipus Wrecks) 13.04.97
63. DIE WELT IST KLEIN! (It's A Small World After All) 20.04.97
64. DER KRYPTONIER (Through A Glass, Darkly) 27.04.97
65. ABSCHIED VON SUPERMAN (Big Girls Don't Fly) 04.05.97

66. INVASION IN SMALLVILLE (Lord Of The Flys) 28.02.98
67. DUELL MIT LORD NOR (Battleground Earth) 07.03.98
68. DIE HOCHZEITSFALLE (Swear To God, This Time We're Not Kidding) 14.04.98
69. DER BÖSE FLUCH (Soul Mates) 21.03.98
70. FÜR IMMER JUNG (Brutal Youth) 28.03.98
71. DER FALL LOIS LANE 1 (The People Vs. Lois Lane) 04.04.98
72. DER FALL LOIS LANE 2 (Dead Lois Walking) 11.04.98
73. EIN REIZENDES PAAR (Bob And Carol And Lois And Clark) 18.04.98
74. DER GEIST DER KATIE BANKS (Ghosts) 25.04.98
75. LADY BOSS (Stop The Presses) 02.05.98
76. UND TÄGLICH GRÜSST DER KOBOLD ('Twas The Night Before Christmas) 09.05.98
77. PERRY UND JERRY (Lethal Weapon) 16.05.98
78. EIN SCHMUTZIGES GEHEIMNIS (Sex, Lies And Videotape) 23.05.98
79. PRÄSIDENT JOHN DOE (Meet John Doe) 30.05.98
80. ZWEI CLARKS FÜR LOIS (Lois And Clarks) 06.06.98

81. FRIEDEN FÜR DIE WELT (AKA Superman) 13.06.98
82. DIE FÜCHSIN (Faster Than A Speeding Vixen) 20.06.98
83. DER SCHATTENKILLER (Shadow Of A Doubt) 27.06.98
84. LEX LUTHOR JUNIOR (Voice From The Past) 04.07.98
85. EIN SCHLECHTER TAUSCH (I've Got You Under My Skin) 11.07.98
86. DER KINDERDIEB (Toy Story) 18.07.98
87. DICKSCHÄDELS PLAN (The Family Hour) 25.07.98

SUPERMANN-RETTER IN DER NOT
(The Adventures Of Superman)
USA 1953-1957; 104 Episoden
Deutsche Ausstrahlung:
TV München 1993/1994; 50 Episoden
DF 1; 1 neue Episode

Darsteller: George Reeves (Clark Kent/Superman), Phyllis Coates (Lois Lane - 1953), Noel Neill (Lois Lane - 1953-57), Jack Larsen (James Bartholomew „Jimmy" Olsen), John Hamilton (Perry White), Robert Shayne (Inspector William Henderson), Sterling Holloway (Professor Oscar Quinn), Philip Tead (Professor Pepperwinkle).

Superman, der stählerne Held eines untergegangenen Planeten, kämpft gegen das Böse der US-amerikanischen Welt in all seinen Schattierungen. Wahrheit, Gerechtigkeit und der berühmt-berüchtigte „american way" werden demjenigen gefühlvoll eingebläut, der nicht hören will.

SUPERMAN hatte seinen ersten Auftritte im Jahre 1938 in der amerikanischen Comicreihe „Action Comics". Er ist somit einer der ersten Comicsuperhelden überhaupt und ist seitdem ständig am Markt, wenngleich auch verschiedentlich Änderungen und Neuorientierungen seinen Weg kreuzten. Leider gibt es wohl kaum noch etwas, was nicht schon über die amerikanische Ikone geschrieben wurde — und meist besser als ich es könnte — also kann ich mir all dies sparen. Die hier vorliegende, in Deutschland bisher nur regional gesendete, Serie ist ein Kind seiner Zeit. Superheldengeschichten, Comicverfilmungen waren nur für Kinder gedacht und ausgesprochen einfach gestrickt. Wer der Gute ist, ist klar; die Bösen sind eben böse und alles andere ist unnötige Verzierung.

Interessant vielleicht noch als Zeitzeugnis vergangener Vorstellungen von der vermeindlichen Unschuld der uns umgebenden Welt.
Im Laufe der Zeit versuchte sich Hollywood mehrfach an dem „Stählernen". Beispiele hierfür finden sich in der unten angegebenen Filmliste.
1993 folgte eine weitere Fernsehserie mit modernerem Ton (s. vorhergehenden Eintrag).
Super-Gastrollen bekamen Claude Akins, Peter Brocco, Chuck (Werwolf) Connors, Elisha Cook, Jr., Jeff Corey, John Crawford, Paul Fix, Dabbs Greer, Phillip Pine, Denver Pyle, Hayden (Bezaubernde Jeannie) Rorke, Victor Sen Yung und die späteren TV-Regisseure Lawrence Dobkin und Leo Penn.

EPISODEN:
1. DURCH DIE ZEITBARRIERE (Through The Time Barrier)
2. DER GERÄUSCHESAMMLER (The Talking Clue)
3. WER IST HIER ABERGLÄUBISCH? (The Lucky Cat)
4. DIE SUPERMANN-WOCHE (Superman Week)
5. DER GESPENSTER-COUP (Great Caesar's Ghost)
6. DIE HÄUPTINGSPRÜFUNG (Test Of A Warrior)
7. WIE GEWONNEN, SO ZERRONNEN (Olsen's Millions)
8. CLARK KENT, EIN GANGSTER? (Clark Kent, Outlaw)
9. DIE ZAUBER-HALSKETTE (The Magic Necklace)
10. DER SCHNELLE REVOLVERHELD (The Bully Of Dry Gulch)
11. DER ALASKA-AUFTRAG (Flight To The North)
12. SOUVENIRS VON SUPERMANN (The Seven Souvenirs)
13. PRINZ AUF ZEIT (King For A Day)
14. DER GALOPPER (Joey)
15. DIE UNGLÜCKSZAHL (The Unlucky Number)
16. SCHOCKGEFROREN (The Big Freeze)
17. DIE GRIECHISCHE FORMEL (Peril By Sea)
18. ALLES STEHT KOPF (Topsy Turvy)
19. JIMMY UND DER DOPPELGÄNGER (Jimmy The Kid)
20. DIE MILLIONENERBIN (The Girl Who Hired Superman)
21. LOIS IM SIEBTEN HIMMEL (The Wedding Of Superman)
22. DIE SCHATZSUCHE (Dagger Island)
23. DIE ERPRESSUNG (Blackmail)
24. DAS TÖDLICHE GESTEIN (The Deadly Rock)
25. DIE PHANTOM-BANDE (The Phantom Ring)
26. DIE INSEL DER GESTRANDETEN PIRATEN (The Jolly Roger)
27. GEFAHR IN PARIS (Peril In Paris)
28. DAS NATURTALENT (The Hero)
29. DIE FREUNDE DER FEUERWEHR (Money To Burn)
30. DIE STADT AUF DEM HIGHWAY (The Town That Wasn't)
31. DAS GRABMAL DES ZAHARAN (The Tomb Of Zaharan)
32. DER TRÄUMER (The Man Who Made Dreams Come True)
33. WEIBLICHE LIST (Disappearing Lois)
34. EHRLICHKEIT SIEGT (Close Shave)
35. DIE UNERKLÄRLICHEN ALIBIS (The Phoney Alibi)
36. DER WERTVOLLE MANTEL (The Prince Albert Coat)
37. DER GESTOHLENE ELEFANT (Stolen Elephant)
38. BESUCH VOM MARS (Mr. Zero)
39. CHEMIE FÜR WASHINGTON (Whatever Goes Up)
40. DER LETZTE RITTER (The Last Knight)
41. IN DER FALLE (The Magic Secret)
42. SUPERMANNS ZWILLING (Divide And Conquer)
43. DER UNDURCHDRINGBARE WÜRFEL (The Mysterious Cube)
44. DER RADIOAKTIV VERSEUCHTE PROFESSOR (The Atomic Captive)
45. DAS GEDÄCHTNIS-VERLUST-SPRAY (The Big Forget)
46. PROFESSOR PEPPERWINKELS ERFINDUNG (The Gentle Monster)
47. SUPERMANNS FRAU (Superman's Wife)
48. DER FLIEGENDE EINBRECHER (Three In One)
49. PEPE UND DER ESEL (The Brainy Burro)
50. DER MANN MIT DER MASKE (The Perils Of Superman)
51. DER ALCHIMIST (All That Glitters)

FILME:
I. IM NETZ DER SCHWARZEN SPINNE/TOD DER SCHWARZEN SPINNE (Superman; USA 1948) 1953; Kino
II. SUPERMAN-DER FILM (Superman; GB 1978) 25.01.79; Kino
III. SUPERMAN II-ALLEIN GEGEN ALLE (Superman II; GB 1979) 02.04.81; Kino
IV. SUPERMAN III-DER STÄHLERNE BLITZ (Superman III; GB 1983) 09.03.84; Kino
V. SUPERMAN IV-DIE WELT AM ABGRUND (Superman IV: The Quest For Peace; GB 1986) 24.03.88; Kino

SUPERMAX, DER MEISTERSPION,
SIEHE: **MINI-MAX**

DER TAG, AN DEM ANTON...

BRD/A 1989; 6 Episoden
Deutsche Ausstrahlung:
ZDF 1989; 6 Episoden

Darsteller: Peter Duda (Anton), Monika Schwarz (Antons Mutter), Hannes Flaschberger (Antons Vater).

Anton ist zehn Jahre alt als er auf seinem Teller ein Strichmännchen entdeckt. Während andere dies nur für einfaches Gekritzel halten, wird für Anton der „Widerlan" zum besten Freund. In der Folge gibt es für Anton immer neue Abenteuer: die Entdeckung eines Gespenstes, eine Zeitreise ins Mittelalter und sogar ein Treffen mit dem allseits beliebten Weihnachtsmann.

Die Serie basiert auf den Büchern von Edith Schreiber-Wicke.

EPISODEN:

1. DER TAG, AN DEM ANTON DEN WIDERLAN FAND 20.11.89
2. DER TAG, AN DEM ANTON DAS GESPENST SAH 27.11.89
3. DER TAG, AN DEM ANTON ZUM UHRMACHER GING 04.12.89
4. DER TAG, AN DEM ANTON NICHT DA WAR 11.12.89
5. DER TAG, AN DEM ANTON DIE ZEITREISE WAGTE 18.12.89
6. DER TAG, AN DEM ANTON DEN WEIHNACHTSMANN TRAF 25.12.89

TARZAN

(Tarzan)
USA 1966-1968; 57 Episoden
Deutsche Ausstrahlung:
ZDF 1971; 48 Episoden

Darsteller: Ron Ely (Tarzan), Manuel Padilla jr. (Jay), Alan Caillou (Jason Flood), Rockne Tarkington (Rao), Stewart Raffill (Tall boy).

Dschungelabenteuer des Herrn der Affen, Tarzan. Ob nun kriegerische Wilde, entflohene Sträflinge, vermeintliche Monster oder sonstige Problemchen — Tarzan löst sie in bekannter Manier alle.

Die Figur Tarzans erschien erstmalig 1912 in dem Roman „Tarzan Of The Apes-A Romance Of The Jungle" von Edgar Rice Burroughs. In diesem und den folgenden Romanen und Kurzgeschichten wurde die Lebensgeschichte von John Clayton Lord Greystoke erzählt. Dieser wurde seit frühester Kindheit von Affen aufgezogen. Nun als Tarzan, d. h. „Weisshaut", bekannt, avancierte er zum Herrn des Dschungels, da er tierische Stärke und Wildheit mit menschlichem Geist kombinierte.

Bereits 1918 hatte der Affenmensch seinen ersten Kinoauftritt; Ex-Polizist Elmo Lincoln verkörperte ihn in dem Stummfilm „Tarzan Of The Apes". Nach weiteren vier stummen Tarzanakteuren übernahm Johnny Weissmuller, Goldmedaillengewinner im Kraulen der Olympiaden 1924 und 1928, die Rolle als erster sprechender Tarzan. Trotz relativ weniger Worte wurde Weissmuller zum bekanntesten Tarzandarsteller und blieb es bis heute. Insgesamt brachte es der barbarische Held bisher auf 42 Filme — inklusive TV-Filme und Animationsfilme.

Weitere Auftritte hatte der Dschungelheld von 1932 bis 1935 und wieder im Jahre 1951 als Held zweier Radiohörspielreihen, 1976/ 77 in seiner Zeichentrickfernsehserie TARZAN, LORD OF THE JUNGLE, die auch in Deutschland lief, 1977/78 in THE BATMAN/TARZAN ADVENTURE HOUR (Zeichentrick), 1978-80 in TARZAN AND THE SUPER 7 (Zeichentrick), 1980/81 in THE TARZAN/LONE RANGER ADVENTURE HOUR (Zeichentrick), 1981/82 in THE TARZAN/LONE RANGER/ZORRO ADVENTURE HOUR (Zeichentrick) und in zwei weiteren Fernsehserien (siehe nächste Einträge).

Des weiteren existieren unzählige Tarzan-Kopien, -Persiflagen und -Parodien im Real- und Zeichentrickbereich. Diese reichen von den obligatorischen seichten und herben Comedies bis hin zu pornographischen Streifen verschiedener Couleur.

Ron Ely war bereits die Nummer 15 der Affenmenschdarsteller. Der Tarzan der ersten TV-Serie war weit ab von der Vorlage und ebenso weit von der aus den Filmen bekannten Figur. Elys Tarzan war eher ein heldenhafter 60er Jahre-Mann, den es zufällig in den Dschungel verschlagen hat.

Was Tarzan-Fans wohl nicht sonderlich zufriedenstellen kann, war für mich als Kind bei der Erstausstrahlung unterhaltsames Abenteuer. Allerdings fällt es mir schwer, der Serie mit heutigem Blick noch immer so viel abzugewinnen. An den Dschungelabenteuern partizipierten John

Anderson, Michael Ansara, Antoinette Bower, Ted (Addams Family) Cassidy, Jack (Hulk) Colvin, John Crawford, Victor (Ein Engel auf Erden) French, James Earl Jones, Sally Kellerman, Yaphet Kotto, Robert (Wild Palms) Loggia, Barbara Luna, Jock Mahoney (ehemaliger Film-Tarzan), Don (Planet der Giganten) Marshall, James MacArthur, George Murdock, Nichelle (Raumschiff Enterprise) Nichols, Simon (Der Nachtjäger) Oakland, Susan Oliver, Nehemiah Persoff, Brock Peters, Andrew (V) Prine, Percy Rodrigues, Ned Romero, Diana Ross, Henry (Buck Rogers) Silva, Abraham Sofaer, Woody Strode, Malachl Throne, Harry Townes und Morgan Woodward.

EPISODEN:

1. WETTLAUF UM JAIS LEBEN (A Life For A Life) 02.01.71
2. TARZAN UND DIE STRÄFLINGE (The Day The Earth Trembled) 09.01.71
3. DER MUGUMA FLUCH (Maguma Curse) 16.01.71
4. DIE TEUFELSKATZE (The Prodigal Puma) 23.01.71
5. DAS BLINDE MÄDCHEN (Eyes Of The Lion) 30.01.71
6. DIE ELFENBEINPIRATEN (The Ultimate Weapon) 06.02.71
7. IN KETTEN DURCH DEN URWALD (The End Of The River) 13.02.71
8. JAI UND DER PRINZ (The Figurehead) 20.02.71
9. DER SCHWARZKÖPFIGE LEOPARD (Leopard On The Loose) 27.02.71
10. DER GEFANGENE (The Prisoner) 06.03.71
11. TREIBJAGD AUF TARZAN (A Pride Of Assassins) 13.03.71
12. DER TIGER (Tiger, Tiger) 20.03.71
13. DER BLAUE STEIN DES HIMMELS 1 (The Blue Stone Of Heaven 1) 27.03.71
14. DER BLAUE STEIN DES HIMMELS 2 (The Blue Stone Of Heaven 2) 03.04.71
15. DIE WANDERNDEN RIESEN (Creeping Giants) 10.04.71
16. KÄPTN JAI (Cap'n Jai) 17.04.71
17. TARZAN BEI DEN PYGMÄEN (The Golden Runaway) 24.04.71
18. DER ZIRKUS (The Circus) 01.05.71
19. DER VULKAN (The Fire People) 08.05.71
20. DER TAG DES GOLDENEN LÖWEN (Day Of The Golden Lion) 15.05.71
21. EIN ELEFANT VOR GERICHT (Voice Of The Elephant) 22.05.71
22. TARZAN UND DAS UNGEHEUER (Track Of The Dinosaur) 29.05.71
23. DER RAUB DER 'AUFGEHENDEN SONNE' (To Steal The Rising Sun) 05.06.71
24. JAI DARF NICHT STERBEN (Village Of Fire) 12.06.71
25. SUCHE NACH EINER TOTEN (Mask Of Rona) 19.06.71
26. DIE MONDBERGE 1 (Mountains Of The Moon 1) 26.06.71
27. DIE MONDBERGE 2 (Mountains Of The Moon 2) 03.07.71
28. EIN GEWEHR FÜR JAI (A Gun For Jai) 10.07.71
29. DIE ABENTEUER DER CHARITY JONES 1 (The Perils Of Charity Jones 1) 17.07.71
30. DIE ABENTEUER DER CHARITY JONES 2 (The Perils Of Charity Jones 1) 24.07.71
31. DIE SKLAVENJÄGER 1 (Four O'Clock Army 1) 07.08.71
32. DIE SKLAVENJÄGER 2 (Four O'Clock Army 2) 14.08.71
33. DIE DREI GESICHTER DES TODES (The Three Faces Of Death) 21.08.71
34. ÜBERFALL AUF DEN GELDTRANSPORT (End Of A Challenge) 28.08.71
35. DIE STATUE VON DUMBAWA (Trina) 04.09.71
36. JAI UND DER HEILIGE STEIN (Jai's Amnesia) 11.09.71
37. DAS URWALDHOTEL (Hotel Hurricane) 18.09.71
38. TÖDLICHE REVANCHE (Rendezvous For Revenge) 25.09.71
39. DER LETZTE BEWEIS (The Ultimate Duel) 02.10.71
40. DIE GEFANGENEN SEELEN (King Of The Dwsari) 09.10.71
41. DIE KIDNAPPER (Jungle Ransom) 16.10.71
42. TODESMARSCH NACH KINGSVILLE (Trek To Terror) 23.10.71
43. DIE PERLEN VON TANGA (Pearls Of Tanga) 30.10.71
44. COLONEL STONES LETZTER AUFTRAG (The Professional) 06.11.71
45. ALEX DER GROSSE (Alex, The Great) 13.11.71
46. JAGD NACH GOLD (The Last Of The Supermen) 20.11.71
47. JAI UND DER GENERAL (Basil Of The Bulge) 27.11.71
48. DER ZAUBERDOKTOR (The Pride Of The Lioness) 04.12.71

EPISODEN (nicht gesendet)**:**

49. (The Deadly Silence 1)
50. (The Deadly Silence 2)
51. (Jungle Dragnet)
52. (The Ultimatum)
53. (Algie B. For Brave)
54. (Man Killer)
55. (Thief Catcher)
56. (The Fanatics)
57. (The Convert)

TARZAN
(Tarzán/Tarzan)
USA/CND/F/MEX 1991-1994; 75 Episoden
Deutsche Ausstrahlung:
SAT.1 1992/93; 24 Episoden
SAT.1 1994; 14 Episoden
Kabel 1 1996; 37 Episoden

Darsteller: Wolf Larson (Tarzan), Lydie Denier (Jane Porter), Sean Roberge (Roger Taft jr.), Malick Bowens (Simon Govier - 1991/92), Errol Slue (Jack Benton - 1992/93), William Taylor (Dan Miller - 1993/94).

Wieder muss Tarzan gegen allerlei Unbill antreten — dieses Mal mit einer gehörigen Portion Öko-Touch.

Auch dieser Tarzan hat nicht mehr viel mit dem Urbild gemein. Hinzu kommt, dass Darsteller Wolf Larson weder über sonderliche Ausstrahlung noch über nennenswerte schauspielerische Fähigkeiten verfügt. Obwohl dies einer der Tiefpunkte der Tarzan-Präsentationen war, schaffte man es, die Serie ein paar Jahre über Wasser zu halten. Hilfreich hierbei war wohl, dass als Hauptdrehort das billige Mexiko gewählt wurde. Neue Gaststars für neue Dschungelabenteuer waren Lewis Collins, Sarah Douglas, Ron (Tarzan der 60er) Ely, Marc (The Crow) Gomes, Aharon Ipalé, Adrian (Krieg der Welten & Highlander) Paul und Reiner (Aeon) Schöne.

EPISODEN (SAT.1):

1. DER HERR DES DSCHUNGELS (Tarzan's Journey To Danger) 27.09.92
2. GEFAHR FÜR JUMA (Tarzan And The Killer Lion) 04.10.92
3. TARZAN UND DAS STUMME MÄDCHEN (Tarzan And The Silent Child) 11.10.92
4. IN DER HÖHLE DER GÖTTER (Tarzan And The Caves Of Darkness) 18.10.92
5. DER PIRATENSCHATZ (Tarzan And The Pirate
6. JAGD AUF TARZAN (Tarzan, The Hunted) 01.11.92
7. FREUNDE FÜRS LEBEN (Tarzan's Eleventh Hour) 08.11.92
8. DER GROSSE REGEN (Tarzan And The Savage Storm) 15.11.92
9. VÖGEL IN GEFAHR (Tarzan And The Golden Egg) 29.11.92
10. TÖDLICHE AUFNAHMEN (Tarzan And The Picture Of Death) 06.12.92
11. WEIHNACHTEN IM DSCHUNGEL (Tarzan's Christmas) 20.12.92
12. EIN GEFÄHRLICHES GESCHENK (Tarzan And The Deadly Gift) 27.12.92
13. FLUSSAUFWÄRTS WARTET DER TOD (Tarzan And The Poisoned Waters) 03.01.93
14. EIN UNWILLKOMMENER GAST (Tarzan And The Unwelcome Guest) 10.01.93
15. DIE ÖLPEST (Tarzan And The River Of Death) 17.01.93
16. TARZAN UND DIE AUSSERIRDISCHEN (Tarzan And The Extra-Terrestrials) 24.01.93
17. DER ABSTURZ (Tarzan And The Enemy Within) 07.02.93
18. DIE GROSSE VERSUCHUNG (Tarzan And The Test Of Friendship) 14.02.93
19. EINE LEKTION FÜRS LEBEN (Tarzan Tames The Bronx) 21.02.93
20. DIE FRAU AUS STAHL (Tarzan And The Woman Of Steel) 28.02.93
21. RETTUNG IN LETZTER SEKUNDE (Tarzan And The Killer's Revenge) 07.03.93
22. WEISSES GOLD (Tarzan And The Sacred Cave) 14.03.93
23. GEFÄHRLICHER ALLEINGANG (Tarzan And The Mystic Cavern) 21.03.93
24. DER ORKAN (Tarzan In The Eye Of The Hurricane) 28.03.93

25. DER VERSUNKENE SCHATZ (Tarzan And The Forbidden Jewels) 03.07.94
26. DAS GEBROCHENE VERSPRECHEN (Tarzan And The Broken Promise) 10.07.94
27. DER ANGRIFF DER AMAZONEN (Tarzan And The Amazon Women) 17.07.94
28. RETTET DIE NASHÖRNER! (Tarzan And The Karate Warriors) 24.07.94
29. TARZAN UND DAS LÖWENMÄDCHEN (Tarzan And The Lion Girl) 31.07.94
30. TÖDLICHES GIFT (Tarzan And The Deadly Delusions) 07.08.94
31. SECHZEHN STUNDEN BIS ZUM TOD (Tarzan And The Primitive Urge) 14.08.94
32. DER ÖLSCHEICH (Tarzan And The Mysterious Sheik) 21.08.94
33. DIE AUSREISSER (Tarzan And The Runaways) 28.08.94
34. EINE FREMDE NAMENS JANE (Tarzan Meets Jane) 04.09.94
35. DER HEISSLUFTBALLON (Tarzan And The Wayward Balloon) 11.09.94
36. EIN KAMPF AUF LEBEN UND TOD (Tarzan And The Fugitive's Revenge) 18.09.94
37. EIN WESEN AUS GRAUER VORZEIT (Tarzan And The Mutant Creature) 25.10.94
38. DIE ZEITBOMBE (Tarzan And The Missile Of Doom) 02.10.94

TARZAN-DIE RÜCKKEHR
(Tarzan: The Epic Adventures)
USA 1996/1997; Pilot & 20 Episoden
Deutsche Ausstrahlung:
RTL 2 1997; Pilot & 20 Episoden

Darsteller: Joe Lara (Tarzan), Aaron Seville (Themba), Linda Hoffman (Jana), Don McLeod (Bolgani), Nkhensani Mangahyi (Tasi), Angela Harry (La).

Genau: Tarzan, der Herr der Affen, erlebt im Urwald und teilweise mit Freunden viele gefährliche und deswegen spannende Abenteuer.

Diese Produktion hatte sich „Zurück zu den Wurzeln" aufs Banner geschrieben. Endlich einmal traute sich jemand, tatsächlich in die ursprünglichen Bücher des Tarzan-Erfinders Edgar Rice Burroughs zu schauen. und entdeckte: Verlorene Welten, Monster und gar schröckliches Getier. Da aber offensichtlich all das noch nicht reichte, bediente man sich auch gleich aus den anderen Werken des Autoren und vermischte dies mit unserem Lieblings-Affenmenschen.
Was herauskam hatte zwar oftmals Stil, schaffte es aber nicht, genügend Interesse zu erwecken. Nach einer Staffel wurde Hauptdarsteller Joe Lara, der die Grundidee der Serie immer hoch gelobt hatte, „gebeten" zu gehen. Als neuer Tarzan war der noch weniger bekannte Xavier De Clie geplant — die Geschichten sollten wieder mehr dem „klassischen Tarzan" entsprechen. Und was TV- und Filmmacher als klassischen Tarzan ansehen, wären wohl wieder dröge 08/15-Dschungelgeschichten mit ausgebrochenen Verbre-

chern, bösen Wilden usw. usf. gewesen — zu
dieser Fortsetzung kam es jedoch nicht mehr.
Joe Lara spielte bereits 1989 in dem Fernsehfilm
TARZAN IN MANHATTAN den Herrn der Affen.
Klassische Dschungelgeschichten erlebten auch
die Gaststars Dennis (Profiler) Christopher, Lydie
(Tarzan; 1991-93) Denier, Meilani Paul, Ehefrau
des Fernseh-Highlanders Adrian Paul, und Ralph
Wilcox.

EPISODEN:

1. DER RUF DES DSCHUNGELS (Tarzan's Return) 14.06.97
2. DIE GEPARDENKÖNIGIN (Tarzan And The Leopard Woman) 21.06.97
3. DER LETZTE IMPERATOR (Tarzan And The Lost Legion) 28.06.97
4. DER ROTE DIAMANT (Tarzan And The Scarlet Diamond) 05.07.97
5. DIE SCHWARZE ORCHIDEE (Tarzan And The Black Orchid) 12.07.97
6. BÖSE GEISTER (Tarzan And The Reflections In An Evil Eye) 19.07.97
7. OPAR, DAS REICH DER HOHEPRIESTERIN (Tarzan And The Priestess Of Opar) 26.07.97
8. DER ZORN DER ZADU (Tarzan And The Fury Of The Zadu) 02.08.97
9. DIE RACHE DES ZIMPALA (Tarzan And The Revenge Of Zimpali) 09.08.97
10. IM REICH DER MAYA (Tarzan And The Return Of Kukulcan) 16.08.97
11. DIE SUCHE NACH DEM WEISSEN KIESEL (Tarzan And The White Pebble) 23.08.97
12. DIE GOLDENE IKONE (Tarzan And The Moon God) 30.08.97
13. IN DER VERBOTENEN STADT (Tarzan And The Forbidden City) 06.09.97
14. DER GEPARDEN-DÄMON (Tarzan And The Leopard Demon) 13.09.97
15. DAS MONSTER DES ZORNS (Tarzan And The Shadow Of Anger) 20.09.97
16. VERSCHÜTTET (Tarzan And The Demon Within) 27.09.97
17. DER STEIN DER UNSTERBLICHKEIT (Tarzan And The Mahars) 04.10.97
18. ZWISCHEN LEBEN UND TOD (Tarzan And The Circus Hunter) 11.10.97
19. DIE RETTUNG VON AMTOR (Tarzan And The Amtorans) 18.10.97
20. DIE BESTIE VON DUNAL (Tarzan And The Beast Of Dunali) 25.10.97
21. DER AFFENMENSCH (Tarzan And The Mystery Of The Lake) 25.10.97

TEAM KNIGHT RIDER
(Team Knight Rider)
USA 1997/98; Pilot & 20 Episoden

Deutsche Ausstrahlung:
RTL Television 1997/98; Pilot & 20 Episoden

Darsteller: Brixton Karnes (Kyle Stewart), Kathy Trageser (Erica West), Nick Wechsler (Kevin „Trek" Sanders), Christine Steel (Jenny Andrews), Duane Davis (Duke DePalma), David McCallum (Mobius), Marta Martin (Star), Steve Forrest (Shadow).

Dante, ein Ford Expedition S.U.V., Kat und Plato, zwei Motorräder, Beast, ein schwarzer Ford F-150 A.T.V., und Domino, ein roter Ford Mustang, bilden das TEAM KNIGHT RIDER, das in der Zukunft das Superauto KITT — aus der Serie KNIGHT RIDER (qv) — ersetzt. Als Hauptquartier, Garage und Werkstatt dient ihnen ein namenloses Frachtflugzeug. Das TEAM KNIGHT RIDER übernimmt Fälle von Kidnapping, Diebstahl und anderen schrecklichen Missetaten für F.L.A.G. (Foundation for Law and Government), für die schon ihr Vorgänger arbeitete.

Was? Ach so, ja. Menschliche Charaktere spielten auch mit, aber wen interessiert das schon?! — Na gut: Ex-CIA-Spion Kyle ist der Fahrer von Dante, die vorbestrafte Erica die Fahrerin von Kat, Teenager und elektronisches Genie Trek ist für Plato zuständig, der Exboxer Duke gesellt sich Beast zu und Jenny fährt Domino. Neben der Tatsache das Jenny Spezialisten für fernöstliche Kampfkunst ist, handelt es sich bei ihr auch um die uneheliche Tochter des allseits verehrten Michael Knight, menschlicher Autoknecht der Vorgängerserie.
Nachdem KNIGHT RIDER ein grosser — und völlig unverdienter — Erfolg war und die Nachfolgefilme ähnlich schlecht aber kein Erfolg waren, entschloss man sich, die schmalbrüstige Grundidee auf die Spitze zu treiben und vervielfachte das Angebot an dummschwätzenden Gefährten (von fahren, nicht die gleichnamigen Kameraden). Und was kam dabei heraus? Diese Serie hier. Eine genauere Kritik erfolgt, sobald die notwendigen Worte erfunden werden, diese Beleidung jeglicher Intelligenz treffend zu beschreiben.
Die Serie wurde in den USA und in Deutschland nahezu zeitgleich gestartet.
David McCallum spielte bereits Hauptrollen in SOLO FÜR O.N.C.E.L. (qv) und DER UNSICHTBARE (qv); Nick Wechsler zog später nach ROSWELL (qv). Zu den Gaststars mit Teamgeist ge-

hörten Kabir Bedi, Georg Stanford Brown, Jim
(Dark Shadows) Fyfe, George Lazenby und Monika Schnarre.

EPISODEN:
1.	NATION AM ABGRUND (Team Knight Rider)
	12.10.97
2.	DANTES INFERNO (Et Tu, Dante?) 19.10.97
3.	DIE LISTE DES TODES (The A-List) 26.10.97
4.	TOD AUS DER VERGANGENHEIT (K.R.O.)
	02.11.97
5.	STADT IN ANGST (The Magnificent TKR)
	09.11.97
6.	DANSE MACABRE (Everything To Fear)
	16.11.97
7.	JAGD ÜBER DEN WOLKEN (Sky One)
	23.11.97
8.	DES TEUFELS WAFFE (Choctaw L-9)
	30.11.97
9.	JUDAS WIRD NIEMALS STERBEN (Inside
	Traitor) 07.12.97
10.	CONCERTANTE EXITUS (Oil And Water)
	14.12.97
11.	LEIB IM TEUFEL (Iron Maiden) 21.12.97
12.	KÖNIGIN DER FLAMMEN(Temple Of Death)
	28.12.97
13.	SOFTWARE INS JENSEITS (E.M.P.) 04.01.98
14.	ZORN DER GÖTTER (Apocalypse Maybe)
	11.01.98
15.	DREI ENGEL IN GEHEIMER MISSION(Spy
	Girls) 18.01.98
16.	DIE INSEL DES DR. ADAM TOMA (The Bad
	Seed) 25.01.98
17.	ENGEL IN KETTEN (Angels In Chains)
	01.02.98
18.	BLOND, BÖSE UND FREI VON SCHULD (The
	Blonde Woman) 15.02.98
19.	GEFANGEN AUF DEM DACH DER WELT
	(The Ixtafa Affair) 22.02.98
20.	EIN HEIM FERN DER HEIMAT (Home Away
	From Home) 08.03.98
21.	GEHEIMAKTE K.I.T.T. (Legion Of Doom)
	15.03.98

TEEN ENGEL/TEEN ENGELS RÜCKKEHR

(Teen Angel/Teen Angel Returns)
USA 1989/90; je 13 Episoden <?>
Deutsche Ausstrahlung:
ARD 1991; 26 Episoden <?>

Darsteller: Jason Priestley (Buzz), Robin Lively
(Cindy), Scott Reeves (Brian), Jennie Garth (Kar-
rie), Randy Oglesby (Mr. Boone), Ken Page
(Chubby), Eric Bruskotter (Kelvin), Michael Flynn
(Mr. Donato).

Cindys Vater hat eine Tankstelle und finanzielle
Probleme. Um den Verkauf anzuheizen, startet
er eine Verlosung. Hauptgewinn ist ein Ford Mustang. Als dieser jedoch gestohlen wird, werden
seine Probleme nur noch grösser. Zusätzlich hat
Cindy Probleme mit ihrem Freund. Doch glücklicherweise gibt es ja Buzz. Buzz ist Cindys
Schutzengel. Der Engel in Teenagergestalt war
vor seinem allzu frühen Tod ein Freund von Cindys Eltern. Nun ist es sein Daseinszweck, Cindy
bei ihren Problemchen und Problemen zu helfen.
Natürlich kann nur Cindy diesen Himmelsboten
sehen und hören.

Diese kleine belanglose Serie wurde im Rahmen
der Kinderserie DISNEY CLUB ausgestrahlt. Von
besonderem Interesse nur für die Fans der Reihe BEVERLY HILLS 90210, in der sowohl Hauptdarsteller Priestley als auch Jennie Garth später
auftraten.
Interessanterweise gibt es eine weitere Reihe mit
dem Titel TEEN ANGEL. Hier ist die Hauptfigur
Marty, der einen sechs Monate alten Hamburger
unter dem Bett seines besten Freundes Steve
findet und ohne Bedenken zu sich nimmt. Sein
Mut wird mit einer Fahrt in den Himmel belohnt,
wo er prompt als Steves Schutzengel eingesetzt
wird.

EPISODEN:
1.	- liegt nicht vor - (- liegt nicht vor -) 13.04.91
2.	- liegt nicht vor - (- liegt nicht vor -) 20.04.91
3.	- liegt nicht vor - (- liegt nicht vor -) 27.04.91
4.	- liegt nicht vor - (- liegt nicht vor -) 04.05.91
5.	- liegt nicht vor - (- liegt nicht vor -) 11.05.91
6.	- liegt nicht vor - (- liegt nicht vor -) 18.05.91
7.	MIT ENGELS HILFE (- liegt nicht vor -)
	25.05.91
8.	- liegt nicht vor - (- liegt nicht vor -) 01.06.91
9.	- liegt nicht vor - (- liegt nicht vor -) 08.06.91
10.	- liegt nicht vor - (- liegt nicht vor -) 15.06.91
11.	EINE LANGE NACHT (- liegt nicht vor -)
	22.06.91
12.	- liegt nicht vor - (- liegt nicht vor -) 29.06.91
13.	- liegt nicht vor - (- liegt nicht vor -) 06.07.91
14.	- liegt nicht vor - (- liegt nicht vor -) 13.07.91
15.	- liegt nicht vor - (- liegt nicht vor -) 20.07.91
16.	- liegt nicht vor - (- liegt nicht vor -) 27.07.91
17.	- liegt nicht vor - (- liegt nicht vor -) 03.08.91
18.	DER ANMACHER (- liegt nicht vor -) 10.08.91
19.	- liegt nicht vor - (- liegt nicht vor -) 17.08.91
20.	- liegt nicht vor - (- liegt nicht vor -) 24.08.91
21.	DER VERZWEIFLUNG NAH (- liegt nicht vor -)
	31.08.91
22.	SCHWIRR AB (- liegt nicht vor -) 07.09.91
23.	- liegt nicht vor - (- liegt nicht vor -) 14.09.91

24.   - liegt nicht vor - (- liegt nicht vor -) 21.09.91
25.   - liegt nicht vor - (- liegt nicht vor -) 28.09.91
26.   - liegt nicht vor - (- liegt nicht vor -) 05.10.91
Anmerkung zur Episodenliste: Wie man unschwer erkennen kann, sind ein Grossteil der Informationen nicht
gesichert. Das betrifft auch die Gesamtepisodenzahl
und die Daten von Beginn und Ende der Reihe.

TEKWAR-KRIEGER DER ZUKUNFT
(TekWar)
USA 1994; 4 Fernsehfilme
USA 1995; 18 Episoden
Deutsche Ausstrahlung:
RTL Television 1994; 4 Fernsehfilme
RTL 2 1998; 18 Episoden

Darsteller: Greg Evigan (Jake Cardigan), William Shatner (Walter H. Bascom), Eugene Clark
(Sid Gomez), Torri Higginson (Beth Kittridge -
1994), Maria Del Mar (Lieutenant Sam Houston -
1995), Maurice Dean Wint (Lieutenant Winger),
Natalie Radford (Nika - 1995), Dana Brooks
(Shelley Grout - 1995), Lexa Doig (Cowgirl -
1995), Ernie Gruenwald (Spaz - 1995).

Im Jahre 2045 hält die „Droge" Tek die Welt in ihren Klauen. Es handelt sich hierbei um eine virtuelle Realität, die die Benutzer in die Abhängigkeit
führt. Die Verfügungsgewalt hierüber besitzen die
sogenannten Teklords, eine Gruppe von üblen
Geschäftemachern, die die Regierungen langsam korrumpiert oder verdrängt.
Jake Cardigan ist ein Cop. Nachdem man ihm
ein Verfahren angehängt hat, wird er zur Strafe
eingefroren. Nach dem „Absitzen" dieser Zeit
wird er von Walter Bascom angestellt, der die Si-
cherheitsfirma Cosmos leitet. Cosmos bekämpft
verdeckt auch die Tek-Connection.

Basierend auf den Romanen von William Shatner, erschienen im Jahre 1994 im Rahmen der
„Action Pack"-Filmreihe — der auch HERCULES
(qv) entstammt — vier Fernsehfilme über die von
Tek regierte futuristische Welt. Jedoch schaffte
es die Shatner-Serie nicht, im Serienformat zu
überzeugen. Nach nur achtzehn Folgen verschwand die durchschnittlich unterhaltsame Reihe von den US-amerikanischen Bildschirmen.
William Shatner war natürlich der weltberühmte-
ste Raumschiff-Captain in RAUMSCHIFF EN-
TERPRISE (qv); Maurice Dean Wint spielte auch
in PSI FACTOR (qv). Gäste im Cyberspace der

Filme waren Sandahl Bergman, Sheena Easton,
David (Mission Erde) Hemblen, Laurie (Akte X)
Holden, Barry (Die Mars-Chroniken & Mondbasis
Alpha 1) Morse und Michael York. In der Serie
folgten Philip (Krieg der Welten & Highlander)
Akin , Richard (Mission Erde) Chevolleau, Ri-
chard (Krieg der Welten) Comar, Nicole (Star
Trek: Deep Space Nine) De Boer, Von (Mission
Erde) Flores, Geordi (Dracula ist wieder da)
Johnson, Anita (Mission Erde) La Selva, Belinda
(Krieg der Welten & Kung Fu: Im Zeichen des
Drachen) Metz, Greg (Kobra, übernehmen Sie)
Morris, Karl (Total Recall 2070) Pruner, Sean
(Tarzan) Roberge, Melanie Shatner, Michael (Die
verlorene Welt) Sinelnikoff und Kate (Kung Fu:
Im Zeichen des Drachen) Trotter.

FILME:
I.   TEKWAR-KAMPF UM DIE VERLORENE VER-
        GANGENHEIT (TekWar) 30.09.94
II.   TEKWAR-DIE FÜRSTEN DES TODES (Tek-
        Lords) 11.11.94
III.   RECHT UND GESETZ IM CYBERSPACE
        (TekJustice) 09.12.94
IV.   EXCALIBUR-SCHWERT DER MACHT (Tek-
        Lab) 23.12.94

EPISODEN:
1.   DAS LETZTE GEFECHT 1 (Unknown Soldier)
        06.04.98
2.   DAS LETZTE GEFECHT 2 (Unknown Soldier)
        20.04.98
3.   DAS TEK-KOMMANDO (Tek Posse) 27.04.98
4.   DAS GANZ GROSSE GESCHÄFT (Sellout)
        04.05.98
5.   EIN FREUND AUS DER VERGANGENHEIT
        (Promises To Keep) 11.05.98
6.   STURMWARNUNG (Stay Of Execution)
        18.05.98
7.   DAS ANDERE ICH (Alter Ego) 25.05.98
8.   KILLERINSTINKT (Killer Instinct) 01.06.98
9.   DER COUNTDOWN LÄUFT (Chill Factor)
        08.06.98
10.   WETTLAUF GEGEN EN TOD (Deadline)
        15.06.98
11.   CARLOTTA (Carlotta's Room) 22.06.98
12.   TÖDLICHE TARNUNG (Deep Cover) 29.06.98
13.   KEIN ERBARMEN (Zero Tolerance) 06.07.98
14.   GEDÄCHTNISLÜCKE (Forget Me Not)
        13.07.98
15.   HIMMEL UND HÖLLE (The Gate) 20.07.98
16.   SCHEIN UND SEIN (Skin Deep) 27.07.98
17.   EINE ZWEITE CHANCE (Redemption)
        03.08.98
18.   FREUND ODER FEIND? (Betrayal) 10.08.98

TELEROP 2009-ES IST NOCH WAS ZU RETTEN

BRD 1973/1974; 13 Episoden
Ausstrahlung:
WDR regional 1974; 13 Episoden

2009. Das letzte Kapitel der Menschheitsgeschichte scheint angebrochen. Es fehlen so grundlegende Stoffe wie Sauerstoff und Wasser, deren Rationsverteilung äusserst streng kontrolliert wird. Radio Telerop berichtet über die neuesten Entwicklungen und Tendenzen, die das Leben der Menschheit beeinflussen: Die Fleischversorgung soll durch spezielle Züchtung von Schlachttieren gesichert werden, doch das neue Fleisch verursacht Haarausfall und Blindheit. — Die Überbevölkerung macht es nötig, die Fortpflanzung zu kontrollieren. Kein Paar darf mehr als zwei Kinder bekommen. Jedes weitere Kind wird übermässig besteuert. Einige setzen sich jedoch über die Gesetzgebung hinweg und setzen sogenannte „wilde Babies" in die Welt. — Als neuer Lebensraum soll der Südpol erschlossen werden. Die Bedingungen dort machen es allerdings notwendig, eine neue, besonders resistente Menschenrasse zu züchten. — Alle strengen Gesetze und Reglementierungen dieser Zeit haben zur Folge, dass immer mehr Menschen die Gemeinschaft verlassen und zu „Outs" werden. Unter einer riesigen Müllhalde errichten sie ihr eigenes Reich und versuchen sich so der staatlichen Kontrolle zu entziehen. — Einige wenige werden auserwählt, in den Tiefschlaf versetzt zu werden. Sie sollen erwachen, wenn die Erde wieder bewohnbar ist.

Deutsche Anthologie-SF-Serie, die eine interessante aber unangenehm düstere Zukunftsvision aufzeichnet. Ein früher Versuch, vor dem Raubbau der Menschen an der Erde zu warnen.
Zu den Darstellern, die noch etwas retten wollten, gehörten Volker Eckstein, Rosemarie Fendel, Charlotte (Raumpatrouille) Kerr, Walter Kohut und Franziska Oehme.

EPISODEN:

1.   EISBERGE 10.07.74
2.   NICHTS ALS SAND 17.07.74
3.   S.O.S. SAUERSTOFF 24.07.74
4.   ROHSTOFFE AUSVERKAUFT 31.07.74
5.   GIFT FREI HAUS 14.08.74
6.   WILDE BABYS 28.08.74
7.   MEGALOPOLIS 11.09.74
8.   DIE ROSE IM MÜLL 25.09.74
9.   FORTSCHRITT VERBOTEN 09.10.74
10.   DIE TÖDLICHEN STUNDEN 23.10.74
11.   EINE RASSE FÜR DEN SÜDPOL 30.10.74
12.   HIRNSCHALTUNG AUF WUNSCH 06.11.74
13.   WIR DÜRFEN IN DIE BOOTE 13.11.74

TELL-IM KAMPF GEGEN LORD XAX
(The Legend Of William Tell)
NZL 1998; 16 Episoden
Deutsche Ausstrahlung:
RTL 2 1999; 16 Episoden

Darsteller: Kieren Hutchison (William Tell), Andrew Binns (Lord Xax), Sharon Tyrrell (Kalem), Ray Henwood (Kreel), Nathaniel Lees (Leon), Katrina Browne (Aruna), Beth Allen (Prinzessin Vara), Drew Neemia (Drogo).

Kale, das typisch idyllische Königreich. Lord Xax, der typische böse Zauberer. Der König von Kale, der typische ermordete Herrscher. Unterwerfung, das typische Ziel der bösen Jungs und Mädels. Eine Prophezeiung, die typische Hoffnung. William Tell, der typische grösste Held aller Zeiten. TELL-IM KAMPF GEGEN LORD XAX, der typische erfolglose Serienblödsinn.

Sich an den Erfolg anderer Fantasy-Serien hängen zu wollen, ist irgendwie verständlich. Sich mit bekannten Namen schmücken zu wollen, haben schon die SINDBAD-Reanimatoren und ROBIN HOOD-Leichenfledderer vorgemacht. Aber wer kam auf die hirnrissige Idee den klassischen helvetischen Apfelmörder Billy Tell zur Hauptfigur zu machen? Insbesondere, da eigentlich nichts vom Vorbild übrig geblieben ist. Bei dieser Methode kann man sich ja wohl auch anderer Namen bedienen oder gar eigene erfinden. Vielleicht bleibt dann noch genug Zeit, eine gute Serie zu produzieren und nicht diese 08/15-Reihe. Für alle, die sich diese Arbeit nicht machen wollen, ein paar Vorschläge für die nächsten Titelhelden und Serien: „The Magic Mountains Of Rübezahl", „The Mysterious Island Of Robinson Crusoe", „The New Adventures Of Santa Claus", „The Hidden Kingdom Of The Easter Bunny" oder „Jesus Christ, Warrior Priest".
Der olle Schweizer Bill Tell war bereits von 1958 bis 1959 im Fernseheinsatz: In der britischen Non-Fantasy-Serie THE ADVENTURES OF WILLIAM TELL spielte Conrad Phillips in 39 Folgen

den Alpenrevoluzzer.

EPISODEN:
1. SHAYTANAS AUGE (Shaytana's Eye) 11.03.99
2. VERRÄTER (The Fifth Column) 12.03.99
3. AUF LEBEN UND TOD (Escape Into Fear) 16.03.99
4. LICHT UND DUNKELHEIT (Darkness And Light) 17.03.99
5. DAS VERBORGENE TAL (Hidden Valley) 18.03.99
6. DIE HERAUSFORDERUNG (The Challenge) 19.03.99
7. KALEMS GEIST (The Spirit Of Kale) 23.03.99
8. DAS FALSCHE PARADIES (Swarm) 24.03.99
9. DIE SEUCHE (The Sorcerer's Apprentice) 25.03.99
10. DAS SCHLOSS DER ZWEIFEL (Master Of Doubt) 26.03.99
11. DAS HEILIGE TAL (The Lotus Eaters) 30.03.99
12. DER KREIS DER STEINE (The Tomb Of The Unknown Warrior) 30.03.99
13. DAS LABYRINTH (Labyrinth) 31.03.99
14. DOPPELGÄNGER (Doppelganger) 31.03.99
15. SCHWARZE HOCHZEIT (Combat) 01.04.99
16. ERLÖSUNG (Resurrection) 01.04.99

TEUFELSKREIS DER ANGST
(Ghost Story & Circle Of Fear)
USA 1972/1973; 23 Episoden
Deutsche Ausstrahlung:
SAT.1 1990; 17 Episoden

Darsteller: Sebastian Cabot (Winston Essex).

Horroranthologie.
Unter dem Titel GHOST STORY präsentierte Sebastian Cabot mässig interessante übernatürliche Geschichten im amerikanischen Fernsehen. Nach einer Laufzeit von nicht ganz vier Monaten wurde der Titel der Reihe in CIRCLE OF FEAR geändert und Cabot durfte sich einen neuen Job suchen. Die Stories erfuhren keine Verbesserung und die Serie verabschiedete sich auch bald danach.
Darsteller der Geistergeschichten waren John (Die Abenteuer des Brisco County, Jr., Addams Family & Eerie, Indiana) Astin, Christopher (Die Mars-Chroniken) Connelly, Susan Dey, Angie (Wild Palms) Dickinson, Steve (Team Knight Rider) Forrest, Jodie Foster, Meg Foster, James Franciscus, Ellen (Die Schöne und das Biest) Geer, Alice (Das Geheimnis der blauen Tropfen & Vicki) Ghostley, Mariette Hartley, Skip Homeier, John Ireland, Carolyn (Addams Family) Jones, Janet Leigh, Doug (Mein Vater ist ein Außerirdischer) McClure, John McLiam, Susan Oliver, Geraldine Page, Jason Robards, Gena Rowlands, Martin Sheen, David Soul, Stella Stevens, Stuart (Superboy) Whitman und William Windom.

EPISODEN:
1. DIE HÄLFTE EINES TODES (Half A Death) 19.07.90
2. ALTER EGO (Alter Ego) 26.07.90
3. DIE KATZENFRAU (Cry Of The Cat) 02.08.90
4. DAS VERHEXTE HAUS (Touch Of Madness) 09.08.90
5. DAS DRITTE GRAB (The Dead We Leave Behind) 16.08.90
6. FLASCHENGEISTER (Earth, Air, Fire And Water) 23.08.90
7. DEM TEUFEL VERFALLEN (Legion Of Demons) 13.09.90
8. DER ORGANSPENDER (Spare Parts) 20.09.90
9. DIE FRAU DES KAPITÄNS (The Concrete Captain) 27.09.90
10. DER UNGEBORENE MÖRDER (At The Cradle Foot) 04.10.90
11. NACHT WERD' ICH ZUM VAMPIR (Elegy For A Vampire) 11.10.90
12. TREU WIE DER TOD (Creatures Of The Canyon) 18.10.90
13. DER TOTENKOPFSCHWÄRMER (Death's Head) 25.10.90
14. DIE RACHE EINES PFERDES (Dark Vengeance) 01.11.90
15. WEISS ICH, DASS ICH TOT BIN? (Time Of Terror) 08.11.90
16. DER GEISTERHAFT DOPPELGÄNGER (The Ghost Of Potter's Field) 15.11.90
17. VERKAUFTE SEELEN (The Phantom Of Herald Square) 22.11.90

TEUFLISCHES GLÜCK
(Cesky Honza)
CZ 1999; 5 Episoden
Deutsche Ausstrahlung:
KIKA 2000; 5 Episoden

Darsteller: Michaela Kuklová (Margareta), Miroslov Simunek (Hannes), Lukás Vaculík (Robert), Karel Liebl (Walerius), Ivo Theimer (Nepo), Sabina Laurinová (Prinzessin Eufrosine), Vladimir Brabec (König), Daniel Hulka (Brambas), Miriam Kantorková (Tante Marianne), Radoslav Brzobohaty (Bauer), Dana Morávková (Dora), Václav Vydra (alter Teufel), Rudolf Kubik (junger Teufel), Vitezslav Jandák (Wirt), Stella Zázvorková

(Oma), Jaroslav Moucka (Opa).

Märchenfilm. Margareta, die Tochter des Bauern, verliebt sich in den Knecht Hannes und dieser sich auch in sie. Stiefschwester Dora ist neidisch und will Hanes für sich. Als Hannes dies ablehnt, verrät Dora ihn an die Häscher des Königs, die immer auf der Suche nach neuen Soldaten sind. Hannes, der seine kranke Mutter versorgen muss, weigert sich Soldat zu werden und flüchtet. Im Wald versteckt er sich in der Hütte zweier Teufel, denen er mit Freundlichkeit entgegentritt. Die Teufel, die sonst nie so nett behandelt worden, statten den Flüchtling mit einem Mantel aus, der unsichtbar macht, einer Tasche, die ergebene Soldaten in ungeahnter Anzahl enthält und einem Tischtuch-deck-dich. Auf der weiteren Reise trifft Hannes auf drei Männer, Robert, Walerius und Nepo, mit denen er sich nach einer ausgiebigen Mahlzeit anfreundet. Währenddessen treibt die hochnäsige und faule Dora Margareta aus dem Haus.
In der Folge sucht Hannes seinen Weg im Leben. Er schafft es, einen Drachen zu besiegen und scheint damit ausgesorgt zu haben. Doch ist er wirklich glücklich ohne seine geliebte Margareta?

Stella Zázvorková spielte bereits in DIE MÄRCHENBRAUT (qv) und zusammen mit Vitezslav Jandák in DIE RÜCKKEHR DER MÄRCHENBRAUT (qv).

EPISODEN:
1. TEUFLISCHE GESCHENKE (- liegt nicht vor -) 21.09.00
2. - liegt nicht vor - (- liegt nicht vor -) 22.09.00
3. DER DREIKÖPFIGE DRACHE (- liegt nicht vor -) 25.09.00
4. DIE ENTFÜHRUNG (- liegt nicht vor -) 26.09.00
5. - liegt nicht vor - (- liegt nicht vor -) 27.09.00

THUNDER IN PARADISE-HEISSE FÄLLE, COOLE DRINKS
(Thunder In Paradise)
USA 1994; Pilot & 21 Episoden
Deutsche Ausstrahlung:
RTL Television 1995; Pilot & 18 Episoden (3 doppellange)

Darsteller: Terry „Hulk" Hogan (Randolph J. „Hurricane/Spence" Spencer), Chris Lemmon (Martin „Bru" Brubaker), Carol Alt (Kelly LaRue), Patrick Macnee (Edward Whitaker), Ashley Gorrell (Jessica Whitaker Spencer), Kiki Shepard (D. J. „Trelawny" Moran), Jimmy Hart (Jimmy), Heidi Mark (Allison Wilson), Ed „Brutus Beefcake" Leslie (Brutus), Jim „The Anvil" Neidhart (Kowalski), Steve „Sting" Borden (Adam „Hammerhead" McCall), Tai Collins (Kristen/T.C.).

Zwei ehemalige Navy SEALs bieten ihre Dienste an: Für 5.000 Dollar plus Spesen. Neben ihren ganz persönlichen Fähigkeiten verfügen sie über Thunder, ein Speedboat, das vollcomputerisiert, schwer bewaffnet und mit einer Tarnvorrichtung versehen ist. Eigentlich sollte dieser Prototyp ans Militär verkauft werden.
Da die Entwicklung des Bootes viel Geld kostete, brauchte Spence Geld. Er heiratete also die reiche Megan Whittaker, Erbin des Paradise Beach Motel. Megan stirbt bei einem Autounfall, so dass sich Spence nun um das Hotel und um Jessica, Megans neunjährige Tochter, kümmern muss. Weiterer Faktor im Spiel ist Onkel Edward, der selber am Hotel interessiert ist. Es gelingt jedoch, mit ihm einen — vorläufigen? — Deal zu machen.

Hauptdarsteller dieser doch recht durchschnittlichen Actionserie war „Hulk" Hogan, seines Zeichens Ex-Wrestler. Als Arbeitsbeschaffungsmassnahme wurden gleich mehrere seiner ehemaligen Kollegen in Nebenrollen besetzt.
Patrick Macnee spielte bereits in MIT SCHIRM, CHARME UND MELONE (qv) mit. Unter den paradiesisch donnernden Gaststars waren Sam (Highwayman) Jones, Richard (Kampfstern Galactica) Lynch und Cary-Hiroyuki (Space Rangers) Tagawa.

EPISODEN:
1. THUNDER IN PARADISE-HEISSE FÄLLE, COOLE DRINKS (Thunder In Paradise) 02.95
2. DUELL DER STARKEN MÄNNER (Tug Of War) 05.03.95
3. GEFÄNGNIS UNTER WASSER (Sea Quentin) 12.03.95
4. TÖDLICHE MAGIE (Strange Bru) 19.03.95
5. SEINE LORDSCHAFT UND DAS ERBE (Changing Of The Guard) 26.03.95
6. DER FEIGE GENERAL (Gettysburg Change Of Address) 02.04.95
7. SÜSSE TRÄUME (Sealed with A Kismet 1/2) 09.04.95

8. DER COMPUTER-VIRUS (Distant Shout Of Thunder) 23.04.95
9. DER DROGENKÖNIG (Deadly Lessons 1/2) 30.04.95
10. DIE MASKE DES BÖSEN (Identity Crisis) 07.05.95
11. DER ORCHIDEENZÜCHTER (Nature Of The Beast) 14.05.95
12. HERZKÖNIGIN (Queen Of Hearts) 21.05.95
13. DER FRANZÖSISCHE PIRAT (Plunder In Paradise) 21.05.95
14. WIE EIN WILDES TIER (Endangered Species) 28.05.95
15. DIE GEHEIMWAFFE (Blast Off) 04.06.95
16. DER ÜBERLÄUFER (Dead Reckoning)
17. DER KILLER-ROBOTER (The M.A.J.O.R. And The Minor 1/2)
18. DAS BLAUE AUGE (Eye For An Eye) 07.95

TIMECOP
(Timecop)
USA 1993; Spielfilm
USA 1997/1998; 9 Episoden
Deutsche Ausstrahlung:
RTL Television 1999; 9 Episoden

Darsteller: T. W. King (Officer Jack Logan), Cristi Conaway (Claire Hemmings), Don Stark (Eugene Matuzek), Kurt Fuller (Dr. Dale Easter).

2007. Zeitreisen sind möglich, wenngleich die Technik noch nicht perfektioniert wurde. Immer wieder kommt es zu Fällen des Missbrauchs, bei dem skrupellose Gangster eigene Zeitreisen unternehmen und den Ablauf der Zeit verändern. Diesem Missbrauch wirkt die Time Enforcement Commission entgegen. Die hierzu gehörenden „Timecops" suchen nach Zeitwellen, die eine vorhergegangene Veränderung anzeigen, reisen in die betreffende Zeit und sorgen für eine Regulierung des Ablaufes.
Officer Jack Logan ist einer dieser Feuerwehrmänner der Geschichtsschreibung. Bei seinen Aufträgen stolpert er über so illustre Gestalten wie Christoph Columbus und Jack the Ripper.

Durchschnittlich gelungene aber erfolglose Zeitreiseserie nach einem Comic von Mark Verheiden und Mike Richardson. Bereits 1993 wurde der TIMECOP auf Zelluloid gebannt; Comicmiterfinder Verheiden schrieb das Drehbuch, Jean-Claude Van Damme spielte den Titel-Cop.
T. W. King spielte kurze Zeit später in der Serie CHARMED-ZAUBERHAFTE HEXEN (qv).

Zeitigen Polizeiaktionen unterlagen die Gaststars Bruce (Die Abenteuer des Brisco County, Jr.) Campbell, Brian Cousins, William Devane, Cliff De Young, Anna (Ein Genie kommt selten allein & Robin Hood) Galvin, John (Nick Knight) Kapelos, W. Morgan (Max Headroom) Sheppard und Keith (Schöne neue Zeit) Szarabajka.

FILM:
I. TIMECOP (Timecop; 1993) 24.11.94; Kino

EPISODEN:
1. AUF DEN SPUREN VON JACK THE RIPPER (A Rip In Time)
2. DER DIAMANTENRAUB (The Heist)
3. DIE DIVA (Stalker) 07.11.99
4. DIE WILDEN ZWANZIGER (Public Enemy) 14.11.99
5. MIT DEUTSCHER GRÜNDLICHKEIT (Rocket Science) 21.11.99
6. VERSCHWUNDEN IN DER ZEIT (The Future, Jack, The Future) 28.11.99
7. TOD BEI ANKUNFT (D. O. A.) 05.12.99
8. VERKEHRTE WELT (Alternate World) 12.12.99
9. KREUZFAHRT INS VERDERBEN (Lost Voyage) 19.12.99

TIME TRAX-ZURÜCK IN DIE ZUKUNFT
(Time Trax)
USA/AUS 1993-1995; Pilot & 43 Episoden
Deutsche Ausstrahlung:
SAT.1 1995; Pilot & 41 Episoden

Darsteller: Dale Midkiff (Captain Darien Lambert), Elizabeth Alexander (Selma), Peter Donat (Dr. Mordicai Sahmbi).

„Im Jahre 2193 erfindet der geniale Wissenschaftler Dr. Mordicai Sahmbi eine Zeitmaschine, mit der er Verbrecher zurück in unsere Gegenwart beamt. Sein Gegner ist Captain Lambert von der Abteilung für Verfolgung flüchtiger Verbrecher. Lamberts einzige Waffe ist eine Phaserpistole und ein Computer genannt Selma. Auch Lambert beamt sich zurück in unsere Gegenwart. Er befindet sich also unter uns und versucht sich den technischen Gegebenheiten des 20. Jahrhunderts anzupassen. Er hat die Aufgabe, die mit Hilfe von Sahmbi entflohenen Verbrecher zurückzuholen. Er jagt sie durch alle fünf Kontinente. Er weiß, dass er erst in das Jahr 2193 zurückkehren kann, wenn er sie alle aufgespürt und zurückgebeamt hat.

Captain Lambert ist der Held dieser abenteuerlichen Geschichte um eine Zeitmaschine genannt TIME TRAX."

2193, Washington, D. C. Wie sich herausstellt, hat der für das Projekt TRAX zuständige Wissenschaftler, Dr. Mordecai Sahmbi, die Zeitmaschine, um die es bei TRAX geht, für eigene Zwecke missbraucht. Seine unbefugte Benutzung ermöglichte gesuchten Schwerverbrechern eine nahezu perfekte Fluchtmöglichkeit, nämlich die in die Vergangenheit, ins Jahr 1993 um präzise zu sein. Als die Machenschaften aufgedeckt werden, flieht auch Sahmbi in den Zeitstrom. Auf seine Spur und auf die der anderen Flüchtlinge wird Darien Lambert, ein Polizei-Captain, gesetzt. Seine Aufgabe ist das Aufspüren, Festnehmen und Zurückschicken der Straftäter.

Recht gelungene Polizei-Abenteuer-Geschichtchen ohne allzu viel Anspruch. Gedreht wurde die Reihe in Australien.

Darsteller, die zurück in die Zukunft mussten — oder auch bleiben durften — waren Eddie Albert, Edward Lawrence (Die Schöne und das Biest) Albert, Bernie Casey, Ronny Cox, Henry Darrow, John (Raumschiff Enterprise-Das nächste Jahrhundert) de Lancie, Cliff DeYoung, Elizabeth (Highlander & Raven) Gracen, Jerry (Akte X) Hardin, Dorian (Viper) Harewood, Mary-Margaret (Eerie, Indiana) Humes, Eric (Alien Nation) Pierpoint, Jeri Lynn (Dark Skies & Star Trek: Raumschiff Voyager) Ryan, Mia Sara, John (Holmes und YoYo & Familie Munster) Schuck, Amy (Der Junge vom anderen Stern) Steel-Pulitzer, Ralph Waite und Stuart (Superboy) Whitman.

EPISODEN:
1. REISE IN DIE VERGANGENHEIT (A Stranger In Time) 17.03.95
2. ZURÜCK INS ATOMZEITALTER (To Kill A Billionaire) 20.03.95
3. FEUER UND EIS (Fire And Ice) 21.03.95
4. IM WILDEN WESTEN (Showdown) 22.03.95
5. DAS WUNDERKIND (The Prodigy) 23.03.95
6. DER TOD SPIELT MIT (Death Takes A Holiday) 24.03.95
7. KRÄFTIGE FÄUSTE (The Contender) 27.03.95
8. DIE BESTIE VON SOHO (Night Of The Savage) 28.03.95
9. DER JAHRHUNDERTSCHATZ (Treasure Of The Ages) 29.03.95
10. DIE EHRE EINES STAATSMANNES (The Price Of Honor) 30.03.95
11. TÖDLICHER DSCHUNGEL (Face Of Death) 31.03.95
12. ZWEI TEUFLISCHE BRÜDER (Darien Comes Home) 01.04.95
13. DIE SCHÖNE VERRÄTERIN (Two Beans In A Wheel) 03.04.95
14. DER ÜBERLEBENSTRAINER (Little Boy Lost) 04.04.95
15. DAS SCHLANGENGIFT (The Mysterious Stranger) 05.04.95
16. IN DER FALLE (Framed) 06.04.95
17. DAS SINGVÖGELCHEN (Beautiful Songbird) 07.04.95
18. DOPING (Photo Finish) 08.04.95
19. BESUCH AUS DER ZUKUNFT (Darrow For The Defense) 10.04.95
20. MANN GEGEN MANN (One On One) 11.04.95
21. DER CLAN DER YAKUZA (Return Of The Yakuza) 12.04.95
22. EIN COMPUTER WIRD ENTFÜHRT (Missing) 13.04.95
23. WILDE MÄNNER IM WILDEN WESTEN (To Live And Die In Docker Flats) 18.04.95
24. REISE DURCH DIE JAHRHUNDERTE (A Close Encounter) 19.04.95
25. NIEDER MIT DER SCHWERKRAFT (The Gravity Of It All) 20.04.95
26. DAS GLÜCKLICHE TAL (Happy Valley) 21.04.95
27. SCHWER BEWAFFNET (Lethal Weapons) 22.04.95
28. DER WUNDERHEILER (The Cure) 24.04.95
29. ZWEI UND ZWEI IST MANCHMAL DREI (Perfect Pair) 25.04.95
30. RÄUBER UND GENDARM (Catch Me If You Can) 26.04.95
31. IMMER AM BALL (The Dream Team) 27.04.95
32. DER ANDROID (Almost Human) 28.04.95
33. SPÄTE REUE (Mother) 29.04.95
34. IM DSCHUNGEL VERMISST (The Last M.I.A.) 02.05.95
35. DER MANN OHNE ZUKUNFT (Forgotten Tomorrows) 03.05.95
36. AHNENMORD (Out For Blood) 04.05.95
37. DER ROTE KOALABÄR (The Scarlet Koala) 05.05.95
38. EIN EXPLOSIVES GESCHÄFT (Cool Hand Darien) 06.05.95
39. VERWANDTE SEELEN (Split Image) 08.05.95
40. AUGE UM AUGE (Out For Blood) 09.05.95
41. DIE LOTTERIE (The Lottery) 10.05.95
42. BRUCHLANDUNG (The Crash) 11.05.95

EPISODEN (nicht gesendet):
43. (Revenge)
44. (Optic Nerve)

TIME TUNNEL
(The Time Tunnel)
USA 1966/1967; 30 Episoden

USA 2001; geplanter Spielfilm
Deutsche Ausstrahlung:
ARD 1971/1972; 13 Episoden
SAT.1 1996/1997; 30 Episoden

Darsteller: James Darren (Dr. Anthony Newman), Robert Colbert (Dr. Douglas Phillips), Lee Meriwether (Dr. Ann MacGregor), Whit Bissell (General Heywood Kirk), John Zaremba (Dr. Raymond Swain), Wesley Lau (Master Sergeant Jiggs), Sam Groom (Jerry).

Ein US-amerikanisches Geheimprojekt, „Tic Toc", befasst sich mit Zeitreisen. Indem man in einen speziellen Tunnel steigt, wird man in Vergangenheit oder Zukunft versetzt. Jedoch ist dieses Projekt noch nicht völlig ausgereift: Dr. Doug Phillips kann nicht in die eigene Zeit zurück geholt werden. Ihm zu Hilfe eilt sein Kollege Tony Newman, der gleichfalls im Zeitstrom gefangen wird. Das Paar reist pausenlos durch die Epochen und erlebt hierbei allerlei haarsträubende Abenteuer.

Eine Serie deren Phantasie keine Grenze gesetzt ist? Doch. Grenzen waren die geringen Finanzmittel, die für diese Serie eingesetzt wurden. Die jeweiligen Epochen bestanden aus übriggebliebenen Bauten und Kostümen von verschiedenen Filmen sowie in die jeweiligen Episoden eingeschnittes Filmmaterial aus unterschiedlichen Filmprojekten. Wenn also ein bestimmter Zeitabschnitt bisher nicht als Grundlage für einen Filme diente, folgte auch keine TIME TUNNEL-Episode, die sich mit dieser Zeit befasste.
Aber ich will nicht ungerecht erscheinen: Als Kind habe ich diese Serie geliebt. Und als eine Art Semi-Klassiker hat sie auch heute noch ihren wenngleich zweifelhaften Wert.
Lee Meriwether spielte später auch in FAMILIE MUNSTER (qv). In verschiedenen Zeitzonen traf man auf Philip (Flash Gordon & Kung Fu) Ahn, Michael Ansara, R.G. Armstrong, Peter Brocco, John Crawford, Robert Duvall, Paul Fix, John Hoyt, Mako Iwamtsu, Richard (Salvage 1) Jaeckel, Victor Jory, Theo Marcuse, Bob (Verschollen zwischen fremden Welten) May, Lawrence Montaigne, David Opatoshu, Nehemiah Persoff, Michael Rennie, Joseph Ruskin, John Saxon, Tom Skerritt, Torin Thatcher und Malachi Throne.

EPISODEN (ARD):
1. WIEDERSEHEN MIT DER VERGANGENHEIT (Rendezvous With Yesterday) 19.06.71
2. DAS TROJANISCHE PFERD (Revenge Of The Gods) 17.07.71
3. NEUN STUNDEN FRIST (The Crack Of Doom) 31.07.71
4. GEHEIMWAFFE A-13 (Secret Weapon) 14.08.71
5. DIE NACHT DER LANGEN MESSER (Night Of The Long Knives) 28.08.71
6. IM ALL WARTET DER TOD (One Way To The Moon) 11.09.71
7. BILLY THE KID (Billy The Kid) 02.10.71
8. DIE STADT DES SCHRECKENS (Town Of Terror) 16.10.71
9. DIE PIRATEN DER TOTENINSEL (Pirates Of Dead Man's Island) 06.11.71
10. DER ANGRIFF DER MONGOLEN (Attack Of The Barbarians) 24.11.71
11. DIE MAUERN VON JERICHO (The Walls Of Jericho) 04.12.71
12. ROBIN HOOD (Robin Hood) 11.12.71
13. DIE JAGD DURCH DIE ZEIT (Chase Through Time) 08.01.72

EPISODEN (SAT.1):
1. RENDEZVOUS MIT DER VERGANGENHEIT (Rendezvous With Yesterday) 23.11.96
2. DAS ENDE DER WELT (End Of The World) 30.11.96
3. EINFACHE FAHRT ZUM MOND (One Way To The Moon) 07.12.96
4. DIE RACHE DER GÖTTER (Revenge Of The Gods) 14.12.96
5. DIE GEHEIMWAFFE (Secret Weapon) 21.12.96
6. AM TAG, ALS DER HIMMEL SICH ENTLUD (The Day The Sky Fell Down) 27.12.96
7. DIE LETZTE PATROUILLE (The Last Patrol) 28.12.96
8. DER TAG DES VERDERBENS (The Crack Of Doom) 30.12.96
9. DAS MASSAKER (Massacre) 04.01.97
10. DIE PIRATEN VON DER BARBARENKÜSTE (Pirates Of Dead Man's Island) 11.01.97
11. DIE TEUFELSINSEL (Devil's Island) 18.01.97
12. UNTER DER HERRSCHAFT DES TERRORS (Reign Of Terror) 25.01.97
13. DIE TODESFALLE (The Death Trap) 01.02.97
14. FORT EL ALAMO (The Alamo) 08.02.97
15. DIE NACHT DER LANGEN MESSER (Night Of The Long Knives) 15.02.97
16. DIE INVASION (Invasion) 22.02.97
17. ROBIN HOOD (Robin Hood) 01.03.97
18. DIE AUSSERIRDISCHEN (Visitors From Beyond The Stars) 08.03.97
19. DER KAMIKAZE-FLIEGER (Kill Two By Two) 15.03.97
20. KAISER NEROS GEIST (The Ghost Of Nero) 22.03.97
21. DIE MAUERN VON JERICHO (The Walls Of Jericho) 05.04.97

22.	DIE GOLDMASKE DER AZTEKEN (Idol Of Death) 12.04.97
23.	BILLY THE KID (Billy The Kid) 19.04.97
24.	JAGD DURCH DIE ZEITEN (Chase Through Time) 26.04.97
25.	HÄNDLER DES TODES (The Death Merchant) 03.05.97
26.	DIE ERBEN DES DSCHINGIS KHAN (Attack Of The Barbarians) 10.05.97
27.	DIE ENTSEELTEN (The Kidnappers) 17.05.97
27.	DER ZAUBERER MERLIN (Merlin, The Magician) 24.05.97
29.	DIE ZERSTÖRUNG DER WELT (Raiders From Outer Space) 31.05.97
30.	STADT DES SCHRECKENS (Town Of Terror) 07.06.97

TIMM THALER-DER JUNGE, DER SEIN LACHEN VERKAUFTE

BRD/CH/A 1978/1979; 13 Episoden
Ausstrahlung:
ZDF 1979/1980; 13 Episoden (auch als 6-Teiler)

Darsteller: Thomas Ohrner (Timm Thaler), Horst Frank (Baron de Lefouet), Gerhard Lippert (Herr Thaler), Marlies Engel (Frau Thaler), Richard Lauffen (Anatol), Bruni Löbel (Schwester Agatha), Stefan Behrens (Heinrich), Jorge Rigaud (Selek Bei), Dieter Wagner (Herr von Grosch).

Der 12-jährige Timm Thaler ist allgemein sehr beliebt; das liegt hauptsächlich an seinem gewinnenden Lachen. Genau aus diesem Grund will Baron de Lefout, der mächtigste Mann der Welt, dieses Lachen erstehen. Doch Timm denkt gar nicht daran, sein Lachen herzugeben.
Plötzlich stirbt Timms Vater, die Familie bleibt mittellos zurück. Dies nimmt der Baron zum Anlass, sein Angebot zu erneuern. Dieses Mal nimmt der Junge an. Als Gegenwert wird Timm zukünftig jede wie auch immer geartete Wette gewinnen.
Es dauert nicht lange und Timm merkt, dass er ein schlechtes Geschäft gemacht hat. Seine Freunde werden immer weniger und eine Wette mit ihm will natürlich auch bald niemand mehr eingehen. Er beschliesst also, zu versuchen, dass Lachen zurück zu bekommen. Als blinder Passagier begibt sich Timm auf die Reise zur Vulkaninsel Aravanadi, dem Wohnort des Barons. Dieser ist schwer damit beschäftigt, seinen Reichtum zu mehren. Leute, die ihn früher verachteten und keine Geschäfte mit ihm machen wollten, sind jetzt vom Charme des Barons, den

ihm Timms Lachen verschafft, beeindruckt. Schwester Agatha und Schiffskoch Heinrich freunden sich mit Timm Thaler an und wollen ihm helfen. Problematisch dabei ist, dass sie sein Problem nicht kennen, da Timm versprechen musste, nicht über den Handel zu reden. Währenddessen überwacht Baron de Lefout Timms Überfahrt elektronisch. Als dieser wettet, der reichste Junge der Welt zu ein, holt ihn der Baron zu sich. Er versucht den Jungen zu einem Ebenbild seiner selbst zu machen.
Als Timm für Werbeaufnahmen sein Lachen für 24 Stunden zurückerhält, flüchtet er. Er hofft, eine Möglichkeit zu finden, das Lachen zu behalten. Aber die Helfer des Barons sind bereits auf seiner Spur.

Thomas Ohrner spielte danach in MERLIN (qv); Horst Frank gab später ebenfalls den Bösewicht in MANDARA (qv).

EPISODEN:

1.	TEIL 1 25.12.79
2.	TEIL 2 25.12.79
3.	TEIL 3 26.12.79
4.	TEIL 4 27.12.79
5.	TEIL 5 28.12.79
6.	TEIL 6 29.12.79
7.	TEIL 7 30.12.79
8.	TEIL 8 31.12.79
9.	TEIL 9 01.01.80
10.	TEIL 10 02.01.80
11.	TEIL 11 03.01.80
12.	TEIL 12 04.01.80
13.	TEIL 13 05.01.80

DIE TINTENFISCHE AUS DEM 2. STOCK
(Chobotnice Z Druheha Patra)

CZ/D 1986; 4 Episoden
Deutsche Ausstrahlung:
ARD 1986; 4 Episoden

Darsteller: Dagmar Veskrnová (Andrea Holan), Pavel Zednicek (Jan Holan), Janeta Fuchsová (Eva Holan), Milan Simácek (Hansi Holan), Miroslav Malachek (Professor George), Josef Bláha (Polizist), Ota Simanek (Lehrer), Vlastímil Brodsky (Opa Holan).

Nach einigen Verzögerungen macht sich die Prager Familie Holan auf den Weg in den wohlverdienten Urlaub. Da es Probleme in der Ehe der Eltern gibt, scheinen die Ferien für die Holan-

Kinder nicht gerade zu dem erwünschten Ereignis zu werden. Das ändert sich jedoch, als sie am Strand tintenfischähnliche Wesen finden.

Erneut eine amüsante tschechische Kinderserie, die ihre Fortsetzung in LUZIE, DER SCHRECKEN DER STRASSE (qv) fand. Die TINTENFISCHE liefen auch als zehnteilige Reihe und in Spielfilmform.
Janeta Fuchsová spielte auch in der erwähnten Nachfolgeserie LUZIE, DER SCHRECKEN DER STRASSE (qv) sowie in den Kinderserien BAMBINOT-DER WUNSCHKINDAUTOMAT (qv) und DER FLIEGENDE FERDINAND (qv); Josef Bláha spielte sowohl in DIE BESUCHER (qv) als auch in PAN TAU (qv) mit; Ota Simanek spielte die Titelrolle in PAN TAU; Vlastímil Brodsky trat ebenfalls in DIE BESUCHER und PAN TAU in Erscheinung und spielte weitere Rollen in DIE MÄRCHENBRAUT (qv) und DIE RÜCKKEHR DER MÄRCHENBRAUT (qv).

EPISODEN:
1.   PROJEKT 4 (- liegt nicht vor -)
2.   ALARMSTUFE BLAU-GRÜN (- liegt nicht vor -)
3.   DAS SÜSSE SALZ (- liegt nicht vor -)
4.   DIE TINTENFISCHE WÜNSCHEN FROHE WEIHNACHTEN (Vesele Vanoce Preji Chobotnice)

FILMVERSIONEN:
I.   DIE KRAKEN AUS DEM ZWEITEN STOCK (Chobotnice Z Druheha Patra; CZ/D 1987)
II.   FRÖHLICHE WEIHNACHTEN WÜNSCHEN DIE KRAKEN (Vesele Vanoce Preji Chobotnice; CZ/D 1989)

TÖDLICHES SPIEL
(Deadly Games)
USA 1995/1996; 13 Episoden
Deutsche Ausstrahlung:
Kabel 1 1997; 13 Episoden

Darsteller: James Calvert (Dr. Gus Lloyd), Christopher Lloyd (Sebastian Jackal), Cynthia Gibb (Lauren Ashborne), Stephen T. Kay (Peter Rucker).

Gus Lloyd entwirft Videospiele. Die enthaltenen Personen entwirft er nach realen Personen. So ist er selber die Vorlage für den Helden „Cold Steel Kid". Seine Ex-Frau Lauren diente als Vorlage für die weibliche Hauptfigur, die das Hauptziel all der bösen Gestalten des Videospiels ist. Die Bösen haben als Vorlagen all die Leute, die Gus ärgerten oder nervten. Der Hauptbösewicht Jackal ist ein Ebenbild des Vaters des Wissenschaftlers, mit dem der sich nicht so gut verstand.
Ein seltsamer Unfall lässt nun all die bösen Buben des Spieles in die reale Welt entkommen. Völlig unbeeindruckt von dem Wechsel des Umfeldes kümmern sie sich nur um ihre programmierten Aufgaben: Das Glück aus der Welt zu vertreiben und die „Heldin" zu jagen. Mit dem Wissen um die Stärken und Schwächen der Computergestalten, schliesslich hat er sie ja selber programmiert, stellt sich Gus Lloyd den nun realen Figuren entgegen.

Hübsche Grundidee, die jedoch nicht richtig zünden wollte und somit von den Zuschauern durch Missachtung bestraft wurde.
Mitspieler waren LeVar (Raumschiff Enterprise-Das nächste Jahrhundert) Burton, Anthony Michael Hall, Marjorie (Space Rangers) Monaghan, Dwight (Raumschiff Enterprise-Das nächste Jahrhundert) Schultz und Brent (Raumschiff Enterprise-Das nächste Jahrhundert) Spiner.

EPISODEN:
1.   DAS SPIEL UND DIE WIRKLICHKEIT (Killshot) 10.04.97
2.   BOMBE AN BORD (One Mean Mother) 17.04.97
3.   DER BOSS (The Boss) 24.04.97
4.   JACKAL ALS TEUFEL (The End Of Jackal?) 16.05.97
5.   DER COMPUTER FRISST AUCH HELDEN 1 (The Camp Counselor 1) 22.05.97
6.   DER COMPUTER FRISST AUCH HELDEN 2 (The Camp Counselor 2) 30.05.97
7.   MR. SCHLECHT-DER NAME SAGT ES SCHON (The Practical Joker) 05.06.97
8.   DER TÖDLICHE TASCHENRECHNER (The Car Mechanic) 12.06.97
9.   DIE ELEKTRISCHE LADY (The Divorce Lawyer) 19.06.97
10.   TÖDLICHER BANDSALAT (The Motivational Speaker) 26.06.97
11.   GIFTSCHLAMM FÜR HOLLYWOOD (The Trash Man) 03.07.97
12.   DIE MACHT DER BOHRER (Dr. Kramer) 10.07.97
13.   PRETTY BELINDA (Pretty Belinda) 17.07.97

DAS TOLLHAUS
(Maniac Mansion)
CND 1990-93; 66 Episoden
Deutsche Ausstrahlung:
Tele.5 1991; 18 Episoden
Tele.5 1992; 4 Episoden

Darsteller: Joe Flaherty (Fred Edison), Deborah Theaker (Casey Edison), Kathleen Robertson (Tina Edison), Avi Phillips (Ike Edison), George Buza (Turner Edison), Mary Charlotte Wilcox (Tante Idella Orkin), John Hemphil (Onkel Harry Orkin, die Fliege & Onkel Lenny), Mark Wilson (Richard Pratt), Wendy Hopkins (Allasyn Pratt), Patrick Gillen (Keifer Platt).

Fred Edison, Wissenschaftler, verwandelt seinen vierjährigen Sohn, Turner, in einen ausgewachsenen Mann — etwa zwei Meter gross und 250 Pfund schwer. Seinen Schwager Harry verwandelt er in eine Fliege. Leider ist es ihm unmöglich, diese Änderungen rückgängig zu machen.

Nicht weiter erwähnenswerte Situationskomödie, die auf dem gleichnamigen Computerspiel von Lucas-Film basiert.
"Tolle" Gaststars im Haus waren Regisseur David Cronenberg, Nicole (Star Trek: Deep Space Nine) De Boer, José Ferrer, Colin (Psi Factor) Fox, Sean (Tarzan) Roberge, Martin Short, Christopher (Erben des Fluchs) Wiggins und Gordon Michael (Die geheimnisvolle Insel) Woolvett.

EPISODEN:
1. DAS JUBILÄUM (The 10th Anniversary Special) 30.01.91
2. FLIEGENSÜCHTIG (Flystruck) 06.02.91
3. GEFANGEN WIE WIE RATTEN (Trapped Like Rats) 13.02.91
4. LIEBE DEINE NACHBARN (Love Thy Neighbor) 20.02.91
5. EHEKRISE (Fred's A-Courtin') 27.02.91
6. DIE ZAHNFEE (The Sandman Cometh) 06.03.91
7. DER ZWILLINGSBRUDER (Good On Ya) 13.03.91
8. JAGD AUF HARRY ORCA (Bring Me Harry Orca) 20.03.91
9. DAD IST FIX UND FERTIG (Dad's Bummed Out) 27.03.91
10. LÜGENGESPINSTE, SO RICHTIG VERHEDDERT (Webs, The Really Tangled Kind) 03.04.91
11. EIN NATIONALES SICHERHEITSPROBLEM (National Security Risk) 10.04.91
12. KLEINE JAZZ-GESCHICHTE (A Little Old Time Jazz) 17.04.91
13. HAWAII-BLUES (Hawaii Blues) 24.04.91
14. FRÖHLICHE WEIHNACHTEN (Good Cheer On Ya) 01.05.91
15. DIE GRIPSMÜHLE (Brainiac Mansion) 08.05.91
16. KLEINE GROSSE FLIEGE (Little Big Fly) 15.05.91
17. DAS LIEBE GELD (Money Dearest) 22.05.91
18. DER BOSS (Turner: The Boss) 29.05.91

19. DIE ZERBROCHENE SCHALLPLATTE (The Case Of The Broken Record) 01.10.92
20. LIVE-SHOW (The Live Show) 02.10.92
21. TINAS EUROPAREISE (Tina's Excellent Adventure) 05.10.92
22. ALLES BLEIBT OFFEN (The Cliffhanger) 06.10.92

EPISODEN (nicht gesendet):
23. (Luck Be A Lady This Season)
24. (The New Look)
25. (Late Night Harry)
26. (Turner: The Rebellious Years)
27. (Man And Machine)
28. (Driving Ms. Idella)
29. (The Celebrity Visitor)
30. (The Attack Of Killer Keifer)
31. (Lenny...One Amour Time 1)
32. (Lenny...One Amour Time 2)
33. (Ugly Like Me)
34. (A Hatful Of Brain)
35. (Buried By The Mob)
36. (Misery Loves Company)
37. (Down & Out In Cedar Springs)
38. (Ike' Got It Bad...Real Bad)
39. (Turnerator Too)
40. (Baby Heat)
41. (Streetcar Named Idella)
42. (Turner's Imaginary Friend)
43. (Idella's Breakdown)
44. (Sophisticated Lady)
45. (The Long Hot Mansion)
46. (Raging Lenny)
47. (College Days)
48. (The Prince's Broad)
49. (Ike's Black Eye)
50. (Science Is Only Skin Deep)
51. (Ike's New Buddy)
52. (As The Worm Turns)
53. (Cape Scary)
54. (Wrestling With The Truth)
55. (The Science Fair)
56. (Love: Turner Style)
57. (Atoms Gone Wild)
58. (Walter Under The Bridge)
59. (Tina And The Teardrops)
60. (Love Letters)
61. (Ike For President)

62.   (Freddie Had A Little Lamb)
63.   (It Ain't Over Til Uncle Joe Sings)
64.   (Uncle Harry Ain't Feeling So Good)
65.   (The Way We Was)
66.   (Idella's New Career)

TOPPER
(Topper)
USA 1937-1941; 3 Spielfilme
USA 1953-1955; 78 Episoden
Deutsche Ausstrahlung:
Zweites Programm 1963; 4 Episoden

Darsteller: Anne Jeffries (Marion Kerby), Robert Sterling (George Kerby), Leo G. Carroll (Cosmo Topper), Lee Patrick (Henrietta Topper), Kathleen Freeman (Katie - 1953/54), Thurston Hall (Mr. Schuyler), Edna Skinner (Maggie - 1954/55).

George und Marion Kerby werden während eines Skiurlaubs in Europa zusammen mit dem Bernhardiner Neil von einer Lawine überrollt und sterben. Dennoch reisen sie in ihr altes Heim zurück, in dem jetzt jedoch der Bankier Cosmo Topper eingezogen ist. In der Folge helfen die Geister, dem nach ihrer Meinung etwas zu steifem Cosmo, das Leben etwas lockerer zu sehen.

Basierend auf Charakteren des Romanautors Thorne Smith. Die Kerbys und Topper waren auch die Stars einiger Spielfilme. 1953 folgte die hier vorliegende Serie, die einige kleine Änderungen zur Vorlage enthielt, so auch die Erweiterung um den Hundegeist Neil. 1979 versuchte der amerikanische TV-Sender CBS eine neue Topper-Serie zu lancieren. Kate Jackson und ihr damaliger Ehemann Andrew Stevens spielten die Hauptrollen in einem Pilotfilm, der aber weder das Flair der alten Filme noch das der Serie einfangen konnte.

FILME:
I.   TOPPER-DAS BLONDE GESPENST/ZWEI ENGEL OHNE FLÜGEL (Topper; 1937)
II.   TOPPER GEHT AUF REISEN (Topper Takes A Trip; 1939) 1951; Kino
III.   DIE MERKWÜRDIGEN ABENTEUER DES MR. TOPPER/TOPPER 2-DAS GESPENSTERSCHLOSS (Topper Returns; 1941)

EPISODEN:
1.   WIE ES ANFING (Topper Meets The Ghosts) 15.02.63

2.   DAS BILD DER SCHWIEGERELTERN (The Movers) 28.02.63
3.   DAS PÄCKCHEN (The Package) 01.03.63
4.   DER EINBRECHER (The Burglar Episode) 29.03.63

EPISODEN (nicht gesendet):
5.   (Hiring The Maid)
6.   (Hypnotist)
7.   (Reducing)
8.   (Spinster)
9.   (Bank Securities)
10.   (The Kid)
11.   (Uncle Jonathan)
12.   (The Car Story)
13.   (Christmas Carol)
14.   (Masquerade)
15.   (Second Honeymoon)
16.   (The Socialite)
17.   (Surprise Party)
18.   (Decorating Episode)
19.   (Astrology)
20.   (Trip To Lisbon)
21.   (The Proposal)
22.   (Katie's Nephew)
23.   (College Reunion)
24.   (Economy)
25.   (Diamond Ring)
26.   (Topper Runs For Mayor)
27.   (Painting)
28.   (Henrietta Sells The House)
29.   (Legacy)
30.   (Topper Goes To Las Vegas)
31.   (Topper Goes West)
32.   (A Ghostly Joke/Sweepstakes)
33.   (Neil Disappears)
34.   (The Picnic)
35.   (Wedding)
36.   (Preparations For Europe)
37.   (The Boat)
38.   (Theatricals)
39.   (George's Old Flame)
40.   (Topper Tells All)
41.   (Topper's Ransom)
42.   (County Fair)
43.   (The Seance)
44.   (Topper Strikes Gold)
45.   (The Chess Player)
46.   (Topper Goes To Washington)
47.   (Jury Duty)
48.   (Topper Lives Again)
49.   (Army Game)
50.   (Topper's Accident)
51.   (Topper's Quiet Christmas)
52.   (Topper's Happy New Year)
53.   (Topper's Deception)
54.   (Topper's Guest)
55.   (Topper's Rejuvenation)
56.   (Topper In Mexico)
57.   (Topper Hits The Road)

58.   (Topper At The Races)
59.   (Topper's Racket)
60.   (Topper's Amnesia)
61.   (Topper's Arabian Nights)
62.   (House Wreckers)
63.   (Topper Makes A Movie)
64.   (King Cosmo The First)
65.   (Topper's Double Life)
66.   (Topper Fights A Duel)
67.   (Topper's Egyptian Deal)
68.   (Topper's Uranium Pile)
69.   (Topper's Spring Cleaning)
70.   (Topper Goes To School)
71.   (The Blood Brother)
72.   (Topper's Highland Fling)
73.   (Topper's Desert Island)
74.   (The Neighbors)
75.   (Topper's Counterfeiters)
76.   (Topper's Insurance Scandal)
77.   (Topper's Other Job)
78.   (Topper's Vacation)

TORCH-DIE FACKEL
(Torch)
GB/CZ 1990 <?>; 6 Episoden
Deutsche Ausstrahlung:
ARD 1991; 6 Episoden

Darsteller: Lyndon Davies (Dio), Findy Williams
(Cal), Kate McGrath (Cassie), Graham McGrath
(Peri), John Cairney, Alberto Closas jr. (Curro),
Judi Dench (Aba), Taylor Scipio (Ekow), Michael
Williams (der Gelehrte).

Nachdem eine Katastrophe ihre Heimatinsel
heimgesucht hat, leben die Bewohner in andau-
erndem Misstrauen gegenüber ihrem Nächsten.
Als nun ein alter Mann zur Insel kommt, wird der
Kontakt zu ihm natürlich rigoros verboten.
Dio, Cal und Cassie setzen sich jedoch über das
Verbot hinweg und schliessen Bekanntschaft mit
dem „Hüter der Fackel", wie er sich selber nennt.
Bald darauf stirbt der Neuankömmling, doch zuvor bekommen die drei Kinder noch einen geheimnisvollen Auftrag von ihm.

EPISODEN:
1.   DER HÜTER (- liegt nicht vor -) 14.11.91
2.   NIKATHLON (- liegt nicht vor -) 18.11.91
3.   POSEIDON (- liegt nicht vor -) 19.11.91
4.   DAS FLOSS (- liegt nicht vor -) 21.11.91
5.   DER SKLAVENSTAAT (- liegt nicht vor -)
        25.11.91
6.   AM ENDE DER WELT (- liegt nicht vor -)
        26.11.91

TOTAL RECALL 2070
(Total Recall 2070)
USA 1990; Spielfilm
USA 1998/1999; Pilot & 20 Episoden
Deutsche Ausstrahlung:
Pro 7 2000; Pilot & 20 Episoden

Darsteller: Michael Easton (Detective David Hume), Karl Pruner (Detective Ian Farve), Cynthia
Preston (Olivia Hume), Michael Anthony Rawlings (Lieutenant Ehrenthal), Judith Krant (Olan
Chang), Matthew Bennett (James Calley).

David Hume ist Ermittler des Citizen Protection
Bureau. Als sein Partner in einem Schusswech-
sel mit scheinbar durchgedrehten Androiden das
Leben verliert, wird ihm Ian Farve zugeteilt. Es
stellt sich heraus, dass dieser ebenfalls eines der
menschenähnlichen Kunstwesen ist.
Gemeinsam stellen sie sich dem Verbrechen der
Welt von 2070 entgegen, die geprägt ist von
Machtmissbrauch und Korruption. Insbesondere
die sechs grössten Industriekonzerne, zusam-
mengeschlossen zum sogenannten Konsortium,
scheinen sich nicht viel um Gesetze oder moralische Vorstellungen zu kümmern.

Titelmässig basierend auf dem Arnold Schwar-
zenegger-Film von 1990, nach einem Roman
von Philip K. Dick, präsentiert TOTAL RECALL
eine Welt des Zwielichts und des Schmutzes, eine Welt die eher in dem Spielfilm BLADE RUN-
NER gezeigt worden war. Somit erscheint der
Serientitel auch völlig falsch, nicht zuletzt da der
Partner von Detective Hume und die Jagd nach
fehlfunktionierenden Androiden ebenfalls das
BLADE RUNNER-Thema unterstützen. Diesen
kleinen Fehlgriff ausser Acht gelassen, handelt
es sich hierbei um eine besonders in der Aus-
stattung gelungene SF-Polizei-Serie, die durch-
aus ihre Höhen aufzuweisen hat.
Total in ihren Gastrollen gingen Nigel (Nick
Knight & Psi Factor) Bennett, Carolyn Dunn, Ri-
chard (Robocop) Eden, Heino Ferch, Peter Firth,
Henry Gibson, Jayne (Mission Erde) Heitmeyer,
Clint (Space Rangers) Howard, Nick (Wild
Palms) Mancuso, Mimi Kuzyk, Monika Schnarre,
Xenia (Lexx) Seeberg, Martin Sheen, David
(Twin Peaks & Wild Palms) Warner, Steven (Akte
X) Williams, Vanessa L. Williams und Anthony
(Anno Domini) Zerbe auf.

I.   DIE TOTALE ERINNERUNG-TOTAL RECALL
        (Total Recall; USA 1990) 26.07.90; Kino

EPISODEN:
1.   MASCHINENTRÄUME (Machine Dreams)
        04.01.00
2.   UNWIDERSTEHLICH (Allure) 11.01.00
3.   GEHEIMPROJEKT ECHELON (Infiltration)
        18.01.00
4.   DRECKIGER JOB (Nothing Like The Real
        Thing) 25.01.00
5.   AM RANDE DES WAHNSINNS (Rough Whim-
        per Of Insanity) 01.02.00
6.   TÖDLICHES EXPERIMENT (Self-Inflicted)
        08.02.00
7.   DIE NÄCHSTE GENERATION (First Wave)
        15.02.00
8.   BABY-LOTTERIE (Baby Lottery) 22.02.00
9.   FREMDGESTEUERT (Brain Fever) 29.02.00
10.   ALPHA-TECHNOLOGIE (Begotten Not Made)
        07.03.00
11.   DIE ERLEUCHTETEN (Burning Desire)
        14.03.00
12.   NEXUS (Brightness Falls) 21.03.00
13.   ELEMENT 1-3-1 (Astral Projections) 28.03.00
14.   PARANOID (Paranoid) 04.04.00
15.   GESCHENKTE ERINNERUNG (Restitution)
        11.04.00
16.   MENSCHMASCHINEN (Bones Beneath My
        Skin) 18.04.00
17.   LEISE ZWEIFEL (Assessment) 25.04.00
18.   DIE EINZIGE ZEUGIN (Eyewitness) 02.05.00
19.   DAS ALPHA-GEN (Personal Effects) 09.05.00
20.   DIE WÄCHTER DER ORDNUNG (Virtual Ju-
        stice) 16.05.00
21.   DER SCHÖPFER (Meet My Maker) 23.05.00

THE TRIBE-EINE WELT OHNE ERWACHSENE

(The Tribe)
NZL 1999- ; bisher 52 Episoden
Deutsche Ausstrahlung:
Kika 2001; 52 Episoden

Darsteller: Dwayne Cameron (Bray), Caleb
Ross (Lex), Beth Allen (Amber/Eagle), Michael
Wesley-Smith (Jack), Meryl Cassie (Ebony), Va-
nessa Stacey (Alice), Ella Wilks (Danni), Jamee
Kaire-Gatautu (Cloe), Sarah Major (Patsy), Ryan
Runciman (Ryan), Ari Boyland (KC), Antonia
Preeble (Trudy), Amy Morrison (Zandra), Nick
Miller (Pride), Georgia-Taylor Woods (Brady), Ja-
cob Tomuri (Luke), Damon Andrews (Jaffa/Guar-
dian - 2000-), Bevin Linkhorn (Ned), Amelia
Reynolds (Tally), James Ordish (Andy), Michelle

Ang (Tai San), Daniel James (Zoot), Jennyfer Je-
well (Ellie - 2000-), Victoria Spence (Salene),
Ashwath Sundaresan (Dal - 1999/2000), Zachary
Best (Paul), David Taylor (Sasha), Rose Bollinger
(Roanne).

Als ein Virus alle Erwachsenen zu töten droht,
werden die Kinder evakuiert. Sie überstehen also
die Katastrophe und müssen nun auf sich allein
gestellt überleben. Die Kinder schliessen sich zu
Tribes zusammen, Stämme angelehnt an die
Gangs der Grossstädte.

EPISODEN:
1.   DIE ZUFLUCHT (- liegt nicht vor -) 23.04.01
2.   FREUND ODER FEIND? (- liegt nicht vor -)
        24.04.01
3.   DIE ABSTIMMUNG (- liegt nicht vor -) 25.04.01
4.   DIE GEBURT (- liegt nicht vor -) 26.04.01
5.   WO IST BRAY? (- liegt nicht vor -) 27.04.01
6.   DAS GEHEIMNIS (- liegt nicht vor -) 30.04.01
7.   IST BRAY EIN VERRÄTER? (- liegt nicht vor -)
        01.05.01
8.   DER UNFALL (- liegt nicht vor -) 02.05.01
9.   RATTEN (- liegt nicht vor -) 03.05.01
10.   DIE WAHL (- liegt nicht vor -) 04.05.01
11.   DIE GERICHTSVERHANDLUNG (- liegt nicht
        vor -) 07.05.01
12.   AMBERS PLAN (- liegt nicht vor -) 08.05.01
13.   AMBERS VORSCHLAG (- liegt nicht vor -)
        09.05.01
14.   CLOE IST VERSCHWUNDEN (- liegt nicht
        vor -) 10.05.01
15.   TAI-SAN (- liegt nicht vor -) 11.05.01
16.   HOCHZEITSPLÄNE (- liegt nicht vor -)
        14.05.01
17.   EINE BÖSE ÜBERRASCHUNG (- liegt nicht
        vor -) 15.05.01
18.   WAS PASSIERT MIT EBONY? (- liegt nicht
        vor -) 16.05.01
19.   EBONY IST VERSCHWUNDEN (- liegt nicht
        vor -) 17.05.01
20.   TRUDY GIBT NICHT AUF (- liegt nicht vor -)
        18.05.01
21.   ANGST UM TRUDY (- liegt nicht vor -)
        21.05.01
22.   DAL UND TRUDY (- liegt nicht vor -) 22.05.01
23.   EIN NEUER ANFANG (- liegt nicht vor -)
        23.05.01
24.   FALSCHES SPIEL (- liegt nicht vor -) 24.05.01
25.   DIE RÜCKKEHR (- liegt nicht vor -) 25.05.01
26.   IN DER FALLE (- liegt nicht vor -) 28.05.01
27.   GEFÄHRLICHES VERTRAUEN (- liegt nicht
        vor -) 29.05.01
28.   TAUSCHGESCHÄFTE (- liegt nicht vor -)
        30.05.01
29.   DIE STAMMESTREFFEN (- liegt nicht vor -)
        31.05.01

TWIN PEAKS-DAS GEHEIMNIS GEHT WEITER, SIEHE: **DAS GEHEIMNIS VON TWIN PEAKS**

TWILIGHT ZONE/UNBEKANNTE DIMENSIONEN
(The Twilight Zone)
USA 1983; Spielfilm
USA 1985-1987; 35 Episoden
USA 1988/1989; 30 Episoden
USA 1994; Fernsehfilm
Deutsche Ausstrahlung:
RTL plus 1987/1988; 24 Episoden (TZ)
RTL plus 1990-1992; 49 Episoden (UD)

Science Fiction-/Horror-Anthologie. Neue Version des Fernsehklassikers, dessen frühe Episoden unter den Titeln GESCHICHTEN, DIE NICHT ZU ERKLÄREN SIND und UNWAHRSCHEINLICHE GESCHICHTEN (qv) im deutschen Fernsehen zu sehen waren. Erstaunlich guter Neuaufguss, dem man natürlich die üblichen Qualitätsschwankungen zugestehen muss.
In der neuen zwielichtigen Zone fanden sich z.B. Eddie Albert, Martin (Space) Balsam, Adrienne Barbeau, Ralph Bellamy, Nigel (Nick Knight & Psi Factor) Bennett, Timothy (Im Land der Saurier II) Bottoms, John Carradine, Robert Carradine, Gary (American Gothic) Cole, Elisha Cook, Jr., Bud Cort, Peter Coyote, Wes Craven, James Cromwell, Ben (Dark Shadows) Cross, Pam (Mork vom Ork) Dawber, John de Lancie, Cliff De-Young, Shelley Duvall, Robert Duncan (Star Trek: Raumschiff Voyager) <McNeill>, Rosemary Dunsmore, Terry (Star Trek: Deep Space Nine) Farrell, Louise (Star Trek: Deep Space Nine) Fletcher, Page (Hitchhiker) Fletcher, Meg Foster, Jonathan (Raumschiff Enterprise-Das nächste Jahrhundert & X-Factor) Frakes, Morgan Freeman, Alan (Der Mann aus Atlantis) Fudge, Robin Gammell, Terry (Mr. Smith) Garber, Henry Gibson, Stefan (Dark Shadows) Gierasch, Elliot (The Shining) Gould, Gerrit Graham, David (Die Schöne und das Biest) Greenlee, John Hancock, Jerry (Akte X) Hardin, David (Captain Power & Mission Erde) Hemblen, Scott Jaeck, Danny Kaye, Martin (Jesse aus dem All) Kove, Martin (Kobra, übernehmen Sie & Mondbasis Alpha 1) Landau, Piper (Twin Peaks) Laurie, Janet Leigh, Paul Le-Mat, John D. (Erben des Fluchs) LeMay, Norman (Seven Days) Lloyd, Kenneth (Grüsse aus dem Jenseits) Mars, Stephen (Die Schöne und das Biest) McHattie, Julia Migenes, Helen Mirren, Michael (Psi Factor) Moriarty, Barry (Mondbasis Alpha 1, Die Mars-Chroniken & Apocalypse Wow) Morse, Chris (Twin Peaks) Mulkey, Ben (Gemini Man) Murphy, Scott Paulin, Joe Penny, Lori Petty, Ethan (Star Trek: Raumschiff Voyager) Phillips, Karl (Total Recall 2070) Pruner, Steve (Visitor) Railsback, Clive Revill, Peter Riegert, Andrew (Star Trek: Deep Space Nine) Robinson, Tim (Highwayman & Star Trek: Raumschiff Voyager) Russ, William Sanderson, William (Mini-Max) Schallert, Peter (Liebling, ich habe die Kinder geschrumpft) Scolari, Carolyn Seymour, Ted (Space Cops) Shackelford, Marc (V) Singer, Tom Skerritt, Charles Martin Smith, Lane (V) Smith, Brent (Raumschiff Enterprise-Das nächste Jahrhundert) Spiner, Don (Timecop) Stark, Malcolm Stewart, Dean (Zurück in die Vergangenheit) Stockwell, Kristoffer Tabori, Jeffrey (Max Headroom) Tambor, Tim Thomerson, Kenneth Tobey, Nana (Star Trek: Deep Space Nine) Visitor, Ilse (Krieg der Welten) von Glatz, M. Emmet Walsh, Gwynyth Walsh, Sydney Walsh, Fritz (Die Mars-Chroniken) Weaver, Bruce Willis, Mare Winningham und Illya (Odyssee ins Traumland) Woloshyn zu sehen.
Im „Lost Classics-Special" spielten Patrick Bergin, Gary (American Gothic) Cole, Amy Irving und Jack Palance.

EPISODEN:
1.   DIE BESSERE HÄLFTE (Shatterday) & EIN BISSCHEN RUHE UND FRIEDEN (A Little Peace And Quiet) 31.07.87
2.   WORTSPIEL (Wordplay) & TRÄUME ZU VERKAUFEN (Dreams For Sale) & CHAMÄLEON (Chameleon) 07.08.87
3.   DER WUNDERHEILER/DER STEIN DER WEISEN (Healer) & DER KINDERZOO/WOHIN MIT DEN ELTERN? (Children's Zoo) & SPERRSTUNDE AUFGEHOBEN (Kentucky Rye) 14.08.87
4.   ICH HEISSE SARAH (If She Dies) & GÖTTLICHER ZEITVERTREIB/OH GÖTTER! (Ye Gods) 28.08.87
5.   KEINE ANGST VOR DEM EXAMEN (Examination Day) & EINE BOTSCHAFT VON CHARITY (A Message From Charity) 04.09.87
6.   DER SCHATTENMANN (The Shadow Man) & DER LIEBE ONKEL TEUFEL (The Uncle Devil Show) & DIE JAGD BEGINNT (Opening Day) 18.09.87
7.   DAS LEUCHTFEUER (The Beacon) & FRÜHES LEID (One Life, Furnished In Early Poverty) 25.09.87

8. BILDER VOLLER LEBEN (Still Life) & DIE KO-
BOLDE (The Little People Of Killaney Woods)
& CHINESISCHES GERICHT (The Misfortune
Cookie) 09.10.87

9. MONSTER (Monsters!) & GEBORENE KRIE-
GER (A Small Talent For War) & EINE FRAGE
VON MINUTEN (A Matter Of Minutes) 16.10.87

10. DER AUFZUG (The Elevator) & WER DEN
UNSICHTBAREN SIEHT (To See The Invisible
Man) & ZÄHNE UND IHRE FOLGEN (Tooth
And Consequences) 23.10.87

11. WILLKOMMEN IN WINFIELD (Welcome To
Winfield) & QUARANTÄNE (Quarantine)
30.10.87

12. TEE FÜR DIE OMA (Gramma) & LEIDEN EI-
NES SCHRIFTSTELLERS (Personal Demons)
& WIR SENDEN LIFE (Cold Reading) 06.11.87

13. EIN KOBOLD AUF REISEN (Leprechaun Artist) & HÖLLENFAHRT (Dead Run) 13.11.87

14. DAS PORTRÄT AUF DER MÜNZE (Profile In
Silver) & NUR EIN KNOPFDRUCK (Button,
Button) 20.11.87

15. WAS KEINER WISSEN DARF (Need To Know)
& ROTER SCHNEE (Red Snow) 27.11.87

16. EIN LANGES GASTSPIEL (Tale My Life...
Please!) & DAS ALPHABET DES TEUFELS
(Devil's Alphabet) & DIE BIBLIOTHEK (The Li-
brary) 04.12.87

17. MOMENTAUFNAHME (Little Boy Lost) & DREI
WÜNSCHE FREI/DAS WUNSCHKONTO
(Wish Bank) & BLOSS NICHT EINSCHLAFEN/
BLOSS NICHT SCHLAFEN! (Nightcrawlers)
07.12.87

18. NUR EIN TRAUM? (Shadow Play) & ZU-
KUNFTSMUSIK (Grace Note) 11.12.87

19. EIN ÜBERRASCHTER WEIHNACHTSMANN
(Night Of The Meek) & DER TRAUMJOB (But
Can She Type?) & DER STERN (The Star)
18.12.87

20. BESESSEN/DIE MACHT DES BÖSEN (Teacher's Aide) & HÜTER DER VERLORENEN
STUNDE (Paladin Of The Lost Hour) 28.12.87

21. SEELENWANDERUNG (Her Pilgrim Soul) &
EIN UNLÖSBARES PROBLEM (I Of Newton)
01.01.88

22. DAS AMULETT/DER GHOSTWRITER (Act
Break) & KURZE BEGEGNUNG (The Burning
Man) & SPIEL MIT OFFENEN KARTEN (Dea-
ler's Choice)

23. DIE SCHUHE DER TOTEN (Dead Woman's
Shoes) & NICHT IM BRANCHENVERZEICH-
NIS/DER MARKT DER FUNDSACHEN
(Wong's Lost And Found Emporium)

24. EIN TAG IN BEAUMONT (A Day In Beaumont)
& DER LETZTE VERTEIDIGER VON CAME-
LOT/DER LETZTE RITTER DER TAFELRUN-
DE (The Last Defender Of Camelot)

25. EIN FALSCHER GOTT (The Once And Future
King) 09.12.90

26. SCHRECKEN NACH LADENSCHLUSS (The
After Hours) & IM STROM DER ZEIT (Lost And
Found) 16.12.90

27. DAS GLÜCK IM TRAUM (The World Next
Door) 06.01.91

28. BOTSCHAFT AUS EINER FREMDEN WELT
(A Saucer Of Loneliness) 13.01.91

29. HILFERUF DER SEELEN (Voices In The
Earth) 20.01.91

30. DAS ERBE DER VÄTER (What Are Friends
For?) 27.01.91

31. DIE UNVOLLENDETE GESCHICHTE (The
Storyteller) 03.02.91

32. EWIGE JUGEND (Aqua Vita) 10.02.91

33. EINE PARTY MIT FOLGEN (Time And Teresa
Golowitz) 17.02.91

34. FERNES GLÜCK (Song Of A Younger World)
24.02.91

35. EIN LIED IN ALLE EWIGKEIT (Nightsong)
03.03.91

36. TÖDLICHES VERLANGEN (The Card)
10.03.91

37. GEFÄNGNISMUSIK (The Convict's Piano)
17.03.91

38. MERKWÜRDIGER BESUCH (The Road Less
Travelled) 24.03.91

39. DAS MÄDCHEN MEINER TRÄUME (The Girl
That I Married) 07.04.91

40. DER ÜBERLEBENDE (Shelter Skelter)
14.04.91

41. TOBYS SCHLIMME WÜNSCHE (The Toys Of
Caliban) 21.04.91

42. GERETTET AUS DER ZEIT (The Junction)
05.05.91

43. DER LEHRLING DES JAHRES (Extra Innings)
07.01.92

44. DER WAHRE SCHATZ (The Trunk) 08.01.92

45. RÜCKKEHR IN DIE EWIGKEIT (The Crossing)
09.01.92

47. DER SELTSAME MR. WITHERSPOON (The
Curious Case Of Edgar Witherspoon) 10.01.92

48. UNVERHOFFTES GLÜCK (Dream Me A Life)
13.01.92

49. GESTÖRTE TOTENRUHE (The Hunters)
20.01.92

50. GEHEILT FÜR ALLE ZEITEN (The Hellgramite
Method) 28.01.92

51. DIE GEHEILTE THERAPEUTIN (Memories)
29.01.92

52. DIE FRAU IN BRONZE (The Call) 30.01.92

53. DIE WUNDERBRILLE (20/20 Vision) 31.01.92

54. TANTE SELENA WILL NICHT STERBEN (Our
Selena Is Dying) 04.02.92

55. EINER ZUVIEL AN BORD (The Cold Equa-
tions) 05.02.92

56. DAS FRAGWÜRDIGE LEBEN DES LEONARD
RANDALL (The Trance) 06.02.92

57. ALLTÄGLICHER TERROR (Acts Of Terror)
07.02.92
58. EIN FREUND VOM ANDEREN STERN (Stranger In Possom Meadows) 11.02.92
59. HERZEN KANN MAN NICHT TAUSCHEN (Appointment On Route 17) 12.02.92
60. STRASSE DER SCHATTEN (Street Of Shadows) 13.02.92
61. BILLARD AUF LEBEN UND TOD (A Game Of Pool) 14.02.92
62. DAS TOR AUS LICHT (The Wall) 18.02.92
63. GENERATIONSSPIEL (Father And Son Game) 19.02.92
64. ZELLE 2426 (Cell 2426) 20.02.92
65. EIN TEUFLISCHER PFANDLEIHER (The Mind Of Simon Foster) 21.02.92
66. EIN BLICK AUS TOTEN AUGEN (Something In The Walls) 25.02.92
67. KATZ UND MAUS (Cat And Mouse) 26.02.92
68. RENDEZVOUS MIT DEM TOD (Rendezvous In A Dark Place) 27.02.92
69. DAS GLEICHNIS DER DREI AFFEN (Many, Many Monkeys) 28.02.92
70. LIEBE MACHT BLIND (Love Is Blind) 03.03.92
71. DER AHNUNGSLOSE FERNSEHSTAR (Special Service) 04.03.92
72. DÄMONISCHE SPIELE (Crazy As A Soup Sandwich) 05.03.92
73. BITTE AUS DEM JENSEITS (There Was An Old Woman) 06.03.92
74. GEFÄHRLICHE SPRITZTOUR (Joy Ride) & KLEINER MANN IM OHR (Private Channel) 08.04.92

FILME:

I. UNHEIMLICHE SCHATTENLICHTER (Twilight Zone-The Movie; 1983) 20.01.84; Kino
II. SCHRECKEN AUS DEM JENSEITS: KINO DES GRAUENS & INSEL DER TOTEN (The Twilight Zone: Rod Serling's Lost Classics: The Theater & Where The Dead Are; 1994) 11.03.95; ARD

UFO
(UFO)
GB 1970-1973; 26 Episoden
Deutsche Ausstrahlung:
ZDF 1971/1972; 17 Episoden

Darsteller: Ed Bishop (Commander Edward Straker), George Sewell (Colonel Alec Freeman), Michael Billington (Colonel Paul Foster), Peter Gordeno (Captain Peter Carlin), Gabrielle Drake (Lieutenant Gay Ellis), Anne Cullinan Taylor (Lieutenant Sharon Maltz), Dolores Mantez (Lieutenant Nina Barry), Antonia Ellis (Joan Harrington), Keith Alexander (Lieutenant Keith Ford), Wanda Ventham (Colonel Virginia Lake), Gary Meyers (Captain Lew Waterman), Norma Ronald (Miss Ealand), Maxwell Shaw (Dr. Shroeder), Lois Maxwell (Miss Holland), Anouska Hempel (SHADO Radio Operator), Ayshea Brough (SHADO-Operative), Penny Spencer (SHADO-Operative), Jeremy Wilkin (Skydiver-Navigator), Jon Kelley (Skydiver-Maschinist), Georgina Moon (Skydiver-Operative), Vladek Sheybal (Dr. Douglas Jackson), Grant Taylor (General James Henderson), Harry Baird (Lieutenant Mark Bradley), Louise Pajo (Miss Scott), Andrea Allen (Moonbase Operative), David Warbeck (Skydiver Captain), S. Newton Anderson (Techniker), Steven Berkoff (Astronaut Phillips).

Unter dem Deckmantel der Harlington-Straker-Filmstudios kämpft eine Gruppe namens SHADO (=Supreme Headquarters Alien Defence Organisation) gegen eine ausserirdische Rasse, die die Menschen ihrer Organe beraubt. Der Grund hierfür ist, dass diese Rasse bereits seit zehn Jahren im Sterben liegt und die Organe benötigt, um den eigenen Untergang möglichst lange hinauszuzögern.

Die erste „Erwachsenenserie" des Puppen-Fachmanns Gerry Anderson, der seinen Ruhm mit den Serien THUNDERBIRDS (1965/66) und CAPTAIN SCARLET UND DIE RACHE DER MYSTERONS (Captain Scarlet And The Mysterons; 1967/68) begründete.

Recht interessant aufgemacht, hat der Zahn der Zeit doch ein wenig an UFO geknabbert. Frisuren, Make-Up und Kostüme sind zu sehr der Entstehungszeit der Serie verhaftet. Was damals futuristisch wirken sollte und auch recht überzeugend war, erweckt heute höchstens noch ein amüsiertes Grinsen. Ein richtiges Makel ist jedoch die Tatsache, dass die Ausserirdischen nahezu durchgehend als gesichtslose Aggressoren porträtiert werden. Da es sich auch bei ihrem Kampf um eine Lebensnotwendigkeit handelt, hätte man ihnen durchaus etwas Raum geben können, um das moralische Dilemma aufzuzeigen.

Episode 5, „Der Fremde", wurde vom ZDF gekürzt. Während der deutsche Zuschauer ein stereotypes Happy End präsentiert bekommt, durfte sich der Brite am Tod von Strakers Sohn John „erfreuen".

Es wurde eine zweite Serie geplant, in der die Aktivitäten vornehmlich von einem Mondstützpunkt ausgehen sollte. Diese verworfene Reihe

entwickelte sich über mehrere Ecken zu MOND-BASIS ALPHA 1 (qv).
Zusätzlich Truppen stellten Stephanie (seaQuest DSV) Beacham, Stuart (The Champions) Damon, Alexis (Nummer Sechs) Kanner, Jean Marsh, Mike (Randall & Hopkirk) Pratt und Charles (Catweazle) Tingwell.

EPISODEN:
1. DER ERSTE ALARM (Identified) 08.06.71
2. TESTPILOT PAUL FOSTER (Exposed) 22.06.71
3. DIE BEGEGNUNG (Survival) 06.07.71
4. FALLE IM WELTRAUM (Conflict) 20.07.71
5. DER FREMDE (A Question Of Priorities) 03.08.71
6. DIE ENTFÜHRUNG (Ordeal) 17.08.71
7. ZIEL: UNBEKANNT (Close-Up) 31.08.71
8. TÖTEN SIE STRAKER! (Kill Straker!) 14.09.71
9. MONDBASIS BITTE MELDEN! (The Dalotek Affair) 28.09.71
10. COMPUTER LÜGEN NICHT (The Computer Affair) 12.10.71
11. SHADO RUFT SOVATEX (The Responsibility Seat) 26.10.71
12. DIE SIAMKATZE (The Cat With Ten Lives) 09.11.71
13. DER MANN, DER NICHT ZURÜCKKAM (The Man Who Came Back) 23.11.71
14. DIE FREMDE KRAFT (The Psychobombs) 07.12.71
15. ALARMSTUFE ROT (Destruction) 21.12.71
16. MR. ANDERSONS DOPPELGÄNGER (Reflections In The Water) 04.01.72
17. TÖDLICHE TRÄUME (Mindbender) 18.01.72

EPISODEN (nicht gesendet):
18. (E.S.P.)
19. (Sub-Smash)
20. (The Square Triangle)
21. (Flight Path)
22. (Timelash)
23. (Court Martial)
24. (Confetti Check A-O.K.)
25. (The Sound Of Silence)
26. (The Long Sleep)

FILMVERSION:
I. 80.000 MEILEN DURCH DEN WELTRAUM/ WELTRAUMKOMMANDO S.H.A.D.O. (UFO: SHADO; GB 1974)

ULTRAMAN-MEIN GEHEIMES ICH
(My Secret Identity)
USA/CND 1987-1991; 72 Episoden

Deutsche Ausstrahlung:
RTL plus 1989/1990; 24 Episoden
RTL plus 1990/1991; 32 Episoden
RTL plus 1992; 14 Episoden

Darsteller: Derek McGrath (Dr. Benjamin Marion Jeffcoate), Jerry O'Connell (Andrew Clements), Wanda Cannon (Stephanie Clements), Marsha Moreau (Erin Clements), Christopher Bolton (Kirk Stevens), Elisabeth Leslie (Ruth Schellenbach).

Andrew Clements ist vierzehn Jahre alt, Comicfan. Er bevorzugt Superheldencomics aus dem Hause Marvel. Ein ziemlich normaler Junge also. Was ihn allerdings von seinen Altersgenossen abhebt: Andrew ist selbst ein Superheld.
Bei einem Besuch bei Dr. Jeffcoate wird Andrew ungewollt dem Einfluss eines Photonenstrahls ausgesetzt und entwickelt ungeahnte Kräfte. Er ist superschnell, nahezu unverwundbar und kann schweben — fliegend fortbewegen kann er sich nur mit Hilfe von Spraydosen, die als Antrieb dienen.
Mit diesen Kräften versehen strebt Andrew natürlich eine Laufbahn im Sinne seiner gezeichneten Vorbilder an. Doch sein Freund Dr. Jeffcoate, der Nebenwirkungen befürchtet, bremst den jugendlichen Enthusiasmus. Der Junge darf seine Kräfte nur im äussersten Notfall benutzen. Eine Regel, die Andrew in der Zukunft oft genug bricht.

Ähnlich wie bei MEIN VATER IST EIN AUSSER-IRDISCHER (qv), werden in MEIN GEHEIMES ICH die übernatürlichen Kräfte nur nebenbei eingesetzt; das Hauptthema ist die Geschichte eines heranwachsenden Jungen und seiner Freundschaft mit einem schüchternen Wissenschaftler, dem er zu einiger Lockerheit verhilft. Während allerdings Evie Garlands komödienhafte Abenteuer nie über durchschnittliches Serienniveau hinauskommen, ist ULTRAMAN eine auffallend gute, unterhaltsame „Superhelden-Serie". Marsha Moreau spielte bereits in DER KLEINE VAMPIR (qv); Christopher Bolton spielte im Fernsehfilm JEANNIE SUCHT IHREN MEISTER (I Still Dream Of Jeannie) Jeannies Sohn, Anthony Nelson jr.; Darsteller Jerry O'Connell übernahm eine weitere Hauptrolle in der Serie SLIDERS (qv). Mit normaler und Geheimidentität konfrontiert wurden Richard (Mission Erde) Chevolleau, Maria (Robocop & TekWar) del Mar, Von (Mission Erde) Flores, Colin (Psi Factor) Fox, Geraint Wyn (Airwolf & Nick Knight) Davies, Deborah (Nick

Knight) Duchene, Carolyn Dunn, Mia (Dracula ist wieder da) Kirshner, Peter (Captain Power & Psi Factor) MacNeill, Nathaniel (Grusel, Grauen, Gänsehaut & Kung Fu: Im Zeichen des Drachen) Moreau, Sean (Tarzan) Roberge, Andrea (Robocop) Roth, Errol (Tarzan) Slue, Malcolm Stewart, Gwynyth Walsh, Maurice Dean (Psi Factor) Wint und Gordon Michael (Die geheimnisvolle Insel) Woolvett.

EPISODEN:

1. AUSSERGEWÖHNLICHE FÄHIGKEITEN (My Secret Identity) 21.11.89
2. IN LETZTER MINUTE (A Walk On The Wild Side) 22.11.89
3. DAS WAR KNAPP (Only Trying To Help) 26.11.89
4. EINMAL DER ERSTE SEIN (The Track Star) 28.11.89
5. EINE ALTE LIEBE (Memories) 05.12.89
6. EIN ECHTER COMIC-HELD (You've Got A Friend) 12.12.89
7. DAS WIEDERSEHEN (For Old Time's Sake) 19.12.89
8. DAS TAT WEH (It Only Hurts For A Little While) 25.12.89
9. HAUSARREST (Grounded) 26.12.89
10. NINJA ODER ULTRAMAN (The Eyes Of The Shadow) 02.01.90
11. GEFÄHRLICHE VIDEOSPIELE (Video Connection) 09.01.90
12. DER GIFTMÜLLKONZERN (Toxic Time Bomb) 16.01.90
13. DIE ZWEI GESICHTER DES DR. JEFFCOATE (Two Faces Have I) 23.01.90
14. MAN MUSS ES NUR VERSUCHEN (One On One) 30.01.90
15. FALSCHE FREUNDE (Stranger In The House) 06.02.90
16. EIN GANZ GEWÖHNLICHER BÜRGER (Secret Code) 13.02.90
17. DAS ÜBERLEBENSTRAINING (The Lost Weekend) 20.02.90
18. DIE VERBOTENE SCHLUCHT (Forbidden Ground) 27.02.90
19. MIT ALLEN TRICKS (Look Before You Leap) 06.03.90
20. DIE FALLE (The Set Up) 13.03.90
21. ALLES WEGEN EINER FRAU (Breaking The Ice) 20.03.90
22. DER BEWEIS (Give The Guy A Chance) 03.04.90
23. MAN SOLL'S NICHT ÜBERTREIBEN (When The Sun Goes Down) 10.04.90
24. EINE SEKUNDE ZU SPÄT (Lookin' For Trouble) 17.04.90
25. DIE SIEGREICHE NIEDERLAGE (Out Of Control) 26.08.90
26. DAS AUTORENNEN (Not So Fast) 02.09.90
27. AUF DER FLUCHT (Nowhere To Hide) 09.09.90
28. LASER-BLUES (Photon Blues) 16.09.90
29. GEFÄHRLICHE PARTY (Heading For Trouble) 23.09.90
30. DER SCHNAPPSCHUSS (Long Shot) 30.09.90
31. KIRK UNTER VERDACHT (Collision Course) 21.10.90
32. SEGELPARTIE MIT FOLGEN (Troubled Waters) 28.10.90
33. DER STURZ IN DIE TIEFE (Don't Look Down) 04.11.90
34. FALSCHER EHRGEIZ (Caught In The Middle) 11.11.90
35. HELD WIDER WILLEN (Reluctant Hero) 18.11.90
36. STEPHANIE SPIELT DETEKTIV (Secrets For Sale) 28.11.90
37. KIRKS FLUCHT (Running Home) 02.12.90
38. VERBOTENE KLÄNGE (Stolen Melodies) 09.12.90
39. DIE BAHN MUSS BLEIBEN (Seems Like Only Yesterday) 23.12.90
40. DIE RETTUNGSAKTION (Missing) 30.12.90
41. DR. JEFFCOATE STEIGT IN DEN RING (Toe To Toe) 06.01.91
42. FREUNDE FÜRS LEBEN (Best Friends) 13.01.91
43. DER SCHEIN TRÜGT (More Than Meets The Eye) 27.01.91
44. AUSSER KONTROLLE (Misfire) 03.02.91
45. IMMER DIESE MÄDCHEN (Split Decision) 10.02.91
46. GERÜCHTEKÜCHE (White Lies) 17.02.91
47. EWIGE FREUNDSCHAFT (Off The Record) 24.02.91
48. HYPNOSE MACHTS MÖGLICH (Trading Places) 03.03.91
49. DAS NEUE MITGLIED IM EISBÄR-CLUB (Drop Out) 17.03.91
50. DER BLICK IN DIE STERNE (First Love) 24.03.91
51. AUF DEN SPUREN VON SHAKESPEARE (A Novel Idea) 07.04.91
52. SAURE TRAUBEN (Sour Grapes) 14.04.91
53. EIN TRAUM GEHT IN ERFÜLLUNG (David's Dream) 21.04.91
54. ZURÜCK IN DIE SECHZIGER (A Bump In Time) 05.05.91
55. KARRIERE ALS DRESSMAN (Calendar Boy) 12.05.91
56. ANDREW ZIEHT AUS (Moving Out) 19.05.91

57. DER TELEFONTRICK (Teen Hot Line) 19.01.92
58. DIE VERHAFTUNG (Trial By Peers) 02.02.92
59. DER STRESS MIT DEN FRAUEN (My Old Flame) 09.02.92

60. DIE WISSENSCHAFTLICHE SENSATION
(Three Men And A Skull) 16.02.92
61. DAS WERBEPRAKTIKUM (Big Business)
23.02.92
62. LEIDEN FÜR DIE WISSENSCHAFT (A Day In
The Life Of Dr. J) 08.03.92
63. ANDREW WIRD SCHAUSPIELERIN (My
Other Secret Identity) 15.03.92
64. DER PIRATENSENDER (Pirate Radio)
22.03.92
65. DER SCHNEESTURM (The Great Indoors)
29.03.92
66. DAS MÄSCHEN-HANDBUCH (From The Tren-
ches) 05.04.92
67. DIE VERSTEIGERUNG (Slave For A Day)
12.04.92
68. EIN GORILLA ALS BANKRÄUBER (A Bank, A
Hold Up, A Robber And A Hero) 26.04.92
69. DER UNSICHTBARE DR. J (The Invisible Dr.
J) 10.05.92
70. ANDREW VERLIERT SEIN GEDÄCHTNIS (Dr.
J's Brain Machine) 24.05.92

EPISODEN (nicht gesendet):
71. (Along For The Ride)
72. (Ground Control)

UNBEKANNTE DIMENSIONEN, SIEHE: TWILIGHT ZONE

UNGLAUBLICHE GESCHICHTEN
(Ghosts)
GB 1995; 6 Episoden
Deutsche Ausstrahlung:
Arte 1999; 6 Episoden

Kurzlebige britische Anthologieserie, die statt blutrünstigen Stories psychologische Dramen präsentiert, die den Zuschauer um den Schlaf bringen sollen.
Unter den unglaublichen Gaststars fanden sich
Samantha Bond, Tim Pigott- Smith und Sylvia
Sims.

EPISODEN:
1. ICH BIN IMMER DA (I'll Be Watching You)
06.02.99
2. BLUT UND WASSER (Blood And Water)
13.02.99
3. MASSAGE (Massage) 20.02.99
4. DREI MEILEN FLUSSAUF (Three Miles Up)
27.02.99
5. HAUS VOLLER SCHATTEN (Shadowy Third)
06.03.99

6. DIE CHEMIESTUNDE (The Chemistry Lesson)
13.03.99

UNHEIMLICHE GESCHICHTEN
BRD 1981; 12 Episoden
Ausstrahlung:
NDR regional 1982; 12 Episoden

Anthologieserie mit - oh, ihr habt's erraten... —
unheimlichen Geschichten. Thematisiert wurden
z.B. Geistererscheinungen, Wiedergeburt und
Hellseherei.
Unheimlich zumute war Uwe Friedrichsen, Wer-
ner Hinz, Klaus Höhne, Volker Kraeft, Evelyn
(Das blaue Palais) Opela, Witta Pohl, Wolfgang
Preiss und Kristina van Eyck.

EPISODEN:
1. WENN DAS BLUT GEFRIERT 05.04.82
2. DER EINGEMAUERTE SCHREI 19.04.82
3. ZWEI AUGEN IM DUNKEL 26.04.82
4. EINE SCHWARZE KATZE 03.05.82
5. NUR EIN TROPFEN BLUT 10.05.82
6. TOTE SCHLAFEN NICHT 17.05.82
7. DIE FREMDE MACHT 24.05.82
8. DER GRUSS AUS DER FÜRSTENGRUFT
07.06.82
9. ALS DIE ZEIT STILLSTAND 12.07.82
10. GESTERN WIRD MORGEN SEIN 19.07.82
11. DER LAUTLOSE RUF 26.07.82
12. BESUCH AUS DEM JENSEITS 02.08.82

UNMÖGLICHER AUFTRAG, SIEHE: KOBRA, ÜBERNEHMEN SIE

[UN$_3$SICH$_2$TBAR]^x
(Out Of Sight)
GB 1996; 14 Episoden
GB 1997; 13 Episoden
Deutsche Ausstrahlung:
Der Kinderkanal 1998; 14 Episoden
ZDF 2000 <Tabaluga tivi>; 13 Episoden

Darsteller: Shane Fox (Joseph „Joe" Lucas),
Tom Aldwinckle (Ali - Ep. 1-6), Sacha Dhawan
(Ali - Ep. 7-14), Akbar Karim (Ali), Simon Pearsall
(Mr. Lucas), Moira Brooker (Mrs. Lucas). Nathan
Gunn (Jaws).

„Angenommen:...Anti-Licht besteht aus umge-
kehrten Wellen und die molekulare Isolation von

Lithiumtetrahydroaluminat löst eine Kettereation
von Atom zu Atom aus, wobei monochromati-
scher Elektromagnetismus entsteht, so ist das
....UNSICHTBARKEIT!"

Alles klar? — Nun gut: Joe Lucas ist ein superin-
telligenter Junge, deswegen auch gern 'Einstein'
genannt. Ihm gelingt die Erfindung eines Mittels,
das ihn unsichtbar macht. Dieses von ihm „Inviz"
genannte Wässerchen nutzt er nun zum Guten
der Menschheit. Also hilft er Freund Ali bei Zau-
bertricks, verhilft seinem Bruder Shane zu einer
neuen Freundin, überführt einen Einbrecher usw.
Was man eben so tut, wenn man sich unsichtbar
machen kann...

Co-Produzent und Drehbuchautor der Serie war
Richard Carpenter, der mit CATWEAZLE (qv)
und ROBIN HOOD (qv) zwei Meilensteine der
Fernsehunterhaltung schuf.

EPISODEN (Der Kinderkanal):
1. DER LUCAS-GARROW-EFFEKT (The Lucas Garrow Effect) 06.02.98
2. DER INDISCHE SEILTRICK (The Barmy Swamy) 09.02.98
3. ALLES WEGEN INGRID (Getting Rid Of Ingrid) 10.02.98
4. DER AUSSERIRDISCHE (Close Encounter) 11.02.98
5. ÜBERDOSIS (The Importance Of Being Visible) 12.02.98
6. GEHEIMSTUFE Z (The Z Factor) 13.02.98
7. DER KLEINE SCHORNSTEINFEGER (Little Tommy Dawkins) 16.02.98
8. ONKEL GUS (Uncle Gus) 17.02.98
9. KEINER KANN MIT ADRIAN (Bully For You) 18.02.98
10. DAS GIBT ÄRGER (Giving Trouble) 19.02.98
11. ENTFÜHRT, ERPRESST UND AUSGE-TRICKST (Guitar Blues) 20.02.98
12. HAUSTIERSALAT (Teacher's Pets) 23.02.98
13. SCHACHMATT (The Better Man) 24.02.98
14. NICHT LEICHT ZU STEMMEN (A Weight Off Your Mind) 25.02.98

EPISODEN (ZDF):
15. GESUNDES SELBSTBEWUSSTSEIN (- liegt nicht vor -) 29.07.00
16. DER SCHEIN TRÜGT (- liegt nicht vor -) 05.08.00
17. FERIEN AUF DEM BAUERNHOF (- liegt nicht vor -) 12.08.00
18. DIE ZAUBERFLÖTE (- liegt nicht vor -) 19.08.00
19. PHYSIK GEGEN CHEMIE (- liegt nicht vor -) 26.08.00
20. NUR GEPUMPT (- liegt nicht vor -) 02.09.00
21. DIE VERFLIXTEN FOTOS (- liegt nicht vor -) 09.09.00
22. ES LÄUFT WIE GESCHMIERT (- liegt nicht vor -) 16.09.00
23. VIER HOCHZEITEN UND EINE SCHLÄGEREI (- liegt nicht vor -) 30.09.00
24. SO EIN THEATER (- liegt nicht vor -) 07.10.00
25. MEIN UNSICHTBARER FREUND (- liegt nicht vor -) 14.10.00
26. DIE AUSREISSERIN (- liegt nicht vor -) 21.10.00
27. DIE JAGD NACH DEN MÄUSEN (- liegt nicht vor -)

DER UNSICHTBARE
(The Invisible Man)
GB 1957; Pilot
GB 1958/1959; 26 Episoden
Deutsche Ausstrahlung:
arte 1995/1996; 25 Episoden

Darsteller: Johnny Scripps (Dr. Peter Bradley),
Lisa Daniely (Diane Brady), Deborah Watling
(Sally Brady), Ernest Clark (Sir Charles Ander-
son).

Dr. Peter Brady arbeitet an der Unsichtbarkeits-
formel, also an einem Mittel, das Dinge und Menschen unsichtbar macht. Eines seiner Experimente geht schief und Brady wird tatsächlich unsichtbar, hat jedoch nicht mehr die Fähigkeit
sichtbar zu werden.
Brady wird als Sicherheitsrisiko in Verwahrung
genommen. Nach seiner geglückten Flucht arbeitet er weiter an seiner Heilung. Währenddessen
stiehlt Crompton, ein Kollege Bradys, die Notizen
zu den Experimenten. Brady setzt seine Unsichtbarkeit ein, um diese zurück zu bekommen.

Erste Serienverwurstung der Basisidee des
gleichnamigen Romans von Herbert George
Wells („The Invisible Man";1897). Inzwischen etwas überaltert wirkender Fernsehklassiker.
Um der Unsichtbarkeit die Krone aufzusetzen,
wurde das Gesicht der Hauptfigur in der Serie
nie gezeigt.
Durchaus sichtbare Gaststars waren Honor (Mit
Schirm, Charme und Melone) Blackman, Charles
Gray, Ian (Mit Schirm, Charme und Melone) Hendry, Barbara Shelley und Patrick Troughton.

DER UNSICHTBARE
(The Invisible Man)
USA 1975/1976; Pilot & 12 Episoden (nur 11 gesendet)
Deutsche Ausstrahlung:
WDR regional 1978; Pilot & 10 Episoden

Darsteller: David McCallum (Daniel Westin), Melinda Fee (Kate Westin), Craig Stevens (Walter Carlson).

Dr. Daniel Westin arbeitet für den Klae-Konzern an einem Mittel für Unsichtbarkeit. Da er ein schlauer Bursche ist, gelingt ihm diese Entdeckung tatsächlich. Dumm ist nur: Er hat nun Probleme wieder sichtbar zu werden. Für seine „Normalauftritte" muss er sich fortan mit Maske und Anzug ausstatten. Gemeinsam mit seiner Frau Kate, tritt Weston nun den Kampf gegen Bösewichte an; die Unsichtbarkeit wird insbesondere für Detektivarbeit verwendet.

Wie jeder, der eine Geschichte mit einem oder mehreren Unsichtbaren erzählt, berufen sich auch die Machwerker dieser Reihe auf Herbert George Wells. Gut, dass dieser das Ergebnis nicht mehr mitansehen musste. DER UNSICHTBARE ist mit das Mieseste, was der SF-TV-Markt hervorbrachte.
Direkt im Anschluss dieser Serie folgte GEMINI MAN (qv): Die gleiche Grundlage, das gleiche Fehlen jeglicher Qualität und mit noch weniger Erfolg.
Den Unsichtbaren suchten auch Charles (Verrückter Wilder Westen) Aidman, Barbara (Kobra, übernehmen Sie) Anderson, Roger C. Carmel, John Crawford, Henry Darrow, Peter (TimeTrax) Donat, Farley Granger, Conrad (Mork vom Ork) Janis, Monte (Der Mann von Gestern) Markham, Ross (Verrückter Wilder Westen) Martin, David Opatoshu, Nehemiah Persoff, Barry Sullivan, John (Krieg der Welten) Vernon.

DER UNSICHTBARE MANN
(The Invisible Man)
GB 1984; 6 Episoden

Deutsche Ausstrahlung:
RTL plus 1986; 6 Episoden

Darsteller: Pip Donaghy (Dr. Griffin, der unsichtbare Mann), Michael Sheard (Reverend Bunting), Frank Middlemass (Thomas Marvel), David Gwillim (Dr. Samuel Kemp), Gerald James (Dr. Cuss), Ron Pember (Mr. Hall), Lila Kaye (Mrs. Hall), Jonathan Adams (Teddy Henfrey), Roy Holder (Sandy Wadgers), Anna Wing (Mrs. Roberts), John Quarmby (Constable Jaffers), Merelina Kendall (Lucy), Fre-derick Treves (Colonel Adye).

In der englischen Provinzstadt Iping kommt ein vermummter Mann an und mietet sich in einem Gasthof ein. Sein Erscheinungsbild — bandagierter Kopf, Sonnenbrille — und sein seltsames Benehmen geben den Dorfbewohnern Anlass, neugierig zu werden.
Wie sich herausstellt, handelt es sich um den Wissenschaftler Griffin, der es geschafft hat, sich unsichtbar zu machen. Jetzt versucht er in der selbstgewählten Abgeschiedenheit ein Gegenmittel zu entwickeln. Die nicht zuletzt durch sein Benehmen angespannte Lage beginnt zu eskalieren, als sich heraustellt, dass die angewendete Chemikalie auch Einfluss auf Griffins Psyche nimmt.

Diese Version ist die erste Fernsehverfilmung, die sich tatsächlich der bereits in den vorhergegangenen Einträgen genannten Vorlage annimmt. DER UNSICHTBARE MANN ist eine stilvolle und gelungene Umsetzung des erfolgreichen Romanes von H. G. Wells.
Ursprünglich als Sonntag-Nachmittag-Zeitvertreib geplant, wurde die Reihe für so gut befunden das Publikum an den üblichen Wochentagsabenden zu fesseln; eine Rechnung die aufging. Verantwortlich für diese Reihe waren Barry Letts und Terrance Dicks, beides ehemalige Mitschaffende von DOCTOR WHO (qv).
Die Reihe lief vorher bereits im DDR-Fernsehen.

EPISODEN:
1.   DIE ANKUNFT DES FREMDEN (The Strange Man's Arrival)
2.   EIN WESEN OHNE KOPF (The Unveiling Of The Stranger)
3.   ANGST UND SCHRECKEN (Mr. Marvel's Visit To Iping)
4.   - liegt nicht vor - (Dr. Kemp's Visitor)
5.   - liegt nicht vor - (Certain First Principles)
6.   - liegt nicht vor - (The Hunting Of The Invisible Man)

UNTERWEGS NACH ATLANTIS
BRD/CZ/CH/A 1982; 13 Episoden
Deutsche Ausstrahlung:
ZDF 1982; 13 Episoden

Darsteller: Josef Horacek (Rhon), Thomas Holy (Mark), Benno Sterzenbach (Graf Saint-Germain/Kelley), Lucie Vojtechova (Judy).

Als Mark seinen zwölften Geburtstag feiert, taucht plötzlich ein fremder Junge auf. Dieser stellt sich als Rhon vor und behauptet, aus der Zukunft zu stammen. Als Mark ihm nicht glaubt, nimmt der Neuankömmling in mit auf eine Reise mit seiner Zeitmaschine. Im Jahre 1791 angekommen, meint Rhon seinen Onkel, den Grafen Saint-Germain, zu erkennen. Diese onkelähnliche Person erweist sich allerdings als Kelley, ein Alchemist, der bereits seit über 200 Jahren auf Erden wandelt. Diese Langle-bigkeit verdankt Kelley einem Elixier aus dem untergegangenen Atlantis.
Der Alchemist zwingt die Jungen, ihn mit auf Zeitreise zu nehmen. Von Rhons Onkel erhofft er sich Hilfe bei der Suche nach dem Wundermittel, da sein Vorrat zur Neige geht.
Statt nur aber schnurstracks den Onkel aufzusuchen, folgt eine Irrfahrt durch die Jahrhunderte. 1554 besuchen sie den Hof Heinrich VIII, sie landen im Jahr 883 und schließlich sogar in der Steinzeit.

Das Drehbuch dieser Serie schrieb PAN TAU-Autor Ota Hofman nach Kinderromanen der Schauspielerin Johanna von Koczian.

EPISODEN:
1.   LANDUNG ZUM GEBURTSTAG 18.09.82
2.   DAS FALSCHE HAUS 25.09.82
3.   DIE KLEINE NACHTMUSIK 02.10.82
4.   DER GEHEIMNISVOLLE GRAF 09.10.82
5.   DIE VERSCHOLLENE LANDKARTE 16.10.82
6.   DIE VERLORENEN SCHLÜSSEL 23.10.82
7.   DAS PRAGER KONZERT 30.10.82
8.   DIE GEFANGENEN DES KAISERS 06.11.82
9.   DER SCHWARZE SPIEGEL 13.11.82
10.   DIE NACHT DER ZAUBERER 20.11.82
11.   DAS SANDIGE GRAB 27.11.82
12.   DIE RÄTSELHAFTEN GÖTTER 04.12.82
13.   LANDUNG ZUM FRÜHSTÜCK 11.12.82

UNWAHRSCHEINLICHE GESCHICHTEN/ GESCHICHTEN, DIE NICHT ZU ERKLÄREN SIND
(The Twilight Zone)
USA 1959-1964; 156 Episoden
Deutsche Ausstrahlung:
ARD 1961; 1 Episode
ZDF 1967; 1 Episode (Das kl. Fernsehspiel)
ZDF 1968; 8 Episoden (Das kl. Fernsehsp.: UG)
ZDF 1969; 1 Episode
BR III 1971; 22 Episoden (GDNZES)
Pro 7 1991/1992; 38 Episoden (UG)
TV.München 1996-1998; ca. 60 Episoden

Science Fiction-/Horror-Anthologie.
TWILIGHT ZONE, einer der Klassiker nicht nur des phantastischen sondern des gesamten Fernsehbereiches. Rod Serling, wohlangesehener Drehbuchautor, brachte die Idee zu dieser Serie ein und schaffte es, Geldgeber zu überzeugen. Das Ergebnis ist ein Paradebeispiel für Ideenreichtum und gute Stories. Zusätzlichen Kultcharakter gewann TZ noch durch das Mitwirken etlicher bekannter oder zukünftig bekannter Schauspieler.
Neben den Nachfolgefilmen und -serien finden sich in amerikanischen Filmen und Reihen immer wieder Anspielungen auf dieses Juwel der Fernsehkunst. Persiflagen und Hommagen finden sich im Comedy-Klassiker SATURDAY NIGHT LIVE genau so wie in der 08/15-Zeichentrickserie GARFIELD.
In die klassische Twilight Zone begaben sich John Anderson, R. G. Armstrong, John (Addams Family) Astin, Martin (Space) Balsam, Richard (Mission Seaview) Basehart, Theodore Bikel, Bill (Mein Onkel vom Mars) Bixby, Antoinette Bower, Peter Brocco, Charles Bronson, Sebastian (Teufelskreis der Angst) Cabot, John Carradine, James Coburn, Robert (Mini-Max & Wild Palms) Cornthwaite, John Crawford, James (Raumschiff Enterprise) Doohan, Robert Duvall, Peter Falk, Paul Fix, Steve (Team Knight Rider) Forrest, Anne Francis, James Franciscus, Dabbs Greer, Kevin (Planet der Giganten) Hagen, Jonathan (Verschollen zwischen fremden Welten) Harris, Mariette Hartley, Pat (The Shining) Hingle, Earl (NightMan) Holliman, Rex Holman, Dennis Hopper, Ron Howard, John Hoyt, Wilfred (Buck Rogers) Hyde-White, Buster Keaton, Richard Kiel, Jack Klugman, Martin (Kobra, übernehmen Sie & Mondbasis Alpha 1) Landau, Robert (Automan &

Kung Fu: Im Zeichen des Drachen) Lansing, Jon Lormer, Ida Lupino, Patrick (Mit Schirm, Charme und Melone) Macnee, Theo Marcuse, Jean Marsh, Ross (Verrückter Wilder Westen) Martin, Lee Marvin, Doug (Mein Vater ist ein Außerirdischer) McClure, Roddy (Planet der Affen, Die Mars-Chroniken & Fantastic Voyage) McDowall, John McLiam, Burgess Meredith, Vera Miles, Elizabeth (Verliebt in eine Hexe) Montgomery, Agnes (Verliebt in eine Hexe) Moorehead, Greg (Kobra, übernehmen Sie) Morris, Barry (Mondbasis Alpha 1, Die Mars-Chroniken & Apocalypse Wow) Morse, Billy (Verschollen zwischen fremden Welten & Babylon 5) Mumy, George Murdock, Alan (Batman) Napier, Julie Newmar, Leonard (Raumschiff Enterprise & Kobra, übernehmen Sie) Nimoy, Simon (Der Nachtjäger) Oakland, Warren Oates, Tim (Buck Rogers) O'Connor, Susan Oliver, David Opatoshu, Nehemiah Persoff, Phillip Pine, Edward C. (Mini-Max) Platt, Donald Pleasence, Robert Redford, Burt Reynolds, Peter Mark Richman, Robby, the Robot, Mickey Rooney, Hayden (Bezaubernde Jeannie) Rorke, Joseph Ruskin, Robert Sampson, Telly Savalas, William (Mini-Max) Schallert, William (Raumschiff Enterprise & TekWar) Shatner, Abraham Sofaer, Dean (Zurück in die Vergangenheit) Stockwell, Liam Sullivan, George (Raumschiff Enterprise) Takei, Rod (Outlaws) Taylor, Harry Townes, Lee Van Cleef, Dennis Weaver, Fritz (Die Mars-Chroniken) Weaver, David (Verliebt in eine Hexe) White, William Windom, Jason Wingreen, Joseph Wiseman, Ian Wolfe, Keenan Wynn, Dick (Verliebt in eine Hexe) York und John (Time Tunnel) Zaremba.
Von Rod Serlings sehr ähnlich gearteter Nachfolgeserie THE NIGHT GALLERY (1969-73) waren bisher die folgenden Episoden zu sehen: „Nacht ohne Morgen" (Midnight Never Ends)-08.02.73, ZDF, und „Wo alle Wege enden" (The Waiting Room)-22.02.73, ZDF. Der aus drei Geschichten bestehende Pilotfilm erschien im April 1987 auf Video als „...und die Alpträume gehen weiter" (The Cemetery & Eyes & Escape Route).

EINZELEPISODEN:
1. DIE LEERE STADT (Where Is Everybody?) ARD
2. DAS KLEINE FERNSEHSPIEL: EINMAL JENSEITS UND ZURÜCK (Mr. Garrity And The Graves) 02.03.67

67. MITTERNACHTSSONNE (The Midnight Sun)
17.06.92
68. DAS STILLE TAL (Still Valley) 24.06.92
69. EIN ZYLINDER FÜR FÜNF (Five Characters In
Search Of An Exit) 01.07.92

EPISODEN (TV.München):
70. DAS GESCHÄFT MIT DEM TOD (One For The
Angels)
71. MR. DENTON'S ZWEITE CHANCE (Mr. Denton On Doomsday)
72. 16 MM TRAUMWELT (The Sixteen-Millimeter Shrine)
73. VIELLEICHT IN EINER SOMMERNACHT (Walking Distance)
74. DIE RÜCKTRITTSKLAUSEL (Escape Clause)
75. DER HAUSIERER (What You Need)
76. WIE EIN PFEIL IM WIND (I Shot An Arrow Into The Air)
77. FRIEDHOF DER TRÄUME (Elegy)
78. LANG LEBE WALTER JAMESON (Long Live Walter Jameson)
79. DIE ZEITMASCHINE (Execution)
80. DER TRAUM VOM COMEBACK (The Big, Tall Wish)
81. MR. VALENTINE'S NEUANFANG (A Nice Place To Visit)
82. DER MANN MIT DER TROMPETE (A Passage For Trumpet)
83. MR. JAMES B. W. BEVIS (Mr. Bevis)
84. BASEBALL MIT HERZ (The Mighty Casey)
85. DER MANN IN DER ZELLE (The Howling Man)
86. FLUCH DER SCHÖNHEIT (The Eye Of The Beholder)
87. DIE STUNDE DER WAHRHEIT (The Lateness Of The Hour)
88. NUMMER 22 (Twenty-Two)
89. DAS SPIELZEUGTELEFON (Long Distance Call)
90. DIE WETTE (The Silence)
91. EINMAL JENSEITS UND ZURÜCK (Death's Head Revisited)
92. DIE KUNST DER GNADE (A Quality Of Mercy)
93. LICHT IM DUNKEL (Nothing In The Dark)
94. SPIEL EINES EXZENTRIKERS (One More Pallbearer)
95. IN DEN SCHUHEN EINES TOTEN (Dead Man's Shoes)
96. MR. SIMPSON UND SEIN HUND (The Hunt)
97. KINDERSPIELE (Kick The Can)
98. KLEINE NACHTMUSIK (A Piano In The House)
99. DIE GEPFLOGENHEITEN DES JEFF MYRTLEBANK (The Last Rites Of Jeff Myrtlebank)
100. DAS BUCH DER KANAMITER (To Serve Man)
101. WER KENNT MR. CURNEY? (Persons To Persons Unknown)
102. DER MANN, DER GOTT SEIN WOLLTE (The Little People)
103. GÖTTERDÄMMERUNG (Four O'Clock)

104. DAS GESCHENK (The Gift)
105. DER BAUCHREDNER (The Dummy)
106. UNSERE OMA, DER ROBOTER (I Sing The Body Electric)
107. ACHTUNG, CAVENDER KOMMT (Cavender Is Coming)
108. NACHHILFE FÜR EINEN LEHRER (The Changing Of The Guard)
109. EIN LEBEN FÜR EIN LEBEN (In Praise Of Pip)
110. EIN HALBSCHWERGEWICHT AUS STAHL (Steel)
111. PORTRAIT EINES ÄNGSTLICHEN MANNES (Nightmare At 20,000 Feet)
112. DER HERR DER ZEIT (A Kind Of Stop Watch)
113. DIE LETZTE NACHT EINES JOCKEYS (The Last Night Of A Jockey)
114. DER ALTE DER HÖHLE (The Old Man In The Cave)
115. ONKEL SIMONS ERBE (Uncle Simon)
116. ADAM UND EVA (Probe Seven-Over And Out)
117. DAS PHANTOM DER 7. KAVALLERIE (The 7th Is Made Up Of Phantoms)
118. GROSSVATERS UHR (Ninety Years Without Slumbering)
119. 40 JAHRE SIND EIN TAG (The Long Morrow)
120. DIE SELBSTVERVOLLKOMMNUNG DES SALVADORE ROSS (The Self-Improvement Of Salvatore Ross)
121. NUMMER 12 SIEHT AUS WIE DU (Number Twelve Looks Just Like You)
122. DIE VORHUT (Black Leather Jackets)
123. FERNGESPRÄCH FÜR MISS KEENE (Night Call)
124. DIE KÖNIGIN DES NILS (Queen Of The Nile)
125. SPEZIALPROGRAMM FÜR JOE BRITT (What's In The Box)
126. ICH BIN DIE NACHT-MEINE FARBE IST SCHWARZ (I Am The Night-Color Me Black)
127. CAESAR UND ICH (Caesar And Me)
128. PLÄNE SIND ZUM SCHEITERN DA (The Jeopardy Room)
129. VON MENSCHEN UND MASCHINEN (The Brain Center At Whipples)
130. TODESBALLADE (Come Wander With Me)
131. ANGST HAT VIELE GESICHTER (The Fear)

EPISODEN (nicht gesendet):
132. GEFANGEN IN DER EINSAMKEIT (The Lonely)
133. EINMAL IM JAHR (Night Of The Meek)
134. DAS ALTE RADIO (Static)
135. EIN SIEG DER LIEBE (The Trade-Ins)
136. DER INNENHOF (The Encounter)
137. (In His Image)
138. (The Thirty-Fathom Grave)
139. (Valley Of The Shadow)
140. (He's Alive)
141. (Mute)
142. (Death Ship)
143. (Jess-Belle)

V-DIE AUSSERIRDISCHEN BESUCHER KOMMEN & V-DIE AUSSERIRDISCHEN BESUCHER KOMMEN ZURÜCK

('V' & V-The Final Battle & V: The Series)

USA 1983; Zweiteiliger Fernsehfilm ('V')
USA 1984; Dreiteiliger Fernsehfilm (Final Battle)
USA 1984/1985; 19 Episoden (Series)
Deutsche Ausstrahlung:
SAT.1 1988/1989; 29 Episoden

Darsteller: Marc Singer (Mike Donovan), Faye Grant (Dr. Julie Parrish), Jane Badler (Diana), Michael Durrell (Robert Maxwell), Peter Nelson (Brian), Blair Tefkin (Robin Maxwell), David Packer (Daniel Bernstein), Michael Wright (Elias), Neva Patterson (Eleanor Dupres), Leonardo Cimino (Abraham Bernstein), Andrew Prine (Steven), Richard Herd (Supreme Commander John), Robert Englund (Willie), Frank Ashmore (Martin), Jenny Sullivan (Kristine Walsh), Michael Ironside (Ham), June Chadwick (Lydia), Jenny Beck (Elizabeth), Jennifer Cooke (Elizabeth), Lane Smith (Nathan Bates), Jeff Yagher (Kyle), Aki Aleong (Chaing), Duncan Regehr (Charles), Judson Scott (Lieutenant James), Frank Ashmore (Philip - 1985).

Über der ganzen Erde erscheinen am Himmel riesige Raumschiffe. Obwohl die Menschen skeptisch sind, wird Kontakt aufgenommen.
Die Ausserirdischen erweisen sich als Wesen, die im Erscheinungsbild den Menschen gleichen. Die Besucher, wie sie genannt werden, wollen mit der Menschheit das Wissen ihrer hochentwickelten Technik teilen.
Da aber den Menschen bekannt ist, dass es keine Gaben ohne Gegenwert geben kann, verstärkt sich die Skepsis bei einigen von ihnen.

Nach kurzer Zeit wird die grausige Wahrheit offengelegt: Die Besucher benötigen die Menschheit als Futter für ihre Nachkommenschaft.
Obwohl allgemein bekannt gemacht wird, dass es sich bei den Ausserirdischen in Wirklichkeit um Echsenwesen handelt, die sich nur hinter menschlichen Masken verstecken, sie also somit schon mindestens einer Lüge überführt wurden, steht der Grossteil der Menschheit zur Freundschaft mit den Besuchern; teils aus Eigennutz, teils aus Angst.
Um den Journalisten Mike Donovan und der Wissenschaftlerin Julie Parris bildet sich eine Widerstandsgruppe gegen die Macht der neuen Beherrscher der Erde. Es gelingt ihnen sogar, Kontakt mit der eigenen Widerstandsbewegung der Ausserirdischen aufzunehmen.

Der Grundgedanke der Serie war, eine Science Fiction-Parabel zu den Auswüchsen des Nationalsozialismus im Dritten Reich zu formulieren. Wenngleich auch einige der hierzu verwendeten Stilmittel eher dem nassen Waschlappen im Gesicht glichen oder sogar mit einer ganzen Batterie von Zaunpfählen winkten — das Emblem der Besucher, das sehr an das Hakenkreuz angelehnt ist; der jüdische Überlebende der Nazi-Zeit, der auch noch den dümmsten Zuschauern klar zu machen versuchte, was hier gemeint war — waren die anfänglichen TV-Miniserien (Episoden 1-4 und Episoden 5-10) durchaus gelungen.
Der Erfolg dieser ersten Stories bescherte dem interessierten Zuschauer jedoch weitere Geschichtchen, dieses Mal im Serienformat. Und es begann der unaufhaltsame Abstieg. Aus der wohlmeinenden Nazi-Parabel wurde eine Serie, die mehr und mehr Ähnlichkeit mit den Edel-Soaps DALLAS und DER DENVER-CLAN gewann.
Auch die Beteuerungen des Ideengebers Kenneth Johnson — der später mit ALIEN NATION (qv) eine fehlerlose Leistung erbrachte — dass er es so nicht geplant und nicht gewollt habe, konnten dem in den Brunnen gefallenen Serien-Kind nicht mehr ins Trockene verhelfen.
Vor der Ausstrahlung im Fernsehen wurde V mit grossem Werbeaufwand auf Video vermarktet.
Die fünf Teile der beiden Mini-Serien (s. Originaltitel) wurden für das deutsche Fernsehen jeweils halbiert, so dass man sie locker in einer normalen Serienspalte des Programmes unterbringen konnte. Diese Folgen bekamen keine einzelnen Titel.

Jane Badler wurde die Ersatzagentin der Serie IN GEHEIMER MISSION (qv); Michael Ironside der Ersatzkapitän in SEAQUEST 2032 (qv). Filme und Serie besuchten ausserdem Diane (Die Spezialisten unterwegs) Civita, Sybil Danning, Bruce (Harry und die Hendersons) Davison, Sarah Douglas, Conrad (Mork vom Ork) Janis, Terence Knox, John McLiam, Dick Miller, Ken (Super Force) Olandt und William Russ.

EPISODEN:
1. V-DIE AUSSERIRDISCHEN BESUCHER KOMMEN TEIL 1 ('V' Part 1) 03.10.88
2. V-DIE AUSSERIRDISCHEN BESUCHER KOMMEN TEIL 2 ('V' Part 1) 10.10.88
3. V-DIE AUSSERIRDISCHEN BESUCHER KOMMEN TEIL 3 ('V' Part 2) 17.10.88
4. V-DIE AUSSERIRDISCHEN BESUCHER KOMMEN TEIL 4 ('V' Part 2) 24.10.88
5. V-DIE AUSSERIRDISCHEN BESUCHER KOMMEN TEIL 5 (V-The Final Battle Part 1) 31.10.88
6. V-DIE AUSSERIRDISCHEN BESUCHER KOMMEN TEIL 6 (V-The Final Battle Part 1) 07.11.88
7. V-DIE AUSSERIRDISCHEN BESUCHER KOMMEN TEIL 7 (V-The Final Battle Part 2) 14.11.88
8. V-DIE AUSSERIRDISCHEN BESUCHER KOMMEN TEIL 8 (V-The Final Battle Part 2) 21.11.88
9. V-DIE AUSSERIRDISCHEN BESUCHER KOMMEN TEIL 9 (V-The Final Battle Part 3) 28.11.88
10. V-DIE AUSSERIRDISCHEN BESUCHER KOMMEN TEIL 10 (V-The Final Battle Part 3) 05.12.88
11. TAG DER BEFREIUNG (Liberation Day) 12.12.88
12. RETTET LOS ANGELES (Dreadnaught) 19.12.88
13. TAUSCHGESCHÄFTE (Breakout) 26.12.88
14. FLUCHTPUNKT CHINA FLATS (The Deception) 02.01.89
15. VATER UND SOHN (The Sanction) 09.01.89
16. DIE KONFERENZ VON PLAYA DEL MAR (Visitors' Choice) 16.01.89
17. FREIHEIT FÜR RAWLINSVILLE (The Overlord) 23.01.89
18. JACOB, DER BLINDE (The Dissident) 30.01.89
19. ELIZABETH X 2 (Reflections In Terror) 06.02.89
20. DER GROSSMANIPULATOR (The Conversion) 13.02.89
21. DER HELD DES TAGES (The Hero) 20.02.89
22. VERRÄTER UND BETRÜGER (The Betrayal) 27.02.89
23. GIFT FÜR DIE BRAUT (The Rescue) 06.03.89
24. AUF LEBEN UND TOD (The Champion) 13.03.89
25. DIE WILDCATS-GANG (The Wildcats) 20.03.89
26. MANN GEGEN MANN (The Littlest Dragon) 27.03.89
27. DAS COMPUTER-AS (War Of Illusions) 03.04.89
28. DIE LISTE (Secret Underground) 10.04.89
29. ENDLICH FRIEDEN? (The Return) 17.04.89

DAS VERBOTENE SPIEL
BRD 1978; 3 Episoden (auch als Film)
Ausstrahlung:
ARD 1979; 3 Episoden

Darsteller: Robinson Reichel (Jet), Florian Halm (Jer), Tina Rackelmann (Asa), Dieter Schidor (Gen, der Lehrer), Y Sa Lo (Ala), Wolfgang Sebastian Baur (Gos), Rudolf Schündler (Der Älteste), Wilfried Schröpfer (Gat, der Ausgestossene).

Im Jahre 3080 leben die Menschen in einer friedlichen Gemeinschaft, die jegliches Spiel verboten hat. Grund hierfür ist die Überzeugung, dass das Spielen Aggression erzeugt. Drei der Kinder werden im Rahmen ihres Unterrichtes mit ins Jahr 1978 genommen, damit sie sehen, wie brutal das Leben damals war.
Nach ihrer Rückkehr scheint die Gemeinschaft der Zukunft in Gefahr, da die Kinder eine Kasperlefigur mitbrachten und mit Freuden mit ihr spielen. Als ihnen schliesslich das Spielzeug weggenommen werden soll, kommen sie auf den Gedanken, sich selber Figuren zu basteln.

Die Filmversion — alle drei Teile in einem Stück — lief am 17. Juni 1980. Rudolf Schündler spielte auch in STERNENSOMMER (qv).

EPISODEN:
1. DER VERFOLGER 18.12.79
2. DAS GEHEIMNIS DER KRISTALLE 19.12.79
3. DIE AUSGESTOSSENEN 20.12.79

VERLIEBT IN EINE HEXE
(Bewitched)
USA 1964-1972; 252 Episoden
Deutsche Ausstrahlung:
HR regional 1969-1971; 62 Episoden
SAT.1 1986/1987; 59 (ca. 22 neue) Episoden

SAT.1 1990; 106 Episoden
SAT.1 1992; 6 Episoden
DF1 1996; 5 Episoden

Darsteller: Elizabeth Montgomery (Samantha Stephens/Serena), Dick York (Darrin Stephens - 1964-69), Dick Sargent (Darrin Stephens - 1969-72), Agnes Moorehead (Endora), David White (Larry Tate), Irene Vernon (Louise Tate - 1964-66), Kasey Rogers (Louise Tate - 1966-72), Erin & Diane Murphy (Tabitha Stephens - 1966-72), David & Greg Lawrence (Adam Stephens - 1971/72), George Tobias (Abner Kravitz), Alice Pearce (Gladys Kravitz - 1964-66), Sandra Gould (Gladys Kravitz - 1966-72), Marion Lorne (Tante Clara - 1964-68), Bernard Fox (Dr. Bombay - 1967-72).

Darrin Stephens, Angestellter einer Werbefirma, heiratet die wunderschöne Samantha. Das könnte der Beginn einer perfekten Beziehung sein, wenn Sam nicht einen winzigen Fehler hätte: Sie ist eine Hexe.
Zwar legt sie das Versprechen ab, ihre Hexenkräfte nicht einzusetzen, aber alltägliche Problemchen, grössere Vorkommnisse und auch Schwierigkeiten mit Samanthas Hexensippe zwingen sie immer wieder dazu, das Versprechen zu umgehen oder zu ignorieren.
Noch verwirrender wird die Situation, als die beiden im Januar 1966 Eltern einer Tochter, Tabitha, werden, die nicht nur in punkto Haarfarbe nach ihrer Mutter schlägt.

Von einem Über-Nacht-Erfolg — BEWITCHED erreichte bereits im ersten Sendejahr Platz 2 der Einschaltquotenliste — wandelte sich die Serie zu einer der beliebtesten und besten phantastischen Comedy-Reihe und gilt inzwischen, ganz zu Recht, als Kultserie.
1977/78 folgte mit TABITHA ein kurzlebiger Ableger dieser Hit-Serie. Lisa Hartman spielte die, inzwischen zur jungen Frau herangewachsene, Stephens-Tochter.
Den Hexenzauber über sich ergehen liessen Michael Ansara, Madge (Batman) Blake, Richard (Mission Seaview) Bull, Scatman Crothers, Bill (Bezaubernde Jeannie) Daily, James (Raumschiff Enterprise) Doohan, Richard Dreyfuss, Dick (Immer wenn er Pillen nahm) Gautier, Will Geer, Alice (Das Geheimnis der blauen Tropfen) Ghostley, Jonathan (Verschollen zwischen fremden Welten) Harris, Alan (Mein Onkel vom Mars) Hewitt, David Huddleston, Bernie (Mini-Max) Kopell, Peter Lawford, June (Verschollen zwischen fremden Welten) Lockhart, Stuart (Mr. Smith) Margolin, Don (Planet der Giganten) Marshall, Ron Masak, John (Immer wenn er Pillen nahm) McGiver, Billy (Verschollen zwischen fremden Welten & Babylon 5) Mumy, Julie Newmar, Alan (Der Sechs-Millionen-Dollar-Mann) Oppenheimer, Edward (Mini-Max) Platt, Pat (The Munsters) Priest, Cesar Romero, William Schallert, Reta (Der Geist und Mrs. Muir) Shaw, Felix (Addams Family) Silla, Raquel Welch, Adam (Batman) West und Grace Lee (Raumschiff Enterprise) Whitney.

EPISODEN (HR):
1. FLITTERWOCHEN (I, Darrin, Take This Witch, Samantha) 04.06.68
2. HAUSKAUF (Be It Ever So Mortgaged) 11.06.68
3. DIE LIEBEN NACHBARN (Mother Meets What's His Name) 18.06.68
4. LIEBE IST STÄRKER ALS HEXEREI (Witch Or Wife) 25.06.68
5. TANTE CLARA (The Witches Are Out) 02.07.68
6. DAS WOHLTÄTIGKEITSFEST (- liegt nicht vor -) 09.07.68
7. DER MILLIONENAUFTRAG (Help, Help, Don't Save Me) 16.07.68
8. SELBSTBESINNUNG (Little Pitchers Have Big Fears) 23.07.68
9. HOCHMUT KOMMT VOR DEM FALL (- liegt nicht vor -) 30.07.68
10. DIE VERZAUBERTE KATZE (The Cat's Meow) 06.08.68
11. NICHTS GEHT ÜBER EINE ALTE HEXE (There's No Witch Like An Old Witch) 13.08.68
12. DIE VERHEXTE GARAGENTÜR (Open The Door, Witchcraft) 20.08.68
13. DAS FESTSPIEL (- liegt nicht vor -) 27.08.68
14. SAG DIE WAHRHEIT! (Speak The Truth) 03.09.68
15. MÄDCHEN GESUCHT (Maid To Order) 10.09.68
16. DAS BABY (And Then There Were Three) 17.09.68
17. DARRIN ALS BOXER (Fastest Gun On Madison Avenue) 24.09.68
18. DREI WÜNSCHE (The Leprechaun) 01.10.68
19. DAS SPRECHENDE BABY (Baby's First Paragraph) 15.10.68
20. EHEKRACH (Double Split) 22.10.68
21. DAS RENNPFERD (The Horses's Mouth) 27.10.68
22. EIN ERHOLSAMER VORMITTAG (Oedipus Hex) 12.11.68
23. DER TANZBÄR (The Dancing Bear) 19.11.68

24.	FAMILIENSTREIT (Endora Moves In For A Spell) 11.11.69
25.	DIE WALPURGISNACHT-PARTY (Twitch Or Treat) 18.11.69
26.	DER DOPPELTE JONNIE (Accidental Twins) 25.11.69
27.	DIE WALDNYMPHE (A Most Unusual Wood Nymph) 02.12.69
28.	DAS SUPERAUTO (Super Car) 09.12.69
29.	DER CLOWN HOHO (Ho Ho, The Clown) 16.12.69
30.	WERKSPIONAGE (Dangerous Diaper Dan) 30.12.69
31.	SAM ALS MALERIN (Art For Sam's Sake) 06.01.70
32.	ENDORAS GESCHENKE (Three Wishes) 13.01.70
33.	DER STUHL (Sam's Spooky Chair) 20.01.70
34.	DER MONDTEE (Sam In The Moon) 27.01.70
35.	DIE STROMSTÖRUNG (The Short Happy Circuit Of Aunt Clara) 03.02.70
36.	DIE KUH (The Corn Is As High As A Guernsey's Eye) 10.02.70

EPISODEN (HR regional?/SAT.1?):

37.	SCHWIEGERELTERNBESUCH (It's Witchcraft) 30.06.71/16.09.86
38.	DIE ZEITUNG (Bewitched, Bothered And Infuriated) 07.07.71/23.09.86
39.	DIE WUNDERPILLEN (There's Gold In Them Thar Pills) 14.07.71/30.09.86
40.	EIN ITALIENISCHES GESCHÄFT (Business, Italian Style) 21.07.71/07.10.86
41.	DER SPARSAME DARRIN (Cheap, Cheap!) 28.07.71/14.10.86
42.	BERMUDA-REISE (No Zip In My Zap) 04.08.71/21.10.86
43.	KINDER-WALPURGISNACHT (The Safe And Sane Halloween) 11.08.71/28.10.86
44.	SAMS KRANKHEIT (Out Of Sync, Out Of Mind) 18.08.71/04.11.86
45.	DAS VERLORENE WOCHENENDE (That Was No Chick, That Was My Wife) 25.08.71/ 11.11.86
46.	DIE KRANKE ENDORA (Allergic To Macedonian Dodo Birds) 01.09.71/18.11.86
47.	SCHWIERIGKEITEN (Solid Gold Mother-In-Law) 08.09.71/25.11.86
48.	DER SCHAUKELSTUHL (My, What Big Ears You Have) 15.09.71/02.12.86
49.	SAMANTHA UND LEONARDO DA VINCI (Samantha's Da Vinci Dilemma) 22.09.71/09.12.86
50.	DER GROSSAUFTRAG (Snob In The Grass) 29.09.71/16.12.86
51.	DER ANDERE DARRIN (If They Never Met) 06.10.71/30.12.86
52.	SERENA (Hippie, Hippie, Hooray) 13.10.71/ 13.01.87
53.	DER MÄRCHENPRINZ (A Prince For A Day) 20.10.71/20.01.87
54.	EIN FALL VON NOTWEHR (McTavish) 27.10.71/27.01.87
55.	EIN ERHOLSAMER VORMITTAG (Oedipus Hex) 03.11.71/03.02.87
56.	DIE REIFENPANNE (To Twitch Or Not To Twitch) 11.11.71/10.02.87
57.	DER SPIELKAMERAD (Playmates) 24.11.71/ 17.02.87
58.	TABATHAS ZAUBERSPRUCH (Tabitha's Cranky Spell) 01.12.71/24.02.87
59.	JAPANBESUCH (A Majority Of Two) 08.12.71/ 03.03.87
60.	FLIEGENDE UNTERTASSE (Samantha's Secret Saucer) 15.12.71/10.03.87
61.	SELBSTVERTRAUEN (The No-Harm Charm) 22.12.71/17.03.87
62.	DER MANN DES JAHRES (Man Of The Year) 29.12.71/24.03.87

EPISODEN (SAT.1):

63.	HEILSAME EIFERSUCHT (Splitsville) 31.03.87
64.	DARRIN ALS ZWERG (Samantha's Wedding Present) 07.04.87
65.	IM VORIGEN JAHRHUNDERT (Samantha Goes South For A Spell) 14.04.87
66.	DAS WUNDERKIND (Samantha On The Keyboard) 21.04.87
67.	EHEPLÄNE (Darrin Gone! And Forgotten?) 28.04.87
68.	STELLVERTRETUNG (It's So Nice To Have A Spouse Around The House) 05.05.87
69.	DER SPIEGEL (Mirror, Mirror On The Wall) 12.05.87
70.	NAPOLEON (Samantha's French Pastry) 19.05.87
71.	DAS PREISAUSSCHREIBEN (Is It Magic Or Imagination) 26.05.87
72.	SAMS DEMONSTRATION (Samantha Fights City Hall) 02.06.87
73.	STIMMENTAUSCH (Samantha Loses Her Voice) 09.06.87
74.	IM KINDERGARTEN (I Don't Want To Be A Toad, I Want To Be A Butterfly)
75.	HÖFLICHKEIT (Instant Courtesy)
76.	DIE HAUSHALTSHILFE (Samantha's Super Maid)
77.	DAS GROSSE GESCHÄFT (One Touch Of Midas)
78.	COMPUTERLIEBE (Marriage, Witch Style)
79.	HEXEN-DURCHEINANDER (Samantha's Power Failure)
80.	DIE SPENDE (Twitching For UNICEF)
81.	MEXICO-REISE (Samantha And Darrin In Mexico City)
82.	DIE STUNDE DER WAHRHEIT (The Moment Of Truth) 09.04.90
83.	VATER IST DER BESTE (Witches And Warlocks Are My Favorite Things) 10.04.90

84. WER IST SCHON PERFEKT? (Nobody's Perfect) 11.04.90
85. WER STREITET HIER? (I'd Rather Twitch Than Fight) 12.04.90
86. MEIN FREUND BEN 1 (My Friend Ben) 17.04.90
87. MEIN FREUND BEN 2 (Samantha For The Defense) 18.04.90
88. TANTE CLARA UND DER ELEFANT (A Gazebo Never Forgets) 19.04.90
89. DAS SEIFENKISTENRENNEN (Soapbox Derby) 20.04.90
90. ARME TANTE CLARA (Trial And Error Of Aunt Clara) 23.04.90
91. DER LIEBESTRANK (Once In A Vial) 30.04.90
92. WER IST HIER NETT? (No More, Mr. Nice Guy) 01.05.90
93. WIE IST MAN ERFOLGREICH ERFOLGLOS? (How To Fail In Business With All Kinds Of Help) 02.05.90
94. TANZ DER PUPPEN (Toys In Babeland) 03.05.90
95. ENDORAS RACHE (Double, Double, Toil And Trouble) 04.05.90
96. GOLF MIT BAXTER (Birdies, Bogies And Baxter) 07.05.90
97. ERNTEDANKFEST MIT HINDERNISSEN (Samantha's Thanksgiving To Remember) 08.05.90 <Wdh.>
98. -liegt nicht vor- 09.05.90
99. HEXENWAHN (I Confess) 10.05.90 <Wdh.>
100. OH, DU LIEBE TRAUERWEIDE (Weep No More, My Willow) 11.05.90
101. NEUES VON SERENA 1 (Cousin Serena Strikes Again 1) 14.05.90
102. NEUES VON SERENA 2 (Cousin Serena Strikes Again 2) 15.05.90
103. DIE VOKABULARITIS (Samantha, The Bard) 16.05.90
104. WÜSTE BÜSTEN (Samantha, The Sculptress) 17.05.90
105. MRS. STEPHENS, WO SIND SIE? (Mrs. Stephens, Where Are You?) 18.05.90
106. AFFEN-THEATER (Going Ape) 21.05.90
107. DAS VERHEXTE WOCHENENDE (Tabitha's Weekend) 22.05.90
108. DER SNOB DER SNOBS (The Battle Of Burning Oak) 23.05.90
109. SCHACH DEM MULI (Daddy Does His Thing) 24.05.90
110. FREUDIGE NEUIGKEITEN (Samantha's Good News) 25.05.90
111. EINKAUFSBUMMEL A LA COUSIN HENRY (Samantha's Shopping Spree) 28.05.90
112. HEXE MIT KLEINEN FEHLERN (Samantha's Yoo Hoo Maid) 29.05.90
113. AVE, CAESAR (Samantha's Caesar Salad) 30.05.90
114. FALSCHER ALARM (Samantha's Curious Cravings) 31.05.90

115. DIE QUAL DER NAMENSWAHL (Naming Samantha's New Baby) 01.06.90
116. HALLOWEEN (To Trick-Or-Treat Or Not Trick-Or-Treat) 04.06.90
117. EIN KANINCHEN ZUM VERLIEBEN (A Bunny For Tabitha) 05.06.90
118. MANN ODER MAUS? (Samantha's Secret Spell) 06.06.90
119. DARRIN, DER ZAUBERLEHRLING 1 (Daddy Comes To Visit) 07.06.90
120. DARRIN, DER ZAUBERLEHRLING 2 (Darrin, The Warlock) 08.06.90
121. MUTTER GANS UND VATER STEPHENS (Sam's Double Mother Trouble) 11.06.90
122. DER DOPPELTE DARRIN (Samantha's Better Halves) 12.06.90
123. TABATHAS SUPER-MAMI (Tabitha's Very Own Samantha) 18.06.90
124. SUPER-ARTHUR (Super Arthur) 19.06.90
125. EIN MANN MIT AMBITIONEN (What Makes Darrin Run?) 20.06.90
126. SERENA STOPPT DIE SHOW (Serena Stops The Show) 21.06.90
127. NOCH EINMAL KIND (Just A Kid Again) 22.06.90
128. VERRÜCKT VOR LIEBE (The Generation Zap) 25.06.90
129. WER ZAUBERT HIER BLOSS? (Okay, Who's The Wise Witch?) 26.06.90
130. DER PAPAGEI, DER ZUVIEL WUSSTE (A Chance On Love) 27.06.90
131. DIE VERZAUBERTEN SCHUHE (If The Shoe Pinches) 28.06.90
132. MONA SAMANTHA (Mona Sammy) 29.06.90
133. LIEBE AUF DEN FALSCHEN BLICK (Make Love, Not Hate) 02.07.90
134. IHRE MAJESTÄT, MEINE TANTE 1 (To Go Or Not To Go, That Is The Question) 03.07.90
135. IHRE MAJESTÄT, MEINE TANTE 2 (Salem, Here We Come) 04.07.90
136. DER VERZAUBERTE BETTWÄRMER 1 (The Salem Saga) 05.07.90
137. DER VERZAUBERTE BETTWÄRMER 2 (Samantha's Hot Bedwarmer) 06.07.90
138. EIN DENKWÜRDIGES DENKMAL (Darrin On A Pedestal) 09.07.90
139. HIER KOMMT PAUL REVERE (Paul Revere Rides Again) 10.07.90
140. SALEM ANNO DAZUMAL (Samantha's Old Salem Trip) 11.07.90
141. ALTE LIEBE (Samantha's Bad Day In Salem) 12.07.90
142. AUF DEN HUND GEKOMMEN (Samantha's Pet Warlock) 13.07.90
143. DER GUTE ALTE DARRIN (Samantha's Old Man) 16.07.90
144. GEFÜHLSREGUNGEN (The Corsican Cousins) 17.07.90
145. EINBILDUNG IST ALLES (Samantha's Magic Potion) 18.07.90

146. SCHWESTERN IM HERZEN (Sisters At Heart) 19.07.90

147. SCHWIEGERMUTTER DES JAHRES (The Mother-In-Law) 20.07.90

148. MARY, DIE GUTE FEE 1 (Mary, The Good Fairy) 23.07.90

149. MARY, DIE GUTE FEE 2 (The Good Fairy Strikes Again) 24.07.90

150. DARRIN, DER KÜHNE (The Return Of Darrin, The Bold) 25.07.90

151. SEID NETT ZUEINANDER (Samantha And The Troll) 26.07.90

152. „SCHWEIN" MUSS MAN HABEN (This Little Piggy) 27.07.90

153. GEMISCHTES DOPPEL (Mixed Doubles) 30.07.90

154. AUCH GORILLAS SIND MENSCHEN (Darrin Goes Ape) 31.07.90

155. WO KOMMT DAS VIELE GELD NUR HER?/ NOCH EINMAL MIT CHARME (Money Happy Returns) 01.08.90

156. ONKEL ARTHURS GESAMMELTE STREICHE (The House That Uncle Arthur Built) 02.08.90

157. KINDERMUND TUT WAHRHEIT KUND (Out Of The Mouth Of Babes) 03.08.90

158. SCHLUCKAUF MIT FOLGEN (Samantha's Psychic Pslip) 06.08.90

159. SPIEGLEIN, SPIEGLEIN (Samantha's Magic Mirror) 07.08.90

160. LACHEN IST GESUND (Laugh, Clown, Laugh) 08.08.90

161. SCHWIEGERMAMAS GEHEIMNISVOLLE KRÄFTE (Samantha And The Antique Doll) 09.08.90

162. WIE SCHÜTZT MAN SICH VOR HEINRICH VIII.? 1 (How To Loose Your Head To Henry VIII 1) 10.08.90

163. WIE SCHÜTZT MAN SICH VOR HEINRICH VIII.? 2 (How To Loose Your Head To Henry VIII 2) 13.08.90

164. DAS UNGEHEUER VON LOCH NESS (Samantha And The Loch Ness Monster) 14.08.90

165. ESMERALDA UND DER GAR NICHT SCHIEFE TURM VON PISA (Samantha's Not So Leaning Tower Of Pisa) 15.08.90

166. ZAUBERHAFTES ROM (Bewitched, Bothered And Baldoni) 16.08.90

167. PARIS AUF HEXENART (Paris Witch's Style) 17.08.90

168. ALTER GEIST IN NEUER HÜLLE (The Ghost Who Made A Spectre Of Himself) 20.08.90

169. BERÜHMT SEIN IST NICHT LEICHT (TV Or Not TV) 21.08.90

170. HEXENKRAFT ADE (A Plague On Maurice And Samantha) 22.08.90

171. NEUES VON HÄNSEL UND GRETEL (Hansel And Gretel In Samanthaland) 23.08.90

172. ALONZO, DAS WERBEGENIE (The Warlock In The Gray Flannel Suit) 24.08.90

173. HALLO, PUSSYCAT (The Eight-Year-Itch Witch) 10.09.90

174. DREI MANN AUF EINEM FALSCHEN PFERD (3 Men And A Witch On A Horse) 11.09.90

175. FLIEG, ADAM, FLIEG (Adam, Warlock Or Washout) 12.09.90

176. EIN ZAUBERHAFTER BABYSITTER (Samantha's Magic Sitter) 13.09.90

177. WER WIRD DENN IN DIE LUFT GEHEN? (Samantha Is Earthbound) 14.09.90

178. SERENA AUF FREIERSFÜSSEN (Serena's Richcraft) 17.09.90

179. VORSICHT, GLATTEIS! (Samantha On Thin Ice) 18.09.90

180. HILFE, ICH WERDE JÜNGER! (Serena's Youth Pill) 19.09.90

181. DER ERSTE SCHULTAG (Tabitha's First Day In School) 20.09.90

182. GEORGE WASHINGTON UND DAS 20. JAHRHUNDERT 1 (George Washington Zapped Here 1) 21.09.90

183. GEORGE WASHINGTON UND DAS 20. JAHRHUNDERT 2 (George Washington Zapped Here 2) 24.09.90

184. EIN GENIE WIRD ENTDECKT (School Days, School Daze) 25.09.90

185. UNDANK IST DER WELTEN LOHN (A Good Turn Never Goes Unpunished) 26.09.90

186. DER HIMALAJA-COCKTAIL (Sam's Witchcraft Blows A Fuse) 27.09.90

187. DIE WAHRHEIT, NICHTS ALS DIE WAHRHEIT (The Truth, Nothing But The Truth, So Help Me, Sam) 28.09.90

EPISODEN (teils gesendet?):

188. GELD ALLEIN MACHT NICHT GLÜCKLICH (Charlie Harper, Winner)

189. VICTORIA, VICTORIA (Aunt Clara's Victoria Victory)

190. DIE HEXE VON CAWDOR (The Crone Of Cawdor)

191. DER FROSCHKÖNIG (Nobody But A Frog Knows How To Live)

192. LANG LEBE DIE KÖNIGIN (Long Live The Queen)

193. KINDERMÄDCHEN GESUCHT (I Get Your Nanny, You Get My Goat)

194. FRÖHLICHE WEIHNACHTEN (Humbug Not To Be Spoken Here)

195. DER SCHLOSSGEIST (McTavish)

196. DER RASEN (How Green Was My Grass)

197. JACK UND DIE BOHNENSTANGE (Samantha And The Beanstalk)

198. DAS SCHÖNSTE BABY DER WELT (And Something Makes Four)

199. UNAUSSTEHLICH LIEBENSWÜRDIG (You're So Agreeable)

200. FROHE WEIHNACHTEN (Santa Comes To Visit And Stays And Stays)

201. HEISSHUNGER (Samantha's Lost Weekend)

202. BEIM WORT GENOMMEN (The Phrase Is Familiar)
203. SCHWIEGERMUTTER IN NÖTEN (Samantha's Secret Is Discovered)
204. NOCH EINMAL MIT CHARME (Turn On The Old Charm)

DIE VERLORENEN INSELN
(Lost Islands)
GB/BRD 1976 (?); 25 Episoden
Deutsche Ausstrahlung:
ZDF 1977; 25 Episoden

Darsteller: Rodney Bell (Aaron), Willie Fennell (Jeremiah), Robert Eddington (David), Chris Benaud (Mark), Tony Hughes (Tony).

Fünf Kinder verschiedener Nationalität stranden auf einer Insel namens Tambu. Hier leben die Menschen noch wie vor zweihundert Jahren. Jeglicher Fortschritt wird vom Herrscher der Gemeinschaft, dem 'grossen Q', verboten. So werden denn auch die Neuankömmlinge mit äusserstem Misstrauen bedacht. Der machthungrige Premierminister des Inselvolkes versucht die 'Aussenweltler' für sich arbeiten zu lassen. Das geht so weit, dass er von ihnen verlangt, eine Atombombe zu bauen oder doch wenigstens ein Lasergewehr.
Während die Kinder sich einleben und Freunde finden, steigert sich die Unzufriedenheit der unterdrückten Bewohner Tambus. Es kommt zum Kampf gegen den Herrscher...

Durchschnittliche Abenteuerserie mit „Lost World"-Thematik für Kinder. Nach einer Idee von Litchell Laurence.

EPISODEN:
1. GESTRANDET (- liegt nicht vor -) 18.04.77
2. IN DER FALLE DES 'Q' (- liegt nicht vor -) 25.04.77
3. JASONS BEFREIUNG (- liegt nicht vor -) 02.05.77
4. IN DEN HÖHLEN DES VULKANS (- liegt nicht vor -) 09.05.77
5. DER GROSSE STURM (- liegt nicht vor -) 16.05.77
6. MALO, INSEL DES TODES (- liegt nicht vor -) 23.05.77
7. ADAM QUINN LEBT (- liegt nicht vor -) 06.06.77
8. DIE SCHATZKARTE (- liegt nicht vor -) 13.06.77
9. EIN MANN FÄLLT VOM HIMMEL (- liegt nicht vor -) 20.06.77
10. DER SPRECHENDE TOTENKOPF (- liegt nicht vor -) 27.06.77
11. EIN GEWAGTES UNTERNEHMEN (- liegt nicht vor -) 04.07.77
12. DAS DUELL (- liegt nicht vor -) 11.07.77
13. DAS ELIXIER DES 'Q' (- liegt nicht vor -) 18.07.77
14. EIN GEFÄHRLICHER HANDEL (- liegt nicht vor -) 25.07.77
15. CHRISTIAN, DER SEGLER (- liegt nicht vor -) 01.08.77
16. EXPEDITION NACH MALO (- liegt nicht vor -) 08.08.77
17. EIN SELTSAMES SPIELZEUG (- liegt nicht vor -) 15.08.77
18. DER FEUERSPEIENDE BERG (- liegt nicht vor -) 22.08.77
19. DAS GROSSE RENNEN (- liegt nicht vor -) 29.08.77
20. DER FLIEGENDE PREMIERMINISTER (- liegt nicht vor -) 05.09.77
21. DIE SPIELDOSE (- liegt nicht vor -) 12.09.77
22. DER ZAUBERER VON TAMBU (- liegt nicht vor -) 19.09.77
23. DIE RACHE DES PREMIERMINISTERS (- liegt nicht vor -) 26.09.77
24. DAS UNGEHEUER VON TAMBU (- liegt nicht vor -) 03.10.77
25. DER AUFSTAND (- liegt nicht vor -) 10.10.77

DIE VERLORENE WELT
(Sir Arthur Conan Doyle's Lost World)
CND 1998-läuft noch; 44 Episoden
Deutsche Ausstrahlung:
Pro 7 1999/2000; Pilot & 20 Episoden

Darsteller: Peter McCauley (Professor George Edward Challenger), Rachel Blakely (Marguerite Krux), William Snow (Lord John Roxton), William De Vry (Ned Malone - 1998), David Orth (Ned Malone), Jennifer O'Dell (Veronica Layton), Michael Sinelnikoff (Professor Arthur Summerlee).

„Zu Beginn des Jahrhunderts machte sich eine Gruppe von Abenteurern auf den Weg die Existenz einer vorzeitlichen Welt zu beweisen: Ein Visionär, eine reiche Erbin, ein Grosswildjäger, ein Wissenschaftler und ein Reporter begaben sich auf die Jagd nach der Geschichte ihres Lebens. Sie kannten die Gefahren nicht, denen eine Frau in der prähistorischen Fauna und Flora trotzte. Von nun an kämpften sie mit ihr gemeinsam, um zwischen archaischen Kulturen und den

Räubern des Urwaldes zu überleben. Und sie suchten einen Weg zurück nach Hause, denn dort ahnte niemand, dass es sie noch gibt — die verlorene Welt."

Professor Challenger reist ins Amazonasgebiet um seine wissenschaftlichen Vorstellungen zu untermauern. Hier findet er die sogenannte „Verlorene Welt", ein abgeschiedenes Gebirgsplateau, das von Dinosauriern und ähnlichem Urzeit-Getier bevölkert wird.

Die nach Sherlock Holmes wohl bekannteste Schöpfung des Autoren und Hobbyerfinders Sir Arthur Conan Doyle ist Professor Challenger. Dieser exzentrische Wissenschaftler hatte seinen ersten Auftritt 1912 in der Vorlage zu dieser Serie, dem Roman „The Lost World". Trotz weiterer Auftritte („The Poison Belt", 1913; „The Coming Of The Fairies", 1922; „The Land Of Mist", 1926; „The Maracot Deep", 1929; „The Disintegration Machine"; „When The World Screamed") wurde bisher grundsätzlich nur „The Lost World" für Verfilmungen herangezogen. Bereits 1925 erschien der erste Spielfilm über den Professor. 1960 spielte Claude Rains den Professor in Irwin Allens Neuverfilmung und 1992 folgte schliesslich ein Fernsehzweiteiler mit John Rhys-Davies in der Hauptrolle.

Die hier vorliegende Reihe ist gut gemachte Unterhaltung mit den üblichen Qualitätsschwankungen. Aufgrund der bikiniähnlich bekleideten Urwaldschönheit Veronica insbesondere für „pubertierende Knaben" zu empfehlen.

William De Vry spielte anschliessend in GENE RODDENBERRYS MISSION ERDE-SIE SIND UNTER UNS (qv).

EPISODEN:

1. DIE VERLORENE WELT (Sir Arthur Conan Doyle's Lost World: The Adventure Begins/The Journey Begins & Stranded) 06.11.99
2. DIE STADT DER SKLAVEN (More Than Human) 07.11.99
3. DIE BIENENKÖNIGIN (Nectar) 14.11.99
4. DIE HÖHLE DER GEISTER (Cave Of Fear) 21.11.99
5. IN DEN HÄNDEN DER GÖTTER (Salvation) 28.11.99
6. DIE MAGISCHE RÜCKKEHR (Out Of Time) 05.12.99
7. EIN GEFÄHRLICHER BISS (Blood Lust) 12.12.99
8. DER GROSSE FREIHEITSKAMPF (Tribute) 19.12.99
9. EIN TRÜGERISCHES PARADIES (Paradise Found) 02.01.00
10. DER SCHAMANE (The Beast Within) 09.01.00
11. DER GOLDENE BERG (Creatures Of The Dark) 16.01.00
12. DAS ERBE VON ATLANTIS (Absolute Powers) 23.01.00
13. CAMELOT (Camelot) 30.01.00
14. EIN TEUFLISCHES EXPERIMENT (Unnatural Selection) 06.02.00
15. GEHEIMNISVOLLER BESUCH (Time After Time) 13.02.00
16. DER VERSCHOLLENE VATER (Prodigal Father) 20.02.00
17. DAS ZEPTER DES PHARAO (Birthright) 27.02.00
18. DAS KRISTALLENE SCHWERT (Resurrection) 05.03.00
19. DIE PROPHEZEIUNG (Prophecy) 12.03.00
20. DER AUSERWÄHLTE (The Chosen One) 19.03.00
21. DIE RACHE DES DRAKUL (Barbarians At The Gate) 02.04.00

22. (All Or Nothing)
23. (Amazons)
24. (Tourist Season)
25. (Stone Cold)
26. (Divine Right)
27. (Skin Deep)
28. (London Calling)
29. (The Prisoner)
30. (The Games)
31. (The Source)
32. (Trophies)
33. (Voodoo Queen)
34. (The Guardian)
35. (Under Pressure)
36. (The Outlaw)
37. (The Quality Of Mercy)
38. (Mark Of The Beast)
39. (Survivors)
40. (The Pirate's Curse)
41. (The Visitor)
42. (A Man Of Vision)
43. (Into The Fire)

VERRÜCKTER WILDER WESTEN
(The Wild Wild West)

USA 1965-1968; 104 Episoden
USA 1979/1980; 2 Fernsehfilme
USA 1999; Spielfilm
Deutsche Ausstrahlung:
SAT.1 1989-1991; 75 Episoden

Darsteller: Robert Conrad (James T. West), Ross Martin (Artemus Gordon), Charles Aidman

(Jeremy Pike - 1968/69), James Gregory (Präsident Ulysses S. Grant).

Ulysses S. Grant ist Präsident der Vereinigten Staaten. Und das wiederum bedeutet, wir befinden uns im 19. Jahrhundert — genauer in der Zeit von 1869 bis 1877. Und was macht eine Westernserie in einem Buch über phantastische Fernsehserien?
Nun: Diese Serie beinhaltet Geister, Höllenmaschinen, ein Mann, der mit Geisteskraft Tiere beeinflussen kann, ein Drache, eine Reise durch die vierte Dimension, ja, sogar einen Roboter.

Der Bürgerkrieg ist erst vor kurzem beendet worden und die USA befinden sich im Aufbau. Gerade in dieser Zeit versuchen verschiedene Verrückte, die Herrschaft an sich zu reissen. Ihre Waffen sind für diese Zeit weit entwickelt.
Hier treten die Geheimagenten James T. West und Artemus Gordon auf den Plan. West ist der gutaussehende Heldentyp, der wirkliche Kämpfer im Team; Gordon der Meister der Verkleidung. Gemeinsam bilden sie ein überragendes Team, auf das Präsident Grant immer wieder zurückgreifen kann, wenn es brenzlig wird.
Mit unglaublichem Elan und der nötigen Portion Humor, ohne in die Lächerlichkeit abzugleiten, machen sich die Agenten daran, Amerika von feindlich gesinnten Kräften zu befreien.

Die Serie präsentierte endlich einmal eine völlig neue Idee und wurde in den USA, ganz zu recht, ein riesiger Erfolg. Auch heute noch besitzt die Serie eine grosse Fangemeinde. Leider gibt es viel zu wenig Serien, die ein so hohes Niveau aufweisen konnten und können. Absolute Spitzenklasse.
Charles Aidman vertrat Artemus-Gordon-Darsteller Ross Martin als dieser einen Zwangsurlaub nach einer Herzattacke einlegen musste.
Der Serie folgten zwei Fernsehfilme mit den bewährten Hauptdarstellern und 1999 ein Spielfilm mit Will Smith als James West und Kevin Kline als Artemus Gordon, Kenneth Branagh spielte den Bösewicht Dr. Arliss Loveless.
Verrückt im Wilden Westen wurden auch John Abbott, Philip (Kung Fu) Ahn, Richard (Der Sechs-Millionen-Dollar-Mann & Die 7-Millionen-Dollar-Frau) Anderson, Edward Asner, John (Addams Family) Astin, Lee Bergere, Antoinette Bower, Martin E. (Der Sechs-Millionen-Dollar-Mann & Die 7-Millionen-Dollar-Frau) Brooks, Victor (Der

Mann aus Atlantis) Buono, Jackie (Addams Family) Coogan, Elisha Cook, Jr., Jeff Corey, John Crawford, Henry Darrow, Sammy Davis ,Jr., Michael Dunn, Robert Duvall, Jack Elam, Paul Fix, Victor (Ein Engel auf Erden) French, Dabbs Greer, John Hoyt, Richard (Salvage 1) Jaeckel, Roy Jenson, Boris Karloff, Richard Kiel, Martin (Kobra, übernehmen Sie & Mondbasis Alpha 1) Landau, Peter Lawford, Mark (Planet der Affen) Lenard, Robert (Wild Palms) Loggia, Jon Lormer, Barbara Luna, Ida Lupino, Theo Marcuse, John McLiam, Burgess Meredith, Ricardo (Fantasy Island & Einmal Himmel und zurück) Montalbàn, Agnes (Verliebt in eine Hexe) Moorehead, George Murdock, Leslie Nielsen, Simon (Der Nachtjäger) Oakland, Susan Oliver, Nehemiah Persoff, Phillip Pine, Madlyn Rhue, Peter Mark Richman, Pernell Roberts, Percy Rodrigues, Joseph Ruskin, William (Mini-Max) Schallert, Malachi Throne, Ray (Mein Onkel vom Mars) Walston, William Windom, Jason Wingreen, Keenan Wynn, Michael York und John (Time Tunnel) Zaremba.

EPISODEN:
1. DIE NACHT DER GROSSEN EXPLOSION (The Night Of The Big Blast) 11.10.89
2. DIE NACHT DER GOLDENEN KOBRA (The Night Of The Golden Cobra) 18.10.89
3. DIE NACHT DES AUFERSTANDENEN TOTEN (The Night Of The Returning Dead) 25.10.89
4. DIE NACHT DER FLIEGENDEN SUPPENSCHÜSSEL (The Night Of The Flying Pie Plate) 01.11.89
5. DIE NACHT DES SIBIRIERS (The Night Of The Tartar) 08.11.89
6. DIE NACHT DER GEBRAUCHSFERTIGEN LEICHE (The Night Of The Ready-Made Corpse) 15.11.89
7. DIE NACHT DER TOTENKÖPFE (The Night Of The Skulls) 22.11.89
8. DIE NACHT DES HERRN DER 4. DIMENSION (The Night Of The Lord Of Limbo) 05.12.89
9. DIE NACHT DES GEFIEDERTEN ZORNS (The Night Of The Feathered Fury) 13.12.89
10. DIE NACHT DES WEISSEN ELEFANTEN (The Night Of The Gypsy Peril) 20.12.89
11. DIE NACHT DES LASTERHAFTEN SCHATZES (The Night Of The Vicious Valentine) 27.12.89
12. DIE NACHT DES SURREALISTISCHEN MCCOY (The Night Of The Surreal McCoy) 03.01.90
13. DIE NACHT DES DURCHSICHTIGEN OBERST (The Night Of The Colonel's Ghost) 10.01.90

14. DIE NACHT DER EXZENTRIKER (The Night Of The Eccentrics) 17.01.90

15. DIE NACHT DES RABEN (The Night Of The Raven) 24.01.90

16. DIE NACHT DES WÄSSRIGEN TODES (The Night Of The Watery Death) 31.01.90

17. DIE NACHT DES GRÜNEN TERRORS (The Night Of The Green Terror) 07.02.90

18. DIE NACHT DER MANIPULIERTEN GEDANKEN (The Night Of The Cadre) 14.02.90

19. DIE NACHT DES MENSCHENFRESSENDEN HAUSES (The Night Of The Man-Eating House) 21.02.90

20. DIE NACHT DER HÖLLISCHEN MASCHINE (The Night Of The Infernal Machine) 28.02.90

21. DIE NACHT DER TÖDLICHEN LUFTBLASE (The Night Of The Deadly Bubble) 14.03.90

22. DIE NACHT DER GROSSEN ERPRESSUNG (The Night Of The Big Blackmail) 21.03.90

23. DIE NACHT DES JÜNGSTEN GERICHTS (The Night Of The Doomsday Formula) 28.03.90

24. DIE NACHT DES DAMPFENDEN MOLOCHS (The Night Of The Juggernaut) 04.04.90

25. DIE NACHT DES SEDGEWICK-FLUCHES (The Night Of The Sedgewick Curse) 11.04.90

26. DIE NACHT DER LOTTERIEÄHNLICHEN RENTENVERSICHERUNG (The Night Of The Tottering Tontine) 18.04.90

27. DIE NACHT DES KRAKEN (The Night Of The Kraken) 02.05.90

28. DIE NACHT DES FLÜCHTENDEN (The Night Of The Fugitive) 09.05.90

29. DIE NACHT DER ÄGYPTISCHEN KÖNIGIN (The Night Of The Egyptian Queen) 16.05.90

30. DIE NACHT VON FEUER UND SCHWEFEL (The Night Of The Fire And Brimstone) 23.05.90

31. DIE NACHT DER KAMERA (The Night Of The Camera) 30.05.90

32. DIE NACHT DES GEIZIGEN STATISTIKERS (The Night Of The Avaricious Actuary) 06.06.90

33. DIE NACHT DES PELIKANS (The Night Of The Pelican) 20.06.90

34. DIE NACHT DES SPANISCHEN FLUCHS (The Night Of The Spanish Curse) 27.06.90

35. DIE NACHT DES FLÜGELTRAGENDEN TERRORS 1 (The Night Of The Winged Terror 1) 04.07.90

36. DIE NACHT DES FLÜGELTRAGENDEN TERRORS 2 (The Night Of The Winged Terror 2) 11.07.90

37. DIE NACHT DES STERBENDEN SABATINI (The Night Of Sabatini's Death) 18.07.90

38. DIE NACHT DER SCHAUERLICHEN SPIELE (The Night Of The Gruesome Games) 25.07.90

39. DIE NACHT VON MIGUELITOS RACHE (The Night Of Miguelito's Revenge) 01.08.90

40. DIE NACHT DER GIFTIGEN ROSEN (The Night Of The Poisonous Posy) 08.08.90

41. DIE NACHT DES BODENLOSEN ABGRUNDS (The Night Of The Bottomless Pit) 15.08.90

42. DIE NACHT DER TÖDLICHEN BLÜTE (The Night Of The Deadly Blossom) 22.08.90

43. DIE NACHT DER VERRÄTERISCHEN MELODIE (The Night Of The Janus) 12.09.90

44. DIE NACHT DER UNGESTÜMEN DIVA (The Night Of The Diva) 19.09.90

45. DIE NACHT DER KOSAKEN (The Night Of The Cossacks) 26.09.90

46. DIE NACHT DER SCHRULLIGEN INDUSTRIEMAGNATEN (The Night Of The Tycoons) 03.10.90

47. DIE NACHT DES BRODELNDEN TODES (The Night Of The Bubbling Death) 10.10.90

48. DIE NACHT DES BRENNENDEN HOLZSCHEITS (The Night Of The Firebrand) 17.10.90

49. DIE NACHT DER TODESLEGION (The Night Of The Legion Of Death) 24.10.90

50. DIE NACHT DES MEUCHELMÖRDERS (The Night Of The Assassin) 31.10.90

51. DIE NACHT DES KROATISCHEN WOLFS (The Night Of The Wolf) 07.11.90

52. DIE NACHT DES JACK O'DIAMONDS (The Night Of The Jack O'Diamonds) 14.11.90

53. DIE NACHT DES HENKERS (The Night Of The Hangman) 21.11.90

54. DIE NACHT VON MONTEZUMAS HORDEN (The Night Of The Montezuma's Hordes) 28.11.90

55. DIE NACHT DES ZIRKUS DES TODES (The Night Of The Circus Of Death) 05.12.90

56. DIE NACHT DES FALKEN (The Night Of The Falcon) 19.12.90

57. DIE NACHT DES UNHEIMLICHEN MENSCHENAFFEN (The Night Of The Simian Terror) 02.01.91

58. DIE NACHT DES TOTMACHERS (The Night Of The Death-Maker) 09.01.91

59. DIE NACHT DER HINWEGRAFFENDEN SEUCHE (The Night Of The Plague) 16.01.91

60. DIE NACHT DES HALSABSCHNEIDERS (The Night Of The Cut-Throat) 23.01.91

61. DIE NACHT DER EISERNEN FAUST (The Night Of The Iron Fist) 30.01.91

62. DIE NACHT DES GEHIRNS (The Night Of The Brain) 06.02.91

63. DIE NACHT DES INDIANERPFEILS (The Night Of The Arrow) 13.02.91

64. DIE NACHT DER KOPFLOSEN FRAU (The Night Of The Headless Woman) 20.02.91

65. DIE NACHT DES UNTERGRUND-TERRORS (The Night Of The Underground Terror) 27.02.91

66. DIE NACHT DER ÖDEN INSEL (The Night Of The Bleak Island) 06.03.91

67. DIE NACHT DER VIPERN (The Night Of The Vipers) 13.03.91

68. DIE NACHT DES DAHINEILENDEN TODES
    (The Night Of The Running Death) 20.03.91
69. DIE NACHT DER TODESMASKEN (The Night
    Of The Death Masks) 27.03.91
70. DIE NACHT DES ABTRÜNNIGEN (The Night
    Of The Turncoat) 03.04.91
71. DIE NACHT, IN DER DR. LOVELESS STARB
    (The Night Dr. Loveless Died) 10.04.91
72. DIE NACHT DES SAMURAI (The Night Of The
    Samurai) 17.04.91
73. DIE NACHT DES GEDÄCHTNISLOSEN (The
    Night Of The Amnesiac) 24.04.91
74. DIE NACHT DES SCHEINBAR TOTEN (The
    Night Of The Undead) 01.05.91
75. DIE NACHT DER PISTOLEROS (The Night Of
    The Pistoleros) 08.05.91

EPISODEN (nicht gesendet):
76. (The Night Of The Inferno)
77. (The Night Of The Deadly Bed)
78. (The Night The Wizard Shook The Earth)
79. (The Night Of The Sudden Death)
80. (The Night Of The Casual Killer)
81. (The Night Of A Thousand Eyes)
82. (The Night Of The Glowing Corpse)
83. (The Night Of The Dancing Death)
84. (The Night Of The Double-Edged Knife)
85. (The Night The Terror Stalked Town)
86. (The Night Of The Red-Eyed Madman)
87. (The Night Of The Human Trigger)
88. (The Night Of The Torture Chamber)
89. (The Night Of The Howling Light)
90. (The Night Of The Fatal Trap)
91. (The Night Of The Steel Assassin)
92. (The Night The Dragon Screamed)
93. (The Night Of The Grand Emir)
94. (The Night Of The Flaming Ghost)
95. (The Night Of The Whirring Death)
96. (The Night Of The Puppeteer)
97. (The Night Of The Bars Of Hell)
98. (The Night Of The Two-Legged Buffalo)
99. (The Night Of The Druid's Blood)
100. (The Night Of The Freebooters)
101. (The Night Of The Burning Diamond)
102. (The Night Of The Murderous Spring)
103. (The Night Of The Sudden Plague)
104. (The Night Of The Turncoat)

FILME:
I.   ZWEI RETTEN DIE WELT (The Wild Wild West
     Revisited; 1979) 30.10.93; RTL 2
II. UNDERCOVER USA/ZWEI AGENTEN KRIE-
     GEN ÄRGER (More Wild Wild West; 1980)
     23.04.90; Video
III. WILD WILD WEST (The Wild Wild West; 1999)
     29.07.99; Kino

VERSCHOLLEN ZWISCHEN FREMDEN WELTEN

(Lost In Space)
USA 1965-1968; 83 Episoden
USA 1998; Spielfilm
Deutsche Ausstrahlung:
Kabelkanal 1992; 17 Episoden
Pro 7 1993; 37 Episoden

Darsteller: Guy Williams (Professor John Robinson), June Lockhart (Dr. Maureen Robinson), Mark Goddard (Major Donald West), Marta Kristen (Judy Robinson), Billy Mumy (Will Robinson), Angela Cartwright (Penny Robinson), Jonathan Harris (Dr. Zachary Smith), Bob May (Roboter).

1997. Die Familie Robinson startet an Bord des Raumschiffes Jupiter II. Ihr Ziel ist Alpha Centauri. Fünf Jahre soll ihre Reise voller Erkundung und Erforschung dauern. Dr. Zachary Smith, Agent einer feindlich gesinnten Macht, macht diesen Plan jedoch zunichte. Er sabotiert das Kontrollsystem des Schiffes. Die Jupiter II gerät rettungslos vom Kurs ab — mit an Bord der niederträchtige Smith.
In der Folge haben die Robinsons, der Pilot Don West und der aufgezwungene Reisegefährte Smith vielerlei gefährlicher Abenteuer zu bestehen — immer auf der Suche nach einem Heimweg.

1963. Die SPACE FAMILY ROBINSON startet zu ihrem ersten Comicabenteuer. Nur zwei Jahre später werden die aktionsgeladenen Bildergeschichten für das Fernsehen verwendet. Heraus kommt eine Reihe, die mit dem Wort Farce ausgesprochen höflich umschrieben wäre. Dennoch wird dieses seltsame wöchentliche Gefilmsel zum Kult. Warum, fragt sich der aufmerksame Zuschauer (hier Leser). Nun, einerseits gibt es inzwischen eine ganze Generation, die mit eben dieser Serie aufgewachsen ist, die sie als Kind gemocht hat und nun nicht mehr missen mag. Andererseits sind ein Grossteil der Stories so abwegig und blöd, dass sie schon wieder unterhaltsam werden. Nun gut, die zweite Erklärung wird nicht jedem zugängig sein, aber was soll's?!
Die Diskrepanz der Episodenanzahl des Originals und der der deutschen Ausstrahlung erklärt sich wie folgt: LOST IN SPACE wurde als Schwarzweiss-Serie gestarten und wartete erst

in der zweiten Staffel mit farbigen Folgen auf. Die Schwesterkanäle Kabelkanal und Pro 7 liessen die SW-Episoden unter den sprichwörtlichen Tisch fallen.

Verschollene Gaststars waren John Abbott, Peter Brocco, John Carradine, Ted (Addams Family) Cassidy, Hans Conried, John Crawford, Royal (Twin Peaks) Dano, Al (The Munsters) Lewis, Don (Planet der Giganten) Matheson, Warren Oates, Michael J. Pollard, Michael Rennie, Robby, der Roboter, Kurt Russell, Reta (Der Geist und Mrs. Muir) Shaw, Liam Sullivan, Torin Thatcher, Daniel J. (Poltergeist) Travanti und Lyle (Wonder Woman) Waggoner.

EPISODEN (Kabelkanal):
1. ALARMSTART INS ALL (Blast Off Into Space) 06.03.92
2. DIE GRÜNE LORELEI (Wild Adventure) 13.03.92
3. WELT DER MASCHINEN (The Ghost Planet) 20.03.92
4. BOMBE AUF ZWEI BEINEN (Forbidden World) 27.03.92
5. MARVELLOS ZIRKUS (Space Circus) 03.04.92
6. DER GALAKTISCHE GERICHTSHOF (Prisoners Of Space) 10.04.92
7. DIE ANDROIDENMASCHINE (The Android Machine) 17.04.92
8. TÖDLICHE SPIELE AUF GAMMA 6 (The Deadly Games Of Gamma Six) 24.04.92
9. DER DIEB UND SEIN LEHRLING (The Thief Of Outer Space) 01.05.92
10. MÖRDERISCHE ERBSCHAFT (The Curse Of Cousin Smith) 08.05.92
11. MASCHINE MIT GEFÜHLEN (Wreck Of The Robot) 15.05.92
12. ZENO ODER ZACHARY? (West Of Mars) 22.05.92
13. DER SCHLÜSSEL ZUR HÖLLE (A Visit To Hades) 29.05.92
14. DIE ÜBERMASCHINE (The Dream Monster) 05.06.92
15. TRÜGERISCHER SCHEIN (The Golden Man) 12.06.92
16. DAS TOR ZUR GRÜNEN DIMENSION (The Girl From The Green Dimension) 19.06.92
17. SAGRAMONTE UND DIE BESTIE (The Questing Beast) 26.06.92

EPISODEN (Pro 7):
18. DER SPIELZEUGMACHER (The Toymaker) 13.02.93
19. OBERMAAT WILL ROBINSON (Mutiny In Space) 14.02.93
20. DER HAMMER DES THOR (Space Vikings) 20.02.93
21. DER WELTRAUMPIRAT (Treasure Of The Lost Planet) 21.02.93
22. ZALTO, DER ZAUBERER (Rocket To Earth) 27.02.93
23. DER KÖNIG DER ROBOTER (The Mechanical Men) 28.02.93
24. DER SUPER-ANDROID (Revolt Of The Androids) 06.03.93
25. DER VERZAUBERTE DR. SMITH (Cave Of The Wizards) 07.03.93
26. NIOLANI (The Colonists) 13.03.93
27. REISE INS INNERE DES ROBOTERS (Trip Through The Robot) 14.03.93
28. DIE DUPLIKAT-FAMILIE (The Phantom Family) 20.03.93
29. DER GEKÖPFTE SCHOTTE (The Astral Traveler) 21.03.93
30. MISTER ARCONS AMULETT (The Galaxy Gift) 27.03.93
31. DAS GEFÄNGNISSCHIFF (The Condemned Of Space) 28.03.93
32. JAGDSAISON (Hunter's Moon) 03.04.93
33. DER GROSSE PRONTINIUS (Space Primevals) 04.04.93
34. DIE GEFÄHRLICHE KOLLEGIN (Deadliest Of The Species) 10.04.93
35. FÜNFZIG JAHRE ZU FRÜH (Visut To A Hostile Planet) 11.04.93
36. BEHERRSCHER DER ZEIT (Kidnapped In Space) 17.04.93
37. DER PLANET DER TÄUSCHUNGEN (Flight Into The Future) 18.04.93
38. GANZ NORMALER GRÖSSENWAHN (Space Destructors) 24.04.93
39. WUNDERKIND J-5 (The Haunted Lighthouse) 25.04.93
40. SMITH GRÜNT SO GRÜN (Collision Of Planets) 01.05.93
41. DER BLAUE NEBEL (Space Creature) 02.05.93
42. GEFANGEN IN DER GEGENWELT (The Anti-Matter Man) 08.05.93
43. FROSTIGES GEHEIMNIS (Castles In Space) 09.05.93
44. DER TIERPARK (A Day At The Zoo) 15.05.93
45. DER INTERGALAKTISCHE HOTELCHEF (Two Weeks In Space) 16.05.93
46. ANGRIFF DER DOPPELGÄNGER (Target Earth) 22.05.93
47. DER LETZTE DER SOBRAMS (The Flaming Planet) 23.05.93
48. RÜCKWÄRTS DURCH DIE ZEIT (The Time Merchant) 29.05.93
49. PRINZESSIN ALPHA (Princess Of Space) 30.05.93
50. DR. SMITH SCHLÄGT WURZELN (The Great Vegetable Rebellion) 05.06.93
51. DER GEFÄNGNISDIREKTOR (Fugitives In Space) 06.06.93

52. WELTRAUMSCHROTT (Junkyard In Space) 12.06.93
53. DER PLANET DER EWIGEN JUGEND (The Promised Planet) 13.06.93
54. DIE SCHÖNSTEN DES KOSMOS (Space Beauty) 18.06.93

EPISODEN (1965/66-nicht gesendet):
55. (The Reluctant Stowaway)
56. (The Derelict)
57. (Island In The Sky)
58. (There Were Giants In The Earth)
59. (The Hungry Sea)
60. (Welcome, Stranger)
61. (My Friend, Mr. Nobody)
62. (Invaders From The Fifth Dimension)
63. (The Oasis)
64. (The Sky Is Falling)
65. (Wish Upon A Star)
66. (The Raft)
67. (One Of Our Dogs Is Missing)
68. (Attack Of The Monster Plants)
69. (Return From Outer Space)
70. (The Keeper 1)
71. (The Keeper 2)
72. (The Sky Pirate)
73. (Ghost In Space)
74. (The War Of The Robots)
75. (The Magic Mirror)
76. (The Challenge)
77. (The Space Trader)
78. (His Majesty Smith)
79. (The Space Croppers)
80. (All That Glitters)
81. (Lost Civilization)
82. (A Change Of Space)
83. (Follow The Leader)

FILM:
I. LOST IN SPACE (Lost In Space; 1998) 24.09.98; Video

DIE VERWANDLUNGSMASCHINE
(Maszyna Zmiau)
PL 1995; 12 Episoden
Deutsche Ausstrahlung:
Der Kinderkanal 1998; 12 Episoden

Darsteller: Ewa Gawryluk, January Brunov, Beata Zurek, Izabela Kolodziej, Katarzyna Luczewská, Jolanta Juszkiewicz-Lenartowicz, Anna Milewská, Pawel Burczyk, Virginia Pietrygá, Piotr Budzowski, Leszek Knasiecki, Krzysztof Nguyen.

„Im Kellergewölbe eines Sanatoriums entdecken Kinder eine seltsame Kugel, die sich als Verwandlungsmaschine erweist. Alles, was in diese Maschine hineinkommt, nimmt eine neue aber nicht vorhersehbare Gestalt an. Doch jede dieser Verwandlungen endet jeweils pünktlich um neun Uhr abends."

Hirnrissiger Dummfug aus Polen für Kinder. Die Polen hatten und haben sonst eigentlich mehr zu bieten.

EPISODEN:
1. DAS GEHEIMNIS DER KUGEL (- liegt nicht vor -)
2. DIE TANZENDEN SCHUHE (- liegt nicht vor -)
3. DER DOPPELTE JOK (- liegt nicht vor -)
4. DIE BALLONFAHRT (- liegt nicht vor -)
5. DIE LIEBESMANDARINEN (- liegt nicht vor -)
6. DAS GOLDHUHN (- liegt nicht vor -)
7. DIE BRENNENDE KUGEL (- liegt nicht vor -)
8. DIE FÜNF BRÄUTE (- liegt nicht vor -)
9. TOSIAS BÄRCHEN (- liegt nicht vor -)
10. DER PAPA IM OHR (- liegt nicht vor -)
11. DIE TELE-JULIA (- liegt nicht vor -)
12. DIE WEIHNACHTSMÄNNER (- liegt nicht vor -)

VICKI
(Small Wonder)
USA 1985-1989; 96 Episoden
Deutsche Ausstrahlung:
Pro 7 1990; 20 Episoden
Pro 7 1991; 13 Episoden
Pro 7 1991; 17 Episoden

Darsteller: Dick Christie (Ted Lawson), Marla Pennington (Joan Lawson), Jerry Supiran (Jamie Lawson), Tiffany Brissette (Vicki), Paul C. Scott (Reggie Williams), Emily Schulman (Harriet Brindle), Edie McClurg (Bonnie Brindle - 1985/86), Daryl T. Bartley (Warren - 1986/87), Lihann Jones (Jessica - 1986-88), William Bogert (Brandon Brindle - 1986-89), Alice Ghostley (Ida Mae Brindle - 1988/89), Devon Odessa (Debbie Barnhill - 1988/89).

Die Lawsons haben ein neues Familienmitglied. Ihr Name ist Vicki und ihr „Vater" ist Ted Lawson. Nach aussen hin handelt es sich bei Vicki um ein etwa zehn Jahre altes Mädchen, in Wirklichkeit ist sie jedoch ein Roboter. Das Robotermädchen wird zum Spielgefährten des Lawson-Sohnes Jamie.

Mit dieser Vorgabe beginnt eine Familienserie, die es nur ihrem Roboterthema verdankt, in diesem Buch zu erscheinen. Die Inhalte der einzelnen Episoden beschäftigen sich vornehmlich mit Allerwelts-Familienproblemchen.
Niedliche kleine Serie für die ganze Familie ohne übermässigen Tiefgang.
Alice Ghostley spielte bereits in DAS GEHEIMNIS DER BLAUEN TROPFEN (qv). Unter den Gaststars war z. B. Clyde Kusatsu.

EPISODEN:

1. WIE? WAS? VICKI! (Siblings) 05.11.90
2. DIE NACHBARN (The Neighbors) 06.11.90
3. VICKI MACHT ERNST (The Sitter) 07.11.90
4. DER ERSTE VEREHRER (The Suitor) 08.11.90
5. SIE ODER ICH (Sibling Rivalry) 09.11.90
6. SPIELBERG JUNIOR (Spielberg, Jr.) 12.11.90
7. WER EINMAL LÜGT... (The Lie) 13.11.90
8. DIE FURCHTLOSEN FÜNF (The Bully) 14.11.90
9. LÜGEN HABEN KURZE BEINE (Slightly Dishonorable) 15.11.90
10. DIE ADOPTION (The Adoption) 16.11.90
11. VICKI, DAS WUNDERKIND (Child Genius) 19.11.90
12. DER NEUE BOSS (Ted's New Boss) 20.11.90
13. DER WUTANFALL (Brainwashed) 21.11.90
14. WIE WIRD MAN REICH? (The Burrito Story) 22.11.90
15. DER CAMPING-AUSFLUG (The Camping Trip) 23.11.90
16. LIEBESKUMMER (Love Story) 26.11.90
17. DER ERSATZVATER (Substitute Father) 27.11.90
18. GUT GELAUSCHT IST HALB GERETTET (The Robotnappers) 28.11.90
19. VON MANN ZU MANN (The Real Facts Of Life) 29.11.90
20. GEFEUERT (The Company Takeover) 30.11.90

21. WIE DER VATER, SO DER SOHN (Like Father, Like Son) 06.02.91
22. WER STIEHLT MIR DA DIE SHOW? (Show Biz) 07.02.91
23. GEFAULENZT WIRD SPÄTER (Good Ol' Lou) 08.02.91
24. STARTHILFE (Grandparents) 11.02.91
25. NICHTS ALS GELD (Money, Money, Money) 12.02.91
26. DIEBSTÄHLE UND ANDERE ÜBERRASCHUNGEN (Shoplifter) 13.02.91
27. DIE GESCHICHTE VOM FEUERSPEIENDEN DRACHEN (My Mother, The Teacher) 14.02.91
28. JAMIE, DER OBERBOSS (Who's The Boss?) 15.02.91
29. DER NEUE JOB (Movin' Up) 18.02.91
30. WIE FÄNGT MAN EINEN EINBRECHER? (Neighborhood Watch) 19.02.91
31. P-P-P-PAULA (P-P-P-Paula) 20.02.91
32. DIE SACHE MIT DEM TRUTHAHN (Thanksgiving Story) 21.02.91
33. HURRIKAN-VICKI UND DER LANDSTREICHER (Home Sweet Homeless) 22.02.91

34. DER KLEINE HERZENSBRECHER (The Older Woman) 18.07.91
35. LIEBE HEISST SCHENKEN (You Gotta Have Heart) 22.07.91
36. GESCHÄFT IST GESCHÄFT (Crazy Like A Fox) 23.07.91
37. RICHTER JAMIE LAWSON (Here Comes The Judge) 24.07.91
38. LEB' WOHL VICKI-HALLO VICTOR (Victor/Vickitoria) 25.07.91
39. NUR SCHALL UND RAUCH (Chewed Out) 29.07.91
40. KOMPOST IM GARTEN DER LIEBE (Matchmaker, Matchmaker) 30.07.91
41. WALLY WASCHLAPPEN UND DER SCHRECKLICHE TED (Wally, The Wimp) 31.07.91
42. EIN BISSCHEN MENSCHLICHER (The Personality Kid) 01.08.91
43. EIN SCHWERER FALL VON EIFERSUCHT (The Cat's Meow) 05.08.91
44. NICHT VERZAGEN-VICKI FRAGEN (Vicki Goodwrench) 06.08.91
45. STRENG GEHEIM! (Top Secret) 07.08.91
46. DIE FAMILIE DES JAHRES (Look Into My Eyes) 08.08.91
47. MISS SUPERMARKT (Little Miss Shopping Mall) 12.08.91
48. DIE DOPPELHOCHZEIT (Double Wedding) 13.08.91
49. EIN SCHRECKLICHES MISSVERSTÄNDNIS (Here Today, Gone Tomorrow) 14.08.91
50. DER DEALER (It's Okay To Say No) 19.08.91

EPISODEN (nicht gesendet):

51. (Woodward And Bernstein)
52. (Everyone Into The Pool)
53. (Whodunit?)
54. (Bride And Groom)
55. (Read My Lips)
56. (The Promotion)
57. (The Lawsonville Horror)
58. (The Bad Seed)
59. (TV Or Not TV)
60. (The Facts Of Life)
61. (The Bank Job)
62. (Ooga Mooga)
63. (Bye Bye Brindles)
64. (For Sale By Robot)
65. (Ronald McDonald House)
66. (The Russians Are Coming, The Russians Are Coming)

67.	(I'll Drink To That)
68.	(Big J. The DJ)
69.	(When You Hear The Beep)
70.	(Love At First Byte)
71.	(Safety First)
72.	(The Rock Band)
73.	(Divided We Stand)
74.	(Double Date)
75.	(Gang's All Here)
76.	(My Favorite Martians)
77.	(Mommy Dearest)
78.	(No Laughing Matter)
79.	(Tag, You're It)
80.	(The Jailbirds)
81.	(Riches To Rags)
82.	(Radio Days)
83.	(Kid-O-Grams)
84.	(More About Les)
85.	(Hooray For Hollywood)
86.	(Minnesota Vicki)
87.	(Vicki Doolittle)
88.	(Rashomon)
89.	(Come Fly With Me)
90.	(The Sheik)
91.	(Togetherness)
92.	(The Tattletale)
93.	(The Strike)
94.	(See No Evil)
95.	(Thy Neighbor's Wife)
96.	(Book-It)

VIPER
(Viper)
USA 1993/1994; Pilot & 11 Episoden
USA 1996-1999; 67 Episoden
Deutsche Ausstrahlung:
Pro 7 1995; Pilot & 11 Episoden
Pro 7 1998/99; 45 Episoden
Pro 7 2000; 22 Episoden

Darsteller: James McCaffrey (Joseph Payne „Joe" Astor/Michael Payton - 1993/94 & 1998/99), Dorian Harewood (Julian Wilkes - 1993/94), Joe Nipote (Frankie X. Waters), Lee Chamberlin (Commander Delia Thorne - 1993/94), Jeff Kaake (Thomas Cole - 1996-98), Heather Medway (Detective Cameron Westlake - 1996/97), Dawn Stern (Dr. Allie Farrow - 1996/97), James Downing (Sherman Catlett - 1996-99).

Julian Wilkes, ein brillanter Wissenschaftler, baut in der nahen Zukunft einen Dodge Viper zu einer Art Kampfmaschine um. Allerdings ist kaum jemand dazu befähigt den Wagen zu fahren, also wird der Spezialist Michael Payton herangezo-

gen. Dem ehemaligen Gangster, der beinahe bei einem Unfall umkam, wird jegliche Erinnerung gelöscht. Er setzt sich nun unter dem Namen Joe Astor hinter das Steuer des Superautos.

VIPER wurde nach nur etwa drei Monaten Laufzeit im April 1994 von NBC eingestellt. Statt nun aber den Weg allen Fleisches einzuschlagen, erhob sich die Serie etwa anderthalb Jahre später wie Phoenix aus der Asche um bis September 1999 sein Leben ausserhalb der Network-Welt der drei grossen Sender zu fristen.
Ansonsten ist VIPER eine mässig interessante Serie, die dennoch einen gewissen Achtungserfolg erzielte — aber was ist daran neu, dass Serien mit „coolen" Autos unverdienten Erfolg haben?
Auto-Mobil machten die Gaststars Jay (Die Schöne und das Biest) Acavone, Carmen Argenziano, Stefan (Planet der Giganten) Arngrim, Steve Bacic, Richard Bradford, Alex Bruhanski, Richard (Der Sentinel) Burgi, Patricia Charbonneau, Signy (Die Maske) Coleman, Julie (Eerie, Indiana) Condra, Robert Culp, Jon (The Crow) Cuthbert, Don S. (Twin Peaks & Stargate) Davis, William (Die verlorene Welt & Mission Erde) De Vry, Michael Fairman, Robert (Die Abenteuer des Brisco County, Jr.) Fuller, Anna (Ein Genie kommt selten allein & Robin Hood) Galvin, Mike (The Flash) Genovese, Anthony Harrison, Fay Hauser, Gregg Henry, Hiro Kanagawa, Udo (Geister) Kier, Tracy (Profiler) Lords, Stephen Macht, Blu (M.A.N.T.I.S. & Robocop) Mankuma, Belinda (Krieg der Welten & Kung Fu: Im Zeichen des Drachen) Metz, Bob Morrisey, Carrie-Anne (F/X) Moss, Sandra Nelson, John Haymes (Superboy) Newton, Kevin Nultry, Gerard Plunkett, John (Die Abenteuer des Brisco County, Jr.) Pyper-Ferguson, Jamie Rose, Teryl (Stargate) Rothery, William Russ, Garwin (Odyssee ins Traumland) Sanford, Raphael Sbarge, Alan (Die geheimnisvolle Insel & Seven Days) Scarfe, Eric Schneider, Amy (Der Junge vom anderen Stern) Steel, Malcolm Stewart, Venus Terzo, Tim Thomerson, Ian (Die Minikins) Tracey, Musetta (Super Force) Vander, Peter (Highlander) Wingfield, Robert (Odyssee ins Traumland) Wisden und Bruce A. (Der Sentinel) Young.

EPISODEN:
| 1. | GEHIRNWÄSCHE (Viper) 02.02.95 |
| 2. | EIN GEFÄHRLICHER FREUND (Once A Thief) 05.02.95 |

3. TÖDLICHE FRACHT (Mind Games) 12.02.95
4. DER RACHEENGEL (Ghosts) 19.02.95
5. DIE KAMPFMASCHINE (Firehawk) 26.02.95
6. DAS BIEST (Crown Of Thorns) 05.03.95
7. DIE FRAU AUS DEM NICHTS (Past Tense) 12.03.95
8. DER PROTOTYP (Wheels Of Fire) 19.03.95
9. DER TAROT-KILLER (Scoop) 26.03.95
10. DIE GANGSTERSTADT (Safe As Houses) 02.04.95
11. DAS CHAMÄLEON (The Face) 09.04.95
12. HERZDAME (Thief Of Hearts) 23.04.95

13. EIN ZIEMLICH GUTER START (Winner Take All) 12.03.98
14. MIG 89 (MIG 89) 19.03.98
15. CONDOR SPIELT FALSCH (Condor) 26.03.98
16. DAS SCHANDMAUL (Talk Is Cheap) 02.04.98
17. DER STOLZ DES BOBBY FINN (Diamond In The Rough) 09.04.98
18. DIE BELAGERUNG (Standoff) 16.04.98
19. WEISSES FEUER (White Fire) 23.04.98

20. DER KLEINE ZEUGE (Die Laughing) 06.06.98
21. SIEH MIR IN DIE AUGEN... (On A Roll) 13.06.98
22. SCHUTZENGEL AM COMPUTER (Street Pirates) 20.06.98
23. DER TEUFEL IM TANK (Breakdown On Thunder Road) 27.06.98
24. JAGD AUF DEN ROBOTERMANN (Manhunt) 04.07.98
25. DER KRIEG DER KINDER (Turf Wars) 11.07.98
26. GEHIRNWÄSCHE (Forget Me Not) 18.07.98
27. DER BESSERE FAHRER   (Wheelman) 25.07.98
28. ELEMENT 116 (Shutdown) 01.08.98
29. DAS GEHEIMNIS DER ELISABETH GANTRY (Echo For Murder) 08.08.98
30. UNTER DIEBEN (Thieves Like Us) 15.08.98
31. DIE HERREN DER NEUEN ORDNUNG (Cold Storage) 22.08.98
32. TIM, DER HELD (Whistle Blower) 29.08.98
33. DIE SCHWARZE BOX (Black Box) 05.09.98
34. DIE LISTE (The List) 12.09.98
35. DREIMAL FALSCHES SPIEL (Triple Cross) 26.09.98
36. UNTER VERDACHT (Cat And Mouse) 26.09.98
37. TRAUMPAARE (The Best Couple) 10.10.98
38. NATALIA (Hidden Agenda) 17.10.98
39. DER ÜBERLEBENSKÜNSTLER (Out From Oblivion) 24.10.98
40. PROJEKT WIND STORM (Storm Watch) 07.11.98
41. MAMA UND DER GEHEIMAGENT (Cold Warriors) 14.11.98
42. DER CLUB DER MAFIABRÄUTE (First Mob Wives Club) 21.11.98

43. TÖDLICHES TREKKING (Wilderness Run) 28.11.98
44. DER UNFALL (Getting M.A.D.D.) 05.12.98
45. DAS KILLERVIRUS (Breakout) 12.12.98
46. DAS ERBE DES PATEN (The Getaway) 19.12.98
47. ENTHÜLLUNGEN (What Makes Sammy Chun?) 02.01.99
48. DIE GELDWÄSCHER (Paper Trail) 09.01.99
49. NENNEN SIE MICH SHERM (Regarding Catlett) 16.01.99
50. OPERATION SUNDOWN (Trust No One) 23.01.99
51. ZWEIMAL ZWEI (Double Team) 30.01.99
52. LIEBLINGSFARBE: PINK (Hot Potato) 06.02.99
53. HEIMKEHR NACH TRINITY (Homecoming) 13.02.99
54. EIN ALTER BEKANNTER (Old Acquaintance) 20.02.99
55. WO IST WESTLAKE? (Internal Affair) 27.02.99
56. DER DOPPELTE COLE (About Face) 13.03.99

57. JOES COMEBACK (The Return) 07.05.00
58. ALTE GAUNER (Once A Con) 14.05.00
59. DER SCHLICHTER (Wise Gal) 21.05.00
60. DIE SCHÖNE WITWE (Holy Matrimony) 28.05.00
61. DIE KOPFGELDJÄGERIN (Wanted: Fred Or Alive) 04.06.00
62. FRANKIE, DER MECHANIKER (The Full Frankie) 18.06.00
63. DER EHRLICHE ABE (Honest Abe) 25.06.00
64. DAS UNERWARTETE ERBE (Aftermath) 02.07.00
65. ZIGARRENFREUNDE (Family Matters) 09.07.00
66. AUS EINEM ANDEREN LEBEN (The Really Real Re-Enactment) 02.07.00
67. DICHTUNG UND WAHRHEIT (Best Seller) 23.07.00
68. RACHE UM JEDEN PREIS (Seminar From Hell) 30.07.00
69. DER AMERIKANISCHE TRAUM (People Like This) 06.08.00
70. EIN WAHRER GENTLEMAN (My Fair Hoodlums) 13.08.00
71. MÜTTER UND TÖCHTER (Safe House) 20.08.00
72. DIE WUNDERFORMEL (Tiny Bubbles) 27.08.00
73. DAS MEDIUM (Of Course It's A Miracle) 03.09.00
74. DER HEILIGE JUNGE (Holy Terror) 10.09.00
75. SPÄTE RACHE (Hell Hath No Fury) 17.09.00
76. BESUCH AUS TOKIO (Attack Of The Teki-Ya) 24.09.00
77. WER IST JOE ASTOR ? 1 (Split Decision 1) 01.10.00

VISITOR-DIE FLUCHT AUS DEM ALL
(The Visitor)
USA 1997/98; 13 Episoden
Deutsche Ausstrahlung:
Pro 7 1999; 13 Episoden

Darsteller: John Corbett (Adam MacArthur), Steve Railsback (Colonel James Vise), Grand L. Bush (FBI-Agent Douglas Wilcox), John Storey (FBI-Agent Craig Van Patten), Leon Rippy (FBI-Agent Nicholas „Nick" La Rue), Granville Ames (Sergeant Roberts).

„Sie haben den US-Luftraum verletzt. Wenn Sie nicht unverzüglich landen, sind wir gezwungen, Sie abzuschiessen...Er kommt direkt auf uns zu!...Sie haben Feuerfreigabe. Feuern nach eigenem Ermessen... Ziel erfasst. Waffensysteme aktiviert... Treffer!...Was haben Sie gesehen? — Nicht identifiziert, Sir. — Ein unbekanntes Flugobjekt."
An Bord eines von der US-Army abgeschossenen UFOs befindet sich Adam MacArthur, der am 4. Juli 1947 mitsamt seiner gesamten Staffel im Bermuda-Dreieck verschwand. Keinen Tag gealtert ist er seinen Häschern entkommen und zur Erde zurück gekehrt, um diese vor der Vernichtung zu bewahren. Wahrscheinlichkeitsrechnungen sagen nämlich aus, dass die Bewohner der Erde sich in Kürze selbst vernichtet haben werden.
Adam versucht nun, bestimmte Wissenschaftler und andere Schlüsselpersonen zu aktivieren, um der Menschheit einen Ausweg zu bieten.
Auf seiner Spur sind nicht weniger als drei Parteien: Colonel Vise von der National Security Agency, dem Armeegeheimdienst, dessen vornehmliches Ziel es ist, MacArthur, den er für einen maskierten Alien hält, zu töten; das FBI in Person der Agenten Wilcox, Van Patten und La Rue, denen eingeredet wird, dass MacArthur ein gefährlicher Attentäter sei und eine Gefahr für die USA; die Ausserirdischen, die MacArthur zurückbringen wollen und der Rettung der Erde negativ gegenüber stehen — sie wollen keine Einmischung, die Menschheit muss sich aus eigenen Kräften retten oder gar nicht.
Zusätzlich zur Rettung der Welt, versucht MacArthur noch nebenbei seine 1947 zurückgelassene

Familie wiederzufinden.

Roland Emmerich wollte bereits in seiner frühen Zeit als Regisseur auf Spielbergs Spuren wandeln. Nach seinem Erstling DAS ARCHE NOAH-PRINZIP, seine Abschlussprüfung für die Hochschule für Fernsehen und Film, präsentierte er mit JOEY und HOLLYWOOD MONSTER technisch gut gemachte Filme, denen das Vorbild Spielberg zu sehr anzusehen war und die vor Langeweile nur so strotzten. Mit UNIVERSAL SOLDIER gelang ihm der Einstieg ins US-Filmgeschäft. Auf STARGATE, inzwischen zur Fernsehserie verwurstet, folgte der Renner INDEPENDENCE DAY, der Emmerich zum 'bankable name' machte.
Vom Erfolg geküsst, versuchte sich der frischgebackene Starregisseur auch an der Grundidee für eine Fernsehserie. Eigentlich sollte diese Idee ebenfalls zu einem Kinofilm gemacht werden, jedoch erwies sich die Idee von Emmerich und seinem Partner Dean Devlin angeblich als so kompakt, dass eine Serie die einzige Möglichkeit der Realisation zu sein schien.
Und wieder einmal gelang es Roland Emmerich, seinem Vorbild Steven Spielberg nachzueifern. Denn genau wie Spielbergs Fernsehvisionen enttäuschte auch Emmerichs durchschnittliches Science Fiction-Geschichtchen.
Jaja, natürlich ist es auch hier interessant, wie die Geschichte weiter geht, aber bis man diesen Punkt des Interesses erreicht, muss man sich erst einmal durch ein paar Folgen kämpfen und einige Standardsituation, lahme Gags und Stereotypen überwinden. Unter den letzten Punkt fallen Adams irdische Gegenspieler. Colonel Vise ist die verkörperte Eindimensionalität und die FBI-Agenten brauchen etwa sieben Folgen um das erste Mal zu überlegen, ob hinter den ihnen vorliegenden — eigentlich gar nicht existenten — Informationen nicht vielleicht mehr steckt.
Leider präsentiert uns auch Hauptdarsteller Corbett wenig mehr als einen Edel-STARMAN (qv). Zu wenig weiss der Zuschauer, was nun eigentlich Sache ist und zu einfach sind die Verbindungen erreicht, die Adam MacArthur mit bisher Unbekannten aufbaut. Was übrig bleibt, ist ein weiterer AUF DER FLUCHT-Epigone mit SF-Thematik.
Die Serie lief 1998 vorab auf dem Pay TV-Sender Premiere.
Besucht wurden unter anderen die Gaststars Sam (Countdown X) Anderson, Barbara (Kobra,

übernehmen Sie & Mondbasis Alpha 1) Bain,
Adam (Countdown X) Baldwin, Charles (Wild
Palms) Hallahan, Walter (Twin Peaks) Olkewicz,
Richard Riehle und Efrem Zimbalist, Jr.

EPISODEN:
1. VISITOR-DIE FLUCHT AUS DEM ALL (Pilot) 18.03.99
2. ANGST VORM FLIEGEN (Fear Of Flying) 18.03.99
3. OPERATION OMEGA (Remember) 20.03.99
4. DER BLAUE KRISTALL (Devil's Rainbow) 27.03.99
5. WARNUNG AUS DEM ALL (Dreams) 03.04.99
6. BLACK BOX (The Black Box) 06.04.99
7. TEUFELSNACHT (Teufelsnacht) 13.04.99
8. DIE LETZTE STUNDE (Reunion) 20.04.99
9. IN DEN FÄNGEN DES WAHNSINNS (Caged) 27.04.99
10. DAS RITUAL (Going Home) 04.05.99
11. WUNDER DES LEBENS (Miracles) 11.05.99
12. MAGNOLIAS VISIONEN (The Chain) 18.05.99
13. VERRÄTER (The Trial) 25.05.99

DIE VOGELSCHEUCHE
(Worzel Gummidge)
GB 1979-1981; 31 Episoden (eine doppellange)
NZL 1987 & 1989 <"W. G. Down Under">
Deutsche Ausstrahlung:
ZDF 1983; 13 Episoden

Darsteller: Jon Pertwee (Wurzel Gummidge),
Una Stubbs (Tante Sally), Geoffrey Bayldon (Krähenmann), Jeremy Austin (John), Charlotte Coleman (Sue), Mike Berry (Mr. Peters), Megs Jenkins (Mrs. Braithwaite), Norman Bird (Mr. Braithwaite), Lorraine Chase (Dolly Clothes-Peg), Joan
Sims (Mrs. Bloomsbury-Barton), Michael Ripper
(Mr. Shepherd), Thorley Walters (Colonel Blood-
stock).

Wurzel Gummidge ist Vogelscheuche auf der
Scatterbrook-Farm. Da dieser Job ausgesprochen langweilig ist, wird Wurzel von Zeit zu Zeit
lebendig, um sich zu amüsieren.
Als John und Sue mit ihrem Vater auf die Farm
kommen, freunden sie sich mit der Vogelscheuche an, Und schon geht es los mit den Abenteuern, die oftmals darin bestehen, die Vogelscheuche wieder zur Vernunft zu bringen. So zum Beispiel, als Wurzel sich ein Zuhause suchen will,
weil er es satt hat, immer im Freien zu stehen.
Oder bei Wurzels Liebesgeschichte — er verliebt
sich in eine Holzfrau, der auf dem Jahrmarkt Bäl-

le an den Kopf geworfen werden.

Basierend auf den Kinderbüchern von Barbara
Euphan-Todd, die für eine frühere Version auch
die Drehbücher schrieb: WORZEL GUMMIDGE
TURNS DETECTIVE aus dem Jahre 1953; Frank
Atkinson spielte die Vogelscheuche in der viertei-
ligen Serie. Nach dem Erfolg der hier vorliegenden Reihe folgte eine kurzlebige in Neuseeland
produzierte Version.
Krähenmann-Darsteller Geoffrey Bayldon spielte
bereits die Titelrolle in CATWEAZLE (qv).

EPISODEN:
1. WURZEL VERLIERT DEN KOPF (Worzel's Washing Day) 18.01.83
2. WURZEL AUF WOHNUNGSSUCHE (A Home Fit For Scarecrows) 25.01.83
3. WURZEL UND DIE HERZENSBRECHERIN (Aunt Sally) 01.02.83
4. DER KRÄHENMANN (The Crowman) 08.02.83
5. 3 MAL 3 IST 8 (A Little Learning) 15.02.83
6. EINE VORNEHME EINLADUNG (Worzel Pays A Visit) 22.02.83
7. WURZEL UND DER MEISTERTÄNZER (The Scarecrow Hop) 01.03.83
8. WURZEL UND DIE SEEMANNSBRAUT (Wor-zel And The Saucy Nancy) 08.03.83
9. EIN SCHLIMMES FRÜCHTCHEN (Worzel's Nephew) 15.03.83
10. DIE VERUNGLÜCKTE EINLADUNG (Very Good, Worzel) 22.03.83
11. WURZELS ANGLERLATEIN (A Fishy Tale) 29.03.83
12. KEINE CHANCE FÜR WURZEL (The Trial Of Worzel Gummidge) 05.04.83
13. WURZEL IM RAMPENLICHT (Worzel In The Limelight) 12.04.83

EPISODEN (nicht gesendet):
14. (Fire Drill)
15. (The Scarecrow Wedding)
16. (Moving On)
17. (Dolly Clothes-Peg)
18. (A Fair Old Pullover)
19. (Worzel The Brave)
20. (Worzel's Wager)
21. (The Return Of Dafthead)
22. (Captain Worzel)
23. (Choir Practice)
24. (A Cup O' Tea An' A Slice O' Cake 1)
25. (A Cup O' Tea An' A Slice O' Cake 2)
26. (Muvvers Day)
27. (The Return Of Dolly Clothes-Peg)
28. (The Jumbly Sale)
29. (Worzel In Revolt)
30. (Will The Real Aunt Sally...?)
31. (The Golden Hind)

32.   (Worzel's Birthday)

EPISODEN (Worzel Gummidge Down Under):
33.   (As The Scarecrow Flies)
34.   (The Sleeping Beauty)
35.   (Full Employment)
36.   (Worzel's Handicap)
37.   (King Of The Scarecrows)
38.   (Ten Heads Are Better Than One)
39.   (Worzel To The Rescue)
40.   (Slave Scarecrow)
41.   (The Traveler Unmasked)
42.   (A Friend In Need)
43.   (Stage Struck)
44.   (Red Sky In't Mornin')
45.   (Them Thar Hills)
46.   (The Beauty Contest)
47.   (Bulbous Cauliflower)
48.   (Weevily Swede)
49.   (Elementary, My Dear Worty)
50.   (Dreams Of Avarish)
51.   (Runaway Train)
52.   (Aunt Sally, R.A.)
53.   (Wattle Hearthbrush)
54.   (The Bestest Scarecrow)

VORSICHT, HOCHSPANNUNG!
(Hammer House Of Mystery And Suspense)
GB/USA 1984; 13 Filme
Deutsche Ausstrahlung:
SAT.1 1989/1990; 12 Filme

Anthologiereihe von Fernsehfilmen (je ca. 90 Minuten lang).
VORSICHT, HOCHSPANNUNG! ist eine Art von Fortsetzung der Serie GEFRIER-SCHOCKER (qv), die ebenfalls den Namen der wohl berühmtesten britischen Horrorfilmproduktionsfirma, Hammer, im Originaltitel führt. Während sich die SCHOCKER jedoch definitiv dem Horror zuwanden, streift HOCHSPANNUNG dieses Genre nur und geht mehr in Richtung phantastischer Thriller.
Ähnlich wie auch in der ersten Serie, tauchen hier einige bekanntere Namen in den Besetzungslisten auf, denen es jedoch nicht vergönnt war, mehr als Durchschnitt zu verkörpern. Unter Hochspannung litten unter anderen Tony (Mondbasis Alpha 1) Anholt, Stephanie (seaQuest DSV) Beacham, Dirk (Kampfstern Galactica) Benedict, David (Kung Fu & Kung Fu: Im Zeichen des Drachen) Carradine, Susan George, Peter (Kobra, übernehmen Sie) Graves, Gareth (Mit Schirm, Charme und Melone) Hunt, Burt Kwouk, Carol Lynley, David (Solo für O.N.C.E.L. & Der

Unsichtbare) McCallum, Zienia (Mondbasis Alpha 1) Merton, Michelle Phillips, Deborah Raffin, William Morgan (Max Headroom) Sheppard, Dean (Zurück in die Vergangenheit) Stockwell und Peter Wyngarde.

EPISODEN:
1.   SCHACH DER DAME (Czech Mate) 04.10.89
2.   BOTEN DES TODES (The Sweet Scent Of Death) 11.10.89
3.   SCHREI AUS DER FERNE (A Distant Scream) 18.10.89
4.   DER BLUTRAUB (The Late Nancy Irving) 25.10.89
5.   DAS GEHEIMNIS VON BRIARS COURT (Black Carrion) 01.11.89
6.   BESUCH AUS DER ZUKUNFT (In Possession) 08.11.89
7.   DIE ELEKTRONISCHE FALLE (Last Video And Testament) 15.11.89
8.   DIE SATANSVISION (And The Wall Came Tumbling Down) 06.12.89
9.   EIN KINDERSPIEL (Child's Play) 13.12.89
10.   MORD AUF DER LEINWAND (Paint Me A Murder) 20.12.89
11.   UNHEIMLICHE REVANCHE (Tennis Court) 27.12.89
12.   DAS ERBE DER CORVINI (The Corvini Inheritance) 04.01.90

V. R. TROOPERS
(V. R. Troopers)
USA 1994-96; 92 Episoden
Deutsche Ausstrahlung:
RTL Television 1995/1996; 47 Episoden

Darsteller: Brad Hawkins (Ryan Steele), Sarah Brown (Kaitlin Starr), Michael Bacon (J.B. Reese), Gardner Baldwin (Carl Ziktor/Grimlord), Richard Rabago (Tao), Michael Sorich (Woody), Julian Combs (Professor Hart), David Carr (Tyler Steele), Aaron Pruner (Percy), Farrand Thompson (Junger Ryan Steele).

Ryan Steele, J. B. Reese und Kaitlin Star kämpfen in der virtuellen Realität (V. R.) des Cyberspace gegen Grimlord, der versucht seine Herrschaft auch auf die reale Welt zu übertragen. Unterstützt werden sie hierbei von Professor Hart, einem Fachmann für Holographie.

Nachdem POWER RANGERS (qv) zu einem Riesenerfolg wurde, war es nur eine Frage der Zeit, wann andere Serien folgen würden. Im

Herbst 1994 war es so weit — und V. R. TROO-
PERS war dabei.
Für diese Serie weidete man zwei japanische
Serien aus: METALADAR und SPEILBAN. Da
man auf verschiedene Serien zurückgriff, hatte
dies zur Folge, dass die Helden, eben die V. R.
Troopers, nie im Trupp sondern nur alleine auf-
traten. Auch ansonsten hat die Serie nicht viel In-
telligentes zu bieten.
Als Niedertrachtende trat Mariah (Sindbads
Abenteuer) Shirley auf.

EPISODEN:
1. DIE VERWANDLUNG 1 (The Battle Begins/So-
   lartron Troopers 1)
2. DIE VERWANDLUNG 2 (The Battle Begins/So-
   lartron Troopers 2)
3. ROBOTER GEGEN BÜCHER (Battle For The
   Books)
4. UMWELTVERGIFTUNG (Kaitlin's Little Helper)
5. GEDÄCHTNISVERLUST (Lost Memories)
6. DIE STREITHAMMEL (Oh, Brother)
7. DER FALSCHE PROFESSOR (Error In The
   System)
8. DAS MÄDCHEN RANDY (Grimlord's Challenge)
9. VOM COMPUTER GEFANGEN (Computer
   Captive)
10. MOTORENJAGD (The Virtual V-6)
11. DER FALSCHE FREUND (The Virtual Spy)
12. FERNGESTEUERT (No One's Friend)
13. RETTE DEN WALD (Save The Trees)
14. FAULER ZAUBER (A Dirty Trick)
15. DIE ENTFÜHRUNG (My Dog's Girlfriend)
16. DAS ERDBEBEN (Digging For Fire)
17. HILFE, DAS GEHIRN IST WEG! (The Great
    Brain Robbery)
18. ALPTRÄUME (Nightmares)
19. SCHLECHTE NOTEN (Grimlord's Greatest
    Hits)
20. DER MANN AM FENSTER (Searching For Ty-
    ler Steele)
21. JEB WIRD DURCHSCHAUT (The Disappea-
    rance)
22. DER HEIMLICHE VEREHRER (Secret Admi-
    rer)
23. DAS SPUKHAUS (Grimlord's House Of Fear)
24. DAS BASEBALL-MATCH (Three Strikes)
25. DIE FALLE IM HAFEN (The Dognapping)
26. GEFAHR AUS DER TIEFE (Danger In The
    Deep)
27. KLEIN, ABER OHO (Small But Mighty)
28. EIN GEIST AUF DEM MOTORRAD (Ghost Bi-
    ker)
29. DIE AFFEN SIND LOS (Endangered Species)
30. DER INFORMANT (Kaitlin's Front Page)
31. TRAUM UND WIRKLICHKEIT 1 (Defending
    Dark Heart 1)
32. TRAUM UND WIRKLICHKEIT 2 (Defending
    Dark Heart 2)
33. TRAUM UND WIRKLICHKEIT 3 (Defending
    Dark Heart 3)
34. TRAUM UND WIRKLICHKEIT 4 (Defending
    Dark Heart 4)
35. GRIMLORDS EISZEIT (The Dojo Plot)
36. SIEG FÜR DIE CRUSADERS (Field Goal)
37. DAS FINDELKIND (The Littlest Trooper)
38. EIN GEFRÄSSIGER VIRUS (The Reality Virus)
39. DIE GEHEIME FORMEL (Friends In Need)
40. DAS HUNDE-MONSTER (Dogmatic Change)
41. DER STUBENHOCKER (The Couch Potato
    Kid)
42. ICH BIN DU-UND DU BIST ICH (The Old Swit-
    cheroo)
43. DER DOPPELTE RYAN (Good Trooper, Bad
    Trooper)
44. DER TRANSMUTANT (The Transmutant)
45. DER ERLOSCHENE VULKAN (Who's King Of
    The Mountain?)
46. EIN FREUND IN DER NOT (Race To The Res-
    cue)
47. EIN MUSIKALISCHER ROBOTER (Fiddler On
    The Loose)

EPISODEN (nicht gesendet):
48. (Virtually Powerless)
49. (New Kids On The Planet)
50. (Message From Space)
51. (The Rise Of The Red Python 1)
52. (The Rise Of The Red Python 2)
53. (Quest For Power 1)
54. (Quest For Power 2)
55. (Quest For Power 3)
56. (Quest For Power 4)
57. (Quest For Power 5)
58. (Fashion Victims)
59. (Game Over)
60. (Watered Down)
61. (The Negative Factor)
62. (Kaitlin Through The Looking Glass 1)
63. (Kaitlin Through The Looking Glass 2)
64. (Kaitlin Goes Hollywood)
65. (Grimlord Takes Root)
66. (The Disk)
67. (Virtual Venom)
68. (New World Order)
69. (Grimlord's Children)
70. (Mutant Mutiny)
71. (Trooper Out Of Time)
72. (The Millennium Sabre)
73. (Grimlord's Dark Secret 1)
74. (Grimlord's Dark Secret 2)
75. (On The Wrong Track)
76. (Forward Into The Past)
77. (Into Oraclon's Web)
78. (Santa's Secret Trooper)
79. (The Charmeeka Invasion)
80. (Dream Battle)

81.   (A Hard Day's Mutant)
82.   (Magnetic Attraction)
83.   (Get Me To The Lab On Time)
84.   (Secret Power)
85.   (Grimlord's Big Breakout)
86.   (Field And Scream)
87.   (The Duplitron Dilemma)
88.   (Despera Strikes Back)
89.   The Ghost Of Cross World City)
90.   (Grimlord's Dummy)
91.   (Time Out)
92.   (Galileo's New Memory)

DIE WÄCHTER
BRD 1985; 6 Episoden
Ausstrahlung:
ARD 1986; 6 Episoden

Darsteller: Martin Tempest (Robin Randall), Udo Thomer (Mr. Kennealy), Wega Jahnke (Mrs. Kennealy), Peter Bongartz (Chalmers), Robert Atzorn (Mr. Knight), Stephan Orlac (Rektor), Thomas Georgi (Jimmy Perkins), Robinson Reichel (Collins), Karl Lieffen (Dr. White), Josef Glas (Alter Mann).

2084. Die Bevölkerung wird strikt überwacht. Als Robin Randall Vollwaise wird, muss der 15jährige in eine spezielle Erziehungsanstalt. Hier werden Aussenseiter auf Konformkurs gedrillt. Im Internat freundet sich Robin mit Jimmy an und die beiden beschliessen, zu fliehen. Als Jimmy doch noch kalte Füsse bekommt, macht sich Robin allein auf den Weg.

Ausgesprochen gut gelungene Unterhaltung. Als Vorlage diente „The Guardians" (1970) des britischen Autors John Christopher. 1976 hatte Christopher hierfür den Deutschen Jugendbuchpreis erhalten. Er schrieb auch die Vorlagen für DIE DREIBEINIGEN HERRSCHER (qv).
Robert Atzorn, Karl Lieffen und Udo Thomer spielten auch in OLIVER MAASS (qv); Peter Bongartz in MISSION EUREKA (qv) und DAS SAHARA-PROJEKT (qv); Robinson Reichel in DAS VERBOTENE SPIEL (qv).

EPISODEN:
1.   UNFÄLLE PASSIEREN EBEN
2.   EINE SCHANDE FÜR DAS GANZE HAUS
3.   EIN REITER IN DER SONNE
4.   EIN JUNGER HERR AUS NEPAL
5.   ZEIT DER VERSCHWÖRER
6.   BESUCH IN DER NACHT

WAS IST LOS MIT ALEX MACK?
(The Secret World Of Alex Mack)
USA 1994-1998; 79 Episoden
Deutsche Ausstrahlung:
Kabel 1 1995/1996; 13 Episoden
Nickelodeon 1997; 13 Folgen
DF 1 Clubhouse 1997; 13 Folgen
DF 1 Cubhouse 1998; 21 Folgen

Darsteller: Larisa Oleynik (Alexandra Mack), Meredith Bishop (Annie Mack), Michael Blakely (George Mack), Dorian Lopinto (Barbara Mack), Darris Love (Raymond „Ray" Alvarado), Louan Gideon (Danielle Atron), John Marzilli (Vince).

Alexandra Mack lebt in einem idyllischen Vorort von Paradise Valley. Auf dem Heimweg von der Schule wird sie in einen Unfall verwickelt und hierbei mit einer Chemikalie überschüttet. Wieder zu Hause merkt sie, dass sie elektrische Geräte anschalten kann, ohne sie zu berühren — psychokinetische Kräfte. Sie kann Wünsche Wirklichkeit werden lassen und sich in eine goldenfarbene quecksilberartige Flüssigkeit verwandeln. Zusammen mit ihrer Schwester Annie und ihrem ebenfalls eingeweihten Freund Raymond, beschliesst sie, diese Kräfte geheimzuhalten, um nicht in einem Forschungslabor zu enden. Doch die Geheimhaltung ist nicht so einfach: Wenn Alex ängstlich wird, fängt sie an zu glühen oder Funken zu sprühen.
Auf der Suche nach Alex sind Danielle Atron, Leiterin der Fabrik von der die Chemikalie stammt und Chefin von Alex' Vater, und ihr Gehilfe Vince.

Comedyserie, die Science Fiction-Thematik mit Teeniestories mischt. Nicht unbedingt ein Ärgernis, aber auch kein „Muss".
In Alex' geheime Welt fanden z. B. die Gaststars Aron (Star Trek: Deep Space Nine), Jason (Familie Munster & Eerie, Indiana) Marsden und Scarlett (Star Trek: Raumschiff Voyager) Pomers Eintritt.

EPISODEN (Kabel 1):
1.   EIN BEDEUTUNGSVOLLES EREIGNIS (Secret World Of Alex Mack) 21.10.95
2.   SIEG NACH PUNKTEN (Hoop War) 28.10.95
3.   RETTER IN DER NOT (Shock Value) 04.11.95
4.   REINE VERTRAUENSSACHE (The Feud) 11.11.95
5.   EIN VIRUS SCHLÄGT ZU (Cold Day In Paradise Valley) 18.11.95
6.   FALSCHER ALARM (False Alarms) 26.11.95

7.   JUGEND FORSCHT (Science Fair) 03.12.95
8.   ALEX' KLEINE RACHE (Alex And Mom)
        10.12.95
9.   DAS SOLO (The Solo) 16.12.95
10.   NICHTS GEHT OHNE ANNIE (Annie Bails)
        23.12.95
11.   DAS VIDEOBAND (The Videotape) 30.12.95
12.   DAS SCHULFEST (School Dance) 06.01.96
13.   EIN GEFÄHRLICHER AUSFLUG (Road Trip)
        13.01.96

EPISODEN (Nickelodeon):
14.   VERRÄTERISCHES TAGEBUCH (The Journal)
15.   REVANCHE AUF DEM GOLFPLATZ (Double Bogey)
16.   ALEX SIEHT ROT (New Kid In Town)
17.   DAS GEHEIMNIS DES SPUKHAUSES (The Secret)
18.   EINE BÖSE FALLE (Suspect)
19.   DAS VERRÄTERISCHE TONBAND (Pressure)
20.   EIN HOHER PREIS (The Secret World Of Ray Alvarado)
21.   DIE MAUSEFALLE (Rat Trap)
22.   EIN GEFÄHRLICHES SPIEL (Busted)
23.   ALEX HAT KEIN GELD (The Gift)
24.   RAY GEHT IN DIE POLITIK (Ray Goes To Washington)
25.   TROPHÄE UM TROPHÄE (Trophy Case)
26.   AUF STEINIGEN PFADEN (On The Rocks)

EPISODEN (DF 1 Clubhouse):
27.   SATURN LÄSST GRÜSSEN (Saturn)
28.   FILM AB UND ACTION! (Mack TV)
29.   STURMFREIE BUDE (The Party)
30.   VERGIFTETE EINTRITTSKARTEN (The Carnival)
31.   DER HELD DES TAGES (Local Hero)
32.   EIN BÖSER TRAUM (World Without Alex)
33.   NERVENKRIEG (Nerve)
34.   DIE DOPPELTE ALEX 1 (The Other Side 1)
35.   DIE DOPPELTE ALEX 2 (The Other Side 2)
36.   VORSICHT, KAMERA! (Working)
37.   DIE RETTUNGSAKTION (Operation: Breakout)
38.   FALSCHE FÄHRTE (The Neighbor)
39.   DER TRAUMMANN (Images)
40.   DURCH DICK UND DÜNN (Big Ray)
41.   EIN STARKES MÄDCHEN (New World Order)
42.   SEIFENBLASEN (Bubbling Over)
43.   SIEG IN LETZTER MINUTE (Muckraker)
44.   DAS BLAUHAARIGE MÄDCHEN (Bad Girl)
45.   DIE ZWEITBESETZUNG (The Understudy)
46.   DER GEHEIMNISVOLLE DJ (Mystery Man)
47.   DAS GEWISSE KNISTERN (Chemistry)
48.   SUCHE ZIMMER OHNE SCHWESTER! (A Room Of Her Own)
49.   DIE AUFSCHNEIDER-PARTY (Spivey)
50.   DIE FRAU DES JAHRES (Woman Of The Year)

51.   DIE KLEINE DOPPELGÄNGERIN (Twelve And A Half)
52.   DER MATHE-TEST (The Test)
53.   DAS WEICHEI (The Creeper)
54.   EIN MÄDCHEN ZUVIEL (Triangle)
55.   SCHÖNE FREUNDE! (Friends Like That)
56.   DIE SCHWARZE LISTE (BMX)
57.   DER PAUSEN-ALPTRAUM (Nightmare In Paradise)
58.   KONKURENTINNEN IM BEINESCHWINGEN (Cheers)
59.   KEIN SPASS IN DER WILDNIS (Camping)
60.   ASHLEY (Ashley)

EPISODEN (nicht gesendet):
61.   VORSICHT, FAHRSCHÜLER! (Driving)
62.   DER DONUT-KRIEG (Green Day)
63.   OSCAR (Oscar)
64.   DIE BOWLING-NEUROSE (Foot Fault)
65.   VERTAUSCHTE ROLLEN (The Switch)
66.   EINE NACHT VOLL ERINNERUNGEN (The Storm)
67.   ZEIT ZUM ABSCHIEDNEHMEN (Leaving)
68.   SEÑORA GARCIA (Señora Garcia)
69.   DIE HAMSTER-GEDENKFEIER (The Doctor)
70.   UNGESCHLIFFENE DIAMANTEN (The Band)
71.   NICHT GERADE DIE ALLERBESTEN FREUNDINNEN (Things Change)
72.   DIE RÜCKKEHR (The Return)
73.   DIE VERPATZTE PARTY (Friendly Fire)
74.   DER ÄRGER MIT DEM ERSTEN KUSS (Lies And Secrets)
75.   - liegt nicht vor - (A Desperate Man)
76.   24 STUNDEN HORROR (24 Hours)
77.   DAS VERLORENE PARADIES (Paradise Lost)
78.   DAS WIEDERGEWONNENE PARADIES (Paradise Regained)
79.   SCHARF WIE PFEFFER (Without Feathers)

WERWOLF
(Werewolf)
USA 1987/1988; Pilot & 28 Episoden
Deutsche Ausstrahlung:
RTL plus 1991; Pilot & 25 Episoden (zwei doppellange)

Darsteller: John J. York (Eric Cord), Lance LeGault (Alamo Joe Rogan), Chuck Connors (Janos Skorzeny), Brian Thompson (Nicholas Remy - 1988).

Ted Nichols ruft seinen Freund Eric Cord zu Hilfe. Als Eric Teds Appartment erreicht, entdeckt er, dass sein Hund seltsam eingeschüchtert reagiert.
Ted, der in der Dunkelheit mit einem Revolver

spielend aufgefunden wird, erklärt Eric, dass er sich in einen Werwolf verwandeln wird. Obwohl Ted ein blutiges Pentagramm auf der Handfläche vorweisen kann, gelingt es ihm nicht, den Freund zu überzeugen. Dieser fünfzackige Stern kündet jedoch die Verwandlung an.

Eric lässt sich überreden, Ted an einen Stuhl zu fesseln. Der Gefesselte bittet ihn nun, dem Fluch mit einer Silberkugel ein Ende zu bereiten, sobald das Tier zum Vorschein kommt.

Als Ted nun tatsächlich zum Werwolf wird, gelingt es Eric fast nicht, die Kreatur zu überwinden. Bevor der tödliche Schuss fällt, wird Eric von dem Wolf verwundet.

Eric Cord wird festgenommen, kurz darauf jedoch auf Kaution entlassen. Ihm wird klar, dass er jetzt ebenfalls mit dem Werwolffluch belegt ist. Es gibt für ihn nur noch zwei Möglichkeiten: Selbstmord oder der Versuch, die „Blutlinie" zu unterbrechen, dass heisst, den Urwerwolf zu töten. Eric macht sich auf die Jagd nach Janos Skorzeny, der dieser „Ahnwolf" sein soll.

Erschwerenderweise setzt sich der Kopfgeldjäger Alamo Joe Rogan auf Erics Spur, da dieser nun natürlich als flüchtig gilt. Auch dieser merkt bald, dass er es mit Werwölfen zu tun hat.

Nach einiger Zeit der Suche gelingt es Eric Skorzeny aufzuspüren und zu töten. Dies erlöst ihn jedoch nicht, da nicht Skorzeny sondern Nicholas Remy der wahre „Stammwolf" ist. Remy führt sein Werwolfleben bereits seit 2000 Jahren und ist somit ein noch schwierigerer Gegner als Skorzeny.

Ein gut durchgestylter Horror-Thriller, der jedoch durch den ewig gleichen Aufbau zum Langweiler mit nur wenigen wirklichen Höhepunkten degeneriert. Besonders störend, weil unglaubwürdig, ist die Tatsache, dass es Eric immer wieder gelingt, im Werwolfzustand nur böse Menschen zu töten. Ob man dies als wirklichen Fluch ansehen kann, sei dahingestellt.

Erics Verwandlungen sind gut in Szene gesetzt — verantwortlich hierfür war Rick Baker, der für die ähnliche Arbeit an AMERICAN WEREWOLF (An American Werewolf In London) 1981 mit dem Oscar ausgezeichnet wurde.

Die Promotion zum Start der Serie in den USA beinhaltete die Angabe einer Telefonnummer, unter der die Zuschauer über eigene Werwolfsichtungen berichten durften — es gingen über 400 000 Anrufe ein! Parapsychologieexperte Dr. Stephen Kaplan nahm es auf sich, begleitend zur

Serie über Werwölfe zu informieren.

Brian Thompson spielte später in CLAN DER VAMPIRE (qv). Auf Wolfsjagd begaben sich Jay (Die Schöne und das Biest) Acovone, R.G. Armstrong, Todd Bryant, Grant L. (Visitor) Bush, Jim (Superboy) Calvert, Larry (Prey) Drake, Stefan (Dark Shadows) Gierasch, Gregg Henry, Richard (Kampfstern Galactica) Lynch, Everett (Twin Peaks) McGill, James (Space 2063) Morrison, Ethan (Star Trek: Raumschiff Voyager) Phillips, Leon (Visitor) Rippy, Raphael Sbarge, William Morgan (Max Headroom) Sheppard und Tony Todd.

EPISODEN:

1.   WERWOLF (Werewolf) 21.07.91
2.   DIE JAGD BEGINNT (Nightwatch) 28.07.91
3.   DER NOTHELFER (The Boy Who Cried Werewolf) 11.08.91
4.   DER HINTERHALT (The Black Ship) 18.08.91
5.   NEUE HOFFNUNGEN (Spector Of The Wolf) 25.08.91
6.   JAGDZEIT (The Wolf Who Thought He Was A Man) 01.09.91
7.   DIE WEISSE HEXE (Nothing Evil In These Woods) 09.09.91
8.   SKRUPELLOS (Running With The Pack) 10.09.91
9.   DIE SPUR DES TODES (Friendly Haven) 11.09.91
10. KLOSTER DES SCHRECKENS (Let Us Prey) 12.09.91
11. VERHAFTET (A World Of Difference 1 & 2) 17.09.91
12. STRASSE DER ANGST (The Unicorn) 18.09.91
13. DAS GEISTERHAUS (All Hallow's Eve) 19.09.91
14. DAS BOXIDOL (Blood On The Tracks) 20.09.91
15. EIN ALPTRAUM? (Nightmare At Braine Hotel) 26.09.91
16. ZWEI EINSAME FREUNDE (Wolfhunt) 01.10.91
17. DER ERBSCHLEICHER (Blood Ties) 02.10.91
18. UNSTERBLICH (Big Daddy) 03.10.91
19. DAS MORDKOMPLOTT (Eye Of The Storm) 04.10.91
20. MÖRDER IN UNIFORM (Nightmare In Blue) 08.10.91
21. DIE STAMMESLEGENDE (Skinwalker) 09.10.91
22. ANGST DER PENNER (King Of The Road) 10.10.91
23. DIE KLEINE DIEBIN (A Material Girl) 15.10.91
24. DER TRAUM DES WOLFES (To Dream Of Wolves 1 & 2)

25.   BLINDES VERTRAUEN (Blind Luck)
26.   DER WOLFSBRUDER (Gray Wolf)
Anmerkung zur Episodenliste: RTL brach die o.a.
Sendereihenfolge ohne Vorankündigung ab.

WILD PALMS
(Wild Palms)
USA 1993; 4 Episoden
Deutsche Ausstrahlung:
RTL 2; 3 Episoden (umgeschnitten)

Darsteller: James Belushi (Harry Wyckoff), Dana
Delany (Grace Wyckoff), Robert Loggia (Senator
Anton „Tony" Kreutzer), Kim Cattrall (Paige Katz),
Angie Dickinson (Josie Ito), Ernie Hudson (Tom-
my Lazlo), Bebe Neuwirth (Tabba Schwartzkopf),
Nick Mancuso (Tully Woiwode), Charles Halla-
han (Gavin Whitehope), Robert Morse (Cheb
Starfall), David Warner (Eli Levitt), Ben Savage
(Coty Wyckoff), Bob Gunton (Dr. Schenkl), Brad
Dourif (Chickie Levitt), Robert Cornthwaite (Se-
verin).

Die Wild Palms Unternehmensgruppe hat eine
völlig neue Art des Fernsehens erfunden: Statt
nur zuzuschauen, sitzen die Betrachter nun mitten drin im Geschehen. Statt aber nur den Fern-
sehmarkt zu beherrschen, gehen die Interessen
von Wild Palms weiter; sie wollen die völlige
Kontrolle über die Menschheit. Zusätzlich strebt
Firmenchef Senator Kreutzer die eigene Unsterblichkeit an.
In diesen Unternehmenssumpf, der auch Mord,
Kindesentführung und andere unkoschere Dinge
umfasst, wird Anwalt Harry Wyckoff hineingezogen. Es dauert nicht lange und er bekommt erste
Einsichten, die ihn zur Entscheidung für die Firma oder für die Gruppe „Die Freunde", die für die
Freiheit kämpft, drängen.

Von Oliver Stone produzierte Miniserie nach der
Graphic Novel von Bruce Wagner. Stilistisch perfekt, schauspielerisch überzeugend und teils
recht verwirrend. Perfekte Fernsehunterhaltung.
David Warner spielte bereits in TWIN PEAKS
(qv). Stone und Autor William Gibson absolvieren
Gastauftritte, in denen sie sich selbst verkörpern.

EPISODEN:
1.   TEIL 1 18.12.93
2.   TEIL 2 19.12.93
3.   TEIL 3 20.12.93

WINSPECTOR
**(Winspector: Special Police Rescue Task
Force)**
JPN; 49 Episoden
Deutsche Ausstrahlung:
RTL plus 1992/1993; 48 Episoden

Darsteller: - keine Angaben -.

Japan 1999. Joseph Winspector, seine Partnerin
Julia und die Roboter Bryan und Walter müssen
in der Zukunftswelt gegen böse Buben antreten.
Hierzu verwandeln sie sich regelmässig in Fire
Tector, Bikle Tector und Walter Tector, nahezu
unüberwindbare Kampfmaschinen im Kampf fürs
Gute.

Statt wie in Serien wie POWER RANGERS (qv),
V. R. TROOPERS (qv) oder ähnlichem, hier nun
eine nicht amerikanisch „bearbeitete" Japanserie.
Diesen Schrott hätten sie allerdings lieber im Pa-
zifik versenken sollen, als uns damit zu malträtie-
ren.

EPISODEN:
1.   DIE BEWÄHRUNGSPROBE (- liegt nicht vor -)
        12.09.92
2.   TOD IM FAHRSTUHL (- liegt nicht vor -)
        19.09.92
3.   NUR EINE STUNDE (- liegt nicht vor -)
        26.09.92
4.   DIE TRANSPLANTATION (- liegt nicht vor -)
        10.10.92
5.   DER KILLERVOGEL (- liegt nicht vor -)
        17.10.92
6.   KINDERTRÄUME (- liegt nicht vor -) 24.10.92
7.   VATER UND TOCHTER (- liegt nicht vor -)
        31.10.92
8.   DER DOPPELGÄNGER (- liegt nicht vor -)
        07.11.92
9.   AUF DEM WEG IN DIE HÖLLE (- liegt nicht
        vor -) 14.11.92
10.   VIER FREUNDE (- liegt nicht vor -) 21.11.92
11.   DIE ERSTE LIEBE (- liegt nicht vor -) 05.12.92
12.   DER KLEINE ROBOTER (- liegt nicht vor -)
        12.12.92
13.   AUF MESSERS SCHNEIDE (- liegt nicht vor -)
        19.12.92
14.   DER NEUE MITARBEITER (- liegt nicht vor -)
        02.01.93
15.   IM AUFTRAG DES KILLERS (- liegt nicht vor -)
        09.01.93
16.   FREUNDE IN DER NOT (- liegt nicht vor -)
        16.01.93
17.   BESUCH AUS DEM ALL (- liegt nicht vor -)
        23.01.93

18. ÜBERSINNLICHE KRÄFTE (- liegt nicht vor -)
30.01.93
19. DER EINZIGE ZEUGE (- liegt nicht vor -)
06.02.93
20. DER LETZTE KAMPF (- liegt nicht vor -)
13.02.93
21. DER KOMPLIZE (- liegt nicht vor -) 20.02.93
22. EINE GEFÄHRLICHE FRACHT (- liegt nicht
vor -) 27.02.93
23. FAHRERFLUCHT (- liegt nicht vor -) 06.03.93
24. DIE LETZTE CHANCE (- liegt nicht vor -)
20.03.93
25. EIN MÄDCHEN NIMMT RACHE (- liegt nicht
vor -) 27.03.93
26. GEHEIMBUND Q (- liegt nicht vor -) 03.04.93
27. DIE FORMEL DES SCHRECKENS (- liegt
nicht vor -) 10.04.93
28. DIE RACHE DER NATUR (- liegt nicht vor -)
17.04.93
29. VERMISST (- liegt nicht vor -) 24.04.93
30. DIE NEUE WAFFE (- liegt nicht vor -) 08.05.93
31. DAS GROSSE CHAOS (- liegt nicht vor -)
32. EIN NEUER ANFANG (- liegt nicht vor -)
15.05.93
33. EINE FLOTTE GROSSMUTTER (- liegt nicht
vor -) 22.05.93
34. FLAGGENSIGNALE (- liegt nicht vor -)
29.05.93
35. POLIZIST MIT HERZ (- liegt nicht vor -)
05.06.93
36. DIE INFORMANTIN (- liegt nicht vor -)
12.06.93
37. DER TAUGENICHTS (- liegt nicht vor -)
19.06.93
38. DIE NARBE (- liegt nicht vor -) 26.06.93
39. DER GEHEIMNISVOLLE JUNGE 1 (- liegt
nicht vor -) 03.07.93
40. DER GEHEIMNISVOLLE JUNGE 2 (- liegt
nicht vor -) 10.07.93
41. DER SPEZIALAGENT (- liegt nicht vor -)
17.07.93
42. EIN EINDEUTIGER BEWEIS (- liegt nicht
vor -) 24.07.93
43. KOPFSCHMERZEN (- liegt nicht vor -)
31.08.93
44. DER SCHAUSPIELER (- liegt nicht vor -)
07.08.93
45. DER ZWEITE VERSUCH (- liegt nicht vor -)
14.08.93
46. DIE SCHWARZE BANDE (- liegt nicht vor -)
21.08.93
47. DIE LUXUSWOHNUNG (- liegt nicht vor -)
28.08.93
48. DIE BESTIE (- liegt nicht vor -) 04.09.93

WONDER WOMAN
**(Wonder Woman & The New Adventures Of
Wonder Woman)**
USA 1974/1975; 2 Pilotfilme
USA 1976/1977; 12 Episoden
USA 1977-1979; Pilot & 45 Episoden
Deutsche Ausstrahlung:
RTL Television 1993/1994; 58 Episoden (inkl.
77er Pilot)
RTL 2 1998; Pilotfilm (1975)
RTL Television 2000; Pilotfilm (1974)

Darsteller: Lynda Carter (Diana Prince/Wonder
Woman), Lyle Waggoner (Major Steve Trevor -
1976/77/ Steve Trevor jr. - 1977-79), Richard
Eastham (General Phillip Blankenship - 1976/
77), Beatrice Colen (Yeoman Etta Candy - 1976/
77), Normann Burton (Joe Atkinson - 1977),
Saundra Sharp (Eve - 1977-79).

Amazonenprinzessin Diana verlässt während des
Zweiten Weltkriegs ihre Heimatinsel und kämpft
als Wonder Woman gegen das Böse der Welt.
Nebenbei lebt sie in der Verkleidung als Diana
Prince, Angehörige der US-amerikanischen
Streitkräfte. Hier hat sie es vornehmlich mit Ma-
jor Trevor zu tun, für den sie auch die sprichwört-
liche Schwäche hegt.
USA heute: Diana kehrt zurück in die männliche
dominierte „normale" Welt und bekommt es
prompt mit dem Sohn ihres ehemaligen Kampf-
gefährten, Steve Trevor jr., zu tun, der seinem
Vater wie aus dem Gesicht geschnitten ist. Als
Diana Prince arbeitet sie nun mit diesem zusam-
men für die Regierung, nimmt aber, als Wonder
Woman, erneut den Kampf fürs Gute auf.

Winter 1941. William Moulton Marston lässt eine
neue Comicheldin entstehen, die wie ihre männlichen Pendants den schrecklichen Nazi-Horden
auf dem Papier gegenübertreten und somit die
Alliierten schlagkräftig unterstützen soll. WON-
DER WOMAN trat erstmals in der Comicreihe
ALL-STAR COMICS auf und zwar in der Nummer 8 der Reihe. Prinzessin Diana, wie ihr wahrer Name lautet, stammt von der versteckten Insel Themyscira, dem Domizil der Amazonen.
Interessanterweise bedient sich die hier vorliegende Serie tatsächlich dieser Grundgeschichte
und siedelt die ersten Folgen sogar in der ursprünglichen Zeit, nämlich dem Zweiten Weltkrieg, an. Den ersten 12 Episoden folgte ein im
amerikanischen Fernsehen äusserst seltener

Vorgang: WONDER WOMAN wurde verkauft und startete kurz darauf auf einem anderen Sender. Die Geschichten waren nun in der Gegenwart angesiedelt und bis auf Lynda Carter und Lyle Waggoner wurden die Stars völlig ausgetauscht. Einen Grossteil ihres Erfolges hatte die Serie durch die Verpflichtung von Miss Carter, die in ihrem knapp bemessenen Kostüm der pupertierenden männlichen Bevölkerung der 70er Jahre so einiges zu bieten hatte. Ansonsten bot die Reihe durchschnittlich unterhaltsame Kost mit stellenweise auftretenden Lächerlichkeitseinbrüchen.

Der Amazonen-Power beugen mussten sich Philip (Kung Fu) Ahn, Marc (Star Trek: Deep Space Nine) Alaimo, Barbara (Kobra, übernehmen Sie) Anderson, René (Star Trek: Deep Space Nine) Auberjonois, Ed Begley ‚Jr., Christine (Outlaws) Belford, Dick (Das fliegende Auge) Butkus, John Carradine, George (Superboy) Chakiris, John (Kampfstern Galactica) Colicos, Henry Darrow, Ike (Fantastic Journey) Eisenmann, Ron (Tarzan) Ely, Mel Ferrer, Anne Francis, Alan (Der Mann aus dem Meer) Fudge, Leif Garrett, Dick (Immer wenn er Pillen nahm) Gautier, Lynda Day (Kobra, übernehmen Sie) George, Henry Gibson, Frank Gorshin, Robert (Der Mann vom anderen Stern) Hays, David (Mission Seaview) Hedison, John Hillerman, Celeste Holm, Aharon (Moses) Ipalé, Carolyn (Addams Family) Jones, Kurt (Planet der Giganten) Kasznar, Lance (Werwolf) LeGault, Robert (Wild Palms) Loggia, Jared (Krieg der Welten) Martin, Ross (Verrückter Wilder Westen) Martin, Ron Masak, Roddy (Planet der Affen & Fantastic Journey) McDowall, Greg (Kobra, übernehmen Sie) Morris, Tim (Buck Rogers) O'Connor, Nehemiah Persoff, Robert Reed, Hari Rhodes, Peter Mark Richman, Robby, der Roboter, Roy Rogers, Hayden (Bezaubernde Jeannie) Rorke, John Rubinstein, Joseph Ruskin, Robert Sampson, John Saxon, Ted (Space Cops) Shackelford, James Sloyan, Rick (Die Maske) Springfield, Philip Michael Thomas, Kenneth (Der Mann aus dem Meer) Tigar, Fritz (Die Mars-Chroniken) Weaver, Debra Winger und Wolfman Jack.

EPISODEN:

1. DIE ENTFÜHRUNG (Fausta, The Nazi Wonder Woman) 07.02.93
2. KEINE ANGST VOR SPIONEN (Wonder Woman Meets Baroness Von Gunther) 14.02.93
3. DER SCHÖNHEITSWETTBEWERB (Beauty On Parade) 21.02.93
4. DAS GEHEIMNISVOLLE METALL 1 (The Feminum Mystique 1) 28.02.93
5. DAS GEHEIMNISVOLLE METALL 2 (The Feminum Mystique 2) 07.03.93
6. WOTAN-DER SUPERAGENT (Last Of The $2 Bills) 14.03.93
7. DIE SPUR DER BEULENPEST (The Pluto File) 21.03.93
8. DER ZIRKUS KOMMT (Wonder Woman Vs. Gargantua) 28.03.93
9. DIE WUNDERFORMEL (Formula 407) 04.04.93
10. DER RAT DER PLANETEN 1 (Judgment From Outer Space 1) 11.04.93
11. DER RAT DER PLANETEN 2 (Judgment From Outer Space 2) 18.04.93
12. WONDER WOMAN IN TEXAS (The Bushwackers) 25.04.93
13. HINTER DEN KULISSEN (Wonder Woman In Hollywood) 02.05.93
14. KAMPF GEGEN SOLANO (The Return Of Wonder Woman) 09.05.93
15. GESPENSTISCHES CLONING (Anschluss '77) 16.05.93
16. EINSATZ IM BERMUDADREIECK (The Bermuda Triangle Crisis) 23.05.93
17. KIDNAPPING (Knockout) 06.06.93
18. DIE GEHEIMNISVOLLE WAFFE (The Pied Piper) 13.06.93
19. EIN STARKER GEGNER (The Man Who Could Move The World) 20.06.93
20. DIE HEIRAT (I Do, I Do) 27.06.93
21. DAS ENDE DER WELT (The Man Who Made Volcanoes) 04.07.93
22. AUSSERIRDISCHE DIEBE 1 (The Mind Stealers From Outer Space 1) 11.07.93
23. AUSSERIRDISCHE DIEBE 2 (The Mind Stealers From Outer Space 2) 18.07.93
24. GEFÄHRLICHES SPIELZEUG (The Deadly Toys) 25.07.93
25. EIN GEFÄHRLICHER EINSATZ (Light-Fingered Lady) 01.08.93
26. OLYMPIAMANNSCHAFT WIDER WILLEN (Screaming Javelin) 08.08.93
27. COMPUTER-DIEBE (IRAC Is Missing) 15.08.93
28. GRAF CAGLIOSTRO (Diana's Disappearing Act) 22.08.93
29. TOD AUF BESTELLUNG (Death In Disguise) 29.08.93
30. GEISTERSTUNDE (Seance Of Terror) 05.09.93
31. DER MAGIER (Flight To Oblivion) 12.09.93
32. DER KAMPF UM TINA (The Girl From Ilandia) 19.09.93
33. DIE JAGD AUF ALAN (The Man Who Wouldn't Tell) 26.09.93
34. DAS GEHEIMNIS VON BURROGONE (The Murderous Missile) 03.10.93

35.	SO MACHT MAN GELD (The Deadly Sting) 10.10.93
36.	DIE VERNISSAGE (The Fine Art Of Crime) 17.10.93
37.	TANZ DER AMEISEN (Formicida) 24.10.93
38.	OLDTIMER (Hot Wheels) 31.10.93
39.	DER DOPPELTE STAR (One Of Our Teen Idols Is Missing) 07.11.93
40.	DISCOFIEBER (Disco Devil) 14.11.93
41.	DAS ZEITPORTAL (Time Bomb) 21.11.93
42.	GEFÄHRLICHER URLAUB (Skateboard Whiz) 28.11.93
43.	DER GESTOHLENE DELPHIN (The Deadly Dolphin) 05.12.93
44.	DIE DOPPELGÄNGER (Stolen Faces) 12.12.93
45.	DIE TRANSPLANTATION (Gault's Brain) 19.12.93
46.	ATOMSPRENGKOPF (Going, Going, Gone) 02.01.94
47.	DIE JAGD NACH DEM GOLD (Pot O' Gold) 09.01.94
48.	DER KOSTÜMWETTBEWERB (Spaced Out) 16.01.94
49.	INVASION AUS DEM ALL (The Starships Are Coming) 23.01.94
50.	STARS LEBEN GEFÄHRLICH (Amazon Hot Wax) 30.01.94
51.	VERMISST IM LUNAPARK 1 (Phantom Of The Rollercoaster 1) 06.02.94
52.	VERMISST IM LUNAPARK 2 (Phantom Of The Rollercoaster 2) 13.02.94
53.	DER GROSSE COUP (The Richest Man In The World) 20.02.94
54.	TÖDLICHE VIREN (A Date With Doomsday) 27.02.94
55.	DIE HEXE (The Girl With The Gift For Disaster) 06.03.94
56.	DIE PYRAMIDE AUS DEM ALL 1 (The Boy Who Knew Her Secrets 1) 13.03.94
57.	DIE PYRAMIDE AUS DEM ALL 2 (The Boy Who Knew Her Secrets 2) 20.03.94
58.	DER GEHEIMNISVOLLE IMPFSTOFF (The Man Who Could Not Die) 27.03.94

FILME:

| I. | WONDER WOMAN-EINE AMAZONE RÄUMT AUF (The New Original Wonder Woman) 08.07.98; RTL 2 |
| II. | WONDER WOMAN (Wonder Woman) 24.04.00; RTL Television |

WUFF!-MANCHMAL BIN ICH EIN HUND/ ..--SCHON WIEDER BIN ICH EIN HUND/ ...-JETZT BIN ICH DER HUND
(Woof! & Woof Too! A Girl And Her Dog)

GB 1988/89; 11 Episoden
GB 1991-1995; 51 Episoden
GB 1996; 7 Episoden
Deutsche Ausstrahlung:
ARD 1991; 11 Episoden
ARD 1992; 8 Episoden
ARD 1995; 13 Episoden
ARD 1996; 10 Episoden
Nickelodeon 1995/1996; 20 Episoden
Nickelodeon 1997; 7 Episoden

Darsteller: Edward Fidoe (Eric Banks - 1988-93), Liza Goddard (Victoria Jessop), Elizabeth Mickery (Mrs. Banks), John Bowler (Charlie Banks - 1988-92), Elizabeth Mickery (Mrs. Banks - 1988-92), Thomas Aldwinckle (Roy Ackerman - 1988/89), Juliette Fleming (Jan - 1988), Natasha Knight (Alison - 1988), Paddie O'Neil (Francis - 1988), Harold Goodwin (Les - 1988), Constance Lamb (Mrs. Ackerman - 1989), Sinead Rydquist (Emily Banks - 1988-92), Hugh Lloyd (Mr. Potts - 1989), Jean Alexander (Mrs. Potts - 1989), Sarah Smart (Rachel Hobbs - 1991/92), John Ringham (Blocker), Harriet Keevil (Mrs. Hobbs - 1991/92), Adam Roper (Rex Thomas - 1993-95), Monty Allan (Michael Tully - 1993-95), Lionel Jeffries (Granddad - 1993-95), Owen Brenman (Ken Thomas - 1993-95), Leslie Grantham (Mr. Garrett - 1994/95), Sebastian Mahjouri (Jim Walters - 1996), Candida Gubbins (Mrs. Walters - 1996), Michael Troughton (Mr. Walters - 1996), Jack Allen (Brian Barford - 1996), Faye Jackson (Carrie Howard - 1996), Cindy O'Callaghan (Mrs. Howard - 1996).

Eric Banks scheint ein normaler Junge zu sein. Doch eines Tages passiert es: Seine Nase fängt an zu kribbeln und plötzlich hat sich Eric in einen Hund verwandelt.
Es gibt nur einen weiteren Menschen, der von Erics „Begabung" weiss, sein Freund Roy.
Wie und warum geschieht diese Verwandlung? Und warum ist gerade Eric Banks derjenige welche? Fragen, denen die Freunde in der Folge auf den Grund zu gehen versuchen.

Im Verlauf der gesamten Serie übernehmen erst Rex Thomas und dann Jim Walters die Rolle des

Hauptakteurs und damit die Fähigkeit zum hündischen Dasein.
Nach dem Buch von Alan Ahlberg.

EPISODEN (ARD):
1. DAS ERSTE MAL (Episode One) 25.08.91
2. KEIN TAG WIE JEDER ANDERE (Episode Two) 15.09.91
3. DAS THEORIEN-GEBÄUDE (Episode Three) 22.09.91
4. ALLES WEGEN EMILY? (Episode Four) 29.09.91
5. NICHTS ALS DIE WAHRHEIT (Coming To Terms) 06.10.91
6. EINMAL EIN HELD SEIN (Heroes) 13.10.91
7. DER GESCHÄFTSFÜHRER (The Moneyspinner) 20.10.91
8. DIE ADOPTIV-FAMILIE (The Adoption) 27.10.91
9. DAS SEIFENKISTENRENNEN (Soapbox-Derby) 03.11.91
10. JEDEM DAS SEINE (Blocker Gets His) 10.11.91
11. GEMISCHTES DOPPEL (Mixed Doubles) 17.11.91
12. DAS TAGEBUCH (Episode Twelve) 25.10.92
13. SCHAFE UND KEIN ENDE (Episode Thirteen) 01.11.92
14. DER WUNDER-HUND (Episode Fourteen) 08.11.92
15. EIN WAHRER FREUND (Episode Fifteen) 15.11.92
16. MISSVERSTÄNDNISSE (Episode Sixteen) 22.11.92
17. HUNDI IM PARK (Episode Seventeen) 29.11.92
18. DER LABRADOR-MANN (Episode Eighteen) 06.12.92
19. IN DER FALLE (Episode Nineteen) 13.12.92

20. EIN HUND FÄHRT NICHT AUTO (Dad's Birthday)
21. BLOCKER DREHT DURCH (The School Trip)
22. NÄCHTLICHE GEISTERSTUNDE (The Haunting)
23. EIN SCHRECK KOMMT SELTEN ALLEIN (At The Hospital)
24. DER DACHS (Badgers)
25. DIE RIVALIN (Boy Meets Girl)
26. DIE GROSSE AUSZEICHNUNG (End Of Term)
27. DAS VERFLIXTE HALSBAND (Police Dog)
28. DIE STORY DES JAHRHUNDERTS (Newshound)
29. KLEIN BLEIBT KLEIN (Speaking In Barks)
30. DER FLIEGENDE HUND (Flying Dog)
31. WETTLAUF MIT DER ZEIT (The Incredible Journey)
32. DAS MILLIONENANGEBOT (The Six Million Dollar Dog)
33. HUNDSTAGE (A Boy Called Rex)
34. KALTGESTELLT (High And Dry)
35. DER KONTROLLBESUCH (Grandmother's Footsteps)
36. HAUS DES SCHRECKENS (The Hunt For The Red Fox)
37. DOPPELGÄNGER MIT HERZ (Miranda)
38. FALSCH GEWETTET (The Sure Thing)
39. DER BÄR IST LOS (The School Camp)
40. TIERKLINIK IN GEFAHR (Look Out Behind You)
41. DER GROSSE REINFALL (Love Among The Cricket Bats)
42. HEIRATSSCHWINDEL (State Of War)

EPISODEN (Nickelodeon):
43. WENN DER MILCHMANN GAR NICHT KLINGELT (The Milkman Never Rings Once)
44. HOCHZEIT MIT HINDERNISSEN (Get Me To The Church)
45. DER HUNDENASEN-AUFSPÜRSERVICE (Doggy Business)
46. RICHTIGE FRAGEN-FALSCHE ANTWORTEN (Put To The Test)
47. MR. APPLEBY-AGENT SEINER MAJESTÄT (Mr. Wonderful)
48. DER STELLVERTRETENDE DIREKTOR (Goodbye, Mrs. Chips)
49. DER DRESSIERTE HUND (The Great Demento And Rex)
50. HUND SEIN IST ERBLICH (High Temperatures)
51. UNTER DAMPF (Getting Up Steam)
52. DER FINDELHUND (Green Eye Of The Yellow Dog)
53. UMZUG MIT HINDERNISSEN (Moving Tail)
54. DER NEUE HUNDEFÄNGER (Pat Garrett And Bobby The Dog)
55. DER EISCREMEKRIEG (What Did You Do In The Ice Cream War, Doggy?)
56. HERZLICHEN GLÜCKWUNSCH (Birthday)
57. DER HUND VON BASKETBALL (The Hound Of The Basketballs)
58. AUTODIEBE (Car Trouble)
59. DER TAG DES HUNDEFÄNGERS (A Dog Warden's Lot)
60. HUNDELATEIN (Dog Latin)
61. LEIDENSGENOSSE (Translation Problems)
62. STILL UND HEIMLICH (Mum's The Word)
63. DER NEUE (New Boy)
64. PRÜFUNGSZEIT (Testing Times)
65. ALLER ANFANG IST SCHWER (When My Sheep Comes In)
66. POKALE UND ANDERE PROBLEME (Trials And Tribulations)
67. JIMS KÜCHENSTUDIO (Tantrums And Tearooms)
68. MEINE MUTTER, DIE HELDIN (My Mother, The Hero)
69. DER GROSSE TAG (Mrs. Howard's End)

XENA
(Xena: Warrior Princess)
USA 1995-2001; ca. 134 Episoden
Deutsche Ausstrahlung:
RTL Television 1996/1997; 24 Episoden
RTL Television 1997/1998; 22 Episoden
RTL Television 1998/1999; 22 Episoden
RTL Television 1999/2000; 22 Episoden
RTL Television 2000/2001; 22 Episoden

Darsteller: Lucy Lawless (Xena), Renee O'Connor (Gabrielle).

Kriegerprinzessin und Diebin Xena versprach dem Helden Hercules bei ihrem letzten Treffen, dass sie die dunklen Wege in Zukunft meiden wolle. Fortan zieht sie durch das Land und hilft Menschen in Bedrängnis.

Nachdem die Fantasy-Serie HERCULES ein Erfolg wurde, entschied man sich dazu, eine weitere Reihe ins Rennen zu schicken. Hierbei bot sich die Figur Xena an, die bereits mehrere Gastauftritte an Hercules' Seite absolviert hatte. Und da ja, wie man weiss, der Blitz niemals zweimal an der gleichen Stelle einschlägt und die meisten Sprichwörter sowieso nur Blödsinn sind, wurde auch aus XENA ein Erfolg.
Mit Xena herumschlagen durften sich Shiri (Roswell) Appleby, Tom Atkins, Andrew (Tell) Binns, Claudia (Farscape) Black, Rachel (Die verlorene Welt) Blakely, Bruce (Die Abenteuer des Brisco County, Jr.) Campbell, Melinda (Einmal Himmel und zurück) Clarke, John (Grüsse aus dem Jenseits & seaQuest DSV) D'Aquino, Meg Foster, Galyn (Twin Peaks & M.A.N.T.I.S.) Görg, Michael (Hercules) Hurst, Kieren (Tell) Hutchinson, Nathaniel (Tell) Lees, Hudson Leick, Peter (Die verlorene Welt) McCauley, Ted (seaQuest DSV) Raimi, Charles Siebert, Kevin Smith, Kevin (Hercules) Sorbo, Tim Thomerson, Tony Todd, Alexandra Tydings, Robert (Hercules) Trebor und Musetta Vander.

EPISODEN:
I. HERCULES: DER KAMPF UM IOLAUS (Hercules: The Legendary Journeys: The Warrior Princess) 02.02.96
II. HERCULES: EINE WEIBLICHE KAMPFMASCHINE (Hercules: The Legendary Journeys: The Gauntlet) 20.10.96
III. HERCULES: DAS BEFREITE HERZ (Hercules: The Legendary Journeys: The Unchained Heart) 20.10.96

1. SCHATTEN DER VERGANGENHEIT (Sins Of The Past) 27.10.96
2. KAMPF UM FRIEDEN (Chariots Of War) 03.11.96
3. GEFÄHRLICHE TRÄUME (Dreamworker) 10.11.96
4. DIE PROPHEZEIUNG (Cradle Of Hope) 17.11.96
5. DOPPELTES SPIEL (The Path Not Taken) 24.11.96
6. XENA UND DER KRIEGSGOTT (The Reckoning) 01.12.96
7. AUFSTAND DER TITANEN (The Titans) 08.12.96
8. WIEDERSEHEN MIT HERCULES (Prometheus) 15.12.96
9. OHNE TOD KEIN LEBEN (Death In Chains) 29.12.96
10. DIE AMAZONENPRINZESSIN (Hooves And Harlots) 05.01.97
11. DER SCHWARZE WOLF (The Black Wolf) 12.01.97
12. BRUDERMORD (Beware Greeks Bearing Gifts) 19.01.97
13. DIE ERFÜLLUNG EINES TRAUMS (Athens City Academy Of The Performing Bards) 26.01.97
14. DER SCHATZ DER SUMERER (A Fistful Of Dinars) 02.02.97
15. DIE KRIEGERIN UND DIE PRINZESSIN (Warrior ...Princess) 09.02.97
16. HILFERUF EINES TOTEN (Mortal Beloved) 16.02.97
17. KÖNIGLICHE DIEBE (The Royal Couple Of Thieves) 23.02.97
18. DIE VERLORENE TOCHTER (The Prodigal) 02.03.97
19. MENSCHENOPFER (Altared States) 16.03.97
20. DER EID DES HIPPOKRATES (Is There A Doctor In The House?) 23.03.97
21. EINER FÜR ALLE (The Greater Good) 06.04.97
22. DIE FURIE (Callisto) 20.04.97
23. DIE MASKE DES TODES (Death Mask) 27.04.97
24. STARKE BANDE (Ties That Bind) 04.05.97

25. XENAS SOHN (Orphan Of War) 02.11.97
26. KAMPF GEGEN DAS SCHICKSAL (Remember Nothing) 09.11.97
27. TÖDLICHER HASS (The Giant Killer) 16.11.97
28. CALLISTOS RÜCKKEHR (The Return Of Callisto) 23.11.97
29. KRIEGERIN...PRINZESSIN...VAGABUNDIN... (Warrior...Princess...Tramp) 30.11.97
30. CALLISTOS RACHE (Intimate Stranger) 07.12.97
31. DIE SCHLICHE DES SISYPHUS (Ten Little Warlords) 14.12.97

32. EIN WINTERMÄRCHEN (A Solstice Carol)
21.12.97
33. DIE XENA-SCHRIFTROLLEN (The Xena
Scrolls) 28.12.97
34. WIR PRÄSENTIEREN...AMPHIPOLIS (Here
She Comes...Miss Amphipolis) 04.01.98
35. DIE MACHT DES SCHICKSALS 1 (Destiny)
11.01.98
36. DIE MACHT DES SCHICKSALS 2 (The Quest)
18.01.98
37. DIE RACHEGÖTTIN (A Necessary Evil)
25.01.98
38. EIN HARTER TAG (A Day In The Life)
01.02.98
39. FINSTERE MÄCHTE (Girls Just Wanna Have
Fun) 08.02.98
40. DEM DIE GLOCKE SCHLÄGT (For Him The
Bell Tolls) 08.02.98
41. EIN SIEG FÜR DIE GERECHTIGKEIT (The
Execution) 15.02.98
42. DIE ENTFÜHRUNG (Blind Faith) 22.02.98
43. WAS HOMER NICHT WISSEN KONNTE
(Ulysses) 01.03.98
44. DER PREIS (The Price) 08.03.98
45. SCHIFF DER VERDAMMNIS (Lost Mariner)
15.03.98
46. IRRUNGEN UND WIRRUNGEN (A Comedy Of
Eros) 22.03.98

47. DIE FURIEN (The Furies) 08.11.98
48. ...UND TÄGLICH GRÜSST JOXER (Been
There, Done That) 15.11.98
49. DAS DRECKIGE HALBE DUTZEND (The Dirty
Half Dozen) 22.11.98
50. GÖTTERDÄMMERUNG (The Deliverer)
29.11.98
51. TOCHTER DER DUNKELHEIT (Gabrielle's
Hope) 06.12.98
52. DER GRÜNE DRACHE 1 (The Debt 1)
13.12.98
53. DER GRÜNE DRACHE 2 (The Debt 2)
20.12.98
54. ATTENTAT AUF KLEOPATRA (King Of Assassins) 03.01.99
55. KRIEGERIN...PRIESTERIN...VAGABUNDIN
(Warrior...Priestess...Tramp) 10.01.99
56. DIE FEDER IST MÄCHTIGER ALS DAS
SCHWERT (The Quill Is Mightier) 17.01.99
57. MUTTERINSTINKTE (Maternal Instincts)
24.01.99
58. BITTERSÜSSE SYMPHONIE (The Bitter Suit)
31.01.99
59. BIS ZUM BITTEREN ENDE (One Against An
Army) 07.02.99
60. VERGEBUNG (Forgiven) 14.02.99
61. UNTER GAUNERN (King Con) 21.02.99
62. BROT UND SPIELE (When In Rome) 28.02.99
63. FLUSS DER ERINNERUNGEN (Forget Me
Not) 07.03.99

64. FLOSSEN, FRAUEN UND JUWELEN (Fins,
Femmes And Gems) 14.03.99
65. TSUNAMI (Tsunami) 21.03.99
66. AUTOLYCUS IN NOT (Vanishing Act) 28.03.99
67. DAS GRÖSSTE OPFER 1 (Sacrifice 1)
18.04.99
68. DAS GRÖSSTE OPFER 2 (Sacrifice 2)
25.04.99

69. IM TOTENREICH DER AMAZONEN 1 (Adventures In The Sin Trade I) 24.10.99
70. IM TOTENREICH DER AMAZONEN 2 (Adventures In The Sin Trade II) 31.10.99
71. FAMILIE MUNSTER (Family Affair) 07.11.99
72. ...BIS DASS DIE LAUS UNS SCHEIDET (In
Sickness And In Hell) 14.11.99
73. KRIEG UND FRIEDEN (A Good Day) 21.11.99
74. DIRTY DANCING (A Tale Of Two Muses)
28.11.99
75. HINTER GITTERN (Locked Up And Tied
Down) 05.12.99
76. NAJARA, BOTIN DES LICHTS (Crusader)
12.12.99
77. TEUFLISCHE TATEN AUS FRÜHERER ZEIT
(Past Imperfect) 19.12.99
78. DREI DIEBE UND EIN BABY (Key To The
Kingdom) 02.01.00
79. TOCHTER DER POMIRA (Daughter Of Pomira) 09.01.00
80. ES WAR EINMAL...XENARELLA (If The Shoe
Fits) 16.01.00
81. DIESSEITS VON EDEN (Paradise Found)
23.01.00
82. DEVI (Devi) 06.02.00
83. IM STROM DER ZEIT (Between The Lines)
13.02.00
84. DER WEG DES LEBENS (The Way) 20.02.00
85. VORHANG AUF FÜR GABRIELLE! (The Play's
The King) 27.02.00
86. NAJARAS RÜCKKEHR (The Convert)
05.03.00
87. EINE LEICHE ZUM DESSERT (Takes One To
Know One) 12.03.00
88. KARMISCHE KATASTROPHEN (Deja Vu All
Over Again) 19.03.00
89. AUCH DU, MEIN SOHN BRUTUS? (Endgame)
26.03.00
90. DIE IDEN DES MÄRZ (Ides Of March)
02.04.00

91. GEFALLENE ENGEL (Fallen Angels) 17.09.00
92. CHAKRAM (Charkram) 01.10.99
93. NACHFOLGE (Succession) 08.10.00
94. PFERDEGEFLÜSTER (Animal Attraction)
15.10.00
95. ALTIS TOTENTANZ (Them Bones, Them
Bones) 12.11.00
96. LAO MAS ERBE 1 (Purity) 19.11.00
97. LAO MAS ERBE 2 (Back In The Bottle)
26.11.00

98. DAPHNE (Little Problems) 03.12.00
99. LIEBLING, ICH HABE ARGO GESCHRUMPFT
(Punch Lines) 14.01.01
100. HERCULES & ZEUS: DER LETZTE AKT (God
Fearing Child) 28.01.01
101. EWIGE BANDE (Eternal Bonds) 11.02.01
102. ANGRIFF AUF AMPHIPOLIS (Amphipolis Under Siege) 18.02.01
103. GABRIELLE, DIE MEERJUNGFRAU (Married
With Fishsticks) 25.02.01
104. AMAZONENBLUT (Life Blood) 11.03.01
105. SEELENVERWANDTE (Kindred Spirits)
25.03.01
106. ANTONIUS & CLEOPATRA (Antony And Cleopatra) 01.04.01
107. EISZEIT (Looking Death In The Eye) 08.04.01
108. LIVIA (Livia) 22.04.01
109. EVE (Eve) 06.05.01
110. ALS DIE GÖTTER STARBEN (Motherhood)
20.05.01
111. SAAT DES GLAUBENS (Seeds Of Faith)
112. LIEDER, LÜGEN UND 'NE LEIER (Lyre, Lyre,
Hearts On Fire)
113. (Coming Home)
114. (The Siege Of Amohipolis)
115. (Heart Of Darkness)
116. (Who's Gurkhan?)
117. (Legacy)
118. (The Abyss)
119. (The Rheingold)
120. (The Ring)
121. (The Return Of The Valkyrie)

X-FACTOR: DAS UNFASSBARE
**(Beyond Belief: Fact Or Fiction?/Beyond
Belief)**
USA 1997/1998; 31 Episoden mit je 5 Stories
Deutsche Ausstrahlung:
RTL 2 1998; 19 Episoden
RTL 2 1999; 12 Episoden

Darsteller: Jonathan Frakes (Gastgeber - 1997),
James Brolin (Gastgeber - 1998).

Jonathan Frakes' Popularität durch die Serie
RAUMSCHIFF ENTERPRISE-DAS NÄCHSTE
JAHRHUNDERT (qv) wurde benutzt, um Zu-
schauer zu dieser als eine Art Ratespiel getarn-
ten Serie zu locken. Jede Episode enthält fünf
Geschichtchen, von denen nur ein Teil auf wah-
ren Begebenheiten beruht. Der Zuschauer darf
seine Entscheidung treffen, bevor Mr. Frakes die
Lösung bekannt gibt.
Inhaltlich behandeln die Stories seltsame Zufälle,
Geistererscheinungen und ähnliches.
Routinemässig überzeugende Darstellungen der

Schauspieler — in diesen äusserst kurzen Film-
chen haben sie auch kaum Zeit zu patzen. Alles
in allem eine unschädliche Unterhaltung ohne ir-
gendwelchen Tiefgang.
Unfassbar der Einsatz der Gaststars Frances
Bay, Roy Brocksmith, Patricia Charbonneau,
Molly (Harry und die Hendersons) Cheek, Henry
Darrow, Michael Ensign, Alan (Der Mann aus
dem Meer) Fudge, Franc (Die reinste Hexerei)
Luz, James (Space 2063) Morrison, Tony Plana,
Joseph Ruskin, Wendy (Fantasy Island) Schaal
und Mary Woronov.

EPISODEN:
1. DER ABSTURZ (The Plane) & (DER REVOL-
VER (The Gun) & HERR ÜBER LEBEN UND
TOD (The Portrait) & DIE LEICHENHALLE
(The Pass) & DIE TALKSHOW (The Caller)
05.08.98
2. DIE FEUERWACHE (Firestation 32) & EIN-
BRECHER (The Computer) & DER CASANO-
VA (The Girl Next Door) & DER MILLIONEN-
ERBE (The Wallet) & DER FREMDE (The
Woods) 12.08.98
3. DIE BLUTIGE HAND (The Wall) & STUMME
HILFERUFE (The Chalkboard) & DIE FLUCHT
(The Getaway) & DAS REZEPT (The Prescrip-
tion) & EIN ALPTRAUM (Summer Camp)
19.08.98
4. DER LETZTE KAMPF (The Wrestler) & PECH-
STRÄHNE (The Escape) & HORROR (Dead
Friday) & GEISTERSTUNDE (Ghost Visitor) &
DAS SCHLECHTE GEWISSEN (The Lady In A
Black Dress) 26.08.98
5. DAS LAND (The Land) & TITAN (Titan) & DAS
TAGEBUCH (The Diary) & STADT DER ERIN-
NERUNG (Town Of Remembrance) & FEUER
(The House On Barry Avenue) 02.09.98
6. FERNLICHT (Bright Lights) & DER MAGISCHE
UMHANG (Magic Mightyman) & RUDI HER-
NANDEZ (The Student) & KINDERBILDER
(Scribbles) & DAS ZIRKUS-PFERD (Count My-
stery) 09.09.98
7. DIE MUMIE (The Mummy) & AUF NUMMER
SICHER (The Perfect Record) & NACHTWA-
CHE (Grave Sitting) & DER SCHWARZE RIE-
SE (Murder On The Second Floor) & ABGE-
SCHLEPPT (They Towed My Car) 16.09.98
8. KING KIRBY (Kirby) & FUSSSPUREN (Dust) &
DER SCHLAFWANDLER (Malibu Cop) & LO-
BET DEN HERRN! (A Joyful Noise) & NAPO-
LEONS STUHL (The Hooded Chair) 23.09.98
9. ROCK 'N' ROLL (Rock 'n' Roll Ears) & DIE
MILCHKANNE (The Bucket) & DIE BRAUT-
JUNGFER (The Bridesmaid) & TOTENSTIM-
ME (Voice From The Grave) & SCHACH MIT
DEM JENSEITS (The Chess Game) 30.09.98

10.	HARLEY DAVIDSON (The Motorcycle) & DER BLINDENHUND (Blind Man's Dog) & JÄGER (Deer Hunters) & DIE LEGENDE DER KRÄHE (Tribal Curse) & POKER (The Card Game) 07.10.98

10. HARLEY DAVIDSON (The Motorcycle) & DER BLINDENHUND (Blind Man's Dog) & JÄGER (Deer Hunters) & DIE LEGENDE DER KRÄHE (Tribal Curse) & POKER (The Card Game) 07.10.98

11. DER ZEPPELIN (Bon Voyage) & FLOHMARKT (Man In The Model T) & DER REPORTER (The Scoop) & ENGEL (Angel On Board) & BUENOS DIAS (Buenos Dias) 14.10.98

12. DAS KARUSSELL (Merry-Go-Round) & ROTE AUGEN (Red-Eyed Creature) & DER GE-BRAUCHTWAGENHÄNDLER (Used Car Salesman) & ÜBERWACHUNG (Surveillance Camera) & GRAFFITI (Graffiti) 21.10.98

13. DER WEISSE SARG (The Warning) & BUS STOP (Bus Stop) & NOTFALLMEDIZIN (The Cure) & DER SCHUTZENGEL (The Guardian) & DAS VERBORGENE GESCHENK (The Gift) 28.10.98

14. DIE FRAU IM SPIEGEL (The Apparition) & DER ELEKTRISCHE STUHL (The Electric Chair) & DIE BLUES-SÄNGERIN (On The Road) & DER HOCHZEITSTAG (Number One With A Bullet) & DAS TRAUMHAUS (Dream House) 04.11.98

15. DIE MEDAILLEN (The Viewing) & U-BAHN INS NIRGENDWO (The Subway) & MONSTER IM SCHRANK (Kid In The Closet) & DER MORD-PROZESS (Justice Is Served) & DER TRAKTOR (The Tractor) 11.11.98

16. DIE PROPHEZEIUNG (The Prophecy) & DER STUBENHOCKER (Couch Potato) & LIEBE ÜBER DEN TOD (Love Over The Counter) & DER UNSICHTBARE FREUND (Imaginary Friend) & DIE ZWEITE CHANCE (Last Man On Earth) 18.11.98

17. E-MAIL (E-Mail) & UMLEITUNG (Cup Of Joe) & FAMILIENGRAB (The Secret Of The Family Tomb) & FRANKENSTEINS HUND (Wheezer) & DER UNBEKANNTE PATIENT (The Unknown Patient) 25.11.98

18. STICHELEIEN (Needle Point) & SUPERBÄR (Toy To The Rescue) & DAS MYSTERIÖSE SCHLOSS (Mystery Lock) & DAS SPUKHAUS (The House On Baker Street) & AUF DEM BAHNSTEIG (The Train) 02.12.98

19. DER KERZENLEUCHTER (The Candle Stick) & DER VERLORENE SOHN (The Diner) & ZEITARBEIT (From The Agency) & DER MAGISCHE ROSENGARTEN (The Magic Rose Garden) & DIE BOMBE (The Jeep) 09.12.98

20. SCHWANGER (Morning Sickness) & DER FLUCH DES HERRENHAUSES (The Curse Of Hampton Manor) & TOD EINER WACHSFIGUR (Wax Executioner) & BLUTBANK (Blood Bank) & RINGWURF (Ring Toss) 17.02.99

21. GEISTERSTADT (Ghost Town) & VOM WINDE VERWEHT (The Sewing Machine) & SCHLAFWANDLER (The Sleepwalker) & DER WUNDERBARE WASCHSALON (Money Laundry) & KOPF ODER ZAHL (Dead Beat Daddy) 24.02.99

22. AUTORENNEN (Red Line) & ZWEI SCHWESTERN (Two Sisters) & WERWOLF (Eclipse) & EIS (The Ice Box) & HEXENZIRKEL (The Gathering) 03.03.99

23. TÖDLICHE INTRIGE (The Handyman) & ANATOL (Anatole) & DAS MAUERBLÜMCHEN (Makeup Magic) & GERETTET VON VATERS GEIST? (Srewdriver) & CHARLIE (Charlie) 10.03.99

24. DER GÄRTNER (The Nightmare) & DER VERFOLGER (The Stalker) & DER UNGLAUBLICHE AUTOTRAUM (The Impossible Car Dream) & DER DEKORATEUR (The Dresser) & DAS BEGRÄBNIS (The Burial) 17.03.99

25. DIE MÄCHTE DES WAHNSINNS (Creepy Comics) & DER TASCHENDIEB (Louie, The Dip) & DAS WIMMERN (The Wailing) & DER UNSICHTBARE (The Landlady) & DIE ZEREMONIE (Curse) 24.03.99

26. DER KARTENGEBER (The Dealer) & TRINKGELD (Gratuity) & DER BÄCKER (The Cake) & DER TALISMAN (First Time Offender) & DER SPIEGEL DER SEELE (The Mirror Of Truth) 31.03.99

27. TRUCK STOP & DIE SPIELUHR & PFANDLEIHE & DIE WAHRSAGERIN & DAS HORN 07.04.99

28. AM WEGESRAND & BILLARD & EIN FALL FÜRS FBI & DER TOTENGRÄBER & DAS ERBE 14.04.99

29. STIGMATA & RETTET DEN REGENWALD! & TOTE SCHLAFEN FEST & WO SIND ALL DIE HELDEN HIN? & LEBENSVERSICHERUNG 21.04.99

30. VERTAUSCHT & MOTEL 66 & SCREAM & FRIEDHOF DER KUSCHELKATZE & DER ANHALTER 28.04.99

31. HIEROGLYPHEN & DER STEINMETZ & HANDGESTICKT 05.05.99

DER ZAUBERMÄCHTIGE PSAMMEAD
(Five Children And It)
GB 1990; 6 Episoden
Deutsche Ausstrahlung:
ZDF 1994; 6 Episoden

Darsteller: Nicole Mawat (Anthea), Tamzen Andas (Jane), Charlie Richards (Robert), Simon Godwin (Cyril), Laura Brattan (Martha).

Der Psammead, ein Sandelf, der schon mehr als

tausend Jahre alt ist, erfüllt einer Gruppe Kinder Wünsche. So gewinnen sie Reichtum, können fliegen, reisen in die Vergangenheit und erleben andere aufregende Abenteuer. Doch wie auch immer sie ihre Wünsche formulieren, die Erfüllung entspricht nie dem, was sie sich eigentlich vorgestellt hatten. Ausserdem bedeutet der nächste Sonnenuntergang jeweils das Ende für eine der Wunschphasen.

1902 wurde das Kinderbuch der englischen Autorin Edith Nesbit veröffentlicht, das mittlerweile zu den Klassiker britischer Kinderliteratur gehört. 1993 folgte eine weitere Psammead-Reihe (siehe nächsten Eintrag) und 1997 hatte der Sandelf einen Gastauftritt in PHOENIX, DER ZAUBER-VOGEL (qv).

EPISODEN:

1. VON DER SCHWIERIGKEIT, SICH DAS RICHTIGE ZU WÜNSCHEN
2. VON DER SCHWIERIGKEIT, MIT GELD UMZUGEHEN
3. VON DER SCHWIERIGKEIT, VON EINEM KIRCHTURM ZU SPRINGEN
4. VON DER SCHWIERIGKEIT DES UMGANGS MIT EINEM RIESEN
5. VON DER SCHWIERIGKEIT, AUF DEM JAHRMARKT REICH ZU WERDEN
6. VON DER SCHWIERIGKEIT, GESTOHLENEN SCHMUCK WIEDER LOSZUWERDEN

DER ZAUBERMÄCHTIGE PSAMMEAD
(The Return Of The Psammead)
GB 1993; 6 Episoden
Deutsche Ausstrahlung:
ZDF 1995; 6 Episoden

Darsteller: Laura Clarke (Ellie Garsington), Toby Uffindell-Phillips (George Garsington), Leonard Kirby (Pip Garsington), Vicci Avery (Lucy Garsington), Anna Massey (Tante Constance Marchemont), Polly Kemp (Bessie).

Ellie, George, Pip und Lucy sollen ein paar Wochen bei ihrer Tante in Marchmont verbringen. Diese befindet sich jedoch in London, so dass Mr. Dobbs, der Verwalter des Anwesens der Tante, sie abholt.
Während einer Rast sieht Ellie in einer Sandkuhle ein Wesen, das sofort wieder verschwindet. Aber Ellies Interesse ist geweckt. Am nächsten Morgen untersucht sie das Sandloch und trifft auf

den uralten Sandelf namens Psammead, der ihr und ihren Geschwistern die ausgefallensten Wünsche erfüllt.

Nach der 1990er Psammead-Reihe (siehe vorhergehender Eintrag) hier nun die zweite Serie um den Sandelf. Ein weiterer Auftritt folgte 1997 in PHOENIX, DER ZAUBERVOGEL (qv).

EPISODEN:

1. DER SANDELF KEHRT ZURÜCK
2. DIE ZWILLINGSSCHWESTER
3. DIE REISE IN DIE ZUKUNFT
4. TANTE MARCHEMONTS VERWANDLUNG
5. DIE SUCHE NACH DEM PSAMMEAD
6. ABSCHIED VON DEN FREUNDEN

ZAUBER, ZOFF UND PHANTASIE
(Wonder Works)
USA 1987; 21 Episoden
Deutsche Ausstrahlung:
Pro 7 1989/1990; 21 Episoden

Anthologie für Kinder, die ein breites Spektrum abdeckt. Von kleinen lehrreichen Problemfilmchen bis zur Geistergeschichte nach literarischer Vorlage.
Insgesamt gelungene Unterhaltung, die einige gute Darsteller aufzuweisen hatte. Hierzu gehörten Denholm Elliott, Elliott (The Shining) Gould, Marsha (Der kleine Vampir & Ultraman) Moreau, Richard B. (Holmes & Yoyo) Shull, Paul Sorvino, Loretta Swit, Tamlyn (Burning Zone) Tomita, Barry (Airwolf, Der Junge vom anderen Stern & Kampfstern Galactica) Van Dyke, Sam (Q. E. D.) Waterston und Alfre (Detektei mit Hexerei) Woodard.

EPISODEN:

1. FROSCH ODER PRINZ (Frog)
2. SO GUT WIE PARTNER (Almost Partners)
3. HENRIETTA HÜHNERSCHRECK (Hoboken Chicken Emergency)
4. ENGEL SEGEN GANZ ANDERS AUS (Gryphon)
5. MEIN FREUND, DAS GESPENST (The Canterville Ghost)
6. AM ENDE DES REGENBOGENS (The Boy Who Loved Trolls)
7. DANNY IM ALL (Walking On Air)
8. UNTER DEM FEIGENBAUM (The Fig Tree)
9. MARICELA (Maricela)
10. ENDLICH EIN ZUHAUSE (Home At Last)

11. MACH'S WIE KOLUMBUS (Daniels And The Towers)
12. WEIHNACHTEN IN WALES (A Child's Christmas In Wales)
13. PERFEKT IN DREI TAGEN (How To Be A Perfect Person)
14. DIE BRÜCKE NACH TERABITHIA (Bridge To Terabithia)
15. DREI KINDER AUF DER FLUCHT (Miracle At Moreaux)
16. SAMSTAGNACHT IM PARK (Taking Acre Of Terrific)
17. DAS MÄDCHEN AUS HIROSHIMA (Hiroshima Maiden)
18. UND WIR KINDER GEHEN VORAN (And The Children Shall Lead)
19. DAS HAUS VON DIES DREAR 1/GENUG PLATZ FÜR ALLE 1 (Words By Heart 1)
20. DAS HAUS VON DIES DREAR 2/GENUG PLATZ FÜR ALLE 2 (Words By Heart 2)
21. POP PIRATES (Pop Pirates)

ZEITREISENDE
(Voyagers!)
USA 1982/1983; 20 Episoden
Deutsche Ausstrahlung:
RTL plus 1989; 19 Episoden

Darsteller: Jon-Erik Hexum (Phineas Bogg), Meeno Peluce (Jeffrey Jones).

Die Zeit ist aus den Fugen — bestimmte Abläufe entsprechen nicht mehr der Geschichtsschreibung. Hier treten also die Voyagers, die ZEIT-REISENDEN, auf den Plan. Ihre Aufgabe ist es, sich entsprechender Perioden anzunehmen und diese wieder zurecht zu rücken.
Einer von ihnen ist der ehemalige Pirat Phineas Bogg. Ausgerüstet mit dem Omni, eine Art Taschenzeitmaschine mit Kontrollfunktion zum Aufspüren veränderter Zeitabläufe, und einem speziellen Geschichtsbuch geht er seiner Arbeit nach. Durch einen Fehler landet Bogg im Jahre 1982 im Zimmer des Jungen Jeffrey Jones, der gerade seine Eltern verlor. Noch bevor Bogg seinen Reisefehler korrigieren kann, wird sein Zeithandbuch von Jeffreys Hund verspeist.
Hier kommt nun Jeffrey zum Zuge. Da sein Vater Geschichtsprofessor war, kennt sich der Junge überdurchschnittlich gut in Geschichte aus. Er überredet Phineas Bogg, ihn als „Buchersatz" mitzunehmen und bald sind die beiden gute Freunde und ein nahezu unschlagbares Team.

Ausgesprochen gute Unterhaltung gewürzt mit leichtem Lehrcharakter. Innerhalb der Abenteuerstories werden den meist jüngeren Zuschauern verschiedene historische Ereignisse und Abläufe nahegebracht. Da die verschledenen 'Zeitfehler', meist mindestens zwei pro Episode, mit genügend Schwung und Humor dargestellt werden, kommt auch keine Langeweile auf.
Das Konzept der Serie stammt von James D. Parriott, der auch für DIE SPEZIALISTEN UNTERWEGS (qv) verantwortlich zeichnete. Berühmte Zeitgenossen darstellen durften John Anderson, Ed Begley, Jr., Diane (Die Spezialisten unterwegs) Civita, Peter (Time Trax) Donat, Michael (V) Durrell, Ike (Fantastic Journey) Eisenmann, Michael Ensign, Jonathan (Raumschiff Enterprise-Das nächste Jahrhundert & X-Factor) Frakes, Peter (Profiler) Frechette, Faye (V) Grant, John Hancock, Gregg Henry, Alex (Buck Rogers) Hyde-White, Gregory Itzin, Mako Iwamtsu, Lance (Werwolf) LeGault, Anne (Kampfstern Galactica) Lockhart, William (Outlaws) Lucking, Keye (Kung Fu) Luke, (Judson (V) Scott und Harry Townes.

EPISODEN:
1. DIE ERSTEN PILOTEN (Voyagers!) 21.01.89
2. CLEOPATRA IN NEW YORK (Cleo And The Babe) 28.01.89
3. WERKZEUGE DES SATANS (Agents Of Satan) 04.02.89
4. DAS ENDE EINER LEGENDE (Bully And Billy) 11.02.89
5. VERRAT AN PRÄSIDENT LINCOLN (The Day The Rebs Took Lincoln) 18.02.89
6. GLEICH GEBOREN (Created Equal) 25.02.89
7. DIE IRRWEGE DES MARCO POLO (The Travels Of Marco...And Friends) 04.03.89
8. BUFFALO BILL BEI DER QUEEN (Buffalo Bill And Annie Oakley Play The Palace) 11.03.89
9. DER PIRATENSCHATZ (Old Hickory And The Pirate) 18.03.89
10. LICHT UND SCHATTEN (Worlds Apart) 25.03.89
11. FLUG ÜBER DEN ATLANTIK (An Arrow Pointing East) 01.04.89
12. UNSCHULDIG VOR GERICHT (The Trial Of Phineas Bogg) 08.04.89
13. TÖNE AUS DER FERNE (Barriers Of Sound) 15.04.89
14. SIEGE UND NIEDERLAGEN (All Fall Down) 22.04.89
15. DER NEUE JACK THE RIPPER (Jack's Back) 29.04.89
16. ÜBERRASCHUNGSANGRIFF (Sneak Attack) 06.05.89

17. DER UNTERGANG DER TITANIC (Voyagers Of The Titanic) 13.05.89
18. MONDFLUG IN GEFAHR (Pursuit) 20.05.89
19. WAHL DES SCHICKSALS (Destiny's Choice) 27.05.89

EPISODE (nicht gesendet):
20. (Merry Christmas, Bogg)

ZOMBIES OF THE STRATOSPHERE
(Zombies Of The Stratosphere)
USA 1952; 12 Teile (Kinoserial)
Deutsche Ausstrahlung:
arte 1995; 12 Episoden

Darsteller: Judd Holdren (Larry Martin), Aline Towne (Sue Davis), Wilson Wood (Bob Wilson), Lane Bradford (Marec), John Crawford (Roth), Craig Kelly (Mr. Steele), Stanley Waxman (Dr. Harding), Ray Boyle (Shane), Leonard Nimoy (Narab), Tom Steele (Fahrer), Dale Van Sickel (Telegrafist), Roy Engel (Lawson), Jack Harden (Kerr), Paul Stader (Fischer), Gayle Kellogg (Dick), Jack Shea (Polizist), Robert Garebadian (Elah).

Ausserirdische planen die Invasion der Erde. Hierbei tritt ihnen tapfer Inspector Larry Mann entgegen, die übliche letzte Hoffnung der Menschheit.

Der Markt für Kinoserials, jene Vorläufer der Fernsehserie, lag in den letzten Zügen; ebenso wie dieses Werk. Wie so viele andere Serials auch, liegt der Unterhaltungswert heutzutage insbesondere in der inzwischen krude wirkenden Technik, die meist nicht nur Film- und Trickarbeit sondern auch Drehbuchschreiberei und Schauspielerei angeht. Das hier vorliegende Serial erblickte insbesondere deswegen das Licht der Bildschirme, weil ein damals recht unbekannter Darsteller namens Leonard Nimoy mitwirkte, der sich später mit zugespitzten Ohren einen Namen in den Gefilden des Phantastischen machte. Lawson-Darsteller Roy Engel tauchte später in MEIN ONKEL VOM MARS (qv) wieder auf. 1958 startete eine umgeschnittene Spielfimversion des Serials unter dem Titel SATAN'S SATELLITES (Des Satans Satellit). Für die Video- und Fernsehauswertung wurde ZOMBIES computerkolloriert.

EPISODEN:
1. EIN AVANTGARDISTISCHER ZOMBIE (The Zombie Vanguard)
2. DIE RAKETENSCHLACHT (Battle Of The Rockets)
3. - liegt nicht vor - (Undersea Agents)
4. HEISSE WARE (Contraband Cargo)
5. DER STÄHLERNE HENKER (The Iron Executioner)
6. DIE TODESMINE (Murder Mine)
7. TOD IM HAFEN (Death On The Waterfront)
8. GEISEL IN TODESGEFAHR (Hostage For Murder)
9. DER MENSCHLICHE TORPEDO (The Human Torpedo)
10. DIE FLIEGENDE GASKAMMER (Flying Gas Chamber)
11. MENSCH GEGEN MONSTER (Man Vs. Monster)
12. DAS GRAB DER VERRÄTER (Tomb Of The Traitors)

ZURÜCK IN DIE VERGANGENHEIT
(Quantum Leap)
USA 1989-1993; Pilot & 92 Episoden (drei doppellange)
Deutsche Ausstrahlung:
RTL plus 1991; Pilot & 14 Episoden
RTL plus 1991/1992; 32 Episoden
RTL Television 1993; 26 Episoden
RTL Television 1994; 13 Episoden
RTL Television 1994; 8 Episoden

Darsteller: Scott Bakula (Dr. Samuel „Sam" Beckett), Dean Stockwell (Admiral Albert „Al" Calavicci), Dennis Wolfberg (Gooshie).

Dr. Samuel Beckett und eine Gruppe von Wissenschaftlern arbeiten an einem Projekt für Zeitreise, 'Quantum Leap' (Quantensprung) genannt. Kurz vor Abschluss der Arbeit bekommt Beckett Schwierigkeiten mit der weiteren Finanzierung und entschliesst sich, seine Theorien im Selbstversuch zu beweisen. Ohne die notwendige Testphase zu beenden, betritt der Wissenschaftler den Quantum Leap-Beschleuniger und verschwindet in der Vergangenheit.
Die Zeitreise erweist sich dergestalt, dass Sam in verschiedene Personen hineinspringt. Er ersetzt ihren Geist mit dem seinen, die verdrängte Persönlichkeit wird in Sams in der Zukunft befindlichen Körper katapultiert. Sams Aufgabe, die einzige Möglichkeit der Weiterreise, besteht darin, hilfreich in das Leben des jeweiligen Wirtes

einzugreifen. Unterstützt wird er hierbei durch Albert Calavicci, einem Admiral aus Sams eigener Zeit, der ihm als Hologramm erscheint. Diese Projektion ist nur von Sam, von Kindern und von Tieren wahrzunehmen.
Eine weitere Einschränkung von Becketts Zeitreisen ist die Tatsache, dass er sich nur innerhalb seiner eigenen Lebensspanne bewegen kann.

Wie bei allen Zeitreisegeschichten kann man sich natürlich auch hierbei um die wissenschaftliche Grundlage des Ganzen streiten. Aber wozu? Die Mischung aus Humor und Tränendrüsenpressur der Serie ist ausgesprochen gut gemacht und herausragende Unterhaltung. Noch interessanter wurde die Serie, als der Grund für Sams Reisen zum Thema der Folgen wurde. Hierzu gehört auch die Einführung eines „bösen Springers", der — eigentlich die — die Zeitabläufe zu stören hat.
Auf dem Sprung waren die Gastdarsteller John Anderson, Jennifer Aniston, Royce D. (seaQuest DSV) Applegate, R. G. Armstrong, Frances Bay, Ian (Twin Peaks) Buchanan, K (Superman) Callan, Tia (Relic Hunter) Carrere, Mathieu Carrière, Chubby Checker, Claudia (Babylon 5) Christian, Kristen (Space 2063) Cloke, John (Grüße aus dem Jenseits & seaQuest DSV) D'Aquino, Michael Fairman, Terry (Star Trek: Deep Space Nine) Farrell, Meg Foster, Alan (Der Mann aus dem Meer) Fudge, Kurt (Timecop) Fuller, Jenny (Alien Nation) Gago, Terri Garber, Michael (The Flash) Genovese, Jonathan (Pretender) Gries, Harry (Buffy) Groener, Jerry (Akte X) Hardin, Neil Patrick Harris, Teri (Superman) Hatcher, Richard (V) Herd, John (Star Trek: Deep Space Nine) Hertzler, Sherman (Superboy) Howard, John (Nick Knight) Kapelos, Mimi Kuzyk, Rob (First Wave) LaBelle, Lance (Werwolf) LeGault, Robyn (Teen Engel & Twin Peaks) Lively, Anne (Kampfstern Galactica) Lockhart, Larry Manetti, Ken Marshall, Heather (Salvage 1) McAdam, Roddy (Planet der Affen, Fantastic Journey & Die Mars-Chroniken) McDowall, Stephen (Die Schöne und das Biest) McHattie, Robert Duncan (Star Trek: Raumschiff Voyager) McNeill, Sandy (Das fliegende Auge) McPeak, Marjorie (Space Rangers) Monaghan, Alan (Der Sechs-Millionen-Dollar-Mann) Oppenheimer, CCH Pounder, Deborah (Airwolf) Pratt, Jason (Teen Engel) Priestley, Richard Riehle, Leon (Visitor) Rippy, Michael D. (Ein Fall für Professor Chase) Roberts, Charles (Max Headroom) Rocket, Raphael Sbarge, Alan

(Die geheimnisvolle Insel & Seven Days) Scarfe, William (Mini-Max) Schallert, Carolyn Seymour, William Morgan (Max Headroom) Sheppard, Brooke Shields, James Sloyan, Amy (Der Junge vom anderen Stern) Steel, Don Stroud, Kristoffer Tabori, Russ (Twin Peaks) Tamblyn, Andrea (Babylon 5) Thompson, Kenneth (Der Mann aus dem Meer) Tigar, Tamlyn (Burning Zone) Tomita, Janine Turner, Dr. Ruth Westheimer, Kathleen (Twin Peaks) Wilhoite, Noble Willingham, Lauren (Alien Nation) Woodland, Max (Alf, Die Spezialisten unterwegs & The Stand) Wright und Bruce A. (Sentinel) Young.

EPISODEN:
1. START INS UNBEKANNTE (Quantum Leap)
2. ROCK 'N' ROLL-FIEBER (Good Morning, Peoria) 01.02.91
3. WETTLAUF MIT DER ZEIT (Freedom) 08.02.91
4. EINE ANDERE WELT (Jimmy) 15.02.91
5. BLINDES VERTRAUEN (Blind Faith) 22.02.91
6. SCHATTEN DER TOTEN (Thou Shalt Not) 01.03.91
7. DIE STIMME AUS DER TIEFE (A Portrait For Troian) 08.03.91
8. SCHATTEN DER VERGANGENHEIT (The Americanization Of Machiko) 15.03.91
9. ERSTE LIEBE (Catch A Falling Star) 22.03.91
10. EINER GEGEN ALLE (So Help Me God) 05.04.91
11. GEFÄHRLICHE FLITTERWOCHEN (Honeymoon Express) 12.04.91
12. MAKE LOVE, NOT WAR (Animal Frat) 19.04.91
13. SCHMUTZIGES SPIEL (All-Americans) 26.04.91
14. GEGEN DEN STROM (The Color Of Truth) 03.05.91
15. RODEO FÜR DIE BRAUT (How The Tess Was Won) 10.05.91

16. ZEUGIN IM KREUZFEUER (Her Charm) 14.08.91
17. DIE SIZILIANER VON NEW YORK (Double Identity) 21.08.91
18. RÄTSELHAFTES TAGEBUCH (Good Night, Dear Heart) 28.08.91
19. EIN BABY AUF DER FLUCHT (Maybe Baby) 11.09.91
20. LITERATUR STATT LIEBE (Star Crossed) 18.09.91
21. HALLELUJA FÜR EIN K.O. (The Right Hand Of God) 25.09.91
22. PRIVATDETEKTIVE UNTER SICH (Play It Again, Seymour) 02.10.91
23. DISCO INFERNO (Disco Inferno) 09.10.91

24.   RACHE IST SÜSS (What Price, Gloria?) 16.10.91
25.   DUELL AUF RÄDERN (Camicazi Kid) 23.10.91
26.   DIE REIFEPRÜFUNG (Another Mother) 30.10.91
27.   OHNE NETZ (Leaping In Without A Net) 06.11.91
28.   HOCHZEIT AUF HOHER SEE (Sea Bride) 13.11.91
29.   DER LETZTE TANZ (M.I.A.) 27.11.91
30.   VOR DEM ABGRUND (One Strobe Over The Line) 04.12.91
31.   DER LEIBHAFTIGE (The Boogieman) 11.12.91
32.   VENUS MIT BRUSTHAAR (Miss Deep South) 18.12.91
33.   SCHWARZ UND WEISS (Black And White On Fire) 08.01.92
34.   DER GROSSE SPONTINI (The Great Spontini) 15.01.92
35.   FLUCHTGEDANKEN (The Runaway) 22.01.92
36.   ZWIEBELN UND GELEE (8 1/2 Months) 29.01.92
37.   DIE ZEITMASCHINE (Future Boy) 05.02.92
38.   DER KLAVIERSPIELER (Piano Man) 12.02.92
39.   DIE BEKEHRUNG (Last Dance Before An Execution) 19.02.92
40.   AM SCHEIDEWEG (Private Dancer) 26.02.92
41.   DOPPELTE MORAL (Southern Comforts) 04.03.92
42.   MASKEN (Glitter Rock) 11.03.92
43.   SCHWARZE MAGIE (Pool Hall Blues) 18.03.92
44.   DER KOPFGELDJÄGER (A-Hunting We Will Go) 01.04.92
45.   KALTER KRIEG IM RING (Heart Of A Champion) 22.04.92
46.   HIGHWAY ZUM HIMMEL ODER ZUR HÖLLE (Rebel Without A Clue) 06.05.92
47.   FOLGEN DER ANGST (Nuclear Family) 09.05.92

48.   VIETNAM 1 (The Leap Home) 03.01.93
49.   VIETNAM 2 (The Leap Home 2) 10.01.93
50.   DER FALSCHE WEG (Leap Of Faith) 24.01.93
51.   SCHOCKTHERAPIE (Shock Theater) 07.02.93
52.   VERTAUSCHTE ROLLEN (The Leap Back) 21.02.93
53.   ES IST NIE ZU SPÄT (Play Ball) 28.02.93
54.   STURM DER LEIDENSCHAFT (Hurricane) 07.03.93
55.   GERECHTIGKEIT (Justice) 14.03.93
56.   DAUERWELLE (Permanent Wave) 21.03.93
57.   EIN SCHWIERIGER FALL (Raped) 28.03.93
58.   AFFENLIEBE (The Wrong Stuff) 04.04.93
59.   DER EINZIGE ZEUGE (Dreams) 18.04.93
60.   REGEN (A Single Drop Of Rain) 25.04.93
61.   ZWEIKAMPF (Unchained) 02.05.93
62.   EIN UNGLEICHES PAAR (The Play's The Thing) 09.05.93

63.   EIN KAMPF AUF LEBEN UND TOD (Running For Honor) 16.05.93
64.   DAS ZWEITE GESICHT (Temptation Eyes) 23.05.93
65.   DAS DUELL (The Last Gunfighter) 06.06.93
66.   DIE TODESFALLE (Ghost Ship) 20.06.93
67.   ROBERTO! (Roberto!) 27.06.93
68.   TAXI (It's A Wonderful Leap) 04.07.93
69.   DER FERNSEHDOKTOR (Moments To Live) 11.07.93
70.   SINGEN UM JEDEN PREIS (A Song For The Soul) 18.07.93
71.   DER FLUCH DES PTAH-HOTEP (The Curse
Of   Ptah-Hotep) 25.07.93
72.   WIE HUND UND KATZ (Stand Up) 01.08.93
73.   EIN SPRUNG FÜR LISA (Leap For Lisa) 08.08.93

74.   DIE KRATZBÜRSTE (Leaping Of The Shrew) 20.03.94
75.   EIN ZWEITES LEBEN (Nowhere To Run) 27.03.94
76.   DIE VERGELTUNG (Killin' Time) 10.04.94
77.   HELLER ALS ALLE STERNE (Star Light, Star Bright) 17.04.94
78.   SCHREI NACH BEFREIUNG (Liberation) 24.04.94
79.   KRUMME GESCHÄFTE (Promised Land) 01.05.94
80.   DIE SEXTANTE (Dr. Ruth) 15.05.94
81.   BLUTMOND (Blood Moon) 29.05.94
82.   UNVERGESSENE MARILYN (Goodbye, Norma Jean) 05.06.94
83.   DIE SUCHE NACH BIGFOOT (The Beast Within) 12.06.94
84.   KETTEN ZERBRECHEN (The Leap Between The States) 19.06.94
85.   ELVIS' ERSTER HIT (Memphis Melody) 26.06.94
86.   DAS SPIEGELBILD (Mirror Image) 03.07.94

87.   DAS MEDAILLON (Trilogy I) 30.10.94
88.   HEXENJAGD (Trilogy II: For Your Love) 30.10.94
89.   TÖDLICHE RACHE (Trilogy II: The Last Door) 06.11.94
90.   DER SIEG DES GUTEN (Deliver Us From Evil) 06.11.94
91.   DIE MUTPROBE (Evil Leaper II) 13.11.94
92.   VERFOLGT (Evil Leaper II) 13.11.94
93.   DAS ATTENTAT 1 (Lee Harvey Oswald) 20.11.94
94.   DAS ATTENTAT 2 (Lee Harvey Oswald) 20.11.94

ZURÜCK NACH SHERWOOD FOREST
(Back To Sherwood)
CND 1999; 13 Episoden

Deutsche Ausstrahlung:
ZDF 2000; 5 Episoden (in „Tabaluga Tivi")
Der Kinderkanal 2000; 8 Episoden

Darsteller: Aimee Castle (Robyn Hood), David Francis (Grossvater Hood), Anik Matern (Brenan), Larry Day (Guy of Gisbourne).

„Sherwood Forest vor 800 Jahren. Eine böse Hexe hält Robin Hood und Jungfer Marian an einem verzauberten Ort gefangen. Eine Befreiung ist nur möglich, indem jemand in die damalige Zeit zurückkehrt, um die fünf alten Schätze zu suchen, bekannt als die 'Geschenke des Königs'. — Dieser jemand bin ich."

Und „ich" wiederum ist Robyn Hood, ein sechzehn Jahre altes Mädchen und eine direkte Nachfahrin des berühmten Helden des Sherwood Forest.
Robyn wird durch ein magisches Amulett ins zwölfte Jahrhundert versetzt. Hier versucht sie, ihren Vorfahren aus den Klauen der bösen Hexe Brenan zu befreien. Dafür benötigt sie fünf magische Objekte, Geschenke des Königs Richard Löwenherz an Robin Hood.
Anik Matern spielte bereits in SPACE CASES (qv).

EPISODEN:
1. IN DIE WÄLDER (Into The Woods) 22.01.00
2. DIE SHERWOOD ALL STARS (The Sherwood All-Stars) 29.01.00
3. DIE GESCHENKE DES KÖNIGS (The King's Gifts) 05.02.00
4. EIN SACK VOLL LECKERER SACHEN (A Bagful Of Goodies) 12.02.00
5. DER ZAUBERTRANK (Brenan's Assassins) 19.02.00
6. DIE GEISEL (Ancestors) 25.02.00
7. ZITTERSTANGE AUS DER ZUKUNFT (The Holy Relic) 28.02.00
8. DIE SILBERNE FEDER (Scribblers) 29.02.00
9. DIE REBELLION (Rebellion) 01.03.00
10. DAS GOLDENE HORN (Smoke And Mirrors) 02.03.00
11. DER SARAZENISCHE KÖCHER (Just In Time) 03.03.00
12. DIE KRISTALLENEN OHRRINGE (All That Glitters) 06.03.00
13. - liegt nicht vor - (Bird In Hand) 07.03.00

Anmerkung zur Episodenliste: Zur Teilung der Episoden kommt es, da die Serie zuerst im ZDF gestartet wurde und hier im wöchentlichen Rhythmus ausgestrahlt wurde. DER KINDERKANAL startete später, brachte jedoch je eine Folge pro Tag, ausser am Wochenende. Mit Sendung der Folge 6 „überholten" sie die ZDF-Ausstrahlungen.

ZWEIMAL IM LEBEN
(Twice In A Lifetime)
CND 1999-2001, 44 Episoden

Darsteller: Gordie Brown (Mr. Jones- 1999/2000), Paul Popowich (Mr. Smith - 2000/2001), Al Waxman (Richter Othniel).

Nach ihrem Tod finden sich die Menschen vor dem himmlischen Gerichtshof ein. Einigen von ihnen gibt Richter Othniel eine zweite Chance, um ihre vorherigen Fehler auszubügeln.

Einen Teil ihrer Lebenszeit opferten die Gastdarsteller Philip (Krieg der Welten & Highlander) Akin, Maria Conchita Alonso, Corbin (Countdown X) Bernsen, Lindy (Eerie, Indiana & Relic Hunter) Booth, Bruce (Babylon 5) Boxleitner, Richard (Der Sentinel) Burgi, Joanna Cassidy, Richard (Krieg der Welten) Comar, Patrick (Der Mann aus dem Meer) Duffy, Carolyn Dunn, Richard (Robocop) Eden, Tamara Gorski, Mariette Hartley, C. Thomas (Clan der Vampire) Howell, Dale (Time Trax) Midkiff, Paul (Psi Factor) Miller, Martin (Sabrina) Mull, Joe Penny, Michelle Phillips, Tim (Sindbads Abenteuer) Progosh, Natalie (TekWar) Radford, Gwynyth Walsh, Lesley Ann (Kobra, übernehmen Sie) Warren und Maurice Dean (Captain Power, Psi Factor & TekWar) Wint.

EPISODEN:
1. SECHZEHN KERZEN (Sixteen Candles)
2. DIE LETZTE STEUERPRÜFUNG (Death And Taxes)
3. DAS HERZ EINER FRAU (The Healing Touch)
4. ASCHE ZU ASCHE (Ashes To Ashes)
5. DIE BESTE AUSSTELLUNG (Double Exposure)
6. CHARLIES MUTTER (The Blame Game)
7. BLUTSBRÜDER (Blood Brothers)
8. REGELN SIND REGELN! (School's Out)
9. DIE GROSSE LIEBE (O'er The Ramparts We Watched)
10. JETZT ODER NIE (A Match Made In Heaven)
11. UNSCHULDIG (The Quality Of Mercy)
12. DER TRAUM VOM RUHM (What She Did For Love)
13. ZWEITER AUFSCHLAG (Second Service)
14. SCHENK MIR DAS LEBEN! (The Gift Of Life)
15. DAS LIED SEINES LEBENS (Birds Of Paradise)

16. EIN LEBEN FÜR DAS THEATER (Take Two)
17. EIN KOFFER VOLLER GELD (For Love And Money)
18. HOHE FLAMMEN (Old Flames)
19. DER VATER DES JAHRES (Pride And Prejudice)
20. MUTTER UND TOCHTER (Party Girls)
21. DIE SACHE MIT HARRY (The Trouble With Harry)
22. DER JUNGE MIT DEN GRÜNEN HAAREN (Sins Of Our Father)

EPISODEN (nicht gesendet):
23. (Fallen Angel)
24. (It's A Hard Knock Life)
25. (Matchmaker, Matchmaker)
26. (Curveball)
27. (My Blue Heaven)
28. (War Of The Poseys)
29. (The Escape Artist)
30. (Some Like It Not!)
31. (- liegt nicht vor -)
32. (Whistle Blower)
33. (Used Hearts)
34. (The Frat Pack)
35. (The Night Before Christmas)
36. (Even Steven)
37. (Moonshine Over Harlem)
38. (Knockout)
39. (Daddy's Girl)
40. (Then Love Came Along)

DAS ZWEITE GESICHT
(- liegt nicht vor -)
GB 1990; 6 Episoden
Deutsche Ausstrahlung:
ZDF 1991; 6 Episoden

Darsteller: Tad Whalley (Davy Price), Emma-Louise Harrington (Penny Price), Jeff Rawle (John Price), Jacqueline Tong (Rita Price), Cynthia Grenville (Grossmutter Nain), Denys Graham (Grossvater Dadda).

Davy besitzt das 'zweite Gesicht', kann also die Zukunft vorhersagen und Vergangenes aufdecken. Weiterhin ist er befähigt, Gedanken zu lesen. Nachdem er erst einmal einige Verwirrung stiftete, gelingt es ihm, einen Raubüberfall zu verhindern. Dieser wurde vom geheimnisvollen „Wolf" geplant und Davys eigener Vater sollte sich daran beteiligen.
Eine der grossen Fragen der Folgezeit ist natürlich die Identität des „Wolfes". Ist dieser identisch mit dem sogenannten „Mann aus Feuer", der von Davy die Gabe des zweiten Gesichts zurückverlangt?

Thriller mit Fantasyeinschlag nach dem Roman von Peter Dickinson.

EPISODEN:
1. DAS GEHEIMNIS VON WALES (- liegt nicht vor -) 04.11.91
2. DER WOLF (- liegt nicht vor -) 05.11.91
3. SCHWARZHUT UND AFFE (- liegt nicht vor -) 11.11.91
4. DER MANN AUS FEUER (- liegt nicht vor -) 12.11.91
5. UM HAARESBREITE (- liegt nicht vor -) 18.11.91
6. ENDLICH FREI! (- liegt nicht vor -) 19.11.91

ZWISCHEN TAG UND NACHT
(Tales From The Imagination)
USA 1990; 13 Episoden
Deutsche Ausstrahlung:
RTL 2 1995 (?); 13 Episoden

Horror-/Science Fiction-Anthologie, deren Themen von der verwüsteten Erde über Verrückte bis hin zu Vampiren reichen. Akzeptabel als Zeitvertreib, sonst kaum erwähnenswert.
Unter den Darstellern befand sich als einzig halbwegs bekannter Name Eric Stoltz.

EPISODEN:
1. DAS ENDE (Clash, The Last Soldier) 11.02.95
2. DER TRAUMMANN (The Visitor)
3. MÖRDERISCHE LIEBE (Belle)
4. TARGET (Goodbye, Soldier)
5. TÖDLICHE ZEIT (Killing Time)
6. DIE NACHRICHT VON MORGEN (Time In Tomorrow)
7. NIGHTKISS-TÖDLICHE BEKANNTSCHAFT (Nightkiss)
8. DER STERBENDE SCHMETTERLING (Killing Jar)
9. MÖRDER AUF DER FLUCHT (One Day In Dallas)
10. SALAMANDER (Salamander)
11. DIE STUNDE SCHLÄGT (Jack Falls Down)
12. GOLDJUNGE (Penny Elf)
13. FAHR ZUR HÖLLE! (Go To Hell)

GENIE FROM DOWN UNDER, THE: *Ein Genie kommt selten allein*
GET SMART (1965-70): *Mini-Max/Supermax, der Meisterspion*
GET SMART (1995): *Maxwell Smart*
GHOST AND MRS. MUIR, THE: *Der Geist und Mrs. Muir*
GHOSTS: *Unglaubliche Geschichten*
GHOST STORY: *Teufelskreis der Angst*
GIRL FROM TOMORROW, THE: *Das Mädchen aus der Zukunft*
GIRL FROM U.N.C.L.E., THE: *Dancer für U.N.C.L.E.*
GOOD HEAVENS: *Ach, du lieber Himmel*
GOOSEBUMPS: *Gänsehaut-Die Stunde der Geister*

HALFWAY ACROSS THE GALAXY AND TURN LEFT: *Quer durch die Galaxie und dann links*
HAMMER HOUSE OF HORROR: *Gefrier-Schocker*
HAMMER HOUSE OF MYSTERY AND SUSPENSE: *Vorsicht, Hochspannung!*
HARD TIME ON PLANET EARTH: *Jesse aus dem All*
HARRY AND THE HENDERSONS: *Harry und die Hendersons*
HEAVEN HELP US: *Einmal Himmel und zurück*
HERCULES: THE LEGENDARY JOURNEYS: *Hercules*
HIGHLANDER: *Highlander*
HIGHLANDER: THE RAVEN: *Raven-Die Unsterbliche*
HIGHLANDER: THE SERIES: *Highlander*
HIGHWAYMAN, THE: *Highwayman*
HIGHWAY TO HEAVEN: *Ein Engel auf Erden/Der Engel kehrt zurück*
HITCHHIKER, THE: *Hitchhiker*
HITCH-HIKER'S GUIDE TO THE GALAXY, THE: *Per Anhalter durch die Galaxis*
HOLMES & YOYO: *Holmes & YoYo*
HUMAN TARGET: *Die Maske*

I DREAM OF JEANNIE: *Bezaubernde Jeannie*
ILE AUX TRENTE CERCUEILS, L': *Die Insel der dreißig Tode*
ILE MYSTERIEUSE, L': *Die geheimnisvolle Insel*
IMMORTELLE, L': *Raven-Die Unsterbliche*
INCREDIBLE HULK, THE: *Hulk*
INVADERS, THE: *Invasion von der Wega*
INVISIBLE MAN, THE: *Der Unsichtbare*
ISLA MISTERIOSA, LA: *Die geheimnisvolle Insel*
ISOLA DEL TESORO, L': *Der Schatz im All*
ISOLA MISTERIOSA E IL CAPITANO NEMO, L': *Die geheimnisvolle Insel*

JACOB: *Die Bibel: Jakob*
JEREMIAH: *Die Bibel: Jeremiah*
JIM HENSON'S THE STORYTELLER: *Jim Hensons beste Geschichten*
JIM HENSON'S THE STORYTELLER: GREEK MYTHS: *Griechische Sagen-Jim Hensons erzählt*
JOSEPH: *Die Bibel: Josef*
JOSEPH IN EGYPT: *Die Bibel: Josef*
JULES VERNE'S MYSTERIOUS ISLAND: *Die geheimnisvolle Insel*

KACENKA A ZASE STRASIDLA: *Katja und die Gespenster*
KAIKI SRI: *S.R.I. und die unheimlichen Fälle*
KAPPATOO: *Kappatoo*
KINDRED: THE EMBRACE: *Clan der Vampire*
KNIGHT RIDER: *Knight Rider*
KOLCHAK: THE NIGHT STALKER: *Der Nachtjäger*
KRECEK V NOCNI KOSILI: *Ein Hamster im Nachthemd*
KUNG FU: *Kung Fu*
KUNG FU: THE LEGEND CONTINUES: *Kung Fu: Im Zeichen des Drachen*

LAND OF THE GIANTS: *Planet der Giganten*
LAND OF THE LOST (1974-76): *Im Land der Saurier*
LAND OF THE LOST (1991): *Im Land der Saurier II*

LETAJICI CESTMIR: *Der fliegende Ferdinand*
LET THE BLOOD RUN FREE: *Das Horror-Hospital*
LEXX: THE DARK ZONE: *Lexx-The dark Zone*
LITTLE VAMPIRE, THE: *Der kleine Vampir*
LOIS & CLARK: THE NEW ADVENTURES OF SUPERMAN: *Superman-Die Abenteuer von Lois und Clark*
LOST IN SPACE: *Verschollen zwischen fremden Welten*
LOST ISLANDS: *Die verlorenen Inseln*
LUCIE, POSTRACH ULICE: *Luzie, der Schrecken der Straße*

MAGICIAN'S HOUSE, THE: *Das Haus des Magiers*
MAN AND THE CHALLENGE: *Gefährliche Experimente*
MAN FROM ATLANTIS: *Der Mann aus dem Meer/Der Mann aus Atlantis*
MAN FROM U.N.C.L.E., THE: *Solo für O.N.C.E.L./Solo für U.N.C.L.E.*
MANIAC MANSION: *Das Tollhaus*
MANIMAL: *Ein Fall für Professor Chase*
MANN AND MACHINE: *L. A. Machine*
M.A.N.T.I.S.: *M.A.N.T.I.S.*
MARTIAN CHRONICLES, THE: *Die Mars-Chroniken*
MASKED RIDER: *Masked Rider*
MASZYNA ZMIAU: *Die Verwandlungsmaschine*
MAX HEADROOM: *Max Headroom*
MIGHTY JUNGLE, THE: *Dschungel Fieber*
MIGHTY MORPHIN' POWER RANGERS: *Power Rangers*
MILLENNIUM: *Millennium*
MISFITS OF SCIENCE: *Die Spezialisten unterwegs*
MISSION: IMPOSSIBLE (1966-73): *Kobra, übernehmen Sie/ Unmöglicher Auftrag*
MISSION: IMPOSSIBLE (1988-90): *In geheimer Mission*
MISSION: TOP SECRET: *Achtung: Streng geheim!*
MONSTERS: *Monsters-Nachts, wenn das Blut gefriert*
MOON ACRE: *Die Mondprinzessin*
MOONDIAL: *Minty in der Mondzeit*
MOON STALLION: *Der Mondschimmel*
MORK & MINDY: *Mork vom Ork*
MORTAL KOMBAT: *Mortal Kombat*
MOSES: *Die Bibel: Moses*
MOWGLI: *Mowgli-Neue Abenteuer aus dem Dschungel*
MR. ED: *Mr. Ed*
MR. MERLIN: *Mr. Merlin*
MR. SMITH: *Mr. Smith*
MR. TERRIFIC: *Immer wenn er Pillen nahm*
MUNSTERS, THE: *The Munsters*
MUNSTERS TODAY, THE: *Familie Munster*
MY FAVORITE MARTIAN: *Mein Onkel vom Mars*
MY LIFE AS A DOG: *Mein Leben als Hund*
MY SECRET IDENTITY: *Ultraman-Mein geheimes Ich*
MYSTIC KNIGHTS OF TIR NA NOG: *Mystic Knights-Die Legende von Tir Na Nog*

NA KOMETE: *Auf dem Kometen*
NAVSTEVNICI: *Die Besucher*
NEW ADVENTURES OF HUCK FINN, THE: *Neue Abenteuer von Huck Finn, Tom und Becky*
NEW ADVENTURES OF ROBIN HOOD, THE: *Robin Hood*
NEW ADVENTURES OF WONDER WOMAN, THE: *Wonder Woman*
NEW AVENGERS, THE: *Mit Schirm, Charme und Melone*
NIGHTMAN: *Nightman*
NIGHTMARE CLASSICS: *Klassiker der unheimlichen Art*
NOBODY'S HOUSE: *Spuk im Haus*
NOWHERE MAN: *Nowhere Man-Ohne Identität*

OCEAN GIRL: *Ocean Girl*
ODYSSEY, THE: *Odyssee ins Traumland*
100 DEEDS FOR EDDIE MCDOWD: *100 gute Hundetaten*
OUTER LIMITS, THE: *Outer Limits-Die unbekannte Dimension*
OUTLAWS: *Outlaws-Die Gesetzlosen*

OUT OF THIS WORLD: *Mein Vater ist ein Ausserirdischer*

PAN TAU: *Pan Tau*
PA RYMMEN MED PIPPI LANGSTRUMP: *Pippi Langstrumpf*
PERILS OF PAULINE, THE: *Pauline lebt gefährlich*
PHOENIX AND THE CARPET, THE: *Phoenix, der Zaubervogel*
PINOCCHIO: *Pinocchio*
PIPPI LANGSTRUMP: *Pippi Langstrumpf*
PIPPI LANGSTRUMP PA DE SJU HAVEN: *Pippi Langstrumpf*
PLANET OF THE APES: *Planet der Affen*
POLTERGEIST: THE LEGACY: *Poltergeist-Die unheimliche Macht*
POWER RANGERS IN SPACE: *Power Rangers in Space*
POWER RANGERS LIGHTSPEED RESCUE: *Power Rangers Lightspeed Rescue*
POWER RANGERS LOST GALAXY: *Power Rangers Lost Galaxy*
POWER RANGERS TURBO: *Power Rangers*
POWER RANGERS ZEO: *Power Rangers*
POWERS OF MATTHEW STAR, THE: *Der Junge vom anderen Stern*
PRETENDER, THE: *Pretender*
PREY: HUNGRY FOR SURVIVAL: *Prey-Gefährliche Spezies!*
PRISONER, THE: *Nummer Sechs*
PROFESSOR POPPER'S PROBLEMS: *Professor Poppers Erfindung*
PROFILER, THE: *Profiler*
PSI FACTOR: CHRONICLES OF THE PARANORMAL: *Psi Factor-Es geschieht jeden Tag*

Q.E.D.: *Q.E.D.*
QUANTUM LEAP: *Zurück in die Vergangenheit*
QUEEN'S NOSE, THE: *Die magische Münze*

RANDALL AND HOPKIRK (DECEASED): *Randall & Hopkirk-Detektei mit Geist*
RAY BRADBURY THEATER, THE: *Ray Bradburys Gruseltheater*
RELIC HUNTER: *Relic Hunter-Die Schatzjägerin*
RETURN OF THE PSAMMEAD, THE: *Der zaubermächtige Psammead*
RETURN TO JUPITER: *Rückkehr zum Jupiter*
RIGET: *Geister*
ROAR: *Conor, der Kelte*
ROBIN OF SHERWOOD: *Robin Hood*
ROBOCOP: THE SERIES: *Robocop*
ROSWELL: *Roswell*
RUSALKA: *Rusalka*
RUSSALOTSCHKA: *Rusalka*

SABRINA, THE TEENAGE WITCH: *Sabrina-Total verhext!*
SALOMONE: *Die Bibel: Salomon*
SALVAGE 1: *Salvage 1-Hinter der Grenze zum Risiko*
SAMSON AND DELILAH: *Die Bibel: Samson und Delila*
SANSONE E DALILA: *Die Bibel: Samson und Delila*
SCORCH: *Scorch-Der kleine Hausdrache*
SEAQUEST DSV: *seaQuest DSV*
SEAQUEST 2032: *seaQuest 2032*
SEARCH FOR TREASURE ISLAND, THE: *Auf der Suche nach der Schatzinsel*
SECOND HUNDRED YEARS, THE: *Der Mann von gestern*
SECRET WORLD OF ALEX MACK, THE: *Was ist los mit Alex Mack?*
SECRET WORLD OF POLLY FLINT, THE: *Die geheime Welt der Polly Flint*
SENTINEL, THE: *Der Sentinel-Im Auge des Jägers*
SEVEN DAYS: *Seven Days-Das Tor zur Zeit*
SHADES OF L. A.: *Grüsse aus dem Jenseits*
SIR ARTHUR CONAN DOYLE'S LOST WORLD: *Die verlorene Welt*
SIX MILLION DOLLAR MAN, THE: *Der Sechs-Millionen-Dollar-Mann*

SLEEPWALKERS: *Sleepwalkers*
SLIDERS: *Sliders-Das Tor in eine fremde Dimension*
SMALL WONDER: *Vicki*
SOLOMON: *Die Bibel: Salomon*
SPACE: *Space*
SPACE: ABOVE AND BEYOND: *Space 2063*
SPACE CASES: *Space Cases-Das galaktische Klassenzimmer*
SPACE ISLAND ONE: *Raumstation Unity*
SPACE: 1999: *Mondbasis Alpha 1*
SPACE PRECINCT: *Space Cops-Tatort Demeter City*
SPACE RANGERS: *Space Rangers*
SPADLA Z OBLAKOV: *Sie kam aus dem All*
SPELLBINDER: *Spellbinder/Spellbinder-Im Drachenkaiserland*
STAR MAIDENS: *Die Mädchen aus dem Weltraum*
STARMAN: *Der Mann vom anderen Stern*
STAR TREK: *Raumschiff Enterprise*
STAR TREK: DEEP SPACE NINE: *Star Trek: Deep Space Nine*
STAR TREK: THE NEXT GENERATION: *Raumschiff Enterprise-Das nächste Jahrhundert*
STAR TREK VOYAGER: *Star Trek: Raumschiff Voyager*
STEPHEN KING'S GOLDEN YEARS: *Schöne neue Zeit*
STEPHEN KING'S THE SHINING: *Stephen King's The Shining*
STEPHEN KING'S THE STAND: *Stephen King's The Stand-Das letzte Gefecht*
STORYBOOK INTERNATIONAL: *Märchen aus aller Welt*
STRANGE LUCK: *Strange Luck-Dem Zufall auf der Spur*
STRANGE WORLD: *Geheimprojekt X*
STREETHAWK: *Streethawk*
SUPERBOY: *Superboy*
SUPER FORCE: *Super Force*
SUPERGRAN: *Supergran-Die Oma aus dem 21. Jahrhundert*
SUPERHUMAN SAMURAI SYBER SQUAD: *Superhuman Samurai Syber-Squad*
SUPERMAN: *Supermann-Retter in der Not*
SWAMP THING: *Das Ding aus dem Sumpf*

TALES FROM THE CRYPT: *Geschichten aus der Gruft*
TALES FROM THE DARKSIDE: *Geschichten aus der Schattenwelt*
TALES FROM THE IMAGINATION: *Zwischen Tag und Nacht*
TARZAN (1966-68): *Tarzan*
TARZÁN (1991-94): *Tarzan*
TARZAN: THE EPIC ADVENTURES: *Tarzan-Die Rückkehr*
TEAM KNIGHT RIDER: *Team Knight Rider*
TEEN ANGEL: *Teen Engel*
TEEN ANGEL RETURNS: *Teen Engels Rückkehr*
TEKWAR: *TekWar-Krieger der Zukunft*
3RD ROCK FROM THE SUN: *Hinterm Mond gleich links*
THUNDER IN PARADISE: *Thunder in Paradise-Heisse Fälle, coole Drinks*
TIMECOP: *Timecop*
TIME TRAX: *Time Trax-Zurück in die Zukunft*
TIME TUNNEL, THE: *Time Tunnel*
TOPPER: *Topper*
TORCH: *Torch-Die Fackel*
TOTAL RECALL 2070: *Total Recall 2070*
TOUCHED BY AN ANGEL: *Ein Hauch von Himmel*
TRIBE, THE: *The Tribe-Eine Welt ohne Erwachsene*
TRIPODS, THE: *Die dreibeinigen Herrscher*
TUCKER'S WITCH: *Detektei mit Hexerei*
TWICE IN A LIFETIME: *Zweimal im Leben*
TWILIGHT ZONE, THE: *Geschichten, die nicht zu erklären sind/ Unwahrscheinliche Geschichten*
TWILIGHT ZONE, THE (80er): *Twilight Zone/Unbekannte Dimensionen*
TWIN PEAKS: *Das Geheimnis von Twin Peaks/Twin Peaks-Das Geheimnis geht weiter*

UFO: *UFO*
ULTIMATE GOOSEBUMPS: *Gänsehaut-Die Stunde der Geister*

UNHAPPILY EVER AFTER: *Auf schlimmer und ewig*

V: *V-Die ausserirdischen Besucher kommen*
VÄRLDENS BÄSTA KARLSSON: *Karlsson auf dem Dach*
VIPER: *Viper*
VISITOR, THE: *Visitor-Die Flucht aus dem All*
VOYAGERS!: *Zeitreisende*
VOYAGE TO THE BOTTOM OF THE SEA: *Mission Seaview/Die
    Seaview-In geheimer Mission*
V. R. TROOPERS: *V. R. Troopers*
V: THE FINAL BATTLE: *V-Die ausserirdischen Besucher kommen*
V: THE SERIES: *V-Die ausserirdischen Besucher kommen
    zurück*

WANDERER, THE: *Die Macht des Schwertes*
WAR OF THE WORLDS: *Krieg der Welten*
WEREWOLF: *Werwolf*
WHAT A DUMMY!: *Der Familienschreck*
WHOOPS APOCALYPSE!: *Apocalypse Wow-Whoops
    Apocalypse*
WILD PALMS: *Wild Palms*
WILD WILD WEST, THE: *Verrückter Wilder Westen*
WINSPECTOR: SPECIAL POLICE RESCUE TASK FORCE:
    Winspector
WONDER WOMAN: *Wonder Woman*
WONDER WORKS: *Zauber, Zoff und Phantasie*
WOOF!: *Wuff!-Manchmal bin ich ein Hund*
WOOF TOO! A GIRL AND HER DOG: *Wuff!-Schon wieder bin ich
    ein Hund*
WORST WITCH, THE: *Eine lausige Hexe*
WORZEL GUMMIDGE: *Die Vogelscheuche*

XENA: WARRIOR PRINCESS: *Xena*
X-FILES, THE: *Akte X*

ZOMBIES OF THE STRATOSPHERE: *Zombies of the
    Stratosphere*

INDEX 2: DARSTELLER

Aufgeführt sind alle *regulars*, also alle in der Serienauflistung genannten festen Darsteller einer Serie. Diesen wurden Gastauftritte in anderen im Buch genannten Serien zugeordnet. Hierzu kamen andere berühmte Darsteller, Darsteller, die durch viele oder
besondere Gastauftritte in den genannten Reihen in Erscheinung
traten, sowie Personen, die auf anderen Gebieten einen Namen
haben und Gastauftritte absolvierten.
Fettgedruckte Titel bedeuten Tätigkeit als Seriendarsteller, nur
kursiv gedruckte Gastauftritte.

ABBOT, John: *Doctor Who*; **Kappatoo**
ABBOTT, John: *Alfred Hitchcock zeigt (1962-65); Holmes & Yo-
    Yo; Mini-Max; The Munsters; Planet der Giganten;
    Raumschiff Enterprise; Solo für O.N.C.E.L.; Ver-
    rückter Wilder Westen; Verschollen zwischen frem-
    den Welten*
ABDELIALIL, Annabi: *Die Bibel*
ABDUL, Paula: *Sabrina-Total verhext!*
ABDUL-JABBAR, Kareem: *Geschichten aus der Schattenwelt;
    Der Mann aus dem Meer;* **Stephen King's The
    Stand-Das letzte Gefecht**
ABIGAIL: **Das Geisterhaus von Waterloo Creek**
ABINERI, John: *Doctor Who;* **Der Mondschimmel; Robin Hood**
    (1984-86)
ABRAHÁM, Josef: **Bambinot-Der Wunschkindautomat**
ACAVONE, Jay: *Akte X;* **Die Schöne und das Biest;** *Pretender;
    Der Sentinel-Im Auge des Jägers; Sliders-Das Tor in
    eine fremde Dimension; Stargate; Viper; Werwolf*
ACKLAND, Joss: *Die Bibel*

ACKTUN, Gerd: **Der Räuber Hotzenplotz**
ADAMIRA, Jiri: **Bambinot-Der Wunschkindautomat**
ADAMS, Don: *Fantasy Island (1978-84);* **Maxwell Smart; Mini-
    Max**
ADAMS, Jonathan: **Der unsichtbare Mann**
ADAMS, Mary Kay: **Babylon 5**
ADAMSON, Chuck: **Stephen King's The Stand-Das letzte Ge-
    fecht**
ADDAMS, Dawn: **Die Mädchen aus dem Weltraum**
ADDIE, Robert: **Robin Hood** *(1984-86);* **Robin Hood** *(1997-99)*
ADLER, Tony: **Stephen King's The Stand-Das letzte Gefecht**
ADORF, Mario: *Insel der Träume;* **Pinocchio; Prinzessin Fanta-
    ghiró**
ADRESIKOVA, Jana: **Die Rückkehr der Märchenbraut**
AHN, Philson/Philip: **Buck Rogers** *(1939); Dancer für U.N.C.L.E.;
    Kobra; übernehmen Sie;* **Kung Fu;** *Time Tunnel;
    Verrückter Wilder Westen; Wonder Woman*
AHRENS, Thomas: **Das kalte Herz**
AIDMAN, Charles: *Kobra, übernehmen Sie; Der Unsichtbare
    (1975/76);* **Verrückter Wilder Westen**
AIMÉE, Anouk: *Die Bibel*
AINLEY, Anthony: **Doctor Who**
AKBAR, Atossa: **Die Oase**
AKIN, Philip: *F/X; Gänsehaut-Die Stunde der Geister;* **Highlan-
    der; Krieg der Welten;** *Psi Factor-Es geschieht je-
    den Tag; Raven-Die Unsterbliche; TekWar-Krieger
    der Zukunft; Zweimal im Leben*
AKINS, Claude: *Supermann-Retter in der Not*
ALAIMO, Marc: *Hulk; Knight Rider; Raumschiff Enterprise-Das
    nächste Jahrhundert; Die 7-Millionen-Dollar-Frau;*
    Star Trek: Deep Space Nine; *Streethawk; Wonder
    Woman*
ALASKEY, Joe: **Mein Vater ist ein Ausserirdischer**
ALBERT, Eddie: *Ein Engel auf Erden; Mission Seaview; Ray
    Bradburys Gruseltheater; Solo für O.N.C.E.L.; Time
    Trax-Zurück in die Zukunft; Twilight Zone*
ALBERT, Edward (Lawrence): *Conan, der Abenteurer; Fortune
    Hunter-Bei Gefahr: Agent Carlton Dial; Hitchhiker;
    Kung Fu; Profiler; Sabrina-Total verhext!;* **Die Schö-
    ne und das Biest;** *Der Sentinel-Im Auge des Jä-
    gers; Star Trek: Deep Space Nine; Time Trax-Zu-
    rück in die Zukunft*
ALBERTY, Karl Otto: **Die Odyssee**
ALDRED, Sophie: **Doctor Who**
ALDREDGE, Michael: **Der König von Narnia**
ALDWINCKLE, Thomas „Tom": **Unsichtbar; Wuff!-Manchmal
    bin ich ein Hund**
ALEONG, Aki: *Seven Days-Das Tor zur Zeit;* **V-Die ausserirdi-
    schen Besucher kommen**
ALEXANDER, Elizabeth: **Time Trax-Zurück in die Zukunft**
ALEXANDER, Hilary: **Liebling, ich habe die Kinder ge-
    schrumpft**
ALEXANDER, Jean: **Phoenix, der Zaubervogel; Wuff!-Manch-
    mal bin ich ein Hund**
ALEXANDER, Keith: **UFO**
ALEXANDER, Richard: **Flash Gordon**
ALEXANDER, Sarah: **Kappatoo-Der Doppelgänger aus dem
    All**
ALI, Tatyana: *Grusel, Grauen, Gänsehaut*
ALISHARAN, Jason: **Grusel, Grauen, Gänsehaut**
ALLAN, Monty: **Wuff!-Jetzt bin ich der Hund**
ALLARD, Tom: **Im Land der Saurier II**
ALLEN, Andrea: **UFO**
ALLEN, Beth: **Tell-Im Kampf gegen Lord Xax; The Tribe-Eine
    Welt ohne Erwachsene**
ALLEN, Jack: **Wuff!**
ALLEN, Robert: **Pauline lebt gefährlich**
ALLEN, Ron: **Stephen Kings The Shining**
ALLEN, Rosalind: **seaQuest DSV**
ALLEY, Kirstie: *Hitchhiker*

ALLYSON, June: *Airwolf; Hulk; Die Spezialisten unterwegs*
ALONSO, Maria Conchita: *F/X; Outer Limits-Die unbekannte Dimension; Zweimal im Leben*
ALSTON, Hakim: **Robin Hood** (1997-99)
ALT, Carol: **Thunder in Paradise-Heisse Fälle, coole Drinks**
AMECHE, Don: *Ach, du lieber Himmel; Fantasy Island* (1978-84); *Mr. Smith*
AMENDIOLA, Don: **Das Geheimnis von Twin Peaks**
AMENT, Celeste: **Quer durch die Galaxie und dann links**
AMES, Granville: **Visitor-Die Flucht aus dem All**
AMES, Leon: **Mr. Ed**
AMICK, Mädchen: **Fantasy Island** (1998); **Das Geheimnis von Twin Peaks**; *Raumschiff Enterprise-Das nächste Jahrhundert*
ANDAS, Tamzen: **Der zaubermächtige Psammead** (1990)
ANDERS, Helga: **Das blaue Palais**
ANDERSEN, Elga: **Es geschah übermorgen**
ANDERSON, Andy: **Der Junge von Andromeda**
ANDERSON, Barbara: **Kobra, übernehmen Sie**; *Der Sechs-Millionen-Dollar-Mann; Der Unsichtbare* (1975/76); *Wonder Woman*
ANDERSON, Brooke „Mikey": **Auf der Suche nach der Schatzinsel; Ocean Girl**
ANDERSON, Gillian: **Akte X**
ANDERSON, Harry: *Geschichten aus der Gruft; Geschichten aus der Schattenwelt; Superman-Die Abenteuer von Lois und Clark*
ANDERSON, Jean: **Die Mondprinzessin**
ANDERSON, Jo: *From the Earth to the Moon; Millennium;* **Roswell; Die Schöne und das Biest**
ANDERSON, John: *Ein Film aus der Alfred Hitchcock-Serie; Hulk; Der Mann vom anderen Stern; Mein Onkel vom Mars; Mission Seaview; (Outer Limits); Raumschiff Enterprise-Das nächste Jahrhundert; Tarzan* (1966-68); *Unwahrscheinliche Geschichten; Zeitreisende; Zurück in die Vergangenheit*
ANDERSON, Loni: *Fantastische Geschichten; Fantasy Island* (1978-84); *Hulk; Sabrina-Total verhext!*
ANDERSON, Melody: **Ein Fall für Professor Chase**; *Hitchhiker*
ANDERSON, Michael John: *Akte X;* **Das Geheimnis von Twin Peaks**; *Monsters-Nachts, wenn das Blut gefriert; Star Trek: Deep Space Nine*
ANDERSON, Jr., Michael: **Die Mars-Chroniken**
ANDERSON, Richard: *Alfred Hitchcock zeigt* (1962-65); *Alfred Hitchcock zeigt* (1985-89); *Automan-Der Super-Detektiv; Fantasy Island* (1978-84); *Invasion von der Wega; Knight Rider; Kobra, übernehmen Sie; Kung Fu: Im Zeichen des Drachen; Der Nachtjäger; Planet der Giganten;* **Der Sechs-Millionen-Dollar-Mann; Die 7-Millionen-Dollar-Frau**; *Solo für O.N.C.E.L.; Verrückter Wilder Westen*
ANDERSON, Richard Dean: **Stargate**
ANDERSON, Sam: *Die Abenteuer des Brisco County, Jr.; Alien Nation; Angel;* **Countdown X-Alarm im All**; *Fantasy Island* (1998); *Geschichten aus der Schattenwelt; Millennium; Nowhere Man-Ohne Identität; Pretender; Prey-Gefährliche Spezies!; Raumschiff Enterprise-Das nächste Jahrhundert;* **Stephen King's The Stand-Das letzte Gefecht**; *Visitor-Die Flucht aus dem All*
ANDERSON, S. Newton: **UFO**
ANDERSON, Stanley: **Stephen Kings The Shining**
ANDERSON, Steven: **Stephen King's The Stand-Das letzte Gefecht**
ANDRE, Annette: **Randall & Hopkirk-Detektei mit Geist**
ANDRESS, Ursula: *Ein Fall für Professor Chase;* **Prinzessin Fantaghiró**
ANDRETTI, Mario: *Pretender*
ANDRETTI, Michael: *Pretender*

ANDREWS, Anthony: **Anno Domini-Kampf der Märtyrer**; *Klassiker der unheimlichen Art*
ANDREWS, Damon: **The Tribe-Eine Welt ohne Erwachsene**
ANDREWS, David: **From the Earth to the Moon; L. A. Machine**
ANG, Michelle: **The Tribe-Eine Welt ohne Erwachsene**
ANGEL, Vanessa: **Stargate**
ANGELIS, Michael: *Die Bibel*
ANGERSON, Jeremy: **Ocean Girl**
ANGLIM, Philip: *Millennium; Monsters-Nachts, wenn das Blut gefriert; Star Trek: Deep Space Nine*
ANHOLT, Christien: *Doctor Who;* **Relic Hunter-Die Schatzjägerin**
ANHOLT, Tony: **Mondbasis Alpha 1**; *Relic Hunter-Die Schatzjägerin; Vorsicht, Hochspannung!*
ANISTON, Jennifer: *Zurück in die Vergangenheit*
ANNETT, Chloe: **Crime Traveller-Die Zeitspringer**
ANSARA, Michael: *Babylon 5; Bezaubernde Jeannie; Buck Rogers* (1979-81); *Dancer für U.N.C.L.E.; Fantasy Island* (1978-84); *Ein Film aus der Alfred Hitchcock-Serie; Kobra, übernehmen Sie; Mission Seaview; (Outer Limits); Planet der Giganten; Raumschiff Enterprise; Solo für O.N.C.E.L.; Star Trek: Deep Space Nine; Star Trek: Raumschiff Voyager; Tarzan* (1966-68); *Time Tunnel; Verliebt in eine Hexe*
ANSELM, Karin: **Ein bißchen Zauber verträgt die Welt**
ANSPACH, Susan: **Space**
ANT: **Auf schlimmer und ewig**
ANTHONY, Lysette: **Dark Shadows**; *NightMan; Raven-Die Unsterbliche*
ANTONUTTI, Omero: *Die Bibel*
APPLEBY, Shiri: **Roswell**; *Xena*
APPLEGATE, Royce D.: **seaQuest DSV**; *Zurück in die Vergangenheit*
ARANDJELOVIC, Stole: **Die Äneis**
ARCHILLES, Stephanie: **Dreamgate**
ARDANT, Fanny: *Edgar Allan Poe-Ungewöhnliche Geschichten*
ARGENZIANO, Carmen: *Babylon 5; Grüsse aus dem Jenseits; Mr. Merlin; Mr. Smith; Profiler; Die 7-Millionen-Dollar-Frau; Stargate; Viper*
ARGUE, David: **Quer durch die Galaxie und dann links**
ARIKAN, Jale: *Die Bibel*
ARKIN, Adam: *Jesse aus dem All*
ARLIN, Georg: **Die Brüder Löwenherz**
ARMOUR, Annabel: **Der Familienschreck**
ARMSTRONG, Kerry: **Ocean Girl; Quer durch die Galaxie und dann links**
ARMSTRONG, R. G.: *Erben des Fluchs; Ein Film aus der Alfred Hitchcock-Serie; Invasion von der Wega; Millennium; Salvage 1-Hinter der Grenze zum Risiko; Die Schöne und das Biest; Time Tunnel; Unwahrscheinliche Geschichten; Werwolf; Zurück in die Vergangenheit*
ARNAZ, Desi, Jr.: **Automan-Der Superdetektiv**
ARNDT, Denis: *Burning Zone-Expedition Killervirus; Pretender; seaQuest DSV*
ARNGRIM, Stefan: *Akte X; The Crow-Stairway to Heaven; Highlander; Millennium;* **Planet der Giganten**; *Poltergeist-Die unheimliche Macht; Viper*
ASAD, Kourosh: **Raumstation Unity**
ASHBROOK, Dana: *Charmed-Zauberhafte Hexen;* **Das Geheimnis von Twin Peaks**; *Outer Limits-Die unbekannte Dimension; Pretender*
ASHCROFT, Richard: *Die Bibel*
ASHLEY, Karan: **Power Rangers**
ASHMORE, Frank: **V-Die ausserirdischen Besucher kommen**
ASHTON, Richard: **Robin Hood** (1997-99)
ASNER, Edward: *Alfred Hitchcock zeigt* (1962-65); *Dancer für U.N.C.L.E.; Ein Engel auf Erden; Invasion von der Wega; Kobra, übernehmen Sie; Mission Seaview; Verrückter Wilder Westen*

ASSAD, Richard: *Mowgli-Neue Abenteuer aus dem Dschungel*
ASTAIRE, Fred: *Kampfstern Galactica*
ASTIN, John: **Die Abenteuer des Brisco County, Jr.; Addams Family**; *Batman;* **Eeerie, Indiana**; *Geschichten aus der Gruft; Teufelskreis der Angst; Unwahrscheinliche Geschichten; Verrückter Wilder Westen*
ATKINS, Tom: *Xena*
ATKINSON, Molly: **Dschungel Fieber**
ATZORN, Robert: *Insel der Träume;* **Oliver Maass; Die Wächter**
AUBERJONOIS, René: *Burning Zone-Expedition Killervirus; Eerie, Indiana; Der Mann aus dem Meer; Outer Limits-Die unbekannte Dimension; Poltergeist-Die unheimliche Macht; Die 7-Millionen-Dollar-Frau; Stargate;* **Star Trek: Deep Space Nine**; *Wonder Woman*
AUBREY, James: **Mission Eureka**
AUBREY, Juliette: *Die Bibel*
AUGUSTINE, Phoebe: **Das Geheimnis von Twin Peaks**
AUGUSTINSKI, Peer: *Gespenstergeschichten*
AUSTIN, Jeremy: **Die Vogelscheuche**
AVELLANO, Helena: **Minty in der Mondzeit**
AVERY, Vicci: **Der zaubermächtige Psammead** (1993)
AVILES, Rick: **Stephen King's The Stand-Das letzte Gefecht**
AYKROYD, Dan: *Geschichten aus der Gruft;* **Psi Factor-Es geschieht jeden Tag**
AYRE, Kristian: **Space Cases-Das galaktische Klassenzimmer**; *Stargate*
AZIZ, Sabir: *Die Bibel*
AZIZI, Rahi: **Space Cases-Das galaktische Klassenzimmer**
AZOULAY-HASFARI, H.: **Das Sahara-Projekt**

BAAL, Karin: *Ein bißchen Zauber verträgt die Welt;* **Sternensommer**
BAAS, Balduin: **Schusters Gespenster**
BABA, Saemi: **Flucht vom Jupiter**
BABCOCK, Barbara: *Ein Film aus der Alfred Hitchcock-Serie; Kobra, übernehmen Sie; The Munsters; Pretender; Raumschiff Enterprise*
BACH, John: **Die geheimnisvolle Insel** (1995)
BACH, Vivi: *Raumpatrouille*
BACHELIER, Peter: **Merlin**
BACHERT, Kathrin: **Spuk von draußen**
BACIC, Steve: *Akte X; First Wave-Die Prophezeiung; Gene Roddenberrys Mission Erde-Sie sind unter uns; Highlander; Millennium; Outer Limits-Die unbekannte Dimension; Der Sentinel-Im Auge des Jägers; Viper*
BACKSTREET BOYS: *Sabrina-Total verhext!*
BACON, Michael: **V. R. Troopers**
BADLAND, Annette: **Eine lausige Hexe**
BADLER, Jane: **Highwayman; In geheimer Mission**; *Mr. Smith;* **V-Die ausserirdischen Besucher kommen**
BÄRHOLD, Rosemarie: **Spuk im Hochhaus**
BAEZ, Herbie: **BeetleBorgs**
BAILEY, G. W.: *Die Bibel*
BAIN, Barbara: **Kobra, übernehmen Sie**; *Millennium; Mini-Max;* **Mondbasis Alpha 1**; *Visitor-Die Flucht aus dem All*
BAIRD, Harry: **UFO**
BAIRD, Sharon: **Im Land der Saurier**
BAKAY, Nick: **Sabrina-Total verhext!**
BAKER, Colin: **Doctor Who**
BAKER, Jim: **Die dreibeinigen Herrscher**
BAKER, Joe Don: **Am Rande der Finsternis**; *Kobra, übernehmen Sie*
BAKER, Kenny: *Die Macht des Schwertes*
BAKER, Leigh Alyn: **Charmed-Zauberhafte Hexen**
BAKER, Roger: **Stephen Kings The Shining**
BAKER, Tom: *Doctor Who;* **Der König von Narnia**
BAKKE, Brenda: *Die Abenteuer des Brisco County, Jr.;* **American Gothic-Prinz der Finsternis**; *Charmed-Zauberhafte Hexen; Raumschiff Enterprise-Das nächste Jahrhundert*

BAKULA, Scott: **Zurück in die Vergangenheit**
BALDUCCI, Franco: **Die Odyssee**
BALDWIN, Adam: **Countdown X-Alarm im All**; *From the Earth to the Moon; Outer Limits-Die unbekannte Dimension; Visitor-Die Flucht aus dem All*
BALDWIN, Gardner: **V. R. Troopers**
BALESTRI, Andrea: **Pinocchio**
BALK, Cathryn: **Die Minikins**
BALLARD, Alimi: **Sabrina-Total verhext!**
BALLARD, Kaye: **Der Familienschreck**
BALSAM, Martin: *Ein Film aus der Alfred Hitchcock-Serie; Der Sechs-Millionen-Dollar-Mann; Solo für O.N.C.E.L.;* **Space**; *Twilight Zone; Unwahrscheinliche Geschichten*
BALSAM, Talia: *Allein gegen die Zukunft; Geschichten aus der Schattenwelt; Ein Hauch von Himmel; Profiler*
BALTUS, Gerd: **Ein bißchen Zauber verträgt die Welt**; *Geschichten aus der Zukunft*
BALTZ, Kirk: **Die Maske**
BALZEROVÁ, Eliska: **Bambinot-Der Wunschkindautomat**
BANCROFT, Cameron: **Countdown X-Alarm im All**
BANKHEAD, Tallulah: *Batman*
BANKS, Jonathan: *Geschichten aus der Gruft; seaQuest DSV; seaQuest 2032; Star Trek: Deep Space Nine*
BANNING, Jack: **Power Rangers in Space**
BARANSKI, Marcin: **Die Reisen des Professor Klecks**
BARBEAU, Adrienne: *Babylon 5; Fantasy Island (1978-84); Monsters-Nachts, wenn das Blut gefriert; Sliders-Das Tor in eine fremde Dimension; Star Trek: Deep Space Nine; Twilight Zone*
BARDEM, Rafael: **Die geheimnisvolle Insel** (1973)
BARKER, Wesley: **BeetleBorgs**
BARKLE, Emma: **Komm zurück, Lucy**
BARNES, C. B.: **Der Mann vom anderen Stern**
BARR, Sharon: **Max Headroom**
BARRETT (-Roddenberry), Majel: *Babylon 5; Der Mann von Gestern;* **Gene Roddenberrys Mission Erde: Sie sind unter uns; Raumschiff Enterprise**; *Raumschiff Enterprise-Das nächste Jahrhundert; Star Trek: Deep Space Nine*
BARRIE, Barbara: **Detektei mit Hexerei**
BARRON, John: **Apocalypse Wow-Whoops Apocalypse**
BARRYMORE, Drew: *Fantastische Geschichten; Ray Bradburys Gruseltheater*
BARTEL, Paul: *Alfred Hitchcock zeigt (1985-89); Fantastische Geschichten*
BARTELSEN, Willy: **Dreamgate**
BARTH, Susanne: **Sternensommer**
BARTLEY, Daryl T.: **Vicki**
BARTOLI, Marisa: **Die Äneis**
BARTON, Peter: **Der Junge vom anderen Stern**; *Ray Bradburys Gruseltheater*
BARTSCH, Angelika: **Das Sahara-Projekt**
BARTY, Billy: *Familie Munster; Fantasy Island (1978-84); Ein Film aus der Alfred Hitchcock-Serie; Der Mann aus dem Meer; Mini-Max*
BARUSHEL, Jay: **Eine lausige Hexe**
BARYLLI, Gabriel: *Gespenstergeschichten*
BARZYK, Patricia: **Mission Eureka**
BASEDOW, Rainer: *Angelo und Luzy; Meister Eder und sein Pumuckl; Der Räuber Hotzenplotz*
BASEHART, Richard: *Alfred Hitchcock zeigt (1962-65); Knight Rider;* **Mission Seaview**; *Mr. Merlin; Unwahrscheinliche Geschichten*
BASILLE, Austin: **Odyssee ins Traumland**
BASINGER, Kim: *Gemini Man; Der Sechs-Millionen-Dollar-Mann*
BASTEDO, Alexandra: **The Champions**; *Randall & Hopkirk-Detektei mit Geist*
BATES, Kathy: **Stephen King's The Stand-Das letzte Gefecht**
BATES, Matt: **Masked Rider**

BATTAGLIA, Rik: *Die geheimnisvolle Insel* (1973)
BAUCHAU, Patrick: *Clan der Vampire*; Earth 2; Fortune Hunter-Bei Gefahr: Agent Carlton Dial; *Pretender*
BAUER, Robert: *Das Geheimnis von Twin Peaks*
BAUMANN, Hilmar: *Spuk im Hochhaus*
BAUR, Wolfgang Sebastian: *Das verbotene Spiel*
BAXTER, Anne: *Batman*
BAY, Frances: Akte X; Alf; Alien Nation; Fantastische Geschichten; Geschichten aus der Gruft; X-Factor: Das Unfassbare; Zurück in die Vergangenheit
BAYLDON, Geoffrey: *Catweazle*; Doctor Who; Jim Hensons beste Geschichten; Mit Schirm, Charme und Melone (1961-69); Mondbasis Alpha 1; Robin Hood (1977-99); *Die Vogelscheuche*
BAYRHAMMER, Gustl: *Meister Eder und sein Pumuckl*
BAZ, Chris: *Auf der Suche nach der Schatzinsel*
BEACHAM, Stephanie: Charmed-Zauberhafte Hexen; Raumschiff Enterprise-Das nächste Jahrhundert; *seaQuest DSV*; UFO; Vorsicht, Hochspannung!
BEALL, Richard: *Stephen Kings The Shining*
BEAN, Sean: Die Bibel
BEASLEY, Allyce: Einmal Himmel und zurück; Der Familienschreck; Grüsse aus dem Jenseits; Superboy
BEATTY, Ned: Alfred Hitchcock zeigt (1985-89); Ein Engel auf Erden
BEATTY, Robert: *Die Mars-Chroniken*
BEAUDIN, Glen: *Superhuman Samurai Syber Squad*
BEAUDOIN, Michelle: *Sabrina-Total verhext!*
BECH, Lukas: *Der fliegende Ferdinand*
BECK, Jenny: *V-Die ausserirdischen Besucher kommen*
BECK, Susanne: Ein bißchen Zauber verträgt die Welt
BECKER, Ben: Die Bibel
BECKER, Terry: *Mission Seaview*
BECKHAUS, Friedrich G.: *Raumpatrouille*
BEDI, Kabir: Highlander; Knight Rider; Mr. Smith; Team Knight Rider
BEGGS, Hagan: Airwolf; Highlander; Millennium; Odyssee ins Traumland; Poltergeist-Die unheimliche Macht; Raumschiff Enterprise; Der Sechs-Millionen-Dollar-Mann; Seven Days-Das Tor zur Zeit
BEGLEY, Jr., Ed: Alf; Fantasy Island (1978-84); Geschichten aus der Gruft; Ein Hauch von Himmel; Hinterm Mond gleich links; Sabrina-Total verhext!; Star Trek: Raumschiff Voyager; Wonder Woman; Zeitreisende
BEHR, Jason: Buffy-Im Bann der Dämonen; Profiler; *Roswell*
BEHRENS, Bernard: *Dracula ist wieder da*
BEHRENS, Stefan: *Der Hausgeist*; *Timm Thaler*
BELFORD, Christine: Fantasy Island (1978-84); Hulk; Kampfstern Galactica; L.A. Machine; Der Sechs-Millionen-Dollar-Mann; *Outlaws-Die Gesetzlosen*; Wonder Woman
BELL, Felicia M.: *NightMan*; Star Trek: Deep Space Nine
BELL, Nicholas: *Ocean Girl*
BELL, Rodney: *Die verlorenen Inseln*
BELLAMY, Anne: *Neue Abenteuer von Huck Finn, Tom und Becky*
BELLAMY, Diana: *Superhuman Samurai Syber-Squad*
BELLAMY, Ralph: Fantasy Island (1978-84); Invasion von der Wega; Twilight Zone
BELLAR, Clara: Die Bibel
BELLE, Ekkehardt: *Merlin*
BELLINGHAM, Lynda: *Doctor Who*
BELLMAN, Gina: Die Bibel
BELLUCCI, Monica: Die Bibel
BELMONDO, Buzz: *Mein Vater ist ein Ausserirdischer*
BELSTLER-BOETTCHER, Nicole: *Geisterjäger John Sinclair*
BELTRAN, Robert: Grüsse aus dem Jenseits; *Star Trek: Raumschiff Voyager*; Streethawk; Superman-Die Abenteuer von Lois und Clark
BELUSHI, James: *Wild Palms*

BENAUD, Chris: *Die verlorenen Inseln*
BENDER, Candace Camille: *Masked Rider*
BENDIX, Simone: *Space Cops-Tatort Demeter City*
BENEDICT, Dirk: Alfred Hitchcock zeigt (1985-89); Fantastische Geschichten; *Kampfstern Galactica*; Vorsicht, Hochspannung!
BENES, Svatopluk: *Katja und die Gespenster*
BENNENT, Heinz: *Das Sahara-Projekt*
BENNETT, Jesse: *Stephen King's The Stand-Das letzte Gefecht*
BENNETT, Matthew: Akte X; FX; Psi Factor-Es geschieht jeden Tag; Stargate; *Total Recall 2070*
BENNETT, Nigel: Alfred Hitchcock zeigt (1985-89); Erben des Fluchs; F/X; Gene Roddenberrys Mission Erde: Sie sind unter uns; Kung Fu: Im Zeichen des Drachen; *Nick Knight*; *Psi Factor-Es geschieht jeden Tag*; Robocop; Total Recall 2070; Twilight Zone
BENRUBI, Abraham: *Sleepwalkers*
BENSON, Amber: *Buffy-Im Bann der Dämonen*
BENSON, Robby: Sabrina-Total verhext!
BENSON, Wendy: *Auf schlimmer und ewig*
BENZ, Julie: *Angel-Jäger der Finsternis*; Buffy-Im Bann der Dämonen; *Roswell*
BERBEN, Iris: *Angelo und Luzy*
BERFIELD, Justin: *Auf schlimmer und ewig*
BERGER, Gunter: *Ein bißchen Zauber verträgt die Welt*
BERGER, Helmut: *Das Sahara-Projekt*
BERGER, Senta: Solo für O.N.C.E.L.
BERGER, Toni: Meister Eder und sein Pumuckl
BERGERE, Lee: Alfred Hitchcock zeigt (1962-65); Kobra, übernehmen Sie; (Outer Limits); Raumschiff Enterprise; Solo für O.N.C.E.L.; Verrückter Wilder Westen
BERGIN, Patrick: Twilight Zone (Lost Classics)
BERGMAN, Sandahl: Das Ding aus dem Sumpf; Jesse aus dem All; TekWar-Krieger der Zukunft
BERGNER, Elisabeth: Angelo und Luzy
BERKOFF, Steven: Space Cops-Tatort Demeter City; *UFO*
BERLE, Milton: Batman; Bezaubernde Jeannie; Fantastische Geschichten; Fantasy Island (1978-84); Mini-Max
BERLINGER, Warren: *Grüsse aus dem Jenseits*
BERNHARDT, Daniel: *Mortal Kombat*
BERNSEN, Corbin: *Countdown X-Alarm im All*; Raumschiff Enterprise-Das nächste Jahrhundert; Zweimal im Leben
BERRY, Ivan: *Phoenix, der Zaubervogel*
BERRY, Mike: *Die Vogelscheuche*
BERRYMAN, Michael: Akte X; Alf; Conan, der Abenteurer; Ein Engel auf Erden; Geschichten aus der Gruft
BERTI, Marina: *Die Odyssee*
BESCH, Bibi: Geschichten aus der Gruft; Die Maske; Der Sechs-Millionen-Dollar-Mann; Streethawk
BEST, Zachary: *The Tribe-Eine Welt ohne Erwachsene*
BESTERI, Kira: *Die Odyssee*
BETCHER, Jayme: *Superhuman Samurai Syber-Squad*
BETTERMANN, Bernhard: *Aeon-Countdown im All*
BEYER, Lena: *Der kleine Vampir-Neue Abenteuer*
BEYMER, Richard: Akte X; *Das Geheimnis von Twin Peaks*; Profiler; Solo für O.N.C.E.L.; Star Trek: Deep Space Nine
BIA, Ambroise: *Die geheimnisvolle Insel* (1973)
BIBERTI, Ilse: *Solaris TV-Der freundliche Sender im All*
BICKNELL, Andrew: Robin Hood (1997-99)
BIEDERMANN, Julia: *Projekt Aphrodite*
BIERI, Ramon: Der Nachtjäger
BIGGS, Casey: NightMan; *Star Trek: Deep Space Nine*
BIGGS, Richard: *Babylon 5*
BIGGS (-Dawson), Roxann: Seven Days-Das Tor zur Zeit; *Star Trek: Raumschiff Voyager*

BIKEL, Theodore: *Babylon 5*; *Burning Zone-Expedition Killervirus*; *Ein Film aus der Alfred Hitchcock-Serie*; *Knight Rider*; *Kobra, übernehmen Sie*; *Pretender*; *Raumschiff Enterprise-Das nächste Jahrhundert*; *Die Schöne und das Biest*; *Unwahrscheinliche Geschichten*

BILLINGTON, Michael: **UFO**

BINNS, Andrew: **Tell-Im Kampf gegen Lord Xax**; *Xena*

BIRD, Norman: **Die Vogelscheuche**

BIRNBAUM, Antje: **Dreamgate**

BIRNEY, David: *Poltergeist-Die unheimliche Macht*; *Sliders-Das Tor in eine fremde Dimension*

BISACCO, Roberto: **Mission Eureka**

BISCUIT, Johnny: **Stephen King's The Stand-Das letzte Gefecht**

BISHOP, Ed: **Apocalypse Wow-Whoops Apocalypse**; *Highlander*; **UFO**

BISHOP, Meredith: **Was ist los mit Alex Mack?**

BISLEY, Steve: **Flucht vom Jupiter**

BISSELL, Whit: *Alfred Hitchcock zeigt (1962-65)*; *Bezaubernde Jeannie*; *Ein Film aus der Alfred Hitchcock-Serie*; *Gefährliche Experimente*; *Hulk*; *Mission Seaview*; *Planet der Giganten*; *Raumschiff Enterprise*; *Die 7-Millionen-Dollar-Frau*; *Solo für O.N.C.E.L.*; **Time Tunnel**

BISTA, Henryk: **Die Reisen des Professor Klecks**

BIXBY, Bill: *Der Geist und Mrs. Muir*; **Hulk**; **Mein Onkel vom Mars**; *Unwahrscheinliche Geschichten*

BLACK, Claudia: **Farscape-Verschollen im All**; *Hercules*; *Xena*

BLACK, James: *Babylon 5*; **Burning Zone-Expedition Killervirus**; *Star Trek: Deep Space Nine*

BLACK, Karen: *Hitchhiker*; **Der Mann von Gestern**

BLACK, Lucas: **American Gothic-Prinz der Finsternis**

BLACKBURN, Barbara: **Dark Shadows**

BLACKMAN, Honor: *Doctor Who*; **Mit Schirm, Charme und Melone** *(1961-69)*; *Der Unsichtbare (1958/59)*

BLÁHA, Josef: **Die Besucher**; *Pan Tau*; **Die Tintenfische aus dem 2. Stock**

BLAIR, Linda: *Fantasy Island (1978-84)*; *Monsters-Nachts, wenn das Blut gefriert*; *Psi Factor-Es geschieht jeden Tag*

BLAIS, Peter: *Nick Knight*; **Psi Factor-Es geschieht jeden Tag**

BLAKE, Madge: *Addams Family*; **Batman**; *Mein Onkel vom Mars*; *Verliebt in eine Hexe*

BLAKE, Noah: **Harry und die Hendersons**

BLAKELY, Colin: *The Champions*

BLAKELY, Michael: **Was ist los mit Alex Mack?**

BLAKELY, Rachel: **Die verlorene Welt**; *Xena*

BLANCHARD, Jared: **Die Ninja Turtles**

BLANCHARD, Rachel: **Grusel, Grauen, Gänsehaut**; **Krieg der Welten**

BLEDSOE, Tempestt: *Monsters-Nachts, wenn das Blut gefriert*

BLESSED, Brian: *Randall & Hopkirk-Detektei mit Geist*

BLICKER, Jason: **F/X**

BLOOM, John I.: **Stephen King's The Stand-Das letzte Gefecht**

BLOUNT, Lisa: *Der Mann vom anderen Stern*

BLUCAS, Marc: **Buffy-Im Bann der Dämonen**

BOCCARDO, Delia: **Mission Eureka**; **Das Sahara-Projekt**

BOCHNER, Lloyd: *Ein Engel auf Erden*; *Highwayman*

BOCK, Alana: **Operation Phoenix-Jäger zwischen den Welten**

BÖCKMANN, Gerd: **Mission Eureka**

BOEHM, Franz: **Der Geisterwald oder Des Raben Rache**

BÖHM, Jürgen: **Dreamgate**

BÖHM, Katharina: *Die Macht des Schwertes*

BOETTGER, Ludwig: **Sternensommer**

BÖWE, Kurt: **Spuk aus der Gruft**

BOGART, Humphrey: *Geschichten aus der Gruft*

BOGERT, William: *Salvage 1-Hinter der Grenze zum Risiko*; **Vicki**

BOHADALOVÁ, Jirina: **Bambinot-Der Wunschkindautomat**; **Katja und die Gespenster**; *Pan Tau*

BOHNET, Folker: **Kasper Laris Abenteuer**

BOHRER, Corinne: *The Flash-Der rote Blitz*; *Der Junge vom anderen Stern*; **Die reinste Hexerei**

BOISEN, Ole: **Geister**

BOLLINGER, Rose: **The Tribe-Eine Welt ohne Erwachsene**

BOLTON, Christopher: *Outer Limits-Die unbekannte Dimension*; *Poltergeist-Die unheimliche Macht*; *Psi Factor-Es geschieht jeden Tag*; **Ultraman-Mein geheimes Ich**

BOLTON, Heather: **Der Junge von Andromeda**

BONARO, Omar: **Die Äneis**

BOND, Samantha: *Unglaubliche Geschichten*

BONGARTZ, Peter: *Der Androjäger*; *Insel der Träume*; **Mission Eureka**; **Das Sahara-Projekt**; **Die Wächter**

BONO, Sonny: *Fantasy Island (1978-84)*; *Der Sechs-Millionen-Dollar-Mann*; *Solo für O.N.C.E.L.*; *Superman-Die Abenteuer von Lois und Clark*

BOOTH, James: **Das Geheimnis von Twin Peaks**

BOOTH, Lindy: **Eerie, Indiana-Die andere Dimension**; *Gene Roddenberrys Mission Erde: Sie sind unter uns*; *Psi Factor-Es geschieht jeden Tag*; **Relic Hunter-Die Schatzjägerin**; *Zweimal im Leben*

BORDEN, Steve „Sting": *Super Force*; **Thunder in Paradise-Heisse Fälle, coole Drinks**

BOREANAZ, David: **Angel**; **Buffy-Im Bann der Dämonen**

BORETSKI, Paul: **Space Cases-Das galaktische Klassenzimmer**

BORGNINE, Ernest: **Airwolf**; *Allein gegen die Zukunft*; *Ein Engel auf Erden*; *Mini-Max*; **Der Schatz im All**

BOROWSKA, Maria: **Die Sonnenlanze**

BOSCH, Johnny Yong: **Power Rangers**

BOSTROM, Zachary: **Harry und die Hendersons**

BOSTWICK, Barry: *Lexx-The dark Zone*

BOTTOMS, Timothy: *Hitchhiker*; **Im Land der Saurier II**; *Ray Bradburys Gruseltheater*; *Twilight Zone*

BOWEN, Trevor: **Am Rande der Finsternis**

BOWENS, Malick: **Tarzan** *(1991-94)*

BOWER, Antoinette: *Ein Film aus der Alfred Hitchcock-Serie*; *Invasion von der Wega*; *Kobra, übernehmen Sie*; *Raumschiff Enterprise*; *Tarzan (1966-68)*; *Unwahrscheinliche Geschichten*; *Verrückter Wilder Westen*

BOWLER, John: **Wuff!-Manchmal bin ich ein Hund**

BOWYER, Alan: **Besuch aus Liliput**

BOXLEITNER, Bruce: **Babylon 5**; *Geschichten aus der Gruft*; *Zweimal im Leben*

BOYD, Bill: **Im Land der Saurier**

BOYD, Linda: **The Crow-Stairway to Heaven**

BOYENS, Jürgen: **Dreamgate**

BOYLAN, John: **Das Geheimnis von Twin Peaks**

BOYLAND, Ari: **The Tribe-Eine Welt ohne Erwachsene**

BOYLE, Lara Flynn: *Die Bibel*; **Das Geheimnis von Twin Peaks**

BOYLE, Peter: *Akte X*; *Superman-Die Abenteuer von Lois und Clark*

BOYLE, Ray: **Zombies of the Stratosphere**

BOYLES, Peter: **Stephen Kings The Shining**

BOYSEN, Rolf: **Die Odyssee**

BRABEC, Vladimir: **Teuflisches Glück**

BRACKS, David: **Das Geisterhaus von Waterloo Creek**

BRADBURY, Ray: **Ray Bradburys Gruseltheater**

BRADFORD, Lane: **Zombies of the Stratosphere**

BRADFORD, Richard: *Viper*

BRADLEY, Charlotte: **Mystic Knights-Die Legende von Tir Na Nog**

BRADLEY, Dan: **Stephen Kings The Shining**

BRADLEY, John: **Robin Hood** *(1997-99)*

BRAHMBHATT, Harshna: **Eine lausige Hexe**

BRAIDWOOD, Tom: **Akte X**

BRAILEY, Gil: **Neue Geschichten von Billy Webb**

BRAMMER, Dieter: **Merlin**

BRANAGH, Brigid: siehe: WALSH, Brigid Conley

BRANDAUER, Klaus Maria: *Die Bibel*

BRANDENBURG, Otto: **Geister**

BURTON, LeVar: *Fantasy Island* (1978-84); ***Raumschiff Enterprise-Das nächste Jahrhundert***; *Star Trek: Raumschiff Voyager; Tödliches Spiel*
BURTON, Normann: ***Wonder Woman***
BUSEY, Gary: *Kung Fu*
BUSH, Grand L.: *Airwolf; Hulk; Outlaws-Die Gesetzlosen;* ***Visitor-Die Flucht aus dem All***; *Werwolf*
BUSSE, Jochen: *Der Androjäger;* ***Phoenix, der Zaubervogel***
BUTKUS, Dick: ***Das fliegende Auge***; *Wonder Woman*
BUTLER, Ervin: ***Stephen King's The Stand-Das letzte Gefecht***
BUTLER, Yancy: ***L. A. Machine***
BUTRICK, Merritt: *Raumschiff Enterprise-Das nächste Jahrhundert; Die Schöne und das Biest*
BUTTAZZONI, Claudia: ***Ocean Girl***
BUTTERWORTH, Peter: ***Catweazle***
BUTTONS, Red: *Allein gegen die Zukunft*
BUZA, George: ***Liebling, ich habe die Kinder geschrumpft; Sindbads Abenteuer; Das Tollhaus***
BYRNES, Brittany: ***Auf der Suche nach der Schatzinsel***
BYRNES, Jim: ***Highlander***; *Mein Vater ist ein Ausserirdischer; Raven-Die Unsterbliche*

CAAN, James: *Alfred Hitchcock zeigt (1962-65); Mini-Max*
CABOT, Sebastian: *Ein Film aus der Alfred Hitchcock-Serie; Mr. Ed; Teufelskreis der Angst; Unwahrscheinliche Geschichten*
CADENY, Tim: ***Das Haus des Magiers***
CAHILL, Sally: ***Flucht vom Jupiter***
CAILLOU, Alan: ***Tarzan*** (1966-68)
CAIN, Dean: *Fantasy Island* (1998); ***Superman-Die Abenteuer von Lois und Clark***
CAIRNEY, John: ***Torch-Die Fackel***
CAJKA, Lubor: ***Sie kam aus dem All***
CALDERISI, David: ***Krieg der Welten***
CALDICOR, Richard: ***Professor Poppers Erfindung***
CALL, R. D.: ***Schöne neue Zeit***
CALLAN, K: *Star Trek: Deep Space Nine;* ***Superman-Die Abenteuer von Lois und Clark***
CALVERT, James „Jim": *Die reinste Hexerei;* ***Superboy; Tödliches Spiel***; *Werwolf*
CAMERON, Dwayne: ***The Tribe-Eine Welt ohne Erwachsene***
CAMPBELL, Bruce: ***Die Abenteuer des Brisco County, Jr.***; *Akte X; American Gothic-Prinz der Finsternis; Hercules; Superman-Die Abenteuer von Lois und Clark; Timecop; Xena*
CAMPBELL, Neve: *Grusel, Grauen, Gänsehaut*
CAMPBELL, Nicholas: *Airwolf; F/X; Highlander;* ***Hitchhiker***; *Psi Factor-Es geschieht jeden Tag*
CAMPBELL, Sarah: ***Robocop***
CAMPBELL, William O. „Bill": *Raumschiff Enterprise-Das nächste Jahrhundert*
CANNON, Wanda: ***Ultraman-Mein geheimes Ich***
CANOCORAC, Joelene: ***Ocean Girl***
CAPRIOGLIO, Deborah: *Die Bibel*
CARBEE, Brian: ***Der Junge von Andromeda***
CARDENAS, Steve: ***Power Rangers***
CARDINALLI, Valentina: ***Auf den Hund gekommen***
CARLIN, Gloria: *Die Bibel*
CARLTON, Hope Marie: ***Stephen King's The Stand-Das letzte Gefecht***
CARLUCCI, Lou: ***Stephen Kings The Shining***
CARMEL, Roger C.: *Batman; Mission Seaview; The Munsters; Raumschiff Enterprise; Solo für O.N.C.E.L.; Der Unsichtbare*
CARNEY, Art: *Batman*
CARPENTER, Charisma: ***Angel-Jäger der Finsternis; Buffy-Im Bann der Dämonen***
CARR, David: ***V. R. Troopers***
CARR, Paul: ***Buck Rogers*** (1979-81)
CARRADINE, Bruce: *Kung Fu*

CARRADINE, Callista: ***Kung Fu: Im Zeichen des Drachen***
CARRADINE, David: *Airwolf; Alfred Hitchcock zeigt (1962-65); Charmed-Zauberhafte Hexen; Fantastische Geschichten;* ***Kung Fu; Kung Fu: Im Zeichen des Drachen***; *Die Maske; Profiler; Ray Bradburys Gruseltheater; Vorsicht, Hochspannung!*
CARRADINE, John: *Alfred Hitchcock zeigt (1962-65); Dancer für U.N.C.L.E.; Fantasy Island (1978-84); Ein Film aus der Alfred Hitchcock-Serie; Kung Fu; Mein Onkel vom Mars; The Munsters; Der Nachtjäger; Planet der Giganten; Solo für O.N.C.E.L.; Twilight Zone; Unwahrscheinliche Geschichten; Verschollen zwischen fremden Welten; Wonder Woman*
CARRADINE, Keith: *Kung Fu*
CARRADINE, Robert: *Alfred Hitchcock zeigt (1985-89); Dark Skies-Tödliche Bedrohung; Hitchhiker; Kung Fu; Kung Fu: Im Zeichen des Drachen; Pretender; Superman Die Abenteuer von Lois und Clark; Twilight Zone*
CARRAHE, Harlen: ***Der Geist und Mrs. Muir***
CARRERA, Barbara: *Fortune Hunter-Bei Gefahr: Agent Carlton Dial*
CARRERE, Tia: *Erben des Fluchs; Geschichten aus der Gruft;* ***Relic Hunter-Die Schatzjägerin***; *Zurück in die Vergangenheit*
CARRICK, Anthony: ***Der Brack-Report***
CARRIÈRE, Matthieu: *Edgar Allan Poe-Ungewöhnliche Geschichten; Zurück in die Vergangenheit*
CARROL, Rocky: *Allein gegen die Zukunft*
CARROLL, Leo G.: ***Dancer für U.N.C.L.E.; Solo für O.N.C.E.L.; Topper***
CARRY, Julius: ***Die Abenteuer des Brisco County, Jr.***
CARSON, Johnny: *Mini-Max*
CARSON, Silas: *Die Bibel*
CARSTENS, Lina: ***Der Räuber Hotzenplotz***
CARTER, Jason: ***Babylon 5***; *Charmed-Zauberhafte Hexen*
CARTER, Lynda: ***Wonder Woman***
CARTER, Terry: *Highwayman;* ***Kampfstern Galactica***; *Der Sechs-Millionen-Dollar-Mann*
CARTWRIGHT, Angela: *Airwolf;* ***Verschollen zwischen fremden Welten***
CARTWRIGHT, Veronica: *Akte X; American Gothic-Prinz der Finsternis*
CARTY, Tod: ***Professor Poppers Erfindung***
CARVEY, Dana: ***Das fliegende Auge***
CASEY, Bernie: *Alfred Hitchcock zeigt (1985-89); Babylon 5;* ***Die Mars-Chroniken***; *seaQuest 2032; Star Trek: Deep Space Nine; Time Trax-Zurück in die Zukunft*
CASPAR, Eric P.: ***Das blaue Palais***
CASSAVETES, John: *Alfred Hitchcock zeigt (1962-65); Ein Film aus der Alfred Hitchcock-Serie; Mission Seaview*
CASSADY, John: ***Die Mars-Chroniken***
CASSEL, Jean-Pierre: ***Prinzessin Fantaghiró***
CASSEL, Seymour: *Geschichten aus der Schattenwelt; Raumschiff Enterprise-Das nächste Jahrhundert*
CASSIDY, Joanna: *Fantasy Island (1978-84); Kobra, übernehmen Sie; Ray Bradburys Gruseltheater; Zweimal im Leben*
CASSIDY, David: *Alfred Hitchcock zeigt (1985-89); Fantasy Island (1978-84); The Flash-Der rote Blitz*
CASSIDY, Patrick: *Superman-Die Abenteuer von Lois und Clark*
CASSIDY, Ted: ***Addams Family***; *Batman; Bezaubernde Jeannie; Dancer für U.N.C.L.E.; Immer wenn er Pillen nahm; Der Mann aus dem Meer;* ***Neue Abenteuer von Huck Finn, Tom und Becky***; *Raumschiff Enterprise; Der Sechs-Millionen-Dollar-Mann; Die 7-Millionen-Dollar-Frau; Solo für O.N.C.E.L.; Tarzan (1966-68); Verschollen zwischen fremden Welten*
CASSIE, Meryl: ***The Tribe-Eine Welt ohne Erwachsene***
CASSIN, Barry: ***Mystic Knights-Die Legende von Tir Na Nog***

CASTER, Jeff: *Dune-Der Wüstenplanet*
CASTLE, Aimee: *Zurück nach Sherwood Forest*
CASTRO, Kevin: *Superhuman Samurai Syber-Squad*
CATER, John: *Spuk im Haus*
CATLIN, Victoria: *Das Geheimnis von Twin Peaks*
CATTRALL, Kim: *Hulk; Outer Limits-Die unbekannte Dimension; Wild Palms*
CAULFIELD, Emma: *Buffy-Im Bann der Dämonen*
CAVALLI, Valeria: *Die Bibel; Helicops-Einsatz über Berlin*
CAVANAUGH, Michael: *Airwolf; Akte X; Burning Zone-Expedition Killervirus; Dark Shadows; Der Mann vom anderen Stern; Raumschiff Enterprise-Das nächste Jahrhundert; Superman-Die Abenteuer von Lois und Clark*
CAVANAUGH, Robert: *Raven-Die Unsterbliche*
CAZENOVE, Christopher: *Gefrier-Schocker*
CELLUCCI, Claire: *Auf den Hund gekommen*
CEPEK, Petr: *Bambinot-Der Wunschkindautomat*
CHADWICK, June: *Fortune Hunter-Bei Gefahr: Agent Carlton Dial´; V-Die ausserirdischen Besucher kommen*
CHAKIRIS, George: *Die Maske; Superboy; Wonder Woman*
CHALK, Sarah: *Odyssee ins Traumland*
CHAMBERLAIN, Ardwight: *Babylon 5; Sindbads Abenteuer*
CHAMBERLAIN, Richard: *Ein Film aus der Alfred Hitchcock-Serie*
CHAMBERLIN, Lee: *Viper*
CHAMBERS, David Kirk: *Stephen King's The Stand-Das letzte Gefecht*
CHAMBOIS, Jean Henri: *Das blaue Palais*
CHAMPION, Dylan: *Die geheime Welt der Polly Flint*
CHAN, Kim: *Kung Fu: Im Zeichen des Drachen*
CHAN, Pauline: *Das Mädchen aus der Zukunft*
CHANDLER, Kyle: *Allein gegen die Zukunft*
CHANDLER, Shannon: *BeetleBorgs*
CHAO, Rosalind: *Kung Fu; Max Headroom; Die Schöne und das Biest; Star Trek: Deep Space Nine*
CHAPLIN, Josefine: *Edgar Allan Poe-Ungewöhnliche Geschichten*
CHAPMAN, Lanei: *Pretender; Raumschiff Enterprise-Das nächste Jahrhundert; Space 2063*
CHAPMAN, Mark Lindsay: *Burning Zone-Expedition Killervirus; Charmed-Zauberhafte Hexen; Das Ding aus dem Sumpf; Max Headroom; Poltergeist-Die unheimliche Macht; Superman-Die Abenteuer von Lois und Clark*
CHARBONNEAU, Patricia: *Clan der Vampire; Geheimprojekt X; Geschichten aus der Gruft; seaQuest 2032; Viper; X-Factor: Das Unfassbare*
CHARTRANO, Lauro: *Die Ninja Turtles*
CHASE, Lorraine: *Die Vogelscheuche*
CHATURANTABUT, Michael: *Power Rangers Lightspeed Rescue*
CHAVES, Richard: *Babylon 5; Krieg der Welten; Star Trek: Raumschiff Voyager*
CHECKER, Chubby: *Zurück in die Vergangenheit*
CHEEK, Molly: *Harry und die Hendersons; X-Factor: Das Unfassbare*
CHEN, Joan: *Das Geheimnis von Twin Peaks; Geschichten aus der Gruft; Knight Rider; Outer Limits-Die unbekannte Dimension*
CHER (Cherilyn Sarkisian): *Solo für O.N.C.E.L.*
CHESTER, SaMi: *Die Maske*
CHEVALIER, Michael: *Mandara*
CHEVOLLEAU, Richard: *Erben des Fluchs; Gene Roddenberrys Mission Erde: Sie sind unter uns; Nick Knight; Robocop; TekWar-Krieger der Zukunft; Ultraman-Mein geheimes Ich*
CHILD, Paul: *Eine lausige Hexe*
CHINN, Charlotte: *Phoenix, der Zaubervogel*
CHMIELNIK, Jacek: *Die Freunde des fröhlichen Teufels*
CHOE, Dean: *Die Ninja Turtles*

CHONG: Rae Dawn: *Highlander; Hitchhiker; Outer Limits-Die unbekannte Dimension; Poltergeist-Die unheimliche Macht*
CHONG, Robbi: *Outer Limits-Die unbekannte Dimension; Poltergeist-Die unheimliche Macht*
CHOY, Anna: *Flucht vom Jupiter; Rückkehr zum Jupiter*
CHRISTENSEN, Laura: *Geister*
CHRISTENSEN, Ute: *Angelo und Luzy*
CHRISTIAN, Claudia: *Babylon 5; Highwayman; Space Rangers; Zurück in die Vergangenheit*
CHRISTIAN, Eva: *Es geschah übermorgen*
CHRISTIE, Alex: *Das Geisterschloss*
CHRISTIE, Dick: *Vicki*
CHRISTOPHER, Dennis: *Monsters-Nachts, wenn das Blut gefriert; Profiler; Roswell; seaQuest 2032; Der Sentinel-Im Auge des Jägers; Star Trek: Deep Space Nine; Tarzan-Die Rückkehr*
CHRISTOPHER, Gerard: *Superboy*
CHRISTOPHER, Thom: *Buck Rogers* (1979-81)
CHRZANOWSKA, Katarzyna: *Die Sonnenlanze*
CHYNA (Joanie Laurer): *Hinterm Mond gleich links*
CIBIRIAN, Eddie: *Baywatch Nights*
CILENTO, Diane: *Quer durch die Galaxie und dann links*
CIMINO, Leonardo: *M.A.N.T.I.S.; V-Die ausserirdischen Besucher kommen*
CIVITA, Diane: *Alf; Alien Nation; Hulk; Die 7-Millionen-Dollar-Frau; Die Spezialisten unterwegs; V-Die ausserirdischen Besucher kommen zurück; Zeitreisende*
C. J.: *Mr. Smith*
CLARIN, Hans: *Insel der Träume; Mandara; Meister Eder und sein Pumuckl; Oliver Maass; Pippi Langstrumpf; Pumuckls Abenteuer*
CLARK, Daniel: *Eerie, Indiana-Die andere Dimension*
CLARK, Ernest: *Der Unsichtbare* (1958/59)
CLARK, Eugene: *TekWar-Krieger der Zukunft*
CLARKE, Andrew: *Das Mädchen aus der Zukunft*
CLARKE, Melinda: *Einmal Himmel und zurück; Pretender; Sliders-Das Tor in eine fremde Dimension; Xena*
CLARKE, Warren: *Die Bibel*
CLEESE, John: *Apocalypse Wow-Whoops Apocalypse; Hinterm Mond gleich links; Mit Schirm, Charme und Melone* (1961-69)
CLEMENSON, Christian: *Die Abenteuer des Brisco County, Jr.; Buffy-Im Bann der Dämonen; Jesse aus dem All; Die Schöne und das Biest; Superman-Die Abenteuer von Lois und Clark*
CLEMENT, Jennifer: *Mein Leben als Hund*
CLEVELAND, Carol: *Mit Schirm, Charme und Melone* (1961-69); *Randall & Hopkirk-Detektei mit Geist*
CLOKE, Kristen: *Akte X; Space 2063; Zurück in die Vergangenheit*
CLOONEY, George: *Streethawk*
CLOSAS, Jr., Alberto: *Torch-Die Fackel*
CLOSE, Eric: *Dark Skies-Tödliche Bedrohung*
COATES, Kim: *NightMan*
COATES, Phyllis: *Superman-Die Abenteuer von Lois und Clark; Supermann-Retter in der Not*
COBOS, Rebecca: *Auf der Suche nach der Schatzinsel*
COBURN, David: *Harry und die Hendersons*
COBURN, James: *Ein Film aus der Alfred Hitchcock-Serie; Profiler; Unwahrscheinliche Geschichten*
COCA, Imogene: *Monsters-Nachts, wenn das Blut gefriert*
COE, George: *Max Headroom*
COGHILL, Joy: *Mein Leben als Hund*
COKIC, Husein: *Die Äneis*
COLBERT, Robert: *Knight Rider; Kobra, übernehmen Sie; Mein Onkel vom Mars; Planet der Giganten; Time Tunnel*
COLE, Cassie: *Harry und die Hendersons*

COLE, Gary: **American Gothic-Prinz der Finsternis**; *From the Earth to the Moon; Outer Limits-Die unbekannte Dimension; Twilight Zone; Twilight Zone (Lost Classics)*

COLEMAN, Charlotte: **Die Vogelscheuche**

COLEMAN, Kathy: **Im Land der Saurier**

COLEMAN, Signy: *Akte X;* **Die Maske;** *Viper*

COLEN, Beatrice: **Wonder Woman**

COLES, Olivia: **Das Haus des Magiers**

COLICOS, John: *Alfred Hitchcock zeigt (1985-89); Hitchhiker;* **Kampfstern Galactica;** *Kobra, übernehmen Sie; Krieg der Welten; Raumschiff Enterprise; Der Sechs-Millionen-Dollar-Mann; Star Trek: Deep Space Nine; Wonder Woman*

COLLEN, Jacqueline: *Hercules;* **Sindbads Abenteuer**

COLLIER, Vanessa: **Das Geisterhaus von Waterloo Creek**

COLLINS, Debra: **Professor Poppers Erfindung**

COLLINS, Joan: *Batman; Fantastic Journey-Gefangen auf der Insel der Zeit; Fantasy Island (1978-84); Kobra, übernehmen Sie; Mondbasis Alpha 1; Raumschiff Enterprise; Solo für O.N.C.E.L.*

COLLINS, Lewis: *Alfred Hitchcock zeigt (1985-89); Mit Schirm, Charme und Melone (1976/77); Robin Hood (1984-86); Tarzan (1991-94)*

COLLINS, Stephen: *Ach, du lieber Himmel; Hitchhiker*

COLLINS, Tai: **Thunder in Paradise-Heisse Fälle, coole Drinks**

COLMAN, Booth: **Planet der Affen**

COLVIN, Jack: **Hulk;** *Die 7-Millionen-Dollar-Frau; Tarzan (1966-68)*

COMAR, Richard: *F/X;* **Krieg der Welten;** *Psi Factor-Es geschieht jeden Tag; Ray Bradburys Gruseltheater; Robocop; TekWar-Krieger der Zukunft; Zweimal im Leben*

COMBS, Holly Marie: **Charmed-Zauberhafte Hexen**

COMBS, Jeffrey: *Babylon 5; Die Schöne und das Biest;* **Star Trek: Deep Space Nine;** *Star Trek: Raumschiff Voyager*

COMBS, Julian: **V. R. Troopers**

CONAWAY, Cristi: *Profiler;* **Timecop**

CONAWAY, Jeff: **Babylon 5**

CONDRA, Julie: **Eeerie, Indiana;** *Viper*

CONLEY, Corinne: **Krieg der Welten**

CONNELLY, Christopher: *Airwolf; Fantasy Island (1978-84); Kobra, übernehmen Sie;* **Die Mars-Chroniken;** *Salvage 1-Hinter der Grenze zum Risiko; Teufelskreis der Angst*

CONNERY, Jason: *Doctor Who;* **Robin Hood** *(1984-86)*

CONNOLLY, Kevin: **Auf schlimmer und ewig**

CONNORS, Chuck: *Fantasy Island (1978-84); Der Sechs-Millionen-Dollar-Mann; Supermann-Retter in der Not;* **Werwolf**

CONOVER, Laura: **Stephen King's The Stand-Das letzte Gefecht**

CONRAD, Michael: *Hulk; Kobra, übernehmen Sie; Mein Onkel vom Mars; Planet der Affen*

CONRAD, Robert: *Gefährliche Experimente; Kobra, übernehmen Sie;* **Verrückter Wilder Westen**

CONRAD, William: *Alfred Hitchcock zeigt (1962-65); Gefährliche Experimente*

CONRIED, Hans: *Fantasy Island (1978-84); Mr. Ed; Der Nachtjäger; Verschollen zwischen fremden Welten*

CONSTANTINE, Eddie: **Frankensteins Tante**

CONWAY, Gary: **Planet der Giganten**

COOGAN, Jackie: **Addams Family;** *Bezaubernde Jeannie; Ein Film aus der Alfred Hitchcock-Serie; Verrückter Wilder Westen*

COOK, Jr., Elisha: *Alf; Batman; Der Geist und Mrs. Muir; Der Nachtjäger; Raumschiff Enterprise; Die 7-Millionen-Dollar-Frau; Solo für O.N.C.E.L.; Supermann-Retter in der Not; Twilight Zone; Verrückter Wilder Westen*

COOK, Sophie: **Der König von Narnia**

COOKE, Jennifer: *Hitchhiker;* **V-Die ausserirdischen Besucher kommen**

COOLIO: **Sabrina-Total verhext!**

COOPER, Ann: **Das fliegende Auge**

COOTE, Jeremy: **Die geheime Welt der Polly Flint**

COPE, Kenneth: **Randall & Hopkirk-Detektei mit Geist**

COPEMAN, Michael: **Raven-Die Unsterbliche;** *Relic Hunter*

CORBETT, Glenn: *Automan-Der Super-Detektiv; Ein Fall für Professor Chase; Planet der Giganten; Solo für O.N.C.E.L.*

CORBETT, John: **Visitor-Die Flucht aus dem All**

CORBY, Ellen: *Addams Family; Batman; Dancer für U.N.C.L.E.; Ein Film aus der Alfred Hitchcock-Serie; Immer wenn er Pillen nahm; Invasion von der Wega; Mini-Max*

CORD, Alex: **Airwolf;** *Fantasy Island (1978-84); In geheimer Mission; Kobra, übernehmen Sie; Krieg der Welten; Monsters-Nachts, wenn das Blut gefriert; Der Sechs-Millionen-Dollar-Mann*

COREY, Jeff: *Babylon 5; Ein Fall für Professor Chase; Fantasy Island (1978-84); Der Junge vom anderen Stern; Krieg der Welten; Der Mann vom anderen Stern; (Outer Limits); Raumschiff Enterprise; Die Schöne und das Biest; Der Sechs-Millionen-Dollar-Mann; Die 7-Millionen-Dollar-Frau; Supermann-Retter in der Not; Verrückter Wilder Westen*

CORLETT, Dale: **Der Junge von Andromeda**

CORMACK, Lynne: **Dracula ist wieder da;** *Eerie, Indiana-Die andere Dimension; Psi Factor-Es geschieht jeden Tag*

CORNTHWAITE, Robert: *Buck Rogers (1979-81);* **Mini-Max;** *Mission Seaview; The Munsters; Die Schöne und das Biest; Unwahrscheinliche Geschichten;* **Wild Palms**

CORSO, Bill: **Stephen King's The Stand-Das letzte Gefecht**

CORT, Bud: *Geschichten aus der Schattenwelt; Hitchhiker; Twilight Zone*

COSSY, Hans: **Alarm; Raumpatrouille**

COSTA, Arsen: **Die Äneis**

COSTIGAN, Peter: **Robocop**

COSTNER, Kevin: *Fantastische Geschichten*

COTTEN, Joseph: *Fantasy Island (1978-84); Ein Film aus der Alfred Hitchcock-Serie*

COULSEN, Catherine E.: **Das Geheimnis von Twin Peaks**

COULTER, Clare: **Eine lausige Hexe**

COUSINS, Brian: *Die Abenteuer des Brisco County, Jr.; Babylon 5; Raumschiff Enterprise-Das nächste Jahrhundert; Sabrina-Total verhext!; Sliders-Das Tor in eine fremde Dimension; Space 2063; Timecop*

COX, Christina: **The Crow-Stairway to Heaven;** *First Wave-Die Prophezeiung; F/X; Gene Roddenberrys Mission Erde: Sie sind unter uns; Nick Knight; Psi Factor-Es geschieht jeden Tag; Stargate*

COX, Courteney: **Die Spezialisten unterwegs**

COX, Julie: **Dune-Der Wüstenplanet**

COX, Nikki: **Auf schlimmer und ewig;** *Raumschiff Enterprise-Das nächste Jahrhundert*

COX, Ronny: *Alfred Hitchcock zeigt (1985-89); Allein gegen die Zukunft; Fantasy Island (1978-84); From the Earth to the Moon; Outer Limits-Die unbekannte Dimension; Raumschiff Enterprise-Das nächste Jahrhundert; Stargate; Time Trax-Zurück in die Zukunft*

COYOTE, Peter: *Hitchhiker; Twilight Zone*

CRABBE, Larry „Buster": **Buck Rogers** *(1939);* **Buck Rogers** *(1979-81);* **Flash Gordon**

CRAIG, Andrew: *Babylon 5;* **Conan, der Abenteurer;** *NightMan*

CRAIG, Yvonne: **Batman;** *Der Geist und Mrs. Muir; Holmes & Yo-Yo; Mein Onkel vom Mars; Mission Seaview; Planet der Giganten; Raumschiff Enterprise; Der Sechs-Millionen-Dollar-Mann; Solo für O.N.C.E.L.*

CRAVEN, Wes: *Twilight Zone*

CRAWFORD, Cindy: *Hinterm Mond gleich links*

CRAWFORD, Joan: *Solo für O.N.C.E.L.*

CRAWFORD, John: *Batman; Hulk;* **Der Junge vom anderen Stern;** *Knight Rider; Kobra, übernehmen Sie; Mission Seaview; Planet der Giganten; Raumschiff Enterprise; Salvage 1-Hinter der Grenze zum Risiko; Die 7-Millionen-Dollar-Frau; Supermann-Retter in der Not; Tarzan (1966-68); Time Tunnel; Der Unsichtbare (1976/76); Unwahrscheinliche Geschichten; Verrückter Wilder Westen; Verschollen zwischen fremden Welten;* **Zombies of the Stratosphere**

CRAWFORD, Katherine: **Gemini Man**

CRESSEY, Ellen: **Quer durch die Galaxie und dann links**

CRESSWELL, Jane: *Hercules;* **Der Junge von Andromeda**

CROFT, Jamie: **Achtung: Streng geheim!**

CROMWELL, James: *Fantastische Geschichten; Knight Rider; Raumschiff Enterprise-Das nächste Jahrhundert; Star Trek: Deep Space Nine; Strange Luck-Dem Zufall auf der Spur; Twilight Zone*

CRONE, Neil: **Eerie, Indiana-Die andere Dimension;** *Psi Factor-Es geschieht jeden Tag*

CRONENBERG, David: *Das Tollhaus*

CRONIN, Jeanette: **Rückkehr zum Jupiter**

CRONYN, Hume: *Ein Film aus der Alfred Hitchcock-Serie*

CROSBY, Denise: *Die Abenteuer des Brisco County, Jr.; The Flash-Der rote Blitz;* **Raumschiff Enterprise-Das nächste Jahrhundert;** *Superman-Die Abenteuer von Lois und Clark*

CROSBY, Mary: *Automan-Der Super-Detektiv; Einmal Himmel und zurück; Grüsse aus dem Jenseits; Star Trek: Deep Space Nine*

CROSS, Ben: *Die Bibel;* **Dark Shadows;** *Geschichten aus der Gruft; Poltergeist-Die unheimliche Macht; Ray Bradburys Gruseltheater; Twilight Zone*

CROSS, Roger R.: *Akte X;* **First Wave-Die Prophezeiung;** *Highlander; M.A.N.T.I.S.; Millennium; Outer Limits-Die unbekannte Dimension; Der Sentinel-Im Auge des Jägers; Sliders-Das Tor in eine fremden Dimension; Stargate; Strange Luck-Dem Zufall auf der Spur*

CROTHERS, Scatman: *Hulk; Der Nachtjäger; Verliebt in eine Hexe*

CROUSE, Lindsay: **Buffy-Im Bann der Dämonen**

CROWLEY, David L.: **Grüsse aus dem Jenseits**

CRUZ, Alexis: **Ein Hauch von Himmel**

CRUZ, Tracy Lynn: **Power Rangers; Power Rangers in Space**

CUCINOTTA, Maria Grazia: *Die Bibel*

CUFFLING, Bernard: **Das Haus des Magiers**

CULLEN, Brett: **From the Earth to the Moon**

CULLEN, Katharine: **Das Mädchen aus der Zukunft**

CULLEN, Kristy Barnes: **Ocean Girl**

CULLITON, Patrick: *Kung Fu: Im Zeichen des Drachen;* **Der Mann vom anderen Stern**

CULP, Robert: *Conan, der Abenteurer; Ein Engel auf Erden; Ein Film aus der Alfred Hitchcock-Serie; (Outer Limits); Ray Bradburys Gruseltheater; Solo für O.N.C.E.L.; Superman-Die Abenteuer von Lois und Clark; Viper*

CUMMINS, Martin: *Highlander; M.A.N.T.I.S.;* **Poltergeist-Die unheimliche Macht**

CUMPSTY, Michael: *Star Trek: Raumschiff Voyager*

CURRY, Tim: *Earth 2; Geschichten aus der Gruft; Lexx-The dark Zone*

CURTIN, Jane: **Hinterm Mond gleich links**

CURTIS, Alan: **Professor Poppers Erfindung**

CURTIS, Donald: **Flash Gordon**

CURTIS, Jamie Lee: *Buck Rogers (1979-81)*

CURTIS, Kelly: **Der Sentinel-Im Auge des Jägers**

CURTIS, Robin: *Airwolf; Babylon 5; Knight Rider; Raumschiff Enterprise-Das nächste Jahrhundert*

CURTIS, Tony: *Superman-Die Abenteuer von Lois und Clark*

CUSHING, Peter: *Gefrier-Schocker; Mit Schirm, Charme und Melone (1961-69); Mit Schirm, Charme und Melone (1976/77); Mondbasis Alpha 1*

CUTHBERT, Jon: **The Crow-Stairway to Heaven;** *Viper*

CUTHBERTSON, Allan: **Am Rande der Finsternis**

CUTHBERTSON, Iain: **Supergran**

CWIRKO, Franciszek: **Die Freunde des fröhlichen Teufels**

D'ABO, Maryam: *Geschichten aus der Gruft; Space Cops-Tatort Demeter City*

D'ABO, Olivia: *Fantasy Island (1998); Raumschiff Enterprise-Das nächste Jahrhundert*

DACASCOS, Mark: **The Crow-Stairway to Heaven;** *Geschichten aus der Gruft*

DA COSTA, Philip: **Professor Poppers Erfindung**

DADDO, Cameron: **F/X**

DAHLKE, Paul: **Schusters Gespenster**

DAILY, Bill: *Alf;* **Bezaubernde Jeannie;** *Familie Munster; Der Junge vom anderen Stern; Verliebt in eine Hexe*

DAKS, Joel: **Der kleine Vampir**

DALE, Janet: **Kappatoo-Der Doppelgänger aus dem All**

D'ALLESSIO, Ugo: **Pinocchio**

DALTON; Timothy: *Geschichten aus der Gruft*

DALTRY, Roger: *Geschichten aus der Gruft; Highlander; Sliders-Das Tor in eine fremde Dimension; Superman-Die Abenteuer von Lois und Clark*

DALY, Peter-Hugo: *Die Bibel*

DALY, Tim: *From the Earth to the Moon*

DALY, Tyne: *Das Ding aus dem Sumpf; Kobra, übernehmen Sie; Ray Bradburys Gruseltheater*

D'AMBROSIO, Vito: **The Flash-Der rote Blitz**

DAMON, Stuart: **The Champions;** *Fantasy Island (1978-84); Mit Schirm, Charme und Melone (1976/77); Mondbasis Alpha 1; UFO*

DANIELS, Ben: *Die Bibel*

DANIELS, William: **Das Geheimnis der blauen Tropfen;** *Der Geist und Mrs. Muir; Hulk; Kampfstern Galactica; Der Nachtjäger*

DANIELY, Lisa: **Der Unsichtbare (1958/59)**

DANNHÄUSER, Sarah: **Dreamgate**

DANNING, Sybil: *Hitchhiker; Streethawk; Superboy; V-Die ausserirdischen Besucher kommen zurück*

DANO, Royal: *Alfred Hitchcock zeigt; Fantastische Geschichten; Fantasy Island (1978-84); Ein Film aus der Alfred Hitchcock-Serie;* **Das Geheimnis von Twin Peaks;** *Kung Fu; Planet der Affen; Verschollen zwischen fremden Welten*

DANSON, Ted: *Detektei mit Hexerei*

DANTE, Joe: *Eerie, Indiana*

DANTE, Michael: *Der Sechs-Millionen-Dollar-Mann*

DANZEISEN, Renate: **Mission Terra**

DANZIGER, Cory: *Eerie, Indiana; Raumschiff Enterprise-Das nächste Jahrhundert;* **Die Schöne und das Biest**

D'AQUINO, John: **Grüsse aus dem Jenseits;** *Hinterm Mond gleich links; M.A.N.T.I.S.;* **seaQuest DSV;** *seaQuest 2032; Sliders-Das Tor in eine fremde Dimension; Superman-Die Abenteuer von Lois und Clark; Xena; Zurück in die Vergangenheit*

DARABONT, Frank: **Stephen Kings The Shining**

DARBY, Kim: *Akte X; Profiler; Raumschiff Enterprise*

DARCHINGER, Thomas: **Aeon-Countdown im All**

D'ARCY, Jan: *Akte X;* **Das Geheimnis von Twin Peaks;** *Highlander; M.A.N.T.I.S.; Outer Limits-Die unbekannte Dimension*

DA RE, Eric: *The Flash-Der rote Blitz;* **Das Geheimnis von Twin Peaks;** *seaQuest DSV*

DARREN, James: *Fantasy Island (1978-84); Mission Seaview; Star Trek: Deep Space Nine;* **Time Tunnel**

DARROW, Henry: *Airwolf; Babylon 5; Gemini Man; Hulk; Knight Rider; Kobra, übernehmen Sie; Kung Fu; NightMan; Raumschiff Enterprise-Das nächste Jahrhundert; Der Sechs-Millionen-Dollar-Mann; Die 7-Millionen-Dollar-Frau; Star Trek: Raumschiff Voyager; Time Trax-Zurück in die Zukunft; Der Unsichtbare (1975/76); Verrückter Wilder Westen; Wonder Woman; X-Factor: Das Unfassbare*

DAUREY, Dana: **Auf schlimmer und ewig**

DAVANZATI, Stefano: **Prinzessin Fantaghiró**

DAVI, Robert: *Hulk; Der Junge vom anderen Stern; Pretender;* **Profiler**

DAVID, Peter: *Space Cases-Das galaktische Klassenzimmer*

DAVIDSON, John: **Pauline lebt gefährlich**

DAVIES, Geraint Wyn: *Alfred Hitchcock zeigt (1985-89);* **Airwolf;** *Dracula ist wieder da; Highlander;* **Nick Knight;** *Outer Limits-Die unbekannte Dimension; Robocop; Ultraman-Mein geheimes Ich*

DAVIES, Lyndon: **Torch-Die Fackel**

DAVIES, Robin: **Catweazle**

DAVIES, Stacy: **Die geheime Welt der Polly Flint**

DAVIS, Bette: *Ein Film aus der Alfred Hitchcock-Serie*

DAVIS, Daniel: *Raumschiff Enterprise-Das nächste Jahrhundert*

DAVIS, Don S.: *Akte X; Alfred Hitchcock zeigt (1985-89);* **Das Geheimnis von Twin Peaks;** *Highlander; M.A.N.-T.I.S.; Nick Knight; Outer Limits-Die unbekannte Dimension; Poltergeist-Die unheimliche Macht; Der Sentinel-Im Auge des Jägers;* **Stargate;** *Viper*

DAVIS, Duane: **Team Knight Rider**

DAVIS, Geena: *Fantasy Island (1978-84); Knight Rider*

DAVIS, Ossie: **Stephen King's The Stand-Das letzte Gefecht**

DAVIS, Jr., Sammy: *Batman; Bezaubernde Jeannie; Fantasy Island (1978-84); Verrückter Wilder Westen*

DAVIS-WILLIAMS, Shanesia: **Allein gegen die Zukunft**

DAVIS, Warwick: **Der König von Narnia**

DAVIS, William B.: *Airwolf;* **Akte X;** *Captain Power; Outer Limits-Die unbekannte Dimension; Poltergeist-Die unheimliche Macht; Sliders-Das Tor in eine fremde Dimension*

DAVISON, Bruce: *Alfred Hitchcock zeigt (1985-89); Fantastische Geschichten; Geschichten aus der Gruft; Geschichten aus der Schattenwelt;* **Harry und die Hendersons;** *Outer Limits-Die unbekannte Dimension; Star Trek: Raumschiff Voyager; V-Die ausserirdischen Besucher kommen zurück*

DAVISON, Peter: *Per Anhalter durch die Galaxis*

DAWBER, Pam: **Mork vom Ork;** *Twilight Zone*

DAWN, Lisa: **Mystic Knights-Die Legende von Tir Na Nog**

DAY, Larry: **Zurück nach Sherwood Forest**

DAY, Nicholas: **Kappatoo-Der Doppelgänger aus dem All**

DAY, Shannon: **Im Land der Saurier II**

DEAN, Ivor: **Randall & Hopkirk-Detektei mit Geist**

DEAN, Ron: **Allein gegen die Zukunft**

DEANE, Shirley: **Flash Gordon**

DE BOER, Nicole: *Nick Knight; Outer Limits-Die unbekannte Dimension; Poltergeist-Die unheimliche Macht; Psi Factor-Es geschieht jeden Tag;* **Star Trek: Deep Space Nine;** *TekWar-Krieger der Zukunft; Das Tollhaus*

DE BROUX, Lee: **Salvage 1-Hinter der Grenze zum Risiko**

DeCARLO, Yvonne: *Dancer für U.N.C.L.E.; Geschichten aus der Gruft;* **The Munsters**

DE CARMINE, Renato: **Der Schatz im All**

DE CARTERET, Joel: **Ocean Girl**

DEE, Ruby: **Stephen King's The Stand-Das letzte Gefecht**

DEGEN, Michael: *Insel der Träume;* **Mission Eureka; Das Sahara-Projekt**

DEHNER, John: *Das Geheimnis der blauen Tropfen; Der Nachtjäger*

DEKKER, Thomas: **Liebling, ich habe die Kinder geschrumpft**

DE LA FUENTE, Joel: **Space 2063**

DE LANCIE, John: *In geheimer Mission; Kampfstern Galactica; Raumschiff Enterprise-Das nächste Jahrhundert; Der Sechs-Millionen-Dollar-Mann; Star Trek: Deep Space Nine; Star Trek: Raumschiff Voyager; Time Trax-Zurück in die Zukunft; Twilight Zone*

DELANO, Diane: **100 gute Hundetaten**

DELANY, Dana: **Wild Palms**

DELFINO, Majandra: **Roswell**

DELGADO, Kim: **BeetleBorgs**

DE LINT, Derek: **Poltergeist-Die unheimliche Macht**

DEL MAR, Maria: *The Crow-Stairway to Heaven; Nick Knight;* **Robocop; TekWar;** *Ultraman-Mein geheimes Ich*

DeLUISE, Dom: *Dancer für U.N.C.L.E.; Fantastische Geschichten; Der Geist und Mrs. Muir; The Munsters; Sabrina-Total verhext!; seaQuest DSV*

DeLUISE, Michael: *Geschichten aus der Gruft; seaQuest DSV;* **seaQuest 2032**

DeLUISE, Peter: *Einmal Himmel und zurück; Highlander;* **sea-Quest DSV; seaQuest 2032**

DEMARMELS, Claudia: *Achtung: Streng geheim*

DEMIRKAN, Renan: **Das Sahara-Projekt**

DeMORNAY, Rebecca: *Outer Limits-Die unbekannte Dimension;* **Stephen Kings The Shining**

DEMPSEY, Patrick: *Die Bibel*

DEMUSCHEWSKY, Janine: **Spuk von draußen**

DENCH, Judy: **Torch-Die Fackel**

DENIER, Lydie: *Conan, der Abenteurer; The Flash-Der rote Blitz; Robin Hood;* **Tarzan** *(1991-94); Tarzan-Die Rückkehr*

DENISOF, Alexis: **Angel; Buffy-Im Bann der Dämonen;** *Highlander*

DENTON, Jamie: **Pretender;** *Slider-Das Tor in eine fremde Dimension*

DeRAVIN, Emilie: **Roswell**

DERN, Bruce: *Alfred Hitchcock zeigt (1962-65); (Outer Limits); Planet der Giganten;* **Space-Der Mensch greift nach den Sternen**

DERN, Laura: *Klassiker der unheimlichen Art*

DE ROSSI, Barbara: **Frankensteins Tante**

DERRICKS, Cleavant: **Sliders-Das Tor in eine fremde Dimension**

D'ERRICO, Donna: **Baywatch Nights**

DeSANTO, Daniel: *Auf den Hund gekommen;* **Grusel, Grauen, Gänsehaut**

DES BARRES, Michael: *Alf; Hitchhiker; Pretender; Sliders-Das Tor in eine fremde Dimension; Superboy; Super Force; Superman-Die Abenteuer von Lois und Clark*

DESCHANEL, Mary Jo: **Das Geheimnis von Twin Peaks**

DESERT, Alex: **The Flash-Der rote Blitz;** *Die reinste Hexerei*

DE SICA, Vittorio: **Pinocchio**

DESNY, Ivan: *Hellseher wider Willen*

DEUTER, James: **Allein gegen die Zukunft**

DEVANE, William: *Allein gegen die Zukunft; Timecop*

DeVITO, Danny: *Fantastische Geschichten*

DE VRY, William: *First Wave-Die Prophezeiung;* **Gene Roddenberrys Mission Erde-Sie sind unter uns;** *Outer Limits-Die unbekannte Dimension; Poltergeist-Die unheimliche Macht; seaQuest 2032; Der Sentinel-Im Auge des Jägers; Stargate;* **Die verlorene Welt;** *Viper*

DE WINTER, Sudi: **Ocean Girl**

DEXTER, David: **Kappatoo-Der Doppelgänger aus dem All**

DEY, Susan: *Ach, du lieber Himmel; Teufelskreis der Angst*

DE YOUNG, Cliff: *Akte X; Nowhere Man-Ohne Identität; Profiler; Robocop; Die Schöne und das Biest; Timecop; Time Trax-Zurück in die Zukunft; Twilight Zone*

DHAWAN, Sacha: **Unsichtbar**

DI AQUINO, John: siehe: D'AQUINO, John

DI BENIDETTO, Ida: **Der Schatz im All**

DIBLEY-HALL, Julian: *Auf der Suche nach der Schatzinsel*
DICE, Joanna: *Eine lausige Hexe*
DICK, Andy: *Maxwell Smart*
DICKER, Joseph: *Das Geisterhaus von Waterloo Creek*
DICKINSON, Angie: *Alfred Hitchcock zeigt (1962-65); Teufelskreis der Angst; Wild Palms*
DICKINSON, Sandra: *Per Anhalter durch die Galaxis*
DICKSON, Neil: *Anno Domini-Kampf der Märtyrer*
DIEHL, John: *Akte X, L. A. Machine; Monsters-Nachts, wenn das Blut gefriert; Outer Limits-Die unbekannte Dimension; Pretender; Profiler; Die Schöne und das Biest*
DIESTEL, Ursula: *Der Hausgeist*
DIGNAM, Arthur: *Flucht vom Jupiter*
DILASCIO, Diane: *Babylon 5; Burning Zone-Expedition Killervirus; Geschichten aus der Gruft; Poltergeist-Die unheimliche Macht*
DILLANE, Richard: *Die Bibel*
DILLON, Melinda: *Space-Der Mensch greift nach den Sternen*
DILLON, Paul: *Pretender*
DINIA, Abdessamad: *Die Bibel*
DIONISI, Stefano: *Die Bibel*
DIOP, Mariam: *Dreamgate*
DISHER, Catherine: *Alfred Hitchcock zeigt (1985-89); Erben des Fluchs; Krieg der Welten; Kung Fu: Im Zeichen des Drachen; Nick Knight; Psi Factor-Es geschieht jeden Tag*
DITTUS, Barbara: *Spuk aus der Gruft*
DIVINE: *Geschichten aus der Schattenwelt*
DIXON, Callum: *Die magische Münze*
DIXON, David: *Per Anhalter durch die Galaxis*
DLOUGHY, Vladimir: *Die Märchenbraut; Die Rückkehr der Märchenbraut*
DOBKIN, Lawrence: *Supermann-Retter in der Not*
DOBRY, Karel: *Dune-Der Wüstenplanet*
DOBSON, Kevin: *Allein gegen die Zukunft; F/X; Ein Hauch von Himmel*
DOERMER, Christian: *Projekt Aphrodite*
DOHERTY, Shannen: *Airwolf; Alf; Charmed-Zauberhafte Hexen; Ein Engel auf Erden; Outlaws-Die Gesetzlosen*
DOIG, Lexa: *Gene Roddenberrys Mission Erde-Sie sind unter uns; TekWar-Krieger der Zukunft*
DONAGHY, Pip: *Der unsichtbare Mann*
DONAT, Peter: *Akte X; Kobra, übernehmen Sie; Outer Limits-Die unbekannte Dimension; Salvage 1-Hinter der Grenze zum Risiko; Time Trax-Zurück in die Zukunft; Der Unsichtbare; Zeitreisende*
DONINI, Giulio: *Die Odyssee*
DONNER, Robert: *Allein gegen die Zukunft; Mork vom Ork*
DOODY, Alison: *Jim Hensons beste Geschichten*
DOOHAN, James: *Fantasy Island (1978-84); Mission Seaview; (Outer Limits); Raumschiff Enterprise; Raumschiff Enterprise-Das nächste Jahrhundert; Solo für O.N.-C.E.L.; Unwahrscheinliche Geschichten; Verliebt in eine Hexe*
DORFF, Stephen: *Der Familienschreck*
DORIA, Bianca Maria: *Die Odyssee*
DORN, Michael: *Outer Limits-Die unbekannte Dimension; Pretender; Raumschiff Enterprise-Das nächste Jahrhundert; Star Trek: Deep Space Nine*
DORS, Diana: *Gefrier-Schocker*
DOTRICE, Roy: *Babylon 5; Earth 2; Geschichten aus der Gruft; Geschichten aus der Schattenwelt; Hercules; Klassiker der unheimlichen Art; Mondbasis Alpha 1; Die Schöne und das Biest; Sliders-Das Tor in eine fremde Dimension; Strange Luck-Dem Zufall auf der Spur*
DOTY, David: *Der Familienschreck*
DOUCETTE, Jeff: *Alf; Alien Nation; Sleepwalkers*
DOUGLAS, Eric: *Ein Engel auf Erden; Geschichten aus der Gruft*
DOUGLAS, Kirk: *Geschichten aus der Gruft*

DOUGLAS, Sarah: *Babylon 5; Mondbasis Alpha 1; Stargate; Super Force; Tarzan (1991-94); V-Die ausserirdischen Besucher kommen zurück*
DOUGLAS, Tracy: *Mortal Kombat*
DOUGLASS, Robyn: *Kampfstern Galactica*
DOURIF, Brad: *Akte X; Babylon 5; Geschichten aus der Gruft; Hitchhiker; Millennium; Star Trek: Raumschiff Voyager; Wild Palms*
DOWDELL, Robert: *Buck Rogers (1979-81); Mission Seaview*
DOWNES, Anson: *Der Mann aus dem Meer*
DOWNES, Robin Atkin: *Babylon 5*
DOWNEY, Brian: *Lexx-The dark Zone; Millennium*
DOWNEY, Roma: *Ein Hauch von Himmel; Hercules*
DOWNING, James: *Psi Factor-Es geschieht jeden Tag; Viper*
DOWNING, Sara: *Roswell*
DOYLE, Jerry: *Babylon 5*
DOYLE, Kevin: *Stephen King's The Stand-Das letzte Gefecht*
DRAGO, Billy: *Die Abenteuer des Brisco County, Jr.; Akte X; Charmed-Zauberhafte Hexen*
DRAHUKOUPILOVÁ, Marie: *Frankensteins Tante*
DRAKE, Charlie: *Professor Poppers Erfindung*
DRAKE, Gabrielle: *UFO*
DRAKE, Larry: *Fantasy Island (1998); Geschichten aus der Gruft; Outer Limits-Die unbekannte Dimension; Prey-Gefährliche Spezies!; Werwolf*
DREGER, Ryszard: *Die Reisen des Professor Klecks*
DRETZIN, Julie: *Aliens in meiner Familie*
DREW, Roland: *Flash Gordon*
DREYFUSS, Richard: *Der Geist und Mrs. Muir; Der Mann von Gestern; Verliebt in eine Hexe*
DRUGAN, Jennifer: *Im Land der Saurier II*
DRURY, James: *Die Abenteuer des Brisco County, Jr.*
DUCHENE, Deborah: *Nick Knight; Ultraman-Mein geheimes Ich*
DUCHÊNE, Kate: *Eine lausige Hexe*
DUCHOVNY, David: *Akte X; Das Geheimnis von Twin Peaks; Space 2063*
DUDA, Peter: *Der Tag, an dem Anton...*
DÜNNEISEN, Agnes: *Mission Eureka*
DÜRR, Stephen: *Die Sonnenlanze*
DÜWEL, Karin: *Die Sonnenlanze*
DUFFY, Patrick: *Der Mann aus dem Meer; Zweimal im Leben*
DUKES, David: *Space*
DULO, Jane: *Mini-Max*
DUNBAR, John: *Stephen King's The Stand-Das letzte Gefecht*
DUNCAN, Kenneth: *Buck Rogers (1939)*
DUNCAN, Sandy: *Ach, du lieber Himmel; Der Sechs-Millionen-Dollar-Mann; Die 7-Millionen-Dollar-Frau*
DUNCKER, Martina: *Mission Eureka*
DUNIGAN, Tim: *Captain Power; Jesse aus dem All; Mr. Smith*
DUNLOP, Lesley: *Phoenix, der Zaubervogel*
DUNLOP, William: *Kung Fu: Im Zeichen des Drachen*
DUNN, Carolyn: *Alfred Hitchcock zeigt (1985-89); Erben des Fluchs; Gene Roddenberrys Mission Erde-Sie sind unter uns; Highlander; Hitchhiker; Psi Factor-Es geschieht jeden Tag; Raven-Die Unsterbliche; Total Recall 2070; Ultraman-Mein geheimes Ich; Zweimal im Leben*
DUNN, Liam: *Das Geheimnis der blauen Tropfen*
DUNN, Michael: *Mini-Max; Mission Seaview; Raumschiff Enterprise; Verrückter Wilder Westen*
DUNNE, Aly: *Conan, der Abenteurer*
DUNSMORE, Rosemary: *Poltergeist-Die unheimliche Macht; Psi Factor-Es geschieht jeden Tag; Robocop; Twilight Zone*
DUNST, Kirsten: *Outer Limits-Die unbekannte Dimension; Raumschiff Enterprise-Das nächste Jahrhundert*
DURAN, Dan: *Robocop*
DURBIN, John: *Stephen Kings The Shining*
DURHAM, Joanna: *Minty in der Mondzeit*
DURKIN, James: *Pauline lebt gefährlich*

DUROCK, Dick: *Airwolf*; ***Das Ding aus dem Sumpf***; *Hulk*; *Jesse aus dem All*; *Der Junge vom anderen Stern*; *Knight Rider*; *Raumschiff Enterprise*
DURRELL, Michael: *Alien Nation*; *Ein Engel auf Erden*; *Knight Rider*; *Star Trek: Deep Space Nine*; ***V-Die ausserirdischen Besucher kommen***; *Zeitreisende*
DUSHKU, Eliza: *Angel*; ***Buffy-Im Bann der Dämonen***
DUVALL, Robert: *Alfred Hitchcock zeigt (1962-65)*; *Ein Film aus der Alfred Hitchcock-Serie*; *Mission Seaview; (Outer Limits)*; *Time Tunnel*; *Unwahrscheinliche Geschichten*; *Verrückter Wilder Westen*
DUVALL, Shelley: *Ray Bradburys Gruseltheater*; *Twilight Zone*
DVORAK, Josef: ***Die Besucher***
DYE, John: ***Ein Hauch von Himmel***

EASTHAM, Richard: *Salvage 1-Hinter der Grenze zum Risiko*; ***Wonder Woman***
EASTON, Michael: ***Total Recall 2070***
EASTON, Sheena: *Die Abenteuer des Brisco County, Jr.*; *Highlander*; *Outer Limits-Die unbekannte Dimension*; *TekWar-Krieger der Zukunft*
EASTWOOD, Clint: *Mr. Ed*
EATON, Gillian: ***Kappatoo-Der Doppelgänger aus dem All***
EBBE, Annevig Scheida: ***Geister***
EBEL, Christian: ***Alarm im Schlossmuseum***
EBELING, Hermann: ***Das kalte Herz***
ECKSTEIN, Volker: *Telerop 2009-Es ist noch was zu retten*
EDDINGTON, Paul: *Catweazle*; *The Champions*; *Mit Schirm, Charme und Melone (1961-69)*; *Nummer Sechs*
EDDINGTON, Robert: ***Die verlorenen Inseln***
EDEN, Barbara: ***Bezaubernde Jeannie***
EDEN, Richard: *Gene Roddenberrys Mission Erde: Sie sind unter uns*; *Nick Knight*; ***Robocop***; *Total Recall 2070*; *Zweimal im Leben*
EDGELY, Gi Gi: ***Farscape-Verschollen im All***
EDMINSTON, Walker: ***Im Land der Saurier***
EDMONDS, Liz: ***Kappatoo-Der Doppelgänger aus dem All***
EDMONDS, Mike: ***Der König von Narnia***
EDWALL, Allan: ***Die Brüder Löwenherz***
EDWARD, Marion: ***Quer durch die Galaxie und dann links***
EFFA, Karel: ***Auf dem Kometen***
EFFENBERGEROVÁ, Monika: ***Ein Hamster im Nachthemd***
EGGAR, Samantha: *Alfred Hitchcock zeigt (1985-89)*; *Fantasy Island (1978-84)*; *L.A. Machine*; *Outlaws-Die Gesetzlosen*; *Raumschiff Enterprise-Das nächste Jahrhundert*
EHM, Erica: ***Robocop***
EHRLICH, Peter: ***Das Sahara-Projekt***
EICHHORN, Fritzi: ***Sprechstunde bei Dr. Frankenstein***
EISENBERG, Aron: *Geschichten aus der Gruft*; ***Star Trek: Deep Space Nine***; *Star Trek: Raumschiff Voyager*; *Was ist los mit Alex Mack?*
EISENMANN, Ike: ***Fantastic Journey-Gefangen auf der Insel der Zeit***; *Fantasy Island (1978-84)*; *Kung Fu*; *Wonder Woman*; *Zeitreisende*
EKLAND, Britt: *Fantasy Island (1978-84)*; *Kampfstern Galactica*; *Der Sechs-Millionen-Dollar-Mann*; *Superboy*
ELAM, Jack: *Fantasy Island (1978-84)*; *Kung Fu*; *Verrückter Wilder Westen*
ELCAR, Dana: *Gemini Man*; *Hulk*; *Kampfstern Galactica*; *Knight Rider*; *Kobra, übernehmen Sie*; *Mini-Max*; *Der Sechs-Millionen-Dollar-Mann*
EL FADIL, Siddig: *Raumschiff Enterprise-Das nächste Jahrhundert*; ***Star Trek: Deep Space Nine***
ELFYN, Richard: ***Die Mondprinzessin***
ELIZONDO, Hector: *Allein gegen die Zukunft*; *Fantastische Geschichten*; *Geschichten aus der Gruft*
ELLERT, Gundi: ***Der Geisterwald oder Des Raben Rache***

ELLIOTT, Denholm: *Ein Film aus der Alfred Hitchcock-Serie*; *Gefrier-Schocker*; *Ray Bradburys Gruseltheater*; *Zauber, Zoff und Phantasie*
ELLIOTT, Sam: ***Kobra, übernehmen Sie***
ELLIS, Antonia: *UFO*
ELLIS, Martin: ***Robin Hood*** (1997-99)
ELLIS, Susan: ***Quer durch die Galaxie und dann links***
ELMALOGLOU, Dominic: ***Rückkehr zum Jupiter***
ELPHICK, Michael: ***Supergran***
ELSNER, Hannelore: *Der Androjäger*
ELSON, Andrea: ***Alf***
ELWES, Cary: *From the Earth to the Moon*; *Outer Limits-Die unbekannte Dimension*
ELWYN, Michael: ***Spuk im Haus***
ELY, Ron: *Fantasy Island (1978-84)*; *Superboy*; ***Tarzan*** (1966-68); *Tarzan (1991-94)*; *Wonder Woman*
ENBERG, Alexander: *Dead at 21*; *Maxwell Smart*; ***Star Trek: Raumschiff Voyager***
ENDEMANN, Gernot: ***Mandara***
ENGEL, Leslie: ***Armer Charlie!***
ENGEL, Marlies: ***Timm Thaler***
ENGELBERT (Humperdinck): *Fantasy Island (1978-84)*
ENGELBRECHT, Nadja: ***Der kleine Vampir-Neue Abenteuer***
ENGLE, Roy: ***Mein Onkel vom Mars***; ***Zombies of the Stratosphere***
ENGLISH, Balinda: ***BeetleBorgs***
ENGLUND, Robert: *Babylon 5*; *Ein Fall für Professor Chase*; *Knight Rider*; *Sliders-Das Tor in eine fremde Dimension*; ***V-Die ausserirdischen Besucher kommen***
ENSIGN, Michael: *Akte X*; *Profiler*; *Raumschiff Enterprise-Das nächste Jahrhundert*; *Die Schöne und das Biest*; *Star Trek: Deep Space Nine*; *Star Trek: Raumschiff Voyager*; *X-Factor: Das Unfassbare*; *Zeitreisende*
EPPLER, Dieter: ***Mission Terra***
ERHUERO, Oris: ***Sindbads Abenteuer***
ERICKSON, Leif: *Fantastic Journey-Gefangen auf der Insel der Zeit*; *Ein Film aus der Alfred Hitchcock-Serie*; *Der Sechs-Millionen-Dollar-Mann*
ERICSON, Stig Ossian: ***Karlsson auf dem Dach***
ERIKSEN, Kaj-Erik: *Gänsehaut-Die Stunde der Geister*; *Grusel, Grauen, Gänsehaut*; *Odyssee ins Traumland*; *Poltergeist-Die unheimliche Macht*; *Prey-Gefährliche Spezies!*
ERNST, Stefan: ***Mandara***
ESKESEN, Beate: ***Geister***
ESTRADA, Erik: *Auf schlimmer und ewig*; *Der Nachtjäger*; *Sabrina-Total verhext!*
ETESONNE-BÉDARD, Anthony: ***Eine lausige Hexe***
EURE, Wesley: ***Im Land der Saurier***
EVANS, François: ***Komm zurück, Lucy***
EVANS, Martin: ***Das Haus des Magiers***
EVANS, Troy: ***Stephen King's The Stand-Das letzte Gefecht***
EVIGAN, Greg: *Ach, du lieber Himmel*; *Alfred Hitchcock zeigt (1985-89)*; *Ein Hauch von Himmel*; *Hitchhiker*; *Der Sechs-Millionen-Dollar-Mann*; ***TekWar-Krieger der Zukunft***
EVISON, Kathy: *Highlander*; ***seaQuest DSV***; *seaQuest 2032*
EYRON, Bruno: *Die Macht des Schwertes*; ***Raumstation Unity***

FAERBER, Peter: ***Solaris TV-Der freundliche Sender im All***
FAGERBAKKE, Bill: ***Stephen King's The Stand-Das letzte Gefecht***
FAIRCHILD, Morgan: *Superman-Die Abenteuer von Lois und Clark*
FAIRMAN, Michael: *Die Abenteuer des Brisco County, Jr., Akte X*; *Alien Nation*; *Star Trek: Deep Space Nine*; *Viper*; *Zurück in die Vergangenheit*
FAISON, Frankie R.: ***Prey-Gefährliche Spezies!***
FALK, Martin: ***Aeon-Countdown im All***

FALK, Peter: *Alfred Hitchcock zeigt (1962-65); Ein Film aus der Alfred Hitchcock-Serie; Unwahrscheinliche Geschichten*
FANCY, Richard: **Nick Knight**; *Space 2063; Star Trek: Raumschiff Voyager*
FANTONI, Sergio: **Mission Eureka**
FARACY, Stephanie: *Ein Hauch von Himmel; Pretender;* **Space**
FARENTINO, Debrah: **Earth 2**; *Outer Limits-Die unbekannte Dimension*
FARENTINO, James: **Das fliegende Auge**
FARMER, Gary: **Nick Knight**
FARMIGA, Vera: **Conor, der Kelte**
FARR, Derek: **Besuch aus Liliput; Die Mädchen aus dem Weltraum**
FARR, Diane: **Roswell**
FARRELL, Terry: **Star Trek: Deep Space Nine**; *Twilight Zone; Zurück in die Vergangenheit*
FARRELL, Tyra: *Allein gegen die Zukunft;* **Countdown X-Alarm im All**
FASSLER, Ron: **Alien Nation**; *Einmal Himmel und zurück; Star Trek: Raumschiff Voyager*
FAULHABER, Ulrich: **Dreamgate; Der kleine Vampir-Neue Abenteuer**
FAULKNER, James: **Die Mars-Chroniken**; *Relic Hunter-Die Schatzjägerin*
FAUR, Bernard: **Gullivers Reisen**
FAUST, Christa: **Stephen Kings The Shining**
FAWCETT, Farrah: *Bezaubernde Jeannie; Der Sechs-Millionen-Dollar-Mann*
FAZE, Kim: **Fortune Hunter-Bei Gefahr: Agent Carlton Dial**
FEDDERSEN, Helga: *Meister Eder und sein Pumuckl*
FEE, Melinda: *Bezaubernde Jeannie; Die 7-Millionen-Dollar-Frau;* **Der Unsichtbare** *(1975/76)*
FEHMIU, Bekim: **Die Odyssee**
FEHR, Brendan: *Millennium; NightMan;* **Roswell**
FEIG, Paul: **Sabrina-Total verhext!**
FELDBUSCH, Verona: *Conan, der Abenteurer*
FELDMAN, Corey: *The Crow-Stairway to Heaven; Mork vom Ork; Sliders-Das Tor in eine fremde Dimension*
FELDON, Barbara: **Maxwell Smart; Mini-Max**; *Solo für O.N.-C.E.L.*
FELL, Norman: *Alfred Hitchcock zeigt (1962-65); Familie Munster; Mein Vater ist ein Ausserirdischer*
FENDEL, Rosemarie: *Telerop 2009-Es ist noch was zu retten*
FENN, Sherilyn: *Amor-Mitten ins Herz!;* **Das Geheimnis von Twin Peaks**; *Geschichten aus der Gruft*
FENNELL, Chris: **American Gothic-Prinz der Finsternis**
FENNELL, Todd: **Eine lausige Hexe**
FENNELL, Willie: **Das Geisterhaus von Waterloo Creek; Die verlorenen Inseln**
FERBER, Gisela: **Jan vom anderen Stern**
FERCH, Heino: *Total Recall 2070*
FERCHLAND, Andrew J.: **Buffy-Im Bann der Dämonen**; *Earth 2*
FERNANDEZ, Peter Jay: **Superboy**
FERNETZ, Charlene: **Dschungel Fieber**; *Sabrina-Total verhext!*
FERRELL, Conchata: *Buffy-Im Bann der Dämonen*
FERRER, José: *Fantasy Island (1978-84); Das Tollhaus*
FERRER, Mel: *Fantastic Journey-Gefangen auf der Insel der Zeit; Wonder Woman*
FERRER, Miguel: *Alf;* **Das Geheimnis von Twin Peaks**; *Geschichten aus der Gruft;* **Stephen King's The Stand-Das letzte Gefecht**
FERRES, Veronica: **Das Sahara-Projekt**
FERRIGNO, Lou: *Conan, der Abenteurer; Fantastische Geschichten;* **Hulk**; *Super Force*
FIALKOVÁ, Drahomina: **Dune-Der Wüstenplanet**
FIDOE, Edward: **Wuff!-Manchmal bin ich ein Hund**
FIELDING, David: **Power Rangers**
FIELDING, Janet: *Doctor Who*
FIERMONTE, Enzo: **Die Odyssee**

FIERRY, Patrick: **Mission Eureka**
FILIPOVSKY, Frantisek: **Auf dem Kometen; Der fliegende Ferdinand; Pan Tau**
FILL, Shannon: *Raumschiff Enterprise-Das nächste Jahrhundert*
FINCH, Jon: *Gefrier-Schocker;* **Die Mars-Chroniken**; *Mit Schirm, Charme und Melone (1976/77)*
FINCKH, Beate: **Dreamgate**
FINDLAY, James: **Das Mädchen aus der Zukunft**
FINKEL, Fyvush: *Allein gegen die Zukunft;* **Fantasy Island** *(1998)*
FIRTH, Peter: *Total Recall 2070*
FISCHE, Brigitta: **Merlin**
FISCHER, Caroline: **Der Geisterwald oder Des Raben Rache**
FISCHER, Irene: **Solaris TV-Der freundliche Sender im All**
FISCHER, Thomas: **Merlin**
FISHER, Carrie: *Fantastische Geschichten*
FISHER, Frances: **Strange Luck-Dem Zufall auf der Spur**
FISHER, Georgina: **Spellbinder**
FISHER, Peter: **Das Geisterhaus von Waterloo Creek**
FITHEN, Guy: **Der König von Narnia**
FITZ, Florian: *Die Bibel; Ein bißchen Zauber verträgt die Welt;* **Geisterjäger John Sinclair**
FITZ, Veronika: **Der Geisterwald oder Des Raben Rache**
FITZGERALD, Patrick: **Poltergeist-Die unheimliche Macht**
FIX, Paul: *Kampfstern Galactica; Mission Seaview; Planet der Giganten; Raumschiff Enterprise; Der Sechs-Millionen-Dollar-Mann; Supermann-Retter in der Not; Time Tunnel; Unwahrscheinliche Geschichten; Verrückter Wilder Westen*
FLAHERTY, Joe: **Das Tollhaus**
FLANAGAN, Fionnula: *Poltergeist-Die unheimliche Macht; Raumschiff Enterprise-Das nächste Jahrhundert; Die Schöne und das Biest; Star Trek: Deep Space Nine*
FLANAGAN, Kellie: **Der Geist und Mrs. Muir**
FLANERY, Bridget: **Sabrina-Total verhext!**
FLANNIGAN, Maureen: *Ein Engel auf Erden;* **Mein Vater ist ein Ausserirdischer**
FLASCHBERGER, Hannes: **Der Tag, an dem Anton...**
FLATMAN, Barry: **Auf den Hund gekommen; Gene Roddenberrys Mission Erde-Sie sind unter uns**
FLAVIN, James: **Mr. Ed**
FLECK, John: *Babylon 5; Millennium; Pretender; Raumschiff Enterprise-Das nächste Jahrhundert; Star Trek: Deep Space Nine; Star Trek: Raumschiff Voyager; Superman-Die Abenteuer von Lois und Clark*
FLEETWOOD, Mick: *Raumschiff Enterprise-Das nächste Jahrhundert*
FLEISCHMANN, Herbert: *Geschichten aus der Zukunft; Raumpatrouille*
FLEMING, Juliette: **Wuff!-Manchmal bin ich ein Hund**
FLETCHER, David: **BeetleBorgs**
FLETCHER, Dexter: *Die Bibel*
FLETCHER, Louise: *Fantasy Island (1978-84); Geschichten aus der Gruft; Hitchhiker; Profiler; Ray Bradburys Gruseltheater;* **Star Trek: Deep Space Nine**; *Twilight Zone*
FLETCHER, Page: *Alfred Hitchcock zeigt (1985-89); Gene Roddenberrys Mission Erde: Sie sind unter uns;* **Hitchhiker**; *Lexx-The dark Zone; Nick Knight; Outer Limits-Die unbekannte Dimension;* **Robocop**; *Twilight Zone*
FLOHR, Jürgen: **Dreamgate**
FLORENCE, Robin Mary: **Superhuman Samurai Syber-Squad**
FLORES, Von: *Erben des Fluchs; FX; Kung Fu: Im Zeichen des Drachen;* **Gene Roddenberrys Mission Erde: Sie sind unter uns**; *Nick Knight; Sindbads Abenteuer; TekWar-Krieger der Zukunft; Ultraman-Mein geheimes Ich*
FLOYD, Robert: **Sliders-Das Tor in eine fremde Dimension**
FLYNN, Michael: **Teen Engel**

FONDA, Peter: *Alfred Hitchcock zeigt* (1962-65)
FONTAINE, Joan: *Alfred Hitchcock zeigt* (1962-65)
FORBES, Michelle: *Outer Limits-Die unbekannte Dimension; Raumschiff Enterprise-Das nächste Jahrhundert*
FORD, Harrison: *Kung Fu*
FOREST, Denis: *Die Abenteuer des Brisco County, Jr.; Alfred Hitchcock zeigt* (1985-89)*; Dracula ist wieder da; Erben des Fluchs;* **Krieg der Welten***; Super Force*
FORESTE, Billy: **BeetleBorgs**
FORMAN, Joey: **Mini-Max**
FORNANDER, David: **Die Jagd nach dem magischen Wasserrad**
FORREST, Paula: **Spellbinder**
FORREST, Steve: *Fantasy Island* (1978-84)*; Ein Film aus der Alfred Hitchcock-Serie; Kobra, übernehmen Sie;* **Team Knight Rider***; Teufelskreis der Angst; Unwahrscheinliche Geschichten*
FORSYTHE, Abraham: **Flucht vom Jupiter**
FORSYTHE, John: *Alfred Hitchcock zeigt* (1962-65)*; Ein Film aus der Alfred Hitchcock-Serie*
FOSTER, Blake: **Power Rangers**
FOSTER, Jodie: *Akte X; Kung Fu; Teufelskreis der Angst*
FOSTER, Meg: *Fortune Hunter-Bei Gefahr: Agent Carlton Dial; Hercules; Hitchhiker; Star Trek: Deep Space Nine; Der Sechs-Millionen-Dollar-Mann; Sliders-Das Tor in eine fremde Dimension; Teufelskreis der Angst; Twilight Zone; Xena; Zurück in die Vergangenheit*
FOULGER, Byron: **Flash Gordon; Das Geheimnis der blauen Tropfen**
FOURNELL, Astrid: **Mandara**
FOWLER, Emma Jane: **Achtung: Streng geheim!; Rückkehr zum Jupiter**
FOX, Bernard: *Bezaubernde Jeannie; Dancer für U.N.C.L.E.; Fantasy Island* (1978-84)*; Knight Rider; Solo für O.N.C.E.L.;* **Verliebt in eine Hexe**
FOX, Colin: *Alfred Hitchcock zeigt* (1985-89)*; Dschungel Fieber; Erben des Fluchs; Gänsehaut-Die Stunde der Geister; Grusel, Grauen, Gänsehaut; Nick Knight;* **Psi Factor-Es geschieht jeden Tag***; Robocop; Das Tollhaus; Ultraman-Mein geheimes Ich*
FOX, Edward: *Mit Schirm, Charme und Melone* (1961-69)
FOX, Jessica: **Eine lausige Hexe; Phoenix, der Zaubervogel**
FOX, Michael J.: *Geschichten aus der Gruft*
FOX, Shane: **Unsichtbar**
FOX, Vivica A.: *Die Bibel*
FOXWORTH, Robert: *Babylon 5; Hitchhiker; Kung Fu; Outer Limits-Die unbekannte Dimension; seaQuest DSV; Star Trek: Deep Space Nine*
FRACH, Michal: **Die Sonnenlanze**
FRAKES, Jonathan: *Ein Engel auf Erden; Hinterm Mond gleich links;* **Raumschiff Enterprise-Das nächste Jahrhundert***; Roswell; Star Trek: Deep Space Nine; Star Trek: Raumschiff Voyager; Superman-Die Abenteuer von Lois und Clark; Twilight Zone;* **X-Factor: Das Unfassbare***; Zeitreisende*
FRANCHI, Franco: **Pinocchio**
FRANCIS, Anne: *Alfred Hitchcock zeigt* (1962-65)*; Conan, der Abenteurer; Fantasy Island* (1978-84)*; Ein Film aus der Alfred Hitchcock-Serie; Fortune Hunter-Bei Gefahr: Agent Carlton Dial; Invasion von der Wega; Kobra, übernehmen Sie; Kung Fu; Solo für O.N.C.E.L.; Unwahrscheinliche Geschichten; Wonder Woman*
FRANCIS, David: **Zurück nach Sherwood Forest**
FRANCIS, Genie: *Fantasy Island* (1978-84)*; Roswell; Superman-Die Abenteuer von Lois und Clark*
FRANCIS, John: *Die Bibel*
FRANCISCUS, James: *Ein Film aus der Alfred Hitchcock-Serie; Teufelskreis der Angst; Unwahrscheinliche Geschichten*

FRANK, Horst: *Geschichten aus der Zukunft;* **Mandara; Timm Thaler**
FRANK, Jason: **Power Rangers**
FRANKEL, Mark: **Clan der Vampire; Fortune Hunter-Bei Gefahr: Agent Carlton Dial**
FRANKLIN, Don: *Outer Limits-Die unbekannte Dimension;* **seaQuest DSV; seaQuest 2032; Seven Days-Das Tor zur Zeit**
FRANKLIN, Carl: **Fantastic Journey-Gefangen auf der Insel der Zeit**
FRANTOWÁ, Jitka: **Roboter Emil und Tante Bodzenka**
FRASER, Hugh: **Am Rande der Finsternis**
FRECHETTE, Peter: *Burning Zone-Expedition Killervirus; M.A.N.-T.I.S.;* **Profiler***; Zeitreisende*
FREEMAN, Kathleen: *NightMan;* **Topper**
FREEMAN, K. Todd: **Buffy-Im Bann der Dämonen**
FREEMAN, Morgan: *Twilight Zone*
FREEMAN, Paul: *Die Bibel*
FRENCH, Michael: **Crime Traveller-Die Zeitspringer**
FRENCH, Victor: **Ein Engel auf Erden***; Das Geheimnis der blauen Tropfen; Kobra, übernehmen Sie; Mein Onkel vom Mars;* **Mini-Max***; Mr. Ed; Tarzan* (1966-68)*; Verrückter Wilder Westen*
FREWER, Matt: *Eerie, Indiana;* **Max Headroom***; Outer Limits-Die unbekannte Dimension;* **Psi Factor-Es geschieht jeden Tag***; Raumschiff Enterprise-Das nächste Jahrhundert; Robin Hood* (1984-86)*;* **Stephen King's The Stand-Das letzte Gefecht**
FREY, Leonard: **Mr. Smith**
FRIBO, Louise: **Geister**
FRICKE, Peter: *Alpha, Alpha;* **Das blaue Palais**
FRICSAY, Andras: **Das blaue Palais**
FRIEDL, Jan: **Quer durch die Galaxie und dann links**
FRIEDMANN, David: **Der Räuber Hotzenplotz**
FRIEDRICH, Karl: **Der Geisterwald oder Des Raben Rache**
FRIEDRICHSEN, Uwe: *Unheimliche Geschichten*
FROBOESS, Cornelia: *Ein bißchen Zauber verträgt die Welt*
FRÖBE, Gert: **Der kleine Vampir; Der Räuber Hotzenplotz**
FRÖHLICH, Josef: **Merlin**
FROMLOWITZ, Roman: **Das kalte Herz; Merlin**
FRONCZEWSKI, Piotr: **Die Reisen des Professor Klecks**
FROST, Warren: **Das Geheimnis von Twin Peaks***;* **Stephen King's The Stand-Das letzte Gefecht**
FRY, Stephen: **Das Haus des Magiers**
FRYE, Chip: **Der Junge vom anderen Stern**
FUCHSOVÁ, Jane (Janeta): **Bambinot-Der Wunschkindautomat; Der fliegende Ferdinand; Luzie, der Schrecken der Strasse; Die Tintenfische aus dem 2. Stock**
FUDGE, Alan: *Alfred Hitchcock zeigt* (1985-89)*; Alien Nation; Ein Engel auf Erden; Knight Rider;* **Der Mann aus dem Meer***; Twilight Zone; Wonder Woman; X-Factor: Das Unfassbare; Zurück in die Vergangenheit*
FULLER, Kurt: **Timecop***; Zurück in die Vergangenheit*
FULLER, Robert: **Die Abenteuer des Brisco County, Jr.***; Viper*
FULLER, Toria: **Der Brack-Report**
FULLERTON, Scott: **Im Land der Saurier**
FUNG, Leonard: **Spellbinder-Im Drachenkaiserland**
FURLAN, Mira: **Babylon 5**
FURST, Stephen: **Babylon 5**
FYFE, Jim: **Dark Shadows***; Team Knight Rider*

GABEL, Scilla: **Die Odyssee**
GABOR, Zsa Zsa: *Batman; Familie Munster; Mr. Ed*
GAGE, Patricia: **Raven-Die Unsterbliche**
GAGO, Jenny: *Akte X;* **Alien Nation***; Zurück in die Vergangenheit*
GALDE, Anthony: **Das Ding aus dem Sumpf**
GALE, Ed: **Im Land der Saurier II**
GALIENA, Anna: *Die Bibel*

GALLAGHER, Megan: *American Gothic-Prinz der Finsternis*; **Millennium**; **Nowhere Man-Ohne Identität**; *Outer Limits-Die unbekannte Dimension*; *Roswell*; *Star Trek: Deep Space Nine*
GALLOWAY, Don: *Alfred Hitchcock zeigt (1962-65)*; *Automan-Der Super-Detektiv*; *Fantasy Island (1978-84)*; *Gemini Man*; *Knight Rider*; *Mork vom Ork*
GALVAO, Tiago Valente: **Auf der Suche nach der Schatzinsel**
GALVIN, Anna: **Ein Genie kommt selten allein**; **Robin Hood** (1997-99); *Timecop*; *Viper*
GAMBOLD, Claudia: **Besuch aus Liliput**
GAMBON, Michael: *Die Bibel*; **Griechische Sagen-Jim Henson erzählt**
GAMMELL, Robin: *Dark Skies-Tödliche Bedrohung*; *Eerie, Indiana-Die andere Dimension*; *Millennium*; *Raumschiff Enterprise-Das nächste Jahrhundert*; *Twilight Zone*
GARAY, Soo: *Nick Knight*; **Psi Factor-Es geschieht jeden Tag**
GARBER, Terri: *Grüsse aus dem Jenseits*; **Mr. Smith**; *Twilight Zone*; *Zurück in die Vergangenheit*
GARCIA, Andy: *Alfred Hitchcock zeigt (1985-89)*
GARCIA, Joanna: **Grusel, Grauen, Gänsehaut**
GARCIA, Sancho: **Frankensteins Tante**
GARDENIA, Vincent: *Mission Seaview*
GARDNER, Ava: **Anno Domini-Kampf der Märtyrer**
GARDNER, David: **Robocop**
GAREBADIAN, Robert: **Zombies of the Stratosphere**
GAREL, Saskia: **NightMan**
GARNER, James: **Space**
GARNER, Jay: **Buck Rogers** (1979-81)
GARR, Teri: *Batman*; *Geschichten aus der Gruft*; *Raumschiff Enterprise*; *Sabrina-Total verhext!*
GARRETT, Hank: **Max Headroom**
GARRETT, Leif: *Monsters-Nachts, wenn das Blut gefriert*; *Superboy*; *Wonder Woman*
GARRIS, Cynthia: **Stephen Kings The Shining**; **Stephen King's The Stand-Das letzte Gefecht**
GARRIS, Mick: **Stephen Kings The Shining**; **Stephen King's The Stand-Das letzte Gefecht**
GARRISON, Scott: **Das Ding aus dem Sumpf**
GARTH, Jennie: **Teen Engel**
GARTIN, Christopher Russell: **M.A.N.T.I.S.**
GARWOOD, Patricia: **Der Brack-Report**
GASH, Mark: **Das Haus des Magiers**
GASSMAN, Alessandro: *Die Bibel*
GASSMAN, Vittorio: *Die Bibel*
GATTERBURG, Gail: **Frankensteins Tante**
GAUNT, Walter: **Spuk im Haus**
GAUNT, William: **The Champions**; **Spuk im Haus**
GAUTIER, Dick: *Ach, du lieber Himmel*; *Familie Munster*; *Fantasy Island (1978-84)* **Immer wenn er Pillen nahm**; *Der Mann aus dem Meer*; **Mini-Max**; *Der Nachtjäger*; *Verliebt in eine Hexe*; *Wonder Woman*
GAVIN, Robert: **Im Land der Saurier II**
GAWRYLUK, Ewa: **Die Verwandlungsmaschine**
GAYE, Poppy: **Eine lausige Hexe**
GAYHEART, Rebecca: **Earth 2**; *Sliders*
GEDRICK, Jason: *Einmal Himmel und zurück*
GEER, Ellen: *Raumschiff Enterprise-Das nächste Jahrhundert*; **Die Schöne und das Biest**; *Die 7-Millionen-Dollar-Frau*; *Teufelskreis der Angst*
GEER, Will: *Invasion von der Wega*; *Kobra, übernehmen Sie*; *Verliebt in eine Hexe*
GEESON, Judy: *Charmed-Zauberhafte Hexen*; **Die Mädchen aus dem Weltraum**
GEGENHUBER, John: **Earth 2**; *Pretender*; *Star Trek: Raumschiff Voyager*
GEIGEL, Philipp: **Merlin**
GEISLER, Achim: **Merlin**
GEISLEROVÁ, Zuzana: **Dune-Der Wüstenplanet**
GELB, Jeff: **Stephen King's The Stand-Das letzte Gefecht**

GELLAR, Sarah Michelle: *Angel-Jäger der Finsternis*; **Buffy-Im Bann der Dämonen**
GEMPART, Michael: **Mission Eureka**
GENELLE, Richard: **Power Rangers**
GENOVESE, Mike: **The Flash-Der rote Blitz**; *Knight Rider*; *Die Maske*; *Raumschiff Enterprise-Das nächste Jahrhundert*; *Star Trek: Deep Space Nine*; *Viper*; *Zurück in die Vergangenheit*
GEORGE, Lynda Day: *Fantasy Island (1978-84)*; *In geheimer Mission*; **Kobra, übernehmen Sie**; *Kung Fu*; *Wonder Woman*
GEORGE, Susan: *Vorsicht, Hochspannung!*
GEORGI, Thomas: **Die Wächter**
GERARD, Gil: **Buck Rogers** (1979-81)
GERSTER, Karl-Friedrich: **Dreamgate**
GESNER, Zen: **Sindbads Abenteuer**
GETER, Leo: **Stephen King's The Stand-Das letzte Gefecht**
GETTY, Balthazar: *Klassiker der unheimlichen Art*
GEUER, Michaele: **Alarm im Schlossmuseum**
GHERARDI, Anna Maria: **Die Äneis**
GHOSTLEY, Alice: *Ein Engel auf Erden*; **Das Geheimnis der blauen Tropfen**; *Der Geist und Mrs. Muir*; *Mini-Max*; *Geschichten aus der Schattenwelt*; *Der Nachtjäger*; *Sabrina-Total verhext!*; *Teufelskreis der Angst*; *Verliebt in eine Hexe*; **Vicki**
GIACOMAZZI, Micky: **Stephen Kings The Shining**
GIAMALVA, Joe: **Im Land der Saurier**
GIANNINI, Giancarlo: *Die Bibel*; **Dune-Der Wüstenplanet**
GIBB, Cynthia: **Tödliches Spiel**
GIBNEY, Susan: *Alien Nation*; *Pretender*; *Raumschiff Enterprise-Das nächste Jahrhundert*; *Star Trek: Deep Space Nine*
GIBSON, Henry: *Eerie, Indiana*; *Der Familienschreck*; *Fantasy Island (1978-84)*; *Geschichten aus der Gruft*; *Mein Onkel vom Mars*; *Sabrina-Total verhext!*; *Total Recall 2070*; *Twilight Zone*; *Wonder Woman*
GIBSON, William: *Wild Palms*
GIDEON, Louan: **Was ist los mit Alex Mack?**
GIDLEY, Pamela: **Pretender**; **Strange Luck-Dem Zufall auf der Spur**
GIERASCH, Stefan: *Alfred Hitchcock zeigt (1985-89)*; **Dark Shadows**; *Fantasy Island (1978-84)*; *Geschichten aus der Gruft*; *Ein Hauch von Himmel*; *Holmes & YoYo*; *Hulk*; *Raumschiff Enterprise-Das nächste Jahrhundert*; *Twilight Zone*; *Werwolf*
GIFT, Roland: *Highlander*
GILBERSTADT, Brandon: **100 gute Hundetaten**
GILBERT, Melissa: *Babylon 5*; *Buffy-Im Bann der Dämonen*
GILDO, Rex: **Ruby**
GILFORD, Wendy: **Spuk im Haus**
GILLEN, Patrick: **Das Tollhaus**
GILLILAND, Richard: *Dark Skies-Tödliche Bedrohung*
GILLMORE, Tenley: **Quer durch die Galaxie und dann links**
GIMPEL, Erica: *Babylon 5*; *Ein Hauch von Himmel*; **Profiler**; *Roswell*
GIMPEL, Sandra Lee: **Stephen King's The Stand-Das letzte Gefecht**
GINTY, Robert: *Baywatch Nights*
GIORDANA, Andrea: **Die Äneis**
GIOVANNINI, Stefanella: **Die Odyssee**
GIRBIG, Matthias: **Die Oase**
GISH, Lillian: *Alfred Hitchcock zeigt (1962-65)*
GITTINS, Paul: **Der Junge von Andromeda**
GLADWIN, Joe: **Spuk im Haus**
GLAS, Josef: **Die Wächter**
GLEMNITZ, Reinhard: *Insel der Träume*; *Raumpatrouille*
GLOVER, Julian: **Q.E.D.**
GLOWNA, Vadim: *Insel der Träume*; **Projekt Aphrodite**
GLUCHOWSKA, Matgorzata: **Die Sonnenlanze**
GLUTH, William: **Ocean Girl**

GOAZ, Harry: *Das Geheimnis von Twin Peaks*
GODDARD, Liza: *Wuff!-Manchmal bin ich ein Hund*
GODDARD, Mark: *Verschollen zwischen fremden Welten*
GODECKI, Marzena: *Ocean Girl*
GODWIN, Simon: *Der zaubermächtige Psammead* (1990)
GÖRG, Galyn: *Fantastische Geschichten; Hercules; **Das Geheimnis von Twin Peaks; M.A.N.T.I.S.**; Stargate; Star Trek: Deep Space Nine; Star Trek: Raumschiff Voyager; Xena*
GÖTESTAM, Staffan: *Die Brüder Löwenherz*
GOING, Joanna: *Dark Shadows*
GOLDBERG, Whoopi: *Geschichten aus der Gruft; **Raumschiff Enterprise-Das nächste Jahrhundert***
GOLDBLUM, Jeff: *Ray Bradburys Gruseltheater*
GOLD COAST: *Mr. Ed*
GOLDTHWAIT, Bobcat: **Auf schlimmer und ewig**; *Geschichten aus der Gruft; Grusel, Grauen, Gänsehaut; Sabrina-Total verhext!*
GOLDWYN, Tony: *From the Earth to the Moon*
GOMES, Mark: *The Crow-Stairway to Heaven; Tarzan* (1991-94)
GOODALL, Caroline: *Der Mondschimmel*
GORDENO, Peter: *UFO*
GORDON-LEVITT, Joseph: **Dark Shadows; Hinterm Mond gleich links**
GORE, Sandy: **Quer durch die Galaxie und dann links**
GORING, Marius: *Gefrier-Schocker*
GORLIVCE, Susan: *Ocean Girl*
GORRELL, Ashley: **Thunder in Paradise-Heisse Fälle, coole Drinks**
GORSHIN, Frank: *Alfred Hitchcock zeigt* (1962-65)*; Batman; Buck Rogers* (1979-81)*; Grüsse aus dem Jenseits; Grusel, Grauen, Gänsehaut; Monsters-Nachts, wenn das Blut gefriert; The Munsters; Raumschiff Enterprise; Superman-Die Abenteuer von Lois und Clark; Wonder Woman*
GORSKI, Tamara: *Gene Roddenberrys Mission Erde-Sie sind unter uns; Hercules; Poltergeist-Die unheimliche Macht; Psi Factor-Es geschieht jeden Tag; Zweimal im Leben*
GOSSETT, Jr., Louis: *Allein gegen die Zukunft* **Der Junge vom anderen Stern**; *Der Sechs-Millionen-Dollar-Mann*
GOTH, Norbert: **Chamäleon**
GOTTSCHALK, Thomas: *Oliver Maass*
GOUGH, Michael: *The Champions; Doctor Who; **Der kleine Vampir**; Mit Schirm, Charme und Melone* (1961-69)
GOULD, Elliott: *Ein Hauch von Himmel; Hitchhiker; Ray Bradburys Gruseltheater; **Stephen Kings The Shining**; Superman-Die Abenteuer von Lois und Clark; Twilight Zone; Zauber, Zoff und Phantasie*
GOULD, Sandra: **Verliebt in eine Hexe**
GOULD, William: **Buck Rogers** (1939)
GOWER, Connie: **Das Mädchen aus der Zukunft**
GRACE, April: *Akte X; Fantasy Island* (1998)*; Raumschiff Enterprise-Das nächste Jahrhundert; Der Sentinel-Im Auge des Jägers; Star Trek: Deep Space Nine*
GRACE, Nickolas: *Geschichten aus der Gruft; Projekt Delta Wave; **Robin Hood** (1984-86); Space Cops-Tatort Demeter City*
GRACEN, Elizabeth: *The Flash-Der rote Blitz; Fortune Hunter-Bei Gefahr: Agent Carlton Dial; **Highlander**; Klassiker der unheimlichen Art; **Raven-Die Unsterbliche**; Time Trax-Zurück in die Zukunft*
GRACESON, Kenny: **Power Rangers in Space**
GRAHAM, Denys: **Das zweite Gesicht**
GRAHAM, Gary: **Alien Nation**; *Hulk; **M.A.N.T.I.S.**; Star Trek: Raumschiff Voyager*

GRAHAM, Gerrit: *Babylon 5; Geschichten aus der Gruft; Star Trek: Deep Space Nine; Star Trek: Raumschiff Voyager; Superman-Die Abenteuer von Lois und Clark; Twilight Zone*
GRAHAM, Heather: **Das Geheimnis von Twin Peaks**
GRANGER, Farley: *Geschichten aus der Schattenwelt; Mini-Max; Monsters-Nachts, wenn das Blut gefriert; Der Sechs-Millionen-Dollar-Mann; Der Unsichtbare*
GRANT, Andrew T.: **Liebling, ich habe die Kinder geschrumpft**
GRANT, Faye: *Geschichten aus der Gruft; Hulk; **V-Die ausserirdischen Besucher kommen**; Zeitreisende*
GRANT, Norah: **Krieg der Welten**
GRANTHAM, Leslie: **Wuff!-Jetzt bin ich der Hund**
GRASEMANN, Saskia: **Spuk aus der Gruft; Spuk im Reich der Schatten**
GRAVES, Peter: *Alfred Hitchcock zeigt* (1962-65)*; Buck Rogers* (1979-81)*; Fantasy Island* (1978-84)*; **In geheimer Mission**; Invasion von der Wega; **Kobra, übernehmen Sie**; Vorsicht, Hochspannung!*
GRAY, Bruce: **Captain Power**
GRAY, Charles: *Der Unsichtbare* (1958/59)
GRAY, Elspet: **Catweazle**
GRAY, Erin: **Buck Rogers** (1979-81)*; Fantasy Island* (1978-84)*; Hitchhiker; Der Mann vom anderen Stern; Profiler; Superboy*
GRAY, Jim: **Der kleine Vampir**
GREEN, Brian Austin: *Sabrina-Total verhext!*
GREEN, James: **Alien Nation**
GREEN, James: **Der Mondschimmel**
GREEN, Jenna Leigh: **Sabrina-Total verhext!**
GREEN, Lynda Mason: **Krieg der Welten**
GREEN, Seth: *Akte X; Angel-Jäger der Finsternis; **Buffy-Im Bann der Dämonen; 100 gute Hundetaten**; Fantastische Geschichten; Geschichten aus der Schattenwelt; Die reinste Hexerei; seaQuest DSV*
GREENE, Graham: *Captain Power; Outer Limits-Die unbekannte Dimension; Poltergeist-Die unheimliche Macht; Psi Factor-Es geschieht jeden Tag*
GREENE, James: **Die Abenteuer des Brisco County, Jr.**
GREENE, Lorne: *Ein Engel auf Erden; Ein Film aus der Alfred Hitchcock-Serie; **Kampfstern Galactica***
GREENHOUSE, Kate: **Das Haus des Magiers**
GREENLEE, David: **Die Schöne und das Biest**; *Twilight Zone*
GREENWOOD, Bruce: *Hitchhiker; **Nowhere Man-Ohne Identität; Sleepwalkers***
GREENWOOD, David: **Im Land der Saurier**
GREER, Alonzo: **Conor, der Kelte**
GREER, Dabbs: *Ein Film aus der Alfred Hitchcock-Serie; Der Geist und Mrs. Muir; Hulk; Invasion von der Wega; Der Mann von Gestern; Supermann-Retter in der Not; Unwahrscheinliche Geschichten; Verrückter Wilder Westen*
GREER, Jane: **Das Geheimnis von Twin Peaks**
GREESE, Wolfgang: **Spuk im Hochhaus**
GREGORINI, Barbara: **Die Odyssee**
GREGORY, Alan: **Stephen King's The Stand-Das letzte Gefecht**
GREGORY, Benji: **Alf**
GREGORY, Dorian: **Baywatch Nights; Charmed-Zauberhafte Hexen**
GREGORY, James: **Verrückter Wilder Westen**
GREGORY, Mary Ethel: **Stephen King's The Stand-Das letzte Gefecht**
GRENKOWITZ, Rainer: **Ruby**
GRENVILLE, Cynthia: **Das zweite Gesicht**
GREY, Joel: *Outer Limits-Die unbekannte Dimension; Star Trek: Raumschiff Voyager*
GRIER, Pam: *Monsters-Nachts, wenn das Blut gefriert*
GRIES, Jonathan: **Pretender**; *Zurück in die Vergangenheit*
GRIFFIN, Barbara: **Robin Hood** (1997-99)

GRIFFIN, Jennifer: *Robocop*; *Sleepwalkers*
GRIFFITH, Andy: *Salvage 1-Hinter der Grenze zum Risiko*; *Die 7-Millionen-Dollar-Frau*
GRIFFITH, Melanie: *Alfred Hitchcock zeigt* (1985-89)
GRIFFITHS, Richard: *Apocalypse Wow-Whoops Apocalypse*
GRINNAGE, Jack: *Der Nachtjäger*
GRODÉNCHIK, Max: *Geschichten aus der Gruft*; *Raumschiff Enterprise-Das nächste Jahrhundert*; *Sliders-Das Tor in eine fremde Dimension*; **Star Trek: Deep Space Nine**
GRÖBMAYR, Josef: **Oliver Maass**
GROENER, Harry: *Amor-Mitten ins Herz!*; **Buffy-Im Bann der Dämonen**; *Charmed-Zauberhafte Hexen*; *Profiler*; *Sleepwalkers*; *Zurück in die Vergangenheit*
GROOM, Sam: *Salvage 1-Hinter der Grenze zum Risiko*; *Die 7-Millionen-Dollar-Frau*; **Time Tunnel**
GROSS, Edan: **Die reinste Hexerei**
GROSS, Mary: **Sabrina-Total verhext!**
GROSS, Walter: **Der rostrote Ritter**
GRUENWALD, Ernie: **TekWar-Krieger der Zukunft**
GUARDINO, Harry: *Die Maske*
GUBBINS, Candida: **Wuff!**
GUDEJKO, Jerzy: **Die Sonnenlanze**
GUINAN, Francis: *Alien Nation*; **Dschungel Fieber**; **Eerie, Indiana**; *Pretender*; *Sliders-Das Tor in eine fremde Dimension*; *Star Trek: Raumschiff Voyager*; *Strange Luck-Dem Zufall auf der Spur*
GUINEE, Tim: **Geheimprojekt X**; **Schöne neue Zeit**
GULAGER, Clu: *Ach, du lieber Himmel*; *Airwolf*; *Automan-Der Super-Detektiv*; *Ein Film aus der Alfred Hitchcock-Serie*; *Knight Rider*; *Streethawk*
GUNN, Nathan: **Unsichtbar**
GUNN, Moses: *Ein Engel auf Erden*; *Salvage 1-Hinter der Grenze zum Risiko*
GUNTON, Bob: **Wild Palms**
GWILLIM, David: **Der unsichtbare Mann**
GWYNNE, Anne: **Flash Gordon**
GWYNNE, Fred: **The Munsters**

HAASE, Ulrike: **Sherlock Holmes und die sieben Zwerge**
HABER, Alessandro: **Die Äneis**
HABERMANN, Eva: **Lexx-The dark Zone**
HACKETT, Buddy: *Mini-Max*; *Space Rangers*
HACKETT, Joe: **BeetleBorgs**
HACKETT, Karl: **Buck Rogers** (1939)
HACKETT, Martha: *Ein Hauch von Himmel*; *Jesse aus dem All*; *Star Trek: Deep Space Nine*; **Star Trek: Raumschiff Voyager**
HACKMAN, Gene: *Invasion von der Wega*
HADAWAY, Vanessa: **Kappatoo-Der Doppelgänger aus dem All**
HADRBOLCOVÁ, Zdena: **Pan Tau**
HÄNGGI, Pia: **Ruby**
HAFNER, Ingrid: **Mit Schirm, Charme und Melone** (1961-69)
HAGEN, Kevin: *Fantasy Island* (1978-84); **Planet der Giganten**; *Unwahrscheinliche Geschichten*
HAGLUND, Dean: **Akte X**
HAGMAN, Larry: **Bezaubernde Jeannie**
HAHN, Jess: *Die geheimnisvolle Insel* (1973)
HAHN-PETERSEN, John: **Geister**
HAIDUK, Stacy: *Akte X*; *Charmed-Zauberhafte Hexen*; **Clan der Vampire**; *Profiler*; **seaQuest DSV**; *Superboy*
HAIG, David: **Der Mondschimmel**
HALL, Anthony Michael: *Conan, der Abenteurer*; *The Crow-Stairway to Heaven*; *Geschichten aus der Gruft*; *Ein Hauch von Himmel*; *Poltergeist-Die unheimliche Macht*; *Tödliches Spiel*
HALL, Brian: **Alfonso Bonzo**; **Neue Geschichten von Billy Webb**
HALL, Edward: *Die Bibel*
HALL, Joanna: **Kappatoo-Der Doppelgänger aus dem All**

HALL, Kevin Peter: **Harry und die Hendersons**; *Raumschiff Enterprise-Das nächste Jahrhundert*; **Die Spezialisten unterwegs**
HALL, Thurston: **Topper**
HALLAHAN, Charles: *Visitor-Die Flucht aus dem All*; **Wild Palms**
HALLAM, John: **Der König von Narnia**
HALLER, Ty: **Die Minikins**
HALLERSTAM, Staffan: **Karlsson auf dem Dach**; *Schaurige Geschichten*
HALM, Florian: **Das verbotene Spiel**
HALMER, Günther-Maria: *Angelo und Luzy*; **Projekt Aphrodite**
HAMACHER, Hans W.: **Das kalte Herz**
HAMBLIN, Anthony: **Eine lausige Hexe**
HAMILL, Mark: *Alfred Hitchcock zeigt* (1985-89); *Fantastische Geschichten*; *The Flash-Der rote Blitz*; *Hinterm Mond gleich links*; *Outer Limits-Die unbekannte Dimension*; *seaQuest DSV*; *Space Cases-Das galaktische Klassenzimmer*
HAMILTON, Antony: **In geheimer Mission**
HAMILTON, John: **Supermann-Retter in der Not**
HAMILTON, Linda: **Die Schöne und das Biest**
HAMILTON, Neil: **Batman**; *Mr. Ed*; *The Munsters*; *(Outer Limits)*
HAMLIN, Harry: *Hitchhiker*; *Outer Limits-Die unbekannte Dimension*; **Space**
HAMMER, Thomas: **Paul und Paulinchen**
HAMMOND, Josh: **100 gute Hundetaten**
HAMMOND, Nicholas: **Die Mars-Chroniken**
HAMMOND, Roger: *Die Bibel*
HAN, Maggie: **Space-Der Mensch greift nach den Sternen**
HANCOCK, John: *Das fliegende Auge*; *Raumschiff Enterprise-Das nächste Jahrhundert*; *Twilight Zone*; *Zeitreisende*
HANCOCK, Prentis: **Kappatoo-Der Doppelgänger aus dem All**; **Mondbasis Alpha 1**
HANDY, James: *Prey-Gefährliche Spezies!*; *Profiler*
HANDY, Jennifer: **Achtung: Streng geheim**
HANIN, Ryszarda: **Die Freunde des fröhlichen Teufels**
HANKS, Colin: **Roswell**
HANKS, Tom: *From the Earth to the Moon*; *Geschichten aus der Gruft*
HANLEY, Bridget: **Der Mann von Gestern**
HANNIGAN, Alyson: **Buffy-Im Bann der Dämonen**; *100 gute Hundetaten*; *Ein Hauch von Himmel*; **Die reinste Hexerei**
HANSEN, Holger Juul: **Geister**
HANZLIK, Jaromir: **Luzie, der Schrecken der Strasse**
HARA, Miho: **S.R.I. und die unheimlichen Fälle**
HARADA, Daijiro: **Die Rebellen vom Liang Shan Po**
HARDEN, Jack: **Zombies of the Stratosphere**
HARDIMAN, Terrence: **Eine lausige Hexe**
HARDIN, Jerry: **Akte X**; *Alfred Hitchcock zeigt* (1985-89); *Ein Engel auf Erden*; *From the Earth to the Moon*; *Raumschiff Enterprise-Das nächste Jahrhundert*; *Star Trek: Raumschiff Voyager*; *Sliders-Das Tor in eine fremde Dimension*; *Superman-Die Abenteuer von Lois und Clark*; *Time Trax-Zurück in die Zukunft*; *Twilight Zone*; *Zurück in die Vergangenheit*
HARDWICKE, Edward: **Null ist Spitze**
HARDY, Jonathan: **Farscape-Verschollen im All**
HAREWOOD, Dorian: *Die Schöne und das Biest*; *Time Trax-Zurück in die Zukunft*; **Viper**
HARINGTON, Joy: **Der Mondschimmel**
HARLOFF, Fabian: *Ein bißchen Zauber verträgt die Welt*; *Helicops-Einsatz über Berlin*
HARLOW, Thomasyn: **Stephen King's The Stand-Das letzte Gefecht**
HARMON, Angie: **Baywatch Nights**
HARMON, Mark: *From the Earth to the Moon*
HARPER, Robert: **Nick Knight**

HARPER, Ron: *Im Land der Saurier*; NightMan; *Planet der Affen*
HARRINGTON, Emma-Louise: *Das zweite Gesicht*
HARRIS, Ed: *Stephen King's The Stand-Das letzte Gefecht*
HARRIS, Jonathan: *Fantasy Island* (1978-84); *Der Geist und Mrs. Muir*; *Mini-Max*; *Planet der Giganten*; *Unwahrscheinliche Geschichten*; *Verliebt in eine Hexe*; **Verschollen zwischen fremden Welten**
HARRIS, Michael: **Burning Zone-Expedition Killervirus**; *Geschichten aus der Gruft*; *Superman-Die Abenteuer von Lois und Clark*
HARRIS, Neil Patrick: *Zurück in die Vergangenheit*
HARRIS, Richard: *Die Bibel*
HARRISON, Anthony: *Akte X; First Wave-Die Prophezeiung; Millennium; Poltergeist-Die unheimliche Macht; Der Sentinel-Im Auge des Jägers; Seven Days-Das Tor zur Zeit; Strange Luck-Dem Zufall auf der Spur; Viper*
HARRISON, Gail: **Besuch aus Liliput**
HARRISON, Noel: **Dancer für U.N.C.L.E.**
HARROW, Lisa: **Die Mädchen aus dem Weltraum**
HARRY, Angela: **Tarzan-Die Rückkehr**
HARRY, Deborah „Debbie": *Geschichten aus der Schattenwelt; Monsters-Nachts, wenn das Blut gefriert; Sabrina-Total verhext!*
HARSHAW, CeeCee: **Sabrina-Total verhext!**
HARSTON, Wendelin: **Stephen Kings The Shining**
HART, Brett „The Hitman": *Sindbads Abenteuer*
HART, Jimmy: **Thunder in Paradise-Heisse Fälle, coole Drinks**
HART, Melissa Joan: *Grusel, Grauen, Gänsehaut; Ein Hauch von Himmel;* **Sabrina-Total verhext!**
HARTLEY, Mariette: *Conan, der Abenteurer; Hulk; Raumschiff Enterprise; Teufelskreis der Angst; Unwahrscheinliche Geschichten; Zweimal im Leben*
HARTNELL, William: *Doctor Who*
HARTSON, Michael: **Countdown X-Alarm im All**
HARWOOD, Bruce: *Akte X; Outer Limits-Die unbekannte Dimension*
HASLAM, Lu Ann: **Neue Abenteuer von Huck Finn, Tom und Becky**
HASSELHOFF, David: **Baywatch Nights; Knight Rider**
HATCH, Richard: *Fantasy Island* (1978-84); **Kampfstern Galactica;** *Super Force*
HATCHER, Teri: *Geschichten aus der Gruft; Raumschiff Enterprise-Das nächste Jahrhundert;* **Superman-Die Abenteuer von Lois und Clark;** *Zurück in die Vergangenheit*
HATHAWAY, Noah: **Kampfstern Galactica;** *Mork vom Ork*
HAUER, Rutger: *Lexx-The dark Zone*
HAUG, Jürgen: **Die Oase**
HAUSER, Fay: *Viper*
HAUSER, Wings: *Airwolf; Highwayman; Space Rangers*
HAWKING, Professor Stephen: *Raumschiff Enterprise-Das nächste Jahrhundert*
HAWKINS, Brad: **V. R. Troopers**
HAWLEY, Graeme: **Kappatoo-Der Doppelgänger aus dem All**
HAWTHORNE, Elizabeth: **Hercules**
HAYDEN, Julie: **Armer Charlie!**
HAYES, Anthony: **Ocean Girl**
HAYES, Christie: **Auf der Suche nach der Schatzinsel**
HAYGARTH, Tony: **Die Macht des Schwertes**
HAYNIE, Jim: **Stephen King's The Stand-Das letzte Gefecht**
HAYS, Robert: **Der Mann vom anderen Stern;** *Outer Limits-Die unbekannte Dimension; Wonder Woman*
HAYTER, Robin: **Die dreibeinigen Herrscher**
HAYWORTH, Vinton: **Bezaubernde Jeannie**
HEAD, Anthony Stewart: **Buffy-Im Bann der Dämonen**
HEALEY, Patricia: *Dead at 21*
HEALY, Ryan: **Stephen King's The Stand-Das letzte Gefecht**

HEARD, John: *Alfred Hitchcock zeigt* (1985-89); *Geschichten aus der Schattenwelt; Outer Limits-Die unbekannte Dimension*
HEATON, Tom: *Geheimprojekt X;* **Die Minikins**
HECHT, Gina: **Mork vom Ork;** *Raumschiff Enterprise-Das nächste Jahrhundert*
HECKER, Ben: **Dreamgate**
HEDISON, David: *Fantasy Island* (1978-84); **Mission Seaview;** *Wonder Woman*
HEDREN, Tippi: *Alfred Hitchcock zeigt* (1985-89); *Geschichten aus der Schattenwelt; Die 7-Millionen-Dollar-Frau*
HEFFER, Richard: **Die Mars-Chroniken**
HEGH, Anita: **Rückkehr zum Jupiter**
HEHN, Sascha: *Geschichten aus der Zukunft*
HEIDER, Franz Günther: **Merlin**
HEIFELDT, Soibjorg: **Geister**
HEIGL, Katherine: **Roswell**
HEIN7MANN, Jan Hendrik: **Dreamgate**
HEISE, Reiner: **Sherlock Holmes und die sieben Zwerge; Die Sonnenlanze; Spuk aus der Gruft; Spuk im Reich der Schatten**
HEITMEYER, Jayne: **Gene Roddenberrys Mission Erde: Sie sind unter uns; NightMan;** *Total Recall 2070*
HEMBLEN, David: *Alfred Hitchcock zeigt* (1985-89); **Captain Power;** *Gänsehaut-Die Stunde der Geister;* **Gene Roddenberrys Mission Erde-Sie sind unter uns;** *Nick Knight; Outer Limits-Die unbekannte Dimension; Robocop; TekWar-Krieger der Zukunft; Twilight Zone*
HEMBLIN, Anthony: **Die magische Münze**
HEMMINGS, David: *Airwolf; Geschichten aus der Gruft; Klassiker der unheimlichen Art*
HEMPEL, Anouska: **UFO**
HEMPHIL, John: *Eerie, Indiana-Die andere Dimension; Gänsehaut-Die Stunde der Geister; Relic Hunter-Die Schatzjägerin;* **Das Tollhaus**
HENDERS, Richard: **Der König von Narnia**
HENDERSON, Don: **Die geheime Welt der Polly Flint**
HENDERSON, Florence: *Ach, du lieber Himmel; Mein Vater ist ein Ausserirdischer*
HENDRIX, Elaine: **Maxwell Smart**
HENDRY, Ian: **Mit Schirm, Charme und Melone** (1961-69); *Mit Schirm, Charme und Melone* (1976/77); *Der Unsichtbare* (1958/59)
HENGSTMANN, Hjalmar: **Ein Mann kam im August**
HENNIGER, Rolf: **Insel der Träume**
HENRIKSEN, Lance: *Akte X, Geschichten aus der Gruft;* **Millennium;** *Die Schöne und das Biest*
HENRIKSSON, Krister: **Die Jagd nach dem magischen Wasserrad**
HENRY, Emmaline: **Bezaubernde Jeannie**
HENRY, Gregg: *Airwolf; Detektei mit Hexerei; Hitchhiker; M.A.N.-T.I.S.; Pretender; Strange Luck-Dem Zufall auf der Spur; Viper; Werwolf; Zeitreisende*
HENSLEY, Pamela: *Fantasy Island* (1978-84); *Der Sechs-Millionen-Dollar-Mann*
HENSON, Brian: **Griechische Sagen-Jim Henson erzählt; Jim Hensons beste Geschichten**
HENTSCH, Jürgen: **Aeon-Countdown im All; Das Sahara-Projekt**
HENWOOD, Ray: *Hercules;* **Tell-Im Kampf gegen Lord Xax**
HERBRECHT, Inge: **Das kalte Herz**
HERBST, Becky: **Space Cases-Das galaktische Klassenzimmer**
HERBST, Gaby: **Alarm**

HERD, Richard: *Die Abenteuer des Brisco County, Jr.; Buffy-Im Bann der Dämonen; Geschichten aus der Gruft; Hulk; Knight Rider; Raumschiff Enterprise-Das nächste Jahrhundert; Die Schöne und das Biest; seaQuest DSV; Star Trek-Raumschiff Voyager;* **V-Die ausserirdischen Besucher kommen;** *Zurück in die Vergangenheit*

HERLIN, Jacques: **Frankensteins Tante**

HERRERA, Tomas: **Stephen Kings The Shining**

HERRIMAN, David: **Das Geisterhaus von Waterloo Creek**

HERSHBERGER, Gary: *Ein Engel auf Erden;* **Das Geheimnis von Twin Peaks;** *Knight Rider*

HERSHEY, Barbara: *Alfred Hitchcock zeigt (1985-89); Die Bibel*

HERTER, Gérard: **Die Odyssee**

HERTZBERG, George: **Buffy-Im Bann der Dämonen**

HERTZLER, John G.: *Charmed-Zauberhafte Hexen; Highlander; Roswell; Sabrina-Total verhext!;* **Star Trek: Deep Space Nine;** *Star Trek: Raumschiff Voyager; Superman-Die Abenteuer von Lois und Clark; Zurück in die Vergangenheit*

HERVEY, Jason: **100 gute Hundetaten**

HESTON, Charlton: *seaQuest DSV*

HESZ, Karl-Heinz: **Chamäleon**

HETRICK, Jennifer: *Akte X; Raumschiff Enterprise-Das nächste Jahrhundert; Sliders-Das Tor in eine fremde Dimension; Star Trek: Deep Space Nine*

HEUBLEIN, Brian: **Im Land der Saurier**

HEUER, Andrea: **Insel der Träume**

HEWETT, Christopher: **Fantasy Island** (1978-84)

HEWETT, Colleen: **Quer durch die Galaxie und dann links**

HEWETT, Lauren: **Achtung: Streng geheim!; Ocean Girl; Quer durch die Galaxie und dann links; Spellbinder-Im Drachenkaiserland**

HEWITT, Alan: **Mein Onkel vom Mars;** *Verliebt in eine Hexe*

HEWLETT, Arthur: **Minty in der Mondzeit**

HEWLETT, David: **Kung Fu: Im Zeichen des Drachen**

HEXUM, Jon-Erik: **Zeitreisende**

HEY, Virginia: **Farscape-Verschollen im All**

HIBBERT, Edward: **Fantasy Island** (1998)

HIBLEY, Whip: **Dead at 21**

HICKS, Catherine: **Detektei mit Hexerei**

HICKS, Lois: **Stephen Kings The Shining**

HIDDLESTONE, Olivia: **Ocean Girl**

HIELSCHER, Margot: *Angelo und Luzy*

HIGGINS, Anthony: *Die Bibel*

HIGGINS, Joel: **Salvage 1-Hinter der Grenze zum Risiko**

HIGGINSON, Torri: *Nick Knight; Outer Limits-Die unbekannte Dimension; Psi Factor-Es geschieht jeden Tag;* **TekWar-Krieger der Zukunft**

HILDRETH, Mark: **Odyssee ins Traumland**

HILL, Arthur: *Ein Film aus der Alfred Hitchcock-Serie; Invasion von der Wega; Kobra, übernehmen Sie; Mission Seaview*

HILL, Harry: **Eine lausige Hexe**

HILL, Steven: *Alfred Hitchcock zeigt (1978-84); Ein Film aus der Alfred Hitchcock-Serie;* **Kobra, übernehmen Sie**

HILLERMAN, John: *Wonder Woman*

HILLYER, Shary: **Solo für O.N.C.E.L.**

HILTON-JACOBS, Lawrence: **Alien Nation**

HINES, Connie: **Mr. Ed**

HINES, Gregory: *Fantastische Geschichten*

HINGLE, Pat: *American Gothic-Prinz der Finsternis; Fantastische Geschichten; Ein Film aus der Alfred Hitchcock-Serie; Invasion von der Wega; Kobra, übernehmen Sie; Der Sechs-Millionen-Dollar-Mann;* **Stephen Kings The Shining;** *Unwahrscheinliche Geschichten*

HINZ, Werner: *Unheimliche Geschichten*

HIRSCH, Lou: **Kappatoo-Der Doppelgänger aus dem All; Space Cops-Tatort Demeter City**

HIRSCHFIELD, Jeffrey: **Lexx-The dark Zone**

HITCHCOCK, Alfred: **Alfred Hitchcock zeigt** (1962-65); **Alfred Hitchcock zeigt** (1985-89); **Ein Film aus der Alfred Hitchcock-Serie**

HJORT, Folke: **Die Brüder Löwenherz**

HLINOMAZ, Josef: **Auf dem Kometen**

HOBBS, Katrina: **Der Junge von Andromeda**

HOCHSTRAATE, Lutz: **Jan vom anderen Stern**

HODGE, Stephanie: **Auf schlimmer und ewig**

HODGKINSON, Janet: **Odyssee ins Traumland**

HÖHNE, Klaus: *Unheimliche Geschichten*

HOESL, Tobias: **Aeon-Countdown im All;** *Helicops-Einsatz über Berlin*

HOETER, Gisela: **Alpha Alpha**

HOEY, David: **Rückkehr zum Jupiter**

HOFBAUER, Michael: **Luzie, der Schrecken der Strasse**

HOFFMAN, John Robert: **Fortune Hunter-Bei Gefahr: Agent Carlton Dial**

HOFFMAN, Katharina: **Aeon-Countdown im All**

HOFFMAN, Linda: **Tarzan-Die Rückkehr**

HOFLIN, David: **Ocean Girl**

HOGAN, Michael: **Der kleine Vampir**

HOGAN, Susan: *First Wave-Die Prophezeiung;* **Der kleine Vampir**

HOGAN, „Hulk" (Terry Bollea): **Thunder in Paradise-Heisse Fälle, coole Drinks**

HOGER, Nina: **Spuk aus der Gruft; Spuk im Reich der Schatten**

HOLDEN, Laurie: **Akte X;** *Captain Power; Highlander; Poltergeist-Die unheimliche Macht; TekWar-Krieger der Zukunft*

HOLDEN, Rebecca: **Knight Rider**

HOLDER, Roy: **Der unsichtbare Mann**

HOLDREN, Judd: **Zombies of the Stratosphere**

HOLLAND, Thomas „Tom": **Stephen King's The Stand-Das letzte Gefecht**

HOLLIDAY, Eric: **Professor Poppers Erfindung**

HOLLIMAN, Earl: **NightMan;** *Unwahrscheinliche Geschichten*

HOLLINDERBÄUMER, Dietrich: **Aeon-Countdown im All**

HOLLOWAY, Sterling: **Supermann-Retter in der Not**

HOLM, Celeste: *Fantasy Island (1978-84); Wonder Woman*

HOLM, Claus: **Raumpatrouille**

HOLMAN, Rex: *Im Land der Saurier; Kobra, übernehmen Sie; (Outer Limits); Raumschiff Enterprise; Unwahrscheinliche Geschichten*

HOLMES, Jennifer: **Die Spezialisten unterwegs**

HOLTZ, Jürgen: **Mission Eureka**

HOLUB, Miroslav: **Auf dem Kometen**

HOLY, Thomas: **Unterwegs nach Atlantis**

HOMEIER, Skip: *Ein Film aus der Alfred Hitchcock-Serie; Hulk; Kobra, übernehmen Sie; Mission Seaview; (Outer Limits); Raumschiff Enterprise; Der Sechs-Millionen-Dollar-Mann; Die 7-Millionen-Dollar-Frau; Teufelskreis der Angst*

HOOKS, Jan: **Hinterm Mond gleich links**

HOPE, Barclay: *Erben des Fluchs; Gänsehaut-Die Stunde der Geister; Hitchhiker;* **Psi Factor-Es geschieht jeden Tag**

HOPE, Bob: *Ein Engel auf Erden; Mini-Max*

HOPE, Leslie: **Robocop**

HOPKINS, Wendy: **Das Tollhaus**

HOPPER, Dennis: *Die Bibel; Unwahrscheinliche Geschichten*

HORA, Jana: **Geisterjäger John Sinclair**

HORACEK, Josef: **Unterwegs nach Atlantis**

HORN, Jean Marie: **Der Mann aus dem Meer**

HORNEFF, Will: **Stephen Kings The Shining**

HORSE, Michael: **Das Geheimnis von Twin Peaks;** *Highwayman;* **Roswell**

HORST, Jochen: *Insel der Träume*

HORVATH, Emil, Jr.: **Auf dem Kometen**

HORWITZ, Dominique: *Der kleine Vampir-Neue Abenteuer*
HOSEA, Bobby: *Countdown X-Alarm im All*
HOUARI, Zaki: *Die Bibel*
HOULIHAN, Mike: *Allein gegen die Zukunft*
HOUSEMAN, John: *Anno Domini-Kampf der Märtyrer*; *Der Sechs-Millionen-Dollar-Mann*; *Die 7-Millionen-Dollar-Frau*
HOUSER, Patrick: *Outlaws-Die Gesetzlosen*
HOWARD, Andrea: *Holmes & Yoyo*
HOWARD, Clint: *Outer Limits-Die unbekannte Dimension*; *Pretender*; *Raumschiff Enterprise*; *Space Rangers*; *Star Trek: Deep Space Nine*; *Total Recall 2070*
HOWARD, John: *Das Mädchen aus der Zukunft*
HOWARD, Lisa: *First Wave-Die Prophezeiung*; *Gene Roddenberrys Mission Erde: Sie sind unter uns*; *Highlander*; *Nick Knight*; *Pretender*; *Robocop*; *Sindbads Abenteuer*
HOWARD, Ron: *Ein Film aus der Alfred Hitchcock-Serie*; *Planet der Giganten*; *Unwahrscheinliche Geschichten*
HOWARD, Sherman: *Alf*; *Burning Zone-Expedition Killervirus*; *Fortune Hunter-Bei Gefahr: Agent Carlton Dial*; *Raumschiff Enterprise-Das nächste Jahrhundert*; *Sabrina-Total verhext!*; *seaQuest DSV*; *Sliders*; *Space Rangers*; *Star Trek: Deep Space Nine*; *Star Trek: Raumschiff Voyager*; *Stephen King's The Stand-Das letzte Gefecht*; *Superboy*; *Zurück in die Vergangenheit*
HOWARD, Susan: *Fantastic Journey-Gefangen auf der Insel der Zeit*; *Kobra, übernehmen Sie*; *Der Mann von Gestern*; *Planet der Giganten*; *Raumschiff Enterprise*
HOWELL, C. Thomas: *Clan der Vampire*; *Hitchhiker*; *Klassiker der unheimlichen Art*; *Outer Limits-Die unbekannte Dimension*; *Zweimal im Leben*
HOWER, Nancy: *Der Sentinel-Im Auge des Jägers*; *Star Trek: Raumschiff Voyager*
HOWES, Reed: *Buck Rogers* (1939)
HOYT, Carol: *Power Rangers*
HOYT, John: *Alfred Hitchcock zeigt* (1962-65); *Ein Film aus der Alfred Hitchcock-Serie*; *Immer wenn er Pillen nahm*; *Kampfstern Galactica*; *Mini-Max*; *Mission Seaview*; *The Munsters*; *Der Nachtjäger*; *(Outer Limits)*; *Planet der Affen*; *Planet der Giganten*; *Raumschiff Enterprise*; *Der Sechs-Millionen-Dollar-Mann*; *Solo für O.N.C.E.L.*; *Time Tunnel*; *Unwahrscheinliche Geschichten*; *Verrückter Wilder Westen*
HREBEN, Marin: *Frankensteins Tante*
HRYC, Andrej: *Frankensteins Tante*
HUBER, Charles M.: *Aeon-Countdown im All*
HUBLEY, Season: *Kung Fu*
HUCKSTEPP, Sascha: *Das Geisterhaus von Waterloo Creek*
HUDDLESTON, David: *Ach, du lieber Himmel*; *Raumschiff Enterprise-Das nächste Jahrhundert*; *Verliebt in eine Hexe*
HUDSON, Ernie: *Wild Palms*
HUDSON, Rock: *Die Mars-Chroniken*
HÜBNER, Roger: *Insel der Träume*; *Mandara*; *Sternensommer*
HÜTTEL, Paul: *Geister*
HUFFMAN, Felicity: *Schöne neue Zeit*
HUGHES, Barnard: *Mr. Merlin*
HUGHES, Bruce: *Ocean Girl*
HUGHES, Carol: *Flash Gordon*
HUGHES, Jordan: *Robocop*
HUGHES, Nerys: *Die magische Münze*
HUGHES, Tony: *Die verlorenen Inseln*
HULKA, Daniel: *Teuflisches Glück*
HULL, Ross: *Grusel, Grauen, Gänsehaut*
HUMES, Mary-Margaret: *Eerie, Indiana;*; *Ein Fall für Professor Chase*; *Outlaws-Die Gesetzlosen*; *Time Trax-Zurück in die Zukunft*
HUMPHREYS, Cecil: *Anno Domini-Kampf der Märtyrer*

HUMPHRYS, Fletcher: *Ein Genie kommt selten allein*
HUNG, Sammo: *Allein gegen die Zukunft*
HUNNICUTT, Gayle: *Die Mars-Chroniken*
HUNOLD, Rainer: *Mandara*; *Sternensommer*
HUNT, Allan: *Mission Seaview*
HUNT, Gareth: *Mit Schirm, Charme und Melone* (1976/77); *Robin Hood* (1997-99); *Vorsicht, Hochspannung!*
HUNT, Linda: *Space Rangers*
HUNTER, Bruce: *Eerie, Indiana-Die andere Dimension*; *Psi Factor-Es geschieht jeden Tag*
HUNTER, Jeffrey: *Alfred Hitchcock zeigt* (1962-65); *Raumschiff Enterprise*
HUNTER, Kiara: *NightMan*
HUNTLEY, Noah: *Die Mondprinzessin*
HURLEY, Elizabeth: *Die Bibel*
HURST, Michael: *Hercules*; *Ray Bradburys Gruseltheater*; *Xena*
HURST, Todd: *BeetleBorgs*
HURT, John: *Jim Hensons beste Geschichten*
HURT, William: *Dune-Der Wüstenplanet*
HUSTON, John: *Alfred Hitchcock zeigt* (1985-89)
HUTCHISON, Doug: *Akte X*; *Millennium*; *Space 2063*
HUTCHISON, Kieren: *Tell-Im Kampf gegen Lord Xax*; *Xena*
HUU, Nguyen Tien: *Das blaue Palais*
HYDE-WHITE, Alex: *Babylon 5*; *Buck Rogers* (1979-81); *Kampfstern Galactica*; *M.A.N.T.I.S.*; *Zeitreisende*
HYDE-WHITE, Wilfred: *Buck Rogers* (1979-81); *Fantasy Island* (1978-84); *Kampfstern Galactica*; *Kobra, übernehmen Sie*; *Unwahrscheinliche Geschichten*
HYTNER, Steve: *Roswell*

IBRAHIMI, Hicham: *Die Bibel*
INDOVINA, Franco: *Die Odyssee*
INGRASSIA, Ciccio: *Pinocchio*
INNES, George: *Q.E.D.*
INOCALLA, Shishir: *Die Ninja Turtles*
IPALÉ, Aharon: *Fortune Hunter-Bei Gefahr: Agent Carlton Dial*; *Knight Rider*; *Tarzan* (1991-94); *Wonder Woman*
IRELAND, Jill: *Mein Onkel vom Mars*; *Mission Seaview*; *Raumschiff Enterprise*; *Solo für O.N.C.E.L.*
IRELAND, John: *Airwolf*; *Ein Film aus der Alfred Hitchcock-Serie*; *Kobra, übernehmen Sie*; *Krieg der Welten*; *Planet der Affen*; *Salvage 1-Hinter der Grenze zum Risiko*; *Teufelskreis der Angst*
IRONSIDE, Michael: *Alfred Hitchcock zeigt* (1985-89); *F/X*; *Geschichten aus der Gruft*; *Hitchhiker*; *Outer Limits-Die unbekannte Dimension*; *Ray Bradburys Gruseltheater*; *seaQuest 2032*; *V-Die ausserirdischen Besucher kommen*
IRVING, Amy: *Fantastische Geschichten*; *Klassiker der unheimlichen Art*; *Twilight Zone* (Lost Classics)
ISAAK, Chris: *From the Earth to the Moon*
ITO, Robert: *Airwolf*; *Akte X*; *Erben des Fluchs*; *Highlander*; *Hitchhiker*; *Kung Fu*; *Mini-Max*; *Outer Limits-Die unbekannte Dimension*; *Psi Factor-Es geschieht jeden Tag*; *Raumschiff Enterprise-Das nächste Jahrhundert*; *Der Sechs-Millionen-Dollar-Mann*
ITZIN, Gregory: *Eerie, Indiana*; *Mork vom Ork*; *Pretender*; *Profiler*; *Star Trek: Deep Space Nine*; *Zeitreisende*
IVES, George: *Mini-Max*
IWAMTSU, Mako: siehe: MAKO (Iwamtsu)
IZQUIERDO, Felipe: *Kappatoo-Der Doppelgänger aus dem All*

JACKO: *Highwayman*
JACKSON, Faye: *Wuff!*
JACKSON, Gordon: *Mit Schirm, Charme und Melone* (1961-69)
JACKSON, Telford: *Der Bumerang*
JACOBI, Derek: *Griechische Sagen-Jim Henson erzählt*
JACOBI, Doreen: *Helicops-Einsatz über Berlin*
JACOBY, Laura: *Mr. Smith*
JACQUET, Jeffrey: *Mork vom Ork*

JADE, Claude: *Die Insel der dreißig Tode*
JAECK, Scott: *Alien Nation; Charmed-Zauberhafte Hexen; Dark Skies-Tödliche Bedrohung; Geheimprojekt X; Raumschiff Enterprise-Das nächste Jahrhundert; Star Trek: Raumschiff Voyager; Twilight Zone*
JAECKEL, Richard: *Fantastic Journey-Gefangen auf der Insel der Zeit; Ein Film aus der Alfred Hitchcook-Serie; Gemini Man; Kobra, übernehmen Sie; (Outer Limits); **Salvage 1-Hinter der Grenze zum Risiko**; Time Tunnel; Verrückter Wilder Westen*
JAENICKE, Hannes: **Mission Eureka; Raven-Die Unsterbliche**
JAENICKE, Käthe: *Der Androjäger*
JÄREGÅRD, Ernst Hugo: **Geister**
JAGGER, Bianca: *Streethawk*
JAHNKE, Wega: **Die Wächter**
JAMES, Brion: *Fantastische Geschichten; Geschichten aus der Gruft; Highlander; Hitchhiker; M.A.N.T.I.S.; Millennium; Der Sentinel-Im Auge des Jägers*
JAMES, Daniel: **The Tribe-Eine Welt ohne Erwachsene**
JAMES, Gerald: **Der unsichtbare Mann**
JAMES, Peter: **Stephen Kings The Shining**
JAMES, Richard: **Space Cops-Tatort Demeter City**
JAMESON, Susan: **Die geheime Welt der Polly Flint**
JANCZAK, Krzysztof: **Stella Stellaris**
JANDAK, Vitezslav: **Die Rückkehr der Märchenbraut; Teuflisches Glück**
JANIS, Conrad: *Ein Engel auf Erden; Grüsse aus dem Jenseits; Mein Onkel vom Mars; Mini-Max; **Mork vom Ork**; Der Unsichtbare (1975/76); V-Die ausserirdischen Besucher kommen zurück*
JANZUROVÁ, Iva: **Bambinot-Der Wunschkindautomat; Die Rückkehr der Märchenbraut**
JARCHOW, Bruce: **Liebling, ich habe die Kinder geschrumpft**
JARCZYK, Robert: **Operation Phoenix-Jäger zwischen den Welten**
JARREAU, Al: *Ein Hauch von Himmel*
JAY, Tony: *Die Abenteuer des Brisco County, Jr.; Burning Zone-Expedition Killervirus; Eerie, Indiana; **Das Geheimnis von Twin Peaks**; Raumschiff Enterprise-Das nächste Jahrhundert; **Die Schöne und das Biest**; Superman-Die Abenteuer von Lois und Clark*
JAYSTON, Michael: **Doctor Who**
JAZWIEC, Lukasz: **Die Sonnenlanze**
JEFFERSON, Jr., Herbert: *Airwolf; Gemini Man; **Kampfstern Galactica**; Kobra, übernehmen Sie; Die 7-Millionen-Dollar-Frau*
JEFFREY, Myles: **Allein gegen die Zukunft**
JEFFRIES, Anne: *Topper*
JEFFRIES, Lionel: **Wuff!-Jetzt bin ich der Hund**
JEILAN, Gai: **Spellbinder-Im Drachenkaiserland**
JEMISON, Dr. Mae: *Raumschiff Enterprise-Das nächste Jahrhundert*
JENKINS, Ken: **Stephen King's The Stand-Das letzte Gefecht**
JENKINS, Megs: **Die Vogelscheuche**
JENNER, Barry: **Star Trek: Deep Space Nine**
JENNINGS, Alex: **Alfonso Bonzo**
JENS, Salome: *Geschichten aus der Gruft; Raumschiff Enterprise-Das nächste Jahrhundert; **Star Trek: Deep Space Nine**; Superboy*
JENSEN, David: **Stephen King's The Stand-Das letzte Gefecht**
JENSEN, Henning: **Geister**
JENSEN, Hinnerk: **Chamäleon**
JENSEN, Maren: **Kampfstern Galactica**
JENSEN, Søren Efung: **Geister**
JENSEN, Vita: **Geister**
JENSON, Roy: *Invasion von der Wega; Knight Rider; Kobra, übernehmen Sie; Mission Seaview; Raumschiff Enterprise; Solo für O.N.C.E.L.; Verrückter Wilder Westen*
JENTSCH, Florian: **Mandara**

JETT, Joan: *Highlander*
JEWELL, Jennyfer: **The Tribe-Eine Welt ohne Erwachsene**
JEWKES, Richard: **Stephen King's The Stand-Das letzte Gefecht**
JIRAN, Jan: **Katja und die Gespenster**
JIRASKOVÁ, Jirina: **Auf dem Kometen**
JOHANSSON, Paul: *First Wave-Die Prophezeiung; Gene Roddenberrys Mission Erde-Sie sind unter uns; **Raven-Die Unsterbliche***
JOHN, Gottfried: *Die Bibel; Millennium; **Das Sahara-Projekt; Space Rangers***
JOHNSON, Amy Jo: **Power Rangers**
JOHNSON, C. David: **Die geheimnisvolle Insel** (1995)
JOHNSON, Don: *Kung Fu*
JOHNSON, Geordi: *Alfred Hitchcock zeigt (1985-89); **Dracula ist wieder da**; Nick Knight; Psi Factor-Es geschieht jeden Tag; Raven-Die Unsterbliche; TekWar-Krieger der Zukunft*
JOHNSON, Penny: **Star Trek: Deep Space Nine**
JOHNSON, Sam: **Ocean Girl**
JOHNSON, Sean: **Power Rangers Lightspeed Rescue**
JOHNSON, Tommy: **Die Brüder Löwenherz**
JOHNSTON, Kristen: **Hinterm Mond gleich links**
JOHNSTON, Sue: **Crime Travellers-Die Zeitspringer**
JOLOFF, Friedrich: **Raumpatrouille**
JONES, Carolyn: **Addams Family**; *Batman; Fantasy Island (1978-84); Ein Film aus der Alfred Hitchcock-Serie; Der Nachtjäger; Der Sechs-Millionen-Dollar-Mann; Teufelskreis der Angst; Wonder Woman*
JONES, Clifton: **Mondbasis Alpha 1**
JONES, Dean: *Ach, du lieber Himmel; Nowhere Man-Ohne Identität*
JONES, Eddie: *Dark Shadows; **Superman-Die Abenteuer von Lois und Clark***
JONES, Felicity: **Eine lausige Hexe**
JONES, Heather-Jay: **Die magische Münze**
JONES, Helen: **Das Mädchen aus der Zukunft**
JONES, James Earl: *Ein Engel auf Erden; Superman-Die Abenteuer von Lois und Clark; Tarzan (1966-68)*
JONES, Lihann: **Vicki**
JONES, Peter: **Apocalypse Wow-Whoops Apocalypse**
JONES, Sam J.: *Conan, der Abenteurer; Grüsse aus dem Jenseits; **Highwayman**; Stargate; Thunder in Paradise-Heisse Fälle, coole Drinks*
JONES, Simon: **Per Anhalter durch die Galaxis**
JONES, Walter: **Power Rangers**
JONES, Walter Emanuel: **Space Cases-Das galaktische Klassenzimmer**
JORDAN, Derwin: **NightMan**
JORDAN, Kyle: **BeetleBorgs**
JORY, Victor: *Alfred Hitchcock zeigt (1962-65); Mission Seaview; Der Nachtjäger; Time Tunnel*
JOYCE, Elaine: **Mr. Merlin**
JUDD, Ashley: *Raumschiff Enterprise-Das nächste Jahrhundert*
JUDGE, Christopher: **Stargate**
JÜRGENS, Curt: *Solo für O.N.C.E.L.*
JULIAN, Janet: **Das Ding aus dem Sumpf**
JURASIK, Peter: **Babylon 5**
JUSZLIEWICZ-LENARTOWICZ, Jolanta: **Die Verwandlungsmaschine**

KAAKE, Jeff: *Der Sentinel-Im Auge des Jägers; **Space Rangers; Viper***
KAHLER, Wolf: **Die Macht des Schwertes; Space**
KAIRE-GATAUTU, Jamee: **The Tribe-Eine Welt ohne Erwachsene**
KAISER, Dieter: **Dreamgate**
KALA, Antonin: **Der fliegende Ferdinand**
KALER, Berwick: **Eine lausige Hexe**
KALHAMMER, S.: **Ruby**

KANAGAWA, Hiro: *Akte X; First Wave-Die Prophezeiung; Highlander; M.A.N.T.I.S.; Millennium; Outer Limits-Die unbekannte Dimension; Der Sentinel-Im Auge des Jägers; Seven Days-Das Tor zur Zeit; Sliders-Das Tor in eine fremde Dimension; Viper*

KANNER, Alexis: **Nummer Sechs**; *UFO*

KANTORKOVÁ, Miriam: **Teuflisches Glück**

KANTS, Ivar: **Flucht vom Jupiter**

KANTSTEIN, Ingeburg: **Der kleine Vampir-Neue Abenteuer**

KAO, Archie: **Power Rangers Lost Galaxy**

KAPELOS, John: *Angel-Jäger der Finsternis;* **Nick Knight;** *Superman-Die Abenteuer von Lois und Clark; Timecop; Zurück in die Vergangenheit*

KAPLAN, Neil: **Power Rangers Lightspeed Rescue**

KAPS, Joachim: **Spuk aus der Gruft**

KAREN, James: **Der Junge vom anderen Stern**; *NightMan*

KARIM, Akbar: **Unsichtbar**

KARLATOS, Olga: **Die Äneis**

KARLOFF, Boris: *Dancer für U.N.C.L.E.; Verrückter Wilder Westen*

KARNER, Brigitte: **Projekt Aphrodite**

KARNES, Brixton: **Team Knight Rider**

KARPF, Eve: **Komm zurück, Lucy**

KARRER, Gerald: **Pumuckls Abenteuer**

KARSENTI, Sabine: **The Crow-Stairway to Heaven**

KARVELAS, Robert: *Holmes & YoYo;* **Mini-Max**

KARZEL, Gerhard: **Frankensteins Tante**

KASDORF, Lenore: *Airwolf; Babylon 5; Ein Engel auf Erden; The Flash-Der rote Blitz; Knight Rider; Raumschiff Enterprise-Das nächste Jahrhundert*

KASPRIK, Anne: **Das Sahara-Projekt**

KASZNAR, Kurt: *Dancer für U.N.C.L.E.;* **Planet der Giganten;** *Solo für O.N.C.E.L.; Wonder Woman*

KATSULAS, Andreas: *Alien Nation;* **Babylon 5;** *Max Headroom; Raumschiff Enterprise-Das nächste Jahrhundert*

KATZ, Lauren: **Scorch-Der kleine Hausdrache**

KATZ, Omri: **Eerie, Indiana**

KAUFMANN, Günther: **Solaris TV-Der freundliche Sender im All**

KAY, Charles: **Am Rande der Finsternis**

KAY, Fiona: **Der Junge von Andromeda**

KAY, Stephen T.: **Tödliches Spiel**

KAYE, Danny: *Twilight Zone*

KAYE, Ivan: *Die Bibel*

KAYE, Lila: **Der unsichtbare Mann**

KEACH, James: *Kung Fu*

KEACH, Stacy: *Mini-Max*

KEARNS, Billy: **Bob Morans Weltreisen und Abenteuer**

KEATING, Larry: **Mr. Ed**

KEATON, Buster: *Unwahrscheinliche Geschichten*

KEESLAR, Matt: **Dune-Der Wüstenplanet**

KEITEL, Harvey: *Fantastische Geschichten*

KEITH, Brian: *Alfred Hitchcock zeigt (1962-65); Ein Film aus der Alfred Hitchcock-Serie; Star Trek: Deep Space Nine*

KEITH, Ian: **Phoenix, der Zaubervogel**

KELLERMAN, Sally: *Alfred Hitchcock zeigt (1962-65); Invasion von der Wega; (Outer Limits); Raumschiff Enterprise; Ray Bradburys Gruseltheater; Tarzan (1966-68)*

KELLERMANN, Barbara: **Der König von Narnia**

KELLEY, Barry: **Mr. Ed**

KELLEY, DeForest: **Raumschiff Enterprise;** *Raumschiff Enterprise-Das nächste Jahrhundert*

KELLEY, Jon: **UFO**

KELLIE, Daniel: **Auf der Suche nach der Schatzinsel**

KELLNER, Deborah: **Auf schlimmer und ewig**

KELLOGG, Gayle: **Zombies of the Stratosphere**

KELLY, Brian: *Addams Family*

KELLY, Craig: **Zombies of the Stratosphere**

KELLY, David: **Apocalypse Wow-Whoops Apocalypse**

KELLY, David Patrick: **Das Geheimnis von Twin Peaks**

KELLY, Peter: **Kappatoo-Der Doppelgänger aus dem All**

KELMAN, Paul: **Quer durch die Galaxie und dann links**

KELSEY, David: **Countdown X-Alarm im All**

KELSEY, Linda: *Ray Bradburys Gruseltheater*

KELSEY, Tamsin: *Millennium; Poltergeist-Die unheimliche Macht; Psi Factor-Es geschieht jeden Tag; Stargate*

KEMP, Jeremy: **Conan, der Abenteurer;** *Mondbasis Alpha 1; Raumschiff Enterprise-Das nächste Jahrhundert*

KEMP, Martin: *Geschichten aus der Gruft; Highlander; Outer Limits-Die unbekannte Dimension*

KEMP, Polly: **Der zaubermächtige Psammead** (1993)

KENDALL, Merelina: **Der unsichtbare Mann**

KENNEDY, Kevin: **Stephen King's The Stand-Das letzte Gefecht**

KEPKA, Ondrej: **Die Märchenbraut; Die Rückkehr der Märchenbraut**

KERR, Charlotte: *Der Androjäger;* **Raumpatrouille;** *Telerop 2009-Es ist noch was zu retten*

KERR, Donald: **Flash Gordon**

KERR, Edward: **seaQuest DSV; seaQuest 2032**

KERR, Elizabeth: **Mork vom Ork**

KETCHUM, David: *Maxwell Smart;* **Mini-Max**

KETSCHER, Annette: **Geister**

KETTNER, Gisela: **Die Oase**

KHALI, Simbi: **Hinterm Mond gleich links**

KHOUTH, Gabe: **Die Ninja Turtles**

KIBBY, Morgan: **100 gute Hundetaten**

KIDDER, Janet: **Gene Roddenberrys Mission Erde-Sie sind unter uns**

KIDDER, Margot: *Geschichten aus der Gruft; Hitchhiker; Psi Factor-Es geschieht jeden Tag*

KIDNIE, James: *Gene Roddenberrys Mission Erde: Sie sind unter uns;* **Robocop**

KIEFEL, Russell: **Flucht vom Jupiter**

KIEL, Richard: *Bezaubernde Jeannie; Im Land der Saurier; Mein Vater ist ein Ausserirdischer; Der Nachtjäger; Superboy; Unwahrscheinliche Geschichten; Verrückter Wilder Westen*

KIELING, Wolfgang: *Geschichten aus der Zukunft;* **Hellseher wider Willen**

KIER, Udo: **Geister;** *Gespenstergeschichten; seaQuest DSV; Der Sentinel-Im Auge des Jägers; Viper*

KIHM, Katharina: **Ruby**

KILBINGER, Natascha: **Jan vom anderen Stern**

KILEY, Richard: **Anno Domini-Kampf der Märtyrer**

KILGARRIFF, Michael: **Der Mondschimmel**

KILNER, Kevin: *Geschichten aus der Gruft;* **Gene Roddenberrys Mission Erde: Sie sind unter uns;** *Poltergeist-Die unheimliche Macht*

KILPATRICK, Patrick: **Stephen King's The Stand-Das letzte Gefecht**

KIMLOVÁ, Jana: **Die Rückkehr der Märchenbraut**

KING, B. B.: *Ein Hauch von Himmel*

KING, Erik: **Clan der Vampire**

KING, Michelle: **Stephen King's The Stand-Das letzte Gefecht**

KING, Stephen: *Schöne neue Zeit;* **Stephen Kings The Shining; Stephen King's The Stand-Das letzte Gefecht**

KING, T. W.: **Charmed-Zauberhafte Hexen;** *Timecop*

KINGSLEY, Ben: *Die Bibel*

KINISON, Sam: **Armer Charlie!**

KINSKI, Klaus: *Hitchhiker*

KINSLER, Jonathan: **Sternensommer**

KIRACH, Oona: **Komm zurück, Lucy**

KIRBY, Bruce: **Holmes & Yoyo**

KIRBY, Leonard: **Der zaubermächtige Psammead** (1993)

KIRBY, Randy: **Dancer für U.N.C.L.E.**

KIRCHBERGER, Sonja: **Ein bißchen Zauber verträgt die Welt**

KIRCHLECHNER, Dieter: **Ein bißchen Zauber verträgt die Welt**

KIRKLAND, Kelli: *Angel;* **Superhuman Samurai Syber-Squad**

KIRSCH, Stan: *Highlander*
KIRSHNER, Mia: *Dracula ist wieder da*; *Ultraman-Mein geheimes Ich*
KISER, Virginia: *Max Headroom*
KISH, László Imre: *Dune-Der Wüstenplanet*
KISHIDA, Mori: *S.R.I. und die unheimlichen Fälle*
KISTLER, Donene: *Power Rangers*; *Power Rangers in Space*
KITAEN, Tawny: *Grüsse aus dem Jenseits*; *Hercules*
KITT, Eartha: *Batman*; *Kobra, übernehmen Sie*
KLEIN, Nic: *Space Cops-Tatort Demeter City*
KLEINER, Towje: *Angelo und Luzy*; *Meister Eder und sein Pumuckl*; *Pumuckls Abenteuer*
KLEMM, Michael: *Alarm im Schlossmuseum*; *Merlin*
KLUGMAN, Jack: *Ein Film aus der Alfred Hitchcock-Serie*; *Unwahrscheinliche Geschichten*
KNAPP, Evelyn: *Pauline lebt gefährlich*
KNAPP, Sebastian: *Die Bibel*
KNASIECKI, Leszek: *Die Verwandlungsmaschine*
KNIGHT, Helen: *Das Horror-Hospital*
KNIGHT, Natasha: *Wuff!-Manchmal bin ich ein Hund*
KNIGHT, Wayne: *Hinterm Mond gleich links*
KNOTT, Robert: *Stephen King's The Stand-Das letzte Gefecht*
KNOX, Terence: *Burning Zone-Expedition Killervirus*; *Einmal Himmel und zurück*; *Pretender*; *seaQuest 2032*; *V-Die ausserirdischen Besucher kommen zurück*
KOBER, Jeff: *Buffy-Im Bann der Dämonen*; *Charmed-Zauberhafte Hexen*; *Clan der Vampire*; *Ein Engel auf Erden*; *Poltergeist-Die unheimliche Macht*; *Pretender*; *Seven Days-Das Tor zur Zeit*
KOCH, Sebastian: *Das Sahara-Projekt*
KODEKOVÁ, Barbara: *Dune-Der Wüstenplanet*; *Prinzessin Fantaghiró*
KODET, Jiri: *Die Besucher*
KOEFOED, Henrik: *Geister*
KOENIG, Walter: *Alfred Hitchcock zeigt (1962-65)*; *Babylon 5*; *Raumschiff Enterprise*
KÖRNER, Diana: *Ein bißchen Zauber verträgt die Welt*
KOHASHI, Reiko: *S.R.I. und die unheimlichen Fälle*
KOHLSAAT, Edvin Jan: *Dreamgate*
KOHLUND, Christian: *Insel der Träume*
KOHUT, Eduard: *Auf dem Kometen*
KOHUT, Walter: *Telerop 2009-Es ist noch was zu retten*
KOLAJOWA, Katarina: *Prinzessin Fantaghiró*
KOLAROVÁ, Dana: *Luzie, der Schrecken der Strasse*
KOLLDEHOFF, Reinhard: *Das kalte Herz*
KOLODZIEJ, Izabela: *Die Verwandlungsmaschine*
KONCZAK, Klaus: *Merlin*
KOPACHE, Thomas: *Babylon 5*; *Burning Zone-Expedition Killervirus*; *Raumschiff Enterprise-Das nächste Jahrhundert*; *Seven Days-Das Tor zur Zeit*; *Star Trek: Deep Space Nine*; *Star Trek: Raumschiff Voyager*
KOPECKY, Milos: *Bambinot-Der Wunschkindautomat*
KOPELL, Bernie: *Charmed-Zauberhafte Hexen*; *Fantasy Island (1978-84)*; *Mein Onkel vom Mars*; *Maxwell Smart*; *Mini-Max*; *Der Sechs-Millionen-Dollar-Mann*; *Verliebt in eine Hexe*
KORFF, Hans-Peter: *Insel der Träume*; *Schaurige Geschichten*
KORITTKE, Oliver: *Sternensommer*
KORNFELD, Jordan: *Ein Mann kam im August*
KOSIARKA, Helmuth: *Jan vom anderen Stern*
KOSS, Dwight: *Odyssee ins Traumland*
KOSTELKA, Lubomir: *Katja und die Gespenster*
KOSTICH, Nadia: *Ocean Girl*
KOTSIS, Rossi: *Achtung:Streng geheim!*
KOTTO, Yaphet: *Alfred Hitchcock zeigt (1985-89)*; *Fantasy Island (1978-84)*; *seaQuest DSV*; *Tarzan (1966-68)*
KOVACEVIC, Ljuba: *Die Äneis*
KOVE, Martin: *Geschichten aus der Gruft*; *Hercules*; *Hulk*; *Jesse aus dem All*; *Kung Fu: Im Zeichen des Drachen*; *Twilight Zone*

KRAEFT, Volker: *Insel der Träume*; *Projekt Aphrodite*; *Unheimliche Geschichten*
KRAL, Viktor: *Die Besucher*
KRANT, Judith: *Total Recall 2070*
KRASSNITZER, Harald: *Die Oase*
KRAUSE, Brian: *Charmed-Zauberhafte Hexen*; *Geschichten aus der Gruft*
KRAUSOVÁ, Jana: *Katja und die Gespenster*
KRAWIEC, Kamil: *Stella Stellaris*
KREBS, Diether: *Der rostrote Ritter*
KREINDL, Jan: *Der fliegende Ferdinand*
KREINDL, Werner: *Mission Eureka*
KRETSCHMEROVÁ, Jaroslawa: *Die Rückkehr der Märchenbraut*
KRETZER, Joachim: *Helicops-Einsatz in Berlin*
KREUZMANNOVÁ, Alena: *Katja und die Gespenster*
KRIENER, Ulrike: *Chamäleon*
KRIGE, Alice: *Die Bibel*
KRISTEN, Marta: *Ein Film aus der Alfred Hitchcock-Serie*; *Solo für O.N.C.E.L.*; *Verschollen zwischen fremden Welten*
KROGULL, Marina: *Spuk im Hochhaus*
KRÜGER, Christiane: *Die Mädchen aus dem Weltraum*
KRYSAK, Jerzy: *Die Reisen des Professor Klecks*
KUBALKOVÁ, Lenka: *Prinzessin Fantaghiró*
KUBIK, Rudolf: *Teuflisches Glück*
KUBINEK, Christina: *Mandara*
KUBITSCHEK, Ruth-Maria: *Gespenstergeschichten*; *Insel der Träume*
KUCHENBUCH, Christian: *Spuk im Reich der Schatten*
KUKLOVÁ, Michaela: *Teuflisches Glück*
KULKY, Henry: *Mission Seaview*
KUMMETH, Horst: *Oliver Maass*
KUMOR, Krzysztof: *Spellbinder*
KUNZ, Simon: *Die Bibel*
KUPSCH, Anita: *Mandara*; *Sternensommer*
KUSATSU, Clyde: *Die Abenteuer des Brisco County, Jr.*; *Alfred Hitchcock zeigt (1985-89)*; *Highwayman*; *Der Junge vom anderen Stern*; *Kung Fu*; *Pretender*; *Raumschiff Enterprise-Das nächste Jahrhundert*; *Superman-Die Abenteuer von Lois und Clark*; *Vicki*
KUZYK, Mimi: *Alfred Hitchcock zeigt (1985-89)*; *Ein Engel auf Erden*; *F/X*; *Kung Fu: Im Zeichen des Drachen*; *Der Mann vom anderen Stern*; *Outer Limits-Die unbekannte Dimension*; *Poltergeist-Die unheimliche Macht*; *Psi Factor-Es geschieht jeden Tag*; *seaQuest DSV*; *Ray Bradburys Grüseltheater*; *Total Recall 2070*; *Zurück in die Vergangenheit*
KWANTZEN, Ryan: *Spellbinder-Im Drachenkaiserland*
KWOUK, Burt: *The Champions*; *Doctor Who*; *Die Macht des Schwertes*; *Mein Onkel vom Mars*; *Mit Schirm, Charme und Melone (1961-69)*; *Q.E.D.*; *Space Cops-Tatort Demeter City*; *Vorsicht, Hochspannung!*

LABBÉ, Patrick: *Eine lausige Hexe*
LaBELLE, Rob: *Akte X*; *First Wave-Die Prophezeiung*; *Profiler*; *Sliders-Das Tor in eine fremde Dimension*; *Star Trek: Raumschiff Voyager*; *Superman-Die Abenteuer von Lois und Clark*; *Zurück in die Vergangenheit*
LABUDA, Marian: *Die Rückkehr der Märchenbraut*
LÁBUS, Jirí: *Bambinot-Der Wunschkindautomat*; *Die Märchenbraut*; *Pan Tau*; *Die Rückkehr der Märchenbraut*
LACEY, Ronald: *Mit Schirm, Charme und Melone (1976/77)*; *Q.E.D.*; *Randall & Hopkirk-Detektei mit Geist*
LaCROIX, Lisa: *Psi Factor-Es geschieht jeden Tag*
LADE, Bernd Michael: *Helicops-Einsatz über Berlin*
LAGODZINSKI, Maciej: *Die Sonnenlanze*
LAIMBEER, William: *Im Land der Saurier*
LAM, Larry: *Die Ninja Turtles*

LAMB, Constance: *Wuff!-Manchmal bin ich ein Hund*
LAMBERT, Christopher: *Highlander*
LAMBERT, John: *Im Land der Saurier*
LAMBERT, Katrina: *Quer durch die Galaxie und dann links*
LAMBRECHTS, Frits: *Abeltje-Der fliegende Liftboy*
LaMORTE, Robia: *Buffy-Im Bann der Dämonen*; *Der Sentinel-Im Auge des Jägers*
LaMOTTA, John: *Alf*
LANCHESTER, Elsa: *Solo für O.N.C.E.L.*
LANDAU, Juliet: *Angel*; *Buffy-Im Bann der Dämonen*
LANDAU, Martin: *Alfred Hitchcock zeigt (1962-65)*; *Alfred Hitchcock zeigt (1985-89)*; *Die Bibel*; *Kobra, übernehmen Sie*; *Mondbasis Alpha 1*; *(Outer Limits)*; *Solo für O.N.C.E.L.*; *Twilight Zone*; *Unwahrscheinliche Geschichten*; *Verrückter Wilder Westen*
LANDER, David L.: *100 gute Hundetaten*; *Das Geheimnis von Twin Peaks*
LANDES, Michael: *Superman-Die Abenteuer von Lois und Clark*
LANDIS, John: *Der Sechs-Millionen-Dollar-Mann*; *Stephen King's The Stand-Das letzte Gefecht*
LANDL, Matej: *Sie kam aus dem All*
LANDON, Michael: *Ein Engel auf Erden*
LANE, Allan „Rocky": *Mr. Ed*
LANFORD, Bonnie: *Doctor Who*
LANG, Robert: *Der Brack-Report*
LANG, Stephen James: *Millennium*
LANGE, Hellmut: *Mandara*
LANGE, Hope: *Der Geist und Mrs. Muir*
LANGE, Karl: *Alarm*
LANGELLA, Frank: *Die Bibel*; *Star Trek: Deep Space Nine*
LANGRISHE, Caroline: *Gefrier-Schocker*; *Q.E.D.*
LANSBURY, Angela: *Solo für O.N.C.E.L.*
LANSING, Robert: *Alfred Hitchcock zeigt (1985-89)*; *Automan-Der Super-Detektiv*; *Kung Fu: Im Zeichen des Drachen*; *Monsters-Nachts, wenn das Blut gefriert*; *Raumschiff Enterprise*; *Unwahrscheinliche Geschichten*
LANSINK, Leonard: *Der Geisterwald oder Des Raben Rache*
LaPAGLIA, Jonathan: *Seven Days-Das Tor zur Zeit*
LARA, Joe: *Tarzan-Die Rückkehr*
LARKIN, Sheena: *Eine lausige Hexe*
L'ARRONGE, Andrea: *Angelo und Luzy*; *Merlin*; *Schaurige Geschichten*
LARSEN, Jack: *Supermann-Retter in der Not*
LARSON, Wolf: *Die Abenteuer des Brisco County, Jr.*; *Tarzan (1991-94)*
LA SELVA, Anita: *Gene Roddenberrys Mission Erde-Sie sind unter uns*; *Kung Fu: Im Zeichen des Drachen*; *Tek-War-Krieger der Zukunft*
LASER, Dieter: *Das blaue Palais*; *Lexx-The dark Zone*
LATHAM, Louise: *Akte X*; *Earth 2*
LAU, Wesley: *Time Tunnel*
LAUFFEN, Richard: *Timm Thaler*
LAUREN, Veronica: *Dark Shadows*
LAURIA, Dan: *From the Earth to the Moon*
LAURIE, Piper: *Das Geheimnis von Twin Peaks*; *Die Schöne und das Biest*; *Twilight Zone*
LAURINOVÁ, Sabina: *Teuflisches Glück*
LAUTER, Ed: *Akte X*; *Automan-Der Super-Detektiv*; *Charmed-Zauberhafte Hexen*; *Highlander*; *Monsters-Nachts, wenn das Blut gefriert*; *Raumschiff Enterprise-Das nächste Jahrhundert*; *Schöne neue Zeit*
LAW, Phyllida: *Komm zurück, Lucy*
LAWFORD, Peter: *Fantasy Island (1978-84)*; *Verliebt in eine Hexe*; *Verrückter Wilder Westen*
LAWLESS, Lucy: *Hercules*; *Ray Bradburys Gruseltheater*; *Xena*
LAWRENCE, Cary: *Space Cases-Das galaktische Klassenzimmer*
LAWRENCE, David: *Verliebt in eine Hexe*

LAWRENCE, Greg: *Verliebt in eine Hexe*
LAWRENCE, Matthew: *Superhuman Samurai Syber-Squad*
LAWRENCE, Russell: *Power Rangers Lost Galaxy*
LAWSON, Priscilla: *Flash Gordon*
LAWSON, Tanya: *Auf der Suche nach der Schatzinsel*
LAZENBY, George: *Alfred Hitchcock zeigt (1985-89)*; *Pretender*; *Superboy*; *Team Knight Rider*
LEA, Nicholas: *Akte X*; *Burning Zone-Expedition Killervirus*; *Highlander*; *Outer Limits-Die unbekannte Dimension*; *Sliders-Das Tor in eine fremde Dimension*
LEARNED, Michael: *Profiler*
LEARNER, David: *Per Anhalter durch die Galaxis*
LECHTENBRINK, Volker: *Ein bißchen Zauber verträgt die Welt*; *Der Hausgeist*
LEDGER, Bernie: *Das Geisterhaus von Waterloo Creek*
LEDGER, Heath: *Conor, der Kelte*
LEDOUX, Christian: *Die Äneis*
LEE, Bernard: *The Champions*
LEE, Bruce: *Batman*
LEE, Christopher: *Alfred Hitchcock zeigt (1962-65)*; *Die Bibel*; *Mit Schirm, Charme und Melone (1961-69)*; *Mondbasis Alpha 1*; *Robin Hood (1997-99)*
LEE, Christopher Khayman: *Power Rangers in Space*
LEE, Patricia Ja: *Power Rangers*; *Power Rangers in Space*
LEE, Sheryl: *Die Bibel*; *Das Geheimnis von Twin Peaks*
LEES, Nathaniel: *Hercules*; *Tell-Im Kampf gegen Lord Xax*; *Xena*
LEESHOCK, Robert: *Gene Roddenberrys Mission Erde: Sie sind unter uns*
LeGAULT, Lance: *Airwolf*; *Automan-Der Super-Detektiv*; *Buck Rogers (1979-81)*; *Hulk*; *Kampfstern Galactica*; *Knight Rider*; *Planet der Giganten*; *Raumschiff Enterprise-Das nächste Jahrhundert*; *Werwolf*; *Wonder Woman*; *Zeit-reisende*; *Zurück in die Vergangenheit*
LEHMAN, Kristin: *F/X*; *Geheimprojekt X*; *Outer Limits-Die unbekannte Dimension*; *Poltergeist-Die unheimliche Macht*; *Psi Factor-Es geschieht jeden Tag*
LEHNE, Fredric: *Die Maske*
LEICK, Hudson: *Ein Hauch von Himmel*; *Hercules*
LEIFERS, Morten Rotne: *Geister*
LEIGH, Janet: *Fantasy Island (1978-84)*; *Der Mann vom anderen Stern*; *Solo für O.N.C.E.L.*; *Teufelskreis der Angst*; *Twilight Zone*
LEIPNITZ, Harald: *Angelo und Luzy*; *Ruby*
LEITCH, Megan: *Akte X*; *Outer Limits-Die unbekannte Dimension*; *Stargate*
LeMAT, Paul: *Conan, der Abenteurer*; *Ray Bradburys Gruseltheater*; *Twilight Zone*
LeMAY, John D.: *Ein Engel auf Erden*; *Erben des Fluchs*; *Twilight Zone*
LEMKE, Anthony: *Relic Hunter-Die Schatzjägerin*; *Robocop*
LEMMON, Chris: *Pretender*; *Thunder in Paradise-Heisse Fälle, coole Drinks*
LEMPER, Ute: *Geschichten aus der Gruft*
LENANDER, Søren: *Geister*
LENARD, Mark: *Buck Rogers (1979-81)*; *Hulk*; *Kobra, übernehmen Sie*; *Planet der Affen*; *Raumschiff Enterprise*; *Raumschiff Enterprise-Das nächste Jahrhundert*; *Verrückter Wilder Westen*
LENKOWSKY, Phil: *Schöne neue Zeit*
LENSKA, Rula: *Kappatoo-Der Doppelgänger aus dem All*
LEONHARDT, Regine: *Pumuckls Abenteuer*
LEONI, Tea: *Akte X*
LEROY, Philippe: *Die Bibel*; *Der Schatz im All*
LESLEY, A.: *Power Rangers in Space*
LESLIE, Ed „Brutus Beefcake": *Thunder in Paradise-Heisse Fälle, coole Drinks*
LESLIE, Elisabeth: *Ultraman-Mein geheimes Ich*
LETLOW, Libby: *Masked Rider*
LETTERMAN, David: *Mork vom Ork*

LEVINE, Ted: *From the Earth to the Moon*
LEVINE, Robert: *Superboy*
LEWIS, Al: *The Munsters*; *Verschollen zwischen fremden Welten*
LEWIS, Brittney: *Stephen King's The Stand-Das letzte Gefecht*
LEWIS, Jerry: *Batman*
LEWIS, Russell: *Komm zurück, Lucy*
LIBBY, Brian: *Grüsse aus dem Jenseits*
LIBERACE (, Wladziu Valentino): *Batman*
LIEBL, Karel: *Teuflisches Glück*
LIEFFEN, Karl: *Der Androjäger*; *Oliver Maass*; *Die Wächter*
LIEN, Jennifer: *Star Trek: Raumschiff Voyager*
LIER, Wolfrid: *Sternensommer*
LIERCK, Madeleine: *Spuk im Hochhaus*; *Spuk von draußen*
LIEVEN, Heinz: *Das kalte Herz*
LIFFORD, Tina: *American Gothic-Prinz der Finsternis*
LILLIG, Ursula: *Raumpatrouille*
LIMPRECHT, Stefan: *Sherlock Holmes und die sieben Zwerge*
LINDAUER, Balthasar: *Jan vom anderen Stern*
LINDFORS, Viveca: *Frankensteins Tante*
LINDMANN, Åke: *Die Jagd nach dem magischen Wasserrad*
LINDNER, Friedrich: *Spuk aus der Gruft*; *Spuk im Reich der Schatten*
LINDROTH, Jenny: *Die Jagd nach dem magischen Wasserrad*
LINEBACK, Richard: *Stephen King's The Stand-Das letzte Gefecht*
LINGK, Wolf-Dieter: *Spuk von draußen*
LINKHORN, Bevin: *The Tribe-Eine Welt ohne Erwachsene*
LINVILLE, Larry: *Die Spezialisten unterwegs*
LIPPERT, Gerhard: *Timm Thaler*
LIPSON, John: *Flash Gordon*
LIPTON, Peggy: *Das Geheimnis von Twin Peaks*
LISEWSKI, Stefan: *Spuk im Hochhaus*; *Spuk unterm Riesenrad*
LITHGOW, Ian: *Hinterm Mond gleich links*
LITHGOW, John: *Fantastische Geschichten*; *Geschichten aus der Gruft*; *Hinterm Mond gleich links*
LITTLE RICHARD: *NightMan*
LIU, Lucy: *Akte X*; *Hercules*
LIVELY, Robin: *Akte X*; *Allein gegen die Zukunft*; *Das Geheimnis von Twin Peaks*; *Teen Engel*
LLEWELLYN-JONES, Tony: *Rückkehr zum Jupiter*
LLEWELLYN-WILLIAMS, Peter: *Robin Hood* (1984-86)
LLOYD, Christopher: *Fantastische Geschichten*; *Streethawk*; *Tödliches Spiel*
LLOYD, Hugh: *Wuff!-Manchmal bin ich ein Hund*
LLOYD, John Bedford: *Aliens in meiner Familie*
LLOYD, Norman: *Ein Film aus der Alfred Hitchcock-Serie*; *Raumschiff Enterprise-Das nächste Jahrhundert*; *Seven Days-Das Tor zur Zeit*; *Twilight Zone*
LLOYD, Sabrina: *Sliders-Das Tor in eine fremde Dimension*
LLOYD, Sue: *Randall & Hopkirk-Detektei mit Geist*
LLOYD-PACK, Charles: *Nummer Sechs*; *Randall & Hopkirk-Detektei mit Geist*
LO, Y Sa: *Das verbotene Spiel*
LOCKE, Bruce: *Mortal Kombat*
LOCKE, Jon: *Im Land der Saurier*
LOCKE, Sondra: *Fantastische Geschichten*; *Planet der Affen*
LOCKE, Tembi: *Sliders-Das Tor in eine fremde Dimension*
LOCKER, Gerlinde: *Ruby*
LOCKHART, Anne: *Airwolf*; *Buck Rogers*; *Highwayman*; *Hulk*; *Kampfstern Galactica*; *Knight Rider*; *Zeitreisende*; *Zurück in die Vergangenheit*
LOCKHART, June: *Alfred Hitchcock zeigt* (1978-84); *Babylon 5*; *Fantastische Geschichten*; *Mission Seaview*; *Solo für O.N.C.E.L.*; *Verliebt in eine Hexe*; *Verschollen zwischen fremden Welten*
LOCKWOOD, Gary: *Dark Skies-Tödliche Bedrohung*; *Highwayman*; *Kobra, übernehmen Sie*; *Raumschiff Enterprise*; *Der Sechs-Millionen-Dollar-Mann*; *Die 7-Millionen-Dollar-Frau*; *Superboy*

LOE, Judy: *Raumstation Unity*
LÖBEL, Bruni: *Timm Thaler*
LOEILLET, Sylvie: *Dschungel Fieber*
LÖWITSCH, Klaus: *Der Schatz im All*
LOFTEEN, Oliver: *Die Jagd nach dem magischen Wasserrad*
LOFTON, Cirroc: *Star Trek: Deep Space Nine*
LOGGIA, Robert: *Alfred Hitchoock zeigt* (1962-65); *Alfred Hitchcock zeigt* (1985-89); *Ein Film aus der Alfred Hitchcock-Serie*; *Mission Seaview*; *Der Sechs-Millionen-Dollar-Mann*; *Die 7-Millionen-Dollar-Frau*; *Tarzan* (60er); *Verrückter Wilder Westen*; *Wild Palms*; *Wonder Woman*
LOHMEYER, Gerd: *Emmeran*
LOHMEYER, Peter: *Der kleine Vampir-Neue Abenteuer*
LOKEN, Kristianna (S.): *Auf schlimmer und ewig*; *Mortal Kombat*; *Sliders-Das Tor in eine fremde Dimension*; *Star Trek: Raumschiff Voyager*; *Superman-Die Abenteuer von Lois und Clark*
LOLLOBRIGIDA, Gina: *Pinocchio*
LOMBARDI, Louis: *Fantasy Island* (1998)
LONG, Matthew: *Rückkehr zum Jupiter*
LONG, Shelley: *Sabrina-Total verhext!*
LONGDON, Terence: *Die Mars-Chroniken*
LOOKINLAND, Mike: *Stephen King's The Stand-Das letzte Gefecht*
LOPEZ, J. Victor: *Der Mann aus dem Meer*
LOPEZ, Miguel: *Rückkehr zum Jupiter*
LOPINTO, Dorian: *Was ist los mit Alex Mack?*
LORCH, Theodore: *Flash Gordon*
LORD, Jack: *Solo für O.N.C.E.L.*
LORDS, Traci: *First Wave-Die Prophezeiung*; *Geschichten aus der Gruft*; *Hercules*; *Highlander*; *Profiler*; *Super Force*; *Viper*
LORING, Lisa: *Addams Family*
LORMER, Jon: *Ein Engel auf Erden*; *Hulk*; *Invasion von der Wega*; *Mission Seaview*; *Planet der Affen*; *Raumschiff Enterprise*; *Unwahrscheinliche Geschichten*; *Verrückter Wilder Westen*
LORNE, Marion: *Verliebt in eine Hexe*
LORRE, Peter: *Ein Film aus der Alfred Hitchcock-Serie*
LOTHMANNS, Ulli: *Achtung: Streng geheim!*
LOUGH, Elizabeth: *Stephen King's The Stand-Das letzte Gefecht*
LOUWERENS, Monica: *Power Rangers Lightspeed Rescue*
LOVATT, Stephen: *Die geheimnisvolle Insel* (1995)
LOVE, Darris: *Was ist los mit Alex Mack?*
LO VERSO, Enrico: *Die Bibel*
LOWE, Rob: *Stephen King's The Stand-Das letzte Gefecht*
LUCKING, William: *Akte X*; *Hulk*; *Knight Rider*; *Kobra, übernehmen Sie*; *Kung Fu*; *Der Mann von Gestern*; *Millennium*; *Outlaws-Die Gesetzlosen*; *Pretender*; *Profiler*; *Star Trek: Deep Space Nine*; *Zeitreisende*
LUCZEWSKA, Katarzyna: *Die Verwandlungsmaschine*
LUKE, Keye: *Erben des Fluchs*; *Kung Fu*; *Raumschiff Enterprise*; *Die Schöne und das Biest*; *Streethawk*; *Superboy*; *Zeitreisende*
LUMBLY, Carl: *Akte X*; *Geheimprojekt X*; *M.A.N.T.I.S.*; *seaQuest DSV*
LUMLEY, Joanna: *Mit Schirm, Charme und Melone* (1976/77)
LUNA, Barbara: *Airwolf*; *Buck Rogers* (1979-81); *Invasion von der Wega*; *Kobra, übernehmen Sie*; *Raumschiff Enterprise*; *(Outer Limits)*; *Solo für O.N.C.E.L.*; *Tarzan* (1966-68); *Verrückter Wilder Westen*
LUND, Deanna: *Batman*; *Das Geheimnis der blauen Tropfen*; *Hulk*; *Planet der Giganten*
LUND, Jordan: *Stephen King's The Stand-Das letzte Gefecht*
LUPINO, Ida: *Batman*; *Unwahrscheinliche Geschichten*; *Verrückter Wilder Westen*
LUPUS, Peter: *Kobra, übernehmen Sie*
LUSH, Valerie: *Minty in der Mondzeit*

LUSSIER, Robert: *Der Mann aus dem Meer*
LUZ, Franc: *Raumschiff Enterprise-Das nächste Jahrhundert; **Die reinste Hexerei**; Die Schöne und das Biest; X-Factor: Das Unfassbare*
LYNCH, David K.: ***Das Geheimnis von Twin Peaks***
LYNCH, Richard: *Airwolf; Automan-Der Super-Detektiv; Buck Rogers (1979-81); Ein Fall für Professor Chase; Das fliegende Auge; Highlander; **Kampfstern Galactica**; Raumschiff Enterprise-Das nächste Jahrhundert; Die 7-Millionen-Dollar-Frau; Super Force; Thunder in Paradise-Heisse Fälle, coole Drinks; Werwolf*
LYNLEY, Carol: *Alfred Hitchcock zeigt (1962-.65); Fantasy Island (1978-84); Invasion von der Wega; Monsters-Nachts, wenn das Blut gefriert; Der Nachtjäger; Solo für O.N.C.E.L.; Vorsicht, Hochspannung!*
LYNN, Bertha: ***Stephen Kings The Shining***

MA, Tzi: *Die Abenteuer des Brisco County, Jr., Millennium; Poltergeist-Die unheimliche Macht; Pretender; Raumschiff Enterprise-Das nächste Jahrhundert*
MABERLY, Polly: ***Das Geisterschloss***
MacARTHUR, James: *Alfred Hitchcock zeigt (1962-65); Superboy; Tarzan (1966-68)*
MACAULEY, Marc: ***Das Ding aus dem Sumpf**; Superboy; **Super Force***
MacCORKINDALE, Simon: ***Ein Fall für Professor Chase**; Fantasy Island (1978-84); Gefrier-Schocker; Gene Roddenberrys Mission Erde-Sie sind unter uns; Night-Man; Poltergeist-Die unheimliche Macht*
MACHIKO, Soga: ***Power Rangers***
MACHT, Stephen: *Alfred Hitchcock zeigt (1985-89); Babylon 5; Highlander; Der Sechs-Millionen-Dollar-Mann; Sliders-Das Tor in eine fremde Dimension; Star Trek: Deep Space Nine; Viper*
MacINNES, Alison: ***Power Rangers Lightspeed Rescue***
MacINNES, Angus: ***Raumstation Unity***
MACK, Günter: ***Der Geisterwald oder Des Raben Rache***
MACKENSY, Lutz: ***Der Androjäger***
MacKENZIE, Robyn: ***Flucht vom Jupiter; Rückkehr zum Jupiter***
MacLACHLAN, Kyle: ***Das Geheimnis von Twin Peaks**; Geschichten aus der Gruft*
MacLANE, Barton: ***Bezaubernde Jeannie***
MacLEOD, John Paul: ***Das Haus des Magiers***
MacMICHAEL, Florence: ***Mr. Ed***
MacNEAL, Catherine: ***100 gute Hundetaten***
MACNEE, Patrick: *Alfred Hitchcock zeigt (1985-89); Automan-Der Super-Detektiv; Ein Film aus der Alfred Hitchcock-Serie; Kampfstern Galactica; Krieg der Welten; Kung Fu: Im Zeichen des Drachen; **Mit Schirm, Charme und Melone** (1961-69); **Mit Schirm, Charme und Melone** (1976/77); NightMan; Ray Bradburys Gruseltheater; **Super Force**; **Thunder in Paradise-Heisse Fälle, coole Drinks**; Unwahrscheinliche Geschichten*
MacNEILL, Peter: *Alfred Hitchcock zeigt (1985-89); **Captain Power**; Gene Roddenberrys Mission Erde-Sie sind unter uns; Kung Fu: Im Zeichen des Drachen; **Psi Factor-Es geschieht jeden Tag**; Ultraman-Mein geheimes Ich*
MacVITTIE, Bruce: ***Stephen King's The Stand-Das letzte Gefecht***
MADEL, Uwe: ***Spuk im Reich der Schatten***
MADOC, Philip: ***Die Mondprinzessin***
MAERTENS, Kai: ***Geisterjäger John Sinclair***
MAFFIA, Roma: ***Profiler***
MAGEE, Patrick: *The Champions; Mit Schirm, Charme und Melone (1961-69)*
MAGGART, Garrett: ***Der Sentinel-Im Auge des Jägers***

MAGNER, Frank: ***Stephen King's The Stand-Das letzte Gefecht***
MAGUIRE, Leo: ***Professor Poppers Erfindung***
MAHER, Bill: ***Armer Charlie!***
MAHJOURI, Sebastian: ***Wuff!***
MAHMUD-BEY, Shiek: ***Profiler***
MAHONEY, Jock: *Batman; Tarzan (1966-68)*
MAJD, Mohamed: *Die Bibel*
MAJOR, Sarah: ***The Tribe-Eine Welt ohne Erwachsene***
MAJORS, Lee: *Alfred Hitchcock zeigt (1962-65); **Der Sechs-Millionen-Dollar-Mann**; Die 7-Millionen-Dollar-Frau*
MAKO (Iwamtsu): *Bezaubernde Jeannie; Hulk; Salvage 1-Hinter der Grenze zum Risiko; Time Tunnel; Zeitreisende*
MALACHEK, Miroslav: ***Die Tintenfische aus dem 2. Stock***
MALEWSKI, Julia: ***Eine lausige Hexe***
MALHERBE, Annet: ***Abeltje-Der fliegende Liftboy***
MALLABY, Guy: ***Ocean Girl***
MALMSJÖ, Jan: ***Die Jagd nach dem magischen Wasserrad***
MALPAS, George: ***Das Geisterschloss***
MALTON, Leslie: *Gespenstergeschichten*
MANARD, Biff: ***The Flash-Der rote Blitz***
MANASSERI, Michael: ***Armer Charlie!***
MANCUSO, Nick: *Eerie, Indiana-Die andere Dimension; Hitchhiker; Outer Limits-Die unbekannte Dimension; Poltergeist-Die unheimliche Macht; Ray Bradburys Gruseltheater; Total Recall 2070; **Wild Palms***
MANDYLOR, Costas: *F/X; Geschichten aus der Gruft; Outer Limits-Die unbekannte Dimension*
MANETTI, Larry: *Das Ding aus dem Sumpf; Fantasy Island (1978-84); Geschichten aus der Schattenwelt; Zurück in die Vergangenheit*
MANFREDI, Nino: ***Pinocchio***
MANG, William: ***Mission Eureka***
MANG, Ye: ***Spellbinder-Im Drachenkaiserland***
MANGAHYI, Nkhensani: ***Tarzan-Die Rückkehr***
MANKUMA, Blu: *Akte X; First Wave-Die Prophezeiung; **M.A.N.-T.I.S.**; Outer Limits-Die unbekannte Dimension; **Robocop**; Seven Days-Das Tor zur Zeit*
MANN, Danny: ***Jesse aus dem All***
MANNKOPFF, Andreas: *Helicops-Einsatz über Berlin; **Oliver Maass***
MANSFIELD, Jayne: *Alfred Hitchcock zeigt (1962-65)*
MANTEZ, Dolores: ***UFO***
MANTLE, Clive: ***Robin Hood** (1984-86)*
MARCH, Barbara: *Raumschiff Enterprise-Das nächste Jahrhundert; Star Trek: Deep Space Nine*
MARCUCCI, Ornella: ***Prinzessin Fantaghiró***
MARCUS, Jeff: ***Alien Nation***
MARCUS, Richard: ***Pretender***
MARCUSE, Theo: *Batman; Invasion von der Wega; Mission Seaview; (Outer Limits); Raumschiff Enterprise; Solo für O.N.C.E.L.; Time Tunnel; Unwahrscheinliche Geschichten; Verrückter Wilder Westen*
MARGOLIN, Stuart: *Der Mann von Gestern; **Mr. Smith**; Planet der Giganten; Ray Bradburys Gruseltheater; Verliebt in eine Hexe*
MARGOLYES, Miriam: ***Phoenix, der Zaubervogel***
MARIE, Rose: ***Scorch-Der kleine Hausdrache***
MARK, Heidi: ***Thunder in Paradise-Heisse Fälle, coole Drinks***
MARK, Michael: ***Flash Gordon***
MARKHAM, Monte: *Fantasy Island (1978-84); Kobra, übernehmen Sie; **Der Mann von Gestern**; Der Sechs-Millionen-Dollar-Mann; Der Unsichtbare (1975/76)*
MARKMANN, Mette: *Geister*
MARKWELL, Terry: ***In geheimer Mission***
MARLEY, John: *Der Nachtjäger; Planet der Giganten*
MARQUETTE, Chris: ***Aliens in meiner Familie***

MARS, Kenneth: *Detektei mit Hexerei*; ***Grüsse aus dem Jenseits***; *M.A.N.T.I.S.*; *Pretender*; *Die Spezialisten unterwegs*; *Star Trek: Deep Space Nine*; *Superman-Die Abenteuer von Lois und Clark*; *Twilight Zone*
MARSDEN, Jason: *Die Abenteuer des Brisco County, Jr.*, ***Eerie, Indiana***; ***Familie Munster***; *Geschichten aus der Gruft*; *Star Trek: Deep Space Nine*; *Was ist los mit Alex Mack?*
MARSH, Jean: *Doctor Who*; *Geschichten aus der Schattenwelt*; *UFO*; *Unwahrscheinliche Geschichten*
MARSHALL, Andy: ***Die geheimnisvolle Insel*** (1995)
MARSHALL, Don: *Alfred Hitchcock zeigt* (1962-65); *Buck Rogers* (1979-81); *Hulk*; *Immer wenn er Pillen nahm*; *Kobra, übernehmen Sie*; ***Planet der Giganten***; *Raumschiff Enterprise*; *Die 7-Millionen-Dollar-Frau*; *Tarzan* (1966-68); *Verliebt in eine Hexe*
MARSHALL, James: ***Das Geheimnis von Twin Peaks***
MARSHALL, Kenneth: *Star Trek: Deep Space Nine*; *Zurück in die Vergangenheit*
MARSHALL, Melissa: ***Das Mädchen aus der Zukunft***
MARSHALL, Paula: ***Amor-Mitten ins Herz!***
MARSTERS, James: *Angel-Jäger der Finsternis*; ***Buffy-Im Bann der Dämonen***; *Millennium*
MARTELIS, Cynthia: ***Strange Luck-Dem Zufall auf der Spur***
MARTENS, Dirk: ***Operation Phoenix-Jäger zwischen den Welten***
MARTIN, Anthony: ***Rückkehr zum Jupiter***
MARTIN, Dan: ***Stephen King's The Stand-Das letzte Gefecht***
MARTIN, Dean Paul: *Hitchhiker*; ***Die Spezialisten unterwegs***
MARTIN, Gary: ***Das Haus des Magiers***
MARTIN, Jared: *Airwolf*; ***Fantastic Journey-Gefangen auf der Insel der Zeit***; *Fantasy Island* (1978-84); *Hulk*; *Knight Rider*; ***Krieg der Welten***; *Der Sechs-Millionen-Dollar-Mann*; *Wonder Woman*
MARTIN, Marta: ***Team Knight Rider***
MARTIN, Nan: *Harry und die Hendersons*; *Invasion von der Wega*; *Profiler*; *Raumschiff Enterprise-Das nächste Jahrhundert*
MARTIN, Ross: *Fantasy Island* (1978-84); *Gemini Man*; *Mork vom Ork*; *Der Unsichtbare* (1975/76); *Unwahrscheinliche Geschichten*; ***Verrückter Wilder Westen***; *Wonder Woman*
MARTINES, Alessandra: ***Prinzessin Fantaghiró***
MARTINEZ, A: *Fantasy Island* (1978-84); *Ein Hauch von Himmel*; *Hulk*; *Kobra, übernehmen Sie*; ***Profiler***
MARVIN, Lee: *Unwahrscheinliche Geschichten*
MARX, Groucho: *Bezaubernde Jeannie*
MARZILLI, John: ***Was ist los mit Alex Mack?***
MASAK, Ron: *Ach, du lieber Himmel*; *Bezaubernde Jeannie*; *Im Land der Saurier*; *Der Mann von Gestern*; *Mini-Max*; *Verliebt in eine Hexe*; *Wonder Woman*
MASON, James: ***Anno Domini-Kampf der Märtyrer***; *Alfred Hitchcock zeigt* (1962-65)
MASSEY, Anna: ***Der zaubermächtige Psammead*** (1993)
MASSEY, Daniel: *Die Bibel*
MASSEY, Raymond: *Dancer für U.N.C.L.E.*
MASTERSON, Chase: *Sliders-Das Tor in eine fremde Dimension*; ***Star Trek: Deep Space Nine***
MASTERSON, Mary Stuart: *Fantastische Geschichten*
MATERN, Anik: ***Space Cases-Das galaktische Klassenzimmer***; ***Zurück nach Sherwood Forest***
MATHESON, Don: *Mission Seaview*; ***Planet der Giganten***; *Verschollen zwischen fremden Welten*
MATHESON, Richard Christian: ***Stephen Kings The Shining***
MATHESON, Tim: ***Armer Charlie!***; *Detektei mit Hexerei*; *Kung Fu*
MATHIS, Samantha: *Outer Limits-Die unbekannte Dimension*
MATLIN, Marlee: *Outer Limits-Die unbekannte Dimension*
MATSUO, Yoshiyo: ***Die Rebellen vom Liang Shan Po***
MATSUYAMA, Shyoji: ***S.R.I. und die unheimlichen Fälle***

MATTHAU, Walter: *Ein Film aus der Alfred Hitchcock-Serie*
MATTHIAS, Silke: *Helicops-Einsatz über Berlin*; ***Sprechstunde bei Dr. Frankenstein***
MATZ, Katharina: ***Chamäleon***
MATZ, Matthias: ***Helicops-Einsatz über Berlin***; ***Die Sonnenlanze***
MAUGHAN, Monica: ***Ein Genie kommt selten allein***
MAWAT, Nicole: ***Der zaubermächtige Psammead*** (1990)
MAXWELL, Frank: ***Der Mann von Gestern***
MAXWELL, Lois: *Alfred Hitchcock zeigt* (1985-89); *Mit Schirm, Charme und Melone* (1961-69); *Randall & Hopkirk-Detektei mit Geist*; ***UFO***
MAY, Bob: *Time Tunnel*; ***Verschollen zwischen fremden Welten***
MAY, Roger: *Die Bibel*
MAYNE, Ferdy: ***Frankensteins Tante***; *Mit Schirm, Charme und Melone* (1961-69); *Mit Schirm, Charme und Melone* (1976/77); *Monsters-Nachts, wenn das Blut gefriert*
MAYNIEL, Juliette: ***Die Odyssee***
MAYO, Whitman: ***Countdown X-Alarm im All***
MAYRON, Gale: ***Grüsse aus dem Jenseits***
McADAM, Heather: *Alien Nation*; *Fantasy Island* (1978-84); ***Salvage 1-Hinter der Grenze zum Risiko***; *Zurück in die Vergangenheit*
McARN II, Ashton: ***Masked Rider***
McBRIDE, Billie: ***Stephen Kings The Shining***
McCAFFREY, James: ***Viper***
McCAFFREY, Robin: ***Projekt Delta Wave***
McCALLUM, David: *Alfred Hitchcock zeigt* (1985-89); *Babylon 5*; *Monsters-Nachts, wenn das Blut gefriert*; *(Outer Limits)*; *Outer Limits-Die unbekannte Dimension*; *seaQuest DSV*; *Der Sechs-Millionen-Dollar-Mann*; ***Solo für O.N.C.E.L.***; *Der Unsichtbare* (1975/76); ***Team Knight Rider***; *Vorsicht, Hochspannung!*
McCARTHY, Annette: ***Das Geheimnis von Twin Peaks***
McCARTHY, Julianna: ***Dark Shadows***; *Sleepwalkers*; *Star Trek: Deep Space Nine*
McCARTHY, Kevin: ***Armer Charlie!***
McCARTHY, Neil: ***Catweazle***
McCAULEY, Peter: *Conor, der Kelte*; ***Die verlorene Welt***; *Xena*
McCLANAHAN, Rue: *Ein Hauch von Himmel*; *Klassiker der unheimlichen Art*
McCLEMENTS, Catherine: ***Das Mädchen aus der Zukunft***
McCLURE, Doug: *Airwolf*; *Alfred Hitchcock zeigt* (1985-89); *Automan-Der Super-Detektiv*; *Ein Fall für Professor Chase*; *Fantasy Island* (1978-84); ***Mein Vater ist ein Ausserirdischer***; *Superboy*; *Teufelskreis der Angst*; *Unwahrscheinliche Geschichten*
McCLURG, Edie: ***Vicki***
McCOLM, Matt: ***NightMan***
McCOMB, Heather: *Akte X*; *Millennium*; ***Profiler***
McCORD, Kent: *Dark Skies-Tödliche Bedrohung*; *Farscape-Verschollen im All*; *Highwayman*; ***Kampfstern Galactica***; *seaQuest DSV*
McCORMICK, Carolyn: *Raumschiff Enterprise-Das nächste Jahrhundert*
McCOY, Sylvester: ***Doctor Who***
McCRACKEN, Jenny: ***Eine lausige Hexe***
McDEVITT, Ruth: ***Der Nachtjäger***
McDOWALL, Roddy: *Alfred Hitchcock zeigt* (1962-65); *Batman*; *Buck Rogers* (1979-81); ***Fantastic Journey-Gefangen auf der Insel der Zeit***; *Fantasy Island* (1978-84); *Klassiker der unheimlichen Art*; *Kobra, übernehmen Sie*; ***Die Mars-Chroniken***; *Mork vom Ork*; ***Planet der Affen***; *Unwahrscheinliche Geschichten*; *Wonder Woman*; *Zurück in die Vergangenheit*
McDOWELL, Malcolm: ***Fantasy Island*** (1998); *Geschichten aus der Gruft*; *Lexx-The dark Zone*; *Outer Limits-Die unbekannte Dimension*
McENERY, John: ***Anno Domini-Kampf der Märtyrer***
McEWAN, Geraldine: *Die Bibel*

McEWUN, Andrea: *Ocean Girl*
McFADDEN, Gates: **Raumschiff Enterprise-Das nächste Jahr-hundert**
McFADYEN, Ian: **Ein Genie kommt selten allein**
McFARLANE, Andrew: **Spellbinder**
McFARLANE, Grant: **Der Junge von Andromeda**
McGAVIN, Darren: *Alfred Hitchcock zeigt (1962-65); Ein Engel auf Erden; Ein Film aus der Alfred Hitchcock-Serie; Geschichten aus der Schattenwelt; Hitchhiker; Kobra, übernehmen Sie;* **Die Mars-Chroniken;** *Millennium; Monsters-Nachts, wenn das Blut gefriert;* **Der Nachtjäger;** *Der Sechs-Millionen-Dollar-Mann; Solo für O.N.C.E.L.*
McGEE, Jack: **Space Rangers**
McGILL, Everett: **Das Geheimnis von Twin Peaks;** *Werwolf*
McGIVER, John: *Bezaubernde Jeannie; Ein Film aus der Alfred Hitchcock-Serie;* **Immer wenn er Pillen nahm;** *Solo für O.N.C.E.L.; Verliebt in eine Hexe*
McGOOHAN, Patrick: **Nummer Sechs**
McGRATH, Cassandra: **Ocean Girl**
McGRATH, Derek: *Star Trek: Raumschiff Voyager;* **Ultraman-Mein geheimes Ich**
McGRATH, Graham: **Das Geisterschloss; Torch-Die Fackel**
McGRATH, Kate: **Torch-Die Fackel**
McGRATH, Neal S.: **Der König von Narnia**
McGREGOR, Ewan: *Geschichten aus der Gruft*
McGUIRE, William Francis: **100 gute Hundetaten**
McHATTIE, Stephen: *Akte X; Geschichten aus der Schattenwelt; Highlander; Hitchhiker; Lexx-The dark Zone; M.A.N.T.I.S.; Outer Limits-Die unbekannte Dimension; Poltergeist-Die unheimliche Macht;* **Die Schöne und das Biest;** *Twilight Zone; Zurück in die Vergangenheit*
McINNERNY, Tim: **Am Rande der Finsternis**
McINNES, William: **Ocean Girl**
McINTYRE, Verity: **Ocean Girl**
McKAY, Scutter: **Im Land der Saurier**
McKENNA, Patrick: *Auf den Hund gekommen;* **Dschungel Fieber;** *Eerie, Indiana-Die andere Dimension; Psi Factor-Es geschieht jeden Tag*
McKERN, Leo: *Mondbasis Alpha 1;* **Nummer Sechs**
McKINLEY, Patrick: **Stephen King's The Stand-Das letzte Gefecht**
McKINNON, Ray: **Stephen King's The Stand-Das letzte Gefecht**
McLEAN, Brandon: **Quer durch die Galaxie und dann links**
McLEOD, Don: **Tarzan-Die Rückkehr**
McLIAM, John: *Invasion von der Wega; Kobra, übernehmen Sie; Mission Seaview; (Outer Limits); Planet der Affen; Raumschiff Enterprise-Das nächste Jahrhundert; Die Schöne und das Biest; Teufelskreis der Angst; Unwahrscheinliche Geschichten; V-Die ausserirdischen Besucher kommen zurück; Verrückter Wilder Westen*
McMAHON, Julian: **Charmed-Zauberhafte Hexen;** *Profiler*
McMANUS, Michael: **Lexx-The dark Zone;** *Nick Knight*
McNAIR, Heather: *Airwolf;* **Automan-Der Super-Detektiv;** *Knight Rider*
McNEICE, Ian: **Am Rande der Finsternis; Dune-Der Wüstenplanet**
McNEIL, Brian: **Der Junge von Andromeda**
McNEILL, Robert Duncan: *Allein gegen die Zukunft; Raumschiff Enterprise-Das nächste Jahrhundert;* **Star Trek: Raumschiff Voyager;** *Twilight Zone; Zurück in die Vergangenheit*
McNICHOLL, Rory: **Alfonso Bonzo**
McPEAK, Sandy: **Das fliegende Auge;** *Zurück in die Vergangenheit*

McPHERSON, Patricia: **Knight Rider;** *Der Mann vom anderen Stern; Raumschiff Enterprise-Das nächste Jahrhundert*
McQUADE, Kris: **Rückkehr zum Jupiter**
McQUEEN, Steve: *Ein Film aus der Alfred Hitchcock-Serie*
McRAY, Robert: *Airwolf;* **Conan, der Abenteurer**
McSHANE, Ian: **Anno Domini-Kampf der Märtyrer;** *Mondbasis Alpha 1*
MEAD, Courtland: **Stephen Kings The Shining**
MEADOWS, Jayne: **Gefährliche Experimente**
MEANEY, Colm: *Geschichten aus der Schattenwelt;* **Raumschiff Enterprise-Das nächste Jahrhundert; Star Trek: Deep Space Nine**
MEAT LOAF (Marvin Lee Aday): *Geschichten aus der Gruft; Monsters-Nachts, wenn das Blut gefriert*
MEDWAY, Heather: **Viper**
MEEK, Jeffrey: *Hercules;* **Mortal Kombat;** *Pretender; Profiler*
MEINEKE, Eva-Maria: **Ein bißchen Zauber verträgt die Welt**
MEINRAD, Josef: **Der Räuber Hotzenplotz**
MEISNER, Günter: **Projekt Aphrodite**
MEJZLIK, Martin: **Ein Hamster im Nachthemd**
MELDRUM, Glenn: **Ein Genie kommt selten allein**
MELODY, Tony: **Neue Geschichten von Billy Webb**
MENGLET, Alex: **Quer durch die Galaxie und dann links**
MENSIK, Vladimir: **Auf dem Kometen; Der fliegende Ferdinand; Die Märchenbraut; Pan Tau**
MENYUK, Eric: *Raumschiff Enterprise-Das nächste Jahrhundert*
MERCURIO, Paul: *Die Bibel*
MEREDITH, Burgess: *Batman; Invasion von der Wega; Unwahrscheinliche Geschichten; Verrückter Wilder Westen*
MERES, Jaroslav: **Auf dem Kometen**
MERIWETHER, Lee (Ann): *Batman;* **Familie Munster;** *Fantasy Island (1978-84); Kobra, übernehmen Sie; Planet der Giganten; Raumschiff Enterprise; Solo für O.N.C.E.L.;* **Time Tunnel**
MERKERSON, S. Epatha: **L. A. Machine**
MERMAN, Ethel: *Batman*
MERRIMAN, Ryan: **Pretender**
MERTENS, Klaus: **Spuk im Hochhaus**
MERTON, Zienia: *Doctor Who;* **Mondbasis Alpha 1;** *Vorsicht, Hochspannung!*
MESSEMER, Hannes: *Gespenstergeschichten*
MESSING, Debra: **Prey-Gefährliche Spezies!**
METCALF, Mark: *Angel-Jäger der Finsternis;* **Buffy-Im Bann der Dämonen**
METZ, Belinda: *Erben des Fluchs;* **Krieg der Welten; Kung Fu: Im Zeichen des Drachen;** *TekWar-Krieger der Zukunft; Viper*
MEYER, Katrin: **Spuk im Reich der Schatten**
MEYERS, Gary: **UFO**
MICHAELIS, Sandra: **Schusters Gespenster**
MICHAELS, Janna: **Der Familienschreck**
MICKERY, Elizabeth: **Wuff!-Manchmal bin ich ein Hund**
MIDDLEMASS, Frank: **Der unsichtbare Mann**
MIDDLETON, Charles: **Flash Gordon**
MIDKIFF, Dale: *Outer Limits-Die unbekannte Dimension;* **Time Trax-Zurück in die Zukunft;** *Zweimal im Leben*
MIGENES, Julia: *Twilight Zone*
MILANO, Alyssa: **Charmed-Zauberhafte Hexen;** *Fantasy Island (1998); Outer Limits-Die unbekannte Dimension*
MILES, Vera: *Alfred Hitchcock zeigt (1962-65); Buck Rogers (1979-81); Ein Film aus der Alfred Hitchcock-Serie; (Outer Limits); Unwahrscheinliche Geschichten*
MILEWSKA, Anna: **Die Verwandlungsmaschine**
MILLAND, Ray: *Alfred Hitchcock zeigt (1962-65); Fantasy Island (1978-84); Kampfstern Galactica*
MILLER, Allan: **Kampfstern Galactica;** *NightMan*
MILLER, Amy: **Power Rangers Lost Galaxy**
MILLER, Dennis: **Das Geisterhaus von Waterloo Creek**

MILLER, Dick: *Eerie, Indiana; Fantastische Geschichten; Geschichten aus der Schattenwelt; Raumschiff Enterprise-Das nächste Jahrhundert; Star Trek: Deep Space Nine; Superman-Die Abenteuer von Lois und Clark; V-Die ausserirdischen Besucher kommen zurück*
MILLER, Kelly: *Amor-Mitten ins Herz!; Die Bibel*
MILLER, Mark Thomas: *Alien Nation; Highwayman; Jesse aus dem All;* **Die Spezialisten unterwegs**
MILLER, Nick: **The Tribe-Eine Welt ohne Erwachsene**
MILLER, Paul: *Erben des Fluchs; Nick Knight;* **Psi Factor-Es geschieht jeden Tag;** *Relic Hunter-Die Schatzjägerin; Zweimal im Leben*
MILLER, Sherry: *F/X; Relic Hunter-Die Schatzjägerin*
MILLER, Stephen E.: **Millennium**
MILLIGAN, Spencer: **Im Land der Saurier;** *Der Junge vom anderen Stern; Die 7-Millionen-Dollar-Frau*
MILLS, Jed: **Das Geheimnis von Twin Peaks**
MILLS, Royce: **Komm zurück, Lucy**
MILMAN, Alexandra: **Ein Genie kommt selten allein**
MINEGISHI, Ryonosuke: **Die Rebellen vom Liang Shan Po**
MINEO, Sal: *Kobra, übernehmen Sie*
MINETTI, Jennifer: **Ruby**
MIRREN, Helen: *Twilight Zone*
MITANI, Yuka: **Rückkehr zum Jupiter**
MITCHELL, Cameron: *Fantasy Island* (1978-84); *Hulk; Knight Rider; Kobra, übernehmen Sie*
MITCHELL, Heather: **Spellbinder; Spellbinder-Im Drachenkaiserland**
MITCHELL, Katie: **Countdown X-Alarm im All**
MITCHELL, Mark: **Ein Genie kommt selten allein**
MITCHELL-SMITH, Ilan: **Superboy**
MITRI, Tiberio: **Die Odyssee**
MODINE, Matthew: *Die Bibel*
MODO, Michel: **Highlander;** *Relic Hunter-Die Schatzjägerin*
MOELLER, Ralf: **Conan, der Abenteurer**
MÖLLER, Sören: **Schusters Gespenster**
MOHAMED, B. Haddan: *Die Bibel*
MOLINA, Angela: **Prinzessin Fantaghiró**
MOLINA, Vidal: **Die geheimnisvolle Insel** (1973)
MOLL, Richard: *Babylon 5; Buck Rogers* (1979-81); **100 gute Hundetaten;** *Familie Munster; Hercules; Highlander; Mein Vater ist ein Ausserirdischer; Monsters-Nachts, wenn das Blut gefriert; Mork vom Ork; Sabrina-Total verhext!*
MONAGHAN, Marjorie: *Babylon 5; Der Sentinel-Im Auge des Jägers;* **Space Rangers;** *Star Trek: Raumschiff Voyager; Tödliches Spiel; Zurück in die Vergangenheit*
MONAHAN, Bob: **Power Rangers**
MONARQUE, Steven: **Erben des Fluchs**
MONN, Ursela: **Der Hausgeist**
MONROE, Del: *Hulk;* **Mission Seaview**
MONTAGUE, Bruce: **Apocalypse Wow-Whoops Apocalypse**
MONTAIGNE, Lawrence: *Batman; Invasion von der Wega; Kobra, übernehmen Sie; Mission Seaview; (Outer Limits); Raumschiff Enterprise; Solo für O.N.C.E.L.; Time Tunnel*
MONTALBAN, Paulo: **Mortal Kombat**
MONTALBÁN, Ricardo: **Einmal Himmel und zurück; Fantasy Island** (1978-84); *Ein Film aus der Alfred Hitchcock-Serie; Kobra, übernehmen Sie; Raumschiff Enterprise; Solo für O.N.C.E.L.; Verrückter Wilder Westen*
MONTGOMERY, Belinda J.: *Das fliegende Auge; Hitchhiker;* **Der Mann aus dem Meer;** *Streethawk*
MONTGOMERY, Elizabeth: *Unwahrscheinliche Geschichten;* **Verliebt in eine Hexe**
MONTICELLI, Anna Maria: **Das Mädchen aus der Zukunft**
MONTIER, Yvette: **Es geschah übermorgen**
MOODY, Colin: **Rückkehr zum Jupiter**
MOODY, King: *Holmes & YoYo;* **Mini-Max;** *Solo für O.N.C.E.L.*

MOOG, Heinz: **Die Äneis**
MOON, Georgina: **UFO**
MOORE, Barbara: **Solo für O.N.C.E.L.**
MOORE, Constance: **Buck Rogers** (1939)
MOORE, Deborah: **Die Macht des Schwertes**
MOORE, Demi: *Geschichten aus der Gruft*
MOORE, Denis: **Quer durch die Galaxie und dann links**
MOORE, Roger: *Ein Film aus der Alfred Hitchcock-Serie*
MOORE, Stephen: **Die magische Münze**
MOOREHEAD, Agnes: *Unwahrscheinliche Geschichten;* **Verliebt in eine Hexe;** *Verrückter Wilder Westen*
MORA, Tiriel: **Auf der Suche nach der Schatzinsel**
MORAN, Jackie: **Buck Rogers** (1939)
MORÁVKOVÁ, Dana: **Teuflisches Glück**
MOREAU, Marsha: *Erben des Fluchs;* **Der kleine Vampir; Ultraman-Mein geheimes Ich;** *Zauber, Zoff und Phantasie*
MOREAU, Nathaniel: **Grusel, Grauen, Gänsehaut; Kung Fu: Im Zeichen des Drachen;** *Ray Bradburys Gruseltheater; Ultraman-Mein geheimes Ich*
MORETON, Kevin: **Spuk im Haus**
MOREY, Bill: **Detektei mit Hexerei**
MORGAN, David: **Der Bumerang**
MORGAN, Heather: **Maxwell Smart**
MORGAN, Jeffrey Dean: **Burning Zone-Expedition Killervirus;** *Sliders-Das Tor in eine fremde Dimension*
MORGAN, Molly: **Alien Nation**
MORIARTY, Michael: *Geheimprojekt X; Poltergeist-Die unheimliche Macht;* **Psi Factor-Es geschieht jeden Tag;** *Twilight Zone*
MORIARTY, P. H.: **Dune-Der Wüstenplanet**
MORITA, Pat: *Familie Munster; Der Familienschreck; Harry und die Hendersons; Hulk; Der Mann aus dem Meer; Outer Limits-Die unbekannte Dimension; Space Rangers*
MOROZOWÁ, Lena: **Die Reisen des Professor Klecks**
MORRIS, Artro: **Spuk im Haus**
MORRIS, Greg: *In geheimer Mission;* **Kobra, übernehmen Sie;** *Krieg der Welten; Der Sechs-Millionen-Dollar-Mann; Superboy; TekWar-Krieger der Zukunft; Unwahrscheinliche Geschichten; Wonder Woman*
MORRIS, Phil: *Babylon 5;* **In geheimer Mission;** *Knight Rider; Mr. Merlin; Raumschiff Enterprise; Star Trek: Deep Space Nine; Star Trek: Raumschiff Voyager*
MORRISEY, Bob: *Akte X; Millennium; Nowhere Man-Ohne Identität; Outer Limits-Die unbekannte Dimension; Der Sentinel-Im Auge des Jägers; Sliders-Das Tor in eine fremde Dimension; Viper*
MORRISON, Amy: **The Tribe-Eine Welt ohne Erwachsene**
MORRISON, James: *Akte X; Millennium; Monsters-Nachts, wenn das Blut gefriert; Prey-Gefährliche Spezies!;* **Space 2063;** *Werwolf; X-Factor: Das Unfassbare*
MORSE, Barry: *Alfred Hitchcock zeigt* (1962-65); **Apocalypse Wow-Whoops Apocalypse;** *Dracula ist wieder da; Invasion von der Wega;* **Die Mars-Chroniken; Mondbasis Alpha 1;** *(Outer Limits); Ray Bradburys Gruseltheater; TekWar-Krieger der Zukunft; Twilight Zone; Unwahrscheinliche Geschichten*
MORSE, David: *Geschichten aus der Gruft; seaQuest DSV*
MORSE, Robert: **Wild Palms**
MORTON, Howard: **Familie Munster**
MOSLEY, Roger Earl: *Robocop*
MOSS, Carrie-Anne: *F/X; Nick Knight; Nowhere Man-Ohne Identität; Viper*
MOUCKA, Jaroslav: **Teuflisches Glück**
MOWRY, Tamara: *Grusel, Grauen, Gänsehaut*
MOWRY, Tia: *Grusel, Grauen, Gänsehaut*
MÜLLER, Alfred: **Sherlock Holmes und die sieben Zwerge**
MÜLLER, Hajo: **Spuk von draußen**
MÜNSTER, Klaus: **Sternensommer**

MUIRHEAD, Oliver: **Auf schlimmer und ewig**
MULDAUR, Diana: *Fantasy Island* (1978-84); *Hulk; Invasion von der Wega; Kung Fu; Raumschiff Enterprise;* **Raumschiff Enterprise-Das nächste Jahrhundert**
MULGREW, Kate: **Star Trek: Raumschiff Voyager**
MULHALL, Jack: **Buck Rogers** (1939)
MULHARE, Edward: *Baywatch Nights; Dancer für U.N.C.L.E.;* **Der Geist und Mrs. Muir**; *Kampfstern Galactica;* **Knight Rider**; *(Outer Limits)*
MULKEY, Chris: **Das Geheimnis von Twin Peaks**; *Outer Limits-Die unbekannte Dimension; Die Schöne und das Biest; Twilight Zone*
MULL, Martin: **Sabrina-Total verhext!**; *Zweimal im Leben*
MULLAVEY, Greg: *Ein Engel auf Erden; Grüsse aus dem Jenseits; Highwayman*
MUMY, Bill: *Alfred Hitchcock zeigt* (1962-65); *Alfred Hitchcock zeigt* (1985-89); **Babylon 5**; *Bezaubernde Jeannie; Ein Film aus der Alfred Hitchcock-Serie; The Flash-Der rote Blitz; The Munsters; Space Cases-Das galaktische Klassenzimmer; Superboy; Unwahrscheinliche Geschichten; Verliebt in eine Hexe;* **Vorschollen zwischen fremden Welten**
MUNRO, Caroline: *Mit Schirm, Charme und Melone* (1976/77)
MUNRO, Lochlyn: **Charmed-Zauberhafte Hexen**
MURDOCK, George: *Akte X; Allein gegen die Zukunft; Highwayman; Kampfstern Galactica; Knight Rider; Raumschiff Enterprise-Das nächste Jahrhundert; Superman-Die Abenteuer von Lois und Clark; Tarzan* (1966-68); *Unwahrscheinliche Geschichten; Verrückter Wilder Westen*
MUROYAMA, Kazuhiro: *Achtung: Streng geheim;* **Flucht vom Jupiter**
MURPHY, Ben: *Fantasy Island* (1978-84); **Gemini Man**; *Grüsse aus dem Jenseits; Seven Days-Das Tor zur Zeit; Twilight Zone*
MURPHY, Diane: **Verliebt in eine Hexe**
MURPHY, Erin: **Verliebt in eine Hexe**
MURRAY, Melanee: **100 gute Hundetaten**
MURRAY, Melissa: **Sabrina-Total verhext!**
MUSCAT, Angelo: *Doctor Who;* **Nummer Sechs**
MUSCHALLIK, Nina: **Kappatoo-Der Doppelgänger aus dem All**
MUTI, Ornella: *Hitchhiker*
MYERS, Carrell: **Das Ding aus dem Sumpf**
MYERSCOUGH, Damian: *Die Bibel*
MYGLAD, Peter: **Geister**
MYLES, Bruce: **Quer durch die Galaxie und dann links**

NADER, George: *Ein Film aus der Alfred Hitchcock-Serie;* **Gefährliche Experimente**
NÄSHOLM, Britt Marie: **Karlsson auf dem Dach**
NAFF, Lycia: *The Flash-Der rote Blitz; Max Headroom; Raumschiff Enterprise-Das nächste Jahrhundert*
NAGATO, Isamu: **Die Rebellen vom Liang Shan Po**
NAGAZUMI, Yasuko: **Mondbasis Alpha 1**
NAGYOVÁ, Jana: **Die Märchenbraut**
NAJIMY, Kathy: *Allein gegen die Zukunft*
NAKAMURA, Atsuo: **Die Rebellen vom Liang Shan Po**
NANCE, Jack: **Das Geheimnis von Twin Peaks**
NAPIER, Alan: **Batman**; *Ein Film aus der Alfred Hitchcock-Serie; Unwahrscheinliche Geschichten*
NAPIER, Charles: *Hulk; Kobra, übernehmen Sie;* **Outlaws-Die Gesetzlosen**; *Raumschiff Enterprise; Roswell; Star Trek: Deep Space Nine; Streethawk; Superman-Die Abenteuer von Lois und Clark*
NAPIER, Marshall: **Das Mädchen aus der Zukunft**
NARDULLI, Itaco: **Der Schatz im All**
NÁROZNY, Petr: **Der fliegende Ferdinand**; *Pan Tau;* **Die Rückkehr der Märchenbraut**
NARVY, Jason: **Power Rangers; Power Rangers in Space**
NASH, Simon: **Kappatoo-Der Doppelgänger aus dem All**

NATALENKA, Kenia: **Auf der Suche nach der Schatzinsel**
NATWICK, Mildred: **Ein Film aus der Alfred Hitchcock-Serie**
NAUGHTON, James: **Planet der Affen**
NAUJOKS, Gerhard: **Projekt Aphrodite**
NEAL, Elise: *Fantasy Island* (1998); **seaQuest DSV**
NEAL, Siri: **Minty in der Mondzeit**
NEEMIA, Drew: **Tell-Im Kampf gegen Lord Xax**
NEIDHART, Jim „The Anvil": **Thunder in Paradise-Heisse Fälle, coole Drinks**
NEILL, Noel: *Superboy;* **Supermann-Retter in der Not**
NELSON, Kenneth: **Am Rande der Finsternis**
NELSON, Peter: **V-Die ausserirdischen Besucher kommen**
NELSON, Sandra: *Highlander; Star Trek: Deep Space Nine; Star Trek: Raumschiff Voyager; Viper*
NEMEC, Corin: **Stephen King's The Stand-Das letzte Gefecht**
NEMETH, Andrea: **Odyssee ins Traumland**
NEPO, Konstantin: **Die Odyssee**
NFRO, Franco: *Die Bibel; Hitchhiker*
NEUTZLING, Peter: **Die Oase**
NEUWIRTH, Bebe: *Raumschiff Enterprise-Das nächste Jahrhundert;* **Wild Palms**
NEVILLE, Daphne: **Die geheime Welt der Polly Flint**
NEVILLE, John: *Akte X; F/X; Raumschiff Enterprise-Das nächste Jahrhundert*
NEWELL, Patrick: **Mit Schirm, Charme und Melone** (1961-69)
NEWMAN, Alec: **Dune-Der Wüstenplanet**
NEWMAN, Barry: *Amor-Mitten ins Herz!*
NEWMAN, William: **Stephen King's The Stand-Das letzte Gefecht**
NEWMAR, Julie: *Ach, du lieber Himmel; Batman; Buck Rogers* (1979-81); *Der Junge vom anderen Stern; Mini-Max; Raumschiff Enterprise; Unwahrscheinliche Geschichten; Verliebt in eine Hexe*
NEWTON, John Haymes: *Superboy; Viper*
NGUYEN, Krzysztof: **Die Verwandlungsmaschine**
NICAUD, Philippe: **Die geheimnisvolle Insel** (1973)
NICHOLLS, Anthony: **The Champions**
NICHOLS, Nichelle: **Raumschiff Enterprise**; *Tarzan* (1966-68)
NICHOLSON, Kathrin: **Sleepwalkers**
NICHOLSON, Robert: **Kung Fu: Im Zeichen des Drachen**
NICKL, Andreas: **Der kleine Vampir-Neue Abenteuer**
NICKSON (-Soul), Julia: *Airwolf; Babylon 5; Kung Fu: Im Zeichen des Drachen; Raumschiff Enterprise-Das nächste Jahrhundert; seaQuest 2032; Star Trek: Deep Space Nine*
NICOL, Lesley: **Der König von Narnia**
NICOLI, Vincenzo: *Die Bibel*
NIELSEN, Brigitte: **Prinzessin Fantaghiró**
NIELSEN, Leslie: *Alfred Hitchcock zeigt* (1962-65); *Ein Engel auf Erden; Fantasy Island* (1978-84); *Ein Film aus der Alfred Hitchcock-Serie; Kung Fu; Mission Seaview; Ray Bradburys Gruseltheater; Solo für O.N.C.E.L.; Verrückter Wilder Westen*
NIEMCZYK, Leon: **Die Freunde des fröhlichen Teufels**
NIEMI, Lisa: *Max Headroom;* **Super Force**
NIKULIN, Valentin: **Rusalka**
NILSSON, Inger: **Pippi Langstrumpf**
NIMOY, Leonard: *Die Bibel;* **Kobra, übernehmen Sie**; *Mini-Max; (Outer Limits);* **Raumschiff Enterprise**; *Raumschiff Enterprise-Das nächste Jahrhundert; Solo für O.N.C.E.L.; Unwahrscheinliche Geschichten;* **Zombies of the Stratosphere**
NIPAR, Yvette: *Die Abenteuer des Brisco County, Jr.; The Flash-Der rote Blitz; Die Maske; Profiler;* **Robocop**; *Der Sentinel-Im Auge des Jägers*
NIPOTE, Joe: **Viper**
NISBET, Neil: **Der Brack-Report**
NITSCHKE, Ronald: **Sternensommer**

NOGULICH, Natalija: *Geschichten aus der Gruft; Pretender; Prey-Gefährliche Spezies!; Raumschiff Enterprise-Das nächste Jahrhundert; Star Trek: Deep Space Nine*

NOONAN, Michela: **Spellbinder**

NØRBY, Ghita: **Geister**

NOSEWORTHY, Jack: **Dead At 21**; *Outer Limits-Die unbekannte Dimension*

NOVOTNY, Jiri D.: **Die Besucher**

NOVY, Pavel: **Die Rückkehr der Märchenbraut**

NOWIKOWÁ, Vika: **Rusalka**

'N SYNC: *Sabrina-Total verhext!*

NUCCI, Laura: **Die Odyssee**

NULTRY, Kevin: *Millennium; Stargate; Viper*

NUYEN, France: *Kung Fu; Outer Limits-Die unbekannte Dimension; Raumschiff Enterprise; Der Sechs-Millionen-Dollar-Mann; Solo für U.N.C.L.E.*

OAKLAND, Simon: *Detektei mit Hexerei; Das Geheimnis der blauen Tropfen; Kobra, übernehmen Sie; Mein Onkel vom Mars; Mini-Max;* **Der Nachtjäger***; (Outer Limits); Tarzan (1966-68); Unwahrscheinliche Geschichten; Verrückter Wilder Westen*

OAKMAN, Wheeler: **Buck Rogers** *(1939)*

OATES, Warren: *(Outer Limits); Unwahrscheinliche Geschichten; Verschollen zwischen fremden Welten*

O'BRIEN, Peter: **Spellbinder-Im Drachenkaiserland**

O'BRIEN, Richard: *Robin Hood (1984-86)*

O'CALLAGHAN, Cindy: **Wuff!**

OCCHIPINTI, Andrea: *Die Bibel*

OCHSENKNECHT, Uwe: **Dune-Der Wüstenplanet***; Die Macht des Schwertes*

O'CONNELL, Arthur: **Der Mann von Gestern**

O'CONNELL, Charlie: **Sliders-Das Tor in eine fremde Dimension**

O'CONNELL, Jerry: **Sliders-Das Tor in eine fremde Dimension; Ultraman-Mein geheimes Ich**

O'CONNOR, Andrew: **Kappatoo**

O'CONNOR, Donald: *Ein Engel auf Erden; Fantasy Island (1978-84); Geschichten aus der Gruft; Die 7-Millionen-Dollar-Frau*

O'CONNOR, Helen: **Das Mädchen aus der Zukunft**

O'CONNOR, Renee: *Hercules;* **Xena**

O'CONNOR, Tim: **Buck Rogers** *(1979-81); Burning Zone-Expedition Killervirus; Knight Rider; (Outer Limits); Raumschiff Enterprise-Das nächste Jahrhundert; Der Sechs-Millionen-Dollar-Mann; Unwahrscheinliche Geschichten; Wonder Woman*

ODELL, Deborah: **Eerie, Indiana-Die andere Dimension***; Psi Factor-Es geschieht jeden Tag*

O'DELL, Jennifer: *Profiler;* **Die verlorene Welt**

O'DELL, Robin: **Countdown X-Alarm im All**

ODESSA, Devon: *Sleepwalkers;* **Vicki**

OEHME, Franziska: *Telerop 2009-Es ist noch was zu retten*

OGILVY, Ian: *Die Abenteuer des Brisco County, Jr.; Allein gegen die Zukunft; Mit Schirm, Charme und Melone (1961-69); Q.E.D.; Robin Hood (1984-86)*

OGLESBY, Randy: *Akte X; Burning Zone-Expedition Killervirus; Star Trek: Deep Space Nine; Star Trek: Raumschiff Voyager;* **Teen Engel**

OHAMA, Natsuko: **Nick Knight**

O'HARE, Michael: **Babylon 5**

O'HERLIHY, Dan: **Das Geheimnis von Twin Peaks**

O'HERLIHY, Gavan: **Das Geheimnis von Twin Peaks***; Star Trek: Raumschiff Voyager*

OHRNER, Carolin: **Merlin**

OHRNER, Thomas: **Merlin; Timm Thaler**

OHRT, Christoph Marius: *Die Bibel;* **Helicops-Einsatz über Berlin***; Highlander*

O'HURLEY, John: **Scorch-Der kleine Hausdrache**

OKKING, Jens: **Geister**

OKRAS, Gudrun: **Die Sonnenlanze**

OLANDT, Ken: *Airwolf; Ein Engel auf Erden; Raumschiff Enterprise-Das nächste Jahrhundert;* **Super Force***; V-Die ausserirdischen Besucher kommen zurück*

OLDFIELD, Richard: **Die Mars-Chroniken**

OLEYNIK, Larisa: **Hinterm Mond gleich links; Was ist los mit Alex Mack?**

OLIVE, Megan: **Space Cops-Tatort Demeter City**

OLIVER, Susan: *Alfred Hitchcock zeigt (1962-65); Invasion von der Wega; Raumschiff Enterprise; Solo für O.N.C.E.L.; Tarzan (1966-68); Teufelskreis der Angst; Unwahrscheinliche Geschichten; Verrückter Wilder Westen*

OLIVER, William: **Raumstation Unity**

OLKEWICZ, Walter: **Das Geheimnis von Twin Peaks***; Sliders-Das Tor in eine fremde Dimension; Visitor-Die Flucht aus dem All*

O'LOUGHLIN, Gerald S.: **Automan-Der Super-Detektiv***; Ein Engel auf Erden; Der Junge vom anderen Stern; Kobra, übernehmen Sie*

O'MEARAIN, Lochlann: **Mystic Knights-Die Legende von Tir Na Nog**

O'NEIL, Tricia: *Airwolf; Babylon 5; Raumschiff Enterprise-Das nächste Jahrhundert; Star Trek: Deep Space Nine*

O'NEILL, Jennifer: **Anno Domini-Kampf der Märtyrer**

ONTKEAN, Michael: **Das Geheimnis von Twin Peaks***; Hitchhiker; Outer Limits-Die unbekannte Dimension; Psi Factor-Es geschieht jeden Tag*

OPATOSHU, David: *Alfred Hitchcock zeigt (1962-65); Buck Rogers (1979-81); Fantasy Island (1978-84); Ein Film aus der Alfred Hitchcock-Serie; Immer wenn er Pillen nahm; Kobra, übernehmen Sie; (Outer Limits); Raumschiff Enterprise, Salvage 1-Hinter der Grenze zum Risiko; Der Sechs-Millionen-Dollar-Mann; Die 7-Millionen-Dollar-Frau; Solo für O.N.C.E.L.; Time Tunnel; Der Unsichtbare (1975/76); Unwahrscheinliche Geschichten*

OPELA, Evelyn: *Angelo und Luzy;* **Das blaue Palais***; Insel der Träume; Unheimliche Geschichten*

OPPENHEIMER, Alan: *Bezaubernde Jeannie; Gemini Man; Knight Rider; Mini-Max; Raumschiff Enterprise-Das nächste Jahrhundert* **Der Sechs-Millionen-Dollar-Mann***; Star Trek: Deep Space Nine; Star Trek: Raumschiff Voyager; Verliebt in eine Hexe; Zurück in die Vergangenheit*

O'QUINN, Terry: *Akte X; Earth 2;* **Millennium***; Raumschiff Enterprise-Das nächste Jahrhundert*

ORDISH, James: **The Tribe-Eine Welt ohne Erwachsene**

O'REILLY, Robert: *Die Abenteuer des Brisco County, Jr.; Ein Engel auf Erden; Ein Fall für Professor Chase; The Flash-Der rote Blitz; Hulk; Knight Rider; Raumschiff Enterprise-Das nächste Jahrhundert; Star Trek: Deep Space Nine*

ORLAC, Stephan: **Die Wächter**

ORME, Richard: **Null ist Spitze**

ORSINI, Umberto: *Die Bibel*

ORTH, David: *Erben des Fluchs; F/X, Ray Bradburys Grueltheater; Robocop;* **Die verlorene Welt**

OSCARSSON, Per: **Die Brüder Löwenherz**

O'SHEA, Milo: **Professor Poppers Erfindung**

OSTERMANN, Jennifer: **Dreamgate**

OSTROWSKÁ, Malgrozata: **Die Reisen des Professor Klecks**

O'SULLIVAN, Alannah: **Die Mondprinzessin**

O'TOOLE, Peter: *Ray Bradburys Grueltheater*

OTTO, Götz: *Die Macht des Schwertes*

OTTO, Marley: **Mein Leben als Hund**

OUAZZANI, Mehdi: *Die Bibel*

OUTEN, Denise: **Kappatoo-Der Doppelgänger aus dem All**

OUTERBRIDGE, Peter: *Highlander*; ***Millennium***; *Nick Knight; Outer Limits-Die unbekannte Dimension*
OVÉ, Indra: ***Raumstation Unity***
OVERBEY, Kellie: ***Stephen King's The Stand-Das letzte Gefecht***
OWE, Baard: ***Geister***
OWEN, Beverly: ***The Munsters***
OWENS, Chris: ***Akte X***
OXENFORD, Daphne: ***Das Geisterschloss***

PACKER, David: ***V-Die ausserirdischen Besucher kommen***
PADILLA, Jr., Manuel: ***Tarzan*** (1966-68)
PAGE, Geraldine: *Teufelskreis der Angst*
PAGE, Ken: ***Teen Engel***
PAGET, Debra: *Gefährliche Experimente*
PAIGE, Christina: ***Space Cases-Das galaktische Klassenzimmer***
PAJO, Louise: ***UFO***
PALANCE, Jack: *Buck Rogers* (1979-81); *Solo für O.N.C.E.L.; Twilight Zone* (Lost Classics)
PALEY, Phillip: ***Im Land der Saurier***
PALMARA, Mimmo: ***Die Odyssee***
PANCZAK, Hans-Georg: ***Operation Phoenix-Jäger zwischen den Welten***
PANTELIC, Vasa: ***Die Äneis***
PAPAS, Irene: *Die Bibel*; ***Die Odyssee***
PARE-COVALL, Raines: ***Grusel, Grauen, Gänsehaut***
PARKE, Greg: ***Auf der Suche nach der Schatzinsel***
PARKER, Andrea: *Die Abenteuer des Brisco County, Jr.*, ***Pretender***
PARKER, Frank: ***Seven Days-Das Tor zur Zeit***
PARKER, Leni: ***Gene Roddenberrys Mission Erde: Sie sind unter uns***
PARKER, Nathaniel: *Die Bibel*
PARKER, Nicole: ***Die Ninja Turtles***
PARKER, Rhonda: ***Mit Schirm, Charme und Melone*** (1961-69)
PARKS, Michael: ***Das Geheimnis von Twin Peaks***
PARROS, Peter: ***Knight Rider***; *Raumschiff Enterprise-Das nächste Jahrhundert*
PARSLOW, Frederick: ***Achtung: Streng geheim!***; ***Auf der Suche nach der Schatzinsel***
PARSONS, Nicholas: ***Kappatoo-Der Doppelgänger aus dem All***
PARYLA, Katja: ***Spuk im Hochhaus***; ***Spuk unterm Riesenrad***
PARYLA, Nikolaus: *Helicops-Einsatz über Berlin*
PASCAL, Olivia: *Der Androjäger; Insel der Träume*
PATRASOVÁ, Dagmar: ***Die Besucher***; ***Die Märchenbraut***; ***Die Rückkehr der Märchenbraut***
PATRICK, Butch: *Bezaubernde Jeannie; Mein Onkel vom Mars; Mr. Ed*; ***The Munsters***
PATRICK, Lee: ***Topper***
PATRICK, Robert: ***Akte X***
PATTERSON, Neva: ***V-Die ausserirdischen Besucher kommen***
PAUL, Adrian: *Dark Shadows*; ***Highlander***; ***Krieg der Welten***; *Ray Bradburys Gruseltheater; Die Schöne und das Biest; Tarzan* (1991-94)
PAUL, Meilani: *Highlander; Tarzan-Die Rückkehr*
PAUL, Nancy: ***Space Cops-Tatort Demeter City***
PAULIN, Scott: *Erben des Fluchs; Fantastische Geschichten; Die Maske; Twilight Zone*
PAULSON, Sarah: ***American Gothic-Prinz der Finsternis***
PAVLO, Chris: *Die Bibel*
PAYS, Amanda: *Akte X*; ***Anno Domini-Kampf der Märtyrer***; ***The Flash-Der rote Blitz***; *Max Headroom*
PEARCE, Alice: ***Verliebt in eine Hexe***
PEARCE, Jacqueline: ***Minty in der Mondzeit***
PEARLMAN, Rodney: ***Der Bumerang***
PEARSALL, Simon: *Unsichtbar*
PEARSON, Neil: ***Das Haus des Magiers***
PEARSON, Patrick: ***Eine lausige Hexe***

PECK, Bob: ***Am Rande der Finsternis***
PEDLEY, Anthony: ***Kappatoo-Der Doppelgänger aus dem All***
PELDON, Ashley: ***Pretender***
PELDON, Courtney: ***Harry und die Hendersons***
PELLEGRIN, Raymond: ***Mission Eureka***
PELUCE, Meeno: *Ein Fall für Professor Chase; Hulk*; ***Zeitreisende***
PEMBER, Ron: ***Der unsichtbare Mann*** (1975/76)
PENGHIS, Thaao: ***In geheimer Mission***
PENN, Leo: *Supermann-Retter in der Not*
PENNINGTON, Marla: ***Vicki***
PENNY, Joe: *Detektei mit Hexerei; Ein Hauch von Himmel; Twilight Zone; Zweimal im Leben*
PEPPARD, George: *Ein Film aus der Alfred Hitchcock-Serie*
PEPPER, Nicholas: ***Eine lausige Hexe***
PERA, Radames: ***Kung Fu***; *Der Mann vom anderen Stern*
PEREZ, Carla: ***Power Rangers***
PERFORT, Holger: ***Geister***
PERKINS, Elizabeth: *From the Earth to the Moon*
PERKINS, Melody: *NightMan*; ***Power Rangers in Space***; ***Power Rangers Lost Galaxy***
PERLICH, Max: *Buffy-Im Bann der Dämonen; Fantasy Island* (1998)
PERLINGER, Sissi: ***Stella Stellaris***
PERLMAN, Ron: *Charmed-Zauberhafte Hexen; Highlander; Outer Limits-Die unbekannte Dimension*; ***Die Schöne und das Biest***
PEROVICH, Tim: ***Stephen Kings The Shining***
PERSOFF, Nehemiah: *Ein Engel auf Erden; Fantasy Island* (1978-84); *Ein Film aus der Alfred Hitchcock-Serie; Kampfstern Galactica; Kobra, übernehmen Sie; Mission Seaview; Planet der Giganten; Raumschiff Enterprise-Das nächste Jahrhundert; Der Sechs-Millionen-Dollar-Mann; Die 7-Millionen-Dollar-Frau; Solo für O.N.C.E.L.; Tarzan* (1966-68); *Time Tunnel; Der Unsichtbare; Unwahrscheinliche Geschichten; Verrückter Wilder Westen; Wonder Woman*
PERSSON, Maria: ***Pippi Langstrumpf***
PERTWEE, Bill: ***Wuff!-Manchmal bin ich ein Hund***
PERTWEE, Jon: *Doctor Who; Mit Schirm, Charme und Melone* (1961-69); ***Die Vogelscheuche***
PESCOW, Donna: *Fantasy Island* (1978-84); ***Mein Vater ist ein Ausserirdischer***
PETER, Lindsey: *Mowgli-Neue Abenteuer aus dem Dschungel*
PETERS, Bernadette: ***Die Mars-Chroniken***
PETERS, Brock: *Dancer für U.N.C.L.E.; Kampfstern Galactica; Kobra, übernehmen Sie; Pretender; Die 7-Millionen-Dollar-Frau; Star Trek: Deep Space Nine; Tarzan* (1966-68)
PETERSON, Cassandra: *Fantasy Island* (1978-84)
PETERSON, David: *Auf den Hund gekommen*
PETERSON, Richard: ***Stephen Kings The Shining***
PETERSON, Shelley: ***Auf den Hund gekommen***
PETRI, Edda: ***Die Oase***
PETTET, Joanna: *Fantasy Island* (1978-84); *Knight Rider*
PETTY, Lori: *Alien Nation; Profiler; Star Trek: Raumschiff Voyager; Twilight Zone*
PETZOLD, Holger: ***Mission Eureka***; *Ruby*
PFEIFFER, Michelle: *Fantasy Island* (1978-84)
PFEM, Mette Munk: ***Geister***
PFITZMANN, Günter: *Insel der Träume*
PFLUG, Eva: ***Raumpatrouille***
PHILIPP, Gunther: ***Stella Stellaris***
PHILIPS, Lou Diamond: *Geschichten aus der Gruft; Outer Limits-Die unbekannte Dimension*
PHILLIP, Jeff: ***Die Abenteuer des Brisco County, Jr.***
PHILLIPS, Anton: ***Mondbasis Alpha 1***
PHILLIPS, Avi: ***Das Tollhaus***
PHILLIPS, Bobbie: *Akte X*; ***Countdown X-Alarm im All***; *The Crow-Stairway to Heaven; Stargate*

PHILLIPS, Ethan: *From the Earth to the Moon; Outlaws-Die Gesetzlosen; Raumschiff Enterprise-Das nächste Jahrhundert;* **Star Trek: Raumschiff Voyager;** *Twilight Zone; Werwolf*

PHILLIPS, Michelle: *Alfred Hitchcock zeigt (1985-89); Automan-Der Super-Detektiv; Fantasy Island (1978-84); Raumschiff Enterprise-Das nächste Jahrhundert; Superman-Die Abenteuer von Lois und Clark; Vorsicht, Hochspannung!; Zweimal im Leben*

PHILLIPS, Patricia: **Krieg der Welten**

PHILLIPS, Siân: **Das Haus des Magiers**

PHILLIPS, Wendy: **Stephen King's The Stand-Das letzte Gefecht**

PIAZZA, Ben: *Salvage 1-Hinter der Grenze zum Risiko*

PICARDO, Robert: *Die Abenteuer des Brisco County, Jr.; Allein gegen die Zukunft; Fantastische Geschichten; Geschichten aus der Gruft; Outer Limits-Die unbekannte Dimension;* **Star Trek: Raumschiff Voyager**

PICKENS, Jr., James: **Akte X**

PIECZKA, Franciszek: **Die Freunde des fröhlichen Teufels**

PIERPOINT, Eric: **Alien Nation;** *Babylon 5; Pretender; Raumschiff Enterprise-Das nächste Jahrhundert; Die Schöne und das Biest; Star Trek: Deep Space Nine; Time Trax-Zurück in die Zukunft*

PIERRE, Edwige: **Alarm im Schlossmuseum; Merlin**

PIERRE, Justin: **Mystic Knights-Die Legende von Tir Na Nog**

PIERSON, Geoff: **Auf schlimmer und ewig**

PIETRYGA, Virginia: **Die Verwandlungsmaschine**

PIGOTT-SMITH, Tim: *Doctor Who; Unglaubliche Geschichten*

PILEGGI, Mitch: **Akte X;** *Alien Nation*

PILMARK, Søren: **Geister**

PINDER, Alex: **Ocean Girl**

PINE, Phillip: *Ein Film aus der Alfred Hitchcock-Serie; Invasion von der Wega; Mini-Max; Mission Seaview; (Outer Limits); Raumschiff Enterprise; Der Sechs-Millionen-Dollar-Mann; Supermann-Retter in der Not; Unwahrscheinliche Geschichten; Verrückter Wilder Westen*

PIOTROWSKA, Gosia: **Spellbinder**

PIPER, ("Rowdy") Roddy: *Highlander; Highwayman; Outer Limits-Die unbekannte Dimension; Robocop; Superboy*

PISCOPO, Joe: **100 gute Hundetaten**

PISTORE, Paul: **Masked Rider**

PITT, Brad: *Geschichten aus der Gruft*

PIVEN, Jeremy: **Amor-Mitten ins Herz!**

PLAKSON, Suzie: *Raumschiff Enterprise-Das nächste Jahrhundert; Die Schöne und das Biest; Star Trek: Raumschiff Voyager*

PLANA, Tony: *Pretender; Die Schöne und das Biest; Star Trek: Deep Space Nine; X-Factor: Das Unfassbare*

PLANGGER, Verena: **Chamäleon**

PLANTE, Carol-Ann: **Harry und die Hendersons**

PLATE, Christina: **Projekt Aphrodite**

PLATHE, Walter: **Spuk aus der Gruft; Spuk im Reich der Schatten**

PLATT, Edward C.: **Mini-Max;** *Unwahrscheinliche Geschichten; Verliebt in eine Hexe*

PLEASENCE, Donald: *(Outer Limits); Ray Bradburys Gruseltheater; Unwahrscheinliche Geschichten*

PLESKOT, Jiri: **Luzie, der Schrecken der Strasse**

PLEVA, Jörg: *Alarm; Insel der Träume;* **Projekt Aphrodite**

PLUMMER, Amanda: *Geschichten aus der Gruft; Outer Limits-Die unbekannte Dimension*

PLUNKETT, Gerard: *Akte X; The Crow-Stairway to Heaven; First Wave-Die Prophezeiung; Highlander; Outer Limits-Die unbekannte Dimension; Der Sentinel-Im Auge des Jägers; Sliders-Das Tor in eine fremde Dimension; Stargate; Viper*

POHL, Witta: *Unheimliche Geschichten*

POLLARD, Michael J.: *Dancer für U.N.C.L.E.; Eerie, Indiana; Ein Film aus der Alfred Hitchcock-Serie; Geschichten aus der Gruft; Raumschiff Enterprise; Ray Bradburys Gruseltheater; Superboy; Verschollen zwischen fremden Welten*

POLOCZEK, Bronislav: **Die Rückkehr der Märchenbraut**

POMERS, Scarlett: *Ein Hauch von Himmel;* **Star Trek: Raumschiff Voyager;** *Was ist los mit Alex Mack?*

PON, Patrick: **Die Ninja Turtles**

POPE, Daniel: **Die geheime Welt der Polly Flint**

POPOWICH, Paul: **Zweimal im Leben**

PORRETT, Susan: **Alfonso Bonzo; Neue Geschichten von Billy Webb**

PORRETTA, Matthew: **Robin Hood** (1997-99)

PORTER, Bobby: **Im Land der Saurier II**

PORTER, Claire: **Eine lausige Hexe**

PORTER, Cleveland: **Im Land der Saurier**

PORTER, Nyree Dawn: **Die Mars-Chroniken**

POSTON, Tom: **Mork vom Ork**

POTTER, Chris: **Kung Fu: Im Zeichen des Drachen**

POTTER, Ruth: **Null ist Spitze**

POUGET, Ely: **Dark Shadows**

POUNDER, CCH: *Akte X; Millennium; Zurück in die Vergangenheit*

POWER, Camilla: **Der König von Narnia; Die Mondprinzessin**

POWERS, Stefanie: **Dancer für U.N.C.L.E.;** *Kung Fu; Der Sechs-Millionen-Dollar-Mann*

PRAED, Michael: **Robin Hood** (1984-86)

PRATT, Deborah: **Airwolf;** *Zurück in die Vergangenheit*

PRATT, Mike: *The Champions;* **Randall & Hopkirk-Detektei mit Geist;** *UFO*

PRAVNONSKA, Zuzana: **Sie kam aus dem All**

PRECIGS, Andrzej: **Stella Stellaris**

PREEBLE, Antonia: **The Tribe-Eine Welt ohne Erwachsene**

PREISS, Wolfgang: *Unheimliche Geschichten*

PREMINGER, Otto: *Batman*

PRENTISS, Ann: **Das Geheimnis der blauen Tropfen**

PRESNELL, Harve: **Pretender;** *Superman-Die Abenteuer von Lois und Clark*

PRESSMAN, Lawrence: *Pretender; Profiler; Der Sentinel-Im Auge des Jägers; Star Trek: Deep Space Nine*

PRESTON, Cynthia: *Akte X;* **Total Recall 2070**

PRICE, Bryony: **Ocean Girl**

PRICE, Stanley: **Buck Rogers** (1939)

PRICE, Vincent: *Batman; Ein Film aus der Alfred Hitchcock-Serie; Mini-Max; Mission Seaview; Die 7-Millionen-Dollar-Frau; Solo für O.N.C.E.L.*

PRICE-McCONNELL, Sean: *Mowgli-Neue Abenteuer aus dem Dschungel*

PRIEST, Pat: *Kobra, übernehmen Sie; Mein Onkel vom Mars; Mission Seaview;* **The Munsters;** *Verliebt in eine Hexe*

PRIESTLEY, Jason: *Airwolf; Outer Limits-Die unbekannte Dimension;* **Teen Engel;** *Zurück in die Vergangenheit*

PRINCE, Jacalyn: **Ocean Girl**

PRINCE, Jonathan: **Mr. Merlin**

PRINE, Andrew: *Alfred Hitchcock zeigt (1962-65); Gemini Man; Invasion von der Wega; Kung Fu; Der Nachtjäger; Raumschiff Enterprise-Das nächste Jahrhundert; Die 7-Millionen-Dollar-Frau; Star Trek: Deep Space Nine; Tarzan (1966-68);* **V-Die ausserirdischen Besucher kommen**

PROCHNOW. Jürgen: *Schaurige Geschichten*

PROGOSH, Tim: *Akte X; Relic Hunter-Die Schatzjägerin; Robocop;* **Sindbads Abenteuer;** *Zweimal im Leben*

PROVOST, Jon: *Mr. Ed*

PRÜCKNER, Tilo: **Aeon-Countdown im All; Frankensteins Tante;** *Helicops-Einsatz über Berlin; Morgen schon*

PRUNER, Aaron: **V. R. Troopers**

PRUNER, Karl: *TekWar-Krieger der Zukunft;* **Total Recall 2070;** *Twilight Zone*
PRYCE, Jonathan: *Die Bibel; Jim Hensons beste Geschichten*
PULLAN, David: **Der Mondschimmel**
PURCELL, Roy: **Die Odyssee**
PURVIS, Alexandra: **Poltergeist-Die unheimliche Macht**
PYLE, Denver: *Supermann-Retter in der Not*
PYPER-FERGUSON, John: **Die Abenteuer des Brisco County, Jr.;** *Akte X; The Crow-Stairway To Heaven; Highlander; Millennium; Outer Limits-Die unbekannte Dimension; Poltergeist-Die unheimliche Macht; Raumschiff Enterprise-Das nächste Jahrhundert; Viper*

QUADFLIEG, Christian: *Der Androjäger;* **Die Mädchen aus dem Weltraum**
QUARMBY, John: **Der unsichtbare Mann**
QUARTERMAN, Saundra: **Geheimprojekt X**
QUENTIN, John: **Besuch aus Liliput**
QUIGLEY, Kevin: **Das Ding aus dem Sumpf**
QUILLEY, Denis: **Anno Domini-Kampf der Märtyrer**
QUILLING, Lieselotte: *Raumpatrouille*
QUILTER, David: **Space Cops-Tatort Demeter City**
QUINN, Anthony: **Hercules; Der Schatz im All**
QUINN, Danny: **Space Rangers**
QUINN, Glenn: **Angel-Jäger der Finsternis**
QUINN, Patrick Neil: **Das Ding aus dem Sumpf**

RAABJERG, Brigitte: **Geister**
RABAGO, Richard: **V. R. Troopers**
RABE, Pamela: **Ocean Girl**
RACHINS, Alan: *Geschichten aus der Gruft; Outer Limits-Die unbekannte Dimension; Poltergeist-Die unheimliche Macht; Stargate; Superman-Die Abenteuer von Lois und Clark*
RACKELMANN, Tina: **Das verbotene Spiel**
RADEKE, Kurt: **Spuk aus der Gruft**
RADFORD, Natalie: *Sliders-Das Tor in eine fremde Dimension;* **TekWar-Krieger der Zukunft;** *Zweimal im Leben*
RADICI, Giovanni Lombardo: **Der Schatz im All**
RADICK, Jeremy: **Odyssee ins Traumland**
RADLEY, Ken: **Flucht vom Jupiter**
RAFFILL, Stewart: **Tarzan** *(1966-68)*
RAFFIN, Deborah: *Vorsicht, Hochspannung!*
RAGALL, Sophie: **Dreamgate**
RAILSBACK, Steve: *Akte X; Charmed-Zauberhafte Hexen; Hitchhiker; Twilight Zone;* **Visitor-Die Flucht aus dem All**
RAIMI, Sam: **Stephen Kings The Shining; Stephen King's The Stand-Das letzte Gefecht**
RAIMI, Theodore „Ted": *Alf; American Gothic-Prinz der Finsternis; Hercules;* **seaQuest DSV; seaQuest 2032;** *Xena*
RAINEY, Ford: **Die 7-Millionen-Dollar-Frau**
RAINS, Claude: *Ein Film aus der Alfred Hitchcock-Serie*
RAMPLING, Charlotte: *Mit Schirm, Charme und Melone (1961-69)*
RANDA, Cestmir: **Auf dem Kometen; Bambinot-Der Wunschkindautomat**
RAPPAPORT, David: *Fantastische Geschichten; Robin Hood (1984-86)*
RASHAD, Phylicia: *Ein Hauch von Himmel*
RATH, Elizabeth: **Mission Eureka**
RAWLE, Jeff: **Das zweite Gesicht**
RAWLINGS, Michael Anthony: **Total Recall 2070**
RAYMOND, Bill: **Schöne neue Zeit**
READ, James: *Charmed-Zauberhafte Hexen; Fantasy Island (1978-84); Superman-Die Abenteuer von Lois und Clark*
REDFORD, Robert: *Alfred Hitchcock zeigt (1962-65); Ein Film aus der Alfred Hitchcock-Serie; Unwahrscheinliche Geschichten*

REDMAN, Christopher: **Das Haus des Magiers**
REDMOND, Urs: **Geisterjäger John Sinclair**
REED, Oliver: *Die Bibel*
REED, Robert: **Kobra, übernehmen Sie; Wonder Woman**
REEFMAN, Martin: **Das Mädchen aus der Zukunft**
REES, Roger: **M.A.N.T.I.S.**
REESE, Della: **Ein Hauch von Himmel**
REEVE, Christopher: *Geschichten aus der Gruft*
REEVES, George: **Supermann-Retter in der Not**
REEVES, Saskia: **Dune-Der Wüstenplanet**
REEVES, Scott: **Teen Engel**
REGALBUTO, Joe: *Fantastische Geschichten; Highwayman; Mork vom Ork;* **Streethawk**
REGAN, Vincent: *Die Bibel*
REGAZZO, Ondrej: **Ein Hamster im Nachthemd**
REGEHR, Duncan: *Alfred Hitchcock zeigt (1985-89); Raumschiff Enterprise-Das nächste Jahrhundert; Star Trek: Deep Space Nine;* **V-Die ausserirdischen Besucher kommen**
REICHEL, Robinson: **Das verbotene Spiel; Die Wächter**
REICHMANN, Wolfgang: **Die Mars-Chroniken**
REID, Tim: *Highlander*
REIDEL, Käthe: **Spuk im Hochhaus**
REILLY, Charles Nelson: **Der Geist und Mrs. Muir**
REIMERS, Monroe: **Das Mädchen aus der Zukunft**
REINER, Carl: **Ach, du lieber Himmel**
REINER, Rob: *Ach, du lieber Himmel; Batman; Ein Film aus der Alfred Hitchcock-Serie*
REINER, Thomas: **Raumpatrouille**
REKIEL, Jan: **Die Sonnenlanze**
REMI, Jean-François: **Es geschah übermorgen**
RENÉ, Yvonne: **Alarm**
RENNHACK, Heinz: **Spuk im Hochhaus**
RENNIE, Callum Keith: *Geheimprojekt X;* **Mein Leben als Hund**
RENNIE, Michael: *Alfred Hitchcock zeigt (1962-65); Batman; Ein Film aus der Alfred Hitchcock-Serie; Invasion von der Wega; Solo für O.N.C.E.L.; Time Tunnel; Verschollen zwischen fremden Welten*
REPP, Stafford: **Batman;** *Bezaubernde Jeannie; Der Geist und Mrs. Muir*
RESTHER, Jodie: **Grusel, Grauen, Gänsehaut**
REUTER, Jürgen: **Die Sonnenlanze**
REVILL, Clive: *Alfred Hitchcock zeigt (1985-89); Babylon 5; Grüsse aus dem Jenseits; Mit Schirm, Charme und Melone (1976/77); Raumschiff Enterprise-Das nächste Jahrhundert; Superman-Die Abenteuer von Lois und Clark; Twilight Zone*
REY, Fernando: **Anno Domini-Kampf der Märtyrer**
REYER, Walther: **Insel der Träume**
REYNOLDS, Amelia: **The Tribe-Eine Welt ohne Erwachsene**
REYNOLDS, Burt: *Ein Film aus der Alfred Hitchcock-Serie; Unwahrscheinliche Geschichten*
REYNOLDS, Katie: **Die geheime Welt der Polly Flint**
REYNOLDS, Ryan: **Odyssee ins Traumland**
RHEA, Caroline: **Sabrina-Total verhext!**
RHODES, Hari: *Automan-Der Super-Detektiv; Der Junge vom anderen Stern; Kobra, übernehmen Sie; Salvage 1-Hinter der Grenze zum Risiko; Der Sechs-Millionen-Dollar-Mann; Wonder Woman*
RHUE, Madlyn: *Alfred Hitchcock zeigt (1962-65); Kobra, übernehmen Sie; Der Nachtjäger; Raumschiff Enterprise; Solo für O.N.C.E.L.; Verrückter Wilder Westen*
RHYS-DAVIES, John: *Geschichten aus der Gruft; Robin Hood (1984-86);* **Sliders-Das Tor in eine fremde Dimension;** *Star Trek: Raumschiff Voyager*
RICE, Gigi: **Harry und die Hendersons**
RICHARD, Emily: **Die geheime Welt der Polly Flint**
RICHARDS, Charlie: **Der zaubermächtige Psammead** *(1990)*
RICHARDS, J. August: **Angel-Jäger der Finsternis**
RICHARDSON, Ian: **Das Haus des Magiers**

RICHARDSON, Marie: *Die Jagd nach dem magischen Wasserrad*

RICHARDSON, Miranda: *Jim Hensons beste Geschichten*

RICHERT, Nate: *Fantasy Island* (1998); *Sabrina-Total verhext!*

RICHINGS, Julian: *Krieg der Welten*

RICHMAN, Peter Mark: *Das Ding aus dem Sumpf; Ein Film aus der Alfred Hitchcock-Serie; Hulk; Invasion von der Wega; Kampfstern Galactica; Knight Rider; Kobra, übernehmen Sie; Mission Seaview; (Outer Limits); Raumschiff Enterprise-Das nächste Jahrhundert; Der Sechs-Millionen-Dollar-Mann; Die 7-Millionen-Dollar-Frau; Solo für O.N.C.E.L.; Unwahrscheinliche Geschichten; Verrückter Wilder Westen; Wonder Woman*

RICHTER, Ilja: *Spuk im Reich der Schatten*

RICHTER, Ralf: *Geisterjäger John Sinclair*

RICHTER, Walter: *Pinocchio; Pippi Langstrumpf*

RICKENS, Adam: *Professor Poppers Erfindung*

RIDDELL, Ian: *Die Minikins*

RIECK, Jan: *Dreamgate*

RIEGERT, Peter: *Twilight Zone*

RIEHLE, Richard: *Buffy-Im Bann der Dämonen; Pretender; Sabrina-Total verhext!; Star Trek: Raumschiff Voyager; Visitor-Die Flucht aus dem All; Zurück in die Vergangenheit*

RIES, Jophi: *Geisterjäger John Sinclair*

RIGAUD, Jorge: *Timm Thaler*

RIGG, Diana: *Die Bibel; Mit Schirm, Charme und Melone* (1961-69)

RILEY, Scott: *Alfonso Bonzo; Neue Geschichten von Billy Webb*

RING, Ken: *Masked Rider*

RINGHAM, John: *Wuff!-Manchmal bin ich ein Hund*

RINGWALD, Molly: *Stephen King's The Stand-Das letzte Gefecht*

RIPPER, Michael: *Die Vogelscheuche*

RIPPY, Leon: *Raumschiff Enterprise-Das nächste Jahrhundert; Visitor-Die Flucht aus dem All; Werwolf; Zurück in die Vergangenheit*

RIST, Robbie: *Familie Munster; Harry und die Hendersons; Kampfstern Galactica; Die 7-Millionen-Dollar-Frau*

RITCHIE, David: *Das Geisterhaus von Waterloo Creek*

RITTER, Gudrun: *Spuk aus der Gruft; Spuk im Reich der Schatten*

RITTER, John: *Buffy-Im Bann der Dämonen*

RIVERS, Holly: *Eine lausige Hexe*

ROBARDS, Jason: *Teufelskreis der Angst*

ROBBINS, Tim: *Fantastische Geschichten*

ROBBY, the Robot: *Addams Family; Mork vom Ork; Unwahrscheinliche Geschichten; Verschollen zwischen fremden Welten; Wonder Woman*

ROBERGE, Sean: *Dschungel Fieber; Nick Knight; Tarzan* (1991-94); *TekWar-Krieger der Zukunft; Das Tollhaus; Ultraman-Mein geheimes Ich*

ROBERTS, Beatrice: *Flash Gordon*

ROBERTS, Michael D.: *Airwolf; Alfred Hitchcock zeigt* (1985-89); *Ein Fall für Professor Chase; Hulk; Knight Rider; Zurück in die Vergangenheit*

ROBERTS, Neil: *Charmed-Zauberhafte Hexen*

ROBERTS, Pernell: *Dancer für U.N.C.L.E.; Kobra, übernehmen Sie; Der Mann aus dem Meer; Der Sechs-Millionen-Dollar-Mann; Verrückter Wilder Westen*

ROBERTS, T. J.: *Masked Rider*

ROBERTSON, Cliff: *Batman; Outer Limits-Die unbekannte Dimension*

ROBERTSON, Kathleen: *Das Tollhaus*

ROBERTSON, Kimmy: *Das Geheimnis von Twin Peaks*

ROBEY (,Louise): *Erben des Fluchs*

ROBIE, Wendy: *Das Geheimnis von Twin Peaks; Star Trek; Deep Space Nine*

ROBINSON, Andrew J.: *Akte X; Hulk; Kung Fu; M.A.N.T.I.S.; Pretender; Profiler; Star Trek: Deep Space Nine; Twilight Zone*

ROBINSON, Ann: *Krieg der Welten*

ROBINSON, Keith: *Power Rangers Lightspeed Rescue*

ROBINSON, Mark Dakota: *Harry und die Hendersons*

ROBINSON, Sugar Ray: *Kobra, übernehmen Sie; Planet der Giganten*

ROCCA, Stefania: *Die Bibel*

ROCHE, Eugene: *Airwolf; Ein Engel auf Erden; Mr. Merlin; Star Trek: Raumschiff Voyager*

ROCHE, Sebastian: *Conor, der Kelte; Hitchhiker*

ROCK, The (Dwayne Johnson): *Star Trek: Raumschiff Voyager*

ROCK, Blossom: *Addams Family*

ROCKET, Charles: *Akte X; Ein Hauch von Himmel; Max Headroom; Star Trek: Raumschiff Voyager; Zurück in die Vergangenheit*

RODRIGUES Percy: *Kobra, übernehmen Sie; Planet der Affen; Raumschiff Enterprise; Solo für O.N.C.E.L.; Tarzan* (1966-68); *Verrückter Wilder Westen*

RODRIGUEZ, Vince: *Stephen King's The Stand-Das letzte Gefecht*

ROE, Channon: *Buffy-Im Bann der Dämonen; Clan der Vampire*

ROËVES, Maurice: *Die Bibel*

ROGERS, Ashley: *Odyssee ins Traumland*

ROGERS, Dawn: *Rückkehr zum Jupiter*

ROGERS, Jean: *Flash Gordon*

ROGERS, Kasey: *Verliebt in eine Hexe*

ROGERS, Roy: *Wonder Woman*

ROGGE, Ron: *Power Rangers Lightspeed Rescue*

ROHM, Elisabeth: *Angel-Jäger der Finsternis*

ROLL, E.: *Alarm*

ROLL, Michael: *Mission Eureka*

ROLLE, Reggie: *Power Rangers Lost Galaxy*

ROLFFES, Kirsten: *Geister*

ROLSTON, Mark: *Akte X; Babylon 5; The Crow-Stairway To Heaven; Geschichten aus der Gruft; Profiler; Raumschiff Enterprise-Das nächste Jahrhundert; Strange Luck-Dem Zufall auf der Spur; Superman-Die Abenteuer von Lois und Clark*

ROMANO, J. P.: *Stephen Kings The Shining*

ROMANOV, Stephanie: *Angel-Jäger der Finsternis; Seven Days-Das Tor zur Zeit*

ROMANOVÁ, Adriana: *Katja und die Gespenster*

ROMERO, Cesar: *Batman; Buck Rogers* (1979-81); *Fantasy Island* (1978-84); *Mini-Max; Solo für O.N.C.E.L.; Verliebt in eine Hexe*

ROMERO, Ned: *Hulk; Im Land der Saurier; Kampfstern Galactica; The Munsters; Raumschiff Enterprise; Raumschiff Enterprise-Das nächste Jahrhundert; Roswell; Der Sechs-Millionen-Dollar-Mann; Seven Days-Das Tor zur Zeit; Star Trek: Raumschiff Voyager; Tarzan* (1966-68)

RONALD, Norma: *UFO*

RONCETTI, Joe: *Dracula ist wieder da*

ROONEY, Brian: *Spellbinder*

ROONEY, Mickey: *Conan, der Abenteurer; Kung Fu: Im Zeichen des Drachen; Unwahrscheinliche Geschichten*

ROOT, Stephen D.: *From the Earth to the Moon; Raumschiff Enterprise-Das nächste Jahrhundert; Schöne neue Zeit*

ROPER, Adam: *Wuff!-Jetzt bin ich der Hund*

RORKE, Hayden: *Bezaubernde Jeannie; Mr. Ed; Supermann-Retter in der Not; Unwahrscheinliche Geschichten; Wonder Woman*

ROSE, Cristine: *Charmed-Zauberhafte Hexen; Prey-Gefährliche Spezies!; Raumschiff Enterprise-Das nächste Jahrhundert; Sabrina-Total verhext!*

ROSE, Jamie: *Fantastische Geschichten; Fantasy Island* (1978-84); *Jesse aus dem All; Nowhere Man-Ohne Identität; Der Sentinel-Im Auge des Jägers; Viper*

ROSE, Phil: ***Robin Hood*** (1984-86)

ROSENCRANTZ, Zachary: ***Die Schöne und das Biest***

ROSENTHAL, Hans: *Angelo und Luzy*

ROSI, Carolina: *Die Bibel*

ROSNIAK, Justin: ***Flucht vom Jupiter; Rückkehr zum Jupiter***

ROSOARIVONG, Hanitra: ***Ein Mann kam im August***

ROSS, Caleb: ***The Tribe-Eine Welt ohne Erwachsene***

ROSS, Diana: *Tarzan* (1966-68)

ROSS, Duncan: ***Detektei mit Hexerei***

ROSS, Katherine: *Alfred Hitchcock zeigt* (1962-65)

ROSSELLINI, Isabella: *Geschichten aus der Gruft*

ROSSI, Luciano: ***Die Odyssee***

ROSULKOVÁ, Marie: ***Pan Tau***

ROTH, Andrea: *Alfred Hitchcock zeigt* (1985-89); *Auf den Hund gekommen; Dead al 21; Erben des Fluchs; Highlander; Hitchhiker; Nick Knight; Outer Limits-Die unbekannte Dimension;* ***Robocop;*** *Ultraman-Mein geheimes Ich*

ROTH, Tim: *Geschichten aus der Gruft*

ROTH, Wolf: *Ein Fall für Professor Chase*

ROTHERY, Teryl: *Outer Limits-Die unbekannte Dimension;* ***Stargate;*** *Viper*

ROTHMAN, John: ***Schöne neue Zeit***

ROTHROCK, Cynthia: *Hercules*

ROTTLÄNDER, Yella: ***Paul und Paulinchen***

ROUNDTREE, Richard: *Ein Hauch von Himmel;* ***Outlaws-Die Gesetzlosen;*** *Profiler; Die Schöne und das Biest*

ROWAN, Dominic: *Die Bibel*

ROWLAND, Rodney: *Akte X;* ***Space 2063***

ROWLANDS, Gena: *Alfred Hitchcock zeigt* (1962-65); *Dancer für U.N.C.L.E.; Teufelskreis der Angst*

ROWSTHORN, Peter: ***Das Horror-Hospital***

RUBINSTEIN, John: *Allein gegen die Zukunft; Ein Engel auf Erden; Fantasy Island* (1978-84); *Robocop; Star Trek: Raumschiff Voyager; Superman-Die Abenteuer von Lois und Clark; Wonder Woman*

RUBINSTEIN, Zelda: *Geschichten aus der Gruft; Poltergeist-Die unheimliche Macht*

RUDA, Grzegorz: ***Die Sonnenlanze***

RUDDER, Michael: ***Krieg der Welten***

RUDEL, Roger: ***Es geschah übermorgen***

RUDNIK, Barbara: *Insel der Träume; Meister Eder und sein Pumuckl*

RUDOY, Joshua: *Alf;* ***Der Familienschreck***

RUGGERI, Brüder: ***Prinzessin Fantaghiró***

RUNCIMAN, Ryan: ***The Tribe-Eine Welt ohne Erwachsene***

RUNDSHAGEN, Werner: ***Das blaue Palais***

RUNYON, Jennifer: ***Space-Der Mensch greift nach den Sternen***

RUSCHKE, Matthias: ***Der kleine Vampir-Neue Abenteuer***

RUSKIN, Joseph: *Airwolf; Alfred Hitchcock zeigt* (1985-89); *Knight Rider; Kobra, übernehmen Sie; Max Headroom; Mini-Max; (Outer Limits); Planet der Affen; Planet der Giganten; Raumschiff Enterprise; Der Sechs-Millionen-Dollar-Mann; Die 7-Millionen-Dollar-Frau; Solo für O.N.C.E.L.; Star Trek: Deep Space Nine; Star Trek: Raumschiff Voyager; Time Tunnel; Unwahrscheinliche Geschichten; Verrückter Wilder Westen; Wonder Woman; X-Factor: Das Unfassbare*

RUSLER, Robert: ***Babylon 5***

RUSS, Tim: *Alien Nation; Fantastische Geschichten;* ***Highwayman;*** *Der Mann vom anderen Stern; Raumschiff Enterprise-Das nächste Jahrhundert; Die Schöne und das Biest; seaQuest DSV; Star Trek: Deep Space Nine;* ***Star Trek: Raumschiff Voyager;*** *Twilight Zone*

RUSS, William: *Die Abenteuer des Brisco County, Jr.;Stargate; V-Die ausserirdischen Besucher kommen zurück; Viper*

RUSSELL, Geoffrey: ***Der König von Narnia***

RUSSELL, Kurt: *Solo für O.N.C.E.L.; Verschollen zwischen fremden Welten*

RUSSELL, Robert: ***Dune-Der Wüstenplanet***

RUTHERFORD, Kelly: ***Die Abenteuer des Brisco County, Jr.; Clan der Vampire***

RUTTAN, Susan: *Ein Hauch von Himmel; Der Junge vom anderen Stern*

RYAN, Bridgit: ***Stephen King's The Stand-Das letzte Gefecht***

RYAN, Jeri (Lynn): ***Dark Skies-Tödliche Bedrohung;*** *Der Sentinel-Im Auge des Jägers;* ***Star Trek: Raumschiff Voyager;*** *Time Trax-Zurück in die Zukunft*

RYAN, John Saint: siehe: SAINT RYAN, John

RYAN, Lisa Dean: ***Dead At 21***

RYAN, Mark: ***Robin Hood*** (80er)

RYDQUIST, Sinead: ***Wuff!-Manchmal bin Ich ein Hund***

SABATO, Jr., Antonio: *Charmed-Zauberhafte Hexen;* ***Earth 2***

SABLE (Rena Mero): *First Wave-Die Prophezeiung; Nelio Hunter-Die Schatzjägerin*

SACHTLEBEN, Horst: ***Alpha Alpha***

SADLER, Benjamin: ***Spuk aus der Gruft; Spuk im Reich der Schatten***

SADLER, Laura: ***Das Sahara-Projekt***

SADLER, William: *Geschichten aus der Gruft; Outer Limits-Die unbekannte Dimension; Poltergeist-Die unheimliche Macht;* ***Roswell;*** *Star Trek: Deep Space Nine*

SAFRANKOVÁ, Miroslava: ***Die Rückkehr der Märchenbraut***

SAHELY, Ed: ***Robocop***

SAINT ...: siehe: ST. ...

SAINT RYAN, John: *Babylon 5; Burning Zone-Expedition Killervirus;* ***Conor, der Kelte;*** *M.A.N.T.I.S.; seaQuest DSV*

SAKOVICH, Nancy Anne: *Auf den Hund gekommen;* ***Psi Factor-Es geschieht jeden Tag***

SALADOR, Anthony: ***Eine lausige Hexe***

SALINGER, Diane: ***Power Rangers Lightspeed Rescue***

SALTER, June: ***Auf der Suche nach der Schatzinsel***

SAMPIETRO, Mercedes: ***Frankensteins Tante***

SAMPSON, Robert: *Automan-Der Super-Detektiv; Ein Film aus der Alfred Hitchcock-Serie; Der Junge vom anderen Stern; Knight Rider; Kobra, übernehmen Sie; (Outer Limits); Raumschiff Enterprise; Unwahrscheinliche Geschichten; Wonder Woman*

SAMPSON, Tony: ***Odyssee ins Traumland***

SAMS, Jeffrey D.: ***Amor-Mitten ins Herz!; Sleepwalkers***

SAMUELS, Anthony: ***Der Junge von Andromeda***

SANCHEZ, Marco: *Charmed-Zauberhafte Hexen; Pretender;* ***seaQuest DSV***

SANDA, Dominique: *Die Bibel*

SANDERS, George: *Kobra, übernehmen Sie; Mission Seaview*

SANDERSON, William: *Akte X; Babylon 5; L. A. Machine; Twilight Zone*

SANDS, Tony: ***Minty in der Mondzeit***

SANFORD, Garwin: *Gene Roddenberrys Mission Erde-Sie sind unter uns;* ***Odyssee ins Traumland;*** *Outer Limits-Die unbekannte Dimension; Poltergeist-Die unheimliche Macht; Viper*

SAN GIACOMO, Laura: ***Stephen King's The Stand-Das letzte Gefecht***

SANTONI, Reni: ***Ein Fall für Professor Chase***

SARA, Mia: *Alfred Hitchcock zeigt* (1985-89); *Time Trax-Zurück in die Zukunft*

SARANDON, Chris: *Fortune Hunter-Bei Gefahr: Agent Carlton Dial; Outer Limits-Die unbekannte Dimension; Star Trek: Deep Space Nine*

SARGENT, Dick: *Bezaubernde Jeannie; Fantasy Island* (1978-84); *Harry und die Hendersons; Der Sechs-Millionen-Dollar-Mann;* **Verliebt in eine Hexe**

SARRAZIN, Michael: *Alfred Hitchcock zeigt* (1985-89); *Outer Limits-Die unbekannte Dimension; Poltergeist-Die unheimliche Macht; Ray Bradburys Gruseltheater; Star Trek: Deep Space Nine*

SATINSKY, Julius: **Ein Hamster im Nachthemd**

SATO, Kei: **Die Rebellen vom Liang Shan Po**

SAUNDERS, Jennifer: **Das Haus des Magiers**

SAUNDERS, J. Jay: **Salvage 1-Hinter der Grenze zum Risiko**

SAUNDERS, Karen: **Professor Poppers Erfindung**

SAVAGE, Ben: **Wild Palms**

SAVAGE, John: *Akte X; Geschichten aus der Gruft; Outer Limits-Die unbekannte Dimension; Star Trek: Raumschiff Voyager*

SAVALAS, Telly: *Alfred Hitchcock zeigt* (1962-65); *Solo für O.N.C.E.L.; Unwahrscheinliche Geschichten*

SAVIOLA, Camille: *Star Trek: Deep Space Nine*

SAWITZKI, Otto: **Dreamgate**

SAXON, John: *Fantastic Journey-Gefangen auf der Insel der Zeit; Fantasy Island* (1978-84); *Monsters-Nachts, wenn das Blut gefriert; Ray Bradburys Gruseltheater; Der Sechs-Millionen-Dollar-Mann; Die 7-Millionen-Dollar-Frau; Time Tunnel; Wonder Woman*

SAYER, Philip: **Anno Domini-Kampf der Märtyrer**

SAYLE, Alexei: **Apocalypse Wow-Whoops Apocalypse**

SAYLOR, Katie: **Fantastic Journey-Gefangen auf der Insel der Zeit**

SBARGE, Raphael: **Charmed-Zauberhafte Hexen; Dark Skies-Tödliche Bedrohung; Monsters-Nachts, wenn das Blut gefriert; Nowhere Man-Ohne Identität; Pretender; Profiler; seaQuest DSV; Star Trek: Raumschiff Voyager; Viper; Werwolf; Zurück in die Vergangenheit**

SCARABELLI, Michelle: **Airwolf;** *Alfred Hitchcock zeigt* (1985-89); **Alien Nation;** *Ein Engel auf Erden; Hitchhiker; Krieg der Welten; Raumschiff Enterprise-Das nächste Jahrhundert*

SCARFE, Alan: *Alien Nation; Burning Zone-Expedition Killervirus;* **Die geheimnisvolle Insel** (1995); *Geschichten aus der Schattenwelt; Highlander; Outer Limits-Die unbekannte Dimension; Raumschiff Enterprise-Das nächste Jahrhundert; Ray Bradburys Gruseltheater; seaQuest DSV;* **Seven Days-Das Tor zur Zeit;** *Star Trek: Raumschiff Voyager; Viper; Zurück in die Vergangenheit*

SCARPITTA, Carmen: **Die Äneis**

SCHAAL, Wendy: *Akte X; Fantastische Geschichten;* **Fantasy Island** (1978-84); *Knight Rider; Star Trek: Raumschiff Voyager; X-Factor: Das Unfassbare*

SCHÄFER, Bernd: **Die Äneis**

SCHÄFER, Egon: **Das kalte Herz**

SCHAFHEITLIN, Franz: **Raumpatrouille**

SCHALLERT, William: *Ein Engel auf Erden; Kobra, übernehmen Sie; Kung Fu;* **Mini-Max;** *Planet der Giganten; Raumschiff Enterprise; Der Sechs-Millionen-Dollar-Mann; Die 7-Millionen-Dollar-Frau; Star Trek: Deep Space Nine; Superman-Die Abenteuer von Lois und Clark; Twilight Zone; Unwahrscheinliche Geschichten; Verliebt in eine Hexe; Verrückter Wilder Westen; Zurück in die Vergangenheit*

SCHARF, Romy J.: **Power Rangers**

SCHAUB, Sarah: **Stephen King's The Stand-Das letzte Gefecht**

SCHEDEEN, Anne: **Alf;** *Hulk; Der Sechs-Millionen-Dollar-Mann; Die 7-Millionen-Dollar-Frau*

SCHEIDER, Roy: **seaQuest DSV;** *seaQuest 2032*

SCHELL, Catherine: *Doctor Who;* **Mondbasis Alpha 1**

SCHELL, Maria: **Die Mars-Chroniken**

SCHELL, Maximilian: *Die Bibel*

SCHERRER, Paul: **Die reinste Hexerei**

SCHIAVELLI, Vincent: *Akte X; Baywatch Nights; Buffy-Im Bann der Dämonen; Eerie, Indiana; Geschichten aus der Gruft; Grüsse aus dem Jenseits; Harry und die Hendersons; Highlander; M.A.N.T.I.S.; Raumschiff Enterprise-Das nächste Jahrhundert*

SCHIDOR, Dieter: **Das verbotene Spiel**

SCHIFF, Peter: **Der rostrote Ritter**

SCHMELZER, Thomas: **Ruby**

SCHMIDTCHEN, Kurt: **Schusters Gespenster**

SCHMITZER, Jiri: **Katja und die Gespenster**

SCHNARRE, Monika: *Erben des Fluchs; First Wave-Die Prophezeiung; Gene Roddenberrys Mission Erde-Sie sind unter uns; Sindbads Abenteuer; Team Knight Rider; Total Recall 2070*

SCHNEIDER, Eric: *Highlander; Outer Limits-Die unbekannte Dimension; Poltergeist-Die unheimliche Macht; Der Sentinel-Im Auge des Jägers; Stargate; Viper*

SCHNEIDER, John: **Einmal Himmel und zurück;** *Relic Hunter-Die Schatzjägerin*

SCHNELL, Christine: **Das kalte Herz**

SCHÖNE, Reiner: **Aeon-Countdown im All;** *Babylon 5; Raumschiff Enterprise-Das nächste Jahrhundert; Sliders-Das Tor in eine fremde Dimension; Tarzan* (1991-94)

SCHÖNHERR, Dietmar: **Raumpatrouille**

SCHÖNING, Andrea: **Dreamgate**

SCHORNAGEL, Jürgen: **Projekt Aphrodite**

SCHOW, David J.: **Stephen Kings The Shining**

SCHRIER, Paul: **Power Rangers; Power Rangers in Space**

SCHRÖPFER, Wilfried: **Das verbotene Spiel**

SCHUCK, John: *Babylon 5;* **Familie Munster;** *Fantasy Island* (1978-84); **Holmes & Yoyo;** *Kobra, übernehmen Sie; Die Spezialisten unterwegs; Star Trek: Deep Space Nine; Time Trax-Zurück in die Zukunft*

SCHÜNDLER, Rudolf: **Sternensommer; Das verbotene Spiel**

SCHÜTE, Anja: **Oliver Maass**

SCHÜTTER, Friedrich: *Es geschah übermorgen; Geschichten aus der Zukunft*

SCHUHMACHER, Nico: **Die Oase**

SCHULMAN, Emily: *Alf;* **Vicki**

SCHULTZ, Dwight: *Alfred Hitchcock zeigt* (1985-89); *Babylon 5; Fantasy Island* (1998); *Fortune Hunter-Bei Gefahr: Agent Carlton Dial; Ein Hauch von Himmel; Nowhere Man-Ohne Identität; Raumschiff Enterprise-Das nächste Jahrhundert; Stargate; Star Trek: Raumschiff Voyager; Superman-Die Abenteuer von Lois und Clark; Tödliches Spiel*

SCHULTZ, Kevin: **Neue Abenteuer von Huck Finn, Tom und Becky**

SCHUMACHER, Maren: **Aeon-Countdown im All**

SCHUSTER, Tom: **Super Force**

SCHWARTZ, Tony: **Kampfstern Galactica**

SCHWARZ, Jaecki: **Spuk aus der Gruft**

SCHWARZ, Jakob: **Dune-Der Wüstenplanet**

SCHWARZ, Monika: **Der Tag, an dem Anton...**

SCHWARZENEGGER, Arnold: *Geschichten aus der Gruft*

SCHWEIGHÖFER, Matthias: **Spuk aus der Gruft; Spuk im Reich der Schatten**

SCHWIERS, Ellen: **Sherlock Holmes und die sieben Zwerge**

SCIPIO, Taylor: *Die Bibel;* **Torch-Die Fackel**

SCOGGINS, Tracy: *Auf schlimmer und ewig;* **Babylon 5;** *Detektei mit Hexerei; Ein Fall für Professor Chase; Das fliegende Auge; Highlander; Star Trek: Deep Space Nine;* **Superman-Die Abenteuer von Lois und Clark**

SCOLARI, Peter: *From the Earth to the Moon; Ein Hauch von Himmel;* **Liebling, ich habe die Kinder geschrumpft;** *Twilight Zone*

SCOTT, Dawan: *Harry und die Hendersons*
SCOTT, Fiona: *Die Ninja Turtles*
SCOTT, Jean Bruce: *Airwolf*
SCOTT, Jonathan R.: *Der König von Narnia*
SCOTT, Judson: *Die Abenteuer des Brisco County, Jr.; Babylon 5; In geheimer Mission; Der Junge vom anderen Stern; Raumschiff Enterprise-Das nächste Jahrhundert; Star Trek: Raumschiff Voyager;* **V-Die ausserirdischen Besucher kommen***; Zeitreisende*
SCOTT, Kathryn Leigh: *Gefrier-Schocker; Mondbasis Alpha 1; Raumschiff Enterprise-Das nächste Jahrhundert*
SCOTT, Klea: **Millennium**
SCOTT, Larry B.: *Jesse aus dem All;* **Super Force**
SCOTT, Martha: **Die 7-Millionen-Dollar-Frau**
SCOTT, Paul C.: **Vicki**
SCRIPPS, Johnny: **Der Unsichtbare** *(1958/59)*
SCRIVENER, Jeremy: **Das Mädchen aus der Zukunft**
SEABORN, Patrick: **BeetleBorgs**
SEAGROVE, Jenny: **Der Brack-Report**
SEARCY, Nick: *Allein gegen die Zukunft; American Gothic-Prinz der Finsternis;* **From the Earth to the Moon***; Seven Days-Das Tor zur Zeit*
SEBASTIAN, Sergio: **Auf der Suche nach der Schatzinsel**
SEDLMAYER, Walter: *Angelo und Luzy*
SEEBERG, Xenia: **Lexx-The dark Zone***; Total Recall 2070*
SEEL, Ceri: **Die dreibeinigen Herrscher***; Null ist Spitze*
SEIBT, Siegfried: **Spuk unterm Riesenrad**
SEIDEL, Silvia: **Quer durch die Galaxie und dann links**
SELLNER, Sandi: **Power Rangers**
SEMMELROGGE, Willy: *Der Androjäger*
SENECA, Joe: *Erben des Fluchs*
SENF, Jochen: *Geisterjäger John Sinclair*
SENTANCOVÁ, Jaroslava: **Dune-Der Wüstenplanet**
SERIO, Terry: **Ocean Girl**
SEVCIKOVÁ, Hana: **Die Rückkehr der Märchenbraut**
SEVILLE, Aaron: **Tarzan-Die Rückkehr**
SEWELL, George: *Randall & Hopkirk-Detektei mit Geist;* **UFO**
SEYMOUR, Carolyn: *Alfred Hitchcock zeigt (1985-89); Babylon 5; The Flash-Der rote Blitz; Geschichten aus der Schattenwelt; Mondbasis Alpha 1; Raumschiff Enterprise-Das nächste Jahrhundert; Star Trek: Raumschiff Voyager; Twilight Zone; Zurück in die Vergangenheit*
SEYMOUR, Jane: *Kampfstern Galactica*
SEYMOUR, Lynn: **Der kleine Vampir**
SHACKELFORD, Ted: *Alfred Hitchcock zeigt (1985-89); Ein Hauch von Himmel; Outer Limits-Die unbekannte Dimension;* **Space Cops-Tatort Demeter City***; Twilight Zone; Wonder Woman*
SHACKLEY, John: **Die dreibeinigen Herrscher**
SHADLOW, Jeremy: **Auf der Suche nach der Schatzinsel**
SHALE, Kerry: **Der König von Narnia**
SHALET, Victoria: **Die magische Münze**
SHANDLING, Garry: *Akte X*
SHANKS, Michael G.: *Highlander; Outer Limits-Die unbekannte Dimension;* **Stargate**
SHANNON, Frank: *Flash Gordon*
SHAPIRO, Jonathan: **Auf den Hund gekommen**
SHARBOUGH, Tressa: **Stephen King's The Stand-Das letzte Gefecht**
SHARIF, Omar: **Die geheimnisvolle Insel** *(1973)*
SHARP, Saundra: **Wonder Woman**
SHARPE, David: **Buck Rogers** *(1939)*
SHATNER, Melanie: *Raumschiff Enterprise; TekWar-Krieger der Zukunft*

SHATNER, William: *Ein Film aus der Alfred Hitchcock-Serie; Hinterm Mond gleich links; Kobra, übernehmen Sie; Kung Fu; Mork vom Ork; (Outer Limits);* **Raumschiff Enterprise***; Ray Bradburys Gruseltheater; seaQuest DSV; Der Sechs-Millionen-Dollar-Mann; Solo für O.N.C.E.L.;* **TekWar-Krieger der Zukunft***; Unwahrscheinliche Geschichten*
SHAVER, Helen: *Fantastische Geschichten; Outer Limits-Die unbekannte Dimension;* **Poltergeist-Die unheimliche Macht***; Ray Bradburys Gruseltheater*
SHAW, Martin: *Mit Schirm, Charme und Melone (1976/77)*
SHAW, Maxwell: **UFO**
SHAW, Montague: **Buck Rogers** *(1939)*
SHAW, Reta: *Bezaubernde Jeannie; Dancer für U.N.C.L.E.; Ein Film aus der Alfred Hitchcock-Serie;* **Der Geist und Mrs. Muir***; Solo für O.N.C.E.L.; Verliebt in eine Hexe; Verschollen zwischen fremden Welten*
SHAYNE, Robert: **Supermann-Retter in der Not**
SHEA, Jack: **Zombies of the Stratosphere**
SHEA, John: *Alfred Hitchcock zeigt (1985-89); Geschichten aus der Gruft; Hitchhiker; Der Mann aus dem Meer;* **Superman-Die Abenteuer von Lois und Clark**
SHEA, Michael: **Neue Abenteuer von Huck Finn, Tom und Becky**
SHEARD, Michael: **Der unsichtbare Mann**
SHEBIB, Noah: **Dschungel Fieber**
SHEEDY, Ally: *Outer Limits-Die unbekannte Dimension*
SHEEN, Charlie: *Fantastische Geschichten*
SHEEN, Martin: *Alfred Hitchcock zeigt (1985-89); Geschichten aus der Gruft; Kobra, übernehmen Sie; (Outer Limits); Teufelskreis der Angst; Total Recall 2070*
SHELLEY, Barbara: *Doctor Who; Mit Schirm, Charme und Melone (1961-69); Solo für O.N.C.E.L.; Der Unsichtbare (1958/59)*
SHELTON, Penelope: **Der Bumerang**
SHENKAROW, Justin: **Eerie, Indiana**
SHEPARD, Kiki: **Thunder in Paradise-Heisse Fälle, coole Drinks**
SHEPHERD, Andrew: **Achtung: Streng geheim!**
SHEPPARD, William Morgan: *American Gothic-Prinz der Finsternis; Babylon 5; Dead at 21;* **Max Headroom***; Mit Schirm, Charme und Melone (1976/77); Poltergeist-Die unheimliche Macht; Raumschiff Enterprise-Das nächste Jahrhundert; seaQuest DSV; Star Trek: Raumschiff Voyager; Timecop; Vorsicht, Hochspannung!; Werwolf; Zurück in die Vergangenheit*
SHERIDAN, Jamey: **Stephen King's The Stand-Das letzte Gefecht**
SHERIDAN, Liz: **Alf**
SHERRINGTON, Georgina: **Eine lausige Hexe**
SHERRY, James: **Odyssee ins Traumland**
SHERWOOD, Anthony: **Airwolf**
SHEYBAL, Vladek: **UFO**
SHIELDS, Brooke: *Geschichten aus der Gruft; Zurück in die Vergangenheit*
SHIMERMAN, Armin: *Alien Nation; Buffy-Im Bann der Dämonen; Raumschiff Enterprise-Das nächste Jahrhundert;* **Die Schöne und das Biest***; Sliders-Das Tor in eine fremde Dimension; Stargate;* **Star Trek: Deep Space Nine***; Star Trek: Raumschiff Voyager*
SHINDO, Emi: **Projekt Aphrodite**
SHINE, Bill: **Supergran**
SHIPP, John Wesley: **The Flash-Der rote Blitz***; Die Maske*
SHIRLEY, Mariah: **Sindbads Abenteuer***; V. R. Trooper*
SHORT, Martin: *Das Tollhaus*
SHULL, Richard B.: *Geschichten aus der Schattenwelt;* **Holmes & Yoyo***; Zauber, Zoff und Phantasie*
SIDDALL, Brianne: **Power Rangers Lightspeed Rescue**
SIDDIG, Alexander: *siehe: EL FADIL, Siddig*
SIDNEY, Sylvia: **Fantasy Island** *(1998)*

SIEBERT, Charles: *Xena*
SIERRA, Gregory: *Akte X; Familie Munster; Grüsse aus dem Jenseits; Ray Bradburys Gruseltheater; Star Trek: Deep Space Nine*
SIKKING, James B.: *Hulk; Kobra, übernehmen Sie; Der Mann aus dem Meer; Mein Onkel vom Mars; (Outer Limits); Die 7-Millionen-Dollar-Frau*
SILLA, Felix: **Addams Family**; *Buck Rogers; Verliebt in eine Hexe*
SILVA, Frank: **Das Geheimnis von Twin Peaks**
SILVA, Henry: *Alfred Hitchcock zeigt (1962-65); Kobra, übernehmen Sie; Mission Seaview; Tarzan (1966-68)*
SILVER-SMITH, Rhea: **Scorch-Der kleine Hausdrache**
SIMÁCEK, Milan: **Die Tintenfische aus dem 2. Stock**
SIMANEK, Ota: **Pan Tau; Die Tintenfische aus dem 2. Stock**
SIMCOE, Anthony: **Farscape-Verschollen im All**
SIMMONS, Jean: *Alfred Hitchcock zeigt (1985-89);* **Dark Shadows**; *Raumschiff Enterprise-Das nächste Jahrhundert*
SIMONISCHEK, Peter: **Helicops-Einsatz über Berlin**
SIMPER, Julie: **Stephen King's The Stand-Das letzte Gefecht**
SIMPSON, Ben: **Phoenix, der Zaubervogel**
SIMS, Joan: *Doctor Who;* **Die Vogelscheuche**
SIMS, Sylvia: *Doctor Who; Unglaubliche Geschichten*
SIMUNEK, Miroslav: **Teuflisches Glück**
SINATRA, Nancy: *Solo für O.N.C.E.L.*
SINCLAIR, Madge: *Geschichten aus der Gruft; Raumschiff Enterprise-Das nächste Jahrhundert*
SINELNIKOFF, Michael: *TekWar-Krieger der Zukunft;* **Die verlorene Welt**
SINGER, Marc: *Highlander; Hitchhiker; Planet der Affen; Ray Bradburys Gruseltheater; Twilight Zone;* **V-Die ausserirdischen Besucher kommen**
SINGERL, Erni: *Angelo und Luzy;* **Meister Eder und sein Pumuckl**
SINISE, Gary: **Stephen King's The Stand-Das letzte Gefecht**
SIRTIS, Marina: *Einmal Himmel und zurück; Gene Roddenberrys Mission Erde-Sie sind unter uns; Outer Limits-Die unbekannte Dimension;* **Raumschiff Enterprise-Das nächste Jahrhundert**; *Stargate; Star Trek: Raumschiff Voyager*
SIX, Sean: **Alien Nation**; *Millennium*
SKERRITT, Tom: *Hitchhiker; Mein Onkel vom Mars; Mission Seaview; Der Nachtjäger; Time Tunnel; Twilight Zone*
SKINNER, Edna: **Mr. Ed; Topper**
SKOREPOVA, Ljuba: **Die Rückkehr der Märchenbraut**
SKYE, Ione: *Klassiker der unheimlichen Art*
SLATEN, Troy: **Superhuman Samurai Syber-Squad**
SLATER, Christian: *Geschichten aus der Schattenwelt*
SLAVIN, Danny: **Power Rangers Lost Galaxy**
SLEDGE, Perrin: **Kappatoo-Der Doppelgänger aus dem All**
SLOANE, Lindsay: **Sabrina-Total verhext!**
SLOVER, Rheannon Jo: **Masked Rider**
SLOYAN, James: *Akte X; Buck Rogers (1979-81); Ein Engel auf Erden; In geheimer Mission; Raumschiff Enterprise-Das nächste Jahrhundert; Die Spezialisten unterwegs; Star Trek: Deep Space Nine; Star Trek: Raumschiff Voyager; Strange Luck-Dem Zufall auf der Spur; Wonder Woman; Zurück in die Vergangenheit*
SLUE, Errol: *Alfred Hitchcock zeigt (1985-89); Ray Bradburys Gruseltheater;* **Tarzan** *(1991-94); Ultraman-Mein geheimes Ich*
SMALLWOOD, Tucker: *Akte X; Millennium; NightMan; Seven Days-Das Tor zur Zeit;* **Space 2063**; *Star Trek: Raumschiff Voyager*
SMALLWOOD, Vivian: **BeetleBorgs**
SMART, Rebecca: **Das Geisterhaus von Waterloo Creek**
SMART, Sarah: **Wuff!-Manchmal bin ich ein Hund**
SMITH, Bubba: **Das fliegende Auge**

SMITH, Charles Martin: *Akte X; Geschichten aus der Gruft; Outer Limits-Die unbekannte Dimension; Ray Bradburys Gruseltheater; Twilight Zone*
SMITH, Keith: **Professor Poppers Erfindung**
SMITH, Kent: **Invasion von der Wega**
SMITH, Kevin: *Hercules; Xena*
SMITH, Kurtwood: *Akte X; Das fliegende Auge; Star Trek: Deep Space Nine; Star Trek: Raumschiff Voyager*
SMITH, Lane: *Alfred Hitchcock zeigt (1985-89); Fantastische Geschichten; From the Earth to the Moon; Outer Limits-Die unbekannte Dimension;* **Superman-Die Abenteuer von Lois und Clark**; *Twilight Zone* **V-Die ausserirdischen Besucher kommen**
SMITH, Lenore: **Spellbinder-Im Drachenkaiserland**
SMITH, Lewis: **Die Schöne und das Biest**
SMITH, Liz: **Die magische Münze**
SMITH, Paul: **Immer wenn er Pillen nahm**
SMITH, Rex: *Der Sentinel-Im Auge des Jägers;* **Streethawk**
SMITH, Shawnee: **Stephen Kings The Shining; Stephen King's The Stand-Das letzte Gefecht**
SMITH, Soraya: **Abeltje-Der fliegende Liftboy**
SMITH, Taylor: **Stephen King's The Stand-Das letzte Gefecht**
SMITROVICH, Bill: **Millennium**; *Outer Limits-Die unbekannte Dimension; Star Trek: Deep Space Nine*
SMYTHE, Kellie: **Quer durch die Galaxie und dann links**
SNODGRESS, Carrie: *Akte X; Ein Engel auf Erden; Erben des Fluchs; Grüsse aus dem Jenseits*
SNOW, Victoria: **Kung Fu: Im Zeichen des Drachen**
SNOW, William: **Die verlorene Welt**
SNOWDEN, Van: **Im Land der Saurier**
SÖDERDAHL, Lars: **Die Brüder Löwenherz; Karlsson auf dem Dach**
SOFAER, Abraham: *Ein Film aus der Alfred Hitchcock-Serie; Kobra, übernehmen Sie; Der Nachtjäger; (Outer Limits); Raumschiff Enterprise; Tarzan (1966-68); Unwahrscheinliche Geschichten*
SOLOMON, Kenn: **Stephen Kings The Shining**
SOMMER, Elke: *Fantasy Island (1978-84); Der Sechs-Millionen-Dollar-Mann*
SOMR, Josef: **Katja und die Gespenster**
SONG, Brenda: **100 gute Hundetaten**
SONKKILA, Paul: **Das Mädchen aus der Zukunft**
SORBO, Kevin: **Hercules**; *Xena*
SOREL, Jean: **Das Sahara-Projekt**
SORICH, Michael: **V. R. Troopers**
SORVINO, Paul: *Raumschiff Enterprise-Das nächste Jahrhundert; Zauber, Zoff und Phantasie*
SOSNA, David: **Stephen Kings The Shining; Stephen King's The Stand-Das letzte Gefecht**
SOUKENKA, Matous: **Die Rückkehr der Märchenbraut**
SOUL, David: *Alfred Hitchcock zeigt (1985-89); Bezaubernde Jeannie; Hitchhiker; Raumschiff Enterprise; Robin Hood (1997-99); Teufelskreis der Angst*
SOUTENDIJK, Renée: *Hitchhiker*
SOVAK, Jiri: **Die Märchenbraut; Die Rückkehr der Märchenbraut**
SOWINSKI, Ania: **Projekt Delta Wave**
SPANG, Laurette: *Fantasy Island (1978-84); Gemini Man;* **Kampfstern Galactica**; *Der Mann aus dem Meer; Der Sechs-Millionen-Dollar-Mann*
SPANGLER, Gordon: **Der Nachtjäger**
SPEARS, Britney: *Sabrina-Total verhext!*
SPENCE, Bruce: **Quer durch die Galaxie und dann links; Rückkehr zum Jupiter**
SPENCE, Sebastian: *Akte X;* **First Wave-Die Prophezeiung**; *Outer Limits-Die unbekannte Dimension; Poltergeist-Die unheimliche Macht; Sliders-Das Tor in eine fremde Dimension*
SPENCE, Victoria: **The Tribe-Eine Welt ohne Erwachsene**
SPENCER, Penny: **UFO**

SPERBER, Wendy Jo: *Harry und die Hendersons*

SPIELBERG, David: *Airwolf; Automan-Der Super-Detektiv; Detektei mit Hexerei; Ein Engel auf Erden; Das fliegende Auge; Der Mann vom anderen Stern; Monsters-Nachts, wenn das Blut gefriert; Mork vom Ork; Pretender; Raumschiff Enterprise-Das nächste Jahrhundert; seaQuest DSV;* **Space**

SPINER, Brent: *Geschichten aus der Schattenwelt; Outer Limits-Die unbekannte Dimension;* **Raumschiff Enterprise-Das nächste Jahrhundert**; *Tödliches Spiel; Twilight Zone*

SPISKE, Walter: **Chamäleon**

SPRADLIN, G. D.: **Space-Der Mensch greift nach den Sternen**

SPREEKMEESTER, Stephen: **Eine lausige Hexe**

SPRINGFIELD, Rick: *Hulk; Kampfstern Galactica;* **Die Maske; Nick Knight**; *Der Sechs-Millionen-Dollar-Mann; Wonder Woman*

STAACK, Ursula: **Sprechstunde bei Dr. Frankenstein**

STAAHL, Jim: **Mork vom Ork**

STACEY, Vanessa: **The Tribe-Eine Welt ohne Erwachsene**

STADER, Paul: **Zombies of the Stratosphere**

STAIT, Brent: *Outer Limits-Die unbekannte Dimension; Seven Days-Das Tor zur Zeit*

STAITE, Jewel: **Space Cases-Das galaktische Klassenzimmer**

STANDER, Lionel: **Pinocchio**

STANDER, Tomas: **Geister**

STANTON, Christopher: **Der kleine Vampir**

STARK, Don: *Dark Skies; Star Trek: Deep Space Nine;* **Timecop**; *Twilight Zone*

STASS, Herbert: **Der Geisterwald oder Des Raben Rache**

STEEGER, Ingrid: *Emmeran-Fünf Minuten für die Menschlichkeit*

STEEL (-Pulitzer), Amy: *American Gothic-Prinz der Finsternis;* **Der Junge vom anderen Stern**; *Millennium; Space Rangers; Time Trax-Zurück in die Zukunft; Viper; Zurück in die Vergangenheit*

STEEL, Christine: **Team Knight Rider**

STEELE, Barbara: **Dark Shadows**

STEELE, Brian: *Earth 2;* **Harry und die Hendersons**

STEELE, Tom: **Zombies of the Stratosphere**

STEEN, Jessica: *Alfred Hitchcock zeigt (1985-89);* **Captain Power**; *Earth 2; Outer Limits-Die unbekannte Dimension*

STEFFENS, Franz Josef: **Chamäleon**

STEILEN, Jan: **Der kleine Vampir-Neue Abenteuer**

STEINER, Sigfrit: *Raumpatrouille*

STEINMETZ, Herbert: **Das blaue Palais**

STEKL, Vaclav: **Die Rückkehr der Märchenbraut**

STEMBERGER, Julia: *Highlander*

STENSTROM, David: **Masked Rider**

STÉPANKOVÁ, Jana: **Bambinot-Der Wunschkindautomat**

STERLING, Robert: **Topper**

STERN, Dawn: **Viper**

STERNHAGEN, Frances: **Schöne neue Zeit**

STERZENBACH, Benno: *Pippi Langstrumpf;* **Raumpatrouille; Unterwegs nach Atlantis**

STEVENS, Craig: **Der Unsichtbare** *(1975/76)*

STEVENS, Fisher: **Allein gegen die Zukunft**

STEVENS, Stella: *Alfred Hitchcock zeigt (1985-89); Ein Engel auf Erden; Ein Film aus der Alfred Hitchcock-Serie; Highlander; Teufelskreis der Angst*

STEVENSON, Colette: **Die geheimnisvolle Insel** *(1995)*

STEWART, Charlotte: **Das Geheimnis von Twin Peaks**

STEWART, Fiona: **Flucht vom Jupiter**

STEWART, French: **Hinterm Mond gleich links**

STEWART, Malcolm: *Akte X; F/X; Gänsehaut-Die Stunde der Geister; M.A.N.T.I.S.; Millennium; Outer Limits-Die unbekannte Dimension; Poltergeist-Die unheimliche Macht; Ray Bradburys Gruseltheater; Der Sentinel-Im Auge des Jägers; Seven Days-Das Tor zur Zeit; Sliders-Das Tor in eine fremde Dimension; Twilight Zone; Ultraman-Mein geheimes Ich; Viper*

STEWART, Patrick: **Raumschiff Enterprise-Das nächste Jahrhundert**; *Star Trek: Deep Space Nine*

STEWART, Trish: **Salvage 1-Hinter der Grenze zum Risiko**

STIDDER, Ted: **Die Minikins**

STIERS, David Ogden: *Alf; Outer Limits-Die unbekannte Dimension; Poltergeist-Die unheimliche Macht; Raumschiff Enterprise-Das nächste Jahrhundert; Ray Bradburys Gruseltheater*

STINE, R. L.: *Gänsehaut-Die Stunde der Geister*

ST. JOHN, Austin: **Power Rangers**

ST. JOHN, Jill: *Batman; Fantasy Island (1978-84)*

STOCK, Nigel: *Nummer Sechs*

STOCKER, Werner: **Highlander**

STOCKWELL, Dean: *Alfred Hitchcock zeigt (1962-65); Ein Film aus der Alfred Hitchcock-Serie; Kobra, übernehmen Sie; Nowhere Man-Ohne Identität; Superman-Die Abenteuer von Lois und Clark; Twilight Zone; Unwahrscheinliche Geschichten; Vorsicht, Hochspannung!; Zurück in die Vergangenheit*

STOLL, Günther: **Ein Mann kam im August**

STOLTZ, Eric: *Zwischen Tag und Nacht*

STOLZE, Lena: **Das kalte Herz**

STONE, Oliver: *Wild Palms*

STONE, Philip: *Die Bibel*

STOREY, John: **Visitor-Die Flucht aus dem All**

STORKE, Adam: **Prey-Gefährliche Spezies!**; *Stephen King's* **The Stand-Das letzte Gefecht**

STORRY, Malcolm: **Die geheime Welt der Polly Flint**

STRACEY, Jason: **Projekt Delta Wave**

STRACK, Günter: *Angelo und Luzy*

STRASBERG, Susan: *Geschichten aus der Schattenwelt; Invasion von der Wega*

STRATTEN, Dorothy: *Buck Rogers (1979-81)*

STRAUSS, Kim: **Power Rangers Lightspeed Rescue**

STRICKSON, Mark: **Doctor Who**

STRIETZEL, Achim: **Der Androjäger**; *Schaurige Geschichten*

STRIMPALL, Stephen: **Immer wenn er Pillen nahm**

STROBEL, Al: **Das Geheimnis von Twin Peaks**

STRODE, Woody: *Buck Rogers (1979-81); Tarzan (1966-68)*

STRONG, Brenda: *Das Geheimnis von Twin Peaks; Raumschiff Enterprise-Das nächste Jahrhundert;* **Scorch-Der kleine Hausdrache**; *Die Spezialisten unterwegs*

STROUD, Don: *Die Abenteuer des Brisco County, Jr.; Babylon 5; Fantasy Island (1978-84); Grüsse aus dem Jenseits; Hulk; Der Junge vom anderen Stern; Knight Rider; Super Force; Zurück in die Vergangenheit*

STRUYCKEN, Carel: *Babylon 5;* **Das Geheimnis von Twin Peaks**; *Raumschiff Enterprise-Das nächste Jahrhundert; Star Trek: Raumschiff Voyager*

STUART, Katie: **The Crow-Stairway to Heaven; Das Haus des Magiers**

STUART, Kim Rossi: **Prinzessin Fantaghiró**

STUART, Patrick: **Kampfstern Galactica**

STUBBS, Una: **Eine lausige Hexe**; *Projekt Delta Wave;* **Die Vogelscheuche**

STURGES, Preston: **Stephen Kings The Shining**

SUANES, Sonya: **Ocean Girl**

SUCHET, David: *Die Bibel*

SUKOWA, Barbara: **Space**

SULLIVAN, Barry: *Ein Film aus der Alfred Hitchcock-Serie; Kobra, übernehmen Sie; Kung Fu; Die 7-Millionen-Dollar-Frau; Der Unsichtbare*

THORSEN, Sven (-Ole): *Baywatch Nights*; **Captain Power**; *The Flash-Der rote Blitz*

THORSON, Linda: *F/X*; *Geschichten aus der Schattenwelt*; *Kung Fu: Im Zeichen des Drachen*; **Mit Schirm, Charme und Melone** (1961-69); *Monsters-Nachts, wenn das Blut gefriert*; *Raumschiff Enterprise-Das nächste Jahrhundert*

THRONE, Malachi: *Babylon 5*; *Batman*; *Kobra, übernehmen Sie*; *Mission Seaview*; *(Outer Limits)*; *Raumschiff Enterprise*; *Raumschiff Enterprise-Das nächste Jahrhundert*; *Der Sechs-Millionen-Dollar-Mann*; *Solo für O.N.C.E.L.*; *Tarzan* (1966-68); *Time Tunnel*; *Verrückter Wilder Westen*

THWAITES, David: **Der König von Narnia**

THYSSEN, Moc: **Chamäleon**

TICHY, Gérard: **Die geheimnisvolle Insel** (1973)

TIERNEY, Jacob: **Dracula ist wieder da**; **Grusel, Grauen, Gänsehaut**

TIETZE, Carin C.: *Emmeran-Fünf Minuten für die Menschlichkeit*

TIFFANY, Paige: **Aliens in meiner Familie**

TIGAR, Kenneth: *Die Abenteuer des Brisco County, Jr.*; *Akte X*; *Alf*; *The Flash-Der rote Blitz*; *Knight Rider*; **Der Mann aus dem Meer**; *Die Maske*; *Raumschiff Enterprise-Das nächste Jahrhundert*; *Star Trek: Raumschiff Voyager*; *Superman-Die Abenteuer von Lois und Clark*; *Wonder Woman*; *Zurück in die Vergangenheit*

TILDEN, Jane: *Insel der Träume*; **Oliver Maass**

TILLER, Nadja: **Sternensommer**

TILLY, Meg: *Klassiker der unheimlichen Art*

TIMM, Curt: **Dreamgate**

TINGLEY, Jack: **Im Land der Saurier**

TINGWELL, Charles: **Catweazle**; *Mit Schirm, Charme und Melone* (1961-69); *Ocean Girl*; *UFO*

TINTI, Gabriel: **Die geheimnisvolle Insel** (1973)

TIPLADY, Brittany: *Akte X*, **Millennium**

TITRE, Claude: **Bob Morans Weltreisen und Abenteuer**

TOBEY, Kenneth: *Ein Film aus der Alfred Hitchcock-Serie*; *Der Mann vom anderen Stern*; *Star Trek: Deep Space Nine*; *Twilight Zone*

TOBIAS, George: **Verliebt in eine Hexe**

TOBIAS, Oliver: *Robin Hood* (1984-85)

TOCCHI, Maurizio: **Die Odyssee**

TODD, Sonia: **Rückkehr zum Jupiter**

TODD, Tony: *Akte X*; *Hercules*; *Raumschiff Enterprise-Das nächste Jahrhundert*; *Star Trek: Deep Space Nine*; *Star Trek: Raumschiff Voyager*; *Werwolf*; *Xena*

TODET-JONES, William: **Der König von Narnia**

TOMEI, Concetta: *Ein Hauch von Himmel*; **Max Headroom**; *Star Trek: Raumschiff Voyager*

TOMEI, Giulio: **Die Odyssee**

TOMITA, Tamlyn: *Babylon 5*; **Burning Zone-Expedition Killervirus**; *Highlander*; *Der Sentinel-Im Auge des Jägers*; *Seven Days-Das Tor zur Zeit*; *Zauber, Zoff und Phantasie*; *Zurück in die Vergangenheit*

TOMURI, Jacob: **The Tribe-Eine Welt ohne Erwachsene**

TONG, Jacqueline: **Das zweite Gesicht**

TOPOL, Chaim: *seaQuest DSV*

TORRES, Jacqueline: *F/X*

TOWELL, Iam: **Supergran**

TOWNE, Aline: **Zombies of the Stratosphere**

TOWNES, Harry: *Buck Rogers* (1979-81); *Ein Film aus der Alfred Hitchcock-Serie*; *Hulk*; *Invasion von der Wega*; *(Outer Limits)*; *Planet der Affen*; *Raumschiff Enterprise*; *Tarzan* (1966-68); *Unwahrscheinliche Geschichten*; *Zeitreisende*

TOZZI, Fausto: **Die Odyssee**

TRACEY, Ian: *Akte X*; *Highlander*; **Die Minikins**; *Outer Limits-Die unbekannte Dimension*; *Poltergeist-Die unheimliche Macht*; *Sindbads Abenteuer*; *Viper*

TRAFIC, Carlos: **Chamäleon**

TRAGESER, Kathy: **Team Knight Rider**

TRAINOR, Mary Ellen: **Roswell**

TRANG, Thuy: **Power Rangers**

TRANQUILLI, Silvano: **Das blaue Palais**

TRAVANTI, Daniel J.: *Das Geheimnis der blauen Tropfen*; *Kobra, übernehmen Sie*; *Der Mann von Gestern*; *Outer Limits-Die unbekannte Dimension*; **Poltergeist-Die unheimliche Macht**; *Solo für O.N.C.E.L.*; *Verschollen zwischen fremden Welten*

TREAS, Terri: **Alien Nation**; *Knight Rider*

TREBOR, Robert: **Hercules**; *Xena*

TREMBLAY, Kay: **Auf den Hund gekommen**

TREVELYAN, James: **Das Geisterschloss**

TREVES, Frederick: **Der unsichtbare Mann**

TRIGG, Margaret: **Aliens in meiner Familie**

TRINKA, Paul: **Mission Seaview**

TRISCHAN, Michael: **Sprechstunde bei Dr. Frankenstein**

TROFIMIUK, Zbych: **Spellbinder**

TROOGER, Margot: *Pippi Langstrumpf*; *Raumpatrouille*

TROTT, Judi: **Robin Hood** (1984-86)

TROTTER, Kate: *Alfred Hitchcock zeigt* (1985-89); *Captain Power*; *Dracula ist wieder da*; *Erben des Fluchs*; **Kung Fu: Im Zeichen des Drachen**; *Psi Factor-Es geschieht jeden Tag*; *Ray Bradburys Gruseltheater*; *TekWar-Krieger der Zukunft*

TROUGHTON, Michael: **Wuff!**

TROUGHTON, Patrick: *Doctor Who*; *Mondbasis Alpha 1*; *Der Unsichtbare* (1958/59)

TROWE, Gisela: *Schaurige Geschichten*

TRUMP, Donald: *NightMan*

TRUSSELL, Paul: **Crime Traveller-Die Zeitspringer**

TSCHECHOWA, Vera: *Geschichten aus der Zukunft*; *Insel der Träume*

TUCK, Hillary: **Liebling, ich habe die Kinder geschrumpft**

TUCKER, Michael: *Nowhere Man-Ohne Identität*

TUCKER, Richard: **Flash Gordon**

TUKUR, Ulrich: **Solaris TV-Der freundliche Sender im All**

TUNG, Jennifer: *Angel*; **Masked Rider**

TUPU, Lani: **Farscape-Verschollen im All**

TURCO, Paige: **American Gothic-Prinz der Finsternis**

TURNER, Gideon: *Die Bibel*

TURNER, Hilary Shepard: **Power Rangers**

TURNER, Janine: *Knight Rider*; *Mr. Merlin*; *Zurück in die Vergangenheit*

TURNEY, Blake: **BeetleBorgs**

TURZONOVÁ, Bozidara: **Ein Hamster im Nachthemd**

TWORKOWSKI, Tomasz: **Stella Stellaris**

TYBLOVÁ, Veronika: **Die Märchenbraut**

TYDINGS, Alexandra: *Hercules*; *Xena*

TYRRELL, Sharon: *Hercules*; *In geheimer Mission*; **Tell-Im Kampf gegen Lord Xax**

TYSON, Richard: *Dead at 21*

UFFINDELL-PHILLIPS, Toby: **Der zaubermächtige Psammead**

UHLEN, Gisela: *Meister Eder und sein Pumuckl*

UHLEN, Susanne: **Der Hausgeist**

ULRICH, Kim Johnston: *Highlander*; *Highwayman*; *Monsters-Nachts, wenn das Blut gefriert*; *Strange Luck-Dem Zufall auf der Spur*; *Superman-Die Abenteuer von Lois und Clark*

UMBREIT, Holger: **Dreamgate**

UNGER, Jan: **Dune-Der Wüstenplanet**

UNGERER, Lilith: **Alpha Alpha**

URE, Gudrun: **Supergran**

URICH, Robert: *Kung Fu*

USHER, Guy: **Buck Rogers** (1939)

UWO, Elisabeth Z.: **BeetleBorgs**

VACCARO, Brenda: *Ach, du lieber Himmel*

VACULÍK, Lukás: *Teuflisches Glück*
VAIL, Justina: Akte X; Highlander; *Seven Days-Das Tor zur Zeit*
VALERI, Marcella: *Die Odyssee*
VALIK, Tomas: *Prinzessin Fantaghiró*
VALLE, Anna: *Aeon-Countdown im All*
VAN, Alex: *American Gothic-Prinz der Finsternis*
VAN CLEEF, Lee: Unwahrscheinliche Geschichten
VAN DAM, Alex: *Der Junge von Andromeda*
VANDER, Musetta: Babylon 5; Buffy-Im Bann der Dämonen; Highlander; Der Sentinel-Im Auge des Jägers; Stargate; Star Trek: Raumschiff Voyager; *Super Force*; Viper; Xena
VANDERNOOT, Alexandra: *Highlander*
VAN DOHLEN, Lenny: *Das Geheimnis von Twin Peaks*
VAN DYKE, Barry: *Airwolf*; Gemini Man; *Der Junge vom anderen Stern*; *Kampfstern Galactica*; Mork vom Ork; Zauber, Zoff und Phantasie
VAN DYKE, Dick: Airwolf; Ein Engel auf Erden; Ein Film aus der Alfred Hitchcock-Serie; Sabrina-Total verhext!
VAN DYKE, Hilary: *Familie Munster*
VANECK, Pierre: Edgar Allan Poe-Ungewöhnliche Geschichten; *Es geschah übermorgen*
VAN EYCK, Kristina: Unheimliche Geschichten
VAN EYLE, Marisa: *Abeltje-Der fliegende Liftboy*
VAN GASTEL, Ricky: *Abeltje-Der fliegende Liftboy*
VAN HOUWENINGE, Chiem: *Die Oase*
VANITY: Erben des Fluchs; Geschichten aus der Gruft; Highlander
VANNICOLA, Joanne:*Psi Factor-Es geschieht jeden Tag*
VAN NORDEN, Peter: *Stephen King's The Stand-Das letzte Gefecht*
VAN PATTEN, Joyce: *Auf schlimmer und ewig; Die Mars-Chroniken*
VAN PEEBLES, Mario: Outer Limits-Die unbekannte Dimension
VAN PEEBLES, Melvin: *Stephen Kings The Shining*
VAN SICKEL, Dale: *Zombies of the Stratosphere*
VAN SICKLE, Jan: *Stephen Kings The Shining*
VAN VEEN, Herman: *Die seltsamen Abenteuer des Herman van Veen*
VARELA, Leonor: Die Bibel
VASARYOVÁ, Magda: *Auf dem Kometen*
VAUGHAN, Greg: *Charmed-Zauberhafte Hexen*
VAUGHN, Pierce: *Dreamgate*
VAUGHN, Robert: Dancer für U.N.C.L.E.; Ein Film aus der Alfred Hitchcock-Serie; Hitchhiker; Kung Fu: Im Zeichen des Drachen; Ray Bradburys Gruseltheater; Der Sentinel-Im Auge des Jägers; *Solo für O.N.C.E.L.*
VEJMELKOVÁ, Eva: *Katja und die Gespenster*
VELASCO, Roger: *Power Rangers; Power Rangers in Space*
VENABLES, Bruce: *Das Geisterhaus von Waterloo Creek*
VENORA, Diane: *Anno Domini-Kampf der Märtyrer*
VENTHAM, Wanda: *UFO*
VENTRESCA, Vincent: *Prey-Gefährliche Spezies!*
VENTURA, Jesse "The Body" (James Janos): Akte X
VENTURE, Richard: *Streethawk*
VEREEN, Ben: Raumschiff Enterprise-Das nächste Jahrhundert; Superman-Die Abenteuer von Lois und Clark
VERLEY, Renaud: *Die Odyssee*
VERNON, Irene: *Verliebt in eine Hexe*
VERNON, John: Airwolf; Alfred Hitchcock zeigt (1985-89); Geschichten aus der Gruft; Der Junge vom anderen Stern; Knight Rider; Kobra, übernehmen Sie; *Krieg der Welten*; Ray Bradburys Gruseltheater; Der Sechs-Millionen-Dollar-Mann; Der Unsichtbare
VERNON, Valerie: *Power Rangers Lost Galaxy*
VERRELL, Cec: *Nick Knight*
VERTRIH, Polnah: *Die Mondprinzessin*
VESKRNOVÁ, Dagmar: *Die Tintenfische aus dem 2. Stock*
VETROVEC, Josef: *Auf dem Kometen*
VIKER-BLOSS, Tika: *Kappatoo-Der Doppelgänger aus dem All*

VILLECHAIZE, Herve: *Fantasy Island* (1978-84)
VINCENT, Cerina: *Power Rangers Lost Galaxy*
VINCENT, Jan-Michael: *Airwolf*
VISITOR, Nana: Alfred Hitchcock zeigt (1985-89); Ein Engel auf Erden; Knight Rider; Outer Limits-Die unbekannte Dimension; *Star Trek: Deep Space Nine*; Twilight Zone
VITOVSKÁ, Helena: *Katja und die Gespenster*
VLASÁK, Jan: *Dune-Der Wüstenplanet*
VÖLZ, Wolfgang: Der Androjäger; Meister Eder und sein Pumuckl; Pippi Langstrumpf; *Pumuckls Abenteuer*; *Raumpatrouille*
VOGLER, Karl Michael: *Alpha Alpha*; *Der Geisterwald oder Des Raben Rache*; Insel der Träume; *Mission Eureka*; Projekt Aphrodite; *Stella Stellaris*
VOGLER, Rüdiger: *Das Sahara-Projekt*
VOJTECHOVÁ, Lucie: *Unterwegs nach Atlantis*
VOLLBRECHT, Bernd: *Solaris TV-Der freundliche Sender im All*
VON BORSODY, Hans: *Merlin*
VON BRÖMSSEN, Thomas: *Die Jagd nach dem magischen Wasserrad*
VON DOBSCHÜTZ, Ulrich: *Der Schatz im All*
VON DOHLEN, Lenny: *Pretender*
VON GLATZ, Ilse: Erben des Fluchs; *Krieg der Welten*; Twilight Zone
VON OERTZEN, Jaspar: *Die Äneis; Merlin; Die Odyssee*
VON REIBNITZ, Ursula: *Chamäleon*
VON SYDOW, Max: Die Bibel
VON THUN, Friedrich: Alpha, Alpha
VON WEITERSHAUSEN, Gila: Hellseher wider Willen
VORNE, Angela: *Null ist Spitze*
VOSS, Heinz: *Projekt Aphrodite*
VOSLOO, Arnold: Geheimprojekt X
VRHOVEC, Janez: *Die Äneis*
VYDRA, Václav: *Teuflisches Glück*

WACHS, Caitlin: Pretender; *Profiler*
WACHTEL, Jan: *Auf der Suche nach der Schatzinsel*
WAGGONER, Lyle: Fantasy Island (1978-84); Mork vom Ork; Verschollen zwischen fremden Welten; *Wonder Woman*
WAGNER, Chuck: *Automan-Der Super-Detektiv*
WAGNER, Dieter: *Timm Thaler*
WAGNER, Julian: *Die Oase*
WAGNER, Lindsay: Alfred Hitchcock zeigt (1985-89); Der Sechs-Millionen-Dollar-Mann; *Die 7-Millionen-Dollar-Frau*
WAITE, Ralph: Outer Limits-Die unbekannte Dimension; Time Trax-Zurück in die Zukunft
WALKER, Ally: Pretender; *Profiler*
WALKER, Jeffrey: *Ocean Girl; Quer durch die Galaxie und dann links*
WALKER, Jonathan: *Scorch-Der kleine Hausdrache*
WALKER, Matthew: *Das Haus des Magiers*; Sleepwalkers
WALKER, Sullivan: *Earth 2*
WALLACH, Eli: Alfred Hitchcock zeigt (1985-89); Batman; Ein Engel auf Erden
WALLENFELS, Jessica: *Das Geheimnis von Twin Peaks*
WALLGREN, Gunn: *Die Brüder Löwenherz*
WALLING, Mike: *Alfonso Bonzo; Neue Geschichten von Billy Webb*
WALSH, Brigid Conley: Angel-Jäger der Finsternis; *Clan der Vampire*
WALSH, Gwynyth: Alfred Hitchcock zeigt (1985-89); Alien Nation; Captain Power; Eerie, Indiana; Erben des Fluchs; Geheimprojekt X; Krieg der Welten; Millennium; Nick Knight; Raumschiff Enterprise-Das nächste Jahrhundert; Robocop; Sliders; Star Trek: Deep Space Nine; Star Trek: Raumschiff Voyager; Twilight Zone; Ultraman; Zweimal im Leben

WHITEHEAD, William: *Das Ding aus dem Sumpf*
WHITING, Arch: *Mission Seaview*
WHITMAN, Stuart: *Die Abenteuer des Brisco County, Jr.; Fantasy Island (1978-84); Geschichten aus der Schattenwelt; Knight Rider; **Superboy**; Teufelskreis der Angst; Time Trax-Zurück in die Zukunft*
WHITNEY, Grace Lee: *Batman; (Outer Limits); **Raumschiff Enterprise**; Star Trek: Raumschiff Voyager; Verliebt in eine Hexe*
WIED, Thekla Carola: *Jan vom anderen Stern*
WIEDEMANN, Elisabeth: *Hellseher wider Willen*
WIETH, Julie: *Geister*
WIGGER, Maximilian: *Ein Mann kam im August; Projekt Aphrodite*
WIGGINS, Christopher: ***Erben des Fluchs**; Kung Fu: Im Zeichen des Drachen; Gene Roddenberrys Mission Erde-Sie sind unter uns; Robocop; Das Tollhaus*
WIKSTRÖM, Mats: *Karlsson auf dem Dach*
WILBEE, Codie: *Grusel, Grauen, Gänsehaut*
WILCKE, Claus: *Ein bißchen Zauber verträgt die Welt*
WILCOX, Mary Charlotte: *Das Tollhaus*
WILCOX, Paula: *Die magische Münze*
WILCOX, Ralph: *Tarzan-Die Rückkehr*
WILCOX, Sophie: *Der König von Narnia*
WILDE, Stuart: *Spuk im Haus*
WILDING, Jr., Michael: *Anno Domini-Kampf der Märtyrer*
WILHELMOVÁ, Gabriela: *Katja und die Gespenster*
WILHOITE, Kathleen: *Das Geheimnis von Twin Peaks; Zurück in die Vergangenheit*
WILKIN, Jeremy: *UFO*
WILKINSON, Linden: *Flucht vom Jupiter*
WILKOF, Lee: *Max Headroom*
WILKS, Ella: *The Tribe-Eine Welt ohne Erwachsene*
WILLETT, Chad: *Charmed-Zauberhafte Hexen; **Countdown X-Alarm im All***
WILLIAMS, Billy Dee: *Kobra, übernehmen Sie*
WILLIAMS, Brian: *Im Land der Saurier II*
WILLIAMS III, Clarence: *Das Geheimnis von Twin Peaks; Millennium; Profiler; Star Trek: Deep Space Nine*
WILLIAMS, Findy: *Torch-Die Fackel*
WILLIAMS, Guy: *Verschollen zwischen fremden Welten*
WILLIAMS, Michael: *Torch-Die Fackel*
WILLIAMS, Paul: *Ach, du lieber Himmel; Babylon 5; Fantasy Island (1978-84); Star Trek: Raumschiff Voyager*
WILLIAMS, Richard: *Der Mann aus dem Meer*
WILLIAMS, Robin: *Mork vom Ork*
WILLIAMS, Sasha: *Power Rangers Lightspeed Rescue*
WILLIAMS, Steven: *Akte X; seaQuest DSV; Total Recall 2070*
WILLIAMS, Treat: *Geschichten aus der Gruft*
WILLIAMS, Vanessa L.: *Pretender; Star Trek: Deep Space Nine; Total Recall 2070*
WILLIAMSON, Clayton: *Das Geisterhaus von Waterloo Creek*
WILLIAMSON, Fred: *Psi Factor-Es geschieht jeden Tag; Raumschiff Enterprise*
WILLINGHAM, Noble: *Airwolf; Detektei mit Hexerei; Der Mann aus dem Meer; Raumschiff Enterprise-Das nächste Jahrhundert; Zurück in die Vergangenheit*
WILLIS, Bruce: *Twilight Zone*
WILLIS, Jerome: *Space Cops-Tatort Demeter City*
WILSON, Jeannie: *Streethawk*
WILSON, Mark: *Das Tollhaus*
WILZAK, Crissy: *Mork vom Ork*
WINDOM, William: *Airwolf; Automan-Der Super-Detektiv; Ein Engel auf Erden; Fantasy Island (1978-84); Hulk; Invasion von der Wega; Knight Rider; Kobra, übernehmen Sie; Raumschiff Enterprise; Die 7-Millionen-Dollar-Frau; Teufelskreis der Angst; Unwahrscheinliche Geschichten; Verrückter Wilder Westen*
WINDSOR, Andrew: *Das Mädchen aus der Zukunft*
WINDSOR, Bernadette: *Komm zurück, Lucy*

WINFIELD, Paul: *Babylon 5; **Ein Hauch von Himmel**; Kobra, übernehmen Sie; Raumschiff Enterprise-Das nächste Jahrhundert; Solo für O.N.C.E.L.*
WING, Anna: *Der unsichtbare Mann*
WING-DAVEY, Mark: *Per Anhalter durch die Galaxis*
WINGER, Debra: *Wonder Woman*
WINGFIELD, Peter: *Geheimprojekt X; **Highlander**; Der Sentinel-Im Auge des Jägers; Stargate; Viper*
WINGREEN, Jason: *Dancer für U.N.C.L.E.; Kobra, übernehmen Sie; Der Mann vom anderen Stern; Mission Seaview; (Outer Limits); Raumschiff Enterprise; Der Sechs-Millionen-Dollar-Mann; Unwahrscheinliche Geschichten; Verrückter Wilder Westen*
WINNINGHAM, Mare: *Twilight Zone*
WINSTONE, Ray: *Robin Hood (1984-86)*
WINT, Maurice Dean: ***Captain Power**; Erben des Fluchs; F/X; Gene Roddenberrys Mission Erde-Sie sind unter uns; Nick Knight; Outer Limits-Die unbekannte Dimension; **Psi Factor-Es geschieht jeden Tag**; Robocop; **Robocop**; TekWar; Ultraman-Mein geheimes Ich; Zweimal im Leben*
WINTER, Judy: *Geschichten aus der Zukunft*
WINTERKAMP, Lars: *Merlin*
WINTERS, Jonathan: *Mork vom Ork*
WINTERS, Shelley: *Batman*
WINTON, Sandy: *Ein Genie kommt selten allein*
WISDEN, Robert: *Alfred Hitchcock zeigt (1985-89); The Crow-Stairway to Heaven; First Wave-Die Prophezeiung; Millennium; **Odyssee ins Traumland**; Outer Limits-Die unbekannte Dimension; Poltergeist-Die unheimliche Macht; Seven Days-Das Tor zur Zeit; Sleepwalkers; Stargate; Viper*
WISE, Ray: *Airwolf; Das Ding aus dem Sumpf; Das fliegende Auge; **Das Geheimnis von Twin Peaks**; Raumschiff Enterprise-Das nächste Jahrhundert; Die Schöne und das Biest; Sleepwalkers; Star Trek: Raumschiff Voyager*
WISEMAN, Joseph: *Buck Rogers (1979-81); Unwahrscheinliche Geschichten*
WITCHER, Guy: *Eine lausige Hexe*
WITCYN, Gieorgij: *Die Reisen des Professor Klecks*
WOLFBERG, Dennis: *Zurück in die Vergangenheit*
WOLFE, Ian: *Fantastische Geschichten; Raumschiff Enterprise; Unwahrscheinliche Geschichten*
WOLFF, Gerry: *Spuk im Hochhaus*
WOLFMAN JACK: *Das Ding aus dem Sumpf; Wonder Woman*
WOLOSHYN, Illya: *Grusel, Grauen, Gänsehaut; Nick Knight; **Odyssee ins Traumland**; Twilight Zone*
WOLTER, Ralf: *Angelo und Luzy*
WONG, Anthony: *Spellbinder-Im Drachenkaiserland*
WONG, Geoff: *Die Ninja Turtles*
WOOD, Evan Rachel: *Profiler*
WOOD, Wilson: *Zombies of the Stratosphere*
WOODARD, Alfre: *Detektei mit Hexerei; Zauber, Zoff und Phantasie*
WOODBURN, Danny: *Baywatch Nights; **Conan, der Abenteurer**; Superman-Die Abenteuer von Lois und Clark*
WOODLAND, Lauren: *Alien Nation; Seven Days-Das Tor zur Zeit; Zurück in die Vergangenheit*
WOODS, Christie: *Robin Hood (1997-99)*
WOODS, Georgia-Taylor: *The Tribe-Eine Welt ohne Erwachsene*
WOODS, Michael: *NightMan*
WOODS, Ren: *Die Schöne und das Biest*
WOODVINE, John: *Am Rande der Finsternis; The Champions; Doctor Who; **Die dreibeinigen Herrscher**, Mit Schirm, Charme und Melone (1961-69)*
WOODVINE, Mary: *Space Cops-Tatort Demeter City*
WOODWARD, Joanne: *Ein Film aus der Alfred Hitchcock-Serie*
WOODWARD, Mandy: *Spuk im Haus*

WOODWARD, Morgan: *Die Abenteuer des Brisco County, Jr.; Akte X; Fantasy Island* (1978-84); *Hulk; Knight Rider; Millennium; Outlaws-Die Gesetzlosen; Planet der Affen; Raumschiff Enterprise; Salvage 1-Hinter der Grenze zum Risiko; Tarzan* (1966-68)
WOOLVETT, Gordon Michael: *F/X;* **Die geheimnisvolle Insel** (1995); *Nick Knight; Psi Factor-Es geschieht jeden Tag; Sliders-Das Tor in eine fremde Dimension; Das Tollhaus; Ultraman-Mein geheimes Ich*
WOOLVETT, Jaimz: **Auf den Hund gekommen**
WORLEY, Billie: **Allein gegen die Zukunft;** *Amor-Mitten ins Herz!*
WORONOV, Mary: *Fantastische Geschichten; Highlander; Monsters-Nachts, wenn das Blut gefriert; X-Factor-Das Unfassbare*
WOYWOOD, Katja: *Geisterjäger John Sinclair; Helicops-Einsatz über Berlin*
WRAY, Fay: *Ein Film aus der Alfred Hitchcock-Serie*
WRIGHT, J. Madison: **Earth 2**
WRIGHT, Maggie: **Die Mars-Chroniken**
WRIGHT, Max: *Alf; Allein gegen die Zukunft; Geschichten aus der Schattenwelt;* **Die Spezialisten unterwegs;** **Stephen King's The Stand-Das letzte Gefecht;** *Zurück in die Vergangenheit*
WRIGHT, Michael: **V-Die ausserirdischen Besucher kommen**
WU, Vivian: **Geheimprojekt X**
WUHRER, Kari: **Das Ding aus dem Sumpf; Sliders**
WULFF, Kai: *Der Sentinel-Im Auge des Jägers*
WURM, Grete: **Merlin**
WYATT, Jane: *Alfred Hitchcock zeigt; Fantasy Island* (1978-84); *Der Geist und Mrs. Muir; Gemini Man; Der Mann vom anderen Stern; Raumschiff Enterprise*
WYNGARDE, Peter: *The Champions; Doctor Who; Mit Schirm, Charme und Melone* (1961-69); *Nummer Sechs; Vorsicht, Hochspannung!*
WYNN, Keenan: *Ein Fall für Professor Chase; Fantasy Island* (1978-84); *Ein Film aus der Alfred Hitchcock-Serie; Geschichten aus der Schattenwelt; Der Nachtjäger; Die 7-Millionen-Dollar-Frau; Unwahrscheinliche Geschichten; Verrückter Wilder Westen*
WYSS, Amanda: **Highlander**

XIN, Hu: **Spellbinder-Im Drachenkaiserland**

YAGHER, Jeff: **V-Die ausserirdischen Besucher kommen**
YARMUSH, Michael: **Mein Leben als Hund**
YASUTAKE, Patti: **Raumschiff Enterprise-Das nächste Jahrhundert**
YEAGER, Derryl: **Stephen King's The Stand-Das letzte Gefecht**
YEE, Richard: **Die Ninja Turtles**
YEN, Jennifer L.: **Power Rangers Lightspeed Rescue**
YERKES, Brayton: **Stephen King's The Stand-Das letzte Gefecht**
YEUN, Mirchell Lee: **Die Ninja Turtles**
YORK, Dick: *Ein Film aus der Alfred Hitchcock-Serie; Unwahrscheinliche Geschichten;* **Verliebt in eine Hexe**
YORK, Duke: **Flash Gordon**
YORK, John J.: **Werwolf**
YORK, Michael: *Babylon 5; seaQuest 2032; Sliders-Das Tor in eine fremde Dimension;* **Space;** *TekWar-Krieger der Zukunft*
YORK, Susannah: *Ray Bradburys Gruseltheater*
YOST, David: **Power Rangers**
YOUNG, Alan: **Mr. Ed**
YOUNG, Bill: **Auf der Suche nach der Schatzinsel**
YOUNG, Bruce A.: *Akte X; Highlander;* **Der Sentinel-Im Auge des Jägers;** *Viper; Zurück in die Vergangenheit*
YOUNG, Carleton: **Buck Rogers** (1939)
YOUNG, Chris: **Max Headroom**

YOUNG, Gig: *Alfred Hitchcock zeigt* (1962-65)
YOUNG, Heather: **Planet der Giganten**
YOUNG, Leigh Taylor: *Alfred Hitchcock zeigt* (1985-89); *Outlaws-Die Gesetzlosen; Pretender; Der Sentinel-Im Auge des Jägers*
YOUNGBLOOD, Rob: *seaQuest DSV; Sliders-Das Tor in eine fremde Dimension;* **Space Cops-Tatort Demeter City**
YUNG, Victor Sen: *Supermann-Retter in der Not*

ZABRISKIE, Grace: *Burning Zone-Expedition Killervirus;* **Das Geheimnis von Twin Peaks;** *Geschichten aus der Gruft; Profiler*
ZACHER, Rolf: **Angelo und Luzy**
ZAHAJSKY, Jiri: **Ein Hamster im Nachthemd**
ZAHLBAUM, Matthias: **Die Sonnenlanze**
ZAMBRANO, David: **Stephen Kings The Shining**
ZANDER, Hans: **Jan vom anderen Stern**
ZANE, Dilly: **Das Geheimnis von Twin Peaks;** *Geschichten aus der Gruft*
ZANE, Lisa: **Conor, der Kelte;** *Die Maske*
ZAREMBA, John: *Alfred Hitchcock zeigt* (1962-65), *Ein Film aus der Alfred Hitchcock-Serie; Kobra, übernehmen Sie; Mini-Max; Mission Seaview; The Munsters; Planet der Giganten;* **Time Tunnel;** *Unwahrscheinliche Geschichten; Verrückter Wilder Westen*
ZAWA, Devon: **Odyssee ins Traumland**
ZAZVORKOVÁ, Stella: **Die Märchenbraut; Die Rückkehr der Märchenbraut; Teuflisches Glück**
ZDENEK, Jakub: **Prinzessin Fantaghiró**
ZEDNIZEK, Pavel: **Die Rückkehr der Märchenbraut; Die Tintenfische aus dem 2. Stock**
ZEGARAC, Dusica: **Die Äneis**
ZEHNACKER, Jean-Paul: **Die Insel der dreißig Tode**
ZEIGLER, Jesse: **Das Ding aus dem Sumpf**
ZERBE, Anthony: **Anno Domini-Kampf der Märtyrer;** *Ein Engel auf Erden; Geschichten aus der Gruft; Total Recall 2070*
ZERULL, Dennis W.: **Stephen King's The Stand-Das letzte Gefecht**
ZIEGLER, Miriam: **Die Oase**
ZIELKE, Angelika: **Die Äneis**
ZILLES, Peter: **Alarm im Schlossmuseum**
ZIMBALIST, Jr., Efrem: *Alfred Hitchcock zeigt* (1962-65); *Babylon 5; Einmal Himmel und zurück; Visitor-Die Flucht aus dem All*
ZIMMERMAN, Joey: *Amor-Mitten ins Herz!;* **Earth 2**
ZIRM, Maurice: **Spuk von draußen**
ZOFFOLI, Marta: *Die Bibel*
ZOUBIDA, Haddou: *Die Bibel*
ZUCKERT, William: **Das Geheimnis der blauen Tropfen;** *Raumschiff Enterprise*
ZUNIGA, Daphne: *Klassiker der unheimlichen Art; Outer Limits-Die unbekannte Dimension*
ZUREK, Beata: **Die Verwandlungsmaschine**
ZWIERZ, Rafal: **Spellbinder**